KU'AN GONGLU POHUAI XINGSHI
JI JIAGU FANGHU DUICE

库岸公路破坏形式及加固防护对策

张林洪　彭绍勇　李　健　编著

人民交通出版社股份有限公司
China Communications Press Co.,Ltd.

内容提要

本书以岩土力学有关理论为基础,系统研究分析了库岸、浸水路基以及库岸公路的破坏形式、破坏机理和防治加固对策,还涉及堤防、库区桥梁防护的理论和措施等;书中还提供了颇有参考价值的工程实例。

本书可作为公路、铁路、水利水电等工程行业技术人员、管理人员的技术资料,以及相关专业大中专学生、研究生的学习参考书。

图书在版编目(CIP)数据

库岸公路破坏形式及加固防护对策 / 张林洪,彭绍勇,李健编著. —北京:人民交通出版社股份有限公司,2018.8

ISBN 978-7-114-14574-2

Ⅰ.①库… Ⅱ.①张… ②彭… ③李… Ⅲ.①水库—库岸稳定—公路养护 Ⅳ.①U416.1

中国版本图书馆 CIP 数据核字(2018)第 050671 号

书　　名:库岸公路破坏形式及加固防护对策
著 作 者:张林洪　彭绍勇　李　健
责任编辑:刘永芬
责任校对:赵媛媛
责任印制:张　凯
出版发行:人民交通出版社股份有限公司
地　　址:(100011)北京市朝阳区安定门外外馆斜街 3 号
网　　址:http://www.ccpress.com.cn
销售电话:(010)59757969
总 经 销:人民交通出版社股份有限公司发行部
经　　销:各地新华书店
印　　刷:北京印匠彩色印刷有限公司
开　　本:787×1092　1/16
印　　张:52.75
字　　数:1266 千
版　　次:2018 年 8 月　第 1 版
印　　次:2018 年 8 月　第 1 次印刷
书　　号:ISBN 978-7-114-14574-2
定　　价:185.00 元

前　言

水库形成后会改变原有的水文、水动力状态和岸坡岩土及工程结构的工程性质，使得水库库岸公路、桥梁等将会发生更多更严重和更为复杂的变形破坏。系统研究分析库岸公路破坏形式、破坏机理及防治加固对策非常有必要。为此，编写了这部《库岸公路破坏形式及加固防护对策》，供有关人员工作和学习参考。

本书所涉及的基础理论、计算方法以及工程方案相当深广。水库库水及其水位的变化会导致水库岸坡岩土体的含水率、库水压力、地下水渗流路径、渗流方向以及渗透水压力等的变化，在分析研究库岸公路工程和其他工程问题时，需应用饱和-非饱和理论。库岸破坏可以分为从坡面开始的坡体破坏和从坡体内部开始的坡体破坏，前者通常采用塌岸预测方法来进行计算分析，后者通常采用边坡稳定性及位移计算理论分析。对库岸表面破坏和库岸内部破坏一般都要进行计算分析，以破坏范围最大的破坏形式进行公路工程布置和工程防护加固设计，在保证不发生内部破坏的前提下治理表面破坏。对不同类型的库岸形态、岩土体、地基、路基、桥基，应选择相应的破坏范围及稳定性计算理论进行分析。库水位附近及其以下的路基材料应尽量选用弹性模量较大及渗透性强的填料。松散体或土体库岸滑坡一般从库岸近表面开始，逐步向坡体内部发展。不同蓄泄水期间对应的岸坡安全系数不同，一般应以库水位下降到最低点和最大可能的库水位降速作为滑坡稳定性复核的计算工况。应尽量选用考虑地形地貌和库水位变化的饱和-非饱和数值计算方法进行位移计算分析。用有限元法和极限平衡法计算的岸坡稳定性安全系数变化趋势相同，但有限元法计算得到的安全系数大于极限平衡法计算得到的安全系数。应根据可能的破坏类型、破坏机理、破坏规模、影响范围和工程等级以及防治标准等选择水库库岸及路桥结构的加固和防护措施方案。

本书按照以下框架和内容展开：库岸公路设计施工基础资料收集与分析、非饱和土的基本理论和岩土物理力学性质与含水率的关系→库岸公路桥梁破坏类型、破坏机理及其破坏范围和稳定性计算分析理论→库岸公路桥梁的加固防护措施类型、机理、适用条件和设计施工理论方法。

本书在撰写过程中得到了云南省交通运输厅、云南交通咨询有限公司、昆明理工大学、云南省交通公路规划勘察设计研究院和丽宁公路建设指挥部等单位的支持和帮助，得到了云南省交通运输厅科技项目——库岸公路破坏形式及对策研究（2014(A)16）资金的资助，在此表示衷心感谢！

该书主要由张林洪、彭绍勇、李健编著，以下同事和同学：陈加洪、段翔、刘剑涛、魏业清、靳娟娟、代彦芹、刘文月、吴铁营、徐文超、李文波、李冰、朱江林、丁磊、张艳奇、胡乐文、张洪波等参与了部分章节的编著。

随着岩土工程和公路工程技术理论的进步和完善，库岸边坡及其公路工程防护加固设计、施工还会出现新的理论和技术，有待于继续探讨和研究。由于作者的水平和经验有限，本书定会有些不足和缺陷，希望得到广大读者的批评指正。

作　者

2018 年 5 月

目　　录

第1章 岩土的力学性质与含水率的关系研究

水库库岸及库岸公路的路基路面、桥梁基础等在水库运行过程中,由于水库水位的升降相关的岩土体的含水率会产生变化;由于含水率的变化,岩土体的物理力学性质也会随之发生变化。而库岸公路工程及水库岸坡会由于周围岩土体物理力学性质的变化而导致变形破坏,因此研究岩土体物理力学性质随含水率的变化是分析研究库岸公路工程及其所在岸坡的变形破坏及其稳定性的基础。本章主要论述非饱和土的力学强度及变形基本理论、岩石强度及变形性质与含水率的关系、土的强度及变形性质与含水率的关系。

1.1 非饱和土的力学强度及变形基本理论

非饱和岩土的分布范围十分广泛,自然界大部分的表层岩土均处于非饱和状态,非饱和岩土占有相当大的比例,研究岩土的力学强度及变形性质与含水率的关系对岩土工程的相关研究具有非常重要的意义。饱和岩土的力学性质研究已较为成熟,而非饱和岩土性质的研究还在发展中。其实,饱和岩土只是非饱和岩土的一种特例,即非饱和岩土的含水率达到饱和含水率时即为饱和岩土,开展非饱和岩土的强度及变形性质研究也就包括了饱和岩土的强度及变形性质研究。

1.1.1 非饱和土的土-水特征

1.1.1.1 土体中水的分类

土中的水可以以不同的形态存在:固态的冰、气态的水蒸气、液态的水和矿物颗粒晶格中的结晶水。因此将土中的水分为结晶水、液态水和固态水。

结晶水是存在于矿物晶格架固定位置的水,是土颗粒的组成部分,不能自由移动,只有在高温(400℃)时才能脱离晶格。

液态水可分为自由水和结合水。结合水又分为强结合水和弱结合水,强结合水距离土体颗粒最近,土体颗粒对其分子引力最大;自由水和普通水一样传递静水压力,自由水可以分为重力水和毛细水。

固态水是以冰夹层和细小的冰晶等形式存在于土中的水,常见于冻土中。

饱和含水率 θ_s 就是土体中的气体全部排出时的含水率。由于工程中很少用到只含有固相和液相的土体,因为土体内部含有部分闭合的孔隙,水很难进入并完全充满孔隙。因此,饱和含水率只是一个特定的范围。

土体失水的过程中,失水达到一定的程度后,土体中的含水率基本稳定在某一个值,此时的含水率称为残余含水率 θ_r。残余含水率与强结合水和结晶水有关。

1.1.1.2 土-水特征曲线

土-水特征曲线 SWCC(Soil-Water Characteristic Curve)是反映土体基质吸力与体积含水率、质量含水率或饱和度之间关系的曲线。

工程建设中遇到的大多数为非饱和土,土-水特征曲线对于研究非饱和土的物理力学特性至关重要。非饱和土中的基质吸力是导致非饱和土与饱和土在工程性质上产生本质差别的原因。气候环境和外荷载的变化会使土的含水率发生改变,含水率的改变引起基质吸力的变化。根据土-水特征曲线可以确定非饱和土的强度、体应变和渗透系数,甚至可以确定地下水面以上水分分布。由于土体物理力学特性的差异,导致描述其土-水特征曲线的数学模型也各不相同。

典型的土-水特征曲线如图 1-1-1 所示。从图中可以看出,随着基质吸力的增大,土的含水率逐渐减小,变化路径近似 S 形曲线。

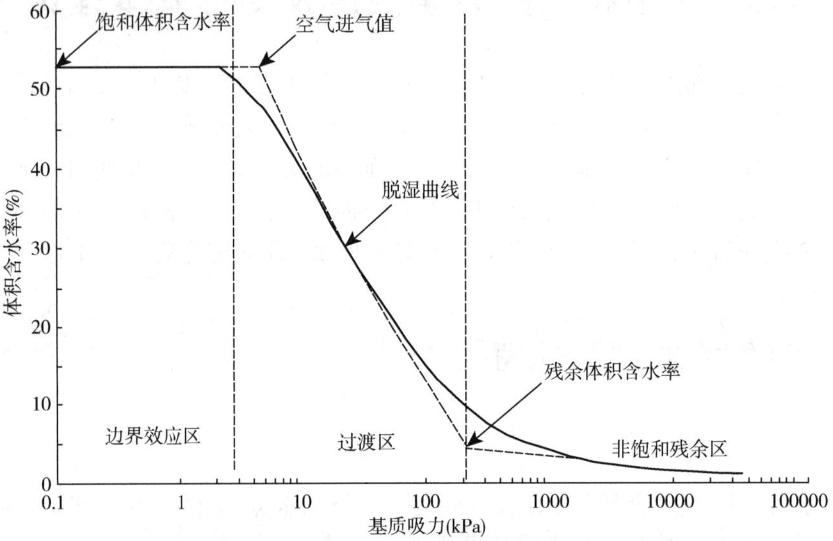

图 1-1-1 典型土-水特性曲线

图 1-1-1 所示的典型土-水特征曲线上有两个特征点:一个特征点是对应于土的进气值 $(u_a\text{-}u_w)_b$ 的点。土的进气值是指气体开始进入土颗粒之间的最大孔隙时对应的基质吸力值,当基质吸力大于进气值时,土的含水率随基质吸力的增大开始减小。另一个特征点是对应于残余含水率(θ_r)的点。随着基质吸力的继续增大,土中含水率降低到某临界值时,不再继续降低或者降低幅度很小,含水率的继续下降需要施加很大的基质吸力,此临界值称为残余含水率。

White 等最早发现,随着饱和度或含水率的降低,非饱和砂土内基质吸力的不断增大趋势呈现出明显的阶段性,根据土-水特征曲线的斜率变化特点,可将基质吸力变化阶段分为 3 个区域:即边界效应区、过渡区和非饱和残余区,其中过渡区又可分为主要过渡区和次要过渡区(图 1-1-2)。

从饱和含水率 θ_s 时基质吸力为零到残余含水率 θ_r 时基质吸力接近上限,总体上随含水率的减小基质吸力逐渐增大,但在不同含水率范围,基质吸力的变化有所不同。

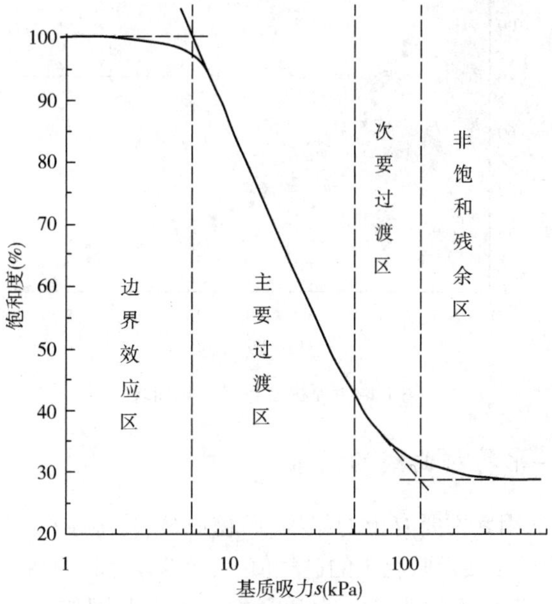

图 1-1-2　典型土-水特征曲线及其分布区

图 1-1-3 为 3 种不同土体的土-水特征曲线及数值模拟。从图中可以看出,黏土的土-水特征曲线与典型土的特征曲线基本一致,由于黏土的饱和含水率和残余含水率相对较高,因此基质吸力对黏土的体积含水率的影响最大;而砂土由于其结构和组成,其土-水特征曲线近似为一条直线,失水过程中基质吸力变化比黏土和粉砂土小,因此力学性质较稳定。

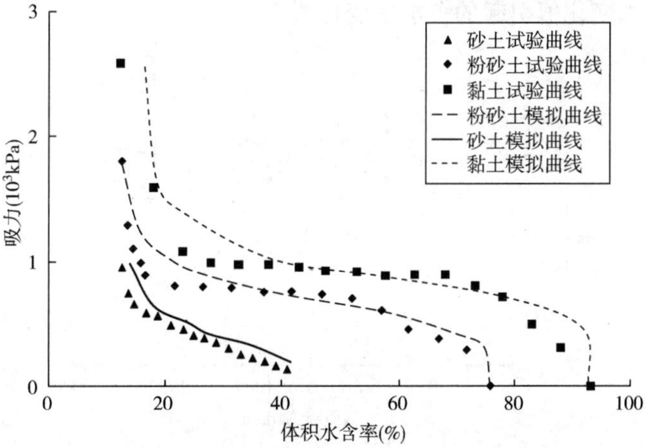

图 1-1-3　3 种不同土体的土-水特征曲线

孙茉对某种土的试验结果如图 1-1-4 所示。从基质吸力与含水率的关系可以看出,可以采用二次多项式、线性函数、对数函数、指数函数、乘幂函数等函数形式对其回归。但在典型土(如细粒土)中,存在三个典型阶段(饱和含水区、典型非饱和含水区、残余含水区)基本为线性关系,分别采用线性回归较好。

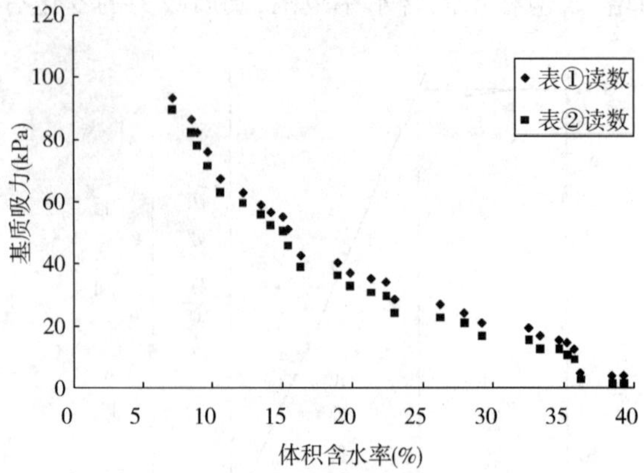

图 1-1-4　原状土土-水特征曲线

1.1.1.3　影响土-水特征曲线的因素

影响土水特征曲线的因素主要有土的粗细、矿物成分、孔隙结构、土体的收缩性、土的应力历史和温度等,而这些影响主要反映在土的进气值、残余含水率以及脱水的速率这三个方面。

在典型非饱和阶段,细粒土的典型非饱和区的含水率范围较粗粒土的含水率范围大,细粒土较粗粒土的土-水特征曲线为缓,即在典型非饱和阶段粗粒土基质吸力较细粒土的基质吸力随含水率的变化率较大,粗粒土的饱和区与典型非饱和区的界限不明显。4 种不同粗细土体的土-水特征曲线如图 1-1-5 所示(不包含残余含水率阶段)。从该图可以看出,细粒土的含水率较大,相应的进气含水率和饱和含水率较大,相同的非饱和阶段基质吸力变化值引起的含水率变化值较小;粗粒土的含水率较小,相应的进气含水率和饱和含水率较小,相同的非饱和阶段基质吸力变化值引起的含水率变化值较小。

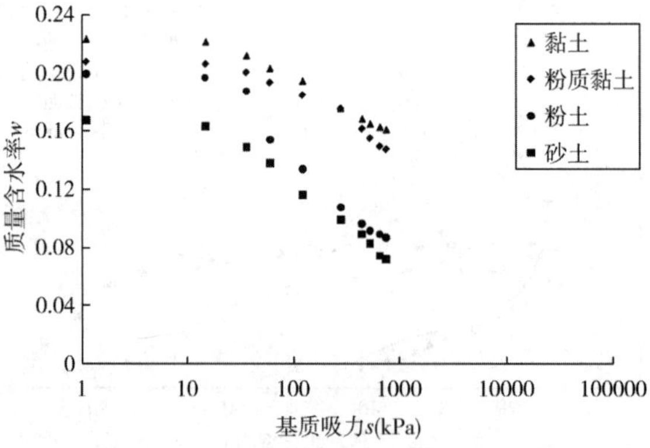

图 1-1-5　不同粗细土体的土-水特征曲线

土-水特征曲线具有明显的滞后效应,即土中的含水率与基质吸力值不是一一对应关系,含水率与基质吸力的变化历史存在某种关系。对应不同的变化路径(脱湿过程或吸湿过程),同样大小的基质吸力下的土体含水率不同,如果经历一个脱湿、吸湿循环过程,土-水特征曲线就会形成一个“滞回环”。

干密度越大、进气压力值$(u_a-u_w)_b$越高,试样在相同基质吸力下干密度大的试样含水率更高。将贵州红黏土的土-水特征曲线与干密度非常接近的贵州地区玄武岩红土进行了对比,发现红黏土的持水能力更强。

应力历史相当于是给土体施加了一个先期应力,这样会使得土体的孔隙比比未受先期应力的土体小,失水时体积含水率变化较小。原状试样和重塑试样的土-水特征曲线由于土体本身结构和应力历史的影响,二者不能完全重合,但趋势相同。重塑试样较原状试样的进气压力值$(u_a-u_w)_b$大,但残余含水率的数值相对小。重塑土比较均匀,颗粒和孔隙的分布较为均匀,而原状土在形成以后的历史进程中,由于受力、温度变化产生一些裂缝,如断层、节理和小的微裂隙,加上化学作用,如溶蚀等,会产生一些溶蚀的通道或孔隙,这样就会导致原状土的进气压力值$(u_a-u_w)_b$较小;而原状土受力历史较长,其土体产生蠕变等变形。变形最大的是孔隙,土颗粒的变形很小或几乎没有变形。其孔隙的形状变得不规则,孔隙尺寸减小,这样颗粒之间的距离变小,导致液体或气体的流通性不良,因而原状土的残余含水率相对重塑土来说变大,并具有较大的基质吸力。

荆门非饱和膨胀原状土与石灰改良膨胀土脱湿土-水特征曲线如图 1-1-6 所示。从图 1-1-6可见,经石灰改性处理后,其进气值由原状膨胀土的 210kPa 降低至石灰改良膨胀土的 67kPa,残余质量含水率由原状膨胀土的 13.5%升至石灰改良膨胀土的 16.5%,石灰改良膨胀土的进气值与残余含水率对应点间(典型非饱和阶段)的斜率则较原状膨胀土平缓。膨胀土经石灰改性后,其进气值降低意味着土体中的孔隙增大,内在机制在于石灰化学改性发生凝聚作用,致使土体中原有的黏粒胶结成为相对独立的聚集体,从而具有相对较多的较大孔隙。

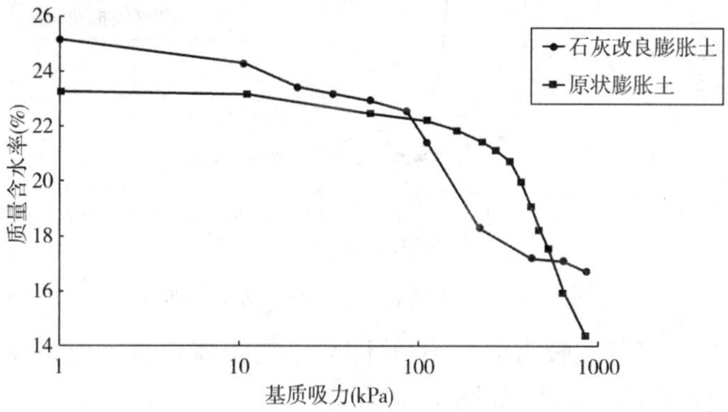

图 1-1-6　原状膨胀土与石灰改良膨胀土的土-水特征曲线

傅鑫等人的试验结果(图 1-1-7)表明:①随着基质吸力的增大,体积含水率逐渐减小,当基质吸力较小时,体积含水率的变化较为明显,当基质吸力达到一定值以后变化趋于平缓,甚至于不再发生变化,这一值称之为残余含水率。②在相同的初始含水率下,土样干密度越大其饱和体积含水率越小,这是因为干密度大的土样对应的孔隙率小。随着基质吸力的增加,干密度越大土样的体积含水率曲线越平缓。③干密度越大,土样的持水能力越强。各组试样进入边界效应区的临界饱和含水率和进入非饱和残余区的临界残余饱和度差异明显。饱和土的临界饱和含水率和临界残余饱和度似乎与土样干密度、孔隙比关系密切。

压实含水率影响土水特征曲线的位置和形状是因为它改变了压实土的微观和宏观结构。压实含水率小于最优含水率的土体,土块间有较大的宏观结构,在压缩过程中并不重塑,使得此时进气值较小,容易脱水;而对于压实含水率大于最优含水率的土体,土体中缺少大孔隙,孔隙尺寸小且分布均匀,使得进气值较大,不容易脱水。

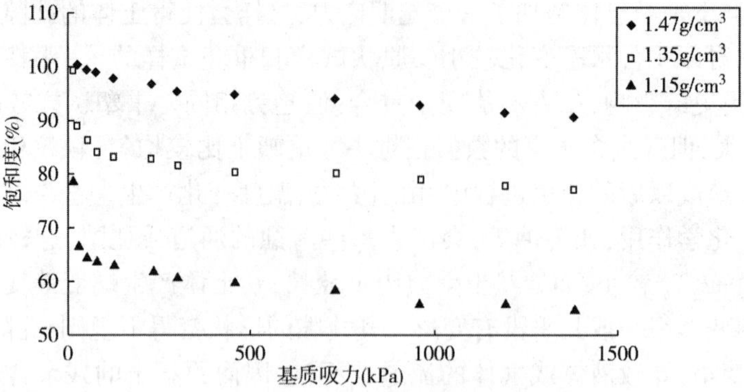

图 1-1-7　不同干密度下土样的土-水特征曲线

随着土中黏粒含量增多,土的进气基质吸力值和残余体积含水率都逐渐增大,持水能力逐渐增强。图 1-1-8 表明,塑性指数越小,土样体积含水率变化越小。

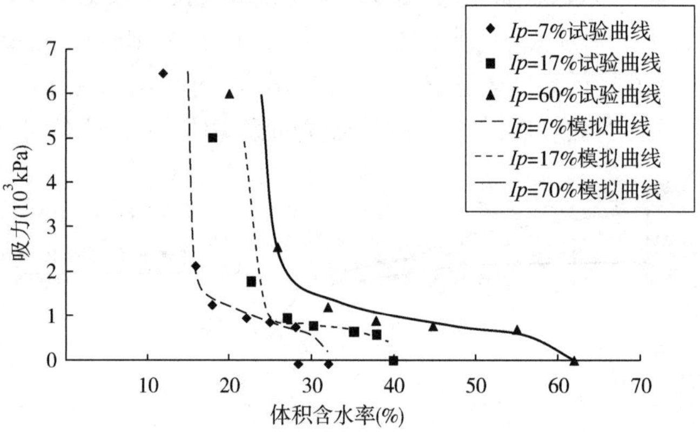

图 1-1-8　不同塑性指数土体的土-水特征曲线

孔隙较大的土体进气基质吸力值较小;孔隙较小的土体含水率变化较小,基质吸力相对变化较小,表现出较好的持水能力,如图 1-1-9 所示。

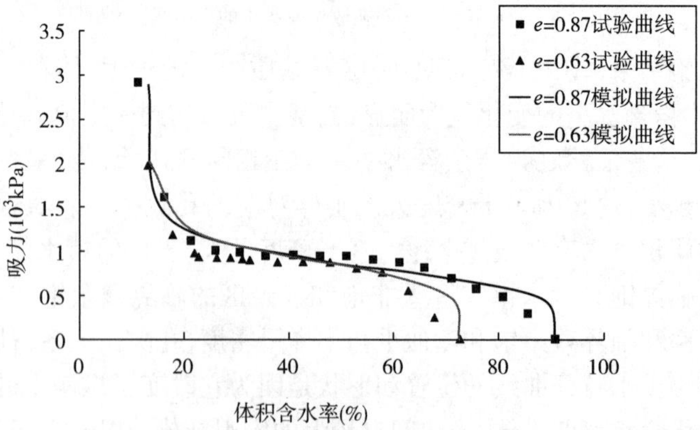

图 1-1-9　不同孔隙比的土水特征曲线

某红黏土的土-水特征曲线见图 1-1-10。从图可以看出,密度大的土体残余含水率较大,含水率变化较小;密度小的土体残余含水率较小,含水率变化较大。

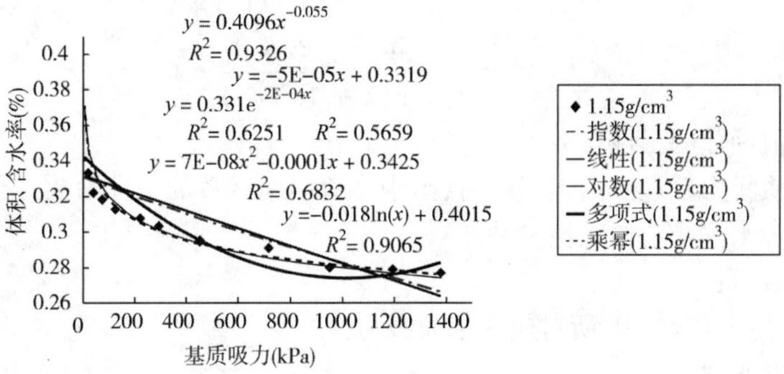

a)

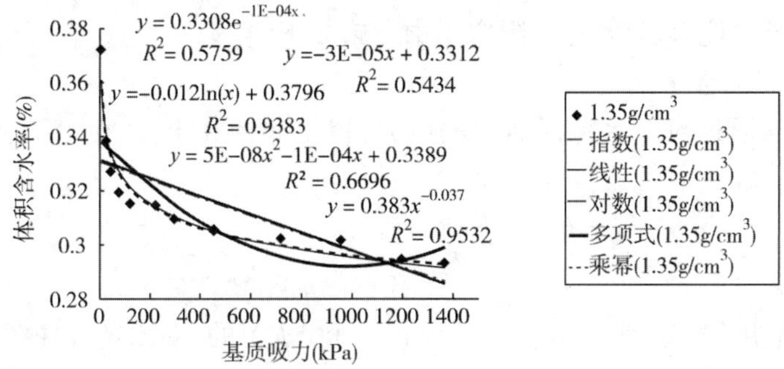

b)

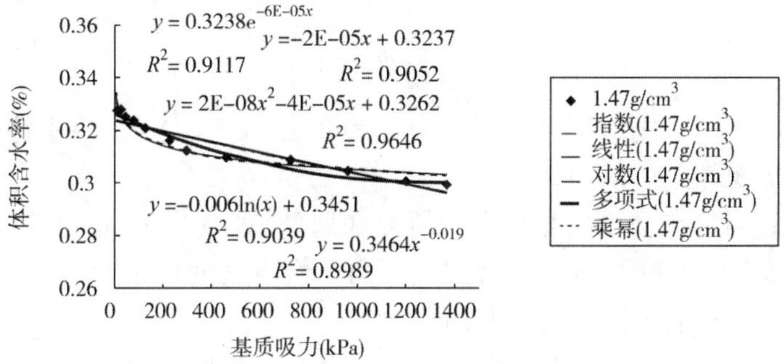

c)

图 1-1-10　含水率与基质吸力关系拟合曲线

1.1.1.4　土-水特征曲线的数学模型

对于非饱和土,土-水特征曲线的数学模型并不是唯一的。土的类型不同,所得出的数学模型也有所不同,依据其数学表达式的形式可分为以下 4 类。

(1)以对数函数的幂函数形式表达的数学模型

Fredlund 等通过对土体孔径分布曲线的研究,用统计分析理论推导出适用于全吸力范围的任何土类的土-水特征曲线表达式:

$$\frac{\theta}{\theta_s} = F(\psi) = \frac{C(\psi)}{\{\ln[e + (\psi/a)^b]\}^c} \tag{1-1-1}$$

$$C(\psi) = 1 - \frac{\ln(1 + \psi/\psi_r)}{\ln(1 + 10^6/\psi_r)} \tag{1-1-2}$$

式中：a——进气值函数的土性参数；

b——当基质吸力超过土的进气值时，土中水流出率函数的土性参数；

c——残余含水率函数的土性参数；

ψ——基质吸力；

ψ_r——残余体积含水率 θ_r 所对应的基质吸力；

θ——体积含水率；

θ_s——饱和体积含水率。

公式(1-1-1)形式较为复杂，在实际应用中有诸多不便。

(2)幂函数形式的数学模型

Van Genuchten 通过对土水特征曲线的研究，得出非饱和土体含水率与基质吸力之间的幂函数形式的关系式：

$$\frac{\theta - \theta_r}{\theta_s - \theta_r} = F(\psi) = \frac{1}{[1 + (\psi/a)^b]^{1-\frac{1}{b}}} \tag{1-1-3}$$

公式(1-1-3)适用于基质吸力变化范围为 $\psi \in [0,\psi_r)$ 的土-水特征曲线。

(3)土-水特征曲线的分形模型

依据分形孔隙数目与孔径之间关系和 Young-Laplace 方程得到分形模型的通用表达式：

$$\frac{\theta - \theta_r}{\theta_s - \theta_r} = F(\psi) = \left(\frac{\psi}{\psi_b}\right)^{D_v-3} \tag{1-1-4}$$

公式(1-1-4)适用于描述基质吸力变化范围为 $\psi \in [\psi_b,\psi_r)$ 的土-水特征曲线。

(4)对数函数形式的数学模型

包承纲等通过对非饱和土气相形态的研究和划分，对照 Fredlund 等的土-水特征曲线公式(1-1-1)，发现该曲线在进气值和残余含水率两个特点之间近乎为一条直线。于是建议以对数方程来表征土-水特征曲线，并将其简化为：

$$\frac{\theta - \theta_r}{\theta_s - \theta_r} = F(\psi) = \frac{\lg\psi_r - \lg\psi}{\lg\psi_r - \lg\psi_b} \tag{1-1-5}$$

公式(1-1-5)适用于基质吸力变化范围为 $\psi \in [\psi_b,\psi_r]$ 的土-水特征曲线。ψ_b 为土的进气值。

1.1.1.5 关于土-水特征曲线的推论

土-水特征曲线从饱和含水率 θ_s 时基质吸力为零到残余含水率 θ_r 时基质吸力接近上限，总体上随含水率的减小基质吸力逐渐增大，但在不同含水率范围，基质吸力的变化有所不同，大致可以分为五个阶段(其中有两个过渡段和三个主要阶段)，每个阶段土孔隙中水的赋存状态和水-土颗粒作用机制均不同。

第Ⅰ阶段,土体处于饱和阶段,土孔隙中为能够传递压力的自由水,没有水-气接触面存在,也没有由表面张力产生的毛细粒间应力,物理化学作用力也是一个常数。这一阶段的基质吸力为零。当基质吸力到达最大进气值 $(u_a - u_\omega)_b$ 时,气体开始进入土体。这个阶段只需要用饱和土的有效应力原理就可以描述土体的力学特性。

第Ⅰ过渡段,饱和含水过渡到典型非饱和含水阶段。当基质吸力超过最大空气进气值时,土体开始进入非饱和状态,土体中的水主要以弱结合水和粒间毛细水的形式存在,土颗粒接触点处的水膜是连续的,孔隙气以分散的气泡形式存在于孔隙中。粒间毛细应力开始缓慢增加,土体中的作用力主要为物理化学作用力,其次为毛细作用力。这一阶段随着含水率的减小基质吸力缓慢增加。

第Ⅱ阶段,典型非饱和阶段。土体中的水主要为结合水,弱结合水膜变薄,逐渐消失。为毛细作用快速发挥阶段,这一阶段毛细力、范德华作用力迅速增大,双电层应力和化学胶结作用力也有一定增长。这一阶段随着含水率减小基质吸力迅速增大。

第Ⅱ过渡段,从典型非饱和阶段(第Ⅱ阶段)过渡到残余含水阶段(第Ⅲ阶段),土体中的弱结合水逐渐变为强结合水,基质吸力随含水率的减小而迅速增大。

第Ⅲ阶段,残余含水阶段。土体中的水为强结合水,它们吸附在颗粒的表面,孔隙气处于连通状态。这一阶段中含水率极其微小的变化将导致基质吸力大幅度增加。这时颗粒间作用力得到充分发挥。

这三个阶段(饱和阶段、典型非饱和阶段、残余含水阶段),可以分别采用直线进行回归,每相邻两个阶段回归线的交点即为进气点 $(u_a - u_\omega)_b$(饱和阶段直线与典型非饱和阶段直线交点)和残余含水点 θ_r(典型非饱和阶段直线与残余含水阶段直线交点),其对应的土-水特征曲线的三个阶段的斜率大小分别为缓(小)→陡(大)→缓(小)。有时,饱和阶段的区间不是很大,该阶段的含水区域不是很大,可以忽略不予考虑。两个过渡阶段(即第Ⅰ过渡段,饱和含水过渡到典型非饱和含水阶段;第Ⅱ过渡段,典型非饱和含水过渡到残余含水阶段。)会存在一定的误差,但过渡段较短,可以忽略。对于粗粒土(如砂土),饱和含水区对基质吸力的影响不明显;在残余含水区,基质吸力有所增加,但增加的量值也不如细粒土(如黏土)明显,可以忽略饱和含水区及残余含水区,采用单一的线性回归也具有较高的回归系数。

1.1.2　非饱和土变形的基本理论

1.1.2.1　地基、地面沉降变形的危害

(1)对建筑物

在地面沉降强烈地区,伴随地面垂直沉降而发生较大的水平位移,往往会对地面和地下建筑物造成巨大危害,使得地面、路面、铁轨、桥墩、建筑物墙体、支柱、桁架以及地下各种管道(输油管、输水管)遭到严重破坏。

(2)对桥梁

桥墩下沉,桥梁净空减小会影响江河的航运。如上海苏州河以往每天 2000 条大中小船通过,运输量达$(100\sim120)\times10^4$t。现因桥下净空减小使得大船不能通航,运输量大幅度降低。

(3)对港口

港口由于码头、堤岸的沉降会丧失或降低港湾设施能力。如美国长滩因地面沉降而失去效应,上海外轮停靠码头由于标高的不断降低导致在高潮日江水上岸,装卸无法进行。

1.1.2.2 非饱和土变形的基本特性

(1)基质吸力

土体在干燥过程中,随着土体饱和度的降低,基质吸力增大使得土体发生收缩变形。在土体失水收缩基质吸力增大的过程中,当基质吸力达到屈服吸力 s_0 时,屈服吸力 s_0 将试样收缩过程分为弹性和弹塑性两个阶段。当基质吸力继续增大到一定值后,基质吸力的增大不会引起土体的进一步收缩,此吸力称为缩限吸力 s_s。屈服吸力和缩限吸力将整个失水收缩过程分为三个阶段:弹性阶段、弹塑性阶段和缩限阶段。

(2)缩限吸力

缩限吸力 s_s 可假定为土体的缩限含水率在土-水特征曲线中所对应的基质吸力,不同类型土体的缩限吸力的大小并不相等,塑性指数越大缩限吸力也就越大。

(3)压缩变形

净平均应力和基质吸力的增大均可使土体产生压缩变形。固结压缩曲线只分为弹性阶段和弹塑性阶段;而在干燥收缩过程中,屈服吸力和缩限吸力将收缩过程分为弹性阶段、弹塑性阶段和缩限阶段。在干燥收缩过程中,即在饱和度减小至0.90的过程中,试样孔隙比迅速减小,试样的收缩变形基本在此阶段完成;当试样饱和度减小到0.70时,试样的孔隙比基本保持不变。

(4)沉降和隆起

在某些情况下非饱和区域的沉降或隆起变形量是不可忽略的,如果按照传统的计算方法仅仅考虑饱和区的沉降或隆起变形量,则计算结果与实际情况相差较大。当库水位升降导致地下水位升降会引起饱和土区域和非饱和土区域的沉降或隆起变形时,需分别估算饱和土区域(即 $u_a - u_\omega \geqslant 0$)和非饱和土区域(即 $u_a - u_\omega < 0$)的沉降或隆起变形量。对于饱和区可利用饱和土的有效应力原理来计算土体有效应力增大而引起的压缩变形量;对于非饱和区可采用非饱和土的体变本构模型分别计算土体由于基质吸力增大而引起的收缩或膨胀变形量和净平均应力减小而引起的回弹变形量。

地下水位的升降将导致部分饱和土区域转变为非饱和区域或部分非饱和土区域转变为饱和区域,原非饱和区土体饱和度的减小将导致净应力降低和基质吸力增大,从而导致沉降变形;当地下水位上升时,原非饱和区土体饱和度的增加将导致净应力降低和基质吸力减小,饱和区的有效应力降低,从而导致隆起变形。由于非饱和区域应力和含水状态的改变使得土层发生沉降或隆起变形,饱和区域也同样发生沉降或隆起变形。对于饱和土区域,地下水位的变化使土体有效应力变化,导致饱和土沉降或隆起变形;对于非饱和土区域,地下水位的升降会引起非饱和土体饱和度的变化,导致基质吸力变化使土体发生收缩或隆起变形。而现有的很多沉降数学模型并没有考虑非饱和区的沉降或隆起量,不能全面对土层沉降或隆起进行分析,因此用现有模型来计算水位线的降低导致地面沉降或隆起问题也许会低估地面的沉降或隆起量。

多数情况下,相同土体在含水率不同时表现出截然不同的特性。不同类型的非饱和土性质差别主要表现在固结变形和有效应力状态。Barden(1965)按照非饱和土的饱和度(饱和度 $s_r = \frac{V_w}{V_v}$,即土中水的体积 V_w 与孔隙体积 V_v 之比,用%表示,表示水在孔隙中充满的程度)和干湿度将非饱和土分为五种,如表 1-1-1 所示。Barden 认为通常研究的非饱和土的饱和度一般介于 20%~90%之间,s_r <20%和 s_r >90%的非饱和土属于两类特殊的非饱和土,分别被称为干土和饱和土。

Barden 根据干湿度建议的非饱和土分类方法　　表 1-1-1

土类型	饱和度界限	干湿程度	水、气形态	有效应力 σ' 公式
1	$s_r<50\%$	很干或稍湿	孔隙水吸附于土粒表面,气体连通,并与大气相通,固结排出全部为气体	$\sigma' = \sigma - u_a$
2	$50\%<s_r<90\%$	湿	孔隙水不能流动,孔隙气连通,并与大气相通,固结排出以气体为主	$\sigma' = \sigma - u_a + \chi(u_a - u_w)$ 基质吸力很大
3	$s_r=90\%$	$w = w_{op}$	孔隙水和孔隙气同时流动且流动速率属于同一量级	$\sigma' = \sigma - u_a + \chi(u_a - u_w)$ 孔隙水压力为正值
4	$90\%<s_r$	很湿,近饱和	孔隙水将气泡封闭起来,孔隙气与大气不通,渗气系数很小,气泡不能移动	$\sigma' = \sigma - u_a + \chi(u_a - u_w)\chi \to 1.0$
5	$95\%<s_r$	饱和	孔隙气以气泡形式存在	$\sigma' = \sigma - u_w$

1.1.2.3　土体干燥失水过程

在干燥收缩过程中,土体含水率不断减小,基质吸力不断增大,导致土体压缩变形。在基质吸力小于空气进气值 s_{air} 时土体中孔隙气以气泡形式存在,且土体饱和度接近 100%,基质吸力的增加与净应力增加的效果相同;当土体基质吸力超过空气值 s_{air} 时,土体饱和度降低、基质吸力增大,引起土体收缩变形。当土体基质吸力大于空气进气值 s_{air} 后,随着吸力的继续增大,土体总体积的减小逐渐减缓而土体水体积的变化却明显增大,土体总体积变化 Δe 要小于水体积的变化 Δe ($= V_w/V_s$)。

1.1.2.4　土体吸水湿化过程

对于特定的土类,在土体吸湿过程(吸力降低)中可能发生膨胀,也可能湿陷。具体情况与土体所承受的应力水平和状态有关,且受到土体初始状态(如土体初始含水率和干密度)的影响。Alonso(1987)认为非饱和土在吸湿过程中,在较低应力条件下土体发生膨胀,在较高应力条件下土体可能会产生沉陷而产生不可恢复的塑性变形。

1.1.2.5　干湿循环过程

在干湿循环过程中,非饱和土的土-水特征曲线会产生滞回效应。不仅土的性质,如矿物成分、颗粒形状和级配、密实度是影响土-水特征曲线的重要因素，而且即使是同一种土，不同的干湿路径对土-水特征曲线的形状也有很大影响。对于增湿和脱湿过程，非饱和土的土-水特征曲线的路径明显不同，而且一般情况下两条路径的差别很大。即使同是增湿或脱湿过程，不同的循环次数或不同的起始点也会导致土-水特征曲线沿着不同的路径发展。图 1-1-11是 Richard 和 Fireman 得到的二次干湿循环土-水特征曲线。

1.1.2.6 净平均应力发生变化

一般来说，非饱和土在压缩变形过程中，其硬度随着吸力的增加而增大。硬度的增大表现在非饱和土的屈服应力和刚度随着吸力的增大而增大。平均净应力的增大导致土体不断发生压缩变形。Wheeler 和 Sivakmar 试验结果表明，随着吸力的增大土体的刚度明显增加，如图 1-1-12 所示[注：土的比容 γ (specific volum)表示当固体颗粒的体积假定为 1 时，空隙的体积则为 e，即比容 ν 等于固体颗粒与空隙体积之和 $1+e$]。

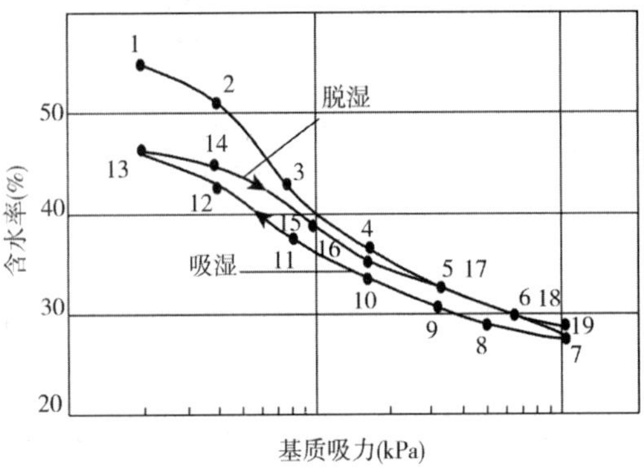

图 1-1-11 Alken 黏土的多次滞回土-水特征曲线

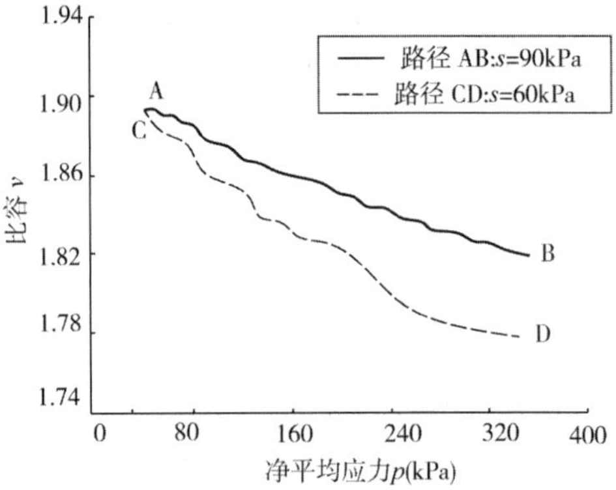

图 1-1-12 净平均应力引起的体积变形

1.1.2.7 基质吸力和净平均应力同时发生变化

描述非饱和土的应力状态一般采用两个独立应力状态变量。最常采用的是净平均应力($\sigma=\sigma_m-u_a$)和基质吸力($u_s=u_a-u_\omega$)。Lloret 和 Alonso 将孔隙比和饱和度与独立的两个状态变量($p-u_a$)和(σ_a-u_ω)的关系进行点绘便可得到三维的状态面，如图 1-1-13 和图1-1-14 所示。

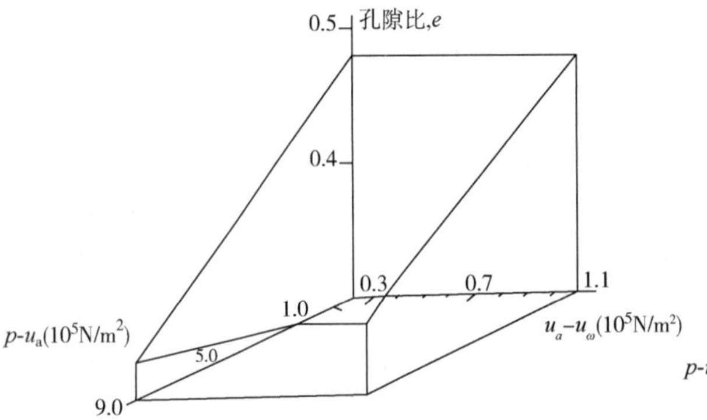

图 1-1-13 孔隙比状态面

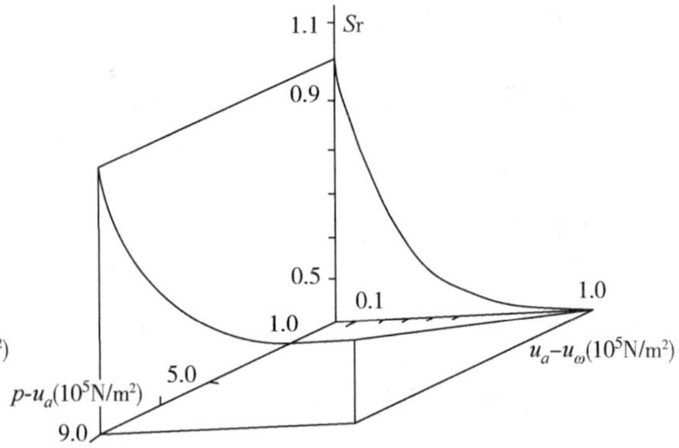

图 1-1-14 饱和度状态面

1.1.2.8　收缩曲线

收缩曲线反映土体含水率与孔隙比之间的关系。在干燥失水过程中,土体发生收缩而导致孔隙比不断减小,试样体积达到恒定而不继续缩小时的界限含水率称为缩限。试样在干燥过程中含水率与孔隙比之间的关系如图 1-1-15 所示。从图 1-1-15 可以看出,粉质黏土的收缩性最大,而砂土基本不具有收缩性。对该关系进行量化,发现采用二次多项式、线性、指数函数拟合较好,如表 1-1-2 所示。

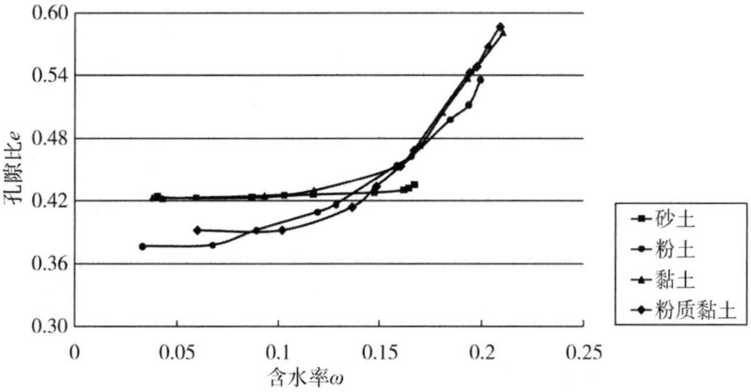

图 1-1-15　不同类型土的干燥收缩曲线

不同类型土孔隙比(e)与含水率(ω)的回归关系　　表 1-1-2

土体类别	关系式	相关系数
砂土	$e=0.974\omega^2-0.1272\omega+0.4268$ $e=0.4175e^{0.1965\omega}$ $e=0.084\omega+0.4174$	$R^2=0.9304$ $R^2=0.8052$ $R^2=0.8028$
粉土	$e=6.8424\omega^2-0.6944\omega+0.3936$ $e=0.3284e^{2.1799\omega}$ $e=0.9628\omega+0.3141$	$R^2=0.9953$ $R^2=0.9181$ $R^2=0.8954$
黏土	$e=9.8905\omega^2-1.6164\omega+0.4747$ $e=0.3788e^{1.5923\omega}$ $e=0.7659\omega+0.3693$	$R^2=0.971$ $R^2=0.7553$ $R^2=0.7282$
粉质黏土	$e=13.89\omega^2-2.439\omega+0.49$ $e=0.2955e^{3.0025\omega}$ $e=1.4223\omega+0.2554$	$R^2=0.9987$ $R^2=0.8579$ $R^2=0.8322$

1.1.2.9　干燥收缩过程中孔隙比和含水率关系曲线

在土体干燥收缩过程中,各个阶段含水率对应的基质吸力可以由土-水特征曲线得到。结合收缩曲线和土-水特征曲线,可以得到土体在零净平均应力条件下失水收缩过程中基质吸力与孔隙比之间的关系,如图 1-1-16 所示。随着基质吸力的增加土体的孔隙比不断减小,土体发生收缩,与增加净平均应力相同。增加基质吸力也能使土体屈服,Alonso 等人提出的吸力增加屈服条件为:

$$s = s_0 = \text{const} \tag{1-1-6}$$

式(1-1-6)代表的屈服曲线(after suction increase)将土体的变形划分为二个区域,当 $s < s_0$ 时,土体处于弹性区域;反之,土体处于弹塑性区域。一般情况下认为 s_0 为土体在历史上曾经受过的最大基质吸力。

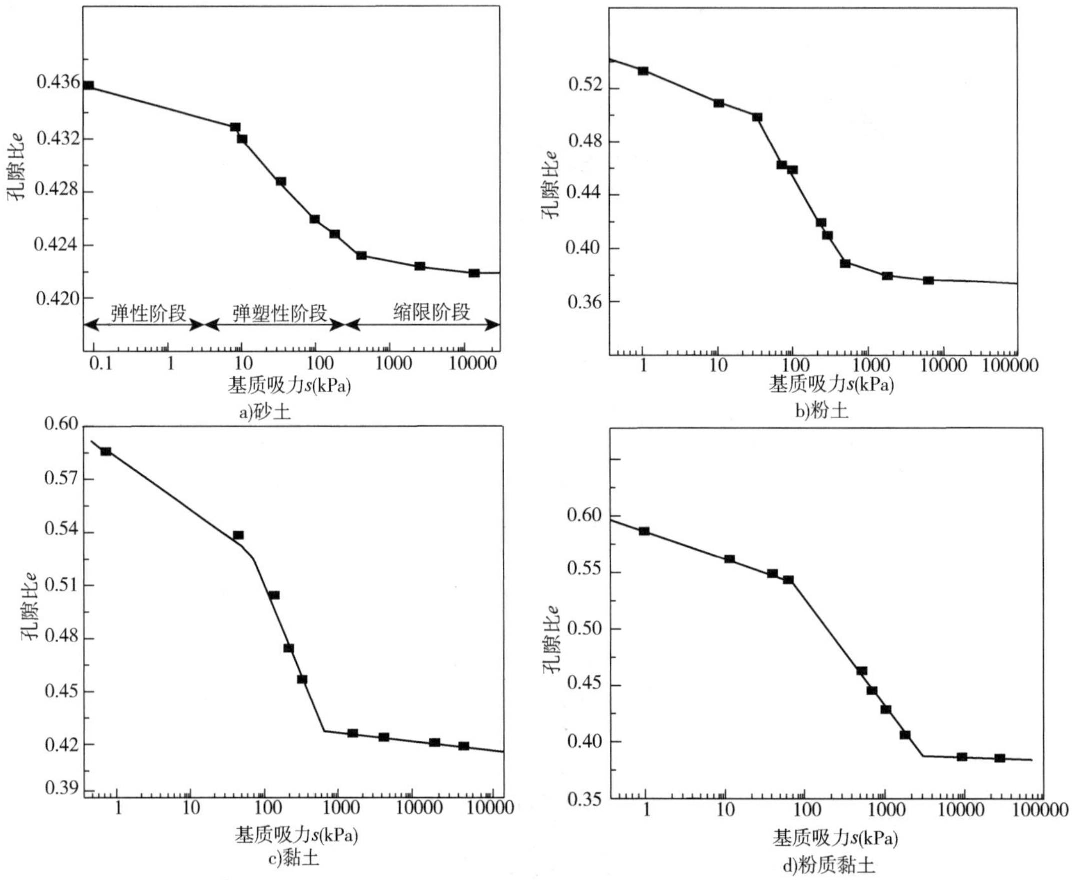

图 1-1-16 干燥过程中试样基质吸力与孔隙比之间的关系

从图 1-1-16 可以看到,当基质吸力增大到某一特定值时,土体的孔隙比基本保持不变,即基质吸力继续增大不会引起土体的收缩,称此基质吸力为缩限吸力 s_s 。由于土体在失水收缩过程中,当土体的含水率达到缩限含水率 ω_s 后,土体含水率的降低基本上不会引起土体的进一步收缩,而由土-水特征曲线中可知土体的基质吸力却不断增大,所以在失水收缩过程中当基质吸力达到缩限吸力以后,基质吸力的增大不会引起土体的进一步变形。根据以上分析可知,土体的缩限吸力 s_s 和缩限含水率 ω_s 是相互对应的,即可假定土体收缩界限吸力 s_s 等于缩限含水率 ω_s 在土-水特征曲线中对应的基质吸力 s_s' 。土体缩限吸力 s_s 和吸力 s_s' 相差不大。

从图 1-1-16 可知,屈服吸力 s_0 和缩限吸力 s_s 将土体收缩过程分为三个阶段:弹性阶段、弹塑性阶段和缩限阶段。在各个阶段定义直线的斜率为体积收缩指数 $C_m = \Delta e/\Delta \lg u_s$。

砂土收缩指数很小,可认为砂土基本上不具有收缩性。粉质黏土的收缩指数虽然比黏土稍低,但是粉质黏土的收缩区域要远大于黏土,所以粉质黏土的收缩性要大于黏土。对于这四种土体,在缩限区域的收缩指数都仅仅是弹塑性区域收缩指数的4%左右。由此可见,在缩限阶段土体的孔隙比基本保持不变的假设是正确的。

从图 1-1-16 可以看出,不同类型的土,其弹塑性界限和缩限对应的基质吸力也是不同的。随着土粒直径的减小,弹塑性界限的基质吸力增大,缩限基质吸力也增大。

不同类型土体的缩限吸力大小并不相等。土体的塑性指数越大,缩限吸力也越大,如图 1-1-17所示。

在干燥收缩过程中土体的饱和度 s 可由公式 $s = wG_s/e$(e 为孔隙比,G_s 为土粒相对密度,w 为含水率)求出,则试样的饱和度与孔隙比之间关系如图 1-1-18 所示。从图 1-1-18 可以看到,对于这四种试样,当饱和度 s 在减小至 0.90 的过程中土体孔隙比迅速减小;土体饱和度 s 处于 0.90 和 0.70 之间时,土体孔隙比缓慢减小;当土体饱和度 s 减小到 0.70 以下时,土体的孔隙比基本保持不变。由此可见,土体干燥过程中当饱和度减小到 0.9 时,土体的收缩变形基本在此阶段完成。

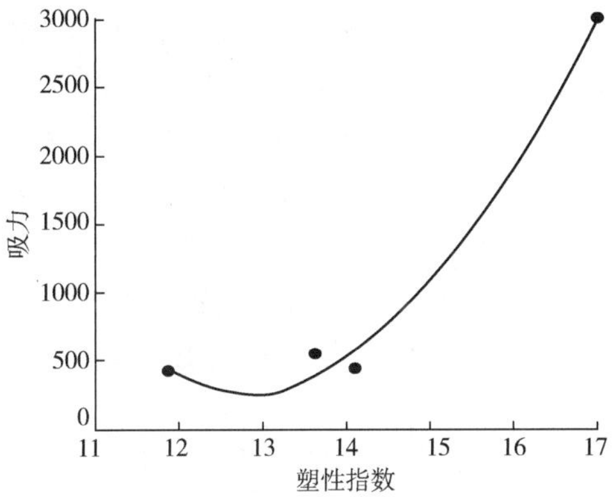

图 1-1-17　塑限指数与缩限吸力的关系

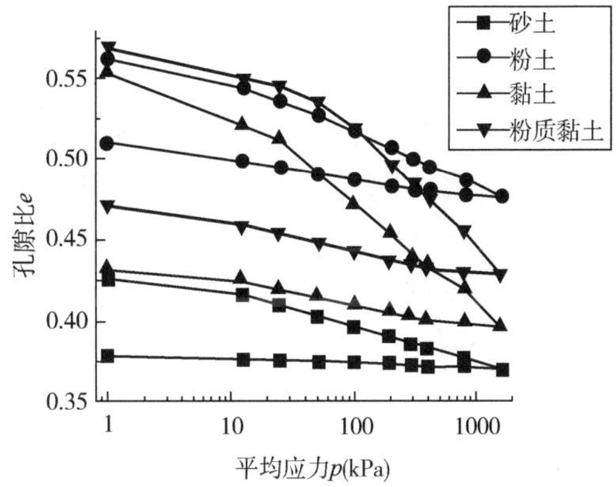

图 1-1-18　平均净应力与孔隙比的关系

从图 1-1-16 和图 1-1-18 可以看到,随着基质吸力或净平均应力的增大,都可以使土体压缩变形。但是,屈服吸力和缩限吸力将干燥收缩过程(即基质吸力不断增大过程)分为三个阶段:弹性阶段、弹塑性阶段和缩限阶段。当吸力增大到缩限吸力后,基质吸力的增大对于土体的压缩并无明显影响,即试样孔隙比基本保持不变。而对于固结压缩曲线,压缩曲线只分为弹性阶段和弹塑性阶段,即随着净平均应力的增大试样不断地被压缩。

非饱和土三轴试验结果表明,即使在净应力和吸力路径相同的条件下,具有不同饱和度试样的应力-应变关系和强度也是不同的。以净应力和吸力为应力状态量建立的非线性弹性本构模型或弹塑性本构模型,均不能反映这种因饱和度不同而引起的应力-应变关系和强度的不同。

土体的收缩指数和土-水特征曲线均与净平均应力密切相关。并且,当土体重新饱和后(即基质吸力卸载到 0kPa),在低净平均应力下土体发生膨胀,而在较高净平均应力下土体膨胀变形后仍可能会发生压缩变形现象。

水库水位升降引起库岸周围土层沉降或隆起是一个随时间和空间不断发展的动态过程，沉降或隆起变形具有与时间和空间的相关性。①水库降水后对库岸周围土体产生的沉降是一个逐渐发展过程，饱和度较高的区域沉降量较大，饱和度较小的区域沉降量较小。②水库降水引起对库岸周围土层的沉降变形是一个随时间逐渐向外扩展的过程，在离库岸边不同距离处有着不相同的沉降速度且沉降曲线形状相差较大。在距库岸边较近处，不仅沉降量大而且沉降速率快，水库降水后在较短时间内发生了明显的沉降，在库岸边较远处则情况相反。可以推论：当库水位升高时，靠近水库一侧的路基或库岸地下水位升高较大，饱和区范围增大，非饱和区范围缩小，且非饱和区的含水率增加，导致饱和区的有效应力降低，非饱和区的基质吸力降低，从而引起路基或库岸的饱和区或非饱和区产生回弹膨胀，地面隆起；且越靠近水库，隆起变形值越大，而越远离水库隆起变形越小；隆起变形的差异，可能导致水库库岸或路基开裂。在水库水位降低时，由于地下水位的降低，原来的库岸或路基靠近水库的一侧地下水位降低很多，而靠近山体的一侧地下水位变化不大。由于库水位降低而引发的饱和区有效应力增大，而非饱和区扩大和基质吸力的增加，从而导致路基或库岸固结，沉降变形进一步加大。且越靠近水库，沉降变形值越大，而越远离水库沉降变形越小；沉降变形的差异，导致水库库岸或路基开裂。在水库不断蓄、泄水过程中，库岸或库岸路基产生重复的膨胀隆起和沉降变形，导致开裂变形越发严重。对于不同土质或填料的路基，这种沉降或隆起变形的情况是不同的。根据图 1-1-11，可以看出在水库蓄、泄水过程中，即使含水率变化相同，但是在干湿循环过程中，同一种材料基质吸力与含水率并不是一一对应的，而对于不同的材料，其产生的基质吸力也是不一样的，相同含水率产生的变形值也是不一样的（图 1-1-15 和图 1-1-18）。从图 1-1-15 和图 1-1-18 看出，含水率对砂土的变形基本不产生任何影响，而对粉质黏土、黏土产生很大的影响。因此，为了减小库水位变化引起的隆起或沉降变形对路基、路面产生的不利影响，在库水位影响范围内应尽量采用砂土、碎石、块石等粗颗粒土体或石料填筑路基，避免采用黏土、粉质黏土等细粒土作为路基填料。

当裂缝产生后，降雨或地面雨水会顺着裂缝向下渗入，导致更深层的岩土体软化，力学强度和弹性模量指标下降，边坡更容易发生滑动和变形，库岸建构筑物更容易变形和破坏。

1.1.3 非饱和土强度的基本理论

饱和土的抗剪强度指标的测试已形成了一套完善、独立的系统，但工程中所遇到的土体，多数是以非饱和土性态存在，虽然部分工程能够用饱和土理论近似解决，但经典的饱和土力学原理与概念并不完全符合非饱和土的实际性状，有的计算结果与实际差异较多。因此，人们逐渐把非饱和土理论应用于工程实践。

1936 年太沙基（Terzaghi）在数学形式上定义了饱和土的有效应力 σ'，表达为总应力 σ 和孔隙水压力 u_ω 的差值：

$$\sigma' = \sigma - u_\omega \tag{1-1-7}$$

毕肖普（Bishop）在太沙基有效应力公式的基础上修改完善的非饱和土有效应力，其公式如下：

$$\sigma' = \sigma - u_a + \chi(u_a - u_\omega) \tag{1-1-8}$$

其中：u_a 为空气压力，“非饱和土有效应力系数”χ 是表示一个介于 0～1.0 之间的数值，其值与土的性质和孔隙水的饱和程度有关；$(\sigma - u_a)$ 是净正应力；$(u_a - u_\omega)$ 是非饱和土中存在的基质吸力。公式(1-1-8)中χ 等于 0 时对应完全干燥的状态，这时公式(1-1-8)可写成：$\sigma' = \sigma - u_a$；χ 等于 1 时对应完全饱和状态，这时公式(1-1-8)可写成：$\sigma' = \sigma - u_\omega$。

修改后的有效应力公式代入经典的莫尔-库仑理论来表示非饱和土的抗剪强度：

$$\tau_f = c' + [\sigma - u_a + \chi(u_a - u_\omega)]\tan\varphi' \tag{1-1-9}$$

式中：c'——有效黏聚力；

φ'——有效内摩擦角。

但在实际应用中χ 是不确定的，χ 随饱和度的变化而变化。

Morgenstem 和 Fredlund 提出独立应力状态变量法表达的非饱和土抗剪强度公式，净正应力 $(\sigma - u_a)$ 和基质吸力 $(u_a - u_\omega)$ 在表达非饱和土的力学性能中就视为两个独立的变量，这样抗剪强度可定义为：

$$\tau_f = c' + (\sigma - u_a)\tan\varphi' + (u_a - u_\omega)\tan\varphi^b \tag{1-1-10}$$

式中：c'——有效凝聚力；

$(\sigma - u_a)$——破坏时在剪切面上的净法向应力；

φ'——有效内摩擦角。

公式中前两项构成了经典的莫尔-库仑破坏准则，第三项引入了一个额外的摩擦角 φ^b 来表示基质吸力对抗剪强度的贡献，它随着基质吸力的增加而增大。

许尚杰等人认为 φ^b 值与含水率、干密度、有效黏聚力和有效内摩擦角等具有一定的相关性，这 4 个参数能够反映土的物理状态和力学性能，通过它们可以预测 φ^b 值。

为能在抗剪强度 τ_f 与净法向应力 $(\sigma - u_a)$ 的二维平面上表示出土体的抗剪强度包线，将上式中的第 1 项和第 3 项合并，$C = c' + (u_a - u_\omega)\tan\varphi^b$，得到：

$$\tau_f = C + (\sigma - u_a)\tan\varphi \tag{1-1-11}$$

式中：C、φ——相同吸力下土体强度包线在抗剪强度与净法向应力二维平面上的投影：对于饱和土体，$C = c'$，$\varphi = \varphi'$；对于非饱和土体，$C = c' + (u_a - u_\omega)\tan\varphi^b$，$\varphi$ 通常认为与 φ' 相接近，但实际结果常呈现差异性。

毕肖普定义的非饱和土有效应力没有切实考虑物理化学机制和表面张力机制中的颗粒间应力，概念并不是十分明确。非饱和土的有效应力应包括由颗粒骨架承担的净正应力和由颗粒间的物理化学力、毛细力及负孔隙水压力（基质吸力）组成的吸应力，其中吸应力的大小与土的物质组成和饱和度密切相关[5]。为此，目前国内外一般采用 Morgenstem 和 Fredlund 提出的非饱和土的强度理论为计算的理论基础。但该理论中的关键参数吸力内摩擦角 φ^b 的测定成为制约其工程应用的瓶颈。由于非饱和土试验仪器设备昂贵，试验操作过程复杂费时，特别是非饱和土中的吸力量测困难，一般的岩土工程实验室无法通过非饱和土剪切试验方法来准确求得 φ^b。Vanapalli 和 Fredlund（1995）在非饱和土微观分析的基础上，提出了用土-水特征曲线来预测非饱和土抗剪强度的经验分析模型，但该模型也不是一般专业技术人员所能掌握的。

这两种不同方法描述应力状态和非饱和土相应的工程特性，理论和试验的难点是有效应力系数χ 的确定，这样就限制了毕肖普（Bishop）方法在研究和实践中的普遍应用。试验研究表明，有效应力系数$\chi = f(s)$ 不是唯一的。同样，饱和状态下 φ^b 和它的不确定性和不唯一性限制了独立应力变量法在实际工程中的应用。

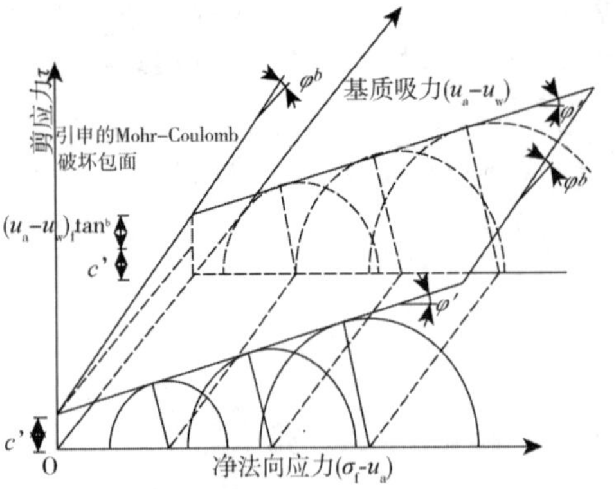

图 1-1-19　非饱和土引申的 Mohr-Coulomb 破坏包面

1.1.3.1　φ^b 的试验确定方法

非饱和土的 Mohr-Coulomb 破坏包面，可以表示在以剪应力 τ 为纵坐标，以两个状态变量 $(\sigma_f - u_a)_f$ 和 $(u_a - u_\omega)$ 为横坐标的三维图中，如图 1-1-19 所示。三维坐标的前初面代表基质吸力为 0 时的饱和土的破坏包线，该状态下孔隙气压力等于孔隙水压力。假定引申的 Mohr-Coulomb 破坏包面是平面，破坏包面在剪应力轴上的截距即为有效黏聚力 c'，破坏包面与 $(\sigma_f - u_a)_f$ 轴和 $(u_a - u_\omega)$ 轴之间的坡角分别为 φ' 和 φ^b。假定 φ' 和 φ^b 均为常数，有效内摩擦角 φ' 表示抗剪强度随净法向应力的增加而增加的情况，φ^b 表示抗剪强度随基质吸力增加而增加的情况，以此来分别表示净法向应力变化和基质吸力的变化对非饱和土的力学性质的影响情况。Fredlund 等人指出，不同地理位置土的 φ^b 值一般都等于或小于 φ' 的值。

要确定非饱和土引申的 Mohr-Coulomb 抗剪强度破坏包面，知道非饱和土的 3 个抗剪强度参数，即有效黏聚力 c'、有效内摩擦角 φ'、基质吸力内摩擦角 φ^b，必须确定剪切破坏时的应力状态变量，确定剪应力 τ 与两个状态变量 $(\sigma_f - u_a)_f$ 和 $(u_a - u_\omega)$ 间的关系，即得到破坏时的净法向应力和基质吸力，主要测试方法分为直接试验和间接推测。

(1)直接试验

非饱和土剪切试验在形式上与饱和试验相同，但由于非饱和土的孔隙中既有水又有气，致使其试验方法和技术比饱和土试验所要求更为复杂，仪器必须能够满足量测或控制孔隙气压力和孔隙水压力的要求，试验过程中要做到孔隙水压力和孔隙气压力的控制和量测、水体积和空气体积变化量测、总体积变化量测。这些对试验人员和设备提出了较高的要求，一般试验室很难达到非饱和土试验的技术要求。近几十年来，各国学者对于非饱和土测试方法进行了大量的研究，但始终未得到适合工程应用的测试方法的改进措施。

(2)间接方法

吸力内摩擦角必须通过非饱和土试验来测定。但由于非饱和土试验仪器设备昂贵、试验操作过程复杂费时，特别是非饱和土中的吸力量测困难，因此，一般的岩土工程试验室无法通过非饱和土剪切试验方法来准确求得抗剪强度参数(如 φ^b)，也正是这个原因使得非饱和土抗剪强度原理没能在工程实践中得到广泛的应用。因此 Vanapalli 和 Fredlund(1995 年)在非饱和土微观分析的基础上，提出了用土-水特征曲线来预测非饱和土抗剪强度的经验分析模型。

Vanepalli 认为，非饱和土中由基质吸力引起的抗剪强度与含水率有密切关系，而土的含水率与基质吸力的关系可以通过土-水特征曲线来描述，所以，由基质吸力引起的抗剪强度与土-水特征曲线之间存在一定的关系。吸应力 σ'_s 与基质吸力 $(u_a - u_\omega)$ 的关系表达为：

$$\sigma'_s = -(u_a - u_\omega)\theta_e = -(u_a - u_\omega)\frac{\theta - \theta_r}{\theta_s - \theta_r} \tag{1-1-12}$$

式中：θ_s、θ_r——饱和及残余体积含水率，避开了吸力内摩擦角项的直接求解；

$(u_a - u_\omega)$——非饱和土中存在的基质吸力；

θ_e——有效体积含水率，体积含水率 θ 是在饱和含水率 θ_s 和残余含水率 θ_r 之间的量。

为此，Vanepalli 提出了用土-水特征曲线来表征的基质吸力引起的抗剪强度的经验公式：

$$\bar{\tau}_f = c' + (\sigma_n - u_a)\tan\varphi' + (u_a - u_\omega)\left(\frac{\theta - \theta_r}{\theta_s - \theta_r}\right)\tan\varphi' \tag{1-1-13}$$

吸应力与基质吸力之间的公式也可以采用式(1-1-14)的函数关系。

$$\sigma'_s = -(u_a - u_\omega)\left[\frac{1}{1 + \{\alpha(u_a - u_\omega)\}^n}\right]1 - \frac{1}{n} \tag{1-1-14}$$

$$\sigma'_s = -\frac{1}{\alpha}\frac{\theta - \theta_r}{\theta_s - \theta_r}\left\{\left(\frac{\theta - \theta_r}{\theta_s - \theta_r}\right)^{\frac{n}{1-n}} - 1\right\}^{\frac{1}{n}} \tag{1-1-15}$$

通过土-水特征曲线可直接得到吸应力与基质吸力的关系曲线，即吸应力特征曲线如图 1-1-20所示。可以采用乘幂函数回归建立该图的函数关系。

非饱和土中的吸应力包括：范德华力、双电层斥力、化学胶结作用力和毛细作用力，前两个作用力在饱和及非饱和土中都存在，当土体中的水为弱结合水时，此时化学胶结作用力对吸应力的贡献比较大。随着土体由湿润走向完全饱和状态，吸应力减小。

基质吸力对土体抗剪强度的贡献占有相当大的比例，含水率变化对土体抗剪强度的影响非常显著，不容忽视。

1.1.3.2　吸应力特征曲线(SSCC)

吸应力特征曲线为吸应力与含水率之间的关系。图 1-1-21 原状土和重塑土的吸应力特征曲线是在某地黄土土-水特征曲线基础上绘制的，吸应力特征曲线存在与土-水特征曲线相同的几个特征阶段。从图 1-1-21 可看出各个特征阶段所对应的含水率，原状土和重塑土的吸应力特征曲线趋势相同，二者相比会存在数值上的差异。

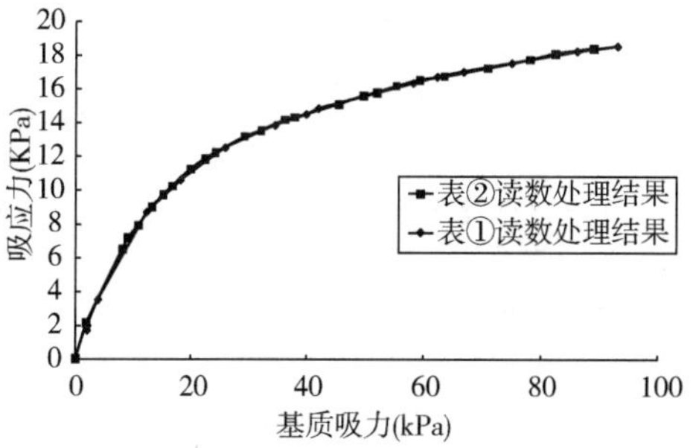

图 1-1-20　吸应力和基质吸力的关系曲线

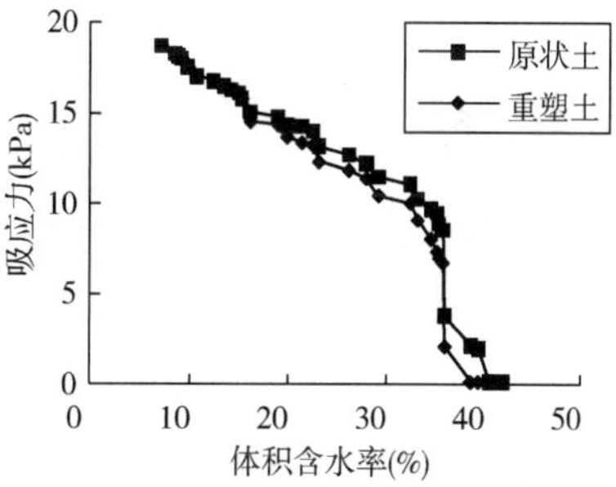

图 1-1-21　原状土和重塑土 SSCC 曲线图

从吸应力与含水率之间的关系看,一般来说,吸应力随着含水率的增加而减小。

由于吸应力与基质应力之间存在对应关系,基质应力与含水率之间又存在对应关系,因此,可以建立岩土体吸应力与含水率或基质应力之间的关系。但是,由于水-土特征曲线随岩土体的不同而不同,因此有不同类型的土-水特征曲线,也就存在不同类型的岩土体吸应力与含水率或基质应力的关系。

1.1.3.3 φ^b 与基质吸力(u_a-u_ω)的关系

非饱和土中抗剪强度中的吸附强度的计算公式为: $\tau_s=(u_a-u_\omega)\tan\varphi^b$ 在 Fredlund 理论中,假定了吸力内摩擦角 φ^b 为常数,然而后续的研究表明, φ^b 是基质吸力 (u_a-u_ω) 的函数。不同学者试验得到的 φ^b 与基质吸力 (u_a-u_ω) 的关系如图 1-1-22 和表 1-1-3 所示,从中总结得到一些结论:①在非饱和状态下, $\varphi^b<\varphi'$ (φ' 为饱和土的有效内摩擦角),当土体接近饱和($s\to0$)时, $\varphi^b\to\varphi'$;② φ^b 随基质吸力 s 的增大而减小;③ s 很大时, φ^b 变化缓慢,趋于某一定值。④在总强度 τ_f 中 τ_s 占有相当大的比例(26.4%~49.5%),如表 1-1-4 所示,在工程中对土体的吸附强度应给予足够重视。

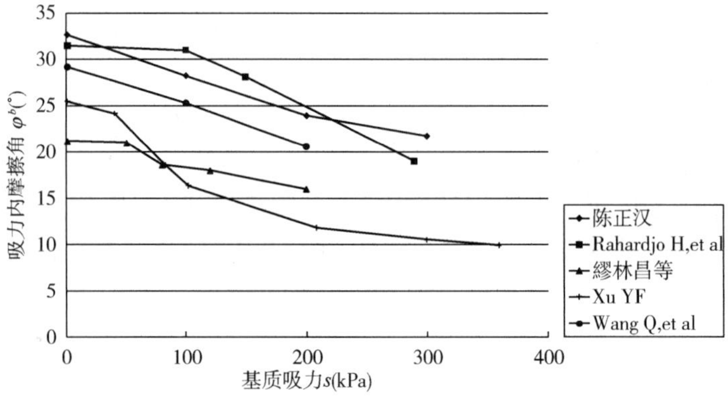

图 1-1-22 压实土的 φ^b~s 曲线

不同吸力下压实土的 τ_s 及 φ^b 表 1-1-3

土样	试验方法	饱和试样		非饱和试样量值							数据来源
		c'(kPa)	φ(°)								
残积土压实	三轴 CD	0	31.5	s(kPa)	100	150	290				Rahardjo H,等
				τ_s(kPa)	60	80	100				
				φ^b(°)	31	28.1	19				
中国南阳膨胀土压实	三轴 CD	35	21.2	s(kPa)	50	80	120	200			缪林昌等
				τ_s(kPa)	19.2	27	39	57.3			
				φ^b(°)	21	18.6	18	16			
中国宁夏膨胀土压实	三轴 UU	36	25.5	s(kPa)	40	83	102	208	300	360	Xu Y. F
				τ_s(kPa)	18	28	30	44	56	63	
				φ^b(°)	24.2	18.6	16.4	11.9	10.6	10	

续上表

土样	试验方法	饱和试样		非饱和试样量值							数据来源
		c'(kPa)	φ(°)								
Botkin 粉土压实*	三轴 CD	11.7	29.2	s(kPa)	100	200					Wang Q 等
				τ_s(kPa)	61.4	75.1					
				φ^b(°)	25.3	20.6					
山西汾阳 Q_3黄土压实	三轴 CD	3.7	32.7	s(kPa)	100	200	300				陈正汉
				τ_s(kPa)	53.9	89.1	119.8				
				φ^b(°)	28.3	24.0	21.8				

注:表中数据由文献中的 $q-\varepsilon_b$ 图整理得到。

τ_s与 τ_f的关系 表 1-1-4

τ_f*(kPa)	τ_s(kPa)	τ_s/τ_f(%)	说 明
121.3	60	49.5	压实残积土,基质吸力 100kPa
112.8	39	34.6	压实中国南阳膨胀土,基质吸力 120kPa
113.7	30	26.4	压实中国宁夏膨胀土,基质吸力 102kPa
129.0	61.4	47.3	压实粉土,基质吸力 100kPa

注:$\tau_f = c' + p\tan\varphi' + \tau_s$,$p$ 为上覆有效压力($p = 100$kPa)。

$(u_a - u_\omega)$ 并不是 $\tau_s\ [=(u_a - u_\omega)\tan\varphi^b]$ 的唯一决定因素,对于压实土,相同的基质吸力下密实状态、环境温度、矿物成分、土体细微观结构和孔隙分布特征均有可能对吸附强度 τ_s 造成影响。

土的强度参数受一系列因素的影响,这些因素既有空间因素,又有时间因素。空间因素包括作为土体内在影响因素的粒度、密度、湿度、结构和作为土的外在影响因素的受力特性、测试方法、扰动程度和环境条件等;时间因素包括应力-应变历史和应变速率。上述任何一种因素的变化都会影响到土体强度参数的数值。

1.2 岩石强度及变形性质与含水率的关系

由于含水率对岩土体的变形和强度性质影响很大,很多学者在此方面开展了试验研究,在此进行一些归纳总结。

1.2.1 岩石含水率与饱水时间的关系

一般来说,岩石的含水率与浸水时间成正比,开始浸水阶段含水率增加较快,一段时间以后含水率增加变缓,最后趋于一定值。

李彦军等对 T_3x 须家河组砂岩进行浸水饱和试验得到:含水率 $\omega\ [\omega=$(湿质量 - 干质量)/ 干质量 × 100%$]$ 和吸水率 ω_a(所吸收水分的质量占干燥材料质量的百分数)值在饱和的初期增加较快,然后逐渐减小,最后基本趋于不变。饱水 1d 后,发生了较大幅度的上升,上升 200%；饱水 2d 后，ω 及 ω_a 值同样不断上升，但上升幅度减缓，其中 ω 值增大了 5.6%，ω_a 值增大了 3.74%。这之后，随饱水时间的延长，ω 及 ω_a 值都继续有增大趋势，但总体上说上升速度较开始阶段缓慢（图 1-2-1）。回归得到砂岩含水率 ω、吸水率 ω_a 与饱水时间的关系式，采用对数（$\omega=a\ln(t)+b$）和乘幂（$\omega=at^b$）关系式回归较好。

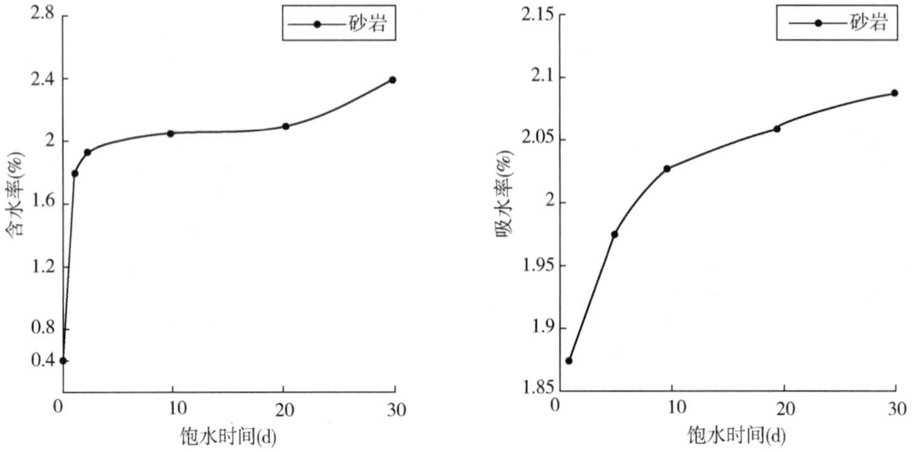

图 1-2-1　砂岩不同饱水时间含水率及吸水率变化曲线

郭建强对不同风化程度的泥质白云岩进行吸水性试验，得到图 1-2-2～图 1-2-4。不同风化程度的岩石，在自然吸水过程中含水率随时间的变化规律为：①岩样含水率在 0～6h 内变化比较明显，而随后的 6～48h 时段内岩样含水率变化趋于平缓；②在 0～6h 和 6～48h 时段内，不同风化程度泥质白云岩含水率随时间变化存在差异。在 0～6h 时段内，强风化泥质白云岩含水率随时间变化最为显著，中等风化岩样次之，微风化岩样含水率随时间变化最小；相反，在 6～48h 时段内，微风化泥质白云岩含水率随时间变化最为显著，中等风化岩样次之，强风化岩样含水率随时间变化最小。

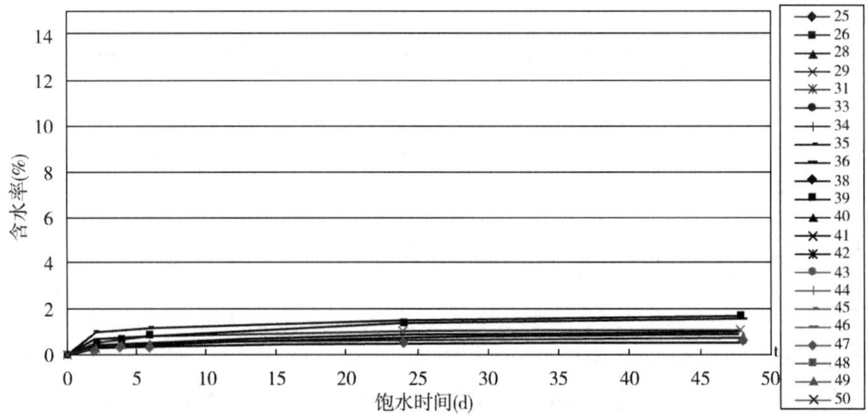

图 1-2-2　微风化泥质白云岩自然吸水过程中含水率随时间变化关系

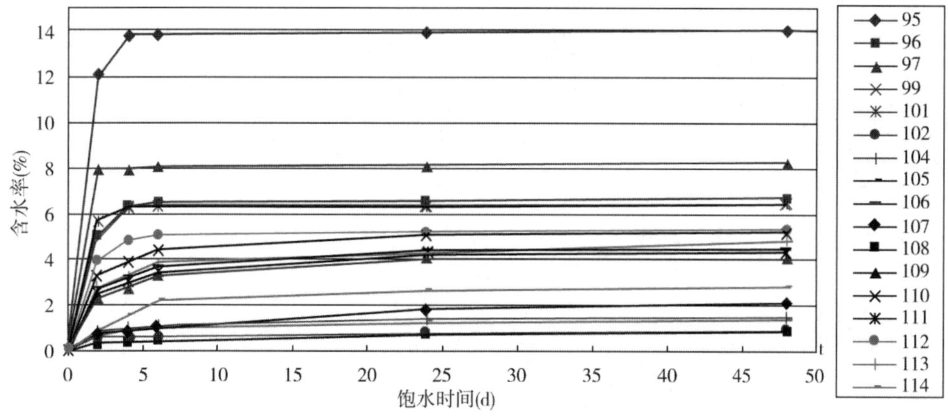

图 1-2-3　中等风化泥质白云岩自然吸水过程中含水率随时间变化关系

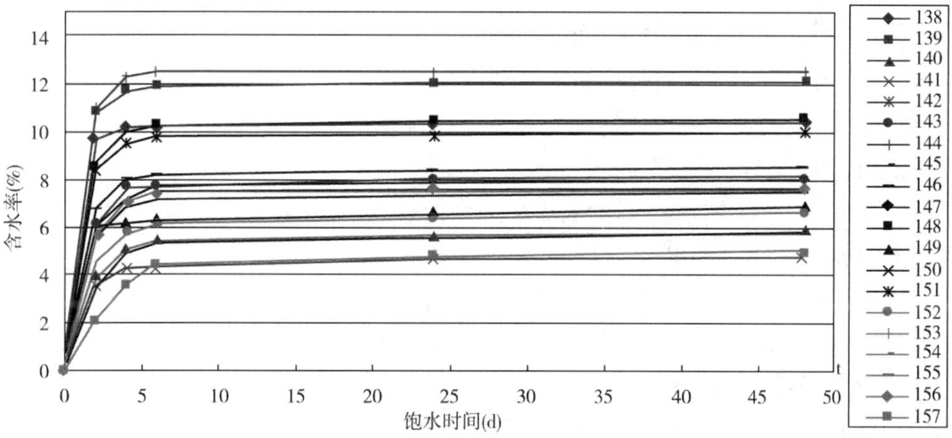

图 1-2-4　强风化泥质白云岩自然吸水过程中含水率随时间变化关系

车平对泥岩进行浸水试验得到含水率与浸水时间的关系,泥岩含水率 ω 在试样浸水后具有较快的增长趋势,而含水率 ω 的递增梯度则随浸水时间的延长而逐渐减小,当泥岩吸水趋于饱和后,其含水率也逐渐趋于稳定。采用对数和乘幂关系式回归较好,如图 1-2-5所示。朱珍德通过对泥板岩的研究也得到了类似的规律,对其采用乘幂和对数函数回归较好,如图 1-2-6 所示。朱珍德将泥板岩含水率与浸水时间的关系用三段直线进行描述,其中第三段为水平直线,认为泥板岩浸水时间大于 750h 后,岩石的含水率基本稳定下来。

在岩石浸水试验中,开始阶段含水率增加较快,然后逐渐降低,最后趋于稳定。从以上分析可知,某些类型岩石含水率和吸水率与时间的关系可以采用对数[$\omega = a\ln(t) + b$]或乘幂函数($\omega = at^b$)进行回归,式中 ω 为含水率或吸水率; t 为时间; a、b 是与岩石类型相关的常数。岩石含水率与浸水时间的关系存在两个阶段:开始阶段(增速阶段)和后期(缓慢增速或平稳阶段)阶段。不同岩性、不同风化程度对含水率与时间的关系影响较大。

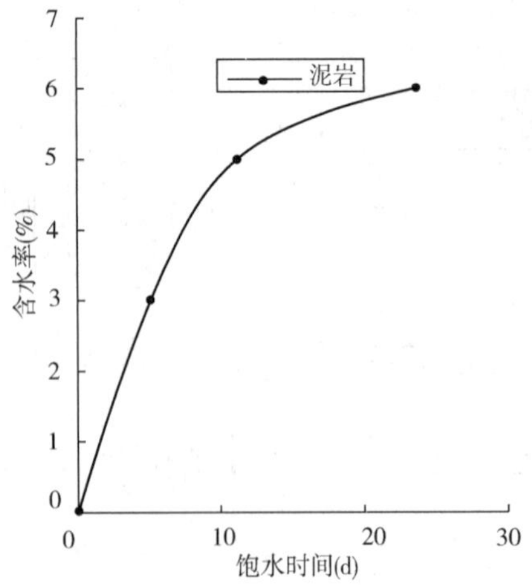

图 1-2-5　泥岩不同饱水时间含水率 ω 变化曲线

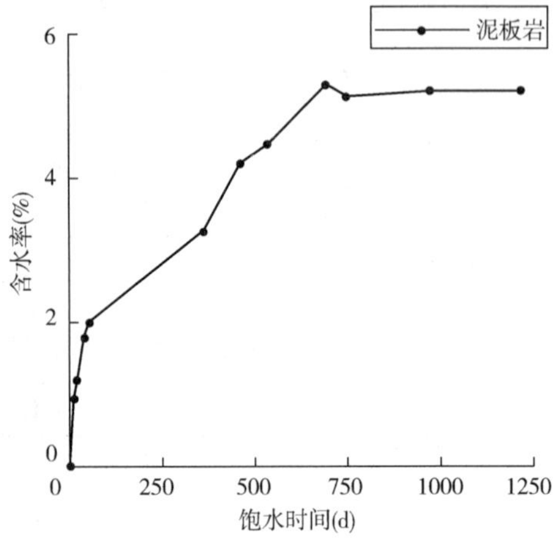

图 1-2-6　泥板岩不同饱水时间含水率 ω 变化曲线

1.2.2　岩石强度与含水率的关系

在岩土工程中,经常会遇到这样的情况:岩石在干燥情况下强度和硬度都符合工程要求,一旦遇水其强度会发生明显的降低,常常导致岩体湿化崩解,给坡面处理、基坑开挖、隧道施工等岩土工程带来一系列的安全问题。

在天然条件下,岩石中含水率越高,力学强度值越低,就越容易发生变形和破坏。特别是含泥质较多的软岩,受水的影响更为严重,膨胀、泥化、崩解作用尤为突出。岩石与水的作用除了与岩石的矿物成分、结构构造有关外,还与岩石的风化程度、结构面发育程度有关。岩性不同,其随含水率增加强度降低的幅度和速度是不同的,这主要取决于岩石中亲水性和可溶性矿物的含量及空隙性等情况。

水对岩石的劣化损伤具有明显的时效性。岩石的力学参数(如抗压强度、抗剪强度、弹性模量等)以及与水相关的物理参数(如含水率等)均随浸水时间的增长而变化。从干燥岩石遇水初期到含水率趋于稳定的全过程中,开始阶段均为岩石力学参数劣化发展最快的时期,显示岩石遇水初期是水-岩相互作用最强的阶段。这一阶段,在化学上表现为岩石中的可溶物质快速溶解于水,而当溶液中离子含量增大时,溶液中的离子又开始与岩石发生大量的离子交换与吸附作用,从而在一定程度上改变岩石的化学成分;在物理方面,岩石遇水初期,水在孔隙压力的作用下,逐渐充满岩石内部的裂隙和微裂隙,特别是对于类似泥岩的水敏性软岩,这一过程尤为迅速剧烈,大量裂隙的产生可导致岩石内部的应力集中,从而进一步劣化岩石的力学性能。随着岩石浸水时间的延长,上述物理化学反应将逐渐趋于稳定,如岩石与水溶液的离子交换逐渐达到平衡状态,岩石中裂隙的应力重新分布后,新裂隙产生速度明显下降,这一系列物理化学作用的稳定,在宏观上即表现为强度、模量以及含水率等物理力学参数逐渐趋于稳定。

岩石干燥后,水分子外渗,水-岩物理作用、化学作用等产生的松散颗粒、杂质等跟随水分子一同沿着泥质砂岩的孔隙、裂纹外渗,并伴随有次生孔隙产生,为后续的水-岩物理、化学作用创造更多的接触空间。

干湿循环作用次数的增加对于岩石是一个损伤累积的过程。如果重复受水的作用,如水库水位发生循环变化,浸入岩石中的水含离子的数量发生变化,就容易导致溶解于水中的离子不断变化,使岩石不断溶于水,其强度、弹性模量不断降低。加之干湿循环次数的增加,岩石内部的孔隙率及水对其侵蚀度也随之增加。干湿循环逐渐引发岩石内部的微细观裂隙及孔隙的集中化、扩展,并向宏观裂隙、孔隙转化。在宏观裂隙、孔隙形成后,水-岩物理、化学作用则更加剧烈,而微细观损伤又会不断发展,推动宏观损伤的发展,最终导致力学参数的降低。

1.2.2.1　单轴抗压强度与含水率的关系

对于岩石含水率与单轴抗压强度的关系,很多学者在此方面开展了试验研究,得到了岩石抗压强度随含水率的变化规律,如图 1-2-7 所示。为了量化二者之间的关系,并对其进行了函数关系式拟合,如表 1-2-1 所示,式中 σ_c 为岩石的抗压强度,w 为含水率,$w \leqslant 1$。

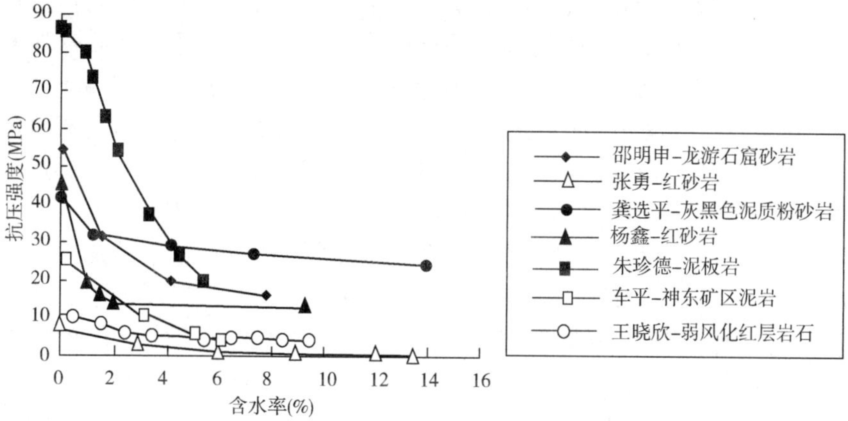

图 1-2-7　不同类型岩石抗压强度与含水率的关系曲线

不同类型岩石抗压强度 σ_c 与含水率 w 的回归关系　　表 1-2-1

土　类　别	拟 合 方 程	相 关 系 数
邵明申-龙游石窟砂岩	$\sigma_c = 43.346e^{-0.147w}$	$R^2 = 0.8258$
张勇-红山窑水利枢纽基岩红砂岩	$\sigma_c = 5.6732e^{-0.265w}$	$R^2 = 0.9581$
龚选平-灰黑色新鲜泥质粉砂岩	$\sigma_c = -1.4731w + 37.795$ $\sigma_c = 38.522e^{-0.0602w}$	$R^2 = 0.9137$ $R^2 = 0.9258$
杨鑫-红砂岩	$\sigma_c = 17.767w\text{-}0.194$ $-5.11\ln(w) + 19.872$	$R^2 = 0.9598$ $R^2 = 0.9476$
朱珍德-龙滩水电站泥板岩	$\sigma_c = 103.4e^{-0.3066w}$	$R^2 = 0.9978$
车平-神东矿区泥岩	$\sigma_c = 0.3751w^2 - 5.7467w + 25.038$ $\sigma_c = 26.578e^{-0.309x}$	$R^2 = 0.999$ $R^2 = 0.9971$
王晓欣-弱风化红层岩石	$\sigma_c = 7.716w^{-0.354}$ $\sigma_c = -2.143\ln(w) + 7.9611$	$R^2 = 0.9418$ $R^2 = 0.9253$

邵明申等对龙游石窟砂岩进行不同含水状态下的强度试验，得出随含水率增加,岩石的

单轴峰值抗压强度下降,下降速度随着含水率的增加而趋缓,经回归分析符合指数函数关系。张勇对取自红山窑水利枢纽基岩部分进行 RMT 单轴压缩试验,峰值强度随含水率的增加逐渐减小,干燥状态时随含水率的增加峰值强度急剧减小,经回归分析符合指数函数关系。龚选平对采自云南东源煤业集团公司恩洪煤矿的灰黑色新鲜泥质粉砂岩进行不同含水率下的力学特性试验,得到抗压强度与含水率的关系,且该泥质粉砂岩抗压强度与含水率呈线性函数或负指数函数关系。杨鑫对不同含水率的红砂岩进行试验,得到单轴抗压强度与含水率的关系,红砂岩单轴抗压强度与含水率的关系呈分段线性变化,经回归分析可用乘幂函数和对数函数进行拟合。朱珍德(2004)认为龙滩水电站泥板岩的抗压强度与含水率关系曲线呈勺柄状,并且随着含水率增加,抗压强度按指数函数衰减。车平研究的神东矿区泥岩抗压强度随含水率的增加而递减,开始阶段($\omega \leqslant 3.2\%$)抗压强度随含水率下降的梯度较大,而后梯度逐渐变缓($3.2\% \leqslant \omega \leqslant 5.1\%$),当泥岩含水率达$\geqslant 5.1\%$后,抗压强度下降的梯度进一步减缓,曲线逐渐趋于平缓,该关系可用二次函数进行较好的拟合,采用指数函数对其进行回归,拟合较好。王晓欣的试验研究揭示弱风化的红层岩石干抗压强度较高而饱水后及强度有较大幅度的降低,并得到了岩石单轴抗压强度与含水率的关系,可以采用乘幂或对数函数回归。

Hawkins(1992)通过对英国 21 个地区的 35 个砂岩试样的试验,得到其不同含水率条件下的单轴抗压强度,如图 1-2-8 所示。通过对其中 15 个砂岩试样试验结果的分析,得到了砂岩含水率与单轴抗压强度的关系式:$\sigma_c(\omega)=a\exp(-b\omega)+c$,常数 a、b、c 随砂岩产地的不同而取不同的数值。同样,也可以采用两段直线法进行回归,开始阶段直线斜率较陡,含水率增大到一定值后直线斜率较缓。Hawkins 认为,当砂岩干燥时,其单轴抗压强度为 $\sigma_{c0}=a+c$;砂岩吸水饱和时,其单轴抗压强度为 $\sigma_{csat}=c$。砂岩强度对于岩石含水率的变化是十分敏感的,干燥砂岩浸水后,即使含水率只有 1%的变化,也会对岩石强度产生显著的影响。车平对岩石的力学试验得到岩石峰值强度、弹性模量与饱水度(以若干次加热、浸水循环后岩石的含水率作为饱水度 1.0)之间可用最小二乘法进行拟合,其拟合函数式如下:$\sigma_c=a\exp(-b\omega)+c$。

何山研究了三种风化程度的红山窑膨胀红砂岩,在不同含水率情况下单轴抗压强度的变化,得到了单轴抗压强度与含水率的关系曲线,如图 1-2-9 所示。对其进行量化回归,发现乘幂函数拟合较好,即弱风化红砂岩 $\sigma_c=0.0118\omega^{-1.487}$,相关系数为 $R^2=0.9746$;中风化红砂岩 $\sigma_c=0.0222\omega^{-1.108}$,相关系数为 $R^2=0.9699$;强风化红砂岩 $\sigma_c=0.0175\omega^{-1.206}$,相关系数 $R^2=0.9879$。

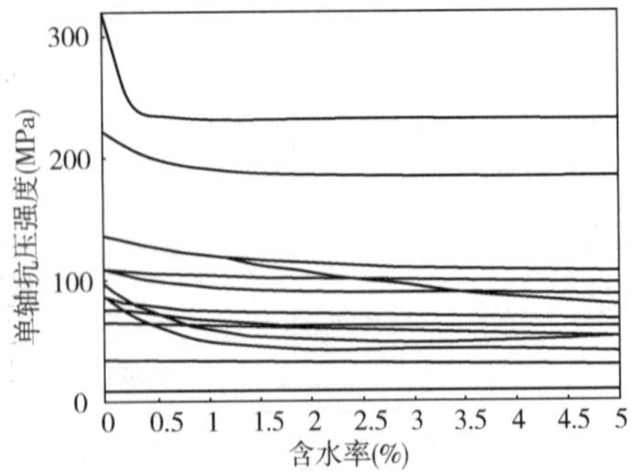

图 1-2-8 英国砂岩含水率与单轴抗压强度的关系

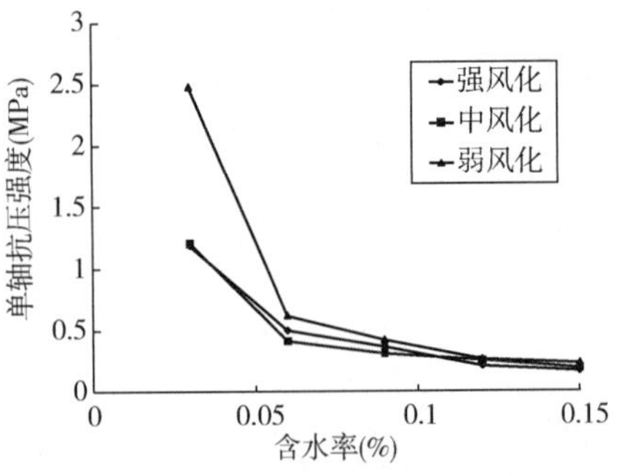

图 1-2-9 红山窑膨胀红砂岩抗压强度与含水率的关系

郭建强通过试验得出泥质白云岩湿抗压强度随含水率变化的规律，单轴抗压强度随含水率变化呈乘幂函数关系（$\sigma_c = 53.45\omega^{-0.8079}$，相关系数 $R^2 = 0.7656$）。也可以采用两段直线法进行回归，含水率小于 3%时，直线斜率较陡；含水率大于 3%时，直线斜率较缓，如图 1-2-10 所示。

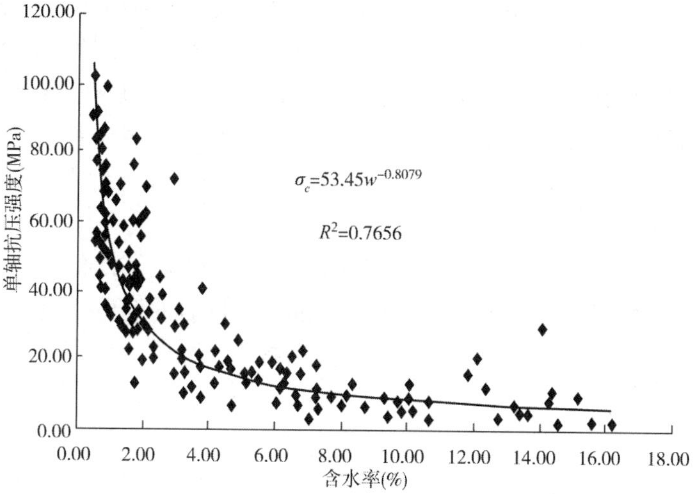

图 1-2-10　泥质白云岩含水率与湿抗压强度的关系

郭建强通过试验得出泥质白云岩单轴湿抗压强度有随含水率增加而减小的趋势；自然吸水率 3%是岩样单轴抗压强度临界点，当含水率小于 3%（湿抗压强度不小于 20MPa）时，岩样单轴抗压强度对岩样自然吸水率变化非常敏感，岩样自然吸水率增加会引起岩样单轴抗压强度比较大的衰减；当含水率小于 3%（湿抗压强度不大于 20MPa）时，岩样单轴抗压强度对岩样自然吸水率变化不敏感，单轴抗压强度随含水率变化比较平缓，岩样内部结构破坏已经比较严重，岩样单轴抗压强度已处于一个相对稳定阶段。对于这一方面，胡昕（2007）通过对红山窑红砂岩的研究认为，含水率小于 3%时，红砂岩仍有较高强度；当含水率大于 3%时，红砂岩的强度明显降低；当含水率超过 6%后，其强度衰减趋势则显著变缓。陈钢林（1991）通过相关试验认为砂岩、花岗闪长岩等坚硬岩石也有类似的性质。可见，当岩石含水率达到某一临界点后，含水率的变化不再会明显改变岩石的变形破坏特性。

从上述介绍可知，岩石抗压强随含水率的增加而减小，且从岩石抗压强度与含水率（或浸水时间）的关系可以看出：岩石的单轴抗压强度与岩石浸水后含水率与时间的关系基本类似，但规律基本相反。在开始阶段，岩石含水率较低时，岩石含水率的增加导致抗压强度的降低速度较快，随着时间的增加，含水率增加引起的岩石抗压强度降低的速度变缓，最后趋于一个稳定值，曲线为一下凹型曲线。从岩石抗压强度与含水率（或浸水时间）的关系曲线看，某些类型岩石可以采用对数（$\sigma_c = a\ln(\omega) + b$，其中，$a$ 为负值，b 为正值）、指数（$\sigma_c = a\omega^b$，其中，a 为正值，b 为负值）或乘幂函数（$\sigma_c = ae^{b\omega}$，其中，a 为正值，b 为负值）进行回归处理，式中 σ_c 为岩石的单轴抗压强度；ω 为含水率；a、b 是与岩石类型相关的常数。此外，也可以采用两段直线进行回归处理（开始吸水阶段直线的斜率较大，后期吸水阶段直线的斜率较小，在前后吸水阶段之间还存在过渡阶段，但过渡段很小）。不同的岩石其降低的速率是不相同的，也就是两段直线法回归时前段直线的斜率不同。由于岩石种类与产地的不同,各类岩石抗压强度与含水率的关系不尽相同,这是由各类岩石本身的特性决定的。

1.2.2.2 抗剪强度与含水率的关系

工程上,为了评价库岸工程的稳定性,常常需要对岸坡岩土体的物理力学参数进行取值,而其中最重要的一项参数就是岸坡岩土体的抗剪强度。在滑坡稳定性计算和加固设计中,岸坡岩土体的抗剪强度参数选取正确与否,直接影响到工程的稳定性分析结果。对于水岩之间物理、化学作用的研究,目前主要是通过试验的方法来分析。很多学者通过试验的方法分析研究了不同岩石在不同含水率下物理力学性质的变化规律,并建立含水率与岩石抗剪强度的定量关系,可为评价水岩之间的物理作用提供有益的参考价值。

李彦军等对 T_3x 须家河组砂岩进行不同时间的饱水抗剪强度试验,得到了不同饱水时间含水率 ω 与砂岩抗剪强度指标 c、φ 值之间的关系曲线。砂岩的抗剪强度指标黏聚力 c、内摩擦角 φ 值随不同饱水时间的含水率 ω 的增大而逐渐减小,并且其定量表征关系服从指数变化规律,如图 1-2-11 所示。

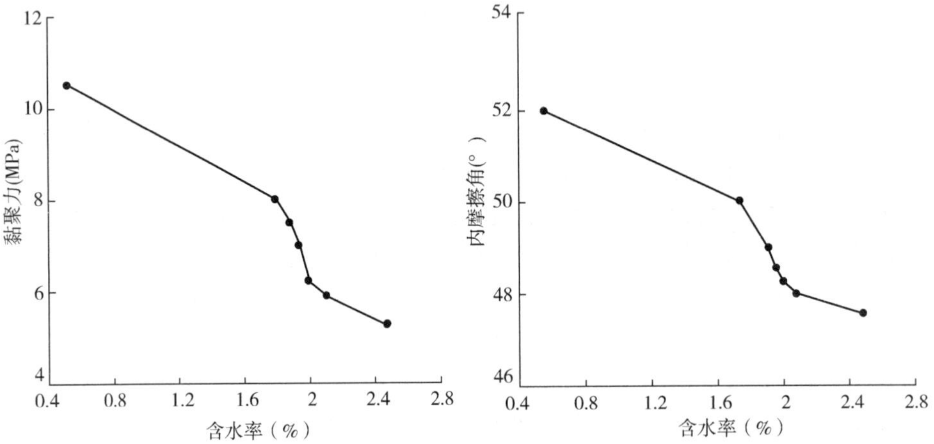

图 1-2-11 T_3x 须家河组砂岩抗剪强度参数与含水率的关系

张乐文等采用准噶尔盆地沙窝地区泥页岩进行室内试验,测定泥页岩不同含水率条件下的强度参数,分别得到深部硬脆性泥页岩黏聚力和内摩擦角随含水率的增加其强度逐渐减小。对该关系进行定量分析,发现黏聚力随含水率的变化关系服从线性和指数关系,拟合程度均大于 0.98,内摩擦角与含水率的变化关系服从线性和指数关系,拟合程度均大于 0.99,如图 1-2-12 所示。

闫立宏等人通过试验,得到沃尔科夫斯基层不同含水率煤的黏结系数和内摩擦角。对其进行定量分析,发现黏结系数和内摩擦角与含水率呈指数或线性函数关系,黏结系数拟合程度均大于 0.99,内摩擦角拟合程度均大于 0.93,如图 1-2-13 所示。

马海毅的试验研究表明:水对强风化花岗岩抗剪强度参数中的黏聚力影响效应比内摩擦角要大,对黏聚力的弱化作用更加明显。饱水条件下强风化花岗岩的抗剪强度参数明显低于天然状态试样的抗剪强度参数。定义抗剪强度参数中的黏聚力 c 和内摩擦角 φ 的损伤系数

为 D_c 和 D_φ：$D_c=(c_{天然}-c_{饱水})/c_{天然}$；$D_\varphi=(\varphi_{天然}-\varphi_{饱水})/\varphi_{天然}$。计算出强风化花岗岩黏聚力损伤系数大于内摩擦角。

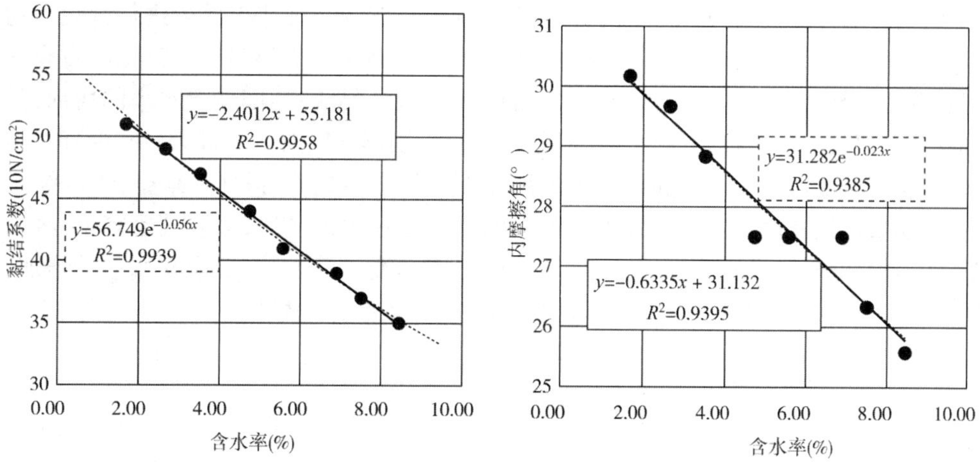

图 1-2-12　准噶尔盆地沙窝地区泥页岩抗剪强度参数与含水率的关系

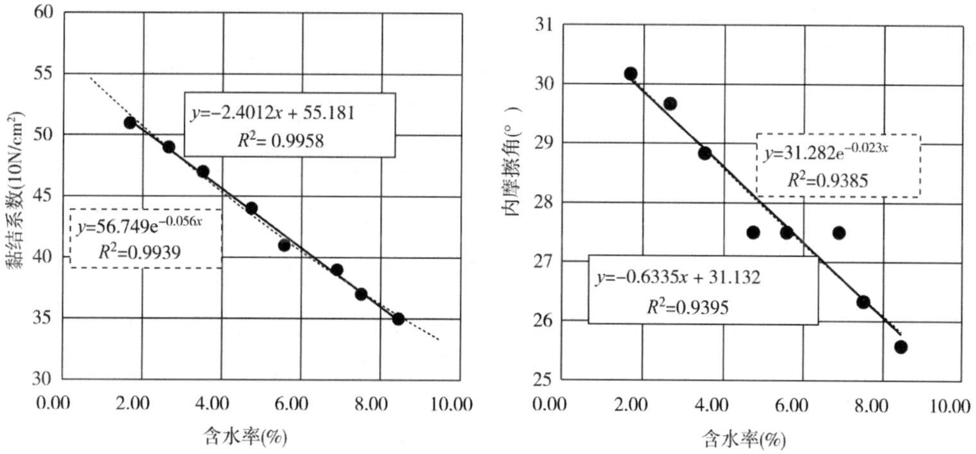

图 1-2-13　沃尔科夫斯基层抗剪强度参数与含水率的关系

水对岩石的作用具有时效性。浸水时间越长，岩石强度降低越多，但具有阶段性发展的特点，开始下降较快，然后趋于稳定，且随着作用时间的增加强度呈总体降低的趋势，水-岩作用时间越长，岩石强度降低越大。岩石的抗剪强度与含水率或浸水时间的关系基本上也是符合指数（$y=ae^{bx}$）或线性关系（$y=ax+b$）；式中 y 为岩石的黏聚力或内摩擦角，x 为含水率，a、b 是与岩石类型、风化程度相关的常数。采用线性函数回归效果较好，即可以采用 $c=a\omega+b$，其中 a 值为负值，b 值为正值。应用这一规律，对于在评价库水位升降作用对岸坡及其岸坡工程稳定性的影响作用时进行岸坡岩土体的物理力学参数取值有十分重要的理论和实际意义。

1.2.3　岩石变形与含水率的关系

水除了对岩石的强度有重要影响外，对岩石的变形特性也有影响，岩石的弹性模量及泊松比会随着含水率的变化而变化。有研究者对不同岩石的变形参数与含水率的关系做了很多试验研究,对该关系进行汇总和量化,为工程中非饱和土体的物理力学参数的取值提供依据。

不同岩石的弹性模量与含水率的关系,如图1-2-14所示。车平对泥岩进行试验得到弹性模量与含水率的关系,泥岩弹性模量与含水率呈线性递减关系。邵明申等对龙游石窟砂岩进行试验,得到天然状态下弹性模量与含水率的变化情况。结论是:随着含水率的增加,弹性模量下降;含水率较小(<2%)时,弹性模量随含水率变化比较快;含水率较大(≥2%)时,弹性模量变化趋慢。杨鑫对干燥和饱和状态下的绿泥石片岩进行试验,得到结果是:干燥绿泥石片岩的弹性模量远比蒸馏水饱和的绿泥石片岩的弹性模量大,干燥状态泊松比较小,蒸馏水饱和状态的泊松比较大,含水率开始增加阶段弹性模量降低速率较大,随着含水率的增加,弹性模量降低速率变缓,量化该关系,发现采用乘幂和对数函数回归较好。

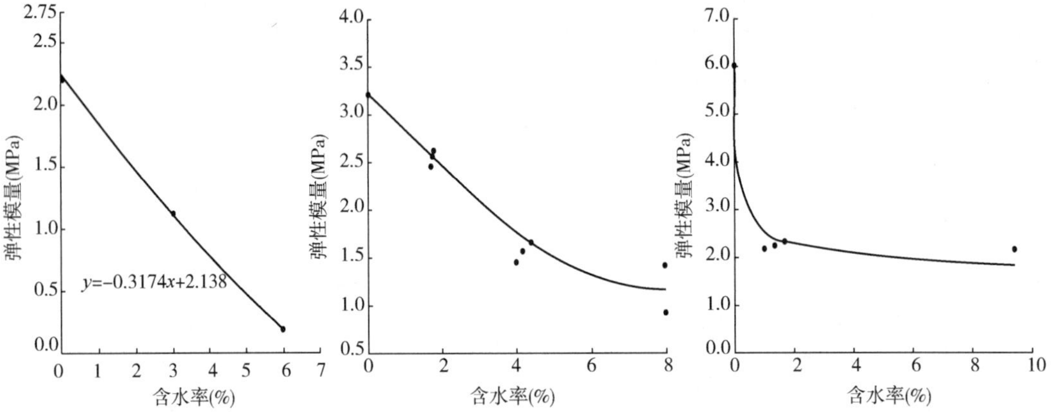

图1-2-14 不同类型岩石弹性模量与含水率的关系

张乐文等对准噶尔盆地沙窝地区泥页岩进行试验,得到硬脆性泥页岩的变形参数(弹性模量、泊松比)与含水率的关系曲线,如图1-2-15所示。弹性模量及泊松比与含水率的关系符合乘幂函数关系。

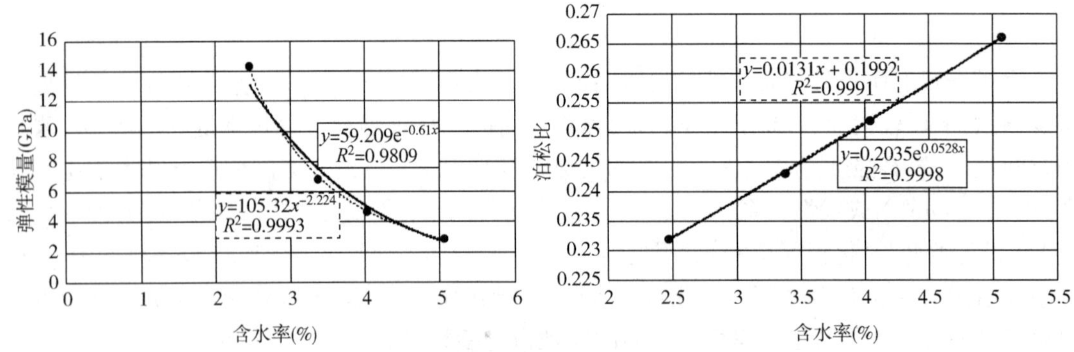

图1-2-15 准噶尔盆地沙窝地区泥页岩变形参数与含水率的关系

龚选平对云南东源煤业集团公司恩洪煤矿的灰黑色新鲜泥质粉砂岩进行试验,得到泥质粉砂岩弹性模量和泊松比与含水率的关系。从试验结果可以看出,随着含水率的增大,岩石的破坏强度减小,岩石的弹性模量有减小的趋势,泊松比有增大的趋势(图1-2-16)。对其量化发现泥质粉砂岩弹性模量、泊松比均与含水率的关系呈较好的线性和指数函数关系。

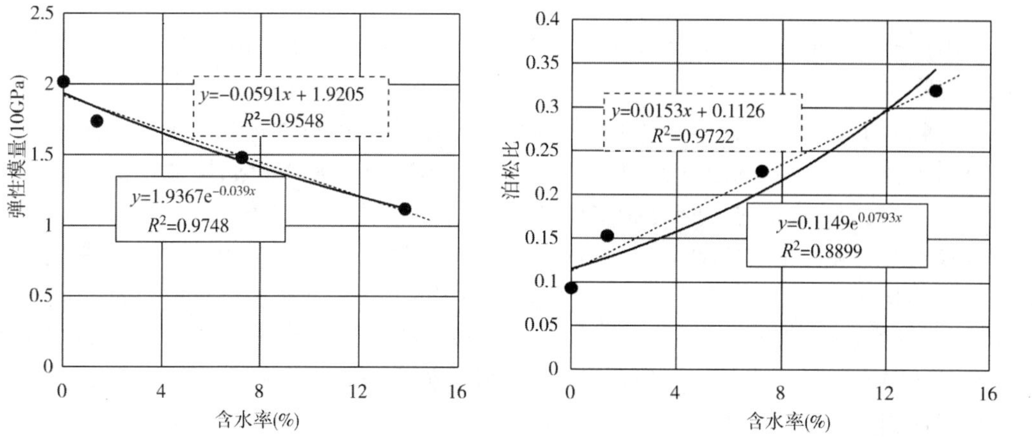

图 1-2-16　灰黑色新鲜泥质粉砂岩变形参数与含水率的关系

范大林等人对红山窑膨胀红砂岩进行试验，得到弹性模量与含水率关系曲线。随着含水率的增加，膨胀岩的弹性模量会不断降低，直至趋于稳定；与此同时，其泊松比可近似看作呈线性增加，也即随含水率增加膨胀岩越来越松散；弹性模量梯度 dE 和泊松比 dμ 在含水率为 6%左右时变化最为敏感。弹性模量下降，泊松比上升均为膨胀岩吸水软化现象的明显特征，如图 1-2-17 所示。

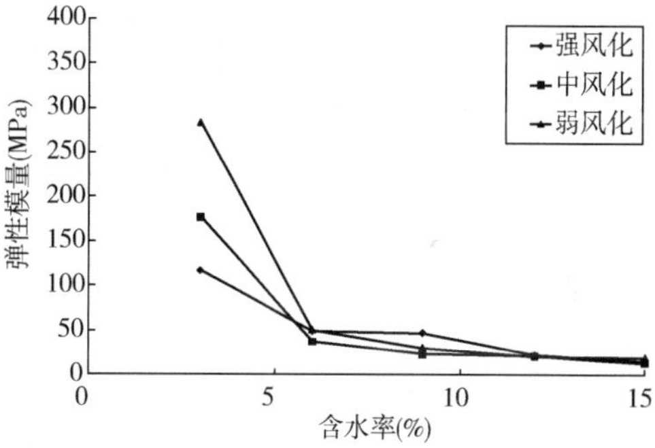

图 1-2-17　红山窑膨胀红砂岩弹性模量与含水率的关系

由以上岩石的弹性模量和泊松比与含水率和浸水时间的关系可以看出：岩石弹性模量与含水率的关系同岩石单轴抗压强度与含水率的关系基本相似，而与含水率与浸水时间的规律相反，即随着含水率或浸水时间的增加，弹性模量减小，开始阶段弹性模量降低较快，随着含水率的进一步增加，弹性模量降低的速度减缓，最后趋于稳定。而随着含水率的增加，泊松比值增加。某些类型岩石的泊松比与含水率的关系服从线性（$E_s=a\omega+b$，其中，a、b 均为正值）和指数（$E_s=ae^{b\omega}$，其中，a、b 均为正值）函数。弹性模量与含水率的关系服从指数（$E_s=ae^{b\omega}$，其中，a 为正值，b 为负值）、乘幂（$E_s=a\omega^b$，其中，a 为正值，b 为负值）或对数（$E_s=a\ln(\omega)+b$）关系，也存在单一线性（$E_s=a\omega+b$）或两段线性关系（式中 E_s为岩石的单轴抗压强度，ω 为含水率；a、b 是与岩石类型相关的常数）。指数函数或乘幂函数能较好地表达弹性模量与含水率的关系。岩性和风化程度也会影响弹性模量及泊松比与含水率的关系，即影响函数关系的相关参数。从岩石的模量和强度与含水率的关系都服从指数、乘幂或对数关系，可以看出岩石的模量与强度也应该是存在某种关系的。

可见，对于库区的水位变幅带而言，水-岩作用十分明显，干湿交替使岩石反复失水、吸水，不断收缩膨胀，加快强度和弹模的弱化或崩解速度，长期作用会降低库岸及其库岸工程的稳定性和增大岸坡及其建构筑物的变形。

1.2.4 岩石的膨胀性与含水率的关系

红山窑膨胀红砂岩吸水率与膨胀应变的关系如表 1-2-2 所示。由表可以看出:①各个试件的单位吸水膨胀应变(即 ε-ω 曲线斜率)因荷载条件不同会有一定差别。在一定荷载下,尤其在荷载大于 200kPa 时,单位吸水膨胀应变基本保持一定,吸水率增大对单位吸水膨胀率的影响很小;但荷载对膨胀应变影响较大,当上部荷载大于 100kPa 时,膨胀变形受到明显限制,上部荷载大于一定值时,甚至会出现负膨胀。②在低荷载情况下(小于 100kPa),膨胀应变随着吸水率增加而呈对数增长,含水率 3%~6%之间膨胀梯度较大,由于吸水率受到应力状态的限制,因此膨胀应变也不会无限增长而是趋于稳定,膨胀应变 ε 与吸水率 ω 之间存在着一定程度的对数相关性: $\varepsilon = a\ln(\omega+1)+b$ 。在高荷载情况下(大于 200kPa),单位吸水膨胀率受荷载和吸水率的影响并不十分显著,也就是说,膨胀应变 ε 与吸水率 ω 之间存在着一定程度的线性相关性: $\varepsilon = a\omega$ 。

吸水率与膨胀应变的关系 表 1-2-2

轴向荷载(kPa)	吸水率					
	0%	3%	6%	9%	12%	饱和
0	0.00	0.47	0.81	0.98	1.11	1.42
50	0.00	0.23	0.55	0.81	1.00	1.17
100	0.00	0.03	0.15	0.26	0.37	0.47
200	0.00	0.00	0.00	0.10	0.11	0.23
350	0.00	0.00	-0.03	-0.21	-0.34	-0.47

红山窑膨胀红砂岩不同风化程度原岩的自由膨胀率与含水率关系曲线如图 1-2-18 所示。

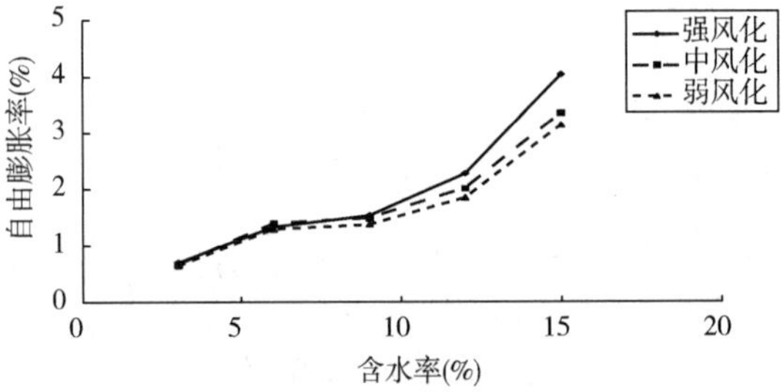

图 1-2-18 不同风化红砂岩含水率与轴向自由膨胀率关系曲线

红山窑膨胀红砂岩不同风化程度原岩有侧限膨胀率与含水率的关系曲线如图 1-2-19 所示。从红山窑膨胀红砂岩有侧限膨胀试验可知,含水率与膨胀变形存在如下规律:①试件吸水后,膨胀应变迅速增长,在较短时间,30~60min 内完成总膨胀量的 90%;随着时间的增长,膨胀量增长缓慢,直至最终应变趋于稳定。②吸水率越大其膨胀应变越大,初始膨胀的速度也越大,反之则越小。垂向荷载作用抑制膨胀变形,当荷载 σ_z >100kPa,抑制作用明显,膨胀速率 K_s 明显减小;当荷载大于膨胀力 (σ_z >256kPa)时,膨胀速率 K_s 为负值,膨胀应变为负值。③岩样吸水率越大,膨胀变形到达稳定的时间 t_s 越大,反之则短。④垂向荷载越小,膨胀变形到达稳定的时间越长。有侧限膨胀率与含水率的关系采用对数、乘幂或线性回归处理较好。

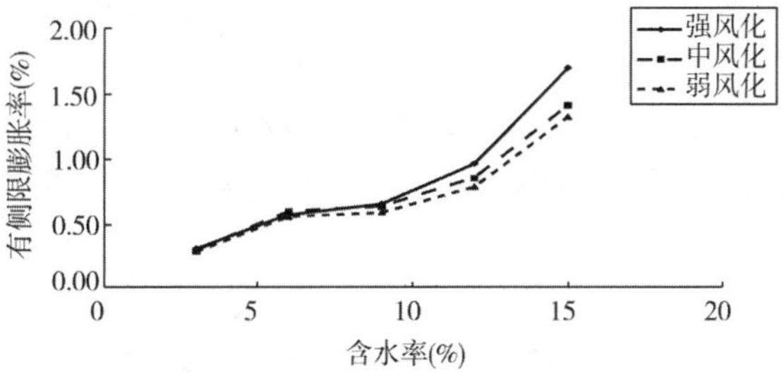

图 1-2-19　不同风化红砂岩不同含水率情况下的有侧侧限膨胀率

红山窑膨胀红砂岩不同风化程度原岩、不同含水率情况下的膨胀力与含水率的关系曲线如图 1-2-20 所示。红山窑膨胀红砂岩膨胀力与含水率之间存在的规律：①初始含水率越低，吸水达到饱和时产生的膨胀力越大；反之，初始含水率越高，吸水达到饱和时产生的膨胀力越小。②在低荷载(<100kPa)情况下，膨胀应变 ε 与吸水率 ω 之间存在着一定程度的对数相关性：$\varepsilon = a\ln(\omega+1)+b$；在高荷载(>256kPa)情况下，膨胀应变 ε 与吸水率 ω 之间存在着一定程度的线性相关性：$\varepsilon = a\omega$。③在较短时间(30~60min)内完成总膨胀量的 90%；随着时间的增长，膨胀应变增长较小，从而应变最终趋于稳定。风化程度越深，膨胀力越大，含水率越大，膨胀力越大。膨胀力与含水率的关系采用对数、乘幂、指数或线性回归处理较好。

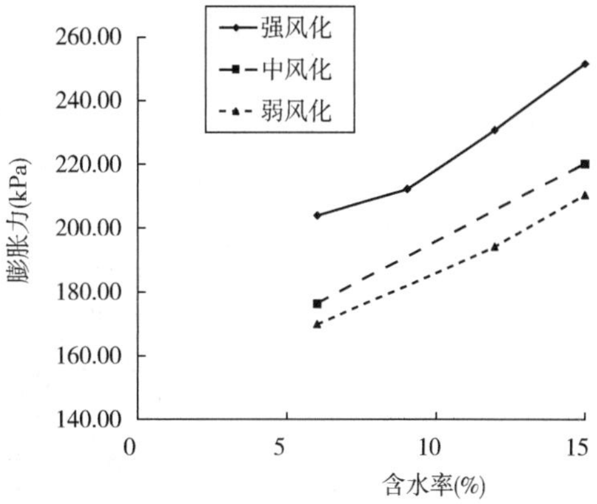

图 1-2-20　不同风化红砂岩不同含水率情况下的膨胀力

1.3　土的强度及变形性质与含水率的关系

1.3.1　土的强度与含水率的关系

目前，含水率变化对非饱和土抗剪强度及其参数中作用规律的认识尚不清楚；以不同类型土为对象，探讨这些规律一直是国内外非饱和土研究中的热点之一。为此，在一些试验研究的基础上总结了不同类型土的多项强度指标随含水率的变化规律，为合理评价土的特性、边坡处治和路基处理提供理论依据，具有一定的实际意义。

1.3.1.1　土的无侧限单轴抗压强度与含水率的关系

邵生俊等对 3 种黄土进行试验，得到原状土、重塑土、原状饱和土的无侧限抗压强度，如图 1-3-1 所示。由图 1-3-1 可知，随着含水率的增加，无论是原状土还是重塑土，其无侧限抗压强度均在不断减小，且不同含水率原状土的无侧限抗压强度均大于重塑土的强度。较低含水率时，黄土1与其重塑土的无侧限抗压强度差较大，黄土2、黄土3与其重塑土的无侧限抗压强度差较小；随着含水率增大，黄土1的无侧限抗压强度衰减较缓慢，黄土2、黄土3的无侧限抗压强度衰减较快。对3种类型黄土无侧限抗压强度与含水率的关系进行拟合，发现黄土1用二次多项式及指数函数关系拟合较好，黄土2及黄土3用乘幂函数关系拟合较好，如表1-3-1所示。从重塑黄土的无侧限抗压强度与含水率的关系看，也可以采用两段直线法进行处理。

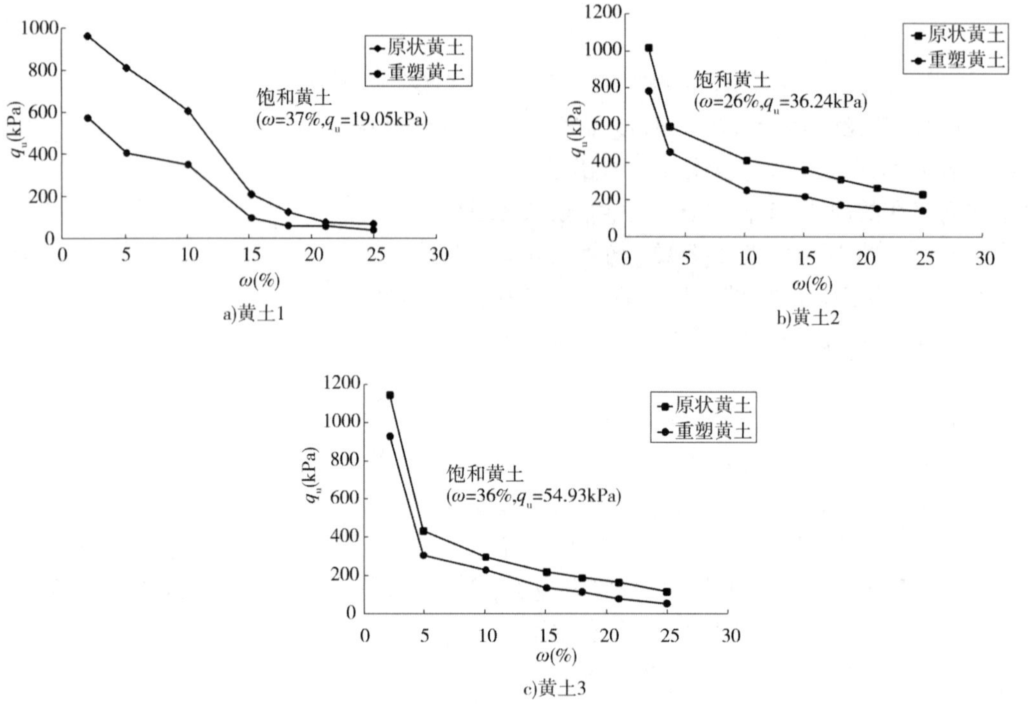

图1-3-1　无侧限抗压强度与含水率的关系

不同类型黄土无侧限抗压强度与含水率的回归关系　　表1-3-1

土类别		拟合方程	相关系数
黄土1	原状黄土1	$q_u = 1.3705\omega^2 - 79.7\omega + 1164.1$ $q_u = 1542e^{-0.131x}$	$R^2 = 0.976$ $R^2 = 0.962$
	重塑黄土1	$q_u = 0.9387\omega^2 - 49.144\omega + 667.61$ $q_u = 818.05e^{-0.129x}$	$R^2 = 0.9615$ $R^2 = 0.9518$
黄土2	原状黄土2	$q_u = 1366.1\omega^{-0.53}$	$R^2 = 0.9707$
	重塑黄土2	$q_u = 1172.1\omega^{-0.639}$	$R^2 = 0.9911$
黄土3	原状黄土3	$q_u = 2039.5\omega^{-0.849}$	$R^2 = 0.9774$
	重塑黄土3	$q_u = 2083.2\omega^{-1.057}$	$R^2 = 0.9599$

王威对有机质红土添加水泥固化剂后进行的圆柱体抗压试验结果见图1-3-2所示。可以看出：随着含水率的增加，圆柱体抗压强度不断减小。含水率在30%前强度下降的幅度较为缓慢，在30%～40%下降的幅度变快，40%之后强度下降幅度变缓。添加外加剂后圆柱体抗压

强度普遍比没有添加外加剂的圆柱体抗压强度要大。采用线性函数形式对其进行回归分析，相关系数均大于 0.95，拟合较好。

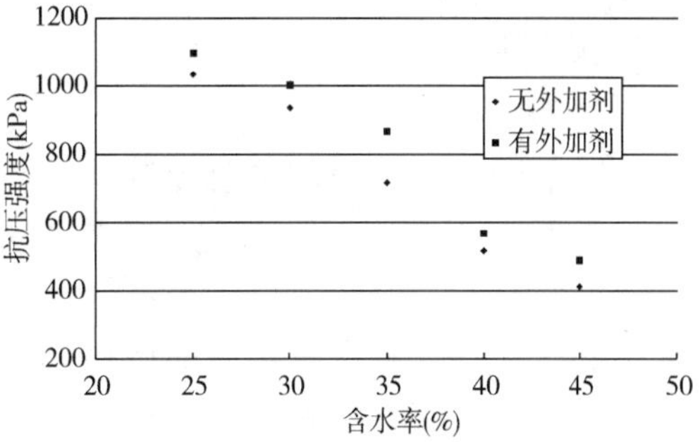

图 1-3-2　圆柱体抗压强度与含水率的关系

从土的无侧限抗压强度的试验结果看，总体上，土的无侧限抗压强度随着含水率的增加而降低。土的无侧限抗压强度在含水率较低时无侧限抗压强度随含水率增加的降低速度较快，到一定含水率后，土的无侧限抗压强度随含水率增加的降低速度降低，最后基本趋于一定值。基本上可以采用乘幂函数关系（$q_u = a\omega^b$，其中，a 为正值，b 为负值）来模拟土体的无侧限抗压强度与含水率的关系，有的也可以采用线性函数关系（$q_u = a\omega + b$，其中，a 为负值，b 为正值）或二次函数关系（$q_u = a\omega^2 + b\omega + c$，其中 a、c 为正值，b 为负值）来模拟。

1.3.1.2　土的抗剪强度与含水率的关系

基质吸力对非饱和土抗剪强度参数 c、φ 的影响程度，已有的研究也并不完全一致。Baker 和 Sam Frydman 的研究结果显示，非饱和土的内摩擦角与基质吸力关系不大。Matsushi 和 Matsukura 认为，非饱和残积土中，基质吸力对黏聚力的影响显著。扈胜霞等的试验结果显示，非饱和原状黄土中，基质吸力对其有效内摩擦角影响不大，对黏聚力影响显著。党进谦等认为，基质吸力对非饱和重塑黄土内摩擦角的影响可以忽略。林鸿州等发现，非饱和粉细砂、砂质粉土、粉质黏土中，基质吸力对土体的黏聚力和内摩擦角均有显著影响。可见，非饱和土中，基质吸力对抗剪强度参数的影响程度目前仍不清楚，因此一些岩土性质研究者着重研究了不同地区，不同类型土体的抗剪强度参数的变化规律。在此，对一些研究试验成果的变化规律进行分析总结，发现黏聚力及内摩擦角随含水率的增加主要呈 4 种类型曲线变化，即呈下凹曲线、线性、上凹曲线及峰值曲线。

(1) c 或 φ 值随含水率 ω 增加呈下凹曲线下降

肖军华等利用山东聊城境内京九铁路曲线改造后废弃路段的路基填土进行不同含水率下的强度和变形的室内试验，填土最优含水率为 12%，结果如图 1-3-3 所示。该黄河冲积粉土

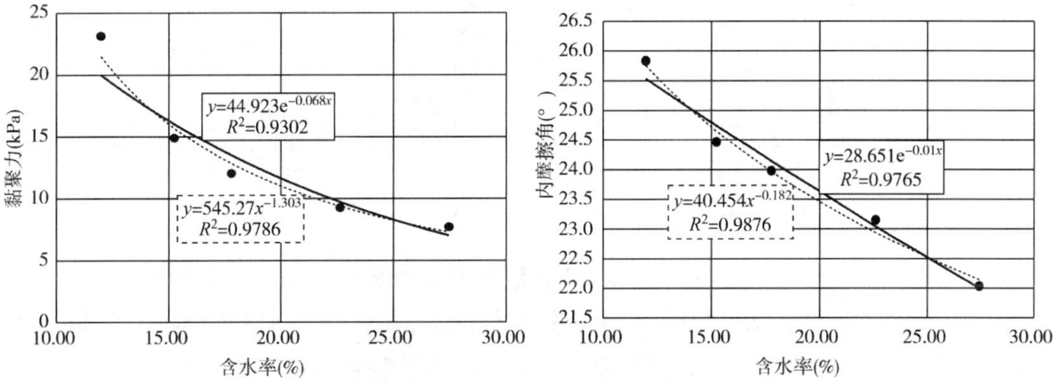

图 1-3-3　重塑黄河冲积粉土抗剪强度参数与含水率的关系

的凝聚力和摩擦角随含水率的增大逐渐减小，且呈下凹曲线下降，该种类型土粉粒含量平均超过75%，黏粒含量和粗砂粒含量平均分别不到10%和15%，为粉状，且为重塑土，无结构性，黏粒含量小，无黏结性，因此c值和φ值呈下凹曲线下降。对其进行回归分析，凝聚力和内摩擦角与含水率均呈乘幂或指数函数关系。

王威对有机质红土(红黏土黏粒含量为52%~61%，为重塑土，无结构性)进行的试验结果如图1-3-4所示。结果表明：随含水率的增加，有机质红黏土的抗剪强度减小；含有机质的试样比不含有机质的试样抗剪强度更小，但是随着含水率的加大，这种数值上的差距会逐渐减小。随着含水率的增加，无论有机质为0或是有机质为5%的试样，黏聚力及内摩擦角不断减小，其在含水率为35%前均下降的幅度较快，之后下降得比较缓慢。c、φ值为下凹曲线下降，采用指数或乘幂函数形式对其进行回归分析都有较好的拟合效果，如图1-3-4所示。

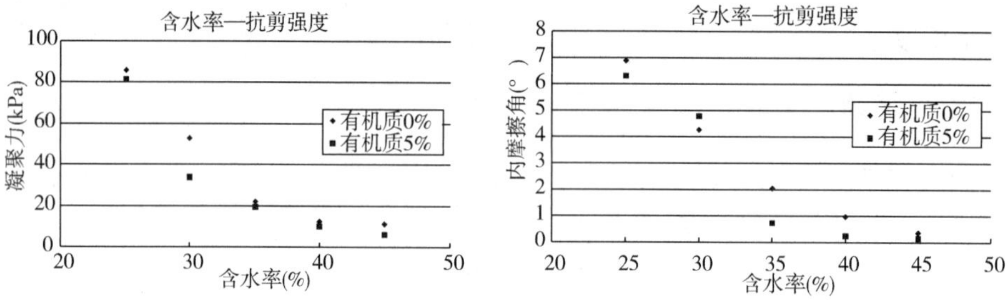

图1-3-4　桂林重塑红土抗剪强度参数与含水率的关系

贺迎喜对广西宁明试验路段的灰白色膨胀土进行了室内直剪试验，得到宁明灰白色膨胀土抗剪强度参数随含水率变化的关系曲线，如图1-3-5所示。膨胀土的摩擦角和黏聚力均与含水率呈拟合度较高的乘幂或指数曲线关系，含水率越大，摩擦角和黏聚力越小，且由于该土为重塑土，破坏了土的结构性，c值、φ值呈现下凹型降低。

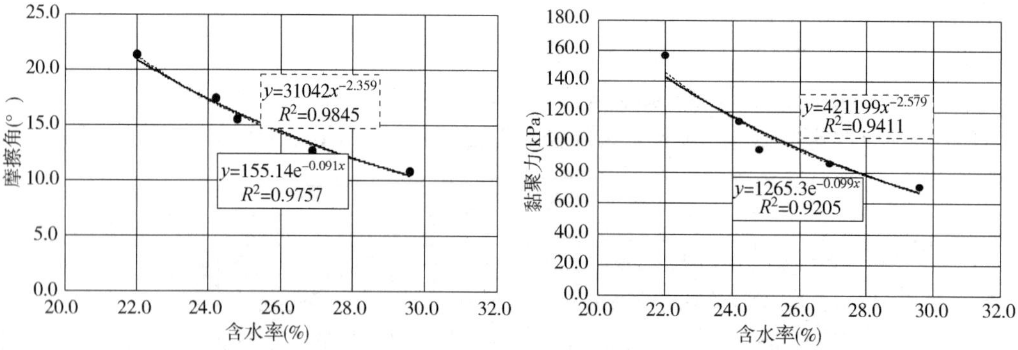

图1-3-5　广西宁明路段重塑灰白色膨胀土抗剪强度参数与含水率的关系

刘争宏等对原状罗安达砂进行试验，得出黏聚力和内摩擦角随含水率的关系如图1-3-6所示。罗安达砂在天然含水率较低(小于5%)的情况下，黏聚力和内摩擦角随含水率的增大大幅度减小，含水率超过6%以后，黏聚力和内摩擦角随含水率的增大趋于0值或一个较小的值。砂土没有结构性和黏结性，c、φ值为下凹曲线降低。

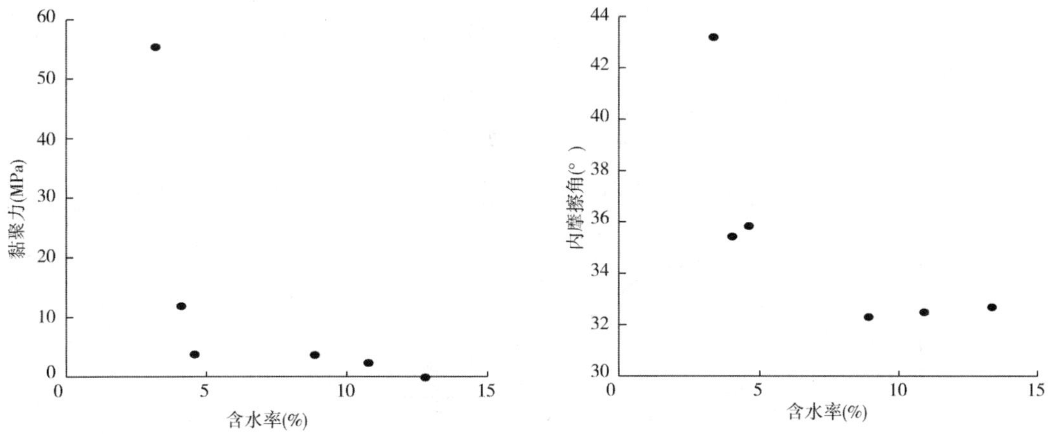

图 1-3-6　原状罗安达砂抗剪强度参数与含水率的关系

(2)c 或 φ 值随含水率 ω 增加呈直线下降

胡明鉴对砾土进行的抗剪强度结果如图 1-3-7 所示。土体内摩擦角和黏聚力随含水率增加呈递减关系,黏聚力及内摩擦角与含水率的关系采用线性函数拟合较好。砾土颗粒松散破碎;粒径 5~20mm 颗粒含量很高(80%以上),含少量黏质土;结构松散,黏接力较弱,因此其无黏结性、无结构性,但属粗粒土,c、φ 值近直线降低。

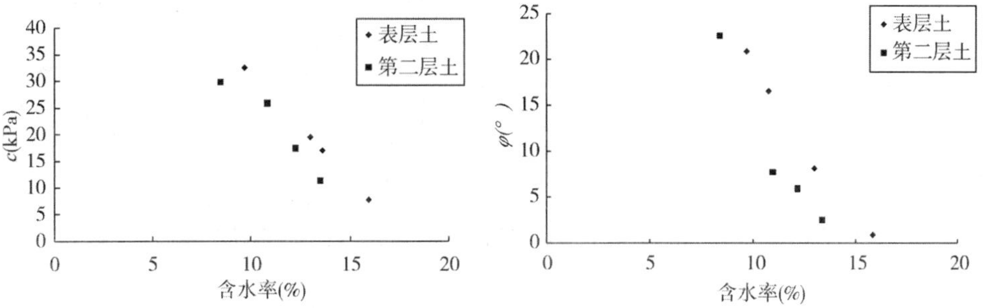

图 1-3-7　砾土抗剪强度参数与含水率的关系

孙茉通过不同含水率下的黄土试验得出抗剪强度参数,如图 1-3-8 所示。由图 1-3-8 可以看出:随着含水率的增加黏聚力及内摩擦角减小,但内摩擦角减小的数值比较小,一般小于 5°,黏聚力受含水率影响更明显。可见土的内摩擦角主要受土的组成、密度和结构的影响。对原状土黏聚力及内摩擦角与含水率的关系进行拟合,发现线性函数拟合效果较好。该种黄土为原状土,具有结构性,c、φ 值近直线降低。

(3)c 或 φ 值随含水率 ω 增加呈不规则下降

魏伟对黄土原状土样试验整理得到强度指标与含水率关系,如图 1-3-9 所示。黄土的强度特性受含水率的影响很大,随着含水率的增大而降低。黏聚力 c 随含水率逐渐增大而迅速减小,但是随着含水率的增加,降低速率在减小,曲线斜率变缓,可以采用指数、乘幂、对数函数进行拟合。随着含水率增大,黄土的内摩擦角 φ 略有减小且摩擦角变化远远小于含水率对黏聚力的影响,采用线性或指数函数拟合也是可以的。该类土为原状土,具有结构性,φ 值为上凸(S 形)曲线。

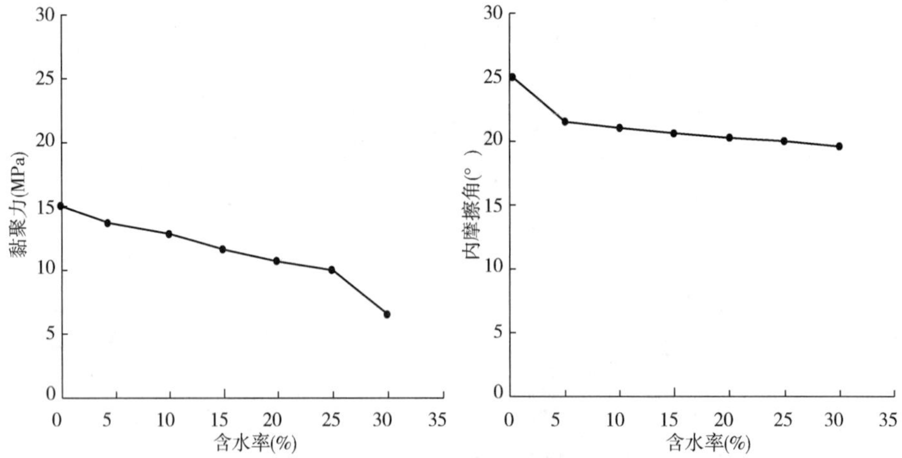

图 1-3-8　宁夏固原市原州区滑坡表层黄土抗剪强度参数与含水率的关系

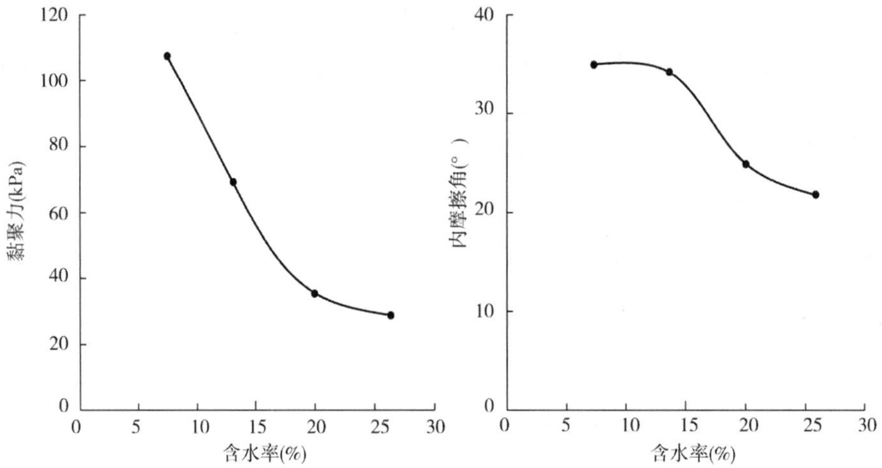

图 1-3-9　山西阳曲 1 号黄土公路隧道黄土抗剪强度参数与含水率的关系

王威对水泥土进行的试验结果如图 1-3-10 所示，随着含水率的增加，水泥土黏聚力不断减小，在含水率为 30%前下降的较为缓慢，30%～40%下降的幅度变快，之后下降幅度变缓。添加外加剂的内摩擦角度数大于没有添加外加剂的内摩擦角。水泥加固土，具有黏结性，c 值为上凸(S 形)曲线、φ 值近直线降低，如图 1-3-10 所示。

(4)c 或 φ 值随含水率 ω 增加呈现峰值

廖红建对泾阳南塬东风滑坡重塑黄土进行抗剪强度试验，该土为粉状，含砂低液限黏土或粉黄土，黏粒含量占 25.3%，粉粒含量占 47.9%，砂粒含量占 26.8%。剪切试验结果(图 1-3-11)：黄土的黏聚力随含水率的增加而增加，在含水率接近某特征含水率时达到最大，随后下降。可采用二次函数进行回归处理；内摩擦角随含水率的增加而有略微降低，可采用对数函数或乘幂函数进行回归处理。由于黏粒含量较大，虽然是重塑土，无结构性，但具有黏结性，c 值存在峰值，φ 值为下凹曲线下降。

李明东采用砂土作为基质土，EPS 球粒作为轻质填料，水泥作为固化材料进行 LSES 不同压实含水率下的抗剪强度试验,结果如图 1-3-12 所示。黏聚力与含水率的关系存在峰值现象,二次曲线关系拟合较好。从图 1-3-12 中可以看出该试样的内摩擦角变化程度不大,都是在 20°附近变化,试验数据分布较为不规则。

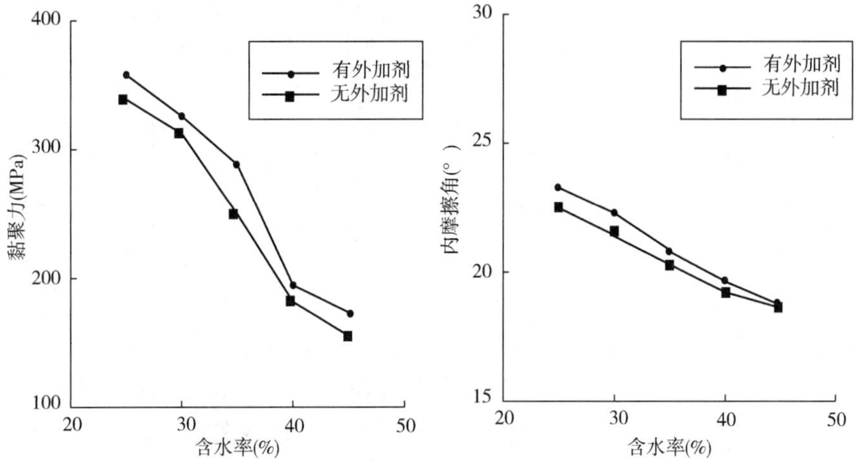

图 1-3-10　水泥土抗剪强度参数与含水率的关系

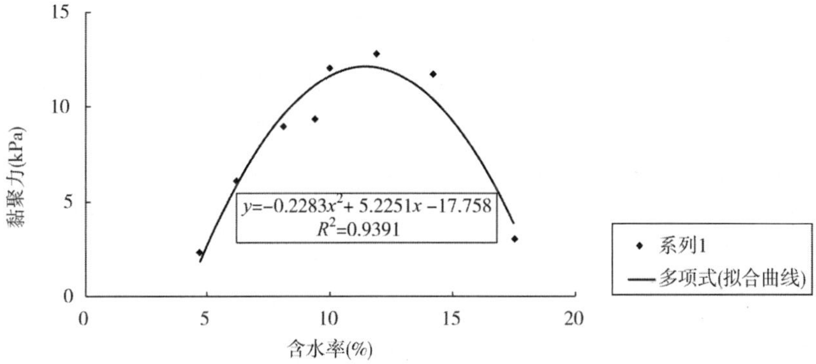

a)

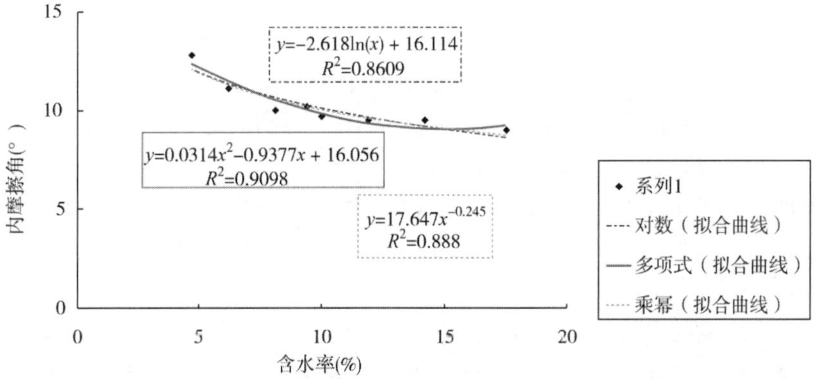

b)

图 1-3-11　泾阳南塬东风滑坡重塑黄土抗剪强度参数与含水率的关系

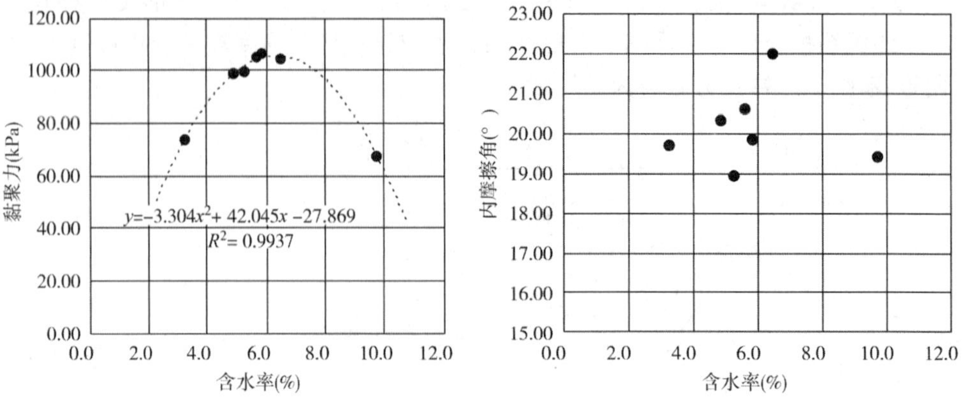

图 1-3-12　某砂土抗剪强度参数与含水率的关系

张磊采用广佛高速公路扩建工程路基填土(最优含水率为 13.5%)利用非饱和土三轴仪进行试验,得到不排水不排气条件下砂土强度参数与含水率的关系曲线,如图 1-3-13 所示。图中显示某含黏砂土黏聚力和内摩擦角均与含水率为二次曲线关系,存在峰值现象且最优含水率时该曲线达到最大值。该含水率将曲线分为两个阶段,含水率小于该值时,抗剪强度随含水率的增加逐渐增大;大于该值时,抗剪强度随含水率的增加逐渐减小。

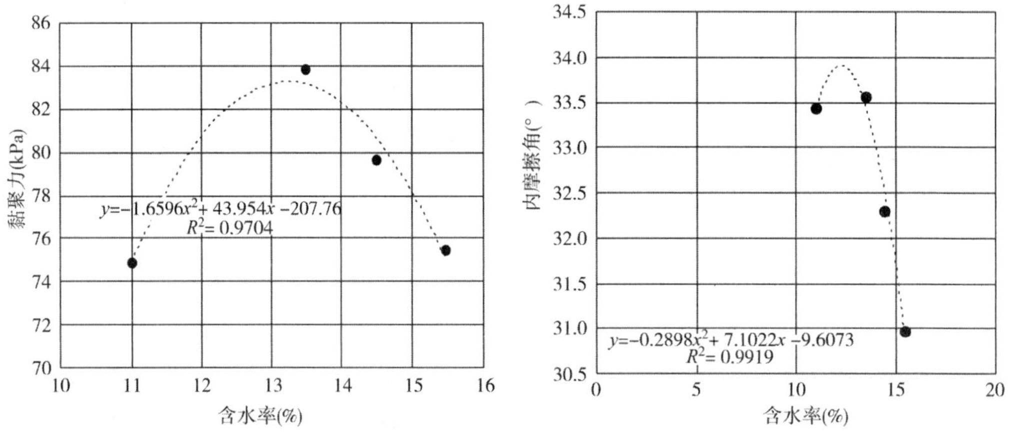

图 1-3-13　某含黏砂土抗剪强度参数与含水率的关系

祝磊等根据广东云浮砾状煤系土试验结果绘制的黏聚力及内摩擦角与含水率的关系曲线如图 1-3-14 所示。粉土质砾,粗粒土含量较高。由试验结果可以看出,随着含水率的增大,黏聚力总体呈减小趋势,但变化趋势具有显著的阶段性。当含水率小于 11.0%时,黏聚力缓慢减小;当含水率大于 11.0%时,黏聚力降低较快。采用指数、对数或线性函数回归处理黏聚力与含水率的关系,效果都较为理想。由图 1-3-14b)可知,相对于黏聚力,含水率变化对砾状煤系土内摩擦角的影响较小。当砾状煤系土的含水率从 8.5%增加到 20.6%,内摩擦角仅在 3°内变化,但具有较明显的峰值。砾状煤系土相对于细粒含量高的黏性土,含水率变化不会引起其颗粒结构、大小及密实度的显著变化,因此含水率变化对该砾状煤系土内摩擦角的影响较小。采用二次函数对含水率与内摩擦角的关系进行回归处理较好。总的来看,砾状煤系土的强度与含水率密切相关,随含水率增加,强度明显降低。砾状煤系土为砾状,c 值呈上凸曲线(S 形),φ 值存在峰值现象。

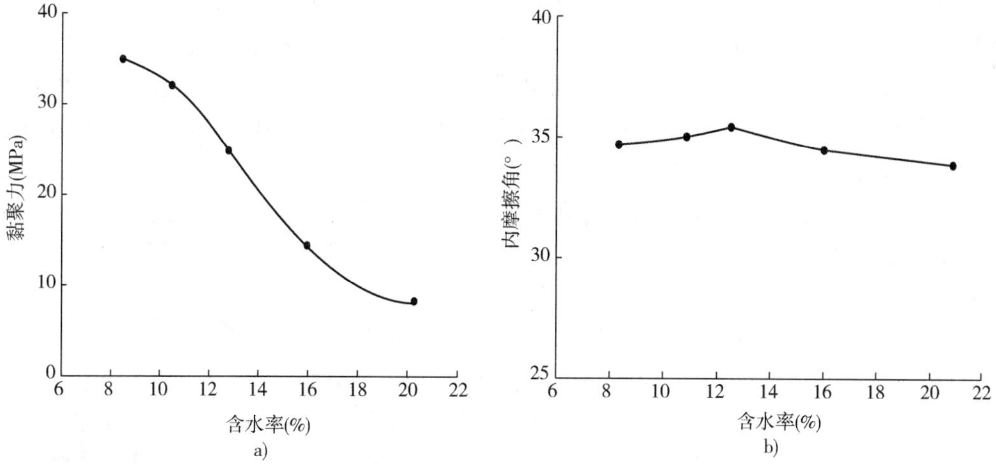

图 1-3-14　砾状煤系土抗剪强度参数与含水率的关系

王继华对砂质黏土进行三轴剪切试验,砂质黏土含砂量>2mm 占 18.3%,含砂量>0.5mm 占 18.3%,黏聚力及内摩擦角与饱和度关系曲线如图 1-3-15 所示。随着土的饱和度增加,黏聚力的值明显降低,土的内摩擦角基本上不发生改变,但综合起来看随着土体含水率的增加,土体的抗剪强度将降低。对砂质黏土黏聚力与饱和度的关系采用对数、线性拟合,拟合程度较好,但砂质黏土内摩擦角与饱和度的关系存在多峰值现象,不能用简单函数拟合。砂质黏土为粗粒土,击实试验会出现多峰值现象,φ 值也出现多峰值现象。

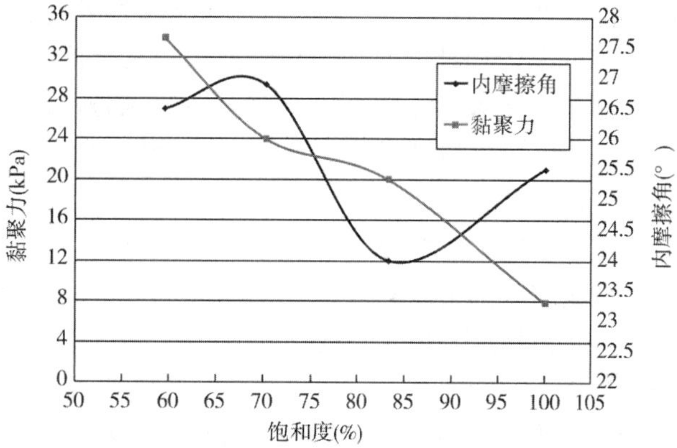

图 1-3-15　砂质黏土抗剪强度参数与含水率的关系

在不同的含水状态下,试验室与原位测试的马兰黄土的黏聚力 c 与内摩擦角 φ 呈现出不同的变化规律,如图 1-3-16 所示。在低含水状态下,马兰黄土黏聚力值最低,内摩擦角值最高;随着含水率的增加,黏聚力值持续增加,内摩擦角值逐渐减小;当含水率超过界限值时,黏

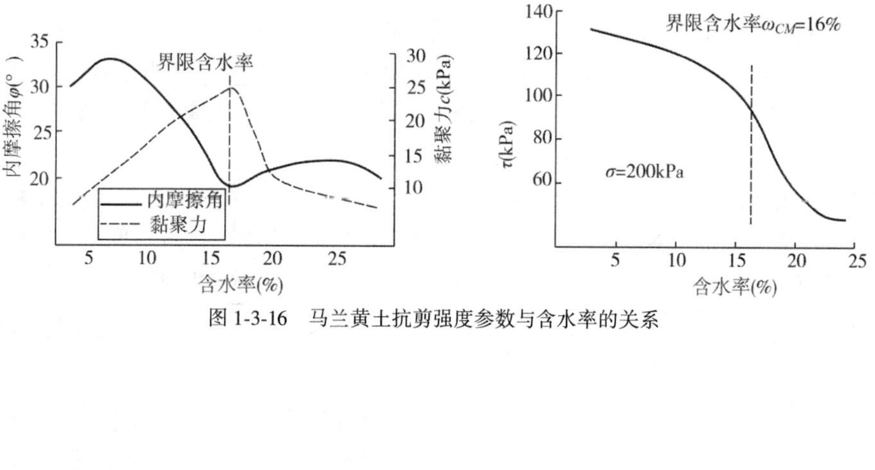

图 1-3-16　马兰黄土抗剪强度参数与含水率的关系

聚力值逐渐减小,内摩擦角值缓慢增加。试验室和原位测试结果表明,兰州马兰黄土的界限含水率 ω_{CM} 为 16%±2%。界限含水率 ω_{CM} 为马兰黄土脆性与塑性变形特征发生转变的界限值,如图 1-3-16 所示。在较低含水状态下,马兰黄土抗剪强度表现出一定的类脆性变形特征;在较高含水状态下,抗剪强度表现出一定的类塑性变形特征。马兰黄土为粉土,中粗粒粉土含量大于 60%,细粒粉土和粉细砂含量小于 10%,黏粒含量介于 10%~20%。马兰黄土为原状土,具有结构性,且中粗颗粒土多。

从以上各图可发现:一般情况下(特别是细粒土情况下),随着含水率的增加,土的抗剪强度参数随含水率的增加而降低。含水率开始增加的阶段,土的抗剪强度参数随含水率的增加降低速度较快;随着含水率的增加,土的抗剪强度参数降低的速度趋缓;当含水率达到一定数值后,土的抗剪强度参数降低速度趋近于某一数值。土的抗剪强度参数降低主要是由于土粒遇水软化,土体本身的力学性质下降。同时,由于含水量的增加,土体状态发生改变,由硬塑进入可塑状态,成为接触面间的润滑剂,降低了颗粒之间的摩阻力,从而进一步导致土的抗剪强度参数的降低。粗粒含量高的土体,在含水率逐渐增大的过程中土的抗剪强度参数[c 值或(和)φ 值]会出现峰值现象,当土的含水率小于某个含水率时,随着含水率的增加,抗剪强度参数[c 值或(和)φ 值]逐渐增大,当土的含水率大于该含水率时,再增加土的含水率,抗剪强度参数[c 值或(和)φ 值]降低的趋势就较为明显。产生这个现象的原因是,在相同的压力水平下,含水率较小时,随土的含水率的增加,土体压实度增加,相应粗粒土密实度增加;当含水率达到最优含水率时,粗粒土密度达到最大值,此时粗粒土抗剪强度参数[c 值或(和)φ 值]也达到峰值。当超过最优含水率时,在相同的压力水平下,压实度降低,粗粒土密实度也有所下降,抗剪强度参数[c 值或(和)φ 值]随之降低,从而呈现出抗剪强度参数[c 值或(和)φ 值]随含水率的增加先增加后减小的现象。

收集整理的土体类型、土体强度与含水率的关系归纳总结得到:当细粒土体(如粉土、黏土,砂砾含量较少)的结构受到破坏(如重塑土)或者没有胶结作用(如没有水泥加固)时,c、φ 值随含水率的增加呈下凹(呈指数或对数)曲线下降,即土的强度随含水率增加,开始降低速度较快→趋缓→趋于某一数值。当土体从细粒变为粗粒土(如砂类、砾石类、碎石类),或者是从扰动土变为原状土,或者是没有加固的细粒土体变为加固的细粒土体(如水泥加固土),c 值或 φ 值随含水率 ω 增加从下凹(呈指数或对数)曲线下降变为 c 或 φ 值随含水率 ω 增加呈上凸曲线(二次函数,$y=ax^2+bx+c$,式中 a、c 为负值,b 为正值),即 c 或(和)φ 值随含水率 ω 增加而出现峰值的情况,这中间还存在 c 或 φ 值随含水率 ω 增加呈直线下降或缓慢降低的情况。出现上述规律主要是以下几个方面的因素共同作用产生的:①重塑土为受扰动后的土,破坏了土体的结构性,随含水率的增加,土体抗剪强度参数下降更快。②黏粒含量越大,土体黏聚力越大,随含水率增加,黏聚力会减小。③粗粒土击实会存在多峰值,黏聚力随含水率变化曲线会呈单峰曲线,内摩擦角会呈多峰曲线。④若为加固土,土体具有黏结性,黏聚力下降速度会减小,多为随含水率增加线性或下凹曲线下降。

总的来说,相同的土体,土体的剪切强度随着含水率的增加而减小,含水率对黏聚力的影响显著,而对内摩擦角的影响相对不是太敏感。随着含水率的增加,土粒间的结合水膜增厚,土粒间的吸应力及连结能力减弱,水分在土颗粒中起到了润滑作用,随含水率增加抗剪强度减小。若土体存在一定的有机质,会减弱其土粒间的胶结能力,所以在一定范围内试样的抗剪强度减小。黏聚力的来源是土颗粒间吸应力引起的吸附摩擦强度，由于土的内摩擦角（摩擦系数）受含水率影响很小，因此黏聚力的变化只能是颗粒间作用力引起的。随着试样失水，土体进入非饱和状态，毛细作用机制增强，基质吸力逐渐增大。随着含水率的减小，由水-气接触面的收缩膜产生的表面张力越来越大，基质吸力快速增大，这个作用力反作用在土颗粒上，对土颗粒产生压应力，这样就造成了吸附摩擦强度（黏聚力）的增大。随着土体中含水率的继续减小，水-气接触面的收缩膜相应减少，土中的水主要为弱结合水，这时孔隙水和孔隙气处于双封闭的状态，颗粒间作用力不再是毛细力，而主要是负孔隙水压力和化学黏结力，粒间吸应力急剧增大，相应的黏聚力增加。

不同饱和度的非饱和土抗剪强度及其参数中已经隐含了基质吸力的影响。所以，在工程实践中，采用不同饱和度非饱和土测试的抗剪强度参数可直接用于工程设计，无须考虑基质吸力的影响，也无须确定非饱和土抗剪强度参数 φ^b 值。

1.3.2　土的变形参数与含水率的关系

刘景艳对冰水堆积土进行的压缩试验获得的 *e-p* 曲线及 *e*-lg*p* 曲线，如图 1-3-17 所示。从图中可看出，冰水堆积土的孔隙比随着轴向应力的增加而减小。土体在初始干密度相同的情况下，含水率越大孔隙比变化速度越快；在轴向应力较小时，孔隙比变化量较大，随着轴向应力的增大，孔隙比变化量较小。压力开始阶段孔隙比变化较大，随着压应力的增大，孔隙比变化趋缓。孔隙比与 lg*p* 的关系是开始阶段较缓，随后变陡。

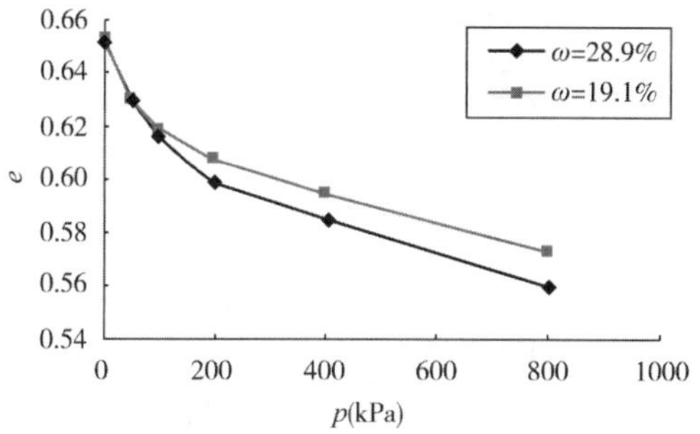

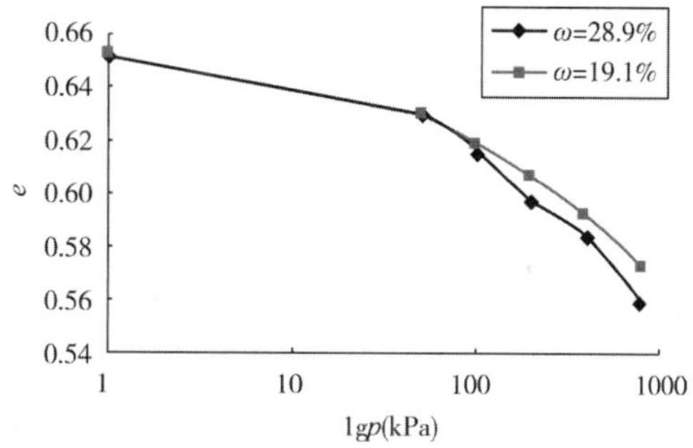

图 1-3-17　不同含水率下 *e-p* 及 *e*-lg*p* 曲线

从压缩系数 a_v 与轴向应力 *p* 关系曲线图 1-3-18a）可以看出：①压缩系数随着轴向压力的增大而减小，开始降低速率较大，然后趋于平缓，在受力的初始阶段表现尤为显著，说明在初

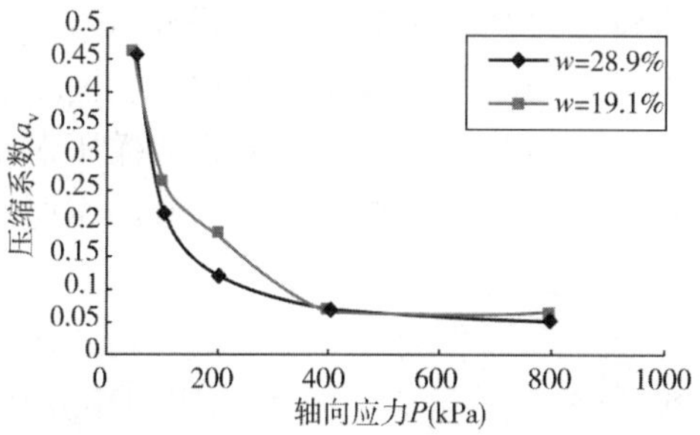

a)

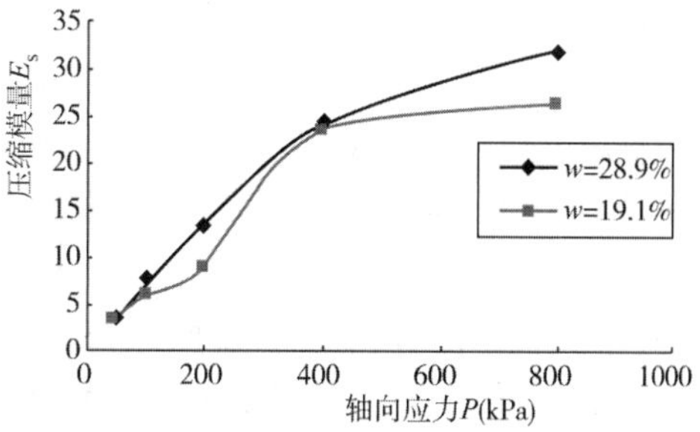

b)

图 1-3-18　压缩系数及压缩模量与轴向应力关系曲线

始压缩阶段具有较高的压缩性，随着土体被压密，压缩性逐渐降低。②在初始密度相同的情况下，不同含水率状态下的土体的压缩系数的变化规律总体变化趋势一致，但含水率较高的土体的压缩系数在围压处于中间阶段明显高于含水率低的土体。从压缩模量 E_s 与轴向应力 P 关系曲线图 1-3-18b）可以看出：含水率大的土体压缩模量较小；土体的压缩模量与轴向应力的关系总体趋势是随压力的增加而增大，但在不同轴向压力下增加幅度不相同，在低压力作用下，压缩模量的增加速率很大，当荷载达到一定压力后，继续施加荷载，压缩模量增幅减小。对压缩系数及压缩模量与轴向应力关系曲线进行量化，发现采用乘幂或对数函数拟合效果较好。

总结不同试验者对不同类型土压缩系数及压缩模量随含水率变化的关系曲线，如图 1-3-19及表 1-3-2 所示。

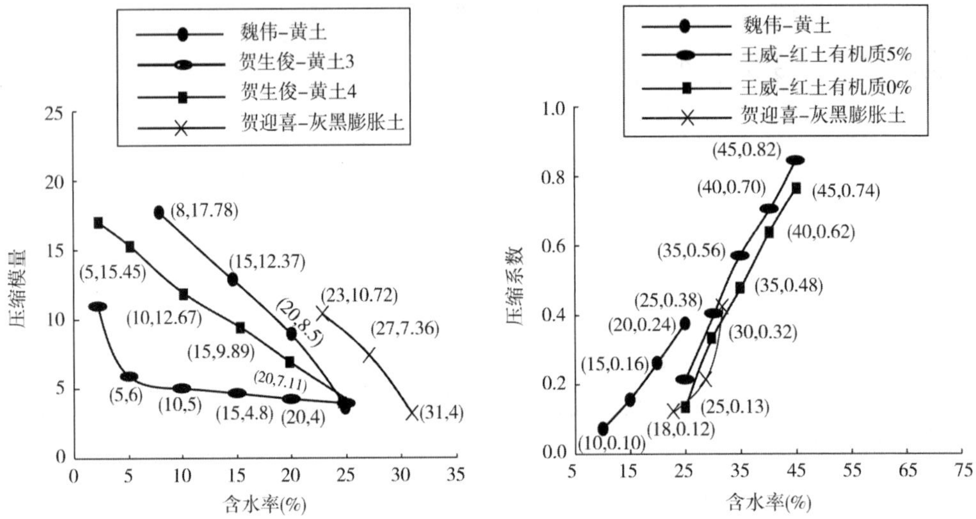

图 1-3-19　不同类型土压缩系数及压缩模量随含水率变化的关系曲线

魏伟对阳曲 1 号黄土公路隧道高含水率黄土进行压缩试验，得到随着黄土含水率 ω 增大，黄土压缩系数 a_v 增大，压缩模量 E_S 降低，对其进行回归分析，含水率与压缩系数的关系采用指数函数拟合较好，含水率与压缩模量的关系采用线性或指数函数拟合较好。贺迎喜利用广西宁明地区灰黑膨胀土的扰动土开展了室内侧限压缩试验，忽略其他因素的影响得到扰动膨胀土压缩系数和压缩模量与含水率的关系，对其进行回归分析，压缩系数随含水率增加成幂函数及指数函数单调增加，压缩模量与含水率为线性关系或对数函数单调减小。王威对桂林红土进行压缩试验，随着含水率的增加，无论有机质为 0 或是有机质为5%的试样，压缩系数不断增大。在一定范围内，有机质含量为 5%的试样压缩系数比有机质含量为 0 的高。有机质含量为 5%的试样直线斜率比有机质含量为 0 的试样直线斜率小，即随着含水率的增加，两者的压缩系数差值在逐渐减小，含水率与压缩系数的关系符合线性函数关系，用对数函数拟合，相关系数大于0.95。邵生俊等对 4 种黄土进行压缩试验，给出黄土③、黄土④压缩模量与含水率的关系，压缩模量随着含水率的增加相应减小，不同的土类压缩模量与含水率的关系不同，相同的含水率不同的土类具有不同的压缩模量。

不同类型压缩系数及压缩模量与含水率的回归关系　　　表 1-3-2

土类别		拟合方程	相关系数
魏伟-阳曲 1 号黄土公路隧道高含水率黄土		$a_v = 0.043e^{0.087\omega}$	$R^2 = 0.980$
		$E_s = -0.773\omega + 23.96$	$R^2 = 0.985$
		$E_s = 36.84e^{-0.08\omega}$	$R^2 = 0.977$
贺迎喜-广西宁明地区灰黑膨胀土		$a_v = 0.004e^{0.146x\omega}$	$R^2 = 0.977$
		$a_v = 7E\text{-}07\omega^{3.91}$	$R^2 = 0.965$
		$E_s = -22.7\ln(\omega) + 82.00$	$R^2 = 0.995$
		$E_s = -0.846\omega + 30.04$	$R^2 = 0.999$
王威-桂林红土	有机质 0%	$a_v = 1.041\ln(\omega) - 3.225$	$R^2 = 0.951$
		$a_v = 0.030\omega - 0.624$	$R^2 = 0.970$
	有机质 5%	$a_v = 0.030\omega^{-0.521}$	$R^2 = 0.984$
		$a_v = 1.037\ln(\omega) - 3.127$	$R^2 = 0.997$
邵生俊-取自陕西泾河岸坡和西安东郊白鹿原的黄土	黄土 3	$y = 15.031\omega - 0.504$	$R^2 = 0.9834$
	黄土 4	$E_s = -0.5563\omega + 18.235$	$R^2 = 0.973$
		$E_s = 20.845e - 0.056x$	$R^2 = 0.9503$

章高峰利用取自广西南友路宁明段 K138 处的灰白膨胀土及广西南友路宁明段 K134 处的灰黑膨胀土进行膨胀土的压缩试验，得到不同含水率下的弹性模量和泊松比与含水率的关系曲线，如图 1-3-20 及 1-3-21 所示。由图可以看出：弹性模量随着含水率的增大单调减小，采用对数、线性及指数函数拟合较好。泊松比与含水率呈指数、线性函数或乘幂函数单调增加。

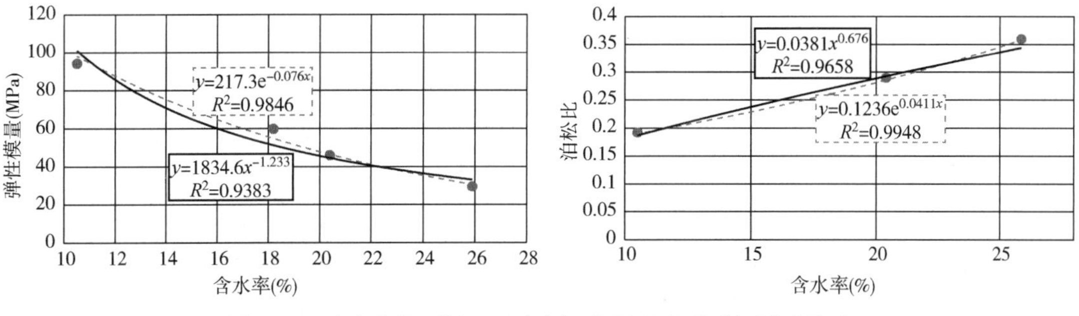

图 1-3-20　灰白膨胀土林红土含水率与不同有机质下压缩系数的关系

研究非饱和土的压缩变形与含水率的关系，可以得到：①含水率越大，土体的初始孔隙比越大，在增加相同的各级压力时，含水率越大，各级压缩稳定后的孔隙比减小得也越多，即含水率越大，压缩性就越高，变形速度越快，因此含水率越高，压缩系数越大，压缩模量越小。②随着含水率的增加，压缩变形的塑性特征越明显，可能从软化型变为硬化型。③压缩系数随着压应力的增大而减小，土体的压缩模量随压力的增加而增大，但在不同轴向压力下增加幅度并不相同；在开始加压阶段，压缩系数减小较快，压缩模量增加较快；随着压力的增大，压缩系数减小趋缓,压缩模量增加也趋缓;最后,压缩系数减小趋于某一数值,压缩模量增加也趋于更缓;④压缩系数及泊松比随着含水率的增加而增加,压缩模量及弹性模量随着含水率的增加而减小。不同土体类型会影响各变形参数与含水率的关系。

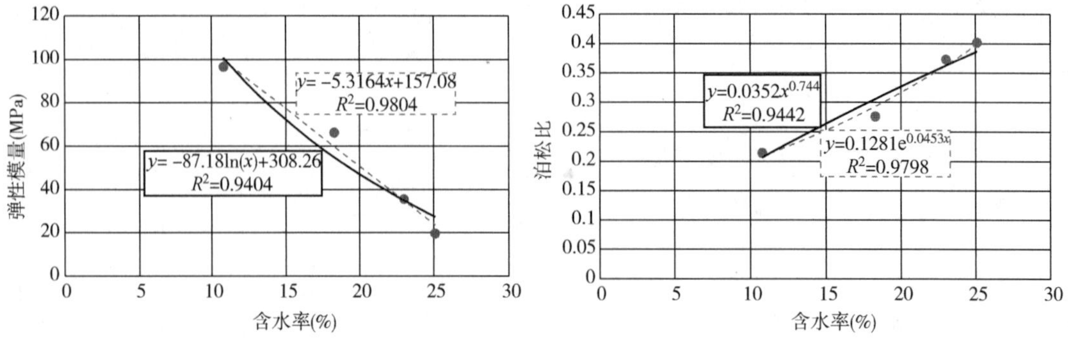

图 1-3-21　灰黑膨胀土含水率与不同有机质下压缩系数的关系

从上述试验研究可知,各种类型土体压缩系数与含水率的关系服从线性($y=a\omega+b$)、指数($y=ae^{b\omega}$)函数、乘幂函数($y=a\omega^{b}$)或对数函数($y=a\ln(\omega)+b$);压缩模量与含水率的关系服从线性($y=a\omega+b$)、指数($y=ae^{b\omega}$)函数或对数函数[$y=a\ln(\omega)+b$];弹性模量与含水率的关系服从指数($y=ae^{b\omega}$)、乘幂($y=a\omega^{b}$)或对数($y=a\ln(\omega)+b$)关系,也存在单一线性($y=a\omega+b$)线性关系;泊松比与含水率的关系服从线性($y=ax+b$)、指数($y=ae^{b\omega}$)函数或乘幂函数($y=a\omega^{b}$);a、b 是与土体类型相关的常数,土体类型、成分、添加剂(或加固剂)等会影响对数、乘幂、线性或指数关系的相关参数。

第2章　水库库岸公路破坏类型及应力变形和稳定性计算研究

库岸公路会受到水库水位变化的影响，有时还会同时受到地震作用的影响。在水库泄、蓄水过程中，水库水位发生变化。在这种情况下，应当考虑库岸路基及桥梁是否会产生变形破坏，是否会存在稳定性问题，以及如何防治和处理等问题。需要首先进行岸坡及其公路路基、桥梁的应力、变形及其稳定性分析，并分析在库水位变化的情况下水库岸坡及其公路路基、桥梁基础的应力、变形及其稳定性变化规律和机理。鉴于此，本章主要论述：①水库库岸变形破坏类型及机理。②水库库岸塌岸预测计算及库岸边坡稳定性计算理论及方法。③非饱和土渗流、固结理论及其控制方程。④通过库岸路基边坡的渗流、应力、变形的饱和-非饱和计算，分析库岸边坡在库水位变化过程中的水压力、应力、变形变化规律及其机理。⑤通过路基填料的渗透参数、物理力学参数和土料类型等的变化对路基渗透和变形的计算，分析库岸路基填料变化对路基变形及其差异变形的影响。⑥通过饱和-非饱和计算分析库岸路基在水库水位变化、地震作用等对库岸路基边坡稳定性的影响及其边坡破坏的演变规律。⑦桥梁基础的形式及其适用范围、库区桥梁基础的破坏类型及其影响因素、传统桥梁基础的沉降计算理论，通过某库岸桥梁基础在库水位变化作用下的饱和-非饱和变形计算，分析库水位变化对桥梁基础变形的影响及其影响机理，对可能进行拓宽改扩建桥梁的加宽侧选择问题进行分析。

2.1　库岸变形破坏类型及机理

根据水库岸坡不同的成因、岩性、结构及形态、尺寸、稳定性等，可将水库库岸分为不同类型。影响水库岸坡变形破坏的因素众多，大体可以分为以下几大类因素：内因、外因和人为因素。每种影响因素还包括多种亚类影响因素，如内因包括地质地貌（岸坡结构、地层岩性、岸坡形态、地质构造等），外因包括有河流及水动力因素（河道及河势特征、水动力因素）、水文及气象因素（水文因素、气象因素）等；由于岸坡的物质组成、结构形态、尺寸、影响因素等的不同，对岸坡变形、破坏及稳定性影响不同，其作用机理也各不相同，有必要对其水库岸坡的变形破坏进行分类和变形破坏机理进行分析。

2.1.1　库岸岸坡分类

库区岸坡地质条件复杂，形态多种多样，岸坡分类与岸坡的稳定性分析、岸坡设计、综合治理等方面密切联系。根据岸坡的成因、岩性等，岸坡分类如表2-1-1所示。

岸坡分类表 表 2-1-1

分类依据	名　　称	简　　述
成因	自然岸坡	自然地质作用形成，地面具有一定斜坡的地段，按地质作用细分为剥蚀型、侵蚀型、堆积型岸坡
	人工岸坡	人工开挖、回填成地面，具有一定坡度的地段
岩性	岩质岸坡	由岩质构成
	土质岸坡	由土质构成
坡长	长岸坡	坡长大于 300m
	中长岸坡	坡长 100~300m
	短岸坡	坡长小于 100m
坡度	缓坡	坡度小于 15°
	中等岸坡	坡度 15°~30°
	陡坡	坡度 30°~60°
	急坡	坡度 60°~90°
稳定性	稳定坡	稳定条件好，不会发生破坏
	不稳定坡	稳定条件差或已发生局部破坏，必须处理才能稳定
	已失稳坡	已发生明显的破坏

公路土质岸坡分类主要根据土壤的黏性和胀缩性划分为 5 类，如表 2-1-2 所示；岩质岸坡分类表如表 2-1-3 所示。

土质岸坡分类表 表 2-1-2

土质崖坡类型	简　　述
黄土岸坡	一般呈棕黄色或淡黄色，具有多孔性，孔隙比一般为 40%~50%，成分以粉粒为主，质地均一，无层理、柱状节理和垂直节理发育，天然状态下含水甚少，干燥时较坚固。直立岸坡遇水容易剥落或遭受侵蚀
砂性土岸坡	主要由砂或砂性土组成，以结构较疏、黏聚力低为特点，作为工程岸坡，一般透水性较大，饱和含水的均质砂土岸坡，在振动力作用下，易于液化产生液化岸坡
黏性土岸坡	黏土以颗粒细密为其主要特征，但由于生成环境的不同，各类黏土的组织结构、物理力学特性等差别较大，对岸坡稳定性影响不一样，但一般都具有干时坚硬开裂，遇水膨胀分解呈软塑性状的特点
软土岸坡	由淤化、泥变、淤泥质土以及其他抗剪强度极低的土组成的岸坡。软土抗剪强度极低，流变特征显著，对岸坡稳定性极为不利
膨胀土岸坡	具有特殊的物理力学特性，土中富含蒙脱石等易膨胀矿物，干湿效应特别明显

岩质岸坡分类表　　表 2-1-3

分类依据	亚类名称	简　述
岩石类别	岩浆岩岸坡	由岩浆岩构成,可细分为侵入岩岸坡及喷出岩岸坡
	沉积岩岸坡	由沉积岩构成,可细分为碎屑沉积岸坡、碳酸盐岩岸坡、黏土岩岸坡、特殊岩(夹有岩盐、石膏等)岸坡
	变质岩岸坡	由变质岩构成,可细分为正变质岩岸坡、副变质岩岸坡
岩体结构	块状结构岸坡	岩体呈块状结构,岩体较完整,由岩浆岩体、厚层或中厚层沉积岩或变质岩构成
	层状结构岸坡	岩体呈层状结构,由层状或薄层状沉积岩或变质岩构成
	碎裂结构岸坡	岩体呈碎裂结构,由强风化或强烈构造运动形成的破碎岩体构成
	散体结构岸坡	岩体呈散体结构,由全风化或大断层形成的极破碎岩体构成
岩层走向、倾向与坡面走向、倾向的关系	顺向坡	两者基本一致
	反向坡	两者的走向基本一致,但倾向相反
	斜向坡	两者走向成较大角度(>45°)相交

根据水库库岸岩土混合岸坡的岩性特征,可划分为土-软岩岸坡、土-硬岩岸坡,如表 2-1-4 所示。

岩土混合岸坡分类　　表 2-1-4

分　类	简　述
土-软岩岸坡	上部为松散堆积物,下部软岩
土-硬岩岸坡	上部为松散堆积物,下部硬岩

按硬岩与软岩的层位关系,又可以分为硬岩-软岩岸坡、软岩-硬岩岸坡、硬岩-软岩互层岸坡,如表 2-1-5 所示。

硬岩-软岩混合岸坡分类　　表 2-1-5

分　类	简　述
硬岩-软岩岸坡	上部为硬岩,下部软岩
软岩-硬岩岸坡	上部为软岩,下部硬岩
硬岩-软岩互层岸坡	硬岩-软岩相互交替叠层

简文星等把土质岸坡的土体主要划分为三类,即黏土、黏土含碎石、块石混杂黏土。杨卫中等根据岸坡岩土体性状及岩体中控制性软弱结构面(层)的性状将岸坡类型划分为四大类:(1)主要受构造、风化裂隙面控制的块状岩体岸坡类型;(2)主要受软弱层面控制的层状岩体岸坡类型;(3)主要受软弱基座控制的层状岩体岸坡类型(4);主要受土岩界面控制的岩土体混合型岸坡类型。岸坡按平面地形条件和横剖面地形条件分类如表 2-1-6 和表 2-1-7所示。

按岸坡平面地形条件分类 表 2-1-6

岸坡类型	划分标准
直线形	库岸与水库交线基本为直线
凸形岸坡	岸坡平面形态呈凸形,库岸外凸进入水库
凹形岸坡	岸坡平面形态呈凹形,水库外凸进入库岸
S形岸坡	岸坡平面形态呈S形

按岸坡横剖面地形条件分类 表 2-1-7

岸坡类型	划分标准	
直线形岸坡	陡坡形	坡度≥25°
	缓坡形	坡度<25°
折线形岸坡	上陡下缓型	坡度上段≥25°,下段<25°
	下陡上缓型	坡度下段≥25°,上段<25°
弧线形岸坡	凹形	坡面呈下凹的弧线
	凸形	坡面呈上凹的弧线

根据岩层的摩擦角和受岩层层面控制的斜坡变形破坏强度的相关统计分析及试验资料,综合确定坡体内岩层倾角的划分标准如表2-1-8所示。

坡体内岩层倾角的划分标准 表 2-1-8

岸坡亚类名称	岩层倾角 α (°)	岸坡亚类名称	岩层倾角 α (°)
平缓	$\alpha \leqslant 10°$	变角倾	$0° \leqslant \alpha \leqslant 45°$
缓倾	$10° < \alpha \leqslant 20°$	陡倾	$45° < \alpha \leqslant 60°$
中倾	$20° < \alpha \leqslant 45°$	陡立	$\alpha > 60°$

库岸岸坡高度也是岸坡亚类划分的基础,基于岸坡高度的划分标准如表2-1-9所示。

基于岸坡高度的划分标准 表 2-1-9

岸坡亚类名称	岸坡高度	岸坡亚类名称	岸坡高度
超高坡	≥1000	中坡	200~500
高坡	500~1000	低坡	<200

2.1.2 影响库岸岸坡变形破坏的因素及作用机理

水库岸坡是指受水库蓄水影响的库岸斜坡岩土体。由于水库对入库流量的调蓄作用,使水库岸坡的水环境发生了显著变化:运行过程中库水位上下变动,改变了原来岸坡的地下渗流场,加大了动水、静水压力,增加了库岸岸坡的不稳定性;水面的加宽,水深的加大,浪蚀作用的加强,岸坡再造的发生,改变了原有的库岸形态。水环境的改变,使水库岸坡的水文地质条件、地应力和岩土体强度均朝着不利于岸坡稳定的方向变化,导致库岸岩土体容重加大、抗剪强度和弹性模量(或变形模量)降低。因此,岸坡可能产生新的变形,可能发生滑动或坍塌以及库岸线后移等，地质条件差的地带甚至会发生崩塌、滑坡等地质灾害。水库岸坡失稳所形成的地质灾害，可能会给库区及其下游地区人民的生产生活带来巨大的损失，对库区及其下游地区的工程建设、基础设施造成严重的破坏。

与岸坡变形破坏的形成和发展密切相关的因素有：地质地貌因素（库岸地形坡度、库岸岩土性质、地质构造及岸坡植被）、水文气象因素（库水波浪、库岸环流、库水位的变化幅度和频度、大气降水以及冻融和浮冰作用）以及其他因素（水文地质条件、自然地质现象：岩石的风化、冲沟、滑坡、崩塌、泥石流及地震）等。水库变形、塌岸的发展过程是多种因素综合作用的结果，其主要因素可分为变形、塌岸内因和外因两大类，如图 2-1-1 所示。

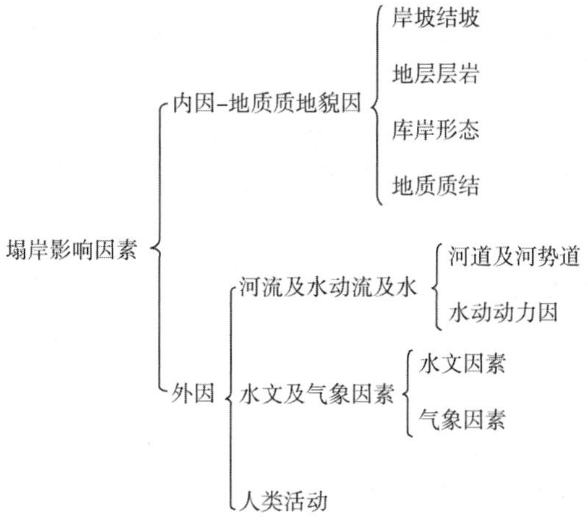

图 2-1-1　塌岸影响因素

不同因素在岸坡破坏变形的过程中所起的作用有大小之分。

2.1.2.1　内在条件对库岸的影响

（1）地质地貌因素

地质地貌因素是决定岸坡破坏变形的根本因素，包括岸坡形态、岸坡结构、地层岩性、地质构造等。其中岸坡结构和地层岩性因素是影响水库变形、塌岸的最主要因素。不同岸坡结构和岩性组合往往直接控制着库岸坍塌的宽度、速率和模式。结构松散的粉质黏土、粉砂质黏土、粉细砂以及碎石夹黏土为主的土质岸坡，一般较易发生变形、塌岸；密实且固结程度较高的黏土类土质岸坡，抗冲刷能力较强，塌岸宽度不大或仅表现为岸坡表面土体的磨蚀。一般情况下，岩质岸坡比土质岸坡更能经受风浪的冲刷。由强风化泥岩、泥质粉砂岩组成的岩质岸坡，因其黏土矿物有浸泡软化、脱水崩解的特点，库水长期作用将使之软化、崩解、坍塌；胶结较好的砂砾石岸坡抗剪强度大，抗冲刷能力强，因而常成为库岸的天然保护层，形成的浅滩宽度较小，坡度大。

地质构造因素，包括区域构造特点、库区岸坡的褶皱形态、岩层产状、断层和节理裂隙发育状况以及区域新构造运动特征等，对岩质岸坡的稳定有十分明显的影响。对于分布在构造线走向与岸坡走向近于平行且倾向相同、断裂构造发育的岩质库岸段，岸坡岩体较破碎、结构强度较低、岸坡稳定性差；对于地质构造相对简单的横向结构及斜向结构库岸段，变形、塌岸现象不明显。对于裂隙较发育的岩质岸坡,库水作用后岩体结构面强度降低,同时受到库水升降引起的动水压力,尤其在高陡岸坡风化卸荷带内的岩体,极易发生崩塌。节理裂隙发育的陡崖易形成崩塌。岸坡物质越松散,风化越强烈,节理越发育,库岸再造速度越快。

库岸地貌包括岸坡的坡角、坡高、水下坡形、岸坡线的曲率及库岸的切割程度等。它们对变形、塌岸的形式、速率、塌岸量和浅滩的形态有很大影响。不同的岸坡形态引起波浪的驻波、消能等作用方式也不同。一般而言,坡角、坡高越大,坡形越不规则,越不利于库岸稳定;岸坡坡角与天然稳定坡角接近时,变形、塌岸的发生就很轻微,低岸缓坡一般以冲刷、磨蚀破坏为主。地形越陡,河流切割强烈,越容易产生变形、塌岸。外界条件一致的情况下,陡坡型土质岸坡和上陡下缓型土质岸坡比缓坡型土质岸坡更容易产生塌岸。缓坡型土质库岸地段一般表现为冲蚀磨蚀型塌岸;松散堆积层较厚的岸坡一般易形成坍塌或滑移。岸线曲率及河床形态的不同,变形、塌岸情况也不同:岸线弯曲,利于变形、塌岸发展;而岸线顺直,地形平整,水面较宽的岸段则不宜发生变形、塌岸。

地形地貌对库岸的稳定性具有重要的影响。坡度越大,坡高越高,坡形越复杂,其稳定性往往越差。与地形地貌有关的斜坡特征主要包括岸坡的坡度、坡高、坡形与植被发育状况四个方面。

①坡度的影响

岸坡越陡,坡体前缘坡脚处最大剪应力越集中,同时在岸坡的顶部也最容易产生拉应力集中,这些应力的集中与分异的特征对岸坡的稳定性是不利的。

②坡高的影响

随着坡高的增加,坡体在坡面附近承受的应力量值将会增加,由此在坡脚引起的剪应力集中也会随着坡高的增加而增加。而坡脚是河流或库水冲刷最为强烈的部位,容易产生变形、塌岸现象。

③坡形的影响

凸形坡的突出部位往往拉应力集中,而库水对凸形坡的冲刷现象也更为重要。因此,岸坡凸出对库岸的稳定性是不利的。

④植被的影响

植被越发育,植物根系对岸坡的保护作用越大,水土流失相对越少,同时植被能减弱波浪对岸坡的冲刷力,增加岸坡土体的抗冲刷能力。

库岸失稳而造成变形、塌岸是各种因素综合作用的结果,与库岸稳定性有关的主要因素有岸坡结构、地层岩性和库岸地貌(岸坡高度、坡度、形状、植被发育状况)等。

(2)地层岩性对库岸稳定性的影响

地层岩性的差异是影响岸坡稳定的基本因素。不同的地层岩性有其特殊的矿物成分、亲水特性以及抗风化能力,所以岩性特征对岸坡的变形破坏有着直接的影响。

对于岩质岸坡,较为坚硬的砂岩其强度较高、质地较致密、有较强的抗水性,这类岩层构成的岸坡较为完整,岸坡的稳定性较好,局部地段形成了较高的陡崖。

对于岩质岸坡,较为软弱的为泥岩与泥质粉砂岩;还有灰白色、黑灰色砂岩构成的岸坡,主要为泥质胶结,其强度低、质地松散,遇水较易崩解,而且抗风化能力较弱。这类岩性岸坡稳定性相对较差,较易形成凹缺位的现象,容易造成岸坡局部崩塌、错落变形、塌岸现象。火成岩中,花岗岩、玄武岩岩性好,岩块抗压强度大;沉积岩(页岩、砂岩及红层)的层理面对岩体强度起控制作用;而变质岩情况比较复杂。

对于土质岸坡,主要为黄土状土、粉砂土以及残坡积土等。类黄土状土,黏粒含量较高,具有较好的黏性,通常构成一级阶地的主体,在岸边多构成高达数米的陡坎。粉砂土或粉细砂土,其颗粒较细小,且黏结性又不好,在水作用下极易崩解,很容易产生变形、塌岸现象。一些冲洪积的砂土,其颗粒较粗大,抵抗水的搬运能力较强;这类砂土构成的岸坡,坡度较缓,岸坡稳定性相对较好。残坡积土物质的组成较以上类型土要复杂,其抗水性能有很大的差别,颗粒较大的崩坡积体有较好的稳定性,而一些颗粒细小的残坡积土体,抗水性较差,具有较差的岸坡稳定性。

①岩质岸坡

岩坡的特点是岩体结构复杂、断层、节理、裂隙互相切割,块体极不规律,因此岩坡稳定有其独特的性质。它同岩体的结构、容重和强度、岸坡坡度、高度、岩坡表面和顶部所受荷载、岸坡的渗水性能、地下水位的高低等有关。在岩石的结构面中造成岩坡最不稳定的主要因素是软弱结构面,大部分岩坡在丧失稳定性时的滑动面可能存在三种:一是沿着岩体软弱岩层滑动;二是沿着岩体中的结构面滑动;三是当这两种结构面不存在时,也可能在岩体中滑动,但前面两种情况较多。在进行岩坡分析时,应当特别注意结构面和软弱层的影响。

岩质岸坡坡面的崩塌,通常是在岩体剪应力值超过岩体的软弱结构面的强度时产生。而崩塌的破坏过程,主要是岩体的部分结构体在外力和自重的作用下,沿结构面的剪切滑移、拉开,或整体的累积变形和破裂所致。因此岩体的稳定性主要取决于岩体结构面的性质、空间组合以及结构体的性质。

a.岩石结构面产状对不同岩质组合库岸的影响

(a)顺向坡

岸坡中岩层组合为上硬下软时,斜坡岩体在重力作用下进行演化,下卧软弱岩层易产生塑性流动变形,相应上覆硬岩层受下部岩体变形的影响也会产生变形,甚至发生破裂。岩层倾角较小的顺向岸坡易出现侧向扩离或滑移拉裂的变形现象。

岸坡中岩层组合为上软下硬时,下卧岩层性质坚硬,不易产生变形,而上覆层软弱,在重力的长期作用下容易产生类似土质岸坡重力变形破坏,即蠕滑-拉裂的变形破坏模式。

(b)逆向坡

岸坡中的岩层组合为上硬下软,下伏软岩具有遇水崩解的水理性,导致下伏软岩局部崩解,出现下伏软岩缺位,上部硬岩形成悬臂梁,从而出现渐近式的塌岸模式。岸坡中的岩层组合为上软下硬时,若上覆软岩层较薄,岸坡一般稳定;若上覆软岩层较厚时,则可能产生类似土质岸坡的蠕滑-拉裂的变形破坏模式。

(c)斜向坡

一般情况下,岸坡不易产生变形,但在地貌形态较为复杂的情况下,当局部冲沟的切割或大型断崖出现时,斜向岸坡也可能出现上述顺向坡与逆向坡的塌岸模式。

(d)近水平坡

岩层倾角小于10°,可能破坏与上述顺向坡类似。

(e)横向坡

这种类型的岸坡一般稳定性较好,但当坡体风化卸荷较强烈时,可能发生崩塌型塌岸。

由泥岩与砂岩或灰岩组成的高陡软硬互层逆向岩质岸坡,因泥岩具有失水崩解,风化速度快的特点,在库水长期侵蚀、浪击淘蚀下,泥岩容易形成"凹"型槽。砂岩、灰岩抗风化、抗水蚀能力强,形成凸形体,从而受到悬臂梁式的力作用,容易沿平行于岸坡的一组陡倾节理产生拉裂缝,进而形成崩塌。对于有软弱夹层的顺向岩质岸坡,特别是坡角为15°~25°的顺向岩质岸坡,由于软弱夹层在库水位的浸泡下,抗剪强度降低,容易形成沿软弱夹层滑动的顺层滑坡。对于裂隙发育的陡倾逆向岩质库岸,在库水作用下,由于在岩体裂隙中可以产生巨大的动水压力与静水压力,易产生崩塌或倾倒破坏。

b.岩石结构面类型对库岸的影响

岩体结构面弱化岸坡岩体力学性质,包括分割岩体,使其失去均一性和连续性,成为各向异性;降低岩体整体强度,尤其是岩体的抗剪强度,并成为地表水、地下水活动通道,对岸坡稳定造成不利影响。结构面的空间分布及其岸坡临空面的相互位置关系,常常是岸坡破坏发生的主控因素。岩体结构面,按其性质与成因分为沉积结构面(层理、不整合面、原生软弱夹层等)、火成结构面(侵入接触面、冷凝原生节理)、变质结构面(片理、片岩软弱夹层)、构造结构面(节理、断层、层间错动面)、次生结构面(卸荷裂隙、风化裂隙、泥化夹石、次生夹泥层)等五种类型。结构面成因类型及其对岸坡稳定性影响如表2-1-10所示。

结构面成因类型及对岸坡稳定性的影响 表2-1-10

成因类型		地质类型	主要特征			工程地质评价
			产状	分布	性质	
原生结构面	沉积结构面	层理层面、软弱夹层、不整合面、假整合面、沉积剪断面	一般与岩层产状一致,属层间结构面	海相岩层中分布稳定,陆相岩层中呈交错状	层面、软弱夹层较为平整,不整合面和沉积间断面多由碎屑和泥质物质组成,且不平整	分布普遍,对岩体稳定影响大,易形成倾倒破坏和顺层破坏
	火成结构面	侵入岩与围岩接触面、岩脉岩墙接触面、原生冷凝节理	岩脉受构造结构面控制,原生节理受岩体接触面控制	接触面延伸较远,而原生节理短小密集	接触面可具融合及破裂两种不同的特征,原生节理一般为张裂面	分布较少,一般不造成大规模的岩体破坏,但有时与构造断裂配合,也可形成岩体滑移,以楔形或多面体滑坡居多
	变质结构面	千枚岩、板理、片理、片麻理、片岩软弱层	产状与岩层或构造线方向一致	片理短小且分布极密,板理延伸较稳定	结构面平直光滑,千枚岩表面较粗糙	片理发育,岩性松软,极易风化,对岸坡稳定性有一定影响,常见塌方

续上表

成因类型	地质类型	主要特征			工程地质评价
		产状	分布	性质	
构造结构面	节理、断层、挤压破碎带、羽状裂隙、劈理、层间错动带、层内错动带	产状与构造线呈一定关系，层间错动与岩层产状基本一致	张性断裂较短小，剪切断裂延展较远，压性断裂规模巨大	张性断裂不平整，常有次生充填，呈锯齿状；剪切断裂较平直，具羽状裂隙，压性断层有断层泥	对岩体强度和岸坡稳定性影响很大，在各种岸坡破坏中，大都有构造结构面的破坏作用。其中断层对岸坡稳定的影响尤为重要
次生结构面	卸荷裂隙、卸荷剪切带、风化裂隙、风化夹层、泥化夹层	受地形、临空面产状和原有结构面产状的控制	横向不连续，多透镜状，延展性较差，且主要在近地表发育	一般为张性或张剪性，透水性强，多有泥质物充填，其水理性质很差	一般分布在基岩露头表层，不会对岩体产生大规模的破坏作用。卸荷节理有时会造成大块体倾倒；风化夹层、泥化夹层等因水理性质差，易风化、坍塌

c.岩石结构体对库岸的影响

结构面将岩体切割成不同形状、大小的块体——结构体。常见的单元结构体为柱状、块状、板状、楔状、菱形状、锥状等六种形态。此外，因岩体的变形及破碎程度的不同，也可能形成片状、碎块状等更小的结构体。综合考虑结构面及结构体两方面的因素，岩体结构类型分为：块状结构、镶嵌结构、碎裂结构、层状结构、层状碎裂结构及散体结构，如表 2-1-11 所示。

岩体结构类型及其对岸坡稳定性的影响　　表 2-1-11

分类	岩体结构		岩石地质类型	结构体形式	结构面发育情况	岩体特征	工程地质评价
	类型	亚类					
1	块状结构		厚层沉积岩、岩浆岩、中深变质岩	块状、柱状	节理为主	结构面不发育，间距在 50 ~ 100cm，多为刚性结构面，贯穿性软弱结构面少见	岩体整体上强度高，变形特征接近于均质弹性各向同性体，岩体稳定性良好，能形成高陡岸坡，失稳形态多沿某一组结构面崩塌或沿复合结构面滑动；滑动稳定性受结构面抗剪强度与岩石抗剪强度控制
2	镶嵌结构		火成侵入岩、非沉积变质岩	菱形、锥形	节理比较发育，有小断层错动带		岩体整体强度仍较高，但不连续性较显著，能形成较稳定岸坡，不易构成巨大滑体，但可形成小型楔形滑体，或在过陡时，以坍塌形式出现小规模破坏

续上表

分类	岩体结构		岩石地质类型	结构体形式	结构面发育情况	岩体特征	工程地质评价
	类型	亚类					
3	碎裂结构		各种岩石的构造影响带、破碎带、蚀变带或风化破碎带	碎块状	节理、断层及破碎带交叉劈裂发育	岩体结构面发育，多短小无规则的分布，岩块存在有咬合力	岩体完整性破坏较大，强度受断层及软弱结构面控制，并易受地下水不良影响，稳定性较差，岸坡易坍塌和形成小型楔形滑坡，坡角取决于岩块间的镶嵌情况和岩块间的咬合力
4	层状结构	层状同向结构	各种厚度的沉积岩、层状变质岩和多次喷发的火山岩	板状、楔状	层理、片理比较发育	岸坡与层面同向，岩层倾向与岸坡倾向基本相同，夹角小于30°，岩体多呈互层状，结构面发育，软弱夹层和层间错动带常为贯穿性软弱结构面	层面或软弱夹层，形成滑动面，坡脚切断后易产生滑动，倾角较陡时易产生溃屈或倾倒；稳定性受岩层走向夹角大小、坡角与岩层倾角组合关系、顺坡向软弱结构面的发育程度及强度控制
		层状反向结构				岩层倾向与岸坡倾向基本相反，其夹角大于150°，岩体呈层状或二元结构，结构面发育	岩层较陡时易产生倾倒弯曲松动变形，坡脚有软层时上部易拉裂，局部崩塌滑动；稳定性由坡脚与岩层倾角组合、岩层厚度、层间结合能力及反倾向结构面发育与否决定
		层状斜向结构				岩层倾向与岸坡倾向斜交，其夹角30°~150°	岸坡稳定性条件好，不受层面及夹层控制
5	层状碎裂结构		较强裂褶皱及破碎的层状岩体	碎块状、片状	层理、片理、节理、断层、层间错动发育		岩体完整性破坏较大，整体强度低，软的结构面发育，易受地下水不良影响，稳定性差，岩体塑性较强，变形时间效应较明显，岸坡易坍塌和形成圆弧滑坡
6	散体结构		各种岩石的构造破碎带及其强烈影响带。强风化破碎带	鳞片状、碎屑状	断层破碎带、风化带及次生结构面	由碎屑泥质物质夹大小不规则的岩块组成，软弱结构面发育成网	岩体强度遭极大破坏，接近松散介质岩体，塑性强，变形时间效应明显，岸坡稳定性差，极易形成坍塌和形成圆弧形滑动

d.结构面的倾向与岸坡倾向对库岸的影响

库岸岩质岸坡破坏不仅与岩石结构面及岩石结构体有关，而且与单组结构面的倾向或多组结构面的倾向与岸坡倾向的夹角有一定的关系。

当多组结构面组合交线的倾向或单组结构面的倾向与岸坡倾向相反时，一般属稳定结构；当多组结构面组合交线的倾向或单组结构面的倾向与岸坡倾向一致，且倾角大于或等于设计岸坡角时，属于基本稳定结构；当多组结构面组合交线的倾向或单组结构面的倾向与岸坡倾向一致，且倾角小于设计坡角时，属不稳定结构。若两组主要结构面均倾向水库，倾角均小于岸坡坡度角，且介于 25°~45°时，为岸坡稳定的最不利条件，这种岸坡即使能暂时保持较高的坡高，但坡面是凹凸不平的，并经常有小规模的落石，当受到较大的库水位变动、震动或其他因素作用时，将产生大规模崩塌；若其中一组的倾角大于 55°，且大于岸坡坡度角，而另一组小于岸坡坡度角，此时易于形成沿低倾角滑动的崩塌。

e.岩石软弱岩层对岩岸的影响

软弱岩层，主要是黏土页岩、泥岩、凝灰岩、泥灰岩、云母岩、滑石片岩以及含有岩盐或石膏成分的岩层。这类岩层遇水浸泡后易软化，强度大大降低，形成软弱层。此类库岸在库水、河流等的浸泡、浪蚀、冲刷、磨蚀等作用下，容易崩解、软化，也容易被冲刷、磨蚀，产生破坏变形，进一步引发周围及上腹其他岩层的破坏和变形。

f.岩质岸坡的破坏类型及机理

岩石的破坏类型大致分为 7 种，每一种破坏都有其相应的破坏特征、破坏机理以及破坏面形态，岩质库岸的变形破坏类型及机理如表 2-1-12 所示。

岩质岸坡破坏类型及机理　　表 2-1-12

序号	变形破坏		变形破坏特征	变形破坏机理	破坏面形态
	类型	亚类			
1	崩塌		岸坡局部岩体松动、脱落，主要运动形式为自由坠落或滚动	拉裂；岩体存在临空面，在结合力小于重力时，发生崩塌	无明显滑动面
2	滑动	平面形	岸坡岩体沿某一结构面整体向下滑移	剪切-滑移；结构面临空或坡脚岩层被剪断	层面或贯通性结构面形成滑动面
		弧面形	散体结构的岸坡，沿圆弧滑动面滑移，坡脚隆起	剪切-滑移；内摩擦角偏小，坡高坡脚偏大	圆弧形滑动面
		楔形体	两个或两个以上结构面组合而成的楔形体，沿两个滑动面交线方向滑动	剪切-滑移；结构面临空	两个以上滑动面相结合
3	倾倒		在层状结构的反倾向岸坡中岩层较陡时，表部岩层逐渐向外弯曲、倾倒、滑动等	弯曲-滑移；由于层面密度大，强度低，表部岩层在风化及重力作用下产生弯矩	无明显滑动面
4	溃屈		层状结构的顺层岸坡，岩层的倾角与坡面大致相似，岸坡岩层逐层向上鼓起，在鼓起变形的同时，产生层面拉裂、脱层等现象	滑移-弯曲；顺坡向剪应力过大，层面间的结合力偏小，上部坡体沿软弱面蠕滑，由于下部受阻发生纵向弯曲	层面拉裂，局部滑移

续上表

序号	变形破坏		变形破坏特征	变形破坏机理	破坏面形态
	类型	亚类			
5	侧向扩展拉裂		在双层结构的岸坡中，下部为软岩，软岩产生塑性变形或蠕动，使上部岩层发生扩展、移动、下沉、拉裂等变形现象	塑流-拉裂；在重力作用下，软岩变形流动使上部岩体失稳	软岩中变形带
6	流动		崩塌碎屑类堆积在重力作用下，向坡脚或河谷、水库内流动，形成碎屑流滑坡，多发生在具有较大自然坡降的河谷、库岸地区	流动；碎屑体保水后，在重力作用下产生流动	碎屑体内流动，无明显滑动面
7	复合		包含两种以上破坏形式的组合，包括不同部位的组合及不同发展阶段的组合		

②土质岸坡

a.土质岸坡稳定性与颗粒直径和固结度的关系

土质岸坡的变形破坏特点与构成库岸岸坡的土体粒度大小、成分和胶结程度等有密切关系。土体颗粒大小与塌岸流失量大致呈正态分布(图 2-1-2)，即颗粒越小或越大，其塌岸流失量反而越小。在相同岸坡坡度、相同水位变幅和降雨条件下，岸坡单位体积的流失量大致呈正态分布。

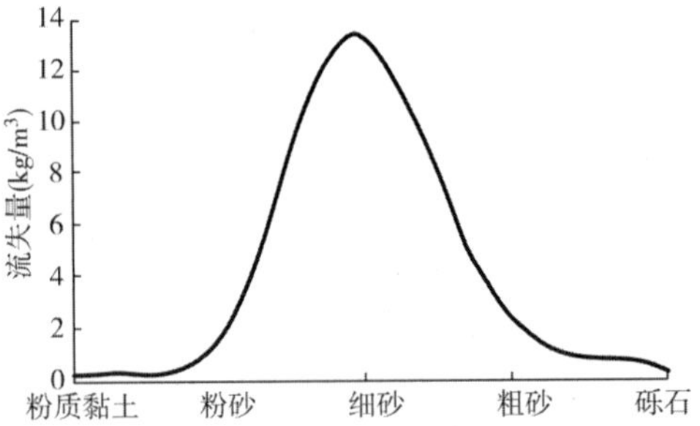

图 2-1-2　流量随着岸坡物质呈正态分布

土质库岸的变形破坏方式主要与土体的固结程度有关。Q_3以前形成的残积土固结程度较高，有一定的整体强度，抗水入渗能力相对较强，库水不易向内部渗入。因此，Q_3以前由残积作用形成的库岸，在库水位的作用下，一般仅发生局部崩塌。由坡积或崩积作用形成的块石混杂黏土、含碎块石黏土或黏土库岸，其形成时期较晚，孔隙比大、固结程度低、库水对其影响较大，极易产生整体滑动失稳或大规模剥蚀崩塌。

b.土质岸坡的分类

土质岸坡，破坏面发生在第四纪松散堆积层中，破坏面往往呈圆弧状或对数螺旋状(无黏性土岸坡为平面状)，包括均质土岸坡、层状松散土岸坡、二元结构岸坡，其类型及岩土结构特征如表 2-1-13 所示。

c.均质土岸坡

均质土岸坡是指整个坡体由性质均一的土体组成，基本不含有节理、裂隙及贯通性结构面的岸坡。根据物质组成的不同，均质土岸坡又可分为一般黏性土岸坡、砂性土岸坡、黄土岸坡、软土岸坡和膨胀土岸坡。

(a)砂性土岸坡

砂性土岸坡以砂粒为主，结构较疏松、凝聚力低、透水性较大。主要分布于我国北方沙漠地带，风积地貌。一般有沙地、灌丛沙丘、新月形沙丘、沙丘链以及沙垄等。风蚀地貌一般有风蚀洼地、风蚀垄槽和风蚀残丘。

土质岸坡类型及岩土结构特征　　表 2-1-13

类　型	岩土结构特征	稳定性影响因素
均质土岸坡	整个坡体由均质土构成,没有贯通性的结构面	土体强度和坡形
层状松散土岸坡	坡体由不同类型的松散土层构成,控制性结构面是沉积层面	土体强度、坡形、沉积层面产状与坡面的组合关系
二元结构岸坡	坡体由岩层及其上覆的松散堆积层构成,控制性结构面是沉积层面	土体强度、坡形、二元结构层面产状与坡面的组合关系

砂性土岸坡变形失稳机理:由于砂性岸坡土质凝聚力低,容易产生浪蚀破坏和渗透破坏,也不可能形成较陡的岸坡。

(b)黄土岸坡

黄土是指第四纪以来,在干旱和半干旱地区,由于不同的动力作用所沉积的以粉土颗粒为主、多孔隙、呈黄红色、含钙质的黏性土,遇水易崩解、冲蚀、湿陷。

黄土是以粗粉粒为主体的骨架结构,具有多孔性。新黄土具有肉眼可见的大孔隙、裂缝、孔洞,呈垂直或倾斜的管状分布,以垂直为主。黄土的节理,有垂直节理和倾斜节理,以垂直节理为主,一般上部比下部发育,老黄土中斜节理比较发育。组成岸坡的黄土具有以下性质:

抗剪强度:随沉积时代的增加,抗剪强度有所增大;黄土的抗剪强度具有各向异性特征;含水率小的黄土的抗剪强度大,强度随含水率增大而剧烈降低,当含水率接近塑限值,强度降低减慢。

变形特性:压缩性随干容重的增大、孔隙比的减小而减小。湿陷性随深度、含水率、干容重的增大或孔隙比的减小而减小。

透水性:由于黄土的各向异性,一般垂直方向的渗水性大于水平方向。

收缩膨胀性:老黄土和古土壤层含黏粒多,具有干缩湿涨的特性,经多次反复循环,土体表层易形成裂缝和剥落。

抗水性:一般新黄土的抗水性差,遇水后易被冲蚀、潜蚀、崩解。

直立性:一般 Q4 黄土的直立性差,不能维持陡岸坡;Q3 黄土的直立性一般,不能维持高陡岸坡;Q2 黄土直立性强,能维持高陡岸坡;Q1 黄土的直立性虽强,但需及时做好坡面的防护工程,否则易产生掉块等病害。

稳定性:黄土岸坡稳定性取决于土层的密实程度、地层年代、成因、不同时期黄土的接触情况、地形地貌和水文地质条件、黄土本身陷穴、裂隙发育程度、主要力学指标的变化幅度、气候条件、地震影响以及河流冲刷等因素。

(c)软土岸坡

软土是指近代水下沉积的一种软塑到流塑状态的饱和软黏土,近代地貌多为宽阔的平原,或丘陵边缘平坦的谷地,其地表不再为地表水所浸漫,表面常具有可塑硬壳层,地下水位接近地表,沉积厚度一般较深。软土压缩性高、强度低、含水量接近或大于液限。软土的工程性质如下:

触变性：软土具有触变特征，原状土受到振动以后，破坏了结构连接，降低了土的强度或很快地使土变成稀释状态。

流变性：软土除排水固结引起变形外，在剪应力作用下，土体还会发生缓慢而长期的剪切变形。

压缩性：软土属于高压缩性的土，压缩系数大。

强度：由于软土具有上述特征，强度很低，其不排水抗剪强度一般均在20kPa以下。

透水性：软土透水性能弱，一般垂向渗透系数在 $i\times(10^{-6}\sim10^{-8})$ cm/s 之间。

由于软土强度低，水库岸坡不可能形成较陡的坡角。

(d)膨胀土岸坡

膨胀土是指土中黏粒成分主要由亲水矿物组成，同时具有显著的吸水膨胀和失水收缩两种变形特性的黏性土。我国的膨胀土多为新统第三系至第四系上的地层，成因以冲积、洪积、湖积和残积为主。矿物成分大多以伊利石为主，其次为蒙脱石或高岭石，也有少数地区是以蒙脱石为主。多分布在二级及二级以上的河谷阶地、山前丘陵和盆地边缘，个别分布在一级阶地上，呈垄岗、丘陵和浅而宽的沟谷，地形坡度平缓，一般坡度小于12°，无明显的自然陡坎。膨胀岩土一般分布在山前地带及高级阶地，在盆地中部或低级阶地的下部有时也有膨胀岩土分布，由于其所处深度大，一般对地面建筑无影响。膨胀岩土大多为高塑性的黏性土、裂隙发育，常常易于滑塌不能维持陡坎，故一般呈浑圆岗丘地形。膨胀岩土地区，在山前或高阶地前的坡度较陡地带，常形成浅层滑坡，多为古滑坡。膨胀土地区多为上层滞水或裂隙水，无统一水位，随着季节水位变化，常引起地基的不均匀膨胀变形。

膨胀土地层以第四系中、上更新统为主，少量为全新统及新第三系。膨胀土多呈坚硬-硬塑状态，结构致密，呈棱形土块者常具有胀膨性，棱形土块越小，胀膨性越强。土内裂隙、斜交剪切裂隙越发育，胀缩性越严重。膨胀土性质如下：

超固结特性：膨胀土大多是在更新世以前沉积的土层，曾经受过先期固结，因此，现在露出地表的这部分膨胀土处于超固结状态，随着土体的开挖，超固结膨胀土会发生卸荷膨胀，使土体内的能量逐渐释放出来，这种卸荷膨胀要持续较长的时间，而且是不可逆的。

胀缩特性：膨胀土遇水膨胀软化，失水干缩开裂，这种胀缩效应非常灵敏，胀缩量的大小取决于土的黏粒含量、矿物成分和特殊的结构等。不同的微结构形态不仅影响胀缩量的大小，而且还会形成裂土的各向异性，所以，膨胀土的垂直、水平向膨胀量往往是不一致的。

裂隙特征：常见的裂隙有垂直、斜交和水平三种，其中以垂直和水平裂隙较发育。裂隙面一般为蜡状光泽，多见铁锰胶膜附着，较光滑，有擦痕。膨胀土一般都发育有2、3组的裂隙。

水理性质：膨胀土具有较高的液限和较大的塑性指数，但是塑限含水率和一般黏性土无明显差别。当膨胀土的天然含水率接近塑限时，膨胀土浸水更易软化，且易沿裂隙崩解。

风化作用：膨胀土表层因受气温、水分频繁变化的影响，反复的胀缩作用加剧土体裂隙的发育，并形成一层明显的风化破碎层，这层厚度一般为1.0~1.5m，由这一层向深部，风化程度逐渐减轻。

抗剪强度：膨胀土的抗剪强度的特点主要有两点，其一为室内常规剪切试验的抗剪强度一般都高于现场土体的抗剪强度。其二为膨胀土的残剪试验反映出具有较高的峰值抗剪强度和较低的残余抗剪强度。

变形失稳机理：由于膨胀土的胀缩性导致的多裂隙性特点，在库水水位的升降变化作用下，容易使膨胀土岸坡的力学强度降低、裂隙增多、产生崩解等，导致膨胀土岸坡容易产生浪蚀、崩解和滑动破坏，产生库岸再造。

(e)层状松散土岸坡

层状松散土岸坡是指由不同类型的松散土层构成的岸坡，其控制性结构面是沉积层面。层状松散土岸坡的坡体由第四系松散或相对松散的堆积土体构成，因此坡体结构松散，具有大孔隙性，透水性较强。坡体为黏弹塑性体，在外力作用下，或在变形滑移过程中，坡体不仅能产生整体性滑移变形，而且还可以产生较大的塑性变形，同时还能产生显著的流变变形。坡体组成物质结构疏松、孔隙度大、粒间结合力差、透水性强，滑床面一般为下伏不透水层底板或水文性质差异面。

层状松散土岸坡变形失稳机理：由于岸坡土渗透性强、强度低，在库水上升时容易产生库水向岸坡渗透，导致岸坡土体强度进一步降低，在库水降低时，渗透到岸坡内的地下水对岸坡产生下滑推力，容易导致岸坡产生滑动变形和塑性流动破坏。

层状松散土岸坡剪出口形成于挤压应力区前部，剪出口的形状与部位主要由应力条件控制，具有一定的隐蔽性，不易辨别和确定；张裂缝形成于引张应力区后部，特别在岸坡后壁附近常出现张裂缝，其深度与规模取决于引张应力区的应力与位移条件。

③岩土混合型库岸

混合型库岸的变形破坏方式一般兼具岩质岸坡与土质岸坡的特点，与构成其岸坡的岩土体组合类型相关。当上部为松散堆积物，下部为软岩时，上部松散堆积物受下部软岩的影响，容易产生塑性流动变形和侧向扩离。当上部为松散堆积物，下部为硬岩时，上部松散堆积物容易沿着岩土交界面产生滑坡。

在工程中常见的上部由土和岩石全风化层组成、下部由岩石组成的岸坡就是岩土混合岸坡。岩土组合岸坡具有不止一种的破坏模式，不仅需要考虑上部土层发生滑动的可能性，而且也要将岩体沿结构面发生滑动的可能性进行分析，这都将影响其稳定性。

岩土组合岸坡有着极其复杂特殊的性质，分析其变形破坏时应先研究岩质岸坡的稳定性，然后再分析土质岸坡的稳定性，组合岸坡因为其特殊性极有可能发生复杂的变形破坏模式。例如，土质物质沿着组合面接触滑动破坏、以基岩内部的软弱夹层为滑动面发生滑动等，通过对岩土组合岸坡破坏模式的分析研究可知，组合岸坡破坏时，土、岩层有着相互的联系性和独立性。

由岩层及其上覆的松散堆积层构成的岸坡，或者由软、硬差别较大的上、下土层构成的岸坡一般称为二元结构岸坡。根据上覆土层的物质组成，可以将二元结构岸坡划分为黄土二元结构岸坡、红黏土二元结构岸坡、堆积层-红层软岩二元结构岸坡，以及普通堆积层二元结构岸坡和堆填土二元结构岸坡。

a.黄土二元结构岸坡

黄土二元结构岸坡是黄土岸坡中比较多见的一种岸坡，在我国西北广为分布，主要是指由黄土覆盖层和下伏基岩组成的岸坡，以及具有优势滑动面的软硬差别较大的新、老黄土和次生、原生黄土组成的岸坡。

由于新、老黄土，原生、次生黄土之间，以及黄土与基岩、古土壤之间的结构、强度、透水性等的差异较大,在长期地表、地下水的作用下,黄土二元结构岸坡中的这些不整合面处容易形成软弱带。因此,当这些岸坡在库水、雨水、地震以及人工作用的影响下,容易产生滑动破坏,滑动破坏的方式主要为:

形成沿不同年代或成因的黄土堆积面及钙核层上、下面(包括古土壤层)的滑动。此类岸坡因堆积层面平缓,需要层间水量较大时方可滑动。此类滑动中另一常见者为厚层的马兰黄土或再堆积黄土沿底层滑动,在这种类型中,虽然黄土具有大孔隙,并且堆积松弛可以导致库水、地面水直接深入,但因层厚和下伏底层平缓,若没有大面积的地下水补给,不容易形成滑动。

老黄土或石质黄土沿下伏老地层滑动。因老黄土中具古土壤,其大孔隙不发育、而石质黄土呈半成岩状,这两者的隔水性均比较强,一般地表水不易入渗。这不同于堆积土滑坡为裂隙水、库水及近区地表水的补给造成雨季或库水升降期间的滑动,而是需要在远区的地下水和多年聚集于滑带处的水使之软塑后再在重压下产生滑动,发生滑动的季节不一定在雨季或与库水位升降时间吻合。

巨厚而陡立的老黄土或洪积黄土覆盖在陡倾的老地面或基岩顶面之上,常在库水作用下、开挖或切割后,临空面到达下伏层的顶面附近时产生了出口,在下伏老地面或基岩顶面附近产生崩塌性滑动。其滑带由底层黄土受湿后在强度突然衰减下由承压转化为剪切而产生巨大推力,可将滑体推出滑床很远。由于滑床较陡,滑带土达到塑性即可发生剪切破坏,故此类型与堆积土滑坡的产生相比更加突然和急剧。因滑床为基岩顶部,可以为破碎的薄含水层,在前沿出口埋于地面以下,其水量小浸湿不到黄土底面,一旦切割达到基岩顶,在侧向卸荷下坡体产生松弛而导致库水、地下水向基岩顶集中,当水压超出破碎层、或基岩顶的残留堆积土石,浸湿黄土层底,产生崩塌性黄土滑动。

b.红黏土二元结构岸坡

红黏土二元结构岸坡是指由原生和次生红黏土与下伏基岩组成的岸坡。由于红黏土是在经历了红土化作用后由岩石变成土的,无论外观、成分还是组织结构上都发生了明显不同于母岩岩质的变化;除少数泥灰岩分布地段外,红黏土与下伏基岩均属于岩溶不整合接触,他们之间的关系是突变的,而不是渐变的。

红黏土是红土的一个亚类,是一些碳酸盐类岩石和非碳酸盐类岩石的风化物,在炎热湿润气候条件下进行红土化作用形成的。我国红黏土主要分布在南方,以贵州、云南和广西最为典型和广泛;其次,在四川盆地南缘和重庆、鄂西、湘西、粤北、皖南和浙西等地也有分布。在西部,主要分布在较低的溶蚀平面及岩溶洼地、谷地;在中部,主要分布在峰林谷地、孤峰准平原及丘陵洼地;在东部,主要分布在高阶地以上的丘陵区。我国北方红黏土零星分布在一些较温湿的岩溶盆地,如陕南、鲁南和辽东等地,多为受到后期营力的侵蚀和其他沉积物覆盖的早期红黏土。

红黏土二元结构岸坡在库水作用下,主要是发生在红黏土层的崩塌、坍滑、滑移等破坏,以及在下腹碳酸盐的沉陷、沿层面的滑移等岸坡破坏。

c.堆积层-红层软岩二元结构岸坡

红层软岩泛指侏罗系、白垩系与第三系砂岩、泥岩、页岩及砂岩、泥岩与页岩互层等软硬相间的层状岩体。由于红层软岩岩体强度低、工程地质性质较差,具透水性弱、亲水性强、浸水后岩体强度软化、失水后易产生崩解等特征，这些红层软岩与上覆堆积层一起，构成一种特殊的二元结构岸坡。

该类岸坡的上部堆积层多为坡积物、崩积物、古滑坡堆积物等，常为黏土夹块石。岸坡的下部主要为河、湖相砂岩，泥岩、粉砂岩等互层，这二者的接触面常倾向临空面。由于红层软岩抗风化能力差，水敏感性强，遇水岩体强度大幅度下降，因此，当该类岸坡受到降水、库水、地下水及各种地质营力作用的影响时，岩体完整性不断破坏，岩层层面结构强度不断软化，逐渐演化为滑动面，形成堆积层-红层软岩的顺层滑动。

在中国红层软岩分布广泛，红层出露总面积约 46×104km^2，占国土面积的近 5%，在中国西部地区的甘肃、四川与云南省红层软岩大面积分布。红层软岩库岸滑坡具有分布范围广、突发性强、灾害严重等特点。红层软岩库岸滑坡灾害频发，滑动规模大，严重威胁国家和人民的生命财产安全。

d.普通堆积层二元结构岸坡山区

堆积层二元结构岸坡是以各种残积、坡积、洪积和崩积物等成因为主的覆盖层与基岩组成的岸坡，一般以粗颗粒为主。在山区的河流两岸以及在山区边缘一带，其堆积物主要是以坡积和洪积为主的粗粒碎屑物和一些残积物，并且在坡岸后缘有岩石陡壁或沿坡倾向有凸起的岩石岗脊时，重力崩塌物往往也掺杂到上述坡洪积物中，成为山区堆积层的重要组成部分，这些堆积物与下伏基岩一起，组成了山区堆积层二元结构岸坡。

该种类型的岸坡在我国的山区广泛分布，是公路工程建设中碰见最多的岸坡之一。一般情况下，这些山区堆积层底部的基岩顶面和堆积层内部的层面均与斜坡具有相同倾向，这极易使这些岸坡沿基岩顶面和层面产生滑动，形成山区堆积层滑坡。山区堆积层滑坡有浅层、中层，亦有深厚的大型滑坡，其分布范围很广泛，特别是我国的铁路和公路建设沿线遇到过大量的这类土层滑坡。山区堆积层滑坡的动力来源有独特性，对于大型滑坡除库水、地下水以外，还有其后部不断崩塌物质的加载和大崩载、大崩体的动力冲击作用。

e.堆填土二元结构岸坡

公路中也常碰到大量的人工填土岸坡，这些人工填土或弃土常和下伏的原地层或者基岩一起，构成二元结构岸坡。这些堆积于自然沟洼，或者斜坡上的填土或弃土，常因事先未对基底认真处理，在降雨或库水升降作用下，在填土、弃土与原地面间形成渗流通道，极大地降低了岩土体的抗剪强度，因此往往容易形成沿原始地面的顺层滑动。

2.1.2.2　外界因素对库岸的影响

与普通边坡相比，库岸变形破坏最突出的特点就是受水作用的影响较大。首先，水库建成蓄水后，整个库区内的水作用构成和水作用方式都较蓄水前发生了根本性的改变。大量调查统计资料显示，由于水作用引发的岸坡地质灾害占 90%以上。这里的水主要包括库水、大气降水和地下水，其中地下水也主要是由降水和库水补给。在库水位升降特别是开始蓄水时段的库水位降低时，容易引发库岸坍塌、滑动等破坏，以及每年在雨季和春雪冻融时期，频繁发生的库岸岸坡滑塌、失稳变形破坏，也表明库水位升降、降水、地下水是影响库岸路基稳定性的重要因素。

库水对岸坡变形破坏主要有三种作用：一是蓄水后风浪对岸坡岩土体的冲蚀、磨蚀作用；二是库水位升降过程产生的孔隙水压力和动水压力作用;三是库水对蓄水位以下岩土体的软化作用,主要表现为降低岸坡岩土体的物理力学强度。在库水的物理和化学作用下,坡脚处岩土体的物理力学指标降低,因蠕变在坡脚处长期积累的弹性势能释放,岩土体变得更加松散,坡脚抵抗剪切破坏的能力大大降低。因此,库水的作用在一定程度上引起了岸坡岩土体的应力重分布、应力集中和应力松弛等效应,斜坡体为了适应这个新的应力状态,将发生蠕滑甚至是滑坡。库水的长时间浸泡、库水位涨落幅度增大、地下水动力作用等因素将会加快库岸变形、塌岸的进程。在进行库岸岸坡治理设计时,采取合理的防冲刷、反滤及疏导措施,能有效地降低地下水对岸坡稳定性带来的消极影响。水库区水岩作用的类型和特征如表 2-1-14 所示。

水库区水岩作用的类型和特征 表 2-1-14

水库的部位	水岩作用类型	作用特征
库岸及枢纽区浅部岩体	软化、泥化作用	通过提高土石的含水性而降低其强度的物理作用
	干缩、湿胀与崩解	通过改变土石的含水性而恶化其性质的物理作用
	渗透变形	通过水流带走土石中的细小颗粒而降低其承载能力的物理作用
	冰冻、膨胀作用	通过水冻结成冰,产生体积膨胀而使裂隙劈裂的物理作用
	化学潜蚀与溶蚀	通过带走土石中的可溶性成分,而恶化其工程性质的化学作用
	动水(渗透)压力	通过水的渗流对土体施加一定推力的物理力学作用
	孔隙水压力效应	通过减小岩土体在破坏面上有效正应力而降低强度的物理力学作用
坝下游岸坡及河床	水力冲刷作用	通过强烈的水流冲击而使岩土体破坏的力学作用
	雨雾浸润的软化、泥化及空隙水压力效应	
库盘较深部岩体	荷载作用	一种库水以面荷载的方式作用于库盘的力学作用
	孔隙水压力效应	
	水热与气化膨胀作用	地表水渗漏到地下深处与高温岩体接触面产生的吸热膨胀或气化膨胀
	应力腐蚀作用	承载的硅酸盐岩遇水后,岩体内原有裂隙端部的拉应力集中,会使其硅-氧键发生加速的水化作用,并使其强度随之而降低

(1)流水作用

江河流水在重力作用下,沿河谷流动。水流的动能大小与水量和流速的平方成正比。水量增加或流速增大,流水侵蚀搬运能力加强,并将侵蚀产物运走;反之,流水能力较弱,便发生堆积。流水作用总是以侵蚀、搬运和堆积三种方式对库岸岸坡进行改造,并形成相应的库岸再造地貌。

(2)波(风)浪冲蚀磨蚀作用

①波浪的作用机理

过往船只通过或者风吹过江面时,通过压力和摩擦作用将能量传递给库水,使库水质点上下振动,江河、水库的水面随之发生周期性起伏,形成波浪(风浪)。因为波浪的能量与波高的平方和波长成正比,所以波浪规模越大,尤其是波高越高,波能就越大,对江(河)、水库岸坡的冲蚀磨蚀作用也越强烈。

波浪对岸坡的改造主要通过能量传递的方式进行。一种是波浪对岸坡的直接冲击磨蚀，多发生于水下岸坡较陡的库岸段，巨大能量的击岸浪以巨大的冲击力撞向岸坡，使其遭受破坏而后退。另一种方式则是波浪激起的水流产生的携带作用，使岸坡遭受磨蚀和堆积。

波浪对岸坡的冲击力与波浪高度有关，同时也与岸坡坡度有关，坡度越陡，其所承受的冲击力就越大。冲击力在高度上分布不均，对于直立的岸坡，冲击力最大的部位在静水位附近；对于倾斜的岸坡，最大冲击力大约发生在静水位以下水深 1/2 波高处（图 2-1-3），向上向下都逐渐减小。这样，作用最强烈的部位首先被冲蚀成波蚀龛，其进一步发展，引起上部岩体崩落而形成悬崖，之后波浪再冲蚀岸坡形成新的波蚀龛，冲蚀作用正是这样发展的（图 2-1-4）。可见，波浪可以改造库岸岸坡，从而引起岸坡变形破坏，甚至造成岸坡失稳。

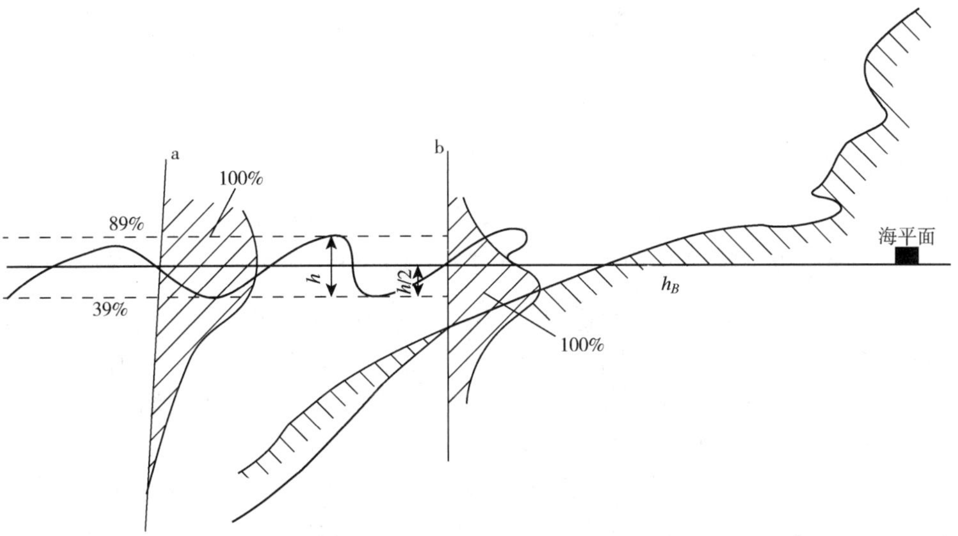

图 2-1-3　波浪冲击岸坡时，压力分布图（张倬元，1993）
a-沿直立岸坡分布时；b-沿倾斜岸坡分布时

岸坡较缓（坡脚小于 45°）时，波浪在岸坡上的运动状态以破碎为主，很少反射，波浪破碎后，部分波峰水体形成一股射流冲击斜坡。射流使岸坡受到强大的集中动水压力直接破坏岸坡结构。射流冲击岸坡后向上下漫开，对岸坡的冲击动能并没有全部消失，剩余动能变成位能，一部分水体将沿坡面向上爬升到一定高度，当下一个波谷在岸坡上出现时，上爬水流在自重力作用下沿岸坡退下而形成回流。这股回流一方面由它产生的负压（即波吸力）将对岸坡造成冲刷，波高越大，这股回流也就越大，对岸坡的冲刷作用也就越剧烈。另一方面，这股回流将后一个波浪的推进造成阻碍，形成卷浪，对岸坡造成淘刷。波高越大，形成的卷浪也越强烈，对岸坡的淘刷作用也就越强烈。另外，射流与回流造成的强大底流速，使得岸坡处的水流极为紊乱，动水压力也极其复杂，增加了岸坡的不稳定因素。除此以外，波谷到达岸坡时，对岸坡产生的波吸力也是造成库岸坍塌的一个因素。库岸就是在射流的冲击作用，回流与卷浪的淘刷作用及波吸力的作用下不断坍塌变形，波高越大，这些作用也就越强烈，加剧了岸坡的坍塌，使得冲刷坑越来越大，直至平衡状态。

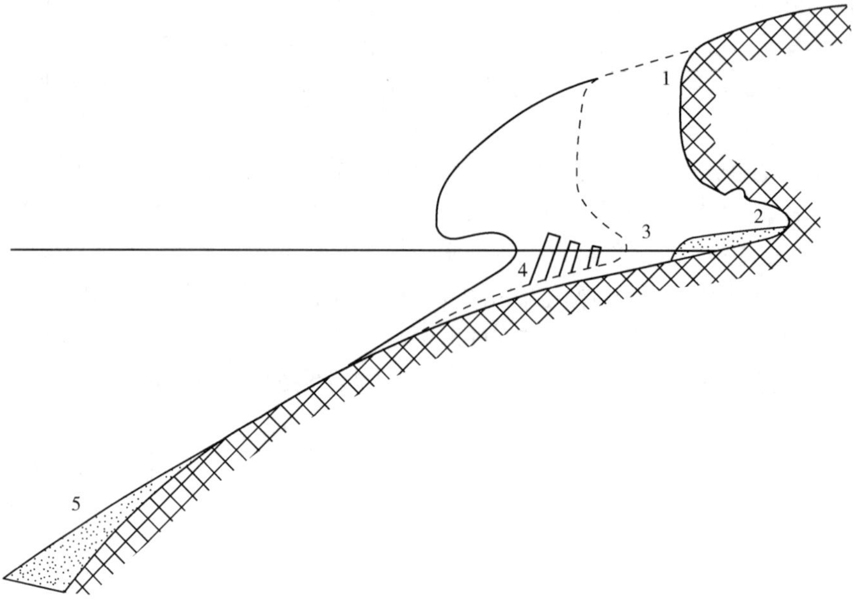

图 2-1-4　波浪冲蚀下波蚀龛的形成岩坡的后退
1-岸边悬崖;2-波蚀龛;3-岸滩;4-水下岸坡(水下磨蚀岸坡);5-水下岸坡(水下堆积阶地)

对于岩石岸坡,这种岸坡一般都比较陡,而且坚硬,波浪对它们几乎没有影响。波浪对土质岸坡的破坏是一种长时间的淘刷作用,波浪在岸线附近破碎,随即形成向前的涌浪对直立土坎根部进行淘蚀,波浪回落时在冲刷面上形成的回流不断将淘蚀的土体带走,在斜坡上形成堆积。由于黏土本身具有一定的黏结强度,较长时间后土坡坡脚沿岸线就会形成内凹的空洞,内凹达到一定深度时,空洞上部挂空的土体就会向下坍塌,接着波浪又对新形成的完整土质坡面进行淘蚀,形成新的内凹空洞,挂空土体又发生塌落,周而复始,最终表现为整个土质岸坡的坍塌破坏。

图 2-1-5 为库岸路基坍塌的情形。图 2-1-6 为岸坡坍塌的情形。

对于人工加固岸坡,沿库岸的路基岸坡和码头斜坡堤等工程结构物,对其表面都采用了粒(块)径不等的块石、碎石散体护面、混凝土板护面或异形混凝土构件护面等防护措施。土石防护堤通常采用混凝土预制块护坡来抵抗波浪的冲刷。波浪对防护堤的破坏作用包括以下几方面:其一,波浪压力拍击堤坡,使混凝土预制块、块石松动,甚至被波浪卷走;其二,波浪淘刷混凝土预制块、块石缝隙中的土粒,使混凝土预制块松动失稳;其三,波涌作用将水灌入混凝土预制块、块石缝隙内,当波浪退却后滞留水在混凝土预制块底部起顶托作用,使混凝土预制块、块石松动滑落,同时灌入缝内的水浸泡防护堤,降低岸坡稳定性。为了消除或减轻波浪对防护堤的破坏作用,防护堤设计中要注意两点:一是用于护坡的单个混凝土预制块、块石必须具有足够的尺寸和重量;二是在混凝土预制块、块石下面铺设适宜的级配砂石垫层。砂石垫层既可增强混凝土预制块、块石的稳定性,又可防止波浪对防护堤土体的淘刷、冲蚀,还有利于波浪退却后迅速排出孔隙水。级配砂石垫层最好由两层构成,底下一层为粗砂,上面一层为碎石。

图 2-1-5　库区蓄水和波浪诱发的路基坍塌

图 2-1-6　波浪引起的自然岸坡坍塌

②吹程(D)计算

先在路线上求算浪高处绘一条平行于风向的辐射中线,如图 2-1-7 所示。然后由此点在辐射中线两侧各按 6°等分角,画 7 条辐射线与水库岸边相交。设各条辐射线在辐射中线上投影长度为 x_i ,与辐射中线的夹角为 α_i ,则该点吹程可按式(2-2-1)计算:

$$D = \frac{\Sigma x_i \cos\alpha_i}{\Sigma \cos\alpha_i} \tag{2-1-1}$$

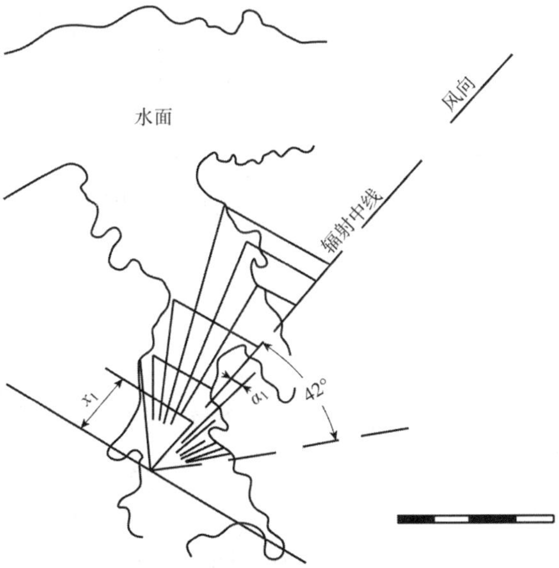

α (°)	cos α	辐射中线上的垂直投影x(km)	x · cos α
42	0.743	0.84	0.62
36	0.809	1.30	1.05
30	0.866	1.86	1.61
24	0.914	3.25	2.97
18	0.951	3.05	2.90
12	0.978	2.66	2.60
6	0.955	1.21	1.16
0	1.000	1.21	1.21
6	0.955	1.10	1.05
12	0.978	0.98	0.96
18	0.951	0.75	0.71
24	0.914	0.68	0.62
30	0.866	0.65	0.56
36	0.809	0.65	0.52
42	0.734	0.64	0.47
	13.512		19.14
吹程= $\frac{19.14}{13.512}$ =1.42(km)			

图 2-1-7　水面吹程计算图

③水面风速(W)

水面风速一般要高于陆地上的风速,其比值可参考表 2-1-15。

例如,陆地风速为 17.9m/s,在吹程 1.6km 的水面风速可达 17.9 × 1.13 = 20.2m/s。

水面风速和陆地风速比值 表 2-1-15

吹程(km)	≤0.8	1.6	3.2	6.4	≥9.6
风速比值 $=\frac{\text{水面风速}}{\text{陆地风速}}$	1.08	1.13	1.21	1.28	1.31

④波浪相关计算公式

a.波能基本计算

微幅波理论(线性波理论)中,在一个波长的波动水体范围内所包含的波浪动能 E_K 与波浪势能 E_P 相等,都是总能量的一半。

一个波的总能量:

$$E_W = E_P + E_K = \frac{1}{8}\rho g H^2 L \tag{2-1-2}$$

式中:L——波长;

H——波高,即波峰至波谷的垂直距离;

ρ——水的密度(kg/m^3);

g——重力加速度(m/s^2)。

b.风浪要素计算

关于计算水库、湖泊中风浪因素的经验公式很多,以下是一些常见的经验公式,仅供参考。

(a)官厅水库公式

$$H = 0.0166U^{5/4}F^{1/3} \tag{2-1-3}$$

$$L = 10.4H^{0.8}$$

$$T = 3.79H^{0.385}$$

适用范围:$U<20\text{m/s}$, $F<20\text{km}$。因式中未考虑水深的影响,只适用于水深大于一半波长的深水波。

(b)鹤地水库公式

$$H = 0.0136U^{3/2}F^{1/3} \tag{2-1-4}$$

$$L = 0.389UF^{1/2}$$

鹤地水库公式所依据的观测资料少,历时短,特别是大风速、远吹程的实测数据更少,有很大的局限性,有待进一步修正。

(c)堤防工程设计规范推荐公式(莆田试验站公式)

$$\frac{g\bar{H}}{U^2} = 0.13\tanh\left[0.7\left(\frac{gd}{U^2}\right)0.7\right]\tanh\left\{\frac{0.018\left(\frac{gF}{U^2}\right)0.45}{0.13\tanh\left[0.7\left(\frac{gd}{U^2}\right)0.7\right]}\right\} \tag{2-1-5}$$

$$L = 30.75\bar{H}$$

(d)安得列扬诺夫公式

$$H = 0.0208U^{5/4}F^{1/3} \tag{2-1-6}$$

$$L = 0.304UF^{1/2}$$

安得列扬诺夫公式根据苏联湖泊波浪观测得来，适用于水深大于一半波长的深水波。

以上四式，L 为波长(m)；H 为波高(m)；T 为波周期(s)；U 为风速(m/s)；F 为吹程(km)；d 为水深(m)。官厅水库公式波高的超值概率为 5%～10%；鹤地水库公式波高超值概率为 1/60；莆田试验站公式的波高为平均波高；安得列扬诺夫公式波高的超值概率为 2.5%～10%。

c.波浪爬高

波浪在岸坡上破碎时冲击坡面，形成波动水流，在斜坡上往复上溯并回落，对于坡面有强烈的破坏作用。因此，在确定护坡上界以及堤顶设计高程时，必需首先确定波浪在岸坡上的上爬高度(图 2-1-8)。爬高定义为波浪在斜坡上上爬高程与静水高程之差，亦即波浪爬高点与静水位间垂直距离。

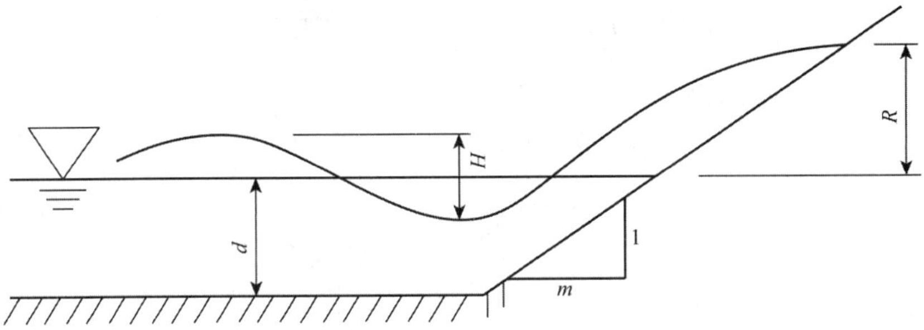

图 2-1-8　波浪爬高示意图

影响波浪在岸坡上的上爬高度的主要因素为斜坡坡度、堤前波高、坡面糙率和透水性、波浪陡度以及相对于建筑物的入射波等。各国学者对此问题的研究成果较多，如前苏联规范、《海港水文规范》及 Van der Meer 等推荐的计算方法。

(a)海港水文规范公式(正向规则波)

$$R = K_{\Delta}R_1H \tag{2-1-7}$$

适用条件：波浪正向作用；斜坡坡率 $m=1\sim5$；斜坡前水深 $d=(1.5\sim5.0)H$。

其中：

$$\begin{gathered}
R_1 = K_1\tanh(0.432M) + (R_{1m} - K_2)R(M) \\
M = \frac{1}{m}\left(\frac{L}{H}\right)^{\frac{1}{2}}\left(\tanh\frac{2\pi d}{L}\right)^{-\frac{1}{2}} \\
R_{1m} = \frac{K_3}{2}\tanh\frac{2\pi d}{L}\left[1 + \frac{4\pi d/L}{\sinh(4\pi d/L)}\right] \\
R(M) = 1.09M^{3.32}\exp(-1.25M)
\end{gathered} \tag{2-1-8}$$

式中：　R——波浪爬高(m)；

K_{Δ}——与斜坡材料及护面型式有关的糙率系数，按表 2-1-16 取值；

R_1——$K_{\Delta}=1$、H=1 时波浪爬高(m)；

K_1、K_2、K_3——系数，分别等于 1.240、1.029、4.980。

斜坡糙率系数 表 2-1-16

护面结构型式	K_Δ	护面结构型式	K_Δ
整片光滑不透水护面(沥青混凝土)	1.00	块石(抛填二层)	0.50~0.55
混凝土护面	0.90	混凝土方块(抛填二层)	0.50
砌石	0.75~0.80	四脚锥体(安放二层)	0.40
块石(安放一层)	0.60~0.65	扭工字块体(安放二层)	0.38
四脚空心方块(安放一层)	0.55	扭王字块体	0.47

(b)不规则波爬高计算公式

$$R_{M2\%} = \begin{cases} 1.6\,\gamma_f\,\xi_p\,H_s, \xi_p < 2 \\ 3.2\,\gamma_f\,\xi_p\,H_s, \xi_p > 2 \end{cases} \tag{2-1-9}$$

式中:$R_{M2\%}$——累计频率为2%的波浪爬高;

H_s——有效波高;

ξ_p——破碎参数,$\xi_\rho = \tan\alpha/\sqrt{H_S/L}$(α 为坡角);

γ_f——坡面粗糙度的折减系数,见表 2-1-17;

L——深水波长。

坡面粗糙度的折减系数 表 2-1-17

γ_f	坡 面	γ_f	坡 面
1.00	光滑坡面、沥青、混凝土	0.85	干砌石块
0.95	草皮、平铺板块	0.75	抛石灌浆
0.90	草垫、梢排、块体	0.65	抛石

波浪爬高到一定程度以后就会回落,对回落范围已有学者进行了试验研究,其中,以荷兰学者 Van der Meer 推荐的公式最有代表性,且与实测资料比较符合。

$$R_{d2\%} = \begin{cases} 0.33\,\xi_p\,H_s,\text{粗糙透水坡,且}\xi_p < 3 \\ 0.33\,\xi_p\,H_s,\text{光滑不透水坡} \\ 1.50\,H_s, \xi_p \geq 3 \end{cases} \tag{2-1-10}$$

式中符号意义同前。

d.波浪对防护结构稳定性影响

波浪作用下,整个坡面均产生波动流速,其最大值出现在波浪破碎时射流冲击斜坡的地点。自该点沿坡面向上或向下,流速均逐渐减小。由于波浪的冲刷作用,护坡结构局部逐渐被淘刷破坏,坡面必须妥善保护,否则将会导致危及整个护坡结构的稳定。

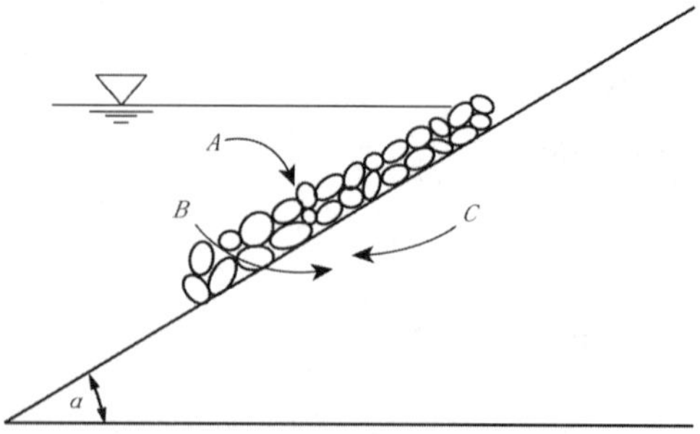

图 2-1-9 波浪侵蚀作用示意

与无波浪作用下的坡面防护结构相比,有波浪作用下的防护结构会受到波浪冲击力、水流回落引起的浮托力等动水作用力。护坡破坏的机理仍然是水、土、结构三者之间的相互作用,可用图 2-1-9 形象表达。A 是外部水力冲击,C 是内部地下水较高时渗流冲蚀，B 是内外水相互的传递作用，它取决于堤内土体和护坡结构。为抗拒外部水力冲击而加强护坡需要大块石，但其下的土坡必须不被传递力 B 所冲动；若强化土坡表面使其紧密，则受到 C 的顶托作用又会增强，须设置反滤层。

波浪主要受力特征时刻，主要考虑破碎冲击、波浪爬高和波浪回落三种工况，各工况防护机构受力分析如图 2-1-10 所示，常规情况下防护结构受力如图 2-1-11 所示。其中：P_N 为波压力；P_U、P_D 为水流力向上、向下拖曳力；T_f 为临界摩擦力；W' 为有效重力；α 为坡角；f 为坡面与防护结构间内摩擦系数；P_t 为坡体水流回落形成的渗透反力；S 为假定防护结构沿斜坡长；t 为防护结构厚度；γ 为水的容重；γ_m 防护结构体的容重。

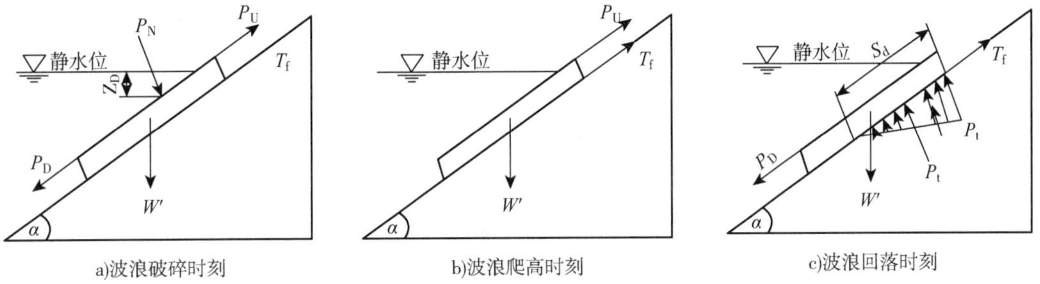

图 2-1-10　各工况防护机构受力示意

(a)防护结构在无波浪侵扰情况

抗滑稳定性系数：

$$K_{so}=\frac{T_f}{W'\sin a}=\frac{W'\cos a}{W'\sin a}f=\frac{f}{\tan a}=mf \tag{2-1-11}$$

抗倾稳定性系数：

$$K_{W0}=\frac{\gamma_m s\cos a+\gamma t\sin a}{\gamma_m t\sin a+\gamma s\cos a} \tag{2-1-12}$$

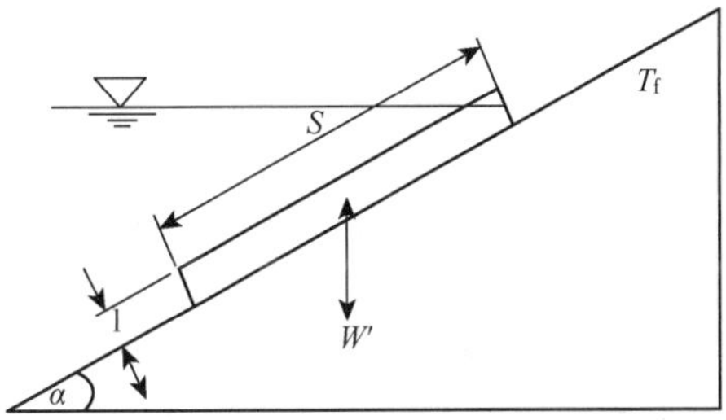

图 2-1-11　常规情况防护结构受力示意

抗浮稳定性系数：

$$K_{FO}=\frac{\gamma_m}{\gamma} \tag{2-1-13}$$

(b)波浪作用下防护结构稳定性

波浪对防护结构稳定性有较大影响，主要体现在波浪水流回落时刻引起的渗透反压力。波浪冲击时刻坡面防护块体的抗滑、抗倾、抗浮以及爬高时刻的抗滑、抗倾稳定安全系数较无波浪时均有所增大，但由于波浪作用力的间断性，实际计算时应不考虑其对稳定有利的一面；波浪水流爬高时刻坡面防护块体的抗浮稳定安全系数有一定减小，但影响不大，可以忽略；波浪回落时刻坡面防护块体的抗滑、抗倾、抗浮稳定安全系数均有所减小，为最不利工况。

波浪水流回落后的受力见图 2-1-10c)，防护块体除受有效重力、底部摩擦力和回落表面水流力 $P_D=p_d s\Delta$（p_d 为沿坡面向下的波压；Δ 为表面粗糙度）外，还受坡体水流回落形成的渗透反力 P_t。渗透反力为分布力，其值采用式(2-1-14)计算，作用在水边点最大，然后往水下线性递减,至距水面的坡面长度为 s_d 时为 0,若 $s_d>s$,则作用力为梯形分布。

$$P_t = 0.386M^{1.88}\exp(-0.63M)rH \tag{2-1-14}$$

$$M = \frac{1}{m}\left(\frac{L}{H}\right)0.5\left(\tanh\frac{2\pi d}{L}\right)^{-0.5}$$

式中:M ——伊里巴伦(Iribarren)数。

此时各稳定安全系数如下:

抗滑稳定安全系数:

$$K_{W3} = \frac{(W'\cos a - P_t)f}{P_d + W'\sin a} \tag{2-1-15}$$

即:

$$\frac{K_{S3}}{K_{S0}} = \frac{1}{m}\frac{(\gamma_m-\gamma)st\cos a - p_t s_d/2}{(\gamma_m-\gamma)st\sin a + p_d\Delta s} \tag{2-1-16}$$

抗倾稳定性系数:

$$\frac{K_{W3}}{K_{W0}} = \frac{1}{1+\dfrac{p_t s_d(s-s_d/3)+2p_d st\Delta}{\gamma_m st^2\sin a+\gamma s^2 t\cos a}} \tag{2-1-17}$$

抗浮稳定性系数:

$$\frac{K_{F3}}{K_{F0}} = \frac{1+\dfrac{P_d\Delta\sin a}{\gamma_m t}}{1+\dfrac{p_t s_d\cos a}{2\gamma st}} \tag{2-1-18}$$

⑤波浪冲刷深度计算

最低设计水位时的波浪冲刷深度(h_d)可按式(2-1-19)计算:

$$h_d = 2.5h'_d \tag{2-1-19}$$

式中:h_d ——最低设计水位时的波浪高(m)。

(3)库水物理化学作用

库岸岸坡将在蓄水回水位与常年枯水位之间变动,库岸岩土体受库水浸泡作用的时间明显增长,岸坡岩土体的物理力学强度将明显下降,尤其是泥质岸坡。高强度的暴雨和长期的浸泡软化,将加速岸坡的变形、塌岸进程。

水对岩体的物理作用主要是润滑作用、软化和泥化作用以及结合水的强化作用。水对岩土体产生润滑作用反映在力学上,就是使岩土体的摩擦角和凝聚力减小。软化和泥化作用使岩土体的力学性能降低,凝聚力和摩擦角减小。结合水的强化作用指对包气带土体来说,由于土体处于非饱和状态,其中的地下水处于负压状态,此时土壤中的水是结合水而不是重力水。按照有效应力原理,非饱和土体中的有效应力大于土体的总应力,水的作用是强化了土体的力学性能,即增加了土的强度。当包气带中出现重力水时,水的作用就变成了弱化土体作用(润滑土粒和软化土体)。

水对岸坡岩土体的化学作用主要是通过水与岩土体之间的离子交换、溶解作用(黄土湿陷及岩溶)、水化作用(膨胀岩土的膨胀)、水解作用、溶蚀作用、氧化还原作用、沉淀作用以及渗透作用等影响岩土体的力学性质。

(4)库水位升降作用

①库水位上升对库岸的影响

a.软化作用

水库蓄水初期,地下水位随着库水的补给而升高。水对岩土体的软化作用使得岩土体强度降低。当岩土体或岩体及其中的软弱夹层亲水性较强、含有易溶于水的矿物时,浸水后发生崩解、泥化、溶解等作用,岩土体结构遭受破坏,抗剪强度降低,岸坡稳定性降低。例如,页岩、凝灰岩、黏性土等亲水性很强,水对其软化作用很显著,其岸坡浸水后容易发生变形破坏。

b.浮托力作用

处于水下的透水坡体将承受浮托力的作用(图 2-1-12),使坡体的有效重量减轻,造成滑坡抗滑力降低,从而使滑坡整体稳定性下降。尤其是滑动面较缓时,由于浮托力作用面积较大,滑坡稳定性下降也较大;如果滑动面以下为不透水或弱透水岩层,地下水在滑动面富集产生的浮托力作用将会更加显著。

c.孔隙水压力作用

库水位上升后将产生孔隙水压力。事实上,就单个滑坡单元而言,孔隙水压力使其稳定性提高,但对于整个岸坡,其稳定性有可能增加,也有可能降低。当岸坡抗滑段为主要浸水部分时,孔隙水压力使岸坡稳定性降低。随着下滑段浸水面积占整个岸坡浸水面积的比例逐渐增加,到一定程度后,孔隙水压力使岸坡稳定性提高。

d.冲刷作用

水的冲刷作用使库岸变高、变陡,坡角或滑动面临空(图 2-1-13),造成库岸崩塌或滑坡。崩塌后的土体在岸坡前淤积,淤积物被水流冲走,又开始新的崩塌和冲刷,循环往复。此外,研究表明,水流冲刷使坡脚处的渗透流速有所提高,同时坡脚向水库、河流方向的水平位移明显增加;冲刷作用进一步加大了库岸塑性区范围,使其整体稳定性降低;水位越高,冲刷对库岸渗流和变形影响越大,库岸稳定性越低。

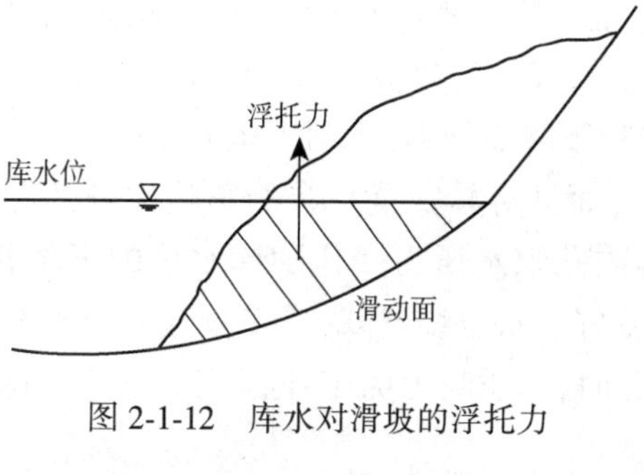

图 2-1-12　库水对滑坡的浮托力

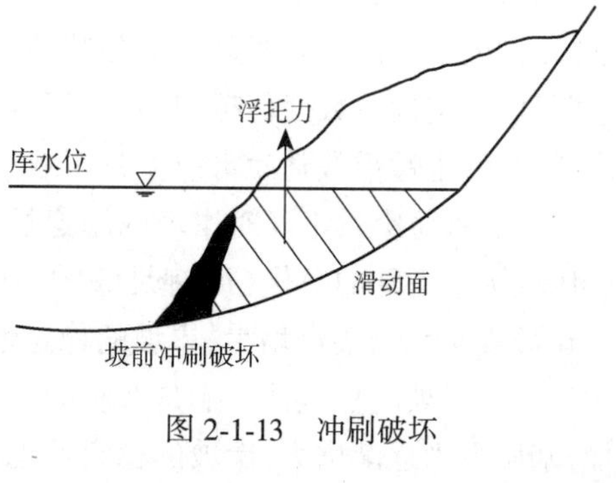

图 2-1-13　冲刷破坏

②库水位下降对滑坡的影响

a.渗透压力和静水压力作用

若岸坡岩土体是透水的,当地下水从岸坡岩土体中渗流排出时,由于水压力梯度作用,将会对滑坡体产生渗透压力,其方向与渗流方向一致,指向滑坡临空面(图 2-1-14),对岸坡稳定性不利。渗透压力的大小主要取决于库水位下降速度及岩土体渗透系数,库水位下降速度越大、渗透系数越小,产生的渗透力越大,对岸坡稳定性的影响越大。如果滑坡体地下水排出较慢,地下水水位下降严重滞后于库水位,会形成较大的静水压力,增大下滑力,引起崩塌和滑坡发生。

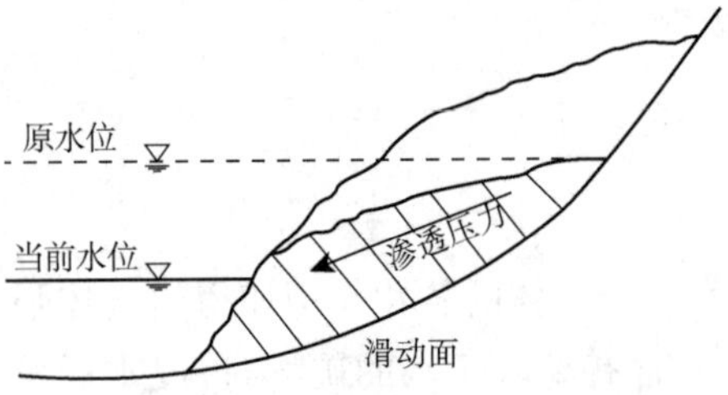

图 2-1-14　水位下降产生的渗透压力

b.浮托力作用

库水位上升时期,由于冲刷作用而产生较陡峭的临空面,如果库水位骤然下降,那么临空面岩土体受到的浮托力将随之降低,岸坡受到的抗滑力也将减小,从而使岸坡稳定性降低。

c.潜蚀作用

岸坡地下水随着库水位降低而运动的过程中将对周围岩土体产生潜蚀作用,包括机械和化学两种方式。地下水流速较大时,以机械潜蚀作用为主,水流将带走岩土体中微小颗粒,使其孔隙率不断增大,最终发生崩滑;地下水流速较小时,以化学潜蚀作用为主,由于地下水中带有 CO_2 和各种溶剂,将对岩土体及矿物产生溶解、破坏。

库水位变动是诱发滑坡变形的主要因素之一,库水位周期性升降、岸坡水土作用加剧,引起坡体渗流场、应力场的变化,改变土体的物理力学参数,使得库岸滑坡体所受的静水压力及动水压力将发生周期性的变化,尤其动水压力作用是导致规模较大的滑坡变形的主要作用之一。水位上升,坡体外水来不及入渗,坡体外水位远远高于坡体内,坡体外水对岸坡施加了较大向山体的压力,反而使岸坡稳定性增强,且上升速度越快,岸坡越稳定。当水位骤降时,坡体内孔隙水压力来不及消散,使得岸坡体内水位总要滞后于库水位,坡体内产生较大的超静孔隙水压力。水位涨落速度越快,坡体渗透性越差,这种滞后效应越明显;且越远离岸坡面的浸润面越平缓,受库水位涨落影响不大。总之,下降速度越快,稳定性越弱,更容易失稳。

对于滑体渗透性较差或中等的动水压力型滑坡,库水位上升时,地下水位线有明显的下凹趋势,稳定性系数随之不断增大;上升速率越大,下凹现象越明显,稳定性系数越大。库水位下降时,地下水位线有明显的上凸趋势,稳定性系数随之不断减小;下降速率越大,上凸现象越明显,稳定性系数变化越明显。对于滑体渗透系数较强的滑坡体,地下水位线几乎与库水位持平,稳定性系数随库水位上升而减小,随库水位下降而增大,无动水压力作用。

水库的水位突然下降对岸坡的稳定性是不利的,而且对其安全系数的影响比较大;而当水位比较缓慢下降的时候(即有足够的时间使土体内孔隙水压力变化随库水位的下降相适应),岸坡安全系数逐渐增大,岸坡的稳定性相应地变好。水位线越高,对安全性影响越不利。基质吸力对岸坡的稳定性影响是有利的,当土体饱和时,基质吸力为零;随着土体不饱和度的增加,基质吸力逐渐增大,岸坡的稳定性也增大。

库岸防护堤可能面临的各种工况,水库水位下降工况是控制防护堤渗流与岸坡稳定的关键工况。当水库水位快速下降时,a.水体对岸坡的支承力随之撤销;b.库岸土体孔隙水压力的消散总是滞后于水库水位的下降(水库水位下降越快、土体渗透性越弱、防护堤的排水条件越差,这种滞后就越明显);c.饱和孔隙水渗透排出时,对土体产生拖曳滑动力(即渗流力);d.长期浸泡下,土体抗剪强度下降,抗滑动力矩也随之降低。这四个方面的因素共同导致防护堤稳定性下降。此外,渗流力还会带走防护堤及其基础中的微小颗粒,产生渗透变形,并可能最终导致防护堤及岸坡的坍塌、滑动。

(5)降雨

在各种自然因素引发的诸类滑坡(土体和岩体滑动、也包括泥石流和崩塌等)灾害中,以降雨引发的滑坡,即降雨型滑坡在世界上分布最广,发生频率最高,给人类造成的危害最大。降雨引发滑坡在力学上都与有效应力原理有关,即雨水渗入斜坡岩土体后,导致其内部孔隙压力增大及有效应力减小是降雨引发滑坡的主要机制。按照有效应力原理,降雨引发的规模较小的浅层滑坡,主要受岩土体的内聚力控制,而规模较大的深层滑坡则主要受摩擦力控制。降雨对库岸滑坡的影响与降雨强度、降雨持续时间以及库岸坡体的渗透性等因素有关,其作用主要体现在:降雨增加了坡体的重量,从而加大了坡体的下滑力;降雨入渗后引起土体抗剪强度减小,增大了孔隙水压力,导致坡体的阻滑力降低;降雨的冲刷、侵蚀作用也很强,这种长期作用能够改变库岸坡体的地形地貌。当然,降雨模式的不同对是否产生滑坡或者产生何种滑坡是不一样的。强度小、历时长的降雨会使土体充分饱和,继而可能发生深层滑坡;强度大、历时短的强降雨首先会使表层土体饱和,继而可能发生浅层滑坡。许多滑坡的发生都与降雨关系密切,降雨对库岸滑坡的影响与降雨强度、降雨持续时间以及库岸坡体的渗透性等因素有关,其作用主要体现在以下3个方面。

①增重效应

对于库岸滑坡而言,其下滑的主要动力还是库岸坡体的自重作用(地震滑坡除外)。发生降雨时,雨水只有一部分转化为地表径流流走,另一部分都渗入到库岸坡体内。雨水的入渗增加了坡体的容重,使其下滑力增加,这对坡体的稳定不利。

②降低岩土体的力学强度

降雨能够使库岸坡体的力学强度降低,这主要是由于雨水渗入到坡体内,岩土体被软化,孔隙水压力增高,有效应力降低,进而抗剪强度减小,如果雨水渗入到滑带位置,滑带的抗剪强度也会减小。库岸岩土体力学强度的降低会导致坡体变形甚至破坏。

③改变地形

降雨的冲刷、侵蚀作用也是很强的,这种长期作用能够改变库岸坡体的地形地貌。如果滑坡边界处的冲沟切穿滑床,将更有利于雨水渗入到滑带位置;雨水的冲刷侵蚀,能够增加库岸坡体的临空面,增强库岸坡体的不稳定趋势。

(6)地下水

岸坡坡体内的地下水的构成是非常复杂的,但是其主要来源有以下三个方面:库水补给、远处地下水补给和降雨补给。地下水与库岸变形、破坏之间的作用是相互的,这种相互作用既能够影响库岸岩土体的物理力学性质和化学性质,也能够影响库岸坡体内地下水的存在形式和运动状态。一般地下水对库岸滑坡的作用可分为:物理力学作用、化学反应作用和水力学作用。水库水位上升或下降会造成库岸岸坡前缘地下水位的迅速上升或下降,而后缘岸坡坡体地下水位升降却相对滞后;坡内水力坡降发生变化,产生动水压力,从而影响库岸岸坡的稳定性。地下水对岸坡岩土体通常具有产生静水压力、动水压力及降低岩土体强度参数等方面的作用。地下水压力改变着岸坡岩体的力学状态和应力状态，地下水压力的增加导致岸坡稳定性明显降低。

①岸坡中地下水压力类型

岸坡中地下水压力包括静水压力和动水压力。孔隙水压力、裂隙水压力及浮托力统称为静水压力(亦称空隙水压力或广义孔隙水压力)，它是岩土体孔隙、裂隙和孔洞中的地下水静力传递自重至岩土体的力，任一单位面积水所承受的静水压力 $P_W = \gamma_W h$ (γ_W 为水的容重，h 为水柱高度)，力的方向垂直于作用面(一般为岩体结构面)，属于面力。动水压力系指由于地下水的水力梯度使地下水在运动过程中施加于岩土体的力，亦称渗透压力，是一种体积力。在均质各向同性的条件下，单位体积渗透水流作用于岩土体的动水压力 $D = \gamma_W J$ (J 为水力梯度，γ_W 为水的容重)，力的方向与主渗流方向一致，而在各向异性条件下，力的方向则与水力梯度矢量主方向一致。

②岸坡地下水压力作用

当潜在崩滑体(或结构体)相对不透水时，广义孔隙水压力作用于岩体结构面(潜在破坏面)上，表现在三个方面：a.降低该面的正应力，减小摩阻力，进而降低崩滑体的抗滑力；b.动水压力沿岸坡临空面产生的推力增加了下滑力；c.孔隙水压力的“水楔”作用，推动了裂隙的扩展过程，进而破坏岩体，使岸坡发生渐近性破坏。如果岩体破碎，则地下水位以下岩体承受的孔隙水压力，使滑体减重，同样降低了结构面上的正应力，并因水体的渗透而产生动水压力。尤其是暴雨、连续大雨、山洪水流、水库回水等渗入坡体时，地下水位迅速上升，孔隙水压力随之增加；而在地下水位快速下降时，水力梯度则突然增大，诱发较大的动水压力。这两种水压力的共同作用对岸坡稳定程度有很大的影响。

③岸坡地下水压力作用机理

岩体结构面中地下水压力的主要作用是降低结构面的有效抗剪强度。若水体传递的正应力等于结构面上的孔隙水压力，当不考虑孔隙水压力作用时，结构面上正应力的大小 σ_u 与抗剪强度 τ_f 的关系符合库仑定律。

$$\tau_f = \sigma_u \tan\varphi + c \tag{2-1-20}$$

式中，c 、φ 分别为结构面的黏聚力和内摩擦角。当有孔隙水压力 u 作用时，基于 Terzaghi 有效应力原理，结构面上的有效法向正应力降低，则抗剪强度表示为：

$$\tau_f = (\sigma_u - u)\tan\varphi + c \tag{2-1-21}$$

结构面的抗剪强度至少降低了 $u\tan\varphi$ 。孔隙水压力 u 越大，则抗剪强度降低幅度越大。当因 u 增加而使结构面的抗剪强度等于剪应力，也极易使岸坡产生滑动。而如果考虑到地下水使 c 、φ 降低的作用(通常是巨大的)时，结构面抗剪强度的减小则更为明显。

④静水劈裂作用

静水劈裂作用主要是地下水渗入到滑坡岩土体的节理裂隙中，并将节理裂隙充满，这时水就会对节理裂隙的岩土体表面产生静水压力，促使节理裂隙扩展、延长，从而破坏库岸坡体的完整性，加速岩土体的风化。

⑤渗流作用

地下水的渗流作用与库水、降雨等密切相关。主要是由于坡体内地下水的补给和排泄条件发生变化，在坡体内形成了一个能促使地下水发生渗流的水头差。渗流作用也会因为水头差的大小和岩土体的渗透特性而有所差异。通常地下水的渗流作用对库岸坡体的稳定性都是不利的，尤其是地下水向坡脚方向发生渗流时，增加了岩土滑动水推力，降低其抗剪强度。由于水头差的存在，渗流作用还会对坡体产生向坡脚方向的托拽力或渗流压力。

⑥物理力学作用

对于滑坡而言，地下水的存在能够对其岩土体产生软化效应，尤其是在滑带位置。滑带的透水性往往较差，地下水更容易在此富集，滑带土中含水量的变化，能够改变滑带土的物理状态，使其向流态化转变，滑带土的黏聚力和内摩擦角损失很大，抗剪强度可能接近残余强度，这种状况对滑坡的稳定非常不利。地下水在降低滑带土或软弱带抗剪强度的同时，还能降低滑体与滑床之间的摩阻力，减小抗滑力，加剧滑坡变形，甚至导致坡体失稳。

在某些冬季气温较低的库区，地下水的富存还会对滑坡岩土体产生冻融作用，岩土体孔隙中的水在冬季结冻，在春夏季节又融化，这样的反复作用，会使岩土体中的结构面扩展，加快风化作用，降低岩土体的强度。

⑦化学作用

化学反应作用是指地下水与库岸坡体岩土体之间发生的一系列化学反应，而这些化学反应的存在会对岸坡的稳定性产生影响，化学反应作用主要包括：溶蚀、潜蚀、离子交换、氧化还原等。

溶蚀、潜蚀是指地下水与可溶性岩土体或可溶性盐含量较高岩土体之间发生的一种较为常见的化学反应作用。溶蚀、潜蚀的原理是地下水中的酸性物质（如二氧化碳、二氧化硅等）与碳酸盐岩、碎屑岩等发生化学反应，岩土体中的可溶性成分被地下水溶解带走，使岩土体中出现溶蚀裂隙、孔洞、甚至溶洞等，如图 2-1-15 所示。这些由于溶蚀、潜蚀形成的裂隙、孔洞等破坏了岩土体的完整性，降低其整体强度，使岩土体更易于解体变形、破坏、失稳。

图 2-1-15　岩土体中出现溶蚀（图片来源于：考察）

离子交换作用是指岩土体中的离子与地下水中的离子发生了交换，这种交换的发生既改变了岩土体的物质组成、孔隙率和渗透性，又降低了岩土体的强度。通常是岩土体中的 Na^+、K^+ 与地下水中的 Ca^{2+}、Mg^{2+} 发生交换作用。

地下水与岩土体之间发生较多的化学反应还有氧化还原作用。氧化还原作用的存在改变了库岸滑坡岩土体的物质组成和结构，同时也弱化了整个库岸岩土体的力学性质。

（7）水文及气象因素

水文因素中流量的大小、泥沙特性、水位高低以及涨落幅度等方面的改变也会影响到河床冲淤、浅滩发育、分流比以及地下水补给关系的改变，其结果往往引起岸坡形态的改变或导致塌岸的发生。

气象因素主要包括风浪、降雨、冻融循环以及干湿循环。区域性风速的大小和主导风向的方位直接决定了库面波浪能量的大小和作用方向,也决定了波浪对岸坡的淘刷磨蚀能力,因而直接影响到塌岸的发生模式和规模。降雨时间集中,周期长,降雨量大(特别是暴雨期)等,不但会导致河水流量的增大、水位的抬高,还会引起地表水入渗量增大、土体强度降低等一系列变化,从而导致岸坡稳态的变化。河岸岸坡体的孔隙水、裂缝水的冻融循环和干湿循环会导致岩土体应力集中、岩性软化、强度疲劳,从而降低了岸坡的稳定。

2.1.2.3 人类活动

人类活动对库区的影响日益增强,直接或间接的影响岸坡的稳定,如开采河沙、船舶航行、岸坡开挖、生产生活排水、岸边加载以及植被破坏、沿库沿江公路、铁路、房屋建筑和水利工程建设等人类工程活动可能造成库岸、河岸变形破坏。在天然稳定性较差的岸坡段采取相应合理的工程措施,如河势控制工程、护岸工程、河道疏浚工程以及植树植草等生物措施等都可以提高岸坡的稳定性。

2.1.3 库岸岸坡变形破坏类型及机理

库岸岸坡破坏的分类,可以有多种分类方法,如根据破坏体的深浅,分为深层破坏和浅层破坏;按照破坏岸坡的材质不同,可以分为岩质岸坡破坏和土质岸坡破坏;按照作用机理可以分为冲磨型(或者称为侵蚀—剥蚀型)、坍塌型、崩塌型、流土型、倾倒型、溃屈型、滑移型等;按破坏的作用力不同,可以分为库水作用、岸坡本身的重力作用、渗透压力作用、地震作用、降雨及其综合作用等的破坏;还可以根据以上分类方法进行综合分类。也还可以进一步细分,如滑移型破坏还可以分为平面型、曲面型、楔形等破坏。

2.1.3.1 按层位深浅不同的岸坡破坏分类

(1)深层破坏

岩质岸坡和土质岸坡的破坏形式各不相同,岸坡深层破坏类型如表 2-1-18 所示。其中,平面破坏、楔形破坏和曲面破坏是一种深层失稳破坏,一般是在坡面 2m 以下深处沿滑移面产生剪切滑移破坏,滑移面是平面、楔形面或曲面,这种破坏因下滑的土石方量大,有时可达数万方,造成的危害极大。土质岸坡或较破碎的岸坡的深层破坏一般是圆弧滑动模式。

岸坡破坏基本上分为滑体整体旋转运动和非整体旋转运动两类。在这个意义上,可将岸坡失稳类型分为圆弧状滑动和平板状滑动。不论是圆弧状滑动还是平板状滑动,除了后缘裂缝以外,还必然存在左右两侧侧壁裂缝。圆弧状滑动易发生在由均质土和风化岩体构成的岸坡或节理裂隙发育的岩质岸坡等处。地层中存在节理、断层、层理等构造软弱线,或者存在软弱夹层或古滑移面等不连续面,且呈顺坡倾向临空面时,则沿不连续面易发生平板状滑动。

(2)浅层破坏

岸坡浅层破坏,一般发生在坡面的表层或坡面下不足 2m 的范围内。虽然滑下的土石方量很小,但它严重破坏了坡面的植被,对于这种破坏应有足够的认识,岸坡浅层破坏形式如表 2-1-19所示。

岸坡深层破坏类型　　表 2-1-18

<table>
<tr><th>破坏类型</th><th>示意图</th><th colspan="2">特征</th></tr>
<tr><td rowspan="4">平面破坏</td><td>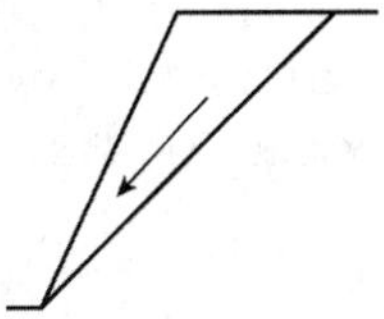</td><td rowspan="4">主要结构面的走向、倾向与坡面基本一致，结构面的倾角小于坡角，且大于其摩擦角，产生顺层滑坡形式的破坏。滑面是层状岩层层面或不同岩组之间的各种接触面，特别是岩层中夹有易滑的软弱层，如页岩、泥岩、泥灰岩等，而当地天然侵蚀或人工开挖基面又与软弱层分布部位邻近时，更易产生顺层滑动</td><td>一个滑动平面和一个滑动块体</td></tr>
<tr><td>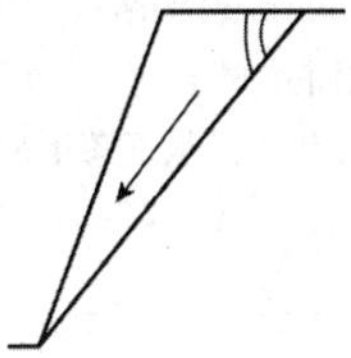</td><td>一个滑动平面和一个长裂隙</td></tr>
<tr><td></td><td>若干滑动平面和横节理</td></tr>
<tr><td>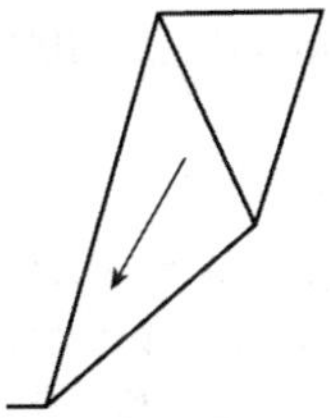</td><td>一个主要滑动平面和主动、被动两个滑动块体</td></tr>
<tr><td>楔形破坏</td><td>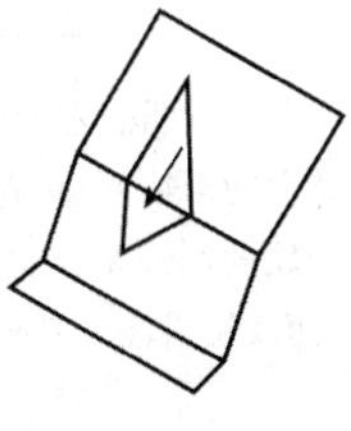</td><td colspan="2">两组结构面的交线倾向坡面，交线的倾角小于坡角，且大于其摩擦角</td></tr>
<tr><td>曲面破坏</td><td>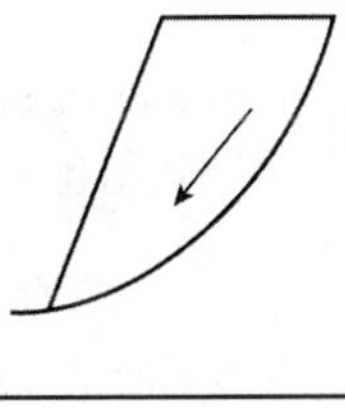</td><td colspan="2">碎裂结构、散体结构岸坡中，因岩体发育破碎或者土体出现的滑移破坏，滑面是圆弧或非圆弧的其他曲面</td></tr>
</table>

岸坡浅层破坏形式 表 2-1-19

破坏形式	示意图	特征
剥落	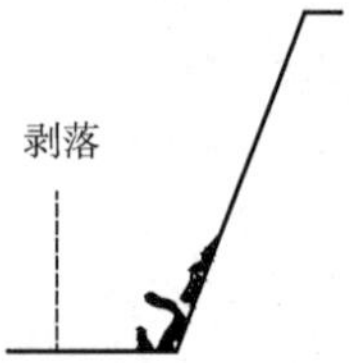	发生在容易风化的岩土坡面。例如红层岩坡或膨胀土岸坡，坡面发生雨水、库水冲刷、风化，岩土体变成散粒状后，将顺坡滑落下来
落石	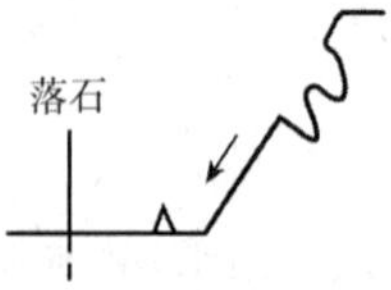	发生在块状结构、碎裂状结构的岩坡或者土石混合的土坡中。其原因可能是坡面受雨水、库水冲刷或风化作用，浅层岩石局部松动后，在重力作用下从坡面落下所造成的破坏。对这种坡面应先清除或加固危石
崩塌	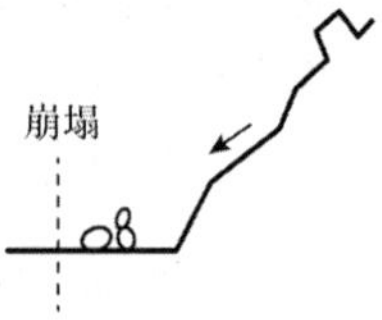	斜坡上的岩体，在重力或其他外力（如）作用下，突然向下崩落的现象叫崩塌。崩塌的发生往往与斜坡陡峻、岩性软硬、地质构造发育有关。对这种坡面首先应找出易崩处，予以加固
表层滑塌	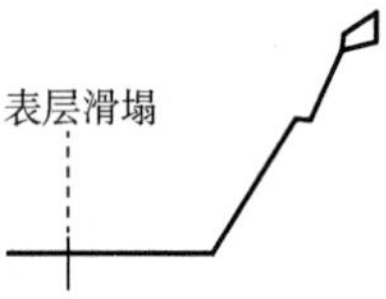	坡体表面若分布有软弱岩土体或者一些破碎的硬质岩，在库水、雨水、大气风化作用下，就有可能造成这些表层破碎的岩土体沿局部软弱面滑动坍塌，称为表层滑塌
错落	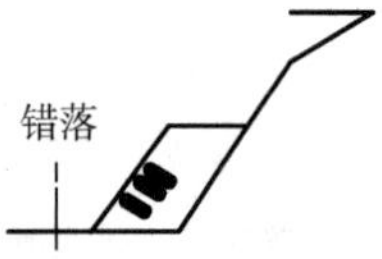	岸坡岩土体在库水、雨水、重力作用下，沿软弱面整体性快速下错的现象称为错落。其整个错动带的形状为折线形，后壁坡度较陡，下部坡度较缓，其错落体的垂直位移大于水平位移。对该类岸坡应先找出错落体并予以加固
坡面浅层滑坡	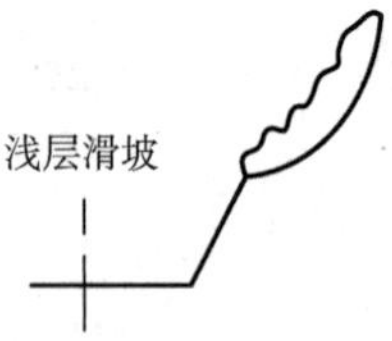	岸坡浅层若分布有较软弱的岩土体或者破碎的硬质岩石，则在库水、雨水、自然营力的影响下，易造成这些浅层岩土体在重力作用下沿其下一定的软弱面或带作整体的以水平位移为主的向下滑动现象，此即坡面浅层滑坡。滑面埋深不大，滑体厚度较小，一般在 2m 以内
倾倒破坏		岩体被陡倾结构面分割成一系列岩柱，当为软岩石时，岩柱产生向坡面弯曲；当为硬岩时，岩柱可再被正交节理切割岩块，向坡面翻倒

2.1.3.2　按破坏机理的岸坡破坏分类

根据岸坡工程地质条件与变形破坏机制，库岸再造可归纳为如下几种类型：①剥蚀型，发生于由软岩及其土体组成的较缓库岸段。②崩塌型，多发生于由硬岩组成的岩石库岸段。一方面，受库水的影响，坡体底部软岩被冲刷、剥蚀，由于软硬岩石物理力学性质的差异，致使上部硬岩失去平衡，从而产生崩塌破坏；另一方面，受库水的影响使卸荷裂隙发育的硬岩承受侧向水压力，从而使岸坡失稳，产生崩塌破坏。③滑移型，发生于第四系覆盖层、破碎岩层或有利于岸坡向水库方向移动的库岸段，由于库水的影响使第四系覆盖层、破碎岩层或有利于岸坡向水库方向移动的库岸局部或整体产生滑移型变形。④流土型，主要发生于第四系残坡积与崩塌堆积库岸段且地形较平缓地带。岸坡可能的 3 种再造形式：冲刷塌岸、整体滑移和岩坡崩塌。文献[117]将库区典型的塌岸模式分为冲刷磨蚀型、冲蚀崩塌型和浸润滑塌型 3 种。文献[118]在研究奉节新城区库岸段岩土体类型和岩体结构特征时，针对不同的岸坡结构类型，总结出岸坡可能出现的 6 种变形破坏模式：岩质岸坡可能出现弯曲-拉裂-倾倒型、剪切-滑移型、楔形体崩塌-滑动型和风化-剥落型变形破坏，土质岸坡可能出现弧形整体滑动型、局部剪切破坏或崩塌型变形破坏。文献[86]将水库岸坡变形破坏归纳为顺层"滑移-弯曲"滑塌、牵引式"滑移拉裂"、岸坡"侵蚀-剥蚀"再造、蠕动张裂变形和坡面表层剥蚀 5 种基本模式。文献[119]中将岸坡的破坏类型归为四种，即平面破坏、楔形破坏、弧形破坏和倾倒破坏。文献[120]中崩塌滑坡按其形成的力学机制可概括为六种基本地质力学模型，即滑移-拉裂和滑移-压裂、滑移-弯曲(或隆起)、蠕滑-拉裂和弯曲-拉裂和塑流-拉裂等。按破坏机理进行的岸坡变形破坏分类如表 2-1-20 所示。

(1)冲磨蚀型岸坡破坏机理

冲磨蚀型是指库水、风浪冲刷、地表水及其他外界营力的作用下，岸坡物质逐渐被冲刷、磨蚀，而后被搬运带走，从而使岸坡坡面缓慢后退的一种库岸再造形式，冲磨蚀型塌岸的演进模式如图 2-1-16 所示。近似于洪水区、平原区河库岸再造的一种塌岸，是一种非淤积且稳定性较好的岸坡中存在的一种较普遍的岸坡变形改造方式。

按破坏机理进行的岸坡变形破坏分类　　表 2-1-20

序号	类型		变形破坏特征	变形破坏机理	备注
1	冲蚀磨蚀型		库水、风浪冲刷、地表水及其他外界营力的作用下，岸坡物质逐渐被冲刷、磨蚀，而后被搬运带走，从而使岸坡坡面缓慢后退。再造过程具有缓慢性及持久性，再造规模一般较小	冲刷、磨蚀	一般发生在地形坡度较缓的土质岸坡及软岩岩质岸坡的残积层和强风化带。发生于由土质、粉砂岩、泥质粉砂岩、粉砂质泥岩与黏土岩组成的基岩较缓库岸段

续上表

<table>
<tr><th>序号</th><th colspan="3">类　　型</th><th>变形破坏特征</th><th>变形破坏机理</th><th>备　　注</th></tr>
<tr><td rowspan="6">2</td><td rowspan="6">坍(崩)塌型</td><td rowspan="3">坍塌型</td><td>冲刷浪坎型</td><td rowspan="3">土质岸坡坡脚在库水长期作用下,基座被软化或淘蚀,岸坡上部物质失去平衡,从而造成局部下错或坍塌,而后被库水逐渐搬运走的一种岸坡变形破坏模式。其显著特点是垂直位移大于水平位移,与土体自重直接相关,其再造分布范围大、涉及岸线长</td><td>拉裂;岩体存在临空面,在结合力小于重力时,发生坍(崩)塌</td><td>一般发生在地形坡度较陡的土质岸坡内,具有突发性,特别容易发生在暴雨期和库水位急剧变化期</td></tr>
<tr><td>坍塌后退型</td><td rowspan="5"></td><td rowspan="2"></td></tr>
<tr><td>塌陷型</td></tr>
<tr><td rowspan="3">崩塌型</td><td>块状崩塌型</td><td rowspan="3">在陡坡型岩质岸坡中,岸坡岩体发育有不利于岩体稳定的节理裂隙时,坡体在库水、风浪冲刷、地表水和其他外部营力的作用下,发生崩塌或崩落现象</td><td rowspan="3">一般发生在岩质岸坡的强风化或强卸荷裂隙带内。该库岸再造模式具有突发性</td></tr>
<tr><td>软弱基座型</td></tr>
<tr><td>凹岩腔型</td></tr>
<tr><td rowspan="7">3</td><td rowspan="7">滑移型</td><td colspan="2">古滑坡复活型</td><td rowspan="7">在库水作用、降雨及其他因素的影响下,岸坡物质沿着软弱结构面或已有的滑动面向江河发生整体滑移的库岸再造形式,即发生滑坡</td><td rowspan="2">剪切-滑移;滑移-拉裂;蠕滑-拉裂;弯曲-剪切-滑移</td><td rowspan="2">平面形:岸坡岩体沿某一结构面整体向下滑移;弧面形:散体结构的岸坡,沿圆弧形滑动面滑移,坡脚隆起;楔形体:两个或两个以上结构面组合而成的楔形体,沿两个滑动面交线方向滑动</td></tr>
<tr><td rowspan="4">深厚堆积层浅表部滑移型</td><td>崩滑堆积体滑坡</td></tr>
<tr><td>残坡堆积体滑坡</td><td rowspan="3"></td><td rowspan="3"></td></tr>
<tr><td>冲洪堆积体滑坡</td></tr>
<tr><td>人工堆弃土滑坡</td></tr>
<tr><td colspan="2">沿基-覆界面滑移型</td><td rowspan="2"></td><td rowspan="2"></td></tr>
<tr><td colspan="2">基岩顺层滑移型</td></tr>
</table>

续上表

序号	类　型		变形破坏特征	变形破坏机理	备　注
4	流土型（流动/泥石流）		在重力作用下，吸水饱和岸坡土体沿坡向下发生的塑性流动变形现象；或崩塌碎屑类堆积向坡角或峡谷内流动，形成碎屑流滑坡	塑性流动变形	规模一般较小，在第四系松散堆积层岸坡中可见；多发生在具有较大自然坡降的峡谷地区
5	倾倒		在层状结构的反倾向岸坡中岩层较陡时，表部岩层逐渐向外弯曲、倾倒、滑动等	滑移-弯曲；由于层面密度大，强度低，表部岩层在风化及重力作用下产生弯矩	
6	溃屈		层状结构的顺层岸坡，岩层的倾角与坡角大致相似，岸坡岩层逐层向上鼓起，在鼓起变形的同时，产生层面拉裂、脱层等现象	滑移-弯曲；顺坡向剪应力过大，层面间的结合力偏小，上部坡体沿软弱面蠕滑，由于下部受阻而发生纵向弯曲	层面拉裂，局部滑移
7	侧向扩展拉裂		在双层结构的岸坡中，下部为软岩，软岩产生塑性变形或流动，使上部岩层发生扩展、移动、下沉、拉裂等变形现象	塑流-拉裂；在重力作用下，软岩变形流动使上部岩体失稳	软岩中变形带
8	复合型		包含两种以上破坏形式的组合，包括不同部位的组合及不同发展阶段的组合		

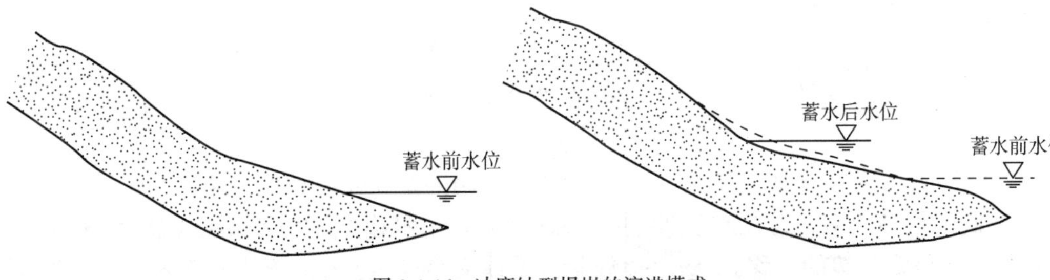

图 2-1-16　冲磨蚀型塌岸的演进模式

一般发生在地形坡度较缓的土质岸坡及软岩岩质岸坡的残积层和强风化带。发生于由粉砂岩、泥质粉砂岩、粉砂质泥岩与黏土岩组成的基岩较缓库岸段。再造过程具有缓慢性及持久性，再造规模一般较小。

(2)坍(崩)塌型岸坡破坏机理

①坍塌型

坍塌型是指土质岸坡坡脚在库水长期作用下，基座被软化或淘蚀，岸坡上部物质失去平衡，从而造成局部下错或坍塌，而后被库水逐渐搬运走的一种岸坡变形破坏模式。其显著特点是垂直位移大于水平位移,与土体自重直接相关,其再造分布范围大、涉及岸线长。

一般发生在地形坡度较陡的土质岸坡内,具有突发性,特别容易发生在暴雨期和库水位急剧变化期。坍塌型塌岸的演进模式如图 2-1-17 所示。

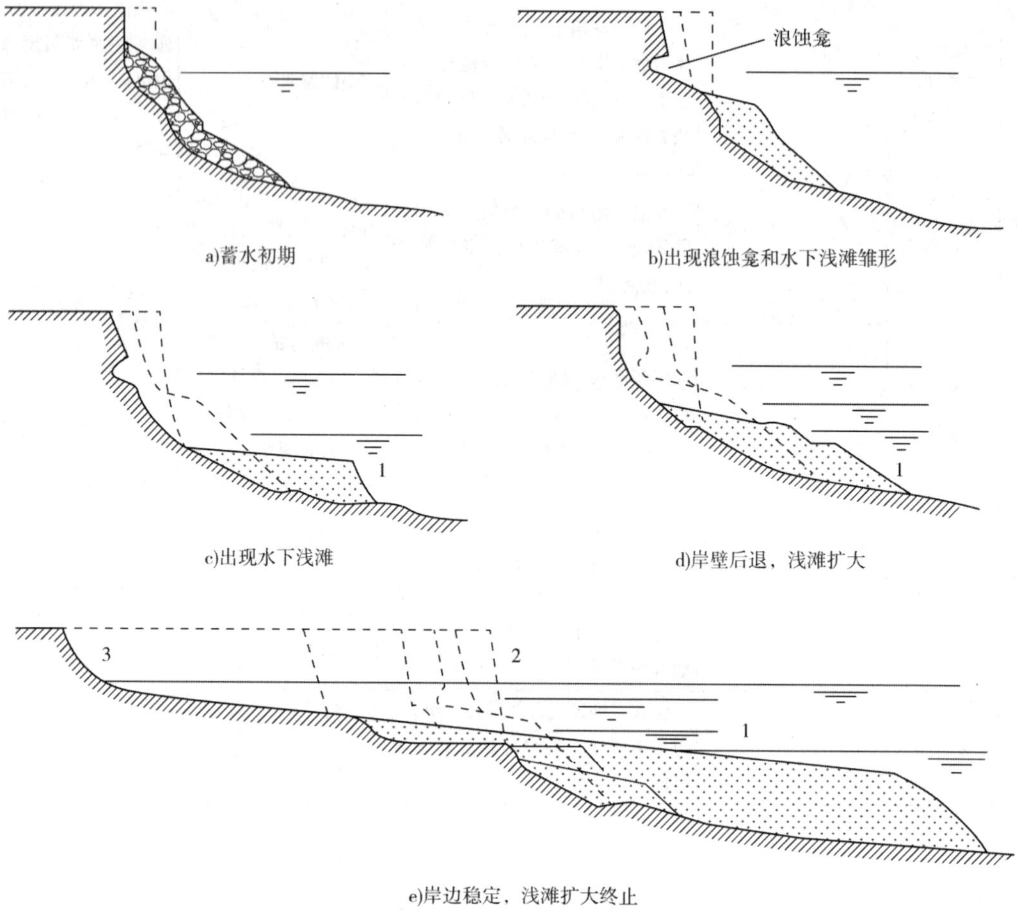

图 2-1-17　库岸塌岸过程

1-水下浅滩;2-原库崖;3-塌岸的库岸

坍塌型进一步划分为冲刷浪坎型、坍塌后退型、塌陷型和壳体护坡型 4 类:

a.冲刷浪坎型。主要是在水流冲刷、浪蚀等作用下,水边线附近小范围的岸坡土体发生破坏,随着水位及波浪的下移,下级水边线附近土体又会发生类似的破坏,最终表现为阶梯斜坡状,且这种破坏高度与风浪爬高间有明显的对应关系。

b.坍塌后退型。在水流冲刷、侧蚀作用下,岸坡坡脚被掏蚀成凹槽状,随后在岸坡重力、地下水外渗等作用下发生带状或窝状的坐落、倾倒型破坏。这种塌岸模式的基本条件有:a.岸坡土体抗冲刷能力差;b.水流直接作用于岸坡坡脚,且水流的冲刷强度高于岸坡土体的抗冲刷能力。这种塌岸具有坍塌后退速度快、后退幅度大、分布岸线长、持续时间长的特点,多呈条带状,少数为窝状,具有突发性,是一种最主要最常见的坍塌型库岸再造方式。

c.塌陷型。由于库岸岸坡中下伏空洞或局部发生凹陷,土体在自重、地下静水和动水压力作用下,周围土体由四周向中心发生变形破坏的一种塌岸形式。

iv.壳体护坡型。多发生在黄土状构成的一级台阶之斜向坡的表面。覆盖在斜向坡的表面上的钙壳,厚薄不均,其覆盖范围不等,由于下部软土被淘蚀,钙壳失去支撑,在重力作用下,钙壳发生局部坍塌现象。从相对的角度来看,钙壳具有护坡作用,可减少塌岸。调查显示,在城镇库岸的水泥壳下,在植被发育的第四系堆积层岸坡中均可见这种类型的塌岸。

②崩塌型

崩塌型岸坡是指在陡坡型岩质岸坡中,岸坡岩体发育有不利于岩体稳定的节理裂隙时,坡体在库水、风浪冲刷、地表水和其他外部营力的作用下,裂隙面被软化后,岩体沿着节理裂隙面发生的崩塌或崩落现象,如图 2-1-18 所示。

图 2-1-18　崩塌的岩质岸坡

崩塌或崩落现象一般发生在岩质岸坡的强风化或强卸荷裂隙带内。该库岸再造模式具有突发性。

a.块状崩塌型。岩质岸坡中有发育不利于岩体稳定的节理裂隙时,在库水、风浪冲刷、地表水和其他外部营力的作用下,裂面被软化后,岩体沿着节理裂隙面发生崩塌或崩落现象。块状崩塌型塌岸的演进模式如图 2-1-19 所示。

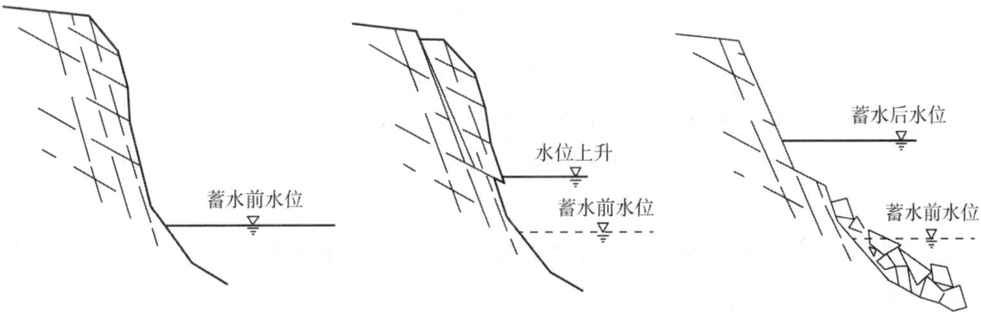

图 2-1-19　块状崩塌型塌岸的演进模式

b.软弱基座型。岩层倾向坡内的上硬下软结构型岸坡,在库水长期作用下,由于下部软岩被软化,在自重作用下,产生压缩变形或压致拉裂变形,导致上部岩体失稳而产生塌岸。其演进过程如图 2-1-20 所示。

c.凹岩腔型。易崩解的软岩被水冲刷流失,下部岩土层明显内凹缺位,导致上部的硬岩突出,成为悬臂梁,上部硬岩体受重力作用沿着近直立的裂隙出现拉裂破坏,从而导致局部塌岸的现象,容易出现渐退式的塌岸破坏。其演进过程如图 2-1-21 所示。

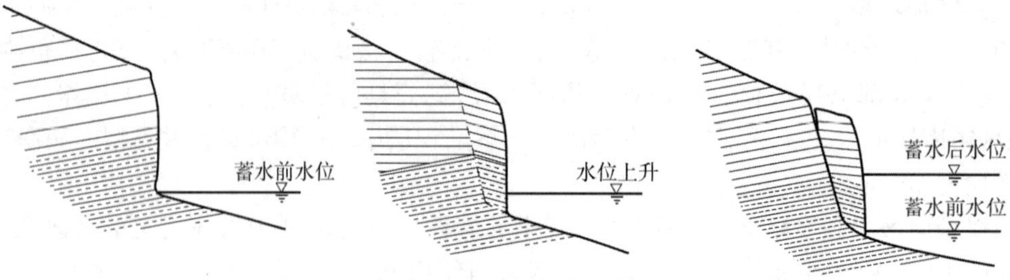

图 2-1-20　软弱基座型塌岸演进示意图

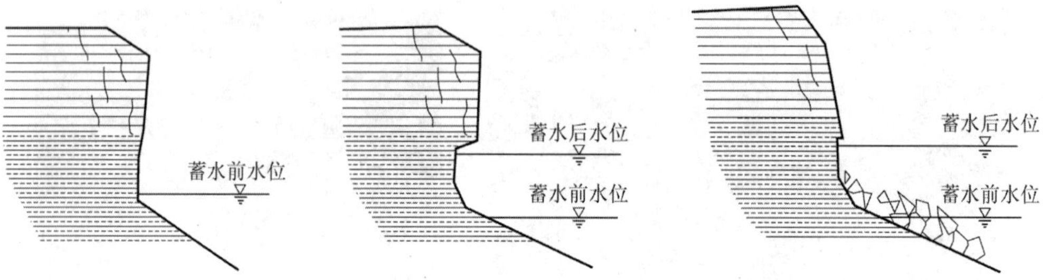

图 2-1-21　凹腔型塌岸演进示意图

(3)流土型岸坡破坏机理

流土型塌岸是指在库水动力及其他外界条件下,软土或膨胀土体吸水饱和后,由于土体的微膨胀性,岸坡土体在重力作用下沿坡向下发生的塑性流动变形现象,如图 2-1-22 所示。流土型塌岸规模一般较小,在第四系松散堆积层岸坡中可见到流土型塌岸。

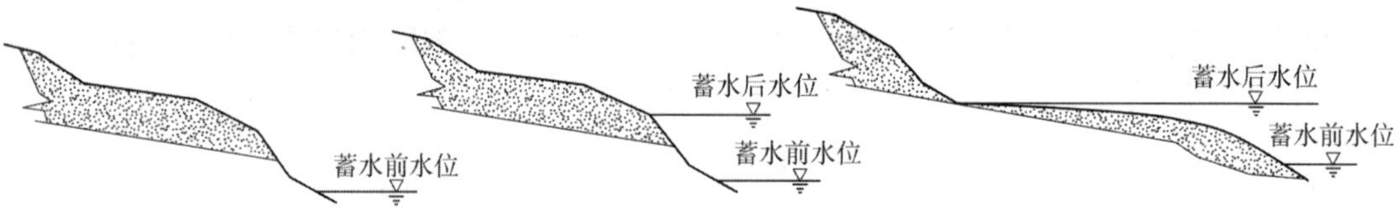

图 2-1-22　流土型塌岸演进示意图

流土型塌岸模式形成条件与特点有如下几点:

①流土型塌岸发育的岸坡结构类型以软土、膨胀土体、第四系松散堆积层为主;

②岸坡形态一般较缓,在天然状态下稳定性较好;

③流土型塌岸变形受库水位升降影响明显,另外降雨和地下水对其变形速率和变形范围有重要影响;

④库岸再造过程较为缓慢,塌岸规模一般较小。

(4)倾倒型岸坡破坏机理

倾倒是指层状反坡向结构(图 2-1-23)及部分陡倾角顺层岸坡的表部岩层因蠕动变形向临空一侧产生弯曲、折断,形成"点头哈腰"的现象。倾倒破坏是层状岩质岸坡变形破坏的一种典型形式,多发生在由塑性的薄层岩层或软硬相间的岩层组成的反坡向结构的岸坡中。岩层的倾倒以弯曲-张裂、滑动和转动等形式出现,倾倒体与下伏完整岩体间可产生折断或错动。尽管通常情况下,变形不至于引起坡体的快速变形滑动,但若不加控制的话,仍然可能导致大范围的裂隙发育岩体产生拉裂隙、崩塌等不同形式的破坏甚至深层滑坡。

我国的水电工程中常见倾倒变形，如锦屏一级水电站左岸岸坡、小湾水电站饮水沟岸坡、昌马水库倾倒变形岸坡、龙滩水电站左岸岸坡、五强溪水电站杨五庙坝址左岸岸坡、小浪底工程库区岸坡和洼里滑坡等。

图 2-1-23　Chalus 公路层状反倾岸坡

Goodman 和 Bray 按照倾倒方式的差异将层状岩质岸坡倾倒变形分为 3 种基本类型和次生倾倒。3 种基本类型即弯曲倾倒、块状倾倒和块状-弯曲倾倒（图2-1-24）。

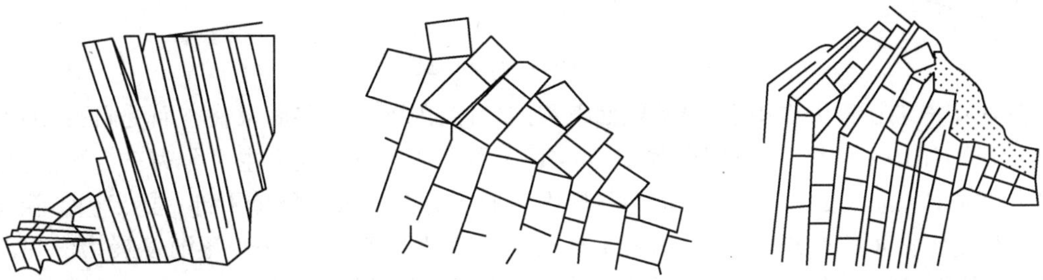

a)弯曲倾倒　b)块状倾倒　c)块状-弯曲倾倒

图 2-1-24　岩质岸坡倾倒变形的基本类型

①弯曲倾倒：弯曲倾倒为柔性破坏，较软岩层中较为普遍，如板岩、千枚岩、片岩、泥岩。通常单一岩层厚度较小，只有层面这一组平行结构面。弯曲倾倒变形岸坡属于自稳型，岸坡变形发展较慢，一旦破坏，规模通常很大。

②块状倾倒：块状倾倒为脆性破坏，硬质岩层中较为普遍，多发生在石灰岩、砂岩、含柱状节理的岩浆岩中。通常单一岩层厚度较大，发育与岩层面接近垂直的节理，破坏前变形较快。

③块状-弯曲倾倒：软硬相间的层状岩体中比较普遍，多发生在砂岩、泥板岩互层、燧石岩页岩互层、薄层状石灰岩中，软硬相间的层状岩体在构造作用下存在层间错动。

Hoek 和 Bray 通过研究，针对次生倾倒进一步细化分为 5 种类型：①滑移-坡顶倾倒；②滑移-基底倾倒；③滑移-坡脚倾倒；④拉张-倾倒；⑤塑流-倾倒。洪玉辉按岩性与构造条件的差异将层状岩质岸坡倾倒变形分为弯曲型和岩块型，刁小华按岩体结构及地形条件的差异将层状岩质岸坡倾倒变形分为脱离型和破裂型。以上学者关于倾倒变形的分类主要的研究对象是反倾岸坡，Cruden 和 Hu 在顺层岸坡中发现了倾倒变形，首次提出将顺层岸坡倾倒变形分为 3 类，即块状-弯曲倾倒、多重块体倾倒和人字形倾倒。

（5）溃屈型岸坡破坏机理

溃屈（即滑移-弯曲）破坏过程为坡面岩层逐层向上鼓起变形，同时产生开裂脱层现象。当鼓起发展到一定阶段，岩层在鼓起部位发生剪切破坏，形成顺层滑坡。溃屈破坏通常发生在岸坡的中下部，发生在中倾顺层软硬互层岸坡、中倾顺层薄层软岩岸坡、薄层陡倾顺层硬质岩岸坡、陡倾顺层硬岩夹软岩岸坡、陡倾顺层软硬互层岸坡中，一般在薄层岩层中最为常见。其形成条件和机制较复杂，具有隐蔽性，因此造成巨大生命财产损失的不乏实例，而且多为大型滑坡，如黄河上游李家峡水电站坝前左岸的 2 号滑坡、雅砻江二滩水电站坝前的霸王山古滑坡、三峡库区范家坪滑坡、成昆线上的铁西古滑坡、湖北秭归的鸡鸣寺滑坡等。滑移-弯曲型滑坡的地质模型如图 2-1-25 所示。

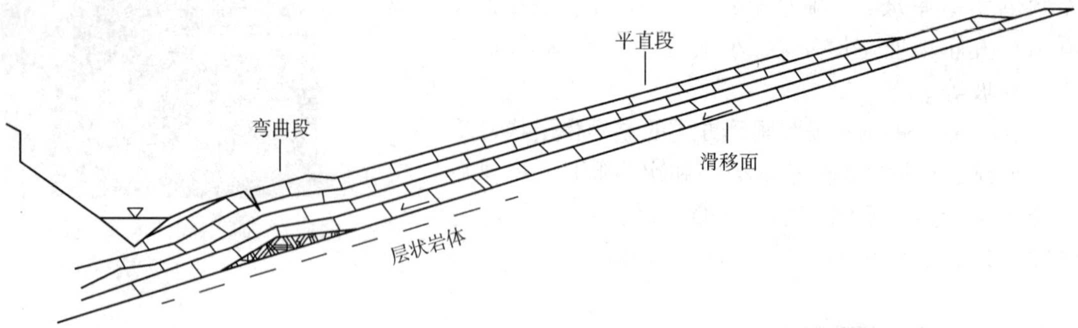

图 2-1-25　滑移-弯曲斜坡地质模型

溃屈型滑坡在重力作用下,沿软弱面滑移的岩体,因下部滑移面未临空而受阻,在顺滑移方向的压力作用下发生弯曲变形,如图 2-1-26 所示。变形发展演变主要分为三个阶段:初期轻微弯曲阶段,通常发生在顺层压应力与层面法向应力差较大的坡体下部;强烈弯曲-隆起阶段,岩体强烈松动扩容,地面隆起,出现剖面"X"形剪切错动,其中一组逐渐发展为潜在滑移切出面;滑移切出面贯通并发展为滑坡阶段,表现为崩滑或滑塌式破坏。

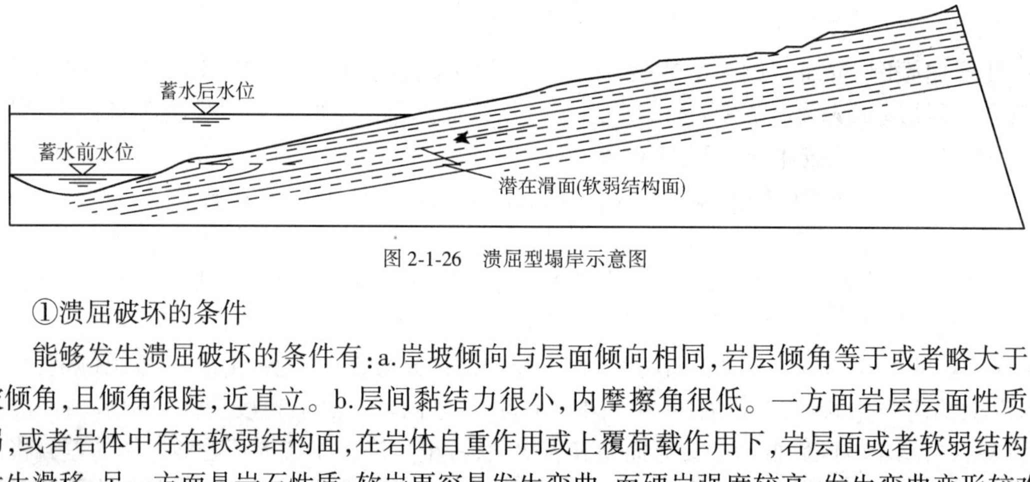

图 2-1-26　溃屈型塌岸示意图

①溃屈破坏的条件

能够发生溃屈破坏的条件有:a.岸坡倾向与层面倾向相同,岩层倾角等于或者略大于岸坡倾角,且倾角很陡,近直立。b.层间黏结力很小,内摩擦角很低。一方面岩层层面性质较弱,或者岩体中存在软弱结构面,在岩体自重作用或上覆荷载作用下,岩层面或者软弱结构面发生滑移;另一方面是岩石性质,软岩更容易发生弯曲,而硬岩强度较高,发生弯曲变形较难。c.岩层厚度越薄,越容易发生,如千枚岩,板岩等岩层;d.岩层的弹性模量低;e.地应力高,岸坡上产生较大的垂直于坡面的释放动能,从而使岩层鼓起,发生溃屈;f.地下水的扬压力有利于溃屈的发生。此外,岩层呈上凸形弯曲,也有利于溃屈的发生。

②溃屈破坏机制

很多学者对顺层岸坡溃屈破坏机制进行了研究与探讨,均认为岩层在自重作用及上部工程作用力共同作用下,岸坡坡脚发生应力集中,随着岸坡坡高增加,坡脚应力差增大,岩层在坡脚处发生弯曲变形,随着变形能不断积累,变形逐渐增大,弯曲岩层被压碎,发生破裂,最终折断,岩层沿断面剪出。在顺倾向层状岩石岸坡溃屈破坏的形成过程中,在重力和其他一些荷载的作用下,岸坡岩体各点的应力状态将不断变化,最主要的有两点:一是最大主应力平行于坡面,最大剪应力与层面的夹角越接近坡面越小;二是在坡脚处上缘形成应力集中。薄板状的岩层沿层间挤压张开,沿岩层方向发生轻微差异性层间错动。由于不均匀的层间错动,岩体在裂隙面上的剪应变累积起来,在坡体后缘出现一系列顺层错动的拉裂缝,同时还在层间出现了局部的陷落带。这种剪位移在临空条件较好时,受软弱层面本身剪切特性的控制,但当坡脚附近无临空条件时,差异性层间错动受阻,因而在坡脚上部岩层发生轻微弯曲隆起变形,局部出现微弱的架空现象。随着荷载的进一步作用及岩层的蠕变,在层状结构面比较密集、层状体较薄时,坡脚处应力集中,滑移弯曲变形进一步加剧,弯曲的岩层形成类似褶曲的弯曲状态。浅表部岩层发生明显的层间差异错动,后缘拉裂,并在局部地段形成拉裂陷落带。

溃屈破坏是层状结构岩体特有的一种破坏形式,其特点是结构的变形远大于岩石介质的自身变形,是结构失稳的表现,对于层状岩质斜坡来讲,两者倾向一致,倾角等于或者略大于斜坡倾角,才有可能形成溃屈。如果岩层倾角小于坡角,岩层容易沿着层面或软弱夹层发生顺层滑移,不能形成溃屈。当岩层倾角大于坡角时,岩层在岸坡坡脚处顺层向滑动变形受到约束,阻碍岩层沿软弱层面下滑,上覆岩层在重力作用下沿软弱层面产生向下的蠕变,岩层前缘轴向荷载不断增加,当轴向荷载达到一个临界值后,上覆岩层向临空面出现弯曲变形进而发展为溃屈。

顺层斜坡溃屈破坏是多种因素综合作用的结果,在具备发生溃屈的条件前提下,形成溃屈破坏的难易程度受岩层几何参数、物理力学参数及外部荷载影响。几何参数主要包括岩层厚度、斜坡长度及岩层倾角;物理力学参数主要包括层面黏聚力、内摩擦角、岩层弹性模量及岩石容重;外部荷载主要包括静水压力、地震和上部工程作用力。

a.几何参数

(a)岩层厚度

岩层单层厚度越小,越容易形成溃屈,如在板岩等极薄岩层中,很容易见到数量极多、规模较小的溃屈。

(b)斜坡长度

在满足溃屈发生的临界坡长后,斜坡长度增大,相当于增加溃屈岩层的上覆荷载,促进溃屈破坏的形成。

(c)岩层倾角

岩层倾角越大,岩层受到平行层面向下的力也就越大,更容易引起斜坡溃屈破坏。

b.物理力学参数

(a)层间力学参数

岩层间的黏聚力和内摩擦角较小,力学性质较低,层面更容易沿层面错动,岩层底端更容易扩离,岩层越容易变形。

(b)弹性模量

岩层的弹性模量低,岩层更容易弯曲,溃屈变形更容易形成。

(c)岩石容重

岩石容重越大,单位长度岩石承受的荷载增加,岩层底端受到轴向力就越大,促进岩层的弯曲破坏。

c.外部荷载

(a)静水压力

静水压力通过降低岩层参数而减小岩层抗滑力,静水压力越大,岩层越不稳定,越容易导致溃屈。

(b)地震作用

地震主要给岩层增加水平向外的力,增大下滑力,减小抗滑力,容易导致溃屈。

(c)上部工程作用力

主要增加岩层纵向力,使岩层更容易形成溃屈。

③溃屈模式分类

实际工程中所见到的溃屈模式分为:单级溃屈和多级溃屈。

a.岩层单级溃屈

岩层单级溃屈变形演变过程可分为四个阶段:

(a)轻微弯曲阶段(图2-1-27a))

岩体随库岸、河流的下切,坡面应力状态发生改变,垂直坡面方向应力为零,岩层垂直于河流方向约束力去除,使岩层更容易发生弯曲,再加上岩层在自重及上部工程作用力作用下,在坡脚出现应力集中,应力差增大。当河流切割深度足够大时,岩层就会在坡脚处向外隆起,形成轻微弯曲,并且岩层面之间形成微小错动。

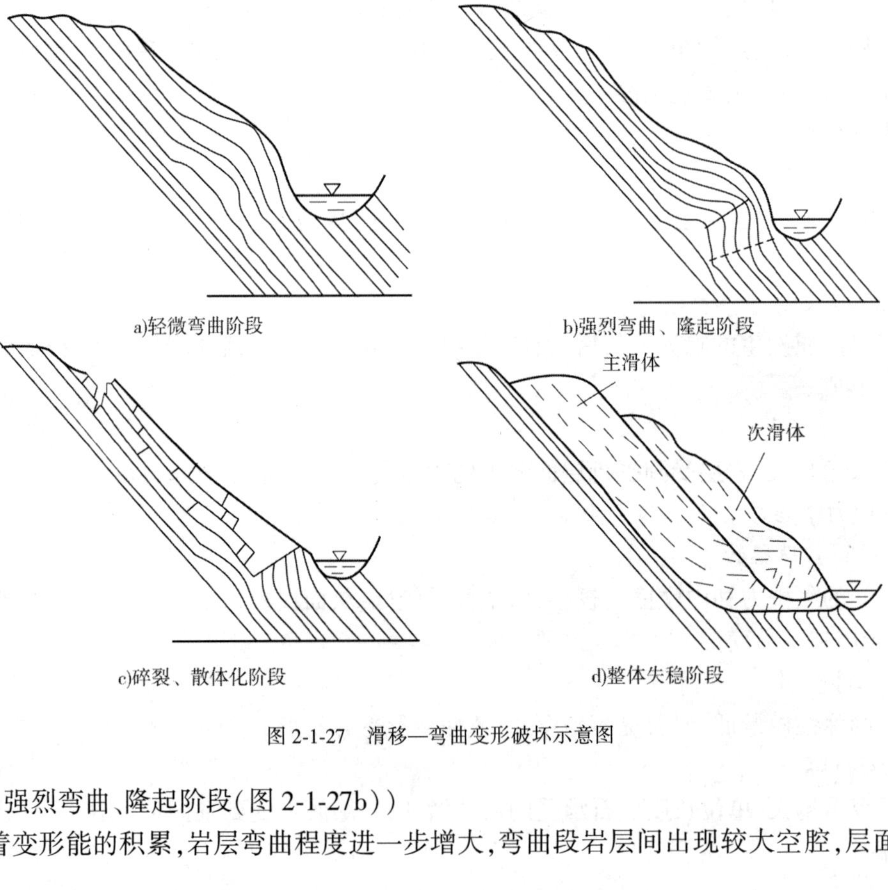

a)轻微弯曲阶段　b)强烈弯曲、隆起阶段　c)碎裂、散体化阶段　d)整体失稳阶段

图2-1-27　滑移—弯曲变形破坏示意图

(b)强烈弯曲、隆起阶段(图2-1-27b))

随着变形能的积累,岩层弯曲程度进一步增大,弯曲段岩层间出现较大空腔,层面错动幅

度也逐渐增大。弯曲段岩层由于变形较大，出现张裂缝、岩体松动，局部出现崩塌。此外，河流的冲蚀搬运也会促进了这一过程的发展。

(c)碎裂、散体化阶段(图2-1-27c))

随着弯曲部位岩层进一步破坏，层间错动位移增大，滑移段岩层对弯曲段压性破坏愈强烈，在弯曲段出现岩块错位、压碎，呈现出高度碎裂-离散化过程。

(d)整体失稳阶段(图2-1-27d))

上述变形破坏发展，当切出面贯通后，即当其发展至整个底滑面的抗剪强度不足以承受上部岩体重力的下滑分量时，将发生整体失稳，形成滑坡。一般存在一个主滑面和若干个次级滑面。

b.岩层多级溃屈

多级溃屈变形破坏可分为三种模式：同层式多级溃屈、滑移式多级溃屈和挡墙式多级溃屈。

(a)同层式多级溃屈

同层式多级溃屈是随着库岸、河谷逐级下切形成的，只要岸坡达到发生溃屈的临界长度和临界荷载就会形成溃屈(图2-1-28)。所谓同层式多级溃屈是指不同级次的溃屈破坏基本上形成于相同的岩层，因溃屈段部分岩层发生折断，所以不同级次的溃屈破坏大多数岩层相同。但有时并不是完全相同，由于硬岩的模量大，抗弯刚度大，发生溃屈所需要的临界坡长较大，所以在中小型库岸中很难见到同层式硬岩多级溃屈，常见的为软岩多级溃屈，其表现出单级溃屈规模小，级数多的特点，成因主要为：

ⓐ库岸、河流侵蚀能力较强：库岸、河流的强烈下切，一方面让出露岩层的坡长增大，让临界坡长靠近；另一方面增大岸坡前缘的临空面，为溃屈形成提供有利条件。

ⓑ岩层性质较弱：岩层层面力学性质差、模量低、单层厚度小，发生溃屈所需要的临界坡长就越短，为多级溃屈的形成提供可能性。

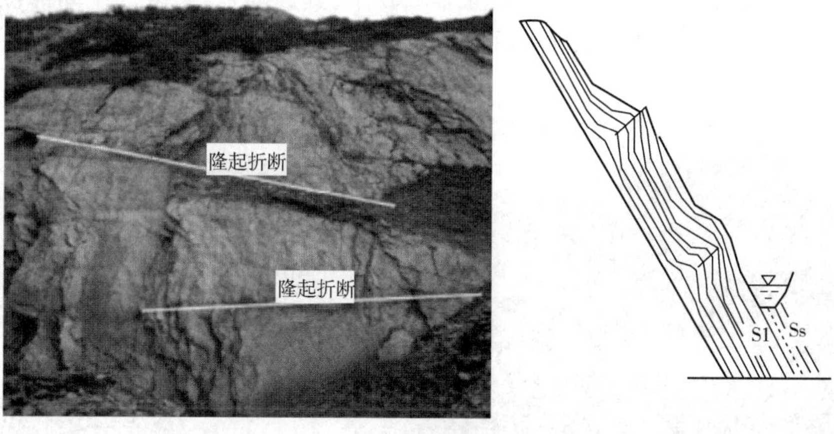

a)桑吉沟多级溃屈　　b)示意图

图2-1-28　同层式多级溃屈

（b）滑移式多级溃屈

滑移式多级溃屈主要表现为：前缘为较大型溃屈库岸滑坡，后缘为中小型次生溃屈（图2-1-29），此类溃屈明显存在先生-后生的关系，后缘次生溃屈的形成主要来自于前缘溃屈滑坡的大规模位移，其成因主要为：

ⓐ一级溃屈滑坡位移较大：一级溃屈滑坡上部要形成溃屈，必须要有足够坡长才能形成第二级溃屈，这就必须具备：滑坡前缘具有较好的临空面，为大位移的滑动提供足够的空间；岩层中存在软弱夹层或者层面性质差，岩层更容易滑动。

ⓑ形成二级溃屈岩层性质较弱：岩层层面力学性质差、模量低、单层厚度小，发生溃屈所需要的临界坡长就越短，为多级溃屈的形成提供可能性。但如果一级溃屈滑坡所形成的后壁高度足够大时或者岩层顶部存在外部荷载，也能引起硬质岩层发生溃屈。

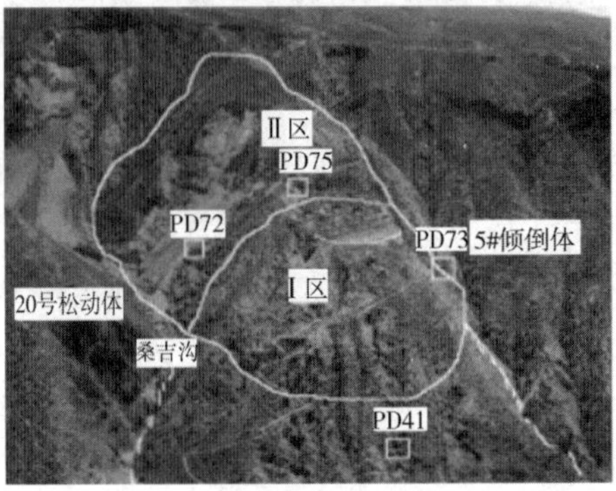

a)3号滑坡多级溃屈

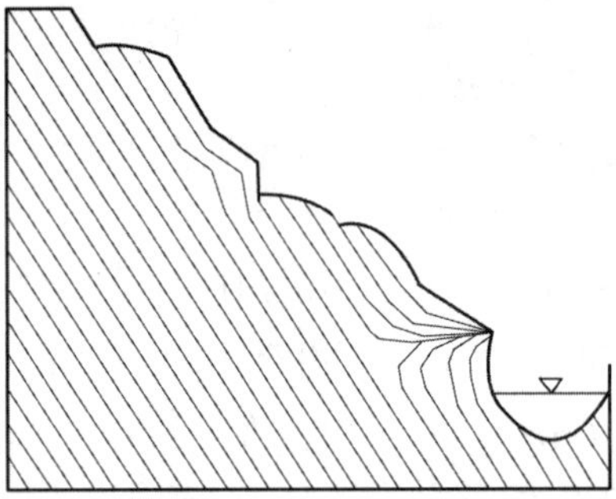

b)示意图

图2-1-29　滑移式多级溃屈

c.挡墙式多级溃屈

在挡墙式多级溃屈岸坡中，同时存在多个单级溃屈（图2-1-30），在工程中两个单级溃屈最为常见，并且这两个单级溃屈相互影响较小，其成因是：斜坡的中间部位存在一强度较高的岩层，对上部的岩层变形起到阻挡作用；溃屈岩层相对于斜坡中间坚硬层强度低。

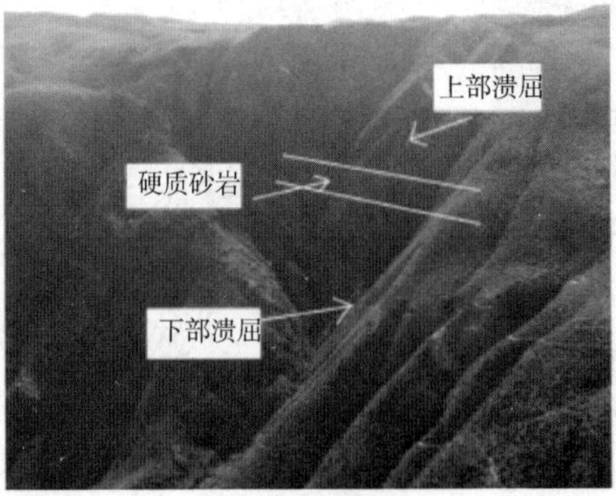

a)1号滑坡下游多级溃屈

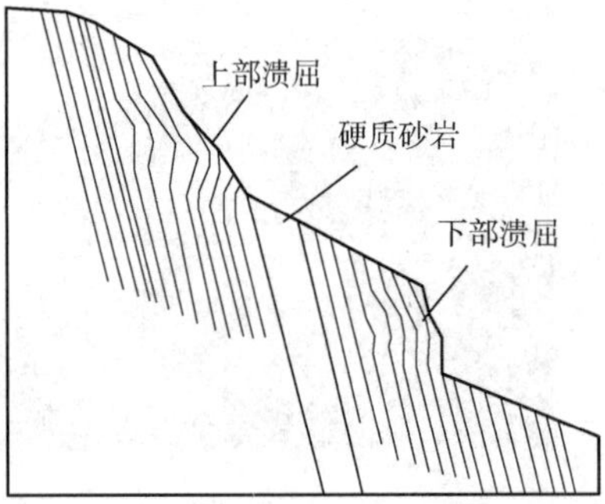

b)示意图

图2-1-30　挡墙式多级溃屈

(6)滑移型岸坡破坏机理

滑移型是指在库水作用、降雨及其他因素的影响下,岸坡物质沿着软弱结构面或已有的滑动面向水库、江河发生局部或整体滑移的库岸再造形式,即发生滑坡。滑移型塌岸的演进过程如图 2-1-31 所示。

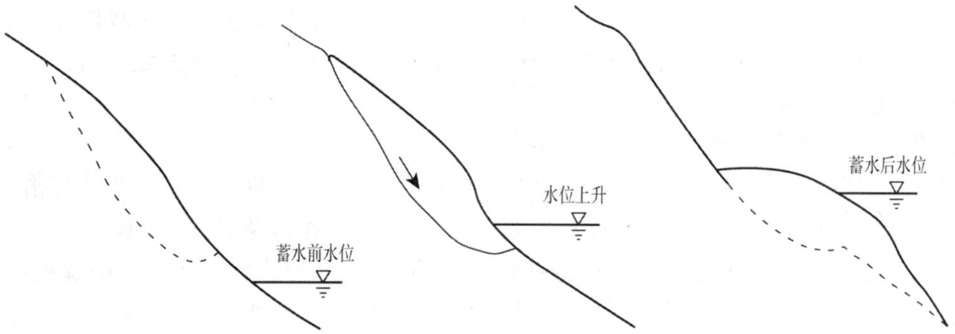

图 2-1-31　滑移型塌岸的演进示意图

滑移型岸坡破坏特征表现为岩土体的水平位移一般较大,具有规模大、危害性强等特点。这种破坏形式,在岩土复合岸坡和土质、岩质岸坡中均有发育。在岩土复合岸坡中,上部的堆积体厚度一般较薄,受水库蓄水的影响,堆积体沿着基岩与覆盖层界面发生整体性滑移。在岩质岸坡中,如果基岩中存在软弱夹层,水库蓄水后,软弱层在库水的浸泡下发生软化,其抗剪强度大大降低,从而出现沿软弱层的整体滑动,如图 2-1-32 和图 2-1-33 所示。

图 2-1-32　龚家坊斜坡崩滑

图 2-1-33　滑移型破坏

通常可以把滑移型岸坡破坏分为以下几种类型:

①古滑坡复活型

蓄水前,稳定或者基本稳定的古滑坡,在水库蓄水运行期间,由于库水作用,整体或局部复活产生滑移变形,最终造成塌岸(图 2-1-34)。这种破坏形式主要发育于坡形相对较陡的古滑坡堆积体中,变形体后缘发育自地表向深部发展的拉裂变形。变形发展机制属于典型的“滑移-拉裂”模式。

②深厚堆积层浅表部滑移型

各种厚堆积层中，由于外界条件的改变，导致岸坡体物质沿着潜在滑动面发生向水库、河流的整体失稳，造成塌岸。根据堆积体的成因类型可分为：a.崩滑堆积体滑坡。发生在崩滑形成的碎块石堆积体中，多沿下伏基岩面滑动。b.残坡堆积体滑坡。由花岗岩风化壳、沉积岩残坡积等构成，多为浅层滑动。c.冲洪堆积体滑坡。一般发育于冲洪积厚层堆积体中，具有水平层理，其沉积相为河谷阶地二元结构，上部为静水相细粒沉积层。在水位急剧消涨波动的长期作用下，粉土岸坡会普遍出现这种滑移型塌岸。d.人工堆弃土滑坡。由人工开挖堆填、弃渣等构成，容易发生次生滑坡。

③沿基-覆界面滑移型

基岩上覆厚层堆积体，在外界营力的作用下，堆积体沿着基-覆界面发生整体性滑动的岸坡破坏形式。这种类型的塌岸一般要具备的条件：a.有明显的基-覆界面，可形成滑动面，如图2-1-35所示；b.由于库水或地下水作用，界面较易发生软化；c.前缘临空或坡体前缘被掏蚀，导致坡体下滑力（来源于土体自重产生的下滑分力、地下水的动、静水压力等）大于抗滑力。

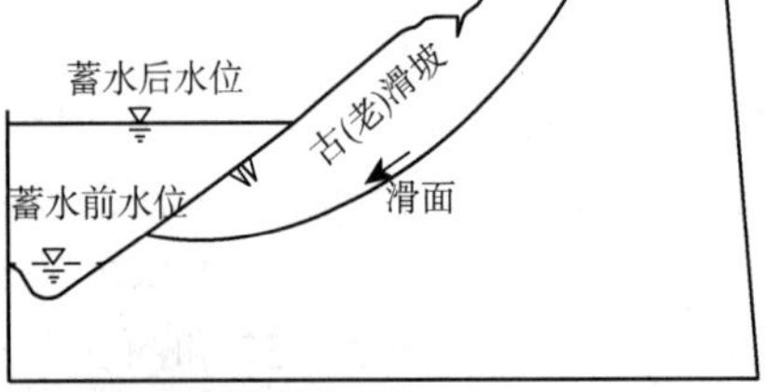

图2-1-34　古（老）滑坡复活型塌岸示意图

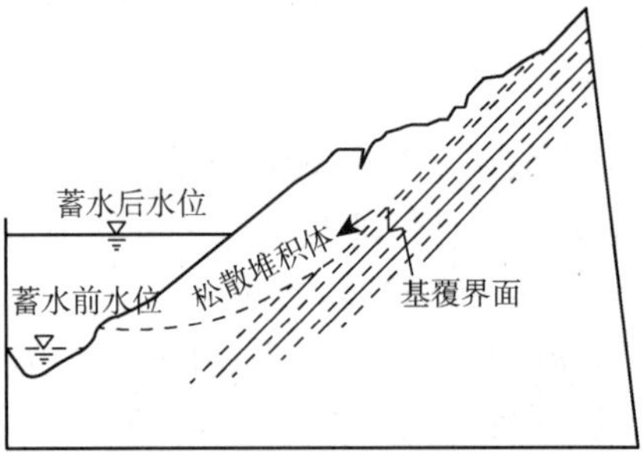

图2-1-35　沿基-覆界面滑移型塌岸示意图

④基岩顺层滑移型

这种型式发育于走向与坡面近于一致、倾向坡外、倾角大于坡角的岸坡。这种特定的岸坡结构下，滑动面（软弱面）倾角明显大于该软弱面的残余摩擦角。在重力作用下，沿软弱面滑移的岩体，如下部滑移面未临空而受阻，在顺滑移方向的压力作用下发生弯曲变形，如图2-1-36所示。变形发展演变可以分为三个阶段：a.初期轻微弯曲阶段，通常发生在顺层压应力与层面法向应力差较大的坡体下部；b.强烈弯曲-隆起阶段，岩体强烈松动扩容，地面隆起，出现剖面"X"形剪切错动，其中一组逐渐发展为潜在滑移切出面；c.滑移切出面贯通并发展为滑坡，表现为崩滑或滑塌式破坏。

许强通过对各类滑坡变形破坏行为和变形-时间曲线的分析总结，结合岩土体流变试验成果，根据岸坡变形-时间曲线特征，将滑坡分为稳定型、渐变型、突发型3类：a.渐变型滑坡主要发生于松散土质斜坡，或滑动条件不好，具有时效变形特征的岩质岸坡（如反倾向岩质岸坡、由软岩构成的岩质岸坡等）中。此类滑坡的孕育和演化一般需经历很长时间的变形与应变能的积累，其滑动面是经长时间的孕育才逐渐形成的。b.突发型滑坡主要发生于临空条

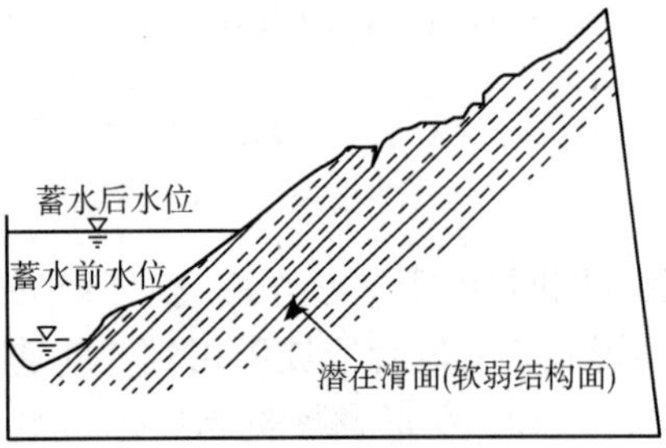

图2-1-36　基岩顺层滑移型塌岸示意图

件和滑移条件较好的岩质岸坡中，如存在一组倾向坡外且底端已暴露于地表的贯通性（软弱）结构面。突发型滑坡从变形开始到最终的失稳破坏所经历的时间往往要比渐变型滑坡短得多，一般仅持续数天一数月，有的甚至仅几分钟。突发型滑坡发生前总位移量一般远小于渐变型滑坡，但其临界位移速率又往往远大于渐变型滑坡。c.稳定型滑坡主要发生于稳定性相对较好的岸坡中。在天然条件下岸坡处于基本稳定状态，所以不会出现明显的变形。但当其遭受到一定强度的某种外界因素（如库水骤降、降雨、人类工程活动、地震等）作用时，斜坡会突然出现明显的变形和地面开裂现象，但随着外界影响因素的衰减和消失，斜坡在自重作用下又逐渐恢复其原有的稳定性，一定时间后变形会逐渐停止。还有一类稳定型滑坡，其一直以非常缓慢的变形速率持续地蠕滑，永无止境。此类滑坡一般出现在由基本处于饱水状态的平缓软土斜坡中，侧向扩离型滑坡也具有类似的变形特征。此类滑坡的主要特点是以缓慢和近于恒定的变形速率持续蠕滑变形。参照国家和行业的有关规范，水库滑坡的分类可参见表 2-1-21。

水库滑坡的分类　　表 2-1-21

划分指标	名称类别	特征说明	规模与方式
滑体物质组成	堆积层滑坡	各种不同性质的堆积层（包括坡积、洪积或残积），一般为坡体内滑动或沿基岩面的滑动，坡积层滑动可能性比较大	范围较大
	黄土滑坡	不同时期的黄土层中的滑坡，并多集群出现，受库水位影响而浸水湿陷，坝体的坡脚失稳。常见于高坡地前缘斜坡上或黄土层沿着下浮第三纪岩层面滑动	层层塌陷或坐落，范围比较大
	黏性土滑坡	黏性土本身变形滑动，或与其他土层的接触面滑动	多为圆弧滑动
	岩层滑坡	软弱岩层组合物的滑坡，或沿同类基岩面，或沿不同岩层接触面以及较完整的基岩面滑动	多为折线型滑动
滑面与层面或结构面的关系	同类土滑坡	发生在层理不明显的均质黏性土或黄土中，滑动面均匀光滑	
	顺层式滑坡	沿层面或裂隙面滑动，或沿着坡堆积体与基岩交界面及基岩间不整合面等滑动，多分布在顺倾向的山坡上	顺层式滑动
	切层式滑坡	滑动面与岩层面相切，常沿着倾向山外的一组断裂面发生，滑坡床多呈折线状，多分布在逆倾向岩层的山坡上	
滑动体的厚度	浅层滑坡	滑坡体厚度在 6m 以内	
	中层滑坡	滑坡体厚度 6～20m	
	深层滑坡	滑坡体厚度超过 20m	

续上表

划分指标	名称类别	特征说明	规模与方式
引起滑动的力学性质	推移式滑坡	上部岩层滑动挤压下部产生变形,滑动速度较快,多具有楔形环状外貌,滑体表面波状起伏,多见于有堆积物分布的斜坡地段	
	牵引式滑坡	下部岩土体先滑动,使上部失去支撑而变形滑动。一般速度较慢,多具有上小下大的塔式外貌,横向为张性裂隙发育,表面多呈阶梯状或陡坎状,常形成沼泽地	
形成原因	工程滑坡	①工程新滑坡:由于开挖山体形成的滑坡;②久已存在的滑坡由于开挖山体而引起重新活动的滑坡	
	自然滑坡	自然地质作用而产生的滑坡,分为古滑坡、老滑坡和新滑坡	
按发生后的活动性分	活滑坡	发生后仍继续活动的滑坡	
	死滑坡	发生后停止发生,一般情况下不可能重新活动	
滑体体积	小型滑坡	$<5000m^3$	
	中型滑坡	$5000 \sim 50000m^3$	
	大型滑坡	$50000 \sim 100000m^3$	
	巨型滑坡	$>100000m^3$	

2.1.3.3 不同岩土类型可能的岸坡变形破坏分类

文献[82]将岩体结构的工程地质模型及相应的岸坡破坏模式总结得出表2-1-22。

岩体结构的工程地质模型及相应的岸坡破坏模式 表2-1-22

工程地质模型	亚类	破坏形式	示意图
块状岩体	断续块状岩体	主控结构面——节理面不是很发育,不能形成真正的块体,其变形破坏常见的是某一结构面控制的块体滑移式平面滑动	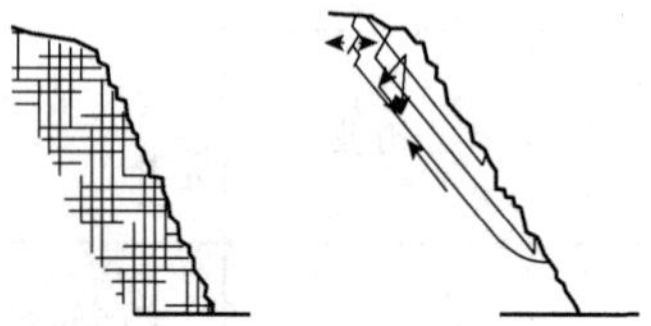 a)断续块状结构 b)沿单一结构面控制的变形破坏形式
	单一软弱结构面控制的块体	主控结构面——节理面贯通性良好,将岩体切割成块状,有一软弱断层或接触破碎带发育,往往单一软弱结构面构成滑体的后缘滑面,而后追踪节理或其他结构面形成主滑面,常形成坐落式滑坡(厚层状岩体也如此)	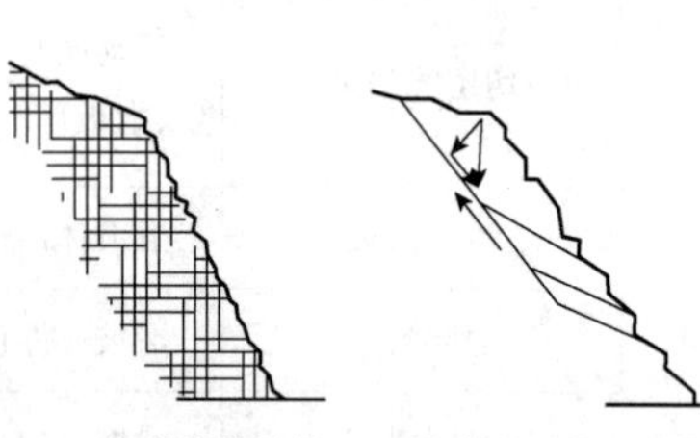 a)断裂块体结构 b)沿断裂面控制的变形破坏形式

续上表

工程地质模型	亚　类	破 坏 形 式	示　意　图
块状岩体	单一软弱结构面控制的块体	一组同产状控制的软弱结构面发育时，本质同上	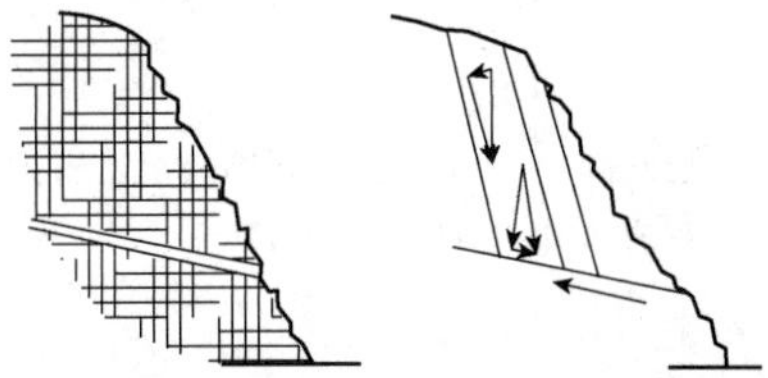 a)软弱面块体结构　b)由软弱面控制的变形破坏形式
	双结构面组合块体	只需一定规模的两组相交的结构面，其组合交线倾向坡外，就有可能形成楔形滑动(组合交线的倾角要小于岸坡角)	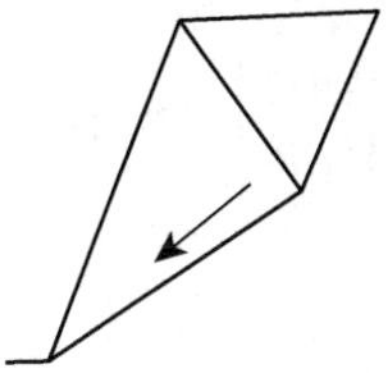
	多组硬性结构面组合碎块体	一种是追踪式滑移，另一种是岩体遭受较强的外动力作用，岸坡破坏为碎屑式，近似于圆弧滑动	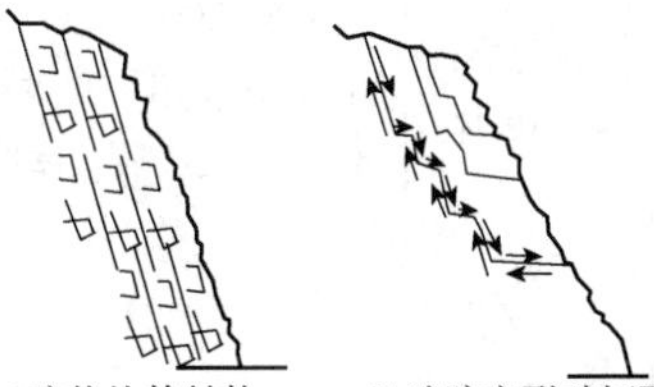 a)碎状块体结构　b)追踪变形破坏形式
	多组软弱结构面组合碎裂块体	岩体受长期构造作用，发育多组软弱结构面，致使岩体碎裂化，主要失稳方式为局部追踪滑移。当软弱结构面更密时，更易发生圆弧滑动	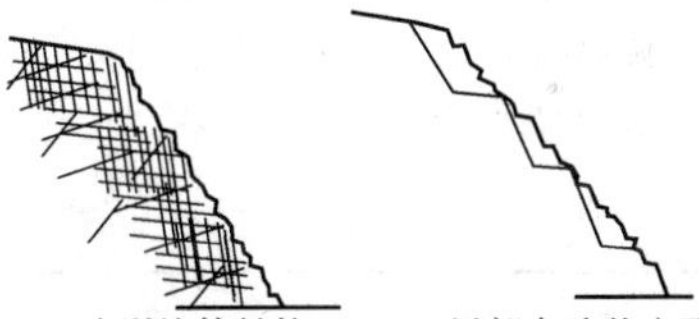 a)碎裂块体结构　b)局部台阶状变形破坏
层状岩体	上硬下软层状岩体	上覆岩层重力作用，软弱岩层逐渐压缩变形，引发上部硬岩沿结构面开裂，可能产生硬层的崩滑	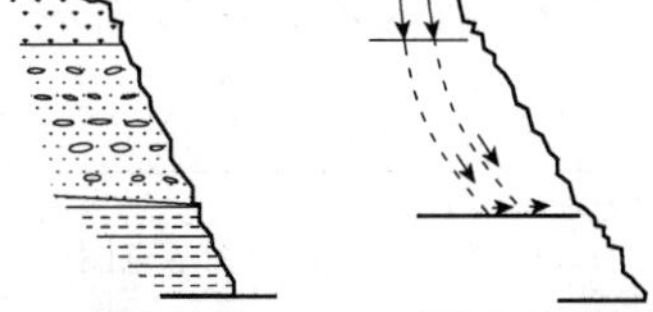 a)层状结构　b)弧状变形破坏形式
	顺坡层状(碎裂)岩体	主要破坏形式为顺层滑动。岩层发生褶曲时，顺层平面滑移就变为顺层曲面滑移	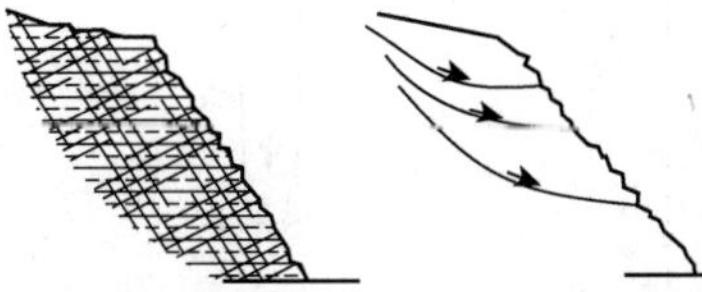 a)层状碎裂结构　b)沿层面弧状滑动破坏

续上表

工程地质模型	亚 类	破 坏 形 式	示 意 图
层状岩体	顺层陡倾片状岩体	岩层弯曲折断乃至溃屈,如若反倾易产生倾倒破坏	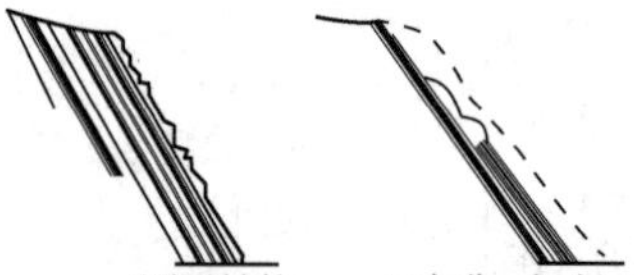 a)顺层结构 b)弯曲、折断、溃屈变形破坏
	反坡陡倾层状碎裂岩体	倾倒变形破坏	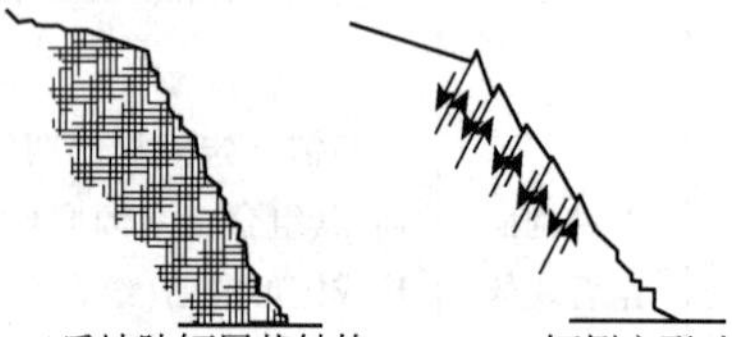 a)反坡陡倾层状结构 b)倾倒变形破坏
组合岩体	块状与层状碎裂岩体	从变形角度视为一个整体,相互依存,相互作用。某点变形开始,就会承上启下,构成整体岸坡变形破坏	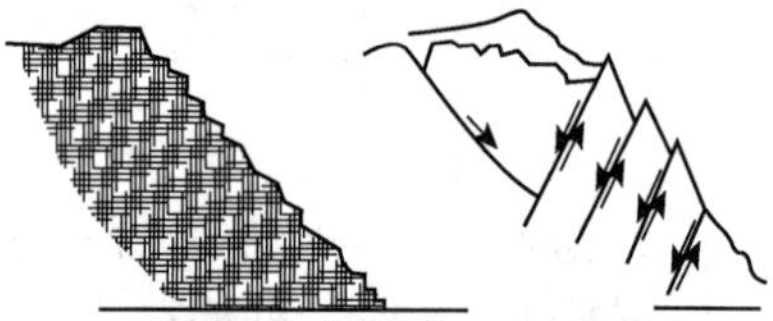 a)反倾层状碎裂结构 b)倾倒变形破坏
	层状岩体叠加反坡陡倾层状碎裂岩体	岩体变形受叠加结构控制,产生倾倒变形	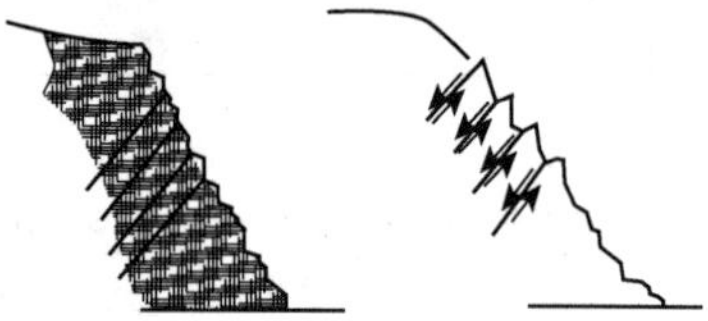

土质岸坡破坏类型根据破坏规模大小都可分为整体失稳和坡面破坏两个大类。其中整体失稳根据形成形式划分为崩塌、滑坡、坍塌;坡面破坏包括坡面侵蚀、剥落,每种破坏类型的运动特征和破坏机理表 2-1-23 所示。

土质岸坡失稳破坏类型 表 2-1-23

岸坡破坏类型			典型示意图	运 动 特 征	破 坏 机 理
类型	亚类				
整体失稳	崩塌	倾倒型	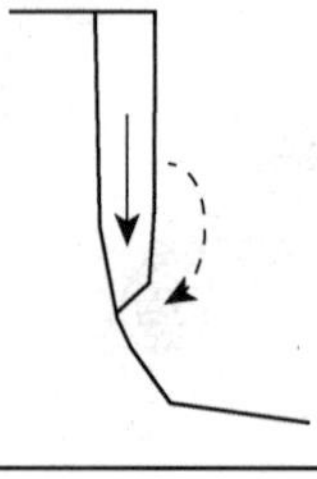	岸坡上局部岩土体松动、脱落,主要运动形式为自由坠落或滚动	弯曲、拉裂、剪切、滑移。存在临空面,当结合力小于重力时,发生滚动或崩落

续上表

岸坡破坏类型 类型	岸坡破坏类型 亚类	典型示意图	运动特征	破坏机理
整体失稳	滑坡 圆弧型	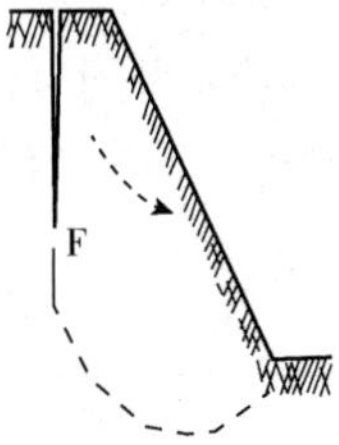	受风化程度和风化深度影响，沿圆弧形滑动面滑移	剪切、滑移。人工开挖增大坡角，或地表水入渗使内摩擦角和内聚力降低，达到临界值沿圆弧形滑动面滑动
整体失稳	滑坡 平面型	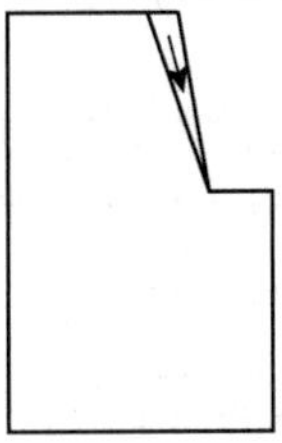	岩土体沿某一弱面或朝向坡外的结构面整体向下滑移	拉裂、剪切、滑移。层面或贯通性结构面形成滑动面，结构面临空，坡脚岩层被切断或坡脚岩层挤压剪切
整体失稳	坍塌	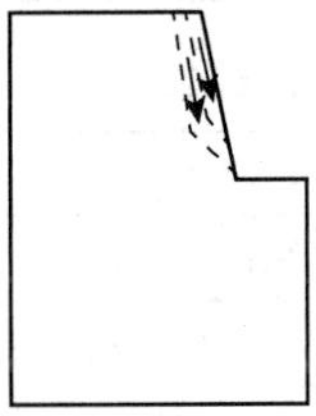	因自重应力超过岩土体强度而产生张剪性破坏，由坡顶向坡内逐渐扩展	张拉、剪切、弯折。自重应力和岩土体强度能够维持平衡的最深张裂面
坡面破坏	坡面侵蚀	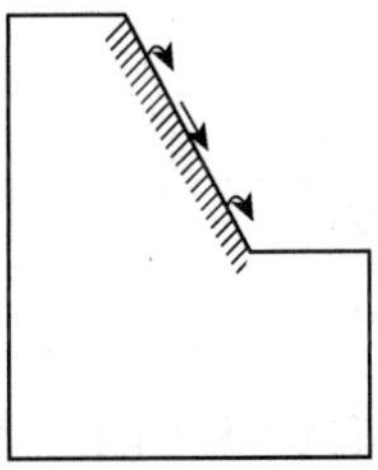	松软岩土因表面径流冲蚀形成冲沟	在坡面径流的作用下，因拉裂剪切产生的松散土体、孤石在重力下失去平衡
坡面破坏	剥落	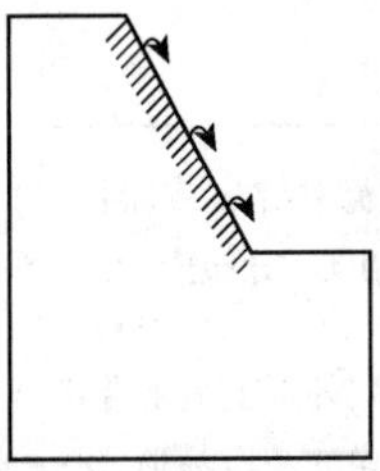	坡面岩土因风化、胀缩等原因形成碎落	外因为影响稳定的主要原因

《中小型水利水电工程地质勘察规范》总结了不同岩土类型可能存在的岸坡变形破坏类型及不同岸坡变形破坏对应的可能岩土类型如表 2-1-24 和表 2-1-25 所示。

不同岩土类型可能存在的岸坡变形破坏类型　　表 2-1-24

岸坡岩土类型	亚　类	可能存在的岸坡变形破坏类型
岩质岸坡	块状结构	以松弛张裂变形为主、局部出现崩塌
	层状同向缓倾结构	顺层滑动、因坡脚软弱导致上部张裂变形或蠕变、沿软弱夹层蠕动
	层状同向陡倾结构	表层岩层蠕滑弯曲、倾倒、局部崩塌、滑动
	层状反向结构	蠕变倾倒、松动变形、坡脚有软层分布时上部张裂变形、局部崩塌、滑动
	层状斜向结构	崩塌、楔形滑动
	碎裂结构	崩塌、坍滑
土质岸坡	黏性土	滑动、坍塌
	砂性土	液化滑坡、管涌、流土、坍塌、剥落
	黄土	崩塌、张裂、湿陷、滑坡
	软土	滑坡、塑流变形、坍滑
	膨胀土	滑坡、崩解
	碎石土	滑坡、坍滑
岩土混合岸坡	上部为土层,下部为岩层	土层沿下伏基岩面滑动、土层局部坍塌
	上部为岩层下部为土层	上部岩层沿土层蠕动或错落

不同岸坡变形破坏对应的可能岩土类型　　表 2-1-25

岸坡变形破坏类型	岸坡岩土类型	亚　类
滑动	土质滑坡	黏性土滑坡、黄土滑坡、砂性土滑坡、碎石土滑坡
	岩质滑坡	均质软岩滑坡、顺层滑坡、切层滑坡、破碎岩石滑坡
蠕动	岩质岸坡	倾倒型蠕动、松动型蠕动、扭曲型蠕动、塑流型蠕动
	土质岸坡	土层蠕动
张裂	岩质岸坡	岩质张裂变形
崩塌	岩、土质岸坡	岩、土崩塌变形
坍滑	岩、土质岸坡	岩、土坍滑变形
剥落	岩、土质岸坡	岩、土剥落变形

文献[120]结合以往相关研究,根据有关堤防崩岸实例,从不同角度出发划分崩岸类型,并分析崩岸形成的条件及特征,如表 2-1-26 所示。

堤防崩岸分类表　　表 2-1-26

崩岸形态	洗崩	指局部堤坝坡面表层或小范围土体受水流、风浪(或船行波)侵蚀淘刷形成的剥落或流失。在大江大河普遍存在,各种水情时均会出现,分布广、发生频率高
	条崩	指长距离河库岸土体的大幅度崩解或塌落,外形上呈条带状。其形成过程较为复杂,在沿岸水流强度大、土质抗冲性能较差且分布均匀的河段易形成,一般出现在汛后枯水期,也有少数出现在常水位期间、洪水期。条崩的现象在长江河道的中下游较为常见。如 20 世纪 70~90 年代长江宿松河段王家洲和望江河段的条崩现象明显,沿线几千米河库岸以每年 20m 的速率向后崩塌

续上表

崩岸形态	窝崩	指堤坝和河库岸大面积土体的崩塌，塌岸长度和宽度相当，平面上成窝状（半圆形或马蹄形），楔入堤坝或河库岸，其形成过程较为复杂，在沿岸水流强度大、土质抗冲性能较差且分布不均匀的河段易形成，既可能由大小不同的多次崩塌构成，也可能由一次性整体滑移而形成，大多出现在枯水期，少数在洪水期发生
崩塌模式	浅层崩塌	河库岸浅层土体强度较小的崩塌破坏，浅层崩塌的破坏面，基本上与河库岸岸坡平行。一般发生在坡度平缓的河库岸，河库岸组成基本上是非黏性土
	平面崩塌	平面崩塌河库岸的崩塌强度有大有小，但远大于浅层崩塌。平面崩塌沿平面或平缓的曲线形成，动力因素主要是土体自重。一般发生在坡度陡峭甚至垂直的河库岸，河库岸土体组成多为非黏性土质，或含黏性土质但存在较深拉裂缝。相对河库岸总高度，地下水和河道水位一般较低，或地下水形成的坡内渗流对崩塌影响不大，但若降雨使坡面拉裂缝中冲水则可能引起崩塌。此类崩塌是前述条崩和窝崩中的一种形式
	圆弧滑动崩塌	圆弧滑动崩塌的河库岸崩塌强度很大，破坏通常可以达到堤防坡脚处，甚至会延伸至坡脚外，使坡脚以上土体隆起形成大规模的河库岸滑坡。崩塌沿某一圆弧面或包含对数螺线面、平截面的复合面形成，动力因素是土体自重、地下水渗流。此类塌岸往往出现在坡度比较陡、高度中等的河库岸，河库岸组成为黏土质，或是土体中存在软弱土层（面），坡面常见与岸面平行的拉裂缝，降雨后缝中冲水将使岸坡的稳定性急剧下降
	复合式崩塌	复合式崩塌的河库岸受到严重冲刷时，坡脚产生冲刷下切，其上部土体形成伸出河库岸的悬臂。当土体受拉或受剪切后即发生崩塌，崩塌后的土体成块原封不动地连同植物被滑入河道，该类崩塌一般出现在土体组成为二元或多元结构的河库岸，比如上部为黏土或粉质壤土，下部为细沙、粗沙或沙砾石等
崩岸形成原因	侵蚀型	河库岸表层土受水流、风浪或船行波、地表径流及外营力侵蚀出现剥落崩解，即洗崩。往往因河道较为顺直，河库岸土体抗冲性能较强，侵蚀具有缓慢性和持久性的特点。此类河库岸在长期侵蚀积累下，岸坡形态虽有一定改变，但稳定性尚好，岸线缓慢后退，或随着水位升降呈现出阶梯状坡面形态
	坍塌型	河库岸受严重侵蚀，坡度变陡，在土体自重、裂缝及渗流等多种因素作用下，大块土体倾倒、塌落或崩解，即坍塌型崩岸。其特征：一是塌落土体垂直位移远大于水平推移，或被水流分散搬运，或是堆积在坡脚处；二是土体在一段时间内分多次塌落，呈渐近式破坏；三是河库岸逐渐形成新的稳定坡度，上部土体一般维持假性稳定。此类崩岸大多出现在退水期或枯水期，尤其是冲刷强度大、抗冲性差、洪枯水位落差大的河库岸
	滑移型	河库岸存在薄弱土层，在多种因素影响下，数十万立方米甚至上百万立方米的大体积土体出现整体性滑移，形成崩塌，土体的破坏形态既有线状也有窝状。该类崩岸的特征一是崩塌土体呈整体性失稳破坏；二是破坏土体水平位移大于垂直位移；三是崩塌虽可能间隙地多次出现，但均具有突然性和随机性。此类崩岸在枯水期和洪水期均会出现，成因复杂，主要与当地河库岸地质条件有关：一是岸坡土体中有潜在的连续软弱土层；二是地表存在明显的拉裂缝；三是渗流和雨水侵蚀裂缝明显。当整块土体安全系数小于临界值后即形成沿软弱土层的失稳破坏
	迁移（流滑）型	河库岸受严重侵蚀，大块的堤防土体不断地崩落，破坏形态一般也表现为窝状。此类崩塌某种程度上与前述坍塌型崩岸相似，区别在于前者是冲刷形成高大陡坡后出现的土体倒塌，而后者是冲刷过程中出现的土体崩落，因而主要出现在常水位期间、洪水期近岸流速大的岸段

2.2 库岸塌岸预测及库岸边坡稳定性分析

库岸的塌岸破坏可以分为从坡面开始的坡体破坏以及从坡体内部开始的坡体破坏。从坡面开始的破坏是由于水库波浪、水库及河流的水流、雨水的冲刷等表面作用而产生的从坡体表面开始的破坏;从坡体内部开始的破坏是由于内部水压力、渗透水推力、坡体自重、坡体应力、坡体沉降或隆起等内在作用力产生的从坡体内部开始的破坏。从坡面开始的破坏可以采用通常的塌岸预测方法来进行破坏范围的计算,从坡体内部开始的破坏可以采用边坡稳定性计算方法和倾倒、溃屈型破坏、位移计算理论计算岸坡的变形破坏范围。在进行公路工程布置和工程设计时,库岸表面破坏和库岸内部破坏都要进行计算,以破坏范围最大的破坏形式进行公路工程布置和工程设计。

预测水库蓄水后库岸塌岸的范围及速度是水库塌岸及其工程研究的中心课题,水库塌岸的范围、规模等将直接影响到沿岸居民的生命财产和库区公路、铁路、港口、码头等一系列基础设施安全。由于水库塌岸是一个十分复杂的动力地质过程,受诸多因素的影响和控制,故首先论述经验方法为基础的图解方法(卡丘金法、卓洛塔寥夫法和三段法),然后论述岸坡稳定性计算方法。

2.2.1 水库相关概念及影响库岸塌岸的因素

2.2.1.1 水库的类型

按水库的库容形态,一般可分为湖泊型水库和河谷型水库两类。前者水面比较宽阔,受风浪影响较大;后者因峰峦屏障,风浪比较小。

2.2.1.2 水库水位

水库的设计水位有下列几种,如图 2-2-1 所示。

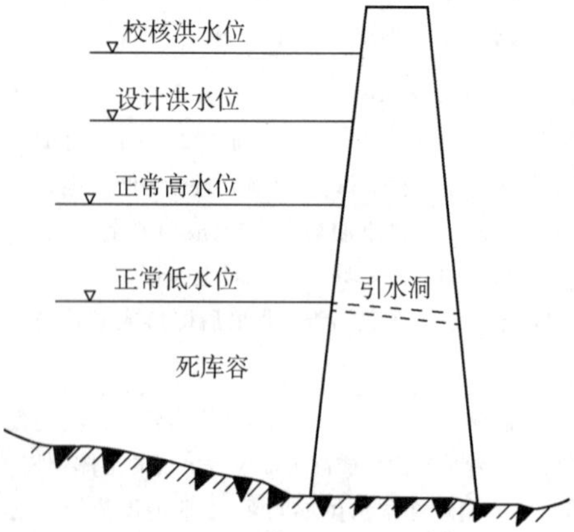

图 2-2-1 水库的各种水位

(1)校核洪水位:即特大洪水时的坝前水位,因为水坝不仅要保证在设计洪水时的安全,还要保证在非常状态下出现特大洪水时的安全。

(2)设计洪水位:由设计洪水频率确定的坝前水位。

(3)正常高水位:即设计蓄水位、工作水位或设计发电水位;在非汛期,水库允许的坝前高水位。该水位在水库的常年运用中维持时间较长,因此对岸坡的冲刷历时也较长。

(4)设计低水位:即最低工作水位、消落水位或最低发电水位,是保证最低发电量、最小灌溉量或城市用水的水位。

2.2.1.3　水库淤积

水库蓄水后，水流流速显著减小，夹砂能力减弱，致使部分泥沙在水库及其上游回水区内淤积下来。由于淤积会使水位抬高，所以路基设计标高也要作相应抬高。

2.2.1.4　影响水库坍岸的因素

(1)水位变化：岸坡岩石受到水位变化的干湿影响，容易产生风化破碎现象，致使岩石破坏而坍落。水位涨落幅度越大，岸坡受破坏的范围也越大。

(2)波浪作用：这是影响坍岸的主要外因。岸壁岩石受到风浪的冲击与淘刷而坍落，坍落物堆积下来就形成浅滩。随着岩石的坍落，库岸不断扩展，浅滩也逐渐增长。直至波浪所具有的能量，经过浅滩的摩擦消耗殆尽，波浪再无力冲击岸壁与坍落物时，坍岸作用即告终止。

(3)地质情况：库岸的地质情况对于库岸的破坏影响很大。其中，岩石成分、岩性、裂隙及风化程度等都是形成坍岸的主要内因。

(4)库岸的形态结构：库岸高度、陡度及岸线的切割程度，都能直接影响坍岸的形成及其最终宽度。库岸如为突出的岸嘴，由于受到多面风浪的影响，坍岸宽度较大；凹岸和平直岸段则较轻。库岸前水较深，而且水下岸坡较陡，浅滩不易形成时，坍岸速度则较快。

(5)库岸的位置：库岸的部位不同，坍岸的情况也不同，一般以库首区和库腹区的坍岸较为严重。受季节性风浪影响较大的库岸，坍塌也较严重。

(6)淤积影响：淤积速度快的库区，坍岸宽度一般均较小，黄土地区则更为明显。

蓄水初期的 3~4 年，坍岸速度最快。我国黄土地区某水库，在 4 年内坍岸宽度占蓄水后最初 10 年坍岸总宽度的 90%~95%。

在一年之内，涨水时、强风期、解冻时和开始冻结时，比较容易发生坍岸。

2.2.2　库岸公路设计原则及勘测要点

2.2.2.1　设计原则及要求

(1)水库路基应具有一定的高度。路基高度除应满足设计洪水频率水位的要求外，尚应满足关于地下水位及地表积水对路基高度的要求。

(2)防止坍岸，确保路基边坡的稳定。

①破坏路基边坡的因素很多，但主要是在水库水位变幅带内受到风浪的侵袭、冲击和淘刷，引起路基的坍塌或崩塌。在库岸地质不良地段，为了保持路基边坡完整，对水位变幅带内的边坡必须加以防护。

②若岸坡水面有封冰情况时，防护下限必须考虑封冰时的水位及冰盖层的厚度来确定。在水库的上游地段，当边坡按水流的冲刷作用进行防护时，其防护下限要考虑基础脚下的冲刷深度。

③当水库岸坡逐渐坍塌，最后将会影响到路基的稳定时，须预先对这部分库岸进行防护，或将路基设在坍岸范围以外的一定距离处。

(3)防止路基沉落,保证路基强度。

①应根据设计要求,严格掌握填料规格。

②严格掌握填土的含水率和密实度,保证施工质量。

③对湿陷性或软弱基底,应尽可能在事前进行处理。

④对可能发生沉落的路堤,经过分析研究,可预留适当的沉落量。

2.2.2.2 勘测要点

(1)资料搜集

勘测前应向有关单位搜集以下资料:

①水库设计水位,即设计低水位、设计高水位、正常高水位、校核洪水位及回水高;

②水库淹没范围;

③水库地区的风向、风速、浪高等;

④坍岸及地下壅水等预测资料;

⑤淤积预测资料;

⑥水库地区工程地质图。

(2)工程地质和水文地质调查

①查明水库边岸的地形、地貌及地质情况,并特别注意查明水库水位变化幅度范围内的地貌和地质情况及其受水库影响的程度。

②查明峡谷斜坡的稳定情况,有无滑坡、崩塌等不良物理地质现象;判明水库对斜坡稳定性的影响,并提出处理措施和意见。

③查明库岸地层层序、岩层产状、地质构造、岩性、风化破碎程度等,预测坍岸的可能性及范围。

④查明填料的来源、运量、数量及其有关的物理力学性质。

⑤对于黄土地区,研究不同成因类型黄土的分布(如洪积、坡积、冲积等)及其天然边坡坡度、高度、稳定情况,以及植被情况。

⑥调查黄土、溶洞的发展情况,并判明在水库建成后可能引起的影响。

⑦查明地下水的埋藏条件,预测水库蓄水后地下水壅升对路基的影响。

(3)试验工作

查明水库坍岸地段土的颗粒组成及其浸水后的物理力学性质的变化,作为坍岸预测的依据。试验主要项目有颗粒成分、可溶盐含量、崩解性和湿陷性、水下安息角、天然密度、饱和密度、黏聚力以及内摩擦角等。

2.2.3 水库塌岸预测方法

图解方法是利用现阶段不同岩土体水下稳定坡角、水位变幅带坡角和水上稳定坡角,与将来水库蓄水后不同库水条件下的库岸岸坡类比,通过各土层不同的稳定坡角绘制库岸剖面线来预测库岸塌岸距离;根据水库现今的库岸岸坡剖面,通过一定的参数来计算并绘制待预测库岸的塌岸剖面从而进行塌岸预测。

2.2.3.1　卡丘金法

(1)卡丘金法原理

卡丘金于 1949 年提出岸坡最终塌岸宽度预测计算公式。实质是依据实测的洪枯水位变幅带各类岩性岸坡长期稳定坡角,根据几何关系用计算图解法求解岸坡最终塌岸预测宽度,其精度取决于计算参数的选定。考虑到计算参数大多选自经验值,因此,在实际预测时必须对类似水动力条件和类似岩土体条件下的已有岸坡塌岸进行对比,以获得相应的较为可靠的计算参数。有时参考水库蓄水前的洪、枯水位变幅带岸坡形态数据来计算,也具有较好的预测效果。卡丘金法塌岸预测图解见图 2-2-2 所示。

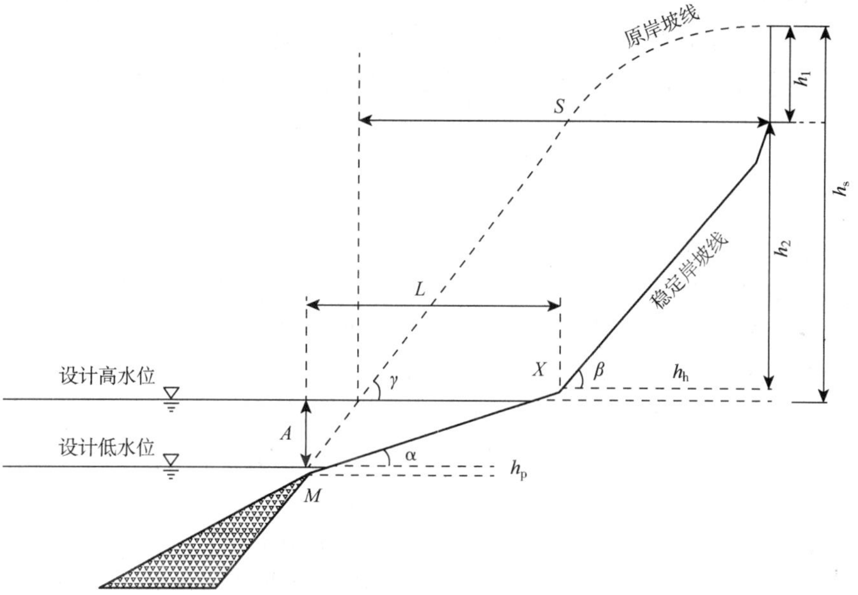

图 2-2-2　卡丘金法塌岸预测图解

(2)卡丘金法的计算公式

$$S=N[A+h_p+h_b\cot\alpha+(h_s-h_b-h_1)\cot\beta-(A+h_p\cot\gamma)] \qquad (2\text{-}2\text{-}1)$$

式中:S——最终塌岸宽度。

N——与土石颗粒成分有关的系数。土石颗粒愈粗,就愈易于形成水下堆积岸坡,所以按卡丘金提供的经验数据,砂土的 N 值为 0.5;亚黏土的 N 值为 0.6;黏土的 N 值为1.0;当原始岸坡较陡,库水水深较大时,难于形成水下堆积阶地,此时 N 应等于 1。

A——水位变化幅度设计高水位与设计低水位差值。

h_p——波浪影响深度,设计低水位以下波浪影响深度一般取 1~2 倍浪高;如果浪高取 0.5m时,浪高影响深度取 1m。

h_b——浪爬高度;设计高水位以上浪爬高度可按下式计算:$h_b=3.2kh\tan\alpha$;k 为被冲蚀的岸坡表面糙度系数,一般砂质岸坡 $k=0.55\sim0.75$;砾石质岸坡 $k=0.85\sim0.9$;混凝土 $k=1$;抛石 $k=0.775$。坡度 α 可参照河谷边岸平水位处河滨浅滩坡角值,当已知作用于该岸坡地带波浪波高和组成岸坡土石颗粒成分时,也可根据各种颗粒成分沉积物的水下岸坡坡度与浪高的关系图解确定;h 为波浪波高,根据各库区实际情况建议取值。

h_s——设计高水位以上岸坡的高度。

α——水下岸坡稳定角,水库水位变动带和波浪影响范围内,形成的浅滩磨蚀坡角。

β——水上岸坡的稳定坡角;γ 为原始岸坡坡角。

浪爬高度以上斜坡高度 h_2,可按下式计算:$h_2=h_s-h_b-h_1$,其中 h_1 为黏性土斜坡上部的垂直陡坎坎高,可以通过土力学计算确定。实际工作中可采用被调查岸坡浪爬高度以上至岸坡陡缓交界点之间的高差值。

该方法适用于小型水库以及由松散沉积层、黄土、砂、砂质黏土与黏土所覆盖的不高的岸坡地带及平原地区水库的塌岸预测;在山区河道型水库的塌岸预测中,适用于水库的中游和上游地带,而预测水库下游的结果往往与实际相差甚远,实际塌岸宽度要比预测的小得多,卡丘金法的预测结果偏于安全。

2.2.3.2 卓洛塔寥夫法

(1)卓洛塔寥夫法原理

此法为苏联学者卓洛塔寥夫于 1955 年提出,通过计算图解法进行岸坡最终塌岸宽度预测,如图 2-2-3 所示。对于松散堆积岸坡(残坡积、崩坡积、滑坡堆积以及人工弃渣岸坡),大型水库的中、下游地段,一般采用卓洛塔寥夫提出的图解法。该法认为:水库中下游地段,水深较大,水面较广,波高增加。对库岸的破坏,波浪作用是主要的。塌岸后的岸坡可分为浅滩外缘陡坡、堆积浅滩、冲蚀浅滩、爬升带斜坡以及水上岸坡带等。

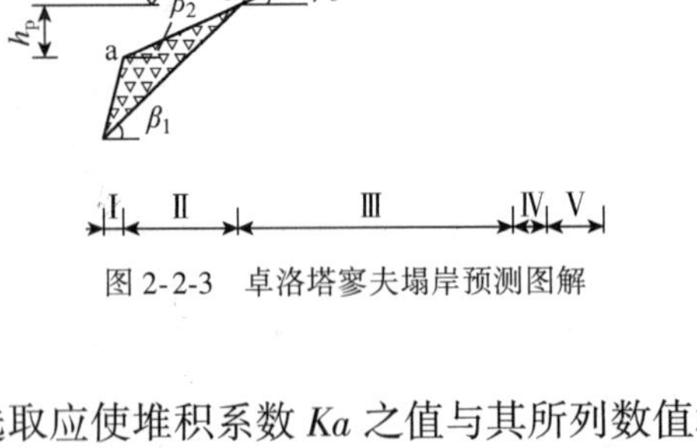

图 2-2-3 卓洛塔寥夫塌岸预测图解

(2)预测步骤

具体预测步骤如下:

①绘制预测地点的地形、地质剖面。

②标出水库正常高水位线与水库最低水位线。

③由正常高水位向上标出波浪爬升高度线,爬升高度(h_b)值可取为一个波高。

④由最低水位向下,标出波浪影响深度线,影响深度(h_p)值可取为(1/3~1/4)波浪长,黏性土应大些,砂土小些。

⑤波浪影响深度线上选取 a 点,该点位于堆积浅滩带与浅滩外缘陡坡带之转折点处,该点的选取应使堆积系数 Ka 之值与其所列数值相符。

⑥由 a 点向下,根据浅滩堆积物的岩性,绘出外缘陡坡线使之与原斜坡线相交,其稳定坡度 β_1:粉细砂土和黏性土小于 8°~12°,卵石层和粗砂土小于 18°~20°。由 a 点向上绘出堆积浅滩的坡面线,与原斜坡线相交于 b 点,其稳定坡度:细粒砂土为 1°~1.5°,粗砂及砾石为 3°~5°。

⑦由 b 点作冲蚀浅滩的坡面线，与正常高水位线相交于 c 点；其稳定坡度视岸坡岩性而定。

⑧由 c 点作波浪爬升带的坡面线，与波浪爬升高度水位线相交于 d 点，其稳定坡角 β_4 按相应要求选取。

⑨绘制水上岸坡坡面线 d-e：坡角 β_5 据自然坡角确定。

⑩检验堆积系数与经验数据是否相符，如不相符，则向左或向右移动 a 点并按上述步骤重新作图，直至适合为止。

对于易冲刷、易软化的岩质岸坡，或松散堆积物质全部被波浪或沿岸流所冲走的地段，其岸边浅滩只有磨蚀部分，堆积率应取为零。此种情况下，a 点位置应与初始岸坡线相交。

卓洛塔寥夫法考虑了水下堆积浅滩的影响，将下部起点设在堆积浅滩台坎前缘，并且假设以该点的深度在正常高水位以下浪高 h 处作为预测 10 年期间的塌岸剖面。以该点深度位于保证率 5%枯水位以下 $3h$（黏土类边岸）或 $2h$（砂土边岸）深处作为确定最终塌岸剖面的起点。其作图方法与卡丘金方法相同，并且这种方法在实际运用中必须查明有多少比例的冲磨蚀土可组成堆积浅滩，因而实际运用较为复杂。

2.2.3.3　三段法

在三峡库区塌岸地质条件调查研究期间发现，三峡库区大多数的库岸岸坡都可以简化为折线型岸坡，在河流地质作用下，库岸岸坡剖面大多数都会呈现陡、缓、缓（上、中、下）的三段式结构。据此提出了塌岸预测的“三段法”，即根据三段式岸坡在水库蓄水后仍以三段式演化的规律和特点，用蓄水前岸坡上、中、下各段的特征和参数去预测蓄水后上、中、下各段塌岸特征的一种塌岸预测方法。

根据岸坡变化的前后几何关系，可以推导出塌岸宽度预测公式。现将三段法塌岸预测原理和公式分述如下：

(1) 设计低水位高于蓄水前的常年洪水位情况。预测图如图 2-2-4 所示。

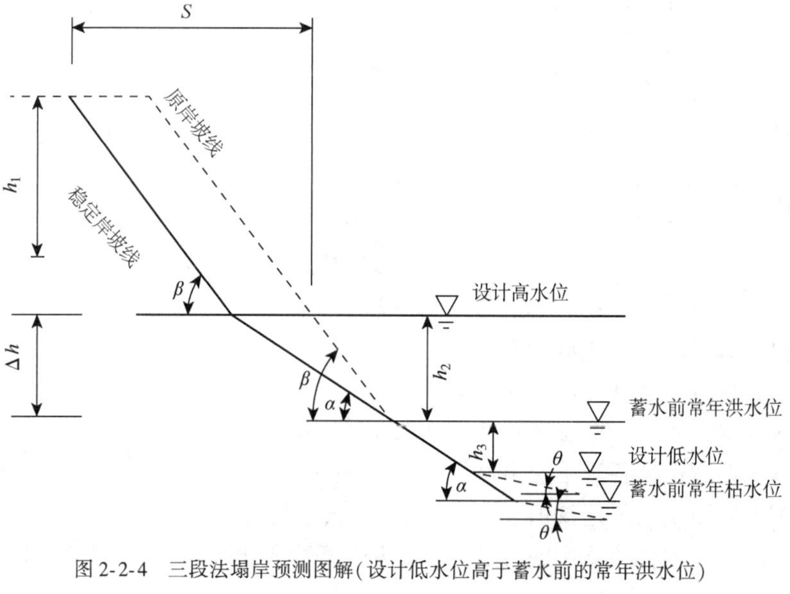

图 2-2-4　三段法塌岸预测图解（设计低水位高于蓄水前的常年洪水位）

①粗虚线为现期岸坡的地形线;粗实线为蓄水后岸坡再造后的地形线。

②Δh 为设计高低水位差,即水位变幅。

③h_1为设计高水位以上岸坡高度。

④α 为蓄水前常年洪枯水位之间岸坡的冲磨蚀坡角;β 为蓄水前常年洪水位以上岸坡稳定坡角;θ 为蓄水前常年枯水位以下浅滩堆积坡角。

塌岸预测公式为:

$$S = h_1 \cot\beta + \Delta h(\cot\alpha - \cot\beta) \tag{2-2-2}$$

(2)设计低水位位于蓄水前的常年洪枯水位之间的情况。预测图如图 2-2-4 所示,图中:

①粗虚线为现期岸坡的地形线;粗实线为蓄水后岸坡再造后的地形线。

②Δh 为设计高低水位差,即水位变幅,$\Delta h = h_2 + h_3$

③h_1为设计高水位以上岸坡高度。

④h_2为蓄水前的常年洪水位与设计高水位之间的水位差。

⑤h_3为设计低水位与蓄水前常年洪水位之间的水位差。

⑥α 为蓄水前常年洪枯水位之间岸坡的冲磨蚀坡角;β 为蓄水前常年洪水位以上岸坡稳定坡角;θ 为蓄水前常年枯水位以下浅滩堆积坡角。

塌岸预测公式为:

$$S = (h_1 - h_2)\cot\beta + h_2 \cot\alpha \tag{2-2-3}$$

2.2.3.4 工程地质类比图解法

由于天然河道的平均枯水位、江(河)水涨幅带、平均洪水位分别与水库运行期低水位、调节水位(即水位变动带)、最高设计水位存在可类比性,因此可以通过地质调查,并统计天然河道的平均枯水位以下、江(河)水涨幅带以及平均洪水位以上三带内不同岩土体的稳态坡角。以此作为岩土层在不同库水位条件下的稳定坡角,进而类比图解水库蓄水运行时的库岸再造范围。根据实测岸坡剖面,自江河枯水位起,首尾相连依次绘出在不同库水位条件下相应岩土层的稳定坡角,并以各段稳定坡角连线代表最终库岸再造边界线,进而量取库岸再造的最终宽度与高程。

图解中根据地质测绘与勘探资料,现场调查统计不同岩土体在天然河道平均枯水位以下、江水涨幅带以及平均洪水位以上三带内岩土体的稳定坡角。采用调查统计的数据,按公式(2-2-4)计算各类岩土层在不同库水条件下的稳定坡角。

$$\alpha = \frac{\sum(\alpha_i \times l_i)}{\sum l_i} \tag{2-2-4}$$

式中:α——一个统计范围内该岩土层的稳定坡角;

α_i——单个统计点该岩土层的坡角;

l_i——单个统计顺坡向之间的平面距离。

由于枯水位以下岩土层稳态坡角通常无法量取,可将江(河)水涨幅带稳态坡角按 0.8 的系数折减而得。然后根据各岩土层自然岸坡坡度统计值与前述类比原则,得出各岩土层在不同库水位状态下的稳定坡角建议值,最后采用图解法求得塌岸范围。

类比图解法是一种普遍适用的方法,可直接用于均质土质岸坡,但不能用于预测岸坡结构复杂的库岸岸坡。

2.2.3.5　以康德拉捷夫为代表的数学分析法

康德拉捷夫在 1953 年提出了一种塌岸宽度的计算分析方法，与卡丘金和卓洛塔廖夫的方法不同的是他认为浅滩表面的外形轮廓线不是直线和折线型，而是抛物线型。这种方法一般适用于岩性条件单一，由砂土和粉砂土等非黏性土组成的非滑动斜坡，并都不考虑泥沙纵向移动的情况。他建议用下面的公式计算任一时间的塌岸宽度：

$$l=L\left(1-e^{-\frac{v_0 t}{L}}\right) \tag{2-2-5}$$

$$W_t=W_0\left(1-e^{Kt}\right) \tag{2-2-6}$$

$$K=\frac{1}{t}\ln\left(1-\frac{W_l}{W_0}\right) \tag{2-2-7}$$

式中：l——水库蓄水任一年的塌岸宽度(m)；

W_t——水库蓄水任一年的塌岸体积(m^3)；

L——水库蓄水最终的塌岸宽度(m)；

W_0——水库蓄水最终的塌岸体积(m^3)；

v_0——水库蓄水第一年的塌岸速度(m/a)；

t——计算年限；

W_l——水库蓄水第 t 年的塌岸体积(m^3)。

该塌岸公式用来预测塌岸宽度，其难点在于各参数的确定。

2.2.3.6　平衡剖面法

在水库风(波)浪和船行波的长期作用下，岸坡断面将逐渐调整至平衡位置，形成平衡断面。因此，可以根据水库运行性质、波浪作用规律，以及岸坡岩土体工程地质特征，运用水力学、泥沙运动学等理论以及实际观察数据，建立基于经验的数学模型，用于预测此平衡断面，从而获得水库塌岸的空间规模。

平衡剖面法需要根据观测和试验数据，总结分析出各种水位变幅带之间、波浪作用带之间的稳定岸坡坡角与波浪要素间的关系曲线，以供绘制平衡断面。该方法要求太高，实用性差。

2.2.3.7　动力法

动力法的预测依据是塌岸量与波能和岩石抗冲刷强度之间的“关系方程”：

$$Q=E\cdot K_p\cdot t^b \tag{2-2-8}$$

式中：Q——库岸在单位宽度内被冲刷的岩土体的体积(m^3/m)；

E——波浪作用于单位宽度库岸的动能；

K_p——岩土体的抗冲刷系数(m^3/t)；

t——水库运营年限；

b——经验常数，取决于滨岸浅滩中堆积部分宽度，变幅为 0.45~0.95。

该法有一定的物理依据，但“关系方程”的建立同时也需要一定量的观测样本。在海洋工程科学领域该方法已得到一定程度的应用，在水库较少使用。

2.2.3.8 两段法

该方法由王跃敏等提出。其原理为：预测塌岸线由水下稳定岸坡线和水上稳定岸坡线的连线组成时，水下稳定岸坡先由原河道多年最高洪水位 h 及倾角 α 确定，水上稳定岸坡线由设计洪水位和毛细水上升高度 H' 及倾角 β 确定。

两段法具体图解为：以原河道多年最高洪水位与岸坡交点 A 为起点，以 α 为倾角绘出水下稳定岸坡线，该线延伸至设计洪水位加毛细水上升高度的高程点 B，以 β 角为倾角绘出水上稳定岸坡线，该线与原岸坡的交点 C 即为水上稳定岸坡的终点。水上稳定岸坡的起点 B 的高程所对应的原岸坡点 D 与该线终点 C 之间的水平距离，即为两端法预测的塌岸宽度 S_K，如图 2-2-5 所示。

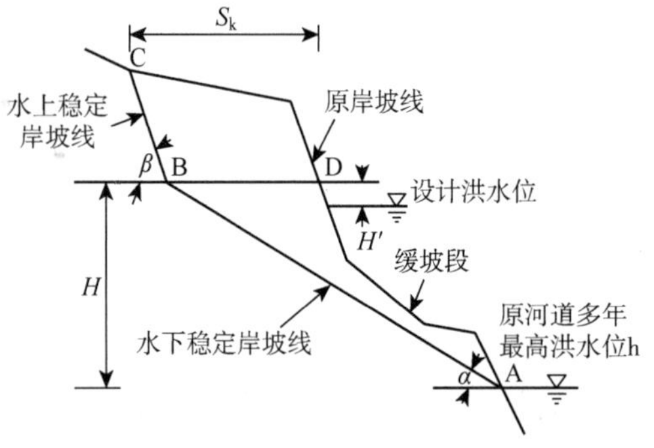

图 2-2-5 两段法塌岸预测图解

两段法塌岸起点的高程相当于原河道的历史最高洪水位或蓄水后第一年的淤积高程，取两者中的高位，该方法同时考虑了历史塌岸和未来塌岸堆积的作用，是一种综合因素的反映。但用历史最高洪水位作为预测起点，预测宽度偏小，也不合理，一般历史最高洪水位作用岸坡的时间短，未达到水下稳定坡角，用该方法预测时存在预测宽度偏小，在水库水位高时预测起点偏低，预测宽度偏大的风险。

该法适用于我国山区的峡谷型水库，库面较窄，风浪作用较小，岸坡地层为黏性土、砂性土、碎石类土、弃碴及岩石的全风化地层，有较完整的水文气象资料等。“两段法”也是一种类比法，只是在确定水上稳定坡度角和水下稳定坡度角所选用的参数不同。在使用“两段法”预测坍岸宽度的同时，还需用卡丘金法进行比较，全面验证其合理性，科学地取舍，其适用性还有待于进行大量的应用验证。

2.2.3.9 岸坡结构法

许强等通过三峡库区数百段库岸的塌岸地质现场调查和预测分析，提出了岸坡结构法，并给出了详细的图解方法和预测步骤。岸坡结构法的主要原理就是根据岸坡上各种不同物质的水下堆积坡角、冲磨蚀角（水位变动带内坡角）、水上稳定坡角和水库的设计低水位、设计高水位来进行预测，也是一种图解法和类比法。认为塌岸起点为死水位与岸坡的交点，并认为水库运营最低水位以上均存在塌岸。库岸结构法采用三个坡度，主要是针对水库调度，并没有考虑波浪因素。该法综合考虑了水库的各水位之间存在联合作用，适合于松散堆积岸坡，物质结构复杂和水库死水位以上存在相对静水带（在死水位以上存在设计低水位的情况），适用于山区水库的冲磨蚀型和坍塌型塌岸。

卡丘金法、卓洛塔寥夫法、两段法、岸坡结构法等对于松散堆积物的分类及水上(下)稳定坡角建议值如表 2-2-1 所示。

松散堆积物的分类及水上(下)稳定坡角建议值　　表 2-2-1

岩性及成因		状　态	水下堆积稳定坡角(°)	水位变动带冲磨蚀坡角(°)	水上稳定坡角(°)
残坡积	粉质黏土加角砾	黏土含量70%~90%,硬塑~可塑	14~21	16~25	20~33
	粉质黏土加块碎石	硬塑,稍湿~湿	16~19	24~27	39
	碎石加黏土		18~21	22~25	27~40
崩坡积	块碎石夹少量黏土	略具胶结或密实	18~22	23~30	35~46
	块石堆积	稍密,钙质弱胶结	29	32	41
	块石、角砾及岩屑、泥质堆积	钙~泥质弱胶结	22	30	40
冲洪积	巨砾卵石层	大于0.8m的巨砾含量为40%		46	
	砂卵石		11~13		
	卵石层	分选、磨圆好		35	
	卵石、角砾及粗砾	密实		38	
	含砾黏土	卵石约占15%,黏土坚硬,稍湿	22	32	
	粉质黏土		6~10	14~23	23~31
	粉土		11~15		
	淤泥质粉质黏土		4~6		
滑坡堆积	大块石夹碎石	大块石有架空现象	23~29	25~31	43~55
崩坡积(滑坡堆积)	碎块石		20~27	22~32	30~39

2.2.3.10　公路设计手册推荐的计算方法

(1)松散土层的坍岸预测

①在深水库岸(库首及库腹的下游)或沙嘴处

在蓄水第一年内淤积高度低于设计低水位减波浪冲刷深度的库段,均质土的坍岸可按图 2-2-6预测;非均质土可按图 2-2-7 预测。

浅滩平均磨蚀角(α)建议值　　表 2-2-2

土层名称 α 值(°)	波浪高度(m)				土层名称 α 值(°)	波浪高度(m)			
	0.5	1.0	1.5	2.0		0.5	1.0	1.5	2.0
黏土	5	4	3	1	中粗砂	12	11	10	8
黄土	6	5	4	2	砾砂	14	12	11	10
亚黏土	7	6	5	3	砾石土	16	14	13	11
粉砂	8	7	6	4	卵石土	20	18	17	15
细砂	9	8	7	5	块石土	26	24	22	18

注:阵雨量多的地区(如中南、西南、华东等地区),如岸坡地层为黏性土,并长有草皮和树木,从表内查得 α 值,须增加 2~5倍。

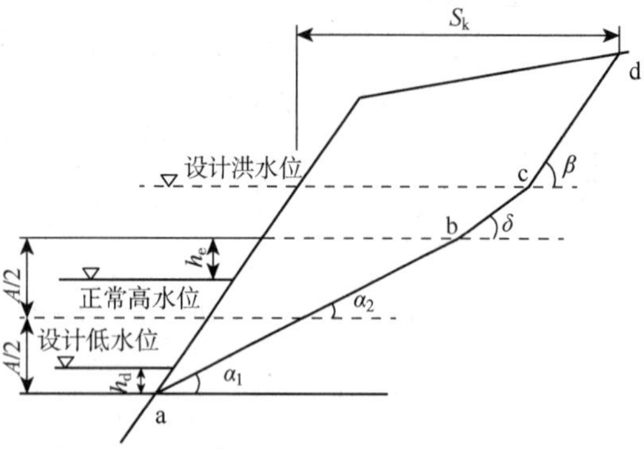

图 2-2-6　均质土砂砾及深水库岸坍岸预测

h_e-正常高水位时波浪的侵袭高(m);h_d-设计低水位时波浪冲刷深度(m);α_1、α_2-设计低水位和正常高水位时浪高的浅滩平均磨蚀角°,见表 2-2-2;β-水上稳定岸坡角(°),一般按原河道同类土质水上稳定岸坡角绘制;δ-各类土层的河流冲刷坡角(°),根据原河道同类土质的调查资料确定;S_K-从设计洪水位边界起的预测坍岸宽度(m)

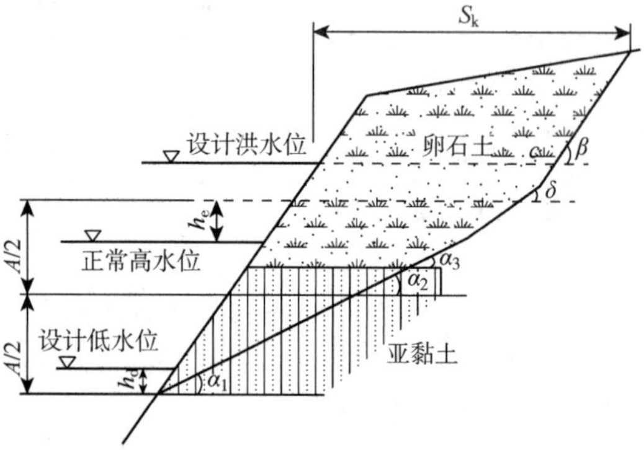

图 2-2-7　非均质土砂嘴及深水库岸坍岸预测

α_1、α_2-不同浪高时的亚黏土浅滩平均磨蚀角(°);α_3-卵石土的浅滩平均磨蚀角(°);其余符号意义同前

②在库尾及库腹的上游或凹湾内淤积现象严重的地段

蓄水第一年库内淤积高程高于设计低水位或设计低水位减波浪冲刷深度的库段,以蓄水第一年的淤积高程,作为磨蚀浅滩的计算起始点,均质土按图 2-2-8 预测坍岸;非均质土按图 2-2-9预测坍岸。图中符号意义同前。

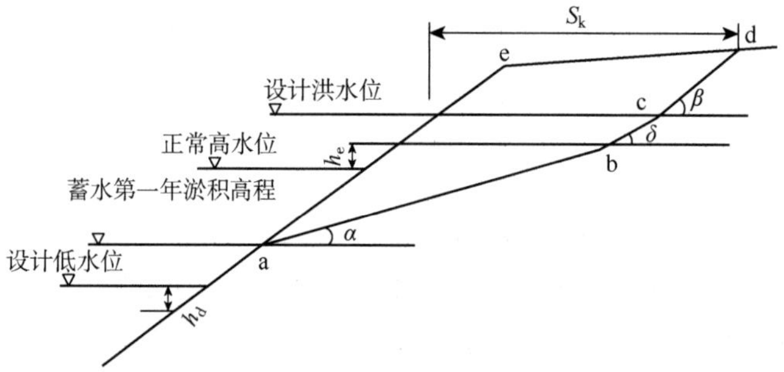

图 2-2-8　库尾及库腹上游地段淤积严重的均质土坍岸预测

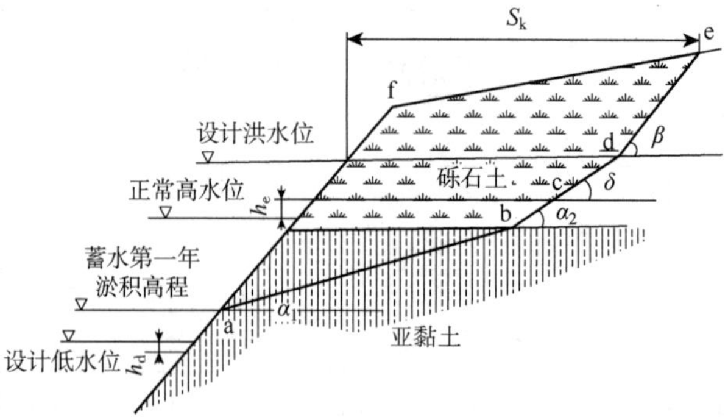

图 2-2-9　非均质土库尾及库腹上游淤积严重地段的坍岸预测

③顺直库岸地段

淤积作用较轻而岸壁结构不利于稳定时，均质土层按图 2-2-10 预测坍岸。

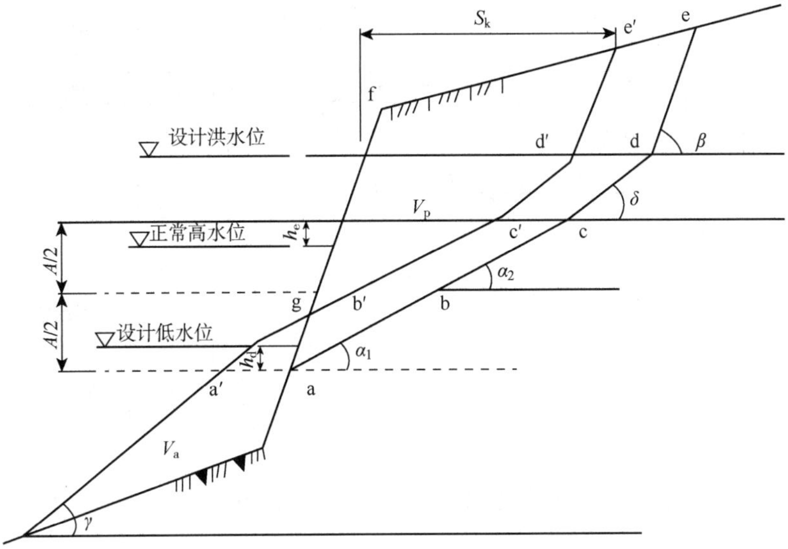

图 2-2-10　均质土顺直段冲刷宽度预测

制图时先从低水位冲刷线与库岸接触处按α_1角引 ab 线，与正常高水位的波浪冲击高和设计低水位的波浪冲刷深的平均高度线（即 A/2）交于 b 点；然后按α_2角（正常高水位浪高的浅滩平均磨蚀角）引 bc 线，与正常高水位的波浪侵袭高度线交于 c 点；再按冲刷坡角 δ 引 cd 线，与设计洪水位线交于 d 点，引 de 线与稳定岸坡角平行，交地表面于 e 点。最后引 ab、bc、cd、de 的平行线，向岸壁推移，得 a′b′、b′c′、c′d′与 d′e′各线，使堆积棱体V_a与受冲刷的坍塌棱体V_p之比为：

$$\zeta=\frac{V_a}{V_p} \tag{2-2-9}$$

式中，ζ 可按图 2-2-11 中关系曲线求得。

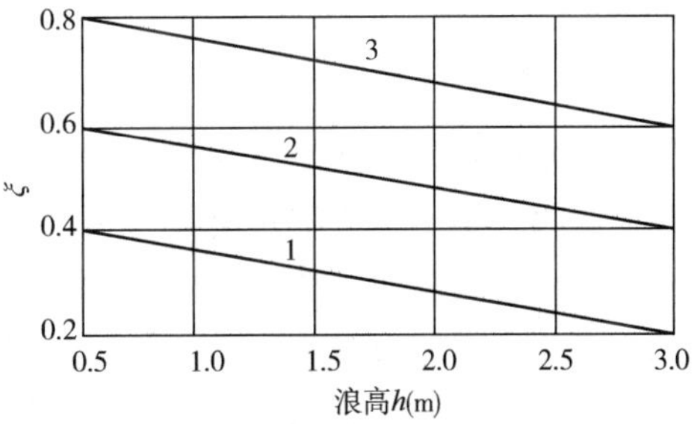

图 2-2-11　与组成库岸的土和浪高关系曲线图

1-亚黏土；2-中细砂；3-卵石土

对于非均质土层可按图 2-2-12 预测坍岸宽度。绘图方法同前，但 ζ 值则应根据不同的土层在冲刷棱体中所占的百分数计算其综合 ζ 值。如图 2-2-12 所示，假设经过推移后的冲刷棱体为 gf′c′h，其中亚黏土的体积在冲刷棱体中所占的比例为 0.17，卵石土占 0.83。为计算综合 ζ 值，可先在图 2-2-11 中分别查出 ζ 值：当浪高为 0.5m 时，查得卵石土的 ζ 值为 0.8，亚黏土为 0.4，则综合值 ζ 值为：

$$\zeta_{综}=0.17\times0.4+0.83\times0.8=0.73$$

由图 2-2-10 中量得冲刷棱体的体积为 6.5m^3；堆积棱体的体积为 4.7m^3，其比值为：

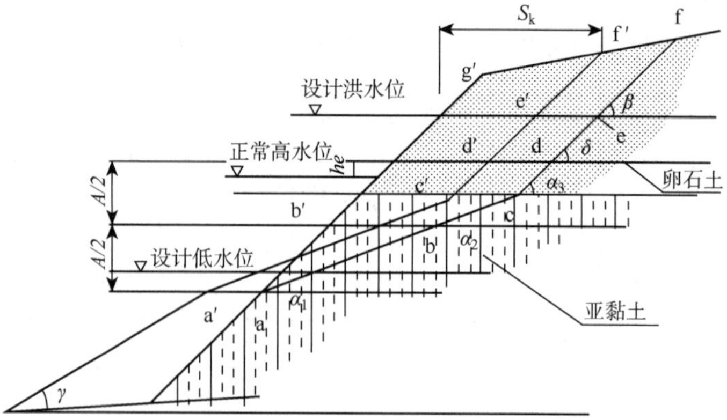

图 2-2-12　非均质土顺直段冲刷宽度预测值

$$\zeta=\frac{4.7}{6.4}=0.73$$

与计算的 ζ 值相同,说明图中坍岸线是符合要求的。由此,即可在图中量出预测的坍岸宽度 S_K。

在实际作图时,为找到一条符合要求的坍岸线,使之在图上量得体积的比值与计算的综合值 ζ 相等,往往需要经过多次计算才能得到。

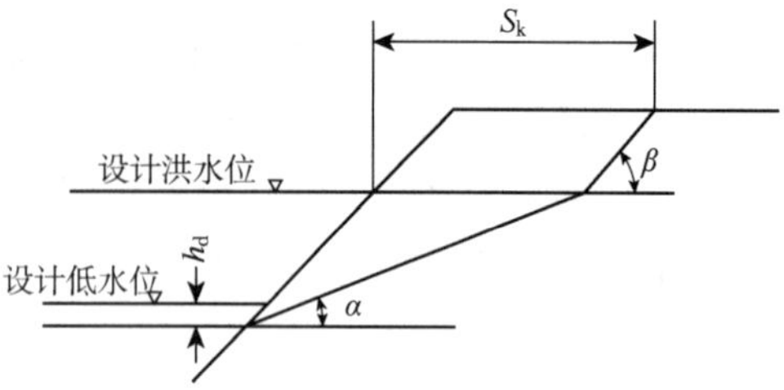

图 2-2-13　半岩质岩层库岸坍岸预测

(2)半岩质岩层的坍岸预测

由第四纪以前的黏土、泥岩、泥质页岩等半岩质岩层构成的库岸,坍岸速度比较缓慢,主要取决于岩层的风化速度。

可按图 2-2-13 预测半岩质岩层库岸坍岸宽度。图中磨蚀角 α 可采用该种岩层的内摩擦角;β 为该种岩层的水上稳定岸坡角;其他符号意义同前。

2.2.3.11　其他方法

除了上述目前较常使用的几种塌岸预测方法外,Elei,Sebnem and Paul.A.(2002)等对美国乔治亚州与南卡罗莱纳州交界的 Savannah 河上的 Hartwell Lake 水库塌岸进行了研究,并针对黏性土库岸塌岸的长期观测,从能量法的角度提出一预测长期塌岸速率的表达式:

$$ER=k_nH_b^{5/2} \tag{2-2-10}$$

式中:ER——塌岸速率;

k_n——比例系数;

H——近岸碎浪的波高。

该方法在 Hartwell Lake 水库塌岸的预测中得到了较好的应用,但该方法的实质仍然是能量法,其中的塌岸预测参数具有地域性的限制,并且还必须要有长期的观测资料做支撑,故在山区库岸塌岸预测中有一定的时间局限性及处理上的复杂性。

根据官厅水库塌岸预测,在苏联学者提出的方法的基础上,孙广忠提出了一种水库下游区的塌岸预测方法。他认为浅滩外形具有指数曲线性质,预测时关键是要弄清楚在塌岸过程中库岸剖面外形的变化及堆积系数,确定库岸剖面为任一形状时的位置,从而可以求得塌岸带的宽度及塌岸量。孙广忠提出的方法在官厅水库的塌岸预测中得到了很好的应用。

马淑芝、范云冲等人根据张咸恭等提出的稳定坡形、坡角地质类比法提出了稳态坡形类比法,它是根据工程地质类比法的原则,对不同工程性质的岸坡选择不同的稳态坡形,充分考虑了岸坡岩体工程性质的差异,使预测结果更趋于合理、准确。稳态坡形类比法在三峡库区移民迁建城镇库岸再造预测中得到了较好的应用,可以进一步推广到土质岸坡库岸再造的预测中。

考虑到库岸岸坡工程的复杂性和非线性,王征亮等应用神经网络和可拓学等方法进行了库岸岸坡稳定性评价和塌岸预测,将非线性分析方法引入塌岸研究,值得进一步探索。

2.2.4　边坡滑动稳定性分析

通常情况下,对滑坡的防治,是在搜集有关水文地质和工程地质资料的基础上,分析地质灾害产生的机理和灾害发生的范围,确定计算边界,选取计算物理力学参数,然后选用计算原理与方法,建立计算模型,求得各种破坏模式和应力状态,选用安全、合理、经济、与库岸环境相适应的防治工程措施。因此只有对滑坡形成的机理有深刻认识的基础上,才能因地制宜、有的放矢地治理滑坡。

2.2.4.1　滑坡稳定性分析方法简介

滑坡稳定性分析是滑坡治理过程中的基础工作,是后续工作的前提。水库滑坡稳定性的判断,是一个非常复杂的岩土工程分析过程,目前常用的判断方法包括定性分析方法和定量分析方法。定性分析方法主要是工程地质学家通过工程地质勘察,对影响岸坡稳定性的主要因素、可能的变形破坏方式及失稳的力学机制等分析,对已变形地质体的成因及演化史进行分析,结合以往工程经验,从而给出被评价岸坡一个稳定性状况及其可能发展趋势。定量分析方法是依据统计数据,建立数学模型,并用数学模型计算出分析对象的各项指标及其数值的一种方法。定性分析与定量分析是统一、相互补充的。

实际工程中水库滑坡稳定性常用判断方法有:从地貌形态演变定性判断滑坡稳定性方法;从地质条件对比判断滑坡稳定性方法;从分析滑动因素的变动判断滑坡稳定方法;从山体极限平衡状态的计算判断滑坡稳定方法;从斜坡当前稳定状态的计算判定滑坡稳定方法;从监测滑动出现的迹象判断滑坡稳定方法;从坡脚应力与岩石强度对比判断滑坡稳定方法;从工程地质比拟计算判断滑坡稳定方法。

水库滑坡稳定量化判断方法很多。根据形成滑动面形状不同,可分为圆弧滑动类的稳定计算(如瑞典圆弧法、Bishop 法、Spencer 法等)、直线滑动类的稳定计算和折线滑动类的稳定计算;按照滑坡所处的状态不同,可分为恢复山体极限平衡状态的核算和滑坡当前稳定程度的验算;按照计算方法不同,可分为极限平衡方法、数值计算法、引用新行学科理论的评价方法(例如模糊方法、灰色系统理论、聚类分析法、专家系统、神经网络、遗传算法、可靠度方法等)。从工程实践的角度,以前二者应用较多,发展比较成熟,实用性较强。对于水库滑坡,在按照一般滑坡计算时,还应结合水库滑坡的特点分析滑坡的稳定性。

(1)极限平衡方法

目前,实际工程应用中,普遍采用的稳定性分析方法仍然是极限平衡方法。极限平衡方法是在已知滑移面上对岸坡进行静力平衡计算,从而求出岸坡稳定系数。根据对作用在滑动土体中的未知内力引入的不同假定,极限平衡分析方法可分为瑞典法、简化 Bishop 法、Janbu 法、传递系数法、Sarma 法、Morgenstgern-Price 法、Spencer 法。各种极限平衡法的主要特点如表 2-2-3 所示。

各种极限平衡法的主要特点　　表 2-2-3

分析方法	力学分析	适用范围及特点
Felleniue 法(瑞典条分法)	整体力矩平衡	(1)圆弧画面滑坡;(2)垂直条分滑体;(3)计算简单,稳定系数偏小;(4)只适于简单均质土坡
Bishop 法	(1)整体力矩平衡与静力平衡;(2)条件垂向作用为零	(1)任意形状的滑面;(2)垂直条分滑体;(3)稳定系数略大;(4)适用于土坡
Janbu 法	(1)分块力矩平衡;(2)分块力平衡;(3)考虑条间作用力	(1)垂直条分滑体;(2)用于复合滑体;(3)可适于非均质土坡
传递系数法(不平衡推力法)	(1)各分块力平衡;(2)考虑了分条面上的剪力	(1)折线形滑面;垂直条分块体;(2)岩质滑坡或土滑坡;(3)滑动面倾角不宜过陡
Sarma	分块力平衡	(1)可以任意条分块体;(2)适于任何形状滑面滑坡;(3)适于岩质滑坡或土滑坡
Morgenstern 法和 Price 法	(1)考虑分块力矩平衡;(2)考虑分块切向力平衡与法向力平衡	(1)垂直条分滑体;(2)适于任何形状滑面滑坡;(3)适于土坡
Spencer 法	(1)分块力平衡;(2)分块力矩平衡	(1)任何形状滑面滑坡;(2)垂直条分块体;(3)岩质滑坡或土滑坡
分块极限平衡法	(1)分块力矩平衡;(2)分块力平衡	(1)很适于折线滑动面;(2)计算复杂,稳定系数偏大;(3)垂直条件,适于土坡

①瑞典圆弧法

基本假定:

a.坡体为均质材料、强度服从库仑定律。

b.属于平面应变问题。

c.滑动土体属于刚体,滑面为圆弧。

d.定义稳定性系数为滑面上抗滑力矩之和与外荷载及滑动土体在滑面上产生的滑动力矩和之比;所有力矩都以圆心 O 为矩心。

稳定性系数:

$$F_s = \frac{M_R}{M_S} = \frac{\tau_f LR}{Wd} \tag{2-2-11}$$

式中:M_R——抗滑力矩;

M_S——滑动力矩;

τ_f——抗剪强度;

R——半径；

W——滑体 ABC 的重力；

d——土体中心到 O 点的水平距离；

L——滑面 AC 的弧长。

如图 2-2-14 所示。

验算一个已知土坡的稳定性时，先假定多个不同的滑弧，通过试算找出多个不同的F_s，以确定最小的稳定性系数，对应的滑弧即为最危险的滑弧。

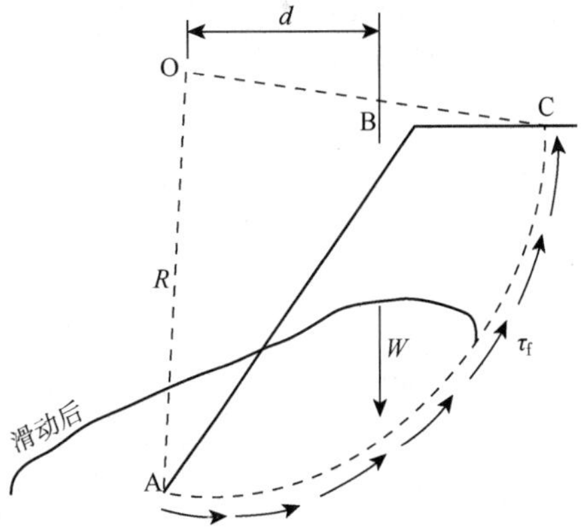

图 2-2-14　瑞典圆弧法计算图示

②Terzaghi 法

对于外形、土层比较复杂，抗剪强度并非均匀分布的土体，当 $\varphi>0$ 的土坡，常将滑动土体分成若干垂直土条，求各土条对滑动圆心的抗滑力矩和滑动力矩，各取其总和求该土坡的稳定性系数。即条分法，如图 2-2-15 所示。

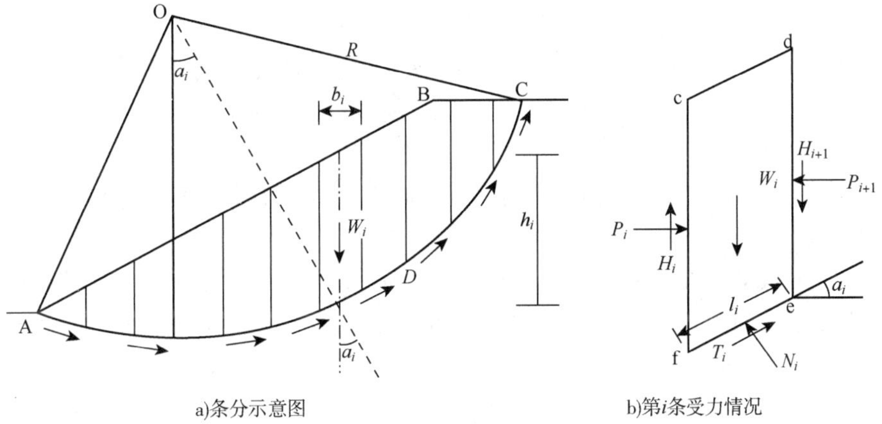

图 2-2-15　条分法计算图式

为简化计算，不考虑土条间的相互作用力，土坡的稳定性安全系数为：

$$F_s=\frac{M_R}{M_S}=\frac{\sum(N_i\tan\varphi_i+c_il_i)R}{\sum(W_i\sin\alpha_i)R}=\frac{\sum(W_i\cos\alpha_i\tan\varphi_i+c_il_i)}{\sum(W_i\sin\alpha_i)}\tag{2-2-12}$$

Terzaghi 计算边坡稳定性系数计算方法被国内外广泛采用，计算表明不考虑土条间推力的稳定性安全系数偏低（即偏于安全），误差不超过 15%。

③Bishop 法

Bishop 法是一种适用于圆弧滑动面的滑坡稳定性分析方法。基本假定如下：

a.滑动面为圆弧形或近似圆弧形。

b.简化 Bishop 法假定垂直剪力$(Y_i-Y_{i-1})\tan\varphi_i=0$。

Bishop 法考虑了条块间力的作用。P_i、H_i分别表示土条间的法向和切向条间作用力。e_i为上条水平力Q_i的作用点到圆心的垂直距离，如图 2-2-16 所示。

Bishop 假定各土条间的切向条间力 H_i和 H_{i+1}略去不计，即 $H_{i+1}-H_i=0$，得到：

$$F_s=\frac{\sum(W_i\tan\varphi_i+c_il_i\cos\alpha_i)/(\cos\alpha_i+\tan\varphi_i\sin\alpha_i/F_s)}{\sum(W_i\sin\alpha_i)}\tag{2-2-13}$$

上式计算得到的稳定性系数比实际值小,偏于安全。常采用迭代法计算稳定性系数,迭代 3~4 次即可满足精度要求。

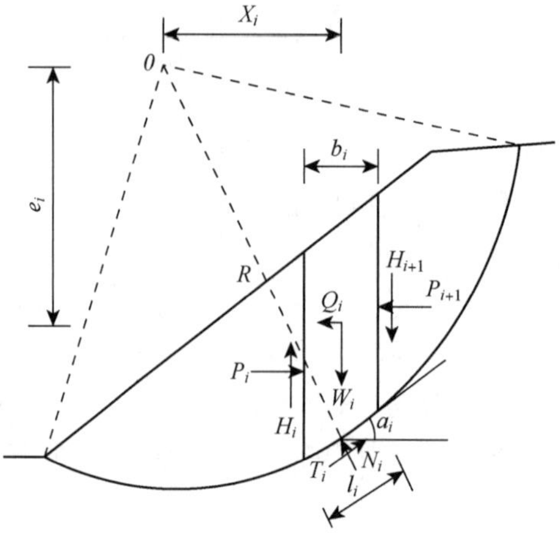

图 2-2-16 Bishop 法计算图式

当$m_{ai} \leqslant 0.2$ ($m_{ai}=\cos\alpha_i+\tan\varphi_i\sin\alpha_i/F_s$)时,$H_i-H_{i+1}$不能忽略,计算公式如下:

$$F_s=\frac{\sum[(W_i+H_{i+1}-H_i)\tan\varphi_i+c_i l_i\cos\alpha_i]/(\cos\alpha_i+\tan\varphi_i\sin\alpha_i/F_s)}{\sum(W_i\sin\alpha_i)} \tag{2-2-14}$$

当滑面倾向与滑动方向一致时,α_i为正值;当滑面倾向与滑动方向相反时,α_i为负值。

④Janbu 法

Janbu 法适用于任意形状的滑动面,是分析非圆弧形破坏有效方法中的最通用的一种。土条的侧向推力 P 和 $P+\Delta P_i$,推力 H 和 $H+\Delta H_i$,土条间推力的作用点连线称为推力线,如图 2-2-17所示。

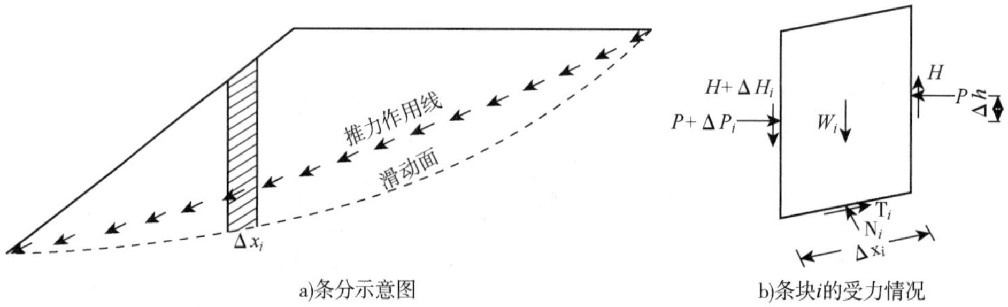

a)条分示意图　　b)条块i的受力情况

图 2-2-17 Janbu 法计算图示

a.Janbu 法的基本假定

(a)边坡为平面应变问题。

(b)整个滑面上的稳定性系数相同。

(c)土条上所有垂直荷载的合力其作用线和滑裂面的交点与 N_i的作用为同一点。

(d)如果坡面有超载,侧面推力成梯形分布,推力线应通过梯形的形心;如果无超载,推力线选在土条下三分点处。

b.Janbu 法满足平衡的条件

(a)条块水平方向力平衡。

(b)条块垂直方向力平衡。

(c)条块绕分块底滑面中心点的力矩平衡。

计算公式如下：

$$F_s=\frac{\sum[(W_i+\Delta H_i)\tan\varphi_i+c_il_i\cos\alpha_i]/(1+\tan\varphi_i\sin\alpha_i/F_s)\cos^2\alpha_i}{\sum(W_i+\Delta H_i)\tan\alpha_i} \tag{2-2-15}$$

$$\Delta P_i=(W_i+\Delta H_i)\tan\varphi_i-\frac{1}{F_s}\cdot\frac{\sec^2\alpha_i[(W_i+\Delta H_i)\tan\varphi_i+c_il_i\cos\alpha_i]}{1+\tan\varphi_i\sin\alpha_i/F_s} \tag{2-2-16}$$

$$P_i=\sum_1^i\Delta P_i \tag{2-2-17}$$

$$\frac{\Delta P_i}{\Delta x_i}=\frac{\Delta P_i+\Delta P_{i+1}}{\Delta x_i+\Delta x_{i+1}} \tag{2-2-18}$$

$$H_i=-P_i\tan\bar{a}_i+h_i\frac{\Delta P_i}{\Delta x_i} \tag{2-2-19}$$

$$\Delta H_i=H_{i+1}-H_i \tag{2-2-20}$$

简化 Janbu，令 $\Delta H_i=0$，可得：

$$F_s=\frac{\sum[W_i\tan\varphi_i+c_il_i\cos\alpha_i]/(1+\tan\varphi_i\tan\alpha_i/F_s)\cos^2\alpha_i}{\sum(W_i\tan\alpha_i)} \tag{2-2-21}$$

用式(2-2-15)计算稳定性系数，然后将得到的F_s代入等式右边，循环计算，直至前后两次计算得到的F_s相等。

c. Janbu 法计算步骤

(a)由式(2-2-15)，令 $\Delta H_i=0$，计算稳定性系数F_s。

(b)由式(2-2-16)，令 $\Delta H_i=0$，计算 ΔP_i。

(c)由式(2-2-17)，计算P_i。

(d)由式(2-2-18)，计算$\frac{\Delta P_i}{\Delta x_i}$。

(e)由式(2-2-19)，计算H_i。

(f)由式(2-2-20)，计算 ΔH_i。

(g)再将式(2-2-20)计算的 ΔH_i代入式(2-2-15)计算F_s。

重复上述计算步骤直到 ΔH_i不再变化，即可得到稳定性系数。

如果考虑边坡中水压力的作用，只要在式(2-2-15)中加入W_i-U_i即可，则式(2-2-15)变为：

$$F_s=\frac{\sum[(W_i+\Delta H_i-U_i\Delta x_i)\tan\varphi_i+c_il_i\cos\alpha_i]\sec^2\alpha_i/(1+\tan\varphi_i\sin\alpha_i/F_s)}{\sum(W_i+\Delta H_i)\tan\alpha_i} \tag{2-2-22}$$

$$\Delta P_i=(W_i+\Delta H_i)\tan\alpha_i-\frac{1}{F_s}\cdot\frac{\sec^2\alpha_i[(W_i+\Delta H_i-U_i\Delta x_i)\tan\varphi_i+c_il_i\cos\alpha_i]}{1+\tan\varphi_i\sin\alpha_i/F_s} \tag{2-2-23}$$

Janbu 法主要特点是计算准确且简单，既可用于圆弧滑动，也可用于非圆弧滑动。但使用条件是条分块要求垂直。

⑤Sarma 法

a. Sarma 法原理

斜坡体除非是沿一个理想的平面或圆弧滑动,才可能做一个完整的刚体运动,否则,岩体必须先破裂成多个可相对滑动的块体,才可能发生滑动。

滑面不规则的边坡可采用 Sarma 法进行稳定性计算,按照坡面几何形状进行条分,条块不需要垂直。如图 2-2-18~图 2-2-20 所示。

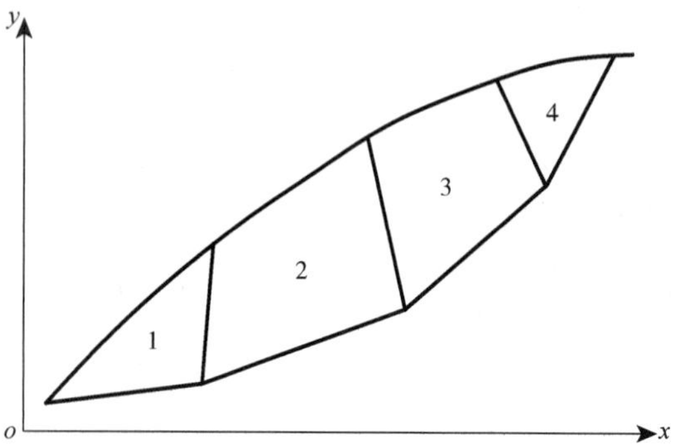

图 2-2-18　Sarma 法条分示意图

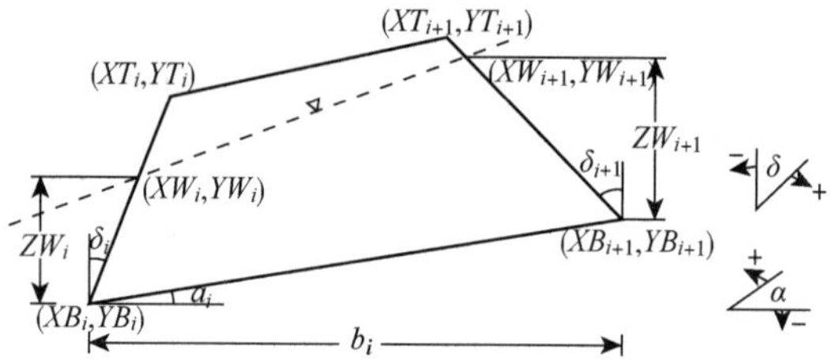

图 2-2-19　第 i 条块几何特征

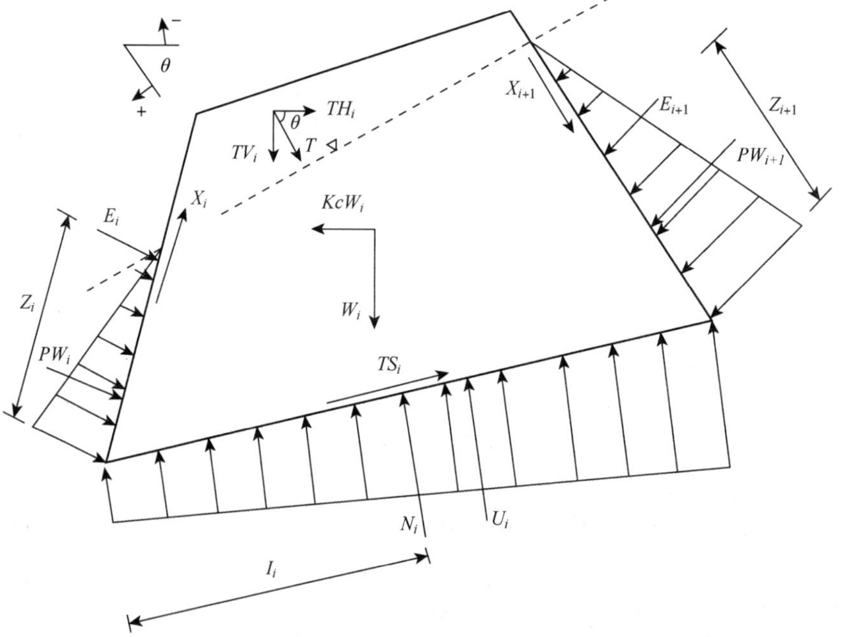

图 2-2-20　第 i 条块受力特征

图中,XT_i、YT_i为第 i 条块侧面顶点坐标;XT_{i+1}、YT_{i+1}为第 $i+1$ 条块侧面顶点坐标;XW_i、YW_i为第 i 条块侧面水位坐标;XW_{i+1}、YW_{i+1}为第 $i+1$ 条块侧面水位坐标;XB_i、YB_i为第 i 条块侧面底点坐标;XB_{i+1}、YB_{i+1}为第 $i+1$ 条块侧面底点坐标;W_i为第 i 条块重量;K_cW_i为地震水平力,作用于块体重心;PW_i、PW_{i+1}为作用于第 i 条块及第 $i+1$ 条块侧面的水压力;E_i、E_{i+1}为作用于

第 i 条块及第 $i+1$ 条块侧面的法向压力；X_i、X_{i+1}为作用于第 i 条块及第 $i+1$ 条块侧面的剪力；U_i为作用于第 i 条块底面的水压力；N_i为作用于第 i 条块底面的法向压力；TS_i为作用于第 i 条块底面的剪力。

b.计算步骤

(a)根据条块的四角坐标计算右侧边长度、右侧边与竖直方向的夹角、底边与水平面夹角、水柱高度等。

(b)根据水柱高度计算条块底面的扬压力、侧面水压力按照顶部没有浸水、仅第 i 边完全浸水、仅第 $i+1$ 边完全浸水、条块全部浸水计算每条块侧边的水压力。

(c)假定地震力为 $K_c W_i$，滑面上的稳定性系数$F_s=1$，这时称K_c为临界地震系数，为：

$$K_c = \frac{a_n + a_{n-1} e_n + a_{n-2} e_n e_{n-1} + \cdots + a_1 e_n e_{n-1} \cdots e_2}{P_n + P_{n-1} e_n + P_{n-2} e_n e_{n-1} + \cdots + P_1 e_n e_{n-1} + \cdots P_1 e_n e_{n-1} \cdots e_2} \tag{2-2-24}$$

要使滑块达到极限平衡状态，必须加一个水平地震力 $K_c W_i$，K_c为正，指向坡外。

条块侧面的法向压力为：　　$E_i = a_i - P_i K_c + E_i e_i$

条块侧面的剪力为：

$$X_i = (E_i - P W_i)\tan\overline{\varphi}'_i + \overline{c}'_i d_i, X_{i+1} = (E_{i+1} - P W_{i+1})\tan\overline{\varphi}'_{i+1} + \overline{c}'_{i+1} d_{i+1}$$

条块底面的法向压力为：

$$N_i = (W_i + X_{i+1}\cos\delta_{i+1} - X_i\cos\delta_i - E_{i+1}\sin\delta_{i+1} + E_i\sin\delta_i + U_i\tan\varphi'_i\sin\alpha_i - c'_i b_i\tan\alpha_i)\cos\varphi'_i\sec(\varphi'_i - \alpha_i)$$

条块底面的剪力为：　　$T_i = (N_i - U_i)\tan\varphi'_i + c'_i b_i \sec\alpha_i$

上述计算结果的核算标准是所有的 E、X、N、T 等力必须为正，即不出现张应力。

以上方法适合有地震作用的边坡稳定性评价。对于无地震影响的边坡稳定性评价，采用减小抗剪强度值的办法求取边坡稳定性系数F_s，即按下式一直计算到 $K_c=0$ 时为止。即不断迭代运算。

$$c'_i/F_s, \tan\varphi'_i/F_s, \overline{c}'_i/F_s, \tan\overline{\varphi}'_i/F_s$$

Sarma 法可以求动态边坡的稳定性，也可以求静态边坡稳定性。反算可求抗剪强度指标，对影响因素作敏感性分析。计算滑坡推力，为抗滑桩设计提供依据。

c.负应力问题

(a)当边坡下部不太稳定，并趋于与边坡上部脱离时，边坡顶部附近可能出现负应力。在此部位可能形成拉裂缝，在合适部位设置一条拉裂缝，一般可以消除负应力。

(b)坡脚负应力有时是由于坡脚强度相对过高而引起的。当深部破坏面上的凹曲率在坡脚区特别大时，可能产生坡脚负应力。通常可将破坏曲面展平或减小底面的抗剪强度，以解决这个问题。

(c)边坡过高的水压力可引起负应力，特别是在正应力不大的坡顶部附近。降低负应力区中的地下水位，通常可消除这些负应力。

(d)如果条块体的几何形状不合适，特别是条块体各边的倾角选择不合适，也可导致负应力。Sarma 论证了最危险的条块边界线的倾角近似垂直于底部破坏面。

(e)不规则的滑面也会导致负应力的产生。

Sarma 法是用临界地震系数 K_c来描述边坡的稳定程度，破坏面可以是平面、圆弧、非圆弧等，条块的条分是任意的，从而可以对各种特殊的边坡破坏模式进行稳定性分析。

⑥Morgenstern-Price 法

在任一土坡中，其坡面线、侧向孔隙水压力和有效应力的推力线及滑移线函数分别为：

$$y=z(x),y=h(x),y=y'_t(x),y=y(x)$$

任一微分土条上作用有重力 $\mathrm{d}W$、土条底面的有效法向反力 $\mathrm{d}N'$ 及切向阻力 $\mathrm{d}T$，土条两侧有效法向力条间力 E'、$E'+\mathrm{d}E'$ 及其切向条间力 X、$X+\mathrm{d}X$ 作用于土条两侧及底部的孔隙水压力 U、$U+\mathrm{d}U$ 及 $\mathrm{d}U_s$。见图 2-2-21。

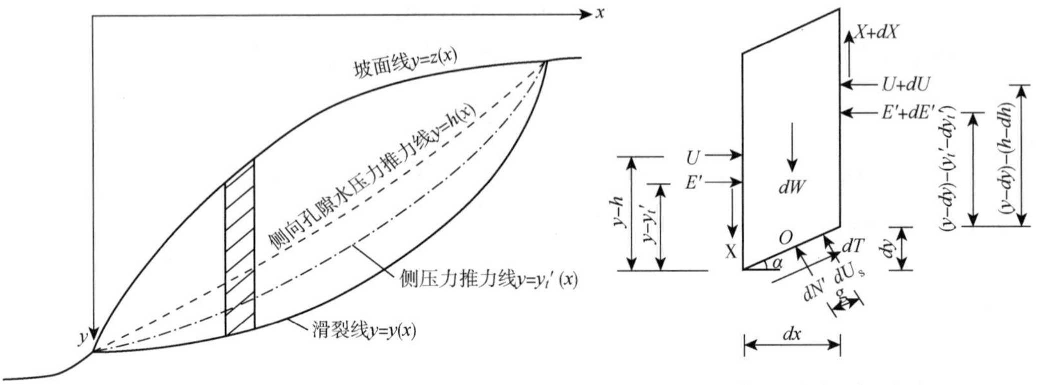

图 2-2-21 Morgenstern-Price 法

取土条底部中点力矩平衡、土条底部法向力、平行力的平衡和摩尔-库仑定律，在土条范围内坡面线、侧向孔隙水压力和有效应力的推力线及滑移线函数近似为一条直线。则可得到土条侧面力：

条间切向剪力：

$$X=\lambda f(x)E \quad (\lambda \text{ 为任意一个常数})$$

条间法向力：

$$E_{i+1}=\frac{1}{L+K\Delta x}\left(E_iL+\frac{N\Delta x^2}{2}+P\Delta x\right)$$

这样就可以求得条间法向和切向力。

当滑动土体外都没有其他外力作用时，对最后一个土条：

$$E_n=0 \tag{2-2-25}$$

同时，对土条侧面的力矩为：

$$M_{i+1}=E_{i+1}(y-y_t)_{i+1}=\int_{i+1\,x\,i}^{x}\left(X-E\frac{\mathrm{d}y}{\mathrm{d}x}\right)\mathrm{d}x \tag{2-2-26}$$

最后必须满足：

$$M_n=\int_{x_0}^{x_{n1}}\left(X-E\frac{\mathrm{d}y}{\mathrm{d}x}\right)\mathrm{d}x \tag{2-2-27}$$

为了满足所有平衡方程的 λ 及 F_s，可以先假定一个 λ 及 F_s，然后逐条积分得到 E_i，M_i 如果 E_n，M_n 不为零，在修正 λ 及 F_s，直到满足式(2-2-25)和式(2-2-27)为止，此时的 F_s 即为该边坡的稳定系数，E_i 为土条间推力。

该方法充分考虑条块间的相互作用力，计算过程比较复杂，但造成的误差小，分析中要求垂直条分滑体。

⑦Spencer 法

Spencer 法用于圆弧破坏的稳定性分析，力学模型见图 2-2-22。

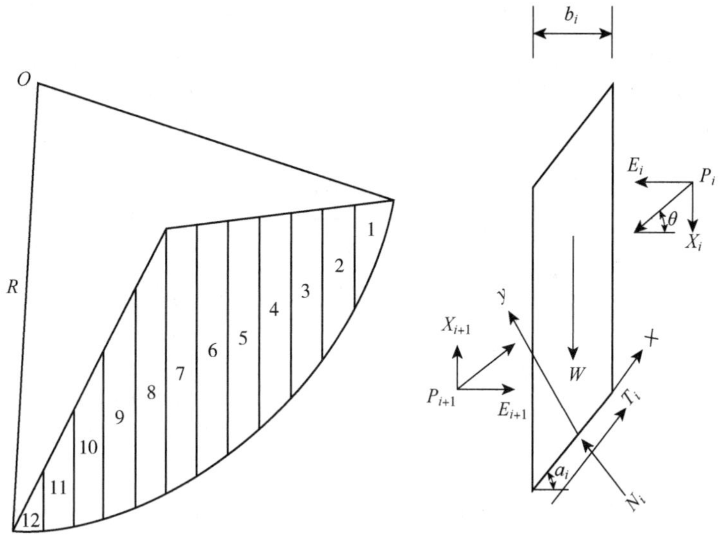

图 2-2-22　Spencer 法力学分析

假定：各土条间力的合理的方向是相互平行的，倾角为 θ。

垂直条分滑体，条宽相同，取垂直土条底面方向及平行土条底面方向的力平衡，其合力为零，由摩尔-库仑定律及稳定性系数修正其强度。并满足整个滑体力矩平衡条件，其对转动中心的力矩之和为零。联立求解以下两式即可求出 θ 和稳定系数F_s。

$$\sum_{i=1}^{n}\frac{\dfrac{c_i\,b_i\sec\alpha_i}{F_s}+\dfrac{\tan\varphi_i}{F_s}(W_i\cos\alpha_i-u_i\,b_i\sec\alpha_i)-W_i\sin\alpha_i}{\cos(\alpha_i-\theta)\left[1+\dfrac{\tan\varphi_i}{F_s}\tan(\alpha_i-\theta)\right]}\tag{2-2-28}$$

$$\sum_{i=1}^{n}\frac{\dfrac{c_i\,b_i\sec\alpha_i}{F_s}+\dfrac{\tan\varphi_i}{F_s}(W_i\cos\alpha_i-u_i\,b_i\sec\alpha_i)-W_i\sin\alpha_i}{1+\dfrac{\tan\varphi_i}{F_s}\tan(\alpha_i-\theta)}\tag{2-2-29}$$

Spencer 法解题步骤：

a.任选一圆弧滑动面，垂直条分，条宽相同；

b.对给定不同的θ_j，由(1)式求出其对应的F_{sfj}；

c.对给定不同的θ_j，由(2)式求出其对应的F_{sMj}；

d.作出θ_j-F_{sMj}及θ_j-F_{sfj}曲线，两条曲线的交点即同时满足上面两式的稳定性系数值，即为所求的F_s。

(2)数值分析法

随着计算机的广泛应用,岩土工程数值分析法如有限元法、有限差分法、离散单元法、拉格朗日法、不连续变形分析方法、流行元法等也在岩土工程分析中得到广泛应用。有限单元法是数值模拟方法在岸坡稳定评价中应用得最早的方法,也是目前最广泛使用的一种数值方法,可以用来求解弹性、弹塑性、黏弹塑性、黏塑性等问题。其优点是部分地考虑了岸坡岩体的非均质和不连续性,可以给出岩体的应力、应变大小和分布,避免了极限平衡分析法中将滑体视为刚体而过于简化的缺点,可近似地根据应力、应变规律去分析岸坡的变形破坏机制;但它还不能很好地求解大变形和位移不连续问题,对于无限域、应力集中等问题的求解还不太理想。岩土工程中代表性的数值计算方法主要特点如表 2-2-4 所示。

各数值计算方法主要特点 表 2-2-4

名　称	适用条件及优点	存在的缺陷
有限元法(FEM)	可以用来求解弹性、弹塑性、黏弹塑性、黏塑性等问题;部分考虑了非均质、不连续性;可以绘出岩土体应力、应变的大小与分布	对大变形、不连续位移、无限域、应力集中等问题的求解不理想
边界元法(BEM)	只对研究区的边界进行离散,数据输入量较小,对处理无界域、半无界域等问题较为理想	要求事先知道控制微分方程的基本解,在处理非线性、不均匀性、模拟分步开挖等方面不如有限元
FLAC 法	考虑岩土体不连续性、大变形特征,求解速度较快	计算边界、单元网络的划分有很大的随意性
离散元法(DEM)	考虑了岩土体的非均质、不连续和大变形特点,允许块体间发生平动、转动甚至相互脱离,形象反应应力场、速度、位移等力学参数的全程变化	只对块状、层状破裂或一般破碎结构岩体适合
无界元法	适合非线性、不连续和动力等问题求解,能有效解决有限元的边界效应及人为确定边界的缺点,在动力问题中尤为突出	一般要与其他方法如有限元联合应用
块体理论(BT)	几何学特性,利用拓扑学、群论原理,用于岩体稳定分析	只考虑抗剪强度,不计节理变形力矩作用
不连续变形(DDA)	考虑了变形的不连续性,引入了时间因素,可以计算静力、动力问题,可以计算岩体破坏前小变形及破坏后大位移问题	网络的划分比较复杂

(3)塑性极限分析法

1952 年杜拉克(Dfucker)和普拉格(Prager)提出塑性极限分析法,其最大优点是考虑了材料应力-应变关系,并以极限状态时自重和外荷载所做的功等于滑裂面上阻力所消耗的功为条件,结合塑性极限分析的上下限定理,求得岸坡极限荷载与安全系数。

(4)可靠度法

土坡稳定分析中有许多的不确定因素:岩土层面及边界条件的不确定性、岩土性质的变异性、荷载及分布的不确定性和计算模型的不确定性。而现行定值设计方法未深入考虑这种不确定性,使得岸坡安全系数的可靠性往往受制于人为经验。传统上,一直以安全系数作为岸坡工程稳定性的评价指标,然而,安全系数不是一个常数,而是一个由设计因素的变异性所决定的随机变量。20 世纪 70 年代后期,岸坡工程界开始接受不确定性的概念,构造随机模型，采用概率论和数理统计知识，如可靠指标和破坏概率来评价岸坡的安全度。可靠性分析方法只是所有安全度问题的一种方法，是确定性方法的发展与补充。因随机因素太多，难以确定各因素的概率。

(5)人工智能方法

人工智能方法包括遗传算法、专家系统和神经网络控制等。计算机的使用为人类工程经验的充分利用开辟了广阔的前景。遗传算法最早由 Michigan 大学的 HoHand 等教授创立，它是一种自适应启发式群体型概率性迭代式全局收敛算法，是基于自然选择和基因遗传学原理的随机搜索算法。其显著特点是：不需要梯度信息，不要求函数连续，全局搜索能力强，适合于并行处理和大型复杂优化问题的求解，而且程序通用性强。人工神经网络是一种高度非线性映射处理系统。网络由许多计算单元(神经元)相互连接构成，而这些连接的强度(权值)可通过训练自动调整。近年来人工神经网络方法的研究已运用于岸坡稳定分析。专家系统也已运用于土坡稳定问题。专家系统不仅适合处理不十分明确的问题，同时也能有效地考虑岩土材料参数的数据变化和不确定性。人工智能方法同样不能反映土体的内在受力，而且需要大量的实测数据。但随其理论的完善、数据库的充实，它将成为一种相对简便的方法，目前也可以应用它来进行工程的验算。

2.2.4.2　滑坡稳定性计算

滑带土的抗剪强度指标(c、φ)值，常因所处部位的差异及滑坡所处的发展阶段的不同而有所差别，滑体的各部分岩土的强度指标应根据岩土的特性和含水条件选择合适的抗剪切强度指标值。

(1)单一滑面稳定性验算

①滑体的厚度大致相等、滑坡为单一坡度的倾斜平面的层面滑坡，一般可分为以下几种情况计算。

a.滑坡的滑床面相对隔水，滑体及滑带土湿度变化不大的情形(图 2-2-23)，可按式(2-2-30)验算滑坡稳定性安全系数 K。

$$K=\frac{\gamma h\cos\alpha\tan\varphi + c\sec\alpha}{\gamma h\sin\alpha} \tag{2-2-30}$$

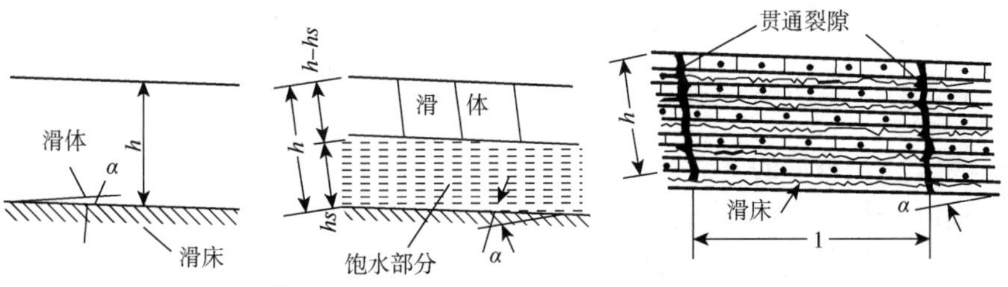

a)非饱和土层　　b)部分饱和土层　　c)软硬岩互层

图 2-2-23　滑体厚度相等、滑坡为单一坡度的倾斜平面的层面滑坡

b.滑坡的滑床面相对隔水，滑体上裂隙较多，贯通到滑体时，应考虑水库水或暴雨影响使滑体全部饱水或部分为水所饱和的情况，此时需考虑动水压力作用。在滑体全部饱水的情况下，可按式(2-2-31)验算滑坡稳定性；在部分为水饱和的情况下，可按式(2-2-32)验算滑坡的

稳定性安全系数 K。

$$K=\frac{(\gamma_s-\gamma_w)h\cos\alpha\tan\varphi+c\sec\alpha}{\gamma_s h\sin\alpha} \tag{2-2-31}$$

$$K=\frac{[\gamma h+(\gamma_s-\gamma-\gamma_w)h_s]\cos\alpha\tan\varphi+c\sec\alpha}{[\gamma h+(\gamma_s-\gamma-\gamma_w)h_s]\sin\alpha} \tag{2-2-32}$$

c.当软、硬岩石相互层组成的斜坡沿着某一软层滑动,滑体内有贯穿裂缝,需要考虑库水或暴雨使滑体裂隙内充水的静水压力时,可按式(2-2-33)计算滑坡的稳定性安全系数 K。

$$K=\frac{\gamma_r h\cos\alpha\tan\varphi+c\sec\alpha}{\gamma_r h\sin\alpha+\frac{1}{2}\gamma_w h^2\eta} \tag{2-2-33}$$

d.如果裂隙中未充水,在地震力作用下发生滑动时,可按式(2-2-34)计算滑坡的稳定性安全系数 K。

$$K=\frac{\gamma_r h\cos\alpha\tan\varphi+c\sec\alpha}{\gamma_r h\sin\alpha+F} \tag{2-2-34}$$

式中:γ——滑动土体的天然容重(kN/m^3);

γ_s——滑动体饱和后的容重(kN/m^3);

γ_r——滑动岩体的天然容重(kN/m^3);

γ_w——水的容重(kN/m^3);

h——滑动岩土体的垂直厚度(m);

h_s——滑动岩土体饱和部分的垂直厚度(m);

η——滑动岩土体裂缝系数,即每米水平距离上的贯通裂隙系数,其值为 $\cos\alpha/l$;

c——滑带土的黏聚力(kPa);

φ——滑带土的内摩擦角(°);

α——滑动面的倾斜角(°);

F——地震力(kN/m),根据《铁路工程抗震设计规程》引入计算。

②滑体厚度不等,滑体为多个坡度组成的折线型倾斜平面的滑坡,一般可分为以下几种情况计算。

a.整个滑坡认为是整体滑动时,按折线段滑面将滑体分成若干铅直条块计算其稳定系数:

$$K=\frac{(\sum f_i N_i\cos\alpha_i+\sum c_i l_i\cos\alpha_i)}{\sum T_i\cos\alpha_i} \tag{2-2-35}$$

式中:T_i——第 i 条块滑体的下滑力(kN/m);

N_i——第 i 条块的法向压力(kN/m);

l_i——第 i 条块所在折线段滑面长度(m);

f_i——第 i 条块所在折线段滑面上的内摩擦系数;

c_i——第 i 条块所在折线段滑面上的单位黏聚力(kPa);

α_i——第 i 条块所在滑面的倾角。

计算过程中,应特别注意:

(a)如果滑带下有承压地下水活动(压头为H_0),则应在滑条块上加入浮力。

(b)如果滑体底部有一部分饱水并与滑带水连通且滑坡出口不断渗出,则应在各条块饱水面积(A_i)的重心处加动水压力$\gamma_w A_i sin\ \alpha_i$,方向同该滑体条块的下滑力方向。

(c)如果滑体后部有贯通滑带的裂缝,其深度为h_0,滑动时裂缝充水来不及排出,则应在裂缝位置处加水平的静水压力 $0.5\ \gamma_w h_i^2$,作用于滑面$\frac{1}{3}h_i$以上处,指向滑动方向。

(d)在不致使滑体岩土结构遭到破坏的地震作用条件下,考虑地震力的作用,可于每个滑体每块重心加上水平地震力,指向滑动方向。

(e)当滑坡濒临江河湖海或水库,受到水位升降影响时,应考虑水位上升时对滑坡增加的静水压力和地下水位抬高后滑坡前缘浸泡饱和土体部分的浮力;水库的水位骤降时,降低对滑坡的静水压力,及滑坡体内地下水位下降过程中产生的动水压力和滑坡前缘浸泡饱和土体部分的浮力。

b.滑坡情况复杂,不能作为整体滑动分析时,按其各部分滑动速度和方向的差异划分为若干部分:在平面及横断面按滑床形状分条,在纵剖面顺滑动方向分级或分层,在每条、每级或每层上分块,先判断每条、每级或每层的稳定性然后从局部与整体的关系上判断整个滑块的稳定性。查明局部滑块彼此间的关系,考虑各局部滑块间的相互影响。各单元稳定性验算可用第i种情况中公式计算稳定系数,根据对具体情况的分析增加结合可能同时出现的其他力系,合理选用滑带土各不同部分的岩土强度指标,估计其可能的变化,综合计算滑坡的稳定性。

(2)多滑面(楔形体)稳定性验算

岩石边坡常常遇见两个不连续面相交构成的楔形体,如图 2-2-24 所示。

①基本假定:

a.忽略力矩的影响,即没有倾倒或旋转滑动发生;

b.在滑动过程中与两个不连续面保持接触;

c.抗剪强度由摩尔-库伦强度确定;

d.两个滑面交线出露在坡面上。

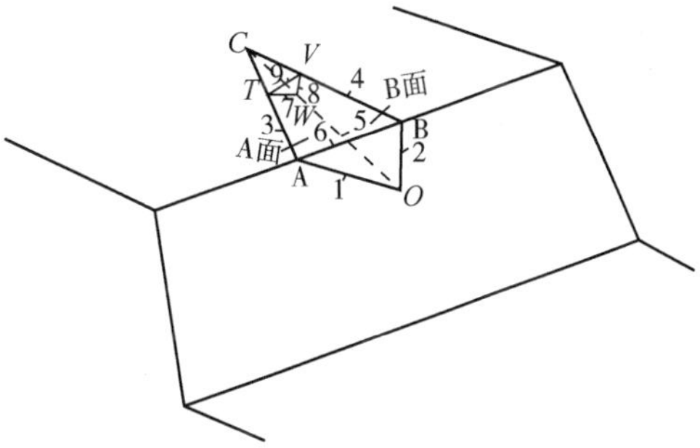

图 2-2-24　楔形体结构示意图

由滑面的倾向和倾角为:$\alpha_A,\psi_A,\alpha_B,\psi_B$,主滑线的倾向和倾角为$\alpha_i,\psi_i$。边坡坡面的倾向和倾角为$\alpha_f,\psi_f$,边坡顶面的倾向和倾角为$\alpha_s$,$\psi_s$,从而得到主滑线的倾角为:

$$\tan\alpha_i=\frac{\tan\psi_A\cos\alpha_A-\tan\psi_B\cos\alpha_B}{\tan\psi_B\sin\alpha_B-\tan\psi_A\sin\alpha_A}\tag{2-2-36}$$

相应也可以确定滑面 A、B 面积、张裂隙面积,滑体体积和重力,计算水压力,通过力的解析可以得到楔形滑坡体的稳定性系数:

$$F_s=\frac{C_A A_A+C_B A_B+(qW+rV+sT-U_A)\tan\varphi_A+(xW+yV+zT-U_B)\tan\varphi_B}{m_{W.5}W+m_{V.5}T+m_{T.5}T}\tag{2-2-37}$$

②计算步骤:

a.计算各交线倾向；

b.计算各交线倾角；

c.计算两条交线之间的夹角；

d.计算滑面和破裂面的面积；

e.计算楔形体的重力；

f.计算水压力；

g.计算力解析所用的系数；

h.计算确定有效反力系数；

i.计算稳定性系数。计算三种不同情况的稳定性系数：

(a)当边坡无水，没有张裂隙，此时有 $V=T=U_A=U_B=0$。

(b)边坡无水，有张裂隙，此时同样有 $V=T=U_A=U_B=0$。但重力和滑面面积的值不一样。

(c)当边坡有水，有张裂隙而锚固力 $T=0$ 时。

i.计算某一稳定系数F_s下所需的锚固力 T。

$$T=\frac{C_AA_A+C_BA_B+(qW+rV+sT-U_A)\tan\varphi_A+(xW+yV+zT-U_B)\tan\varphi_B-F_s(m_{W.5}W+m_{V.5}V)}{F_sm_{T.5}-(s\tan\varphi_A+z\tan\varphi_B)} \tag{2-2-38}$$

由式(2-2-38)可以得到最佳锚固方位：

$$\psi_T=\left[\psi_5+180°-\frac{1}{2}(\varphi_A+\varphi_B)\right],\alpha_T=\alpha_5\ \pm180° \tag{2-2-39}$$

2.2.4.3 动水压力下滑坡稳定计算

(1)考虑库水位作用条块荷载计算

考虑库水位作用条块荷载计算如图 2-2-25 所示。

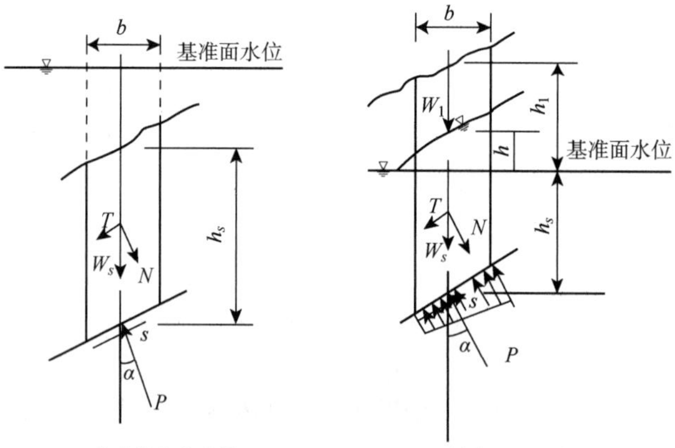

图 2-2-25　饱水条块荷载计算

①在条块完全饱水的条件下(图 2-2-25a))

$$N=\gamma_s h_s b\cos\alpha \tag{2-2-40}$$

$$U=0 \tag{2-2-41}$$

$$T = \gamma_s h_s b\sin\alpha \tag{2-2-42}$$

②在条块部分饱水的条件下(图 2-2-25b))。可按下式进行计算:

$$N = \gamma_s h_s b\sin\alpha + \gamma_t h_t b\cos\alpha \tag{2-2-43}$$

式中:N、T——作用在条块滑动面上荷载的法向分力、滑动分力(kPa);

U——作用在每一条块滑动面的孔隙水压力(kPa);

γ_s——土体饱和后的容重(kN/m^3);

γ_t——土体的湿容重(kN/m^3);

γ_w——水的容重(kN/m^3)。

(2)有关规范推荐的计算方法

在我国《长江三峡工程库区滑坡防治工程设计与施工技术规程》中,根据三峡工程库区滑坡防治的实践经验,并考虑了水库水位的影响,推荐了滑坡稳定性评价的计算方法,主要包括堆积层(包括土质)滑坡和岩质滑坡。

①堆积层(土层)滑坡稳定性计算方法

a.当滑动面为单一平面或圆弧形时(图 2-2-26)

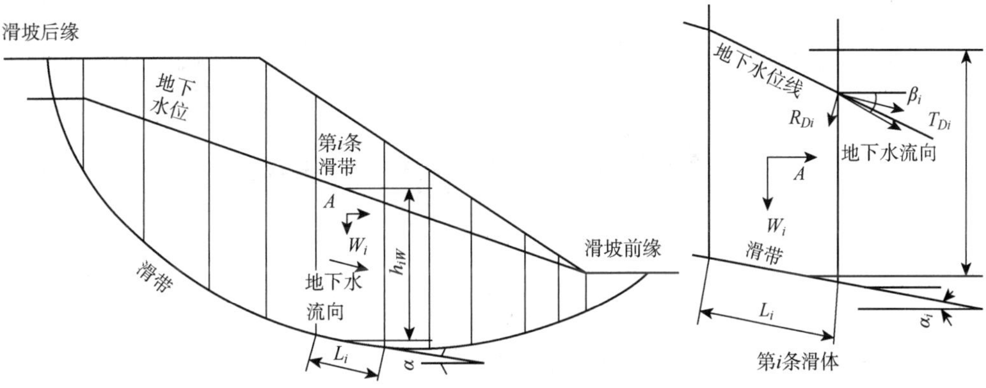

图 2-2-26　圆弧形滑动面计算简图

滑体的稳定安全系数K_f可按式(2-2-44)进行计算:

$$K_f = \frac{\sum\{[W_i(\cos a_i - A\sin a_i) - N_{W_i} - R_{D_i}]\tan\varphi_i + C_i L_i\}}{\sum[W_i(\sin a_i + A\cos a_i) + T_{D_i}]} \tag{2-2-44}$$

式中:N_{W_i}——孔隙水压力(kPa),近似等于浸润面以下土体的面积乘以水的容重;

$$N_{W_i} = \gamma_i h_{iw} L_i$$

T_{Di}——渗透压力产生的平行滑面分力(kPa):

$$T_{Di} = \gamma_w h_{iw} L_i \tan\beta_i \cos(\alpha_i - \beta_i)$$

R_{Di}——渗透压力产生的垂直滑面分力(kPa):

$$R_{Di} = \gamma_w h_{iw} L_i \tan\beta_i \sin(\alpha_i - \beta_i)$$

W_i——第 i 条块的重力(kN/m);

C_i——第 i 条块的黏聚力(kPa);

φ_i——第 i 条块的内摩擦角(°);

α_i——第 i 条块的滑动面倾角(°);

A——地震加速度(重力加速度 g);

L_i——第 i 条块的滑动面的长度(m);

K_f——滑坡稳定安全系数。

假定有效应力:

$$\overline{N}_i = (1 - r_v)\ W_i\cos\alpha_i \tag{2-2-45}$$

式中:r_v——孔隙压力比。

$$r_v = \frac{滑体水下体积 \times 水的容重}{滑体总体积 \times 滑体容重} \approx \frac{滑体水下面积}{滑体总面积 \times 2}$$

则滑坡的稳定安全系数计算公式(2-2-44)可简化为式(2-2-46)的形式:

$$K_f = \frac{\sum\limits_{i=1}^{n-1}((W_i((1-r_v)\cos\alpha_i - A\sin\alpha_i) - R_{D_i})\tan\varphi_i + C_iL_i)}{\sum(W_i(\sin\alpha_i + A\cos\alpha_i) + T_{D_i})} \tag{2-2-46}$$

ⅱ.当滑动面为折线时(图 2-2-27)

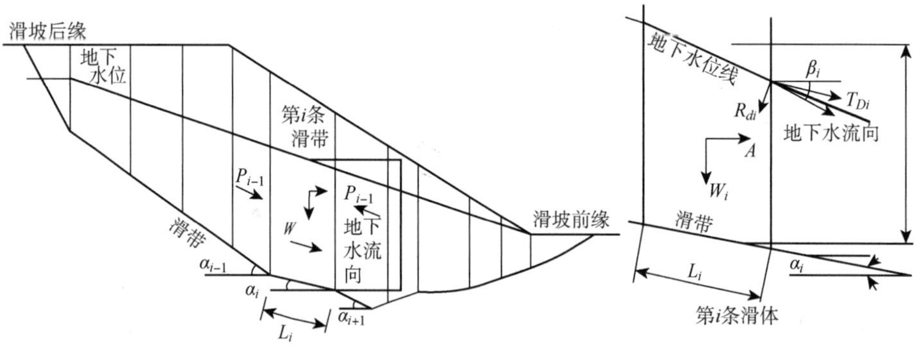

图 2-2-27 折线型滑动面计算简图

滑坡的稳定安全系数K_f可按式(2-2-47)计算:

$$K_f = \frac{\sum(((W_i((1-r_U)\cos\alpha_i - A\sin\alpha_i) - R_{D_i})\tan\phi_i + C_iL_i)\prod\limits_{j=1}^{n-1}\Psi_j) + R_n}{\sum((W_i(\sin\alpha_i + A\cos\alpha_i) + T_{D_i})\prod\limits_{j-1}^{n-1}\Psi_i) + T_n} \tag{2-2-47}$$

$$R_n = (W_n((1-r_U)\cos\alpha_n - A\sin\alpha_n) - R_D)\tan\varphi_n + C_nL_n$$

$$T_n = (W_n(\sin\alpha_n + A\cos\alpha_n) + T_{D_n})$$

$$\prod_{j=1}^{n-1}\Psi_i = \Psi_{i+1}\Psi_{i+2}\cdots\cdots\Psi_{n-1}$$

式中:Ψ_i——第 i 块(段)的剩余下滑力传递至第(i+1)块(段)时的传递系数(i=j),其值可用下式进行计算:

$$\Psi_i = \cos(\alpha_i + \alpha_{i+1}) - \sin(\alpha_i + \alpha_{i+1})\tan\varphi_{i+1} \tag{2-2-48}$$

其他符号意义同上。

②岩质滑坡稳定性计算方法

当滑动面为单一的岩质滑坡时(图 2-2-28),滑体的稳定安全系数K_f可按式(2-2-49)计算:

$$K_f = \frac{(W(\cos\alpha - A\sin\alpha) - V\sin\alpha - U)\tan\varphi + CL}{W(\sin\alpha + A\cos\alpha) + V\cos\alpha} \tag{2-2-49}$$

式中：V——后缘裂缝静水压力。

$$V = \frac{1}{2}\gamma_W H^2$$

U 为沿滑面扬压力：

$$U = \frac{1}{2}\gamma_W LH$$

其他符号意义同上。

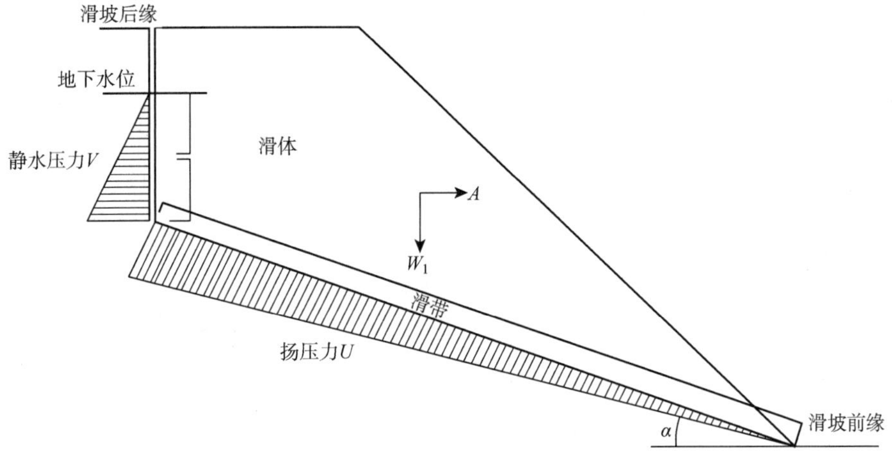

图 2-2-28　岩质滑坡计算模型(极限平衡法)

2.2.5　不同塌岸预测方法的对比分析

为了对比分析不同塌岸预测结果的差别，并与滑坡计算结果进行比较，在此以金沙江金安桥水电站库岸边坡第五地质勘测断面作为案例，采用卡丘金法、卓洛塔寥夫法、三段法塌岸预测和 Geo-slope 岸坡稳定性计算(计算方法及参数见 2.6.2.4)四种方法对最终稳定范围预测预测，得到塌岸范围预测对比分析表 2-2-5 和图 2-2-29。

塌岸范围预测对比分析　　　　表 2-2-5

塌岸预测方法	卡丘金法	卓洛塔寥夫法	三段法	Geoslope 滑坡计算
塌岸宽度(m)	168.7	187.2	185.5	192
影响高程(m)	1531	1533	1533	1537

对比分析如下：

(1)从 2.6.2.4 采用 Geo-slope 岸坡滑坡演变过程为：水库塌岸首先从岸坡坡体表面开始发生，逐步向坡体内部发展。滑坡体滑面水下岸坡线逐渐变缓，达到水下稳定坡角 15°～25°之间，上部岩土体变陡；然后上部岩土体发生滑动，水上岸坡线逐渐变缓，达到水上稳定坡角 33°～45°之间，与工程勘察的天然坡角 37°～44°相近；在较高的坡顶段，由于岩土体的固结作用以及较高坡体含水率低，基质吸力较大，部分岸坡角能达到 50°以上。

(2)从表 2-2-5 和图 2-2-29 可以分析出，采用卓洛塔寥夫法、三段法塌岸预测与 Geo-slope 滑坡计算方法预测的塌岸宽度比较接近。其中 Geo-slope 滑坡计算方法预测的塌岸宽度最大为192m,卓洛塔寥夫法的预测结果比它小4.8m,三段法的预测结果比它小6.5m,而卡丘金法的预测塌岸宽度最小,比它小23.3m。

(3)卡丘金法的塌岸预测宽度相比其他三种预测方法偏小,分析其原因,该方法适用于黄土类土层及平原地区水库的塌岸预测(即在塌岸后缘有陡的岸坡存在),针对山区河谷型水库卡丘金法的预测结果则偏于小。

(4)通过以上对比分析,在塌岸预测分析时应选用合适合理的预测方法,即选择条件适应,方法合理的塌岸预测方法进行。

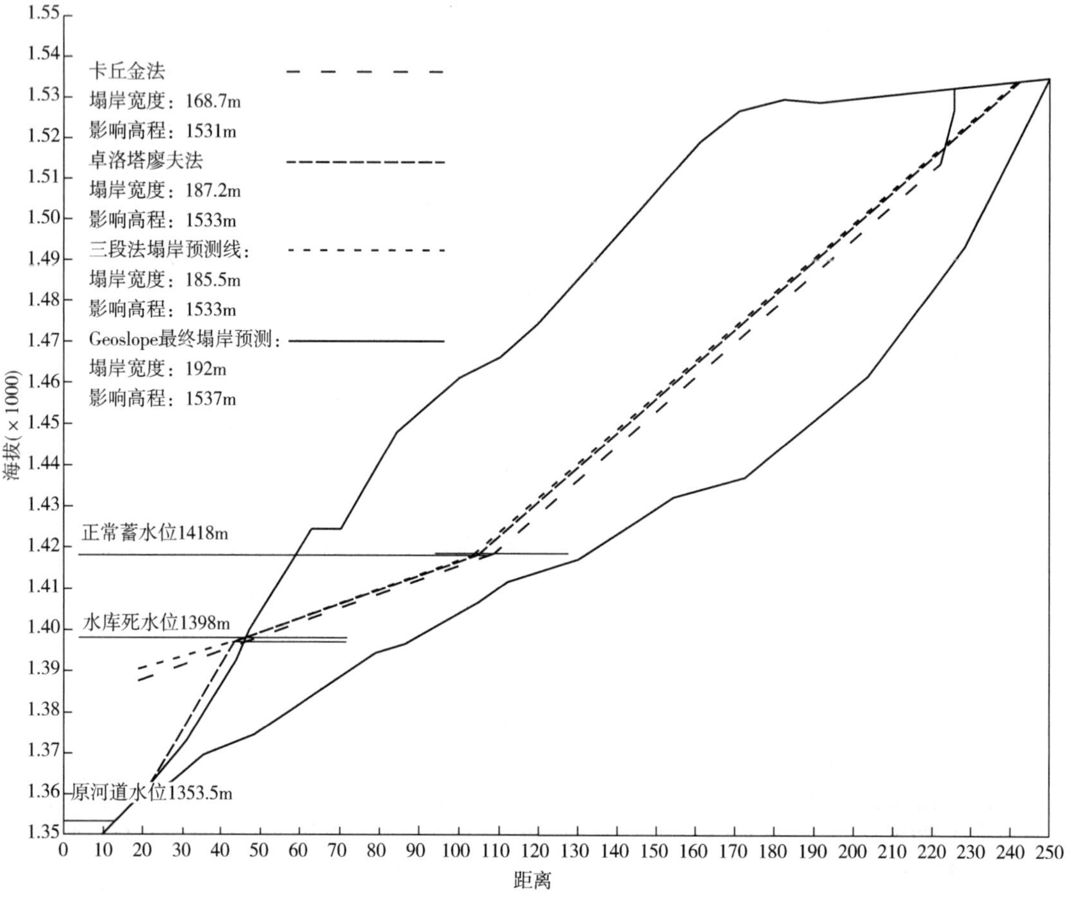

图2-2-29 塌岸范围预测对比图

2.2.6 溃屈型及倾倒型岸坡破坏计算理论

2.2.6.1 溃屈型岸坡破坏计算理论方法

溃屈破坏是顺层岩质边坡中常见的一种破坏模式。当层状斜坡岩层长度大于某一值,岩层便会在坡脚处发生弯曲变形,此时的斜坡长度为临界坡长L_{cr}。岩层的弯曲导致层间正应力的减小,以致产生拉应力而使层面拉裂,从而加剧了岩体溃屈破坏的趋势。岩体顺层边坡的溃屈稳定性,主要由坡长、坡角、单层厚度、层数、岩石的理力学性质、层面性质等所决定;地震、地下水、坡顶荷载对其影响也很大。层状岩体溃屈破坏的分析方法有多种，大体归纳如下。

(1)欧拉模型

典型溃屈型滑坡的弯曲-隆起变形，岩体都表现为具有塑性和延性变形特征，并伴有脆性破裂。典型溃屈型滑坡大都视岩层为放置在斜坡上的单位宽度的板梁，采用欧拉理论进行分析。设板梁按简支承、纵弯曲条件考虑，造成板梁屈曲时的临界纵向压力N_{cr}、临界应力σ_{cr}等通常按欧拉公式确定：

$$N_{cr} = \frac{\pi^2 EJ}{l^2} \tag{2-2-50}$$

$$\delta_{cr} = \frac{\pi^2 E}{12}\left(\frac{h}{l}\right)^2 \tag{2-2-51}$$

当岩体为多层板梁，假设硬软相间、等厚互层，且不考虑层间摩擦阻力，则有：

$$\delta_{cr} = \frac{3}{2}\left(\frac{E_1 E_2}{6n^2}\right)^{1/3} \tag{2-2-52}$$

而容易弯曲的波长W_d为：

$$W_d = 2\pi h\left(\frac{n\eta_1}{6\eta_2}\right)^{1/3} \tag{2-2-53}$$

式中：E——岩层(板梁)弹性模量(MPa)；

J——岩层(板梁)中性轴惯性矩(m^4)；

h——岩层(板梁)厚度(m)；

l——岩层(板梁)长度(m)；

E_1——硬层弹性模量(MPa)；

E_2——软层弹性模量(MPa)；

η_1——硬层黏滞系数；

η_2——软层黏滞系数；

n——板梁层数。

(2)三铰溃屈模型

江平直接通过分析岩层弯曲部位的应力，建立弯曲岩体拉裂溃屈破坏方程，并得出弯曲层状岩体边坡的极限高度公式：假设岩层呈圆弧弯曲，弯曲半径为R。上部(A点)倾角为α_1，下部(B点)倾角为α_2。弯曲段中点为D点，DO长度为r，其倾角为θ。φ为内摩擦角，γ为岩石的重度(N/m^3)。如图2-2-30所示。

临界拉裂状态下A点的切向应力δ_θ^1表达式为：

$$\delta_\theta^1 = \gamma \cdot R[\cos\alpha_2 + \cos(\alpha_2 - 2\varphi)] \cdot \exp[-\tan(\alpha_2 - \alpha_1) - \cos(\alpha_1 - 2\varphi)] \tag{2-2-54}$$

弯曲岩层拉裂溃屈的判断依据为：

$$\delta_\theta = [\sigma_\theta^1 - \gamma \cdot r\sin(2\varphi - \theta_1)] \cdot \exp[\tan\varphi(\theta - \theta_1)] + \gamma \cdot r\sin(2\varphi - \theta) \tag{2-2-55}$$

$$\sigma_\theta < \gamma \cdot \sin\theta \quad (\text{岩层不拉裂条件}) \tag{2-2-56}$$

平直岩层部分的边坡高度为H_1，边坡总体高度为H，总体边坡的极限高度为H_{cr}。

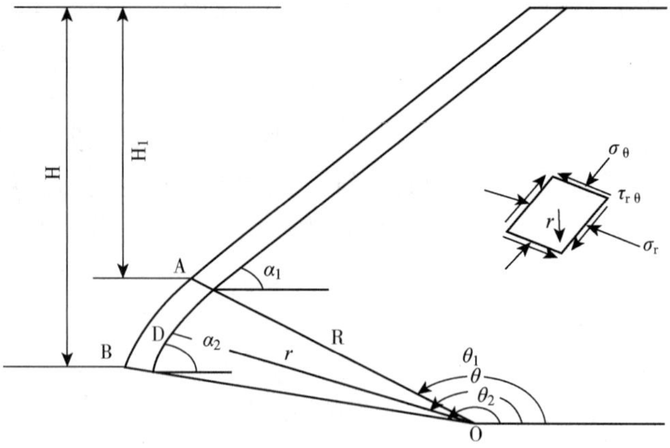

图 2-2-30　弯曲层状应力分析

$$\delta_{\theta}^{1} = \gamma H_1(1 - \tan\varphi \cdot \cot\alpha_1) \tag{2-2-57}$$

$$H_{cr} = R \cdot \left\{\frac{[\cos\alpha_2 + \cos(\alpha_2 - 2\varphi)}{1 - \tan\varphi \cdot \cot\alpha_1} \cdot \frac{\exp[-\tan\varphi(\alpha_2 - \alpha_1)] - \cos(\alpha_1 - 2\varphi)}{1 - \tan\varphi \cdot \cos\alpha_1} + \cos\alpha_1 - \cos\alpha_2\right\} \tag{2-2-58}$$

由此可见,弯曲层状岩体边坡拉裂溃屈的极限高度与坡脚岩层弯曲半径 R 成正比,R 可由几何条件得:

$$R = \frac{\overline{AB}}{2\sin\left(\frac{\alpha_2 - \alpha_1}{2}\right)} \tag{2-2-59}$$

(3)陈明东能量模型

陈明东(1989)按能量观点推算出使板梁弯曲的纵向临界应力 δ_{cr}:

$$\delta_{cr} = \frac{E\pi^2}{12Y^2} + \frac{\rho g h Y^2}{\pi^2} - \cos\alpha + \frac{n+1}{2}\rho g h \tan\phi\cos\alpha \cdot y + cY \tag{2-2-60}$$

式中:E——板梁弹性模量(MPa);

Y——板梁单层厚与弯曲段长之比值;

ρ——板梁密度(kg/m^3);

h——单层板梁平均厚度(m);

n——单层板梁层数;

ϕ——层间摩擦角(°);

α——岩层倾角(°);

c——层间黏聚力(Pa)。

边坡作用在可能发生弯曲段上的纵向应力,可按下式估算

$$\delta_s = (L - L_0)\left[\rho g(\sin\alpha - \cos\alpha\tan\phi) - \frac{c}{nh}\right] \tag{2-2-61}$$

式中:L——边坡板梁总长;

L_0——板梁弯曲段长。

上述两应力的比值，$K_a=\delta_{cr}/\delta_s$，反映了边坡板梁抵抗弯曲的稳定状况，称其为抗弯曲变形稳度系数。$K_a\leqslant 3$ 为有可能发生这类变形的判据。K_a 值愈小，发生弯曲变形的可能性愈大，且所需经历的时间也愈短。

(4)孙广忠能量模型

对于溃屈的稳定性评价，孙广忠用能量法导出了溃屈失稳的极限荷载P_{cr}计算公式：

$$P_{cr}=\beta\frac{(8\pi^2EI-ql^3\sin\alpha)}{2l^2} \tag{2-2-62}$$

式中：E——层状岩体弹性模量(MPa)；

I——截面惯性矩，$I=\frac{1\times h^3}{12}$(m^4)；

q——单位长度岩体的重量(kN/m)；

l——分析段长度(m)；

α——边坡倾角(°)；

β——层状岩体碎裂特征系数，它与体内节理发育程度有关，对完整的层状岩体 $\beta=1$。

此式适用于边坡长厚比较大时，此时主要是稳定问题，材料破坏可以忽略不计。

(5)半经验公式

杨清廷等在欧拉公式基础上，由有限元计算成果和模型试验结果得到的层状岩质边坡溃屈失稳极限荷载的半经验、半理论公式：

$$P_{cr}=\beta\left[\frac{2.25\pi^2EI}{(\mu l)^2}-\frac{1}{3}LT\gamma(2\sin\alpha-\cos\alpha\tan\varphi)\right] \tag{2-2-63}$$

式中：L——边坡总长；

μ——层状岩坡的长度系数，$\mu=0.905\sim1.090$，由图 2-2-31 根据倾角确定。

其余符号意义同前。此式适用于长厚比较小时，此时材料的破坏不可忽略，当长厚比小到一定程度时，边坡破坏与否取决于岩体材料强度。

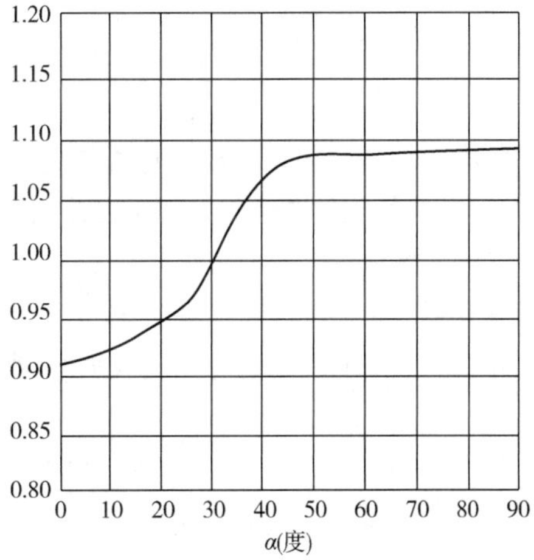

图 2-2-31　层状岩坡倾角与长度系数关系曲线

(6)板梁力学模型

李树森采用板梁力学模型分析顺层边坡溃屈破坏，对该类斜坡的溃屈破坏作出了定量分析，得到了顺层岩质边坡溃屈破坏时的临界坡长。

$$l_{cr}=h\left\{\frac{\pi^2nE}{6[\gamma nh\sin\alpha-(\gamma nh\cos\alpha\cdot\tan\varphi+C)]}\right\}^{\frac{1}{3}} \tag{2-2-64}$$

式中：$\alpha>\arcsin\left(\frac{C\cdot\cos\varphi}{\gamma nh}\right)+\varphi$；

γ——岩体容重；

h——岩体厚度；

n——岩体层数,假定各层材料相同且厚度相同;

C——黏聚力;

φ——内摩擦角;

E——弹性模量。

稳定系数 K:

$$K = \frac{l_{cr}}{l} \tag{2-2-65}$$

式中:l——实际坡长。

(7)卡特估算公式

卡特导出了层状岩质边坡溃屈失稳极限荷载的另一种估算公式:

$$P_{cr} = \frac{\pi^2 EI}{(0.7L_{cr})^2} \tag{2-2-66}$$

式中:L_{cr}——极限溃屈长度,由式(2-2-67)计算。

$$L_{cr} = \left[\frac{\pi^2 E h^2}{6\gamma(\sin\alpha - \cos\alpha\tan\varphi)}\right]^{\frac{1}{3}} \tag{2-2-67}$$

式中:γ——容重;

φ——夹层内摩擦角;

其余符号意义同前。

(8)损伤模型

张力民基于统计损伤模型的顺倾层状岩质边坡失稳分析研究中得到顺倾层状岩质边坡溃屈失稳的临界坡长计算公式:

$$l_{cr} = \left[\frac{\pi^2 E h^2}{1.21 \times 12\gamma(\sin\alpha - \cos\alpha\tan\varphi)}\right]^{\frac{1}{3}} \tag{2-2-68}$$

对比式(2-2-67)和(2-2-68)可发现,二者仅差一个系数,即式(2-2-68)计算结果约为式(2-2-67)的75%。分析认为出现这种情况主要是由于式(2-2-67)中把实际为线性分布的重力荷载作为集中荷载施加在倾斜岩层的顶端,而式(2-2-68)则是把岩体视为线性分布的均布荷载。

(9)柏涵公式

柏涵将导出的理论计算公式(2-2-69)应用于长昆线顺层岩质边坡和霸王山边坡,计算所得到的安全系数跟实际情况比较偏于保守,说明该计算公式能基本满足工程实际的需要。

$$L_{cr} = 2.14\left[\frac{EI}{\gamma h(\sin\alpha - \cos\alpha\tan\varphi) - c}\right]^{\frac{1}{3}} \tag{2-2-69}$$

其中,c、φ 分别为岩层层间的黏聚力和内摩擦角。

(10)板裂结构岩体(弹性稳定)公式

潘瑞林等认为板裂结构岩体顺层边坡所发生的溃屈破坏,其过程类似于“压杆失稳”,属结构失稳,它已不再服从一般的材料强度破坏准则。因此,对这种边坡的溃屈稳定性分析不能再用强度理论进行,而应采用弹性稳定理论予以分析,以寻找边坡发生溃屈破坏的条件。

根据弹性稳定理论:溃屈的条件是以溃屈临界荷载P_{cr}来表示的,当边坡受的纵向荷载大于P_{cr}时，边坡将发生溃屈，反之，边坡为稳定的，而不发生溃屈。板裂结构岩体顺层边坡弯曲变形的力学模型如图 2-2-32 所示。

边坡的溃屈微分方程为

$$\frac{d^4y}{dx^4}+A(Bx-1)\frac{d^2y}{dx^2}+AB\frac{dy}{dx}=0 \quad (2\text{-}2\text{-}70)$$

边界条件，$x=0$、l，$y=\frac{dy}{dx}=0$

$$A=-\frac{Ql\left(\sin\alpha+\frac{a}{g}\cos\alpha\right)+p_0H\sin\alpha}{D}$$

$$B=\frac{Q\left(\sin\alpha+\frac{a}{g}\cos\alpha\right)}{Ql\left(\sin\alpha+\frac{a}{g}\cos\alpha\right)+p_0H\sin\alpha}$$

$$C=\frac{-Q\left(\cos\alpha-\frac{a}{g}\cos\alpha\right)-\gamma_w(H_1-H_2)}{D}$$

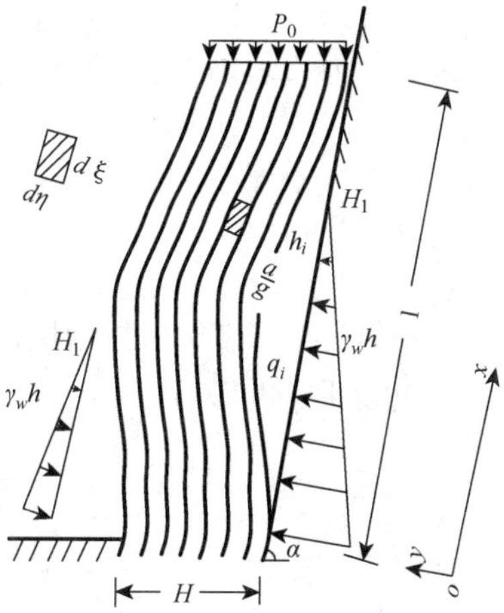

图 2-2-32　力学模型

$$D=\sum_{i=1}^{N}D_i$$

$$Q=\sum_{i=1}^{N}q_ih_i$$

式中：y——弯曲变形；

l——弯曲段长度；

H——边坡厚度各层厚度 $h_i(i=1\sim N)$，共 N 层；

α——坡角；

q_i——各层容重（N/m^3）；

Q——边坡单位面积上的重量（N/m^2）；

a/g——地震系数；

H_1、H_2——水位高度；

p_0——滑移段的铅直作用力（N）；

D_i——各层的抗弯刚度；

D——边坡的等效抗弯刚度（N/m^2）。

溃屈临界荷载P_{cr}等于溃屈微分方程式具有满足边界条件的非零解时的纵向荷载的最小值。

边坡仅受自重作用时，发生溃屈的临界坡长 l_{cr}按下式计算：

$$l_{cr}=\left[\frac{4\pi^2\sum_{i=1}^{N}D_i}{\sum_{i=1}^{N}q_ih_i\left(\sin\alpha+\frac{a}{g}\cos\alpha\right)}\right]^{\frac{1}{3}} \quad (2\text{-}2\text{-}71)$$

其中，$D_i=(E_ih_i^3)/[12(1-\mu_i^2)]$，$E_i$、$\mu_i$为第 i 层的弹性模量和泊松比。

为实际应用方便,定义 K 为边坡溃屈的稳定系数。

$$K=\frac{L_{cr}}{L} \tag{2-2-72}$$

其中 L 为边坡坡长,当坡顶有荷载$p_0H\sin\alpha$,可将这部分力换算成“相当坡长”L_{p_0}计入 L 中。

$$L_{p_0}=\frac{p_0H\sin\alpha}{\sum_{i=1}^{N}q_ih_i} \tag{2-2-73}$$

以 K 作为板裂结构岩体顺层边坡溃屈稳定性判别标准的指标:若 $K>1.0$,边坡为稳定的;$K\leqslant1.0$,边坡将发生溃屈。

2.2.6.2 倾倒型岸坡破坏计算理论方法

目前,研究岩质边坡倾倒稳定的主要方法有极限平衡方法和数值分析方法(包括有限元方法、离散元方法、不连续变形方法以及流形元方法等),而极限平衡法则是岩质边坡倾倒破坏稳定性分析最常用的方法。

传统的有限元等连续性的数值方法将岩体结构视为连续体,多用于分析其破坏之前的应力和变形特性,根据应力和变形的计算结果对结构的安全性进行评价。该方法可以精确地分析结构内部的应力和变形,但难以处理裂缝等不连续问题和结构破坏后块体的运动。而以不连续力学为基础的离散元和非连续变形分析则把岩体结构看作离散的块体,块体与块体之间用接触机构连接起来,这种方法可以很好地模拟结构中块体的运动和不连续面之间的接触,但由于在数值模拟时不论块体大小,都将每一个块体作为一个单元,难以给出理想的应力分布。对于含有缺陷、裂缝的不连续结构,这两种方法都难以给出理想的结果。而数值流形方法是采用两套网格——数学覆盖和物理网格来剖分结构体,当结构体被分成若干块时,块体之间可以产生接触、滑移和张开,而在块体内部,再用数学网格进行细分,计算出各个节点上的位移和应力,与有限元分析具有同样的效果。因此,数值流形方法既能分析结构体内的应力分布状态,同时又能够模拟块体破坏之后的岩块运动规律,具有很强的适应性。

Goodman 等(G-B 模型)最早提出了基于极限平衡原理的逐步分析方法,奠定了岩质边坡倾倒破坏的理论基础。G-B 模型主要是把岩质边坡看成是受正交裂隙组切割的有限多个岩块组成的离散集合体,而在工程实践中这种情况并不多见,相反,一般的情况是构成岩块的切割裂隙组往往并不相互垂直。近年来,国内外学者对 G-B 模型做了进一步的发展和完善。汪小刚等对 G-B 模型做了一些改进,考虑了岩体结构面的具体分布特征和岩体结构面连通率(即岩桥的作用),并在龙滩工程中得到实际应用;王建锋等分析了控制节理面以任意角度相交的情形,但其提出的解析分析方法比较复杂;刘才华等基于极限平衡理论,提出了岩质边坡块体倾倒破坏稳定的传递系数法,并采用了 Microsoftexcel 进行了程序化分析。

陈红旗等通过对反倾等厚层状岩质边坡弯曲折断的应力分析,得出了岩层弯曲折断的最大拉应力判据,并在此基础上提出了弯曲折断的挠度判据;殷坤龙等基于叠合悬臂梁模型和独立悬臂梁模型,提出薄厚互层反倾岩质边坡各破坏阶段的应力判据;蒋良潍等通过瑞利-里兹能量方法，推导了岩层弹性屈曲临界条件和嵌固端弯折破坏临界条件。

O.Aydan 和 T.Kawamoto 采用悬臂梁弯曲模型，应用极限平衡理论，建立了通过坡脚剩余不平衡力来判断边坡稳定性的分析方法；左保成等在物理模型试验的基础上建立了"叠合悬臂梁"计算模型，推导出了隐式的极限平衡表达式，对于单个岩层，给出了临界折断深度计算公式；卢海峰等在 O.Aydan 和 T.Kawamoto 工作基础上，对破坏面形式、层间凝聚力的影响和各层岩体重度等方面问题进行修正，得到了改进的悬臂梁极限平衡模型；M.Amini 等考虑相邻岩层的变形协调条件，推导了岩层间相互作用力大小及作用点位置的计算公式，给出了倾倒安全系数计算方法，A.Majdi 等考虑岩层中裂纹的影响，利用断裂力学理论，对 M.Amini 等提出的方法进行了完善；D.P.Stewart 等通过离心模型试验研究了柔性边坡的倾倒破坏机制及地下开挖对倾倒影响。

当岩块的长细比较大时，需要计算的岩块数目众多，对潜在失稳岩块计算时，计算相当繁琐。介于此，Bobet 首先提出用连续介质的方法来分析岩体边坡倾倒破坏，在假定破坏面基线和岩块底面垂直于控制节理的情况下，推导出了岩块极限平衡微分方程，建立了岩质边坡倾倒破坏的解析分析方法。后来，Sagaseta 等在 Bobet 的基础上发展了连续介质方法，扩展了其适用范围，Sagaseta 等采用微分方程描述块体的平衡状态，提出了一般的解析分析方法，对于岩块长细比大于 20~30 时，能给出较为准确的稳定性分析结果，而对于长细比较小时，得到的结果与真实值之间有较大的误差。D.P.Adhikary 等基于 Cosserat 理论，采用有限元分析了岩质边坡弯曲倾倒变形过程和机制；S.C.Hsu 等采用离散元研究了岩质边坡倾倒破坏的因素及倾倒破坏条件。

岩质边坡弯曲倾倒破坏由坡脚向上可分为滑移区、叠合倾倒区、悬臂倾倒区。破坏的发生往往始于坡脚。岩质边坡弯曲倾倒的破坏面为一折线，叠合倾倒区和悬臂倾倒区的分界点以下为直线，分界点以上为台阶型，破坏面的具体位置和形状与边坡的几何物理力学参数有关。岩质边坡发生弯曲倾倒失稳破坏时，通常情况下，滑移区位于坡脚，范围较小甚至不存在，叠合倾倒区不会超过坡顶。边坡弯曲倾倒破坏过程分析示意图如图 2-2-33 所示。对于岩质反倾边坡，在进行稳定性评价时，不能简单地选择圆弧型滑坡模式或指定弯曲倾倒破坏面进行稳定性分析。

岩质边坡弯曲倾倒破坏分析的地质几何模型如图 2-2-34 所示，H 为边坡高度，L 为切坡长度，h_m 为坡顶岩层的高度，h_i 为岩层 i 的高度，t 为岩层厚度，g 为自然坡度，c 为边坡坡度，β 为层面法线倾角，η 为岩层倾角，$\eta = 90° - \beta$，θ 为滑移区和叠合倾倒区的破坏面与水平面的夹角，为便于分析，定义中间计算参数如下：

$$\left.\begin{aligned}\beta_{gr} &= \beta - \beta_g \\ \beta_{cr} &= \beta_c - \beta \\ \theta_r &= \theta - \beta\end{aligned}\right\} \tag{2-2-74}$$

采用以下几条基本假设来简化弯曲倾倒破坏的分析过程：弯曲倾倒的破坏面为一折线，叠合倾倒区和悬臂倾倒区的分界点以下为直线，分界点以上为台阶型；滑移－倾倒区岩层发生破坏时，相邻岩层界面满足极限摩擦平衡条件；以岩层为基本单元，将岩层面上的力简化成集中力，作用点位于 χh_i 处，$\chi \in (0,1)$；所有潜在破坏岩层具有相同的安全系数，且都等于边坡的整体的安全系数。

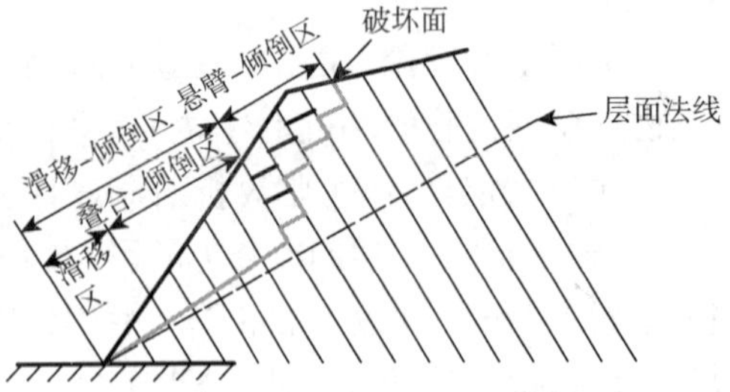

a) 弯曲倾倒破坏分区示意图(存在滑移区的情况)

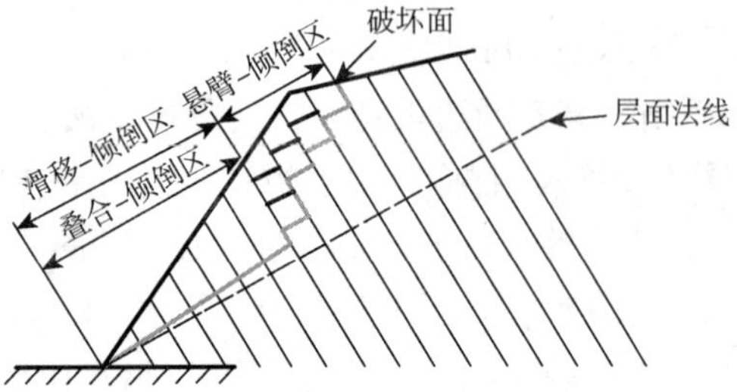

b) 弯曲倾倒破坏分区示意图(不存在滑移区的情况)

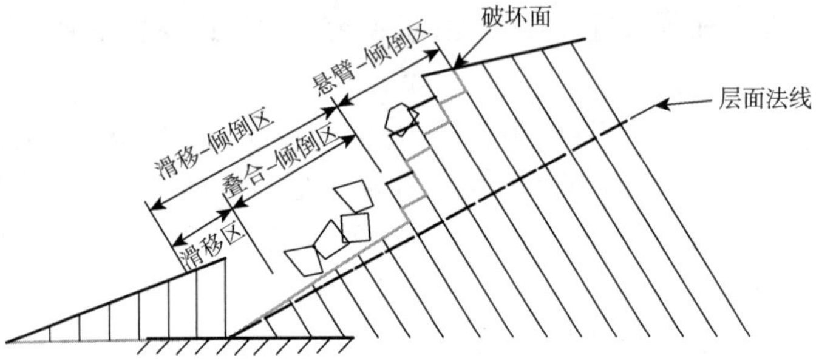

c) 弯曲倾倒结果

图 2-2-33　边坡弯曲倾倒破坏过程分析示意图

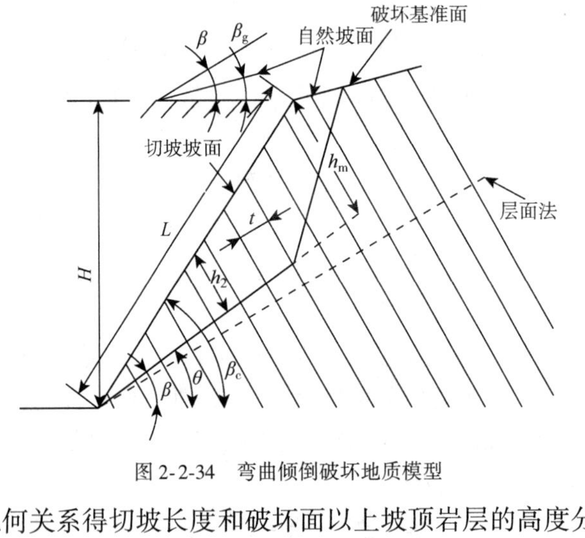

图 2-2-34　弯曲倾倒破坏地质模型

由图 2-2-34 的几何关系得切坡长度和破坏面以上坡顶岩层的高度分别为：

$$L=\frac{H}{\sin\beta_c} \tag{2-2-75}$$

$$h_m=\frac{H}{\sin\beta_c}\cos\beta_{cr}(\tan\beta_{cr}-\tan\theta_r) \tag{2-2-76}$$

从坡脚第 1 个岩层开始编号，则坡顶岩层的编号为：

$$m=\mathrm{int}\left(\frac{L_c\cos\beta_{cr}-0.5t}{t}\right)+1 \tag{2-2-77}$$

式中，int 为取整函数，L_c可表示为：

$$L_c = \frac{\cos\beta_{cr}}{\sin\beta_{cr} - \theta_r} h_m \tag{2-2-78}$$

破坏面以上任意岩层的高度为：

$i \geqslant m$ 时，
$$h_i = h_m + (m-i)(\tan\beta_{gr} + \tan\theta_r)t \tag{2-2-79}$$

$i < m$ 时，
$$h_i = h_m - (m-i)(\tan\beta_{gr} + \tan\theta_r)t \tag{2-2-80}$$

破坏面以上任意岩层的自重为：

$$w_i = \gamma h_i t \tag{2-2-81}$$

岩层 i 以下边坡岩体剪切滑移破坏分析时，其力学模型如图 2-2-35 所示，其破坏需要上部岩层作用的最小推力：

$$P_i = \frac{\cos\theta\left(\frac{\tan\varphi}{F_s} - \tan\theta\right)\sum_{j=1}^{i} w_j + \frac{ict}{\cos\theta_r F_s}}{\cos\theta_r(1+\tan\varphi_j\tan\theta_r) + \tan\varphi\cos\theta_r(\tan\theta_r - \tan\varphi_j)} \tag{2-2-82}$$

式中：F_s——边坡安全系数；

φ、c——岩块内摩擦角和黏聚力；

φ_j——层面内摩擦角。

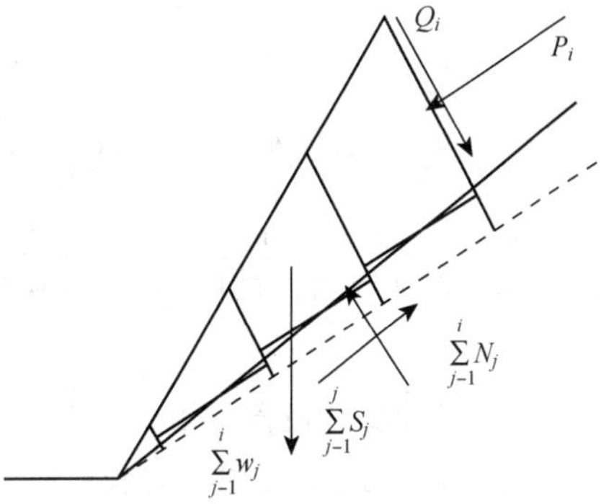

图 2-2-35　岩层以下边坡岩体剪切滑移破坏力学模型

岩层 i 按弯曲倾倒破坏分析时，其力学模型如图 2-2-36 所示，其弯曲倾倒破坏需要上部岩层作用的最小推力为：

$$T_i = \frac{1}{\chi h_i - \frac{t}{2}\tan\varphi_j}\left[\min(P_{i-1}, T_{i-1})\left(\chi h_{i-1} - \frac{t}{2}\tan\varphi_j\right) + \left(\frac{\delta_t}{F_s} + \frac{w_i\cos\beta}{t}\right)\frac{2I}{t} - \frac{h_i}{2}w_i\sin\beta\right] \tag{2-2-83}$$

式中：δ_t——岩块抗拉强度；

I——单位宽度岩层的惯性矩，$I = \frac{1}{12}t^3$。

当岩层n_{st}及$n_{st}+1$破坏时需要上部岩层作用力的推力满足式（2-2-84）时，岩层n_{st}即为滑移区与叠合倾倒区的边界。

$$P_{n_{st}} \leqslant T_{n_{st}}, P_{n_{st}+1} > T_{n_{st}+1} \tag{2-2-84}$$

叠合倾倒区岩层的力学模型如图 2-2-37 所示，该区岩层弯曲倾倒破坏需要上部岩层作用的最小推力为：

$$T_i = \frac{1}{\chi h_i - \frac{t}{2}\tan\varphi_j}\left[T_{i-1}\left(\chi h_{i-1} + \frac{t}{2}\tan\varphi_j\right) + \left(\delta_t + \frac{w_i\cos\beta}{t}\right)\frac{2I}{t} - \frac{h_i}{2}w_i\sin\beta\right] \tag{2-2-85}$$

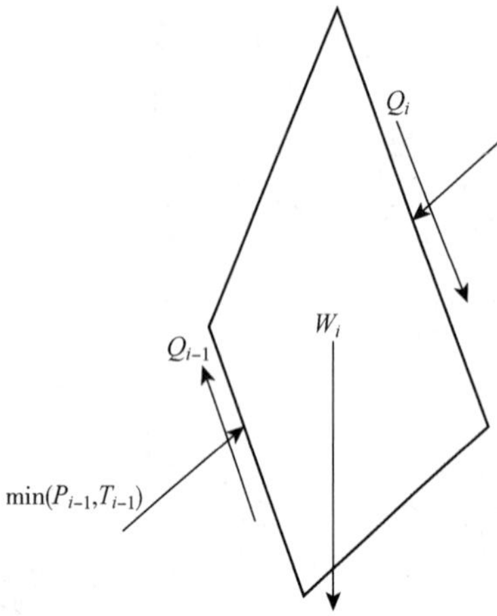

图 2-2-36　弯曲倾倒岩层的力学模型

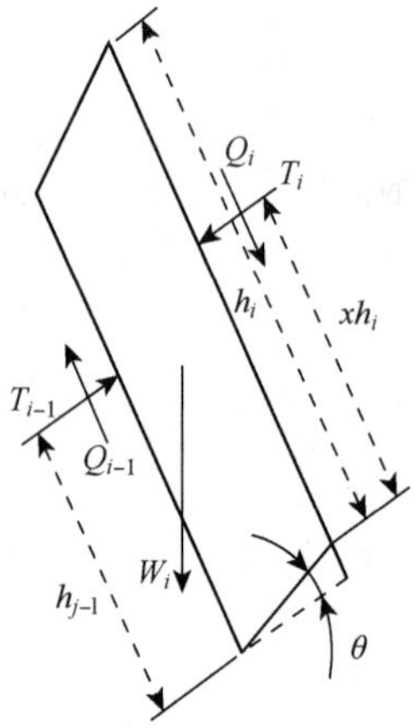

图 2-2-37　叠合倾倒区岩层的力学模型

当岩层n_{ct}及其下部岩层$n_{ct}-1$弯曲破坏时需要上部岩层作用力的最小推力满足式(2-2-86)时，岩层n_{ct}即为叠合倾倒区与悬臂倾倒区的边界。

$$T_{n_{ct}-1} > 0, T_{n_{ct}} \leqslant 0 \tag{2-2-86}$$

滑移区和叠合倾倒区的岩层发生破坏后，在其后缘出现了悬臂段。对于悬臂倾倒区的岩层，下部岩层破坏时与其上部的岩层发生了分离，因而其层间作用力等于0，悬臂倾倒区的稳定性问题可转变为“独立悬臂梁”问题。左保成等基于图 2-2-38 所示的“独立悬臂梁”模型，推导了如下单岩层临界折断深度计算公式：

$$h_{cr} = \frac{t\cos\beta + \sqrt{t^2\cos^2\beta + 12t\sin\beta\,\delta_t/\gamma}}{6\sin\beta} \tag{2-2-87}$$

当悬臂倾倒区第 1 个岩层(岩层编号$n_{ct}+1$)的高度$h_{n_{ct}+1} \geqslant h_{cr}$时，岩层$n_{ct}+1$将发生弯曲倾倒破坏。

$n_{ct}+1$以上岩层稳定性的计算方法与$n_{ct}+1$的计算方法类似，以各岩层最后一级折断面中点的连线作为悬臂倾倒区的综合破坏面，如图 2-2-34所示。

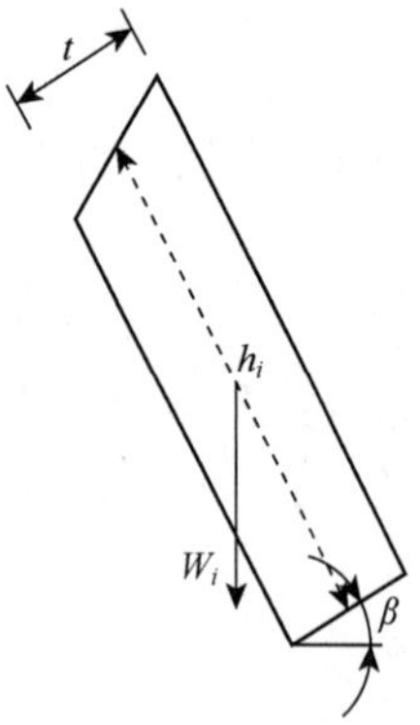

图 2-2-38　临界失稳长度分析图

以式(2-2-82)，(2-2-83)为迭代方程，从坡脚岩层向坡顶岩层计算，通过式(2-2-84)，首先确定滑移区与叠合倾倒区的边界，即岩层n_{st}的位置，然后以式(2-2-85)为基础，每一步迭代得到的T_i值作为下一步迭代计算中的T_{i-1}，直至根据式(2-2-86)确定叠合倾倒区与悬臂倾倒区的边界，即岩层n_{ct}的位置，若式(2-2-86)无解，说明不会出现悬臂段，意味着任意岩层破坏都需要外力，即边坡失稳破坏时需要一个附加外力，然而实际的边坡中并不存在这一外力，因此，可选择这一条件作为判断边坡稳定性的指标：

$$\left.\begin{array}{l} F_0 < 0(\text{边坡不稳定}) \\ F_0 = 0(\text{边坡处于极限平衡}) \\ F_0 > 0(\text{边坡稳定}) \end{array}\right\} \tag{2-2-88}$$

式中，F_0为边坡失稳所需要施加的最小外力，且有

$$\left.\begin{aligned} F_i &= \min(T_i, P_i) \\ F_0 &= \min(F_i) \end{aligned}\right\} \tag{2-2-89}$$

式中，$1 \leqslant i \leqslant n_{total}$，$n_{total}$为计算基准面以上岩层总数。

综上，当$F_0<0$ 时，边坡将发生失稳，其中，$[1, n_{st}]$属于滑移区，$[n_{st}, n_{ct}]$属于叠合倾倒区，悬臂倾倒区位于n_{ct}以后，若n_{st}不存在，说明不存在滑移区，此时边坡发生纯弯曲倾倒破坏；当$F_0=0$ 时，边坡处于极限平衡状态；当$F_0>0$ 时，边坡稳定。

2.3　非饱和土渗流、固结理论及其控制方程

2.3.1　非饱和土渗流基本理论及其控制方程

2.3.1.1　达西定律

1856 年，H.Darcy 通过砂土渗透试验发现在单位时间内的渗流量 Q 与试样断面面积 A 及水头差成正比，与渗透水流的流程长度及渗径 L 成反比，可得：

$$Q = kA\frac{\Delta H}{L} \tag{2-3-1}$$

由于 $v=Q/A$，带入上式可得

$$v = ki \tag{2-3-2}$$

式中：k——渗透系数；

　　i——水力坡降。

Darcy 定律表达的是均匀不可压缩流体的单向渗流方程，要把它普遍推广到多维渗流，就要表达为微分形式。对于各向异性介质，一般形式为：

$$\begin{Bmatrix} v_x \\ v_y \\ v_z \end{Bmatrix} = -\begin{bmatrix} k_{xx} & k_{xy} & k_{xz} \\ k_{yx} & k_{yy} & k_{yz} \\ k_{zx} & k_{zy} & k_{zz} \end{bmatrix}\begin{Bmatrix} \dfrac{\partial h}{\partial x} \\ \dfrac{\partial h}{\partial y} \\ \dfrac{\partial h}{\partial z} \end{Bmatrix} \tag{2-3-3}$$

式中：k_{ij}——渗透张量；

　　h——总水头。

如果 x, y, z 为正交各向异性介质渗透性的主方向，相应的渗透系数主分量为 k_x, k_y, k_z。则上式就可写为：

$$\left.\begin{aligned} v_x &= -k_x\frac{\partial h}{\partial x} \\ v_y &= -k_y\frac{\partial h}{\partial y} \\ v_z &= -k_z\frac{\partial h}{\partial z} \end{aligned}\right\} \tag{2-3-4}$$

达西定律开始是基于饱和土,但后来的研究表明达西定律也适用于非饱和土渗流。区别之处在于非饱和渗流的渗透系数不是常数,而是随着含水量的变化而变化,并且间接地随着水压力的变化而变化。SEEP/W 的理论公式基于饱和与非饱和土体渗流的达西定律。

2.3.1.2 二维饱和-非饱和渗流控制方程

在实际工程中,土体饱和渗流与非饱和渗流问题大多数情况下同时出现并会相互转换,所以在工程中分析渗流问题时,需要将饱和与非饱和作为一个统一整体进行研究,建立出适合于饱和-非饱和渗流的方程。饱和-非饱和渗流控制方程就是指将饱和区地下水运动与非饱和区土壤水运动用统一的控制方程来描述。在饱和区只存在水的运动,在非饱和区同时存在空气和水两种流体的运动。

假设二维土单元中的流体不可压缩,那么其渗流由连续性条件可得:

$$v_x \mathrm{d}z + v_z \mathrm{d}x + S\mathrm{d}x\mathrm{d}z - \left(v_x + \frac{\partial v_x}{\partial x}\mathrm{d}x\right) - \left(v_z + \frac{\partial v_z}{\partial z}\right)\mathrm{d}x = \frac{\partial \theta}{\partial t}\mathrm{d}x\mathrm{d}z \tag{2-3-5}$$

式中:S——源汇项,表示降雨或蒸发引起计算区域内含水率的改变量,若引起含水率增加则为正,反之则取为负;

θ——土体单元含水率;

t——时间。

式(2-3-5)得到:

$$S - \frac{\partial v_z}{\partial x} - \frac{\partial v_z}{\partial z} = \frac{\partial \theta}{\partial t} \tag{2-3-6}$$

根据达西定律得:

$$v_x = -k_x \frac{\partial h}{\partial x} \tag{2-3-7}$$

$$v_z = -k_z \frac{\partial h}{\partial z} \tag{2-3-8}$$

式中:k_x、k_z——x 和 z 方向上的渗透系数;

h——某一点测压管水头。

将式(2-3-7)、式(2-3-8)代入式(2-3-6)可得:

$$\frac{\partial}{\partial x}\left(k_x \frac{\partial h}{\partial x}\right) + \frac{\partial}{\partial z}\left(k_z \frac{\partial h}{\partial z}\right) + S = \frac{\partial \theta}{\partial t} \tag{2-3-9}$$

式(2-3-9)即为二维饱和-非饱和渗流控制性方程的一般形式。对于稳定渗流,土体单元内的含水率将保持,则$\partial\theta/\partial t = 0$,即:

$$\frac{\partial}{\partial x}\left(k_x \frac{\partial h}{\partial x}\right) + \frac{\partial}{\partial z}\left(k_z \frac{\partial h}{\partial z}\right) + S = 0 \tag{2-3-10}$$

倘若土体为饱和渗流,水充满土体中的孔隙,土体含水率是饱和含水率,渗透系数是饱和渗透系数,加之假设水没有压缩性,则$\partial\theta/\partial t = 0$,为饱和渗流的方程,因此可知饱和渗流方程是非饱和渗流方程的一个特殊情况。

Fredlund 与 Morgen-stern 提出饱和-非饱和情况下的应力状态可以用两个状态变量来表

达，分别为法向应力($\sigma-u_a$)及基质吸力(u_a-u_w)，体积含水率表达如下：

$$d\theta = -m_1^w d(\sigma - u_a) - m_2^w d(u_a - u_w) \tag{2-3-11}$$

式中：σ——总应力；

u_a——孔隙气应力；

u_w——孔隙水应力；

m_1^w——与法向应力有关的水的体积变化系数；

m_2^w——与基质吸力变化有关的水的体积变化系数。

对于瞬态渗流问题，当非饱和气相连续不变且单元体没有受到外荷载作用时，则有：

$$\frac{\partial \sigma}{\partial t} = 0 \quad \frac{\partial u_a}{\partial t} = 0 \tag{2-3-12}$$

可见，单位体积含水率的改变仅仅依赖于(u_a-u_w)的改变。在 u_a 保持不变时，单位体积含水率的改变仅仅是孔隙水压力变化量的函数，如图 2-3-1 所示。

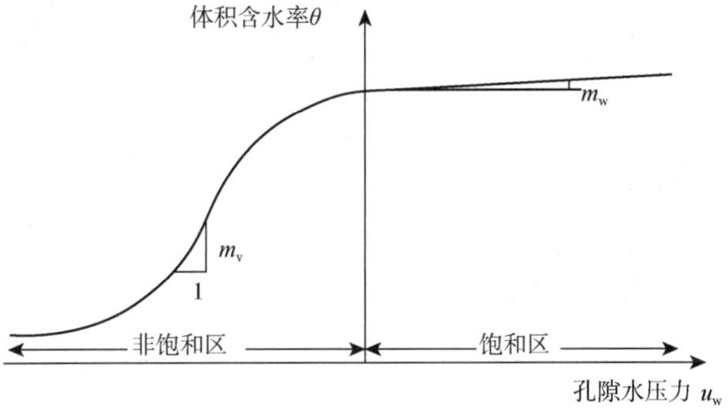

图 2-3-1　$\theta-u_w$关系曲线

$$\partial\theta = m_2^w \partial u_w \tag{2-3-13}$$

式中：m_2^w——$\theta-u_w$关系曲线的斜率。

考虑到总水头 h 的表达式：

$$h = \frac{u_w}{\gamma_w} + z \tag{2-3-14}$$

式中：γ_w——水的容重；

z——高程。

因渗流速度非常小，式(2-3-14)忽略了流速水头。

将上式代入式(2-3-13)中得：

$$\partial\theta = m_w \gamma_w \partial(h - z) \tag{2-3-15}$$

再将式(2-3-15)代入式(2-3-10)得：

$$\frac{\partial}{\partial x}\left(k_x \frac{\partial h}{\partial x}\right) + \frac{\partial}{\partial z}\left(k_z \frac{\partial h}{\partial z}\right) + S = m_w \gamma_w \frac{\partial(h - z)}{\partial t} \tag{2-3-16}$$

由于高程 z 是常量，则上式变为：

$$\frac{\partial}{\partial x}\left(k_x \frac{\partial h}{\partial x}\right) + \frac{\partial}{\partial z}\left(k_z \frac{\partial h}{\partial z}\right) + S = m_w \gamma_w \frac{\partial h}{\partial t} \tag{2-3-17}$$

式(2-3-17)即为饱和-非饱和渗流的控制方程。当等式右边为零时,方程即为饱和渗流方程。渗流由水头随时间的变化情况分为了稳态渗流和非稳态渗流。

稳态渗流:

$$\frac{\partial}{\partial x}\left(k_x \frac{\partial h}{\partial x}\right) + \frac{\partial}{\partial z}\left(k_z \frac{\partial h}{\partial z}\right) + S = 0 \tag{2-3-18}$$

非稳态渗流:

$$\frac{\partial}{\partial x}\left(k_x \frac{\partial h}{\partial x}\right) + \frac{\partial}{\partial z}\left(k_z \frac{\partial h}{\partial z}\right) + S = m_w \gamma_w \frac{\partial h}{\partial t} \tag{2-3-19}$$

2.3.1.3 SEEP/W 有限元渗流方程

应用加权余量的伽辽金方法,由控制方程可以得到二维渗流方程的有限元格式:

$$\tau\int_A ([B]^T[C][B])\mathrm{d}A\{H\} + \tau\int_A (\lambda <N>^T <N>)\mathrm{d}A\{H\},t = q\tau\int(<N>^T)\mathrm{d}L \tag{2-3-20}$$

式中:$[B]$——梯度矩阵;

$[C]$——单元渗透系数矩阵;

$\{H\}$——节点水头向量;

$<N>$——插值函数向量;

q——穿过单元边界的单位流量;

τ——单元厚度;

t——时间;

λ——存储项,对瞬态渗流等于 $m_w\lambda_w$;

A——在单元面积上的求和符号;

L——在单元边界长度上的求和符号。

对于轴对称问题,R 是相对于对称轴的半径,R 的环向距离为等效单元厚度。在 SEEP/W 中有限元方程等效厚度为 1 弧度所对应的环向距离,因此,环向距离是 R。轴对称情况下的有限元方程式:

$$\int_A ([B]^T[C][B]R)\mathrm{d}A\{H\} + \int_A (\lambda <N>^T <N> R)\mathrm{d}A\{H\},t = q\tau\int(<N>^T R)\mathrm{d}L \tag{2-3-21}$$

需要注意的是由于在一个单元径向距离 R 不是常数,因此在被积函数范围内 R 是变化的。

有限元方程可以简单表达为:

$$[K]\{H\} + [M]\{H\},t = \{Q\} \tag{2-3-22}$$

式中:$[K]$——单元特征矩阵;

$[M]$——单元质量矩阵;

$\{Q\}$——单元上施加的流量矢量。

上述有限元方程为瞬态渗流分析的通用方程式。当渗流为稳态渗流时,水头为常值,因

此,$\{H\},t$ 这一项为 0,上述有限元方程可简化为:

$$[K]\{H\}=\{Q\} \tag{2-3-23}$$

上述方程为基本渗流方程,也就是达西定律的简化有限元形式。

2.3.2　非饱和渗流参数的确定

浸润线将岸坡渗流区域分为饱和区和非饱和区,在浸润线以上为非饱和区,孔隙水压力为负;在浸润线以下为饱和区,孔隙水压力为正。非饱和区土中水的渗流也服从达西定律,但与饱和土中渗流不同之处是非饱和土的渗透系数不是常量,非饱和土中水只能在水所占有的空间中流动,而不能在空气所占有的空间中流动。可见含水率越大,水的流动空间越大,渗透系数越大,所以渗透系数是含水率或饱和度的函数,或是基质吸力的函数,该函数常被称为导水率或被称为渗透性函数。在实际中由于孔隙水压力 u_w 容易测得,所以渗透系数又可以表示为 $k-u_w$ 曲线,如图 2-3-2 所示。

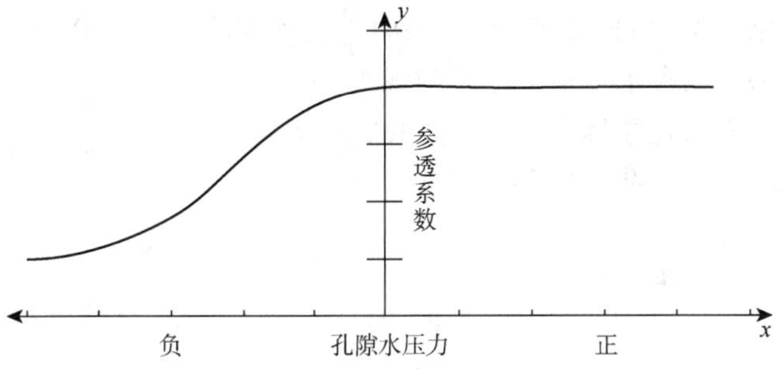

图 2-3-2　水力传导性函数

由于用试验方法来测定非饱和土渗透系数曲线很复杂,为此,有学者提出了很多预测非饱和渗透系数的数学模型,都是以体积含水量或饱和度作为自变量,这样就可以引进土水特征曲线来预测非饱和渗透系数。SEEP/W 里提供了 3 种预测模型。

2.3.2.1　模型 1(Fredlund et al,1994)

这种方法是对土水特征曲线的基质吸力(u_a-u_w)进行积分来实现的。如果已经用 Fredlund 和 Xing 的方程拟合得到土水特征曲线,就可以对整个基质吸力段积分来预测非饱和渗透系数。这种模型避免了残余含水率的测算。这种模型的控制方程如下:

$$K_w=K_s\frac{\sum_{i=j}^{N}\frac{\theta(e^y)-\theta(\psi)}{e^{y_i}}\theta'(e^{y_i})}{\sum_{i=1}^{N}\frac{\theta(e^y)-\theta_s}{e^{y_i}}\theta'(e^{y_i})} \tag{2-3-24}$$

式中:K_w——指定含水率或者负的孔隙水压力计算所得渗透系数(m/s);

K_s——测得的饱和渗透系数(m/s);

θ_s——饱和体积含水率;

e——自然对数的底(2.71828);

y——代表负孔隙水压力算法的虚拟变量,为 j 到 N 之间的数值间距;
j——最终函数描述的最小负孔隙水压力;
N——最终函数描述的最大负孔隙水压力;
ψ——对应第 j 步的负孔隙水压力;
θ'——方程起始值。

2.3.2.2 模型 2(Green and Corey,1971)

Elzeftawy 和 Cartwright(1981)通过将不同类的试验数据与 Green and Corey 的数学模型预测数据进行对比,验证了模型预测数据对工程问题的适用性。该模型的方程如下:

$$k(\theta)_i = \frac{k_s}{k_{sc}} \times \frac{30T^2}{mgh} \times \frac{x^p}{n^2} \times \sum_{j=i}^{m}[(2j+1-2i)h_i^{-2}] \tag{2-3-25}$$

式中:$k(\theta)_i$——指定含水率或者负孔隙水压力计算所得渗透系数(cm/min);
k_s/k_{sc}——测得饱和渗透系数与计算所得饱和渗透系数比值的匹配因子;
i——湿化结束时的最终含水率等级($i=1$ 表明最低含水率对应的孔隙等级;$i=m$ 表示饱和含水率对应的孔隙等级);
h_i——给定充水孔隙等级对应的负孔隙压力水头(cm);
n——i 和 m 间总的孔隙等级;
θ——体积含水率(cm^3/cm^3);
T——水的表面张力(Dyn/cm);
g——重力常数($cm \cdot s^{-1}$);。

2.3.2.3 模型 3(Van Genuchten,1980)

$$k_w = k_s \frac{[1-(a\Psi^{(n-1)})(1+(a\Psi^n)^{-m}]^2}{[(1+a\Psi)^n]^{\frac{m}{2}}} \tag{2-3-26}$$

式中:k_s——饱和渗透系数;
a、m、n——曲线拟合参数($n=1/(1-m)$);
Ψ——要求的基质吸力范围。

对于式(2-3-26),只需要知道饱和渗透系数和 a、m、n,就可以得到非饱和渗透系数。Van Genuchten(1980)给出了用土水特征曲线的作图法来确定拟合参数的方法。根据 Van Genuchten 的理论,确定参数 a、m、n 的最好点在土水特征曲线上残余含水量与饱和含水量中间。

2.3.3 非饱和土固结理论基本理论和控制方程

2.3.3.1 非饱和土变形的机理

对于饱和土,可利用饱和土的有效应力原理来计算土体有效应力增大而引起的压缩变形量,即总应力等于有效应力与孔隙水应力之和,如式(2-3-27)。对于非饱和土,很多学者也提出了相应的有效应力公式,其中 Bishop 提出的非饱和土有效应力公式最为流行,如式(2-3-28)。

$$\sigma' = \sigma - u_w \tag{2-3-27}$$

$$\sigma' = \sigma - u_a + \chi(u_a - u_w) \tag{2-3-28}$$

式中：u_a——孔隙气应力；

u_w——孔隙水应力；

χ——有效应力参数。

由于非饱和土有效应力原理还存在一些缺陷，所以目前对于非饱和区多数采用非饱和土的体变本构模型分别计算土体由于基质吸力增大或减小而引起的收缩或膨胀变形量和净平均应力增大或减小而引起的回弹变形量。1977 年，Fredlund 和 Morgenstern 对非饱和土提出了半经验的本构关系，用三个独立的变量中的任意两个进行描述。假定土为各向同性，线弹性材料，其应力状态变量$(\sigma-u_a)$和(u_a-u_w)表示的本构关系如式(2-3-29)、式(2-3-30)。

弹性形式：

$$\mathrm{d}\varepsilon_v = 3\left(\frac{1-2\mu}{E}\right)\mathrm{d}(\sigma_{mean} - u_a) + \frac{3}{H}\mathrm{d}(u_a - u_w) \tag{2-3-29}$$

式中：H——与基质吸力(u_a-u_w)变化有关的土结构弹性模量；

σ_{mean}——平均总法向应力$(\sigma_{mean}=(\sigma_x+\sigma_y+\sigma_z)/3)$。

压缩形式：

$$\mathrm{d}\varepsilon_v = m_1^s\mathrm{d}(\sigma_{mean} - u_a) + m_2^s\mathrm{d}(u_a - u_w) \tag{2-3-30}$$

式中：m_1^s——与净正应力有关的体积变化系数，$3(1-2\mu)/E$；

m_2^s——与基质吸力有关的体积变化系数，$3/H$。

2.3.3.2　SIGMA/W 有限元方程

SIGMA/W 中在给定的一个时间增量上的有限元方程为：

$$\int_V [B]^T[C][B]\mathrm{d}V\{a\} = b\int_V <N>^T\mathrm{d}V + p\int_A <N>^T\mathrm{d}A + \{F_n\} \tag{2-3-31}$$

式中：$[B]$——应变位移矩阵；

$[C]$——本构矩阵；

$\{a\}$——节点 x 和 y 方向位移增量的列矢量；

$<N>$——插值函数行矢量；

A——单元边界的面积；

V——单元体积；

b——体积力密度；

p——面荷载增量；

$\{F_n\}$——集中节点力增量。

对于二维平面应变问题，SIGMA/W 认为所有的单元都是单位厚度，对常单元厚度 t，上述方程可写为：

$$t\int_A [B]^T[C][B]\mathrm{d}A\{a\} = bt\int_A <N>^T\mathrm{d}A + pt\int_L <N>^T\mathrm{d}L \tag{2-3-32}$$

然而，在轴对称分析中，相应单元的厚度是关于对称轴的环向距离。虽然整个环向距离是 2π 乘以半径 R，但是 SIGMA/W 采用 1 弧度(单位弧度)，所以相应的厚度为 R，轴对称情况的有限元方程变为：

$$\int_A [B]^T[C][B]R\mathrm{d}A\{a\} = b\int_A R(<N>^T)\mathrm{d}A + p\int_L R<N>^T\mathrm{d}L + \{F_n\} \tag{2-3-33}$$

与平面应变问题中的厚度 t 不同,在单元内半径 R 不是一个常数。因此,R 需要在积分中计算。

有限元方程的简化形式为:

$$[K]\{\alpha\} = \{F\} = \{F_b\} + \{F_s\} + \{F_n\} \tag{2-3-34}$$

式中:$[K]$——单元特征(或刚度)矩阵,$[K] = t\int_A [B]^T[C][B]\mathrm{d}A$(对于平面应变),或$[K] = \int_A [B]^T[C][B]R\mathrm{d}A$(对于轴对称);

$\{a\}$——节点位移增量;

$\{F\}$——施加的节点力,由以下组成;

$\{F_b\}$——表面压力增量;

$\{F_n\}$——节点集中增量。

$$\{F_s\} = pt\int_L <N>T\mathrm{d}L,\text{或者}\{F_s\} = p\int LR<N>T\mathrm{d}L\ (\text{对于轴对称问题}) \tag{2-3-35}$$

2.4 库岸路基边坡渗流、应力、变形计算分析

由于库水位的变动,库岸路基边坡通常存在两个区域,即饱和区和非饱和区。饱和区的变形主要是受孔隙水压力的影响,当库水位上升时,地下水位随之上升,孔隙水压力(u_w)增大,土体骨架受到的有效应力减小,土体发生膨胀变形;当库水位下降时,地下水位随之下降,孔隙水压力(u_w)减小,土体骨架受到的有效应力增大,土体发生收缩变形。非饱和土变形与饱和土变形的主要区别为,基质吸力的变化也会引起非饱和土的变形。基质吸力为孔隙气压力与孔隙水压力之差,即 u_a-u_w。处于自然环境中的非饱和土,普遍认为土中的孔隙与大气是相连的,则孔隙气压力等于大气压,所以基质吸力是由孔隙水压力决定的,也就是与含水量或饱和度相关。含水量或饱和度降低,基质吸力增大使得土体发生收缩变形;含水量或饱和度升高,基质吸力减小使得土体发生回弹变形。当库水位下降时,部分饱和土区域转变为非饱和区域及原非饱和区土体饱和度减小,导致饱和区有效应力增大,从而导致沉降变形,即非饱和区基质吸力增大,也会导致沉降变形。当库水位上升时,部分非饱和土区域转变为饱和区域及原非饱和区土体饱和度的增加将导致饱和区的有效应力降低,从而导致隆起变形,非饱和区基质吸力减小,也会导致隆起变形。对于饱和土区域,地下水位的变化使土体有效应力变化,导致饱和土沉降或隆起变形;对于非饱和土区域,地下水位的升降会引起非饱和土体饱和度的变化,导致基质吸力变化使土体发生收缩或隆起变形。在此,基于 GEO-SLOPE 有限元分析软件中的 SEEP/W 及 SIGMA/W 模块,采用有限元方法深入剖析库水位变化对库岸路基边坡渗流场、应力场变化规律及变形的影响。

2.4.1 工程概况

金安桥电站是位于金沙江中游的特大型水电站,库岸为典型高山峡谷"V"字形的河谷阶地地形。自 2012 年蓄水后,库水位上升 64.5m,在水和波浪的不断作用下,库区边坡发生了多处不同程度的地质灾害。据现场工程地质勘查,在水电站进行初期蓄水和泄水过程中,库区

丽江古城至宁蒗开元桥段发生大小不同程度的数十处滑坡，滑坡宽度为 2～15m，垂向深度为 8～30m，坡度为 37°～53°，岸坡土体的天然休止角 32.6°～36.1°，堆积过程经自然固结稳定，岸坡坡角比休止角增大。各类变形体广泛分布，并对拟建公路的稳定性造成威胁，图 2-4-1 为水库塌岸现场照片。

图 2-4-1　水库塌岸现场照片

2.4.1.1　工程地质条件

研究区处于金沙江Ⅲ级阶地，因古崩塌滑坡形成凸岸，岸坡坡度在 37°～44°之间，地下水位以上岸坡已自然稳定。土体天然休止角 32.6°～36.1°，堆积过程经自然固结稳定，水上稳定岸坡比休止角增大。随岸坡高度增加、坡角的变化对岸坡的稳定有较大影响，现场调查，岸坡公路地段坍塌发展较为突出，在库水冲刷、浪蚀及地下渗流等因素的作用下，金安桥库区路基下边坡塌岸定义为典型碎石土坍塌型塌岸，路基上边坡塌岸定义为牵引式碎石土滑移型塌岸。

金安桥库区位于金沙江深切割中高山峡谷的“V”字形区域。分布二叠系峨眉山玄武岩组中段（$P_2\beta^2$）：深灰、灰绿、紫红、黄绿色致密状、角砾状玄武岩，玄武岩夹扁豆状灰岩。上覆第四系残坡积层（Q_4^{el+dl}）：灰褐、褐灰色角砾、碎石，厚度 0.2～83.5m。钻探揭露地层为：

碎石 1：灰绿、褐灰色，稍～中密，稍湿，局部夹 3%～5%孤石、砾砂及黏性土。含 51%～71.2%的中风化玄武岩、页岩碎块，棱角状充填物为黏性土和沙土。

碎石 2：灰绿、褐灰色，密实状，湿至饱和土，局部夹 5%～10%孤石、砾砂及黏性土。含 51%～71.2%的中风化玄武岩、页岩碎块，棱角状充填物为黏性土和沙土。碎石 1 和碎石 2 颗粒分布规律如表 2-4-1 和图 2-4-2 所示。

碎石土粒径组成（%）　　表 2-4-1

颗粒级配（mm）	200～20	20～2	2～0.5	0.5～0.075	<0.075
碎石 1	81.5	5.9	0.8	1	10.8
碎石 2	80.4	6.5	0.9	1.2	11

玄武岩：峨眉山玄武岩组中段（$P_2\beta^2$），灰绿、蓝褐色，中至弱风化，较破碎，RQD＝3%，主要结构面为节理、裂隙，石英脉充填，铁镁质浸染。钻孔揭露深度 61.7～83.8m。

由级配曲线 a）可得，碎石 1 中巨粒组（>60mm）质量为总质量的 15%～50%，卵石含量（$200\text{mm} \geqslant d > 60\text{mm}$）大于漂石含量（$d > 200\text{mm}$）。按照《土工试验规程》（SL－237－1999）划分为卵石混合土，土代号为 SIC_b，野外定名为碎石混合土。碎石 1 级配指标 $d_{60} = 77\text{mm}$，$d_{30} =$

36mm, d_{10} = 0.012mm，不均匀系数 C_u = 6416.7，曲率系数 C_c = 1402.6，不均匀系数≥5、曲率系数在>3，属于级配不良卵石混合土。

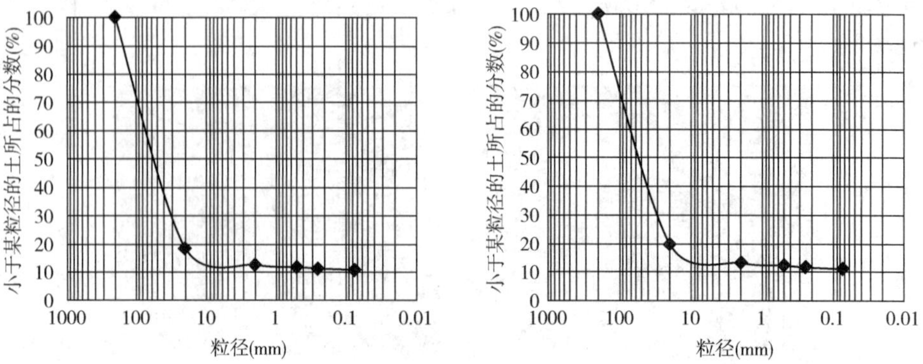

a)碎石土1天然级配曲线　　b)碎石土2天然级配曲线

图 2-4-2　碎石土天然级配曲线

由级配曲线 b)可得，碎石 2 中巨粒组（>60mm）质量为总质量的 15%～50%，卵石含量（200mm≥d>60mm）大于漂石含量（d>200mm）。按照《土工试验规程》（SL-237-1999）划分为卵石混合土，土代号为 SIC_b，野外定名为碎石混合土。碎石 2 级配指标 d_{60} = 75mm，d_{30} = 32mm，d_{10} = 0.011mm，不均匀系数 C_u = 6818.2，曲率系数 C_c = 1241.2，不均匀系数≥5、曲率系数在>3，属于级配不良卵石混合土。

2.4.1.2　水文地质条件

据电站水文资料，水库校核洪水位为 1421m，正常蓄水位为 1418m，死水位为 1398m。2013 年最高库水位 1417.9m；年最低库水位为 1405.9m。据钻孔揭露，各钻孔均见地下水，地下水位在 1412.55m～1414.13m 之间，地下水受基岩裂隙水及电站库水补给，并受库水位升降影响。

根据《中国地震动峰值加速度区划图》（GB 18306—2001）、《中国地震动反应谱特征周期区划图》（GB 18306—2001）划分，金安桥库区边坡段地震动峰值加速度为 0.30g，地震动反应谱特征周期为 0.40s。按建筑抗震规范（GB 50011—2010），研究区域属中硬场地土类型，Ⅱ类建（构）筑场地类别，无饱和粉土、砂土存在，可不考虑地震液化。

2.4.2　二维有限元数值模拟

采用有限元软件 geo-studio 进行非耦合分析来模拟库水位变化时路基的沉降变形。非耦合分析中，先使用 SEEP/W 求解瞬态渗流方程，得到孔隙水压力，然后将孔隙水压力的计算结果赋予到 SIGMA/W 中，在 SIGMA/W 中求解平衡方程，计算得到每一时段土体应力应变的变化。按如下步骤进行路基变形数值模拟：①进行蓄水前原河床水位分析，将其作为之后分析的初始条件；②在 SEEP/W 模块模拟库水位变化过程中渗流场的变化；③将渗流分析结果作为已知的水力条件，分析库岸路基应力、变形规律。

2.4.2.1　计算模型

2012 年 1 月 1 日金安桥电站正式关闸蓄水，蓄水期为 6 个月，库水位由原河道水位 1353.5m 上升至正常蓄水位 1418.0m，并在常水位 1418.0m 下运行一段时间，之后又泄水至死水位

1398.0m。由于库水位的升降,库岸边坡渗流场发生变化,库岸公路路基发生了变形,对公路的稳定性造成了影响。对库岸路基边坡进行有限元模拟分析时,只能取一个有限的区域,为此以库区公路第五勘探断面为计算剖面。根据工程实际情况,模型尺寸高为 188m,宽为 240m,坐标原点为河床中心点,x 方向为水平指向山体,y 方向为垂直向上。结合实际工程采用三角形和四边形单元,将网格划分为 9740 个节点,9643 个单元,库区路基边坡模型如图 2-4-3所示,路基边坡研究剖面及特征点如图 2-4-4 所示。

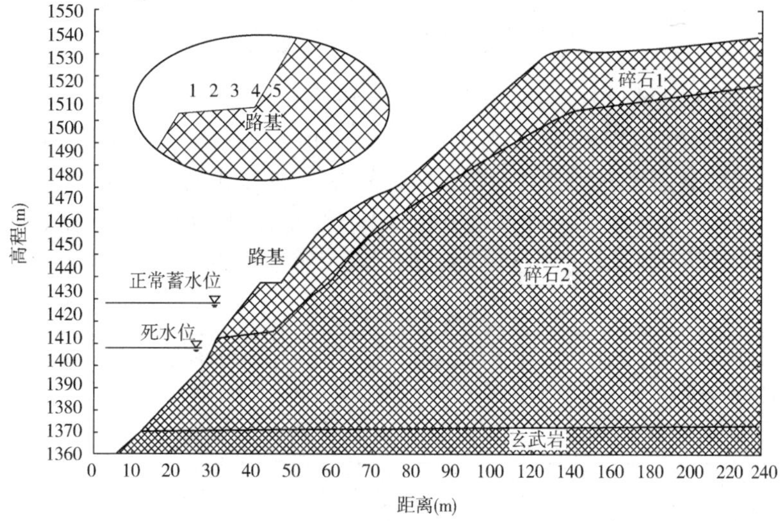

图 2-4-3　库区边坡模型

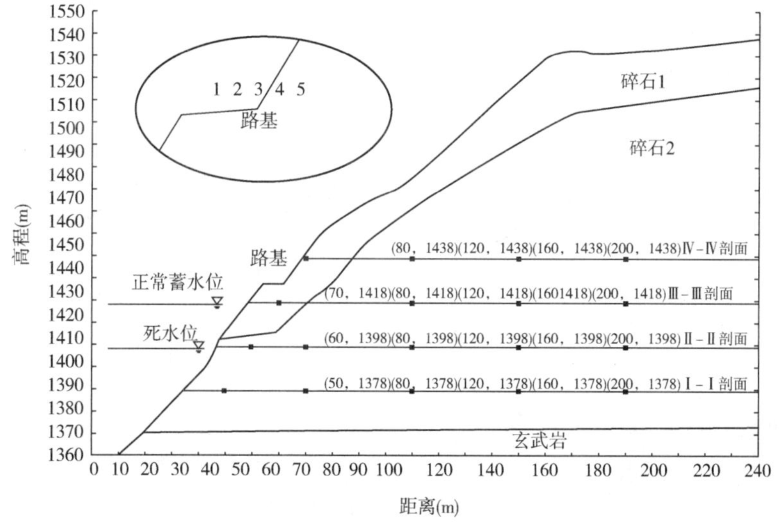

图 2-4-4　库区路基边坡研究剖面及特征点

在 SEEP/W 模块中初始时库水位以上为零流量边界,库水位以下为定水头边界,初始水头为原金沙江河道水位 1353.5 m,右侧边界及底部边界为不透水边界,当电站蓄水及泄水时,通过改变边界条件来反映库水的升降情况,边界条件采用总水头作为变量且为时间的函数。根据电站的运行情况,拟定了 2 种工况,如表 2-4-2 所示。在 SIGMA/W 模块中边界的约束条件,主要是位移边界条件,指定模拟区底部边界 x 和 y 方向位移为 0,右侧边界 x 方向位移为 0,库岸坡面水位之下为水压力边界,水位之上边界为自由边界。

计 算 工 况 表 2-4-2

工　况	工况时期	工况条件
1	蓄水期	库水位上升并稳定运行一段时间,0～180d 水位从 1353.5m 上升到 1418m,180～700d 水位高程保持为 1418m
2	泄水期	库水位以不同速率下降,下降速率分别为 4m/d、2m/d、1.33m/d 及 1m/d,降幅为 20m,库水位降到死水位后稳定运行至 850d

模型共划分了 3 个材料分区,结合工程勘察和钻孔资料,采用反演法,获得饱和渗透系数,其他土力学参数由工程勘察土工试验及参考相关文献获得,边坡材料参数取值见表 2-4-3。由于边坡土体材料粒径分布曲线获取较为容易,通过土体的粒径分布曲线确定体积含水量函数,在 SEEP/W 中提供了三种渗透系数函数估计方法,采用 Van Genuchten 模型预测非饱和渗透系数函数,碎石 1 与碎石 2 的土水特征曲线及渗透系数曲线如图 2-4-5a)～d)所示。

边坡材料参数取值 表 2-4-3

材料	天然容重 γ(kN·m^{-3})	饱和容重 γ_{sat}(kN·m^{-3})	有效黏聚力 C'(kPa)	有效内摩擦角 Φ'(°)	饱和渗透系数 k_s(cm·s^{-1})	有效弹性模量 E'(kPa)	泊松比 v
碎石 1	19.8	20.4	13.3	30.7	9.26×10^{-4}	48000	0.27
碎石 2	21.4	21.9	15.3	30.7	2.32×10^{-4}	62000	0.27
玄武岩	26.7	27.1	1420	45.3	9.26×10^{-5}	4.8×10^{7}	0.2

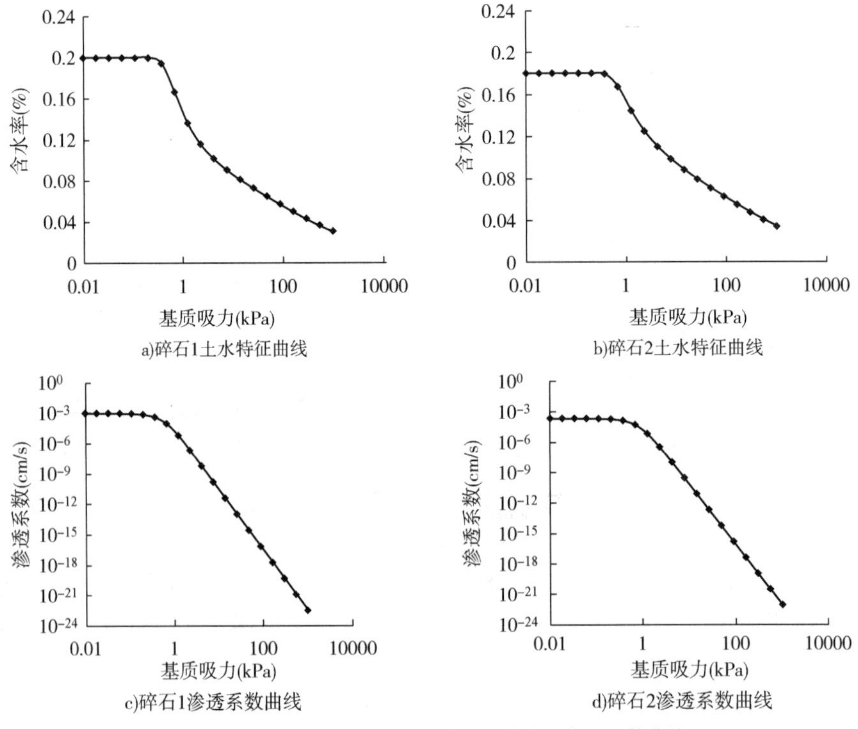

图 2-4-5　碎石 1 及碎石 2 土-水特征曲线和渗透函数曲线

2.4.2.2　渗流场分析

(1)各工况浸润线分析

通过模拟工况 1 与工况 2 两种情况下边坡的渗流演变规律,得到了蓄水期和恒定水位运行期,以及泄水期水位下降速率分别为 4m/d、2m/d、1.33m/d 及 1m/d 的边坡体浸润线随时间的变化图,如图 2-4-6、图 2-4-7 所示。

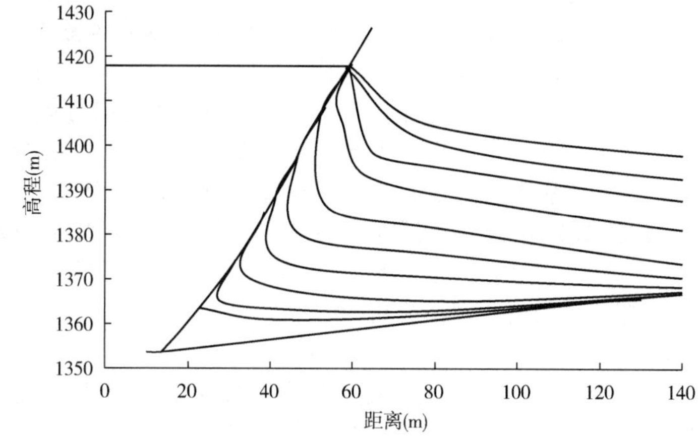

图 2-4-6　库水位上升及稳定一段时间后坡体浸润线位置变化图

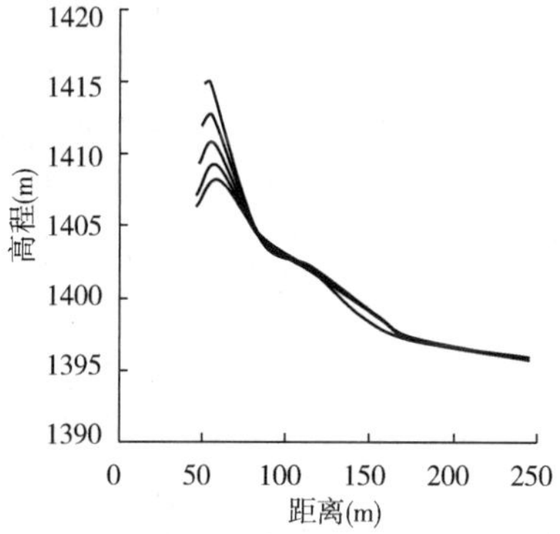

a)水位下降速率为4m/d时浸润线位置变化图

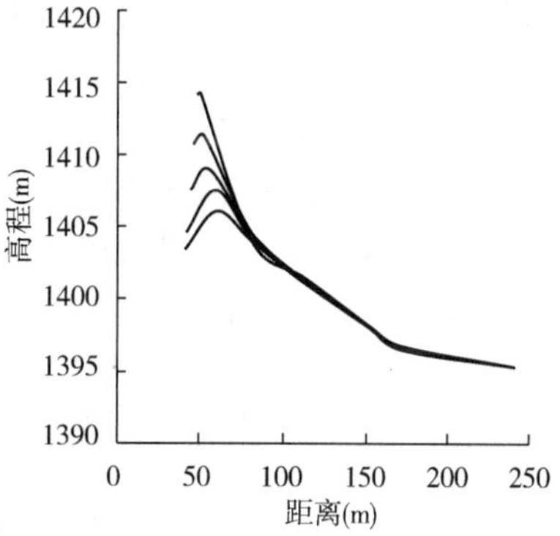

b)水位下降速率为2m/d时坡体线位置变化图

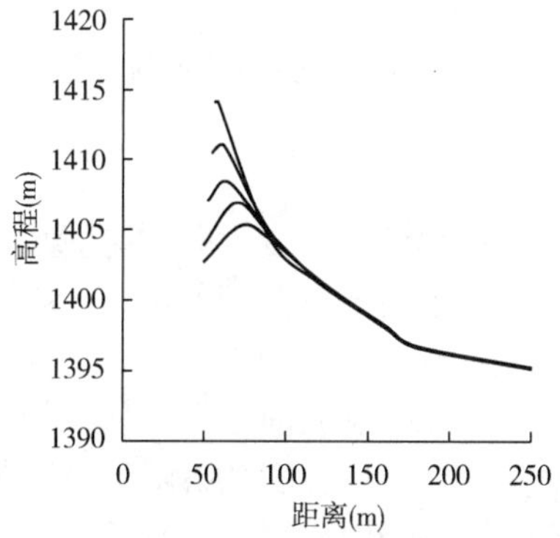

c)水位下降速率为1.33m/d时浸润线位置变化图

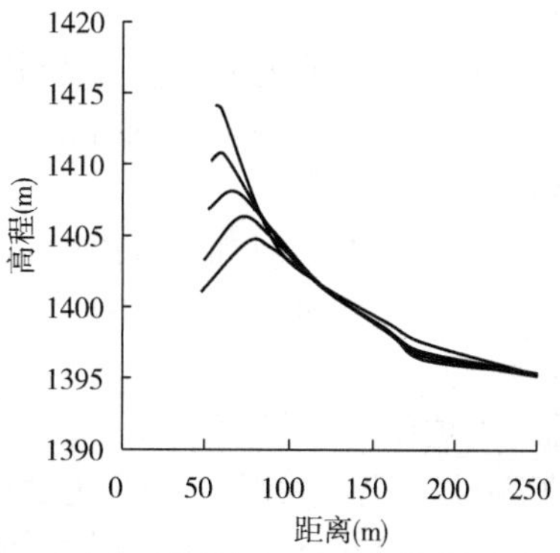

d)水位下降速率为1m/d时坡体线位置变化图

图 2-4-7　库区边坡浸润线变化图

工况1(图2-4-6):0~180d库水位从河道水位1353.3m上升到正常蓄水位1418m时,渗流场为瞬态渗流。在蓄水期间,库水位逐渐上升,由于渗流的滞后效应,岸坡内部水头低于岸坡外缘水头,形成水头差,产生渗流力,由坡外向坡内发生渗流,逐渐抬升地下水位。随着时间的推移,浸润线逐渐抬升,为下凸曲线。180~700d库水位为1418m,在库水位稳定运行期间,岸坡外水头保持不变,但岸坡外、岸坡内存在水头差,渗流场仍在发生变化,由岸坡外向岸坡内发生渗流。坡体内部浸润线逐渐抬升,为下凸曲线,下凸点逐渐向岸坡内、岸坡上部移动,但随着时间的推移逐渐趋于平稳。另外,在库水位上升及稳定一段时间期间,部分非饱和区变为饱和区,饱和区增大,非饱和区减小,孔隙水压力增大,基质吸力减小。

工况2(图2-4-7):库水位以不同速率从正常蓄水位1418m下降到死水位1398m,渗流场为瞬态渗流。在泄水期间,库水位逐渐下降,由于渗流的滞后效应,坡内靠近边坡面的水头高于岸坡外及岸坡体内部的水头,形成了向坡外及坡体深处渗流的渗流场。浸润线为单峰型上凸曲线,随着渗流场的发展,部分饱和区变为非饱和区,非饱和区增大,饱和区减小,孔隙水压力逐渐减小,基质吸力增大。比较图2-4-7a)~d),降水幅度相同的情况下,库水位下降速率越大,边坡排水时间就越短,边坡滞后效应就越明显,坡体内外水头差就越大,浸润线斜率也就越大。

(2)各工况土体孔隙水压力变化规律分析

①孔隙水压力等值线图分析

首先分析库水位变化前库岸边坡体内孔隙水压力分布规律,在水位变化前先给定一个初始地下水位,所以初始孔隙水压力等值线与初始地下水位近似平行,同一等值线上的孔隙水压力大小相同。

图2-4-8为库水位上升及稳定一段时间库岸路基边坡孔隙水压力等值线图,图2-4-9为库水位下降及稳定一段时间后不同高程边坡各位置点路基边坡孔隙水压力随时间变化图。库水位以2m/d的速率下降,下降20m,710~850d库水位保持恒定。从图2-4-8及图2-4-9中可以看出孔隙水压力从下到上逐渐减小,在浸润线处为零,浸润线以下为正值,浸润线以上为负值。由图2-4-8b)及图2-4-9a)可看出,在库水位升降过程中,靠近边坡的孔隙水压力等值线由直线型分布变为曲线形分布,总体上孔隙水压力随着库水位的升高而增大,随着库水位的降低而减小,但在边坡体不同部位其变化又有所差别。离库岸坡面越近,孔隙水压力等值线的斜率越大;离库岸坡面越远,孔隙水压力等值线趋近于直线,可见,库水位变化对边坡孔隙水压力的影响由近及远逐渐减小;远离库岸坡面,坡体孔隙水压力与坡外水压相差越大。这表明距离库岸坡面越远,库水位变化对土体孔隙水压力影响的滞后现象越明显。因此坡体前缘部位因受库水位变化的影响较大,其孔隙水压力变化较大,而边坡后缘变化较小。除此之外高程高于正常蓄水位的边坡土体孔隙水压力几乎不受水位变化的影响。从图中还可发现,同一时刻的孔隙水压力等值线与浸润线接近平行。

②孔隙水压力曲线

由图2-4-10及图2-4-11可知靠近边坡前缘的点,在库水位升降变化时,其孔隙水压力变化与库水位变化大体一致,且其孔隙水压力上升或下降速度较快;随着时间的延续,其孔隙水压力达到恒值时间越短,滞后现象不明显。对于坡体内部的点,其孔隙水压力上升或下降速度较慢,达到恒值所需时间越长,滞后现象较明显。另外由图还可看出在坡前水位变化的初始阶段,靠近边坡前缘的点孔隙水压力变化速率要比远离边坡前缘的点变化速率大;随着时间的延续,情况正好相反,远离边坡前缘的点孔隙水压力变化速率要比靠近边坡前缘的点孔隙水压力变化速率大,这也说明了库岸坡面越远,库水位变化时,土体孔隙水压力的滞后现象越明显。

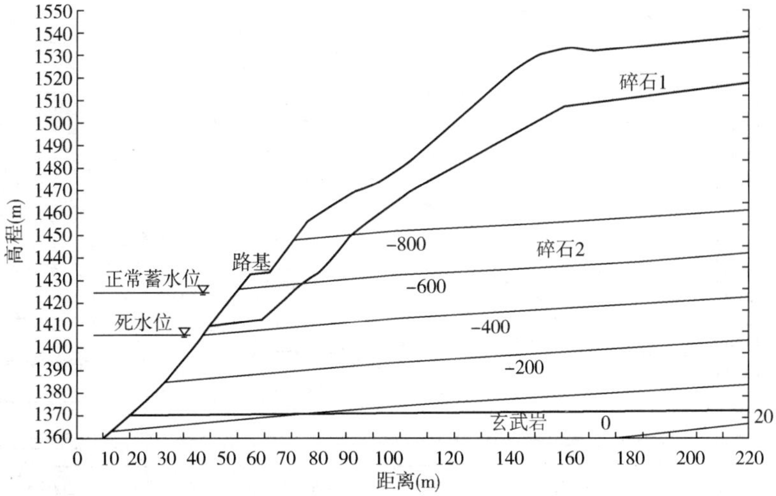

a)0d库岸路基边坡孔隙水压力等值线图

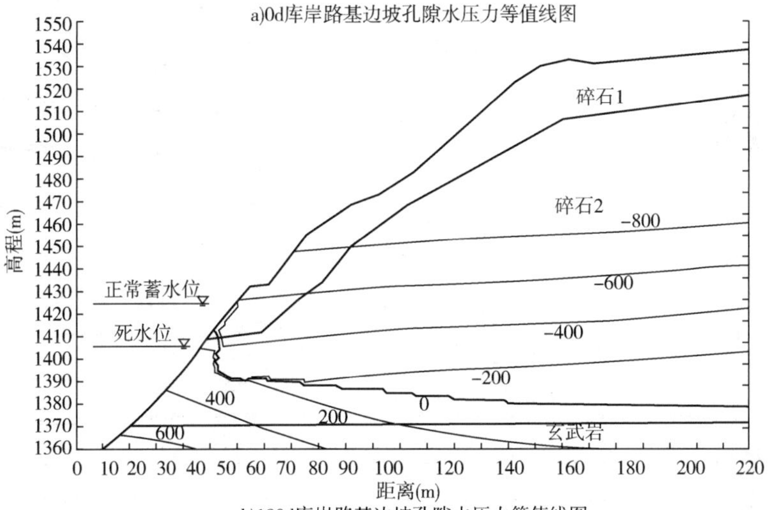

b)180d库岸路基边坡孔隙水压力等值线图

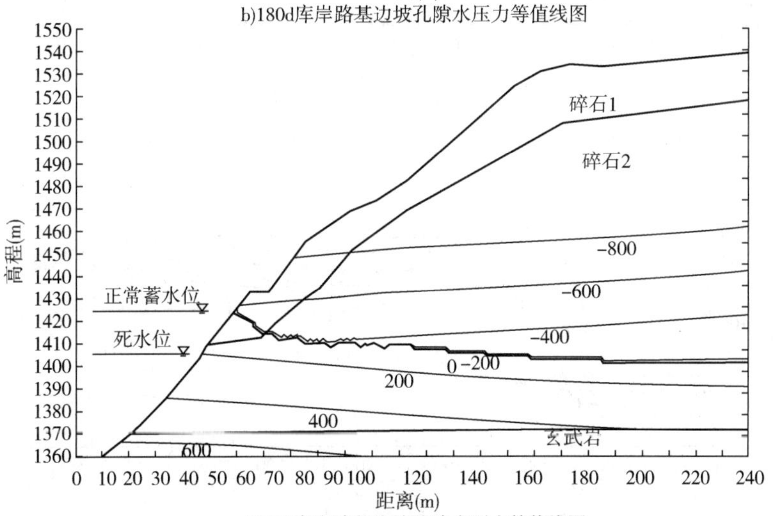

c)700d库岸路基边坡孔隙水压力等值线图

图 2-4-8　库水位上升及稳定一段时间库岸路基边坡孔隙水压力等值线图

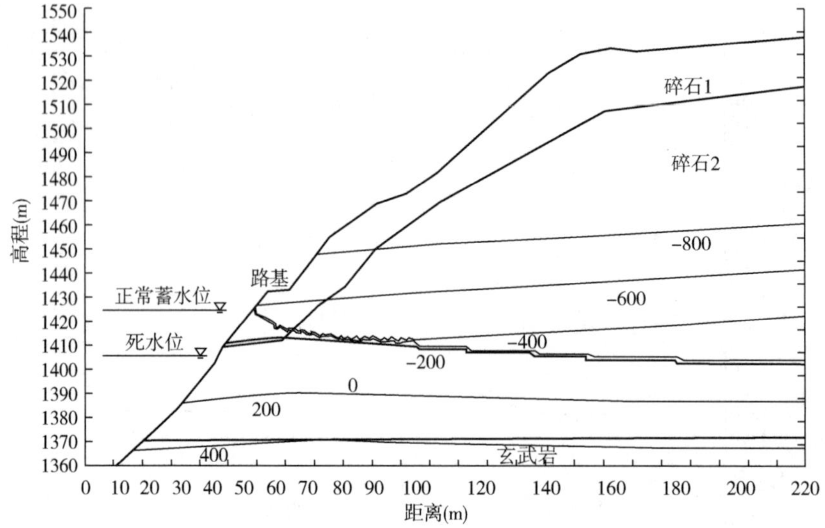

a)710d库岸路基边坡孔隙水压力等值线图

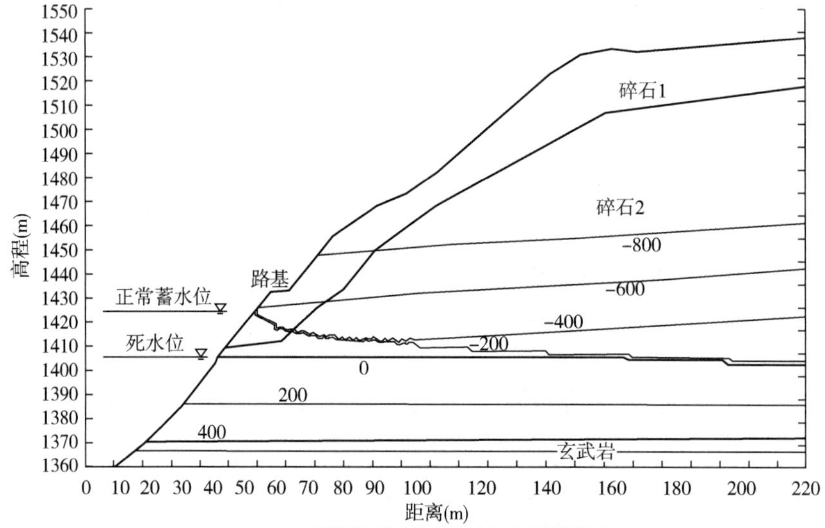

b)850d库岸路基边坡孔隙水压力等值线图

图 2-4-9　库水位下降及稳定一段时间库岸路基边坡孔隙水压力图

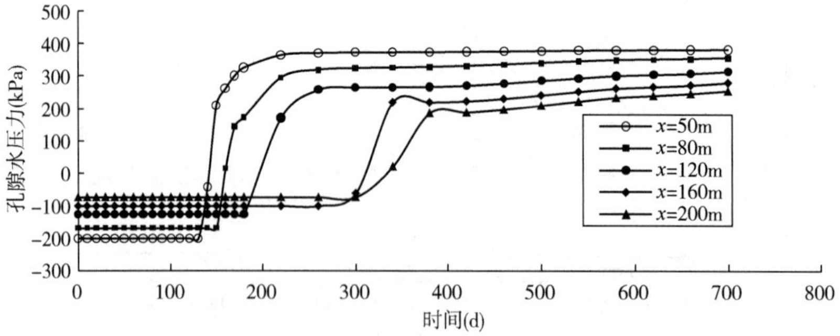

图 2-4-10　库水位上升 $y=1378\text{m}$ 处各点孔隙水压力曲线

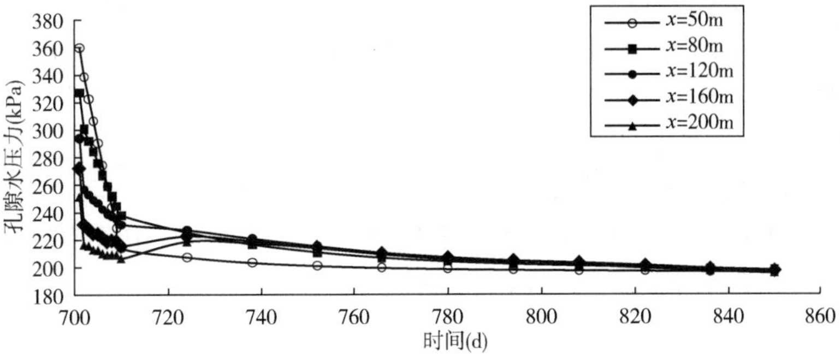

图 2-4-11　库水位以 2m/d 下降 $y = 1378$m 处各点孔隙水压力曲线

同一高程坡体内的点孔隙水压力变化趋势一致，都是从初始值开始上升（或减小）。在库水位上升（下降）时，孔隙水压力随着增大（减小）；在库水位稳定后坡体内孔隙水压力的变化逐渐减小并趋于稳定。但是由于同一高程边坡内的点对库水位变化响应的滞后效应从边坡前缘至边坡后缘逐渐增大，因此，坡体内的点到库岸坡面的距离对孔隙水压力的变化影响较大，离库岸坡面越远，孔隙水压力增大（降低）幅度越小。

图 2-4-12 为库水位以不同速率下降时边坡中某点（60，1398）的孔隙水压力随时间的变化曲线。由图可知，在不同的库水位下降速率下，该点孔隙水压力随时间的增加不断减小，直至达到最大负压值；且在库水位下降期间，孔隙水压力下降速率较大，当库水位为一恒值后，下降速率逐渐减缓，减小到一个最小值，然后趋于不变，这就是该节点由饱和状态向非饱和状态转变的脱水过程。当水位以 2m/d 下降时，孔隙水压力不断减小，浸润线为 800d 左右到达该节点的位置，这时该点的孔隙水压力为零，该过程为孔隙水压力随时间消散的过程，它的消散是孔隙中的水在重力的作用下不断减小。同理，其他速度工况孔隙水压力的变化也是如此。从图还可以看出，库水位下降速率越快，孔隙水压力下降梯度越大，该点由饱和状态向非饱和状态转变的所用时间越短，到达最小值的速度越快。

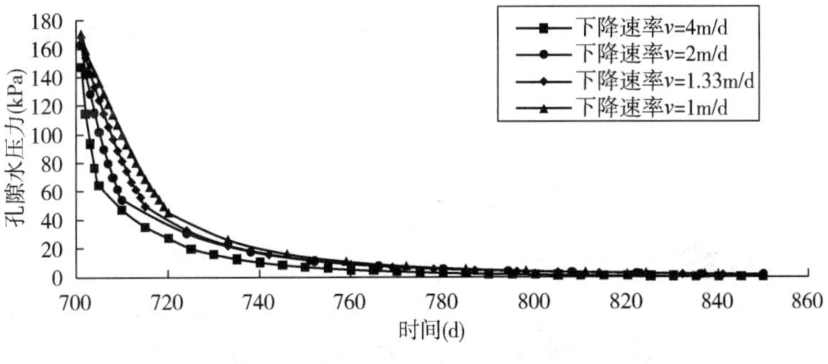

图 2-4-12　不同速率下降坡体内某点孔隙水压力随时间的变化曲线

2.4.2.3　应力场分析

在库水位升高变化过程中，通过库岸路基边坡应力场计算分析得到图 2-4-13 和图 2-4-14。图 2-4-13 给出了工况 1 高程为 1378.0m，水平位置为 50m、120m、200m 处的法向总压力、孔隙水压力和法向有效应力随时间变化过程。靠近边坡后缘（$x = 200$m）的点法向总压力由

3024.69kPa 下降至 3008.23kPa,下降 16.46kPa;孔隙水压力由-74.00kPa 上升至 254.63kPa,上升 328.6kPa;法向有效应力由 3098.68kPa 下降至 2753.60kPa,下降 345.08kPa。靠近前缘(x=120m)的点垂直总压力由 2285.19kPa 上升至 2295.87kPa,上升 10.68kPa;孔隙水压由-125.9kPa 上升至 314.89kPa,上升 440.80kPa;法向有效应力由 2411.10kPa 下降至 1980.98kPa,下降 430.12kPa。靠近坡面(x=50m)的点法向总应力由 1101.10kPa 上升至 1366.40kPa,上升 265.30kPa;孔隙水压力由-200.6kPa上升至 382.83kPa,上升 583.51kPa;法向有效应力 1301.79kPa 下降至 983.57kPa,下降 318.22kPa。

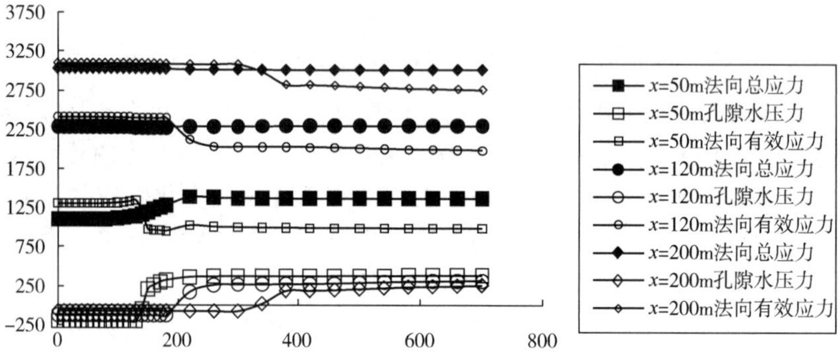

图 2-4-13 工况 1 法向总压力、孔隙水压力和法向有效应力随时间变化曲线

图 2-4-14 给出了工况 1 高程为 1378.0m,水平位置为 50m、120m、200m 处水平总压力、孔隙水压力和水平有效应力随时间变化过程。靠近边坡后缘(x=200m)的点水平总压力由 887.06kPa上升至 1104.16kPa,上升 217.10kPa;孔隙水压力由-74.00kPa 上升至 254.63kPa,上升 328.6kPa;水平有效应力由 961.06kPa 下降至 849.53kPa,下降 111.53kPa。靠近前缘(x=120m)的点水平总压力由 689.45kPa 上升至 995.11kPa,上升 305.65kPa;孔隙水压由-125.9kPa 上升至 314.89kPa,上升 440.80kPa;水平有效应力由 815.36kPa 下降至 680.21kPa,下降 135.15kPa。靠近坡面(x=50m)的点水平总应力由 434.26kPa 上升至 1007.74kPa,上升 573.48kPa;孔隙水压力由-200.6kPa上升至 382.83kPa,上升 583.51kPa;水平有效应力 634.95kPa 下降至 624.91kPa,下降 10.04kPa。

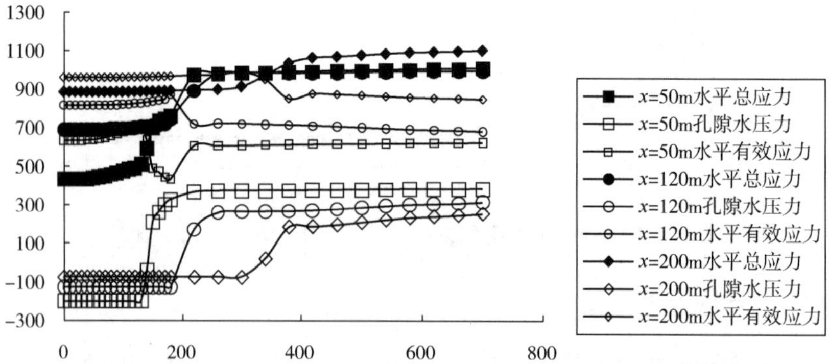

图 2-4-14 工况 1 水平总压力、孔隙水压力和水平有效应力随时间变化曲线

坡内各点在库水位上升及稳定一段时间期间,孔隙水压力增加且越往坡体后缘上升值越小。在库水位上升的影响下,有效应力减小。靠近边坡前缘点,由于法向有效应力的减小值

小于孔隙水压力的增加值,垂直总应力增加。靠近坡体后缘的点,由于法向有效应力的减小值大于孔隙水压力的增加值,垂直总应力减小。坡内三点的水平总应力均随库水位的升高而增加,这主要是由于水平有效应力的减小值小于孔隙水压力的增加值。坡内三点的水平有效应力和法向有效应力均随库水位的升高而减小,从而会导致岸坡发生水平向和垂直向的膨胀。

在库水位下降变化过程中,库岸路基边坡应力场分析得到图 2-4-15 和图 2-4-16。图 2-4-15 给出了工况 2 下降速率为 2m/d,高程为 1378m,水平位置为 50m、120m、200m 处法向总压力、孔隙水压力和法向有效应力随时间变化过程。靠近边坡后缘($x=200$m)的点法向总压力由 3008.23kPa 上升至 3017.77kPa,上升 9.53kPa;孔隙水压力由 254.63kPa 降低至 195.80kPa,下降 58.83kPa;法向有效应力由 2753.60kPa 上升至 2821.96kPa,上升 68.36kPa。靠近前缘($x=120$m)的点垂直总压力由 2295.87kPa 下降至 2286.64kPa,下降 9.23kPa;孔隙水压由 314.89kPa 下降至 198.24kPa,下降 116.66kPa;法向有效应力由 1980.98kPa 上升 2088.40kPa,上升 107.42kPa。靠近坡面($x=50$m)的点法向总应力由 1366.40kPa 降落至 1299.30kPa,降落 67.10kPa;孔隙水压力由 382.83kPa 下降至 196.70kPa,下降 186.12kPa;法向有效应力 983.57kPa 上升至 1102.60kPa,上升 119.03kPa。

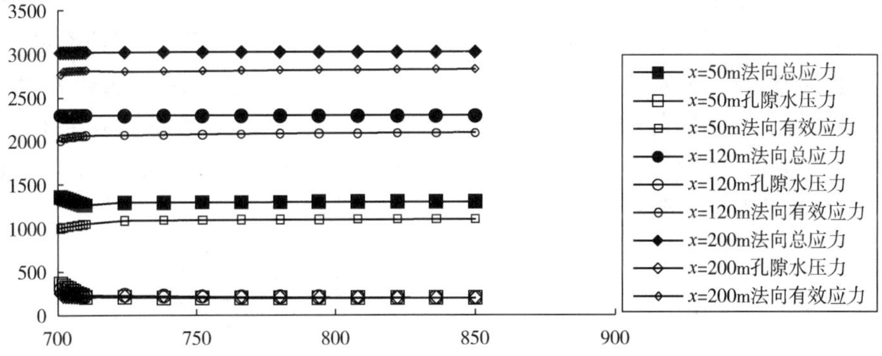

图 2-4-15　工况 2 法向总压力、孔隙水压力和法向有效应力随时间变化曲线

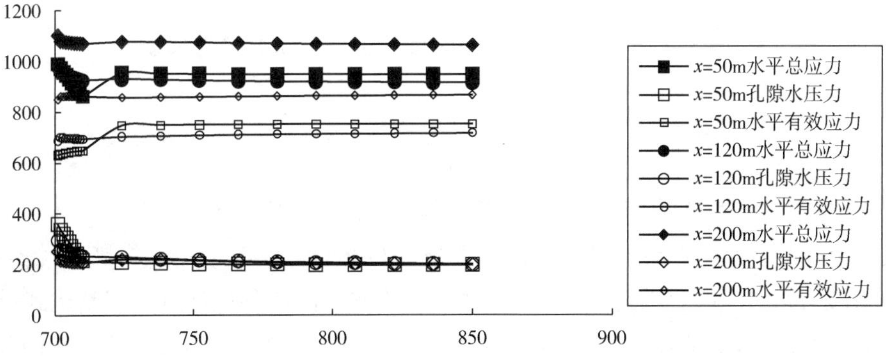

图 2-4-16　工况 2 水平总压力、孔隙水压力和水平有效应力随时间变化曲线

图 2-4-16 给出了工况 2 下降速率为 2m/d,高程为 1378m,水平位置为 50m、120m、200m 处水平总压力、孔隙水压力和水平有效应力随时间变化过程。靠近边坡后缘($x=200$m)的点水平总压力由 1104.16kPa 下降至 1061.34kPa,下降 42.82kPa;孔隙水压力由 254.63kPa 降低

至 195.80kPa，下降 58.83kPa；水平有效应力由 849.53kPa 上升至 865.54kPa，上升 16.01kPa。靠近前缘（$x = 120$m）的点水平总压力由 995.11kPa 下降至 913.29kPa，下降 81.81kPa；孔隙水压由 314.89kPa 下降至 198.24kPa，下降 116.66kPa；水平有效应力由 680.21kPa 上升 715.06kPa，上升 34.84Pa。靠近坡面（$x = 50$m）的点水平总应力由 100.74kPa 降落至 946.33kPa，下降 61.41kPa；孔隙水压力由 382.83kPa 下降至 196.70kPa，下降 186.12kPa；水平有效应力 624.91kPa 上升至 749.63kPa，上升 124.72kPa。坡内三点的水平有效应力和法向有效应力均随库水位的下降而增加，从而会导致岸坡发生水平向和垂直向的收缩（或沉降）。

坡内各点在库水位下降及稳定一段时间期间孔隙水压力减小，且越往坡体后缘减小值越小。在库水位下降的影响下，边坡变形场发生改变，有效应力增加。靠近边坡前缘点，由于法向有效应力的增加值小于孔隙水压力的减小值，垂直总应力减小。靠近坡体后缘的点，由于法向有效应力的增加值大于孔隙水压力的减小值，垂直总应力增加。坡内三点的水平总应力均随库水位的降低而减小，这主要是由于水平有效应力的减小值大于孔隙水压力的增加值。

由以上分析可以得出库水上升过程中总应力的变化是由于坡内孔隙水压力及有效应力的变化引起的。坡内有效应力的变化主要是由于渗流场和库水压力的影响使得坡体内变形场发生改变。

图 2-4-17 和图 2-4-18 为库岸路基边坡某点（60，1398）库水不同下降速率下的法向总应力和法向有效应力随时间的变化曲线。从图 2-4-17 中可看出，库水位下降速率越快，法向总应力的减小值越小，法向总应力在库水位降落到最低点的一刻达到最小值，当库水位恒为死水位时，法向总应力有所恢复，并随时间发展逐渐趋于一稳定值。从图 2-4-18 中可看出，法向有效应力逐渐增加并趋于稳定，库水位下降速率越快，法向有效应力达到最高点所需时间越短，且法向有效应力最高点近似相等。

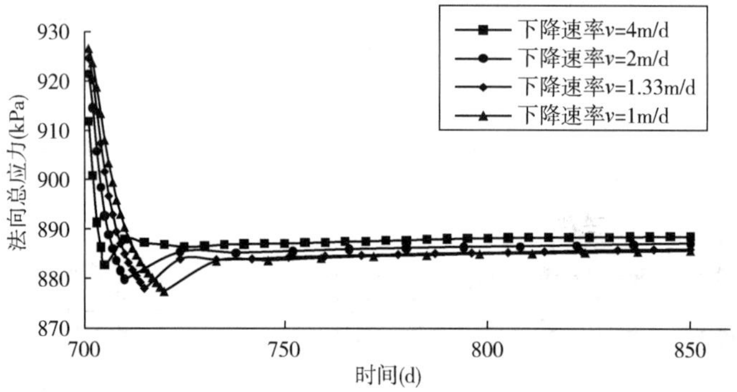

图 2-4-17 库水不同下降速率法向总应力随时间变化曲线

图 2-4-19 和图 2-4-20 为库岸路基边坡点（60，1398）库水不同下降速率下的水平总应力和水平有效应力随时间的变化曲线。水平总应力在库水位降落到最低点的一刻达到最小值，当库水位恒为死水位时，水平总应力有所恢复，并随时间发展逐渐趋于一稳定值。从图 2-4-20 中可看出，库水位下降期间，水平有效应力减小，且在水位降落到最低点的一刻达到最小值，库水位下降速率越大，水平有效应力减小值越大。当库水位恒为死水位时，水平有效应力逐渐增加并趋于稳定，库水位下降速率越快，法向有效应力达到最高点所需时间越短，且最高点近似相等。

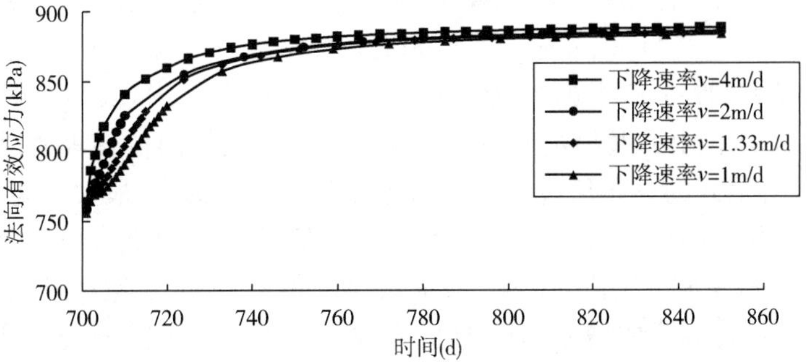

图 2-4-18　库水不同下降速率法向有效应力随时间变化曲线

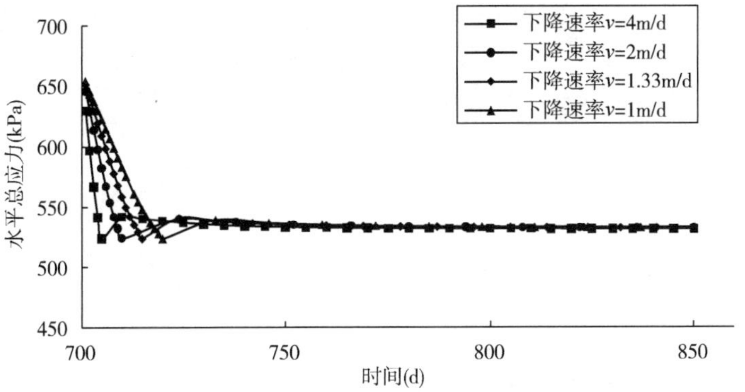

图 2-4-19　库水不同下降速率水平总应力随时间变化曲线

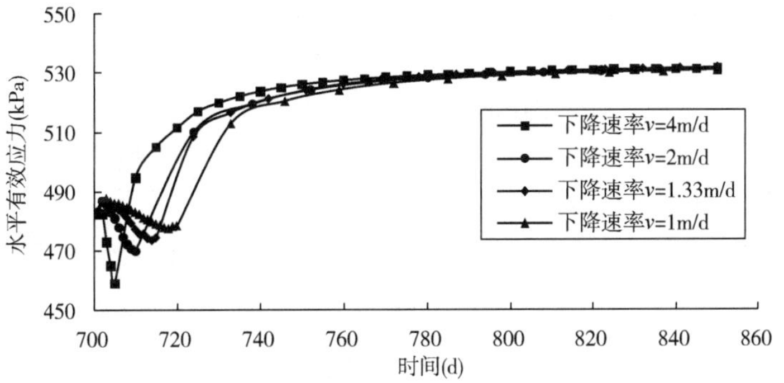

图 2-4-20　库水不同下降速率水平有效应力随时间变化曲线

2.4.2.4　位移场分析

(1)不同工况下边坡变形云图分析

为方便理解,规定竖向位移以竖直向上(隆起)为正,竖直向下(沉降)为负,水平位移以指向坡体为正,指向水库为负。

0~180d 库水从河道水位 1353.5m 上升至正常蓄水位 1418.0m,180~700d 库水位为正常蓄水位 1418.0m,运用 SIGMA/W 模块对此工况 1 下边坡的变形进行分析,通过计算结果分析蓄水作用对库岸边坡的影响。蓄水期(0~180d)结束后库岸边坡的最大竖向位移为 14.73cm,

发生在边坡表面点(49.45,1403.36),位移值为正值(隆起)。正常运行期(180~700d)结束后库岸边坡的最大竖向位移34cm,发生在边坡表面点(59,1418),位移值为正值(隆起),相比蓄水期结束时增加了19.27cm。可见,在库水位上升及稳定运行期间,库岸边坡发生了隆起变形。图2-4-21为库水位上升及稳定一段时间库岸路基边坡竖向位移等值线图,从图2-4-21可看出,竖向位移等值线的分布从边坡前缘向边坡后缘逐渐减小,最大竖向位移大致发生在岸坡表面与浸润线相交的位置,边坡竖向位移均为正值,说明在工况1(库水位上升及稳定一段时间)下,边坡受到库水位变化的影响,浸润线逐渐抬升,部分非饱和土区域转变为饱和区域及原非饱和区土体饱和度的增加,饱和区的有效应力降低,非饱和区基质吸力减小,从而导致坡体产生隆起变形。

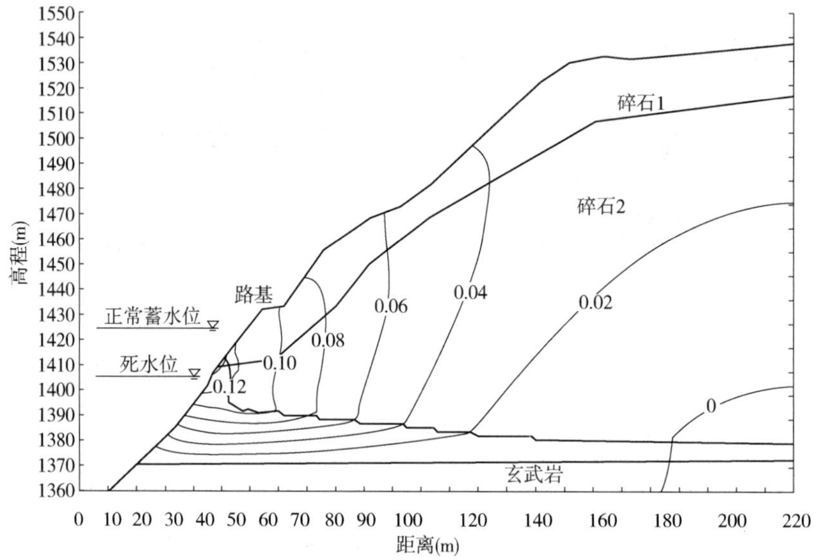

a)180d库岸路基边坡竖向位移等值线图

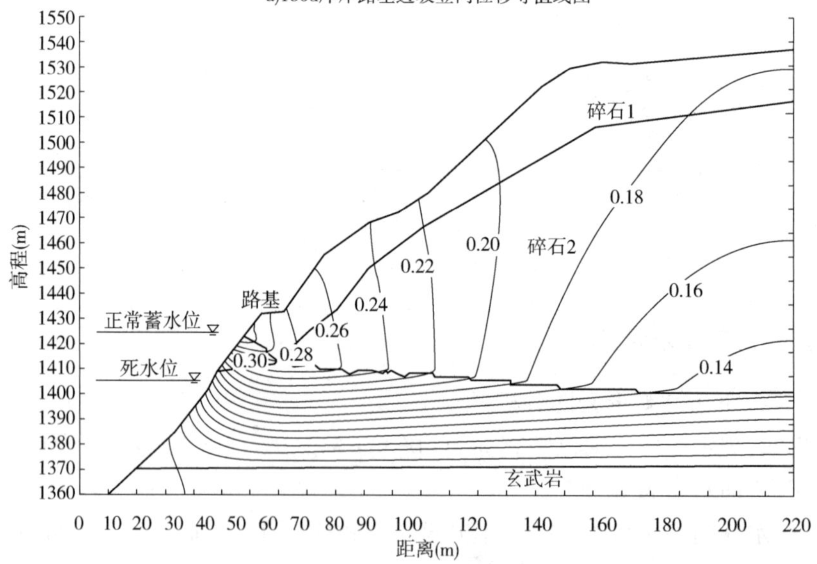

b)700d库岸路基边坡竖向位移等值线图

图2-4-21 库水位上升及稳定一段时间库岸路基边坡竖向位移等值线图

蓄水期(0~180d)结束后库岸边坡的最大水平位移为 13.37cm,发生在坡内点(52.50,1405.46),位移值为正值。正常运行期(180~700d)结束后库岸边坡的最大水平位移为12.43cm,发生在边坡表面点(34.35,1378.5),位移值为正值,相比蓄水期结束减小了 0.94cm。图 2-4-22 为库水位上升及稳定一段时间库岸路基边坡水平位移等值线图。从图 2-4-22 可看出,水平位移等值线的分布从边坡前缘向边坡后缘逐渐减小,边坡水平位移均为正值,说明在工况 1 下,边坡主要受到库水压力及由坡外指向坡内渗流场的作用,发生了指向山体侧的侧向变形。

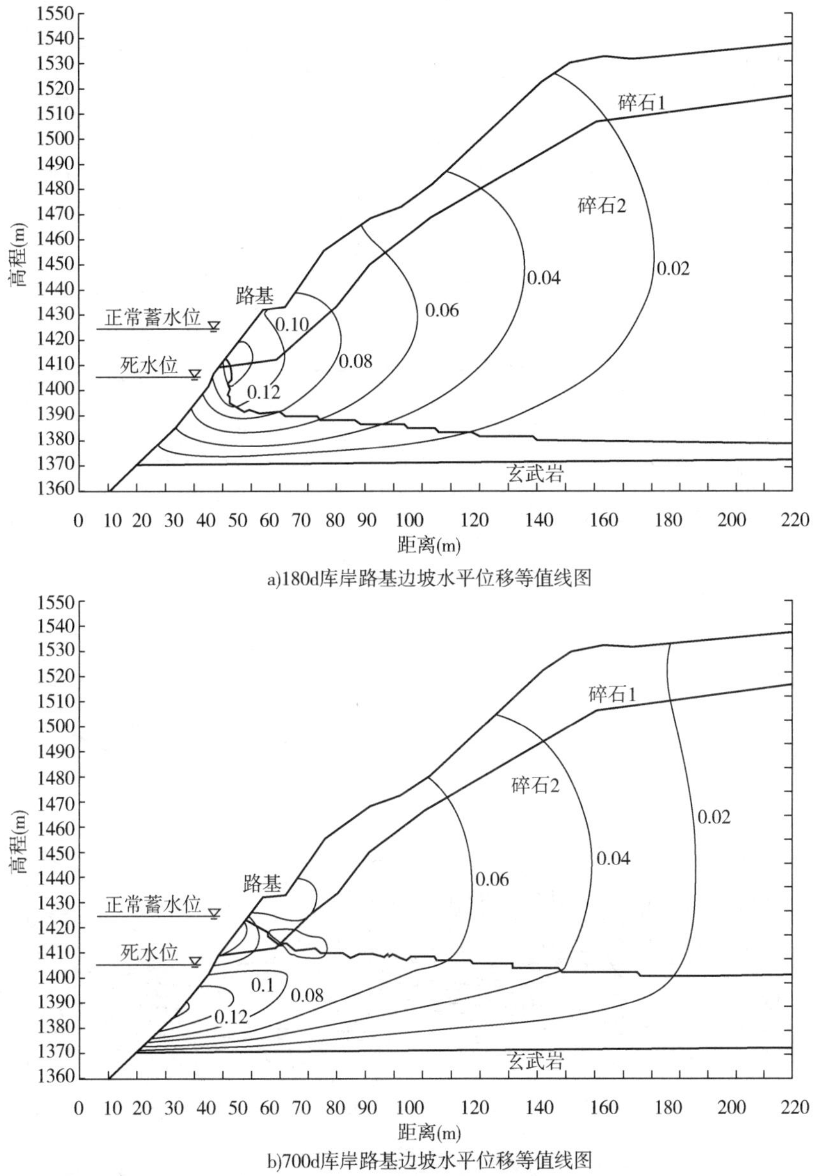

图 2-4-22　库水位上升及稳定一段时间库岸路基边坡水平位移等值线图

图 2-4-23 为库水位下降及稳定一段时间后不同高程边坡各位置点竖向位移等值线图。

库水位以 2m/d 的速率下降，下降 20m，710d 至 850d 库水位保持恒定，图 2-4-23 中竖向位移值并未考虑 0~700d 的位移累积值。710d 结束后库岸边坡的最大沉降值为 6.03cm，发生在边坡表面点(69.75，1406.51)，850d 结束后库岸边坡的最大沉降值为 7.53cm，发生在边坡表面点(69.75，1406.51)。从图 2-4-23 可以看出，竖向位移等值线的分布从边坡前缘向边坡后缘逐渐减小，且竖向位移值均为负值，发生了沉降变形，说明当库水位下降时，部分饱和土区域转变为非饱和区域及原非饱和区土体饱和度减小，饱和区有效应力增大，非饱和区基质吸力增大，从而导致沉降变形。

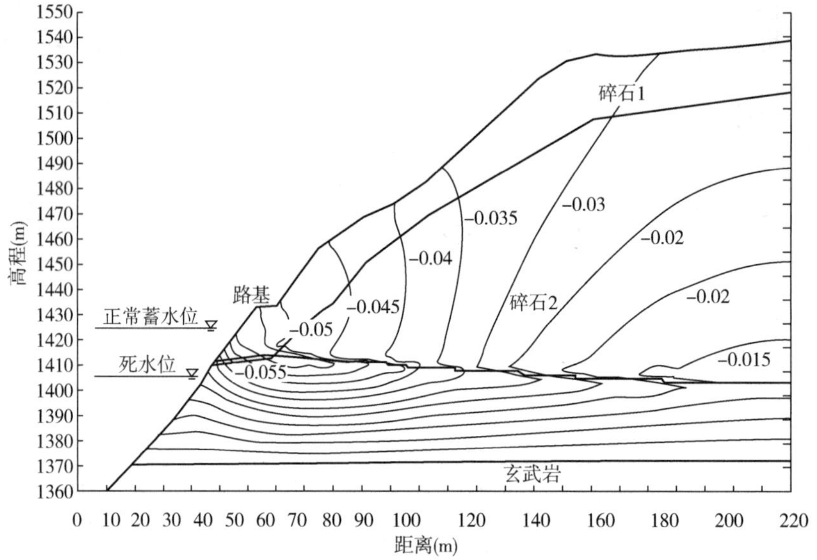

a)710d库岸路基边坡竖向位移等值线图

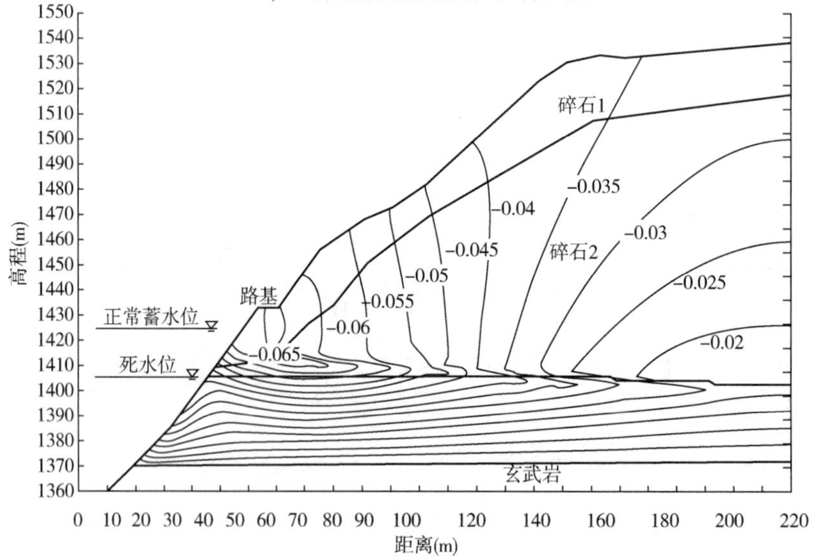

b)850d库岸路基边坡竖向位移等值线图

图 2-4-23　库水位下降及稳定一段时间期间边坡各位置点竖向位移等值线图

图 2-4-24 为库水位下降及稳定一段时间后不同高程边坡各位置点水平位移等值线图，图

中水平位移值并未考虑 0～700d 的位移累积值。710d 结束后库岸边坡的最大水平位移为 6.96cm，发生在边坡表面点（46.58，1398），位移值为负值，即向水库方向移动。850d 结束后库岸边坡的最大水平位移为 4.57cm，发生在坡内点（67.26，1408.86），位移值为负值。从图 2-4-24 中可看出，水平位移等值线的分布从边坡前缘向边坡后缘逐渐减小，且水平位移值均为负值，说明在工况 2 下，边坡受到坡前库水卸荷及由坡体孔隙水压力降低、基质吸力增加的作用，发生了指向河道的侧向变形。

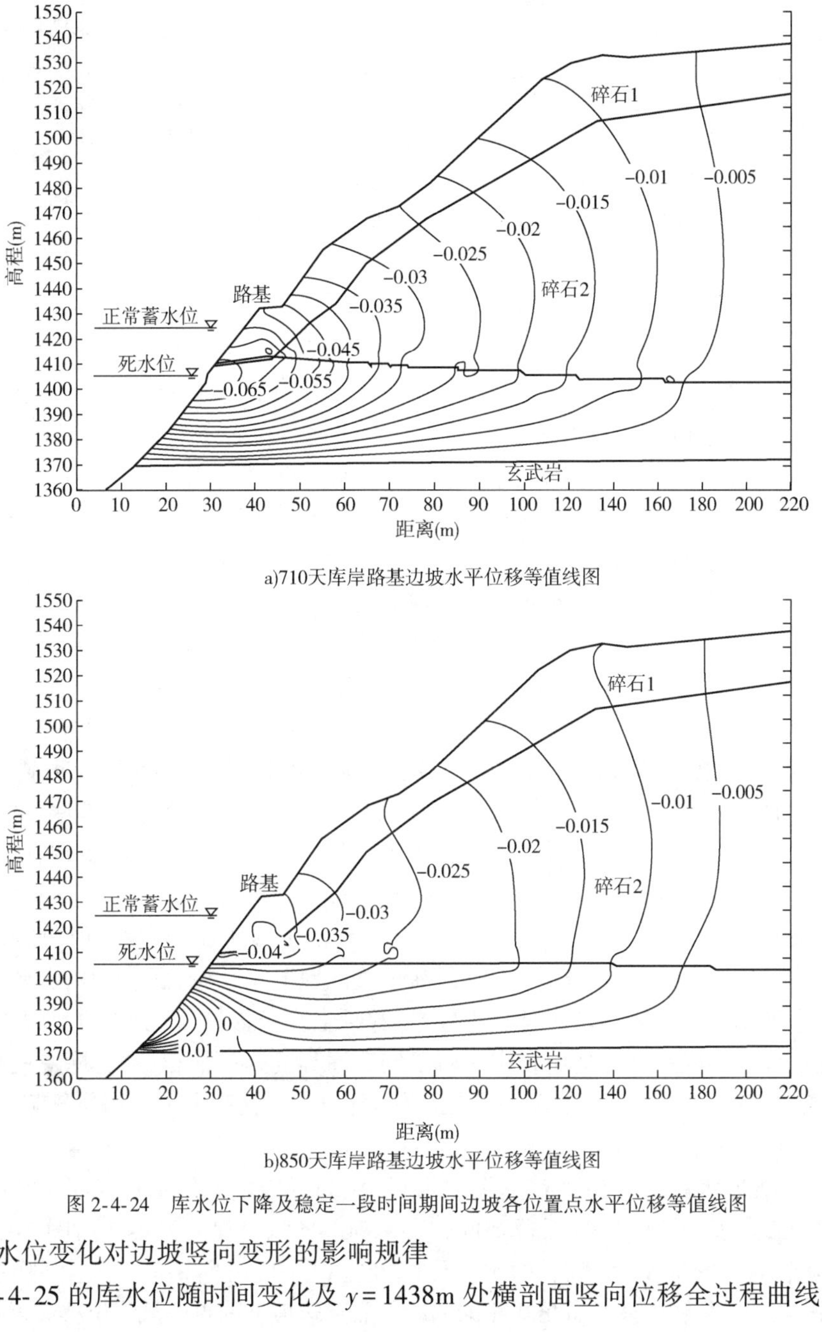

图 2-4-24　库水位下降及稳定一段时间期间边坡各位置点水平位移等值线图

（2）库水位变化对边坡竖向变形的影响规律

从图 2-4-25 的库水位随时间变化及 $y=1438$m 处横剖面竖向位移全过程曲线可以看出，

随着库水位上升,库岸坡体发生相对的隆起变形;随着库水位下降,库岸坡体发生相对的沉降变形。靠近库岸的坡体相对隆起或沉降值较大,而远离库岸的坡体相对隆起或沉降值的较小,在同一高程上,会产生不均匀的相对隆起或沉降差值。

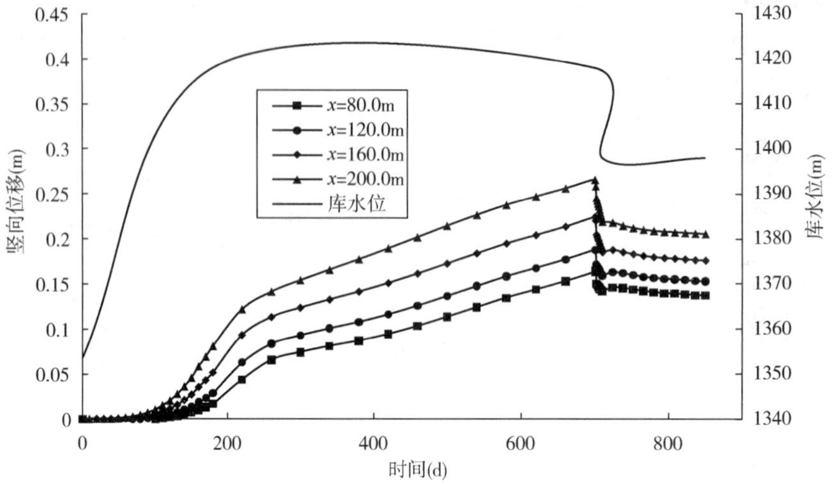

图 2-4-25 库水位随时间变化及 $y=1438\mathrm{m}$ 处横剖面竖向位移全过程曲线

图 2-4-26 为库水位上升及稳定一段时间期间边坡各位置点竖向位移随时间变化曲线。由图 2-4-26 可以看出,隆起值随着时间的延长而增加,库水位上升及稳定一段时间期间,库岸隆起速率先是较大,而后隆起速率逐渐减小。在相同的时刻靠近边坡坡面点的隆起位移大于靠近边坡后缘的点,且库水位上升及稳定一段时间内越靠近边坡坡面的点隆起曲线斜率越大,达到稳定所需的时间越短,隆起变形由坡前逐渐向坡后发展,与渗流场的发展一致。比较图 2-4-26a)~d),可以发现计算点所在高程越高,竖向位移越大,即表层土层竖向位移大于深层土竖向位移。分析其原因如下,随着库水位的上升,坡内的地下水头低于近坡面的坡外水头,形成水头差,产生渗流力,由坡外向坡内发生渗流。坡体内浸润线逐渐抬升,饱和区范围增大,非饱和区范围缩小,且饱和区有效应力减小,非饱和区的含水量增加,孔隙水压力逐渐增大,基质吸力减小,坡体产生隆起变形。但在坡体吸水,饱和度增大的同时,由于土体渗流的滞后效应,浸润线为下凸曲线,且土体还会受到上腹土体的重力压力的影响,所以库水位上升时隆起变形存在以下规律:靠近水库的坡体地下水位上升快且水位高,饱和区有效应力及非饱和区基质吸力减小较快且减小值较大,并且受到的上腹土压力较小,所以隆起值增加较大较快;而同一高程坡体内部的土体,由于所在位置的地下水位较低且上升较慢,饱和区有效应力及非饱和区基质吸力减小较小且减小较慢,并且上腹土体较厚,受到的上腹土压力较大,因而其隆起值较小且隆起增加速率较小。对于同一高程的路面而言,靠近库岸的位置的隆起值较大,远离水库(靠山体一侧)位置的隆起位移较小,这样就产生了不均匀隆起,存在隆起位移差,可能会导致路面开裂。

图 2-4-27 为库水位下降及稳定一段时间后不同高程边坡各位置点竖向位移随时间变化图。库水位以 2m/d 的速率下降,下降 20m,710~850d 库水位保持恒定。由图 2-4-27 可以看出,沉降值随着时间的延长而增加,库水位下降及稳定一段时间期间,库岸沉降速率先是较大,而后逐渐减小。从图中还可看出在相同的时刻靠近边坡坡面点的沉降位移大于靠近边坡后

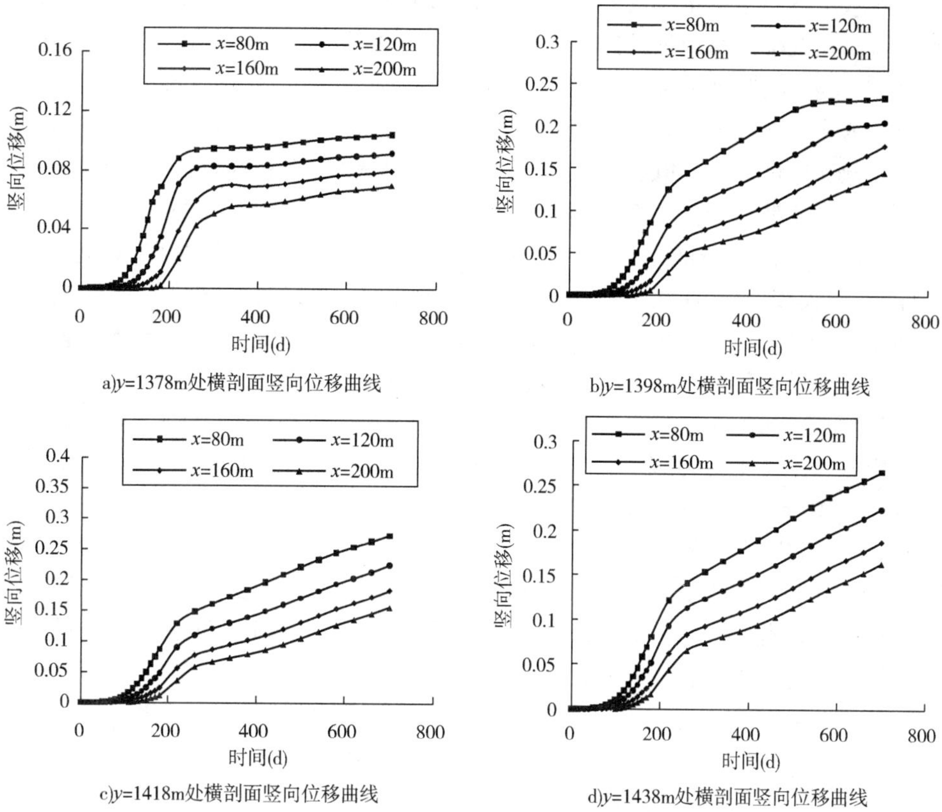

a)y=1378m处横剖面竖向位移曲线

b)y=1398m处横剖面竖向位移曲线

c)y=1418m处横剖面竖向位移曲线

d)y=1438m处横剖面竖向位移曲线

图 2-4-26　库水位上升及稳定一段时间期间边坡各位置点竖向位移随时间变化图

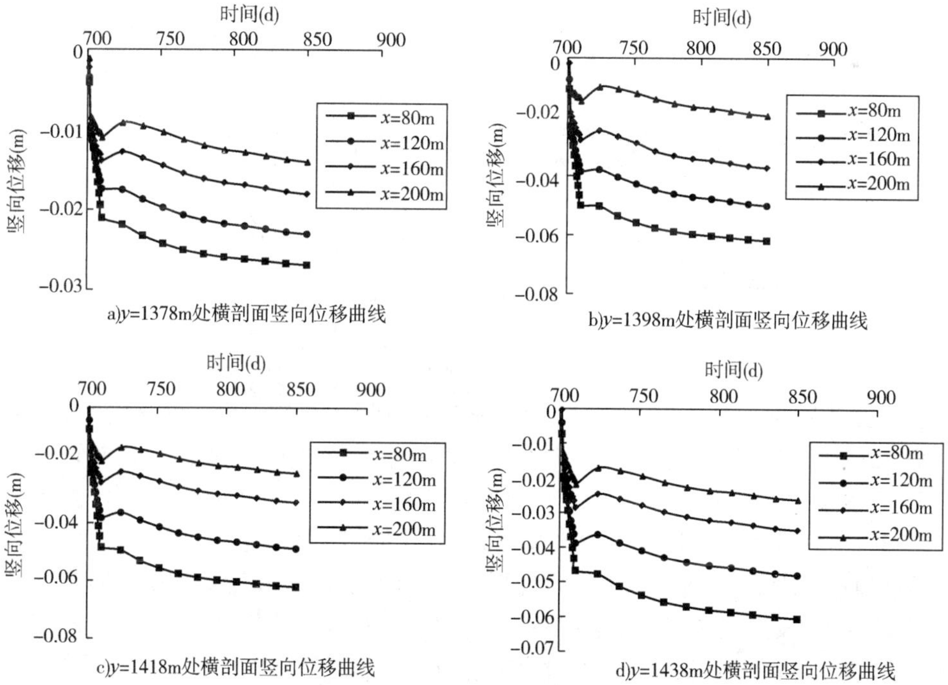

a)y=1378m处横剖面竖向位移曲线

b)y=1398m处横剖面竖向位移曲线

c)y=1418m处横剖面竖向位移曲线

d)y=1438m处横剖面竖向位移曲线

图 2-4-27　库水位下降及稳定一段时间期间边坡各位置点竖向位移随时间变化图

缘的点,且库水位下降及稳定一段时间内越靠近边坡坡面的点沉降曲线斜率越大,达到稳定所需的时间越短,沉降变形由坡前逐渐向坡后发展,与渗流场的发展一致。结合图 2-4-7b)分析其原因如下:路基及其坡体在库水位下降时,坡内靠近边坡处的地下水头高于坡面及坡体深处的水头,形成了向坡外及坡体深处渗流的渗流场。随着渗流场的发展,部分饱和区变为非饱和区,非饱和区增大,饱和区减小,孔隙水压力逐渐减小,饱和区有效应力减小,非饱和区域基质吸力增大,使坡体产生收缩变形,从而导致沉降。但在坡体沉降的同时,由于土体渗流的滞后效应,浸润线为上凸曲线,所以库水位下降时沉降变形存在以下规律:靠近库岸坡面地下水位下降值较大较快,基质吸力增大较快且增大值较大,所以沉降值增加较大较快;而同一高程坡体内部的土体,受库水位变化影响较小,由于所在位置的孔隙水压力下降值较小且下降较慢,基质吸力增大值较小且增大较慢,因而其沉降值较小且沉降增加速率较小。对于同一高程的路面而言,靠近库岸坡面位置的沉降值较大,远离水库(靠山体一侧)位置的沉降位移较小,这样就产生了不均匀沉降,存在沉降位移差,可能会导致路面开裂。

(3)库水位变化对边坡侧向变形的影响规律

从图 2-4-28 的库水位随时间变化及 $y=1438\text{m}$ 处横剖面水平位移全过程曲线可以看出,随着库水位上升,库岸坡体发生指向坡体内侧的侧向变形,当库水位恒为正常蓄水位时,随着时间的增长变形有所恢复;随着库水位下降,库岸坡体发生指向河道的侧向变形,当库水位恒为死水位时,随着时间的增长变形有所恢复。靠近库岸的坡体侧向变形较大,而远离库岸的坡体侧向变形较小,在同一高程上,会产生不均匀的水平位移值。

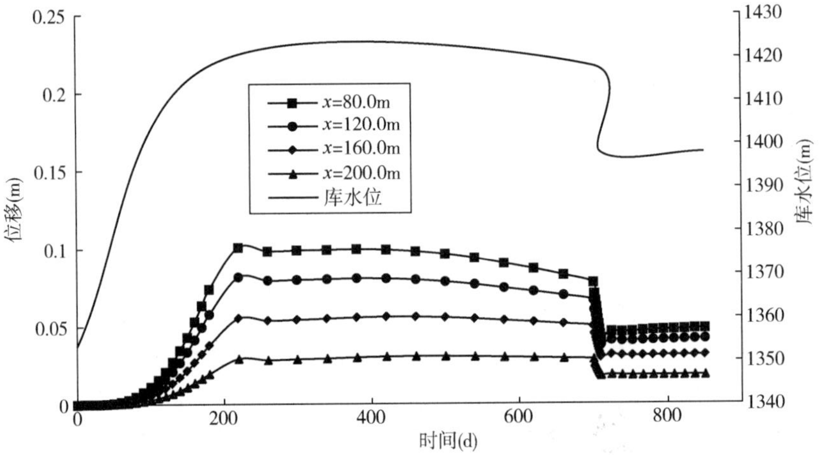

图 2-4-28 库水位随时间变化及 $y=1438\text{m}$ 处横剖面水平位移全过程曲线

图 2-4-29 为库水位上升及稳定一段时间期间边坡各位置点水平位移随时间变化曲线,由图可以看出,边坡各位置点均发生了指向坡体内侧的水平位移,在库水位上升期间,边坡变形速率较大,且在水位上升至最高点一刻水平位移值达到最大,当库水位恒为正常蓄水位时,边坡侧向变形有所恢复,随时间的发展逐渐趋于稳定。在相同的时刻靠近边坡坡面点的水平位移大于靠近边坡后缘的点,边坡前缘的点变形恢复量较大,而边坡后缘的点变形恢复量较小,且库边坡前缘的点发生侧向变形较边坡后缘的点时间短。比较图 2-4-29a)~d),可以发现靠近边坡前缘的剖面水平位移达到最大值所对应的高程较靠近边坡后缘的剖面低。结合图

2-4-6分析其原因，可知：库水位上升期间，坡内的地下水头低于近坡面的水头，形成水头差，产生由坡外指向坡内的渗流力，加之库水压力逐渐增加，坡体产生指向坡体内侧的侧向变形。正常水位运行期，库水压力不变，但坡内浸润线逐渐抬升，饱和区有效应力及非饱和区基质吸力减小，相对的水平变形量有所减小，加之相对的水平变形量减小主要是由于土层含水量增加引起的，因此边坡前缘的点相对的水平变形量减小较边坡后缘大。

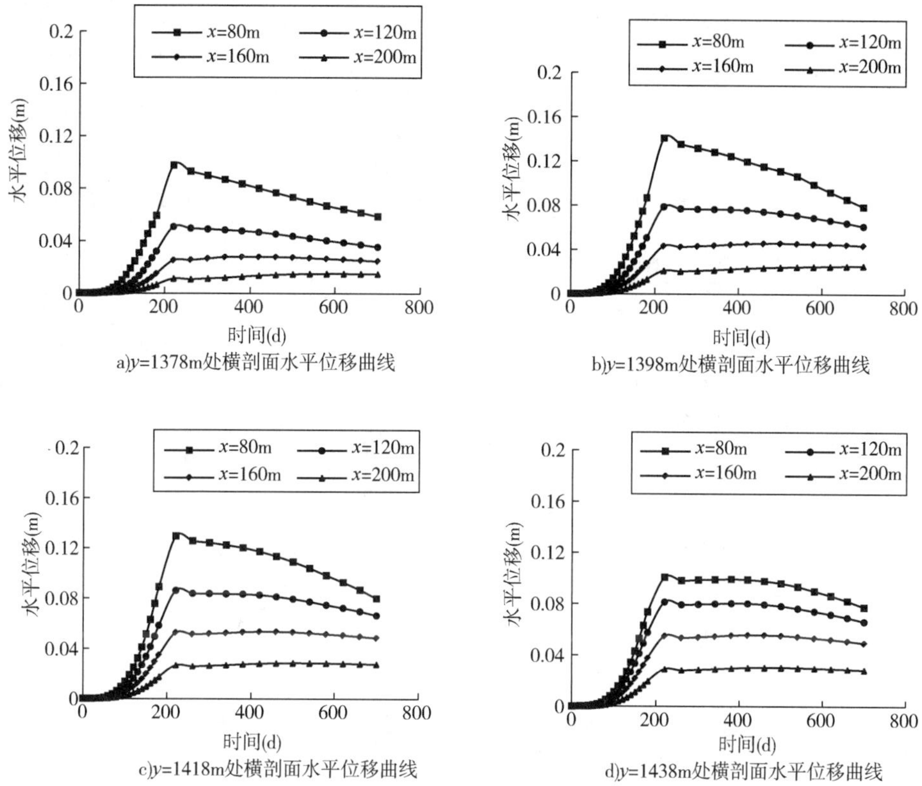

a)y=1378m处横剖面水平位移曲线　b)y=1398m处横剖面水平位移曲线

c)y=1418m处横剖面水平位移曲线　d)y=1438m处横剖面水平位移曲线

图 2-4-29　库水位上升及稳定一段时间期间边坡各位置点水平位移随时间变化图

图 2-4-30 为库水位下降及稳定一段时间后不同高程边坡各位置点水平位移随时间变化图，库水位以 2m/d 的速率下降，下降 20m，710～850d 库水位保持恒定。由图 2-4-30 可以看出，边坡各位置点均发生了指向河道的水平位移，在库水位下降期间，边坡变形速率较大，且在水位下降至最低点一刻水平位移值达到最大。当库水位恒为死水位时，边坡侧向变形有所恢复，随时间的发展水平位移值逐渐趋于稳定。在相同的时刻靠近边坡坡面点的水平位移大于靠近边坡后缘的点，边坡前缘的点变形恢复量较大，而边坡后缘的点变形恢复量较小。比较图 2-4-30a)～d)，可以发现靠近边坡前缘的剖面水平位移达到最大值所对应的高程较靠近边坡后缘的剖面低。结合图 2-4-7b)分析其原因可知：库水位下降期间，坡内的地下水头高于近坡面的坡外水头，形成水头差，产生由坡内指向坡外的渗流力，靠近坡体立面的坡体内的一定范围地下水位还在上升，加之库水压力逐渐减小，坡体产生指向河道的侧向变形。当河道水位恒为死水位时，库水压力不变，但坡内浸润线逐渐降低，饱和区有效应力及非饱和区基质吸力增大，坡体发生相对的向坡体内侧变形，即变形量有所恢复，加之变形恢复主要是由于土层含水量减少引起的，因此边坡前缘的点变形恢复量较边坡后缘大。

在库水位下降期间，由于在同一高程上产生的水平位移不同，岸坡坡体前缘的水平位移大于岸坡坡体内侧的水平位移，产生水平位移差，可能会产生拉破坏和拉裂缝。

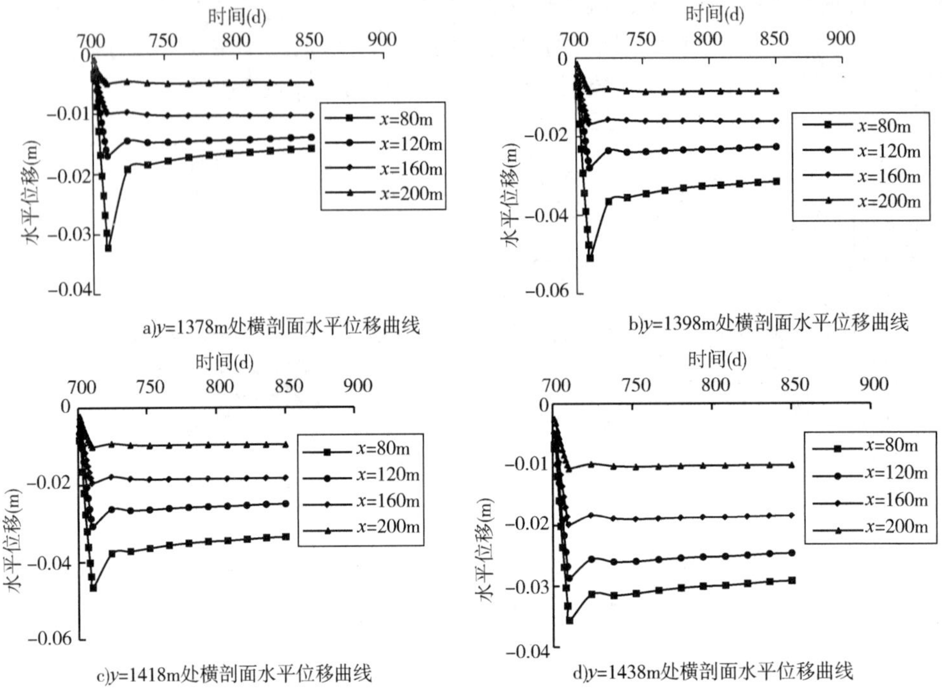

a)y=1378m处横剖面水平位移曲线

b)y=1398m处横剖面水平位移曲线

c)y=1418m处横剖面水平位移曲线

d)y=1438m处横剖面水平位移曲线

图 2-4-30　库水位下降及稳定一段时间期间边坡各位置点水平位移随时间变化图

(4)库水位变化对路基沉降变形的影响规律

通过 GEO-studio 的 SIGMA/W 对各工况进行位移场模拟，以图 2-4-4 路基左侧为起点，在路基上选取 5 个计算点(图 2-4-3)，得到工况 1 及工况 2 下各计算点的沉降曲线，如图 2-4-31～图 2-4-33所示。

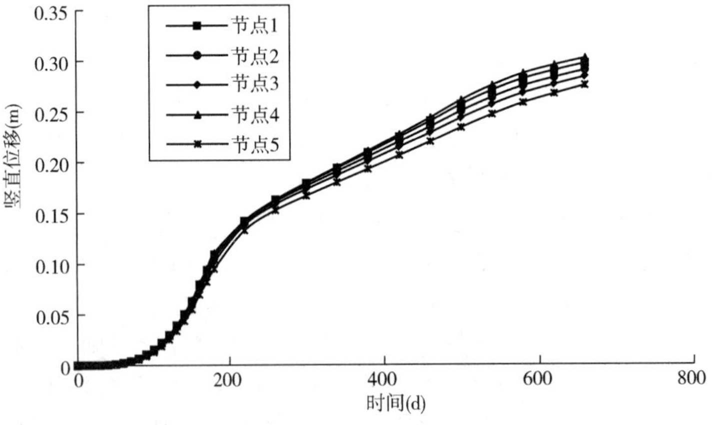

图 2-4-31　工况 1 时的路基各点隆起曲线

图 2-4-31 为工况 1 时的路基各点隆起曲线，路面上各点都为隆起，且随着时间的增加而增加，在相同的时刻，离库岸坡面近的点隆起值大于远离库岸坡面的点。

图 2-4-32 为工况 2 库水位以不同速率下降时路基各点沉降曲线，路面上各点均为沉降，并随着时间的增加而增加，在相同的时刻，离库岸坡面近的点沉降值大于远离斜坡表面的点。在库水位下降期间，曲线斜率较大，沉降位移增长较快。当库水位保持为死水位不变时，沉降速率逐渐减小，沉降位移增长逐渐减慢并趋于一个稳定值。

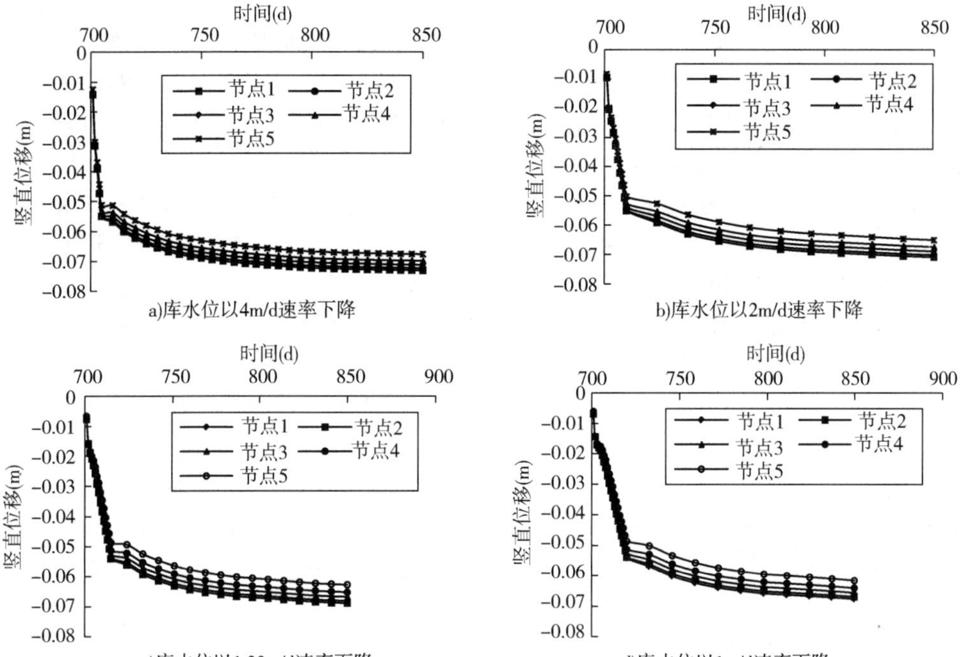

a)库水位以4m/d速率下降　b)库水位以2m/d速率下降

c)库水位以1.33m/d速率下降　d)库水位以1m/d速率下降

图 2-4-32　工况 2 库水位以不同速率下降时路基各点沉降曲线

图 2-4-33 为库水位不同速率下降第 5 天时路基各点沉降变形，由图可知，在相同的时间段，库水下降速率越大，路基发生的沉降变形值越大。路基发生了不均匀沉降，近似呈线性变化，离库岸坡面近的路基沉降逐渐增大，主要是由于靠近库岸坡面的点受库水位变化影响较大，由于边坡土体渗透的滞后效应，越靠近边坡后缘沉降（隆起）滞后效应越明显，受库水位的影响越小，相应的沉降值越小。可见，库岸路基路面沉降与库水位下降速率快慢成正相关关系。

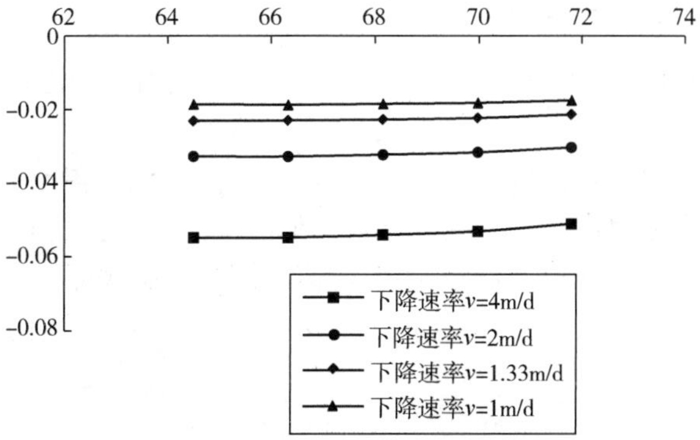

图 2-4-33　第 5 天路基各点沉降变形

由以上分析可知，当库水位上升或下降时，会引起路基路面的不均匀隆起或沉降，且靠库岸坡面隆起或沉降变形影响较大,直接导致路基路面的变形,甚至产生裂缝或更严重的破坏,因此库岸路基、路面容易产生变形、开裂等破坏。

2.5 库岸路基填土参数对路基变形影响研究

影响路基变形的因素较多,比如路基土的性质、土层分布、荷载的大小以及填土的应力历史等,其中路基填料物理力学性质是影响路基沉降变形的关键因素之一。分析库岸路基填料各参数与路基沉降的相关关系,不但可以找出影响库岸路基沉降的主要因素,而且对库岸路基病害的防治和加固措施的优化设计都具有重要意义。

一些学者在路基变形方面开展了大量的研究工作,荆林立等选用 ANSYS 有限元软件对路堤的填土容重、填土高度、填土回弹模量及地基土变形模量进行参数变换计算,并分析了这些参数对于路堤沉降的影响。胡冰等运用灰色关联分析法分析了各因素如路堤模量、地基模量、地面坡度和路堤高度对斜坡地基上沥青混凝土路面最大沉降的影响关系,得到了各因素对路面不均匀沉降影响的敏感性。赵丰田等结合工程实际,应用有限元程序分析了路堤填料容重、土基变形模量、路基高度、路堤变形模量等对山区高速公路路基沉降的影响规律。余翔等采用灰色关联分析方法及数据序列处理的均质法确定路基沉降的敏感因素,并对各影响因素进行敏感性分析,结果显示路基压缩系数和竣工时的沉降量是主要敏感性因素。申永江等运用有限元法,分析各因素对路基沉降的影响,并计算出了敏感度,影响路基沉降的诸因素敏感性从大到小为管桩长度、软土层厚度、软土的内摩擦角,软土的岩土体黏聚力和弹性模量对路基沉降的影响也比较大。

但是,现在对路基沉降的影响因素分析都没有考虑含水率变化的影响,至于考虑库水位变化的库岸路基的沉降分析更是没有人进行过。为此,下面对非饱和土库岸边坡路基在库水位变化时其填土物理力学参数对路基沉降的影响进行探讨,进行各影响因素的敏感性分析,分析库水位变化时各参数与库岸路基沉降的相关关系并找出主要影响因素。以金沙江上的金安桥库区路基边坡为研究对象,采用有限元软件 GEO-Studio 中的 SEEP/W 及 SIGMA/W 模块对依托工程进行有限元仿真计算,研究库水位变化时填土物理力学参数对边坡路基变形的影响,并对各参数敏感性进行量化分析。

2.5.1 路基变形参数敏感性计算

库岸路基变形的影响因素较多,路基变形 S 即为各影响因素的函数,即

$$S = F(\gamma_1, \gamma_2, \gamma_3 \cdots \gamma_n) \tag{2-5-1}$$

通过影响因素敏感性分析可以知道库岸路基在库水位变化时各因素对路基变形影响的大小,从而有针对性地提出加固措施,减小沉降值,降低沉降差,满足工程要求。沉降敏感性分析主要是研究影响路基变形的各因素与相应的变形值之间的相关关系。它由各因素的相对变化率与路基变形值的相对变化率之间的比值进行衡量,即第 i 个影响因素的敏感度表示如下:

$$S_i = \frac{\left|\dfrac{\Delta Y_i}{Y_i}\right|}{\left|\dfrac{\Delta \gamma_i}{\gamma_i}\right|} \tag{2-5-2}$$

式中：$|\Delta\gamma_i/\gamma_i|$——影响因素 γ 的相对变化率；

$|\Delta Y_i/Y_i|$——路基中点变形值的相对变化率。

在此，以金安桥电站库岸路基为研究对象，计算模型及材料参数取值同前面(2.4.3.1)，以第 700d 的渗流场及应力场为敏感性计算的初始渗流场及初始应力场，计算工况：第 700d 库水位从正常蓄水位 1418m 以 2m/d 的速率下降到死水位 1398m，降幅为 20m，之后的 140d 库水位保持不变。不考虑 0~700d 库岸路基沉降值。

根据他人的研究，影响库岸边坡路基沉降的参数有饱和渗透系数、弹性模量和泊松比，但这几种因素对路基沉降影响的量化关系却不清楚。为此，对以上三种影响因素进行不同的组合变换，并运用 GEO-STUDIO 软件分析各参数的变化对路基沉降的影响规律及进行敏感性分析研究。进行路基填土参数与沉降的相关关系研究及敏感性分析的过程为：①拟定影响因素的取值水平，并从中选取基准参数；②在所选工况条件下，分别计算影响因素不同取值时路基的沉降量；③由式(2-5-2)计算出各影响因素的敏感度。

2.5.2　参数敏感性分析

2.5.2.1　饱和渗透系数对路基沉降的影响

为进行对比分析，在其他因素不变的情况下，分析不同渗透系数取值对边坡变形的影响，选取渗透系数(3)为基准点，对碎石 1 及碎石 2 的渗透系数做同比例调整(表 2-5-1)，比较不同渗透系数情况下路基中点变形的差异。

饱和渗透系数取值水平　　表 2-5-1

材料	饱和渗透系数 k_s/(cm·s^{-1})					
	渗透系数(1)	渗透系数(2)	渗透系数(3)	渗透系数(4)	渗透系数(5)	渗透系数(6)
碎石 1	9.26×10^{-4}	1.296×10^{-3}	1.852×10^{-3}	2.778×10^{-3}	3.704×10^{-3}	4.63×10^{-3}
碎石 2	2.32×10^{-4}	3.248×10^{-4}	4.64×10^{-4}	6.96×10^{-4}	9.28×10^{-4}	1.16×10^{-3}

图 2-5-1 为 700~850d 的路基中点(68.15，1426.85)沉降随时间的变化曲线，不考虑 700d 之前的累积沉降值。从图 2-5-1 可看出，初始阶段沉降随时间变化的速率较大，沉降值增加比较快，随着时间的推移沉降随时间变化的速率逐渐平缓，最终趋于一个稳定值。在其他影响因素不变的情况下，随着渗透系数的增大，路基沉降值增大，呈正相关关系，从渗透系数(1)增加到渗透系数(3)时，沉降值增加较明显，但从渗透系数(3)增加到渗透系数(4)、(5)、(6)时，沉降值增量较小，这主要是由于当渗透系数比较小时，增大渗透系数，渗流场变化较大，浸润线下降速度较快，滞后效应减弱，在相同的时间可排除更多的水，土体含水率减小，基质吸力增大，路基沉降明显，但渗透系数增加到一定值时，渗流场很快达到稳定渗流场，在相同的时间边坡排出的水是一定量的，基质吸力的变化也随之减小，这时渗流场对路基沉降的影响减小，边坡土体自重作用成为边坡沉降的主要因素，因而沉降增量不明显。

第 850d 路基中点沉降增减随饱和渗透系数变化情况如图 2-5-2 所示。由图 2-5-2 可知，当饱和渗透系数 k_{sat} 从渗透系数(3)降低到渗透系数(1)(降低 50%)时，沉降值减少 19.98%，根据公式可求得相应的敏感度为 0.400。当饱和渗透系数 k_{sat} 从渗透系数(3)上升到渗透系数(4)(上升 50%)时,沉降值增加 2.71%,根据公式可求得相应的敏感度为 0.054。

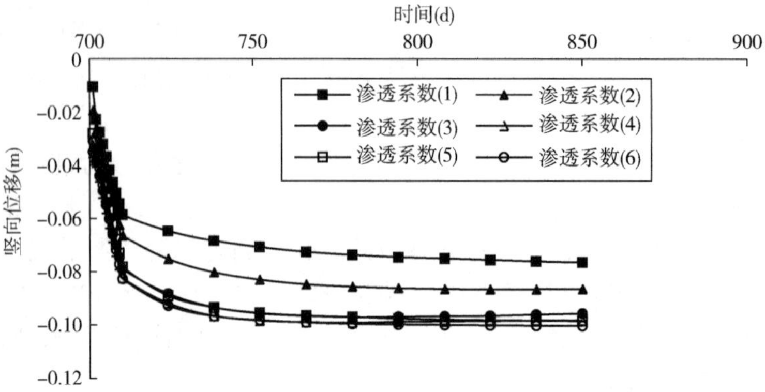

图 2-5-1 不同渗透系数路基中点沉降随时间变化曲线

第 850d 路基各点沉降增减随饱和渗透系数变化情况如图 2-5-3 所示。由图 2-5-3 可知,渗透系数越小,各点沉降曲线斜率越大,即路基各点沉降差越大,主要是由于渗透系数越小,边坡土体渗流滞后效应越明显。

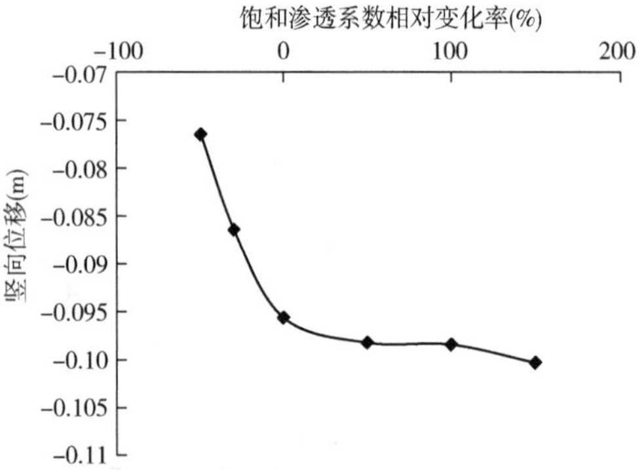

图 2-5-2 路基中点第 850d 沉降变化曲线

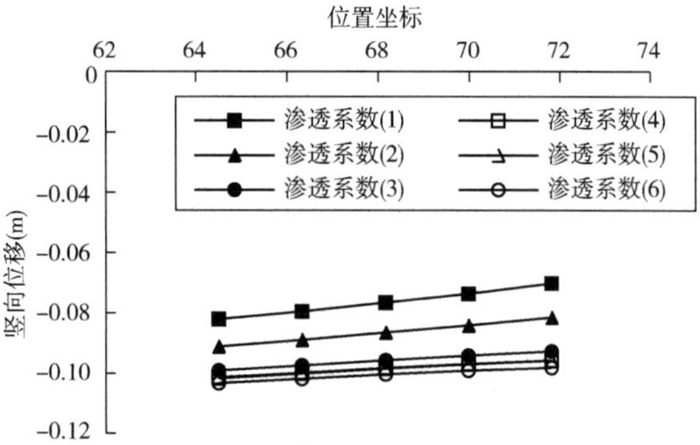

图 2-5-3 路基各点第 850d 沉降变化曲线

从以上分析可知,随着饱和渗透系数的增加,路基沉降值大致呈抛物线型增加。路基填料饱和渗透系数越大,路基沉降差越小。在碎石土饱和渗透系数(3)的基础上降低饱和渗透系数对路基沉降值的影响比增加饱和渗透系数对路基沉降影响敏感。

从饱和渗透系数对路基沉降的分析可以看出,在库水位发生变化时,饱和渗透系数大的路基及坡体材料能够使路基沉降尽快达到稳定状态,饱和渗透系数小的路基及坡体材料,路基沉降达到稳定状态的历时时间较长(图 2-5-1)。饱和渗透系数较大的路基及坡体材料在库水位变化时沉降位移差较小(图 2-5-3)。但是路基及坡体材料的渗透系数对沉降达到稳定的历时时间和提高沉降的均匀性方面只是在一定的渗透值之下其作用才会明显,如图 2-5-1~图 2-5-3 所示。为此,从渗透系数对库岸路基的影响看,提高渗透系数对降低库水位变化对路基的不均匀沉降和尽快结束库水位变化的影响方面来看是有益处的,但是提高渗透系数达到一定值后,渗透系数提高的效果就不是太明显了。

2.5.2.2　弹性模量对路基沉降的影响

在其他因素不变的情况下，分析不同弹性模量取值对边坡变形的影响，以弹性模量(3)为基准点，对碎石 1 及碎石 2 的弹性模量做同比例的调整(表 2-5-2)，比较弹性模量不同情况下路基中点变形的差异。

弹性模量取值水平　　表 2-5-2

材料	弹性模量 E(MPa)					
	弹性模量(1)	弹性模量(2)	弹性模量(3)	弹性模量(4)	弹性模量(5)	弹性模量(6)
碎石 1	57600	52800	48000	43200	38400	33600
碎石 2	74400	68200	62000	55800	49600	43400

图 2-5-4 为 700～850d 的路基中点的沉降曲线，不考虑 700d 之前的累积沉降值。从图 2-5-4中可看出，初始阶段沉降曲线斜率较大，沉降值增加比较快，随着时间的推移沉降曲线逐渐平缓，最终趋于一个稳定值。在其他影响因素不变的情况下，弹性模量越小，路基中点沉降值越大，成反相关关系。

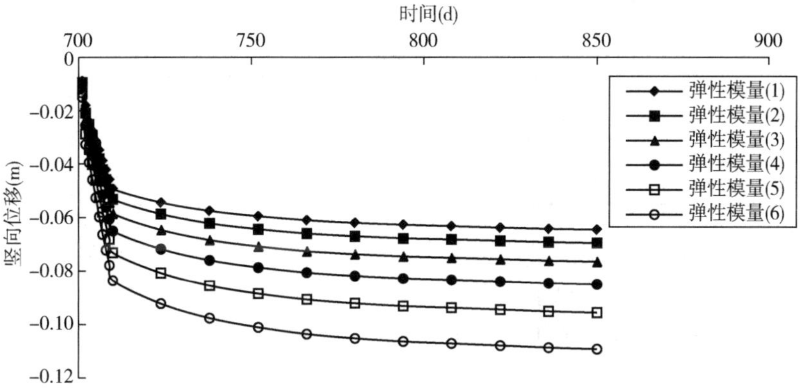

图 2-5-4　不同弹性模量路基中点沉降随时间变化曲线

计算不同弹性模量下路基中点第 850d 沉降值如图 2-5-5 所示，当弹性模量相对变化率在 −30%～20%范围内变化时，路基中点沉降值随弹性模量变化呈向上凸的抛物线型变化。当从弹性模量(3)降低 10%时，沉降值大致增加 11.11%，根据公式可求得相应泊松比的敏感度为 1.111。当弹性模量(3)增加 10%时，沉降值大致减少 9.09%，根据公式可求得相应弹性模量的敏感度为 0.909。

第 850d 路基各点沉降增减随弹性模量变化情况如图 2-5-6 所示。由图 2-5-6 可知，各点沉降曲线近似平行，即随着弹性模量的减小，路基各点沉降值逐渐增大。

从以上分析可知，随着弹性模量的增加，路基沉降值大致呈抛物线型减小。在碎石土弹性模量(3)的基础上降低弹性模量对路基沉降值的影响比增加弹性模量对路基沉降影响敏感。弹性模量的变化对沉降差有影响，但影响不大。

从减小库岸路基沉降来看，提高路基弹模是有好处的，在低弹模路基提高弹模效果比在高弹模路基再提高效果要稍好一些；从减小路基不均匀沉降差来看，提高路基弹性模量效果也是好的，但效果不是非常明显。

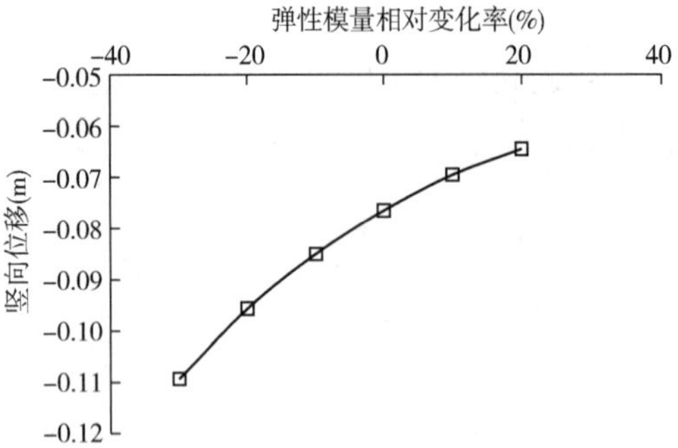

图 2-5-5 第 850 天路基中点沉降关系图

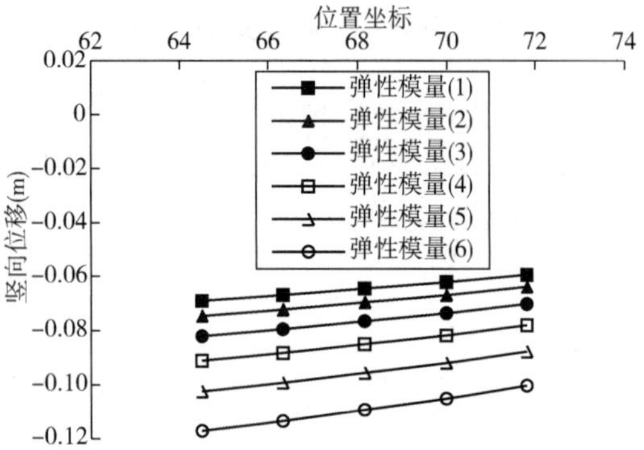

图 2-5-6 第 850 天路基各点沉降关系图

2.5.2.3 泊松比对路基沉降的影响

在其他因素不变的情况下,分析不同泊松比取值对边坡变形的影响,结合之前所做的分析,以泊松比(3)为基准,对碎石 1 及碎石 2 的泊松比做如表 2-5-3 所示的调整,比较泊松比不同情况下路基中点变形的差异。

泊松比取值水平 表 2-5-3

材料	泊松比 ν				
	泊松比(1)	泊松比(2)	泊松比(3)	泊松比(4)	泊松比(5)
碎石 1/碎石 2	0.216	0.243	0.27	0.297	0.324

图 2-5-7 为 700~850d 不同泊松比路基中点的沉降曲线,不考虑 700d 之前的累积沉降值。从图可以看出,初始阶段沉降曲线斜率较大,沉降值增加比较快,随着时间的推移沉降曲线逐渐平缓,最终趋于一个稳定值。在其他影响因素不变的情况下,泊松比越大,路基中点沉降值越小,成反相关关系。

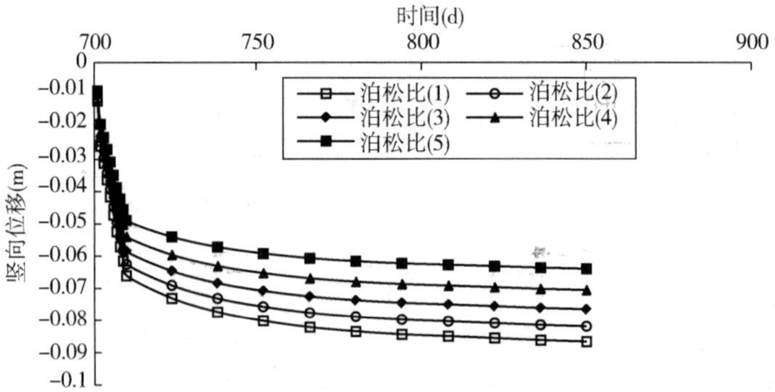

图 2-5-7 不同泊松比下路基中点沉降随时间变化曲线

计算不同泊松比下路基中点第 850d 沉降值如图 2-5-8 所示,当泊松比在 0.216~0.324 范围内变化时,路基中点沉降值随泊松比变化大致呈线性变化。当泊松比从 0.27 减少到 0.243(降低 10%)时,沉降值大致增加 6.99%,根据公式可求得相应泊松比的敏感度为 0.700。当泊松比从 0.27 增大到 0.297(增加 10%)时,沉降值大致减少 7.78%,根据公式可求得相应泊松比的敏感度为 0.778。

第 850d 路基各点沉降增减随泊松比变化情况如图 2-5-9 所示。由图可知，各点沉降曲线近似平行，即随着泊松比的增加，路基各点沉降值逐渐减小，但并不会影响路基各点的不均匀沉降差。

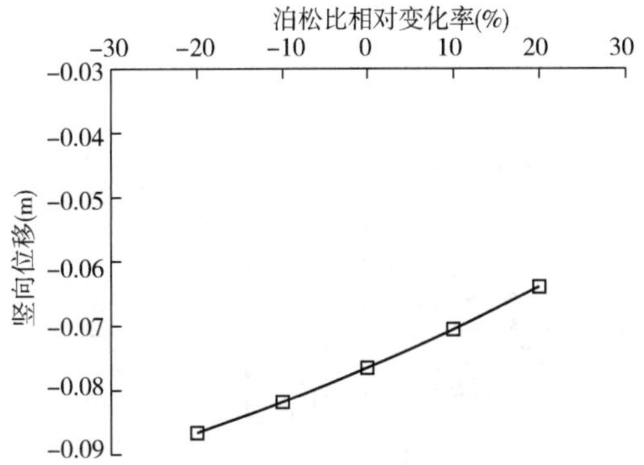

图 2-5-8　第 850d 路基中点沉降关系图

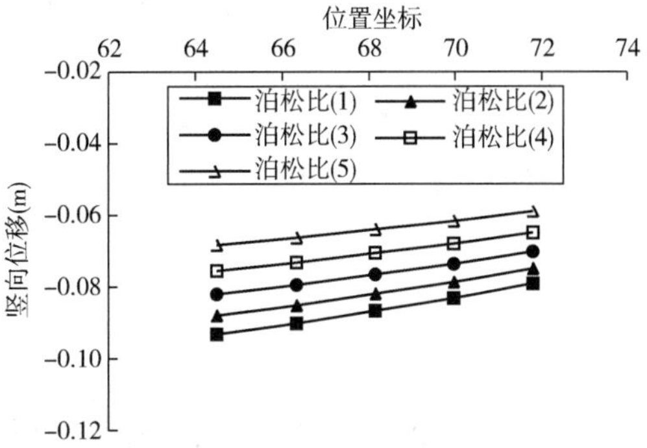

图 2-5-9　第 850d 路基各点沉降关系图

从以上分析可知，随着泊松比的增加，路基沉降值大致呈线型减小。在碎石土弹性模量(3)的基础上降低泊松比对路基沉降值的影响与增加泊松比对路基沉降的影响敏感性相当。

2.5.3　不同土体类型路基沉降特征

水位升降变化时，路基发生沉降的主要影响因素有土的性质，厚度，工况条件和时间的变化等。在此，分析黏性土库岸路基及非黏性土库岸路基在库水位变化时，边坡的渗流场及路基变形特征及区别。黏性土是指液限 ω_L 大于 25%，塑性指数 I_p 大于 6 的中高液限的黏质土和粉质土，黏粒含量一般大于 10%，它在工程特性方面的主要表现是细颗粒之间具有一定的黏聚力。无黏性土包括各类砂、砾及砂砾石混合料，颗粒组成变化范围很广，由 0.1mm 的砂粒直到 200mm 的卵石。需要特别说明的是，同等条件下黏性土对水的敏感度要高于无黏性土，且发生渗流破坏的形式不一，黏性土由于颗粒间胶结力的变化会使地基产生更大的变形。然而对于库岸(沿河)路基边坡来说，这两类土表现出了不同的工程性质。近年来，一些学者在水位升降情形下对坡内渗流场及坡体稳定性的影响进行研究，如张国超等模拟了三峡库区典型岸坡在库水匀速上升时，坡体材料为粉土、粉质黏土、砾石土和砂土下的渗流特征，李智慧分析了坡前水位降落时，有黏聚性的粉质黏土边坡和无黏聚力的中砂边坡的稳定性。但在理论上并未涉及不同类型土质库岸(沿河)路基边坡中渗流场及路基变形程度的对比分析。

为了取得岸坡内部渗流场随库水位变化的规律，在此以一典型高填土路基为基础，考虑路基填土分别由粉质黏土和砂土 2 种不同土体类型之一组成，使用 SEEP/W 模拟岸坡内部渗流场，并通过 SIGMA/W 得到 2 种不同类型土体库岸路基沉降值的大小，以期能对库岸路基地质灾害的防治提供理论依据。

2.5.3.1　计算模型

为了研究水位变化时黏性土及无黏性土库岸(沿河)路基变形特征及其区别，采用 GEO-STUDIO 有限元软件分别建立坡形和基岩相同但土体介质不同的 2 种计算模型，分别开展前述 2 种土体介质的渗流场特征研究及库岸路基变形特征。

以一典型路堤断面作为计算断面，该断面为高填方路基，填土高度为 20m，路基顶面宽 12m，边坡按 1∶1.5 放坡，地基计算宽度取 80m，模型尺寸高为 40m，宽为 80m，x 方向为水平指向路基，y 方向为垂直向上。采用四边形单元，将网格划分为 3249 个节点，3112 个单元，高填方路堤模型如图 2-5-10 所示，路基研究剖面及特征点如图 2-5-11 所示。

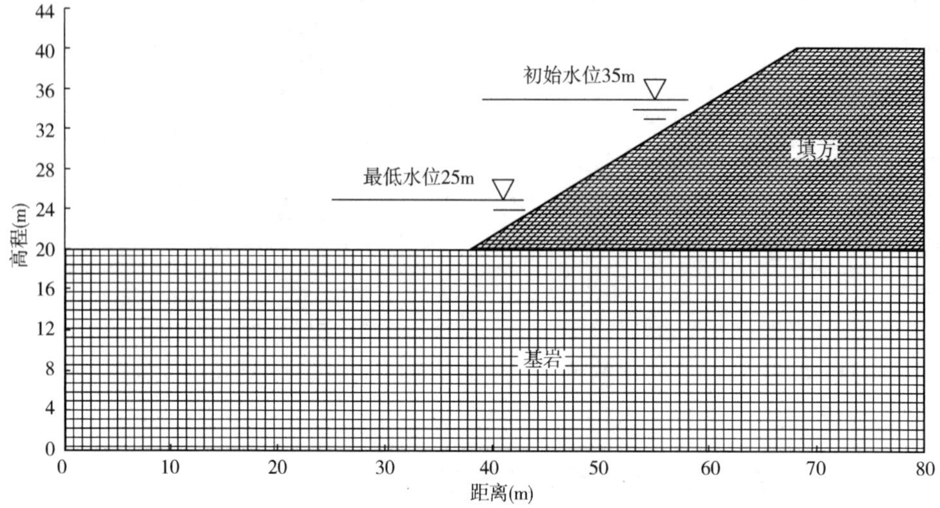

图 2-5-10　高填方路基模型

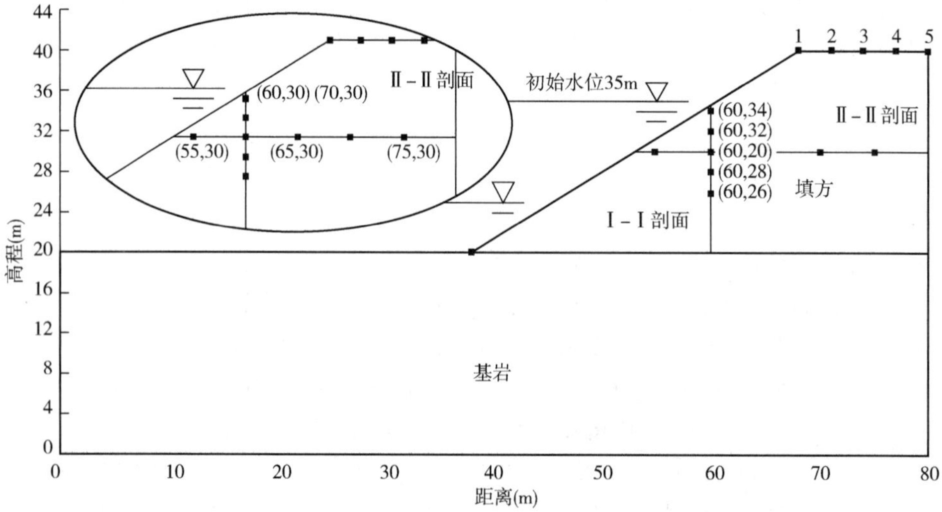

图 2-5-11　高填方路基研究剖面及特征点

在 SEEP/W 模块中水位以上为零流量边界，水位以下为水头边界，假定初始时刻坡体水位面水平，地下水位高程为 35m，模型右侧边界及底部边界为不透水边界，地基左侧边界为不透水边界，左侧坡面为透水边界。从某时刻开始，水位从最高水位 35m 以 2m/d 的速率下降到最低水位 25m，呈线性变化，降幅为 10m，之后的 25d 水位保持不变。水位下降时，通过改变边界条件来反应库水的升降情况，边界条件采用总水头作为变量且为时间的函数。在

SIGMA/W模块中边界的约束条件，指定模拟区底部边界x和y方向位移为0，右侧边界及地基左侧边界x方向位移为0，其余边界为自由边界。模型共划分了2个材料分区，土力学参数由工程勘察的土工试验及参考相关文献获得，如表2-5-4所示，通过VG模型确定土水特征曲线，参考相应文献，土体材料VG模型土水特征参数见表2-5-5，粉质黏土与砂土的土水特征曲线如图2-5-12a)所示，通过Van Genuchten模型来预测非饱和渗透系数函数，粉质黏土与砂土的渗透系数曲线如图2-5-12b)～c)所示。

土体材料参数取值　　表2-5-4

岩土类别	容重 $\gamma(kN\cdot m^{-3})$	有效黏聚力 $C'(kPa)$	有效内摩擦角 $\Phi'(°)$	有效弹性模量 $E'(kPa)$	泊松比 ν	饱和渗透系数 $k_s(cm\cdot s^{-1})$
粉质黏土	18.5	5	25	12000	0.3	5.78×10^{-5}
砂土	19.4	0	32	38000	0.23	1.16×10^{-3}
基岩	27.1	1420	45.3	4.8×10^{7}	0.2	5.26×10^{-6}

土体材料VG模型土水特征参数　　表2-5-5

岩土类别	饱和体积含水率 θ_s	残余体积含水率 θ_r	$a(cm^{-1})$	n	m
粉质黏土	0.4771	0.1506	0.0957	1.2641	0.2089
砂土	0.3744	0.0818	0.1522	4.9640	0.7986

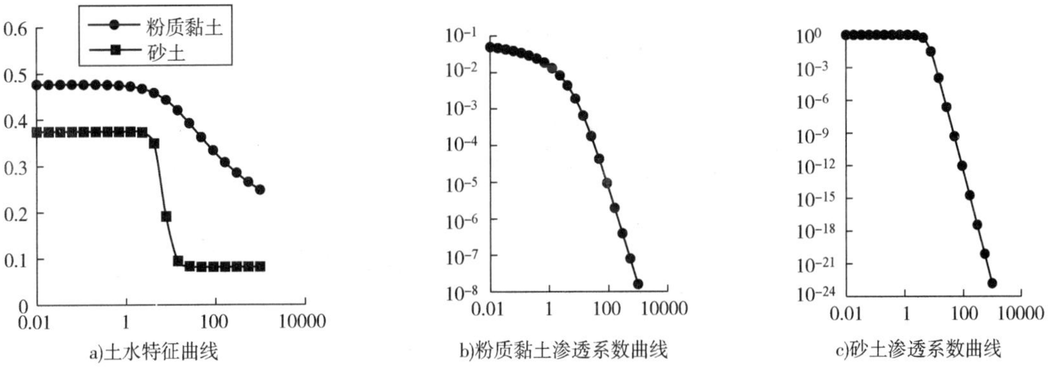

图2-5-12　粉质黏土及砂土土-水特征曲线和渗透函数曲线

2.5.3.2　数值计算与分析

(1)高填土路基边坡渗流场

通过模拟水位下降时两种类型高填土路基边坡的渗流演变规律，得到了边坡体浸润线随时间的变化图，如图2-5-13所示。

在水位匀速下降过程中，浸润线为单峰型上凸曲线，由坡内向边坡表面推进，浸润线呈上凸曲线的渗流特征是饱和-非饱和渗流的外在表现形式，而本质上是由土体的土水特征曲线的形态和饱和-非饱和渗透系数决定的。比较图2-5-13a)～b)可知，不同土体介质渗流的滞后效应不同，粉质黏土的浸润线斜率较砂土大，即粉质黏土渗流的滞后效应较砂土明显。

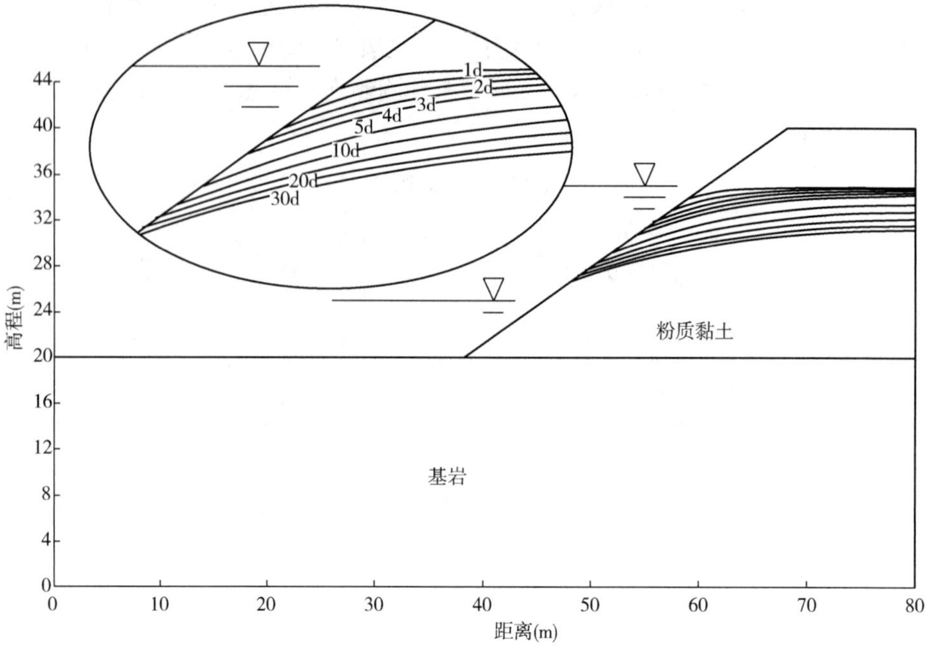

a)粉质黏土浸润线位置变化

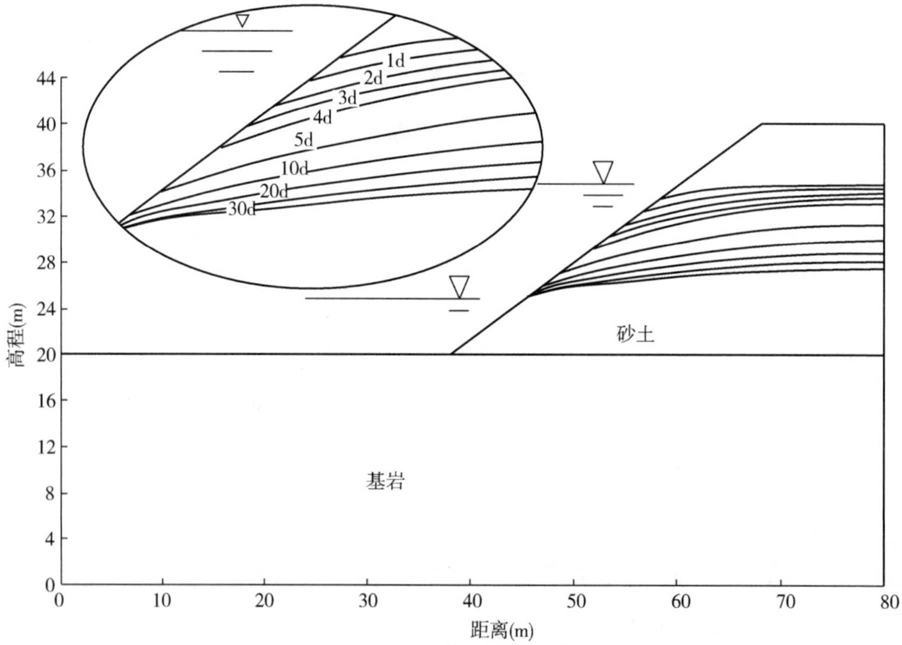

b)砂土路基边坡浸润线位置变化

图 2-5-13　不同类型土体边坡浸润线随时间变化图

图 2-5-14 为库水位下降时不同填土路基边坡剖面孔隙水压力曲线，由图可知路基填土孔隙水压力随水位下降逐渐减小，水位稳定为最低水位后，填土孔隙水压力随时间增长而降低，并逐渐趋于一稳定值，离库岸坡面越近的点孔隙水压降低速率越大，达到稳定值所需时间越短。对比分析图 a)、b)、c) 及图 d) 可得，水位下降时，砂土路基孔隙水压力下降速率较粉质黏土路基大，且砂土路基土体孔隙水压力达到平衡状态所需时间较短。

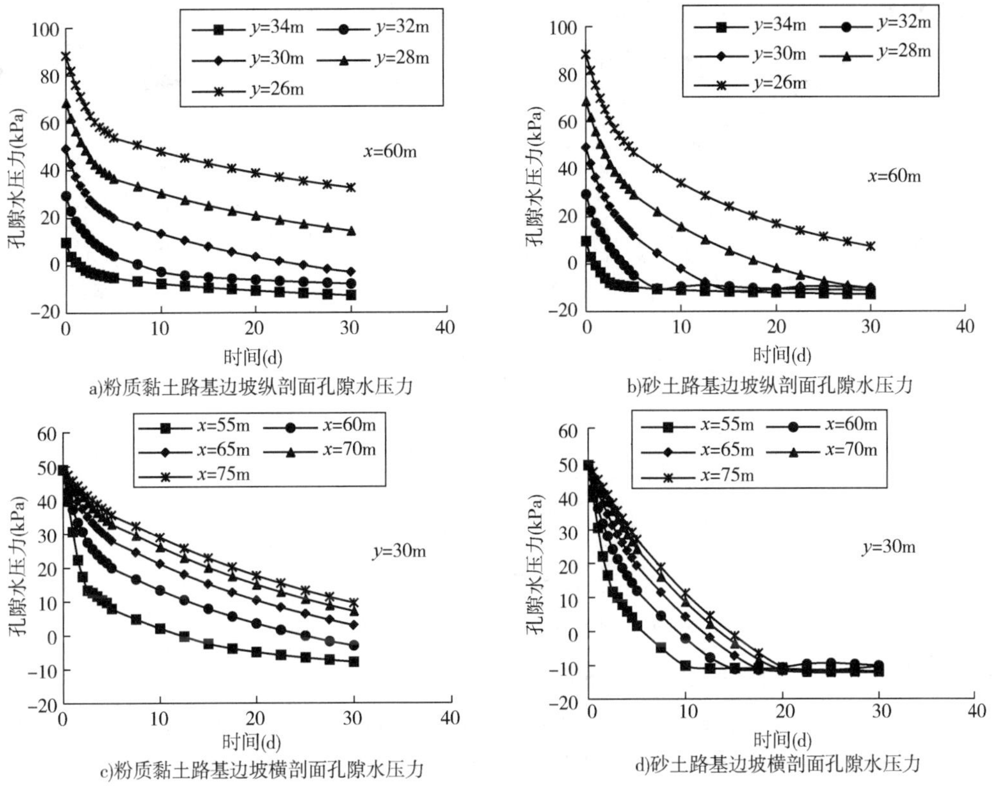

图 2-5-14　库水位下降时不同填土路基边坡剖面孔隙水压力曲线

(2) 不同类型土路基沉降变形规律

以路基表面左侧顶点为起点，每隔 3m 选取计算点绘制水位下降时不同填土路基各点沉降曲线（图 2-5-15）。竖向位移为负值，即路面上各点均发生沉降变形，粉质黏土路基及砂土路基在该工况下均表现出沉降值随着时间的增加而增加，且在库水位下降期间，曲线斜率较大，沉降位移增长较快。当库水位保持为死水位不变时，曲线斜率逐渐减小，沉降位移增长逐渐减慢。对比图 2-5-15a) 和 b) 可知，在相同的时刻，粉质黏土路基各点沉降值均大于砂土路基沉降值，在水位下降及稳定一段时间期间，粉质黏土路基离库岸坡面近的点沉降值大于远离斜坡表面的点，而砂土路基在初始时刻从远离库岸坡面一侧至库岸坡面路基沉降逐渐增大；随着时间的推移，远离库岸坡面的点沉降值大于离库岸坡面近的点，但差值很小。

图 2-5-16 为水位下降第 5 天不同填土路基沉降曲线，由图可看出水位下降至第 5d 时，粉质黏土路基各点沉降值均大于砂土路基，且粉质黏土路基沉降曲线斜率大于砂土路基沉降曲线斜率，即粉质黏土路基各点沉降差更大，会引起路基路面的不均匀沉降，且靠库岸坡面沉降变形影响较大，直接导致路基路面的变形，甚至产生裂缝或更严重的破坏，因此库岸路基、路

面容易产生变形、开裂等破坏。

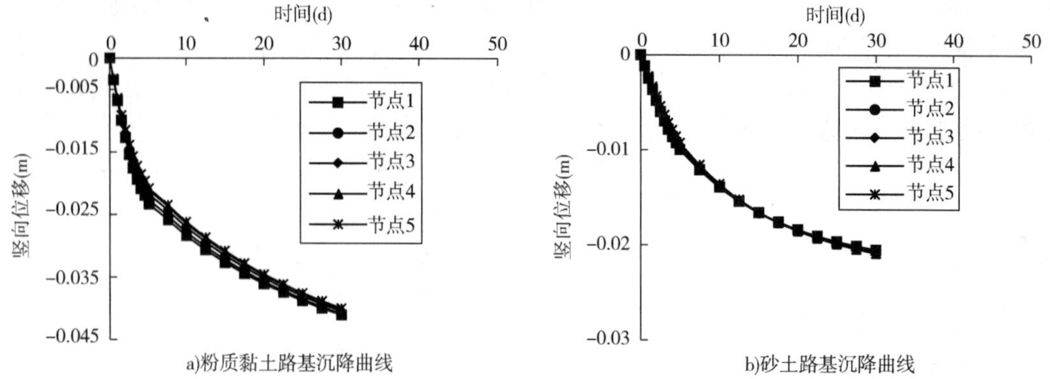

图 2-5-15　水位下降时不同填土路基沉降曲线

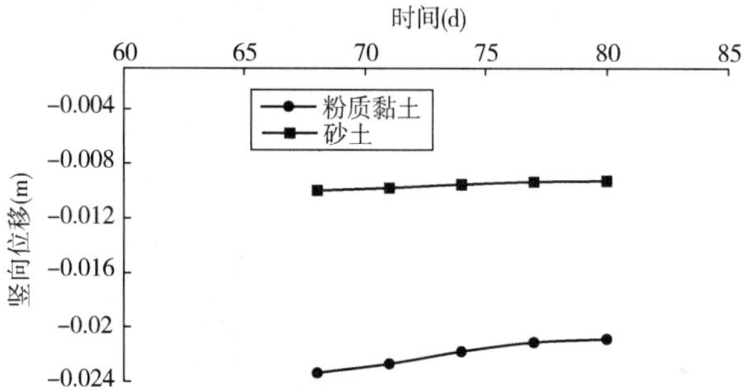

图 2-5-16　水位下降第 5 天不同填土路基沉降曲线

从不同填料在库水位降低情况下的沉降分析看,细粒土的沉降较粗粒土的沉降大,且细粒土沉降达到稳定的时间较粗粒土沉降达到稳定的时间长,如图 2-5-14 所示。从不均匀沉降的分析看,细粒土在库水位降低时产生的不均匀沉降较粗粒土产生的不均匀沉降大,也即对库岸路基路面的正常运行和维护而言,细粒土路基对路面造成灾害的可能性较粗粒土路基对路面造成灾害的可能性。为此,对于库岸路基填料的选择,应尽量采用粗粒土进行库岸路基的填筑,最好用填石路基。

为了减小水位变化引起的隆起或沉降变形对路基、路面产生的不利影响,在水位影响范围内应尽量采用砂土、碎石、块石等粗颗粒土体或石料填筑路基,避免采用黏土、粉质黏土等细粒土作为路基填料。由于砂土、碎石、块石等粗颗粒水稳定性好、透水性强、沉降快、饱水易压实、毛细水上升高度小,是一种良好的填筑路基材料。但用砂土作为填筑材料存在黏结力低,抗浪蚀能力差,对于库岸路基可采取大块石护坡或浆砌石护坡并采取排水措施的填筑方法。

2.6　库岸边坡安全性研究

在岩土工程中,库区边坡安全一直以来是国内外学者研究的重点,而水库塌岸机理复杂,塌岸模式多样,相应库岸边坡安全性研究也多样化。在此,从库区边坡的渗流特性出发,研究岸坡的稳定性和抗震性。研究基于工程勘察,采用岩土有限元软件 Geo-Slope,分析库水位升降和水位下降速率对库岸边坡安全系数的影响;利用拟静力法和动力有限元法对比研究库岸边坡的抗震性。

2.6.1 计算方法及参数选择

以金安桥电站库区丽宁公路段第五勘探断面为计算剖面。在库岸边坡稳定计算中,选用极限平衡法中的 Morgenstern-Price 法。因为 M-P 法的计算滑面为直线和圆弧相结合的复合滑面,具有普遍适用性;而条间力函数选半正弦函数 $f(x)=0.5\sin x$,恰好满足滑坡体两端土条条间力为零,利于土条力平衡计算的多边形闭合;抗剪强度采用 Fredlund 的双变量理论公式;初始水头为原金沙江河道水位 1353.5m。

根据工程勘察、钻孔资料和土力学参数试验值。计算模型材料参数取值如表 2-6-1 所示,土水特征曲线如图 2-6-1 所示。

边坡材料参数取值　　表 2-6-1

材料	天然容重 γ ($kN\cdot m^{-3}$)	饱和容重 γ_{sat} ($kN\cdot m^{-3}$)	有效黏聚力 c'(kPa)	有效内摩擦角 ϕ'(°)	d_{10} (mm)	d_{60} (mm)	饱和含水量 (m^3/m^3)	液限 (%)	饱和渗透系数 k_s($cm\cdot s^{-1}$)
碎石1	19.8	20.4	13.3	30.7	0.012	77	0.2	26	9.26×10^{-4}
碎石2	21.4	21.9	15.3	30.7	0.011	75	0.18	27	4.32×10^{-4}
玄武岩	26.7	27.1	1420	45.3	—	—	—	—	5.26×10^{-6}

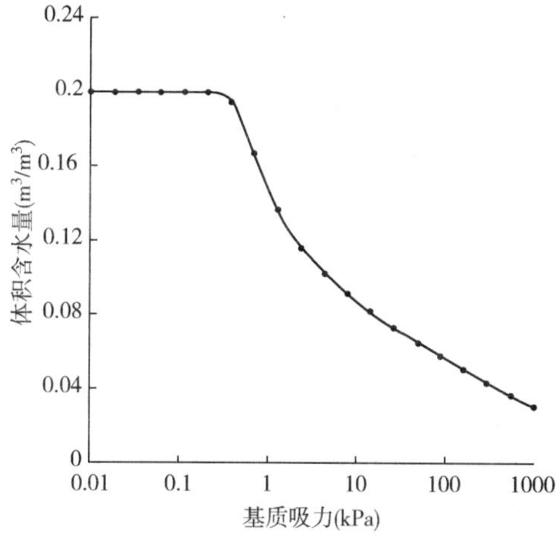

a)碎石1土水特征曲线

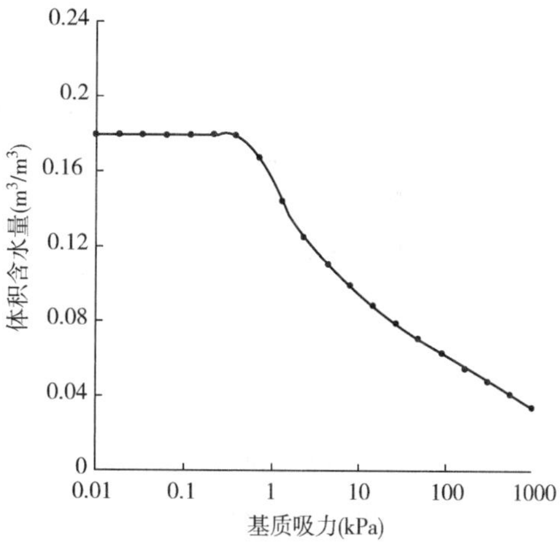

b)碎石2土水特征曲线

图 2-6-1 库岸边坡土体土水特征曲线

2.6.2 库区边坡稳定性研究

2.6.2.1 非饱和土极限平衡法

极限平衡法在计算土坡稳定时,需要将滑动面以上的土体分成若干垂直土条,所以又被称之为条分法。极限平衡理论依据的静力学原理是:水平和垂直方向力平衡,以及所有的力围绕一点的力矩平衡,如图 2-6-2 所示。在假设条间力方向之后,极限平衡方程成为静定方程,使边坡稳定问题变成静定问题。式(2-6-1)为滑坡体 Y 方向力平衡方程,式(2-6-2)为滑坡体 X 方向力平衡方程,式(2-6-3)为滑坡体的力矩平衡方程。

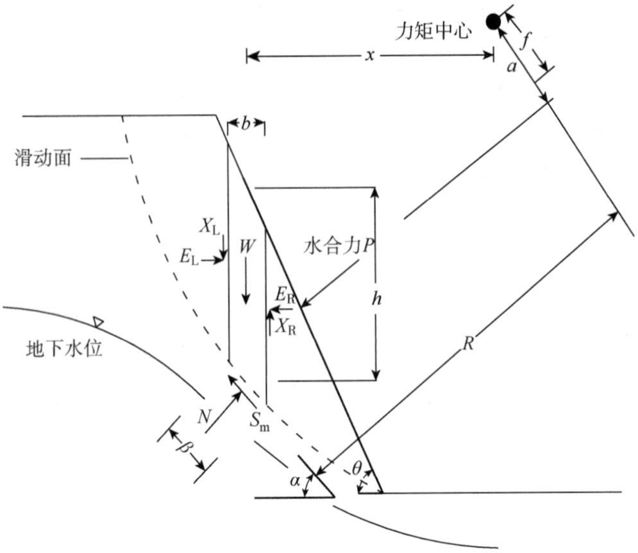

图 2-6-2　极限平衡法图解

$$P\sin\theta+\sum W-\sum S_m\sin\alpha-\sum N\cos\alpha=0 \tag{2-6-1}$$

$$P\cos\theta+\sum S_m\cos\alpha-\sum N\sin\alpha=0 \tag{2-6-2}$$

$$-Pa+\sum Wx-\sum Nf-\sum S_mR=0 \tag{2-6-3}$$

引发的抗剪力 S_m 用 Fredlund 和 Morgenstern 的提出的双变量强度公式表示:

$$S_m=\frac{\beta}{F}[c'+(\sigma_n-u_a)\tan\varphi'+(u_a-u_w)\tan\varphi^b] \tag{2-6-4}$$

各变量定义如下:

W——土条宽度为"b"、高度为"h"的总重量;

N——土条底面上的总法向力;

S_m——土条底面上的抗剪力;

E——土条间水平法向力(下标"L"表示土条左侧,"R"表示土条右侧);

X——土条间竖向剪力(下标"L"表示土条左侧,"R"表示土条右侧);

R——土条底部抗剪力 S_m 至力矩中心的力臂;

f——法向力 N 至力矩中心的力臂;

x——土条中线至力矩中心的水平距离;

h——土条底面中点至土条顶面中点的竖直距离;

a——水的合力至力矩中心的力臂;

P——水的合力;

α——土条底面中点的切线与水平面的夹角,当夹角与边坡倾角的方向一致时,为正号,不一致时,为负号;

β——土条底面的斜向宽度；

θ——边坡坡角；

F——安全系数；

φ^b——与基质吸力(u_a-u_w)变化有关的摩擦角；

c',φ'——岩土体的强度指标，分别为有效黏聚力和有效内摩擦角。

在第一次迭代计算时，令初始安全系数 F 为 1，条间剪力为 0，对从坡顶至坡脚的土条逐一计算，得到初始条间法向力(E_L,E_R)以及力平衡安全系数 F_f和力矩平衡安全系数 F_m。然后将力平衡安全系数 F_f代入力平衡方程，将力矩平衡安全系数 F_m代入力矩平衡方程，结合条间力函数 $E=\lambda f(x)X$，对土条逐一计算，得到两组条间力。第二次迭代时，将计算结果 F_f和 F_m以及相应的条间力代入平衡方程重新计算，得出新的安全系数 F_f和 F_m数值，再利用新的数值去修正相应的条间力。重复迭代计算，一直到两个安全系数 F_f和 F_m均达到收敛为止。当迭代收敛后，下一次计算可采用相同的条间力函数 $f(x)$，但不同的 λ 值继续进行迭代计算。当一系列的 λ 所对应的 F_f和 F_m被计算出来时，再用作图法求出 $F_f=F_m$时的最终安全系数 F_s。

2.6.2.2　稳定性分析

在利用 Geo-Slope 软件模拟金安桥库区边坡稳定演变过程中，得到了以时间为 X 轴，安全系数 F_s为 Y 主轴，水位高程为 Y 次轴的关系曲线，如图 2-6-3 所示。而图 2-6-4 给出了各工况下的边坡最危险滑动面。

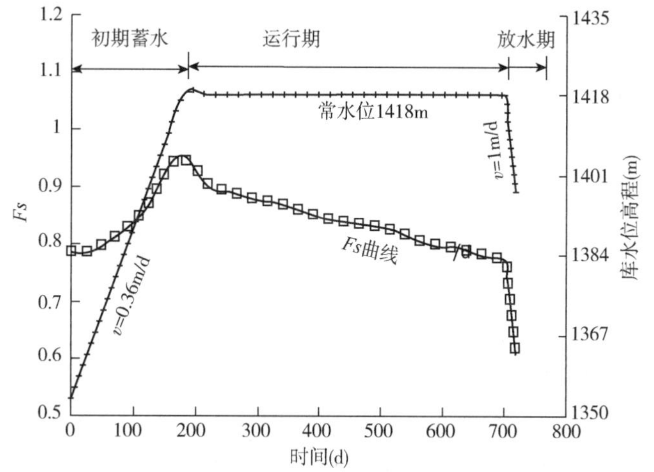

图 2-6-3　库水位变化过程中岸坡安全系数的变化规律

针对库区边坡稳定演变规律按不同蓄泄水期间分述如下：

(1)初期蓄水过程中，边坡安全系数表现出单调增加的规律。从图 2-6-3 可以看出，边坡安全系数随着库水位升高呈现出先缓慢上升，再加速上升的现象：在初始工况下(t 为第 0 天)，河道水位 1353.5m，边坡初始安全系数为 0.787，小于 1。结合区域历史调查和区域地形图发现，研究区域边坡正位于古滑坡、古地震遗址，由古滑坡层堆积而形成现在的边坡，因而初始边坡不稳定，初始安全系数符合实际；在 1353.5～1375m(t 为 0～60 天)的库水位上升过程中，安全系数 F_s 从 0.787 增大到 0.806，增加了 2.4%；在 1375～1396.5m（t 为 60～120d）的库水位上升过程中，安全系数 F_s 从 0.806 增大到 0.865，增加了 7.3%；在 1396.5～1418m（t 为 120～180 天）的库水位上升过程中，安全系数 F_s 从 0.865 增大到 0.956，增加了 10.5%。分析原因：在 1353.5～1375m 的蓄水过程中，库水位升高引起的静水压力增长对边坡起支撑作用，使安全系数增大。在 1375～1418m 的蓄水过程中，一方面是坡面静水压力增长对边坡稳定有积极作用；另一方面是渗流的滞后效应。因库岸边坡渗透系数较小，属于中透水性，滞后效应更加显著。在渗流发生时，由粉土和黏性土充填的碎石土孔隙中气泡阻力和土黏阻力较大，坡体渗流路径复杂，同等水头的情况下，渗流相对较困难，地下水渗流相对库水位上升滞后明显。在渗流场中，浸润线形态明显下凸，坡体内部存在较大面积的非饱和区，基质吸力对边坡抗剪强度的贡献较大。由这两方面原因导致边坡安全系数加速上升。

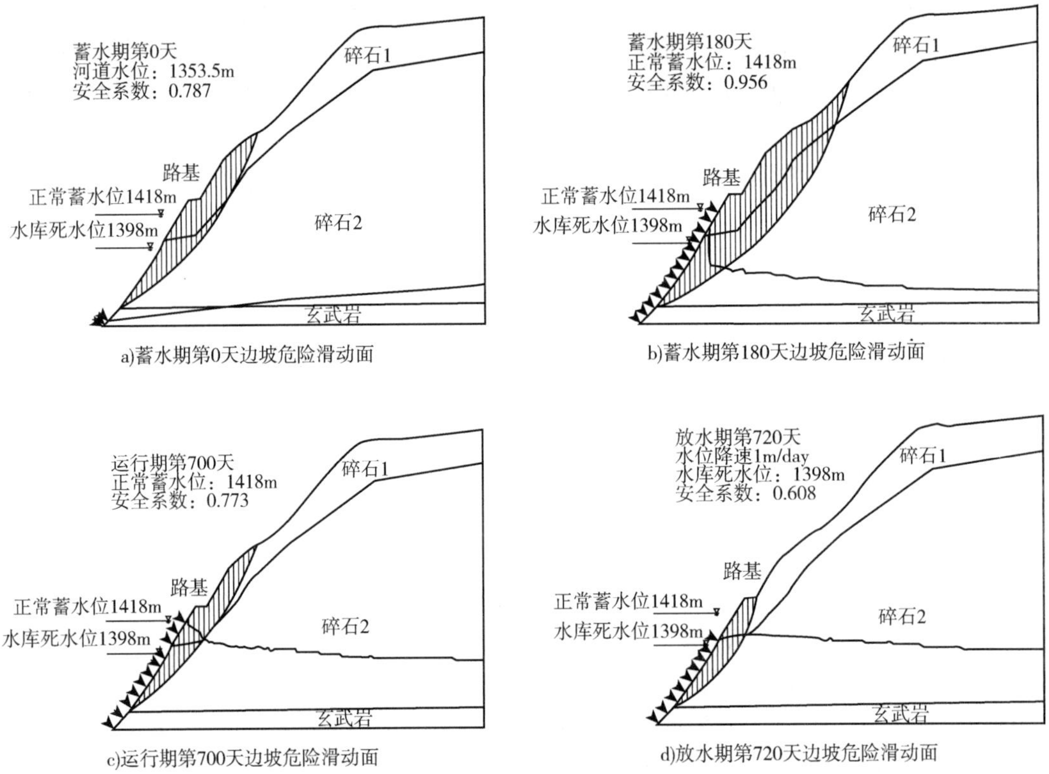

图 2-6-4　各工况下边坡的最危险滑动面

（2）常水位运行，边坡安全系数表现出单调递减的规律，边坡安全系数 F_s 从 0.956 减小到 0.773，减小了 19.1%。分析原因：在这一时期，水库静水压力保持不变，边坡渗流场发生变化，地下水位逐渐升高，坡体各处孔隙水压力增大，浸润线形状由明显下凸逐渐趋于平缓，饱和区面积扩大，非饱和区面积减少，引发坡体容重增加和基质吸力减小，边坡抗剪强度降低，因而安全系数持续减小。

（3）水位下降，降速为 1m/d，边坡安全系数表现出单调减小的规律，边坡安全系数 F_s 从 0.773减小到 0.608，减小了 21.3%。分析原因：水位下降引起的坡面库水静压力减小是边坡稳定性降低的主要因素。其次，土的抗渗作用引起坡体地下水位变化滞后于库水位变化，浸润线上凸，岸坡孔隙水压力消散缓慢，降低了基质吸力对边坡抗剪强度的贡献，以及岸坡孔隙水压力对坡体还产生滑动推力和浮托力等是导致安全系数减小的次要因素。从图 2-6-3、图 2-6-4 可以看出，放水期边坡安全系数下降很快，极易发生滑坡。

从图 2-6-4 还可以看出，在不同的蓄泄水期间，对应的岸坡安全系数不同，而且最小岸坡安全系数对应的滑面位置和滑动体体积（面积）也不相同。

2.6.2.3　水库水位下降速率对边坡稳定的影响

为考虑水库降水速率对库岸边坡稳定性的影响，分析了金安桥水库降水速率分别为 1m/d、1.3m/d、2m/d、4m/d 时的边坡稳定性变化规律，图 2-6-5a）、b）分别是以水库水位下降时间和水位高程描述的不同降水速率与库岸边坡安全系数之间的关系，表现出的统一规律是随着水位下降，不同降水速率对应的安全系数都是单调减小。这主要是因为水位下降，岸坡失去库水的支撑引起的。不同的是边坡安全系数随着降水速率的增大表现出减小的趋势。从图 2-6-5b）中可以看出，下降速率分别为 1m/d、1.3m/d、2m/d、4m/d 时，对应最小安全系数 F_S 分别为 0.608、0.603、0.59、0.578，均发生在死水位高程 1398m。在水位下降到同一高程，降水速率的不同决定了坡体排水时间的长短。因此水库降水速率越大则坡体排水时间越短，坡体的地下水位相对较高，坡体孔隙水压力相对较大，饱和区较大，坡体含水率也较大，基质吸力相对较小，导致抗剪强度相对较低；反之，则抗剪强度越高。因此，水库降水速率与边坡稳定成反相关关系。

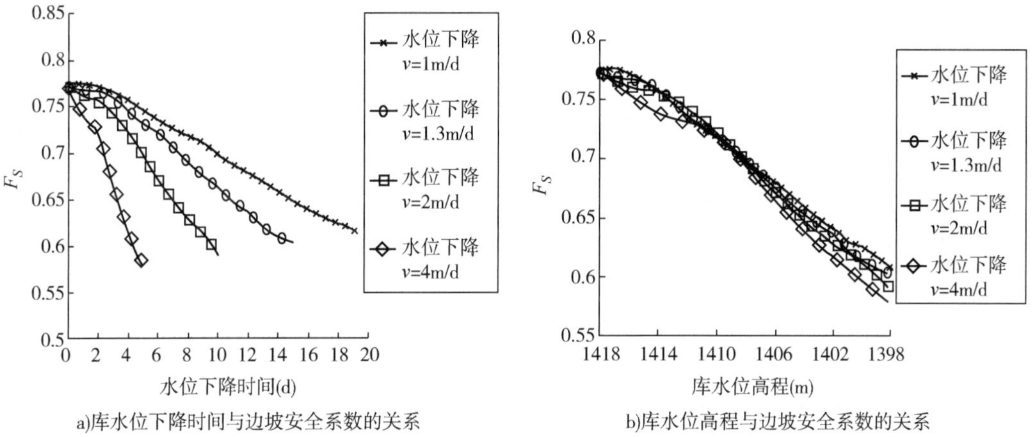

a)库水位下降时间与边坡安全系数的关系　　b)库水位高程与边坡安全系数的关系

图 2-6-5　水库水位下降速率与边坡稳定的关系曲线

2.6.2.4　采用 Geo-slope 法预测滑坡演变过程及范围

在此，利用 Geo-slope 建立滑坡计算模型，进行滑坡演变规律及范围分析。计算原理及方法如下：在现场调查研究的基础上，利用 slope/w 模块建立二维库区边坡模型，赋予岩土层强度参数，引进土水特征曲线来预测非饱和土强度，选取极限平衡法中的 Morgenstem-Price 法进行滑坡演变规律及范围计算。考虑滑坡演变过程，当安全系数小于 1 时认为边坡会发生连续性滑坡，滑坡体被水体带走，下一次滑坡时不考虑地下渗流场的重分布和河床淤积作用，连续“挖去”滑坡体进行稳定性试算;直到安全系数大于1时,认为此时岸坡处于稳定状态,对应的岸坡坡面为最终稳定坡面,从而最终滑坡范围。

参数选取见表2-6-1,计算工况为:正常蓄水位1418m,库区边坡浸润线为实测浸润线,见表2-6-2。计算结果如表2-6-3和图2-6-6~图2-6-12所示。

实测浸润线坐标 表2-6-2

实测浸润线坐标(*x*,*y*)(m)	(58,1418)	(64,1415)	(80,1406)	(96,1403)	(120,1400)	(250,1395)

Geoslope最终滑坡演变计算结果 表2-6-3

水库滑坡	第一次	第二次	第三次	第四次	第五次	最终稳定岸坡面
安全系数	0.722	0.832	0.826	0.892	1.020	1.020
滑坡宽度(m)	49	114	139	167	192	192
影响高程(m)	1467	1529	1531	1532	1537	1537

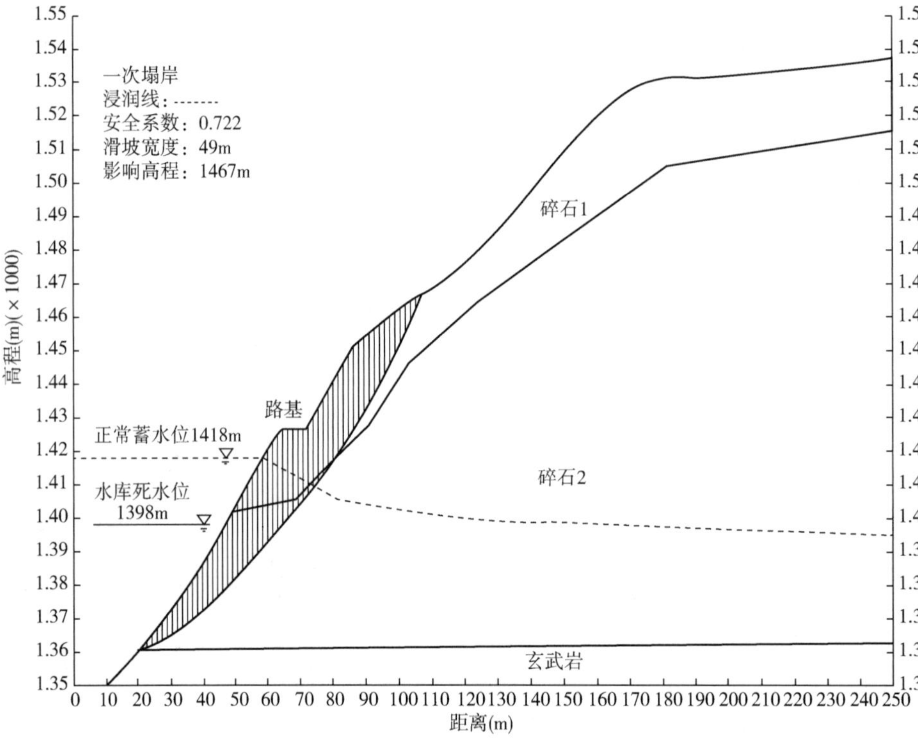

图2-6-6 第一次水库塌岸图

水库塌岸首先从岸坡坡体表面开始发生,逐步向坡体内部发展。滑坡体滑面水下岸坡线逐渐变缓,达到水下稳定坡角15°~25°,上部岩土体变陡;然后上部岩土体发生滑动,水上岸坡线逐渐变缓,达到水上稳定坡角33°~45°,与工程勘察的天然坡角37°~44°相近;在较高的坡顶段,由于岩土体的固结作用以及较高坡体含水率低,基质吸力较大,部分岸坡角能达到50°以上。

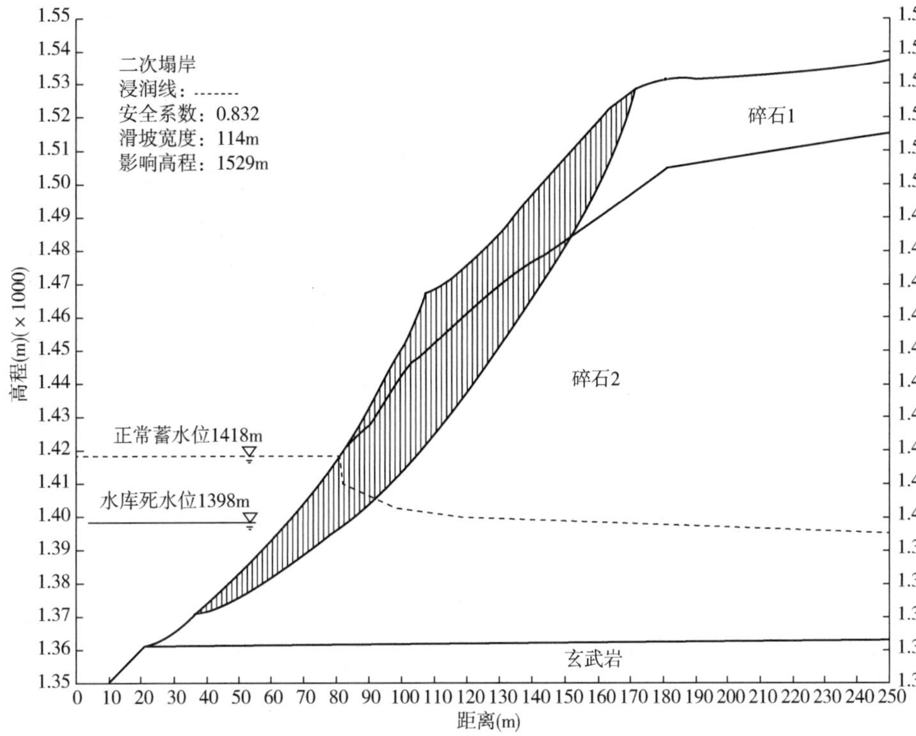

图 2-6-7　第二次水库塌岸图

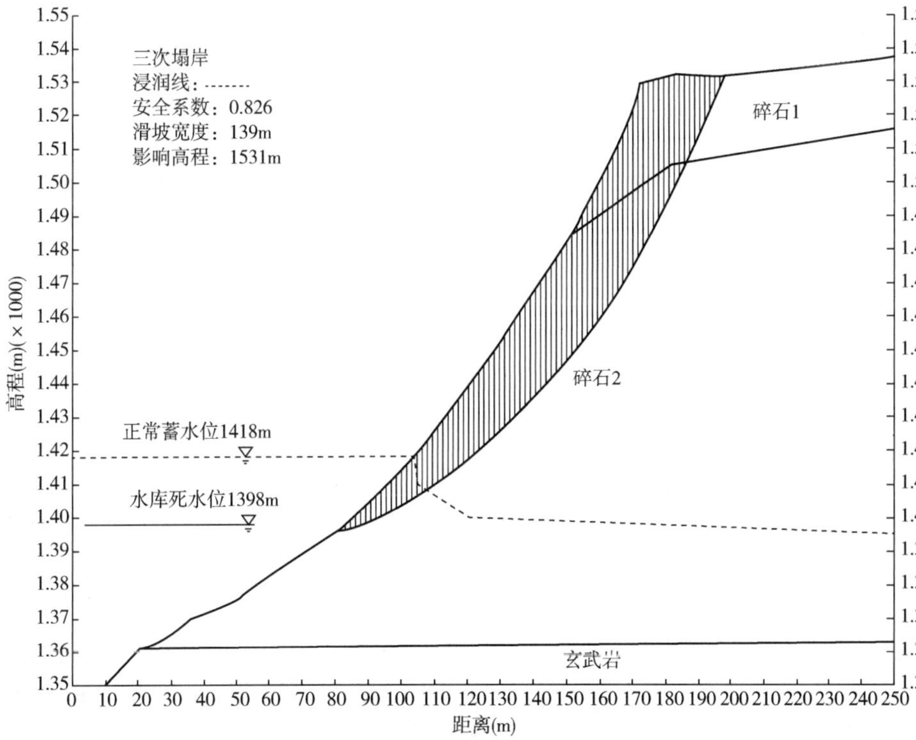

图 2-6-8　第三次水库塌岸图

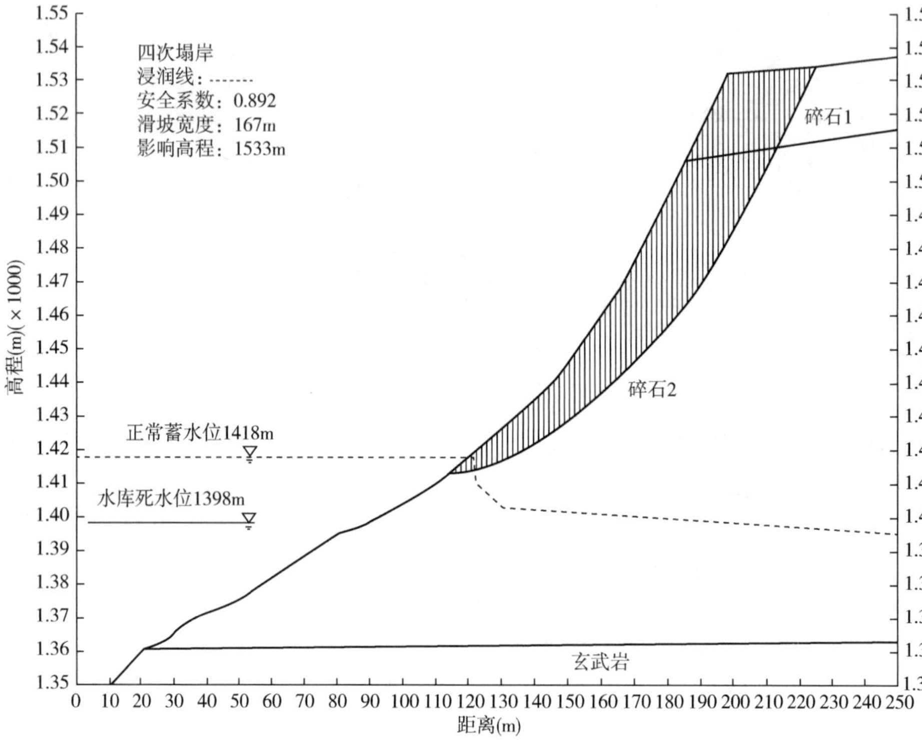

图 2-6-9　第四次水库塌岸图

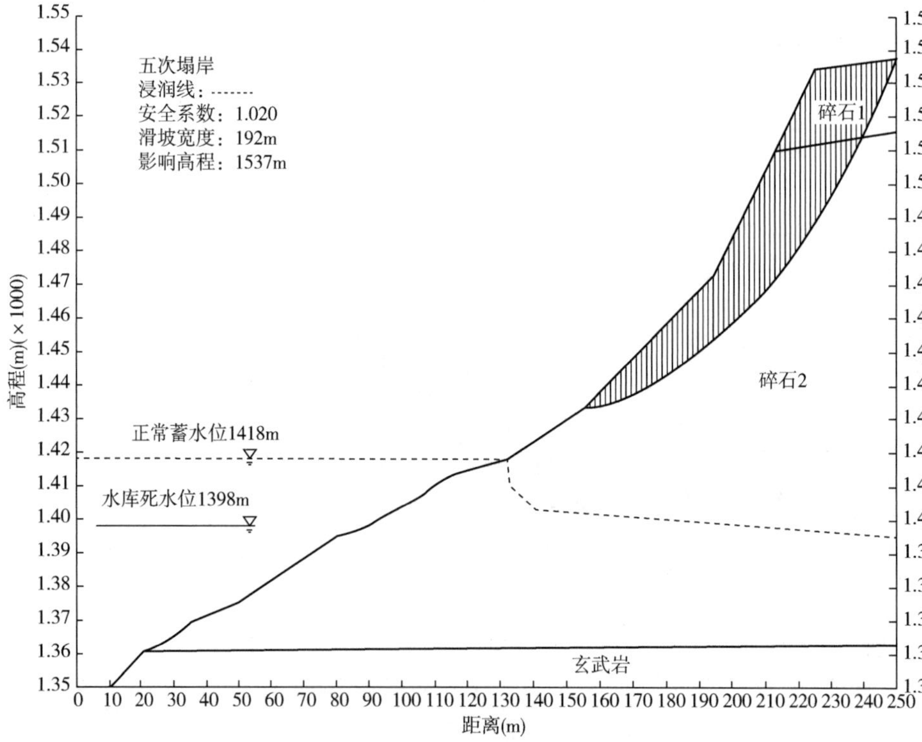

图 2-6-10　第五次水库塌岸图

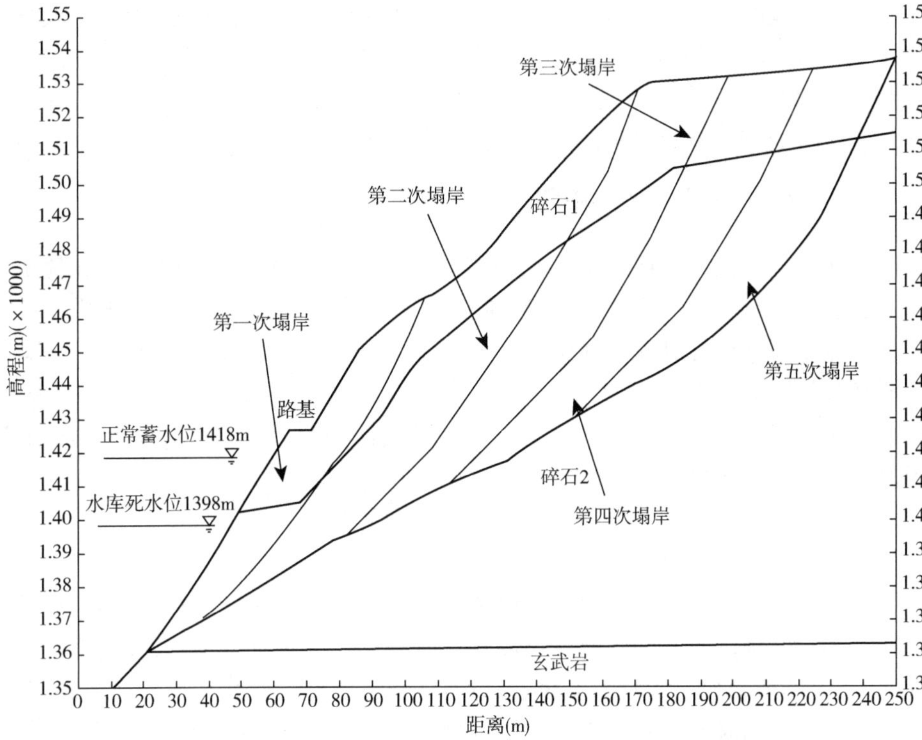

图 2-6-11　金安桥水库塌岸演变示意图

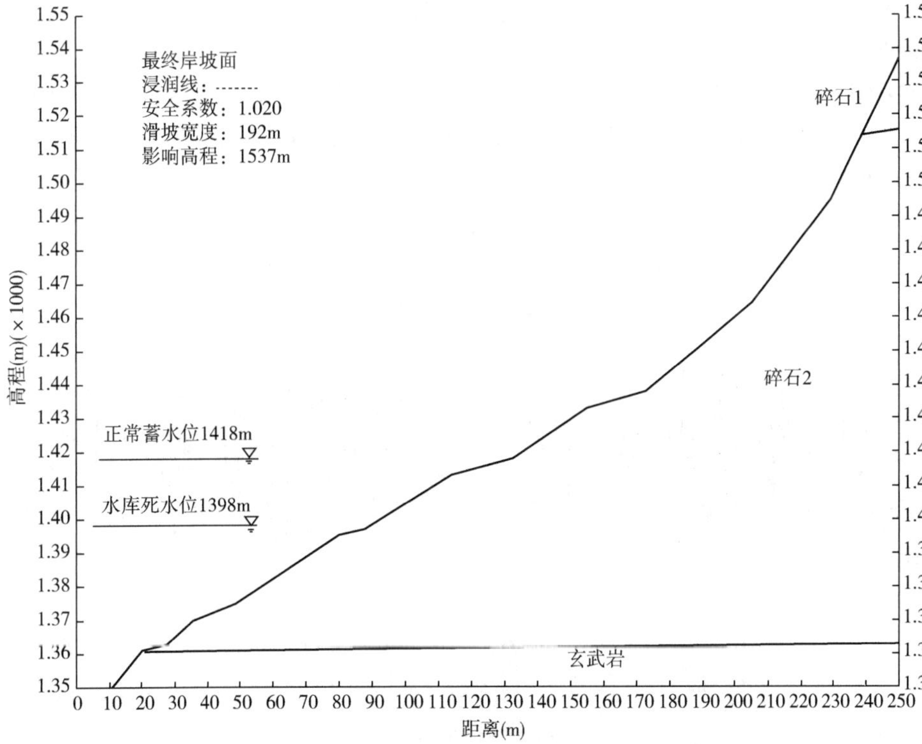

图 2-6-12　最终水库塌岸图

从库岸土体滑坡的演变过程可以看出,对于松散体或土体库岸来说,滑坡一般从库岸近表面开始,逐步向坡体内部发展,而不是一次发展到最终稳定边坡。但不一定像以上范围和规模过程发展,因为以上计算步距是以安全系数小于 1 的标准进行计算的,可能在库岸表面还会有比计算所得的安全系数更小的安全系数的表面体率先滑动破坏。

2.6.3 库区边坡抗震性研究

抗震性是库岸边坡安全性研究的重点内容之一,特别是地震多发地区,边坡的抗震性受到岩土特性、地震动荷载、孔隙水压力变化、滑面几何形状、材料性质及软弱结构面等多种因素影响,另外,库岸边坡还受到库水压力的影响。研究边坡抗震性常用的分析方法有拟静力法、块体分析法以及动力有限元法。下面以金安桥库区碎石土边坡为研究对象,采用 Geo-slope 中 quake/w 分析模块,考虑库水压力,建立拟静力法和动力有限元法进行地震数值模型,将地震工况与正常工况对比分析,开展抗震性研究。

2.6.3.1 动力有限元法

土体动力分析有限单元法认为地震动荷载是与时间有关的随机过程,计算输出的安全系数、位移、应力和应变都是时间的函数。在建立土体有限元模型时,除满足静力条件和位移边界条件外,还需考虑地震动荷载和阻尼作用,引入这些量后就可以建立连续性地震动力方程。动力有限元法可以应用总应力强度理论,也可以应用有效应力强度理论,可以考虑复杂地形、复杂边界、超孔隙水压力变化、土的弹塑性及非线性本构等因素对边坡抗震性的影响,能够较真实的描述边坡的地震动特性及边坡各处的动力响应,动力有限元法已经成为边坡地震动力响应分析的重要方法之一。

在此采用 Geo-slope 软件中 quake/w 模块,以金安桥库岸边坡为例,选用等效线性本构模型为基础,将库岸碎石土视为黏弹性体,输入修正后的美国 EL Centro 地震波,研究地震动荷载作用下边坡的动力特性。图 2-6-13 所示为修正前后的 ELCentro 波。

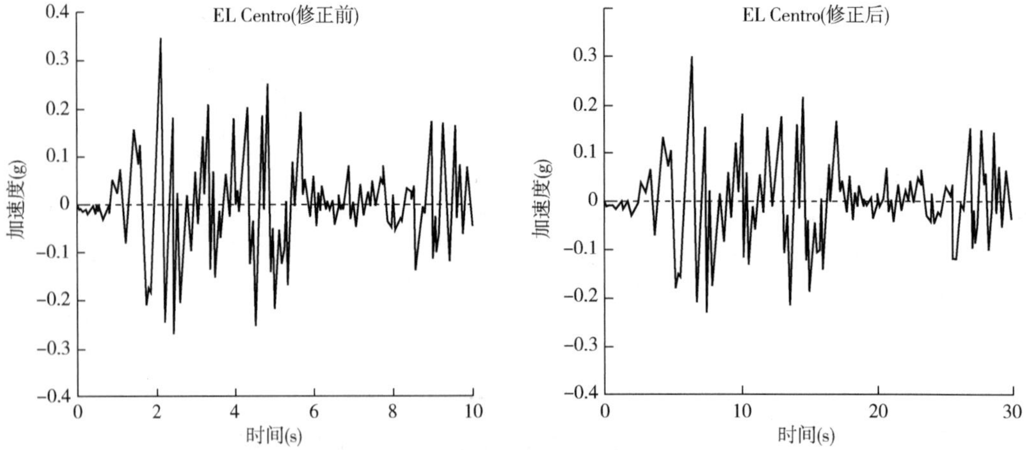

图 2-6-13 EL Centro 地震波

2.6.3.2　地震模型说明

(1)场地条件

根据《中国地震动峰值加速度区划图》(GB 18306—2001)、《中国地震动反应谱特征周期区划图》(GB 18306—2001)划分,金安桥库区边坡段地震动峰值加速度为 0.30g,地震动反应谱特征周期为 0.40s。按建筑抗震规范(GB 50011—2010),研究区域属中硬场地土类型,Ⅱ类建(构)筑场地类别,无饱和粉土、砂土存在,可不考虑地震液化。抗震设防烈度为 8 度,设计基本地震加速度值 0.30g。表 2-6-4 为地震岩土体物理参数,图 2-6-14a)、b)为碎石土剪切模量、阻尼比与循环剪应变的关系曲线图。

地震工况岩土参数表　　表 2-6-4

材料	天然容重 $\gamma(\mathrm{kN\cdot m^{-3}})$	饱和容重 $\gamma_{sat}(\mathrm{kN\cdot m^{-3}})$	有效黏聚力 $c'(\mathrm{kPa})$	有效内摩擦角 $\phi'(°)$	泊松比 ν	最大剪切模量 $G_{\max}(\mathrm{kPa})$
碎石 1	19.8	20.4	13.3	30.7	0.334	4000
碎石 2	21.4	21.9	15.3	30.7	0.334	4000
玄武岩	26.7	27.1	1420	45.3	0.2	2×10^7

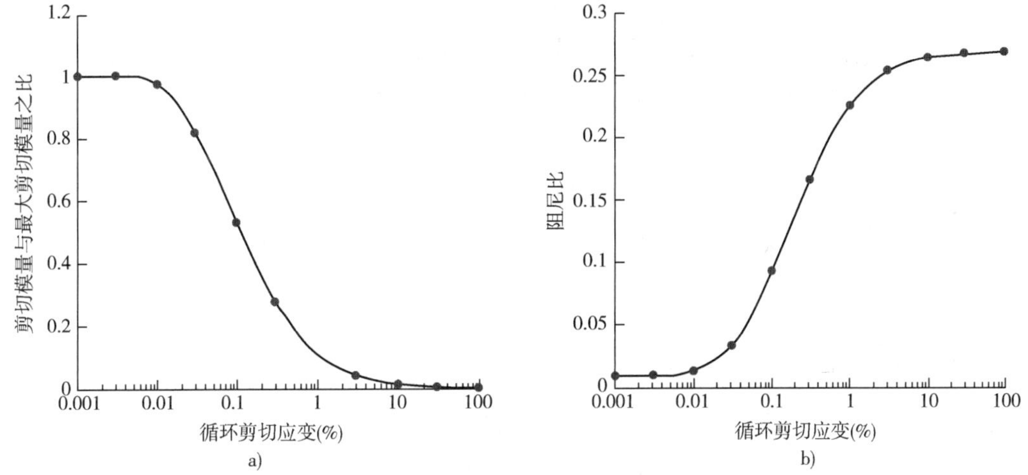

图 2-6-14　剪切模量比和阻尼比与循环剪应变的关系曲线

(2)模型建立

二维地震模型中,碎石土选用等效线性本构模型,玄武岩选用线弹性本构模型。网格划分选用三角形和四边形单元,模型共生成 10516 网格单元,10605 节点;地震边界为:底部和右边界为 X、Y 两个方向的位移约束,坡面为 1418m 水头边界,地下水位线为工程实勘水位线。地震模型如图 2-6-15 所示。

2.6.3.3　抗震性分析

(1)未考虑地震和抗震安全系数计算结果如表 2-6-5 所示,图 2-6-16～图 2-6-19 表示正常工况与拟静力法和动力有限元法计算的地震工况计算云图;图 2-6-20 和 2-6-21 为

29.1sec时刻水平方向应力、位移云图；图2-6-22和2-6-23为29.1sec时刻最大剪应力、剪应变云图。

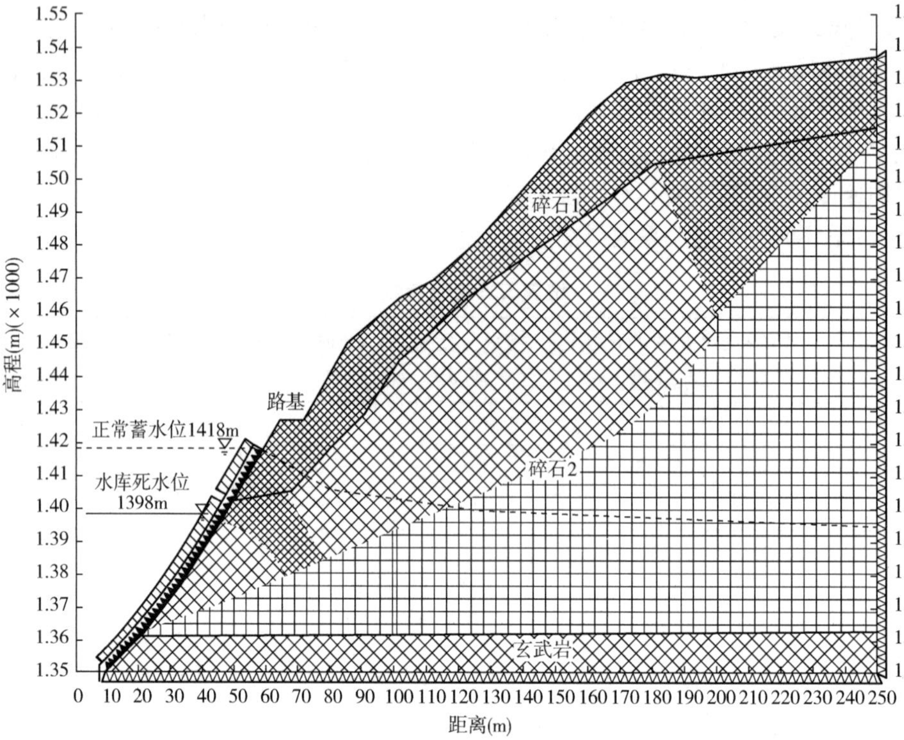

图2-6-15　地震模型图

未考虑地震和抗震安全系数计算表　　表2-6-5

计算方法	Janbu	Bishop	Morgenstern-Price
正常工况(未考虑地震)	0.711	0.728	0.730
拟静力法	0.652	0.661	0.661
动力有限元法	0.626(最小值)		

(2)运用Geoslope软件对金安桥库岸边坡计算分析，通过输入修正过的EL Centro地震波，动峰加速度设为0.3g，地震时长为30s，运用拟静力法和动力有限元法，得到相应抗震稳定性安全系数，与正常工况对比分析，得出以下结论：

①正常运行水位时，采用Janbu、Biship、Morgenstern-Price法计算的安全系数分别为0.711、0.728、0.730；运用拟静力法计算的八级地震烈度抗震安全系数为0.652、0.661、0.661，地震时安全系数分别下降了8.3%、9.2%、9.5%；运用动力有限元法计算的最小抗震安全系数为0.626，发生在29.1sec时刻，比正常工况分别下降了12%、14%、14.3%。从抗震性来说，地震工况下，边坡安全系数大幅降低，稳定性大幅减弱，容易发生失稳；另外，对比拟静力法和动力有限元法，动力有限元法计算的最小抗震安全系数比拟静力法计算结果要小，因为动力有限元法考虑了地震的动特性。

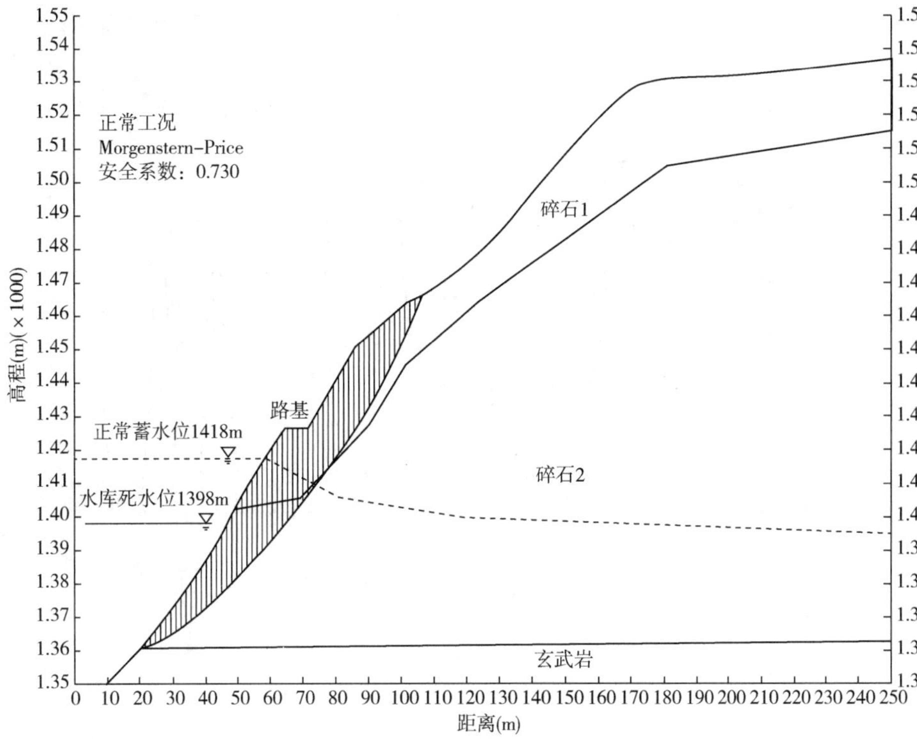

图 2-6-16　正常工况滑坡图

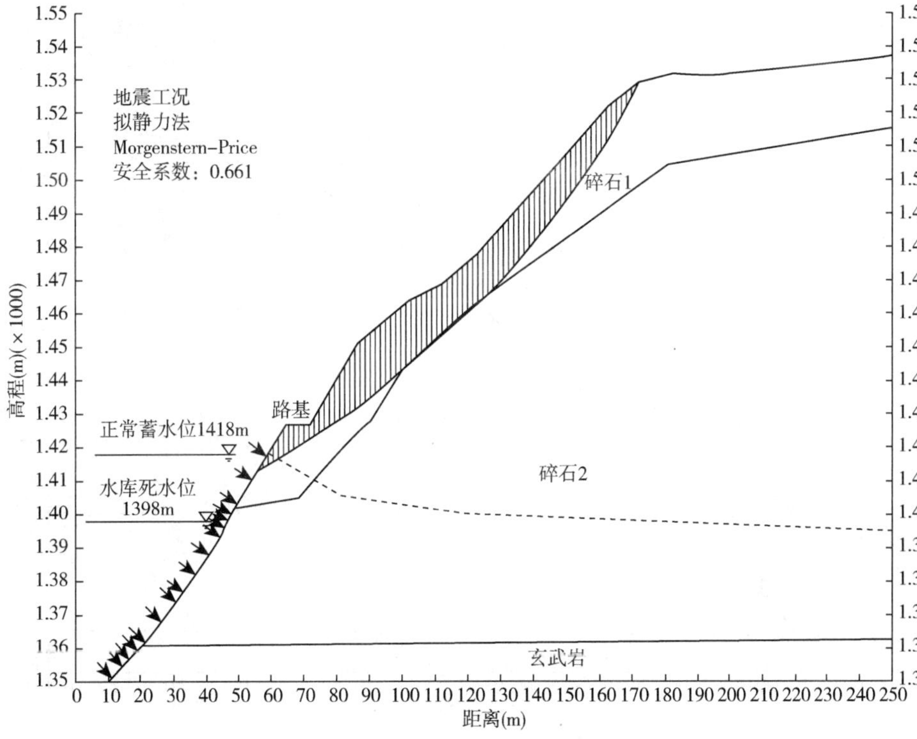

图 2-6-17　拟静力法地震滑坡图

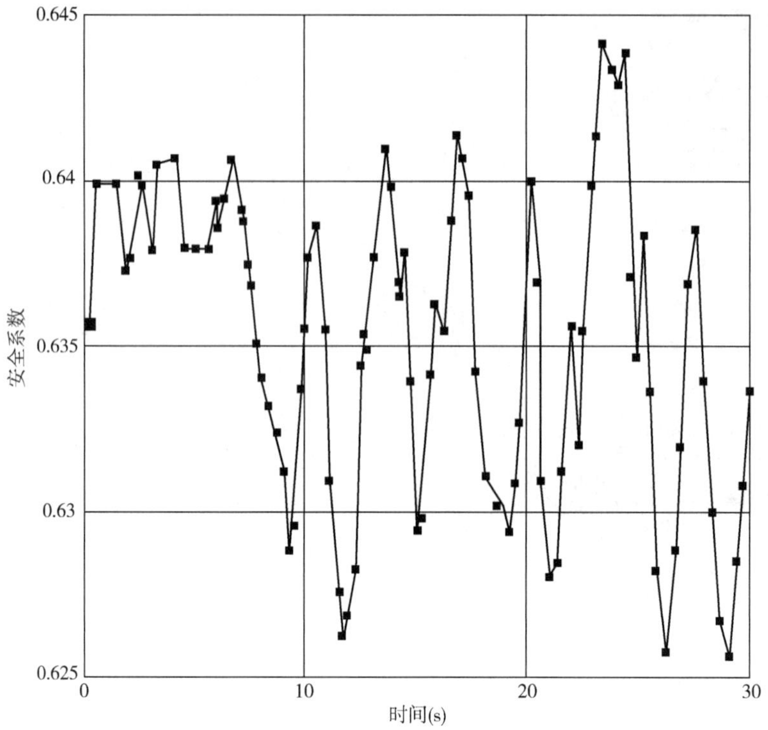

图 2-6-18　地震作用下的安全系数时程图

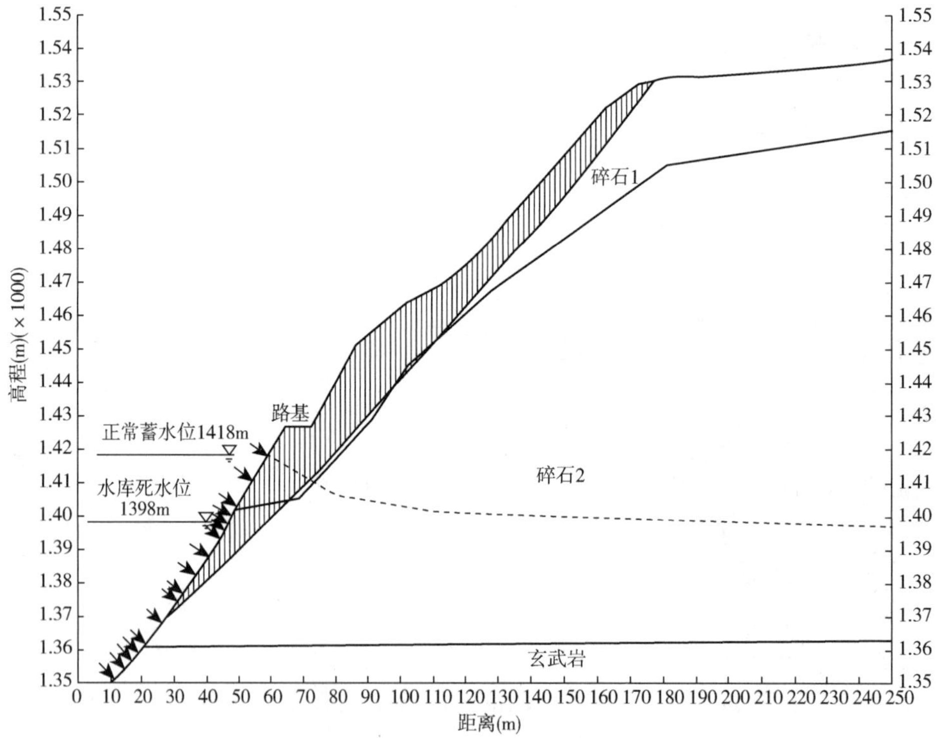

图 2-6-19　动力有限元法地震滑坡图

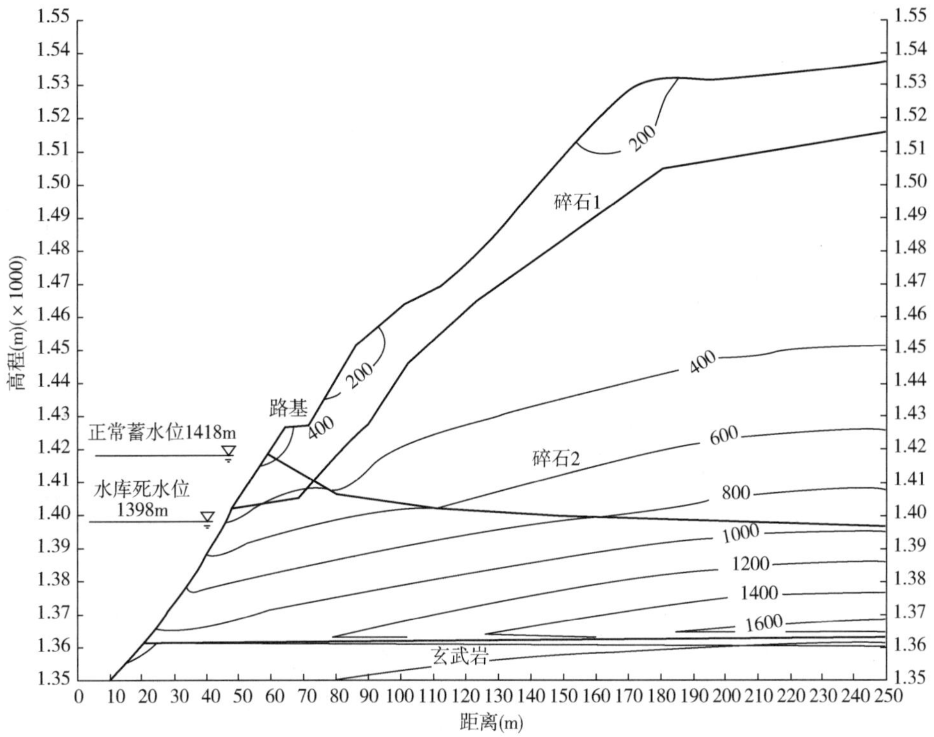

图 2-6-20　水平方向应力云图(单位:kPa)

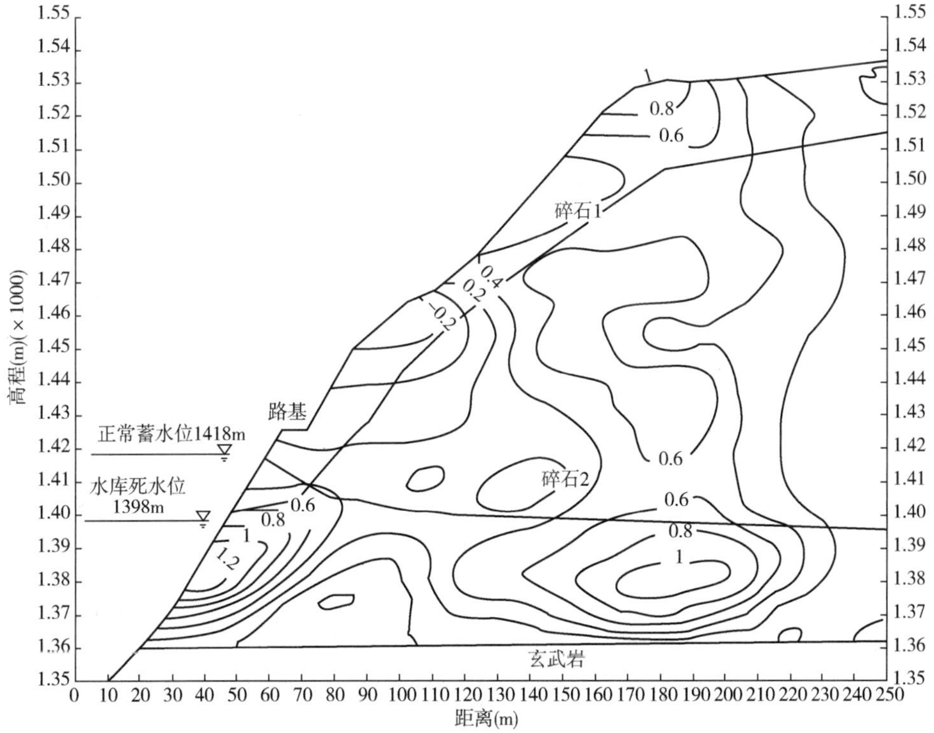

图 2-6-21　水平方向位移云图(单位:m)

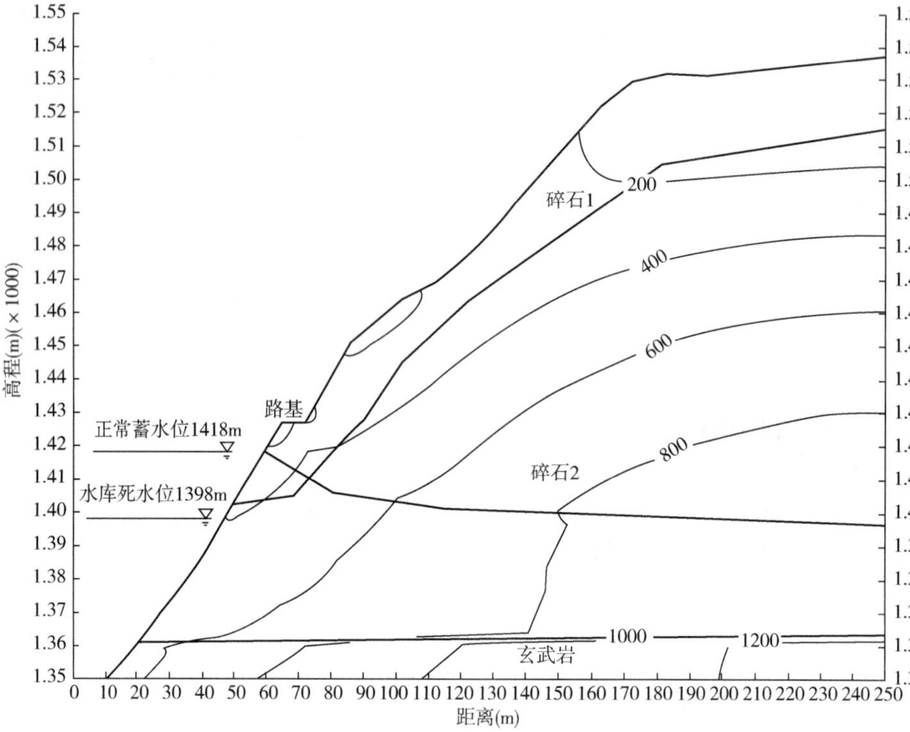

图 2-6-22　最大剪应力云图(单位:kPa)

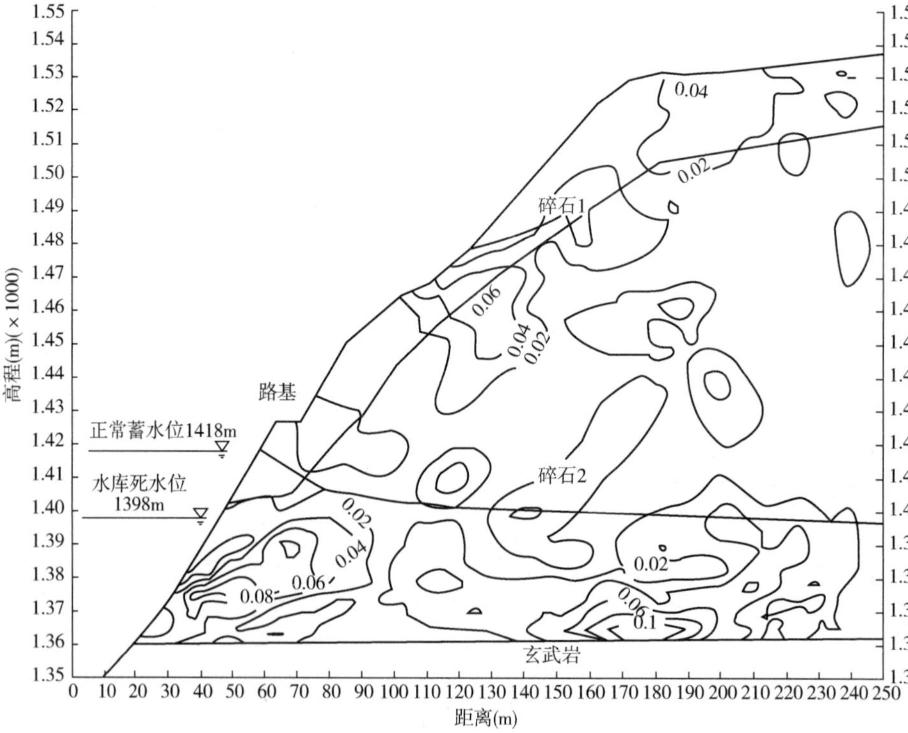

图 2-6-23　最大剪应变云图

②由图 2-6-20 和图 2-6-21 知，在加速度峰值为 0.3g 的地震动荷载作用下，水平方向最大应力为 1.675MPa，发生在边坡深处岩土交界面上；水平方向最大位移达到 1.309m，发生在滑坡体表层，死水位处；在坡顶处也有较大的水平位移，堆积体存在向坡外整体滑动的趋势。从图 2-6-21 可以看出，由于基岩倾角相对较缓，上覆碎石土堆积体较厚，在地震动荷载作用下剪应力集中区主要出现在基岩与碎石土覆盖层的交界面处，最大剪应力为 4.28 ~ 1233kPa；图 2-6-23显示最大剪应变为 0.12，剪应变集中区分散分布，主要发生在下腹岩石与碎石层交界面、边坡坡脚和基覆界面上，边坡可能发生局部失稳。

(3) 考虑地震与不考虑地震作用，对应的岸坡安全系数不同，最小岸坡安全系数对应的滑面位置和滑动体体积（面积）也不相同

2.7　库岸桥梁基础的类型及破坏形式

桥梁基础是桥梁在地面以下支撑上部结构并将上部结构的自重和所受荷载传到地基上的构件或结构，是桥梁的重要组成部分。库岸桥梁基础按埋置深度可以分为浅基础和深基础。当在天然地基或者人工地基上通过直接开挖或者放坡开挖的方法而修建的桥墩或者桥台，由于基础的埋置深度较浅（一般大于 0.5m 小于 5m）称为浅基础；若浅层土质不良，采用地基处理方法不能满足承载力或沉降设计要求时，需要通过钻孔或者施工机具把基础的底面埋置于较深（一般大于 5m）的良好土层上，这样的基础称为深基础。

2.7.1　浅基础的类型及适用范围

浅基础由于基础的埋置深度较浅，在设计时可以忽略基础侧面土体对基础的影响，所以浅基础受力明确、计算简单。浅基础虽然埋置深度小于 5m，但应具有承受一定荷载、抵抗变形和适应外界环境变化（如地下水的侵蚀和低温冻胀等）的能力，即要求基础具有一定的强度、刚度、稳定性和耐久性。浅基础的结构形式简单、施工简便，是桥梁建筑常用的基础形式。浅基础按照其构造形式和尺寸大小可分为扩大基础、条形基础。

2.7.1.1　扩大基础

虽然桥梁上、下部结构所用的材料强度高，但自重大，因此施加给地基土的荷载较大。为使地基土能承受基础传来的上部荷载，必须把基础的底面积扩大，并将其埋置在承载力较大的地层上形成扩大基础。故扩大基础就是在墩台身底面的基础上扩大形成的基础。扩大基础按受力状态和所用材料的性能可分为刚性扩大基础和柔性扩大基础两类。刚性扩大基础通常采用块石砌体、片石或混凝土等材料形成圬工结构，通常不配置钢筋。刚性扩大基础由于结构简单，采用明挖方法施工，因此适用于地基土强度较高、埋置较浅可能形成旱地施工条件（流速小、水浅、便于围水或岸上墩台）的河流上的大中小桥。柔性扩大基础是钢筋混凝土结构。当外荷载较大，地基承载力较低，刚性基础不能满足要求或采用刚性基础需加深基础深度而不经济时，可采用钢筋混凝土基础扩大基础底部面积的方法满足地基承载力的要求，而不必增加基础埋深。

2.7.1.2 条形基础

条形基础可分为墙下条形基础、柱下条形基础。

(1)墙下条形基础是挡土墙或涵洞等建筑物常用的基础形式,一般情况下常采用刚性基础。其截面根据受力条件可以分为不带肋和带肋两种。若地基不均匀,为增强基础的整体性和抗弯能力,可以采用有肋的钢筋和箍筋,以承受不均匀沉降引起的弯曲应力。应该注意的是,条形基础下的地基反力分布十分复杂,不能简单地理解为线性分布,加上砌体的抗剪和抗弯能力差,因此,设计时需满足有关的构造要求,以增强抵抗不均匀沉降的能力。

(2)当桥较宽且桥下墩柱较多时,为了增强桥墩柱下基础的整体性和承载能力可以将同一排上的若干墩柱的基础连成整体,形成具有较大的刚度以及调整地基变形能力的条形基础。当地基承载力较低且柱下钢筋混凝土独立基础的底面积不能承受上部结构荷载作用时,常将若干柱子连成一条构成柱下条形基础。这种基础可以分布和调整上部荷载的作用,因此常用于软弱地基、不均匀地基和填土地基上的基础设计。

2.7.1.3 浅基础的适用范围

浅基础的特点是稳定性较好、施工比较简单,通常用明挖法在地面开挖基坑后,直接在基坑的底面砌筑或者浇筑,不但施工质量容易保证,而且经济效益较好,造价低、能承受较大荷载,因此只要地基的承载力能满足上部结构的要求。浅基础是桥梁和涵洞等建筑物优先选择的基础形式。

浅基础适合修建在岸上或者水流冲刷影响不大的浅水处,且浅层地基承载力合适的土层。但是,当有地表水或者地下水位较高,荷载偏大或上部结构对变形比较敏感,持力层的土质较差且较厚,或基坑开挖过程中出现涌沙现象时,不宜使用浅基础。

2.7.2 深基础的类型及适用范围

深基础是埋深较大,以下部坚实土层或岩层作为持力层的基础,其作用是把所承受的荷载相对集中地传递到地基深层,而不像浅基础那样通过基础底面把所承受的荷载扩散分布给地基的浅层。因此,当桥梁场地的浅层土质不能满足桥梁对地基承载力和变形要求,又不适宜采用地基处理措施时,可以考虑采用深基础,深基础有桩基础、沉井与沉箱基础、地下墙基础等。

2.7.2.1 桩基础

桩基础是由埋置于地基土中的若干根桩通过承台(或者盖梁)将其连成一个整体而形成的一种基础形式,是目前桥梁基础常用的类型。桩身可以全部或者部分埋入地基土中,当桩身外露在地面以上的部分较高时,还应在桩之间添加横系梁,以加强各桩之间的横向联系。若干根桩在平面排列上可成为一排或几排,在所有桩的顶部修建一个大的承台将各桩联成一个整体,在承台上再修筑桥墩、桥台及上部结构。

(1)按使用材料桥梁桩基础可分为钢筋混凝土桩、管柱桩、预应力混凝土桩和钢管桩。在软弱土地区或特殊土地区,当该土地层较深时,如湿陷性黄土,可将一定量的粉煤灰、石灰与素土，利用搅拌机械在地基深处就地将其强制搅拌，产生一系列的物理化学反应后，使桩身硬结成整体性桩，按采用的固化剂类型可分为水泥搅拌桩、石灰搅拌桩、加筋水泥土搅拌桩。

（2）按成桩方法的挤土效应可将桩分为非挤土桩、挤土桩和部分挤土桩。在成桩过程中对桩周围的土体无挤压作用的桩称为非挤土桩，成桩方法有干作业法、泥浆护壁法和套管护壁法。非挤土桩的施工方法：首先清除桩位的杂土，然后在桩孔中灌注混凝土成桩。成桩过程对桩周土体产生部分挤压作用的桩称为部分挤压桩，包括部分挤土灌注桩、预钻孔打入式预制桩和打入式敞口桩三种。成桩过程中，桩孔中的土未取出，全部挤压到桩的四周，这类桩称为挤土桩，分为挤土灌注桩和挤土预制桩。

（3）按施工方法分为沉入桩、灌注桩和管柱。沉入桩的施工方法是将各种预制桩以不同的沉桩方式沉入地基内部需达到的深度。沉入桩按不同的沉桩方式分为打入桩、振动下沉桩和静力压桩三种。灌注桩是指在工程现场通过机械钻孔、钢管挤土或人力挖掘等手段在地基上形成桩孔，并在其内放置钢筋笼、灌注混凝土而做成的桩。灌注桩可分为钻孔灌注桩、挖孔灌注桩、沉管灌注桩、爆扩桩。管柱是将预制好的大直径（$d=1\sim5\text{m}$）钢筋混凝土或预应力混凝土或钢管，用大型振动桩锤沿导向结构振动到基岩。然后在管内钻岩成孔，下放钢筋笼，灌注混凝土，将管柱嵌固于岩层面形成的基础。

桩基础主要用于以下情况：①上部荷载很大，只有在较深处才有能满足承载力要求的持力层；②为了减少基础的沉降或不均匀沉降，利用较少的桩将部分荷载传递到地基深处，从而减少基础沉降，按沉降控制设计，这种桩基础称为减沉桩基础或疏桩基础；③地下水位较高，加深基础埋深需要进行深基坑开挖和人工降水，可能不经济或对环境有不利影响，这时可考虑采用桩基础；④用桩穿过湿陷性土、膨胀性土、人工填土、垃圾土和可液化土层，可保证建筑物的稳定；⑤地震区，在可液化地基中，采用桩基穿越可液化土层并伸入下部密实稳定土层，消除或减轻地震对结构物的危害。

2.7.2.2　沉井基础

沉井基础（图 2-7-1）中的沉井是一个无底无盖的井筒，主要依靠自重下沉，一般由井壁（即外墙，其下端为了在土中下沉容易，常制成刃脚状）及隔墙（即内墙）组成。沉井基础施工机具简单，适用于各种土层，在施工中可采用排除水土和不排除水土下沉法，将井底落到岩石层或承载力稍高的硬层，用混凝土封底、再以填充料（碎石、土等）填心、并在沉井上端修建顶盖。沉井施工的主要方法有：就地浇注沉井法、筑岛浇注沉井法、浮运沉井法。沉井基础的优点在于：沉井可就地浇注（无水），或预制后放井，整个制作过程是在地（水）面上进行，能较好控制结构质量，同时结构的整体性好，强度、刚度较大。而缺点在于：沉井结构重大，施工过程中安装不易就位，尤其是在施工过程中纠偏难度较大，灌注水下混凝土时，清基工作较难保证。

沉井基础埋深较大，整体性强，稳定性好，承载力高，能承受较大的垂直和水平荷载，技术上比较稳妥可靠，且施工操作简便，适用范围广，与桩基础相比，抗震性好，且内部空间可以利用。在下列情况下可以考虑采用沉井基础：①上部荷载较大，而表层地基土的容许承载力不足，做扩大基础时开挖量又大且支撑困难，但在一定深度下有较好的持力层，采用沉井基础比其他深基础经济合理；②地震区土质液化深度大，山区河流中，土质较好但易冲刷，或卵石较大不便桩基施工；③岩层表面较平但覆盖层较薄，且河水较深，采用扩大基础施工困难时，可采用沉井基础。

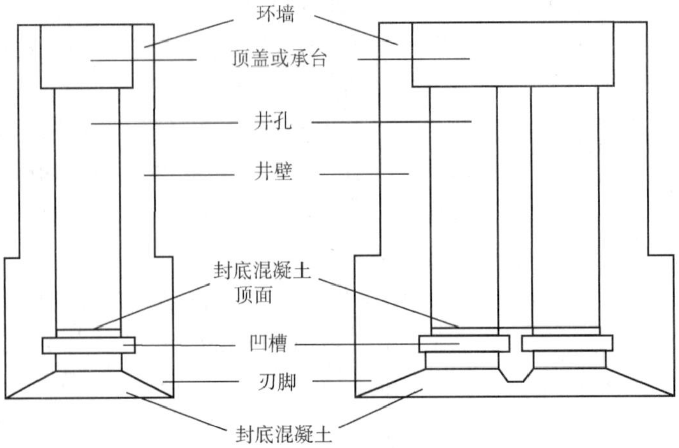

图 2-7-1 沉井基础

2.7.2.3 地下墙基础

地下墙是用专用的挖槽设备(如抓土斗式或回转式的成槽机械等)沿深基础或地下结构的周边,采用泥浆护壁的方法,在土中开挖一定宽度、长度和深度的深槽,在槽内放入预制好的钢筋笼,然后浇筑混凝土,先形成墙段单元;然后将各墙段单元之间以各种特制的接头互相联结,逐步形成一道就地灌注的连续地下钢筋混凝土墙,如图 2-7-2 所示。

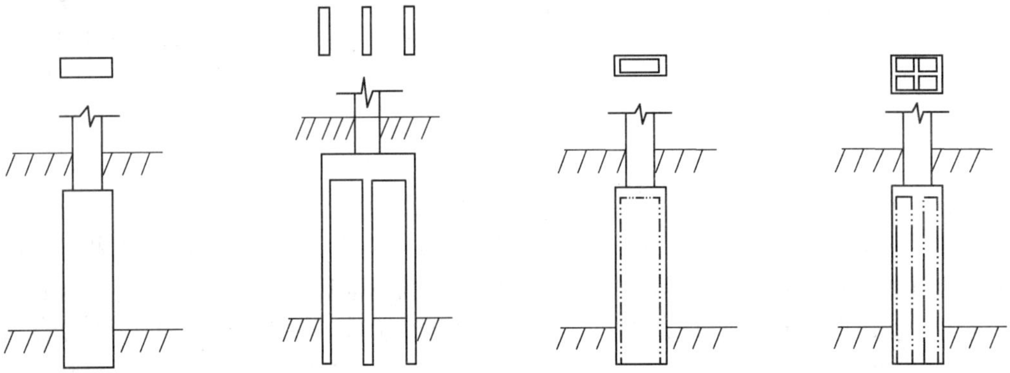

a)条壁式地下连续墙基础之一 b)条壁式地下连续墙基础之二 c)井筒式地下连续墙基础之一 d)井筒式地下连续墙基础之二

图 2-7-2 地下连续墙基础

地下连续墙的优点有:①作为深基坑支护结构刚度大,对邻近建筑物和地面交通影响小。②能适应各种地质条件,可穿过软土层、砂卵石层和风化岩层,施工不受高地下水位影响,无须采取降水措施,可避免降水对邻近建筑的影响。③施工可以全盘机械化,工作效率高,施工速度快。④适用范围广。由于其整体性、防水性和耐久性好,又有较大的强度和刚度,故可作为地下主体结构的一部分,亦可单独作为地下结构的外墙,即可作为防渗结构及隔震墙等,也可作为承重的深基础。其缺点是:施工技术比较复杂,对施工质量要求高,若施工管理不善,则效率低下,质量达不到要求,且易发生施工事故。

2.7.3　库区桥梁基础的破坏类型

库区桥梁基础在库水位变化作用下通常会出现以下几种类型的病害：桥梁基础的变形、桥梁基础边坡的破坏、桥梁基础的腐蚀破坏等。

2.7.3.1　桥梁基础的变形

在基础上部结构及外界荷载的作用下，桥梁基础下的地基土受压产生的竖向位移称为基础的沉降。由于岸坡的地层构造、节理裂隙等的分布不均匀导致的桥梁基础沉降变形包括两种类型：均匀沉降和不均匀沉降。当桥梁基础的沉降量达到一定程度时，不论基础产生的是均匀沉降还是不均匀沉降，都将会对桥梁的上部结构造成危害；特别是不均匀沉降，更容易使桥梁发生倾斜、开裂以致不能正常使用。当外界条件不发生变化时，桥梁基础的沉降会随着时间的积累到达最终的稳定状态，此时的基础底部地基土的总沉降量称为最终沉降量。

桥梁基础沉降是其底部地基岩土体产生的压缩，即地基土的附加应力作用导致岩土体压缩而产生的。对于库区桥梁来说，水库蓄水时库水位升高，在渗流作用下，岸坡内地下水位升高，部分非饱和区变为饱和区，岩土体含水率增加，孔隙水压力增大，基质吸力减小，作用在桥梁基础及岸坡上的有效应力减小，导致桥梁基础及岸坡向上隆起。水库泄水时，岸坡内地下水位降低，部分饱和区变为非饱和区，岩土体含水率降低，孔隙水压力减小，基质吸力增大，作用在桥梁基础及岸坡上的有效应力增大，桥梁基础及岸坡产生收缩变形。由于库水位的变化引起沿岸桥梁基础的变形量不一定为一个固定值，因此可能会造成桥梁基础间的不均匀沉降。桥梁基础不均匀沉降的危害：①不均匀沉降容易造成建筑物倾斜；②不均匀沉降容易引起桥梁上部结构产生附加应力或使上部结构附加应力增大。当不均匀沉降超过桥梁所能承受的限度时，桥梁结构开裂且可能危及桥梁安全，桥梁基础的不均匀沉降可能会引发桥梁结构的破坏甚至跨桥。即使桥梁不产生破坏，不均匀沉降或沉降过大也会导致桥面不平整，或桥面与路面之间的不平顺，从而影响道路的正常运行。

2.7.3.2　桥梁所在边坡的破坏

在水库蓄泄水过程中，水库岸坡周围的水文地质环境也在发生改变，当水库蓄水时，库水位升高，岸坡内地下水位升高，含水率增加，孔隙水压力增大，基质吸力减小，岸坡产生隆起变形；当岸坡长期被库水淹没时，岸坡内的岩土体的内摩擦角和凝聚力减小，强度降低，且受到库水及地下水的浮力作用，大大降低了边坡的稳定系数。水库泄水时，库水位降低，岸坡内地下水位降低，含水率减小，孔隙水压力减小，基质吸力增大，岸坡产生收缩变形。而水库周期性蓄泄水时，岸坡上岩土体将处于饱和-非饱和状态的变化中，这种周期性的干湿循环，将使岸坡周期性的膨胀和收缩，岩体也会产生侵蚀，降低岸坡上岩土体的强度，增大了岸坡发生滑坡的概率。因此，位于库区的桥梁基础边坡除了具有一般的山区滑坡的特征外，还会受到水文地质环境的影响。水库水位的变化可能引起桥梁基础及边坡变形和破坏的根本原因是边坡土体的水岩之间的相互作用，主要包括：水岩间的物理作用和化学作用。

(1)水岩之间的物理作用

处于岸坡岩土体中的地下水，将使水下的岩土体长期受地下水的浸泡而发生软化，强度大大降低。同时,地下水在岩土体的各结构面之间起着润滑作用,降低有效正应力,减小结构面上的摩擦力,同时增强结构面上的剪应力效应,从而诱发了岸坡岩土体沿结构面的剪切滑动。这个过程在库水位上升时表现得较明显。另外,地下水还能软化和泥化岩土体结构面间的填充物质,使边坡岩土体的物理力学性能降低,即凝聚力和内摩擦角值减小。水库蓄水时部分岸坡被淹没,淹没部分会产生浮力作用,减小了岸坡的有效应力,部分土体发生软化及崩解失陷,造成边坡稳定性降低。当水库水位长期保持在一个水平面后再急剧下降时,靠近水库侧的部分岩土体失水后发生固结、干裂等变形,但岸坡内地下水位未能及时响应,边坡中易产生渗透水压力和水推力,降低了边坡的稳定性,易诱发库岸滑坡,当库岸边坡的渗透系数较小时,这种影响会更明显。在软弱夹层或者松散破碎岩土体中,随着水力梯度及渗透水压力的增大,细颗粒物质将产生运移,甚至被携带至岸坡岩土体的外部,发生潜蚀破坏或管涌破坏。水库区由于山谷风的作用和库水的流动等对库岸边坡产生冲刷作用,使库岸后移,并使河谷深切,边坡变高变陡,库水冲刷岸坡坡脚,切断滑动面而使岸坡处于临空状态,失去底部支撑,致使边坡产生滑塌或崩塌破坏。当水库周期性地蓄泄水时,引起水岩作用反复交替,加速了库区地质和水文环境的剧烈变化,对边坡稳定不利。

(2)水岩之间的化学作用

桥梁基础所处边坡的岩土体中含有复杂的离子成分,在地下水的长期浸泡作用下将发生一系列的水解、溶解及碳酸化等化学反应,破坏了岩土体介质微观结构,削弱了边坡岩土体抵抗破坏的能力。例如,石英、长石、伊利石等矿物的主要化学成分是 SiO_2、K_2O、CaO、Al_2O_3,这些物质有的易溶于水,有的易与水中的硫酸根离子发生结晶作用,还有些物质与水作用后引起体积的膨胀,使边坡岩土体产生较大的压缩性。由于地下水中含有游离状态和侵蚀性的二氧化碳,含有碳酸盐的矿物遇到 CO_2 的水化学溶液时,发生化学反应生成碳酸氢盐,碳酸氢盐的溶解度远远大于碳酸盐,从而加速了岩石矿物的侵蚀。岩土体中的水化学溶液与矿物晶体或颗粒发生化学反应,将原有矿物成分进行分解并生成新的次生矿物,这些次生矿物具有高度的分散性,这种性质降低了岩土体的强度,削弱了岩土体抵抗破坏的能力。当岩土体遇水时,发生水化学作用生成的易溶性物质易随水流失,而难溶性物质不发生流动,这样就增大了岩土体的孔隙率,边坡的稳定性大大降低。尤其是当岩土体反复失水、浸水,有些矿物质便会出现体积膨胀。由于这些膨胀变形是不均匀的,因此边坡岩土体内部将产生不均匀的应力,导致矿物颗粒的碎裂,从而出现岩土体的软化崩解,此时岩土体的内摩擦角和凝聚力也随之降低。随着库水位的不断变化,边坡将失稳破坏。

(3)库水的冲刷作用

虽然水库中的水流速度翼板较小,但还是存在一定的流速,特别是在有支流或水库上游等处会有一定的流速,会对岸坡产生冲刷破坏;而且在水库中还有波浪的作用,波浪对岸坡还是会产生浪蚀破坏,从而导致库岸塌岸或引起滑坡,进而导致库岸桥梁基础及桥梁的破坏。

桥梁基础边坡的滑动、破坏经常发生在上部覆盖层较厚且坡度较陡的桥梁边坡处,假如岸坡发生较大宽度的坍塌,便会引起桥梁基础的破坏、滑动,从而导致库岸桥梁的破坏。

2.7.3.3 桥梁基础的腐蚀破坏

位于水库库区的混凝土桥墩及基础,其所处的环境介质主要有库区的水流和库水以及水面以上的大气。在大气、水及岸坡土体中所含有的腐蚀性物质时，桥墩及其基础就会发生腐蚀破坏。桥梁基础的腐蚀破坏是一个很复杂的过程，包含了物理作用、化学作用、微生物作用等。

（1）物理作用

物理作用是指在没有化学反应的情况下，混凝土内的某些成分在各种外界环境因素的作用下，发生膨胀或者溶解，致使混凝土强度降低，结构受到破坏，物理作用主要包括侵蚀作用和结晶作用。

侵蚀作用是指当环境中的侵蚀物质（地下水，河流、湖泊中的流水）长期与混凝土（埋藏在土中的基础结构及露出地面的桥墩等）接触时，会使混凝土中的可溶性成分（$Ca(OH)_2$）溶解。在无水压力的环境下，基础周围的水因溶解了$Ca(OH)_2$而饱和，使溶解作用终止，此时的侵蚀作用只发生在混凝土表面，对混凝土的影响不是很大。但在水流或者水压力的的作用下，$Ca(OH)_2$会不断地溶解到基础周围的水中造成$Ca(OH)_2$的流失，混凝土因失去$Ca(OH)_2$无法形成$CaCO_3$而降低了混凝土的强度。$Ca(OH)_2$的大量溶解和流失导致基础周围水的pH值降低，混凝土的孔隙率增大，腐蚀性介质更容易进入混凝土的内部，长期如此循环，最终导致混凝土结构造成侵蚀破坏。

结晶作用即形成晶体的作用，结晶作用是指物质在一定的物理化学条件下（温度、压力、组分浓度）转变为结晶质的作用。结晶的方式有：气体结晶、液体结晶和固态非晶质结晶。混凝土是一种典型的孔隙材料，基础周围环境中的一些盐类通过混凝土的孔隙侵入到混凝土的毛细孔道中，当基础周围环境的湿度较大时，侵入混凝土内部的盐类会溶解，但在湿度降低或者温度降低时会析水结晶。随着孔隙中结晶体的不断析出、累积，致使混凝土毛细孔中的晶体不断增加，其体积不断膨胀，对混凝土的孔壁造成极大的结晶压力，从而引起混凝土结构的膨胀开裂。寒冷地区混凝土的冻融破坏也属于此类反应。

（2）化学作用

化学作用是指混凝土中水泥及骨料的某些成分与周围环境中的腐蚀性介质（酸、强酸弱碱盐、碱、弱酸强碱盐等）发生化学反应，这种化学反应生成新的化学物质，引起混凝土结构发生改变而产生破坏。化学作用可以分为两类：分解类腐蚀和分解结晶复合类腐蚀。

分解类腐蚀是指水、土中的某些物质与水泥石毛细孔中游离的石灰质$Ca(OH)_2$发生反应，致使水泥石毛细孔中的石灰的pH值降低到一定程度时，水泥石中的水合硅酸铝钙、水合硅酸钙等盐类开始水解，破坏了混凝土的物理结构称为分解类腐蚀。水、土中的分解类腐蚀性物质主要有：氢离子、侵蚀性的气体如CO_2、低矿化软水、镁离子等。绝对干燥的土层没有腐蚀性，而湿润的土层即使取不到水样，土中的腐蚀性物质也会借助微量水的移动对混凝土进行腐蚀并形成新物质，这些新物质对混凝土的破坏主要有两种情况：①生成的新物质改变了混凝土原来的化学成分及分子结构，对混凝土的物理性能和化学性能产生不利影响。例如镁盐与混凝土中的物质反应生成的新物质会使水泥石的黏结力减弱，降低了混凝土的强度；②生成的新物质易溶于水，导致混凝土中的有效成分不断发生化学反应，造成有效成分的不断分解和流失。

分解结晶复合类腐蚀是指混凝土中的$Ca(OH)_2$与腐蚀性介质发生反应，生成新的钙盐，这些钙盐在混凝土的孔隙中结合大量的水后形成体积较大的晶体，造成水泥石胀裂破坏。例如桥梁基础及桥墩混凝土中的有效成分与环境中的硫酸盐发生反应生成的高硫型水化铝酸钙含有大量的结晶水,其体积增大了1.5倍以上,在混凝土内将引起很大的内力变化。

(3)微生物作用

微生物的破坏作用是指由微生物生命活动引起或促进材料的腐蚀破坏,微生物腐蚀具有普遍性,凡是与水、土壤或者潮湿空气接触的设施都有可能受到微生物的腐蚀作用。钢筋混凝土被微生物腐蚀后会导致混凝土表面污损、表层疏松、砂浆脱落和骨料外露,严重时会使钢筋混凝土基础产生开裂和钢筋的锈蚀,造成钢筋混凝土基础的使用寿命缩短。水、空气和营养物质是微生物生长和繁殖的三项基本要素。微生物的腐蚀作用主要是由其生命活动中产生的腐蚀性物质造成的。微生物分为好氧型和厌氧性,好氧微生物的代谢主要发生在供氧充分的区域,厌氧微生物的代谢主要发生在贫氧的环境中。由于这两种微生物的代谢过程的产物不同,腐蚀机理也不一样。

好氧菌在代谢过程中会消耗水和氧,代谢过程中排出有机酸和无机酸。例如好养型排硫杆菌,能将水中的污物发酵所产生的硫化硫酸盐还原为硫元素,而且好氧型氧化硫杆菌又可把单质硫氧化成硫酸。硫酸对混凝土的腐蚀性较强,硫酸与混凝土接触后,与混凝土中碱性物质发生化学反应生成 $CaSO_4$和 $Al_2(SO_4)_3$等物质,破坏了混凝土中硅酸盐的晶体结构,并使硫酸更进一步与混凝土接触,产生溶解性的腐蚀,从而加快钢筋混凝土的腐蚀。

对混凝土产生腐蚀的最主要的厌氧菌是硫酸盐还原菌(SRB)。SRB对多数工业材料均可发生腐蚀作用,并且其腐蚀多为点蚀或者局部腐蚀。硫酸盐还原菌是指在厌氧条件下,能把硫酸根离子中正六价的硫还原成正二价硫的细菌。在缺氧环境中,SRB可利用有机物作为给氢体,在还原硫酸盐的过程中获得能量,供其生长和繁殖,并释放硫化氢(H_2S)。H_2S与氧气结合生成对混凝土、钢筋等多种材料有强腐蚀性的硫酸,从而使混凝土受到腐蚀。在缺氧环境中,虽然金属很难发生吸氧腐蚀,但能发生析氢腐蚀(在电化学腐蚀过程中,会有氢气放出),因为在阴极上产生的原子态的氢还未及时变成氢气析出,被吸附在阴极的表面,直接阻碍电极反应的正常进行,使得腐蚀速率减慢。在缺氧的条件下,硫酸盐还原菌能产生生物催化作用,使硫酸根离子氧化吸附在阴极上的氢,促进腐蚀过程中阴极的去极化作用,从而使析氢腐蚀顺利进行。钢筋发生腐蚀后,体积膨胀,将使钢筋的有效受力面积减小,钢筋与混凝土间的黏结力下降,混凝土表面产生顺筋裂缝,从而使钢筋混凝土承受荷载的有效面积减小,降低其实际承载力。若这种效应得不到有效的控制,日积月累桥梁基础将会受到严重破坏甚至造成桥梁上部结构失稳。

2.7.4 传统桥梁基础沉降的计算方法

经典的地基沉降计算分析法是上世纪初由太沙基等人建立的,之后又得到了国内外学者的不断修改和完善,但目前国内主要采用分层总和法计算地基的沉降。分层总和法基于弹性理论的布辛奈斯克解求出的附加应力,根据室内固结压缩试验得出的应力应变关系曲线及压缩模量,应用弹塑性力学方法计算土层的总沉降量。该方法由于理论简单、计算简便、涉及参数较少且容易确定,对不同土层适用性强,因此在实际工程中广泛应用。

分层总和法主要用于计算地基竖向变形,计算地基土的总沉降量时一般取基础底部中心点处的地基附加应力计算各层地基土的沉降量后求和,即地基的总沉降量 s 是各层土沉降量

s_i的总和,用公式表达为:

$$s=\sum_{i=1}^{n}\Delta s_i \tag{2-7-1}$$

式中:n——地基沉降计算深度内分层数。

由于桥梁基础按埋置深度分为浅基础和深基础,因此沉降计算方法可分为浅基础的沉降和深基础的沉降,深基础的沉降计算主要以桩基础为主,分为单桩的沉降计算和群桩的沉降计算。

2.7.4.1　浅基础沉降计算方法

浅基础的沉降计算主要根据《公路桥涵地基及基础设计规范 JTGD63-2007》提供的计算示意图(图 2-7-3)及计算公式:

$$s=\psi_s s_0=\psi_s\sum_{i=1}^{n}\frac{p_0}{E_{si}}(z_i\bar{\alpha}_i-z_{i-1}\bar{\alpha}_{i-1}) \tag{2-7-2}$$

$$p_0=p-\gamma h \tag{2-7-3}$$

式中:s——地基最终沉降量(mm);

s_0——按分层总和法计算的地基沉降量(mm);

p_0——对应于荷载长期效应组合时基础底面的附加应力(kPa);

E_{si}——基础底面以下第 i 层土的压缩模量(MPa),取土的自重应力至土的自重应力与附加应力之和的压应力段计算;

z_i、z_{i-1}——基础底面至第 i 层土、第 $i-1$ 层土底面范围内平均附加应力系数;

p——基底压应力(kPa),当 $z/b>1$ 时,p 采用基底平均压应力;$z/b\leq1$ 时,p 按压应力图形采用距最大压应力点 $b/3\sim b/4$ 处的压应力(对梯形图形,前后端压应力差值较大时,可采用上述 $b/4$ 处的压应力值;反之,则采用上述 $b/3$ 处压应力值),以上 b 为矩形基底宽度;

h——基底埋置深度(m),当基础受水流冲刷时,从一般冲刷线算起;当不受水流冲刷时,从天然地面算起;如位于挖方内,则由开挖后地面算起;

γ——h 深度内土的重度(kN/m^3);

ψ_s——沉降计算经验系数,根据不同地区的沉降观测资料及经验确定,缺少沉降观测资料和经验数据时,可按表 2-7-1 确定。

沉降计算经验系数　　表 2-7-1

基底附加压应力$\bar{E}_s$(MPa)	2.5	4.0	7.0	15.0	20.0
$p_0\geq[f_{a0}]$	1.4	1.3	1.0	0.4	0.2
$p_0\leq0.75[f_{a0}]$	1.1	1.0	0.7	0.4	0.2

注:1.表中$[f_{a0}]$为地基承载力基本容许值。

2.表中$\bar{E}_s$ 为沉降计算范围内压缩模量的当量值,按下式计算:

$$\bar{E}_s=\frac{\sum A_i}{\sum\frac{A_i}{E_{si}}}$$

式中:A_i——第 i 层土的附加压应力系数沿土层厚度的积分值。

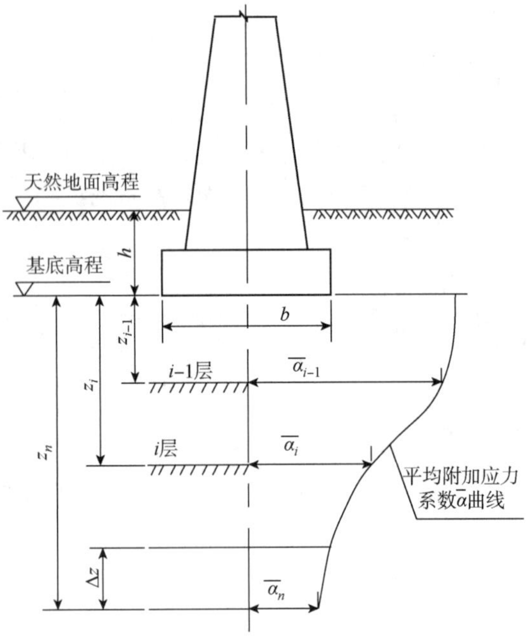

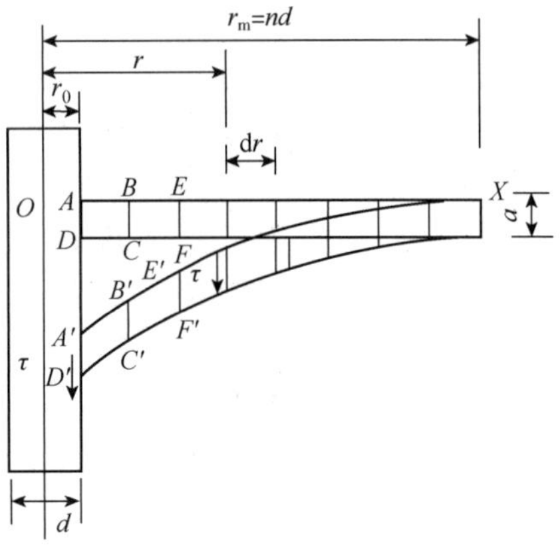

图 2-7-3　沉降计算示意图

地基沉降计算时设定计算深度 z_n，在 z_n 以上取 Δz 厚度，其沉降量应符合下式：$\Delta s_n \leqslant 0.25\sum_{i=1}^{n}\Delta s_i$，其中 Δs_n 为在计算深度底面向上取厚度为 Δz 的土层计算沉降量；Δs_i 为在计算深度范围内；第 i 层土的计算沉降量。

当无相邻荷载影响，基底宽度在 1～30m 范围内时，基底中心的地基沉降计算深度 z_n 也可按简化公式计算：$z_n=b(2.5-0.4lnb)$，其中 b 为基础宽度。

在计算深度范围内存在基岩时，z_n 可取至基岩表面；当存在较厚的坚硬黏土层，其孔隙比小于 0.5、压缩模量大于 50MPa，或存在较厚的密实砂卵石层，其压缩模量大于 80MPa 时，z_n 取至该土层表面。

2.7.4.2　深基础沉降计算方法

桩基础在工作荷载作用下，其沉降量 s 主要由三部分组成：桩身弹性压缩引起的沉降、桩侧剪应力传递于桩端平面以下导致土层压缩而引起的沉降和桩端阻力对桩端土层的压缩和塑性刺入引起的沉降。各部分沉降所占总沉降的比例随桩的长径比、桩端和桩侧土层的性质、成桩工艺等因素的变化而变化。对于桩身较短的桩，其桩身压缩量可忽略不计，故其沉降以桩端阻力对持力层的压缩为主，桩端虚土或沉渣对沉降的影响趋于明显，甚至引发桩端土的塑性挤出，产生桩端刺入变形。对于中长桩，桩身压缩、桩侧阻力、桩端持力层刚度及虚土、沉渣或挤土沉桩上涌等均会明显影响桩的沉降。对于长桩和超长桩等独立单桩，桩身压缩量可占到 50%～80%，对于桩侧土层较坚硬的情况，可占到 100%。

(1)单桩沉降计算

单桩的沉降计算方法主要有弹性理论法、荷载传递分析法、剪切变形传递法和分层总和法。弹性理论法将土体假定为连续、均匀各向同性的半弹性空间。弹性理论法计算桩基沉降量时需采用土的变形模量 E_0，但该参数难以测定，因此在沉降计算中直接采用室内固结试验测得的压缩模量 E_s，并且弹性理论法未涉及成层土的计算，而实际工程中多以成层土出现，因此该方法若用于计算单桩的沉降尚需改进。

荷载传递分析法是计算单桩沉降常用的方法，该方法将桩身离散为多个相同长度的弹性单元，每一段均用非线性的弹簧模拟桩土及桩端与桩端土间的关系。这些弹簧间的应力应变关系就是传递函数，通过传递函数求解出下式：

$$\frac{\mathrm{d}^2 s}{\mathrm{d}^2 z}=\frac{U}{A_p E_p}\tau(z) \tag{2-7-4}$$

式中：U——桩的截面周长；

A_p——桩身的截面面积；

E_p——桩的压缩模量；

τ——桩的侧摩阻力。

剪切变形传递法按 Cooke(1974)提出的桩-土荷载传递模型，在荷载水平较低时，桩土间不发生滑移，桩侧剪应力由桩表面扩散到桩周土体中，土体的剪应变由桩表面沿径向逐渐衰减。分析中假定桩侧上下层之间不产生相互作用，且假定摩擦桩桩端荷载很小，桩的沉降主要由桩侧荷载作用引起。当桩产生沉降时，桩周环形土体单元 $ABCD$ 也随之沉降并产生剪切变形 $A'B'C'D'$，将剪应力传递给相邻土体单元 $BCEF$，剪切变形也连续向外传递至 X 点，如图 2-7-3所示。该点至桩轴线的距离为 r_m，r_m 为剪切变形最大传递半径。利用距桩轴线 r 任一土体单元剪应变 $\gamma=\frac{\mathrm{d}s}{\mathrm{d}r}$ 和剪应力 $\tau=\tau_0\frac{r_0}{r}$ 关系式得到 $\mathrm{d}s=\frac{\tau_0 r_0}{G_s}\frac{\mathrm{d}r}{r}$，积分得到桩侧沉降 $s_s=\frac{\tau_0 r_0}{G_s}\ln\left(\frac{r_m}{r_0}\right)$。经 Randolph 和 Worth(1977)完善后得到了包括桩端沉降在内的刚性桩的桩顶沉降计算公式：

$$s=\frac{P_0}{\dfrac{2\pi l G_m \rho_m}{\ln\left(\dfrac{r_m}{r_0}\right)}+\dfrac{4G_b r_0}{(1-\mu_s)\eta}} \tag{2-7-5}$$

$$r_m=2.5l\rho_m(1-\mu_s) \tag{2-7-6}$$

$$\rho_m=\frac{1}{G_m l}\sum_{i=1}^{n}G_i h_i \tag{2-7-7}$$

式中：P_0——桩顶荷载；

l——桩长；

G_m——桩侧土剪切模量加权平均值；

G_b——桩端土剪切模量，$G_b=E_b/2(1+\mu_s)$，E_b 为桩端土的变形模量，μ_s 为泊松比；

G_i——单元 i 处土的剪切模量；

r_0——桩半径；

r_m——剪切变形影响半径；

η——桩入土深度影响系数，一般取 $\eta=0.84\sim1.0$；

h_i——单元 i 处土的厚度；

n——桩身范围土层数。

所谓分层总和法是根据各个土层的计算参数计算该层土的沉降量，然后再相加求和得出总的沉降量。这种方法是基于求解建构筑物浅基础沉降的方法，在桩基础的设计中，由于大直径的桩基侧摩阻力的荷载分担比较小，且桩端底部面积较大，其荷载分担比也较大，因此桩基的分层总和法可按浅基础分层总和法来计算其沉降。

单桩沉降计算的分层总和法可表示为：

$$s=\psi\sum_{i=1}^{n}\frac{p_0}{E_{si}}(z_i\,\overline{\alpha}_i-z_{i-1}\,\overline{\alpha}_{i-1})+s_e \tag{2-7-8}$$

$$s_e=\xi_e\frac{Ql}{E_cA_{ps}} \tag{2-7-9}$$

式中：s——桩基最终沉降量（mm）；

ψ——桩基沉降计算经验系数；

n——沉降计算深度范围内所划分的土层数；

p_0——在荷载效应准永久组合下承台底的平均附加应力（kPa）；

E_{si}——第 i 层土的压缩模量（MPa），采用地基土在自重压力至自重压力加附加压力作用时的压缩模量；

z_i、z_{i-1}——桩端平面至第 i 层土、第 $i-1$ 层底面的距离（m）；

$\overline{\alpha}_i$、$\overline{\alpha}_{i-1}$——桩端平面至第 i 层土、第 $i-1$ 层土底面深度范围内平均附加应力系数；

s_e——桩身压缩量；

Q——桩在荷载效应准永久组合作用下桩顶的附加荷载（kN）；

l——桩的长度（m）；

E_c——桩身混凝土的弹性模量（MPa）；

A_{ps}——桩身截面面积（m^2）；

ξ_e——桩身压缩系数。端承型桩，取 $\xi_e=1.0$；摩擦端承桩，取 $\xi_e=3/4$；端承摩擦型桩，当 $l/d\leqslant30$ 时，取 $\xi_e=2/3$；$l/d\geqslant50$ 时，取 $\xi_e=1/2$；介于两者之间可线性插值；摩擦桩，取 $\xi_e=1/3$。

由于单桩的桩侧摩阻力会分担一部分荷载，假定桩侧摩阻力与桩侧面呈 α 角（$\alpha=\overline{\varphi}/4$）并以该角度扩散至桩端底部，则基础底部的计算面积 $A_e=\frac{\pi}{4}\left(d+2l\tan\frac{\overline{\varphi}}{4}\right)^2$，式中：$d$ 为桩的直径，l 为桩的长度，$\overline{\varphi}$为桩侧各土层内摩擦角的加权平均值。$p_0=(P+G)/A_e-\overline{\gamma}h$，式中 P 为桩顶设计荷载，G 为桩底平面计算面积以上桩和土的总重力，$\overline{\gamma}$为各层土容重的加权平均值。采用分层总和法计算单桩沉降时，地基土的压缩层计算深度可以取为附加压力等于 0.2 倍的土的自重应力，即 $\sigma_z = 0.2\bar{\gamma}(h+z)$。

（2）群桩沉降计算

在建筑中应用的桩基础多以群桩的形式出现，群桩与单桩在荷载作用下的沉降变形存在一定的差异。群桩的沉降计算方法主要分为弹性理论法、等代墩基法、等效作用分层总和法等。

群桩沉降的弹性理论分析法与单桩的弹性理论的假设大致相同，弹性理论法主要依据明德林方程求解。该解把土体看作为连续、均匀、各向同性的半弹性空间内的应力解和位移解。由于该法尚需改进，因此应用较少。

等代墩基法分为等代实体深基础形式和复合地基形式，对于桩距不超过 6d 的群桩基础（软土中无硬桩端持力层，桩距不超过 4.5d），把群桩和桩间土当作一个墩基（整体）来计算，墩基的沉降即为该群桩基础的沉降。采用 Boussinesq 应理解求解墩底以下中轴线上的竖向附加应力，按单向压缩（土体变形参数采用压缩模量 E_s）分层总和法计算沉降，将计算结果乘以经验系数 ψ 求得群桩基础的最终沉降量。等代墩基法计算桩基中点沉降的计算公式如下：

$$s = \psi \sum_{i=1}^{n} \sigma_0 \frac{z_i \bar{\alpha}_i - z_{i-1} \bar{\alpha}_{i-1}}{E_{si}} \tag{2-7-10}$$

式中：σ_0——作用在等代墩基底面的附加应力（kPa）；

z_i、z_{i-1}——等代墩基底面至第 i 层土、第 $i-1$ 层底面的距离（m）；

$\bar{\alpha}_i$、$\bar{\alpha}_{i-1}$——等代墩基底面至第 i 层土、第 $i-1$ 层土底面深度范围内平均附加应力系数；

E_{si}——等代墩基底面以下第 i 层土的压缩模量（MPa），取地基土得自重压力至自重压力与加附加压力之和的压力段计算；

n——沉降计算深度范围内所划分的土层数，沉降计算深度为自等代墩基设定墩底面至沉降计算深度 z_n（有效压缩层厚度）下限的距离；

ψ——桩基沉降计算经验系数。

沉降计算深度 z_n 可按附加应力 σ_z 等于 0.2 倍土自重应力 σ_c 的条件确定，即 $\sigma_z = 0.2\sigma_c$；对于软土，可按附加应力 σ_z 等于 0.1 倍土自重应力 σ_c 的条件确定，即 $\sigma_z = 0.1\sigma_c$。

计算作用在墩底平面的附加应力有两种模式：

①不考虑墩侧剪应力的扩散，等代墩基底面积 $A_b = a\times b$，如图 2-7-4a）所示。墩底附加应力 σ_0 为作用在承台底面的附加荷载 F_k 除以墩底面积 A_b，即 $\sigma_0 = \dfrac{F_k}{A_b}$；另一种 σ_0 的计算方法是将 F_k 扣除等代墩基侧表面的总侧阻力，即 $\sigma_0 = (F_k - Q_s)/A_b = [F_k - (a+b)q_{sik}l_i]/A_b$。

②考虑墩侧剪应力按角 $\dfrac{\bar{\varphi}}{4}$ 扩散，扩散线与墩底水平面相交的面积为等代墩基底面积，如图 2-7-4b）所示，即 $A_b = A\times B = (a+2\tan\bar{\varphi}/4)(b+2\tan\bar{\varphi}/4)$；式中 $\bar{\varphi}$ 为桩长范围内土的内摩擦角的加权平均值，q_{sik} 为第 i 层土极限桩侧力标准值。等代墩基法计算桩基沉降在我国应用时间比较长，该法可考虑土的成层性，操作比较简单，对于常规桩距（$s_a \leqslant 4.5d$）桩基而言，其计算假

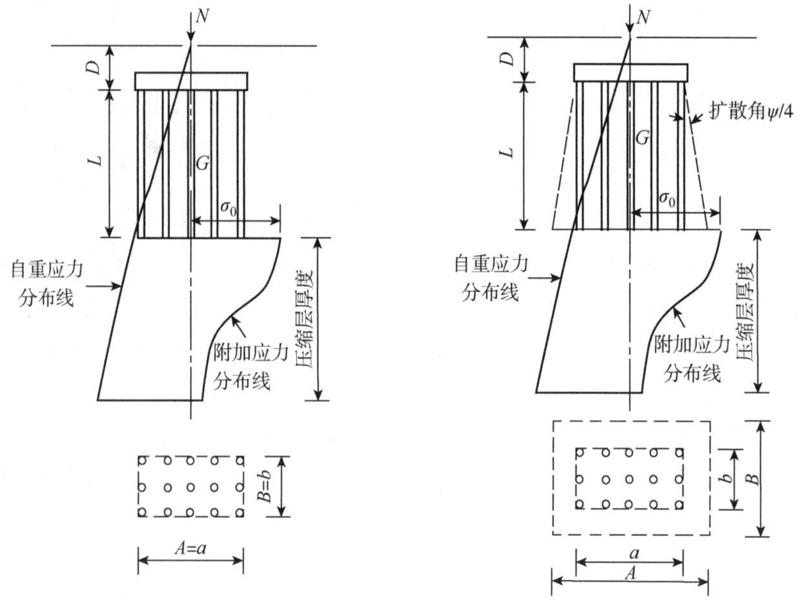

图 2-7-4　等代墩基法计算沉降模式

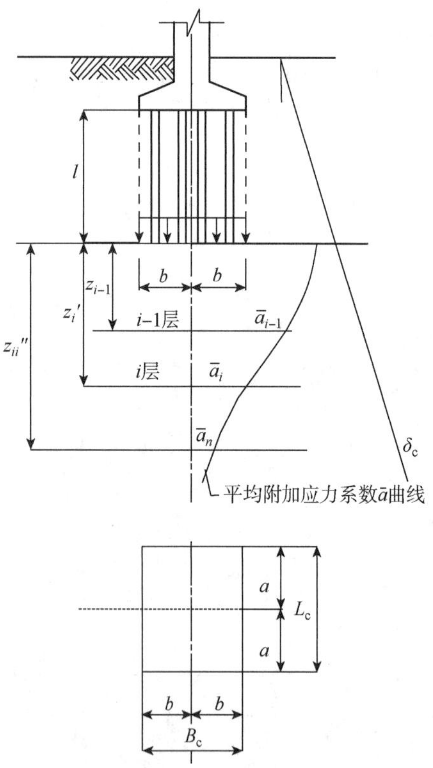

图 2-7-5　桩基沉降计算示意图

定与实际变形性状也是相符的。唯一的缺点是墩底平面以下土的应力采用了半无限体受表面荷载的 Boussinesq 解，导致其计算应力与按半无限体内部受集中力的明德林解计算结果偏大，且其差异随桩群中桩的数量和面积而变化。这样使得压缩层的计算深度也随之偏大，很大程度上影响了群桩沉降的计算结果。

上述桩基计算的等代墩基法的不足之处是土的附加应力采用布氏解计算，而等效作用分层总和法恰恰能弥补这一不足。因此，为了弥补等代墩基法采用布氏解计算的土中附加应力与实际不符的问题，采用等效沉降系数对其修正。等效系数是相同几何参数和土变形参数桩基采用明德林解计算沉降量与布辛奈斯克解等代墩基法计算沉降变形量之比的数值回归参数表达式，由此回避了工程中直接运用复杂的明德林解计算沉降的复杂工作。等效作用分层总和法假设作用面在桩端平面，等效附加应力可近似取承台底部附加应力的平均值，作用面积为承台投影的面积。沉降计算的图如图 2-7-5 所示，作用面以下的应力分布采用各向同性的均值直线变形体理论。桩基内任意一点的最终沉降量可用角点法按下式计算：

$$s = \psi \cdot \psi_e \cdot s' = \psi \cdot \psi_e \cdot \sum_{j=1}^{m} p_{0j} \sum_{i=1}^{n} \frac{z_{ij}\,\overline{\alpha}_{ij} - z_{(i-1)j}\,\overline{\alpha}_{(i-1)j}}{E_{si}} \tag{2-7-11}$$

对于矩形基础，中点最终沉降量可按下式计算：

$$s = \psi \cdot \psi_e \cdot s' = 4 \cdot \psi \cdot \psi_e \cdot p_0 \sum_{i=1}^{n} \frac{z_i\,\overline{\alpha}_i - z_{i-1}\,\overline{\alpha}_{i-1}}{E_{si}} \tag{2-7-12}$$

式中：　s——桩基最终沉降量；

s'——采用布辛奈斯克解按实体深基础分层总和法计算出的桩基沉降量；

ψ——桩基沉降计算经验系数；

ψ_e——桩基等效沉降系数；

m——角点法计算点对应的矩形荷载分块数；

p_{0j}、p_0——第 j 块矩形底面在荷载效应准永久组合下的附加应力和承台底平均附加应力；

n——桩基沉降计算深度范围内所划分的土层数；

E_{si}——等效作用面以下第 i 层土的压缩模量，采用地基土在自重应力至自重应力加附加应力作用时的压缩模量；

z_{ij}、$z_{(i-1)j}$——桩端平面第 j 块荷载作用面至第 i 层土、第 $i-1$ 层土底面的距离(m)；

$\overline{\alpha}_{ij}$、$\overline{\alpha}_{(i-1)j}$——桩端平面平均附加应力系数，根据矩形长宽比 a/b 及深宽比 $\frac{z_i}{b}=\frac{2z_i}{B_c}$，$\frac{z_{i-1}}{b}=\frac{2z_{i-1}}{B_c}$ 确定。

桩基等效沉降系数 ψ_e 可按以下公式简化计算：

$$\psi_e = C_0 + \frac{n_b - 1}{C_1(n_b - 1) + C_2} \tag{2-7-13}$$

式中：n_b——矩形布桩时的短边布桩桩数，当布桩不规则时可按 $n_b=\sqrt{nB_c/L_c}$ 近似计算；

C_0、C_1、C_2——根据群桩距径比 s_a/d、长径比 l/d 及基础长宽比 L_c/B_c 按《建筑桩基技术规范》JGJ 94—2008 附录 E 确定，L_c、B_c、n 分别为矩形承台的长、宽及总的桩数。

上述计算方法即为饱和土的沉降计算方法，这些方法都有各自的优缺点和适用范围，计算出的沉降变形量会存在差异。若用上述方法计算库区桥梁基础沉降变形量时，还应考虑库水位变化对桥梁基础的影响。例如，水库水位上升时，岸坡内地下水位升高，部分被淹没的岩土体容重受水的浮力作用而减小，且由于地下水位之下的岩土体受水的浸泡而发生膨胀和软化，凝聚力、内摩擦角及强度均降低，当岸坡内的膨胀力小于基础上部荷载与桩体自重的合力时，桥梁基础下沉；反之，桥梁基础向上隆起。库水位下降时，岸坡内浸润线降低，岸坡内土体及桥梁基础所受的浮力减小，含水率减小，基质吸力增加，此时桥梁基础在上部荷载及自重应力的作用下，桥梁基础可能会下沉。因此，选用上述方法时应结合工程实际，以便得到理想的计算结果。

2.7.5 考虑库水位变化对库岸桥梁基础变形的影响分析

2.7.5.1 案例桥梁基本概况

为分析桥梁基础沉降的规律,选取的计算案例桥梁按部颁二级公路技术标准建设。该桥梁基础为群桩基础,采用墩柱式。下部墩柱为单柱墩,采用钻孔灌注桩。墩柱间设有承台,承台尺寸为7m×5.8m×1m(长×宽×厚)。承台上柱的直径为1.6m,高度为5m。承台底部采用4根桩,直径为1.2m,长度为14.3m。承台、柱及桩均为C50混凝土。承台上柱的顶部作用荷载为集中荷载,大小为8000kN。群桩的布置形式和尺寸如图2-7-6所示。

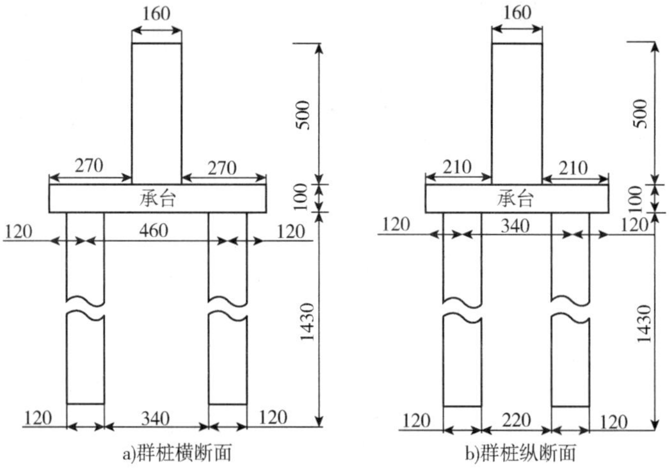

图2-7-6 群桩的布置形式和尺寸(尺寸单位:cm)

地层岩性分布情况及力学参数取值与第2.6节相同,C50混凝土的物理力学参数为:容重$24.2kN/m^3$,凝聚力1000kPa,内摩擦角45°,弹性模量3.45×10^7MPa,泊松比0.24。

电站于2012年1月1日正式关闸蓄水,蓄水期为160d,水位上升至1418.0m(正常蓄水位),水位上升了64.5m。在该水位下运行150天后,枯水期来临,为保证下游的供水,水库开始泄水,水位下降至1406.0m(高于水库的死水位1398.0m),并在该水位下稳定运行一段时间。

2.7.5.2 案例桥梁基础变形分析

由于受水库水位变化的影响,库岸上桥梁基础周围的土体处于饱和-非饱和状态的变化中。这种变化不仅会使桥梁基础的承载力发生变化,还会使桥梁基础产生不同程度的变形。桥梁基础间的不均匀变形容易引起桥面的破坏,影响桥梁的正常运行,因此需对桥梁基础的沉降变形进行定量的分析,以便采取针对性措施,防止桥梁发生过大的变形和破坏。

(1)采用传统基础沉降计算方法计算的结果

根据《公路桥涵地基与基础设计规范 JTG D63—2007》及《建筑桩基技术规范 JGJ 94—2017》推荐的等效作用分层总和法对桥梁基础进行沉降变形计算。其计算公式为:$s=\psi\cdot\psi_e\cdot$

$s' = 4 \cdot \psi \cdot \psi_e \cdot p_0 \sum_{i=1}^{n} \frac{z_i \bar{\alpha}_i - z_{i-1} \bar{\alpha}_{i-1}}{E_{si}}$。式中 $p_0 = \frac{F_k}{A_b}$, $A_b = A \times B = (a + 2\tan \bar{\varphi}/4)(b + 2\tan \bar{\varphi}/4)$。将工程地质勘察报告中的数据代入求得 $p_0 = 120.37\text{kPa}$，沉降计算深度 z_n 按附加应力 σ_z 等于 0.2 倍土自重应力 σ_c 的条件确定。在水库水位达到正常蓄水位并在该水位下运行一段时间(运行至第 300d)的情况下，由于地下水位未能影响到桥梁基础，因此不考虑地下水的影响。即按照桥梁基础及岸坡内岩土体的物理力学指标此时不受库水位变化的影响，求得计算深度 $z_n = 14.43\text{m}$。将压缩层划分为 4 层各层厚度分别为：3.6m、3.6m、3.6m、3.63m，求得桩端沉降变形量为 12.0mm。当水库在正常蓄水位下运行(第 300d 后)，桥梁基础下的部分土体开始受地下水位的影响；由于地下水位已高于基础底面计算深度的最低点，但未达到桩基础的底端，因此只考虑基础底端以下计算深度范围内土体的容重减小(受地下水的浮力作用)，压缩模量减小，以此求得计算深度 $z_n = 19.38\text{m}$。将压缩层划分为 4 层各层厚度分别为：3.9m、3.9m、3.9m、3.9m、3.78m，求得桩端沉降变形量为 16.4mm。由于 C50 混凝土的弹性模量为 $3.45 \times 10^4\text{MPa}$，而桥墩顶的上部荷载为 8000kN，且由 4 根桩共同承担，因此桩身压缩量可以忽略不计。

(2)采用数值模拟桥梁基础的变形计算结果

运用 SIGMA/W 模块及 SEEP/W 模块相结合的方法对该桥梁基础所在岸坡做不完全耦合分析。将求得的孔隙水压力代入应力变形分析 SIGMA/W 模块中计算分析土体不同时段的应力应变状况。在 SIGMA/W 模块中，模型的左右两侧和底部为零位移边界，承台上部桥墩的顶部加荷载边界，大小为 197kPa，岸坡上库水位之下为水压力荷载，库水位之上为自由边界，桥梁基础计算模型如图 2-7-7 所示。

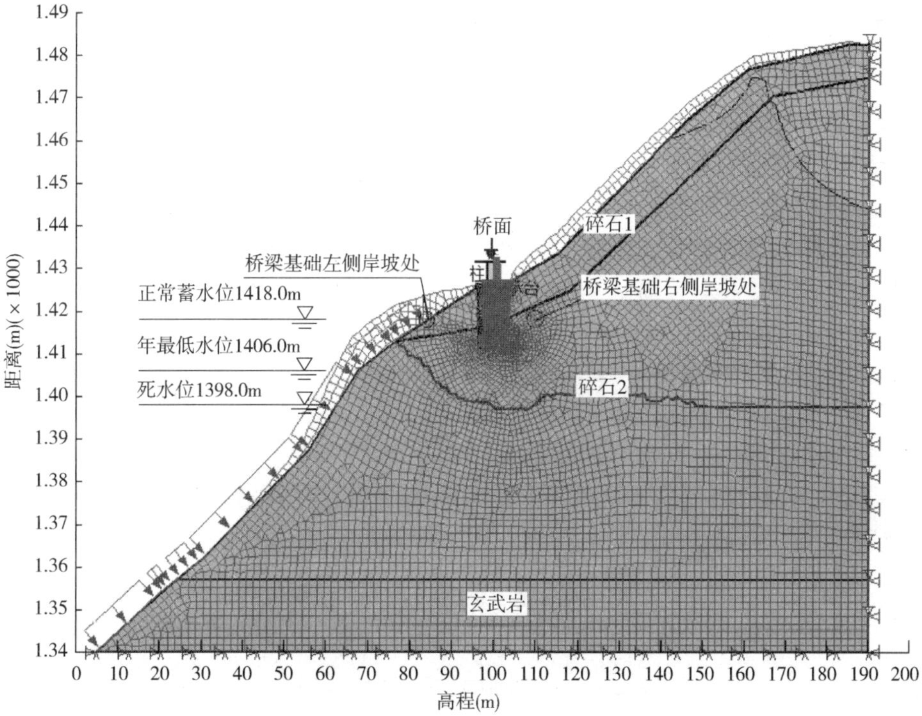

图 2-7-7　桥梁基础计算模型图

①桥梁基础及基础两侧岸坡水平位移变化规律及分析

将桥梁基础左侧岸坡(坐标为:84.3,1418)、桥梁基础中心处(坐标为:99.4,1431.3)、桥梁基础右侧岸坡(坐标为:109.5,1418.0)在不同工况下的水平位移(以向右为正)绘制成曲线图(图2-7-8)。根据图中的水平位移变化曲线可知,桥梁基础中心处及基础两侧岸坡的水平位移随库水位变化的趋势是相同的。但由于库水位变化时,岸坡内地下水位的变化存在滞后效应,因此,出现了桥梁基础左侧的水平位移变化量较大,桥梁基础中心处的水平位移变化量次之,桥梁基础右侧的水平位移变化量最小。在原河床水位(1353.5m)的渗流作用下,桥梁基础中心处及基础左右两侧岸坡由于未受水平方向的力,因此水平位移均为0,即未产生水平向的变形;水库蓄水(160d后水位上升64.5m到达1418m)时,水库水位升高,作用在岸坡上的水压力逐渐增大。而岸坡内的地下水位也在逐渐升高,部分土体由非饱和状态变为饱和状态,孔隙水压力增大,有效应力减小,基质吸力减小,膨胀力增大。但此时产生的膨胀力远小于作用在岸坡上的水平向的库水压力,导致桥梁基础中心处及基础两侧岸坡的水平位移逐渐增大,即岸坡及桥梁基础均向山体内侧移动。当水库在正常蓄水位(1418.0m)下运行150d时,由于库水压力不再变化,而岸坡内土体随着地下水位的升高继续膨胀,导致岸坡及桥梁基础的水平位移逐渐减小,即与蓄水期末相比,岸坡及桥梁基础均向左移动(向水库方向移动)。

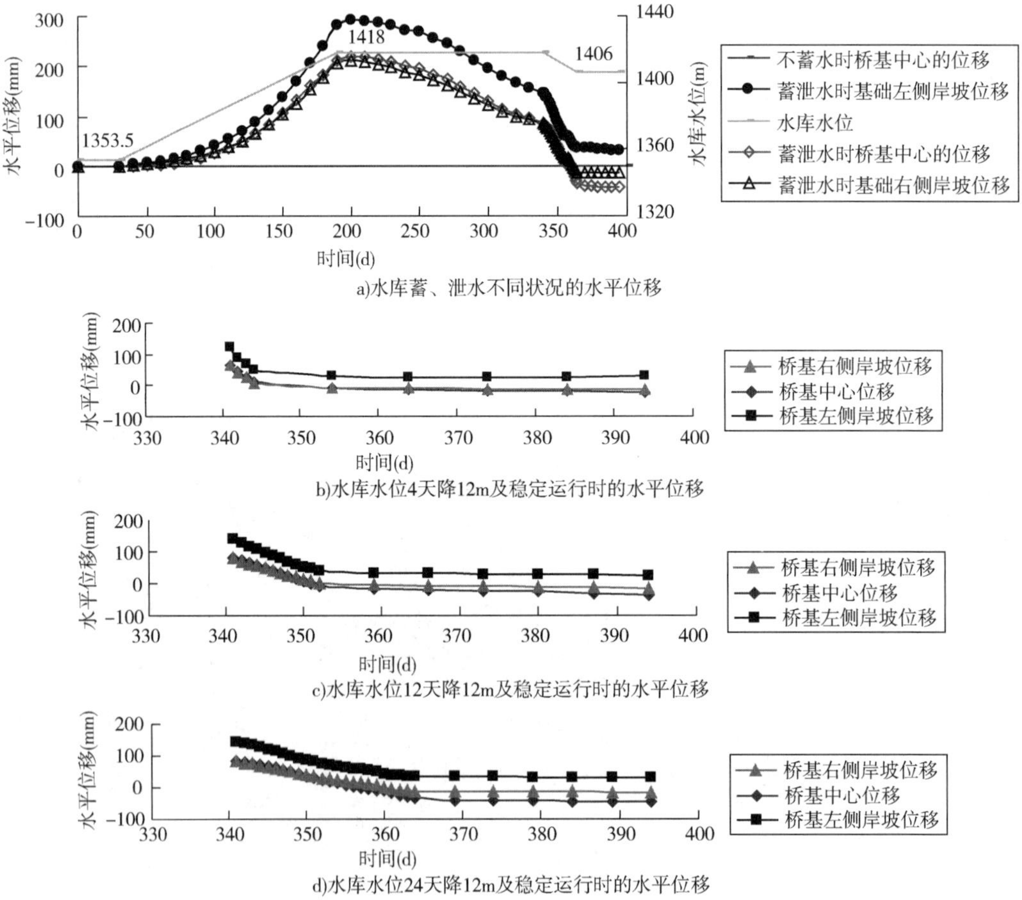

a)水库蓄、泄水不同状况的水平位移

b)水库水位4天降12m及稳定运行时的水平位移

c)水库水位12天降12m及稳定运行时的水平位移

d)水库水位24天降12m及稳定运行时的水平位移

图2-7-8 不同工况下桥梁基础及岸坡的水平位移量

当水库水位以不同速率降至 1406.0m 时，岸坡所受的水平向的库水压力逐渐减小，而岸坡内（桥梁基础及计算基础对应部分的两侧坡体）的浸润线仍在上升，岸坡内的土体继续膨胀，致使岸坡及桥梁基础的水平位移均减小迅速（即相对向水库侧移动）；即与最高蓄水水位 1418m 阶段相比，在泄水阶段岸坡及桥梁基础仍向水库方向移动，且随着水位下降速率的增大，岸坡及桥梁基础向水库水平位移的变化速率增大。当水库水位保持在 1406.0m 时，由于岸坡内的浸润线缓慢降低并趋于稳定，岸坡内土的孔隙水压力缓慢减小，基质吸力缓慢增加，并逐渐达到稳定状态，膨胀力变为收缩力并逐渐稳定，作用在边坡上的水平向库水压力保持不变，土体产生缓慢的收缩变形。因此，桥梁基础中心处及基础两侧岸坡的水平位移及其速率逐渐减小，即与上一阶段相比，岸坡和桥梁基础仍向水库方向产生微小移动并逐渐趋于稳定。

②桥梁基础及两侧岸坡竖直位移变化规律及分析

将桥梁基础左侧（坐标为：84.3，1418）、桥梁基础中心处（坐标为：99.4，1431.3）、桥梁基础右侧（坐标为：109.5，1418.0）在不同计算工况下的竖直位移（以向下为正）绘制成曲线，如图 2-7-9所示。根据图中竖直位移变化曲线可知，桥梁基础中心处及基础两侧岸坡的竖直位移随水位变化的趋势是相同的，由于桥基受上部荷载作用，因此其沉降量要大于桥梁基础两侧的沉降量。桥基左侧的浸润线随库水位变化较快，故其竖直向隆起变形变化较快，受库水位变化较敏感。水库未蓄水时，在原河床水位（1353.5m）的渗流作用下，桥梁基础竖直方向上仅受上部荷载、自重应力和基质吸力的作用，桥梁基础中心处的竖直位移即沉降量为恒定值（-17.6mm），而桥基两侧岸坡在竖直方向基本不受外力作用，其竖直向位移基本为 0，即基础两侧岸坡在竖直方向基本未产生变形。水库蓄水（库水位上升 64.5m 到达 1418m）时，与原河床水位时相比，库水位升高，作用在岸坡上竖直方向上的库水压力逐渐增大，而岸坡内的部分土体逐渐由非饱和区变为饱和区，饱和区范围增大，下部孔隙水压力增大，有效应力减小，非饱和区范围缩小且基质吸力减小，岸坡土体膨胀力增加，但岸坡内的膨胀力增加量小于作用在岸坡上库水压力的增加量，所以桥梁基础中心及两侧岸坡的沉降量均逐渐增大。但随着岸坡内地下水位的升高，饱和区范围继续增大，下部孔隙水压力继续增大，有效应力继续减小，非饱和区范围继续缩小且基质吸力继续减小，岸坡土体膨胀力继续增大，桥梁基础中心处及基础两侧岸坡的沉降量逐渐减小，因此出现桥梁基础中心处及基础两侧岸坡的沉降量先逐渐增大至 124.6mm、43.8mm、75.8mm 后又逐渐减小，即桥梁基础及基础两侧岸坡先下沉后上升。当水库在正常蓄水位（1418.0m）下运行 150d 时，由于水库水位不再变化，作用在岸坡上的库水压力也不再变化，而岸坡内的地下水位还在逐渐上升，饱和区范围继续增大，下部孔隙水压力继续增大，有效应力继续减小，非饱和区范围继续缩小且基质吸力继续减小，岸坡土体膨胀力继续增大，桥梁基础中心处及基础两侧岸坡的沉降量逐渐减小，即桥梁基础及基础两侧岸坡不断升高，甚至比桥梁刚建好时的基础高程还要高。当水库水位以不同速率降至 1406.0m 时，作用在岸坡上的库水压力逐渐减小，岸坡内左侧浸润线降低，部分土体由饱和区变为非饱和区，饱和区孔隙水压力减小，非饱和区范围变大且基质吸力增大，作用在岸坡上的有效应力增大，岸坡坡体产生收缩变形，因此桥梁基础中心处及基础两侧岸坡的沉降量均增大，且沉降速率随水位下降速率的增大而增大。当水库水位保持在 1406.0m 时，由于岸坡内的浸润线缓慢降低并趋于稳定，岸坡内土的孔隙水压力缓慢减小，基质吸力缓慢增加，并逐渐达到稳定状态，作用在边坡上的竖直向水压力保持不变，土体产生收缩变形，因此，桥梁基础中心处及基础两侧岸坡的竖直位移逐渐增大，即与上一阶段相比，岸坡和桥梁基础仍下沉但下沉速度降低并逐渐趋于稳定。

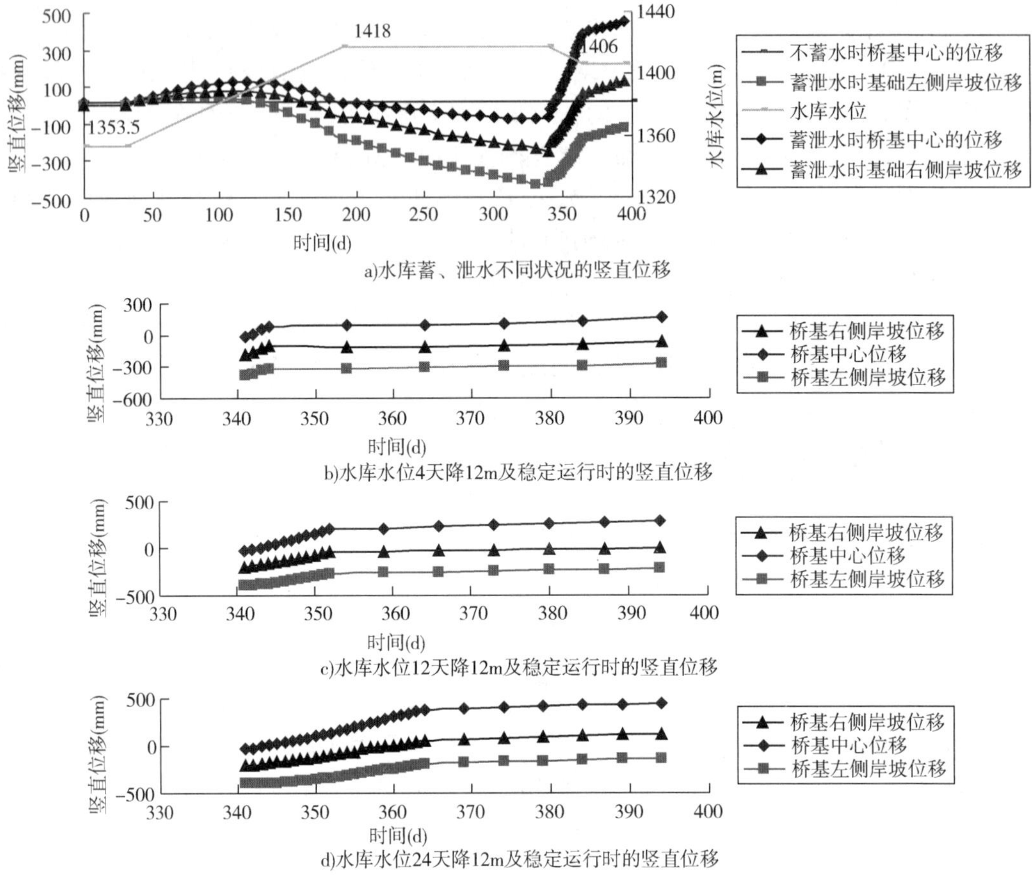

a)水库蓄、泄水不同状况的竖直位移

b)水库水位4天降12m及稳定运行时的竖直位移

c)水库水位12天降12m及稳定运行时的竖直位移

d)水库水位24天降12m及稳定运行时的竖直位移

图 2-7-9　不同计算工况下桥梁基础及岸坡的竖直位移量

(3)沉降变形计算结果分析

根据建筑桩基技术规范提出的群桩沉降变形计算方法，按等效作用分层总和法计算出的沉降变形量为 12.0mm(第 300d)，16.4mm(第 300d 后)，而采用 Geo-Studio 软件计算出的结果分别为：17.6mm(第 30d)，11.0mm(第 190d)，-70.7mm(第 340d)。从计算结果可知，水库不蓄水时，计算出的桥梁基础沉降变形量比按规范计算出的沉降变形量大一些，但相差不大(由于水库不蓄水时，库水位较低，对基础的变形影响较小，因此两个计算结果相差不大)，但库水位变化时，两种方法的计算结果相差很大，其原因主要有以下几个方面：

①按规范计算出的沉降变形量主要是竖直方向的变形量，且假定其荷载为作用于半无限体内部的集中力，由于岸坡上桥梁基础位置的特殊性(右侧为山体，左侧为水库)，因此等效作用分层总和法模型并不完全满足半无限体的假定，并且该计算方法未考虑基础在水平方向上产生的变形量。而实际工程中桩端土在上部荷载作用下，土体在产生竖直向的位移时，还会有部分土体向水平方向移动。模拟群桩沉降变形时，建立的是二维模型，考虑了桩端土体产生的水平向位移，也考虑了地形变化的影响，因此数值模拟计算出的桥梁基础沉降变形量要

大于按规范推荐的分层总和法计算出的沉降变形量。

②随着水库水位的变化,作用在岸坡上的竖直向和水平向的库水压力也在发生变化,而规范上的沉降变形计算方法只考虑了上部荷载作用,并未考虑作用在岸坡上的竖直向和水平向的库水压力作用,即规范提供的计算方法计算的是桥梁及其上部荷载作用下基础的沉降变形量,而数值模拟计算出的是库水压力、桥梁及其上部荷载作用下的沉降变形量,因此数值模拟计算出的桥梁基础的沉降变形量要远大于按规范计算的结果,也即数值模拟考虑的问题要全面、准确一些。

③按规范计算出的沉降变形量是按地下水位是固定的沉降变形计算方法计算出的结果,只考虑了水库水位变化引起的土体的容重和内摩擦角的变化,并没有考虑孔隙水压力及基质吸力的作用,而基质吸力随水位变化较大。如库水位上升时,岸坡内浸润线升高,孔隙水压力升高,坡体含水率增大,基质吸力减小,土体产生膨胀变形;库水位下降时,岸坡内浸润线降低,孔隙水压力降低,基质吸力增大,土体收缩变形。而数值模拟由于考虑了基质吸力及孔隙水压力变化的作用,所以在第 340d 时,桥梁基础的位移为-70.7mm(桥梁基础向上隆起),而等效作用分层总和法的计算结果为 16.4mm(桥梁基础下沉)。故基质吸力的变化其对桥梁基础竖直向变形的作用不可忽略。

2.7.6　桥梁基础的加宽分析

随着经济、社会的快速发展,车流量迅速增长,为了适应经济的发展及提高人民的生活水平,需对原有的公路进行重建或改扩建。在改扩建的过程中需要考虑桥梁基础的不均匀变形问题。对于库区公路,由于水库水位的变化对桥基的竖向位移和水平位移影响较大,因此要注意桥梁基础间的不均匀沉降和不均匀变形等问题。不均匀沉降和不均匀变形导致桥面发生破坏,导致驾乘人员不舒适,车辆运行不平稳而引发交通事故。对既有桥梁基础进行改扩建主要有两种方式:在靠近水库侧加宽和在靠近山体侧加宽,现分析如下。

2.7.6.1　水平位移对桥梁加宽的影响

根据图 2-7-8 不同工况下桥梁基础及岸坡的水平位移量变化曲线中可知:在库水位变化情况下,桥梁基础中心处及两侧岸坡的水平位移变化规律是一致的,但由于岸坡内不同位置浸润线的变化速率不同,造成了岸坡内不同位置岩土体的含水率、孔隙水压力、基质吸力等变化率的不同,从而导致水平位移量的差异。桥梁基础左侧岸坡由于靠近水库,所以左侧岸坡内岩土体的水平位移受库水位变化的影响较大,产生的水平向位移量也较大;桥梁基础距离水库较远,桥基中心处的水平向位移量受库水位变化的影响小于库水位变化对桥基左侧岸坡水平位移量的影响;而桥基的右侧岸坡距离水库最远,因此其水平位移量受库水位变化影响最小。桥梁基础中心处及左右两侧岸坡在第 30d、第 100d、190d、260d、340d、364d、394d 的水平位移量如表 2-7-2 所示。

对比表中同一时间桥梁基础左右两侧岸坡的水平位移量与桥梁基础中心处的位移量可知,桥基右侧岸坡与桥基中心处的水平位移量接近,且都小于桥基左侧岸坡的水平位移量。在任何工况下,桥梁基础与桥梁右侧基础间的水平位移量相差较小,桥梁基础与桥梁左侧基础间的水平位移量相差较大。在左侧加宽容易导致桥面变形和破坏,在右侧加宽较不容易导致桥面变形和破坏。因此,从水平位移考虑,为减小加宽桥梁与原桥梁之间的差异变形,以及尽可能保证车辆运行的平稳性和舒适性,建议在原桥梁基础的右侧岸坡加宽,即靠近山体侧对原桥梁进行加宽。

不同时期桥梁基础中心处及基础两侧岸坡的水平位移量(mm)　　表 2-7-2

时　间	桥基中心处水平位移量	桥基左侧岸坡水平位移量	桥基右侧岸坡水平位移量
第 30 天	0	0	0
第 100 天	25.2	41.4	28.8
第 190 天	211.3	282	205.9
第 260 天	183.1	254.5	171.5
第 340 天	85.9	146.9	85.2
第 364 天	-33.7	36.4	-12.5
第 394 天	-43	30.9	-9.1

2.7.6.2 竖直位移对桥梁加宽的影响

根据图 2-7-9 不同工况下桥梁基础及岸坡的竖直位移量变化曲线中可知:在库水位变化情况下,桥梁基础中心处及两侧岸坡的竖直位移变化规律是一致的,由于桥梁基础上部有荷载作用,所以桥梁基础中心处竖直向下的位移量大于桥梁基础两侧岸坡竖直向的位移量。但由于岸坡内不同位置浸润线的变化速率不同,造成了岸坡内不同位置岩土体的含水率、孔隙水压力、基质吸力等变化率的不同,从而导致桥梁基础两侧岸坡竖直位移量的差异。桥梁基础左侧岸坡由于靠近水库侧,受库水位变化影响较大,产生竖直向上的位移量较大(即岸坡向上隆起程度较大);而桥基的右侧岸坡距离水库最远,岸坡右侧的浸润线变化率小于基础左侧岸坡的浸润线变化率,因此其竖直位移量受库水位变化影响要小。桥梁基础中心处及左右两侧岸坡在第 30d、第 100d、190d、260d、340d、364d、394d 的竖直位移量如表 2-7-3 所示。

不同时期桥梁基础中心处及基础两侧岸坡的竖直位移量(mm)　　表 2-7-3

时　间	桥基中心处竖直位移量	桥基左侧岸坡竖直位移量	桥基右侧岸坡竖直位移量
第 30 天	17.6	0	0
第 100 天	118.3	39.4	73.7
第 190 天	11.0	-188	-66.8
第 260 天	-43.6	-334.1	-159.5
第 340 天	-70.7	-420	-255.8
第 364 天	381.3	-188.8	56.4
第 394 天	445.2	-128.4	127.4

根据表中同一时间桥梁基础中心处及左右两侧岸坡的竖直向的位移量可知,桥基右侧岸坡与桥基中心处的沉降量接近,桥梁基础与右侧基础间的沉降量相差较小,而桥基左侧岸坡与桥基中心处的沉降量相差较大,在左侧加宽容易造成桥梁基础间较大的不均匀沉降,容易导致桥面的破坏以及造成过往车辆运行不平稳、驾乘人员不舒适,数值引发交通事故。因此,

为保证过往车辆的行车安全及桥梁的安全，建议在现有桥梁基础的右侧岸坡加宽，即靠近山体侧对桥梁进行加宽。

另外，若在原桥梁基础的左侧岸坡处加宽，由于左侧岸坡距离水库较近，因此加宽后的桥梁基础左侧岸坡因受库水的冲蚀与淘蚀等作用，容易引发滑坡等灾害，左侧的桥梁基础更易受到库水的作用而降低其稳定性，这将加速桥梁及其基础的破坏。

综上所述，建议在原有桥梁的右侧岸坡（靠近山体侧）对现有桥梁加宽，更能保证桥梁的安全稳定以及车辆的运行安全，更能保证驾乘人员乘车的舒适性。

第3章　库岸公路工程加固机理研究

由于水库水位的变化水库岸坡上的公路及其所在库岸边坡会产生变形和附加应力，甚至发生破坏，为保证公路的安全运行，要根据变形和破坏的程度和规模大小，采取相应措施。而采取的防治措施是否得当，起到什么作用，需要分析采取措施前后的应力、变形变化及其变化规律来确定。也就是只有研究防治措施的作用机理，才能有针对性地采取保护措施。为此，本章以冷清公路库岸边坡为原型，结合非饱和土体渗流理论和渗流场-应力场耦合理论，建立饱和-非饱和土岸坡的概化计算模型，采用有限元软件GEO-Studio中的SEEP/W、SLOPE/W及SIGMA/W模块，对库水作用下抗滑桩、锚杆(索)加固措施实施前后库岸公路边坡的渗流场、位移场、应力场及稳定性安全系数进行定量计算和对比分析，研究库岸公路边坡抗滑桩、锚杆(索)加固的机理和效果。

3.1　冷清公路工程概况

冷清公路为云南省红河州红河谷冷墩至清水河二级公路，工程起点K0+000(H-233m)位于个旧市保和乡冷墩村，北接个旧至冷墩二级公路止点，西接元阳至冷墩二级公路；终点K56+064.99(H-169m)位于清水河，接蒙新高速公路蔓耗立交，线路全长约55.065km。起点至K42+000范围的路基均在马堵山水电站库区范围，形成库岸路基。马堵山水电站正常蓄水位217m，死水位199m。自2011年7月试通车以来，由于水库蓄水，K0+000~K42+000段水位变化对公路工程造成了影响，导致局部路基出现开裂，下边坡失稳、坍塌。坡脚坍塌后使得上部天然坡面的碎石土层失去支撑而顺表面向下滑移，牵引挡土墙下的地基位移造成挡墙倾斜，或由于天然坡面碎石土向下滑移造成沥青路面开裂。另在水库蓄水后天然地层的地下水位升高或降低、岸坡坡体含水率增大和变化，导致公路所在坡体岩土体产生膨胀或收缩，使得路基出现沉陷和向下滑移、路面开裂破坏。为了公路运营安全，对红河谷冷墩至清水河二级公路K0+000~K42+000段出现的病害工程进行分析和处治。

冷清公路的大体情况如下：

(1)公路所在坡体地质情况。上覆为第四系全新统崩塌堆积层(Q_4^{del})块、碎石夹粉质黏土(褐红、褐黄、灰白色，稍湿，松散，块、碎石含量50%以上，灰岩、白云岩质，岩性不均匀，厚5~40m，局部较厚)和坡残积(Q_4^{dl+el})粉质黏土(褐红、紫红、褐黄色，硬塑，土质不均，含10%~20%砂泥岩质角砾，厚0~2m，局部较厚)。下伏基岩为三叠系中统个旧组(T_2g)灰岩和白云岩(青灰、灰白、灰黄色，零星出露地表，中至厚层状，风化溶蚀作用强烈，表面呈块石状，时见溶隙、溶坑、溶槽，钙华发育；溶槽内多被黏土充填，部分剥蚀崩塌形成陡壁，其下出现倒石堆；岩体破碎，节理裂隙发育，强风化带(W_3)，呈块、碎石状)。

(2)公路所在坡体边坡情况：根据冷清公路的高程和库岸回水位，结合水库岸坡的地质结构、河谷形态和不良地质现象发育程度，将库区分为3段：A段(K0+000~K18+000)，B段

(K18+000~K33+000),C段(K33+000~K41+600段)。①A段线路高程为229.5~241.7m,距离马堵山电站正常蓄水位217m垂直高差为12.5~24.7m,水平距离为22~350m,局部地段水平距离小,采用桥梁跨越方式通过。该段岩石风化程度较低,主要以N1地层的砾岩为主,在麻玉田村一带存在土质缓坡,大部分地表有厚度小于1m的第四系覆盖层碎石土。②B段线路高程为238.6~302m,距离马堵山电站正常蓄水位217m垂直高差为21.6~85m,水平距离为25~300m,局部地段水平距离小,但均采用桥梁跨越方式通过。该段岩石风化程度较低,主要为砾岩、灰岩和局部地段的炭质页岩组成。③C段线路高程为233.5~238.6m,距离马堵山水电站正常蓄水位217m垂直高差为16.5~21.6m,水平距离为23~180m。该段岩石风化程度低,多以弱风化岩体出露,局部为全、强风化岩体,岩体强度相对较高。

(3)库岸公路边坡破坏及加固修复情况:

①茫迷大桥连接线K0+240~K0+282.45段针对原路基出现的连接线公路挡墙出现外倾、沉降、错台以及挡墙基础外侧土体开裂。设计全段挡墙基础位置设1m桩+承台+护脚,在挡墙发生外倾段加设锚索框架。

②K3+270~K3+407段、K4+032.04~K4+070段、K13+145~K13+210段针对原公路路基出现的挡墙位移引起路面开裂,采用锚索框架加固原挡墙,并作注浆加固处理。

③K10+473~K10+606,K10+857~K10+890段针对原公路路基出现的上边坡开裂,挡墙外倾、路面开裂,在采用路面钢管桩注浆应急处理后的基础上,设计(上边坡及挡墙)锚索框架。K10+473~K10+890全段设1.6m抗滑桩对路基及潜在滑坡进行处理。

④K19+080~K19+150、K19+280~K19+340段:对原公路路基出现挡墙外倾、路面开裂,沿原公路路肩墙设置预应力锚索框格梁,采用矩形梁。梁单元尺寸2.8m×2.8m,梁体截面尺寸为0.6m×0.6m,主筋单元内通长配置。采用C30混凝土浇筑,框格梁与原挡墙间的间隙采用与梁同等级混凝土同时浇筑成型。并作注浆加固处理。

⑤K25+792.75~K25+852.75段:针对原公路路基出现的路面出现纵向裂纹,路基外侧边坡滑动趋势。采用设计2m×1.5m抗滑桩间距4m对路基进行加固处理。并间距6m设置疏干孔。挖除沉陷路基,设置土工格栅,并恢复路面。

⑥K27+967~K28+010段:针对原公路路基出现的路面出现路基变形蠕滑,采用1.6m抗滑桩间距4m及路基范围注浆。

⑦K32+600~K32+700段:针对原公路路基出现的挡墙外移并破坏、路基破坏,路基下方原老公路处裂缝,采用1.6m重力式桩基挡墙处理;挖除沉陷路基,设置土工格栅,并恢复路面。另对K32+610~K32+694段边坡作空心砖菱形格防护处治。

⑧K33+298~K33+330段:路基右侧挡墙外侧边坡塌岸严重,岸坡陡立。斜坡路基滑坡塌陷,出现纵向裂缝,塌陷垂直高约11m,宽约20m。在该段路基右侧8m处分2m采用C25混凝土进行浇筑,面层设钢筋网、锚杆并在混凝土浇筑后设置预应力锚索框格梁;然后恢复路面。

⑨K40+770~K40+820段、K40+890~K40+960段:针对路基右侧下边坡滑移,沿水沟出现大裂缝,采用1.2m抗滑桩间距3m布置处治;并作承台钢管桩注浆加固处理。

⑩K41+000~K41+137段:在路基开挖及边坡刷坡时发生小规模滑塌,雨季之后,受地表水、地下水作用和影响,边坡变形向后缘及两侧边坡发展,范围逐步扩大至产生滑坡,边坡中

上部出现错台和拉张裂缝,后缘错台高度达2~6m,坡体也出现了弧形的张拉裂缝,裂缝宽度0.5~1.5cm,长5~15m,坡体岩层碎裂、松脱,呈散体结构,稳定性差。对其进行边坡减载,在K41+020~K41+110段路中线左侧5.63m处设高4m、顶宽2m的抗滑挡墙进行支挡。在K41+020~K41+110段抗滑墙设置预应力锚索框格梁,采用矩形梁,梁单元尺寸2.8m×2.0m,梁体截面尺寸为0.6m×0.6m,主筋单元内通长配置,采用C25混凝土浇筑。设置盲沟,对K41+080~K41+135段路基进行换填处理。

⑪K41+587.1~K41+656段:针对原公路路基右侧坍岸,采用1.6m间距3.5m的桩板墙进行处治,垮塌部位的桩加设锚索。

⑫K49+290~K49+340段:挡墙外出现纵向裂纹,向下滑动。为保证路基安全,在K49+297.5~K49+327.5挡墙外采用1.2m×1.5m抗滑桩基挡墙,桩间距5m布置,对路基进行防护处理。挡墙采用M7.5浆砌片石,顶宽1m,高4m。对边坡进行清方减载处理。

有针对性地分段采取上述相应工程加固治理措施,从加固后路面的使用情况看,路面基本没有在发生变形破坏,证明加固效果良好。

部分路基、路面、结构物变形破坏情况如图3-1-1~图3-1-4所示,部分加固情况如图3-1-5~图3-1-6所示。

图3-1-1　路面开裂和沉降

图3-1-2　路基滑坍

图3-1-3　路基坍岸

图3-1-4　路肩裂缝

图 3-1-5　预应力锚索框格梁加固

图 3-1-6　抗滑桩加固

3.2　计算模型及参数

为了便于分析,根据冷清公路的具体情况,选择具有代表性的岸坡概化成计算边坡剖面,建立以碎石土覆盖层为例的公路库岸边坡概化模型,如图 3-2-1 所示。公路路面高程为 110m,公路宽度为 7m。公路下部库岸边坡高 65m,坡度 45°,为 10m 厚碎石土 1 覆盖层+10m 碎石土 2 覆盖层+基岩;公路上部库岸边坡高 40m,坡度 45°,为 5m 厚碎石土 1 覆盖层+10m 碎石土 2 覆盖层+基岩。

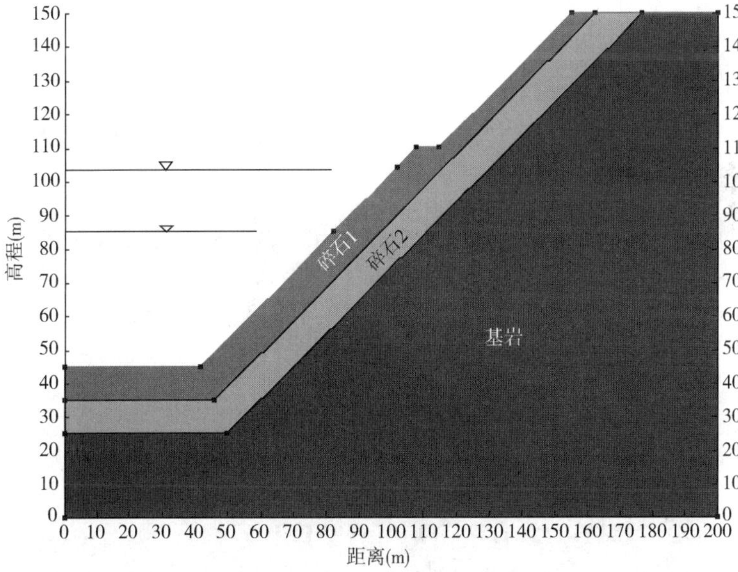

图 3-2-1　岸坡概化模型

为模拟库岸范围的水位变化,取 85m 作为库水的死水位,104m 作为库水的正常水位,模拟冷清公路水库在实际运行中的 199m 死水位和 218m 的正常水位。考虑公路范围内岸坡较陡、年平均降雨量较少、蒸发强烈等因素,在水位变化过程中不考虑岸坡的地下水补给,同时不考虑降雨影响,计算模拟过程中只考虑岸坡自重和库水位变化。水位变化过程如图 3-2-2

所示。工况 1(蓄水期):0~60d 库水位从初始死水位 85m 上升到 104m,60~180d 库水位高程保持 104m;工况 2(泄水期):180~240d 库水位从 104m 下降到 85m,240~300d 库水位高程保持 85m。SEEP/W 模块中分析类型为瞬态渗流,材料类型为饱和-非饱和,边界条件为水力边界条件。初始库水位为死水位,库水位以上为零流量边界,以下为定水头边界,两侧边界及底部边界为不透水边界,边界条件采用总水头-时间函数反映库水升降变化。SIGMA/W 模块耦合分析中要求应力-变形和渗流方程同时求解,分析类型为耦合应力/孔隙水压力,材料类型为有效的参数/孔压改变,耦合分析中须定义和应用水力和位移边界条件。位移边界条件指定模拟区底部边界 x 和 y 方向位移为 0,两侧边界 x 方向位移为 0。库岸坡面水位之下为静水压力边界,水位之上为自由边界。

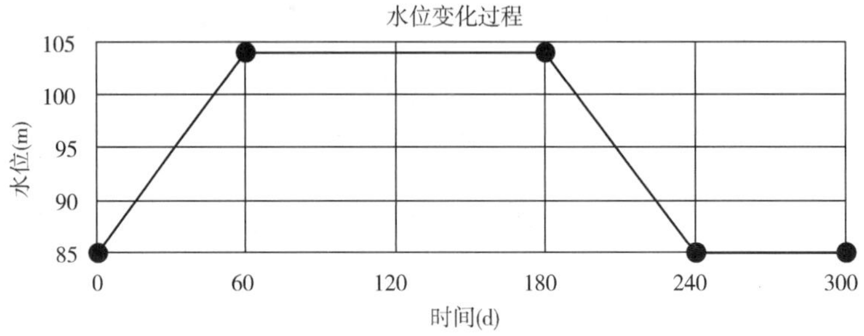

图 3-2-2　水位变化过程图

加固方式选取常用的锚加固和桩加固。为了更好地表现加固方式受水位变化的影响效果,加固位置设定在公路下方岸坡水位变化区域内,如图 3-2-3 和图 3-2-4 所示。

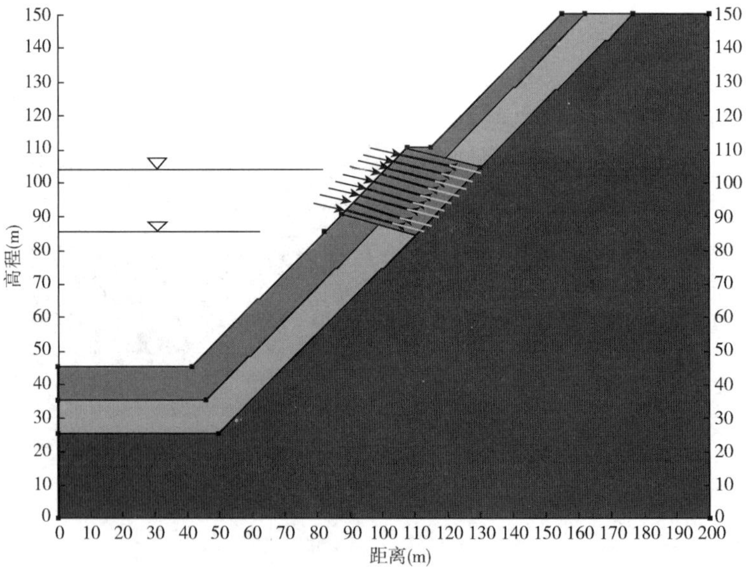

图 3-2-3　锚加固

锚杆铺设参数为:从上到下铺设 9 排锚杆,施加预应力 600kN 和 300kN,锚固角为 15°,锚间距 4m,自由段长度 15m,锚固段长度为 10m。桩铺设参数为:铺设 2 排抗滑桩,排间距为

5m,桩长为 35m。锚杆单元自由段类型设置为结构杆件,施加相应轴向预应力;锚固段类型设置为结构梁,锚固段单元网格属性为沿线生成网格。桩单元类型设置为结构梁,单元网格属性为沿线生成网格。SEEP/W 模块中锚杆加固和桩加固对渗流场的影响通过设置锚固区和桩体渗透系数来模拟;SIGMA/W 模块中锚杆加固和桩加固对应力场的影响通过设置为相应结构杆件和结构梁的作用来模拟;SLOPE/W 模块中,锚杆加固和桩加固对安全系数的影响通过设置加固荷载作用来模拟。极限平衡法计算时,锚杆加固施加相应预应力荷载,桩加固不施加荷载(施加荷载为 0);有限单元应力法计算时,SLOPE/W 模块采用 SIGMA/W 模块中锚杆加固和桩加固有限元分析获得的相应应力进行计算。

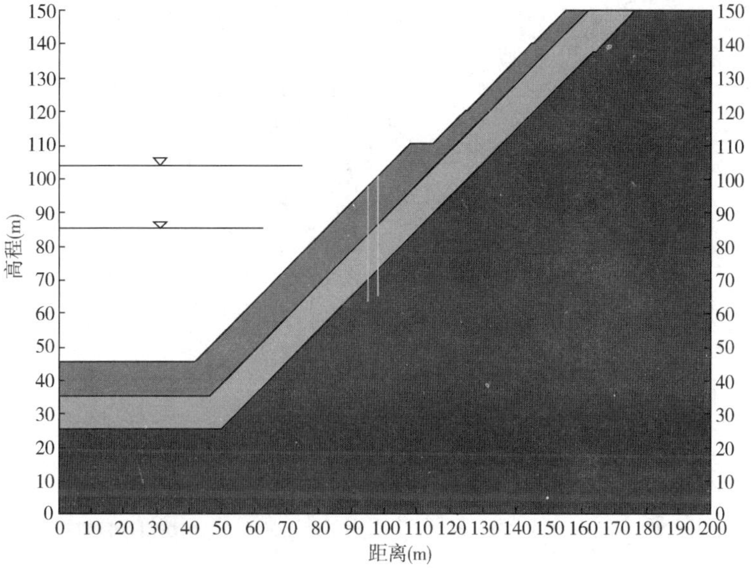

图 3-2-4　桩加固

参考相关研究成果,边坡材料参数取值如表 3-2-1 所示,选取渗透系数及体积含水率曲线如图 3-2-5 所示。

边坡材料参数取值　　表 3-2-1

材　料	饱和重度	有效黏聚力	有效内摩擦角	饱和渗透系数	有效弹性模量	泊松比 ν
	γ_{sat}(kN·m^{-3})	c'(kPa)	φ'(°)	k_s(cm·s^{-1})	E'(kPa)	
碎石 1	20.4	13.3	30.7	9.26×10^{-4}	48000	0.27
碎石 2	21.9	15.3	30.7	2.32×10^{-4}	62000	0.27
玄武岩	27.1	1420	45.3	9.26×10^{-5}	4.8×10^{7}	0.2
锚固区	25	150	30	4.63×10^{-5}	100000	0.16
桩	25	300	30	2.31×10^{-5}	200000	0.28

选取公路库岸边坡特征点分布如图 3-2-6 所示,其对应点坐标如表 3-2-2 所示。高程 85m、95m、104m、110m、115m 各取 5 点,按离坡面由近到远编号,路面 5 点编号分别为 1、2、3、4、5。

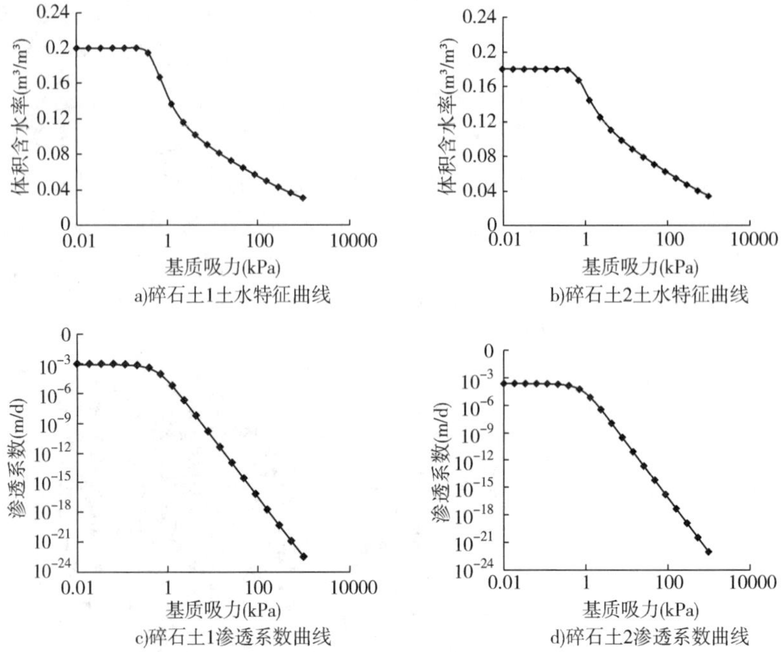

图 3-2-5 碎石土 1 及碎石土 2 土-水特征曲线和渗透函数曲线

各特征点点号及对应坐标 表 3-2-2

高程(m)	点号及对应坐标				
$Y=85$	6(83,85)	7(89,85)	8(96,85)	9(103,85)	10(110,85)
$Y=95$	11(93,95)	12(99,95)	13(106,95)	14(113,95)	15(120,95)
$Y=104$	16(102,104)	17(108,104)	18(115,104)	19(123,104)	20(129,104)
$Y=110$	1(107.68,110)	2(109,110)	3(111,110)	4(113,110)	5(114.8,110)
$Y=115$	21(120,115)	22(123,115)	23(127,115)	24(134,115)	25(141,115)

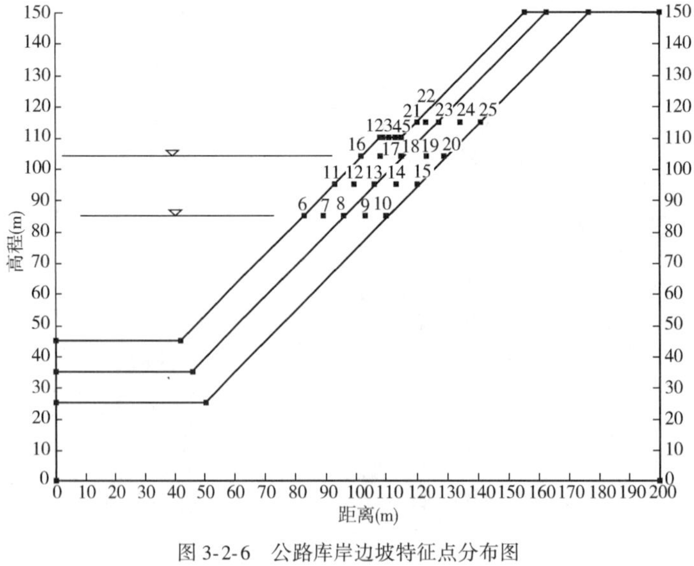

图 3-2-6 公路库岸边坡特征点分布图

3.3　渗流分析

3.3.1　渗流计算结果

通过模拟计算工况 1 与工况 2 情况下库岸边坡的渗流演变情况，得到水位变化过程中未加固、锚加固、桩加固情况下的孔隙水压力等值线分布图和速度矢量图，如图 3-3-1 所示。0d 时，由初始死水位稳态渗流得其浸润线与初始死水位持平，孔隙水压力等值线为水平直线。0~300d，整个水位变化过程中渗流为瞬态场。

由不同时刻渗流分析图和浸润线位置坐标表可得：未加固时，库水位上升及正常蓄水位稳定运行过程中[图 3-3-1b1)、c1)、d1)、e1)、f1)]，渗流矢量方向由坡外(水库侧)指向坡内(山体侧)，坡外(水库侧)水头高于坡内(山体侧)水头，形成水头差，产生渗透水力坡降，由坡外(水库侧)向坡内(山体侧)发生渗流。随着水流的不断渗入，浸润线位置不断抬升，浸润线为曲线状，靠近坡面处位置相对较高，流速较快，远离坡面处位置相对较低，流速较慢。说明坡体内侧的浸润线上升与库水位上升之间存在滞后效应，越远离岸坡坡面，滞后效应越明显。水位上升至正常蓄水位之后，坡外水头(库水位)保持不变，由于坡内渗流的滞后效应，仍然存在水头差，渗流场继续发生变化。坡体内浸润线随着时间延长而逐渐抬升，并趋向于和正常蓄水位持平。水位下降及死水位稳定运行过程中，库水位开始下降一段时间内，靠近坡面处由于外缘水头低于坡内水头，渗流矢量方向由坡内指向坡外，靠近坡面处浸润线位置降低，流速较快。库水位开始降低阶段，浸润线形状为中间相对较高、两端较低的曲线，靠水库侧渗流指向水库，靠山体侧渗流指向山体，远离坡面处的坡体浸润线仍有所抬升[图 3-3-1g1)]。随着时间的延长，浸润线形状为远离坡面处位置相对较高、靠近水库位置相对较低的曲线，即在水位降低过程中，渗流也存在滞后现象，渗流矢量方向均为坡内指向坡外，浸润线位置不断下降[图 3-3-1h1)、i1)]，最终趋向于与死水位持平。

锚加固后，同一时刻浸润线形状发生了变化，同一横坐标对应浸润线位置也发生了变化(表 3-3-1)。当水位上升到锚固区域后[图 3-3-1,b2)、c2)、d2)、e2)、f2)]，锚加固区域内注浆土体渗透系数较小，对坡内的渗流形成阻碍作用，使渗流入射方向发生了偏转，向未加固区(没有受到注浆影响的区域)渗流，渗流路径有绕开锚加固区域的趋势。锚固区域内渗流路径主要呈两种方式：靠近坡面侧锚固区域，由坡外指向锚固区；坡体内锚固区域，由锚固区下侧指向锚固区域。锚固区域内浸润线位置逐渐抬升，靠近坡面锚固区域内浸润线位置上升速率滞后于未加固时的浸润线位置上升速率。远离坡面锚固区域外，由于渗流路径的改变，开始一段时间内，注浆区域的浸润线位置高于未加固的，随时间延长一部分锚固区浸润线会低于未加固区域。水位开始下降一段时间内，靠近坡面处锚固区域内的渗流矢量由坡内指向坡外，稍远侧指向锚固区域外的未注浆区域，最终绕避锚固区流向坡体外。锚固体外的坡体渗流路径呈绕开锚固区向坡体外渗流，浸润线逐渐降低；较远侧渗流路径仍由坡体外指向坡体内，浸润线位置较未加固情况的高，并出现注浆区和未注浆区的 2 个浸润线[图 3-3-1,g2)]，锚加固的锚固区浸润线位置相对未加固坡体的浸润线高，而锚加固的未锚固区的浸润线相对未加固坡体的浸润线低；随着时间延长，锚固区域外浸润线位置全部呈下降趋势。水位下降

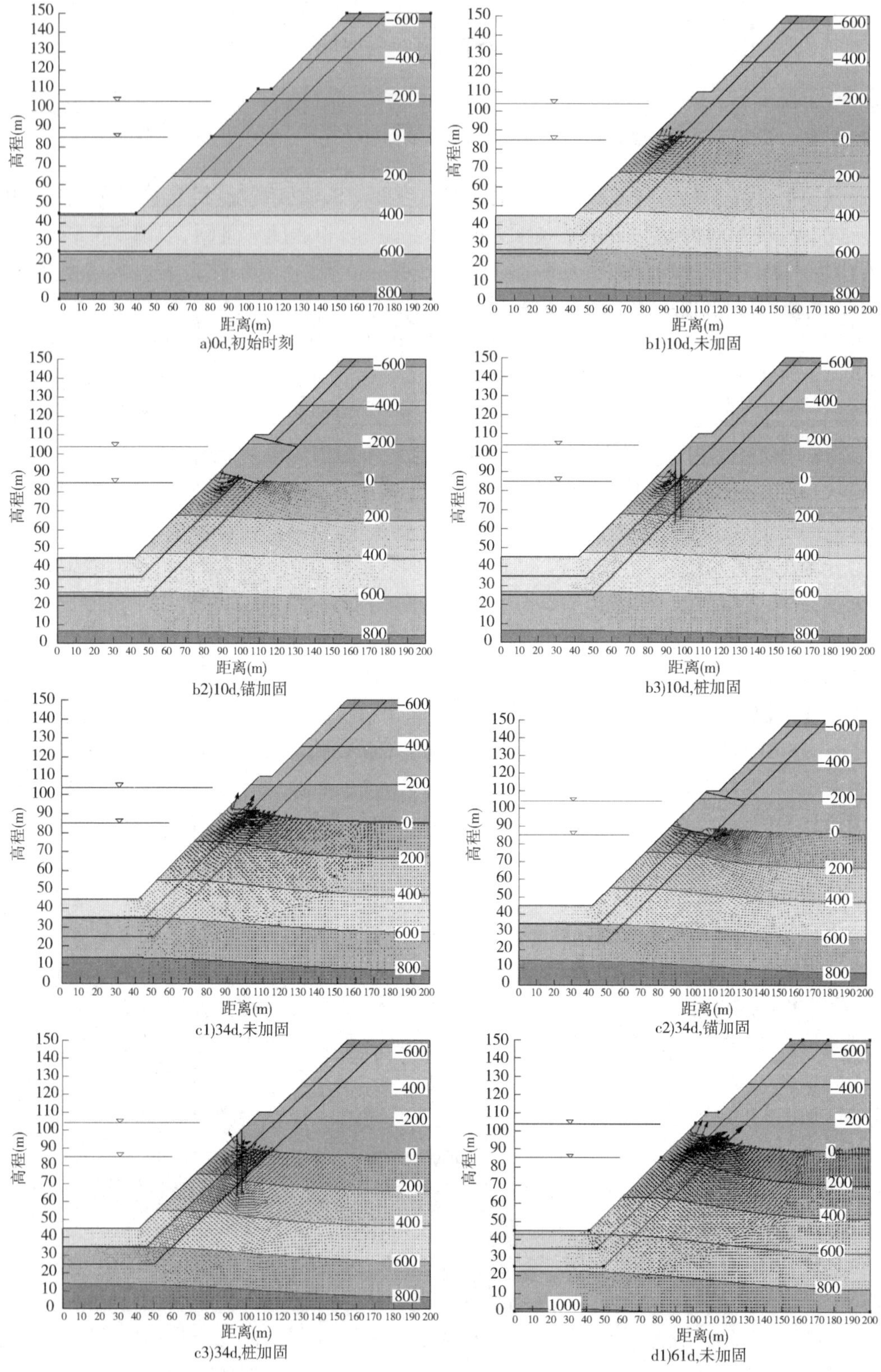
高程(m)
距离(m)
-600
-400
-200
0
200
400
600
800
1000
a)0d,初始时刻
b1)10d,未加固
b2)10d,锚加固
b3)10d,桩加固
c1)34d,未加固
c2)34d,锚加固
c3)34d,桩加固
d1)61d,未加固

图 3-3-1

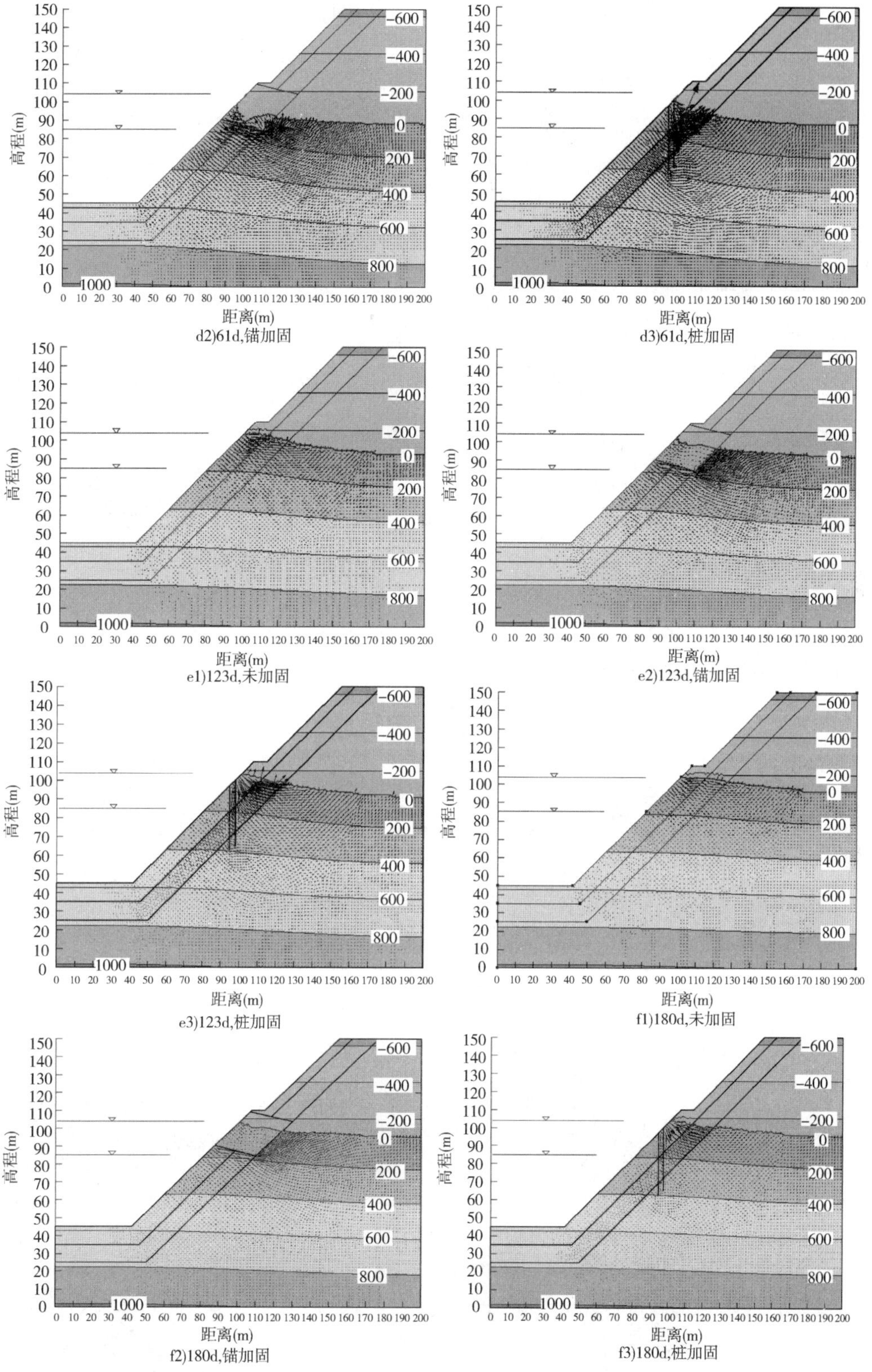

d2)61d,锚加固　d3)61d,桩加固

e1)123d,未加固　e2)123d,锚加固

e3)123d,桩加固　f1)180d,未加固

f2)180d,锚加固　f3)180d,桩加固

图　3-3-1

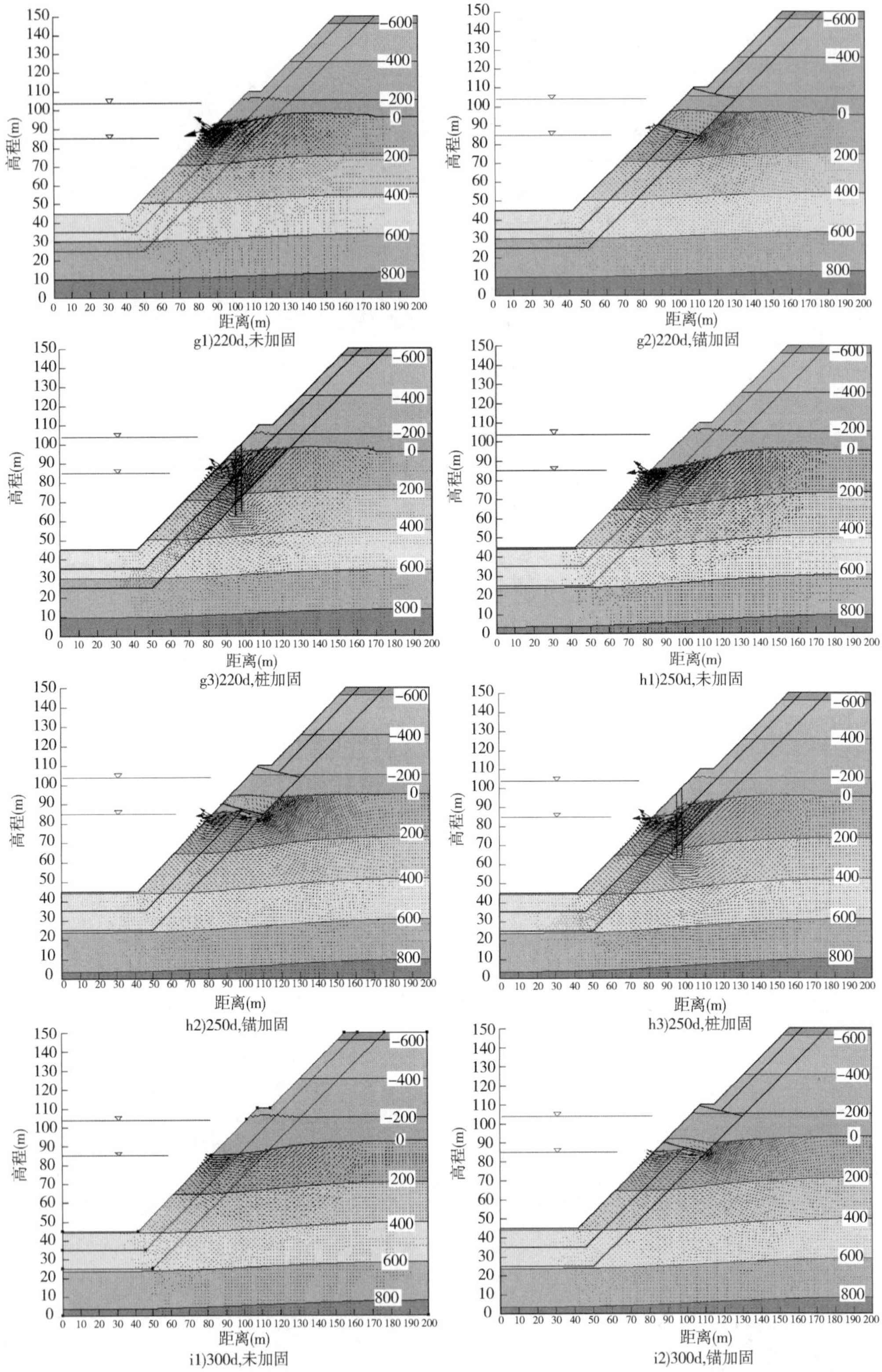
高程(m)
距离(m)
g1)220d,未加固
g2)220d,锚加固
g3)220d,桩加固
h1)250d,未加固
h2)250d,锚加固
h3)250d,桩加固
i1)300d,未加固
i2)300d,锚加固

图　3-3-1

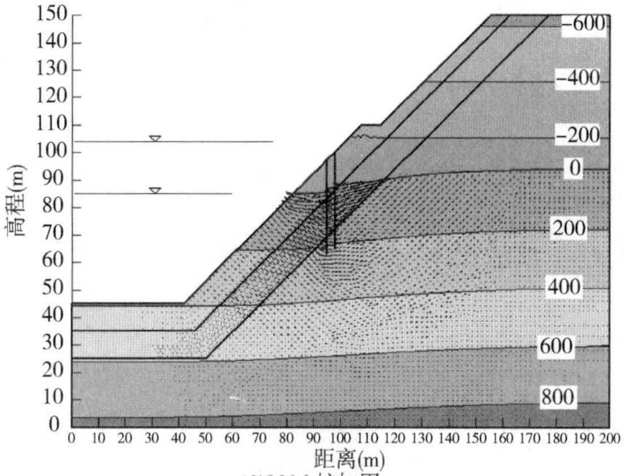

i3)300d,桩加固

图 3-3-1　不同时刻渗流分析图

到死水位之后[图 3-3-1h2)、i2)],由于锚固区内水流逸出较慢,浸润线出现了不连续现象。相比未加固时,靠近坡面锚固区域内,浸润线位置较高,说明锚固区内浸润线变化更滞后;而锚固区域外远离坡面处和下侧靠近坡面未注浆加固区浸润线位置死水位稳定运行初期(表 3-3-1中 250d)均比未加固时低,这是由于渗流路径的改变和渗流量及渗流的分流作用等原因所致。相对未加固坡体,锚加固后水库渗入坡体的水量小,需渗出的水量也相对较小,而且锚固区的渗流滞后现象较严重,锚固区滞留了一部分水量,从而未锚固区的浸润线下降加快,位置相对更低。随着时间的延长(表 3-3-1 中 300d),锚固区域外远离坡面处和下侧靠近坡面未锚固注浆处浸润线位置和未加固时浸润位置相近。

不同时刻浸润线位置坐标　　　　表 3-3-1

时间(d)	$x=100$m			$x=150$m			$x=200$m		
	未加固	锚加固	桩加固	未加固	锚加固	桩加固	未加固	锚加固	桩加固
10	86.4	86.6	85.8	85.1	85.3	85.1	85.1	85.1	85.1
34	91.7	87.1	89.6	86.1	86.4	85.7	85.3	85.3	85.3
61	98.1	89.5	97.3	89.0	88.8	88.5	87.1	87.3	87.0
123	—	101.5	—	95.5	94.2	94.6	92.2	91.8	90.9
180	—	—	—	99.2	97.6	97.9	96.1	95.1	95.4
220	92.7	97.8	96.4	98.1	96.8	98.2	95.8	95.5	96.0
250	87.3	94.6(86.6)	91.5	95.7	94.8	96.0	95.3	95.1	95.5
300	86.2	91.9(86.2)	88.5	92.3	92.1	93.1	93.4	93.4	93.9

注:表中“—”代表对应时刻 $x=100$m 对应浸润线位置坐标不存在,或者说对应时刻浸润线位置已高于 $x=100$m 时边坡表面交点的位置;表中两个坐标值代表出现了两条浸润线,较大值为注浆区内浸润线位置坐标,较小值为未注浆区浸润线位置坐标。

桩加固后,在整个库水位变化过程中,相对未加固的岸坡而言,坡体渗流受到加固桩的影响,由于桩体的渗透系数较碎石土体的渗透系数低,加固桩体对渗流有一定的阻碍作用。在水库水位上升和下降过程中,在桩体位置存在一定的绕渗现象,在桩体之间存在垂直向下的渗流现象,浸润线在桩体两侧存在落差,在水库水位上升时浸润线在桩外侧(靠水库一侧)的位置明显高于桩内侧(靠山一侧)的位置,在水库水位下降时浸润线在桩内侧(靠山一侧)的位置明显高于桩外侧(靠水库一侧)的位置。从桩加固与锚固的情况对比看,桩加固的阻渗作用较锚加固的阻渗效果差些。

3.3.2 孔隙水压力变化曲线图

通过计算求得相应特征点的孔隙水压力值,绘制成孔隙水压力随时间的变化曲线如图 3-3-2~图 3-3-4 和表 3-3-2、表 3-3-3 所示。

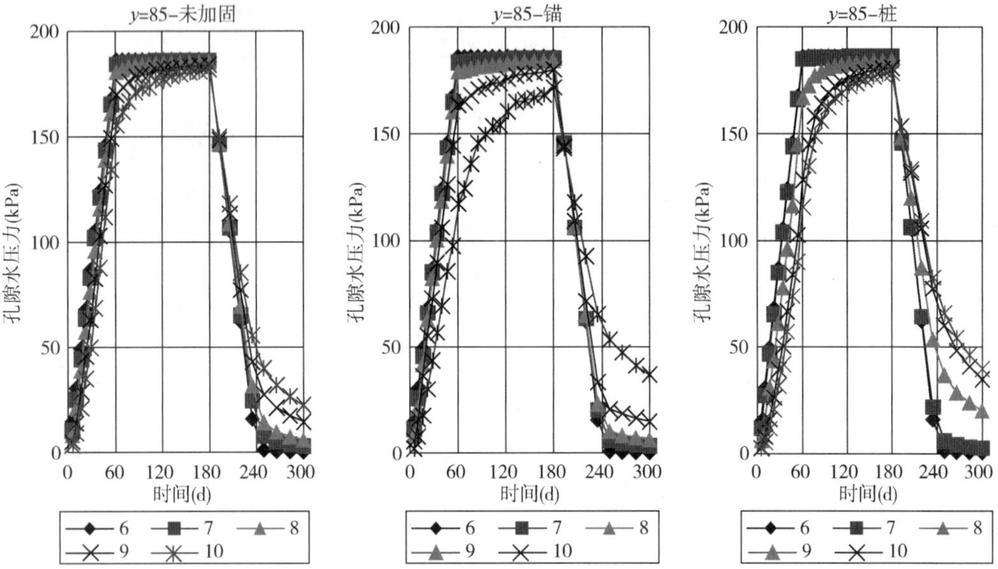

图 3-3-2 y = 85m 各点孔隙水压力变化曲线

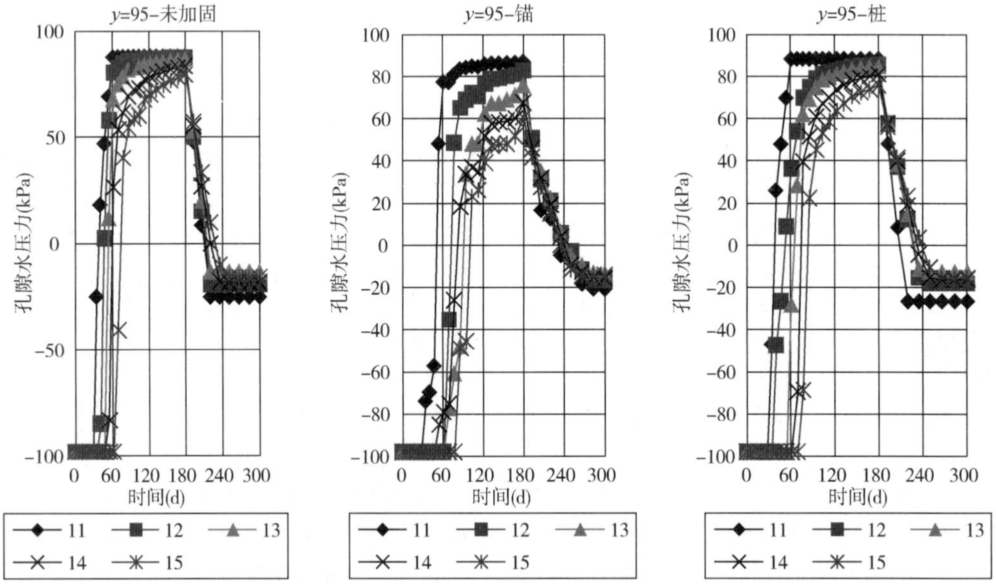

图 3-3-3 y = 95m 各点孔隙水压力变化曲线

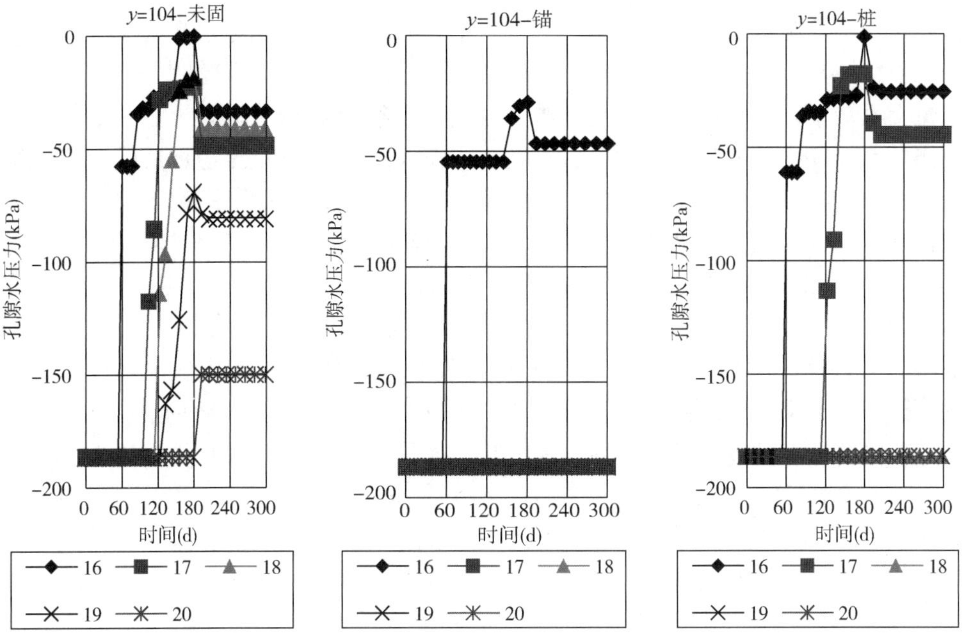

图 3-3-4　y = 104m 各点的孔隙水压力变化曲线

y = 85m 各点孔隙水压力（kPa）　　表 3-3-2

时间(d)	加固方式	6(83,85)	7(89,85)	8(96,85)	9(103,85)	10(110,85)
61	未加固	186.17	184.24	180.76	169.71	155.25
	锚加固	186.12	183.53	179.24	163.77	117.16
	桩加固	186.21	185.06	167.19	128.35	115.72
180	未加固	186.31	186.02	185.58	183.95	181.79
	锚加固	186.27	185.52	184.32	180.19	171.80
	桩加固	186.31	186.16	184.62	180.93	178.77
300	未加固	0.48	3.17	6.16	14.78	22.59
	锚加固	0.50	3.36	6.70	15.03	36.91
	桩加固	0.38	2.45	20.11	34.81	39.88

y = 95m 各点孔隙水压力（kPa）　　表 3-3-3

时间(d)	加固方式	11(93,95)	12(99,95)	13(106,95)	14(113,95)	15(120,95)
180	未加固	88.22	87.62	86.57	83.52	79.52
	锚加固	87.13	82.94	75.62	67.46	60.48
	桩加固	88.26	85.67	84.86	80.90	75.78
300	未加固	-25.24	-19.40	-13.51	-18.49	-16.11
	锚加固	-20.77	-16.58	-13.38	-15.81	-14.39
	桩加固	-26.71	-18.13	-12.68	-16.14	-15.45

由 $y=85\text{m}$、$y=95\text{m}$ 各点孔隙水压力变化曲线可以看出：无论加固与否，正常蓄水位以下各点孔隙水压力均随库水位变化而变化。同一高程坡体内的点孔隙水压力都是从初始值开始上升，变化趋势大体一致。在库水位上升（下降）时，孔隙水压力随着库水位增大（减小）；在库水位上升或下降稳定后坡体内的孔隙水压力的变化逐渐减小并趋于稳定。由于同一高程坡体内的点对库水位变化响应的滞后效应从边坡前缘（水库侧）至边坡后缘（山体侧）逐渐增大，因此，坡体内的点到库岸坡面的距离对孔隙水压力的变化滞后影响较大。

锚杆和桩加固后改变了坡体内的渗流路径和渗流阻力，影响了坡体内各点的孔隙水压力值。$y=85\text{m}$，61d 和 180d 时锚加固后各点孔隙水压力值小于未加固对应点孔隙水压力值。桩加固后位于桩后的 8、9、10 三点孔隙水压力小于未加固对应点的孔隙水压力值。300d 时，锚加固后各点孔隙水压力值大于未加固对应点的孔隙水压力值，桩加固后位于桩后的 8、9、10 三点的孔隙水压力大于未加固对应点的孔隙水压力值。$y=95\text{m}$，未加固时各点孔隙水压力分别从 28d、34d、47d、54d、67d 开始发生变化，锚加固后各点孔隙水压力分别从 34d、61d、64d、70d、77d 开始发生变化，桩加固后各点孔隙水压力分别从 34d、40d、54d、61d、69d 开始发生变化。180d 时锚加固后各点的孔隙水压力值小于未加固各对应点的孔隙水压力值，桩加固后位于桩后的 12、13、14、15 四点孔隙水压力小于未加固各对应点的孔隙水压力值。300d 时锚加固后各点孔隙水压力值大于未加固各对应点的孔隙水压力值，桩加固后位于桩后的 12、13、14、15 四点的孔隙水压力大于未加固各对应点的孔隙水压力值。

$y=104\text{m}$ 时，正常蓄水位附近的土体孔隙水压力整个水位变化过程中全为负值，随水位的变化孔隙水压力发生了一定改变，这是由于毛细水的作用，孔隙水压力大小由毛细水上升的高度确定。离坡面距离越远，负孔隙水压力的变化也越滞后。加固后滞后效应更明显，锚加固后比桩加固的滞后效应相对更大。$y=110\text{m}$，$y=115\text{m}$ 时，离库水面较远，其孔隙水压力几乎不受库水位变化的影响，加固后对各点孔隙水压力也几乎没影响。

综上所述，可知孔隙水压力变化的滞后性不仅与离水库的水平距离和垂直距离有关，还与加固与否、加固方式有关，以及是否在加固影响区及其附近有关。锚杆和桩加固后改变了坡体内的渗流路径和渗流阻力，影响了坡体内的浸润线、渗流流速和各点的孔隙水压力。锚杆和桩加固使加固影响区域及其附近的孔隙水压力和含水率变化更加滞后。

3.4 位移分析

通过模拟计算工况 1 与工况 2 情况下的库岸边坡位移，得到库水位变化过程中未加固、锚加固、桩加固情况下的位移等值线分布图和各特征点位移值随库水位变化曲线图。在以下论述中规定：水平位移以指向坡体为正，指向水库为负。竖向位移以竖直向上（隆起）为正，竖直向下（沉降为负）。

3.4.1 不同高程横向各点的 X-位移

坡体 X-位移数值范围如表 3-4-1 所示，由表可知坡体 X-位移数值范围整体上分析得到：水位变化影响着坡体 X-位移分布情况，影响着 X-位移最大值的大小和发生部位。锚加固和桩加固后改变了水库公路库岸的 X-位移分布规律，锚加固和桩加固使得 X-位移最大值增大,方向指向坡体内侧方向;锚加固的 X-位移最大值增大比桩加固的 X-位移最大值增加的多,较小预应力的锚加固坡体位移值范围相对较小。锚加固和桩加固后使得路面 X 方向的变形发生了明显的改变,限制了坡体向水库方向的位移值。

坡体和路面 X-位移数值范围(cm)　　表 3-4-1

时间(d)	未加固		桩加固		锚加固-600kN		锚加固-300kN	
	坡体	路面	坡体	路面	坡体	路面	坡体	路面
10	0~0.24	0.1~0.16	0~0.41	0.02~0.04	-0.43~3.78	0.5~1.5	-0.21~1.92	0.2~0.8
34	0~0.73	0.5~0.73	0~1.42	0.14~0.18	-0.42~3.83	0.5~1.5	-0.20~1.99	0.2~0.8
61	-0.1~1.56	1~1.56	0~2.90	0.4~0.6	-0.49~4.20	0.3~0.8	-0.26~3.12	0~0.4
123	-1.44~1.0	0.8~1.0	0~2.90	0.4~0.6	-0.49~4.20	0.3~0.8	-0.27~3.11	0~0.4
180	-1.51~0.88	0.6~0.88	0~2.90	0.4~0.6	-0.49~4.20	0.3~0.8	-0.27~3.12	0~0.4
220	-1.81~0.20	0~0.20	0~0.76	0.4~0.6	-0.42~3.83	0.5~1.5	-0.22~1.97	0.2~0.8
250	-1.88~0.18	-0.4~0	-0.21~0.11	0.01~0.04	-0.44~3.72	0.5~1.5	-0.22~1.86	0.2~0.8
300	-1.87~0.17	-0.4~-0.2	-0.21~0.11	0.01~0.04	-0.44~3.72	0.5~1.5	-0.22~1.86	0.2~0.8

(1)位移等值线分析

图 3-4-1a)、b)、c)分别为节点时刻 61d、180d、250d 时未加固、桩加固、锚-600kN 加固、锚-300kN 加固的 X-位移等值线分布图。

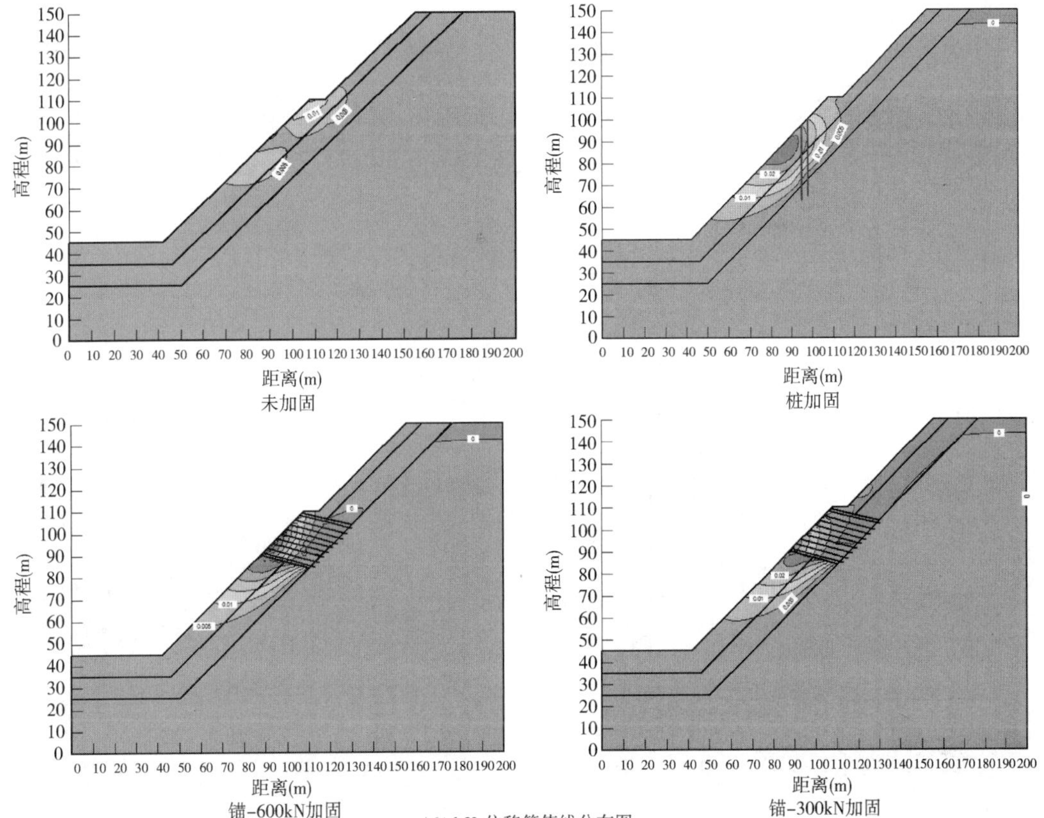

a)61d X-位移等值线分布图

图　3-4-1

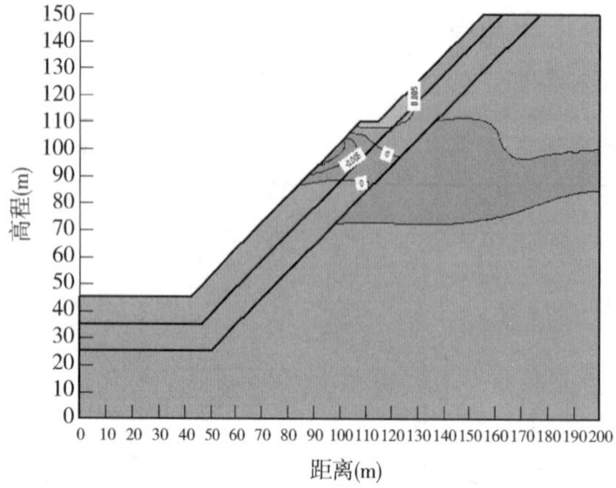

未加固

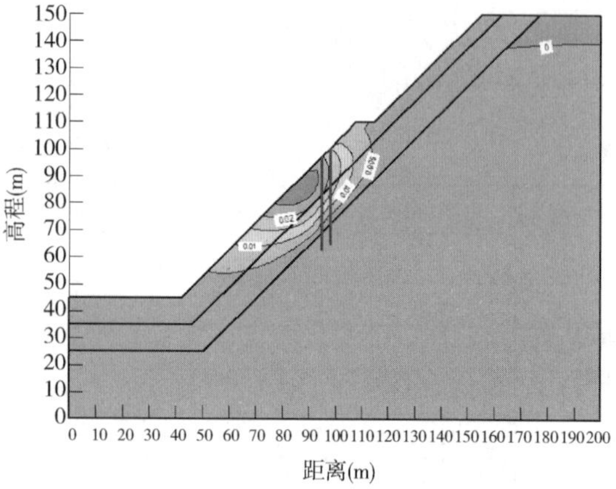

桩加固

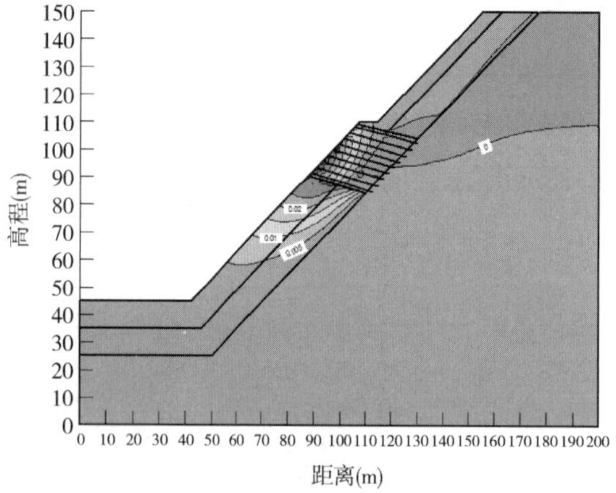

锚-600kN加固

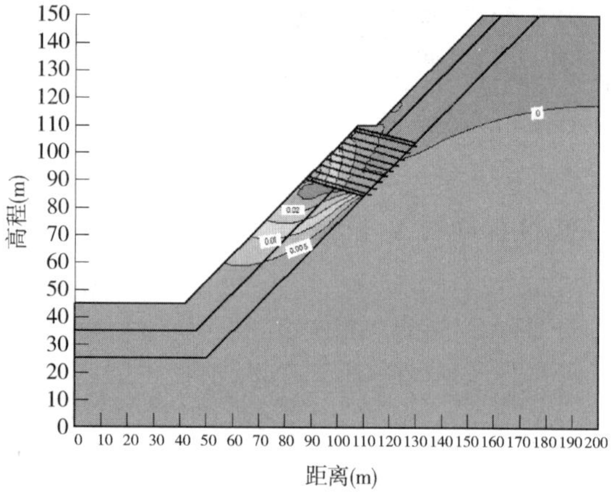

锚-300kN加固

b)180d X-位移等值线分布图

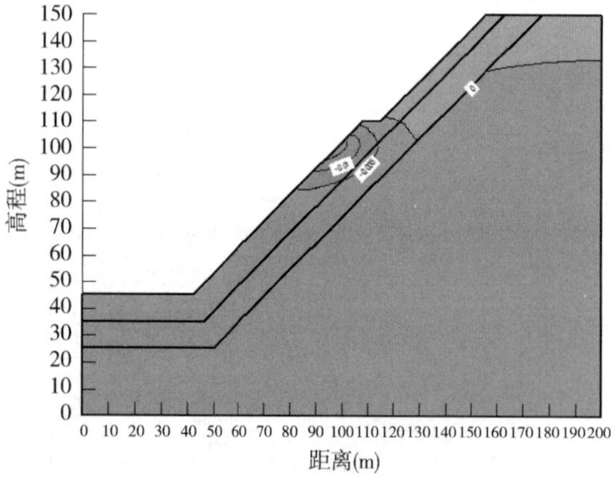

未加固

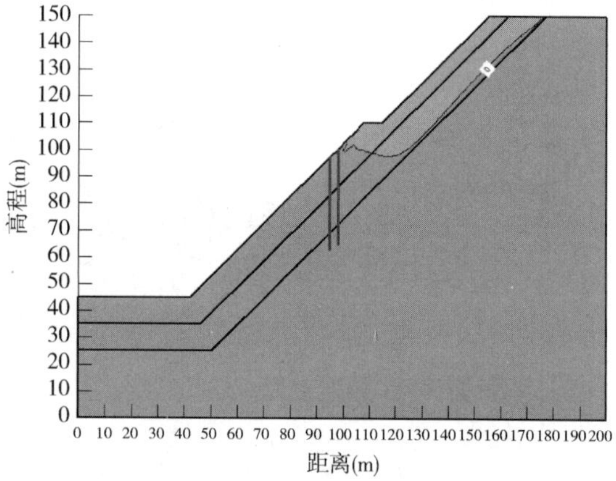

桩加固

c)

图 3-4-1

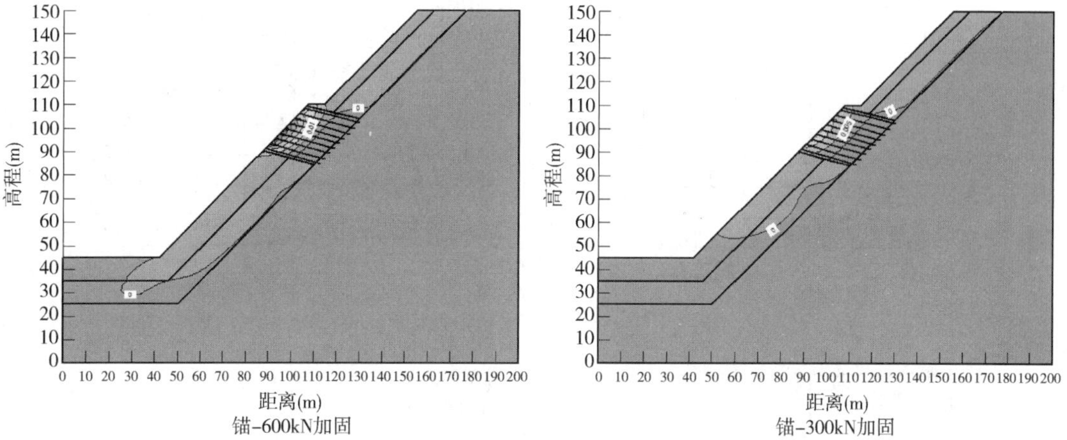

c)250d X-位移等值线分布图

图 3-4-1　X-位移等值线分布图

①61d 时,水位上升到正常蓄水位,由于库水压力的作用,未加固时公路库岸边坡发生指向山体侧的水平变形,最大值出现在路面部位。桩加固后,坡体指向山体侧的水平变形区域扩大,最大值出现在约为库水位中偏上的岸坡部位,路面部位的水平变形值减小。锚加固后,坡体指向山体侧的水平变形区域扩大,最大值增大,最大值出现在锚固区域下侧,约为水库中部深度偏上部位,下侧锚固区界面处水平变形也较大。路面部位的水平变形值也减小,锚-300kN 加固的水平变形值要比锚-600kN 加固的水平变形值小。

②180d 时,正常蓄水稳定运行末期,未加固时公路库岸边坡发生指向水库侧的水平变形,最大值出现在约为正常蓄水位高程边坡部位,路面部位水平变形为指向山体侧。桩加固和锚加固后公路库岸边坡水平变形情况和 61d 相近。

③250d 时,水位下降到死水位,未加固时公路库岸边坡发生指向水库侧的水平变形,最大值出现在约为正常蓄水位高程边坡部位,比 180d 大,路面部位水平变形为指向水库侧。桩加固后,坡体指向水库侧水平变形区域减小,路面部位水平变形为指向山体侧。锚加固后,公路库岸边坡发生指向山体侧的水平变形,最大值出现在锚杆与边坡表面交界范围,路面部位水平变形为指向山体侧,锚-300kN 加固的水平变形值要比锚-600kN 加固的水平变形值小。

④随着库水位的变化,在未加固情况下,蓄满水时最大位移发生在路面高程的坡面上,在正常蓄水位运行最后时刻,在库水位高程坡面出现向水库方向的位移,在水库蓄水以后水库水位降低,虽然向水库侧的位移增大,最大的向水库侧位移部位还是在水库正常蓄水位高程。在桩加固情况下,随着蓄水高度的增加,向山体侧的最大位移增加,最大位移发生在水库蓄水位高程附近,在正常蓄水位之后随着蓄水位的降低,向山体侧的位移减小,向水库侧的位移增加。在锚加固情况下,随着蓄水高度的增加,向山体侧的最大位移增加,最大位移发生在水库蓄水位高程附近;随着蓄水水位的降低,向山体侧的位移减小,向水库侧的位移增加,但向水库侧位移的位移量很小。

各特征点随水库水位变化的 X-位移曲线如图 3-4-2~图 3-4-6 所示。

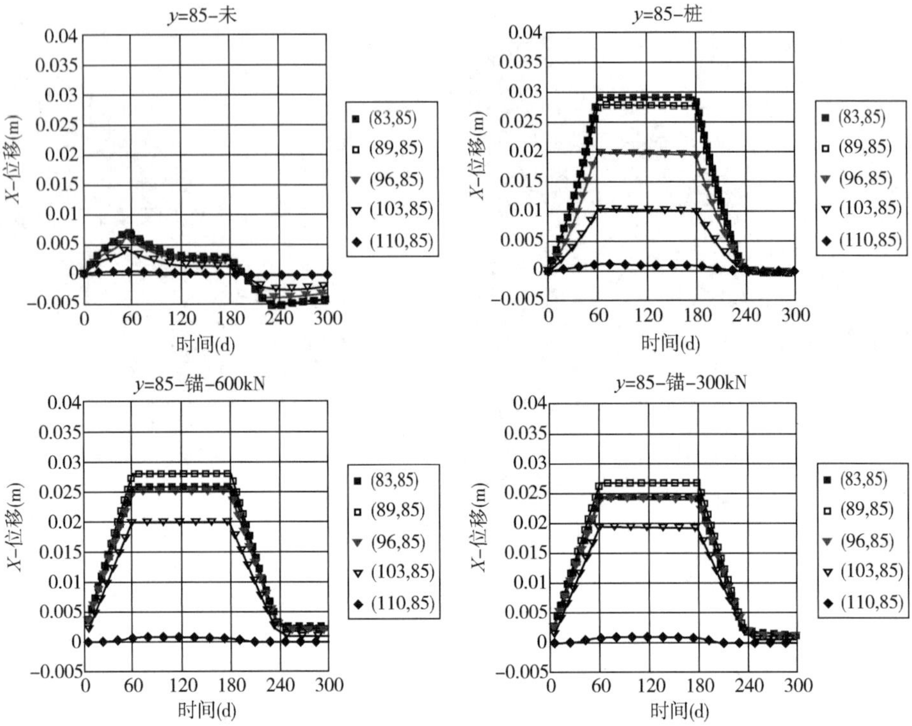

图 3-4-2 坡体 X-位移数值(y = 85m)

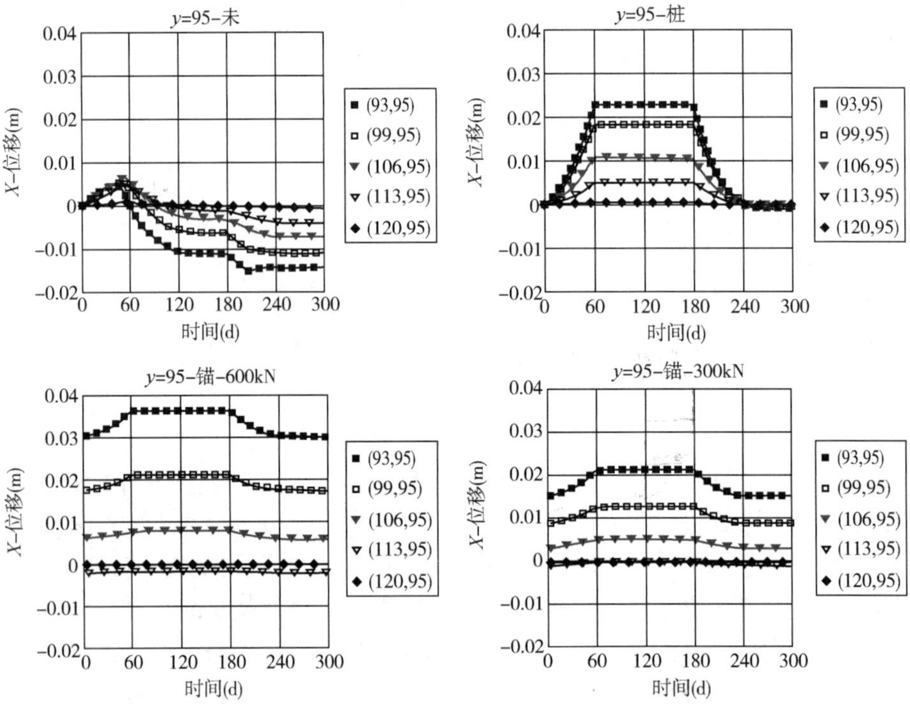

图 3-4-3 坡体 X-位移数值(y = 95m)

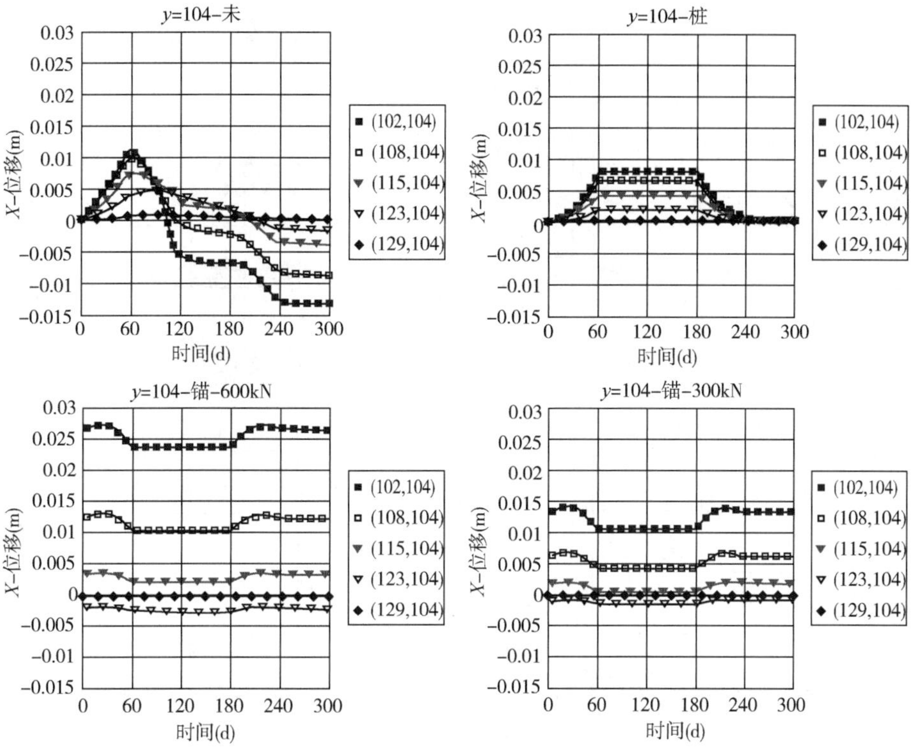

图 3-4-4　坡体 X-位移数值（y=104m）

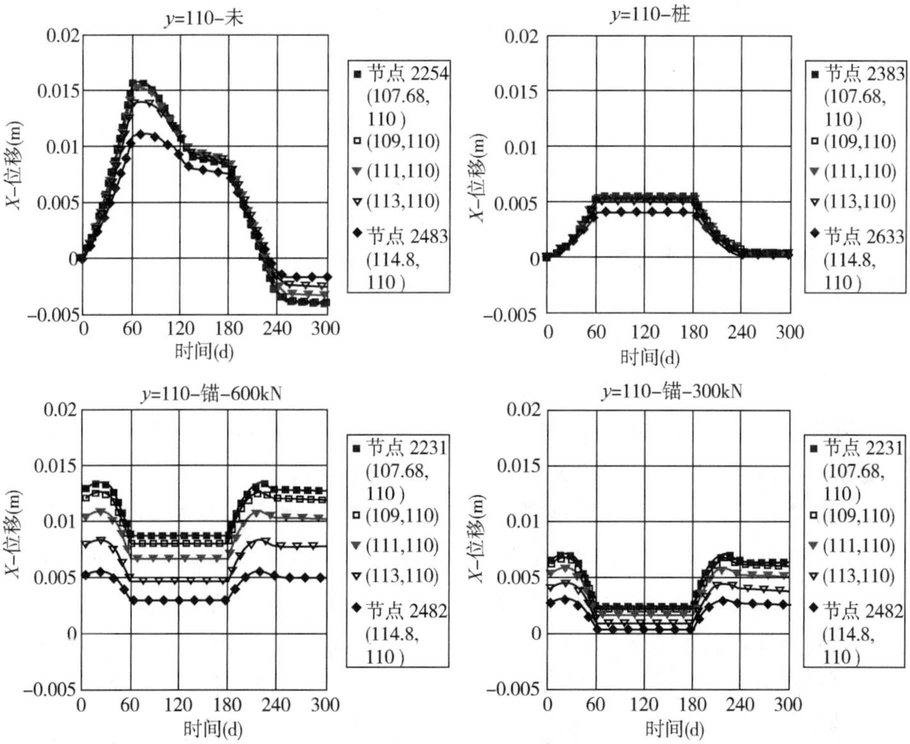

图 3-4-5　坡体 X-位移数值（y=110m）

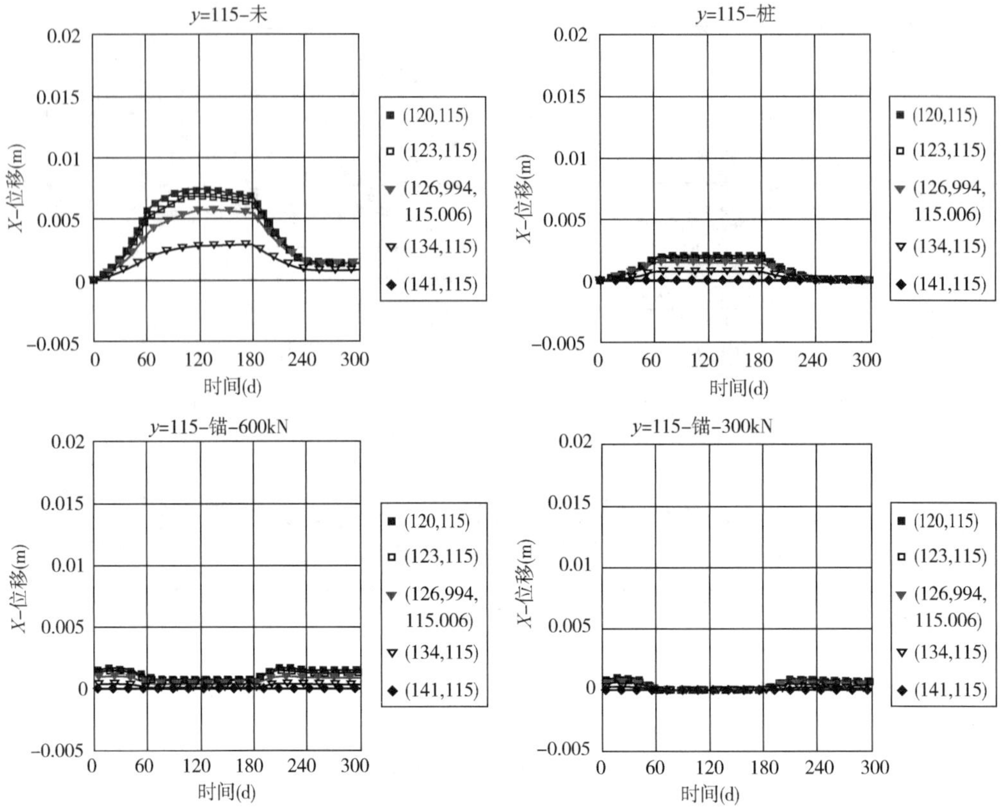

图 3-4-6 坡体 X-位移数值($y=115$m)

(2)位移变化曲线分析

①观察各点未加固时 X-位移变化曲线:在 0~180d,随着库水位上升,岸坡坡体发生指向坡体内侧(山体侧)的侧向变形,其位移值随着库水位的上升而增大,达到最大值后(110m 以下大约为 60d,115m 以上大约为 120d)各点 X-位移又朝水库方向减小;在 180~240d,库水位下降时,库岸边坡发生指向水库方向的侧向变形;240~300d,库水位恒为死水位时,其变形变化幅度不大,最终趋向定值。当水库水位降到死水位以后,110m 以下除了恢复库水位上升之前的水平位移外,还产生了向水库方向的位移;115m 以上基本没有产生向水库方向的多余位移。距离水库坡面越远,X 位移受水库水位变化的影响越小。

②观察桩加固时各点 X-位移变化曲线:岸坡各点 X-位移值随库水位上升而增大,随库水位下降而减小,库水位保持稳定时各点 X-位移值几乎保持不变。相比未加固时,桩加固使 $y=85$m、$y=95$m 各点指向坡体内侧的变形增大,指向水库的侧向变形减小且基本上不产生负的位移(即基本不会产生向水库的水平位移);$y=104$m 各点在库水位上升时指向坡体内侧的变形减小,水位下降及死水位稳定时指向水库的侧向变形减小且基本上不产生负的位移(即基本不会产生向水库的水平位移),正常蓄水位稳定时变形指向坡体内侧且随时间变化很小;$y=110$m、$y=115$m 各点整个库水位变化过程中 X-变形均比未加固时减小并基本上不产生负的位移(即基本不会产生向水库的水平位移);而且位移随水位和时间而变化的幅度相对较小。

③观察各点锚加固时 X-位移变化曲线:水位变化初期,由于锚杆预应力的作用,锚加固

后 X-位移基本为非零值。锚加固后使得坡体各点 X-位移值在正常蓄水位恒定时几乎保持不变。y=85m、y=95m 各点 X-位移随着库水位上升而增大，随着库水位下降而减小且基本上不产生负的位移（即基本不会产生向水库的水平位移）；y=104m、y=110m、y=115m 各点 X-位移随着库水位上升而先缓增后快速减小，随着库水位下降先快增后缓降。相比未加固时，锚加固使 y=85m 各点水位变化过程中指向坡体内侧的变形增大；其余高程各点在整个库水位变化过程中 X-位移值有的增大有的减小，但锚加固后随库水位变化相对平缓，锚加固使其 X-位移值在水位变化过程中相对均匀化且基本上不产生负的位移（即基本不会产生向水库的水平位移）。施加 300kN 预应力锚加固后水平变形比 600kN 预应力锚加固水平向变形有不同程度的减小，说明大的预应力加固不一定比预应力小的锚加固对控制水平位移有益，而大的预应力加固比预应力小的锚加固的费用高且施工麻烦。

3.4.2　路面高程横向各点的 X-位移

路面各点 X-位移数值如图 3-4-7 所示，其统计值如表 3-4-2 所示。分析得到：相比未加固时，加固后使路面各点 X-位移最大值减小，最小值由负值增大为正值（即不会产生向水库方向的水平位移）。最大值为：桩<锚-300kN<锚-600kN<未加固，锚杆和桩加固后路面各点在整个库水位变化过程中均只发生指向坡体侧的变形，且最大变形值均减小。X-位移的均值，在 2、3、4、5 点：锚-300kN<未加固，4、5 点：锚-600kN<未加固。锚加固后，离坡面较远点 X-位移均值比未加固小，桩加固和锚-300kN 加固的 X-位移的均值都较低。极值差和方差为：锚-300kN≤锚-600kN<桩<未加固，即锚杆和桩加固后使得路面各点的 X-位移随库水位的变化更小，即路面的 X-位移更均匀，锚加固比桩加固使得路面各点的 X-位移随库水位的变化更小，即路面的 X-位移更均匀。

路面各点（y=110m）X-位移变化曲线统计值（cm）　　表 3-4-2

点　坐　标	统计值名称	未　加　固	桩　加　固	锚加固-600	锚加固-300
1(107.68,110)	最大值	1.5797	0.5453	1.3629	0.7260
	最小值	-0.3936	0.0169	0.8781	0.2425
	极值差	1.9733	0.5283	0.4847	0.4835
	均值	0.6805	0.3164	1.1027	0.4665
	方差	0.00421	0.00050	0.00044	0.00044
2(109,110)	最大值	1.5743	0.5482	1.2828	0.6851
	最小值	-0.4017	0.0170	0.8103	0.2139
	极值差	1.9759	0.5311	0.4725	0.4712
	均值	0.6749	0.3180	1.0292	0.4320
	方差	0.00422	0.00050	0.00042	0.00042
3(111,110)	最大值	1.5165	0.5332	1.1025	0.5919
	最小值	-0.3330	0.0168	0.6705	0.1613
	极值差	1.8496	0.5164	0.4320	0.4307
	均值	0.6806	0.3091	0.8702	0.3604
	方差	0.00383	0.00048	0.00035	0.00035

续上表

点 坐 标	统计值名称	未 加 固	桩 加 固	锚加固-600	锚加固-300
4(113,110)	最大值	1.3940	0.4959	0.8467	0.4594
	最小值	-0.2563	0.0158	0.4732	0.0871
	极值差	1.6503	0.4801	0.3735	0.3723
	均值	0.6512	0.2872	0.6456	0.2589
	方差	0.00318	0.00042	0.00026	0.00026
5(114.8,110)	最大值	1.1201	0.4090	0.5720	0.3140
	最小值	-0.1736	0.0133	0.2958	0.0384
	极值差	1.2938	0.3957	0.2762	0.2756
	均值	0.5419	0.2366	0.4229	0.1651
	方差	0.00204	0.00029	0.00014	0.00014

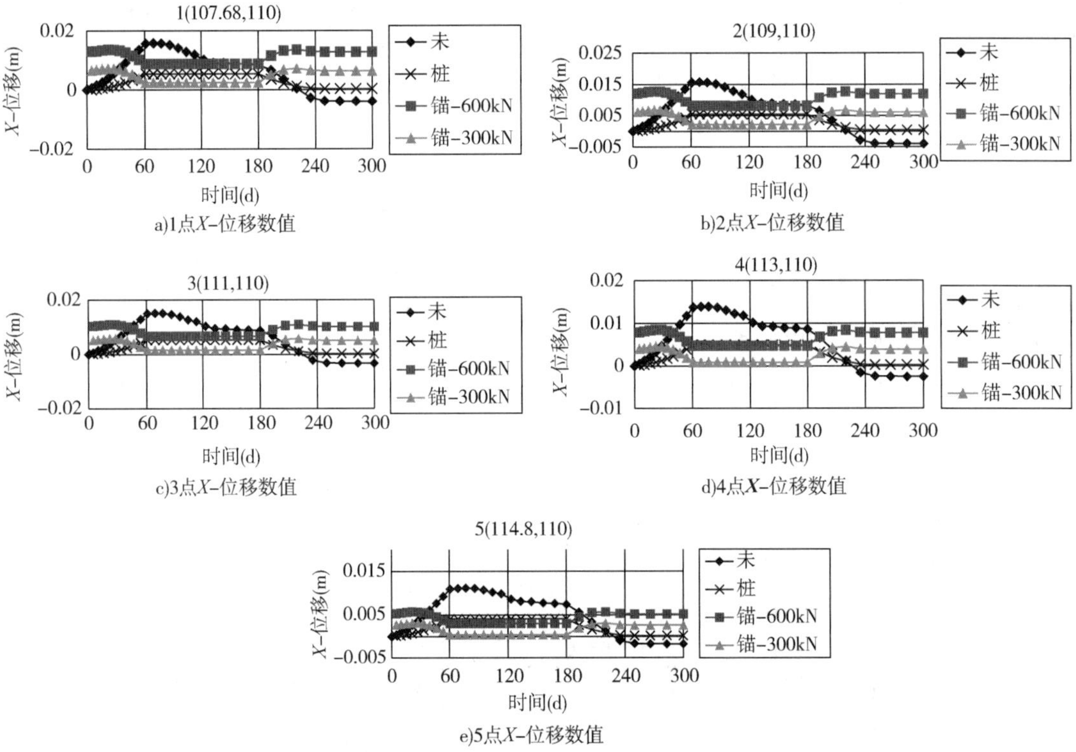

图 3-4-7 路面各点 X-位移数值

3.4.3 路面高程横向各点的 X-位移差

由路面相邻两点间的水平位移差值图(图 3-4-8)可以看出:未加固时相邻两点间的差值有正有负,两点之间可能会引起拉裂。锚加固后差值为正,虽其位移差相对未加固来说比较大,但由于锚加固后各点位移均朝坡体内侧方向变形,前一点朝坡体内侧变形大于后一点,后一点被朝坡体内侧压缩。整个库水位变化过程中,未加固时相邻两点位移差变化较大,锚加固后则相对较均匀,即较不容易发生拉裂,桩加固后各点位移差更加均匀,即最不容易发生拉裂。

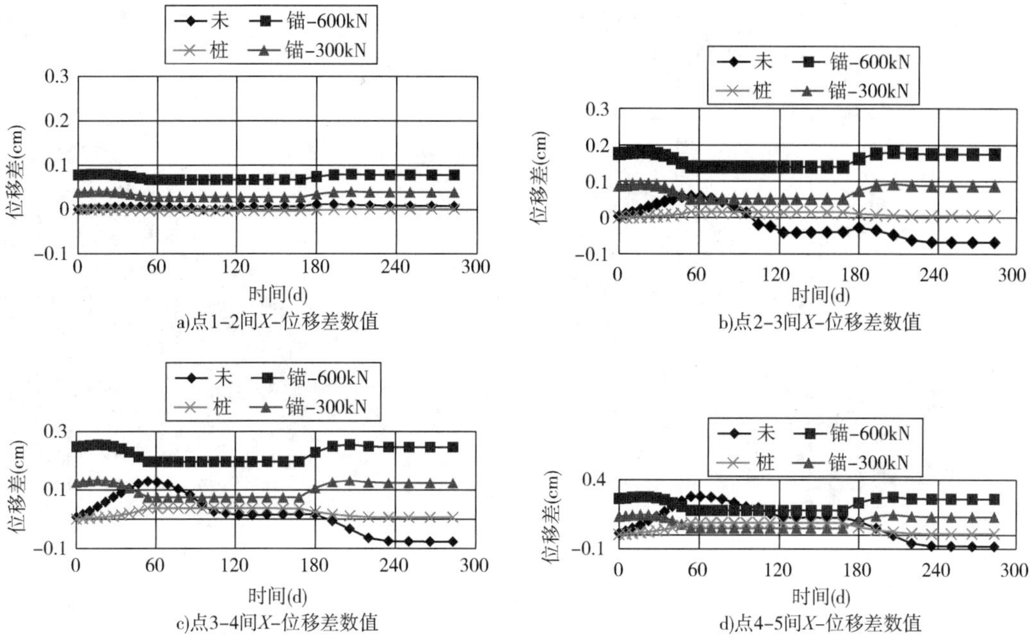

图 3-4-8　路面各点 X-位移数值

3.4.4　不同高程横向各点的 *Y*-位移

坡体和路面 *Y*-位移数据范围如表 3-4-3 所示。由表分析公路库岸边坡竖向变形情况，可以看出：加固及库水位变化影响着坡体和路面的 *Y*-位移分布情况，影响着 *Y*-位移分布情况及最大值的大小，桩或锚加固后改变了坡体和路面的 *Y*-位移分布规律。未加固时坡体各点主要为隆起变形，桩加固后坡体点出现沉降变形，且路面各点隆起变形减小幅度较大。锚加固后，坡体各点有沉降也有隆起，最大隆起值相对未加固情况减小，最大沉降值相对未加固情况减小，但路面各点竖向变形最大值(不管最大沉降还是最大隆起值而言)总体上比未加固时小。锚-300kN 加固后坡体各点 *Y*-位移数值范围总体比锚-600kN 加固情况减小。

坡体和路面 *Y*-位移数据范围(cm)　　表 3-4-3

时间(d)	未		桩		锚-600kN		锚-300kN	
	坡体	路面	坡体	路面	坡体	路面	坡体	路面
10	0~0.64	0.1~0.25	0~0.24	0.03~0.05	-0.31~2.01	0.18~0.33	-0.13~1.14	0.1~0.2
34	0~2.31	0.6~1.2	-0.02~0.49	0.18~0.27	-0.32~2.76	0.19~0.37	-0.13~2.68	0.1~0.2
61	0~4.38	1.5~3.0	-0.05~0.68	0.47~0.68	-1.84~4.47	-0.27~0.12	-2.0~4.44	-0.34~0
123	0~5.74	3~4.5	-0.05~0.68	0.48~0.69	-1.84~4.51	-0.26~0.12	-2.0~4.47	-0.34~0
180	0~5.72	3~4.5	-0.05~0.68	0.48~0.69	-1.84~4.48	-0.27~0.12	-0.20~4.45	-0.34~0
220	0~2.93	1.6~2.4	-0.03~0.41	0.10~0.16	-0.24~2.36	0.23~0.37	-0.05~1.78	0.16~0.2
250	-0.38~1.88	1.2~1.6	-0.07~0.19	0.01~0.03	-0.37~1.78	0.14~0.32	-0.18~0.91	0.07~0.15
300	-0.44~1.83	1.2~1.6	-0.07~0.19	0.01~0.03	-0.37~1.78	0.14~0.32	-0.18~0.91	0.07~0.15

图 3-4-9a)、b)、c)分别为节点时刻 61d、180d、250d 时未加固、桩加固、锚-600kN 加固、锚-300kN加固的 Y-位移等值线分布图。分析图 3-4-9 可得：

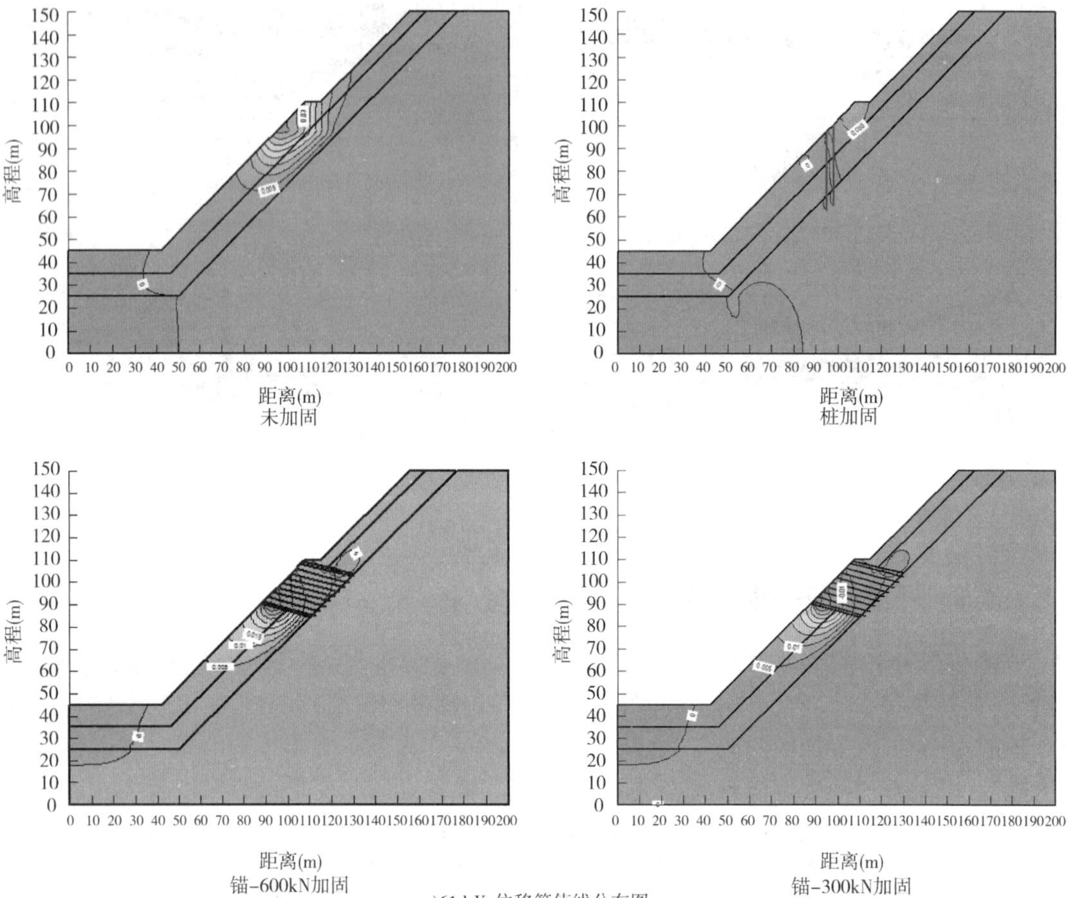

a)61d Y-位移等值线分布图

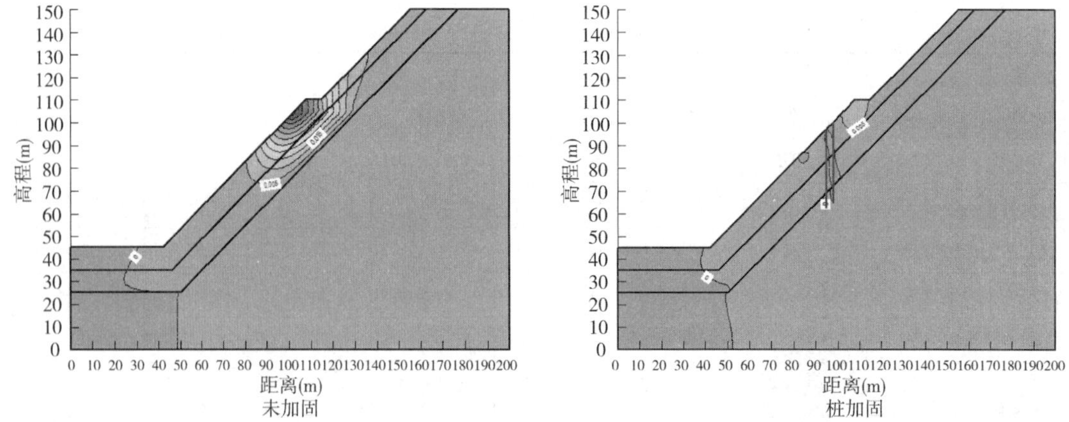

b)

图 3-4-9

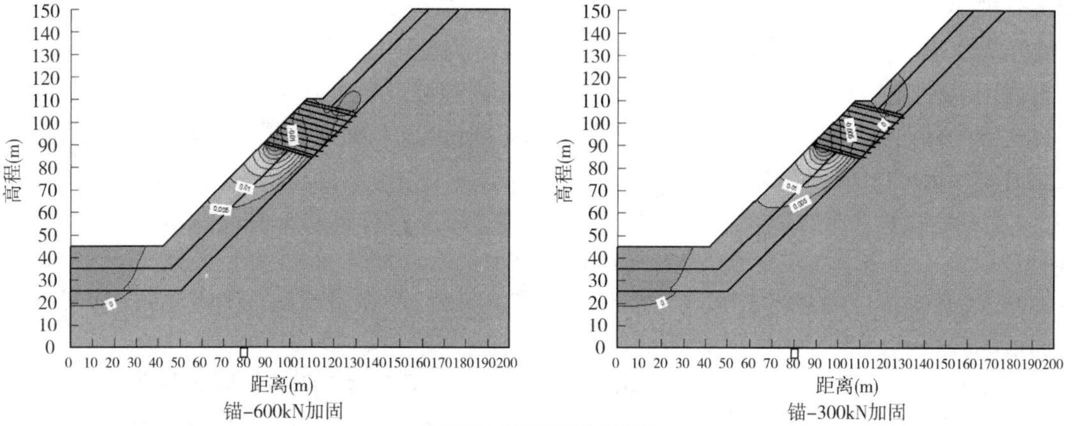

b)180d Y-位移等值线分布图

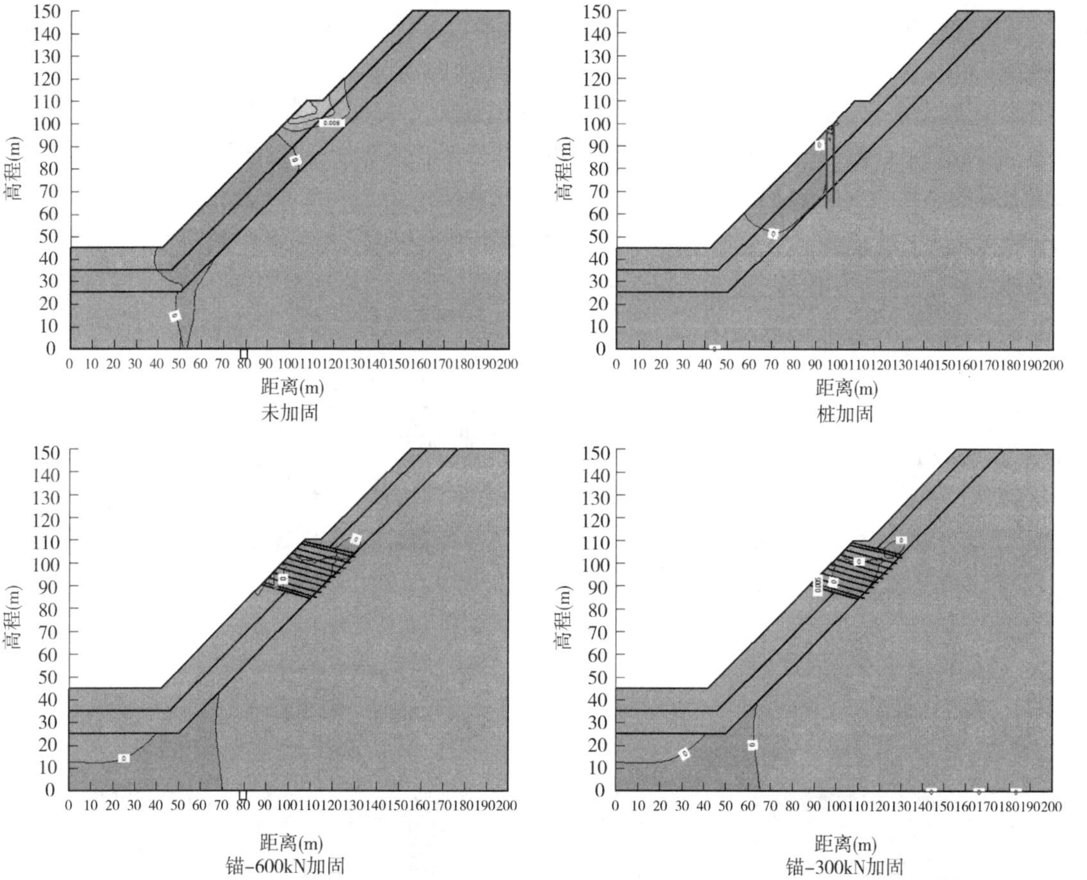

c)250d Y-位移等值线分布图

图 3-4-9　Y-位移等值线分布图

(1)位移等值线分析

①61d 时,水位上升到正常蓄水位,未加固时公路库岸边坡发生隆起变形,最大值约发生正常蓄水位高程偏下部位。路面部位也发生隆起变形,且水平距离越靠近水库方向,隆起值

越大。桩加固后,公路库岸边坡隆起变形减小较明显,最大值出现在路面部位,但相比未加固而言隆起变形较小。锚加固后,等值线在锚固区域下侧错开,锚固区下侧边坡发生隆起变形,最大值发生在锚固区下侧分界靠近坡面处;锚固区内边坡发生沉降变形,最大值发生在锚固区域内下侧靠近坡面处,路面部位发生沉降变形。锚-300kN 加固后锚固区域内的沉降变形值相对要比锚-600kN 加固情况较小。

②180d 时,正常蓄水稳定运行末期,未加固时公路库岸边坡发生隆起变形,最大值相比 61d 增大,发生部位沿坡面上移,约为正常蓄水位上侧附近部位,路面部位隆起变形也变大。桩加固和锚加固后公路库岸边坡隆起变形情况和 61d 相近,在路面高程附近 Y-位移值较未加固情况减小。

③250d,水位下降到死水位,未加固时公路库岸边坡发生隆起变形,最大值相比 180d 减小较多,路面部位隆起变形变小。桩加固和锚加固后公路库岸边坡隆起变形都很小,路面部位隆起变形都比未加固情况小。

④未加固情况下,随着库水位升高和在正常蓄水位运行,坡体及其路面隆起,库水位降低坡体及其路面在先前基础上发生沉降变形。在桩加固的情况下,沉降或隆起变形均较小,而且均比未加固情况的沉降或隆起变形小很多。在锚加固区域及其路面附近,隆起或沉降变形较小,在锚加固区域之下,受水库水位升降影响较大,当库水位上升时,该区域发生隆起,当库水位下降时该区域在先前的基础上发生沉降。

坡体各特征点的 Y-位移随库水位变化的情况如图 3-4-10~图 3-4-14 所示。

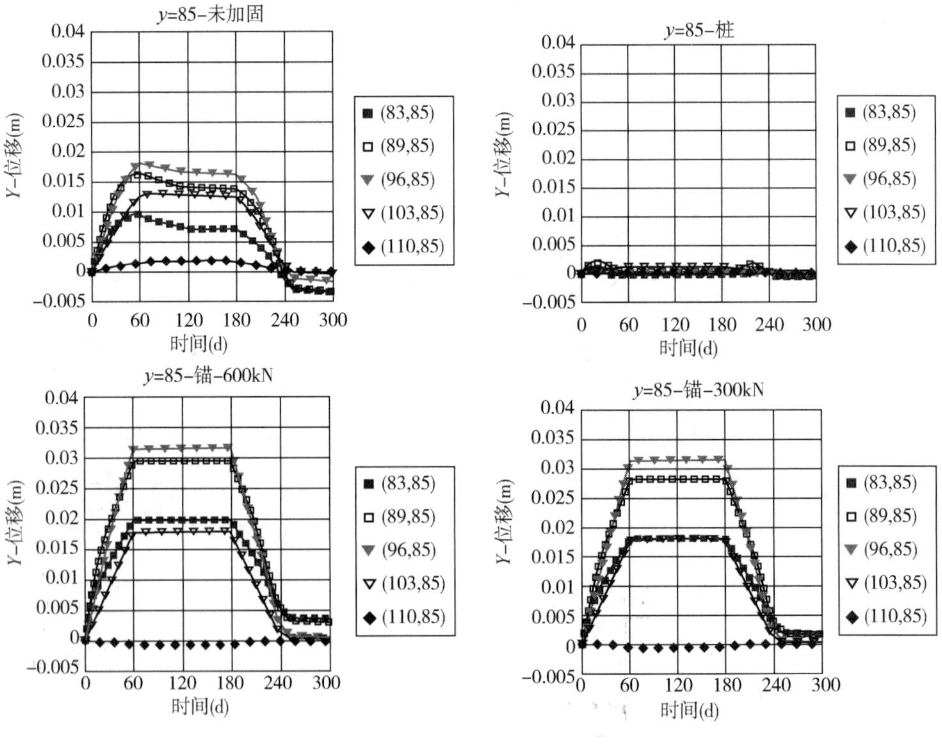

图 3-4-10　坡体和路面 Y-位移数值($y=85$)

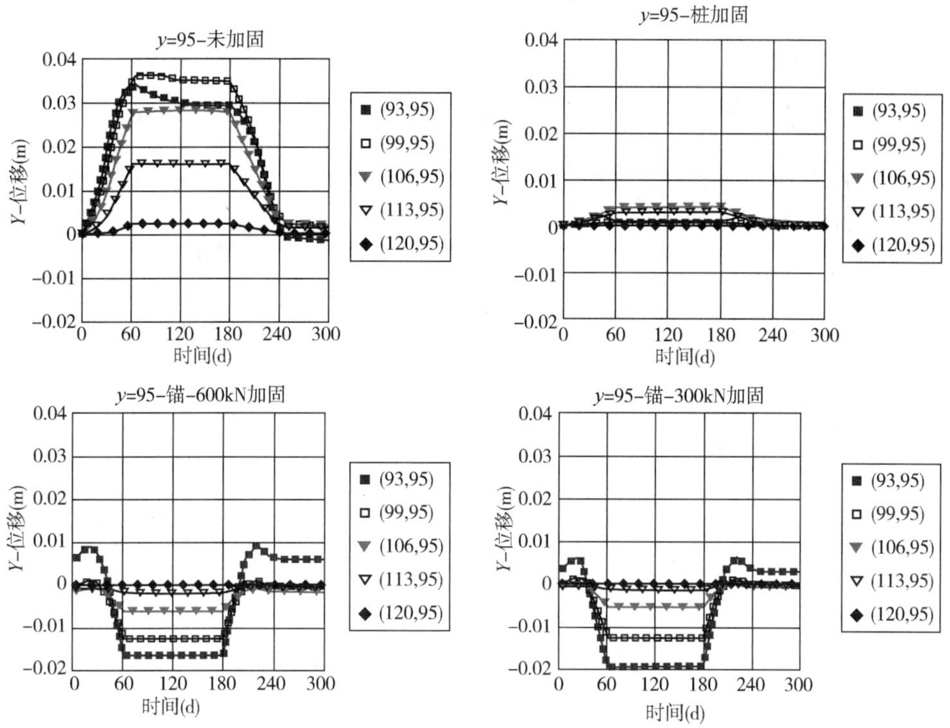

图 3-4-11　坡体和路面 Y-位移数值（y = 95）

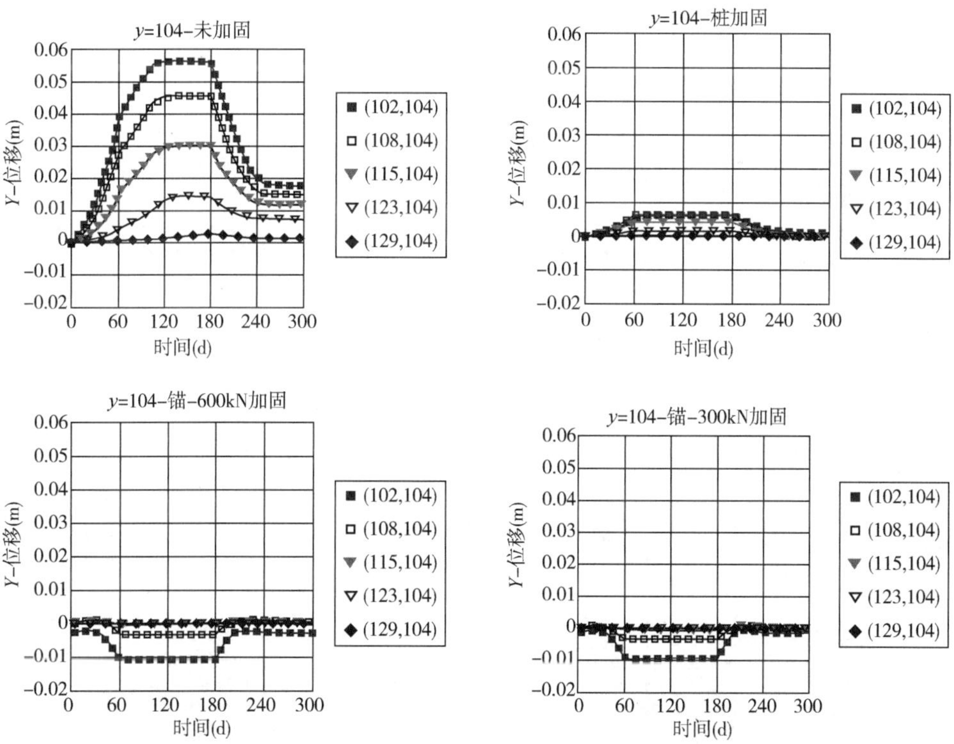

图 3-4-12　坡体和路面 Y-位移数值（y = 104）

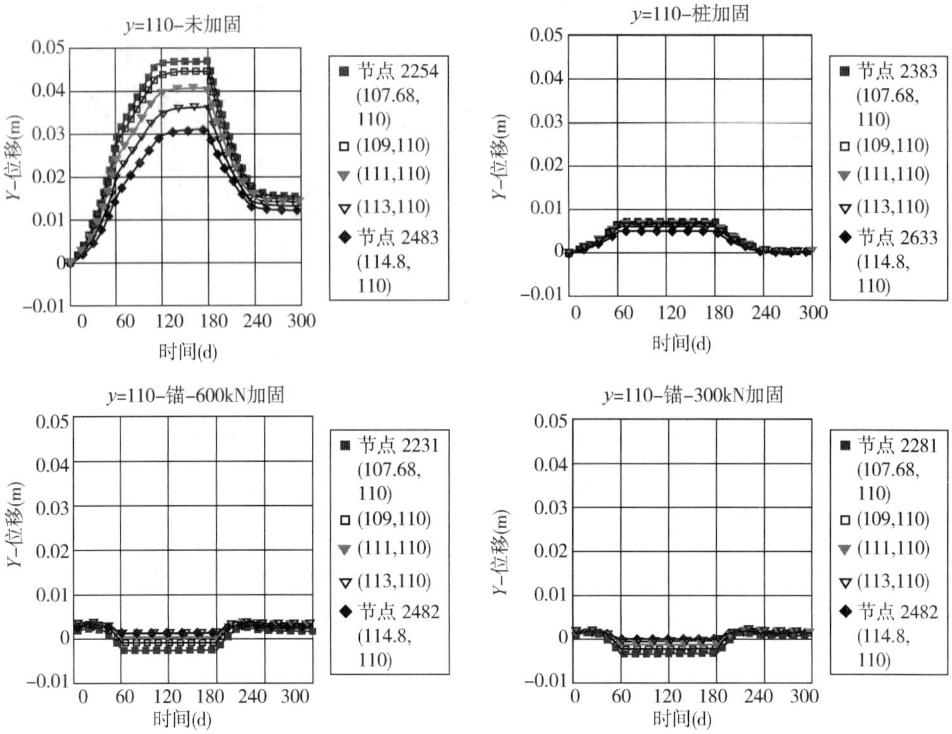

图 3-4-13　坡体和路面 Y-位移数值($y=110$)

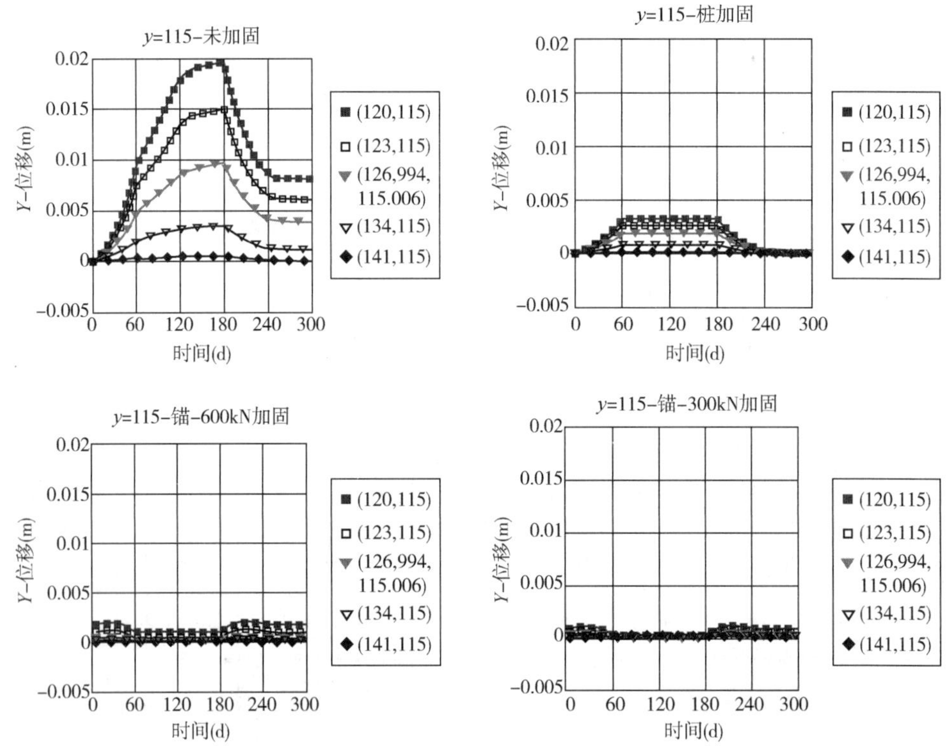

图 3-4-14　坡体和路面 Y-位移数值($y=115$)

(2)位移变化曲线分析

①从未加固时 Y-位移变化曲线的分析得到：未加固时，随着库水位上升岸坡坡体发生隆起变形，其隆起变形值随着水位的上升而增大，随着库水位下降岸坡坡体在之前隆起变形的基础上发生沉降变形；一般情况下，岸坡表面的变形值(隆起值或沉降值)大于坡体内部的变形值(个别点除外)，甚至较内侧的坡体内部基本不产生变形。库水位恒为正常蓄水位时，$y=85m$、$y=95m$ 各点随着时间延长，其隆起变形有所恢复(坡面附近)或几乎保持不变(坡体内部)；$y=104m$、$y=110m$、$y=115m$ 各点 Y-位移则随库水位稳定时间的延长隆起变形继续增大，只是库水位上升期的隆起增长速率较库水位稳定期的隆起增长速率快。库水位下降时，坡体各点发生沉降，使库水位降低期间的隆起变形不断减小，即相对发生沉降；库水位恒为死水位时，其沉降变形增加速度不大，最终趋向定值。在高程较低的位置($y=85m$、$y=95m$)沉降变形使得在库水位升高期间发生的隆起变形基本得到恢复，甚至部分点出现负的变形，即库水位降低期间的沉降值大于库水位上升过程中产生的隆起值。在高程较高的位置($y=104m$、$y=110m$、$y=115m$)沉降变形使得在库水位升高期间发生的隆起变形得到部分恢复，但沉降变形值大都小于隆起变形值，即库水位上升过程中产生的隆起值没有得到完全恢复。

②观察桩加固时各点的 Y-位移变化曲线：总体上，岸坡各点 Y-位移值随库水位上升而增大，即发生隆起变形；库水位下降 Y-位移值减小，即发生沉降变形，在库水位保持稳定时各点 Y-位移值几乎保持不变。相比未加固时，桩加固使各点的变形值减小，即隆起变形值减小，沉降变形值也减小，变形(隆起或沉降)受水位变化的影响幅度较小。在高程较低(如 $y=85m$、$y=95m$)的位置变形规律性不强，但在高程较高的位置(如 $y=104m$、$y=110m$、$y=115m$)，坡体表面的变形值(隆起或沉降)大于坡体内部的变形值(隆起或沉降)，但在库水位上升期间和正常蓄水期间产生的隆起变形都基本上能在库水位下降过程中产生的沉降变形得到恢复。

③观察各点锚加固时的 Y-位移变化曲线：锚加固后，改变了坡体各点 Y-位移随库水位变化的规律，也改变了坡体各点的 Y-位移值。锚加固后，在正常蓄水位恒定时和死水位运行时，岸坡变形值(隆起或沉降)较未加固时的变形值(隆起或沉降)小，坡体各点 Y-位移值几乎保持不变。在 $y=85m$ 高程的点 6、7、8、9 位于锚固区域下方，整个库水位变化过程中其 Y-位移为正值，即隆起；随库水位上升坡体隆起，随库水位下降坡体沉降，在库水位保持在正常蓄水位和死水位高程时，基本不会产生 Y-位移。在 $y=95m$、$y=104m$、$y=110m$、$y=115m$ 高程，随库水位上升，坡体先产生隆起，然后产生沉降。在正常蓄水位期间，Y-位移基本不产生变化。随库水位下降，坡体先产生隆起，然后再产生沉降，在库水位保持在死水位高程时，基本不会产生 Y-位移，坡体表面的变形大于坡体内部的变形。总体上，锚-300kN 加固后各点变形要比锚-600kN 小。

④桩加固后，各特征点的变形值(隆起或沉降)都较未加固时的变形值(隆起或沉降)小，而且受库水位变化的影响小。锚加固后，在高程 $y=85m$，各特征点的变形(隆起或沉降)与未加固的变形(隆起或沉降)的变化规律相同，随库水位上升，隆起变形增大。在库水位恒定不变(正常蓄水或者是死水位运行期间)时，Y-位移基本不变化。库水位降低，从之前的隆起变形变为沉降变形，并随库水位的降低沉降变形增加，但基本上是恢复之前的隆起变形，基本不产生多余的沉降，但在此高程锚加固后隆起较未加固时的隆起变形值大。除高程 $y=85m$ 外，

锚加固各特征点的变形值(隆起或沉降)都较未加固时的变形值(隆起或沉降)小,而且受库水位变化的影响较小。桩加固相对锚加固而言,其受库水位变化的影响较小,特别是高程较低的特征点,而且桩加固基本不产生沉降变形。锚加固会产生一定的沉降变形,锚加固在库水变化的过程中会产生隆起和沉降变形的变化。

3.4.5 路面高程横向各点的 *Y*-位移

由路面各点 *Y*-位移数值图 3-4-15 及其统计值表 3-4-4 分析得到:相比未加固时,无论是桩加固或锚加固后均使路面各点的 *Y*-位移最大值和均值减小,最大值和均值排序为:锚-300kN<锚-600kN<桩<未加固,锚加固和桩加固后使路面各点在整个水位变化过程中隆起变形大幅减小。锚-300kN 和锚-600kN 的极值差和方差相近,都比桩加固后和未加固时小,锚杆和桩加固后使得 *Y*-位移随水位变化率减小,锚加固比桩加固使 *Y*-位移相对更均匀。

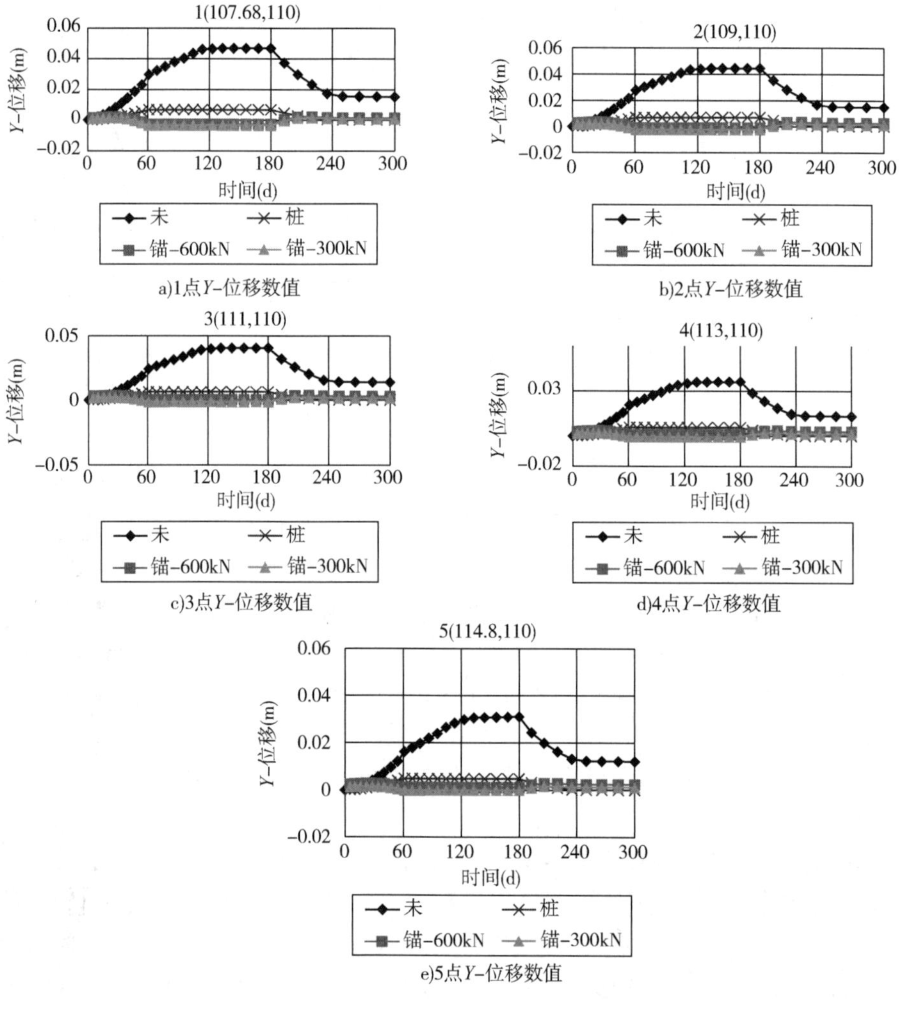

图 3-4-15 路面各点 *Y*-位移数值

路面各点($y=110$m) Y-位移变化曲线统计值(cm)　　表 3-4-4

点　位	指　标	未　加　固	桩　加　固	锚-600 加固	锚-300 加固
1(107.68,110)	最大值	4.6916	0.6915	0.2326	0.1602
	最小值	0.0000	0.0249	-0.2740	-0.3459
	极值差	4.6916	0.6666	0.5067	0.5062
	均值	2.6849	0.4072	-0.0341	-0.1066
	方差	0.0252	0.0008	0.0005	0.0005
2(109,110)	最大值	4.4492	0.6847	0.3384	0.2099
	最小值	0.0000	0.0245	-0.1044	-0.2327
	极值差	4.4492	0.6601	0.4428	0.4426
	均值	2.5313	0.4021	0.1048	-0.0239
	方差	0.0224	0.0008	0.0004	0.0004
3(111,110)	最大值	4.0593	0.6457	0.3673	0.2188
	最小值	0.0000	0.0224	0.0205	-0.1283
	极值差	4.0593	0.6233	0.3468	0.3471
	均值	2.2832	0.3780	0.1835	0.0346
	方差	0.0184	0.0007	0.0002	0.0002
4(113,110)	最大值	3.6213	0.5849	0.3674	0.2144
	最小值	0.0000	0.0165	0.1002	-0.0538
	极值差	3.6213	0.5684	0.2672	0.2682
	均值	2.0081	0.3416	0.2251	0.0713
	方差	0.0144	0.0006	0.0001	0.0001
5(114.8,110)	最大值	3.1070	0.4826	0.2869	0.1673
	最小值	0.0000	0.0107	0.1142	-0.0065
	极值差	3.1070	0.4718	0.1728	0.1739
	均值	1.6914	0.2814	0.1942	0.0737
	方差	0.0104	0.0004	0.0001	0.0001

3.4.6　路面高程横向各点的 Y-位移差

由路面相邻两点 Y-位移差图 3-4-16 看出：未加固时路面相邻两点的 Y-位移差值为正，说明对于同一高程的路面而言，靠近水库的位置隆起值较大，远离水库位置的隆起位移较小，存在隆起位移差，可能会导致路面开裂，且隆起位移差随库水位变化幅度的增大而增大。锚加固后，总体上使隆起或沉降位移差减小，使隆起或沉降位移差随库水位变化幅度的减小而减小。桩加固后，各点位移差更小，桩加固使 Y-位移变形差更小。

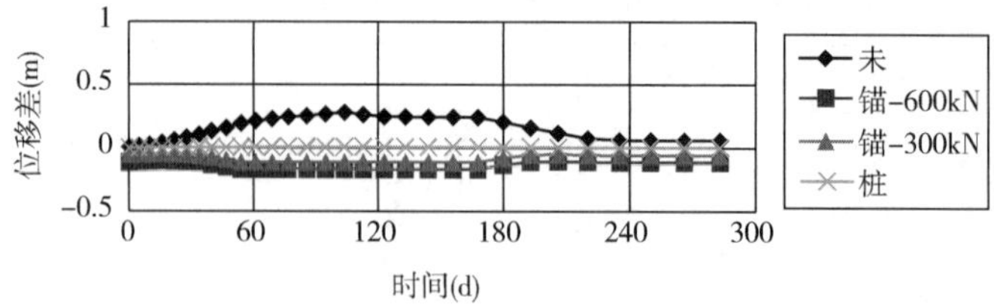

a)点1-2间Y-位移差数值

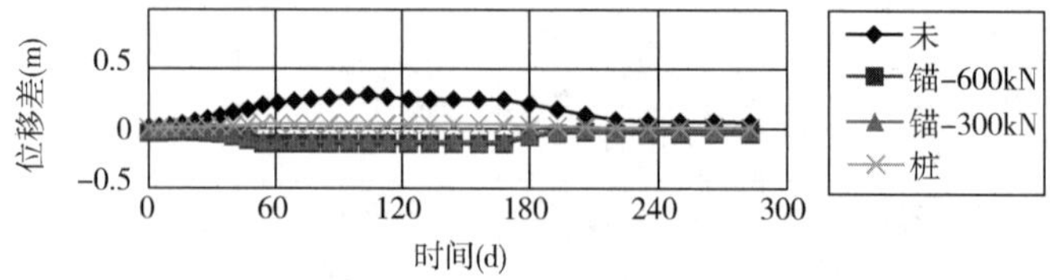

b)点2-3间Y-位移差数

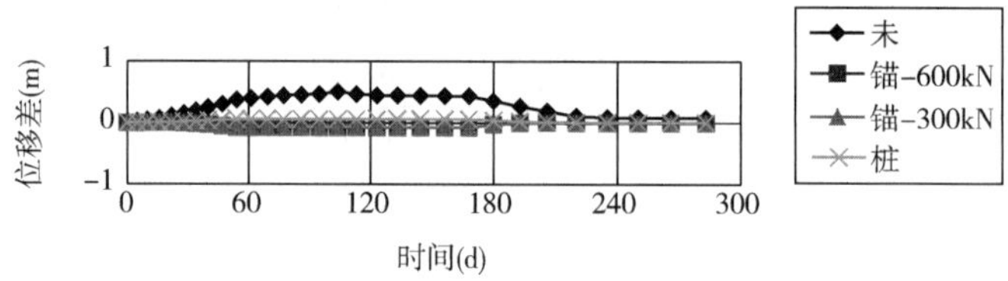

c)点3-4间Y-位移差数值

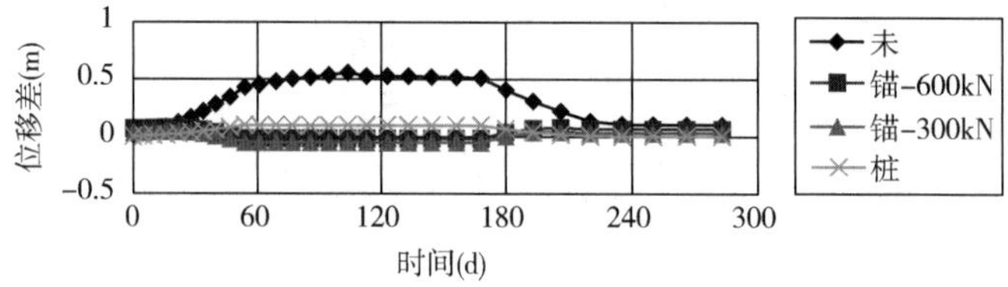

d)点3-4间Y-位移差数值

图 3-4-16　路面相邻两点 Y-位移差数值

3.5　应 力 分 析

通过模拟计算工况 1 与工况 2 情况下的库岸边坡应力场,得到库水位变化过程中未加固、锚加固、桩加固情况下的应力等值线分布图和各特征点应力值随库水位变化曲线图。应力值采用“压正拉负”的符号约定。

3.5.1　最大主应力变化情况

图 3-5-1a)、b)、c)分别为节点时刻 61d、180d、250d 时未加固、桩加固、锚-600kN 加固、锚-300kN加固的最大主应力等值线分布图,分析可得:一般来说,公路岸坡最大主应力随着土体深度增大而增大。桩加固后,公路岸坡最大主应力等值线分布有所变化,但变化不太大,路面高程最大主应力值有所降低。锚加固后,公路岸坡最大主应力等值线分布变化较大,比

较复杂,表现为:坡体靠近坡面一些区域和路面部位区域最大主应力变化梯度较大;锚固区下侧界面锚杆首端和尾端区域出现应力集中,最大主应力相比未加固时增大;锚加固后土层深处最大主应力值有所增大。

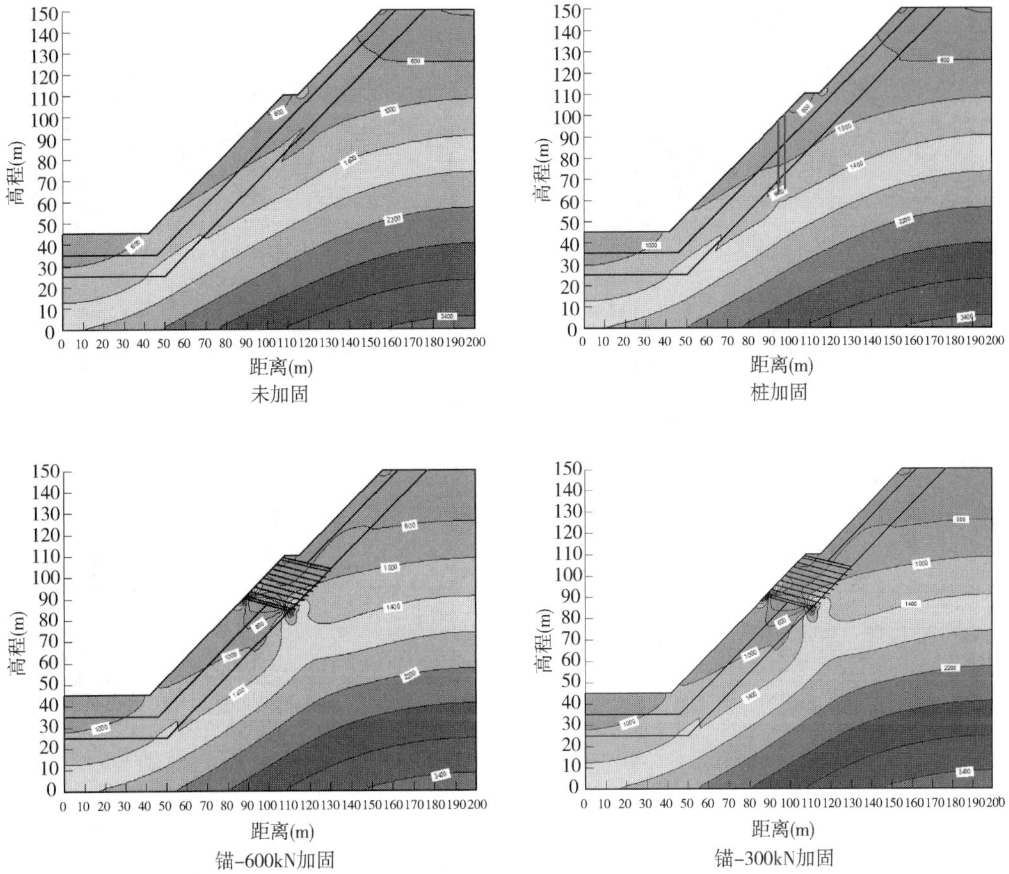

a)61d 最大主应力等值线分布图

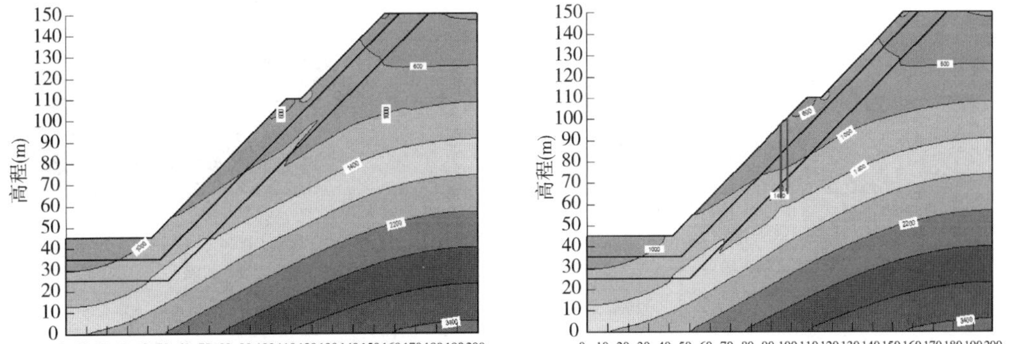

图　3-5-1

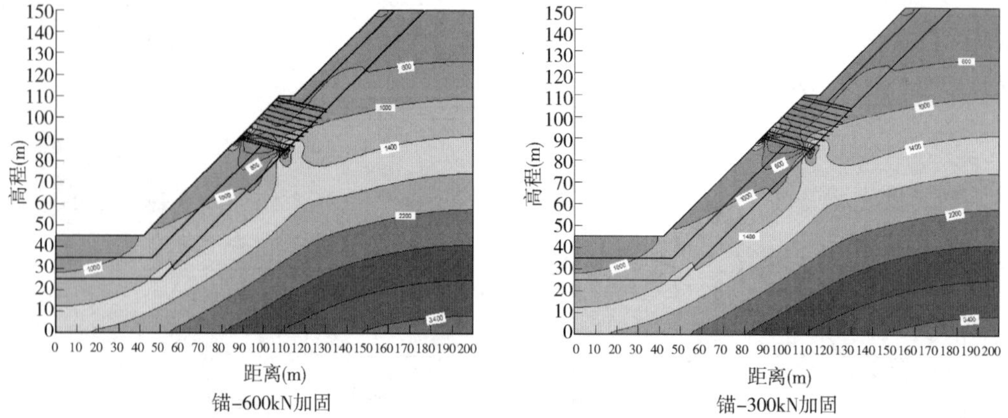

b)180d 最大主应力等值线分布图

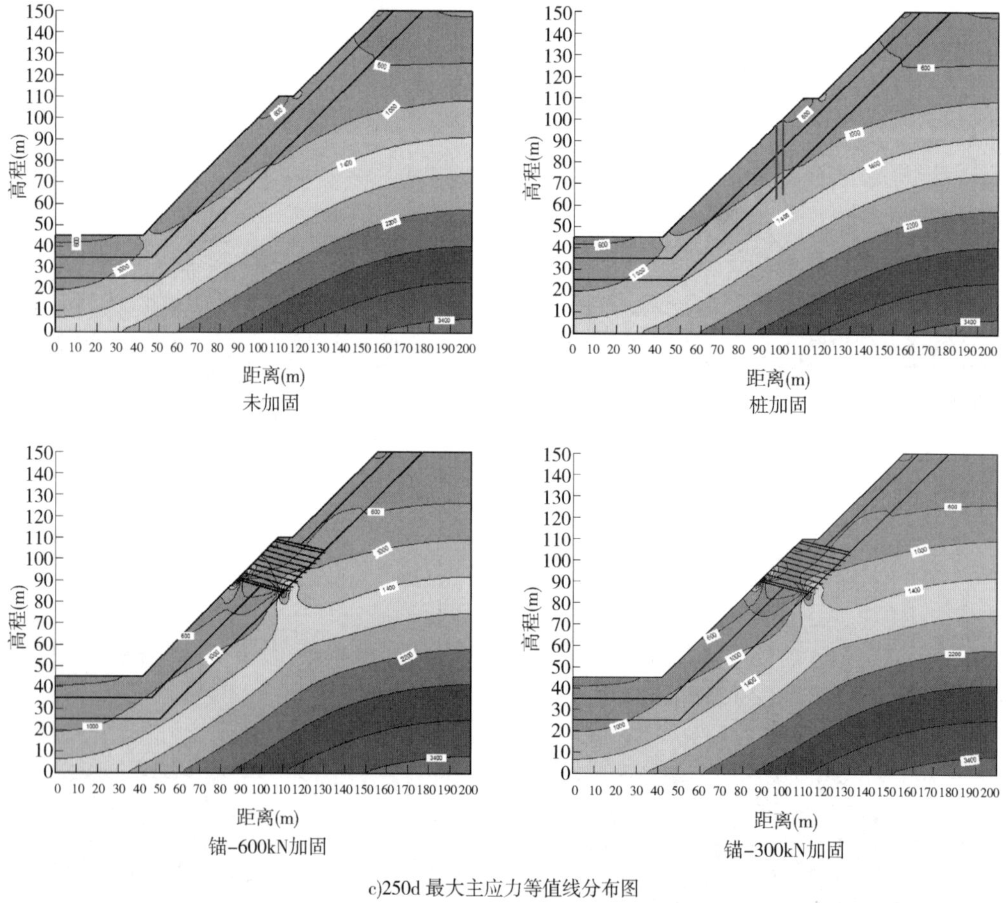

c)250d 最大主应力等值线分布图

图 3-5-1 最大主应力等值线分布图

对比分析各高程各点加固前后最大主应力变化曲线(图 3-5-2~图 3-5-6)得到:锚加固使 $y=85$m 最靠近坡面的一点和最远离坡面的一点,$y=95$m 最靠近坡面两点和最远离坡面的一点最大主应力较未加固时增大,其余高程和路面各点最大主应力均较未加固时减小。

锚-600kN和锚-300kN 加固后坡体对应各点最大主应力值有增大也有减小。路面对应各点锚-300kN 加固后最大主应力比锚-600kN 有所减小。桩加固后,对应时刻对应点最大主应力有增有减,但坡体和路面各点最大主应力变化相对不太大,总体来说,桩加固后最大主应力随水位变化相对变化较小,相对未加固情况而言,桩加固后最大主应力的最大值减小。

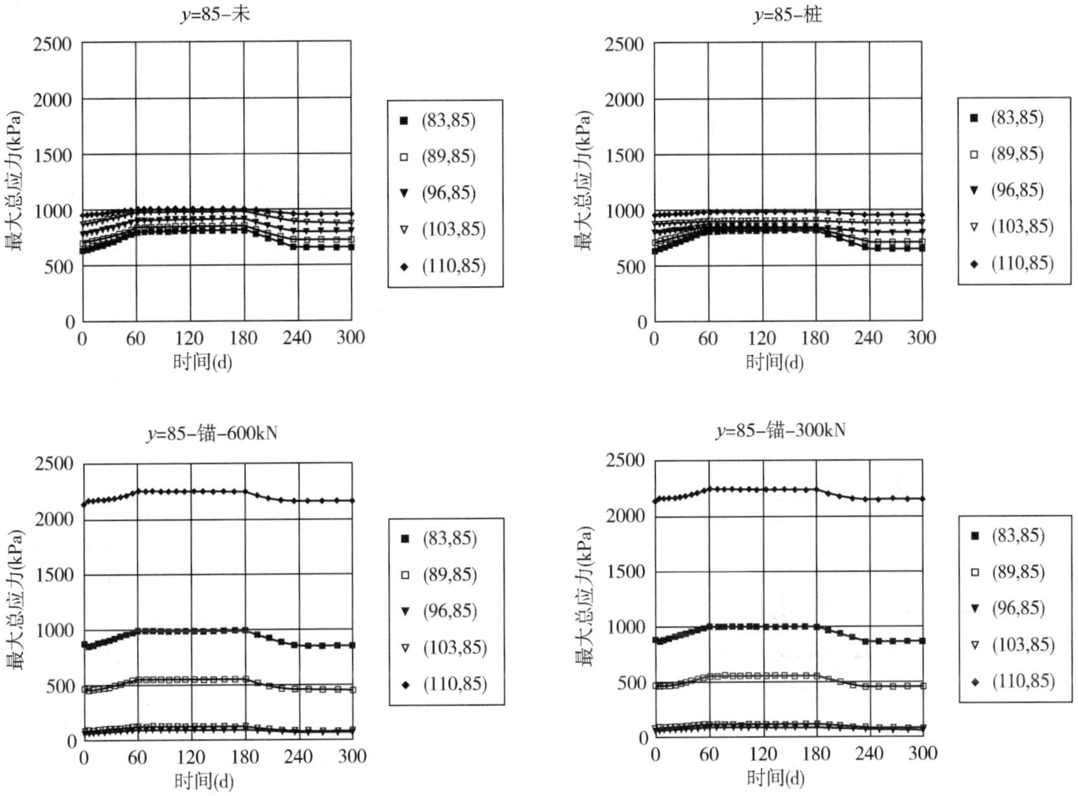

图 3-5-2　$y=85\mathrm{m}$ 高程不同点最大主应力随库水位变化图

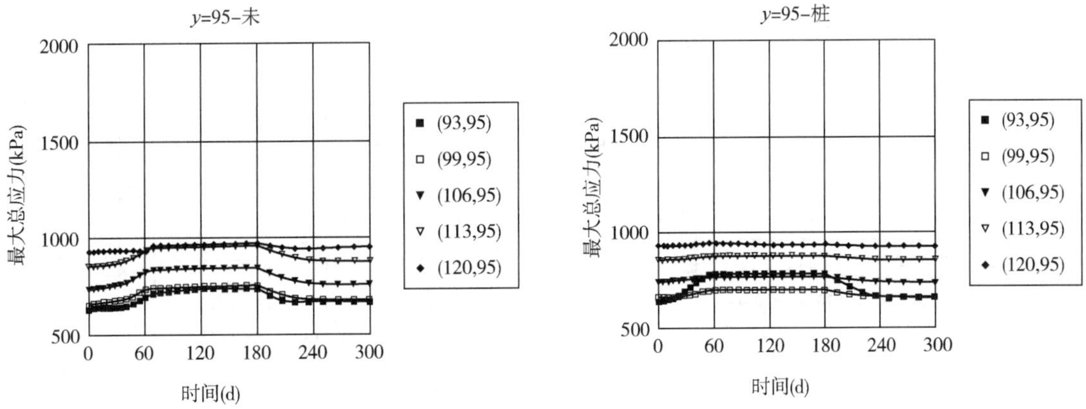

图　3-5-3

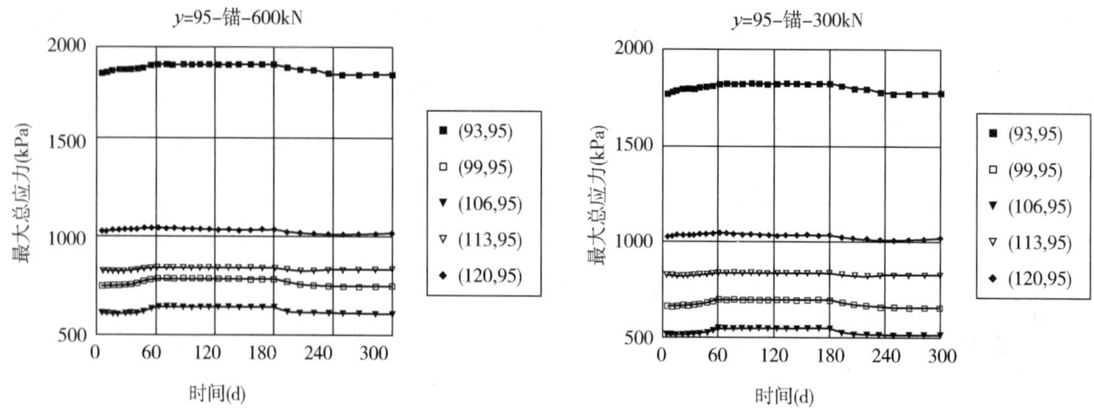

图 3-5-3　y = 95m 高程不同点最大主应力随库水位变化图

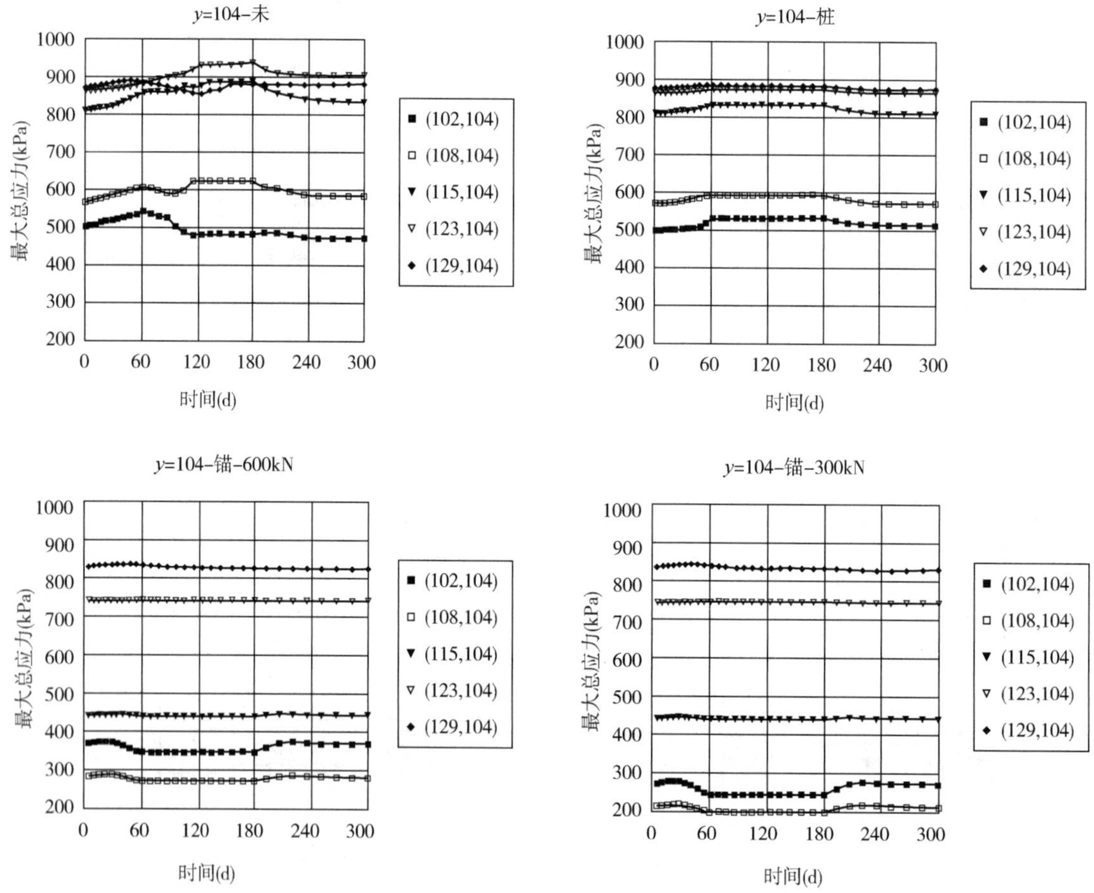

图 3-5-4　y = 104m 高程不同点最大主应力随库水位变化图

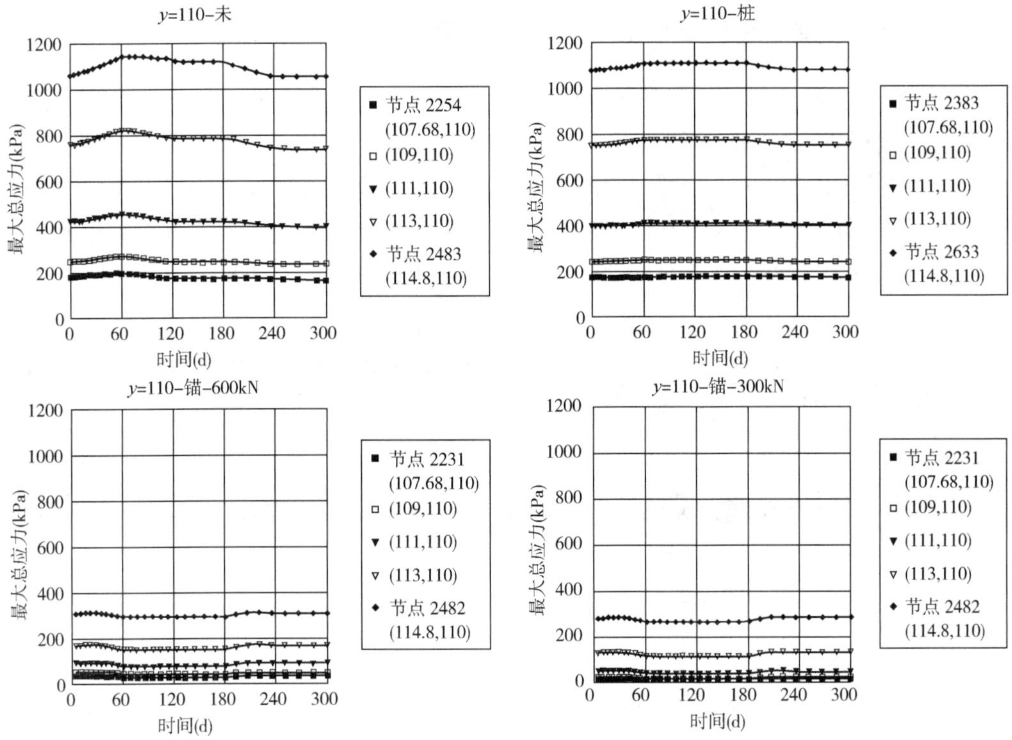

图 3-5-5　$y=110\mathrm{m}$ 高程不同点最大主应力随库水位变化图

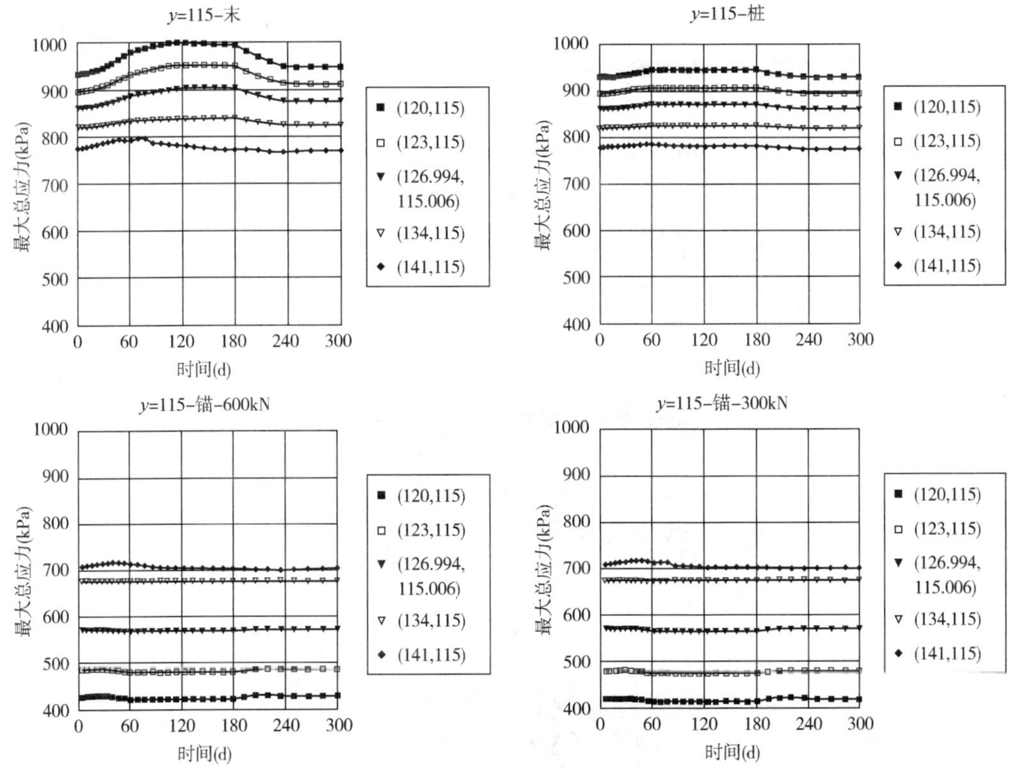

图 3-5-6　高程 $y=115\mathrm{m}$ 高程不同点最大主应力随库水位变化图

3.5.2 路面高程最大主应力变化情况

从路面各特征点在水库水位变化过程中的最大主应力变化情况(图 3-5-7)看出:桩加固和锚加固后,使得库水位变化对路面各特征点的最大主应力的影响减小或影响不大,且桩加固和锚加固后的最大应力的最大值减小,锚加固后的最大应力比桩加固的最大主应力的最大值减小,锚-300 加固后的最大应力的最大值比锚-600 加固后的最大主应力的最大值减小。即从最大主应力的大小和分布情况看,其效果是:锚-300 加固>锚-600 加固>桩加固>不加固。

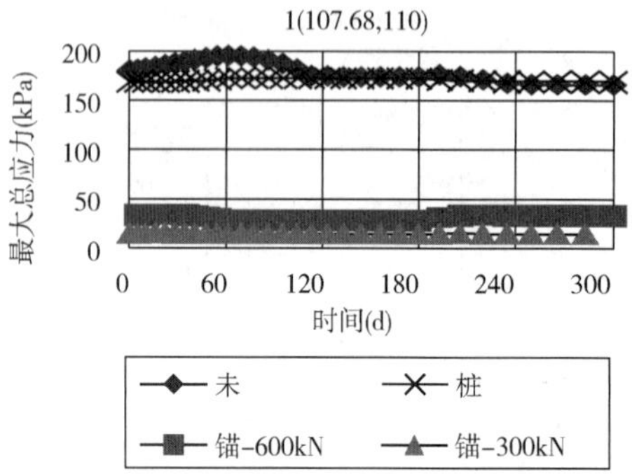

a)点1的最大主应力随库水位变化图

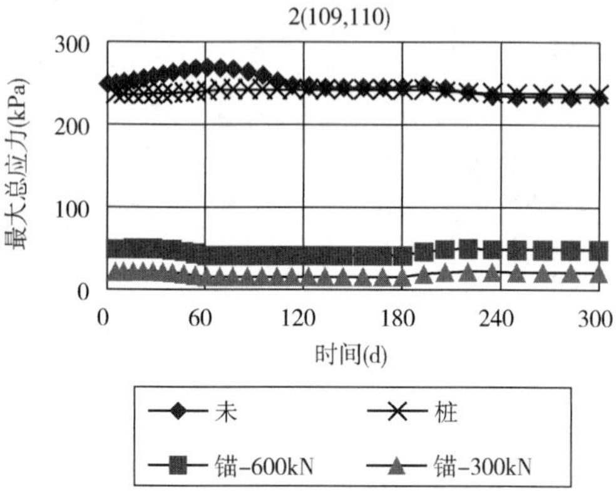

b)点2的最大主应力随库水位变化图

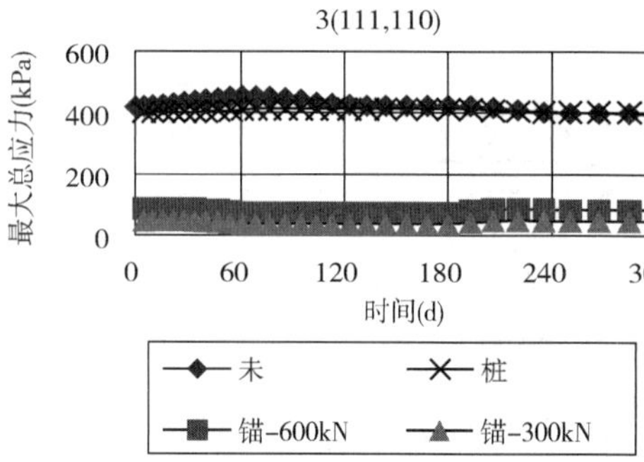

c)点3的最大主应力随库水位变化图

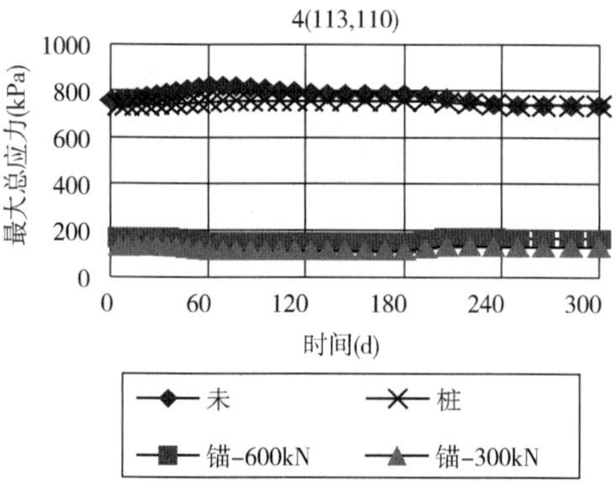

d)点4的最大主应力随库水位变化图

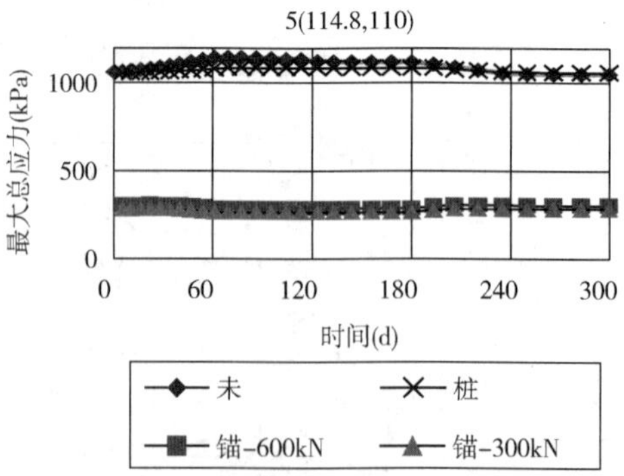

e)点5的最大主应力随库水位变化图

图 3-5-7 路面高程不同特征点的最大主应力随库水位变化图

3.5.3　最小主应力变化情况

图 3-5-8a)、b)、c)分别为节点时刻 61d、180d、250d 时未加固、桩加固、锚-600kN 加固、锚-300kN加固的最小主应力等值线分布图，分析图 3-5-8 得到：一般来说，公路岸坡最小主应力随着土体深度增大而增大。桩加固后，公路岸坡最小主应力等值线分布有所变化，但变化不太大。锚加固后，公路岸坡最小主应力等值线分布变化较大，锚固区下侧界面出现拉应力，锚杆底部区域出现应力集中。

对比分析各高程各点加固前后最小主应力变化曲线图(图 3-5-9～图 3-5-13)得到：桩加固后，对应时刻对应点最小主应力有增有减，坡体和路面各点最小主应力变化相对不太大。总体来说，桩加固后最小主应力受水位变化的影响较未加固情况受水位变化的影响小，变化幅度不大。锚加固后，坡体和路面各点对应时刻对应点较未加固情况的最小主应力的最大值有增有减。$y=85\text{m}$、$y=95\text{m}$、$y=104\text{m}$ 高程局部点出现拉应力，路面高程各点未出现拉应力，锚加固后最小主应力受水位变化的影响较未加固情况受水位变化的影响小，变化幅度不大。

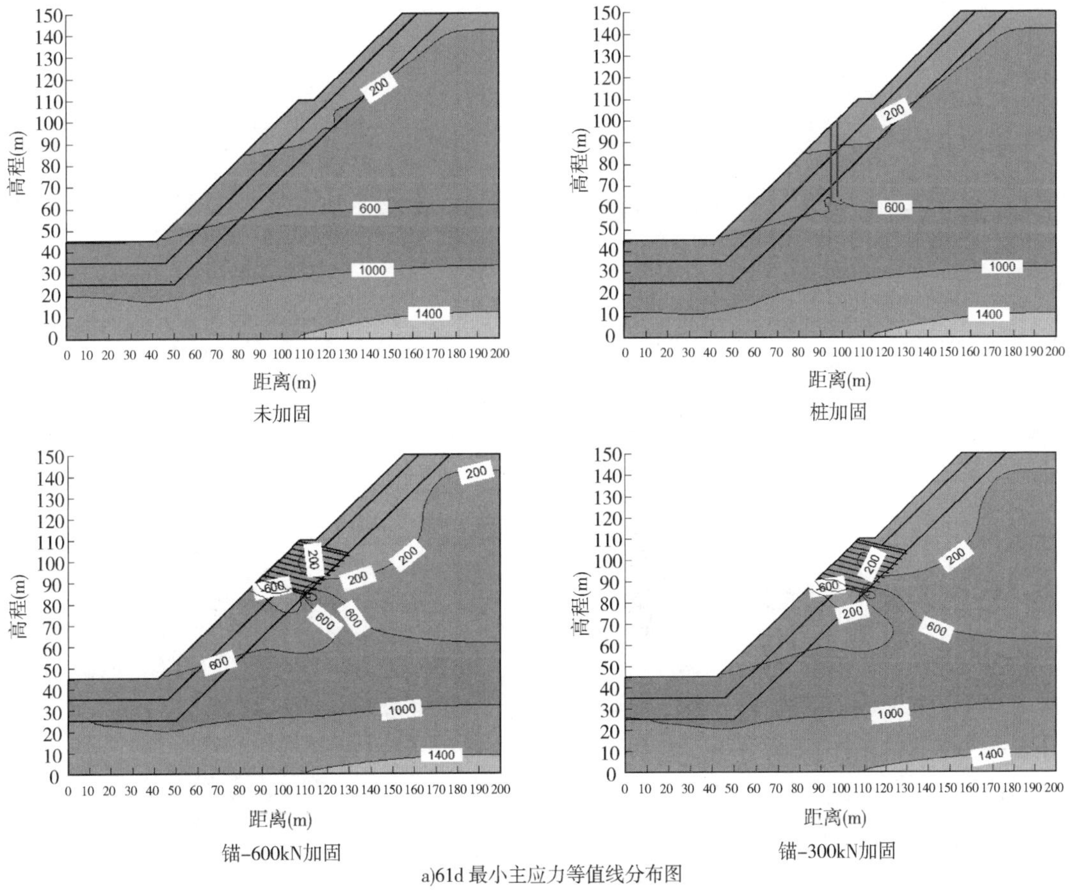

a)61d 最小主应力等值线分布图

图　3-5-8

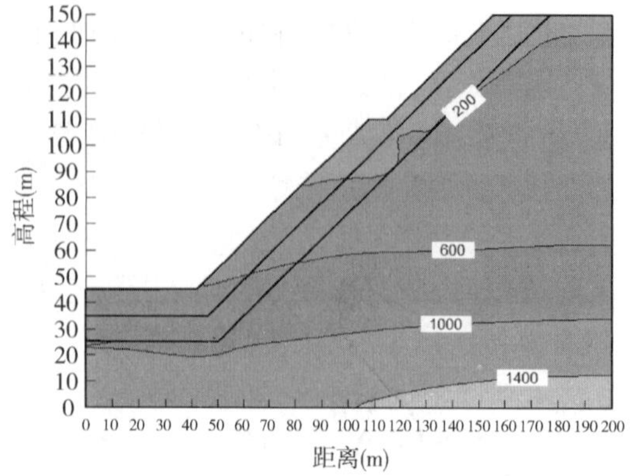

未加固

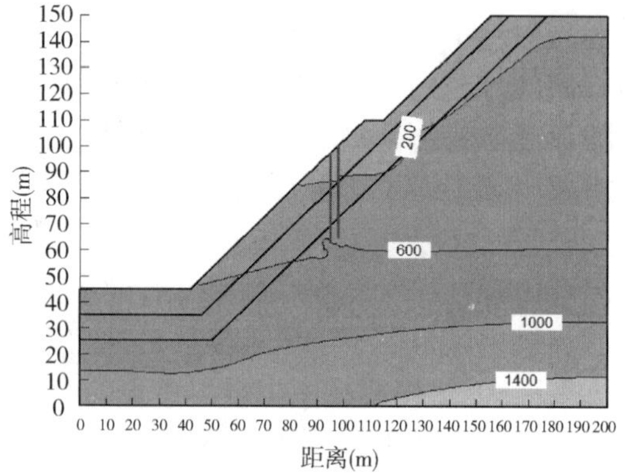

桩加固

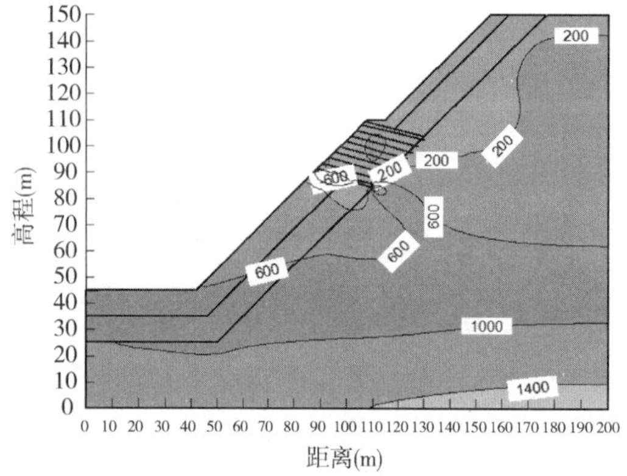

锚-600kN加固

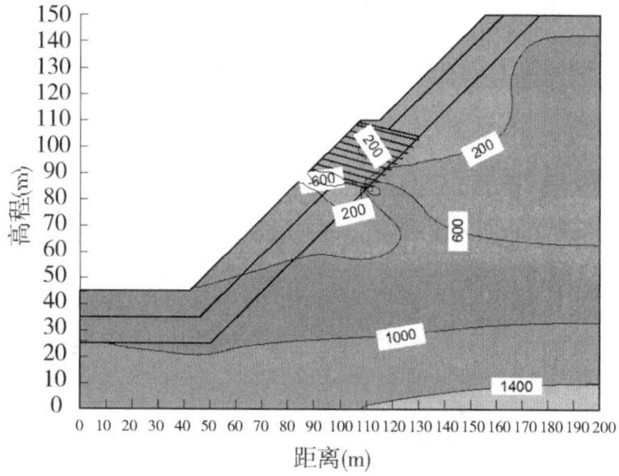

锚-300kN加固

b)180d 最小主应力等值线分布图

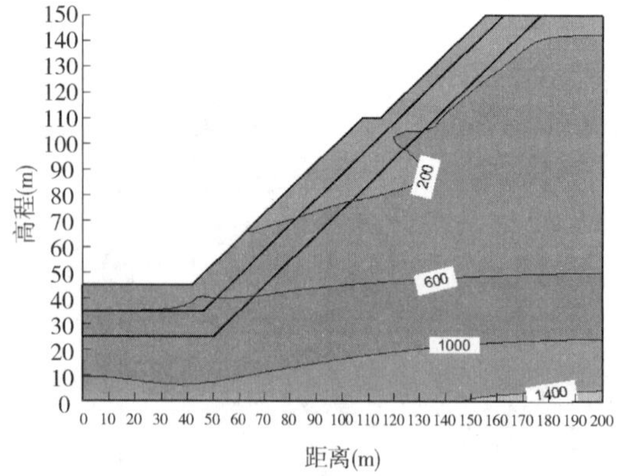

未加固

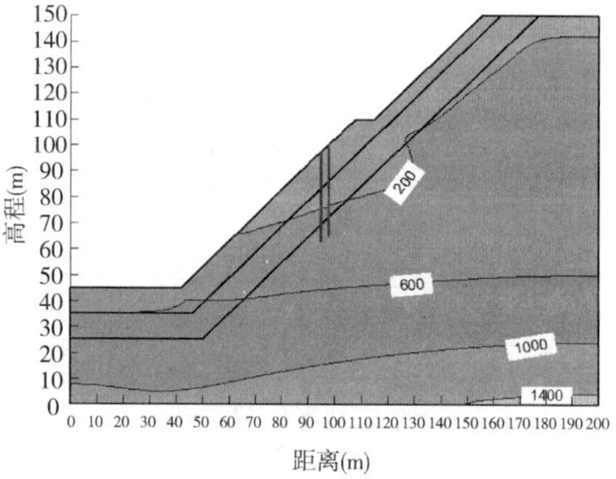

桩加固

c)

图　3-5-8

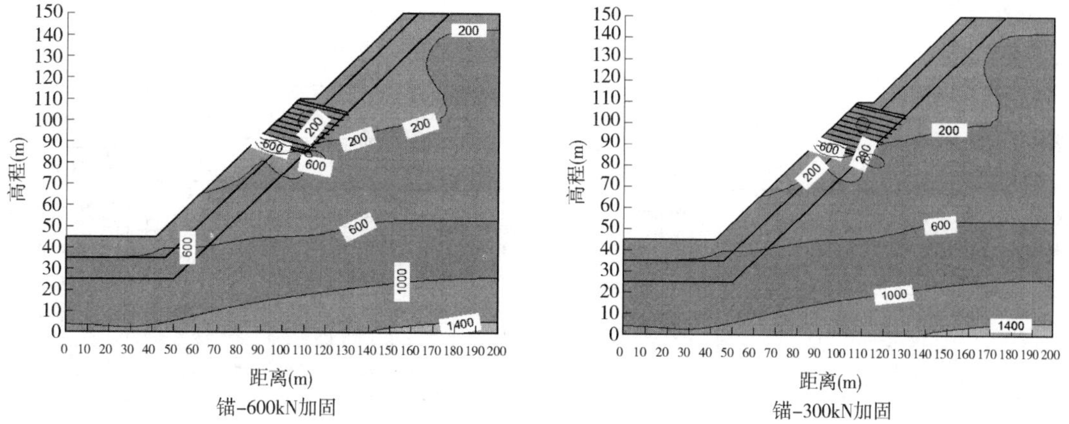

c)250d 最小主应力等值线分布图

图 3-5-8　最小主应力等值线分布图

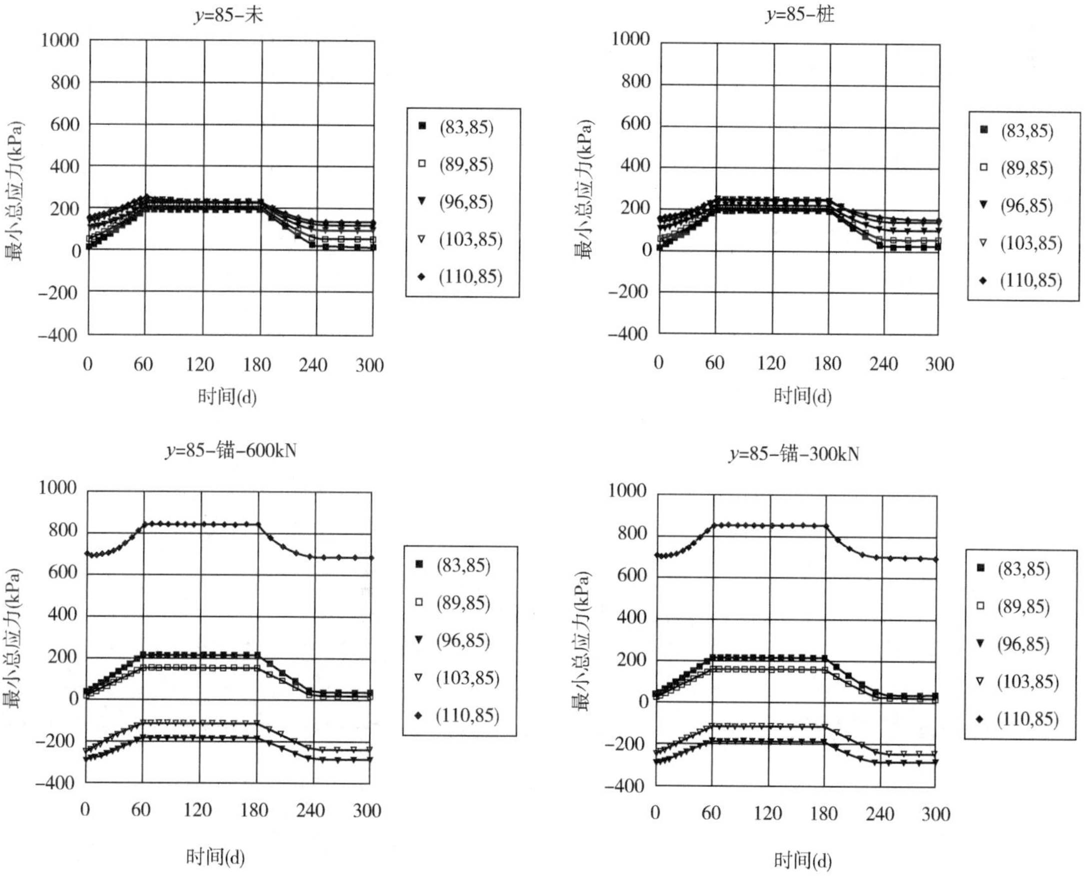

图 3-5-9　$y=85$m 高程不同点最小主应力随库水位变化图

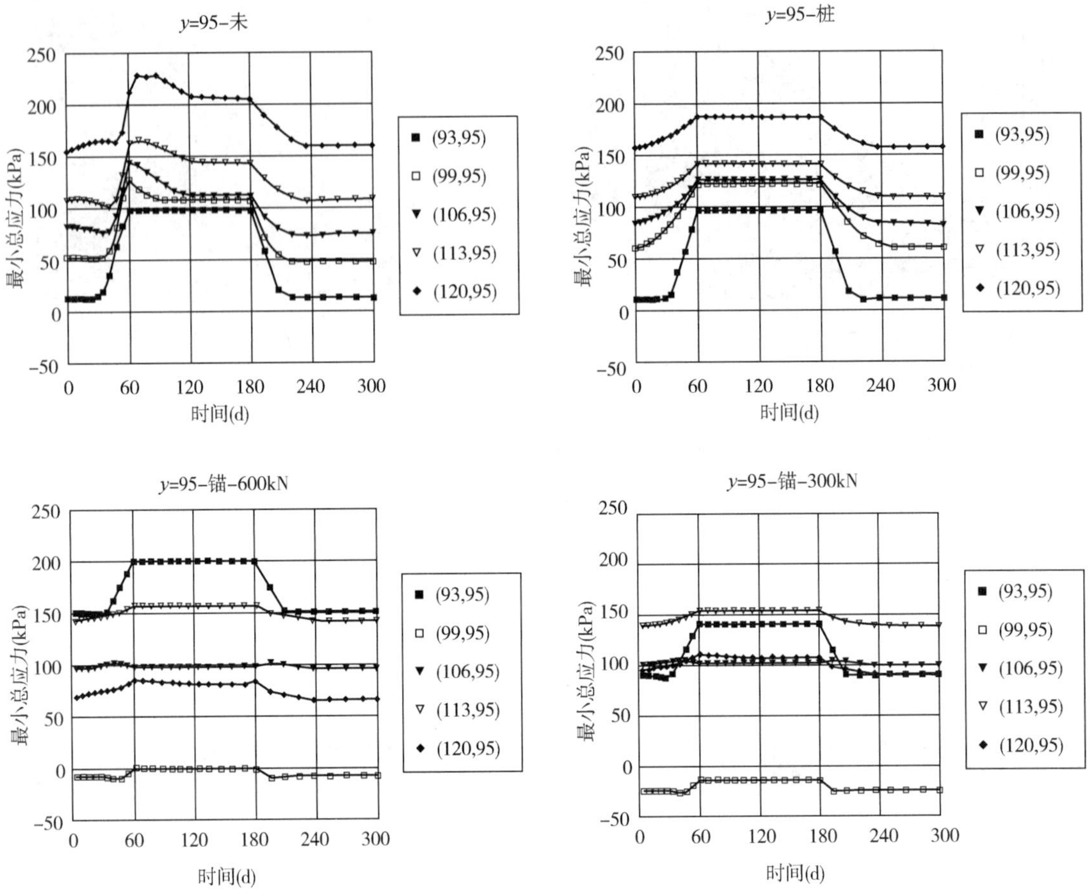

图 3-5-10　$y = 95$m 高程不同点最小主应力随库水位变化图

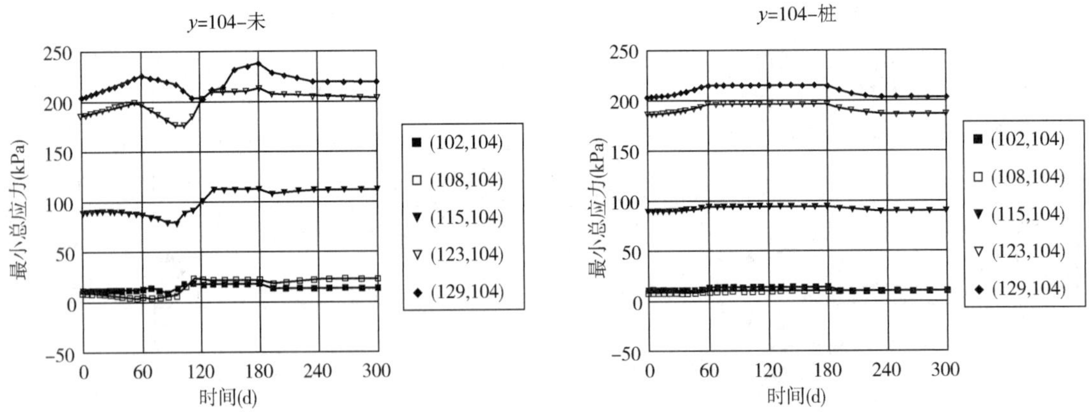

图　3-5-11

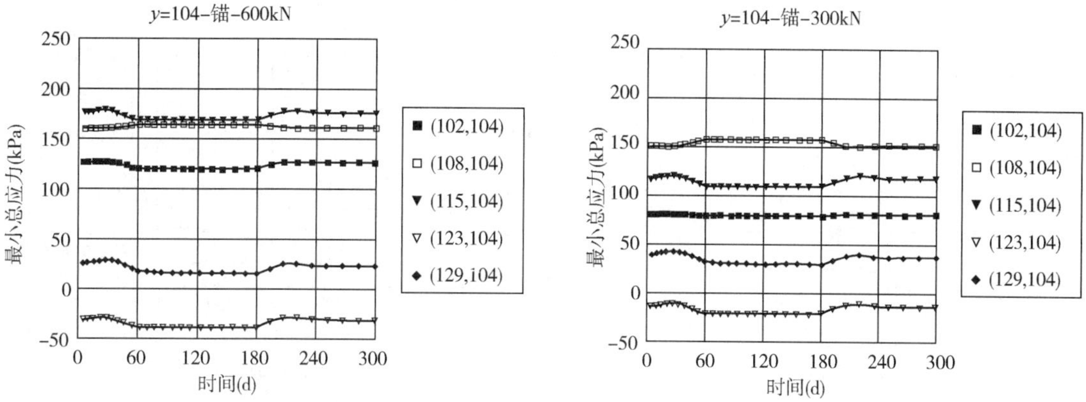

图 3-5-11 $y=104$m 高程不同点最小主应力随库水位变化图

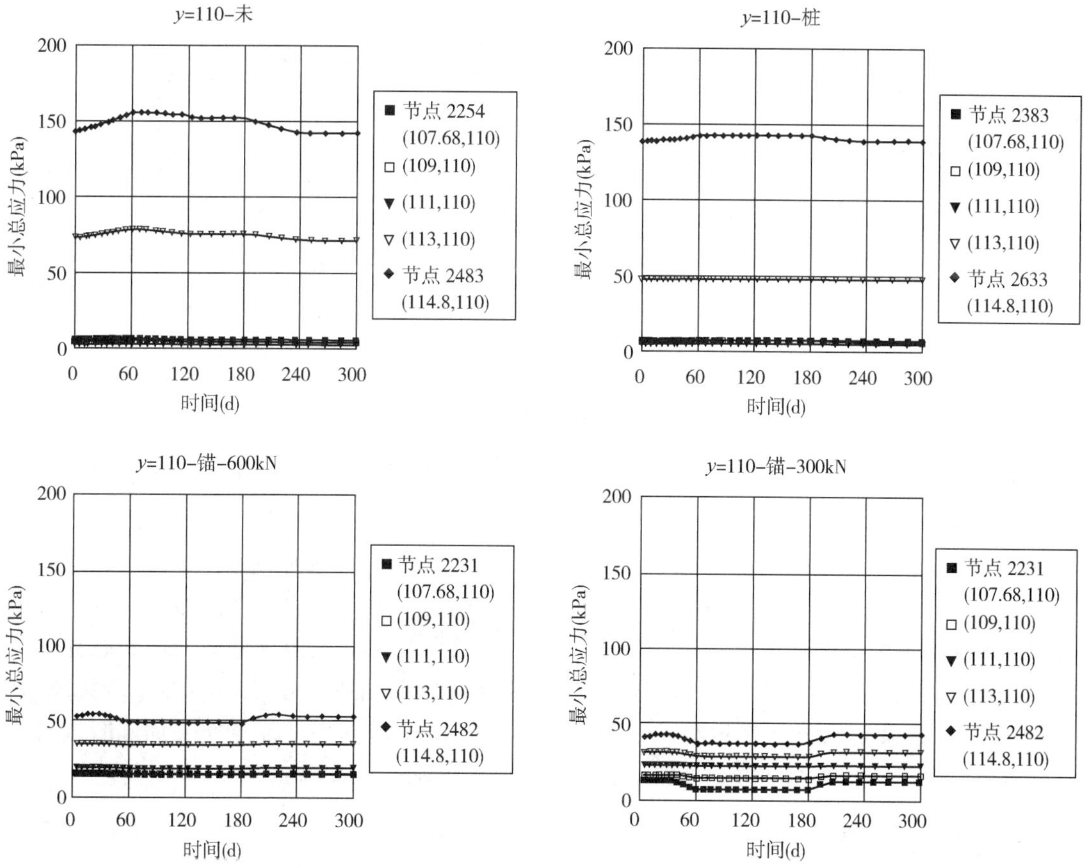

图 3-5-12 $y=110$m 高程不同点最小主应力随库水位变化图

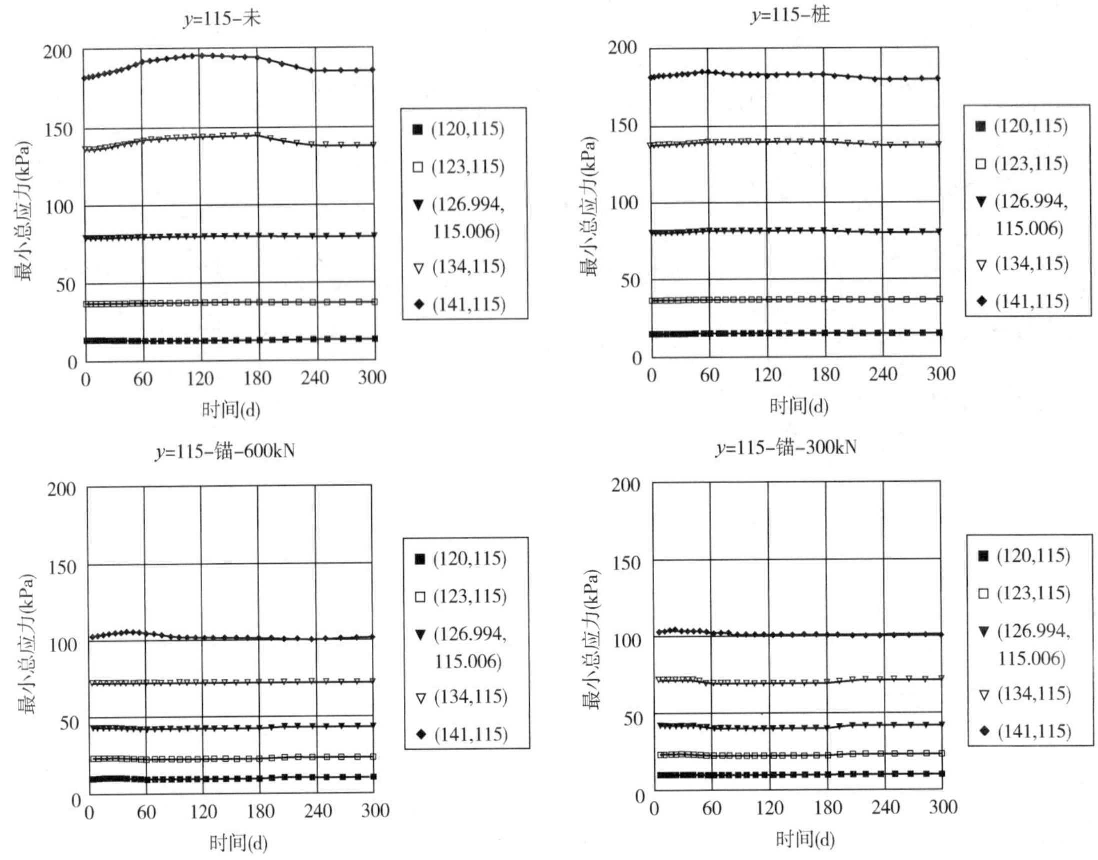

图 3-5-13　$y=115$m 高程不同点最小主应力随库水位变化图

3.5.4　路面高程最小主应力变化情况

从路面上各特征点在水库水位变化过程中的最小主应力变化情况(图 3-5-14)看出:相对未加固而言,锚加固和桩加固后,使得 1、2 点较未加固的最小主应力增大,使得 4、5 点较未加固的最小主应力减小;3 点桩加固较未加固的最小主应力减小,而锚加固较未加固的最小主应力增大。因为,最小主应力增大减小了应力差($\sigma_1-\sigma_3$),使得稳定性增强,为此,对较不安全的接近水库坡面的路面 1、2 点而言,安全性增加,锚加固较桩加固效果好些,锚-600 加固较锚-300 加固效果好。在随库水位及时间变化过程中,桩加固和锚-600 加固基本不受影响,特别是桩加固,而锚-300 在 1、2 点会受水库水位的一些影响,各路面特征点在未加固时的最小主应力都会受库水位及时间变化的影响。

3.5.5　最大剪应力变化情况

图 3-5-15a)、b)、c)分别为节点时刻 61d、180d、250d 时未加固、桩加固、锚-600kN 加固、锚-300kN 加固的最大剪应力等值线分布图,分析得到:总体来看,桩加固后对公路岸坡最大剪应力分布有所影响,但影响不大,桩加固后减小了路面高程及其附近的最大剪应力值。锚

加固对公路岸坡的最大剪应力分布影响相对较大，锚加固使路面高程附近和坡体部分区域的最大剪应力值减小，小于 200kPa 的区域扩大，也即使这些区域最大剪应力值相对减小。锚加固后锚固区域下侧锚杆端部区域出现剪应力集中，坡体深处最大剪应力值增大。

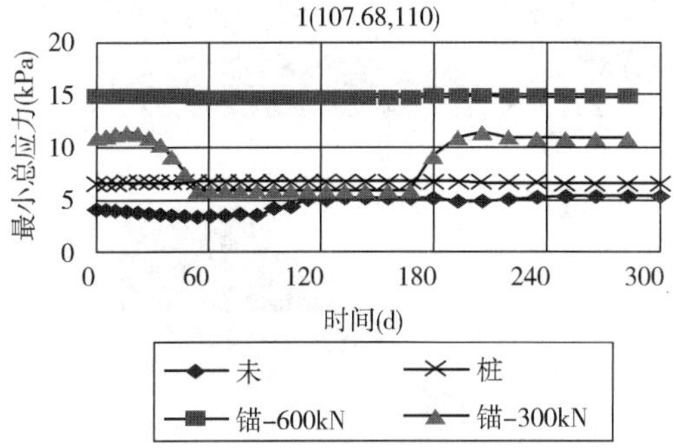

a)点1的最小主应力随库水位变化图

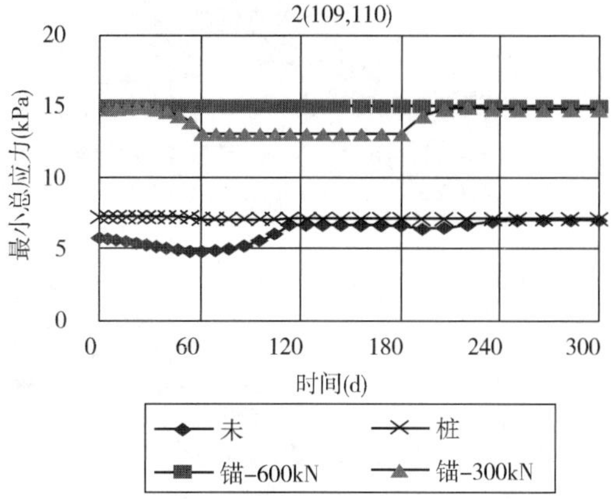

b)点2的最小主应力随库水位变化图

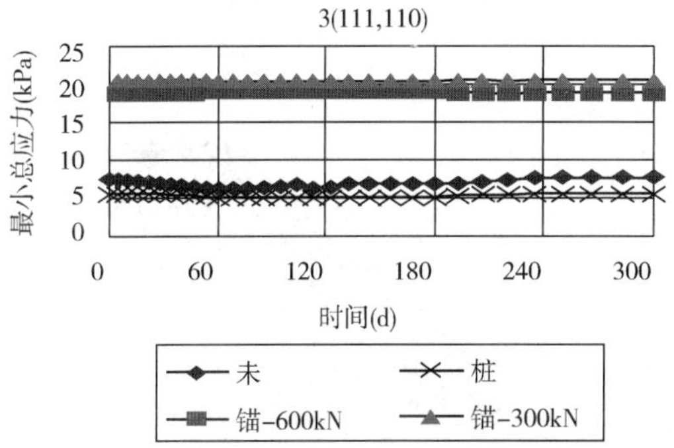

c)点3的最小主应力随库水位变化图

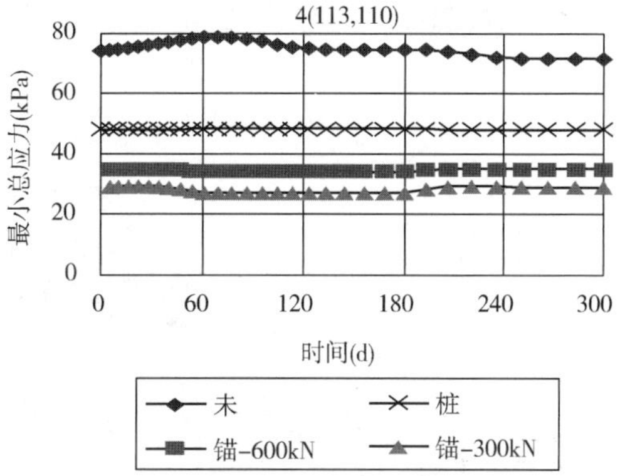

d)点4的最小主应力随库水位变化图

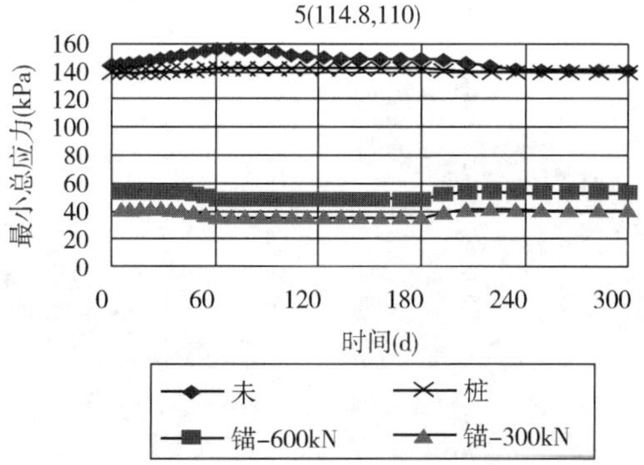

e)点5的最小主应力随库水位变化图

图 3-5-14　路面高程不同特征点的最小主应力随库水位变化图

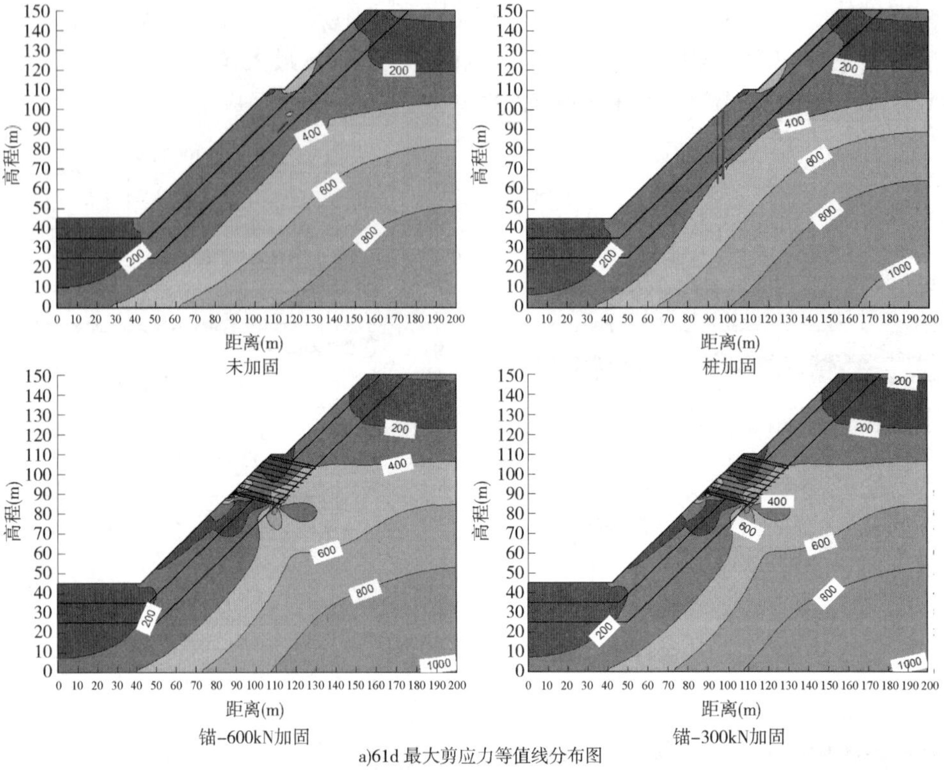

a)61d 最大剪应力等值线分布图

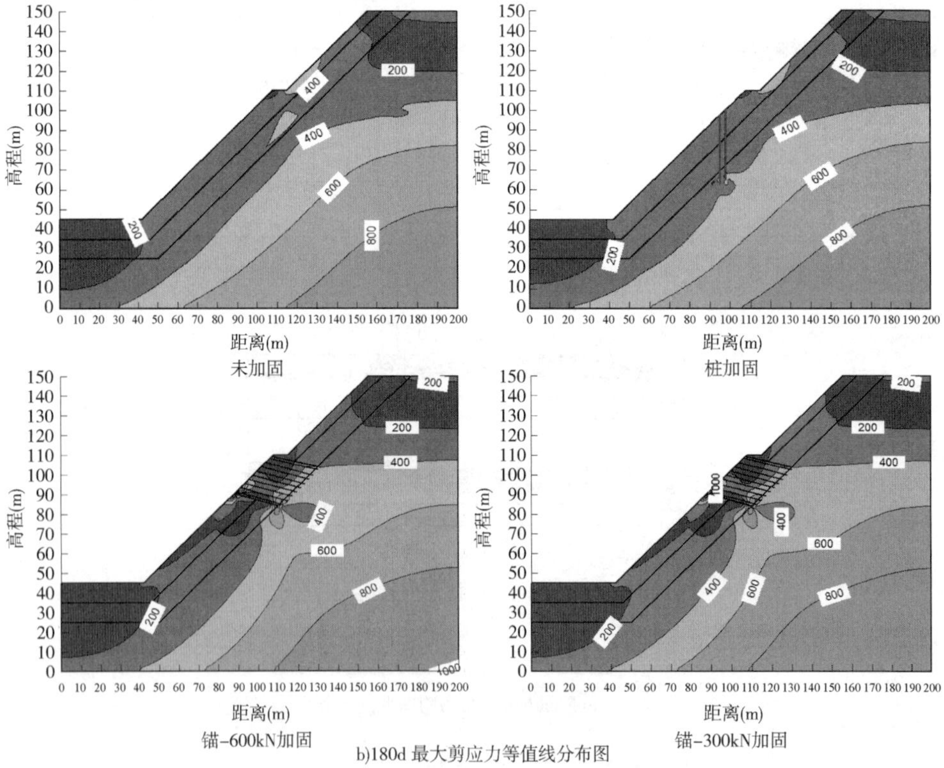

b)180d 最大剪应力等值线分布图

图 3-5-15

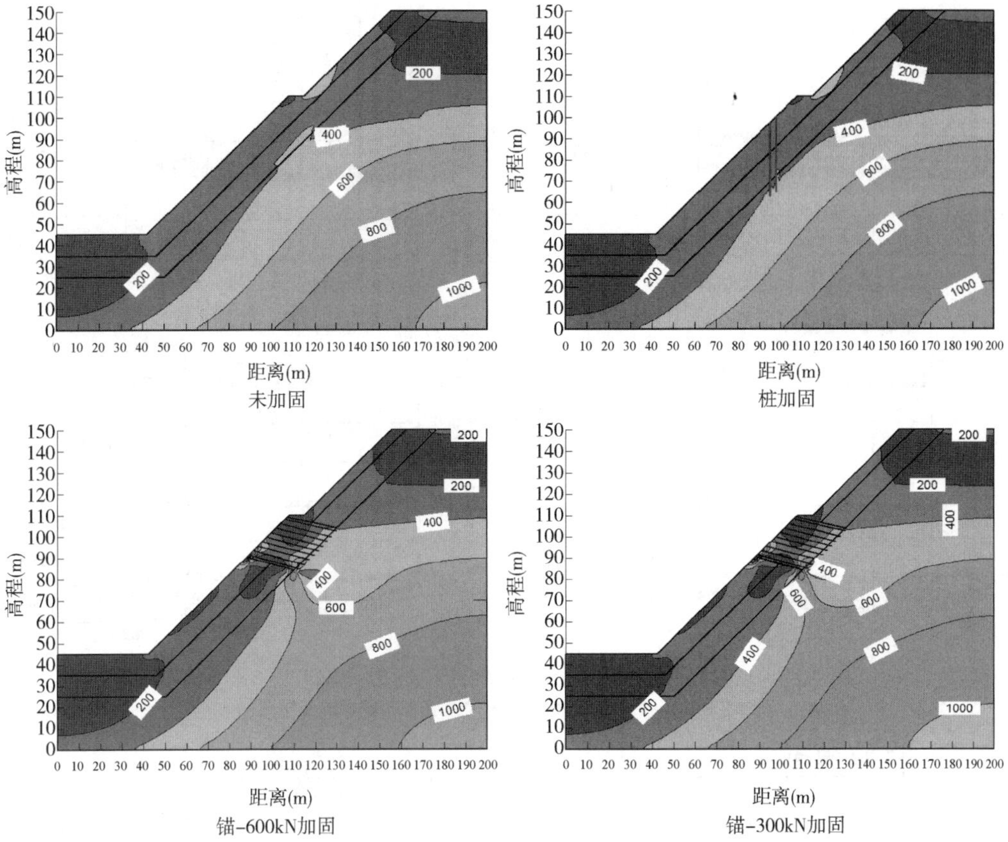

c)250d 最大剪应力等值线分布图

图 3-5-15　最大剪应力等值线分布图

对比分析各高程各特征点加固前后最大剪应力变化曲线(图 3-5-16～图 3-5-20)得到:桩加固后,对应时刻对应点最大剪应力值较未加固情况有增有减,坡体和路面各点最大剪应力变化相对不是太大。总体来说,桩加固后最大剪应力随水位变化不是太大,受库水位和时间的变化影响不大。锚加固使 $y=85$m 最靠近坡面的一点和最远离坡面的一点,$y=95$m 最靠近坡面两点和最远离坡面的一点,$y=104$m 最远离坡面的两点最大剪应力增大,其余各点最大剪应力均减小。锚-600kN 和锚-300kN 加固后坡体对应各点最大剪应力值相比较有增大也有减小。路面对应各点锚-300kN 加固后最大剪应力值比锚-600kN 有所减小。

3.5.6　路面高程最大剪应力变化情况

从路面各特征点在水库水位变化过程中的最大剪应力变化情况(图 3-5-21)看出:相对未加固而言,锚加固和桩加固后,使得路面各特征点的最大剪应力均减小,即安全性增加;其中锚加固比桩加固的最大剪应力减小效果更加明显,即锚加固比桩加固的安全效果更加明显;而锚加固中,锚-300 加固的效果比锚-600 加固的效果更加明显,即锚-300 加固的安全效果比锚-600 加固的安全效果更加明显。

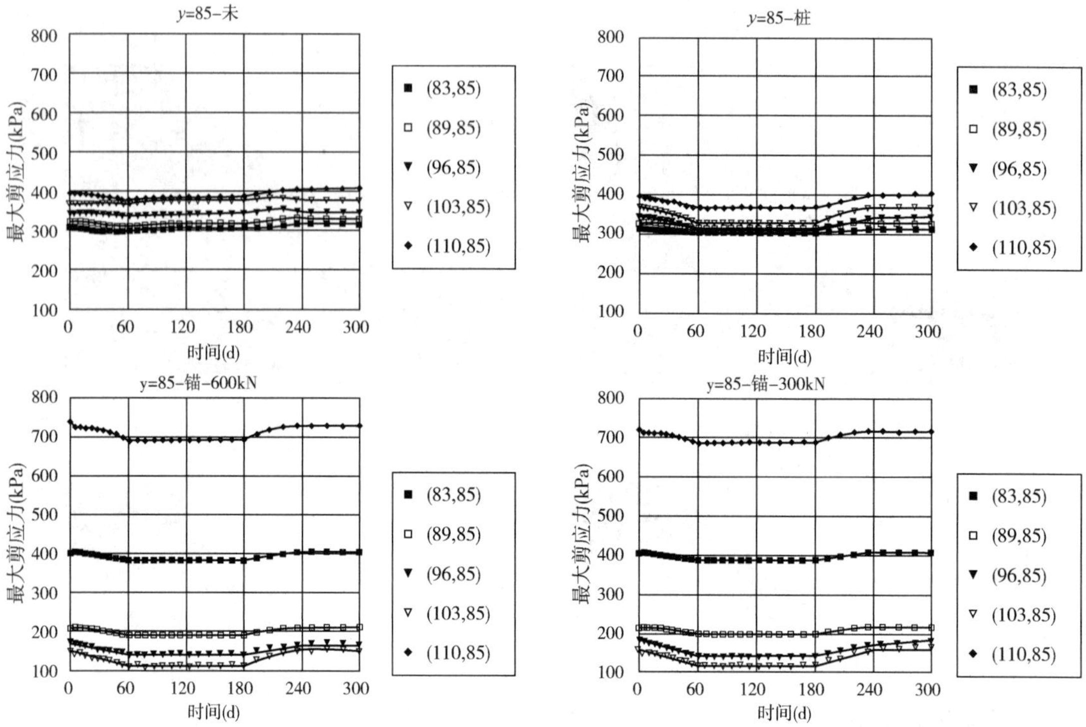

图 3-5-16　$y=85$m 高程不同点最大剪应力随库水位变化图

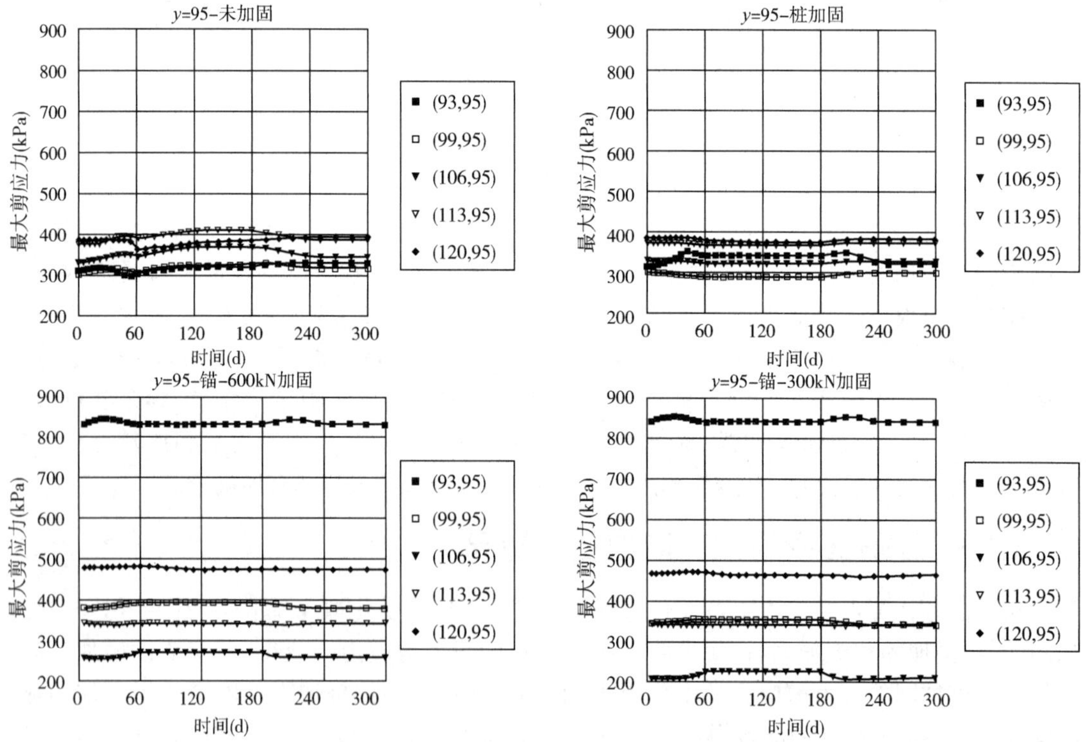

图 3-5-17　$y=95$m 高程不同点最大剪应力随库水位变化图

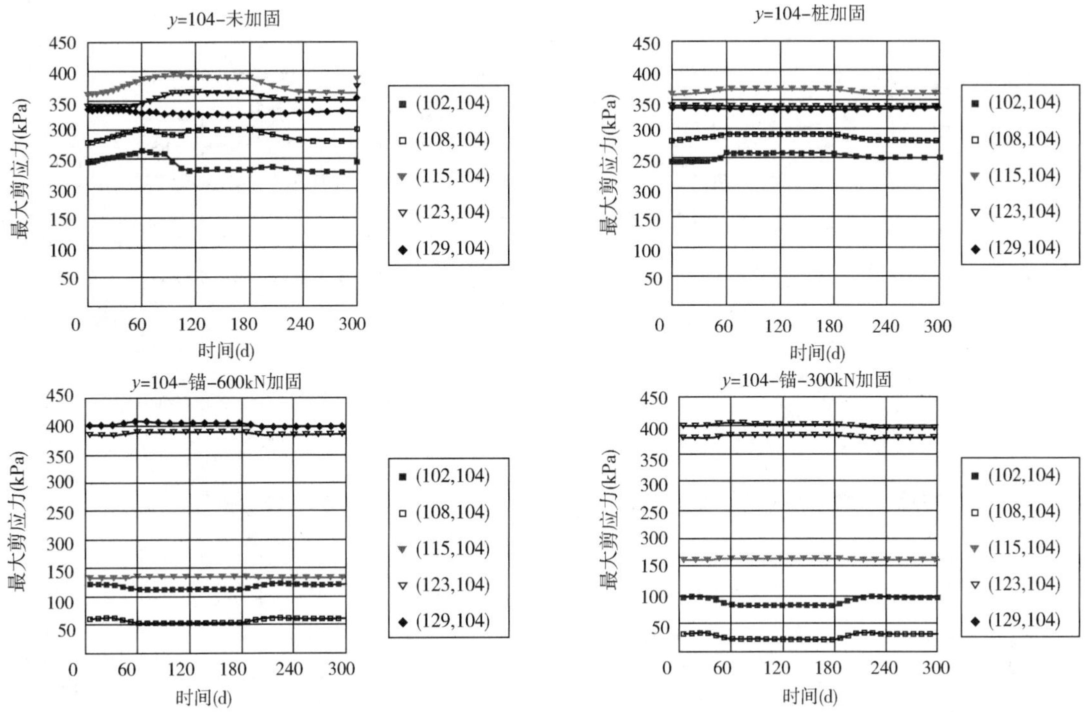

图 3-5-18　$y=104$m 高程不同点最大剪应力随库水位变化图

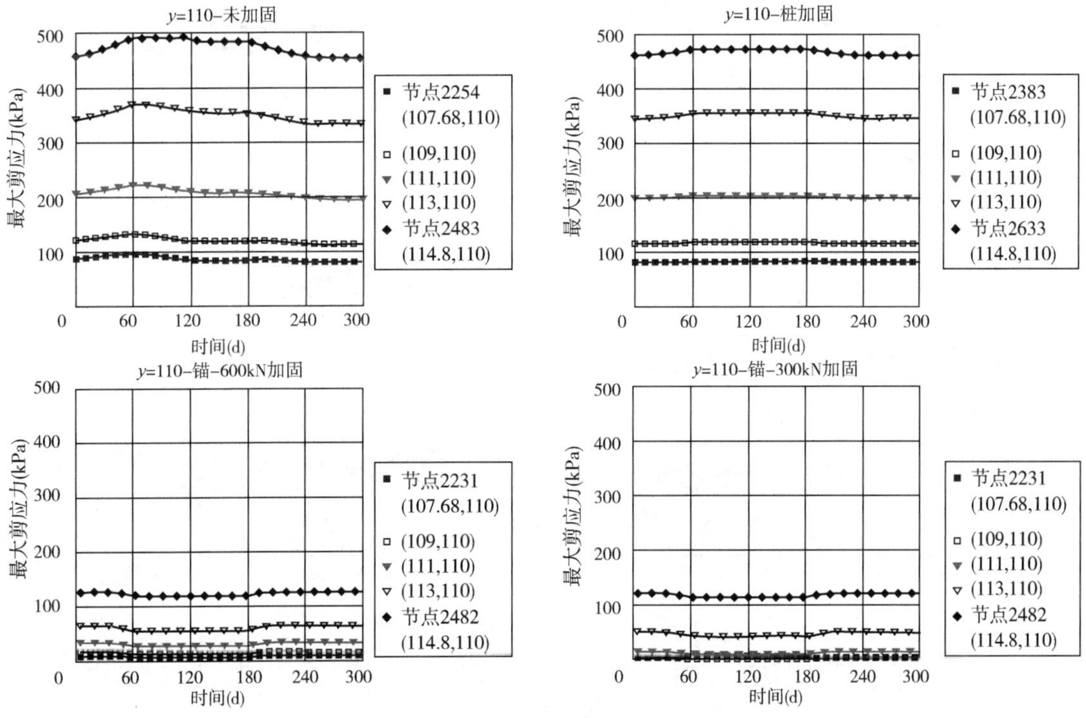

图 3-5-19　$y=110$m 高程不同点最大剪应力随库水位变化图

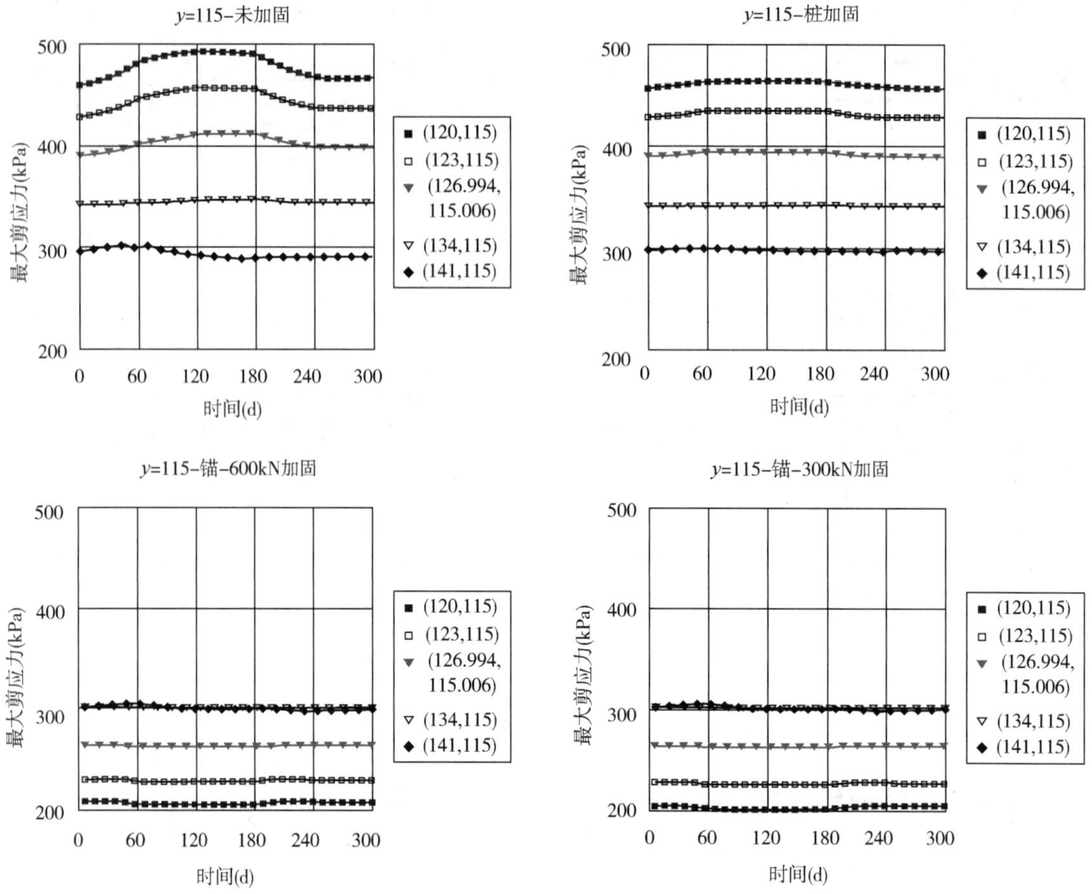

图 3-5-20　$y=115\mathrm{m}$ 高程不同点最大剪应力随库水位变化图

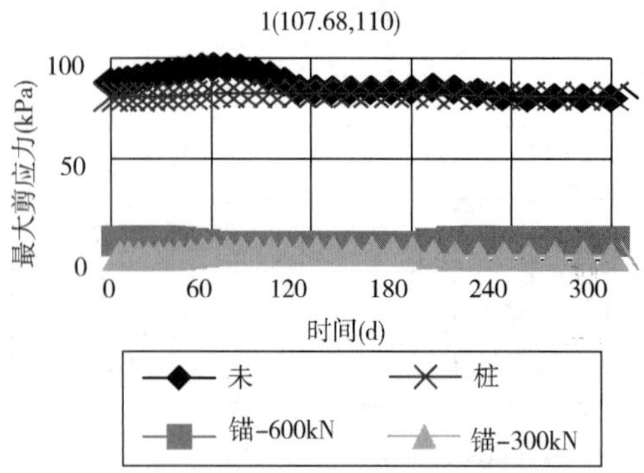

a)点1的最大剪应力随库水位变化图

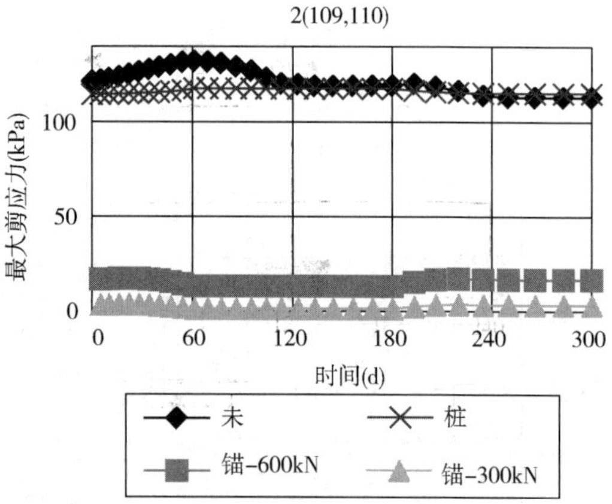

b)点2的最大剪应力随库水位变化图

图　3-5-21

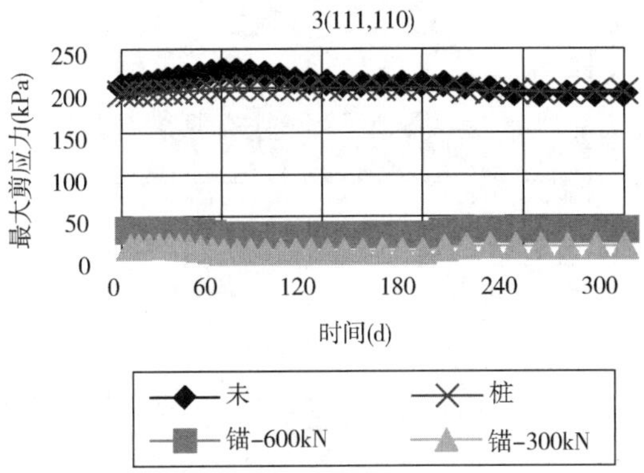

c)点3的最大剪应力随库水位变化图

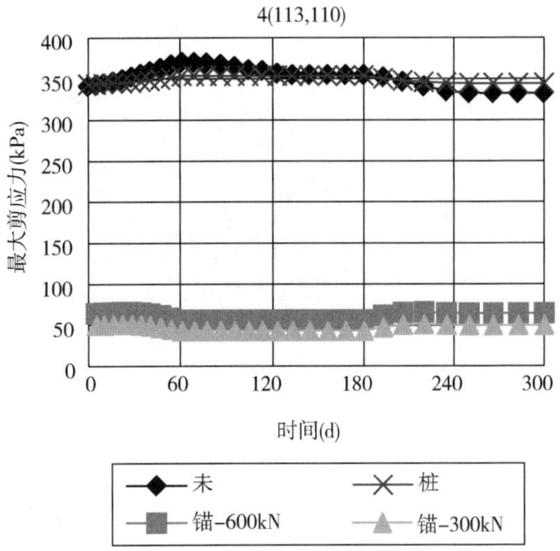

d)点4的最大剪应力随库水位变化图

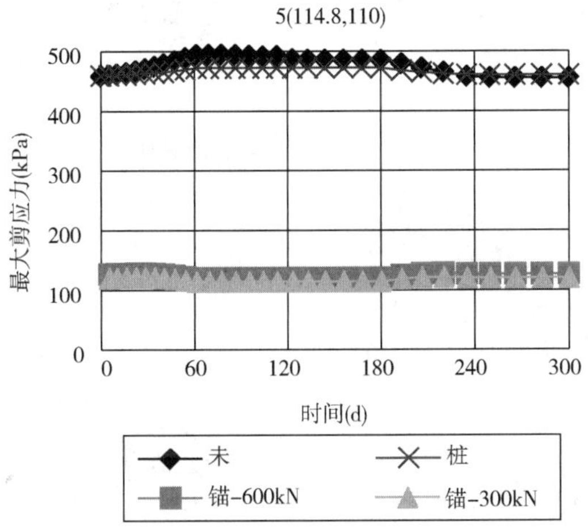

e)点1的最大剪应力随库水位变化图

图 3-5-21　路面高程不同特征点的最大剪应力随库水位变化图

3.5.7　最大有效应力变化情况

图 3-5-22a)、b)、c)分别为节点时刻 61d、180d、250d 时未加固、桩加固、锚-600kN 加固、锚-300kN 加固的最大剪应力等值线分布图，分析可得：总体来看，桩加固后对公路岸坡最大有效应力分布有所影响，但影响不大，桩加固后增大了土体深层桩基附近的最大有效应力值。锚加固对公路岸坡最大有效应力分布影响相对较大，锚加固使路路面附近和坡体部分区域最大有效应力值相对未加固时减小；锚加固后锚固区域下侧锚杆端部区域出现应力集中现象，坡体深处最大有效应力值增大。

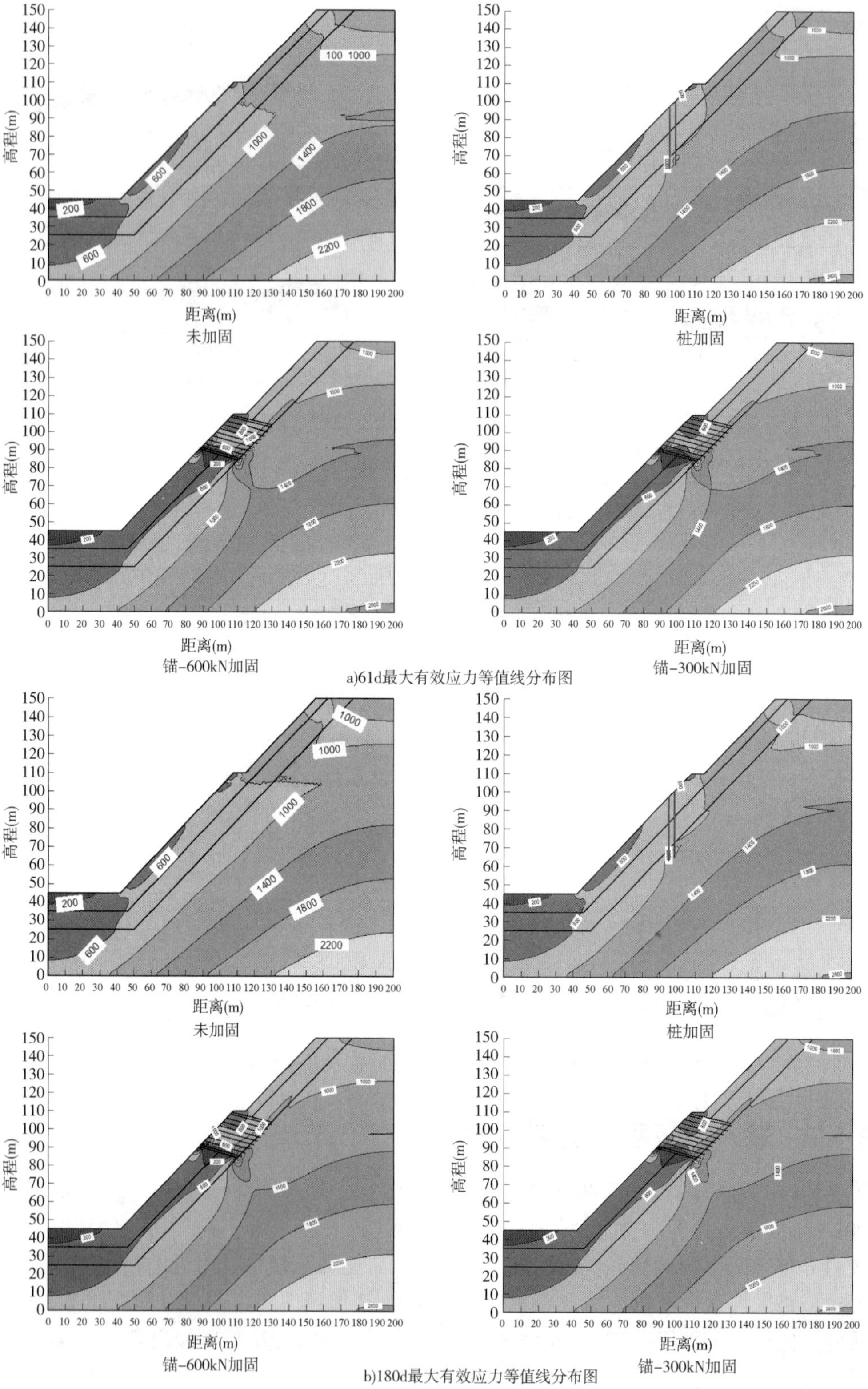
高程(m)
距离(m)
未加固
桩加固
锚-600kN加固
锚-300kN加固
a)61d最大有效应力等值线分布图
b)180d最大有效应力等值线分布图

图 3-5-22

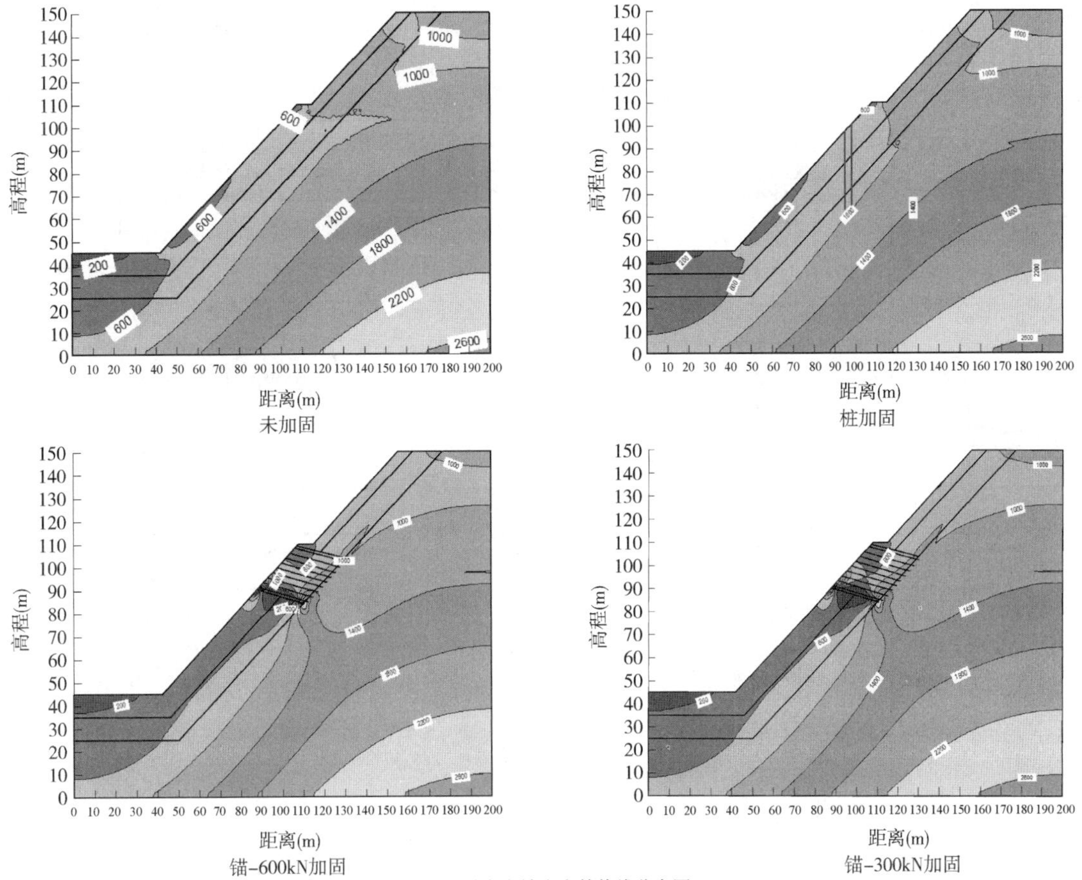

c)250d最大有效应力等值线分布图

图 3-5-22　最大有效应力等值线分布图

对比分析各高程各点加固前后最大有效应力变化曲线(图 3-5-23～图 3-5-27)得到:桩加固后,对应时刻对应点相对未加固而言最大有效应力有增有减,但坡体和路面各点最大有效应力变化相对变化不大,总体来说,桩加固后最大有效应力随水位变化相对未加固而言更均匀,即受水位和时间变化的影响较小。锚加固后使得在加固体之上的最大有效应力受库水位变化和时间变化的影响更小,锚加固使 $y=85\text{m}$、$y=95\text{m}$ 最靠近坡面的一点和最远离坡面的一点,最大有效应力增大,其余高程和路面各点最大有效应力相对未加固而言均减小。锚-600kN和锚-300kN 加固后坡体对应各点的最大有效应力值相对未加固而言有增大也有减小。路面对应各点锚-300kN 加固后最大有效应力比锚-600kN 有所减小。

3.5.8　路面高程最大有效应力的变化情况

从路面各特征点在水库水位变化过程中的最大有效应力变化情况(图 3-5-28)看出:桩加固和锚加固后,使得库水位和时间变化对路面各特征点的有效应力基本没有影响。桩加固的最大有效应力有所减小,锚加固后的最大有效应力减小较大,锚-300 加固后的最大有效应力比锚-600 加固后的最大有效应力略小。从最大有效应力的大小和分布情况看,其效果是:锚-300加固>锚-600 加固>桩加固>不加固。

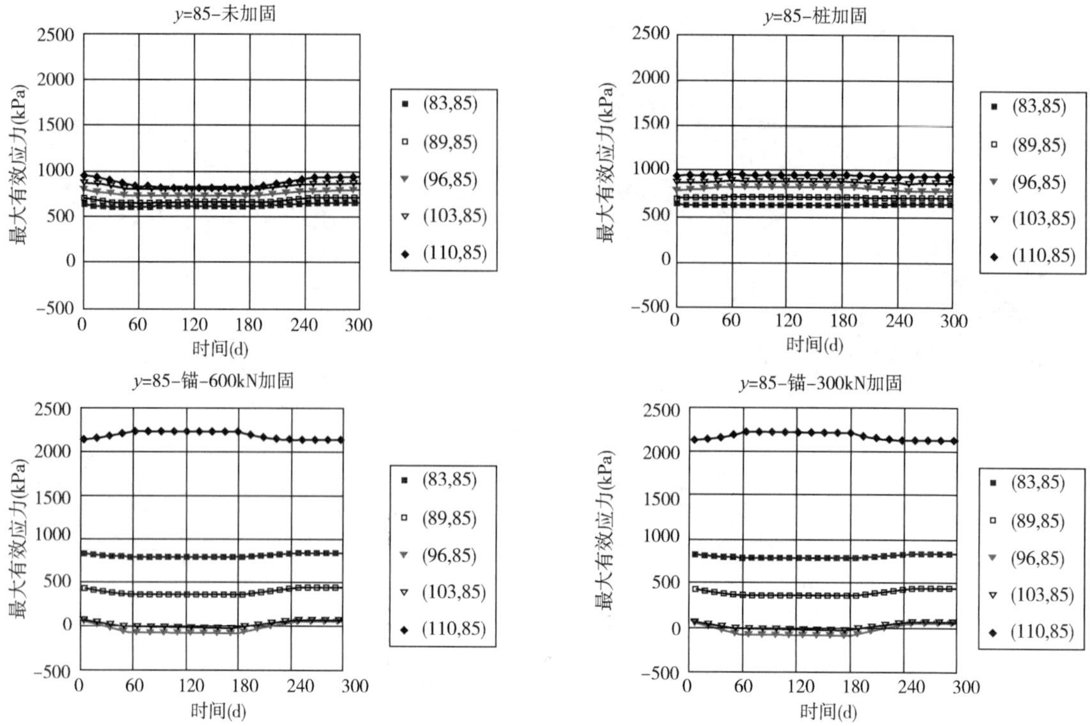

图 3-5-23　$y=85\text{m}$ 高程不同点最大有效应力随库水位变化图

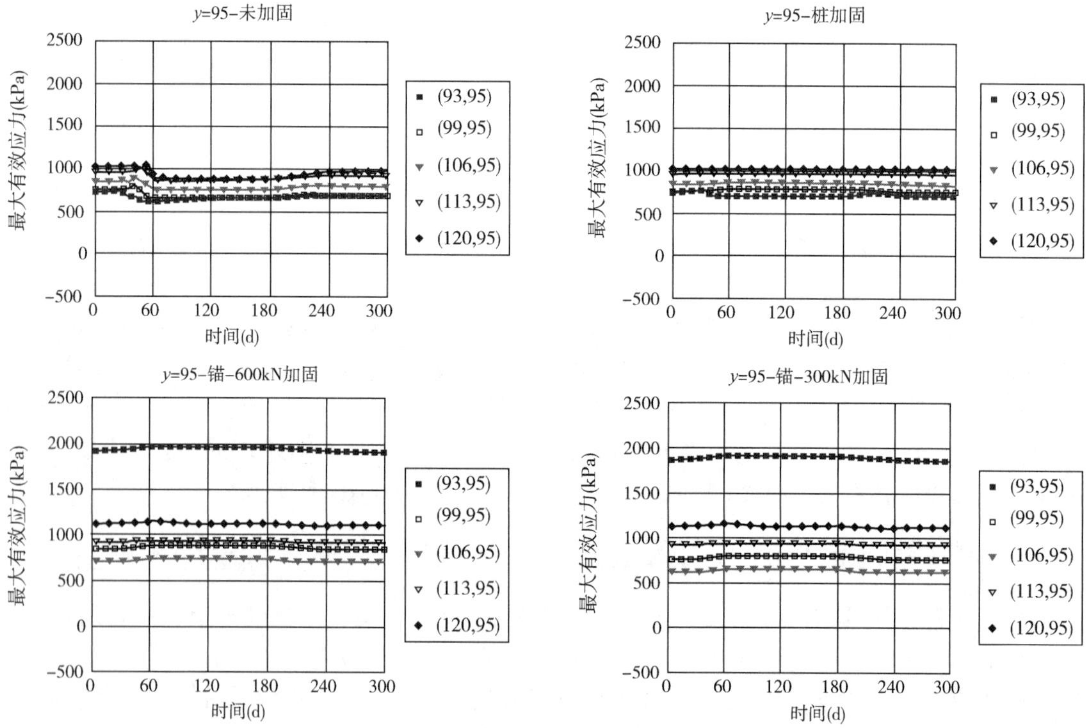

图 3-5-24　$y=95\text{m}$ 高程不同点最大有效应力随库水位变化图

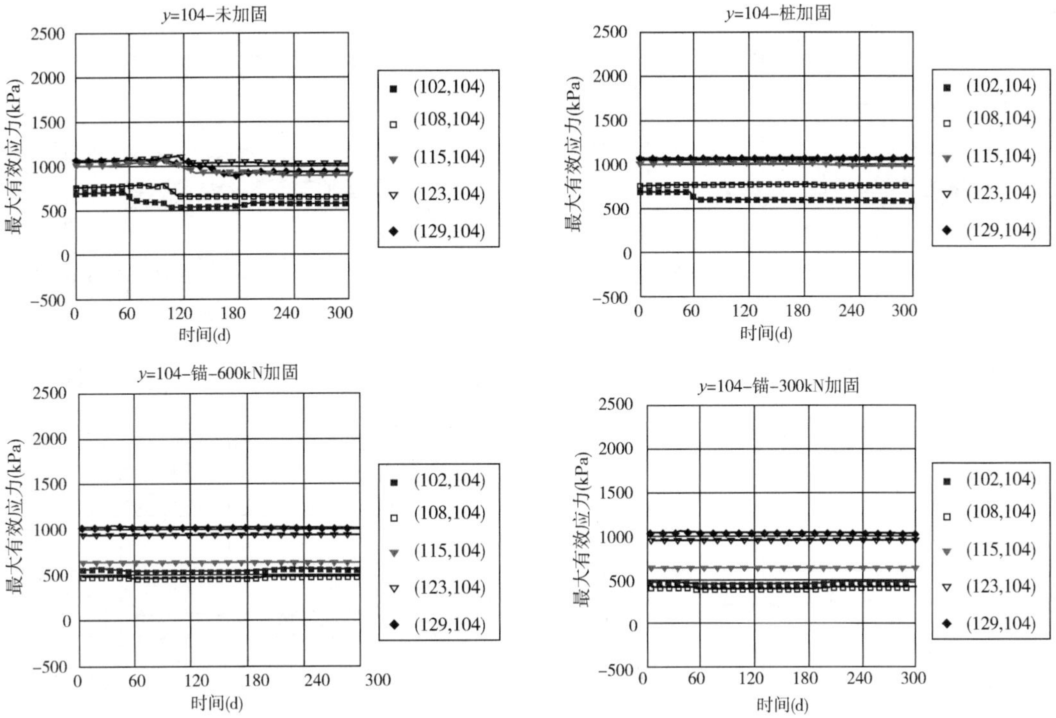

图 3-5-25　$y=104$m 高程不同点最大有效应力随库水位变化图

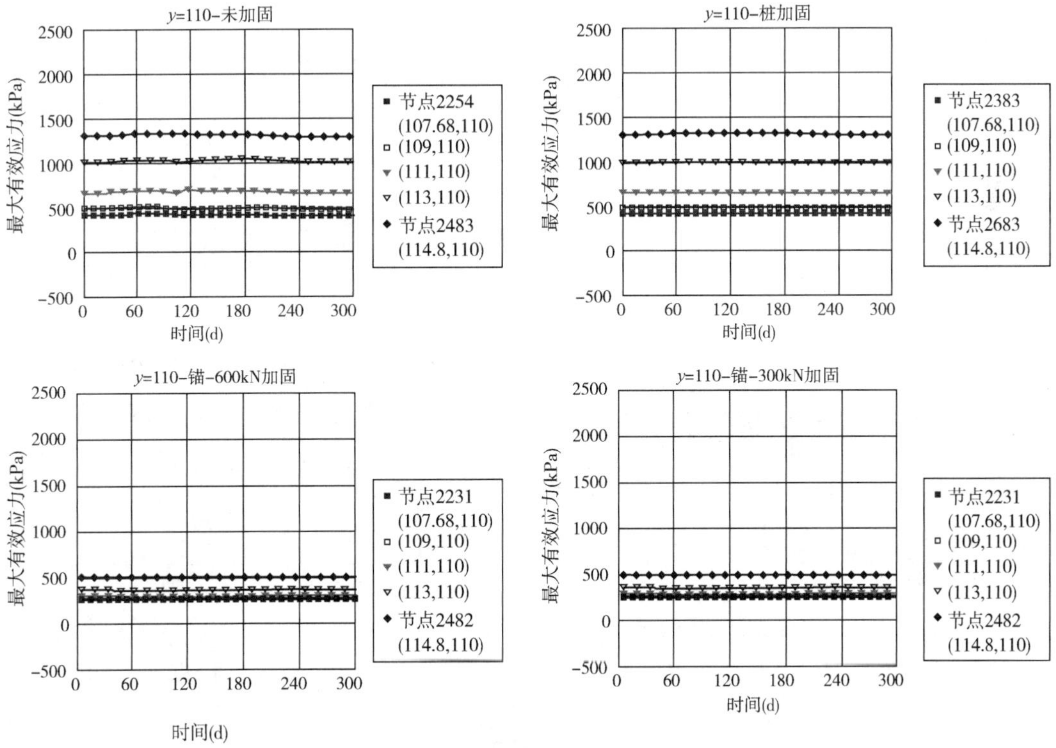

图 3-5-26　$y=110$m 高程不同点最大有效应力随库水位变化图

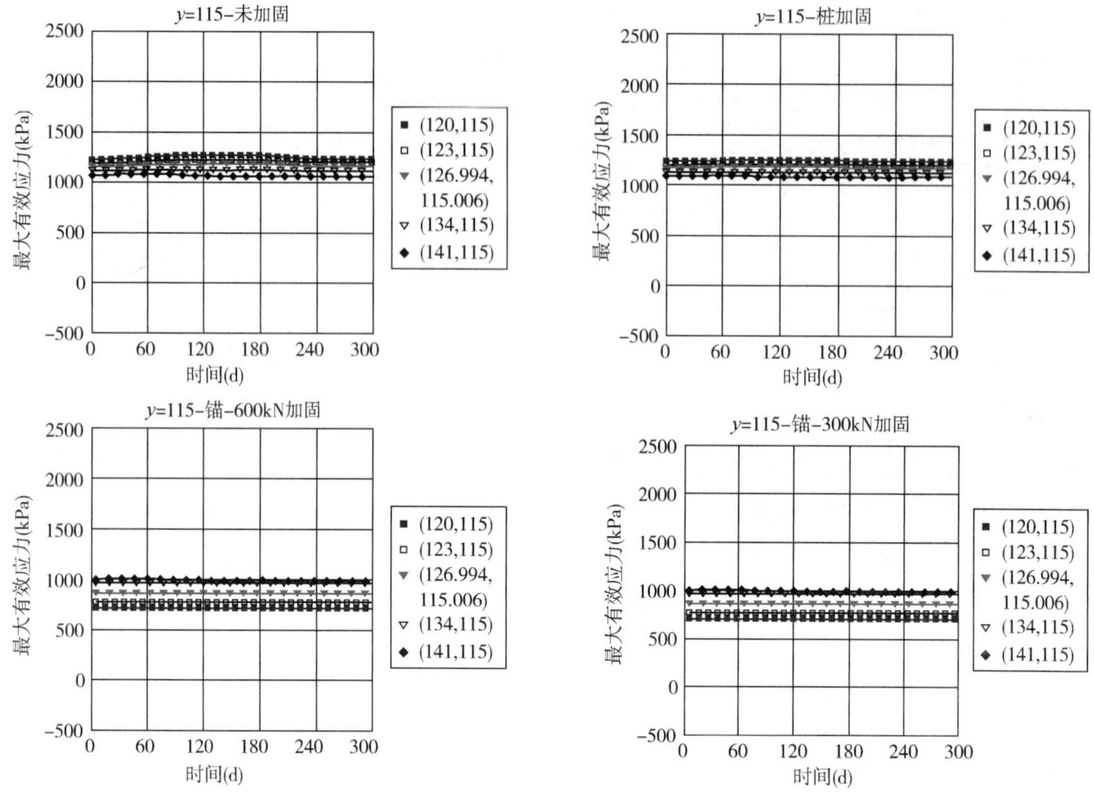

图 3-5-27　$y=115$m 高程不同点最大有效应力随库水位变化图

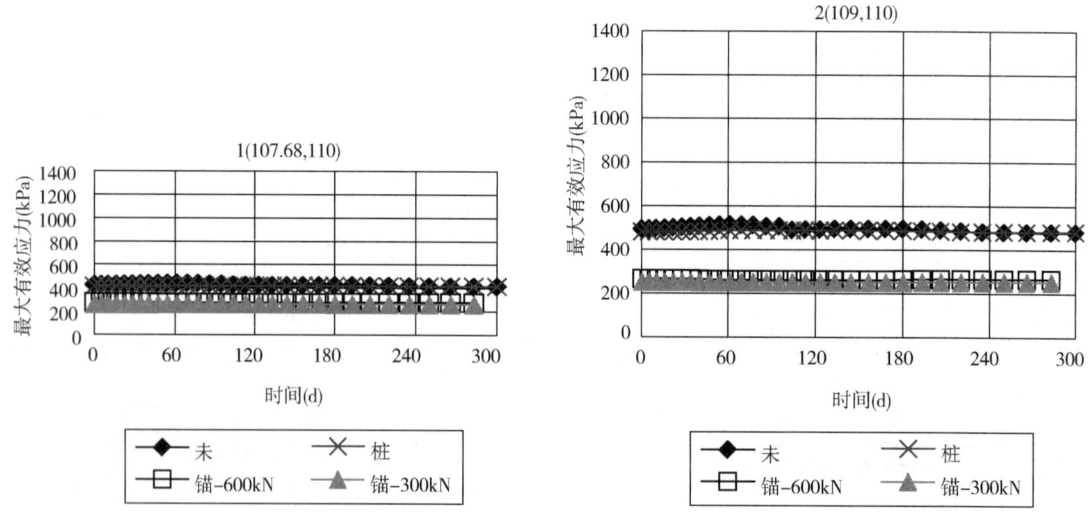

a)点1的最大有效应力随库水位变化图

b)点2的最大有效应力随库水位变化图

图　3-5-28

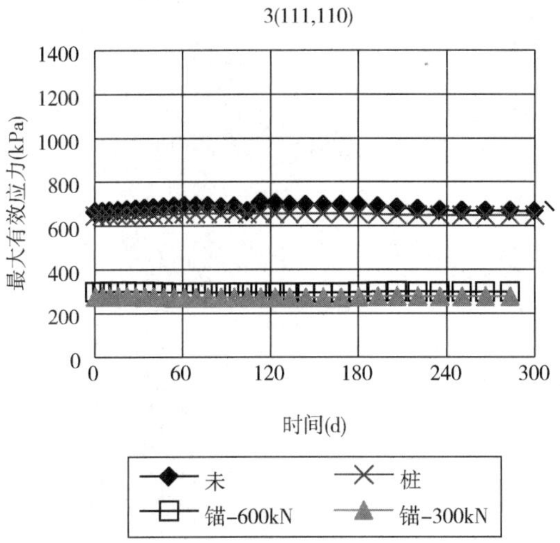

c)点3的最大有效应力随库水位变化图

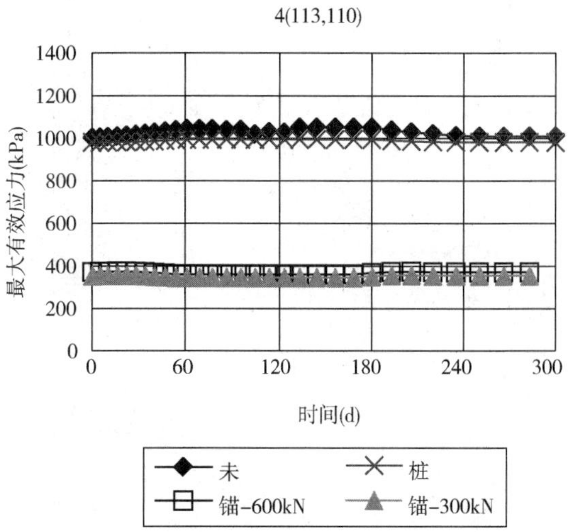

d)点4的最大有效应力随库水位变化图

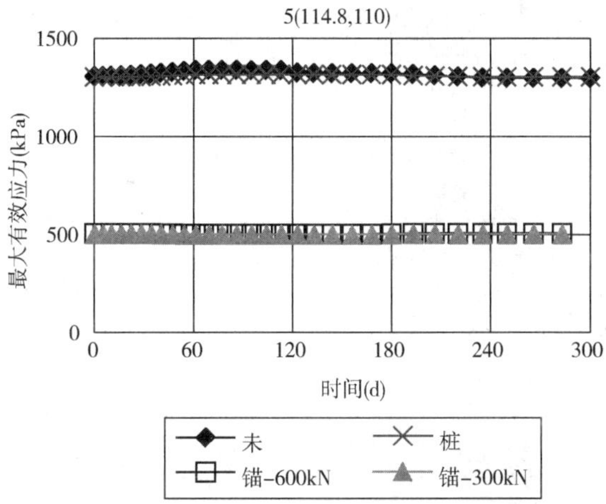

e)点5的最大有效应力随库水位变化图

图 3-5-28　路面各点最大有效应力随库水位变化图

3.5.9　最小有效应力变化情况

图 3-5-29a)、b)、c)分别为节点时刻 61d、180d、250d 时未加固、桩加固、锚-600kN 加固、锚-300kN 加固的最小有效应力等值线分布图，分析得到：相对未加固而言，桩加固后，公路岸坡最小有效应力等值线分布有所变化，但变化不太大，路面高程附近的最小有效应力有所增大。锚加固后，公路岸坡的最小有效应力等值线分布变化较大，表现为：锚加固使坡体内部分区域最小有效应力增大；锚固区下侧界面处出现拉应力，锚杆底部区域出现应力集中；路面高程附近的最小有效应力值增大。

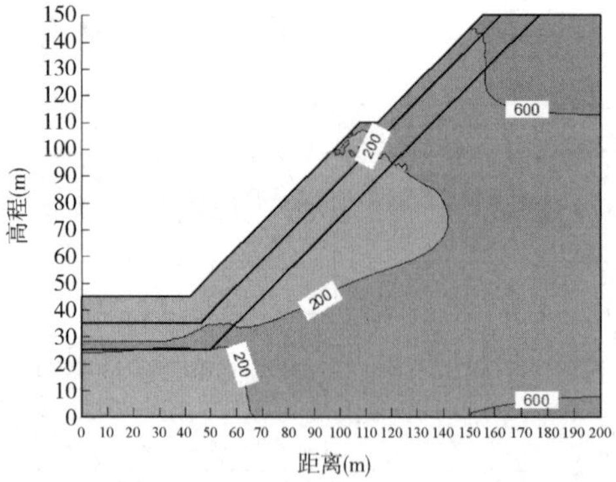

未加固

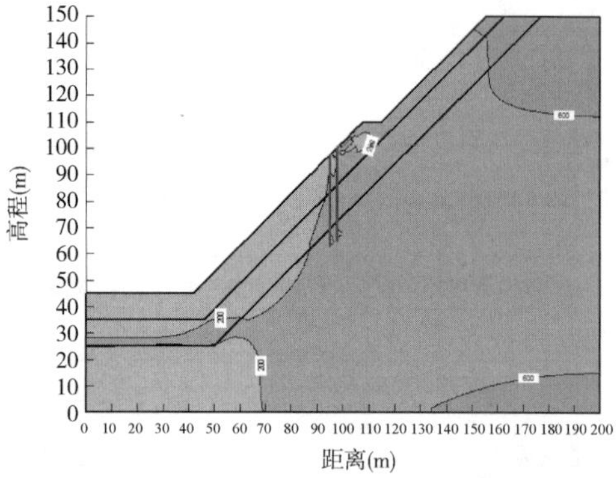

桩加固

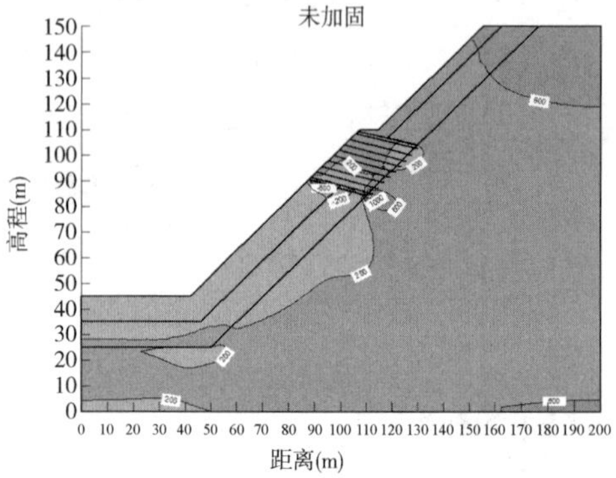

锚-600kN加固

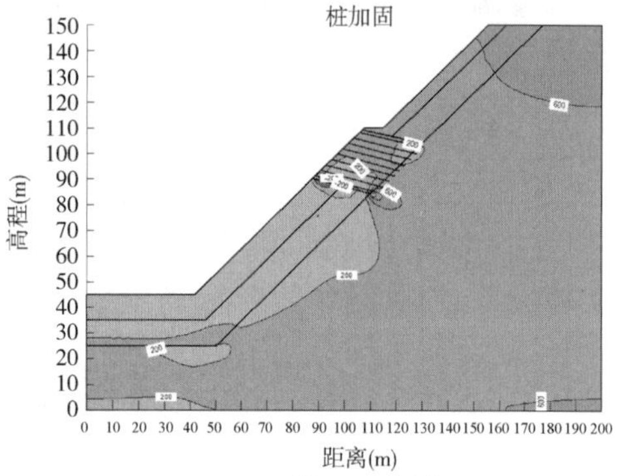

锚-300kN加固

a)61d最小有效应力等值线分布图

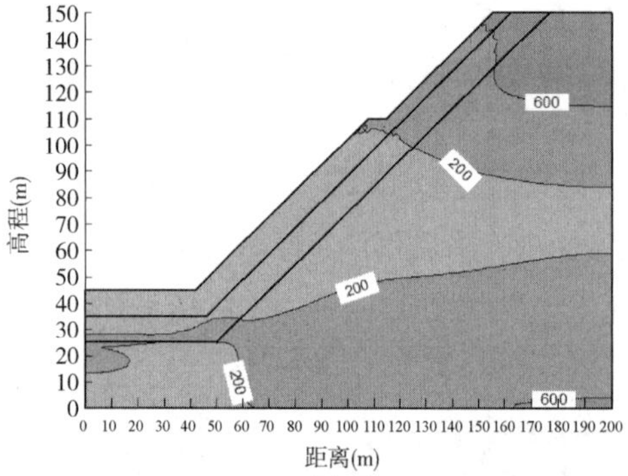

未加固

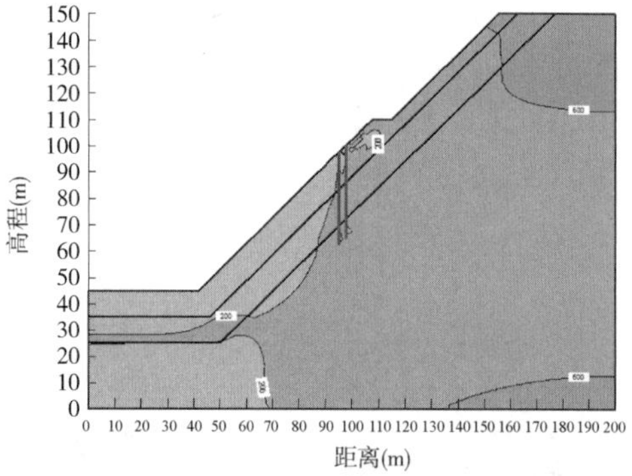

桩加固

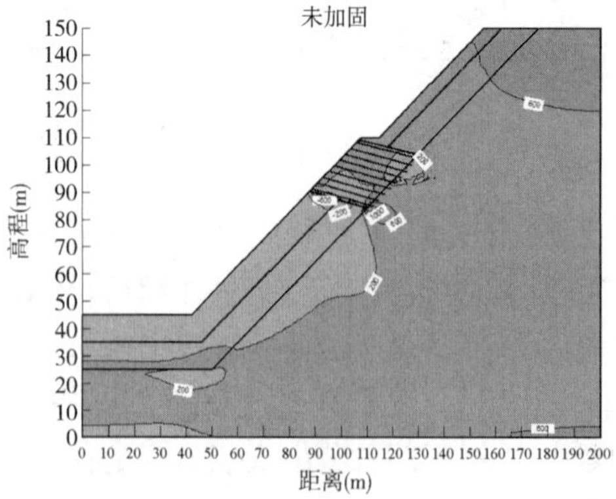

锚-600kN加固

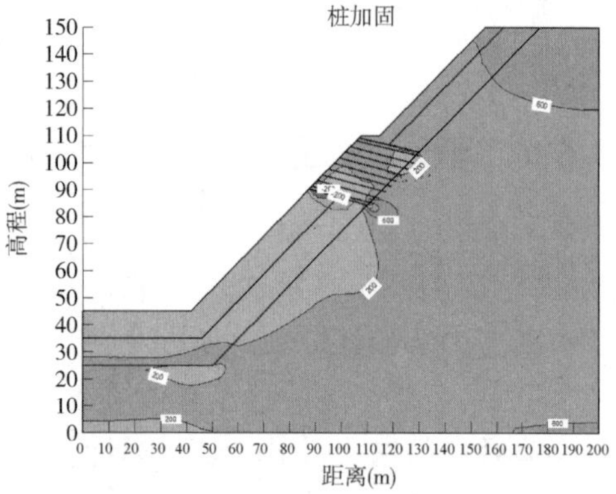

锚-300kN加固

b)180d最小有效应力等值线分布图

图 3-5-29

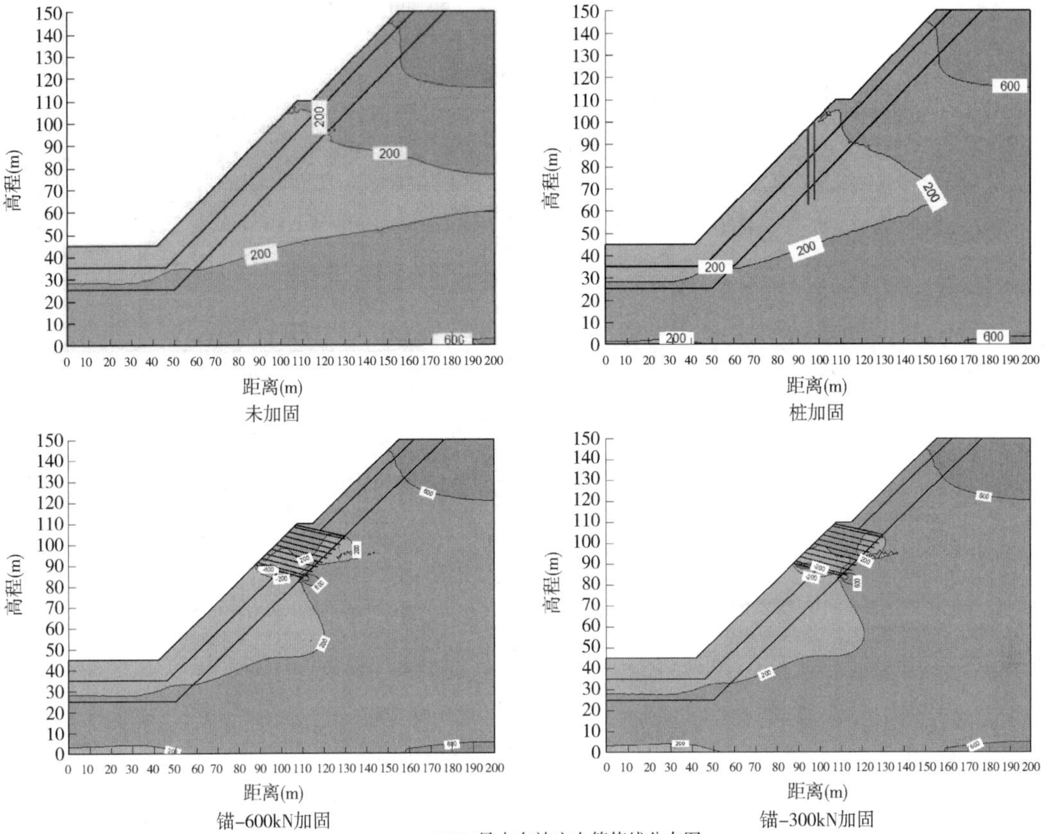

c)250d最小有效应力等值线分布图

图 3-5-29　最小有效应力等值线分布图

对比分析各高程各点加固前后最小有效应力变化曲线(图 3-5-30～图 3-5-34)得到:相对未加固而言,桩加固后,对应时刻对应点最小有效应力有增有减,坡体和路面各点最小有效应力变化相对不太大。桩加固后最小有效应力随水位变化和时间延续相对较均匀,即在桩加固体之上受水库水位变化和时间的延续影响不大。锚加固后,坡体和路面各点对应时刻对应点最小有效应力有增有减。$y = 85\text{m}$ 高程局部点出现拉应力,路面高程各点未出现拉应力,且锚加固后最小有效应力随水位变化和时间延续相对较均匀,即在锚加固体之上受水库水位变化和时间的延续影响不大。

3.5.10　路面高程最小有效应力变化情况

从路面各特征点在水库水位变化过程中的最小有效应力变化情况(图 3-5-35)看出:未加固时路面高程各特征点受库水位变化和时间延续影响较大。相对未加固而言,桩加固后,最小有效应力值受库水位变化和时间延续的影响很小,有些特征点的最小有效应力相比未加固而言有增大有减小。锚加固使得 1 点最小有效应力增大,其余四点最小有效应力减小。对于 1 点锚-600 加固最小有效应力比锚-300 稍大,其余四点则相反。未加固时,离坡面较远四点最小有效应力随库水位变幅较大,锚加固后使最小有效应力值受库水位变化和时间延续的影响减小。

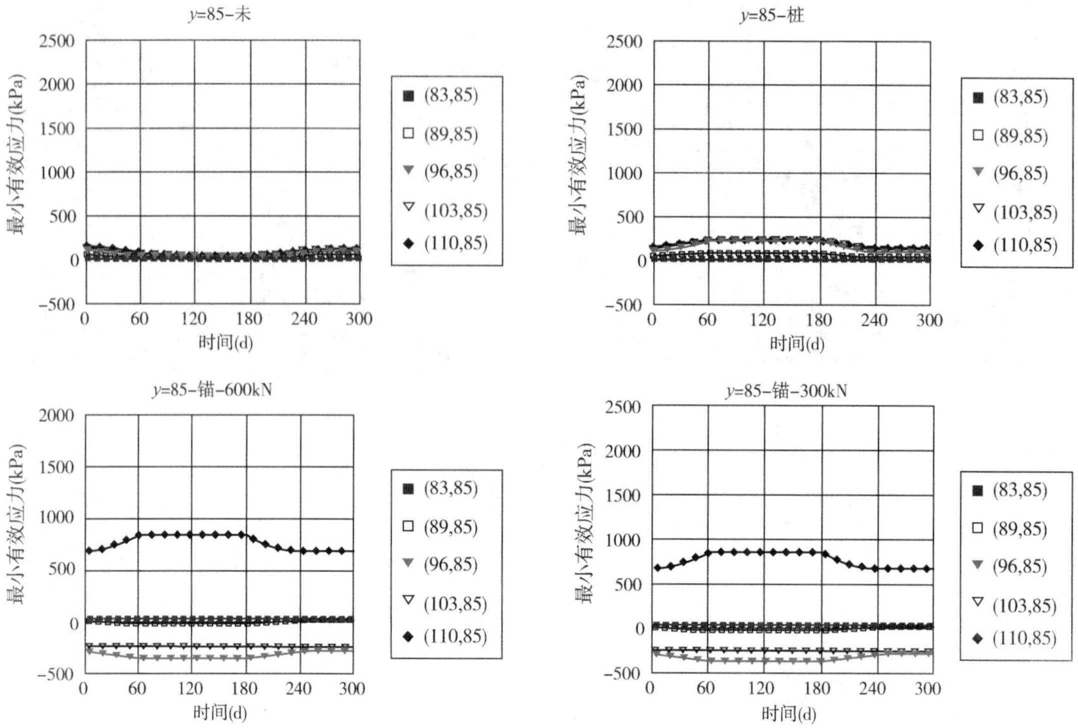

图 3-5-30　$y=85$m 高程不同点最小有效应力随库水位变化图

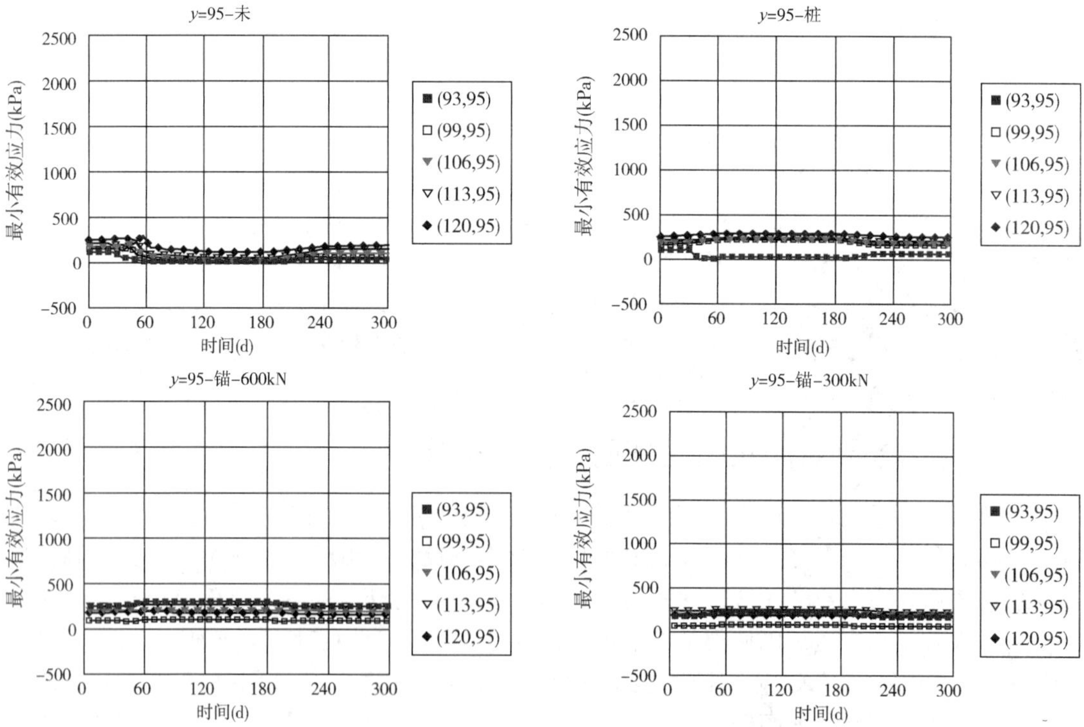

图 3-5-31　$y=95$m 高程不同点最小有效应力随库水位变化图

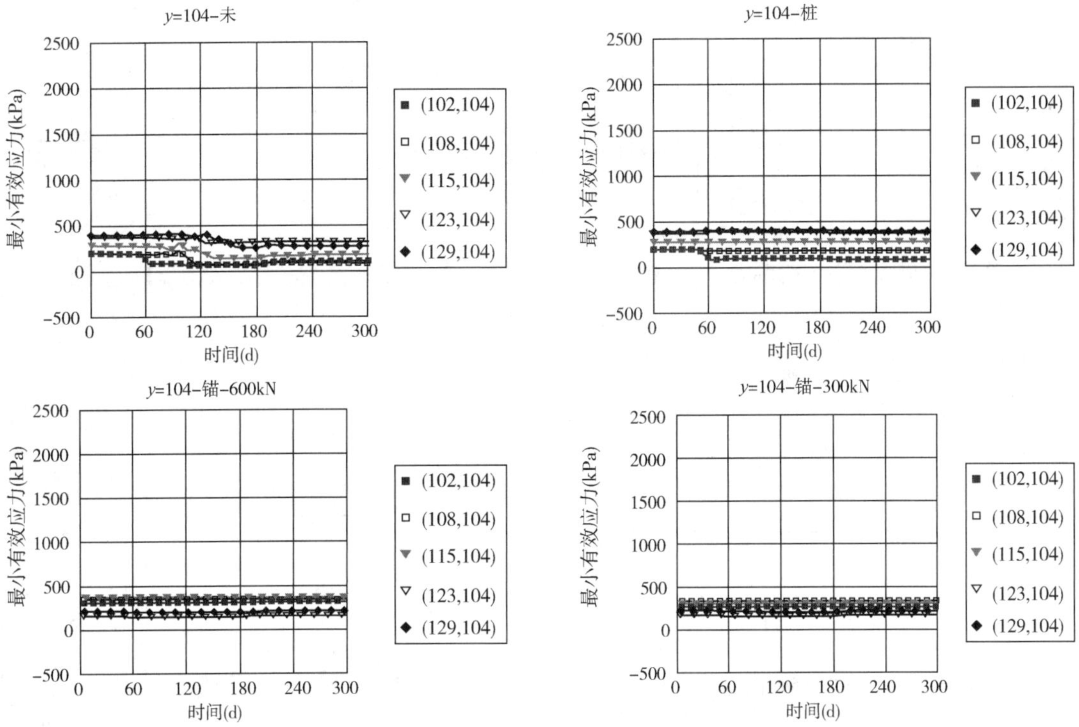

图 3-5-32　$y=104$m 高程不同点最小有效应力随库水位变化图

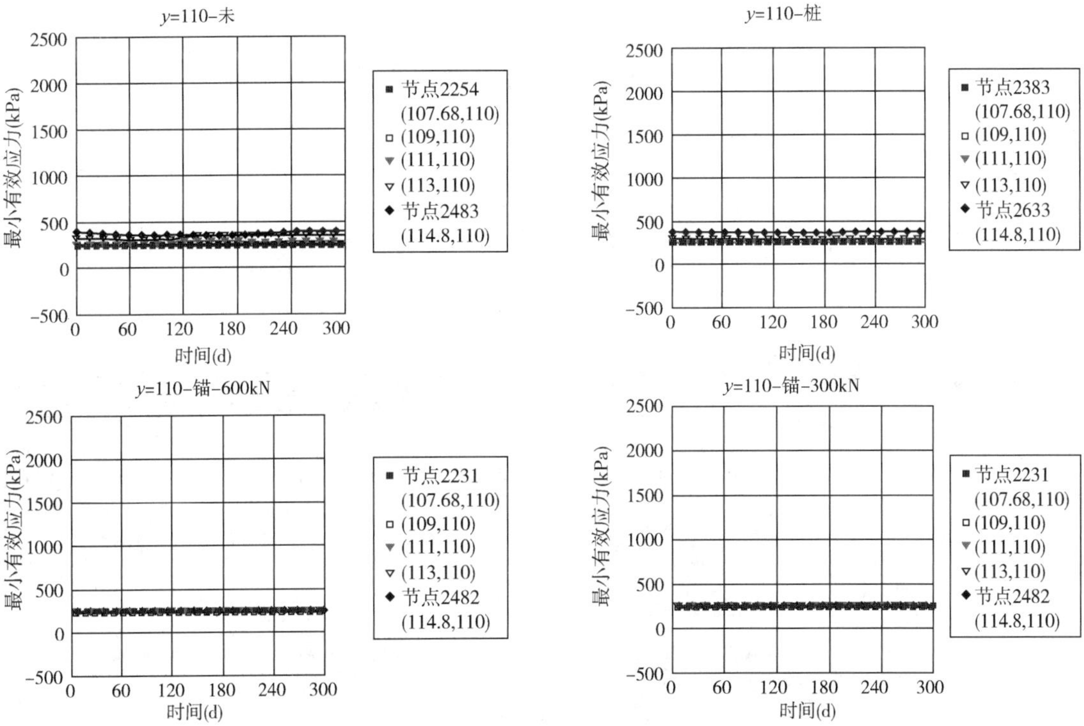

图 3-5-33　$y=110$m 高程不同点最小有效应力随库水位变化图

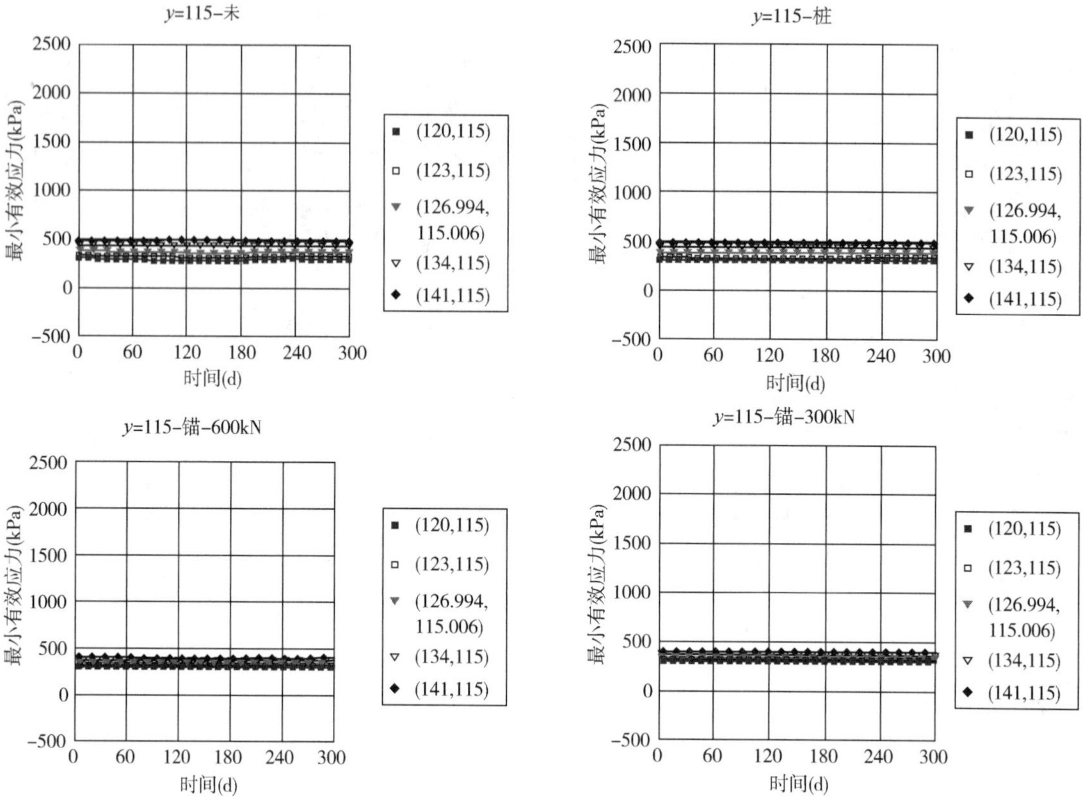

图 3-5-34　$y = 115$m 高程不同点最小有效应力随库水位变化图

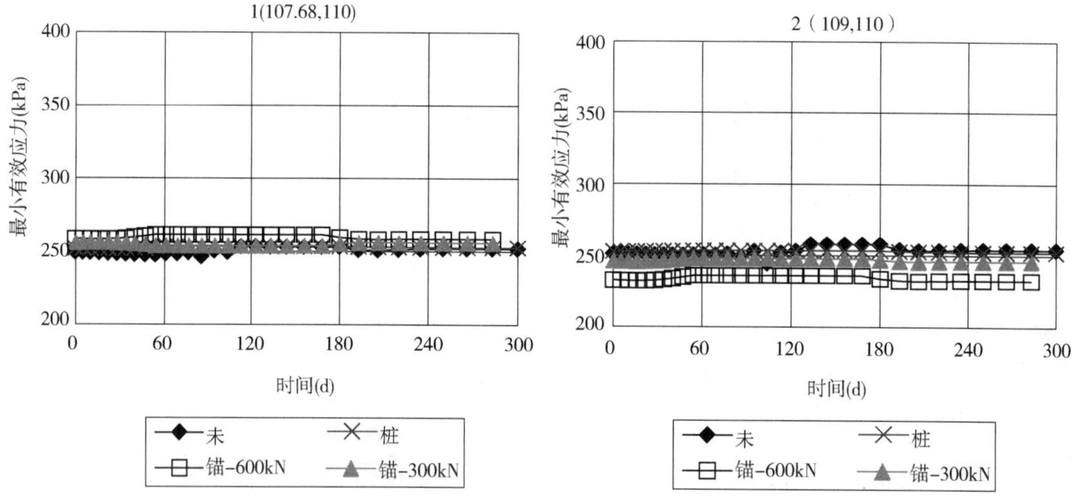

a)点1的最小有效应力随库水位变化图

b)点2的最小有效应力随库水位变化图

图　3-5-35

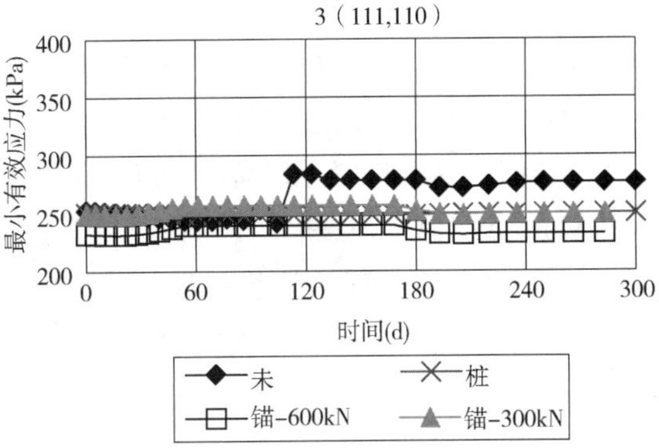

c)点3的最小有效应力随库水位变化图

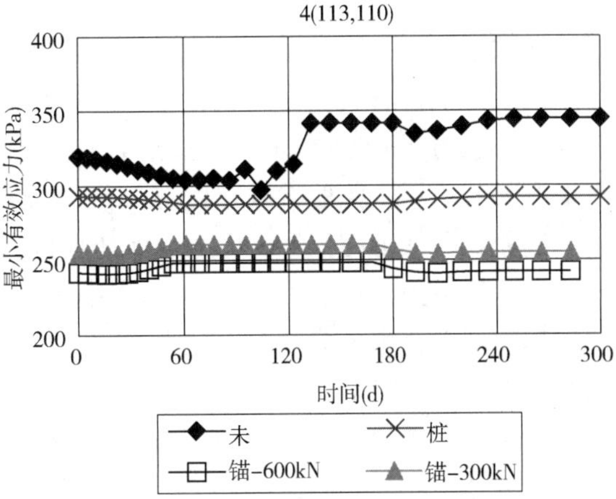

d)点4的最小有效应力随库水位变化图

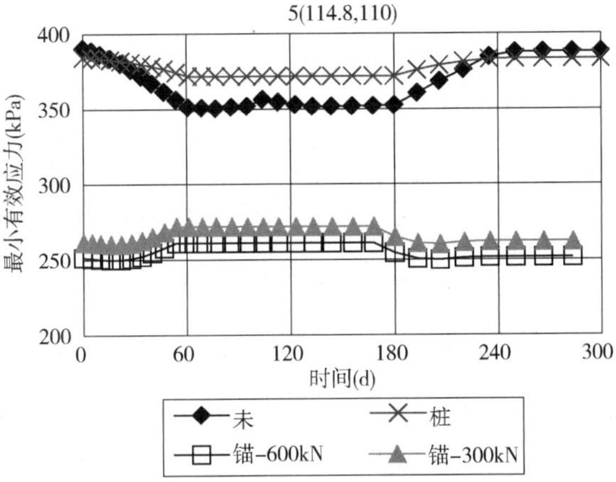

e)点5的最小有效应力随库水位变化图

图 3-5-35　最小有效应力随库水位变化图

3.6　安全系数分析

安全系数分析方法采用极限平衡法中的 Morgenstern-Price 法（满足力和力矩平衡）和有限元单元应力法进行。极限平衡法仅基于静力平衡，因完全不考虑位移，故不能总得到符合实际的应力分布，但能够计算出可以接受的总的安全系数。有限元单元应力法是一种包含应力-应变关系的稳定性分析方法，首先用有限元分析获得场地中的应力分布，然后计算得到的有限元应力导入到传统的极限平衡分析。将两类方法结合起来用于边坡稳定性分析，则可能得到较好的结果。图 3-6-1 和图 3-6-2 为锚加固、桩加固与未加固时两种方法计算得到的安全系数随库水位变化的曲线。图 3-6-3 为 235d 时刻（水位下降末期，此时边坡安全系数接近最小）锚加固、桩加固与未加固时两种方法计算的最小安全系数滑面位置图。

由安全系数变化曲线图（图 3-6-1、图 3-6-2）可知，整个水位变化过程中库岸边坡加固前后的安全系数变化的总体趋势相同，极限平衡法和有限元单元应力法计算的安全系数随库水位变化总体趋势也相同。0~60d,库水位上升,库水对岸坡的压力也随之增加,岸坡内的浸润线和孔隙水压力也跟着上升,但浸润线的位置明显滞后于库水位,水位上升高度越大,库水位与坡内浸润线位置高差也越大,从而渗透水压力和库水对岸坡的压力也越大,这种渗透水压力和库水压力指向坡内,增加了抗滑力,有利于边坡的稳定;但库水位的上升引起的孔隙水压力上升又减小了土体的有效重度,降低了下滑力。同时水位的上升增加了坡体含水量,减小了土层非饱和区范围及饱和区的有效压应力,抗剪强度降低,从而减小了坡体的抗剪强度,也即减小了抗滑力。这些因素的综合作用必将改变边坡的整体稳定性,随着库水位的增加,指向坡体内的渗透水压力和库水压力增加,以及土体因浸水后有效重度减小等对边坡稳定的有利影响大于含水量增加强度降低的不利影响,从而使边坡的安全系数得到提高,并且安全系数随着水位高度的增加而增加,上升高度越大,安全系数越大。

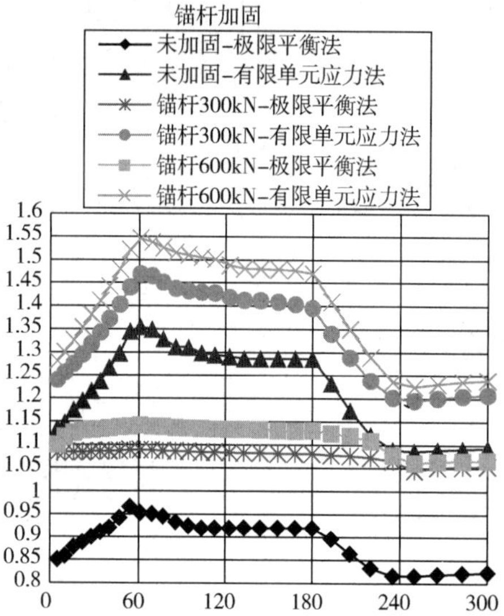

图 3-6-1 锚杆及未加固的安全系数变化曲线

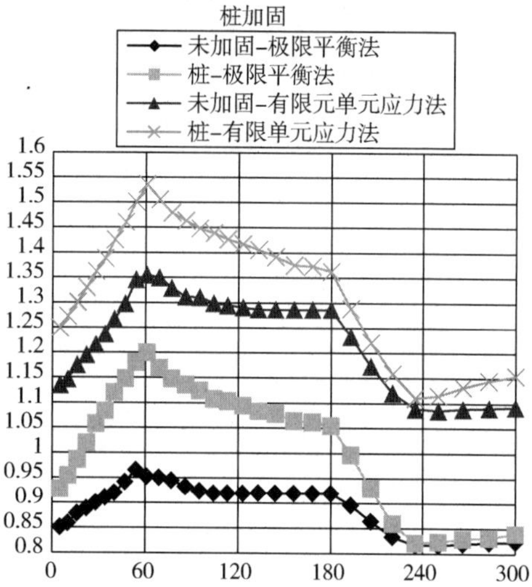

图 3-6-2 桩及未加固的安全系数变化曲线

60~180d,水位上升至正常蓄水位高程后,库水位保持不变,库水对岸坡的压力也保持不变。而由于坡内地下渗流的滞后效应,坡外与坡内之间存在水位差,在库水位保持不变的较长时期内,库水还会继续向坡内渗透,随着坡体内部浸润线的抬升,坡内孔隙水压力逐渐增大,减小了可能滑面上的有效应力,而且坡体岩土体的含水率增加,强度降低,岸坡的安全系数就会逐渐降低。

180~240d,库水位下降,由于坡体岩土体的渗透阻力作用,坡内孔隙水来不及及时排出而导致坡内水位高于坡外的库水位。水库水位下降后,由水库水位提供的对坡体的静水压力消失,但坡内地下水位高于水库水位,从而产生向坡体外的孔隙水压力,产生不利于坡体稳定的渗透水压力。并且由于岸坡内的孔隙水压力和含水率降低较慢,抗剪强度的提高不大快,所以在库水位降低过程中岸坡的稳定性会降低较快,当库水位降低到最低水位(如死水位)时稳定性最差。

240~300d,水位下降至最低水位(如死水位)并保持水位不变后,库水压力保持不变。由于坡内渗流的滞后效应,坡内外还存在水力坡降,坡体外的渗流水压低于坡体内的渗流水压,形成坡体内向坡体外的渗流(相较以前,形成反向渗流)。在库水位下降结束后的较长时期内,坡内地下水还会继续向水库排泄。随着时间的延长,坡体内的孔隙水压力逐渐消散,渗透系数越小,边坡内孔隙水压力消散所需的时间越长,含水率降低的速率越慢。水位下降结束并保持恒定时,随着时间的延长,坡体内孔隙水压力逐渐消散而含水率降低,向坡体外作用的渗透水压力和孔隙水压力的减小,并且坡体岩土体强度和有效应力的增加,安全系数有所提高。

锚加固和桩加固后,极限平衡法和有限元单元应力法计算的安全系数均比未加固时提高,说明锚杆和桩加固对边坡稳定性的提高有益。锚加固后,安全系数随水位变化的幅度比未加固的安全系数变化幅度要小。锚-600kN 加固后安全系数比锚-300kN 加固后的安全系数大。桩加固后,安全系数随水位变化幅度相对未加固时较大。特别是在水位从正常蓄水降低过程中和水位降低到死水位以后,锚加固的效果较桩加固的边坡稳定性效果好。

有限元计算方法得到的安全系数大于极限平衡法计算得到的安全系数。

水位下降末期(235d)的边坡安全系数接近整个水库运行中的最小值,未加固与锚加固、桩加固情况下两种安全系数方法计算的最小安全系数对应的滑面位置如图 3-6-3 所示,由图可知极限平衡法和有限单元应力法最小安全系数滑面位置不一致。

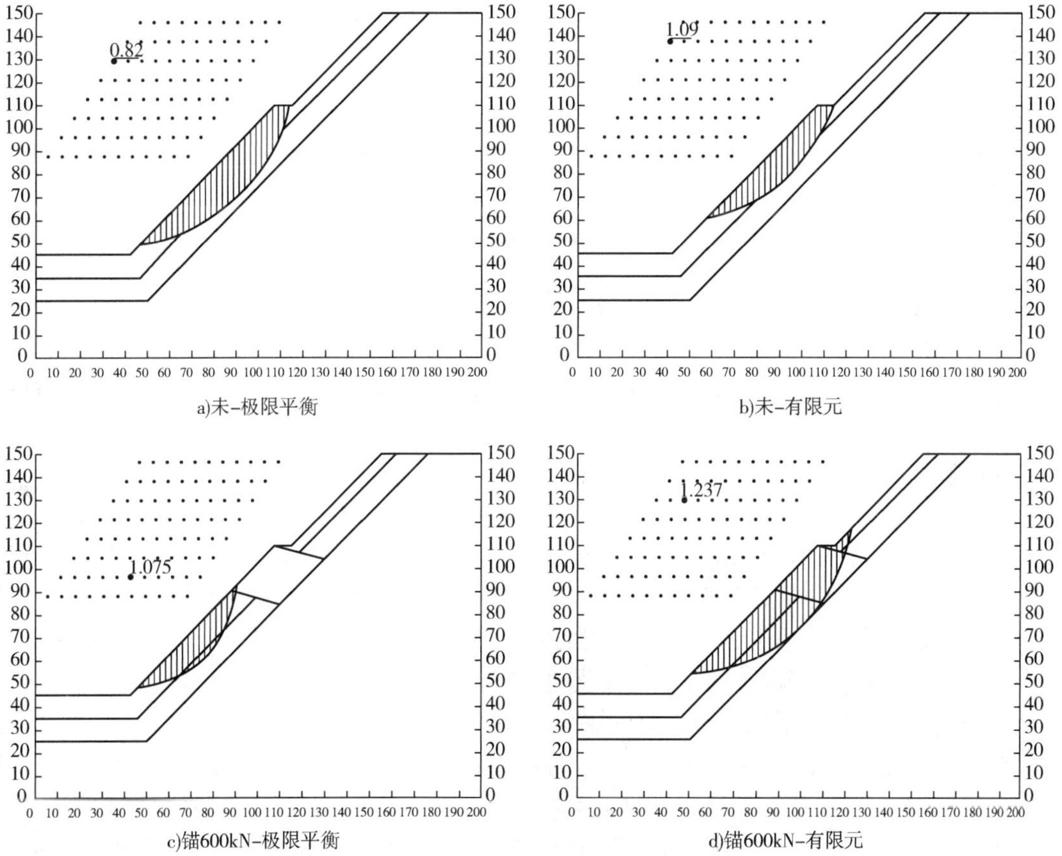

图　3-6-3

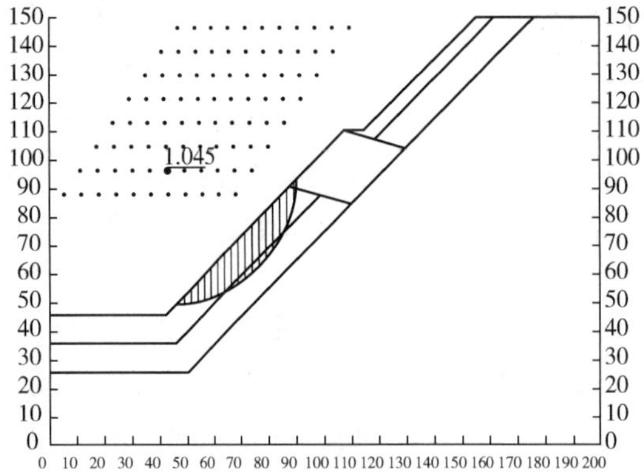

e)锚300kN-极限平衡

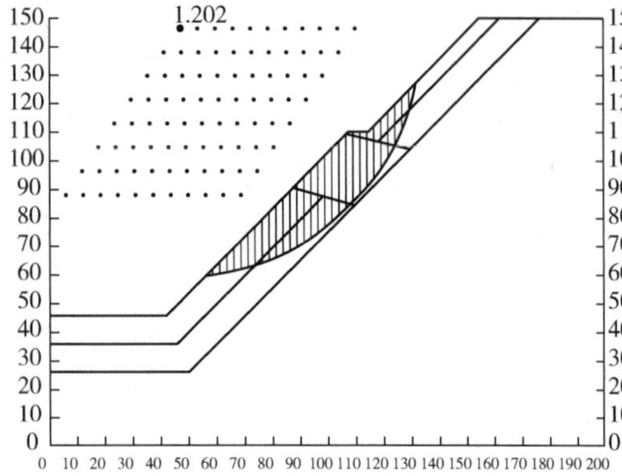

f)锚300kN-有限元

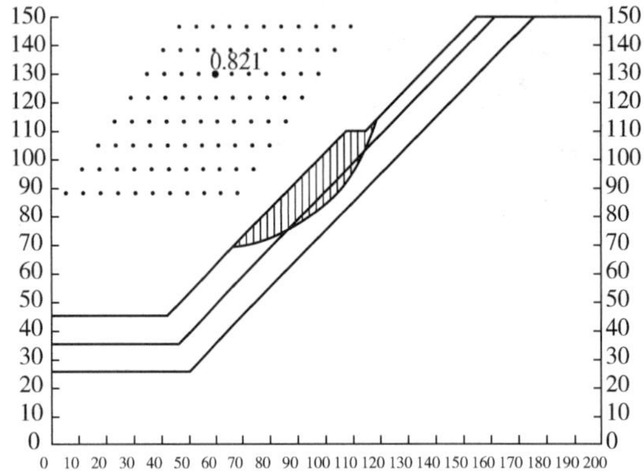

g)桩-极限平衡

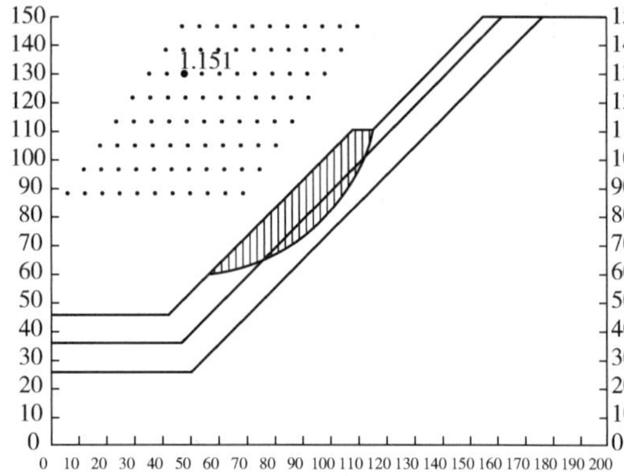

h)桩-有限元

图 3-6-3　235d 未加固、锚加固和桩加固最小安全系数滑面位置

在未加固情况下,虽然两种计算方法(极限平衡方法和有限元法)最小安全系数对应的滑动面都是从路面高程靠近上边坡位置开始,但极限平衡法计算的滑动面较深,滑动面的下缘在坡面的出露位置较低,滑动范围较大;而有限元法计算的滑面较浅,滑动面的下缘在坡面出露较高,滑动范围较小。

采用锚加固(不论是 300kN 还是 600kN)的情况下,采用极限平衡法计算的最小安全系数对应的滑面都是从锚加固区的下边缘靠近坡面开始,滑动面下缘在接近库底的坡面出露,滑动面相对较浅;而采用有限元法计算的最小安全系数对应的滑面都是从公路的上边坡坡面开始,滑动面的下缘在比极限平衡法计算出露位置较高的坡面出露,滑动面相对较深。采用 600kN 锚加固的滑面较采用 300kN 锚加固的滑面上缘低、下缘高、滑面深。采用锚加固后,相对未加固情况而言,用极限平衡法计算的最小安全系数对应的滑动范围更小,而采用有限元法计算的最小安全系数对应的滑动范围更大。

在桩加固的情况下,采用极限平衡法计算的最小安全系数对应的滑动面的上缘是从公路的上边坡坡脚高一点开始,下缘在库岸坡面的中部出露。相对有限元计算方法,采用极限平衡法计算的上缘位置高一点,滑动面下缘较有限元法计算的位置也高一些,滑动面相对较浅,范围较小;而采用有限元法计算的最小安全系数对应的滑面是从公路的上边坡坡脚开始,滑动面的下缘在比极限平衡法计算出露位置较低的坡面出露,滑动面相对较深,范围较大。采用桩加固后,相对未加固情况而言,用极限平衡法计算的最小安全系数对应的滑动范围更小,计算出露的滑动面上下缘位置较高,滑动面相对较浅,范围较小;而采用有限元法计算的最小安全系数对应的滑动面上缘位置与未加固的位置相近,下缘位置也相近,但滑动面较未加固的滑动面深,范围较未加固的范围更大一些。

由于极限平衡分析法与有限元分析建立的模型和考虑的因素不同,其安全系数的计算结果也有一定的差别。采用有限元进行渗流和应力计算后求得的安全系数要高于直接采用极限平衡法获得的安全系数。水位变化过程中边坡产生的变形引起了岸坡内部的应力重分布,而采用有限元获得的滑面条块底部的应力分量来计算岸坡的安全系数更加符合实际,获得的结果可能相对更准确。不同方法计算的安全系数余裕不同,主要跟滑面的正应力分布有关,有限单元应力法能克服一些极限平衡方法的局限,应力分布相对接近真实情况。当沿滑面的正应力分布相当接近真实的地应力时,极限平衡的安全系数和基于应力方法的安全系数结果接近。

第4章 水库库岸破坏防治对策

水库岸坡及其公路工程在水库的影响和作用下，会产生冲刷、磨蚀、坍塌、崩塌、流土、软化、变形和滑移等类型的破坏，如何针对不同破坏类型和破坏规模采取不同的防护和治理措施是非常必要的。针对不同工程等级、不同工程结构、不同破坏类型及其不同影响以及破坏机理，应用有关设计和施工理论，采取合理有效的防治对策、方法和措施，是库岸公路工程及相关工程必须开展的工作，以下各章分别总结论述了相关内容。本章主要论述水库库岸破坏防治工程等级、防治标准、塌岸防治范围及其注意事项，水库库岸破坏常用的防治方案，各种防治方案适用的条件以及适用的水库库岸破坏类型。

4.1 水库库岸破坏防治工程设计标准

目前，公路塌岸尚无统一标准规范，实践中主要参考其他行业相关规范。

(1)水库塌岸治理中应注意的问题

①岸线长，点多面广；水库岸线一般为几十公里到几百公里。

②塌岸类型多，塌岸机理差异性大。由于水库岸线跨越塌岸地质条件的差异，导致出现不同类型、规模和形成机理的塌岸。因此，塌岸治理工程应具有很强的针对性，不能盲目地开展或一味地采取某种防治工程措施；应对症下药，综合治理。

③塌岸治理工程设计标准的制定和选取中，工程等级和安全系数的选取至关重要，直接关系到工程安全和经济合理性。

④治理方案的比选：由于塌岸机理的复杂性和治理措施的多样性，一定要防范“大病小治”和“轻症重药”的误区。

(2)与水库塌岸防治工程设计标准有关的建议

①防治工程等级，可按表4-1-1划分。

水库塌岸防治工程等级划分　　表4-1-1

工程等级	一级	二级	三级
危害人数	>1000	500～1000	<500
危害对象	县级及县级以上迁建城市，或重要桥梁、国道等专项措施	主要迁建集镇、县级及县级以上工矿企业、省道和一般专项措施	一般迁建集镇、乡镇工矿企业、重要的农村居民点
备注	当塌岸对新建或改建交通、电力、电信、水利等设施有危害时，应按照有关专业规范的规定确定		

②防治工程设计高、低水位的标准：

水库塌岸防治工程设计水位标准应根据水库设计调节水位来确定。

塌岸防治工程设计高水位：水库运行高水位回水位+风浪爬高+安全超高。

塌岸防治工程设计低水位：水库运行低水位回水位-风浪影响深度；然后与常年枯水位相

比较,选取最小值。同时控制在最低冲刷深度影响深度线以下 0.5m。

原则上应与水库淹没处理设计洪水标准相同,但当塌岸对新建或改建交通、电力、电信、水利等设施有危害时,应按照有关专业规范的规定确定。

③设计荷载:

a.自重;

b.动水、静水压力;

c.岸坡坡顶及坡体建筑物荷载;

d.其他荷载,如车行荷载等;

e.水库区地震基本烈度≥Ⅷ度时,应考虑地震荷载。

④设计工况和安全系数,建议按表 4-1-2 确定。

水库塌岸防治工程设计工况与安全系数建议　　表 4-1-2

工况	具体情况	荷载组合	安全系数		
			一级	二级	三级
Ⅰ	低水位运行期间	自重+低水位静水荷载+建筑物附加荷载+其他荷载(≥度时,考虑地震荷载)	1.25	1.15	1.10
Ⅱ	高水位运行期间	自重+高水位静水荷载+建筑物附加荷载+其他荷载(≥度时,考虑地震荷载)	1.25	1.15	1.10
Ⅲ	库水位从设计低水位上升至设计高水位	自重+动水+静水荷载+建筑物附加荷载+其他荷载(≥度时,考虑地震荷载)	1.20	1.10	1.05
Ⅳ	库水位从设计高水位骤降至设计低水位	自重+动水+静水荷载+建筑物附加荷载+其他荷载(≥度时,考虑地震荷载)	1.20	1.10	1.05

⑤防护工程范围:

a.防护上限高程

防护上限高程 H_1 可按下式计算:

$$H_1 = h_g + h + h_z + A \tag{4-1-1}$$

式中:h_g——水库设计洪水位(m);

h——壅水高度(m);

h_z——设计波浪侵袭高度(m);

A——安全加高值,一般取 0.5m。

b.防护下限高程

防护下限高程 H_2 可按下式计算:

$$H_2 = h_d - (h_s + C) \tag{4-1-2}$$

式中:h_d——水库最低设计水位(m),需考虑围堰挡水发电期间及初期运行低水位;

h_s——设计低水位时的波浪最大冲刷深度(m);

C——安全高度,一般取 0.5m。

对于淤积严重的水库,防护下限可采用正常高水位与设计水位之间的平均水位。

4.2 水库库岸破坏防治建议措施

绕避水库对公路工程及其所在岸坡的影响或破坏是一种行之有效的方案,选择绕避方案时,可采用路基、桥梁和隧道等公路结构形式,并综合考虑技术的可行性、经济的合理性、对自然和社会环境的保护及可持续发展,择优选用绕避方案。

(1)水库库岸常用的防治方法分类

①按技术措施分:工程措施、生物措施和化学措施。

②按工程形式分:坡式护岸(平顺护岸)、坝式护岸(修建丁坝、顺坝)、墙式护岸(顺岸坡修筑竖直陡坡式挡土墙)和复合式护岸(护岸与丁坝、墙式与坡式、桩与墙相结合等方式)。

③按作用方式分:主动防护和被动防护。

④按使用材料分:天然材料和人工合成材料。

(2)坡式护岸

坡式护岸就是将防冲刷材料按照一定的施工工艺铺设于岸坡表面,以抵制波浪的冲刷,防止塌岸。这种护岸形式对河床边界条件改变和对近岸水流条件的影响均较小,是一种较常采用的形式。坡式护岸中常用的材料有:

①石块;

②混凝土;

③土工织物和土工膜;

④天然材料(如木材、芦苇);

⑤沥青。常用坡式护岸工程分为水下抛石和水上护坡两部分。

(3)垂直护岸

垂直护岸(墙式护岸)不仅要能够抵抗河道水流的冲刷,而且要抵抗来自岸坡的土压力和地下水压力。考虑到垂直护岸的设计类似于标准的挡土墙设计,需要预先考虑到地下水位与水库水位有关的极端条件。其结构可分为如下几种:

①石笼;

②混凝土、砖和圬工重力式挡土墙;

③加筋土;

④钢板桩;

⑤桩板墙;

⑥锚固。

(4)坝式护岸

坝式护岸分为丁坝、顺坝和丁坝与顺坝相结合的“T”形坝。丁坝是从河道岸边伸出,在平面上与岸线构成“丁”字形的河道整治建筑物。其作用是束狭河床、导水归槽、调整流向、改变流速、冲刷浅滩和导引泥沙。依托岸坡、滩岸修建丁坝和顺坝导引水流离岸,可防止水流、风浪直接侵袭、冲刷岸坡造成塌岸,坝式护岸是一种间断性的有重点的护岸形式,有调整水流的作用,多用于游荡性河流的护岸。

(5)土工织物、混凝模袋护岸

随着土工合成材料的应用和发展,库岸护坡结构也发生了重大改进,其中应用最广的是用非织造土工织物代替传统的砂砾石作为滤层,其次是混凝土模袋护坡。混凝土模袋按其充填材料不同分为充填砂浆型和充填混凝土型两种。前者适用于一般坡面、渠道、江河和水库的护坡以及码头工程等,后者适用于有较强水流和波浪作用的岸坡。土工织物草皮护坡,草皮依靠其良好的根系而具有一定的固土、抗冲能力,因而广泛用于各种草坪和草地,在水利工程中亦有不少应用,尤其是在水土保持工程中用于防止山坡地雨水冲蚀。

其他措施,如排水工程:①地表排水,分为截水沟和排水沟;②地下排水,如隧洞排水、钻孔排水、渗沟、盲沟、排水层排水等;③削坡减载;④回填压脚等。

(6)造地护岸

造地型护岸技术是通过建筑填土人工岛,从而既保护库区消落带库岸岸坡稳定,又开拓新的城市用地,缓解库区用地紧张的现状。填筑式人工岛周围护岸(或称岛壁)的结构形式主要有:直立式、斜坡式和混合式三种。斜坡式又可分为由大块石或各种混凝土消浪块体作护面的陡坡型和由砂砾组成的缓坡型(或称岸滩型)两种。造地型护岸修筑技术是“填土造地”与“岸坡防护”有机结合的护岸技术,即采用填土方式修筑护岸结构,在满足保护岸坡不受库水位周期性涨落的基础上,达到美化护岸结构、完善城市功能、适当增加城市用地的功效。应用于三峡库区消落带区的造地型护岸技术,采用基础处理及抛石护脚、堆石坝、碾压回填土、坡面防护、衡重式挡墙的联合护岸技术,达到整治消落区、美化旅游环境、提升区域品味、形成旅游亮点、促进经济发展、增强库岸防护、减少水土流失以及增加城区土地使用面积的作用。

(7)浸水斜坡内崩塌的防治

浸水斜坡内崩塌的防治措施应结合库岸整治、沿江道路工程和港口码头工程,充分利用各工程项目的结构组成及受力特点,适时考虑采取支挡、抗滑和锚固等工程措施。为有效地防止浸水斜坡的崩塌,通常可在河岸坡脚采用护岸和挡墙以及支承棱体等稳定工程,这些稳定工程一般也是沿江道路路堤结构和码头结构等工程的基本组成部分。

①当岸坡土层很厚且高水位以下的岸坡因其下卧硬层(岩层)较平缓而稳定性较高时,可结合道路路堤结构和码头结构,先在浸水斜坡的高水位附近或上级滑坡体坡体前缘设置坡顶抗滑挡墙或抗滑板桩或抗滑桩等,一方面作为稳定上部斜坡或上级滑坡体的结构,另一方面又作为码头与陆岸衔接的组成部分。

②对单一的滑坡体(其上部没有另外的滑坡体或潜在性滑坡体),滑动面的形状明显呈弧形时,可结合护岸工程、码头建筑物工程等,在滑坡体后(上)部进行刷方减载,放缓岸坡,减小下滑力,提高滑坡体的稳定性。刷方减载形成的平台可作为港口的陆域场地,如堆场、人行广场等。

③当在浸水斜坡的倾斜方向连续有几个滑坡体,其滑动面的形状又近似于直线时,可结合护岸工程、码头建筑物工程等,在浸水斜坡前缘即护岸工程或码头建筑物工程的坡脚设置反压支承棱体,同时对上部滑坡体进行刷方减载。刷方减载的土体则可直接作为坡脚反压棱体的填筑材料,既起反压体的作用,又充分合理利用刷方减载的土体,以降低工程造价。当反压棱体不足以维护连续滑坡的稳定性时,还应根据滑坡体大小并结合道路路堤结构和码头的平面布置(如分级直立式码头、之字形汽车下河码头等),沿滑坡体分级设置抗滑挡墙或合理设计码头结构的桩基使之成为抗滑桩,分级整治滑坡,以稳定滑坡体。

④对于浸水斜坡，当因水流等因素的影响而可能产生规模较小的崩塌或崖崩时，则在建设沿江大道、护岸工程或码头工程时，可在它们的坡脚及浸水斜坡前缘设置抗滑挡墙或护面墙等整治工程或防护工程，防止浸水斜坡因水流等因素的影响而产生崩塌或崖崩。

⑤当滑坡的前沿面向江河或溪流时，可用护岸、坡脚挡墙、河床加固、导流建筑物、抛石棱体或防砂堤堰等防止坡脚的侵蚀。

⑥在进行上述措施的同时，注意在后方或上方设置有效的防水或排水工程，防止后方或上方来水（地面水和地下水）对滑坡体的影响。

（8）水库塌岸防治工程的选择

水库塌岸防治工程措施的选择应注意三个方面问题：①对于冲刷作用强烈的库岸段，应采用坡脚和坡面相结合的防冲刷措施；②护岸工程能经受一年几次的库水位升降变动作用；③新材料（土工合成材料）、新技术的应用。

水库塌岸防治工程应与沿库城镇规划建设密切结合：一方面是结合城镇、道路规划，塌岸治理结合土地开发利用；另一方面就是考虑环境协调和城市美化。

不同类型塌岸防治对策见表4-2-1。

不同类型塌岸防治对策 表4-2-1

岸坡类型	塌岸模式	岸坡特征	冲刷强度	防治建议对策
土质岸坡（Ⅰ）	冲磨蚀型	缓坡	弱	坡式护岸：①散抛石；②水下抛石+坡面植被防护
			强	坡式护岸：①水下抛石+干、浆、点砌石（混凝土模块）护坡；②沉排结构，如格宾网垫（石笼沉排）、土工网或土工格栅石笼、土工混凝土模块、混凝土连锁板
	坍塌型	陡坡	弱	①垂直护岸（挡土墙或铅丝笼）+坡脚防冲；②格构+点、浆砌石（混凝土模块）+坡脚防冲
			强	①垂直护岸（挡土墙或铅丝笼）+坡脚防冲（水下抛石、柴枕、柴排、混凝土模袋、软体沉排、干砌石、浆砌石）；②格构+点、浆砌石（混凝土模块）+坡脚防冲；③垂直护岸（挡土墙或铅丝笼）+坝式护岸（丁坝、顺坝），丁坝可选择不漫水下挑丁坝以防止水流直接冲刷或漫水上挑丁坝以促成淤积
	滑移型	浅层滑移	—	①小型抗滑支挡结构+坡式防护+坡脚防冲+排水，抗滑支挡结构可选择抗滑挡土墙、钢板桩、微型桩等；②削坡压脚+坡式防护+坡脚防冲+排水
		整体滑移	—	按照滑坡防治工程相关规范进行勘察、设计和施工
	流土型	缓坡	—	渗水盲沟+坡式护岸（干砌石、浆砌石）+坡脚防冲
		陡坡	—	渗水盲沟+垂直护岸（挡土墙或铅丝笼）+坡脚防冲
岩质岸坡（Ⅱ）	冲磨蚀型	软岩缓坡	强	坡式护岸：①水下抛石+干、浆砌石（混凝土模块）护坡；②沉排结构，如格宾网垫（石笼沉排）、土工网或土工格栅石笼、土工混凝土模块、混凝土连锁板
	崩塌型	软岩陡坡	—	①锚杆喷射混凝土+坡脚防冲；②格构+坡脚防冲刷；③桩板墙+坡脚防冲
		硬岩陡坡	—	①局部锚杆+喷射混凝土+裂隙处理；②锚索（单锚、群锚或格构锚索）+喷射混凝土+裂隙处理
	滑移型	—	—	按照滑坡防治工程相关规范进行勘察、设计和施工

续上表

岸坡类型	塌岸模式	岸坡特征	冲刷强度	防治建议对策
岩土混合岸坡（Ⅲ）	冲磨蚀型	缓坡	弱	①散抛石；②水下抛石+坡面植被防护
			强	①水下抛石+干、浆、点砌石（混凝土模块）护坡；②沉排结构，如格宾网垫（石笼沉排）、土工网或土工格栅石笼、土工混凝土模块、混凝土连锁板
	坍塌型	陡坡	弱	①垂直护岸（挡土墙或铅丝笼）+坡脚防冲；②格构+点、浆砌石（混凝土模块）+坡脚防冲
			强	①垂直护岸（挡土墙或铅丝笼）+坡脚防冲（水下抛石、柴枕、柴排、混凝土模袋、软体沉排、干砌石、浆砌石）；②格构+点、浆砌石（混凝土模块）+坡脚防冲；③垂直护岸（挡土墙或铅丝笼）+坝式护岸（丁坝、顺坝），丁坝可选择不漫水下挑丁坝以防止水流直接冲刷或漫水上挑丁坝以促成淤积
	滑移型	浅层滑移	—	①小型抗滑支挡结构+坡式防护+坡脚防冲+排水，抗滑支挡结构可选择抗滑挡土墙、钢板桩、微型桩等；②削坡压脚+坡式防护+坡脚防冲+排水
		整体滑移	—	按照滑坡防治工程相关规范进行勘察、设计和施工
	流土型	缓坡	—	渗水盲沟+坡式护岸（干砌石、浆砌石）+坡脚防冲
		陡坡	—	渗水盲沟+垂直护岸（挡土墙或铅丝笼）+坡脚防冲

当水库运行过程中（包括蓄水、运行、泄水等状态）产生的库岸破坏危及库区公路安全时，应对库岸或路基进行防护加固。以库岸可能的变形破坏模式为基础，有针对性地分段采取相应工程治理措施，有利于保证库岸防治达到预期效果。公路或库岸防护设计应遵循滑坡与塌岸综合治理、库岸防治与开发利用相结合、分时期分段落分水位区防护等原则。库岸防护措施一般采用工程措施与生态治理措施或采取二者相结合的措施进行防治。对流土型库岸再造，由于库岸整体稳定性较好，一般采用生态工程措施进行处理，如采取植物绿化措施以防治库岸段流土的发生；对剥蚀型再造，根据所处部位，采取生态措施与工程措施结合进行治理；对滑移型、溃屈型、崩塌型，采取工程措施为主，根据规划情况选择合适的工程措施。工程措施概括起来有以下几种类型：削坡减载压脚、改变斜坡形态、支挡措施、锚固措施、喷护措施、护坡加排水措施。石笼防护结构为柔性结构，能够适应承载力相对较低的库岸路基。加筋土及自嵌式结构具有良好的整体稳定性，尤其自嵌结构具有很大的优点。

简文星等认为三峡库区库岸宜采用如下 5 种方案进行防护：

①对于易风化岩质岸坡或软硬互层岩质岸坡，宜以喷锚工程为主，结合局部支撑与挖方等进行防护；

②对于土层比较厚（≥10m），地表有明显变形破坏迹象的岸坡，或夹软弱层的易滑顺向岩质岸坡，宜以抗滑桩工程为主，结合护坡与地表排水等进行防护；

③对于下伏完整基岩，且土层较薄（<6m）的土质岸坡或混合型岸坡，宜以挡土墙工程为主，结合地表排水等进行防护；

④对于土层较厚（≥6m）且坡度较缓（<20°）的土质岸坡或混合型岸坡，宜以干砌条石护坡工程为主，结合石笼、水下抛石压脚等进行防护；

⑤对于坡度较陡（>20°）、厚度较大（≥6m）的土质岸坡，或强风化花岗岩岸坡，宜以格构

锚工程为主,结合地表排水等进行防护。沿江(库岸)公路采用浆砌片石挡墙和抗滑桩结构保护路基,裸露岩石采用喷射混凝土防护,江边细沙采用石笼和土工织物枕防护,杂填土区域采用植被和片石防护。李朝阳应用土工格栅加筋土护坡和土工石笼护脚相结合的方法进行库岸防护设计,不仅可以防止塌岸,而且可以大规模地增加建筑用地,用于修建江边(库岸)公园等公共游乐场所。兴山县高阳镇库岸塌岸防治工程首次采用植被混凝土进行植被护坡,将其引入到三峡库区地质灾害防治工程中,并结合地质灾害的特点实施,达到了地质灾害治理与绿化美化环境的目的。安凯军等采用锚杆、抗滑桩与灌浆相结合措施对水库岸坡及临岸坡高填方路段公路路基的沉陷、裂缝的综合加固治理。合理调节运行水位变幅,对控制塌岸范围和深度较为理想;而通过小范围抬高公路线位来控制塌岸的效果并不明显。在库区淹没时设置桩基托梁挡墙,可避免原设计挡墙下覆层存在塌岸,导致挡墙基础悬空的可能。开展库区路基结构设计时合理确定路基的断面形式,具有重要的现实意义。几种行之有效的路基防护新技术、新工艺:土工模袋混凝土护坡、树根桩、土钉和锚管、振冲置换碎石桩、抛石、砌石挡墙、钢筋混凝土框架及预应力锚索、竹筋土路堤结合香根草防护等。每一种方法都要因地制宜,不能生搬硬套,有些地方也许要几种方法并举,只有在掌握了库区路基病害的根源后有针对性地采用一种或数种方法才能行之有效。

4.2.1 冲磨蚀型塌岸防治

冲磨蚀型塌岸是由于库水、风浪长期作用于岸坡表面,将岸坡岩土体逐步带走的一种塌岸形式。一般危害不大,具有缓慢性和长期性,但易造成水土流失并毁坏良田。

4.2.1.1 防治形式选择

(1)库岸段冲刷较弱,可选择一般坡式护岸:①散抛石,抛石范围从水库最低冲刷线以下0.5m至设计高水位(并考虑风浪和安全超高)。②坡脚抛石+植被防护,设计低水位附近坡脚防冲(抛石),水位变动带及以上采取植被防护。植被防护可采用防护林工程或植草护岸工程,且应在水位低落时能经受日晒,在水位高涨时能经受淹没,如牛毛草、早熟木、李式禾、河柳等。

(2)库岸冲刷强烈,则应选择抗冲刷能力较强的坡式防护:①水下抛石+干、浆、点砌石(混凝土模块)护坡;②沉排结构,如格宾网垫(石笼沉排)、土工网或土工格栅石笼、土工混凝土模块、混凝土连锁板。

几种护坡结构形式如图4-2-1~图4-2-3所示。

图4-2-1 铅丝笼堆石护坡

图4-2-2 干砌石护坡

4.2.1.2　工程实例

(1)实例1

某库岸防护采用土工模袋混凝土护坡、树根桩、土钉和锚管、振冲置换碎石桩和抛石方案,各措施的施工要点如下:

①土工模袋混凝土护坡

a.准备工作

先将需防护的水库岸(下称库岸)修整、夯实成平整、顺适的坡面。然后在两侧开挖深约50cm的水上、水下模袋埋沟,并将模袋上边缘埋在承台或压顶混凝土下,嵌埋襟边宽度不小于50cm,以固定模袋。同时,在库区水位波动频繁的常水位至死水位这一高差范围内的岸坡上铺设数量为400g/㎡的加筋复合土工布,以减轻冲刷浪蚀。

图4-2-3　浆砌石护坡

b.施工方法

施工工序:铺平模袋→充灌细石混凝土→固定模袋(回填模袋埋沟)。所用的混凝土标号为C18,细石最大粒径不大于2cm,添加粉煤灰和泵送剂以增加混凝土混合料的流动性,同时将混凝土的坍落度严格控制在21~25cm。充灌填料用混凝土输送泵泵送,距离不超过50m,压力不小于0.2MPa。充灌顺序为自下而上、从两侧向中间。充灌操作结束1h后即可回填模袋埋沟,固定模袋。注意水深超过2m的水下部分的模袋铺设和混凝土充灌应由潜水员配合完成,以保施工质量。充灌工序以混凝土浆溢出注浆口而结束,如图4-2-4所示。

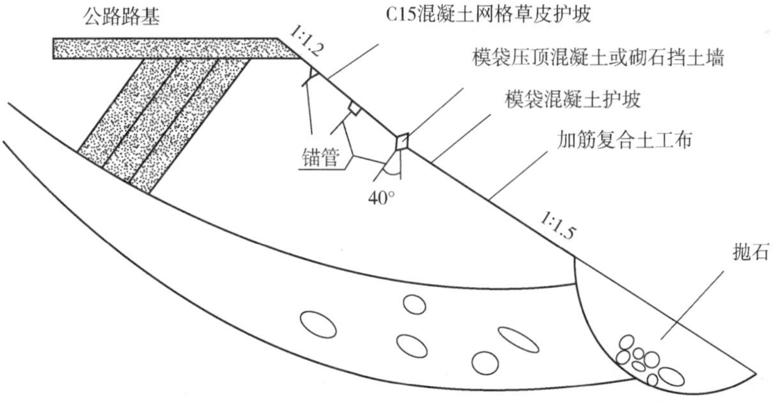

图4-2-4　土工模袋混凝土及锚管等治理库岸路基

②树根桩

树根桩又称组合树根状桩锚,类似于一种小直径钻孔灌注桩,这些桩通过竖向及斜向网状布置呈树根状,它可承担竖向荷载、水平荷载及拉力、压力、剪力,从而将滑坡体网状固住,是边坡加固的理想方法之一,适用于库岸小型滑坡体的加固治理,如图4-2-5所示。

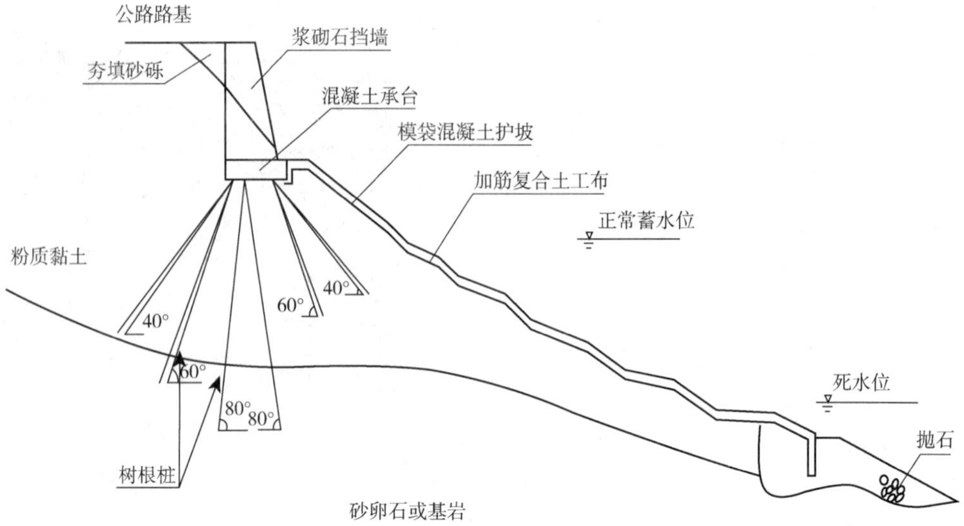

图 4-2-5　树根桩,模袋混凝土等治理库岸路基

a.施工方法

施工工序:桩位定位→成孔→制作、吊装钢筋笼和安设注浆管→填灌碎石→注浆→拔注浆管移位。定好桩位后采用钻机钻孔,桩位偏差应控制在 20mm 以内,遇易塌孔段应采用套管跟进;到达设计深度后放下由 3ϕ20 组成的钢筋笼,用定位筋定位,防止其在施工浇注过程中发生位移或上浮;然后安装注浆管(管口距孔底约 20cm),投入粒径为 5~15mm 的细石(应冲洗干净),采用 C20 水泥砂浆分二次灌浆;第一次灌浆压力为 0.3~0.5MPa,待其初凝后进行第二次灌浆,压力提高至 2~3MPa;注至孔口泛出浆液为止,拔管后填补桩顶混凝土至设计高程。

施工中应防止出现穿孔或浆液沿砂层大量流失的现象。树根桩的额定最高注浆量为桩身体积的 3 倍,当注浆量达到额定最高值时应停止注浆,采用跳孔施工、间歇注浆和掺加速凝剂等措施防止上述现象的发生。

b.树根桩的布置

每组树根桩均由 6 根桩组成,每组桩的间距为 1.5~2m,顶部采用 C20 钢筋混凝土连成整体,树根桩钢筋按设计要求伸入承台。若承台基底土体较松软,则需翻夯,并在地基表面铺设一层厚 10cm 的碎石垫层,如图 4-2-6 所示。

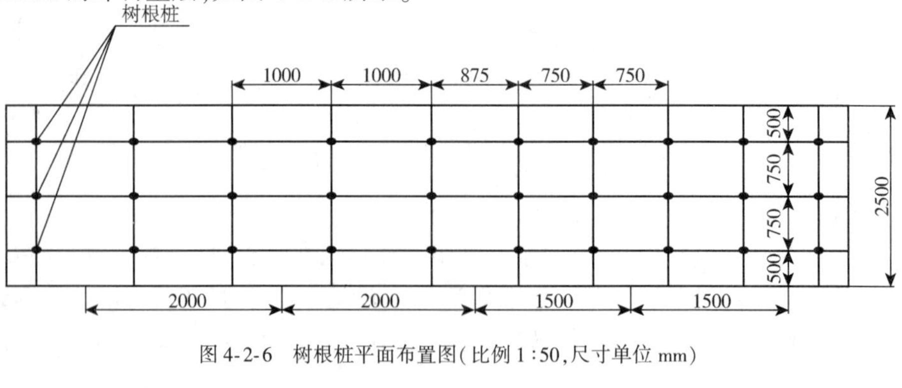

图 4-2-6　树根桩平面布置图(比例 1:50,尺寸单位 mm)

③土钉和锚管土钉

锚管可作为库岸发生浅层小型滑陷的主要治理措施。

a.施工方法

采用土钉机或钻机钻孔,放入钢筋或锚管并定位,分二次灌浆。第一次灌浆压力为 0.2~0.3MPa,初凝后第二次灌浆,压力为 2~3MPa,注至孔口泛浆为止。

b.施工工艺特点与评价

土钉和锚管土钉工艺类似于树根桩,但所需设备少、施工简便、投资小。适用于土层力学指标较好,且边坡处基本稳定,但边坡偏陡、坡面抗冲刷能力差而需砌挡土墙处。该工艺能加固挡墙基础并提高其承载能力。

④振冲置换碎石桩

振冲置换碎石桩是在软土地基中利用振动和水冲就地振制而成的碎石桩,是一种快速加固软土地基的有效办法。它能适应水下施工,可加固孔隙比大、较松软的边坡。其桩体透水性好,可有效降低因水位骤降引起的孔隙水压力。但若土中石块较多则成孔困难,若水较深则施工质量控制较难,需要有专业经验的施工队伍。

a.施工方法

施工工序:桩位定位→钻孔→成孔→填料→振密→再填料→再振密,直至成桩结束。根据土质的不同,振冲碎石桩的施工操作也有差异。

b.中粗砂砾型地基的振冲操作法

中粗砂砾型地基的振冲操作类似于混凝土振捣器的施工原理:成孔之后,振冲器逐步提升,此时加大水压至 $8kg/cm^2$,使振冲器周围的砂土在振动作用下液化,再通过振冲及其自重压力使砂颗粒挤密,重新排列。由于砂透水性好,能在短时间内把水排出,使之固结。

c.粉砂土地基的振冲操作法

在粉砂土地基中采用振冲器钻孔时,必须加大水压(不低于 $8kg/cm^2$),必要时需另用水泵向孔内加水,以协助成孔。成孔后必须边振边填料,以防振冲器提出地面后塌孔,成桩一半后振冲器可提出地面加料,直至成桩完毕。

d.黏性土地基的振冲操作法

在黏性土地基中钻孔时振冲器把大部分黏土振密挤压于孔周围,小部分黏土由于冲击作用而成为松散的游离土。因此,钻孔时必须加大水压(不小于 $6kg/cm^2$),使这部分松散的游离土变成稀稠度泥浆逐步排出孔外。成孔初期由于泥浆水浓度较稠,下料的碎石不易沉到底,而常常被振冲器挤入孔壁上部形成瓶颈。因此,成孔后必须再往返振冲清孔一两次,把孔内泥浆水冲稀,然后才可将填料振密。填料后可降低水压,以减少污水排出。

e.悬浮桩的振冲操作方法

遇软土层较浅的地基,碎石桩一般都应落在硬土层上。但有的软土层厚达十几甚至 20m 以上,碎石桩落到底部硬土层上的难度大,造价高,且效果不理想。遇到这种情况,一般采用 8~10m的悬浮碎石桩方案,它所组成的复合地基的承载力不低于 $15t/m^2$,且沉降量及相对沉降差均能保持在规范容许范围内。当振冲器钻孔至设计深度后,第一次加料 0.5t,振冲器保持该深度进行振密不得上升,使碎石桩端部扩大,形成大头型桩座,以增加支承面积。其余桩段根据桩间土的土类,按相应的振冲操作方法施工。

⑤抛石

在预定的位置,将船定位抛石。尽量采用大块石,注意大小级配,小于30kg的块石含量不得超过20%,自下而上按要求抛足数量,并检测是否达到设计要求。

⑥砌石挡墙

挡墙墙基用M5浆砌普通块石,墙身用M7.5浆砌粗料石。注意设置排水孔,挡墙墙背要求回填砂卵石,应按规范规定分层夯实。墙背原有松土应按要求翻夯击实。

⑦钢筋混凝土框架及预应力锚索

当路基距水面较高,或路基内潜在滑移面较深时,则上述介绍的坡面防护、树根桩、土钉、锚管等措施均无法奏效,也难于施工。此时可采用钢筋混凝土框架及预应力锚索方案加固。

⑧竹筋土路堤结合香根草防护

若当地土质适宜,地形合适,且路基离库区正常水位较高,则可采用加筋土工艺填筑冲毁的库岸路基。但由于目前加强筋的价格较高,且坡面防护需要大量的预制钢筋混凝土砌块,故该工艺不易推广。结合山区盛产毛竹的优势,在二级以下的普通公路上采用竹筋土夯填路基结合香根草护坡的修复办法,效果不错。

a.施工方法

先将待筑路堤的基底整平或整成台阶状,将口径10cm以上的毛竹剖成8片(保留节疤以增加与土壤间的摩擦力),然后顺着横断面方向每30cm放置一片,(若长度不够,可将竹片刻槽后用尼龙绳绑结),覆盖路基土且碾压密实。再以同样的间隔放置一层竹片,最好上下层竹片接头相互错开以免集中在同一横断面,直到填至路基设计标高。所有竹片在路基外缘可露出10~15cm,路基填方边坡坡度宜缓于1∶1。路基筑成后在边坡坡面上顺着外露竹片头形成的等高线层种植香根草,横向间距为15~20cm,自上而下先种二行,然后空三行再种二行。草苗的竖横向间距为30cm+90cm+30cm,草苗在横向也应错开档位。3个月后香根草开始分蘖,应进行一次割草以加快分蘖速度,逐渐形成草带。它可防止地表水的冲刷及水土流失,同时其发达的根系可有效固结路基土。

b.工艺特点与评价

本法充分利用山区的资源和特点,造价相对较低,简单易行,无污染,结合了工程治理和生物治理的特点。一般经过半年时间该路基就能达到纵断面向有篱,横断面向有筋,竖向成网的立体加固效果。且香根草不怕旱不怕涝,适合山区生长,是不可多得的公路防护绿篱。该法的不足之处是施工时需封闭交通,不宜用于长期浸水路基的修复。

(2)实例2

汾河水库地处山西娄烦县境内的黄土丘陵沟壑区。由于黄土的垂直节理发育和崩解性、湿陷性特点,在蓄水浸泡和水浪淘蚀作用下,库区塌岸现象极其严重。据实测,库区塌岸线总长70km,已坍塌土方3529万m^3,毁坏耕地335.8hm^2,目前尚有47km的库区塌岸线仍然坍塌严重。处治方案:选用铅丝笼堆石基础干砌石护坡。

按设计要求挖好基础,放入编织好的铅丝笼,然后从基底密集向上排列块石,上下层呈“品”字形错开,避免直缝。铅丝上下拉紧锁牢,将各层石块紧密固定,块石粒径为0.2~0.4m,

重 30～50kg。

从基础开始自下而上护砌，将较大的石块砌在底层。由于受水流冲刷和浪击作用，应采用竖立砌法（即石块的长边与坡面垂直）砌筑，要求空隙达到最小。砌体缝口要紧密，空隙用小石填塞紧密，防止砌体在受到水流的冲刷或外力撞击时滑脱沉陷。一般干砌石砌体空隙率应不超过 30%～35%。

反滤层的反滤料不得夹有泥块或杂物，一般砂和砾石（小于 0.1mm）的颗粒含量不应大于 3%～5%（按重量计）。斜坡铺设反滤料时，不得将反滤材料自坡上往下倾倒，以免颗粒分离。铺设时，应与砌石密切配合，自下而上，随铺随砌，同时，禁止在暴雨时铺设反滤料。必须做好接缝处各层之间的连接，使接缝处层次清楚，防止产生层间错动或中断混淆现象。在斜面上的横向接缝，应收成坡度不小于 1∶2.0 的斜坡，其各层接缝处则应铺成阶梯形的接头。

（3）实例 3

江新联圩位于珠江三角洲河网区的西部，西江干流下游右岸，是珠江三角洲五大重点堤圩之一，属 2 级堤防。联圩由天河圩、礼东圩、礼西圩、睦州圩、梅大冲圩、龙泉圩、白洲圩、三江一联圩、三江三联圩、环城联圩和江会联圩等 8 条中小堤圩组成，干堤全长 94.42km，圩内总集雨面积 545.6km^2。江新联圩捍卫江门、新会两市及其所属 7 镇，保护人口 68 万人，耕地 2.218 万 hm^2，工农业总产值 350 亿元（2000 年）。

江新联圩天河圩，桩号 0+000～14+512，全长 14512km，有历史险段 3 处，其中鲥鱼岩险段长 275m，桩号 3+725～4+000；浸入坝险段长 200m，桩号 4+500～4+700；六十丈险段长 200m，桩号 5+300～5+500。3 处险段处于西江转弯处，属迎流顶冲河段，深槽迫岸，堤岸坡降为 1∶1.5左右，堤脚最深处高程为珠基－19.00m。据历史资料记载，以上 3 处险段，1949 年前都曾有塌堤的情况发生。1995 年 5 月，六十丈险段土堤加固过程中，在不到 1 个月时间内，曾先后发生两次向内、向外的深层滑动，底部淤泥层在堤内鱼塘中部隆起，向外滑动时近 100m 土堤全部滑入西江。后采取在滑坡段范围河床大量抛石反压抢险，用堤线内移方式复堤。由于六十丈上游鲥鱼岩和浸入坝 2 个险段依然处于迎流顶冲状态，河岸深槽迫岸，为了避免再出现六十丈的险情，江门市和新会市两级水利部门经过考虑，决定对 3 个险段范围（3+300～6+230）全长 2.93km 进行抛石丁坝护岸加固。

根据历年来的水文资料，天河水位站历年平均最低水位为－0.5m 左右，根据《堤防工程设计规范》GB 50286－2013，堤岸防护工程的护脚工程顶部平台应高于枯水位 0.5～1.0m 的规定，采用坝顶高程为 0（珠基）。

根据《堤防工程设计规范》GB 50286－2013 规定，坝距按 1～3 倍坝长确定，现按 3 倍坝长考虑。但考虑到工程施工方便等因素，坝距统一采用 50m，共布置丁坝 26 条。

据《堤防工程设计规范》GB 50286－2013，丁坝的平面布置应根据整治规划、水流流势、河岸冲刷情况和已建同类工程经验分析确定。现从稳定角度出发，采用坝长为 40m（以堤顶防浪墙外边线算起）。

按垂直堤岸方向作为丁坝轴线方向。

根据《堤防工程设计规范》GB 50286－2013 规定，坝顶宽一般为 1～3m，现采用 2m。

根据《堤防工程设计规范》GB 50286－2013 规定，丁坝上下游两侧坡度一般不陡于 1∶1.5，现边坡、纵坡统一取 1:2。

在设计报批过程中，一些专家到现场视察指导，提出了一些修改意见，取消 4+025 桩号丁坝，增加 4+850 桩号丁坝（坝长 45m），4+075 桩号的深潭抛石至-16m 高程，因此设计方案作了修改。

施工时主要掌握以下要点：石料尺寸和质量应符合设计要求；抛投时机宜在枯水期或低水位时进行；抛石前应测量抛投区的水深、流速、断面形状等基本情况，并与设计图纸断面进行比较；根据水流速度掌握抛石位移规律；抛石应从最能控制石坝稳定的部位抛起，依次展开；船上抛石应准确定位，自下而上逐层抛投，并及时探测水下抛石坡度、厚度；水流急时，应用较大的石块在护脚部位压脚，然后再逐次向上抛投；确保施工安全，在施工区域范围禁止游泳、喧哗打闹，控制抛投船只依次抛投，石坝整平工作时一律穿救生衣工作，做好安全措施。

4.2.2 土质坍塌型塌岸防治

土质坍塌型大多是由于水边线附近坡脚被冲刷掏空而导致上部土体失去支撑从而产生塌岸。保护好这类塌岸，坡脚不被冲蚀将是防治的重点，同时采取垂直护岸，但必须做好排水，应保障坡体地下地表水流畅通。

4.2.2.1 防治形式选择

（1）库岸段冲刷较弱，可选择一般坡式护岸：①垂直护岸（挡土墙或铅丝笼）+坡脚防冲；②格构+点、浆砌石（混凝土模块）+坡脚防冲。

（2）库岸冲刷强烈，可选择：①垂直护岸（挡土墙或铅丝笼）+坡脚防冲（水下抛石、柴枕、柴排、混凝土模袋、软体沉排、干砌石、浆砌石）；②格构+点、干、浆砌石（混凝土模块）+坡脚防冲；③垂直护岸（挡土墙或铅丝笼）+坝式护岸（丁坝、顺坝），丁坝可选择不漫水下挑丁坝以防止水流直接冲刷或漫水上挑丁坝以促成淤积；④顺坝防治水流直接冲刷坡脚。

4.2.2.2 工程实例

（1）实例 1

广西左江电站护坡范围在大坝至下游 1km 内，分左右岸两部分，左岸护坡段长约 350m，右岸护坡段长约 650m。两岸地质结构基本相同，岸坡、河床局部基岩出露，岸坡高程 95～115m，覆盖层一般厚 5～20m，以 I 级阶地上部粉质黏土（厚 15～18m）和下部砂砾石层（厚 1～3m）的二元结构为主。岸坡风化崩积严重，崩积物以粉质黏土、砾石为主，主要堆积在坡脚处，厚度不均。河床覆盖层以现代河床冲积砂卵砾石为主，一般厚 1～1.5m。两岸边坡均为土质边坡，主要出露：上部粉质黏土，边坡受雨水和洪水冲蚀，崩塌、变形严重，砂砾石层厚度较小，稳定性差，不宜作为天然地基；下伏全～强风化泥质粉砂岩、流纹斑岩，地基承载力较高，稳定性较好，可作挡护工程的主要持力层。总体上，两岸工程地质条件较为简单，未发现大的不良地质构造，主要工程地质问题是塌岸。

护坡设计以“20 年一遇洪水标准、结合现场岸坡实际高程进行设计，原则上护坡高度不超过现有地面高程……”为原则，根据出露的边坡为土坡，岸坡顶高程为 102.5～108.3m，故岸坡防护顶部高程取 103～108m。

经过几种方案分析对比，推荐方案为“重力式混凝土挡墙+混凝土护坡+香根草护坡”。考虑到水库下泄水流流向复杂，边坡土质具有膨胀土特点，混凝土护坡极易与边坡分离，造成土体掏空，引起局部混凝土沉陷不均破坏防护效果，而且护坡地点远离市区、人口稀少，混凝土挡墙护坡与周围环境也不太协调，投资费用也较大。若用浆砌石代替混凝土，总投资差别不大，又容易因监督不到位影响工程质量，根据现有工程看，干砌石防冲效果较差，返修率高，也不便采用。

针对上述问题，经深入调查、多次分析论证，最终决定采用“抛石护坡+香根草护坡”方案，如图 4-2-7 所示。①回填土边坡采用 1∶1.75 压实度不小于 90%。反滤料分两层铺设，底层厚 300mm，上层厚 200mm，在中间面上设一层土工布，以确保防渗反滤效果。反滤层上的抛填块石厚度，在顶部水平宽取 1m，底部取 2m。抛石护脚的厚度不小于 1m。②护坡中部 103m 高程设宽 2m 的马道，马道以上坡比为 1∶1.75，种植香根草护坡。

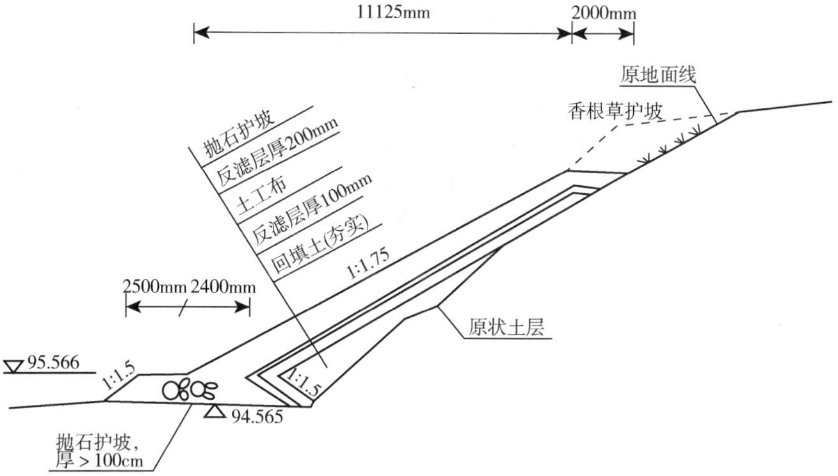

图 4-2-7　石护坡设计典型断面图

土方回填施工前须将基面的石块、淤泥腐殖土、杂填土、泥炭及杂物等清除干净，并将表面清理平整，完成基面验收后应立即进行土料填筑，若不能立即施工时，应做好基面保护，复工前应再检验，必要时须重新清理。同时要求承包商在施工前做好现场生产性试验：土工试验、碾压试验、填料含水量调整试验。在填筑碾压试验中，分别对不同填料的铺料方式、铺料厚度、振动碾型号及重量、碾压遍数、铺料过程中填料含水率、压实层的孔隙率、干容重以及对应压实度等提出方案，确定最优填筑参数后进行回填碾压。土料填筑前首先测量放样，现场标识填筑边线，填筑边线应适当比设计边线增大 50cm 左右，外侧超填一定余量，机械铺料为 30cm，以保证边角碾压质量。土料铺填分卸料及平料两道工序，本工程采用的施工方法基本为进占法，由汽车在已平好的松土层上卸料，用反铲向前进占摊铺料平整。施工过程中严禁汽车在已处理的层面碾压处行驶，以免土料产生剪力破坏。土料碾压顺轴方向搭接进行，无漏压,表面平整,无弹簧、起皮、脱空和剪切破坏现象。土层面较干时,则洒水湿润。每层碾压完毕后按要求做压实度试验。试验合格后方可进行下一层回填碾压。

反滤料的颗粒级配应符合施工图纸的要求(表4-2-2),超径颗粒含量不应大于3%,粒径颗粒含量不应大于5%,针片状颗粒含量不应大于10%。结合本工程的实际,反滤料采用下游河道中的天然砂卵石填筑,粒径级配符合设计标准。

反滤料级配要求 表4-2-2

方孔筛孔径(mm)	通过百分率(%)	方孔筛孔径(mm)	通过百分率(%)
76	100	1.2	25~50
38	85~100	0.3	0~15
19	70~100	0.074	0~5
4.8	40~65		

抛填块石坡面反滤层施工采用反铲上下摊铺混合料,经整平施工面后洒水并用料斗拍实。为确保达到设计要求,铺料时沿水流方向每间隔10m设3根木桩,分布于坡顶、坡中、坡底,并在桩身上标出设计要求的反滤层坡面线,反滤层填筑时按此线高度进行填筑,然后自上而下清表。

根据设计方案,反滤层间设置土工布,但具体施工时存在以下问题:①由于坡比为1∶1.75,20cm反滤层在土工布表面很难摊铺平稳,特别是还要形成一个坡比为1∶1.5的反向契角,无法实施;②土工布表面反滤层仅有20cm厚,无法承受块石抛填时的重量,造成土工布大面积破坏,失去反滤效果。最终考虑取消土工布,施工方案变更如图4-2-8所示。

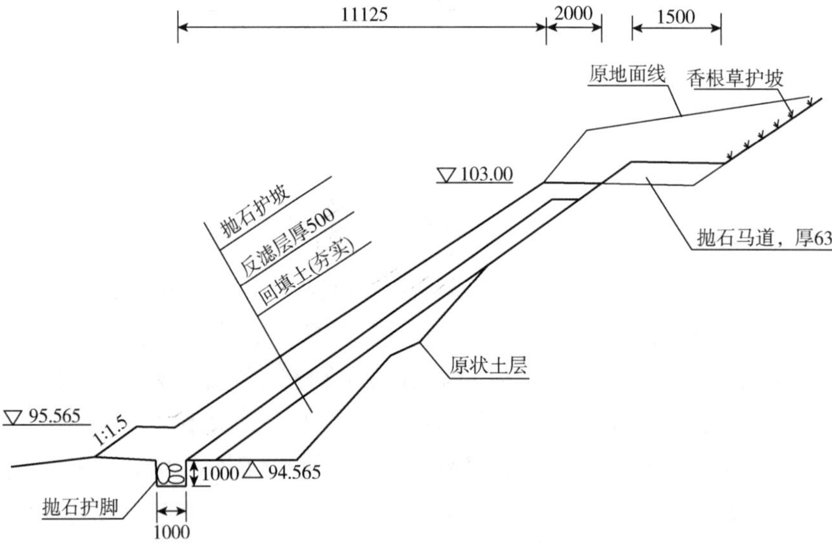

图4-2-8 抛石护坡实际施工典型断面图(尺寸单位:mm)

抛填的石料材质应坚硬新鲜,无风化剥落层或裂纹,石材表面无污垢、水锈等杂质。块石的形状应大致方正,上下面大致平整,厚度不小于200mm,宽度约为厚度的1~1.5倍,长度约为厚度的 1.3~3 倍。

块石抛填主要采用反铲施工,由反铲分别从坡底、坡顶填筑块石,最后人工辅助填补。做法是先采用反铲进行坡脚抛填,并利用块石平台再往上抛填,最后从 103m 施工便道进行上部抛填。在坡面较高的位置可先在坡底填筑块石护脚,然后使用反铲在护脚顶面将块石填至坡面。施工过程中禁止从坡顶直接向坡面卸料,来料应先堆置于坡顶再使用反铲将块石放至坡面,严禁野蛮施工导致破坏反滤层。根据设计要求,抛石体上部厚 0.5m,下部 1.2m,下部采用大粒径,中小粒径抛填护坡上部,因此要求每间隔 10m 在坡顶以下、坡脚以上 1m 处各钉一木桩,木桩外露长度分别为 0.5m 及 1.2m,用以控制块石层厚度,若块石埋过木桩,则该位置厚度满足设计要求。

由于取消土工布及反滤层施工方案变更,抛石护脚与地表接触面变小,考虑到抛石体的稳定,经分析,最终确定于抛石护脚内部设:1m×1m 契墙,取消原设计 1 ∶ 1.5 的反向契角,这样既保证护坡稳定也便于机械化施工。

(2)实例 2

布伦口水库位于西昆仑山腹地新疆阿克陶县境内,为盖孜河中游河段的龙头水库,属河谷型水库,建成后具有灌溉、发电、防洪和生态等综合利用效益的控制水库。布伦口水库公路塌岸路线所处区域地貌为木吉—慕士塔格断陷盆地,盆地为北西~南东走向,呈折线状,海拔高度 3280~3340m,盆地两侧高山耸立,公格尔山位于盆地的东南部。路线主要通过公格尔山单面坡体及山前冰碛、冰水洪积扇堆积地貌。

水库塌岸的过程就是基座被软化或淘蚀,岸坡上部失去平衡。该水库塌岸的形成与以下因素有关:

①地层岩性和结构条件。松散堆积体利于崩塌、滑坡的发生。

②岸坡陡峭是塌岸形成的重要地形条件。平均坡度为 45°以上的岸坡易发生塌岸。另外,滑坡松散堆积体前缘坡度虽然不大,但浪击作用大,仍可转变成陡坡而发生塌岸。

③水的溶滤、潜蚀和浪击淘蚀等作用是库岸发生塌岸的主要外动力条件。水的作用部位主要在水位变动带附近,形成大于 90°的反坡。反坡必然导致上部的岩、土体悬空而失稳崩塌。

结合坡岸工程地质,库岸的防护形式主要有两种:一种是在基岩出露地段设置浆砌片石挡土墙;第二种是在非基岩路段设置浆砌片石护坡。挡土墙为衡重式路肩墙,采用 M15 浆砌片石砌筑。挡土墙尺寸依据地形、地质及设计水位的情况并满足抗震设计的要求,墙高为 3.0~12.0m。泄水孔在地面线以上 30cm 处沿墙长方向布设一排,间距 2.0m。挡土墙基础去除强风化层后,嵌入基岩的深度不小于 100cm,且墙趾距地表水平距离不小于 2.0m,挡土墙断面形式如图 4-2-9 所示。

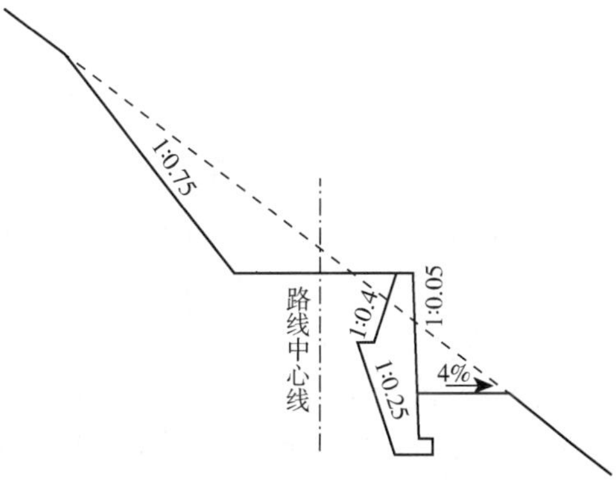

图 4-2-9　布伦口水库库岸防护工程——挡土墙

护坡坡度根据坡面填土的内摩擦角经稳定计算确定,其值为 1∶3.0~1∶1.75,坡面采用 M15

浆砌片石砌筑,厚 40cm,下设置 30cm 砂砾垫层,砂砾垫层需满足一定级配要求,坡面在纵、横向每隔 2.0~2.5m 设置一处泄水孔,以保证坡体内水的及时排出。护坡自顶向下沿坡面间隔一段距离设置一道横向抗滑平台,平台底部宽 80cm,护坡断面形式如图 4-2-10 所示。

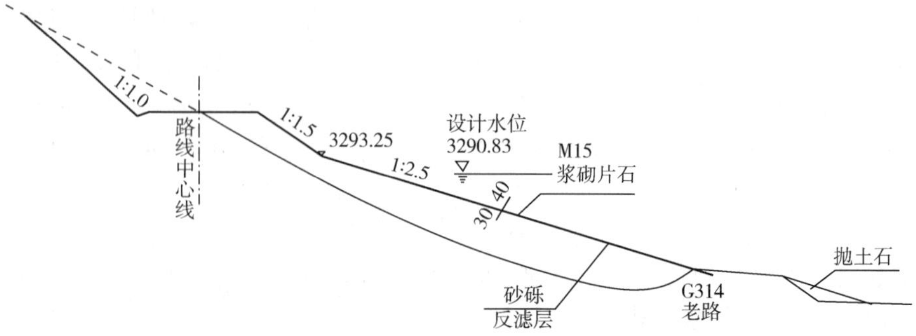

图 4-2-10　布伦口水库库岸防护工程护坡

4.2.3　岩质坍塌型塌岸防治

4.2.3.1　防治形式

(1)软岩崩塌型塌岸主要是由于坡脚软化或由于冲刷而产生凹岩腔导致上部岩体失稳。可采取:①锚杆喷射混凝土+坡脚防冲;②格构+坡脚防冲刷;③桩板墙+坡脚防冲。

(2)硬质崩塌型塌岸主要是由于岸坡节理裂隙发育,水库蓄水后结构面充水软化而上部岩体失稳。视规模采用:①局部锚杆+喷射混凝土+裂隙处理;②锚索(单锚、群锚或格构锚索)+喷射混凝土+裂隙处理。

4.2.3.2　工程实例

(1)工程概况

三屯河水库是一座以灌溉为主,结合防洪的中型山区拦河水库,位于昌吉市以南 72km 的碾盘庄,设计库容 $3500\times10^4 m^3$,相应库水位 1035m。整个枢纽由浆砌石重力坝、低压隧洞、溢洪道高水位放水洞等建筑物组成。

水库大坝坐落在 V 形河谷中,坝肩两岸为上侏罗纪砂岩和白垩系粉砂岩,有 15 条断裂通过,部分断层宽度>1m,且受日照、雨淋、冰冻、融雪等侵蚀作用,风化极为严重,为确保大坝两岸及溢洪道安全,需进行库岸防护处理。

在溢洪道过流运行过程中,岩体裂缝有水入侵,使岩体遭到剥蚀性破坏,形成大量的岩石崩塌,现崩塌深度已达 3m。溢洪道出口围岩还较稳定,因此采用喷射混凝土、锚杆和钢筋网联合支护,锚杆长 5m,纵向间距 1000mm,横向间距 600mm,下部锚筋采用 $\phi20$ 螺纹钢,锚杆长 3m,纵横向间距同上部,钢筋网采用 $\phi8$@ 2000,联合支护宽度 20m。

(2)工程施工

喷混凝土施工工序;搭设脚手架→岩面清理→冲洗→素混凝土喷射→灌缝→养护。

网喷混凝土施工工序：搭设脚手架→布孔位和技术复核→钻孔→锚杆→冲洗清理岩面→挂网→喷前冲洗→喷射混凝土→灌缝→养护。在以上工序施工时，脚手架搭设和喷射混凝土施工是工程施工的两个重要环节。

①脚手架搭设

护岸工程的四个分部均需搭设高空脚手架，其搭设高度达45~58m，系特殊高架作业，对架杆的选择和搭设方法与一般要求不同。

脚手架搭设自下而上进行，选择外径50mm，壁厚大于3.5mm的合格钢管，扣件符合建设部标准JGJ 22—85规定。立杆垂直放置在垫块上，且全部设置扫地杆。立杆、大横杆接头错开，错距1m，扣件连接牢固，不用铁丝绑扎。脚手架每间隔10m设一道剪刀撑，剪刀撑与地面成45°~60°夹角，从上到下连续设置。架高每隔3m，水平间距每隔6m设一连岸杆，用刚性连岸点。连岸杆施工采用风钻钻孔，孔深2m，埋置ϕ25螺纹钢与脚手架焊接。脚手架上部20m立杆采用单根，宽度3m，以下立杆采用双根钢管，搭设宽度6m。脚手架搭好后，采用钢丝绳自下而上整体锁定。脚手架靠外立杆内侧设一道竹夹板，竹夹板满铺，搭接长度≥20cm，不得有探头板。竹夹板用钢管或钢筋作压条，与脚手架连成整体。脚手架搭设专用上下通道，每10m脚手架满铺一层竹夹板，并设一道踢脚板。安全网首网距地面2m，每隔10m高度设一层固定安全网，平网里口与立杆之间空隙1m，随施工高度铺设安全网。立网上、下口封严扎实。

②岩石清洗

a.人工清理岸坡树木、草皮、树根、乱石、粉土、细砂、腐殖土、风化岩石、坡积残积物和破碎松动岩石，检查喷面是否满足设计要求，以保证喷射过程中的安全和喷射混凝土质量。

b.喷前1h用PX-58型高压水枪将待喷岩面上的附着物全部冲洗干净，使受喷岩石保持湿润状态。

③钻孔、锚固、灌浆、挂网

a.钻孔

(a)钻孔前进行测量放样，在岩面上用红油漆准确放出孔位，并进行技术复核。

(b)用QY100型潜孔钻和YT-23风钻按施工顺序进行钻孔作业，一排孔施工完后再施工下一排，用高压风吹洗孔壁岩粉，达到设计要求。

(c)钻孔参数：孔径ϕ50mm，布孔成菱形，纵向间距1m，横向间距1.2m，孔向倾角根据岩石节理倾向、岩层等因素确定，一般在0°~10°之间。

b.锚固

(a)锚杆材质采用ϕ20、ϕ25螺纹钢筋，分别按设计为3m杆和5m杆，杆头用三层8号铅丝绑扎扩大。

(b)锚杆固定的施工方法：先灌浆，后锚杆插入，再稠浆封孔、卡孔。

(c)锚杆固定后次日作抗拔力试验，抗拔力均>3t，对达不到要求的重新锚固加固。

c.灌浆

(a)砂浆：水灰比0.3~0.35，灰砂比采用1∶1.2。

(b)灌浆要求：孔深比锚杆长4~5cm，灌入砂浆插入锚筋，再用风压4~5kg/cm^{2}把砂浆压入锚孔中，封口用短钢筋卡塞，防止钢筋脱落和砂浆外流。

(c)灌浆工艺：用软质注浆管插入孔内，距孔底30cm，用HB80/10型砂浆泵边注浆边徐徐拔出注浆管(间歇注浆法),直至灌满为止。

d.挂网

锚杆安装结束3d后即可进行挂网施工。

(a)采用$\phi 8$钢筋,网筋为菱形结构,人工制作。全部结点为焊接。

(b)钢筋网沿岩面铺设,与锚杆焊接牢固,网筋距岩面最小距离≥5cm。

e.喷射混凝土

(a)采用HPZV-5B型混凝土喷射机,输料管应能承受0.8kg/cm^2压力,并有良好的耐磨性能。

(b)混凝土拌和采用0.4m^3搅拌机干式拌和,由于工作面限制,用小型翻斗车或手推车运输。

(c)供水:采用5kW潜水泵,保证水压稳定,达到3~4kg/m^2的稳定水压,保证喷头用水有足够的压力。

(d)风压:采用12m^3/min移动式VY-12/7-6型空压机供风,喷混凝土作业时风压稳定,压力大小适当。

(e)水灰比:为保证喷射混凝土表面不流淌、干斑、不黏结,避免粉尘多、回弹量大等现象,水灰比应控制在0.4~0.5之间。

(f)喷头与受喷面的距离根据料束集中程度、回弹量、强度进行选择,一般为1~1.2m,喷射时喷嘴一般应垂直于岩面,并稍微向刚喷射的部位倾斜,根据现场抽查回弹量在20%左右。

(g)喷射混凝土采用"干湿结合法"施工,砂石料在配料盘过秤后与水泥倒入搅拌机中,干拌5min后出料入小车,运到混凝土喷射机旁贮存,由人工均匀喂入喷射机,再由软管输入喷头,与水同时喷向受喷岩面。

(h)喷射顺序分区分块自下而上进行,喷射混凝土必须填满钢筋与岩面之间的空隙,并对钢筋黏结良好。喷射后钢筋网上喷层厚度>3cm。设计素喷混凝土厚度6cm,网喷混凝土厚度10cm,喷射混凝土每层间隔时间为15~30min。

(i)为保证混凝土颗料间的凝聚力,不出现塌落、空壳等现象,一次喷射厚度按下式计算:

$$P=K+\cos a$$

式中:P——一次喷厚度(cm);

K——3~4cm;

a——喷射方向与水平面的夹角。

因此,素喷混凝土部位一次完成,网喷混凝土部位二次喷射完成。

喷射混凝土养护及试块取样:喷射混凝土完成后12~14h开始洒水养护,始终保持混凝土表面湿润,保证喷射表面整体良好,每100m^2取试块一组进行试验。

4.2.4 滑移型塌岸防治

此类塌岸应视涉水滑坡防治,可采用抗滑支挡结构和排水措施。同时,视塌岸段冲刷情况,适当防冲刷处理。

(1)浅层滑移型塌岸防治:①小型抗滑支挡结构+坡式防护+坡脚防冲+排水,抗滑支挡结构可选择抗滑挡土墙、钢板桩、微型桩等;②削坡压脚+坡式防护+坡脚防冲+排水。

(2)深层整体滑移型塌岸防治:应该按照滑坡防治工程相关规范来进行勘查、设计和施工。

4.2.5　流土型塌岸防治

4.2.5.1　防治措施

流土型塌岸主要由于岸坡土体饱水而软化塑流而造成。可选择有效疏导地下水和地表水的措施,并结合坡面防护和抗滑支挡表治理此类塌岸。此类塌岸多发生在岩土混合库岸,因此在前缘修建挡土墙不失为一种有效的防治措施,挡土墙要有反滤排水措施。同时采取排水措施,可考虑设置纵横渗水盲沟来截渗和疏导坡体内的地下水,以防止岸坡体饱水软化而塑流。缓坡流土型塌岸防治:渗水盲沟+坡式护岸(干砌石、浆砌石)+坡脚防冲;陡坡流土型塌岸防治:渗水盲沟+垂直护岸(挡土墙或铅丝笼)+坡脚防冲。

4.2.5.2　工程实例

(1)工程概况

某盐田随着盐湖矿床开发规模的不断扩大,盐田建设的规模也在不断地增大,单池面积已达 5~8km^2,盐池单边长度已达 4~6km。而盐湖地区地形平坦,风频风大,最大风速可达 20~25m/s,风力在盐田中可形成较大的波浪,从而对盐田堤坝产生较严重的冲刷破坏,因此必须对盐田堤坝采取护坡措施。

(2)工程施工

盐田护坡的主要目的是防止波浪对堤坝的冲刷,保护填筑堤坝的松散料在波浪的冲刷下不流失和失稳。软排体护坡是盐田堤坝护坡的发展趋势。针对盐田护坡的特点,分析原有软排体护坡存在的问题,采用无纺布等透水软排体进行盐田护坡是盐田护坡的有效方法。其技术经济优越性主要体现在:

①工程造价低,一般其施工总造价可控制在每平方米 10 元左右,为砌体护坡的 1/10~1/5,且施工难度小、施工速度快。

②具有较大的孔隙率,透水性和透气性良好,不易被进入软排体底层的水或气鼓起而失稳。

③材料柔软,既可适应坝体的局部变形,又可与坝体进行有效的接触,附着力大,易与坝体形成一个整体。

④透水软排体一般为多孔材料,在卤水浸泡后易吸附卤水、易结盐和挂盐,促使保护盐层的及早形成,并与盐层或卤水层一起形成复合保护层。同时,材料吸水和结盐后,比重增大,抗漂浮能力提高。现场试验表明,虽然有些透水软排体材质本身体积质量较小,但一经卤水浸泡即附着在堤坝坡面上,即使松脱也不漂浮。

⑤无纺布等透水软排体材料具有较高的力学强度,以及良好的耐腐蚀、抗老化、抗冻、抗高温等性能,适应盐田堤坝护坡对材料的特殊要求。

⑥无纺布等透水软排体材料具有较大的幅宽,其宽度可达 5~6m,其长度一般可达 100m 以上(受搬运限制),材料整体性好。

为了确保无纺布等透水软排体护坡的有效和可靠,需要重视以下问题:

a.选择材质时既要重视其透水性也要重视其保土性,一般要求其渗透系数大于被保护土层的10倍,而等效孔径不大于土的特征粒径 d_{85}(按土中小于该粒径质量占总土粒质量的85%确定)。

b.要求材质具有较高的抗老化性能和耐气候性能,确保生产初期1~3年保护盐层形成前材质不因老化而急剧降低其强度甚至损坏。

c.加强护坡坡脚固定措施,确保不因波浪淘刷而使坡脚失稳或是坡脚软排体直接出露。

d.加强软排体的锚固和压实措施,确保施工中或生产初期不会被大风和波浪掀起。

e.加强接口搭接处理措施,避免因接口不牢而影响软排体的整体防护效果。根据目前材料的技术性能,采用300~400g/m²涤纶无纺布或麻袋片布作为透水软排体的材料。

4.2.6 绕避措施

若公路所在岸坡的滑坡或塌岸规模较大,或者滑坡、塌岸防护技术难度大,或者采用的防护措施费用较大,或者是滑坡、塌岸防护措施维护工作量大、影响交通通行的频度大、维护费用高等,则选用公路路线绕避水库对公路工程及其所在岸坡的影响或破坏是一种行之有效的方案。选择绕避方案时,可采用路基、桥梁和隧道等公路结构形式,并综合考虑技术的可行性、经济的合理性、对自然和社会环境的保护及可持续发展等方面,择优选用绕避或者对公路工程及其所在岸坡进行防护处理的方案。以下用工程实例加以说明。

4.2.6.1 工程实例1

云南丽宁公路丽江古城至宁蒗开元桥段改扩建工程是沿老丽宁三级公路改扩建,工程项目于2013年7月开工建设。其中K34+899.191~K36+081.408段长1.151314km(短链30.903m)。左侧为金沙江,右侧紧靠古滑坡体。金安桥水电站于2012年建成蓄水,水位由蓄水前的最高洪水位1353.50m上升至1418.00m(正常洪水位)。由于库区水位的升降、风浪的淘蚀等多种因素的作用,该段路基左侧库岸受到不同程度的浸蚀而被掏空、坍塌、库岸线不断后移,对原设计路基的稳定构成了严重威胁,如图4-2-11所示,为此对该段工程进行设计变更。

图4-2-11 工程区地形地貌图

(1)地形地貌及地层岩性

坍岸区属金沙江深切割中高山狭谷"V"字形的河谷阶地地形,为古崩塌体地貌区,以构造、风化剥蚀、侵蚀为主。

勘察区处于金沙江深切割中高山狭谷的"V"字形区域。分布二叠系峨眉山玄武岩组中段($P_2\beta_2$):深灰、灰绿色致密状、斑状玄武岩,上覆第四系残坡积层(Q^{4el+dl})和滑坡堆积层(Q^{4del}):灰褐、黄褐色角砾、碎石土。钻探揭露地层为:

①碎石(Q^{4del}):灰绿、褐灰色,稍密~中密,稍湿,碎石成分为强~中风化玄武岩,呈棱角状,粒径大于20mm占总重的56%,充填粉质黏土、角砾,偶见块石,级配良好。

②-1含角砾黏性土(Q^{4del}):灰褐色、黄棕色,硬塑状态,干强度较强,韧性较强,切面稍有

光泽，砾石成分为强风化玄武岩，含量约 26%。

③碎石（Q^{del}）：灰褐色、褐黄色，密实状，湿，碎石成分为强～中风化玄武岩，呈棱角状，粒径大于 20mm 占总重的 56%，充填粉质黏土、角砾，含块石，级配良好。

④碎石（Q^{el+dl}）：灰绿、褐灰色，稍密～中密，稍湿，碎石成分为强～中风化玄武岩，呈棱角状，粒径大于 20mm 占总重的 56%，充填粉质黏土、角砾，偶见块石，级配良好。

⑤强风化玄武岩（$P_2\beta_2$）：灰绿色，强风化，部分风化成土状，原岩特征可见，斑状结构，岩体极破碎，岩芯多呈角砾、碎石状，RQD = 0，岩芯采取率为 75%。

⑥中风化玄武岩（$P_2\beta_2$）：深灰色，中风化，原岩特征清晰可见，斑状结构，杏仁状构造，节理裂隙发育，岩芯破碎，岩芯呈碎块状，少量呈柱状，RQD = 60%，岩芯采取率为 78%。

（2）塌岸和滑坡范围计算结果

在正常运行工况下计算的滑坡计算和塌岸预测所得的最终岸坡线如表 4-2-3 和图 4-2-12 所示。

塌岸线及滑坡后缘线　　表 4-2-3

塌岸线	卡丘金法塌岸线	卓洛塔廖夫法塌岸线	三段法塌岸线	稳定性计算滑坡后缘线
距路基上边缘宽度（m）	147.3	166.8	166.1	34.0

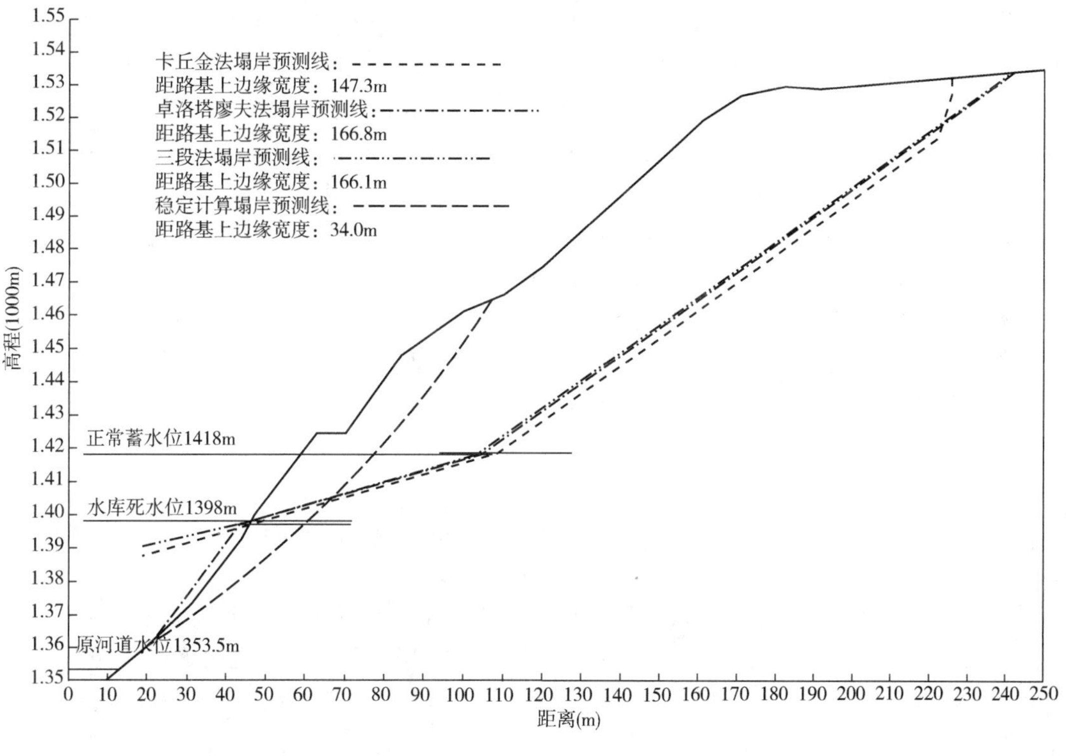

图 4-2-12　塌岸范围对比图

由滑坡和塌岸范围计算对比分析可得，稳定性计算所得的最危险滑动面范围比塌岸预测所得的最终横向塌岸范围小得多，而在垂直方向上的破坏范围更深。

在进行库岸边坡防护和滑坡加固设计过程中，不仅要考虑到计算工况下的滑坡范围，还要考虑到塌岸预测的最终塌岸范围。如果水库岸坡发生塌岸,也发生滑坡,为了岸坡的稳定,既要防止浪蚀,也要防止滑坡;如果只发生塌岸,不产生滑坡,只采取防浪蚀措施即可;如果只产生滑坡,不产生浪蚀,只进行滑坡防治即可,这样才能保证边坡防护设计的合理性和科学性。

(3)对策方案分析

从丽宁公路金安桥电站库区 K34+899.191~K36+081.408 段的稳定性计算和塌岸预测计算结果看,该路段会发生滑坡也会产生塌岸破坏。从现有塌岸防护措施和方法看,主要是采取表面的防浪蚀破坏,进行表面防护。而对于该路段的可能滑坡看,滑坡深度较大,采取挡滑(如抗滑挡墙)的措施效果不是太好,有效的抗滑措施是采用抗滑桩或者是锚索(杆),而由于该路段滑坡土体松散,滑坡深度较大,如采用抗滑桩或者是锚索(杆)进行加固,还要进行桩间或锚索(杆)之间土体的支护(如框格梁或是框格梁+表面防护),而且还需要较长的锚固段。因此,如果采用既要进行塌岸防护也要进行滑坡防治,合适的方案是:抗滑桩+桩间挡墙,或者是锚索(杆)+框格梁+表面防护(干砌或浆砌块石(混凝土预制块)),或者是抗滑桩+锚索(杆)+桩间挡墙,并且还要有较长的抗滑桩锚固段或者是锚索(杆)锚固段。因此,如果采用防塌岸和防滑坡措施的话,费用较高,工期较长,且施工期间对现有公路的交通影响较大。

采取绕避的方案,把公路布置在塌岸和滑坡影响范围之外,避免库岸滑坡或塌岸对公路工程的影响。从滑坡影响范围和塌岸影响范围看,滑坡影响范围小于塌岸影响范围。个别段落即使避不开塌岸也要避开滑坡,这样做的好处是,塌岸是渐进式发展的,可以在绕开滑坡的情况下,在公路施工和运行期间,观察塌岸进展情况和形态,再确定合适的防护范围和防护方法。这可以节约经费,推迟投资,从经济和技术方面确定合理的塌岸防护措施。

通过以上分析,丽宁公路金安桥电站库区 K34+899.191~K36+081.408 段采用绕避方案较为合适,推荐采用布线绕避滑坡和塌岸的对策。

采取绕避方案的原则是:最好避让塌岸和滑坡影响范围,一定要避开滑坡影响范围。在路线布置时,先确定滑坡范围和塌岸范围,尽量避开滑坡和塌岸的影响范围布线;如果个别路段虽然避开了滑坡影响范围,但很难避开塌岸影响范围时,可以把路线布置在滑坡后缘之外塌岸影响范围之内。

(4)公路布线方案的选择和确定

在丽宁公路金安桥电站库区 K34+899.191~K36+081.408 段的绕避塌岸和滑坡方案对策实施中,可能的方案有:①桥跨越方式,②隧道方式,③地表绕线方式。

桥跨越方式可以是在岸坡上设置桥梁或者在水库上架设桥梁。在滑坡或塌岸位置设置桥梁由于纵向塌岸和滑坡的范围较大,距离较长,需要在塌岸和滑坡位置设置桥墩,桥墩还是会受到塌岸和滑坡的影响,此方案不可行。如果在水库上架设桥梁绕避塌岸和滑坡,也不可能一跨跨越,且由于此段水库水深,桥墩较高,也不便桥墩施工。因此,设置桥梁跨越塌岸和滑坡路段的方案不可行。

在塌岸和滑坡范围之下或之外设置隧道,避免塌岸和滑坡对公路的影响,就是隧道方式。采用隧道方案可以保证较好的公路线形,但此处岸坡较陡,如果采用地表浅挖路线绕避,可能道路的纵坡较大,或者开挖较大,或者绕线较长。此段岸坡属于古滑坡形成的岸坡,土质松散、地下水较丰富，可能还有较大直径的孤石。采用隧道方案，隧道施工费用高，施工速度慢，可能还会产生塌方等工程灾害，后期还会产生隧道破坏问题。

采用地表布线绕避塌岸和滑坡，最好要避让塌岸和滑坡影响范围，一定要避开滑坡影响范围。如果个别路段虽然避开了滑坡影响范围，但很难避开塌岸影响范围时，可以把路线布置在滑坡后缘之外塌岸影响范围之内。此方案与隧道方案比较，道路的纵坡较大，或者开挖较大，或者绕线较长；但可以避免隧道施工费用高，施工速度慢，可能产生塌方，后期还可能会出现隧道破坏等问题。因此，路线绕避方案较为可行，但需要在布线和工程设计方面进一步进行如下比较。

①隧道绕避的可能方案

针对丽宁公路金安桥电站库区 K34+899.191～K36+081.408 段的地形、线路、塌岸和滑坡计算结果，提出以下隧道绕避塌岸和滑坡方案：

a.隧道方案一

本方案起点里程为 K34+899.191，止点里程 K36+081.408，累计断链-0.162006km，路线长 1.02021km。共设平曲线 3 个，平均每公里 2.97 个，占路线总长的 67.6%，平曲线最小半径 167.766m，直线最大长度 160.733m；路线增长系数为 1.0190。路线布置如图 4-2-13 所示。

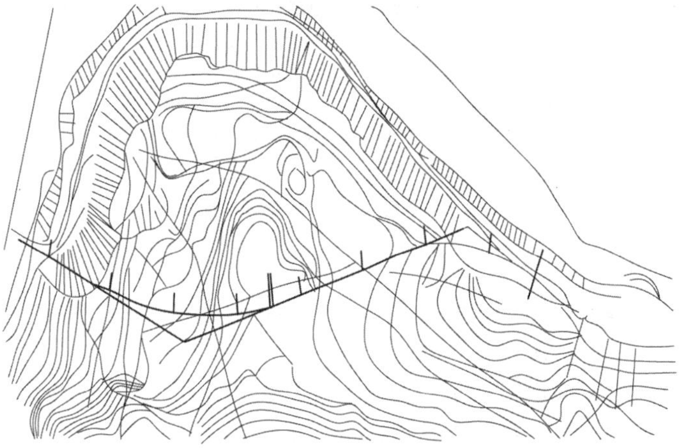

图 4-2-13　隧道方案一：隧道平面图

隧道桩号为 K34+955～K35+655，全长 700m，为中隧道；隧道进口位于 $R=600$m 的左转圆曲线上；隧道出口位于 $R=285.000$m 的右转圆曲线上；隧道进口纵坡为 0.6%，出口纵坡为 -1.06%；隧道横坡同路基横坡。

隧道上覆残坡积、崩坡积层，岩性为黏性土夹 35%～50%碎石、块石，呈坚硬～硬塑状，碎石呈棱角状，直径小于 20cm 占 40%，块石占 5%，为玄武岩质，棱角锋利，不易风化，最大厚度约 140m，含地下水，无自稳能力。按“GB 50014—2009”规范有关条款综合判定，属中硬土或岩石场地上类型，Ⅱ类建（构）筑场地类别，对建（构）筑物抗震一般地段。

隧道（K34+955～K35+128 和 K35+568～K35+655）：隧道穿越基岩层，主要岩性为玄武岩，局部夹少量辉绿岩，强风化，岩体破碎，自稳能力差。按《公路工程地质勘察规范》（JTGC20—2011）附录 F，围岩级别为Ⅳ级。

隧道(K35+128~K35+568):该段隧道处于古滑坡体中,为残坡积、崩坡积层,岩性为黏性土夹35%~50%碎石、块石,呈坚硬~硬塑状,碎石呈棱角状,直径小于20cm占40%,块石占5%,为玄武岩质,棱角锋利,不易风化,最大厚度约140m,含地下水,无自稳能力。按《公路工程地质勘察规范》(JTGC20—2011)附录F,围岩级别为V级。

该方案隧道轴线穿越地层大部分为古滑坡体,隧道轴线下方基岩埋深最大深度超过140m。其中BK34+946~BK35+128段和BK35+568~B35+652段隧道穿越玄武岩。其余段落均在滑坡体内。

预算总金额51346995元,公路里程1.020211km。

b.隧道方案二

隧道桩号:K34+955~K35+830,全长875m;隧道进口位于直线段上;隧道出口位于R=1200.000m的左转圆曲线上;隧道进口纵坡为1.00%,出口纵坡为0.86%;隧道横坡同路基横坡,为一座中隧道(图4-2-14)。

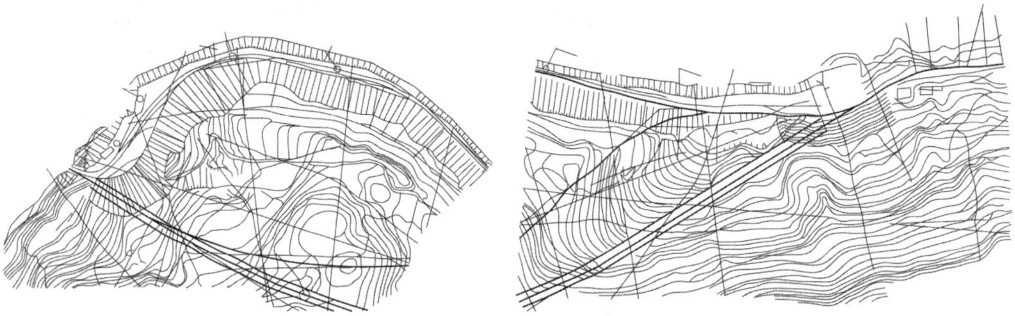

图4-2-14　隧道方案二:隧道平面图

隧道(K34+955~K35+120和K35+540~K35+800):隧道穿越基岩层,主要岩性为玄武岩,局部夹少量辉绿岩,强风化,岩体破碎,自稳能力差。按《公路工程地质勘察规范》(JTGC20—2011)附录F,围岩级别为Ⅳ级。

隧道(K35+120~K35+540):隧道穿越基岩层,主要岩性为玄武岩,灰绿、褐色,中~弱风化,岩体破碎呈碎块状~少量块状,碎块状镶嵌结构,RQD=5%,坚硬岩。按《公路工程地质勘察规范》(JTGC20—2011)附录F,围岩级别为Ⅲ级。

隧道(K35+800~K35+830)隧道处于古滑坡体中,为残坡积、崩坡积层,岩性为黏性土夹35%~50%碎石、块石,呈坚硬~硬塑状,碎石呈棱角状,直径小于20cm占40%,块石占5%,为玄武岩质,棱角锋利,不易风化,最大厚度约140m,含地下水,无自稳能力。按《公路工程地质勘察规范》(JTGC20—2011)附录F,围岩级别为V级。

公路里程1.014km,预算总金额63421120元。

c.隧道方案三

隧道桩号:K34+955~K35+680,全长725m;隧道进口位于直线段上;隧道出口位于R=1200.000m的左转圆曲线上;隧道进口纵坡为2.78%,出口纵坡为-2.5036%;隧道横坡同路基横坡,为一座中隧道(图4-2-15)。

围岩岩性为碎石土和较软岩,隧道K34+955~K34+985段为密实状碎石土,含块石、孤石;K34+985~K35+180段为强~中风化玄武岩,深灰色、灰绿色,碎裂~散体结构,岩体极破碎，节理裂隙发育；地下水以裂隙水为主，埋藏较深，隧道开挖时，碎石土和基岩接触带（滑动面）渗水，局部裂隙水易集中，呈滴水状渗漏，该段隧道涌水量 423～486m^3/d。碎裂～散体结构，完整性极差。按《公路工程地质勘察规范》（JTGC20—2011）附录 F，围岩级别为Ⅴ级。

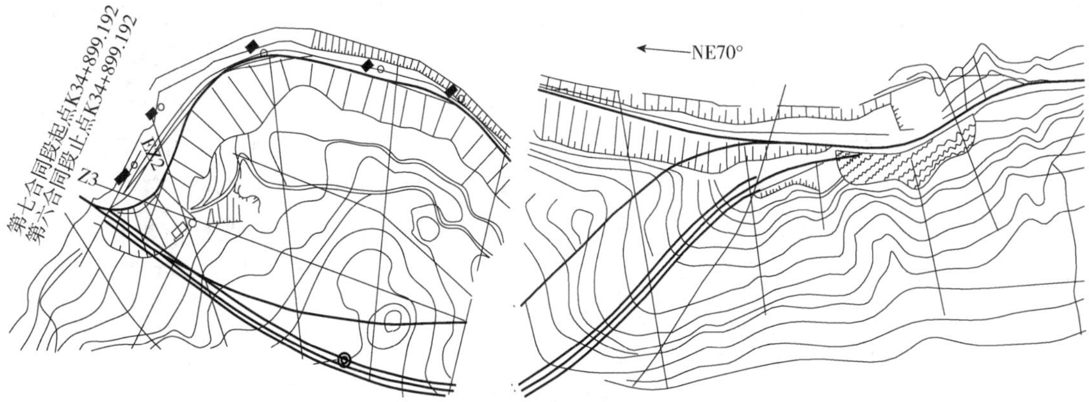

图 4-2-15　隧道方案三：隧道平面图

隧道 K35+180～K35+500 段围岩岩性为中风化玄武岩，属硬质岩，深灰色、灰绿色，镶嵌碎裂结构，受构造运动影响较强，岩体较破碎，节理裂隙较发育；地下水类型以裂隙水为主，埋藏较深，隧道开挖时，呈淋雨状渗漏，该段隧道涌水量为 600～700m^3/d。镶嵌碎裂结构，岩体完整性较差。按《公路工程地质勘察规范》（JTGC20—2011）附录 F，围岩级别为Ⅳ级。

隧道 K35+500～K35+680 段围岩岩性为强风化玄武岩，深灰色、灰绿色，碎裂结构，岩体破碎，节理裂隙发育；地下水以裂隙水为主，埋藏较浅，同时泉水下渗在隧道口附近集中渗出，隧道开挖时，碎石土和基岩接触带（滑动面）渗水较为集中，涌水量较大，该段隧道涌水量 340～400m^3/d。碎裂结构，岩体完整性差。按《公路工程地质勘察规范》（JTGC20—2011）附录 F，围岩级别为Ⅴ级。

隧洞进、出口炭质泥岩与砂岩互层，以炭质泥岩为主，因构造影响，岩石破碎，软硬不均，强度差异大。

洞口施工时采用小导管超前支护，进口段设置明洞，以防风化崩落体，设置截水天沟，以防雨水冲刷导致上部残坡积层塌落。

隧道进口边坡、仰坡开挖高度 10～15m，洞口中心开挖深度 8m。坡率采用 1∶0.50 采用锚、网喷支护。

洞身采用喷射混凝土和模筑混凝土或模筑钢筋混凝土结构衬砌。

本方案预算总金额为 7322.0106 万元，公路里程 1.026km。

d.隧道支护方案

隧道衬砌结构按照施工方式和作用在支护上荷载的不同，分明洞衬砌、浅埋段（包括浅埋偏压段）整体式衬砌、浅埋段（包括浅埋偏压）复合式衬砌和深埋段复合式衬砌。复合式衬砌应用新奥法原理进行设计和施工，以锚杆和喷射混凝土或钢筋网喷射混凝土、钢拱架为初期支护，模筑混凝土或钢筋混凝土为二次支护，共同构成永久性承载结构。

初期支护：对于Ⅴ～Ⅳ级围岩，由喷射混凝土、径向锚杆、钢筋网及工字钢钢架组成。钢架之间用纵向钢筋连接，并与径向锚杆及钢筋网焊为一体，与围岩密贴，形成承载结构。Ⅲ级围岩，由喷射混凝土、径向锚杆、钢筋网组成，锚杆和钢筋网焊接牢固，钢筋网紧贴岩面设置。

二次衬砌：二次衬砌采用钢筋混凝土和素混凝土结合使用，以方便施工，在Ⅴ～Ⅳ级围岩段，特别是在浅埋软弱围岩地段，后期变形荷载较大，采用钢筋混凝土，以确保隧道支护结构的安全。在Ⅲ级围岩段采用素混凝土二次衬砌，施工中二次衬砌的施作时间，应根据监控量测的反馈分析，适时施作二次衬砌。

以上隧道方案基本上都绕避了滑坡和塌岸对公路的影响，总的公路里程缩短，预算总金额分别为：5134.6995 万元（方案一）、6342.1120 万元（方案二）、7322.0106 万元（方案三）；公路里程分别为：1.020211 公里（方案一）、1.014 公里（方案二）、1.026 公里（方案三）。但是，隧道方案带来了另外的问题，一是本段公路隧道大多布置在古滑坡体产生的松散堆积体中，隧道施工以及后期运营的维护较为困难，维护工作量大，施工安全和运营安全很难得到有效保障；另一个问题就是建设成本高。

②地表路基绕避的可能方案

针对丽宁公路金安桥电站库区 K34+899.191～K36+081.408 段的地形、线路、塌岸和滑坡计算结果，提出以下地表路基绕避塌岸和滑坡方案。

a.路基方案一

根据滑坡的成因、规模、特征、发展趋势及危害程度，结合当地气象、水文、地质条件，进行综合考虑。

对 AK34+899.19～AK36+081.408 路段工程采用全路基方案通过。本方案为在预测库岸影响宽度线的基础上，路线向右侧山体偏移，让路基避开预测库岸影响宽度线，防止库岸的侵蚀。路线布置如图 4-2-16 所示。

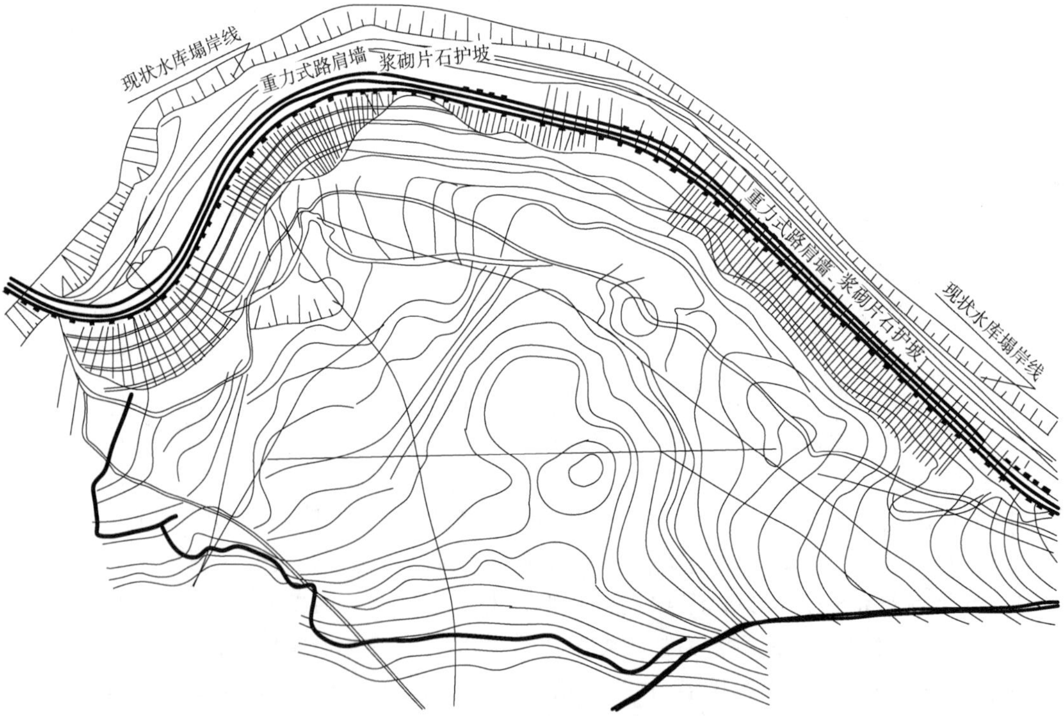

图 4-2-16　路基方案一：路线平面图

路线左侧为金沙江，受金安桥水电站蓄水影响，库岸浸蚀严重，右侧为古滑坡堆积体，影响了该段路基的稳定性，本方案路线为在库岸影响宽度线的基础上，路基完全避让库岸影响线，保证路基的安全性、稳定性。

本路段起点为跨金沙江的树底大桥东岸 K34+899.191，止点为 K36+081.408，路段全长 1.160431km（短链 21.786m）。共设平曲线 6 个，平均每公里 6.894 个，占路线总长的 72.907%，平曲线最小半径 70m（JD1），直线最大长度 222.444m（JD3~JD4）；路线增长系数为 1.015。

平曲线半径均符合部颁《公路工程技术标准》JTGBO1—2014 和部颁《公路路线设计规范》（JTGD20—2017）的要求。平曲线间直线段长度反向间距均满足《公路路线设计规范》（JTGD20—2017）规定的 2V（80m）的要求，未达到要求的均设置成 S 形曲线。同向间距 JD9-JD10 由于受地形和地物的限制按≥2V（100m）控制。

共有变坡点 5 个，平均每公里变坡次数为 4.3 次；最大纵坡为 4.9，共 1 处，长 160m；最小坡长为 69.622m，共 1 处，为顺接第七合同段 K36+081.4081；竖曲线最小半径为凹形 1300m，共 1 处。

全路段纵面线形均符合《公路路线设计规范》（JTGD20—2006）的要求。

本方案预算总金额为 3982.361 万元，公路 1.16km。

b.路基方案二

对 K34+899.191~K36+081.408 路段，工程采用路基方案。本方案为在原设计路线的基础上，路线向右侧山体方向平移一定距离（路基外侧距离库岸 10m 左右），在路基外侧预留出一定的可侵蚀范围，以保证路基的稳定性和安全性，在针对一些被江水侵蚀的比较严重的地段，进行库岸防护，防止江水的二次侵蚀。

根据地勘资料分析认为该古滑坡体目前处于稳定状态，工程处治重点为防止库岸侵蚀再造和路基边坡坍塌，库岸防护采用开挖库岸，拌和水泥稳定土，再分层填筑、再分层压实。

本路段起点为跨金沙江的树底大桥东岸 K34+899.191，止点为 K36+081.408，路段全长 1.184119km（长链 1.902m），共设平曲线 5 个，平均每公里 5.912 个，占路线总长的 64.362%，平曲线最小半径 65m（JD1），直线最大长度 172.183m（JD3~JD4）；路线增长系数为 1.184。

平曲线半径均符合部颁《公路工程技术标准》（JTGB01—2014）和部颁《公路路线设计规范》（JTGD20—2017）的要求。平曲线间直线段长度反向间均满足《公路路线设计规范》（JT-GD20—2017）规定的 2V（80m）的要求，未达到要求的均以设置成 S 形曲线。由于受地形和地物的限制同向间距 JD9-JD10 按≥2.5V（100m）控制。

共有变坡点 3 个，平均每公里变坡次数为 3.378 次；最大纵坡为 1.08，共 1 处，长 62.3m，顺接第七合同段 K36+081.4081；最小坡长为 62.31m，共 1 处；竖曲线最小半径为凹形 7000m，共 1 处。全路段纵面线形均符合《公路路线设计规范》（JTGD20—2017）的要求。路线布置如图 4-2-17所示。

此方案虽然采取了防浪蚀措施，但无法避免深层滑坡的影响，可能会由于滑坡导致公路工程的破坏，技术上不可行。

c.路基方案三

本方案为在原设计路线的基础上，路线向右侧山体方向平移一定的距离，在路基外侧预留出一定的安全距离，以保证路基的稳定性和安全性，在针对被江水侵蚀严重的地段进行库岸防护，防止江水的二次侵蚀。

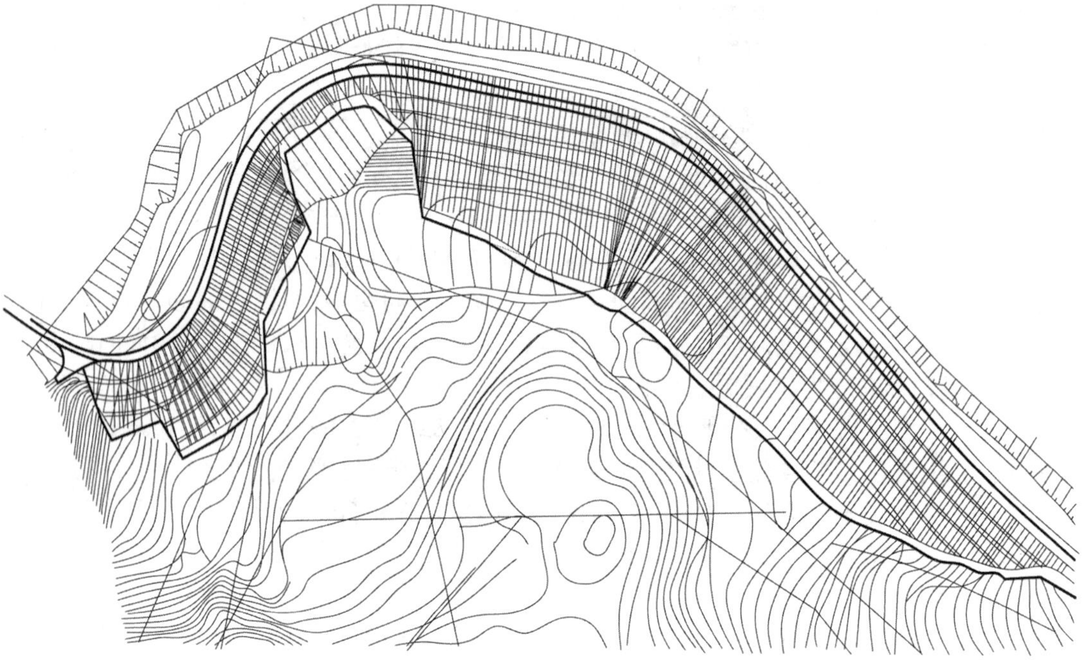

图 4-2-17　路基方案二:路线平面图

对 EK34+899.191~EK36+081.408 路段工程采用全路基方案通过。本方案为在原设计的基础上,路线向右侧山体平移,在路基外侧预留出一定的可侵蚀范围,具体为 EK34+899.191~EK35+370.396 段线位没有移动,EK35+370.396~EK35+751.724 段向山体方向平移了 3~5m,EK35+751.724~EK36+081.408 段线位没有移动,维持原设计线位,EK36+081.408 接上原设计 K36+081.408。路基外,沿距现状水库坍塌线不低于 3m 的距离,外侧预留出一定的安全距离,以保证路基的稳定性和安全性,在针对被江水侵蚀严重的 EK35+080~EK35+860 段,进行库岸防护,防止江水的二次侵蚀。线路布置如图 4-2-18 所示。

为合理利用地形,降低投资,全线平、纵面指标均按部颁标准、规范,结合环境考虑技术经济合理性,在工程量增加不大的情况下,尽可能采用较高的技术指标。本路段起点为跨金沙江的树底大桥东岸 K34+899.191,止点为 K36+081.408,路段全长 190.151km(长链7.934m),共设平曲线 5 个,平均每公里 5.882 个,占路线总长的 61.432%,平曲线最小半径 65m(JD1),直线最大长度 233.319m(JD3~JD4);路线增长系数为 1.19。

平曲线半径均符合部颁《公路工程技术标准》(JTGB01—2014)和部颁《公路路线设计规范》(JTGD20—2017)的要求。平曲线间直线段长度反向间均满足《公路路线设计规范》(JTGD20-2017)规定的 2V(80m)的要求,未达到要求的均设置成 S 形曲线。同向间距 JD9~JD10 由于受地形和地物的限制按≥2.5V(100m)控制。

本合同段共有变坡点 4 个,平均每公里变坡次数为 3.36 次;最大纵坡为 1.6%,共 1 处,长 350m;最小坡长为 64.342m,共 1 处,顺接第七合同段 K36+081.408;竖曲线最小半径为凸形 2900m,共 1 处。全路段纵面线形均符合《公路路线设计规范》(JTGD20—2017)的要求。

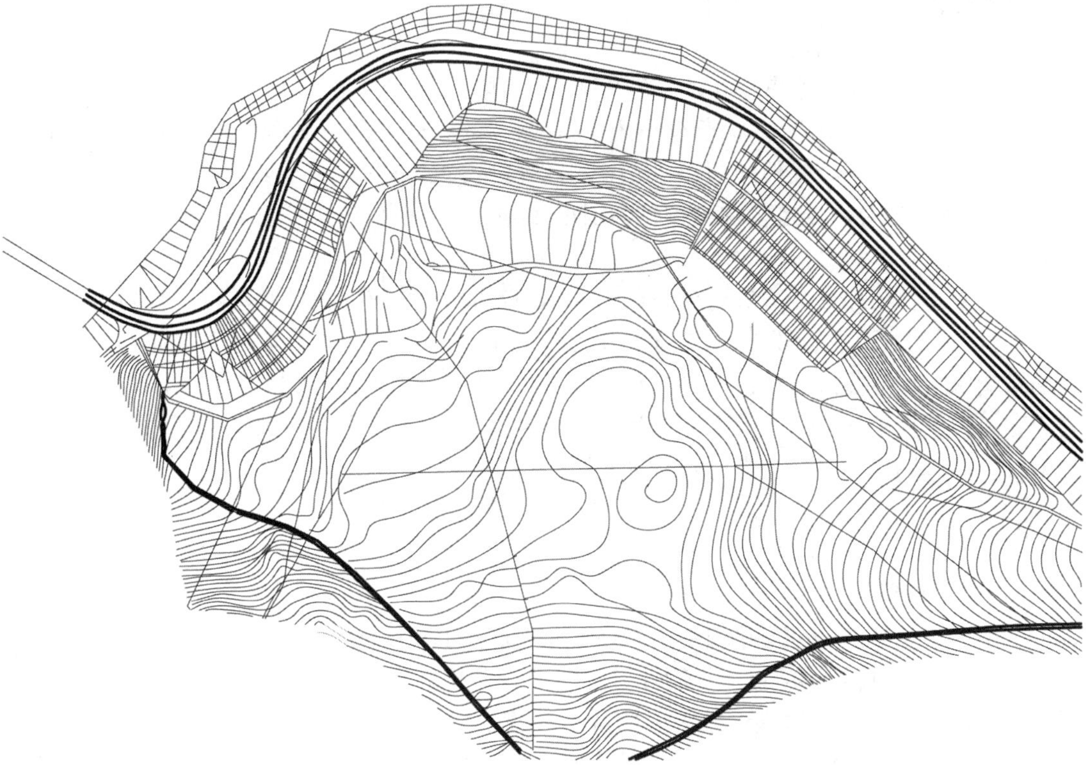

图4-2-18　路基方案三:路线平面图

K34+899.191~K35+920段位于滑坡体上,路基采用的方案为挖方边坡放缓,在第一、第二台边坡坡率采用1∶0.75,第三~第七台边坡坡率采用1∶1,之后边坡坡率采用1∶1.25,护面墙高度较原设计顶宽增加至1.5m;路基缺口的地段,增设路肩墙,减少开挖土石方数量;EK35+920~EK36+081.408段为石质边坡,仅开挖一台边坡,坡率采用1∶0.5。针对被江水侵蚀严重的EK35+560~EK35+720段,进行库岸防护,防止江水的二次侵蚀,工程处治重点为防止库岸侵蚀再造和路基边坡坍塌,库岸防护采用钢筋石笼防护。

本方案预算总金额为2570.8194万元,公路里程1.19km。

从以上路基方案看,每一个方案都有自身的优缺点。方案一预算总金额为3982.361万元,公路里程1.16km;方案一避开了滑坡和塌岸对公路的影响,减少了今后公路运行中可能的滑坡和浪蚀塌岸带来的断路、中断运行的可能性,也可减小维护运营费用,公路里程缩短了0.03km;由于山体开挖和防护工程量较大,建设成本相对其他路基方案高,但还是低于隧道方案的建设成本。方案二虽然采取了防浪蚀措施,但无法避免岸坡深层滑坡的影响,可能会由于滑坡导致公路工程的破坏,技术上不可行。方案三预算总金额为2570.8194万元,公路里程1.19km,虽然建设成本相对方案一低,在现有公路线位基础上预留了一定的安全距离,但无法保障当滑坡产生时导致公路受到影响,而且预留的安全距离只是考虑了暂时的浪蚀作用预留的安全裕度,不能保证长期的浪蚀和滑坡对公路的影响,只能作为暂时保通方案,不能作为长久方案考虑。但作为暂时保通方案,方案三的建设成本达2570.8194万元,而作为永久方案的方案一的建设成本才3982.361万元,且长久方案的公路里程缩短。综合看,选择方案一作为本段公路绕避滑坡和浪蚀影响的推荐方案。

③方案的选择和确定

通过以上隧道和路基绕避方案的布设和分析，虽然隧道方案基本上都绕避了滑坡和塌岸对公路的影响，总的公路里程缩短，但建设成本高（最少的隧道方案一预算总金额为：5134.6995 万元）；隧道方案还带来了其他问题，一是本段公路隧道大多布置在古滑坡体产生的松散堆积体中，隧道的施工以及后期运营的维护较为困难，维护工作量大，施工安全和运营安全很难得到有效保障。

从克服本路段塌岸和滑坡对公路的影响看，路基方案虽然路线缩短较小，但投资成本小（推荐方案一的预算总金额为 3982.361 万元），且推荐方案避开了滑坡和浪蚀塌岸对公路工程的影响，也克服了隧道方案存在的隧道施工以及后期运营维护较困难，维护工作量大，施工安全和运营安全很难得到有效保障的问题。综合比较后，推荐路基绕避本路段滑坡和浪蚀的影响，选择路基方案一作为本路段建设的推荐方案。

4.2.6.2　工程实例 2

（1）工程概况

云南水富至绥江二级公路项目于 2009 年 12 月开工建设，于 2011 年 7 月通过交工验收投入运营，新滩溪大桥是该项目的控制性工程之一。自通车至 2013 年 2 月，新滩溪大桥均正常运营。2012 年 10 月，向家坝电站第一期蓄水至高程 354m，罗家坪岸坡开始滑动，造成新滩溪大桥附近地面出现裂缝。2013 年 2 月新滩溪大桥 8、9、10 号墩、绥江岸桥台开始出现轻微变形，至 2013 年 6 月，电站蓄水至高程 370m，新滩溪大桥变形损坏。为恢复该项目的正常功能，需对水绥公路罗家坪新滩溪大桥段公路进行修复。

（2）沿线自然地理条件及对项目的影响

①地形、地貌

路线通过范围内地貌主要有侵蚀构造地貌类型和溶蚀构造地貌类型为主。

a.溶蚀构造地貌

主要分布于 K47+018.671～K48+450，属深切割的金沙江峡谷区，为三叠系中统雷口坡组和三叠系下统嘉陵江组灰岩，山脊顶较为平坦、峡谷悬崖峭壁，边坡坡度 30°～60°，基岩大部出露，受构造影响较强。

b.侵蚀构造地貌

主要分布于 K48+450～K49+954.004，属深切割的金沙江峡谷区，为三叠系下统飞仙关组和铜街子组泥质粉砂岩和砂岩，山脊顶较为平坦、峡谷悬崖峭壁，边坡坡度 40°～60°，基岩大部出露，受构造影响较强。

②地层岩性

根据地质调查、钻探揭露结果，拟建桥址区范围内主要地层有第四系、三叠系。现自上而下分述如下：

a.第四系（Q4）

（a）Q4ml 人工填土：杂色，主要为老公路路基填筑土，主要成分为碎石，松散～稍密状。分布于大里程端的桥台，钻孔揭露深度为 0～1.5m。沿线零星分布。

(b) Q4el+dl 黏土:灰褐,可塑状,干强度中等,韧性中等,摇振无反应,表层含植物根系。沿线零星分布,钻孔揭露深度 0~0.5m。

(c) Q4el+dl 黏土夹碎石:杂色,呈可塑状,干强度中等,韧性中等,切面稍有光泽,无摇震反应,含卵石及漂石。沿线零星分布。

(d) Q4el+dl 粉质黏土:杂色,呈可塑状,干强度中等,韧性中等,切面稍有光泽,无摇震反应。沿线零星分布。

(e) Q4el+dl 粉质黏土:杂色,呈硬塑状,干强度中等,韧性中等,切面稍有光泽,无摇震反应。沿线零星分布。

(f) Q4el+dl 角砾:灰褐色、灰色,稍密~中密,主要成分为灰岩、砂岩、泥质粉砂岩,局部含块石。沿线零星分布。

(g) Q4el+dl 碎石:灰褐色、灰色,稍密~中密,主要成分为灰岩、砂岩、泥质粉砂岩,局部含块石。根据水绥二级公路详勘资料,分布于桥址区中部,厚度约为 0~15m。沿线零星分布。

(h) Q4al+pl 块石:灰褐色、灰色,稍密~中密,主要成分为灰岩、砂岩、泥质粉砂岩。根据水绥二级公路详勘资料,分布于桥址区中部碎石层之下,厚度为 0~15m。沿线零星分布。

b.三叠系中统雷口坡组(T2l)

(a)强风化灰岩:灰色,隐晶质结构,薄层至中厚层构造,主要由碳酸盐矿物组成,局部可见方解石石脉,局部有溶蚀小孔,节理裂隙发育,岩体破碎,岩芯呈短柱状。主要分布于 K47+018.671~K47+300 和 EK47+018.671~EK47+300 段。

(b)中风化灰岩:灰色,隐晶质结构,薄层至中厚层构造,主要由碳酸盐矿物组成,局部可见方解石石脉,局部有溶蚀小孔,节理裂隙较发育,岩体较破碎,岩芯呈柱状~长柱状。主要分布于 K47+018.671~K47+300 和 EK47+018.671~EK47+300 段。

c.三叠系下统嘉陵江组(T1j)

(a)全风化灰岩:灰白色、灰色,结构基本破坏,局部可见原岩结构,岩芯呈土状、土柱状,分布于小里程端桥台及桥址区小里程段,钻孔揭露深度 2.3m。主要分布于 K47+300~K48+450 和 EK47+300~EK48+680 段。

(b)强风化灰岩:灰白色、灰色,隐晶质结构,薄层至中厚层构造,主要由碳酸盐矿物组成,局部可见方解石石脉,局部有溶蚀小孔,节理裂隙发育,岩体破碎,岩芯呈短柱状,分布于桥址区小里程端桥台及桥址区小里程段,钻孔揭露厚度为 6.7m。主要分布于 K47+300~K48+450 和 EK47+300~EK48+680 段。

(c)中风化灰岩:灰白色、灰色,隐晶质结构,薄层至中厚层构造,主要由碳酸盐矿物组成,局部可见方解石石脉,局部有溶蚀小孔,节理裂隙较发育,岩体较破碎,岩芯呈柱状~长柱状。分布于桥址区小里程端桥台及桥址区小里程段,钻孔未揭穿该层。主要分布于 K47+300~K48+450 和 EK47+300~EK48+680 段。

(d)三叠系下统飞仙关和铜街子组(T1t+f)

ⓐ强风化泥质粉砂岩:褐红色,碎屑结构,泥质胶结,主要成分为石英、长石、黏土等,薄层~中厚层状构造,节理裂隙发育、岩体破碎,岩芯呈碎裂状。分布于大里程端桥台和桥址区大里程段,钻孔揭露厚度 3.2~5.5m。主要分布于 K48+450~K49+954.004 和 EK48+680~EK51+123.888 段。

ⓑ中风化泥质粉砂岩：褐红色，碎屑结构，泥质胶结，主要成分为石英、长石、黏土等，薄层~中厚层状构造，节理裂隙较发育、岩体较破碎，岩芯呈碎块状、短柱状~柱状，主要分布于K48+450~K49+954.004和EK48+680~EK51+123.888段。

ⓒ中风化砂岩：浅灰色，碎屑结构，中厚层状构造，主要成分为石英、长石等，节理裂隙较发育、岩体较破碎，岩芯呈短柱状，节长5~15cm，采取率85%。主要分布于K48+450~K49+954.004和EK48+680~EK51+123.888段。

③地质构造及地震

a.地质构造

测区位于小江断裂东侧。区内构造复杂，几乎各种构造体系都有，其中以东西向构造体系较为突出，区内新构造运动是大面积的抬升，而且西部较东部的抬升幅度大。穿过路线的背斜1条，断层共有1条。

b.地震

区域范围内共记录到得到Ms≥4.7级的地震262次，其中Ms4.7~4.9级地震34次、Ms5.0~5.9级地震171次、Ms6.0~6.9级地震42次、Ms7.0~7.9级地震6次。

根据《中国地震动参数区划图》(GB 18306—2015)及《云南省地震动峰值加速度和反应谱特征周期区划图》，路线区地震基本烈度值为Ⅶ度、地震动峰值加速度值为0.15g，分组为第二组，地震动反应谱特征周期为0.40s。

④工程地质评价

路线主要方案有：K线：K48+018.671~K49+954.004共2.935333km，E线：EK48+018.671~EK51+123.888共3.105217km，如图4-2-19所示。依据沿线地形地貌、地层岩性、地质构造、不良地质及特殊性岩土等工程地质与水文地质条件，将路线分段评述如下：

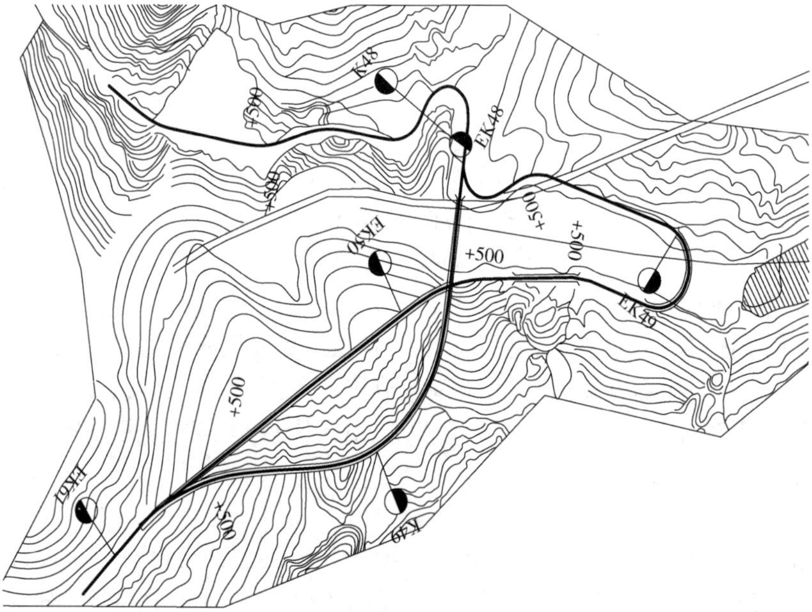

图4-2-19 路线方案比较图

a.K 线路线分段评价

由于拟建路线地形起伏较大，加之地质条件较为复杂，为便于设计使用，现将各路线按里程分段评述如下：

(a) K47+018.671～K48+450 段

线路沿金沙江右岸缓坡地带行进，属溶蚀构造峡谷地貌，岸坡较缓，地势地形起伏不大。

沿线地层上部主要为第四系崩坡积粉质黏土、黏土、碎石、角砾、块石及第四系冲洪积漂石，下部主要为三叠系中统雷口坡组(T2l)和三叠系下统嘉陵江组(T1j)灰白色、灰色强～中等风化灰岩。

该区主要发育有湾滩断层和湾滩背斜；地表水发育，地下水主要为松散堆积层孔隙水、构造裂隙水、基岩裂隙水和岩溶水，富水性中等～强。不良地质为岩溶、塌滑体和危岩。

该段以路基、桥梁工程为主，跨溪沟和库区地段以桥通过。

由于该段位于水库库岸地区，桥梁墩台基础应满足抗倾、抗滑移；路基加强开挖边坡挡护、坡面排水，斜坡填方地段加强下方侧向约束，防顺坡滑移。

路线范围内主要为三叠系中统雷口坡组(T2l)和三叠系下统嘉陵江组(T1j)灰岩、灰岩夹页岩，地表出露灰岩溶蚀弱～中等发育，钻孔岩芯局部存在溶蚀小孔(孔径 0～2cm)和溶洞(深度 0.3m)，岩溶对桥梁工程影响较大。

路线 K48+355 左 20m 处由于坡体开挖，坡面陡立，灰岩节理裂隙发育，岩体破碎，局部凹岩腔发育，坡面上发育有危岩体，岩体稳定性差，在施工扰动、降雨及地震影响下易发生崩塌。

(b) K48+450～K49+954.004 段

线路沿金沙江右岸陡坡地带行进，属侵蚀构造峡谷地貌，岸坡陡峻，地势地形起伏大，悬崖峭壁林立。

沿线地层上部主要为第四系崩坡积粉质黏土、黏土、碎石、角砾、块石及第四系冲洪积漂石，下部主要为三叠系下统飞仙关和铜街子组(T1t+f)褐红色强～中等风化泥质粉砂岩和砂岩。

该区地表水较发育，地下水主要为松散堆积层孔隙水、构造裂隙水和基岩裂隙水，富水性中等～强。不良地质为崩塌(堆积体)和不稳定边坡(隧道偏压)。

该段以桥梁、隧道工程为主，跨溪沟和库区地段以桥通过，穿越山脊以隧道形式通过。

由于该段位于水库库岸地区，桥梁墩台基础应满足抗倾、抗滑移。

崩塌、堆积体：隧道进口左侧 20 米处，由于坡体开挖，坡面较陡，形成了崩积体，主要成分为泥质粉砂岩碎石、块石含粉质黏土，松散状，厚度 2～10m，施工扰动、降雨及地震影响下易发生崩塌。隧道出口的崩、坡积体根据钻孔揭示厚度达 37m，隧道出口施工影响较大。

不稳定边坡(隧道偏压)：隧道出口路线与边坡交角较小，受区域构造影响，岩体破碎，且隧道出口的崩、坡积体根据钻孔揭示厚度达 37m，隧道出口偏压问题较为突出，需进行抗偏压设计。

b.E 线路线分段评价

由于拟建路线地形起伏较大，加之地质条件较为复杂，为便于设计使用，现将各路线按里程分段评述如下：

(a) EK47+018.671～EK48+680 段

线路沿金沙江右岸缓坡地带行进,属溶蚀构造峡谷地貌,岸坡较缓,地势地形起伏不大。

沿线地层上部主要为第四系崩坡积粉质黏土、黏土、碎石、角砾、块石及第四系冲洪积漂石,下部主要为三叠系中统雷口坡组(T2l)和三叠系下统嘉陵江组(T1j)灰白色、灰色强~中等风化灰岩。

该区主要发育有湾滩断层和湾滩背斜;地表水发育,地下水主要为松散堆积层孔隙水、构造裂隙水、基岩裂隙水和岩溶水,富水性中等~强。不良地质为岩溶、塌滑体和危岩。

该段以路基、桥梁工程为主,跨溪沟和库区地段以桥通过。

(b)EK48+680~EK51+123.888 段

线路沿金沙江右岸陡坡地带行进,属侵蚀构造峡谷地貌,岸坡陡峻,地势地形起伏大,悬崖峭壁林立。

沿线地层上部主要为第四系崩坡积粉质黏土、黏土、碎石、角砾、块石及第四系冲洪积漂石,下部主要为三叠系下统飞仙关和铜街子组(T1t+f)褐红色强~中等风化泥质粉砂岩和砂岩。

该区地表水较发育,地下水主要为松散堆积层孔隙水、构造裂隙水和基岩裂隙水,富水性中等~强。不良地质为崩塌(堆积体)和不稳定边坡(隧道偏压)。

该段以桥梁、隧道工程为主,跨溪沟和库区地段以桥通过,穿越山脊以隧道形式通过。

c.路线方案工程地质比选

从地形地貌、地层岩性、地质构造、不良地质与特殊性岩土、工程设置进行比较,比较情况如表 4-2-4 所示。

K 线与 E 线方案工程地质比较一览表 表 4-2-4

比选内容	K 线方案(K48+018.671~K49+954.004 段)	E 线方案(EK48+018.671~EK51+123.888 段)
地质概况	属溶蚀构造和侵蚀构造峡谷地貌,地形陡峻。平缓地段覆盖第四系全新统坡积、冲洪积及粉质黏土、碎石、角砾、块石、漂石等;下伏三叠系灰岩、泥质粉砂岩、砂岩;区段构造较复杂,发育湾滩背斜和湾滩断层;不良地质主要为危岩、崩塌、岩溶和不稳定边坡,水文地质较发育,主要为孔隙水、基岩裂隙水、构造裂隙水和岩溶水,工程地质条件较一般	属溶蚀构造和侵蚀构造峡谷地貌,地形陡峻。平缓地段覆盖第四系全新统坡积、冲洪积及粉质黏土、碎石、角砾、块石、漂石等;下伏三叠系灰岩、泥质粉砂岩、砂岩;区段构造较复杂,发育湾滩背斜和湾滩断层;不良地质主要为危岩、崩塌、岩溶和不稳定边坡,水文地质较发育,主要为孔隙水、基岩裂隙水、构造裂隙水和岩溶水,工程地质条件较一般
主要地质问题	路线岩溶区域岩溶裂隙较发育,对桥梁桩基有一定影响,桥台边坡处发育有一危岩体,对施工影响较大,隧道出口存在偏压问题	路线岩溶区域岩溶裂隙较发育,对桥梁桩基有一定影响,路线范围内通过多处崩塌堆积体,对路线方案影响较大,隧道出口存在偏压问题
线路长度及重点工程	线路长 2.935333km,桥梁长约 250m,隧道长约 1120m	线路长 3.105217km,桥梁长约 500m,隧道规模相当
工程地质条件评价	一般	较差

通过上述比较,K 线路线长度较短,工程规模较小,K 线和 E 线均存在不良地质影响的段落,但 K 线受不良地质影响的段落较 E 线短,总体上建议推荐 K 线方案。

⑤不良地质路段情况

根据地质调查显示:桥位区地质构造发育,不良地质主要为岩溶、危岩、崩塌(堆积体)和不稳定边坡(隧道偏压),无特殊性岩土。

a.岩溶:根据野外地质调查测绘和钻孔揭露,桥址区范围内主要为 $T1_j$ 三叠系下统嘉陵江组灰色、灰白色灰岩,地表出露灰岩溶蚀弱~中等发育,钻孔岩芯局部存在溶蚀小孔(孔径 0~2cm)和溶洞(深度 0.3m),岩溶对桥梁工程影响较大。

b.危岩:路线 K48+355 左 20m 处由于坡体开挖,坡面陡立,灰岩节理裂隙发育,岩体破碎,局部凹岩腔发育,坡面上发育有危岩体,岩体稳定性差,在施工扰动、降雨及地震影响下易发生崩塌。

c.崩塌、堆积体:隧道进口左侧 20m 处,由于坡体开挖,坡面较陡,形成了崩积体,主要成分为泥质粉砂岩碎石、块石含粉质黏土,松散状,厚度 2~10m,施工扰动、降雨及地震影响下易发生崩塌。隧道出口的崩、坡积体根据钻孔揭示厚度达 37m,隧道出口施工影响较大。

d.不稳定边坡(隧道偏压):隧道出口路线与边坡交角较小,受区域构造影响,岩体破碎,且隧道出口的崩、坡积体根据钻孔揭示厚度达 37m,隧道出口偏压问题较为突出,需进行抗偏压设计。

(3)路线方案布设及比选论证

根据该段地形、地质及水文条件,共拟定了 A、B、C、D、E、F、A0、C1、C2、F1 共 10 个路线方案,见图 4-2-20,分述如下:

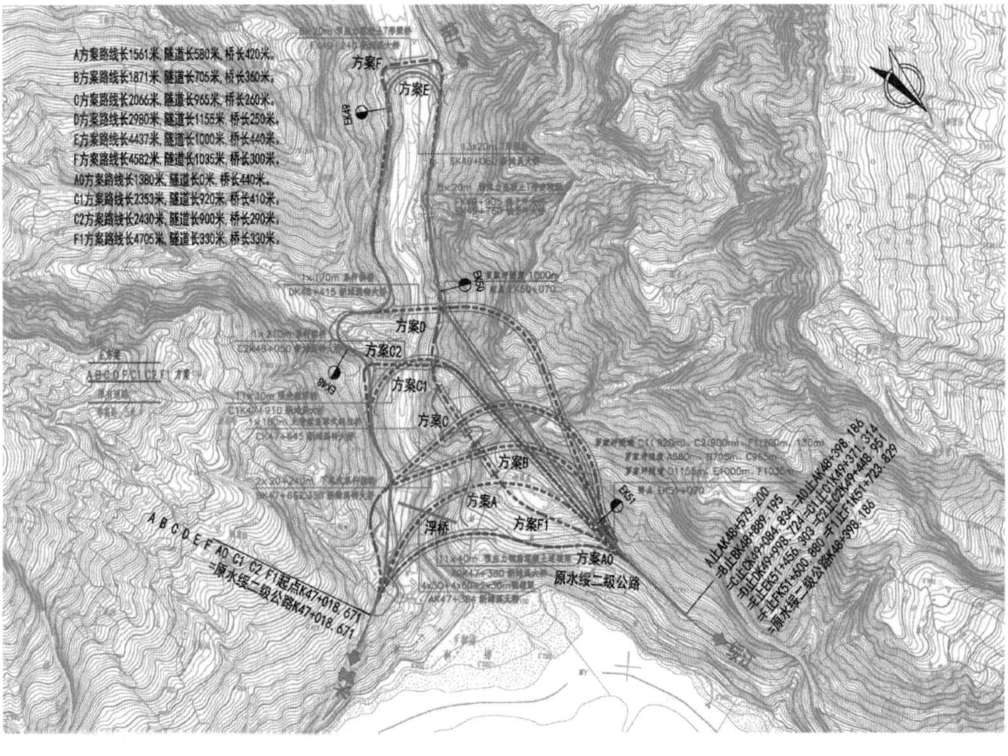

图 4-2-20　可能的路线方案

①A 方案

起点 AK47+018.671=原水绥二级公路 K47+018.671,沿原水绥二级公路南设 4×30+4×60+2×30 钢箱梁桥跨越新滩溪,接着设长 580m 罗家坪隧道穿罗家坪滑坡,至止点 AK48+579.2=原水绥二级公路 K48+398.186,A 方案长 1.561km,估算价 20501 万元。

优点:里程短,标准高。

缺点:新滩溪特大桥桥墩需在 70 多 m 的水面下施工,无法实施。

②B 方案

起点 BK47+018.671=原水绥二级公路 K47+018.671,后左转再右转沿原水绥二级公路南设 2×20+240m 下承式系杆拱特大桥跨越新滩溪,接着设长 705m 罗家坪隧道穿罗家坪滑坡后缘,至止点 BK48+889.195=原水绥二级公路 K48+398.186,B 方案长 1.871km,估算价 20206 万元。

优点:里程较短,标准较高;拆迁及占地较少;路基及防护工程较少,隧道短。

缺点:造价高,特大桥施工工期较长且施工有难度。

③C 方案

起点 CK47+018.671=原水绥二级公路 K47+018.671,后左转再右转沿原水绥二级公路南设 1×180m 无背索竖琴式斜拉桥跨越新滩溪,接着设长 965m 罗家坪隧道穿罗家坪滑坡后缘,至止点 CK49+084.834=原水绥二级公路 K48+398.186,C 方案长 2.066km,估算价 17759 万元。

优点:里程较短,标准较高;拆迁及占地较少;路基工程较少,隧道较短。

缺点:新滩溪特大桥绥江岸桥台在松散堆积体上,构造物有安全隐患。

④D 方案

起点 DK47+018.671=原水绥二级公路 K47+018.671,后左转沿新滩至银厂公路改建至周志高村南,后右转设 1×170m 系杆拱桥跨越新滩溪,接着设长 1155m 罗家坪隧道穿罗家坪后山,至止点 DK49+998.724=原水绥二级公路 K48+398.186,D 方案长 2.98km,估算价 19147 万元。

优点:里程较短,标准较高;拆迁及占地较少;路基及防护工程较少。

缺点:造价较高,特大桥施工工期较长且有一定的施工难度。

⑤E 方案

起点 EK47+018.671=原水绥二级公路 K47+018.671,后左转沿新滩至银厂公路改建至大沙房北,后右转设 13×20mT 形梁桥跨越新滩溪,接着向北沿保通便道改建至 EK50+070,后设长 1000m 罗家坪隧道穿罗家坪滑坡后缘,至止点 EK51+456.303=原水绥二级公路 K48+398.186,E 方案长 4.438km,估算价 18219 万元。

优点:里程较 F 短,标准较 F 高;拆迁及占地较 F 少;路基及防护工程较 F 少。

缺点:造价较 F 高,新滩溪大桥桥墩要在 13m 的水面下施工,施工难度稍大。

⑥ F 方案

起点 FK47+018.671=原水绥二级公路 K47+018.671,后左转沿新滩至银厂公路改建至水泥厂北,后右转设 6×20mT 形连续梁跨越新滩溪,后右转向北沿保通便道改建至 FK50+205 设长 1035m 罗家坪隧道穿罗家坪滑坡后缘,至止点 FK51+600.88=原水绥二级公路 K48+398.186,F 方案长 4.582km,估算价 17002 万元。

优点:投资最少,施工难度最低。

缺点:里程最长,指标最低;占地拆迁最多、路基及防护工程最大。

⑦A0 方案

起点 A0K47+018.671=原水绥二级公路 K47+018.671,后右转设 11×40mT 形连续梁跨越新滩溪,对罗家坪滑坡进行处治后到止点 A0K48+398.186=原水绥二级公路 K48+398.186,A0 方案长 1.38km,估算价 19293 万元。

优点:里程短,占地少,负面影响小。

缺点:绥江岸桥梁已移位,属危桥,不能用。

⑧C1 方案

起点 C1K47+018.671=原水绥二级公路 K47+018.671,后左转再右转沿原水绥二级公路南设 11×30m 现浇箱梁桥跨越新滩溪,接着设长 920m 罗家坪隧道穿罗家坪滑坡后缘,至止点 C1K49+371.314=原水绥二级公路 K48+398.186,C1 方案长 2.353km,估算价 19453 万元。

优点:里程相对短,拆迁及占地少。

缺点:里程最长,指标最低;占地拆迁最多、路基及防护工程最大。

新滩溪特大桥绥江岸桥台在松散堆积体上,构造物有安全隐患。

⑨C2 方案

起点 C2K47+018.671=原水绥二级公路 K47+018.671,后左转再右转沿原水绥二级公路南设设 1×210m 系杆拱桥跨越新滩溪跨越新滩溪,接着设长 900m 罗家坪隧道穿罗家坪滑坡后缘,后到止点 C2K49+448.951=原水绥二级公路 K48+398.186,C2 方案长 2.43km,估算价 18691 万元。

优点:里程相对较短,占地少。

缺点:水富岸桥头引道半径达不到二级公路标准,且引道开挖较深,易诱发新滑坡。

⑩F1 方案

起点 F1K47+018.671=原水绥二级公路 K47+018.671,后左转沿新滩至银厂公路改建至水泥厂北,后右转设 11×20mT 形连续梁跨越新滩溪,后右转向北沿保通便道改建至 F1K50+500 设总长 330m 的两座短隧道穿罗家坪滑坡前缘,后到止点 F1K51+723.829=原水绥二级公路 K48+398.186,F1 方案长 4.705km,估算价 20025 万元。

优点:施工难度低

缺点:里程长,指标低;占地拆迁最多、路基及防护工程最大;造价高。

上述 10 个方案中,A0 方案为修复原有二级公路方案,该方案不论如何修复,桥梁及路基工程绥江岸均位于罗家坪不稳定的堆积体上(380 水位线以下无法处理),故 A0 方案不可行。F1 方案长度与 F 方案相当,但罗家坪 1 号隧道穿过松散堆积体,故 F1 方案不可行。C1 及 A 方案,有数个桥墩位于深度大于 50m 的深水中,施工难度极大,故 C1、A 方案不可行。C2 方案水富岸桥头引道半径达不到二级公路标准,且引道开挖较深,易诱发新滑坡,故 C2 方案不可行。C 方案新滩溪特大桥绥江岸桥台位于松散堆积体上,桥台存在较大隐患,故 C 方案同样不可行;4 个可行的 B、D、E、F 方案中,B 方案虽然路线相对短,但新滩溪特大桥施工难度较大,后期养护费用难度大,总体造价相对较高,不建议采用。F 方案新滩溪大桥两端桥头引道半径达不到二级公路标准,不建议采用。E 方案路线较长,且新滩溪大桥桥墩需在水下施工,施工难度较大。D 方案里程虽不是所有方案中最短的,但 D 方案拆迁及占地较少,路基及防护工程较少,且避让了不良地质,风险可控,故推荐 D 方案作为推荐线。

第 5 章　库岸滑坡防治的措施和方法

本章主要总结论述库岸滑坡防治的措施和方法，包括各种库岸滑坡处治措施和方法的目的、作用、原理、适用条件以及相应的设计理论和施工方法，并提供了一些库岸滑坡的处治设计和施工的工程案例。

（1）库岸滑坡坡防治

库岸滑坡属于深层破坏，如果存在滑坡，不管如何进行库岸表面防护都不可能防止库岸的进一步破坏，而且库岸表面防护也会产生破坏。库岸滑坡防治可以从以下几方面来开展工作：

①选择库岸滑坡治理措施时，应针对滑坡体的未来工作状态，科学合理选定岩土体力学参数进行稳定性计算分析。

②在滑坡区或潜在滑坡区进行工程建设时，应先治滑坡，后建设。位于滑坡区范围内的建筑物基础宜采用桩基础或桩锚基础，使建筑物荷载能够直接传递到滑床之下的稳定地层中，避免因为人为建设造成库岸滑坡。

③对危害工程设施安全和人身安全，短期内难以查清的滑坡，可以分期进行治理，优先选择易实施、见效快的地面及地下，用排水、削坡减载、压坡加载等措施和方法作为应急工程进行处理，先稳住滑坡，再构建其他永久工程进行处理。

④应针对导致滑坡滑移的主导因素进行治理，采取有针对性的相应工程处理措施。当水为主要诱因时，应以排水为主，辅以支挡措施；切割坡脚导致的牵引式滑坡，以支挡为主，辅以排水、减重等措施；对推移式滑坡的主滑段、牵引段，宜优先削坡减载、拆除已有建（构）筑物；对阻滑段采用压坡加载，辅以支挡、排水等。

⑤库岸滑坡治理宜早不宜迟，宜在水库建设期尚未蓄水前进行；蓄水后对涉水岸坡治理难度会增大很多。

水是引起水库库岸滑坡的最主要因素之一，治理水是防治水库库岸滑坡的重要思路，包括截、排、堵、引、护等多种方法。滑坡体之所以滑动，主要是滑坡体的力学平衡被打破，下滑力大于阻滑力造成的，可通过改善滑坡体力学条件，减少下滑力，增加阻滑力来防止滑坡体发生滑动。方法包括：改变滑坡体几何形状、支挡、锚固、增设阻滑件等。滑带是库岸滑坡体的薄弱面，可通过灌浆、加筋、群桩、疏干滑面以及麻面爆破、焙烧、电化学加固等方法改善滑带土或滑面力学性质。

（2）治理滑坡的措施

根据国内外的实践经验，治理滑坡可以从以下三个大的方面着手：

①消除和减轻地表水和地下水的危害。其主要目的是：降低孔隙水压力和动水压力，防止岩土体的软化及溶蚀分解，消除或减小水的冲刷和浪击作用。具体做法有：防止外围地表水进入滑坡区，可在滑坡边界修截水沟；在滑坡区内，可在坡面修筑排水沟。在覆盖层上可用浆砌片石或人造植被铺盖，防止地表水下渗。对于岩质岸坡还可用喷混凝土护面或挂钢筋网

喷射混凝土。排除地下水的措施很多,应根据岸坡的地质结构特征和水文地质条件加以选择,常用的方法有:①水平钻孔疏干;②垂直孔排水;③竖井抽水;④隧洞疏干;⑤支撑盲沟。

②改善岸坡岩土体的力学强度及应力分布。通过一定的工程技术措施,改善岸坡岩土体的力学强度,提高其抗滑力,减小滑动力。常用的措施有:削坡减载,用降低坡高或放缓坡角来改善岸坡的稳定性。削坡设计应尽量削减不稳定岩土体的高度,而阻滑部分岩土体不应削减。这种方法并不一定是最为经济、最有效的措施,要在施工前作经济技术比较。

③岸坡人工加固。常用的方法有:a.修筑挡土墙、护墙等支撑阻挡不稳定岩体;b.钢筋混凝土抗滑桩或钢筋桩体作为阻滑支撑工程;c.采用预应力锚杆或锚索,其适用于加固有裂隙或软弱结构面的岩质岸坡;d.采用固结灌浆或电化学加固法加强岸坡岩体或土体的强度;e.采用 SNS 岸坡柔性防护技术等。

国际地科联滑坡工作组(原名为联合国教科文组织国际岩土学会世界滑坡名录工作组)(IUGS,WG/L)整治委员会制定的滑坡治理措施如表 5-0-1 所示。

IUGS,WG/L 滑坡治理措施表　　表 5-0-1

序号	分类	治理方法细项
1	改变滑坡几何形态	①削减推动滑坡产生滑坡区的物质(或以轻材料置换);②增加维持滑坡稳定区的物质(如反压马道);③减缓斜坡的总坡度
2	排水	①将地表水引出滑动区之外(如集水明沟或管道);②充填有自由排水土工材料(如粗粒填料或土工聚合物)的浅或深排水暗沟;③粗颗粒材料构筑成的支撑护坡墙;④垂直(小口径)钻孔抽起地下水或自由水;⑤垂直(大口径)钻孔重力排水;⑥近水平或近垂直的排水钻孔;⑦真空排水;⑧虹吸排水;⑨电渗排水;⑩种植植被蒸腾排水
3	支撑阻挡构筑物	①重力式挡土墙;②木笼块石墙;鼠笼墙(钢丝笼内充填卵石);③被动抗滑桩、墩、沉井;④原地浇筑混凝土连续墙;⑤加筋挡土墙(加聚合物、金属、板片);⑥粗颗粒材料构筑的支撑护坡墙;⑦岩石坡面防护网;⑧拦截沟槽;⑨堤、栅栏或钢丝网拦截系统;⑩预防侵蚀的石块或混凝土块体
4	滑坡内部加固	①岩石锚固;②微型桩;③土锚钉;④锚索(有或无应力)⑤灌浆;⑥石灰桩或碎石桩;⑦热处理;⑧冻结;⑨电渗锚固;⑩种植植被

(3)库岸滑坡治理方法

我国在总结各种公路、矿山、铁路等行业滑坡治理方法分类的基础上,将库岸滑坡治理归并为五大类:

①搬迁避让

搬迁避让是库岸滑坡防治中的重要措施之一。通过收集必要资料,调查访问和现场勘察,查明滑坡位置、大小、范围、危害对象、危害程度和风险性等。对于受滑坡危害较小,或比较次要的构筑物,或可采用工程措施直接处理;经过综合经济比较后,采用拆迁保护对象比工程措施更为经济合理时,可采用搬迁避让的处理措施。对高速公路、国道、省道、县级道路等,可考虑绕道、隧道避让。

②综合治水

治理好水是防止库岸滑坡的重要环节。综合治水主要包括截水、排水、引水、堵水和护坡防冲刷等多种治水方法。

a.截水主要是在滑坡体可能发展的边界 2.0~4.0m 以外,比较稳定的地段依地形变化趋势设置截水沟，拦截滑坡体以外的地表水进入滑坡体内，可避免水直接冲刷滑坡体，也可防止水进入滑坡体内。

b.排水主要是在滑坡区范围内充分利用自然地形，开挖明沟或暗槽，针对滑坡体形成网状畅通的排水系统，从而减少雨水下渗、表面冲刷，同时也可排除滑坡体内的水，使滑坡体达到稳定状态。

c.引水主要是将滑坡体内积水或滑坡体外进入体内的地下水(包括承压水等)，通过盲管、盲沟、排水孔等引出滑坡体内或阻止其进入滑坡体内。

d.堵水主要是用黏性土、水泥浆等防渗材料填塞滑坡体内和周边的土体裂缝，从而阻止或减少地表水(包括雨水和其他水等)渗入滑坡体内。

e.护坡防冲刷包括生态措施和工程措施。生态措施主要有植树、种草等；工程措施包括浆砌石护面、干砌石护面、喷混凝土护面、网格护面、抛石护面，或在水流较急、冲刷严重地段修筑丁坝改变水流的流向等，目的是防止地表水对滑坡坡面冲刷或江河流水对滑坡坡脚的冲刷。

③力学平衡

主要是通过改善滑坡体的力学条件，减少滑坡体下滑力，增加其抗滑力来防止滑坡体发生移动。改善力学条件是滑坡治理的主要方法。工程措施包括改变几何形状，使用支挡、锚固、阻滑件等。

a.改变几何形状：包括滑坡体前填后挖、全部清除、部分清除等措施。对于滑床后缘陡峭、前缘平缓，滑坡体头重脚轻的推移式滑坡，可在滑坡的坡后缘滑坡推力为正值的主滑坡地段减重卸载，或者在前缘滑坡推力为负值的阻滑地段加载压脚，以达到滑坡体的力学平衡。对于比较小的滑坡体，或者经过比选，清理比治理更经济易行的滑坡体，可采用全部或部分清除的方法。

b.支挡：利用构筑物对滑坡体进行支撑阻挡，通过设置支挡体来平衡滑坡体的下滑力，抵抗滑坡体的滑动。包括重力式挡墙、加筋挡土墙、框架挡土墙、L形悬臂挡墙和抗滑桩等。支挡结构具有较多的优点，不仅能较少破坏滑坡体的植被，而且能够有效地改善滑坡体的力学平衡条件，是目前用来稳定滑坡体的有效措施之一。

c.锚固：主要是通过安装设置在岩土层深处的受拉杆件而起稳定作用。它一端与工程构筑物(或支挡)相连，另一端锚固在岩土层中，必要时对其施加预应力，以承受较大的土压力、水压力等所产生的拉力，用以有效承担岸坡的下滑力，防止岸坡产生变形，维护岸坡的稳定。

d.阻滑件：对于阻止岩石层面间的滑动作用效果比较明显，主要在滑动带或滑面设计混凝土结构件，阻止滑坡体沿着滑动带或滑面处滑动。

④滑坡置换

通过灌浆、灌浆加筋、群体桩、疏干滑面及麻面爆破、焙烧、电化学加固等方法，用来改善滑带土、滑坡面的力学性质，提高滑坡稳定性。可以在全部或部分滑带土、滑坡面中进行。

⑤滑坡预警

由于滑坡体内部的岩土力学作用的复杂性，从地质勘察到防治设计均不可能完全考虑滑坡体内部的真实力学效应，或者大型、超大型滑坡处在相对稳定状态，这种情况下防治措施又难以提高安全储备，此时可以采取预测预警措施。

库岸及其他滑坡治理方法分类具体可参见表5-0-2。

库岸及其他滑坡治理方法分类及措施一览表　　表 5-0-2

治理原理	防治措施		采用工程	布置原则及部位	适用条件与目的	备注
绕避滑坡或清除滑坡体	避开，另外寻找建设用地开挖		用隧洞避开滑坡	在稳定的滑坡床下方设置隧洞	线路及道路工程	避离滑坡后，滑坡可不处理或埋设警示标记
			用桥跨避开滑坡	在滑坡两侧地面较高的部位设置桥墩跨越	适用小型滑坡	
			结合地形形成压坡面的平台	自上而下顺序开挖清除滑坡体	清除部分滑坡体、小规模滑坡	清除部分滑坡体、小规模滑坡
减少滑动力	排水措施	地面排水	绿化坡面	全部外露坡面	土质坡面	植物蒸腾排水
			树枝状排水沟、暗沟（含连接暗沟的排水沟、水平钻孔及排水砂井）	滑坡体范围内的自然沟谷位置、滑坡体内外的封闭积水处或有深层地下承压水处	所有土质滑坡排除浅层积水或深层地下承压水	汇集和引出滑坡体范围内的地面水
		深层地下排水	长的水平排水孔、排水隧洞（含洞孔联合）	排水孔应穿过滑坡面布置在滑坡床内	土质滑坡、岩质滑坡排出滞水及潜水，岩质滑坡排出深层滑床内的承压水	常与垂直排水孔组成排水幕
			竖向排水孔井（含虹吸排水）	排水孔垂直滑坡轴线布置，排水井群平行滑坡轴线位置	排水量大的滑坡降低承压水压力、潜水位	
			降水管井			
	截水措施	表面保护	①整平夯实坡面；②喷射或现浇混凝土填塞缝隙孔洞；③绿化岸坡；④坡面铺盖	滑坡体范围内	①③④适用于土质滑坡；②④适用于岩质滑坡	
		地面截水	环形截水沟（集水明沟）	滑坡可能发展的边界以外不小于 5m 处	拦截或旁引斜坡上流向滑坡体的表面水	
		地下截水	截水隔渗透帷幕	滑坡可能发展的边界以外不小于 5m 的稳定土体处	拦截滑坡体范围外的地下水	灌浆帷幕，地下防渗墙
			截水渗沟、盲沟	滑坡可能发展的边界以外不小于 5m 的稳定土体处	拦截或旁引滑坡体范围外的地下水	
	削坡减载		开挖减载，减缓坡面的总坡度	滑坡体后缘	推移式滑坡，减少下滑推力	削减推动滑坡产生区的物质或以轻质材料置换

续上表

治理原理	防治措施	采用工程	布置原则及部位	适用条件与目的	备注
增加抗滑力	滑坡加载	填筑压坡,反压马道	滑坡体的抗滑地段	需要增加抗滑力的滑坡	增加维持滑坡稳定的物质
		抗滑片石垛(木笼块石垛、鼠笼石垛、卵石铁丝石垛)	滑坡体的抗滑地段	依靠垛子重量阻止滑坡下降,防止河水冲刷	水下采用抛石、铺石笼、设置丁坝
	抗滑挡墙	重力式挡墙(混凝土挡墙、浆砌石挡墙、加筋土挡墙)	滑坡体前缘以外,滑面出露的部位	依靠挡墙重量及墙后填土阻止滑坡体下滑,适于厚度不大于6m滑坡	填土后宜覆盖部分前缘
	抗滑桩、键	抗滑桩、阻滑键、拉锚桩、抗滑沉井	滑坡体内或前缘适当位置	依靠桩、键的锚固抗剪切作用支撑滑坡体	
	支撑渗沟	堆石或砌石渗沟	主干沟布置在地下水露头或由地下水形成的坍塌处,分支沟视汇水情况布置	支撑滑坡体,排除滑坡体内的浅层地下水	粗粒材料构筑成的支撑护坡排水墙
	锚固系统	预应力锚杆、预应力锚索、格构架锚固	布置在阻滑段及主滑坡段坡面,锚杆或锚索进入稳定的滑床内	可用于软土滑坡以外的各类滑坡	有时需要配合岩石坡面防护结构
	复合抗滑	不同抗滑结构组合,利用建筑物中具有抗滑作用的结构			
改善滑带土或滑面力学参数	灌浆及灌浆加筋法	静压灌浆	施工时处于稳定状态且不影响滑带土排水滑坡	阻滑段较平缓且排水条件好	宜采用基本不泌水的稳定浆液
		高压喷射灌浆		粉细砂及黏性土滑坡	
		深层搅拌		软黏土滑坡及淤泥质土、淤泥滑带土	
	群桩法	碎石桩、水泥土桩、石灰桩		人工填土、黄土及粉细砂滑坡	

续上表

治理原理	防治措施	采用工程	布置原则及部位	适用条件与目的	备注
改善滑带土或滑面力学参数	群桩法	微型桩		滑带土较厚的推移式滑坡，已处理蠕动阶段的牵引式滑坡	
	疏干滑坡面	真空排水、电渗排水	降水疏干滑坡面	见“深层地下排水”栏	
	焙烧法	开口方式热加固	热处理滑面	滑带土为非饱和黏性土、湿陷性黄土	
	离子交换法	阳离子溶液	钻孔应穿过滑带土	滑移阶段的小型滑坡	
	爆破法	在后缘打孔进行小药量松动爆破	顺层岩质滑坡	增加滑面粗糙度改善排水条件	

不同类型岸坡处治方案选择如表 5-0-3 所示。

不同类型岸坡处治方案选择　　表 5-0-3

岸坡类型	水文工程地质条件	处治方案	方案优缺点
松散堆积层滑坡	滑体规模大，滑面很深，岩土体结构松散，滑体推力很大	抗滑桩+重力式挡墙、绕避	优点：抗滑效果好，施工方便，施工操作及设备简单；缺点：工程量大，施工速度慢，工程造价高
	滑体规模大，滑面很深，岩土体结构松散，滑体推力较大	* 压力灌浆+预应力锚索、锚杆	优点：抗滑效果好，工程量较小，施工设备简单，利润高；缺点：预应力锚索施工技术要求较高，压力灌浆对滑带土结构要求高
	岸坡岩土体规模小，滑面埋深较浅，岩土体结构松散，滑体推力较小	重力式挡墙+土钉（锚杆）	施工设备简单、速度快，效果好。对下滑力大的滑体不适应
顺层岩质滑坡	岸坡岩体结构相对完整，滑面（软弱面）埋深不大（16～25m），顺向坡	预应力锚索	优点：安全可靠，对滑面埋深大的滑体处治效果好，工程造价较抗滑桩方案低；缺点：对滑面埋深较浅的滑坡工程量偏大
	岸坡岩体结构相对完整，滑面（软弱面）埋深较大（5～25m），顺向坡	* 预应力锚索+锚杆	优点：效果好，安全可靠，工程造价低，效益好；缺点：施工过程较复杂，预应力锚索的施工技术要求高
切层（或反向）岩质滑坡	岸坡岩体规模较小的切层（或反向）岩质坡，岩质坚硬的危岩体或岩质较软弱的蠕滑体	锚杆+预应力锚索	优点：效果较好，安全可靠，工程造价较低；缺点：施工过程复杂，技术要求较高
	岸坡岩体规模较小的切层（或反向）岩质坡，岩质坚硬的危岩体或岩质较软弱的蠕滑体	* 锚杆（锚索）+挂网喷浆（坡面凹凸不平）；锚杆（锚索）+浆砌片石护坡（坡面较平整）	优点：效果好，安全可靠，可防止地表水入渗危害，造价低；缺点：施工过程相对复杂

注：* 为优先考虑方案。

除了考虑滑坡类型外,根据用地、浪蚀等因素,滑坡的工程防护还可以进行如下选择:

a.削坡减载压脚:改变斜坡形态对因地形坡度大于斜坡稳定坡度而产生的土质岸坡滑移型库岸再造地带,在再造高程不高且与用地关系不矛盾的情况下,采取削坡减载并对坡面进行修整,通过改变斜坡形态的方式,以保证库岸的稳定。同时,对崩塌性库岸再造带,在岸坡带有可用地的情况下,也可采取这一方式进行处理。

b.支挡措施:这一措施主要适合土质岸坡滑移型再造段,在下伏基岩埋深较浅、库岸再造高程影响较大的情况下,为保证上部建筑物的安全,宜采用此方案。已经变形的库岸,对变形部位要清除。

c.锚固措施:对岩体崩塌型库岸再造段,如若库岸再造带建筑物较多或为规划用地区,为保证建筑物的安全,一般采用锚固措施进行治理,以达到防护的目的。

d.喷护措施:对以剥蚀为主库岸再造带,在岸坡整体基本稳定的情况下,为防止剥蚀进一步发展而影响斜坡的稳定,以采取喷护方式为宜。在崩塌型库岸再造段,可与锚固防护措施结合进行,对下部黏土岩段,采取喷护的方式进行治理,以防止风化进一步发展,危及上部岩体稳定;对上部岩体则进行锚固处理。

e.护坡加排水措施:对流土型库岸再造段及表层滑移型库岸再造段。采用坡面护坡与坡面排水相结合的方式进行防治,以保证库岸的稳定。同时,对人工填土库段,在充分压实并保证斜坡坡度不大于稳定坡角的前提下,一般采用这一方式进行防治。此外,还可与削坡处理结合起来应用。

治理滑坡仅采用单一的工程措施往往不是最佳的方案,应根据滑坡类型、规模、稳定性,并结合滑坡区工程地质条件、建筑类型及分布情况、施工设备和施工季节等方面,选用多种工程措施组合起来进行综合整治。如削方减重与抗滑挡土墙相结合、削方减重与抗滑桩相结合、抗滑桩与抗滑挡墙相结合、明洞与抗滑挡土墙或抗滑桩结合、锚杆(索)和抗滑桩相结合等。需要注意:在滑坡治理工程中排水工程措施不可或缺。

5.1 地表水处理

在诱发库岸滑坡的众多因素中降雨的危害性极大。降雨对库岸滑坡体的影响主要表现在两个方面:一是降雨入渗对滑坡体力学参数的影响,主要反映为滑坡体强度(c、φ 值)的削弱;二是力的作用,主要表现为降雨入渗产生的沿滑坡方向的渗透力和降雨形成的地表径流对滑坡体产生动水压力和冲刷力。为此,必须采取合理疏排水措施来防止雨水诱发库岸滑坡的产生。

通常采取在滑坡体四周及其内部布置一定数量的排水沟,形成地表排水系统来排除地表径流。滑坡地表排水工程设计的关键是要能有效地排除地表水。地表排水处理是库岸防治滑坡常用方法之一,在工程治理中可以单独采用,更多的是辅助或结合其他方法使用。库岸滑坡地表排水处理类型主要有:截水沟、排水沟、跌水槽或跌水井等。

5.1.1 截水沟

截水沟用以截断或减少滑坡体外雨水(或其他水体)进入滑坡体内,以减少滑坡体的地下水位或滑坡体内的水体(图 5-1-1)。用于库岸滑坡防治的截水沟,应设置在库岸滑坡体后缘边界以外 3.0~5.0m 处。

图 5-1-1　文山境内某高速公路截水沟(考察照片)

5.1.1.1　截水沟流量计算

针对库岸滑坡的特点,一般其汇流面积较小,所以地表排水工程设计频率、地表水汇流量计算,可根据中国水科院水文研究所小汇水面积设计流量公式计算:

$$Q_P = 0.278\Phi S_P \frac{F}{\tau^n} \tag{5-1-1}$$

式中:Q_P——设计地表水汇流量(m^3/s);

S_P——设计降雨强度(mm/h);

F——汇水面积(km^2);

τ——流域汇流时间(h);

Φ——径流系数;

n——降雨强度衰减系数。

设计降雨强度 S_P 按工程所在地区的设计暴雨频率选取。

径流系数 Φ 按汇水区域内的地表种类由表 5-1-1 确定。当汇水面积内有两种或两种以上地表种类时,应当分别为每种类型选取径流系数,按相应的区域面积大小取加权平均值。当缺乏必要的流域资料而具有暴雨资料时,可按流域面积的大小,采用公路研究所提出的经验公式计算:

当 $F \geqslant 3km^2$ 时

$$Q_P = \Phi S_P F^{2/3} \tag{5-1-2}$$

当 $F < 3km^2$ 时

$$Q_P = \Phi S_P F \tag{5-1-3}$$

径流系数参考值(Φ)　　表 5-1-1

地表种类	径流系数	地表种类	径流系数	地表种类	径流系数
陡峻的山地	0.75~0.90	起伏的山地	0.60~0.80	落叶林地	0.35~0.60
硬质岩石坡面	0.70~0.85	细粒土坡面	0.40~0.65	针叶林地	0.25~0.50
软质岩石坡面	0.50~0.80	平原草地	0.45~0.65	粗砂土坡面	0.10~0.30
水稻田、水塘	0.70~0.80	一般耕地	0.45~0.60	卵石、块石坡地	0.08~0.15

5.1.1.2　流域汇流时间

按照柯毕公式计算坡面汇流历时及其相应的地表粗度系数(m_1):

$$t = 1.445\left[\frac{m_1 L_S}{\sqrt{i_s}}\right]^{0.467} \tag{5-1-4}$$

式中：t——坡面汇流历时(min)；

L_S——坡面流的长度(m)；

i_s——坡面流的坡降；

m_1——地面粗度系数，可根据下表查表5-1-2确定。

地面粗度系数 m_1 参考值 表5-1-2

地表情况	粗度系数	地表情况	粗度系数
光滑的不透水表面	0.02	牧草地、草地	0.40
光滑的压实地面	0.10	落叶树林	0.60
稀疏草地、耕地	0.20	针叶树林	0.80

5.1.1.3 截水沟断面计算

截水沟过流量：

$$Q=WCRi^{1/2} \tag{5-1-5}$$

流速系数：

$$C=\frac{R^{1/6}}{n} \tag{5-1-6}$$

式中：Q——截水沟过流量(m^3/s)；

n——截水沟粗糙系数，可按表5-1-3中的数值采用；

i——截水沟的水力坡降；

W——过流断面面积(m^2)；

C——流速系数；

R——水力半径(m)。

截水沟粗糙系数 表5-1-3

截(排)水沟类别	粗糙系数(n)	截(排)水沟类别	粗糙系数(n)
岩石质明沟	0.350	浆砌石明沟	0.032
植草皮明沟(流速0.6m/s)	0.035~0.050	水泥混凝土明沟(抹面)	0.015
植草皮明沟(流速1.8m/s)	0.050~0.090	水泥混凝土明沟(预制)	0.012
浆砌石明沟	0.025		

5.1.1.4 截水沟断面形式

常见的截水沟断面形状，主要有梯形、矩形、U形及复合型。梯形、矩形施工简单、维修方便，所以应优先考虑这两种断面形式。

截水沟弯曲段的弯曲半径，不应小于最小容许半径及沟底宽度的5倍。其最小容许半径按式(5-1-7)计算：

$$R_{min}=1.1v^2A^{1/2}+12 \tag{5-1-7}$$

式中：v——截水沟平均流速；

A——过水截面面积。

5.1.2 排水沟

排水沟指的是将公路边沟、截水沟和路基附近、庄稼地里、住宅附近低洼处汇集的水引向路基、庄稼地、住宅地、水库坝体以外的水沟,根据需要可设有明沟和暗沟两种。

5.1.2.1 排水沟的平面布置

库岸滑坡的排水沟设置在滑坡体内和前缘,用以引出滑坡体内的渗水或其他地表水。排水沟应尽量采用直线,减少弯曲或折线,必须转弯时半径不宜小于 10~20m。对于较小的滑坡,可以在滑坡体前缘设置一道排水沟,对较大的滑坡体应根据实际情况,必须设置多道排水沟,其布置应依据地形而确定,还应结合滑坡体周边的排水系统的规划,统一考虑和布置,确保排水沟内的雨水等能及时排除滑坡体外。

5.1.2.2 排水沟流量计算

水库滑坡体的排水沟主要排除滑坡体内的雨水或积水,若控制汇水面积较小、流量不大时,可参考前面所述截水沟的汇流量计算方法计算排水沟流量。简单的方法可以直接通过设计降雨强度和控制汇水面积进行估算。

5.1.2.3 排水沟的断面形式

排水沟的断面形式一般多为矩形,有的也采用梯形、U 形。排水沟的沟底纵坡一般不小于 0.5%,过缓会影响排水沟的排水效果。对土质地段的排水沟应做好衬砌防护。

当排水沟需要通过裂缝时,应设置成“叠瓦式”的沟槽,可用土工合成材料或钢筋混凝土预制板制成。排水沟的进出口宜采用喇叭口或八字形导流翼墙,导流翼墙长度可取设计水深的 3~4倍。当排水沟断面需要变化处理时,应采用渐变段进行衔接,其长度应取水面宽度之差的 5~20倍。排水沟的安全超高不应小于 0.3m。对于弯曲段凹形岸,要考虑水位抬高的影响。

5.1.3 工程实例

南丹县吾隘镇地处岩滩水电站库区,水位变化较大,后面是山坡,半山腰是公路和房屋分布带。在该镇某段沿河约 120m 长的岸坡,从公路边至房屋靠河墙体边散水坡出现了裂缝,有的位置已出现垂直位移 30~60mm,裂缝宽度及地面沉陷仍有继续发展的可能;另外,河岸坡脚处已出现少量滑塌,有向河流中进一步滑移的趋势。原场地成为危坡时的断面如图 5-1-2 所示。

除了在挡土墙砌筑过程中设置墙身排水孔以外,把公路、房屋地面以及坡面作为整体考虑,设置有效的截水排水系统:①顺着公路方向,在原公路和房屋两侧设置 3 条截水沟,走向朝河流下游,坡度为 3%。公路内侧截水沟因排水量较大而且易淤塞,其截面宽度与高度尺寸为 400mm×500mm,其余 2 条截水沟宽度与高度尺寸为 300mm×300mm;②在危坡区域的两端,顺着岸坡方向各设置一条排水沟,将降水排入河中,排水沟宽度与高度尺寸为 700mm×700mm。截水排水系统示意图如图 5-1-3 所示。

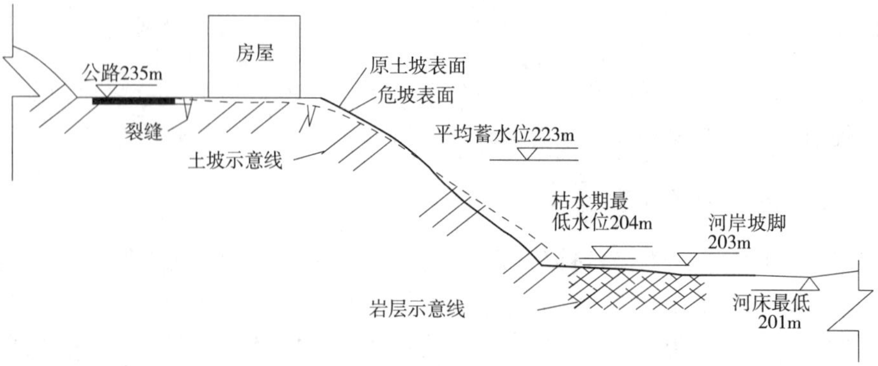

图 5-1-2　成为危坡时的断面示意图

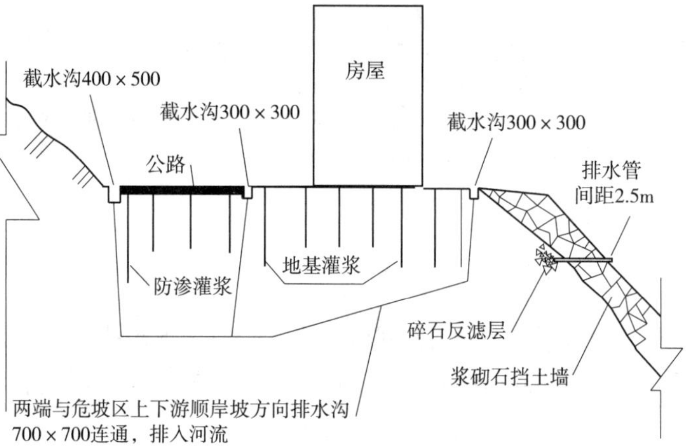

图 5-1-3　截水排水系统示意图(尺寸单位:mm)

5.2　地下水处理

地下水是诱发库岸滑坡的重要因素之一,排除滑坡体内的地下水,特别是排除滑坡面(带)的积水,可使滑坡体的土体干燥,从而提高土体的各项强度指标,降低滑坡岩土体的重度,并可消除地下水的水压力,提高滑坡体的稳定性。治理库岸滑坡体内的地下水,应掌握“宜疏不宜堵”的原则,应充分考虑水库水位的波动范围和滑坡体的水文地质条件,特别是滑面(带)的地下水分布类型、补给来源及方式,合理采用拦截、疏干、引排等地下水防治措施,达到“追踪寻源、截断水流、降低水位、疏干土体,提高滑坡体岩土抗剪强度,实现滑坡体稳定”的目的。

常用地下水的处理方法有截水明沟、截水盲沟、渗沟、排水隧洞和排水平洞等。在进行地下水处理设计时,应针对不同库岸滑坡地质条件和周边环境条件,选择不同的地下水处理方法,也可与其他处理措施结合起来。

5.2.1　渗透系数及渗透途径的确定

要排出库岸滑坡体内的地下水,首先要了解库岸滑坡体土层的渗透系数,并通过详细调查、勘探等方法，查明使滑动面（带）产生孔隙水压力的地下水分布情况，并测定其水压力的大小，以便合理确定地下水排水方案。影响渗透系数的因素很多，主要取决于土体颗粒的大小、形状、不均匀系数和水的黏滞性等，通常可通过试验方法或经验估算法来确定。

渗透系数试验方法分为：①室内试验方法，可采用常水头或变水头渗透试验确定。常水头渗流试验适用于透水性较高的粗粒土；而变水头渗透试验适用于透水性中等或较低的细粒土。②现场试验方法，分为抽水试验和注水试验。抽水试验适用于地下水位较高的含水层，注水试验适用于地下水位较低的含水层。在库岸滑坡区一般应采用抽水试验。抽水试验一般用垂直钻孔进行，抽水的深度应达到含水层下部的弱透水层或滑坡体以下。通常在抽水孔的周围，沿地下水流动的方向按 20～30m 间距设置水位观测钻孔，这些观测钻孔也应使其深度达到所需的含水层。各类岩土的渗透系数可参考表 5-2-1。

各类岩土的渗透系数参考值　　表 5-2-1

岩土名称	渗透系数（cm/s）	岩土名称	渗透系数（cm/s）	岩土名称	渗透系数（cm/s）
黏土	$<6\times10^{-6}$	粉砂	$6\times10^{-6}\sim1\times10^{-3}$	粗砂	$2\times10^{-2}\sim6\times10^{-2}$
粉质黏土	$6\times10^{-6}\sim1\times10^{-4}$	细砂	$1\times10^{-3}\sim6\times10^{-6}$	砾石	$6\times10^{-2}\sim1\times10^{-1}$
粉土	$1\times10^{-4}\sim6\times10^{-4}$	中砂	$6\times10^{-3}\sim2\times10^{-2}$	卵石	$1\times10^{-1}\sim6\times10^{-1}$
				漂石	$6\times10^{-1}\sim1$

5.2.2　渗沟的设计

在滑坡适当的位置设置渗沟，是防治库岸滑坡的重要技术措施。渗沟具有疏干滑坡体或滑坡体前缘，增加坡面和滑坡体稳定性，截断及引排地下水，降低坝坡处的地下水位，防止土壤细粒间的冲刷移动和侵蚀作用。渗沟按其在库岸滑坡处理过程中的不同作用，分为支撑渗沟、岸坡渗沟和截水盲沟，前一种一般可位于水库水位的波动区，后两种一般位于库水位以上。

5.2.2.1　支撑渗沟

适用于滑动面深度为 2～10m，可用于支撑不稳定的滑坡体，兼排除、疏干滑坡体内地下水的作用，在水库滑坡的回填压脚的处理中应用较多。例如：三峡库区湖北省秭归县郭家坝中心花园、重庆市奉节县植物油厂、老房子等滑坡回填压脚的处理中，均取得了良好的效果。

（1）支撑渗沟形式

支撑渗沟可分为主干和分支两种。主干平行于滑动方向，布置在地下水露头处或由地下水形成坍塌的地方。支沟应根据浅层土体地下水汇水情况合理布置，可与滑坡移动方向成 25°～45°交角，并可伸展到滑坡范围外，起到拦截地下水的作用。若滑坡的推力较大，影响范围较广，可采用抗滑挡土墙或回填压脚与支撑渗沟相结合的结构形式，以支撑滑坡体。

支撑渗沟的平面形状，一般有“III”形和“YYY”形两种。渗沟的横向间距根据滑坡体的岩土情况参照表 5-2-2。

渗沟横向间距 表 5-2-2

滑坡体岩土类别	渗沟横向间距(m)	滑坡体岩土类别	渗沟横向间距(m)
一般黏土	5.0~10.0	砂土层	12.0~15.0
重亚黏土	8.0~12.0	破碎岩土层	15
轻亚黏土	10.0~15.0		

(2)支撑渗沟结构

支撑渗沟一般设置在滑坡体的前缘,其深度一般不超过 10m,宽度一般采用 2~4m,可以结合渗沟的深度、抗滑需要及便于施工等因素而确定。

支撑渗沟的基底,应当埋入滑动面以下稳定层内 0.5~1.0m,并设置 2%~3%的排水纵坡。当滑动面较陡时,可以修筑成台阶,台阶的宽度根据实际需要而定,一般不应小于 2.0m,支撑渗沟结构如图 5-2-1 所示。

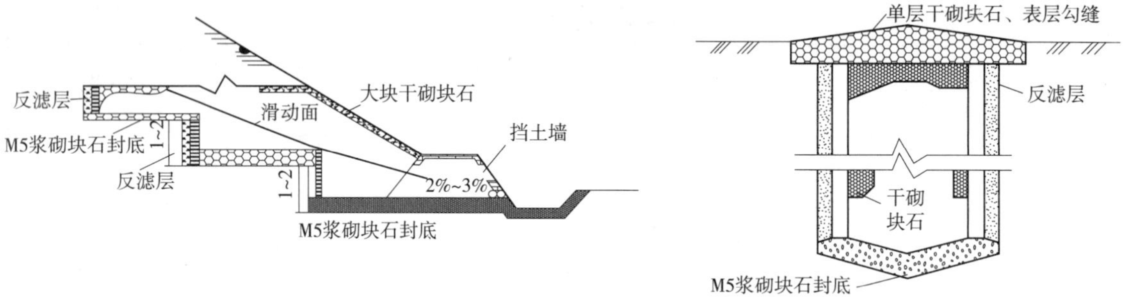

图 5-2-1 支撑"渗沟"结构示意图

为进一步加强支撑作用,可在台阶底部设置浆砌石或混凝土齿槽,形状约成 30°的直角三角形,或采用护脚挡墙。为防止淤积,渗沟进水侧壁及顶端应设置反滤层,在严寒和寒冷地区,渗沟的出口应考虑采取防冻措施。

(3)渗沟支撑力计算

①支撑渗沟单独承受的滑坡推力。可按照挡土墙的方法计算,其支持力 P 为:

$$P=N_r \cdot f-N_x \tag{5-2-1}$$

$$N=h \cdot L \cdot b \cdot \gamma \tag{5-2-2}$$

式中:h——支撑渗沟的平均深度(m);

L——支撑渗沟的平均长度(m);

b——支撑渗沟的宽度(m);

γ——支撑渗沟填料的容重(kN/m^3);

f——支撑渗沟基底与土基间的摩擦系数;

N——支撑渗沟体的重量(kN);

N_x——重量 N 在滑面方向分力(kN);

N_r——重量 N 在滑面法向分力(kN)。

库岸滑坡体作用在一条支撑沟上的总下滑力 T,为各分块下滑力的总和。支撑渗沟以上的土体,对支撑渗沟的作用可以按天然拱考虑,拱矢度一般在渗沟宽度的 1/2~1/3 之间,一般可取 1/2。拱的形状随着滑坡岩土体密实程度和 c、φ 值而不同,一般多采用抛物线形或圆曲线形。支撑渗沟承受左右端自然拱的以上 1/2 土体的下滑力。

当支撑力与下滑力处于极限平衡状态时，可用式(5-2-3)表示：

$$P = T \cdot \cos\alpha - f \cdot T \cdot \sin\alpha \tag{5-2-3}$$

式中：α——滑动面倾角(°)；

f——滑坡体与滑坡床的摩擦系数。

②支撑渗沟与抗滑挡土墙联合承受滑坡的推力。

支撑渗沟与抗滑挡土墙联合使用时，先计算滑坡的推力，滑坡推力计算至挡土墙后，减去渗沟的支撑力，剩余下滑力由抗滑挡土墙承担。计算下滑力时，在渗沟范围内采用疏干的滑带土抗剪切强度数值，实际工程应用时可以按照流塑、软塑、可塑的顺序提高一级考虑。

承撑渗沟支撑力 P 的计算方法与前面相同，其单位宽度内的支撑力可按式(5-2-4)进行计算：

$$P_1 = \frac{P}{d} \tag{5-2-4}$$

式中：P_1——单位宽度内的支撑力(kN)；

P——每条支撑渗沟的支撑力(kN)；

d——支撑渗沟的间距(m)。

作用于挡土墙的推力 T，可按式(5-2-5)计算：

$$T = \frac{EP'}{\cos\alpha} \tag{5-2-5}$$

其中水平分力 T'，可按式(5-2-6)计算：

$$T' = E\cos\alpha - P' \tag{5-2-6}$$

式中：E——滑坡推力(kN)；

P'——支撑渗沟支撑力水平分力。

在工程设计中应根据滑动面的深度、含水状态及施工方法，先决定渗沟的布置、长度、断面尺寸及支持力 P，然后再按 T 或 T' 设计抗滑挡土墙。

用较长的支撑渗沟和较小的抗滑挡土墙联合方案，要比短的支撑渗沟和大的抗滑挡土墙效果好。

(4)支撑渗沟的设计

支撑渗沟一般可按抗滑支持力控制设计，在设计计算中，可取抗剪切稳定系数 k 为 1.30~1.50，即

$$k = \frac{P + T\sin\alpha}{T \cdot \cos\alpha} \tag{5-2-7}$$

$$P = k \cdot T \cdot \cos\alpha - f \cdot T\sin\alpha \tag{5-2-8}$$

在设计过程中，一般是根据滑动面的埋藏深度和施工条件，先给定 h 和 b，然后按抗滑力的要求计算出支撑渗沟的长度 L：

$$L = \frac{k \cdot T \cdot \cos\alpha - f \cdot T\sin\alpha}{h \cdot b \cdot \gamma \cdot f} \tag{5-2-9}$$

5.2.2.2　坡面渗沟设计

坡面渗沟的作用主要是疏干潮湿的岸坡和引排岸坡上局部出露的泉水或上层的滞水，从

而可减轻坡面的坍滑。坡面渗沟垂直嵌入坡体,基底埋入潮湿土层以下较干燥而稳定的土层内,做成有2%~4%泄水坡降的阶梯式,基底一般要铺砌防滤水结构。当岸坡上只是局部潮湿并且面积不大时,宜布置成条形;当岸坡上局部潮湿面积较大时,宜布置成分岔形;当岸坡普遍比较潮湿时,应布置成拱形或人字形。

坡面渗沟的间距主要取决于地下水的分布、流量和岸坡土质等因素,一般控制在6~10m范围内。坡面渗沟的宽度一般为1.2~1.5m,其深度可根据岸坡潮湿土层的厚度而定。由于引排的地下水流量一般比较小,所以沟底填以大粒径的石料作为排水的通道,沟壁做反滤层,其余空间可用筛洗干净的滤水材料填充。分岔形布置的分岔部分和拱形、人字形布置的拱部、人字形部分的断面下侧,可用黏土铺筑隔水防渗沟,坡面渗沟顶部一般用单层干砌片石覆盖,其表面大致与岸坡表面齐平。坡面渗沟的下部出水口,一般应用干砌片石垛子支撑沟中填料和排出所汇集的地下水。

5.2.2.3 截水盲沟的设计

截水盲沟用于拦截和旁引滑坡区外围的地下水,其主要作用是截断或减少滑坡体以外的地下水向滑坡体内渗流,以减少滑坡体内的地下水。当有丰富的深层地下水进入滑坡体时,可在垂直于地下水流的方向上设置截水盲沟以拦截地下水,并将地下水排出滑坡体外。截水盲沟与地表水截水沟有共同点,都是防止滑坡体外的水流向滑坡体内,不同点是截水盲沟一般是截断滑坡体外较深层的地下水,而地表水截水沟仅截断地表雨水。

截水盲沟应修筑在库岸滑坡后缘岸坡范围3.0~5.0m以外的稳定岩土体内,平面上呈环形或折线形,深度一般不小于10m;在三峡库区湖北秭归香溪镇1号滑坡体防治措施中深度达20m左右,截水效果更加显著。截水盲沟断面大小不受流量的控制,主要取决于施工是否方便。基底应埋入最低一层含水层以下的不透水层或基岩。当基底未埋入完整基岩时,应采用浆砌石修筑沟槽。渗沟的迎水沟侧壁应设置反滤层,背水沟侧壁应设置隔水层。在不至冲刷四周孔壁的前提下,尽量采用比较陡的流水纵坡。渗沟的排水管高度应不小于1m,以便养护人员进入检查和疏通。

5.2.3 排水隧洞的设计

排水隧洞的作用主要是截流排除或引导排除集中在滑面附近埋藏较深的地下水。对于滑面以上的其他含水层,可在排水隧洞顶上设置若干滤水井或滤水管,将水引入排水隧洞内。对于排水隧洞以下的承压含水层,可在隧洞底部设置滤水孔,将水引入排水隧洞内。应搜集和分析各层地下水的流速、流向、流量和岩土的渗透系数等数据资料,以便正确决定是否采用排水隧洞方案,及其设置的位置、长度、断面形式和衬砌厚度等。

5.2.3.1 排水隧洞类型

库岸滑坡防治中排水隧洞类型,按其作用可分为截水隧洞、疏排隧洞等。

(1)截水隧洞

当查明补给滑坡的地下水来源是在滑坡体以外的上方或一侧时,就应在地下水流入滑坡体内前设置截水隧洞将其截断。截水隧洞一般应布置在滑坡体以外,其轴线应大致与地下水流向垂直,其底部应最少低于隔水层顶面0.5m,即切穿隔水的滑动带,且衬砌的拱顶必须低于滑动面0.5m。

(2)疏排隧洞

疏排隧洞主要是排出滑坡体内地下水并尽可能疏干滑坡体。当滑坡体内有封闭式积水时,可设疏排隧洞将其积水排出。这种排水隧洞穿过正在活动的滑坡体时,应全部埋置于滑动面下部不小于0.5m处。穿过滑坡体稳定部分,疏排隧洞应低于含水层底面(距离不小于0.5m),直接将积水排出。

5.2.3.2　排水隧洞结构断面

(1)城门洞形断面

城门洞形排水隧洞的拱圈多为圆弧形,边墙内、外直立或斜坡。当排水隧洞处在较好的岩层中,如强度系数$f=2\sim4$时,采用城门洞形断面,其边墙可用C15混凝土或M10浆砌片石修筑成直墙式;城门洞的顶部可采用C15混凝土预制块拼装或整体灌注。排水隧洞的横断面宽度一般为1.0~1.5m,高度为1.5~2.0m。

(2)鹅卵形断面

鹅卵形排水隧洞的衬砌断面,受力条件好,衬砌厚度小,在风化破碎层及堆积层中,岩层强度系数$f=1.5$时,可采用这种形式。这种断面可采用带有泄水孔的C15混凝土块拼装砌筑,厚度为20cm,其横断面的宽度为1.0~1.5m,高度为1.5~1.8m。鹅卵形排水隧洞的特点是能承受较大压力,但是施工工艺比较复杂。当岩层比较松散,强度系数$f<1.5$时衬砌断面应适当加厚,但一般不超过0.4m。

(3)矩形和梯形断面

矩形和梯形断面在库岸滑坡排水隧洞中应用相对较少。适用于比较松散的地层,其最大优点是可以预制构件,其宽度一般为1.2~1.6m,高度为1.8~2.0m。

5.2.3.3　排水隧洞的布置

排水隧洞主要适用于地下水埋藏较深(大于15m)、含水层有规律、水量比较大,且多位于滑动面附近的滑动区。排水隧洞应尽可能避免在活动的土体中开挖。一般汇水隧洞的主体(洞身)应设置于滑动面以下的稳定地层内。洞身设置的方向最好垂直于地下水的流向,出口应设置在滑坡体以外的稳定区域。排水隧洞可事先按衬砌断面分块进行预制,施工中边掘进、边拼装衬砌,这种施工方法既快捷、节省,又安全、可靠,较为行之有效。

把排水隧洞与集水井连接起来,利用集水井进行沉渣,是一种提高排水效果、增加使用寿命的有效措施。当地下水沿着滑坡区外明显流入滑坡区时,可在地下水流入滑坡区前,用排水隧洞将其截断并加以排除,这种方法施工时危险比较小,也可根据实际情况在滑坡区背后的山坡上设置隧洞进行排水。

5.2.3.4　排水隧洞的其他事项

(1)排水能力复核

排水隧洞的断面设计,一般不受水流量的控制,主要取决于施工和养护的方便,同时还要考虑工程投资的大小。但是由于在工程实际中排水隧洞的断面都比较大,因此排水能力不需要再进行复核,一般都能满足滑坡体排除地下水的要求。

(2)辅助排水滤管

当排水隧洞顶部的滑坡体内有一层或数层地下水时,可设置渗水井或渗管,将地下水汇入排水隧洞后再排出。渗水井或渗管的间距应根据集水半径设计,一般情况每隔 10~15m 设置一处渗管,每隔 20~30m 设置一处渗水井。

渗管结构简单、施工比较容易,但由于管径较小,集水效能不大,而且容易被淤塞。渗水井采用支撑施工,从地面向下逐层进行开挖,达到隧洞顶部后再逐层进行填充,并随填充拆除支撑。在渗水井与排水隧洞连接处应特别进行加固处理,以防止隧洞承压过大而遭到破坏。

5.2.4 排水孔的设计

库岸滑坡体的排水孔包括水平排水孔和垂直排水孔,其作用主要是在滑坡体内增加排水的通道,加快滑坡体内地下水向外疏排,降低滑坡体中的地下水位。这种结构具有布置灵活、施工方便、工期较短、节省材料、降低造价、效果良好等优点,是一种经济有效的库岸滑坡体内地下水排出措施。

5.2.4.1 排水孔的具体布置

水平排水孔一般按照一定倾角进行布置,其孔径的大小一般也不受流量的控制,主要取决于施工机具和孔壁加固材料,通常情况下孔径在数十毫米以上。水平排水孔可以单独使用,也可以与砂井、竖向孔、竖向集水井等联合使用。与竖向孔或砂井联合使用时,用砂竖井汇集滑坡体内的地下水,用水平排水孔连接砂井或竖向孔把水排出;与竖向集水井联合使用时,可在其井壁上打些短的水平钻孔,使附近的地下水汇集到集水井中,再在坡面上设置水平钻孔,使竖向集水井中的集水自然地流到滑坡体外。

(1)排水孔的平面布置

水平排水孔可布置为平行排列或扇形放射状排列。原则上其方向应与滑动方向一致,以免因滑坡滑动而遭到破坏。当滑床顶面具有汇水的洼槽时,应集中布置在洼槽部分。

(2)排水孔的立面布置

排水孔的立面布置,应根据地质纵断面而确定,在汇水面积较大的滑面洼部,地下水集中分布处,钻孔一般穿过或深入滑坡床内。可根据要求确定地下水层数、滑动面的陡缓和要求疏干的范围,布置成单层或多层。

5.2.4.2 排水孔的设计参数

水平排水孔的间距可按滑坡体含水层渗透系数和要求疏干的程度来确定,实际工程中一般采用 5.0~15.0m。水平排水孔的深度可随含水层分布位置和滑坡体的形态确定,为增加排水效果,应尽量加大排水深度。

根据机械设备能力和排水效果,目前国内使用的水平排水孔的孔径为 127~148mm,孔内设直径为 107~124mm 的滤水套管,以防止孔壁坍塌堵塞和有利于泄水。插入孔内的滤水管,可用镀锌管、硬质韧性的塑料管或竹管。管的底部做好流水槽,在上部约 3/4 范围内均匀钻

孔径为 0.5~1.0cm 的孔眼,以利于排水,孔眼呈梅花状排列

5.2.4.3　垂直排水孔的设置

当坡内含水层渗透性比较强,滑坡土体以下有含水层时,还可采用垂直钻孔群或振动挤密砂桩等垂直通道排水。它是将滑坡体内的部分或全部水,借助一般勘探钻孔群或振动挤密砂桩等垂直通道,将被滑床等隔离的水体转移到其下另一较强透水层或含水层的一种工程措施。目的在于提高滑坡的稳定性,适用于排除在相对稳定阶段的滑坡的地下水,相对于排水隧洞措施,具有施工安全、工效较高、造价较低等优点。

排水钻孔所用的钻机,一般用水文、工程地质勘探用的 100 型或 150 型,也可用振动挤密砂桩机或振动水冲设备等将透水层间贯通。钻孔的群体最好成排地平行地下水的等高线,即每排钻孔群的方向垂直于地下水流向,其孔距要看含水层的渗透能力和要求下降预定水位的工期而定。

5.2.5　工程实例

宁江岛工程渗排水盲沟与同步排水技术是地下水处理的一个成功工程实例。

渗排水盲沟在填土体与原岸坡接触部位按照一定宽度(一般 2.5 ~3.0m)开挖纵向渗沟,沟内铺设透水土工布,并采用碎石回填,填筑高度与沟槽顶部齐平。顶部再铺设透水土工布,使沟槽内的碎石全部被透水土工布包裹而形成渗排水盲沟(图 5-2-2),消除库水位消落过程中地下水在填土体底部滞留并软化土体的现象。

为了充分排出地下水,可根据库水位变化的最大下降速度,选择排水管的直径和布置方式。同时为进一步截断挡墙开挖岸坡表面及岸坡土体里的地下水,排水管道应伸入天然土体内不小于 2.0m,如图 5-2-3 所示。

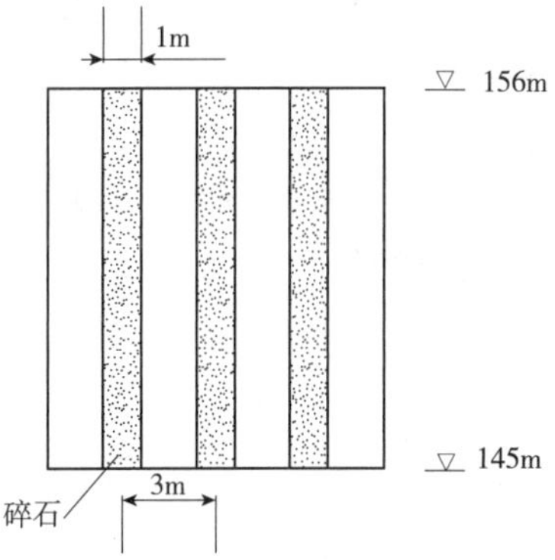

图 5-2-2　填土体底部渗排水盲沟

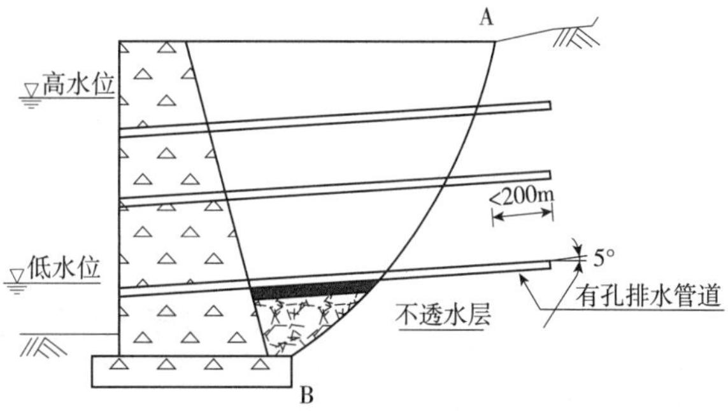

图 5-2-3　库岸挡墙排水管道布置

同步排水技术与库岸挡护结构(如挡土墙)共同使用,代表性护岸挡土墙结构形式如图 5-2-4所示。

挡墙泄水孔设置间距水平向为 2m,距地面线 0.3m,为防止水管堵塞,管子过滤使用土工布包裹。挡墙每隔 10m 设置一道伸缩缝,缝宽 2cm,沥青麻筋充填。挡墙结构一般是用混凝土材料构成,透水性能极差,当库水位下降时,回填料中的地下水根本不能通过墙体排泄,也

很难通过岸坡土体渗透,主要是通过挡墙中的排水孔排出滑坡体外。墙后回填土里的地下水会由挡墙上的排水孔口 a、b 或 c 中流出(图 5-2-5),直至库水位降到挡墙最低排水孔的高程为止。

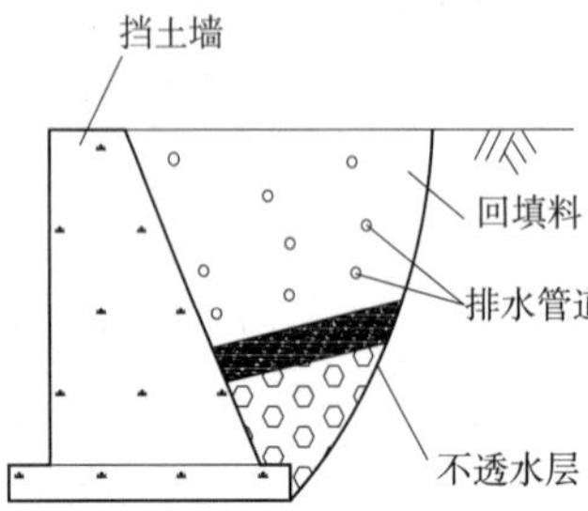

图 5-2-4　护岸挡土墙

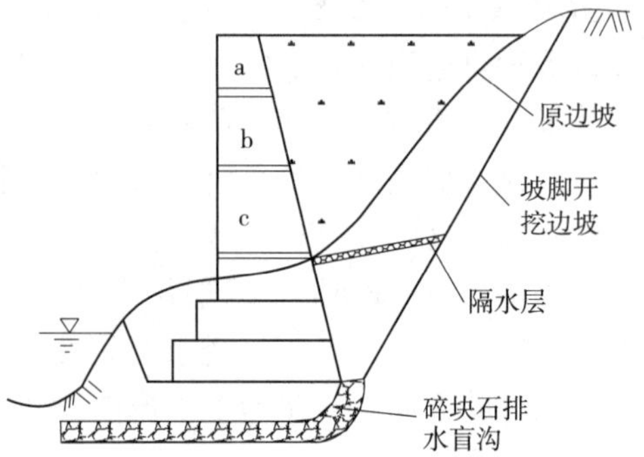

图 5-2-5　墙后地下水截水系统

为截断或引流滑坡体内的地下水,防止其上部回填土的孔隙水积滞,可在挡墙的最低排水孔位置选用不透水材料(或透水性弱的黏土)制成隔水层(图 5-2-5),隔水层顶部可做成以排水孔为圆心的漏斗曲面以方便截水。

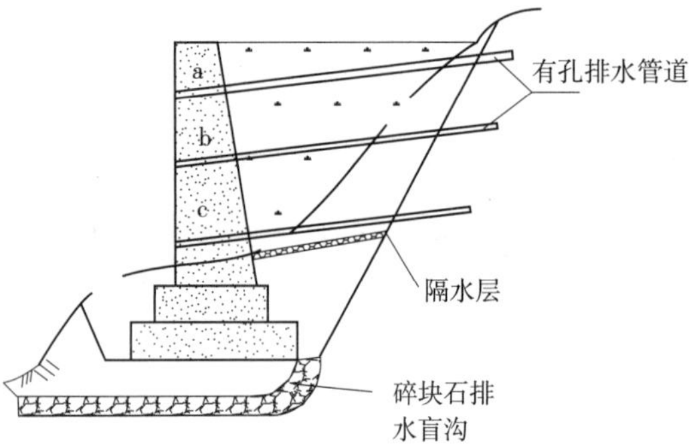

图 5-2-6　墙后地下水排水设计设施

由于受长时间水库高水位的作用,隔水层以下的回填土内呈高含水状态或饱和状态。因此,挡护结构不能采用传统的截水措施。此时必须根据水库水位在 175.0 ~ 145.0 ~ 175.0m 之间运行的调度规律,采用既可排泄库水位降落时的地下水排泄,又能引流孔隙水从岸坡土体渗入挡墙最低排水孔下的墙下碎块石排水盲沟(图 5-2-6),碎块石排水盲沟不会受墙后回填土地下水的位置限制,只要水库水位与地下水位存在水头差,就能将地下水排出挡墙流入水库,实现挡土墙地下水与库水位的同步排水,提高挡护结构地基承载能力和稳定性能。

5.3　抗滑挡土墙加固

挡土墙是用来支承路基填土或山坡土体,防止填土或土体变形失稳的一种构造物。挡土墙可支挡滑坡体运动的一部分或者全部,使其附近及该地区的设施及人民生命财产等免受伤害。挡土墙是目前岸坡支护和处治中小型滑坡中应用最为广泛而且较为有效的措施之一。其优点是对山体破坏少,稳定滑坡收效快。

挡墙支护是利用挡墙与基础之间的摩擦力、墙体材料的抗剪能力以及墙体的抗倾覆能力来抵抗岸坡的下滑力。作为一类刚性支挡结构:①挡墙的施工只能在坡脚或岸坡的表面实施;②挡墙高度和宽度一般情况下不会太大;③基础埋深比较浅且必须“落地”,提供的抗滑力也不大。鉴于上述特点,它不适用于高陡岸坡;滑面位置较高的岸坡;下滑力较大的岸坡。它仅适合于加固滑面在坡脚附近或散体堆积物类的岸坡。

根据滑坡的性质、类型和挡土墙的受力特点、材料和结构不同,挡土墙可分为多种不同类型:从结构形式上分,有普通挡土墙、锚杆式挡土墙、加筋土挡土墙、板桩式挡土墙、竖向预应力锚杆式挡土墙等;从材料上分,有浆砌条石(块石)挡土墙、混凝土挡土墙(浆砌混凝土预制块体式和现浇混凝土整体式)、钢筋混凝土式挡土墙、加筋土挡土墙等。按与路基的位置关系,不同位置的挡土墙如图 5-3-1 所示。

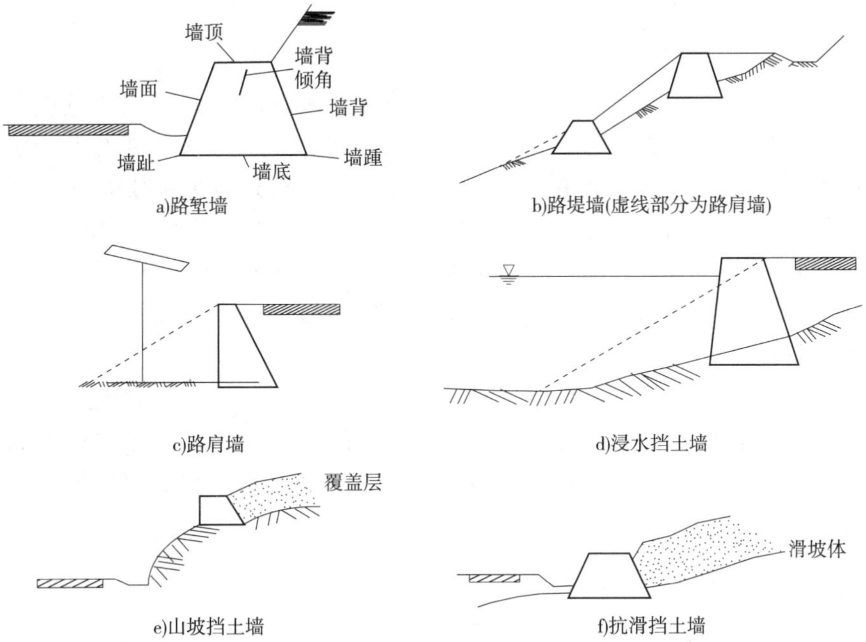

图 5-3-1　不同位置的挡土墙

5.3.1　常用类型

5.3.1.1　重力式挡土墙

重力式挡土墙靠本身的重量保持墙身的稳定。这种挡土墙通常是由砖、块石或素混凝土修筑而成,因而墙体抗弯能力较差,同时土压力对挡土墙所引起的倾覆力矩和推力要靠墙身自重产生的反倾覆力矩和发生在基底的抗滑力来平衡。因此,墙身的断面比较大,这对于挡土墙的稳定性和强度可以起到保证作用。重力式挡土墙按墙背的仰斜情况分为仰斜、垂直和俯斜三种,如图 5-3-2 所示。从受力情况分析,仰斜墙的受主动土压力最小,而俯斜墙的受主动土压力最大。从挖方、填方角度来看,如岸坡为挖方,以墙背仰斜较合理,因为仰斜的墙背可以和开挖的临时岸坡紧密贴合;若岸坡为填方,则以墙背俯斜或垂直较合理,因为仰斜墙背填土的夯实工作比较困难。另外,当墙前地形平坦,用仰斜较好:若地形较陡,则用垂直墙背为佳。综上所述,应优先采用仰斜墙,其次采用垂直墙,而俯斜墙为最差。

重力式挡土墙的特点是:取材容易,形式简单,施工简便,适用范围广泛。多采用浆砌片(块)石,墙高较低(≤6m)时也可用干砌,在缺乏石料地区可用混凝土浇筑。其断面尺寸较大,墙身较重,对地基承载力的要求较高。

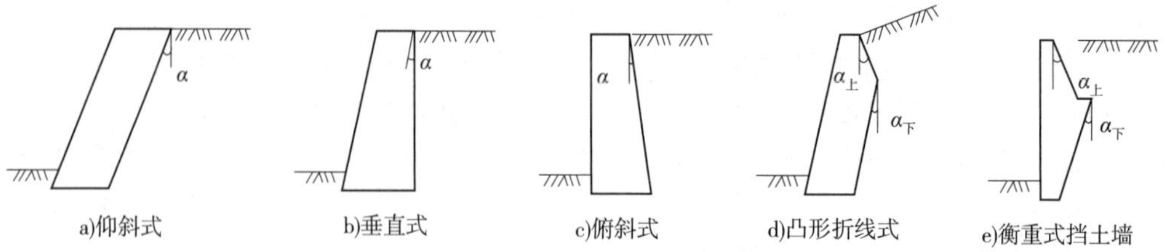

图 5-3-2 重力式挡土墙的断面形式

5.3.1.2 衡重式挡土墙

为减小作用在挡土墙背上的主动土压力,除采用上述仰斜墙外,还可以选择衡重式挡土墙,该墙上下墙背间有衡重台,利用衡重台上填土重力和墙身自重共同维持其稳定。其墙背有利于减小主动土压力,增大抗倾覆能力,故应用甚多。此外还可采用减压平台,平台以下部分墙背所受的土压力仅与台下填土的重量有关。减压平台一般设在墙背中部附近,并向后伸出,以伸到滑动面附近为佳。若挡土墙的抗滑稳定性不能满足设计要求,可将基底做成逆坡(称为逆坡底);为了使基底压力减小,可加墙趾台阶,这样也有利于墙的倾覆稳定。图 5-3-3 为倾斜式和台阶式挡土墙。

衡重式挡土墙的特点是:其断面尺寸较重力式挡土墙小,且因墙面陡直、下墙墙背仰斜,可降低墙高和减少基础开挖量,但地基承载力要求较高。多用在地面横坡陡峻的路肩墙,也可作路堤墙或路堑墙。由于衡重台以上有较大的容纳空间,上墙墙背加缓冲墙后,可作为拦截崩坠石之用。

5.3.1.3 悬臂式挡土墙

悬臂式挡土墙用钢筋混凝土建造而成,如图 5-3-4 所示。悬臂式挡土墙由三个悬臂板组成,即立壁、墙趾悬臂和墙踵悬臂。墙的稳定主要依靠墙踵悬臂以上的土重,而墙体内所产生的拉应力则由钢筋承担。因此,这类挡土墙的优点是能充分利用钢筋混凝土的受力性能,墙体的截面尺寸较小,可以承受较大的土压力,适用于重要工程中墙高 H 大于 5m、地基土质较差,同时当地又缺乏石料等情况。

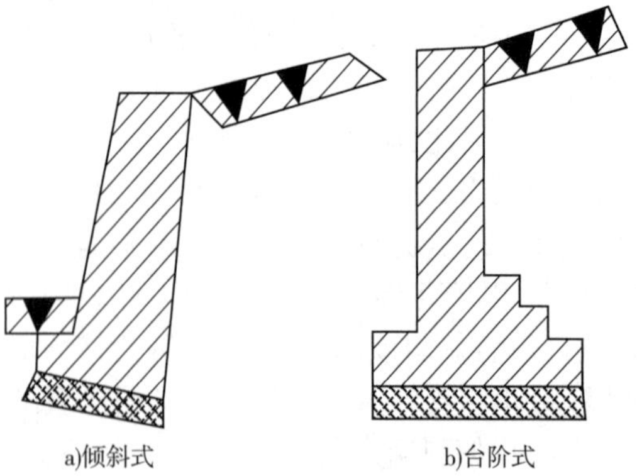

图 5-3-3 倾斜式和台阶式挡土墙

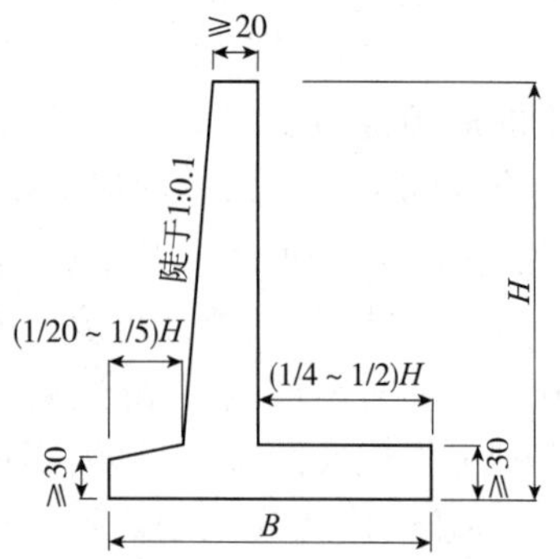

图 5-3-4 悬臂式挡土墙(尺寸单位:cm)

悬臂式挡土墙的特点是:与重力式挡土墙相比,其墙身较薄,断面尺寸较小,结构轻巧。但墙较高时,立壁下部的弯矩大,钢筋与混凝土的用量大,经济性差。该墙多用于墙高 $H \leqslant 6\text{m}$ 的路肩墙,适用于缺乏石料和地基承载力较低的地区。

5.3.1.4　扶臂式挡土墙

当墙高 $H>8\text{m}$ 时,墙后填土比较高,若采用悬臂式挡土墙会导致墙身过厚而不经济,通常沿墙的长度方向每隔 $(1/3\sim1/2)H$ 做一道扶壁以保持挡土墙的整体性,增强悬臂式挡土墙中立壁的抗弯性能,这种挡土墙称为扶壁式挡土墙,如图 5-3-5 所示,其中的扶壁可以做在外侧,也可以做在内侧。扶壁式挡土墙适用于缺乏石料的地区和地基承载力较低的地段,以及墙较高(大于 6m)的情况,比悬臂式挡土墙更经济。

5.3.1.5　加筋土挡土墙

加筋土是一种在土中加入加筋材料而形成的复合土。在土中加入加筋材料可以提高土的强度,增强土体的稳定性。因此,凡在土中加入加筋材料而使整个土体的力学性能得到改善和提高的土体加固方法称为土体加筋技术,形成的结构亦称为加筋土结构。加筋岸坡和加筋挡土墙的特点:结构新颖、施工方便、速度快、工期短、节省材料、造价低、占地少。适用于加固滑面在坡脚附近或由散体堆积物构成的岸坡。

加筋土挡土墙由墙面板、拉筋和填土三部分组成,如图 5-3-6 所示,土与拉筋之间的摩擦改善了土的物理力学性质,使土与拉筋结合成一个整体。在垂直于墙面的方向,按一定间隔和高度水平地放置拉筋材料,然后填土压实,通过拉筋与填土间的摩擦作用,把土的侧压力传给拉筋,从而稳定土体。拉筋材料通常采用镀锌薄钢带、铝合金、增强材料及合成纤维等。墙面一般是用混凝土预制,也可采用半圆形铝板。加筋土挡土墙属柔性结构,可以做成很高的垂直填土,从而可以减少占地面积;此外,可以在工厂制造面板、加筋条,在现场用机械分层填筑,故而施工方便,造型又美观;并且可允许地基轻微的变形,因而可用于较软地基上。同时,加筋土挡土墙又是重力式结构,可承受荷载的冲击、振动作用,抗震性好。适用于缺乏石料的地区和大填方工程。

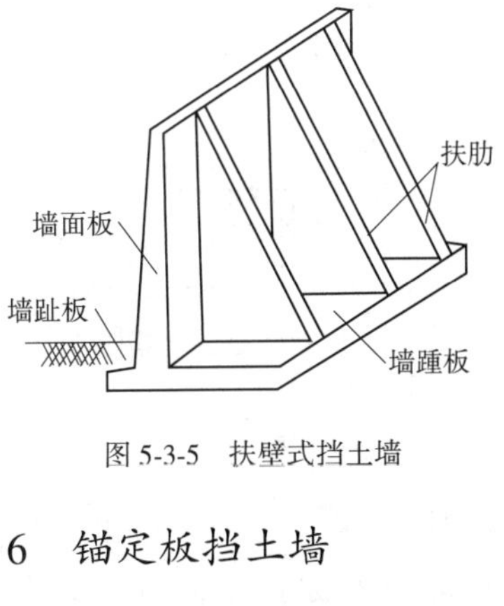

图 5-3-5　扶壁式挡土墙

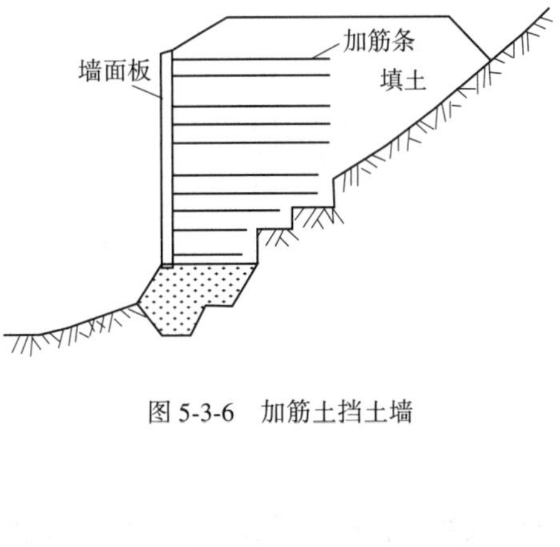

图 5-3-6　加筋土挡土墙

5.3.1.6　锚定板挡土墙

锚定板挡土墙是一种适用于填方的轻型支挡结构,在立交桥台、港口护岸、岸坡支挡、坡脚防护等多种工程中广泛应用。锚定板挡土墙是由墙面、拉杆、锚定板以及充填墙面与锚定板之间的填土所组成的一个整体,如图 5-3-7 所示。锚定板埋置于墙后的稳定土层内,利用锚定板产生的抗拔力抵抗侧向土压力,维持挡土墙的稳定。锚定板挡土墙的特点是:基底应力小,圬工数量少,不受地基承载力的限制,构件轻简,可预制拼装、机械化施工。适用于缺乏石料的路堤墙和路肩墙,墙高时可分级修建。

5.3.1.7 锚杆挡土墙

锚杆挡土墙一般由柱板(壁板)、锚杆等组成,如图 5-3-8 所示。锚杆挡土墙结构重量轻,节约大量的圬工和节省工程投资;利于挡土墙的机械化、装配化施工,提高劳动生产率;少量开挖基坑,克服不良地基开挖的困难,并利于施工安全。但是,施工工艺要求较高,要有钻孔、灌浆等配套的专用机械设备,且要耗用一定的钢材。锚杆挡土墙适用于缺乏石料的地区和挖基困难的地段,一般用于岩质路堑路段,但其他具有锚固条件的路堑墙也可使用,还可应用于陡坡路堤。壁板式锚杆挡土墙多用于岩石岸坡防护。

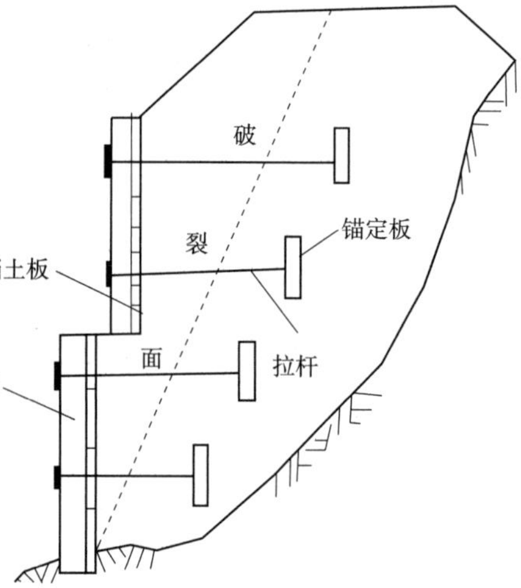

图 5-3-7 锚定板挡土墙

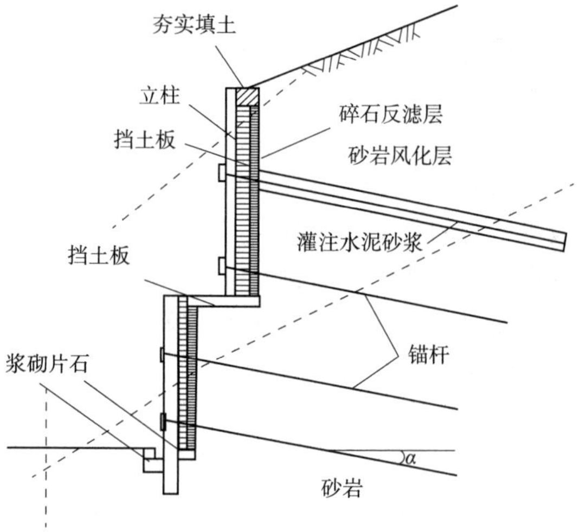

图 5-3-8 锚杆挡土墙

按墙面的结构形式其可分为柱板式锚杆挡土墙和壁板式锚杆挡土墙,如图 5-3-9 所示。

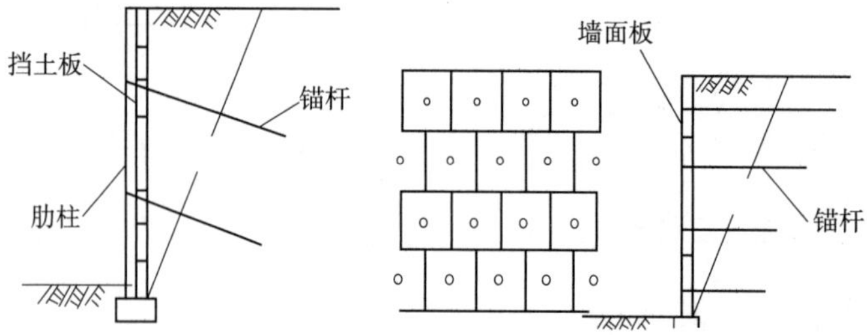

图 5-3-9 柱板式和壁板式锚杆挡土墙

(1)柱板式锚杆挡土墙由挡土板、肋柱和锚杆组成,肋柱是挡土板的支座,锚杆是肋柱的支座。墙后的侧向土压力作用于挡土板上,并通过挡土板传给肋柱,再由肋柱传给锚杆;由锚杆与周围地层之间的锚固力,即锚杆抗拔力使之平衡,以维持墙身及墙后土体的稳定。

(2)壁板式锚杆挡土墙由墙面板(壁面板)和锚杆组成,墙面板直接与锚杆连接,并以锚杆为支撑。土压力通过墙面板传给锚杆,后者则依靠锚杆与周围地层之间的锚固力(即抗拔力)抵抗土压力,以维持挡土墙的平衡与稳定。

选取何种类型的挡土墙,应根据滑坡的性质、类型(渐断性的滑坡或连续性的滑坡、单一性的滑坡或复合式的滑坡、浅层式的滑坡或深层式的滑坡等)、自然地质条件、当地的材料供应情况等条件,综合分析,合理确定,使得达到整治滑坡的同时,降低整治工程的建设费用。对于大型滑坡治理,抗滑挡土墙常作为排水减重等综合措施的一部分;对于中型滑坡治理,仅靠抗滑挡土墙不足以抵抗滑坡体下滑力时,可与支撑渗沟等措施联合使用;对于小型滑坡治理,可以直接采用抗滑挡土墙抵抗滑坡的下滑力。当采用抗滑桩为主要整治措施时,也可用抗滑挡土墙作为辅助措施,分担一部分滑坡推力。各类挡土墙适用条件见如表 5-3-1 所示。

各类挡土墙适用条件 表 5-3-1

挡墙类型	适用条件
重力式挡土墙	适用于一般地区、库区和地震区的边坡支挡工程,墙高不宜超过 12m,干砌挡土墙的高度不宜超过 6m
半重力式挡土墙	适用于不宜重力式挡土墙的地下水位较高或较软弱的地基上,墙高不宜超过 8m
悬臂式挡土墙	宜在石料缺乏、地基承载力较低的库岸段采用,墙高不超过 5m
扶壁式挡土墙	宜在石料缺乏、地基承载力较低的库岸段采用,墙高不超过 15m
锚杆挡土墙	宜用于库岸岩质边坡,可用作抗滑挡土墙,可采用肋柱式或板壁式单级墙或多级墙,没级墙高不宜大于 8m,多级墙的上、下级墙体之间应设置宽度不小于 2m 的平台
锚定板挡土墙	宜使用在缺少石料,离水面较远的边坡防护,不能建筑于滑坡、坍塌、软土及膨胀土地区。可采用肋柱式或板壁式,墙高不宜超过 10m。肋柱式锚定板挡土墙可采用单级墙或双级墙,每级墙不宜大于 6m,上、下级墙体之间应设置宽度不小于 2m 的平台
加筋土挡土墙	用于岸坡较缓、非迎流顶冲处的库区边坡挡土墙。库区高速公路、一级公路墙高不宜大于 12m,二级及二级以下公路不宜大于 20m。当采用多级墙时,每级墙高不宜大于 10m,上、下级墙体之间应设置宽度不小于 2m 的平台
桩板式挡土墙	用于表土及强风化层较薄的均质岩石地基,挡土墙高度较大,也可用于地震区的路堑或路堤支挡或滑坡等特殊地段的治理

5.3.2 布置原则

抗滑挡土墙的布置应根据滑坡位置、类型、规模、滑坡推力大小、滑动面位置和形状,以及基础地质条件等因素,综合分析来进行,一般布置原则如下:

(1)对于中小型滑坡一般将抗滑挡土墙布设在滑坡前缘。

(2)对于多级滑坡或滑坡推力较大时,可分级布设抗滑挡土墙。

(3)对于滑坡中、下部有稳定岩层锁口时,可将抗滑挡土墙布设在锁口处,锁口下部分滑体另做处理,或另设抗滑挡土墙等整治工程。

(4)当滑动面出口在构筑物(如公路、桥梁、房屋)附近,且滑坡前缘距建筑物有一定距离时,为防止修建抗滑挡土墙所进行的基础开挖引起滑坡体活动,应尽可能离开滑坡体开挖挡墙基础,以便墙后留有余地填土加载,增加抗滑力,减少下滑力。

(5)对于道路工程,当滑面出口在路堑岸坡上时,可按滑层地质情况决定布设抗滑挡土墙的位置,若滑床为完整岩层,可采用上挡下护办法。滑床不宜设置基础的破碎岩层时,可将抗滑挡土墙设置于坡脚稳定岩层以下的地层内。

(6)对于滑坡前缘面向溪流或河岸、海岸时,抗滑挡土墙可设置于稳定的岸滩地,并在抗滑挡土墙与滑坡体前缘之间留有余地,填土压重,增加阻滑力,以减少抗滑挡土墙的圬工数量,降低工程造价。或将抗滑挡土墙设置在坡脚,并在挡土墙外进行抛石加固,防止坡脚受水流或波浪的浸蚀和淘刷。

(7)对于地下水丰富的滑坡地段,在布设抗滑挡土墙时应进行辅助排水工程,并在抗滑挡土墙上设置好排水设施。

(8)对于水库沿岸,由于水库蓄水位的上升和下降,使浸水斜坡发生崩塌,进而可能引起大规模滑坡,除在浸水斜坡可能崩塌处布设抗滑挡土墙外,在高水位附近还应设抗滑桩或二级挡土墙,稳定高水位以上的滑坡体;或根据地形情况及水库蓄水位变形情况设置 2 ~3 级或更多级抗滑挡土墙。

5.3.3 抗滑挡土墙力系分析

抗滑挡土墙的力系分为基本力系和附加力系。基本力系是滑坡体和抗滑挡土墙本身产生的下滑力和阻滑力,它与滑体的大小、容重、滑面形状和滑面(带)的抗剪强度指标 c、φ 值等因素有关。附加力系是作用于抗滑挡土墙上除基本力系外的其他力系,主要包括:①作用于滑体上的外加荷载,如建筑物自重、汽车荷载等;②对于水库岸坡,水库蓄水有水时滑体有水,且水与滑带土连通时,应考虑动水压力和浮力;③滑体两端有贯通主滑带的裂隙,在滑动时裂隙贯通充分,则应考虑的裂隙水对滑体的静水压力;④其他偶然荷载,如地震力和其他特殊力。

进行抗滑挡土墙工程措施设计,首先应确定滑坡推力的计算。滑坡推力的计算程序包括确定滑坡体边界条件(包括滑动面、滑动边界、主滑坡的方向等),选择合理的计算参数和安全系数以及计算各条块的剩余下滑力。

5.3.3.1 滑动面的确定方法

(1)直接观察法

通过钻孔取样观察滑动面的各种岩土滑动特征:

①滑坡带土石层受到滑坡体变形挤压作用,常可见其扭曲、错位的痕迹,并夹有其他物质,其力学强度较低。

②滑动面通常是沿着硬质完整基岩顶面、下伏剥蚀面、含水层的顶面和底面、软质岩层及其夹层等地质分界面滑动。

③构成滑动面的物质绝大多数是由于地下水的作用,在滑动面中常可见各种黏性土及各种风化严重的泥质页岩、千枚岩、云母片岩、滑石片岩、绿泥石片岩等。

④对埋设有测斜仪(或其他观测仪器)的观测斜管(或其他管件或线材等)的剪断与弯曲或测斜仪测出的滑动部位确定位置。

若滑动面已部分暴露或埋藏不深,可用挖深的方法来确定滑动面的位置。

(2)工程地质对比法

将勘测过程中获得的钻探、挖探、位移观测、水质分析、土工试验及调查等资料互相对比，核对补充，全面分析后，将各方面取得的资料统一起来，再同自然界类似的情况和滑坡体本身内在的条件进行对比(包括地层情况、地质构造、地貌形态、滑坡裂缝、钻孔岩芯与钻进现象、滑坡水文地质条件的分析对比)，据以判断滑动面的位置。

经过全面分析对比后，把所得各点滑面的坐标和高程标注在滑坡工程地质平面及坡面图上，然后将有关点连接起来，即形成完整的滑动面。若设计需要的计算断面比较多，可绘制滑动面等高线。

5.3.3.2　滑坡计算参数的参数

(1)不同部位、不同发育阶段滑带土的抗剪强度

滑带土的抗剪强度大体上可分为主滑、抗滑和牵引三个段，每阶段有其相应的滑动带。不同部位的滑带土在不同滑动阶段抗剪强度关系如表 5-3-2 所示(表中所列各种关系是针对首次滑动的新滑坡而言)。

滑带土抗剪强度与所处部位、发育关系　　表 5-3-2

滑坡阶段	主滑坡段	牵引段	抗滑段
蠕动阶段	已超过峰值阶段	某些部位越过峰值	未破坏
挤压阶段	向软化强度过渡	已全部越过峰值强度	开始受力，局部越过峰值强度而产生破坏
缓慢移动阶段	向残余强度过渡	视具体情况，也可能向残余强度过渡	已越过峰值强度，向软化点强度和残余强度过渡
快速滑动阶段	残余强度	可能为残余强度	主要部分为残余强度
固结阶段	滑坡的土体强度有适当恢复		

(2)滑坡计算参数的试验方法

在水库滑坡土工试验中，不同的滑坡部位、不同的滑坡形式、不同的滑坡发育阶段，其试验方法及参数取值方法会有所不同，可参照如下办法确定：

①即将进行的滑动的新滑坡，滑动面尚未完全形成，可采用滑坡带原状土进行“固结快剪”或者“快剪”方法进行试验，选取试验后获得的峰值作为抗剪强度指标。

②连续滑动的滑坡，滑坡面已经完成，可将滑带土重塑后进行重复“快剪”试验，选取其残余抗剪强度值作为抗剪强度指标。

③连续滑动的古滑坡和滑动量不大的滑坡，采用现场大型“直剪”试验方法或者用原状土固结下剪切(或浸水剪)测定，或将滑带土重塑后进行重复“快剪”试验中的某次值作为抗剪强度指标。

④尚未滑动的崩塌性滑坡，可用原状土“固结抗剪”试验确定；已开始滑动的崩塌性滑坡，未脱离滑坡床的滑面已形成，也可采用现场人型直剪试验方法来确定，或者用原状土固结下剪切(或浸水剪)测定。

⑤当滑面破碎小块石等粗颗粒料含量较多或与薄的软弱夹层接触时，宜采用现场“直剪”试验测定。

水库滑坡的其他计算参数,包括滑坡体的容重、含水率、渗透系数等,均可采用常规土工试验方法获得。

(3)滑坡计算参数的反演方法

工程实践证明,处于临界稳定状况的水库滑坡,反演分析方法的计算结果比较符合实际。滑坡体比较稳定时,则偏于保守,应合理选取反演稳定安全系数。

①综合反算法

假定滑坡处于极限平衡状态,将滑动力(或力矩)与抗滑力(或力矩)均代入计算式中,然后反求滑动带上土的综合抗剪强度。根据实践经验,可按滑坡体的厚度事先假定一个值 c,反求值 φ,c 值可结合岩土工程经验选用,或参考表 5-3-3 选取。

滑坡体厚度与 c 值对应参考表 表 5-3-3

滑坡体厚度(m)	c 值(kPa)	滑坡体厚度(m)	c 值(kPa)	滑坡体厚度(m)	c 值(kPa)
5	5	15	15	25	25
10	10	20	20		

②联立方程求解法

为了能同时反求主滑坡段的 c 和 φ 值,在地质条件类似、运动状态和过程类似,以及滑坡发育阶段类似的断面可采用联立方程求解法。同一滑坡,可选择与主滑坡断面大致相等距离的两个断面建立极限平衡方程组联立求解,也可用同一性质的滑坡群中的两个滑坡断面联立方程。滑坡体处于极限平衡状态,滑坡的稳定安全系数 $F_S=1$,最后一块滑坡体的剩余下滑力 $p_u=0$,联立方程:

$$P_i=P_{i-1}\psi_{i-1}+F_S\cdot W_i\cdot\sin\theta_i-W_i\cdot\cos\theta_i\cdot\tan\varphi_i-c_il_i \tag{5-3-1}$$

式中:P_i——第 i 条块的不平衡下滑力;

W_i——各分条重量;

θ_i——各分条底边与水平线的夹角;

c_i——土条凝聚力;

$\tan\varphi_i$——土条的摩擦系数;

l_i——各土条底边长;

F_S——安全系数;

ψ_{i-1}——传递系数。

(4)滑带土抗剪强度分析与选择

搞清库岸滑坡的地质条件、类型、机理、滑带土成因、结构状态、库水位变化规律、影响强度的因素及滑坡的运动状态后,根据上述方法提供的数据综合分析判断后选定滑带土抗剪强度。

5.3.3.3 滑坡稳定安全系数选择

岸坡或滑坡稳定安全系数,是指沿着最危险破坏面的抗滑力(或力矩)与下滑力(或力矩)的比值。取值的习惯性做法是对岸坡或滑坡岩土强度参数进行一定的折减,一般采用统一的折减系数和不同折减系数两种方法。我国多采用前者。现将部分国内外取值资料简单介绍，供库岸滑坡设计中参考。

(1)内地部分规程、规范对岩土坡或堤的稳定安全系数的规定与建议

①《岩土工程勘察规范》(GB 50021—2017)中规定：新设计的岸坡，对一级岸坡工程，F_S 值宜采用 1.30～1.50；对二级岸坡工程，F_S 值宜采用 1.15～1.30；对三级岸坡工程，F_S 值宜采用 1.05～1.25。演算已有岸坡的稳定性时，F_S 值可采用 1.10～1.25。当需对岸坡加荷、增大坡面角度或开挖坡脚时，应按新设计的岸坡选用 F_S。

②《建筑地基基础设计规范》(GB 5007—2011)中规定：滑动推力安全系数应根据滑坡现状及其对工程的影响等因素确定，对一级建筑物取 1.25，二级建筑物取 1.15，三级建筑物取 1.05。

③《堤防工程设计规范》(GB 50286—2013)中规定：土堤的抗滑稳定安全系数不应小于表 5-3-4 中的规定。

土堤的抗滑稳定安全系数　　表 5-3-4

堤防工程级别		1	2	3	4	5
安全系数	正常运行条件	1.30	1.25	1.20	1.15	1.10
	非常运行条件	1.20	1.15	1.10	1.05	1.05

④在《长江三峡工程库区滑坡防治工程设计与施工技术规程》中，提出了工程设计安全系数推荐值，如表 5-3-5 所示。

工程设计安全系数推荐值　　表 5-3-5

级别	一级防治工程				二级防治工程				三级防治工程			
工况	设计		校核		设计		校核		设计		校核	
	工况 1	工况 2	工况 3	工况 4	工况 1	工况 2	工况 3	工况 4	工况 1	工况 2	工况 3	工况 4
抗滑动	1.30～1.50	1.20～1.40	1.25～1.40	1.10～1.15	1.25～1.40	1.15～1.30	1.05～1.10	1.05～1.10	1.20～1.35	1.10～1.25	1.02～1.05	1.02～1.05
抗倾倒	1.70～2.00	1.50～1.70	1.30～1.50	1.30～1.50	1.60～1.90	1.40～1.60	1.20～1.40	1.20～1.40	1.50～1.80	1.30～1.50	1.10～1.30	1.10～1.30
抗剪断	2.20～2.50	1.90～2.20	1.40～1.50	1.40～1.50	2.10～2.40	1.80～2.10	1.30～1.40	1.20～1.40	2.00～2.40	1.70～2.00	1.20～1.30	1.20～1.30
工况 1-自重；工况 2-自重+库水位；工况 3-自重+暴雨+库水位；工况 4-自重+地震+库水位												

⑤《建筑边坡工程技术规范》(GB 50330—2013)中，工程滑坡稳定安全系数推荐值如表 5-3-6所示。

工程滑坡稳定安全系数　　表 5-3-6

破坏后果		很严重	严重	不严重
工程安全等级		一级	二级	三级
稳定安全系数 K	圆弧滑动法	1.30	1.25	1.20
	平面滑动法	1.35	1.30	1.25
	折线滑动法	1.35	1.30	1.25

⑥上海市工程建设规范《地基基础设计规范》(DGJ 08-11—2010)中规定：用总应力法确定土体抗剪强度，并用固结“快剪”峰值(或最大值)时，用简单条分法(瑞典法)计算岸坡稳定

安全系数。对于一般结构物进行复核演算时,容许的最小安全系数可选用1.25,设计时可选用1.30。对于重要构筑物,其容许最小安全系数可相应提高10%,即复核演算时可选用1.375,进行设计时可选用1.43。

⑦《碾压式土石坝设计规范》(SL274—2001)中规定:采用计入条块间作用力的计算方法时,坝坡抗滑稳定安全系数应不小于表5-3-7中的值;采用不计条块间作用力的瑞典计算方法时,坝坡抗滑稳定安全系数应不小于表5-3-8中的规定。

土堤抗滑稳定安全系数1 表5-3-7

堤防工程级别		1	2	3	4
安全系数	正常运行条件	1.50	1.35	1.30	1.25
	非常运用条件1	1.25	1.2	1.15	1.10
	非常运用条件2	1.20	1.15	1.15	1.00

土堤抗滑稳定安全系数2 表5-3-8

堤防工程级别		1	2	3	4
安全系数	正常运行条件	1.30	1.25	1.20	1.15
	非常运用条件1	1.20	1.10	1.10	1.05
	非常运用条件2	1.10	1.05	1.05	1.05

正常运行条件为水库处于正常蓄水位和设计洪水位范围内的正常涨落;非常运用条件1为施工期、较核洪水位、库水位非常涨落;非常运用条件2为正常运行条件加地震。

(2)中国香港地区《岸坡岩土工程手册》推荐的岸坡稳定安全系数值

中国香港地区岸坡稳定安全系数的推荐值如表5-3-9和表5-3-10所示。

新开挖岸坡推荐的稳定安全系数(10年降雨重现期) 表5-3-9

损失类型及程度		防止生命损失推荐的稳定系数		
		轻微的	低的	高的
防止经济损失推荐的稳定安全系数	可忽视的	>1.0	1.2	1.4
	低的	1.2	1.2	1.4
	高的	1.4	1.4	1.4

已有岸坡加固推荐的稳定安全系数(10年降雨重现期) 表5-3-10

对生命产生的风险	防止生命损失推荐的稳定安全系数		
	轻微的	低的	高的
	>1.0	1.1	1.2

在选择滑坡安全系数时要多方面综合考虑,并注重滑坡的风险。对于造成生命财产风险高的岸坡安全系数 F_S 取值要大于风险低的岸坡的 F_S;对于要求长期保持岸坡稳定的 F_S 取值应大于要求短期保持岸坡稳定岸坡的 F_S。对于采用峰值抗剪强度参数计算时 F_S 取大值,采用残余抗剪强度参数计算时 F_S 取小值。同时要特别注意 F_S 取值与所采用的计算方法配套及勘察或试验资料的可靠性。

5.3.3.4　滑坡推力的计算方法

滑坡推力计算的合理性首先来自对滑坡机制的认识、滑动面的确定及相应强度参数，这些是进行分析计算的基础。滑坡推力计算方法可概括为传递系数法、分块极限平衡分析方法和有限元数值法三类。

对于不同的滑动形式，原则上滑坡推力计算应与其稳定分析方法保持一致，这样计算的滑坡推力和相应的稳定系数才能对应。用极限平衡法分析滑坡稳定性时，根据条间力的不同假定，有各种不同的稳定计算方法，所以也就有计算滑坡推力的各种假定和算法。根据常见的滑动面的形式，在此将其分为以下 5 种情况并提出相应的滑坡推力计算方法：第一种，滑面为单一平面；第二种，滑面为圆弧面或近似圆弧面，考虑其整体的力矩平衡起主要控制作用，在其滑坡推力计算中，可采用简便的 Bishop 法；第三种，滑面由一些倾角较缓、相互间变化不大的折线段组成，起主要控制作用的是力的平衡，其滑坡推力的计算可采用传递系数法；第四种，滑面为连续的曲面或由不规则的折线段组成时，可采用 Janbu 法计算滑坡推力；第五种，滑面倾角较陡且滑动时滑体有明显的分块、各分块之间发生错动时，其滑坡推力计算可采用分块极限平衡方法。

(1)滑坡推力计算原则

滑坡推力为滑坡向下滑动的力与抵抗向下滑动的抗滑力之差，一般滑坡推力计算应与稳定性分析方法一致，这样计算的滑坡推力和相应的稳定系数才能对应。

(2)滑坡推力的分布

滑坡推力的分布及作用点与滑坡的类型、部位、地层性质、滑坡变形情况有关。液性指数较小、刚度较大、较密实或较完整的岩层、黏聚力较大的土层滑体或采用锚拉桩时，从顶层到底层的滑移速度大体一致，滑坡推力分布近似为矩形，推力作用点可取在滑体厚度的 1/2 处。

液性指数较大、刚度较小、密实度不均匀的塑性滑体，例如以内摩擦角为主要抗剪切特性的松散体、碎石类土堆积体，滑坡时靠近滑面的速度大于表层速度，滑坡推力形态分布近似为三角形，作用点取在距离滑面 1/3 处。

介于以上两种情况之间的滑坡推力分布可认为近似梯形。土质滑坡推力一般远大于相应滑体高度产生的土压力，滑坡推力方向平行于该计算滑坡块的底滑面；当用于计算抗滑桩、挡土墙承受推力时，则认为推力方向与紧挨桩、墙体背面的一段较长的滑动面平行。

(3)传递系数计算滑坡推力

目前国内常用的滑坡推力的计算方法是传递系数法，在相关规范中也明确规定，将其作为折线形滑坡稳定性分析和滑坡推力计算的方法。该法计算简便，适用方法也较为广泛，因此在滑坡推力计算中得到普遍应用。

传递系数法(图 5-3-10)基本假定：①滑坡体不可压缩，不考虑条块间挤压变形；②块间只传递推力不传递拉力；③块间作用力(即推力)以集中力表示，其方向平行于前一块滑动面，作用分界面的中点；④垂直滑块主轴选取单位长度(一般为 1.0m 宽)的岩土体作为计算的基本断面，不考虑条块两侧的摩擦力；⑤滑坡体的每一计算块体的滑动面为平面，并沿滑动面整体滑动。

由图 5-3-10 可知，选择第 i 条块分离体，将各力分解在该条块滑面的各方向上，可得：

$$E_i=W_i\sin\alpha_i-W_i\cos\alpha_i\tan\varphi_i-c_il_i+\psi_iE_{i-1} \tag{5-3-2}$$

式中：ψ_i——传递系数，$\psi_i=\cos(\alpha_i-\alpha_{i-1})-\sin(\alpha_i-\alpha_{i-1})\tan\varphi_i$；

E_i——第 i 条块的剩余下滑力(kN)；

E_{i-1}——第 i-1 条块的剩余下滑力(kN)；

W_i——第 i 块滑体的重量；

α_i——第 i 块滑体的滑面倾角；

α_{i-1}——第 i-1 块滑体的滑面倾角；

φ_i——第 i 块滑体的滑面上岩土体的内摩擦角；

c_i——第 i 块滑体的滑面上岩土体的黏聚力(kPa)；

l_i——第 i 块滑体滑动面的长度(m)。

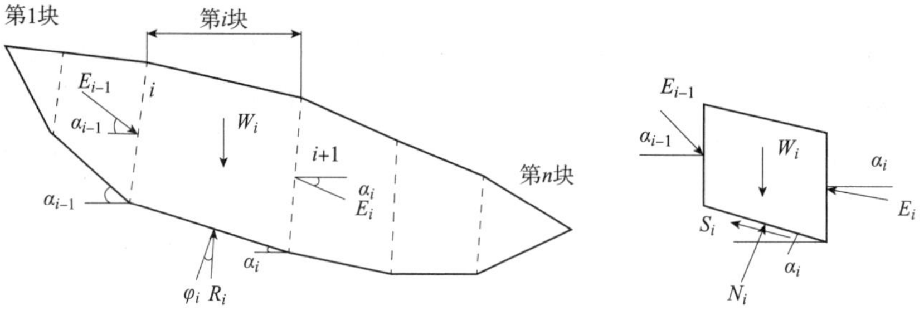

a)坡体分块图　　b)第i块单元的受力图

图 5-3-10　传递系数法示意

如果是圆弧滑动面，其推力可采用条分法进行计算。

实际滑坡推力计算中，安全系数的使用目前认识尚不一致，我国多数采用扩大自重下滑力计算推力，即

$$E_i=K_sW_i\sin\alpha_i-W_i\cos\alpha_i\tan\varphi_i-c_il_i+\psi_iE_{i-1} \tag{5-3-3}$$

式中 K_s 为稳定安全系数，一般可取 1.05～1.25。若最后一块滑体的下滑力为正值，说明滑坡体在要求的安全系数下是不稳定的。若在计算过程中某一滑坡体的剩余下滑力为负值或零，则说明滑坡体是稳定的，安全系数满足设计要求。若计算断面中有逆坡，倾角 α_i 为负值，则 $W_i\sin\alpha_i$ 为负值，由此其变为抗滑力，在计算滑坡推力时 $W_i\sin\alpha_i$ 就不再乘以安全系数。

5.3.3.5　附加力计算

在计算滑坡推力的同时，应考虑的附加力有(图 5-3-11)：

(1)作用于滑体上的外加荷载 Q，如建筑物自重、汽车荷载等，应将 Q 加在相应的滑块自重 W 之中。

(2)对于水库岸坡，水库蓄水有水时滑体有水，且与滑带水连通时，应考虑的动水压力和浮力；动水压力 D，其作用点位于饱水面积的形心处，方向与水力坡度平行，大小为：

$$D=\gamma_W\Omega J \tag{5-3-4}$$

式中：γ_W——水的容重(kN/m^3)；

Ω——滑坡体条块的饱水面积(m^2)；

J——水力坡降。

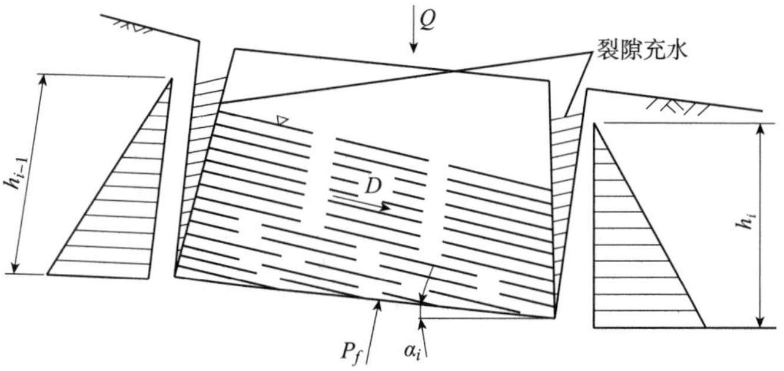

图 5-3-11　作用于滑体分块上的附加力系

浮力 P，其方向垂直于滑动面，大小为：

$$P=\eta\gamma_W\Omega \tag{5-3-5}$$

其中，η 为滑坡体土的孔隙度。

(3)当滑动面水有承压水头 H_0 时，应考虑浮力 P_f，其方向垂直于滑动面，大小为：

$$P_f=\gamma_W H_0 \tag{5-3-6}$$

(4)滑坡体内有贯通至滑动面的裂隙，滑动时裂隙充水，则应考虑裂隙水对滑坡体的静水压力 J，作用于裂隙底以上 $h_i/3$ 高度处，水平指向下滑方向，大小为：

$$J=\frac{1}{2}\gamma_W h_i^2 \tag{5-3-7}$$

式中：h_i——裂隙深度(m)。

(5)在地震烈度≥7 度的地区，应考虑地震力 P_h 的作用，作用于滑坡体条块重心处，水平指向下滑方向，其大小可按相关计算公式计算。

5.3.4　抗滑挡土墙平面尺寸与高度的拟定

5.3.4.1　抗滑挡土墙平面尺寸的拟定

一方面抗滑挡土墙承受的滑坡推力大，合力作用点高，另一方面它具有墙面坡度缓、外形矮胖、平面尺度大的特点；后者有利于挡土墙自身的稳定。抗滑挡土墙墙面坡度常用 1∶0.3～1∶0.5 的坡率，有时甚至缓至 1∶0.75～1∶1。其基底常做成反坡或锯齿形，有时为了增加抗滑挡土墙的稳定性和减少墙体圬工，还在墙后设置 1～2m 宽的衡重台或卸荷平台，利用衡重台或卸荷平台上填土的重力来代替减少部分墙体的圬工用量，达到降低工程造价。在平面上，抗滑挡土墙一般应布置在滑坡前缘滑床平缓处。

5.3.4.2　抗滑挡土墙高度的拟定

抗滑挡土墙的合理墙高应保证滑坡体不发生越过墙体的滑动。合理墙高可采用试算的方法确定(图 5-3-12)。

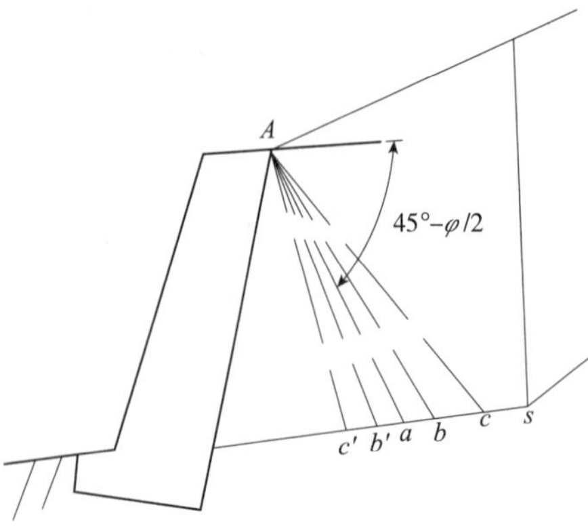

图 5-3-12　合理高度的确定

先假定一适当的墙高，过墙顶 A 点作与水平线成 $45°-\frac{\varphi}{2}$ 夹角的直线，交滑动面于 a 点，以 Sa、Aa 为最后滑动面，计算滑坡体的剩余下滑力。然后，再自 a 点向两侧每隔 5°做出 Ab、Ac…和 Ab'、Ac'、…虚拟滑动面进行计算，直至出现剩余下滑力的负值低峰为止。若计算结果为剩余下滑力为正值，说明墙高不足，应予增高；当剩余下滑力为过大的负值时，则说明墙身过高，应予降低。如此反复调整墙高，经过几次试算直至剩余下滑力为不大的负值，即可认为是安全、经济、合理的挡土墙高度。

5.3.5　基础的埋深

一般情况下，无论何种形式的抗滑挡土墙，其基础必须埋入到滑动面以下完整稳定的岩层中，且应有足够的抗滑、抗剪和抗倾覆的能力；对于基岩基础的埋深不小于 0.5m，对于稳定坚实的土层不小于 2m，并置于可能向下发展的滑动面以下，即应考虑设置抗滑挡土墙后由于滑坡体受阻，滑动面可能向下伸延。当基础埋置深度较大，墙前有形成被动土压力条件时（埋入密实土层 3m、中密实土层 4m 以上），可酌情考虑被动土压力的作用。

5.3.6　基底应力及地基强度验算

抗滑挡土墙的基底应力、合力偏心距及地基强度验算与普通重力式挡土墙的验算相同，抗滑挡土墙的刚度一般很大，基底应力可按直线分布，按偏心受压公式计算。

对于矩形墙底，可按式（5-3-8）计算：

$$\sigma_{max/min}=\frac{V_K}{B}\left(1\pm\frac{6e}{B}\right) \tag{5-3-8}$$

式中：$\sigma_{max/min}$——基底的最大和最小应力（kPa）；

B——墙底宽度（m）；

V_K——作用在基底面上的竖向合力标准值（kN）；

e——作用的基底面上的合力标准值作用点的偏心距（m），$e=\frac{B}{2-\xi}$；一般对于岩石地基，$e\leqslant B/6$，对于土质地基，$e\leqslant B/4$；

ξ——合力作用点与墙前趾的距离（m）。

$$\xi=\frac{M_R-M_O}{V_K} \tag{5-3-9}$$

M_R、M_O 分别为竖向合力标准值和倾覆力标准值对墙底前趾的稳定力矩和倾覆力矩（kN · m）。

当 $\varepsilon\leqslant B/3$ 时，σ_{min} 将出现负值，即产生拉应力。但墙底和地基之间不可能承受拉应力，此

时基底应力将出现重分布。根据基底应力的合力和作用在挡土墙上的竖向力合力相平衡的条件,得

$$\sigma_{max}=2\frac{V_K}{3\varepsilon} \tag{5-3-10}$$

$$\sigma_{min}=0 \tag{5-3-11}$$

设计时要求基底最大应力应小于地基承载力,即:

$$\gamma_{\sigma}\sigma_{max}\leqslant\sigma_{\gamma} \tag{5-3-12}$$

式中:γ_{σ}——安全系数;

σ_{γ}——地基承载力设计值(kPa)。

5.3.7 抗滑挡土墙的稳定性及强度验算

5.3.7.1 稳定性验算

抗滑挡土墙的稳定性验算与普通重力式挡土墙的稳定验算相同,仅由设计推力替代主动土压力。验算内容包括:

(1)抗滑稳定性验算

$$K_S=\frac{V_K\mu+E_P}{H}\geqslant[K_S] \tag{5-3-13}$$

式中:V_K——作用于抗滑挡土墙上的竖向合力(kN);

μ——挡土墙基底摩擦系数;

E_P——当挡土墙埋置较深时,墙前被动土压力的水平分力,可取计算值的0.3倍作为设计值(kN);

H——作用于抗滑挡土墙上的水平设计推力(kN);

$[K_S]$——抗滑挡土墙所允许的最小抗滑安全系数。

(2)抗倾覆稳定性验算

$$K_0=\frac{M_R}{M_0}\geqslant[K_0] \tag{5-3-14}$$

式中:$[K_0]$——抗滑挡土墙所允许的最小抗倾安全系数;

M_R、M_0——竖向合力标准值和倾覆力标准值对墙底前趾的稳定力矩和倾覆力矩(kN·m)。

5.3.7.2 挡土墙截面强度验算

为保证墙身的安全可靠,要求挡土墙墙身应有足够的强度。设计时应对墙身截面承载力进行验算,一般可取一二个截面进行强度验算。

(1)偏心压缩的承载力计算

石砌或混凝土砌块的挡土墙截面,在自重及水平向土压力作用下,使截面承受偏心压缩的作用。砌体偏心受压构件,随偏心距e的增加,其强度将逐渐降低,这主要是偏心受压构件截面上应力分布不均匀所致。砌体偏心受压构件承载力计算公式:

$$N\leqslant\delta fA \tag{5-3-15}$$

式中：N——由荷载设计值产生的轴向力；

f——砌体抗压强度设计值；

A——截面面积；

δ——承载力影响系数。

$$\delta=\frac{1}{1+12\left(\frac{e}{h}\right)^{2}} \tag{5-3-16}$$

式中：h——构件的厚度，挡土墙计算的墙厚。

当为石砌体时，偏心距 e 按荷载标准值不宜超过 0.7y，y 为截面重心到轴向力所在偏心方向截面边缘的距离。

当 $0.7y<e\leqslant0.95y$ 时，应按正常使用极限状态验算：

$$N_K\leqslant\frac{f_{tm,k}A}{\frac{Ae}{W}-1} \tag{5-3-17}$$

式中：N_K——轴向力标准值；

$f_{tm,k}$——砌体沿近缝截面的弯曲拉强度标准值，取 $f_{tm,k}=1.5f_{tm}$；

A——砌体偏心受压构件截面面积；

W——截面抵抗矩；

e——偏心距。

当 $e>0.95y$ 时，按式(5-3-18)计算：

$$N\leqslant\frac{f_{tm}A}{\frac{Ae}{W}-1} \tag{5-3-18}$$

式中：N——轴向力设计值；

f_{tm}——砌体沿近缝截面的弯曲拉强度设计值。

对于混凝土灌注的挡土墙，则应按素混凝土偏心受压计算，除应计算弯矩作用平面的受压承载力，还应按轴心受压构件验算其受压承载力，此时，不考虑弯矩，但应考虑稳定系数 δ 的影响。

受压承载力应按下列公式计算：

$$N\leqslant\delta f_{cc}b(b-2e_0) \tag{5-3-19}$$

式中：δ——素混凝土构件的稳定系数，对于重力式挡土墙可取 1.0；

f_{cc}——素混凝土的轴心抗压强度设计值，其值由表查得 f_c 值再乘以系数 0.95；

e_0——受压自混凝土的合力点至截面重心的距离；

b——截面宽度，挡土墙计算多取 1.0m。

当 $e\geqslant0.45y'$，应在混凝土受拉区配置构成钢筋，否则必须满足下式可不配构造筋。

$$N\leqslant\frac{y_m f_{et}bh}{\frac{be_0}{h}-1} \tag{5-3-20}$$

式中：f_{et}——素混凝土抗拉强度设计值，由表查出 f_1 值乘以 0.6；

γ_m——截面抵抗矩塑性系数,对于挡土墙计算截面为矩形时,取 1.75;

b、h——单位长和挡土墙厚度。

(2)受剪承载力计算

抗滑挡土墙其断面尺寸一般很大,通常可不进行其受剪承载力的计算。对于石砌或砌块砌筑的挡土墙当尚需验算其抗剪承载力时,可按受弯构件受承载力计算:

$$V=f_v bz \tag{5-3-21}$$

式中:V——剪力设计值;

f_v——砌体抗剪强度设计值;

b——截面宽度;

z——内力臂,$z=\frac{l}{s}$;在挡土墙计算时,截面为矩形,$z=\frac{2h}{3}$;

l——截面惯性矩;

s——截面面积矩;

h——截面高度,即挡土墙厚度。

对于挡土墙,特别是重力式挡土墙截面大,剪应力很小,通常不作剪力承载力计算,如计算可采用式(5-3-22):

$$V\leqslant\frac{2}{3}hf \tag{5-3-22}$$

进行抗滑挡土墙设计时,还应注意:若在墙后有两层以上滑动面存在,则应视其活动情况,将沿各层滑动面的滑坡推力绘制出综合推力图形(取各图形之包络线)进行各项验算。如原建挡土墙不足以稳定或已被滑坡破坏而需加固时,可经过验算另加部分圬工,使新旧墙成一整体共同抗滑。加固墙的设计计算与新墙基本相同,但应特别注意新旧墙的衔接与截面验算,必要时可另加钢筋及其他材料,以保证新旧墙联成整体共同发挥作用。原滑坡的滑动面受挡土墙的阻止后,应防止滑动面向下延伸,致使挡土墙结构失效,必要时,应对墙基以下可能产生的新滑动面进行稳定性验算。

5.3.8　挡土墙的施工

5.3.8.1　墙背填料选择

墙背填料选择碎石、砾石、砂为好,这样的填料透水性强,抗剪强度稳定,易排水。当不得不采用黏性土作填料时,应适当加以块石或碎石,不能采用淤泥、膨胀土作墙后填料。对季节性冻土地区不能用冻胀材料作为填料。填土必须分层夯实,达到强度要求,保证质量。为降低工程造价,选择材料时,宜就近取材,充分利用刷方减载的弃土,必要时可对弃土进行改善处理,以满足墙后填料的要求。

5.3.8.2　墙身材料的选择

墙身材料的选择应与抗滑挡土墙的结构形式相适应。重力式抗滑挡土墙一般采用条石、块石或块石混凝土或素混凝土。条石或块石应质地坚实,未风化,或风化程度弱,强度较高,一般应选择 Mu30 号以上的条石或块石;采用混凝土时,其强度等级一般不低于 C15。

锚杆式抗滑挡土墙、板桩式抗滑挡土墙、竖向预应力锚杆式抗滑挡土墙等形式,其墙身材料最好采用混凝土或钢筋混凝土,混凝土强度等级不宜低于 C20。对预应力锚杆的锚,锚固区域其混凝土等级不宜低于 C30,锚固区域的大小应通过计算合理确定,防止施加预应力时锚固区域被压坏。

对于加筋土抗滑挡土墙,其墙身一般采用级配良好的砂卵石或碎石土作为加筋体部分的填料,筋带最好采用钢塑复合带,加筋挡土墙的面板宜采用钢筋混凝土面板。

5.3.8.3 施工注意事项

(1)抗滑挡土墙应尽可能在滑坡变形前设置,或在坡脚土体尚未全面开挖前,以较陡的临时岸坡分段开挖设置。根据施工过程中建筑物的受力情况,施工时采取“步步为营”分段、跳槽、马口开挖,并及时进行抗滑挡土墙的修建。一般跳槽开挖的长度不宜超过总长的 20%,切忌中途停工或冒进。在雨季施工时要有切合实际的防范措施,防止雨水的侵蚀加剧滑坡的发展。对于变形剧烈的滑坡,宜从两端向中间分段施工,逐段稳定滑坡,减小滑坡规模,控制滑坡运动。要防止大面积开挖(尤其在坡脚)而造成土体滑动,加剧滑坡体运动,影响抗滑稳定性,甚至破坏已修建的抗滑挡土墙。

(2)在滑坡地段修建挡土墙前,应事先作好排水系统,合理编制施工组织设计,集中施工力量。作好施工准备,尽量缩短施工工期。

(3)注意掌握施工季节,尽可能避免雨季滑坡正在急剧发展时,在滑坡脚开挖基坑和修建建筑物。由于开挖、填土而使地形有相当大的变化,因此要充分注意排除地表水,也应注意排除地下水,以防止水的滞留。同时,对施工用水也应特别注意。

(4)施工时应先对滑坡体上部进行刷方减载,以减小滑坡体产生的下滑力。刷方减载应按自上而下的原则进行。

(5)当地下水丰富时,除按设计要求作好主体工程的施工外,对辅助工程,如墙后排水沟、墙身泄水孔等,也应切实注意其施工质量,防止墙后积水。

(6)对墙后的回填土必须分层夯实,达到设计要求。

(7)墙体施工时,必须保证施工质量,对浆砌条石挡土墙或浆砌块石挡土墙,砌筑时砂浆必须饱满,砂浆强度应符合设计要求,保证墙体的整体性和其刚度。

(8)施工时,应保证基础埋置到最深的可能滑动面以下的稳定岩层中,并满足设计深度。挡土墙的基底面应严禁做成顺坡,基底面的倒坡应符合设计要求。

5.3.9 工程实例

5.3.9.1 实例 1

布伦口水库位于新疆阿克陶县境内,是盖孜河中游河段的龙头水库,也是该河唯一具有多年调节性能的控制性水库,属于布伦口—公格尔水电站。布伦口—公格尔电站,是一项具有灌溉、发电、防洪和改善生态等综合利用效益的大(Ⅱ)型水电站。水库库区公路段落为 G314 线的一部分,为了不影响公路的正常通行和水库的正常运营,需要对库区影响范围内现有的公路线位进行改移。

根据地质勘察资料中提供土的各项指标及各种土质的分布情况，为了收缩路基坡脚，设置了挡土墙。当挡土墙基础位于岩石地基路段时，考虑到水库水位骤升骤降，波浪侵袭和库水对库岸岸坡的渗透淘刷作用，为保证岸坡的稳定性，首先去除覆盖层和 3m 的强风化层，并将基础嵌入新鲜基岩中，深度不小于 100cm，避免因覆盖层和风化层在库水作用下坍塌剥落，导致挡土墙失稳；当挡土墙基础位于非基岩路段时，应将基础埋入中密层中，埋置深度不小于 150cm，地基承载力不得小于 300kPa。考虑到波浪侵袭和库水对挡土墙基础的淘刷作用，在非基岩路段的挡土墙下方设置了浆砌片石护坡，保证库岸岸坡的稳定性和挡土墙的整体稳定性；挡土墙均采用衡重式路肩墙，用 M15 浆砌片石砌筑，如图 5-3-13 所示。

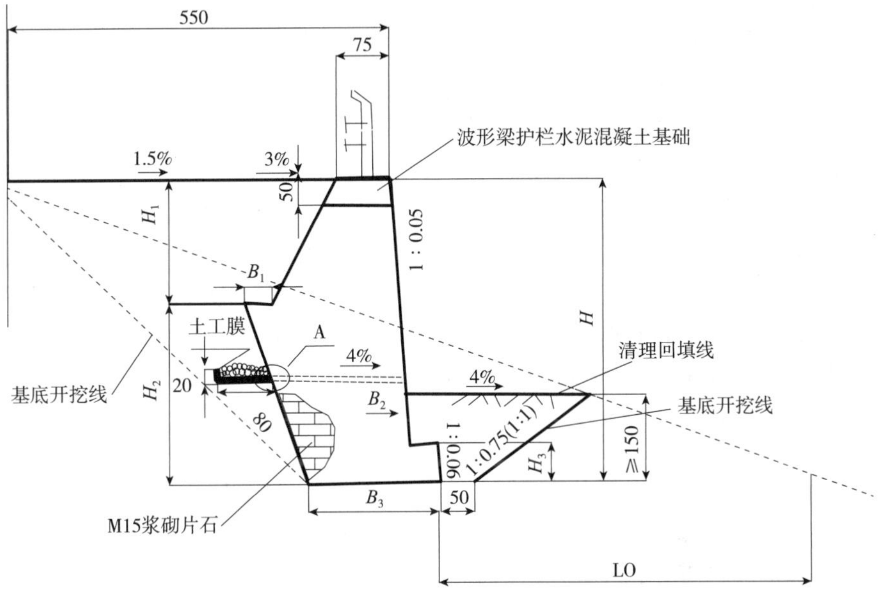

图 5-3-13　浆砌片石挡土墙（尺寸单位：cm）

挡土墙沿路中心线方向每隔 10～15m 间距设 1 道竖向伸缩缝，缝宽 2cm，采用沥青麻絮沿护坡内、外、顶三面填塞，深度不小于 15cm；路肩墙顶 50cm 高度范围内设置波形梁护栏（水泥混凝土基础），与墙顶相接；路肩墙在开挖回填线以上 30cm 处布设 1 排泄水孔，尺寸为 10cm×10cm，横向布设间距不大于 2. 5m。在泄水孔进水口底部沿墙长范围铺设 1 层土工膜，土工膜上铺设砂砾反滤层。在泄水孔进口 30cm 长度范围内用 2～4cm 砾石反滤层，以免孔道淤塞；浆砌片石应具有 2 个大致平行的面，其厚度不小于 15cm，其中 1 条边长不小于 30cm，体积不小于 0. 01m^3；墙趾的基坑，在基础施工完后应及时回填夯实，并做成 4%外倾斜坡，以免积水下渗，影响墙身的稳定。基础开挖线坡度在岩石路段采用 1∶0. 75，在土质路段采用 1∶1；路肩墙应错缝砌筑，需待砂浆强度达到 70%以上时，方可回填墙背填料；墙背填料应分层填筑，分层夯实；不允许向着墙背斜坡填筑，夯实时应注意勿使墙身受较大冲击影响；墙后应先开挖台阶再填土，以免填方顺原地面滑动；砂砾反滤层的反滤料应具有透水性，且小于 0. 10mm 的颗粒含量不大于 5%，质地致密坚硬，具有高度的抗水性和抗风化能力；砂砾反滤层铺筑时应由底部向上逐层铺设，不得从高处顺坡倾倒，以免发生填筑分离；对反滤层必须进行压实，在施工中应防止雨水、土泥等污染反滤料;库岸岸坡坡面设置的护坡,应在新建公路临时通行后再进行施工。

5.3.9.2 实例 2

宁江岛工程采用衡重式挡墙,墙的埋深为 0.5m,为保证墙身的稳定性,每间隔 10m 设置一个变形缝,缝宽 2cm,缝内用沥青麻筋充填饱满,在挡墙拐角处,应适当加强构造措施(图 5-3-14)。单个盖板的宽度为 1m。挡墙及基础采用 C25 混凝土现场浇筑施工,要求基底应力不低于 180kPa,基底填土层摩擦系数不小于 0.4。基础修筑完成后分两次现场浇筑挡墙:第一次浇筑 2.50m 高,待强度达到标准强度的 80%后浇筑余下的 0.5m。

5.3.9.3 实例 3

在三峡库区地质灾害治理中,挡土墙被广泛运用于滑坡治理、库岸防护及高切坡防护中。三峡库区存在部分下伏完整基岩,且上覆土层较薄(<6m)的土质岸坡或混合型岸坡,三峡水库蓄水后,土层塌岸的可能性较大。对这些岸坡,宜采用以挡土墙工程为主,结合地表排水工程等进行防护。

万州区长坪乡库岸第 2 段,库岸位于万州区长坪乡长江南岸,长度 500m,为混合型岸坡。基岩向长江方向倾斜,倾角 20°,为顺向坡。坡度较缓,平均坡度为 15°,覆盖层厚度小,一般小于 6m。下伏基岩主要为强风化细砂岩,水库蓄水后上覆土层可能会发生顺基岩层面的滑移破坏。该段库岸采用挡土墙工程进行防护。设计挡土墙高 6.0m,下部嵌入基岩 1.5m;在坡面上设置地表排水沟,使地表水流排泄畅通,减少地下水的入渗。图 5-3-15 为设计剖面图。

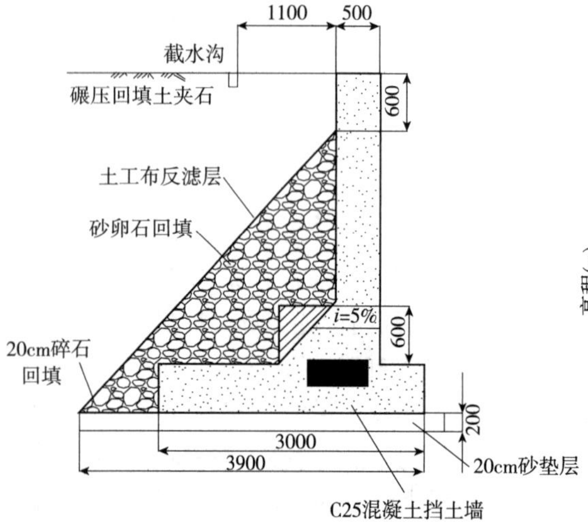

图 5-3-14 衡重式挡土墙断面图(尺寸单位:mm)

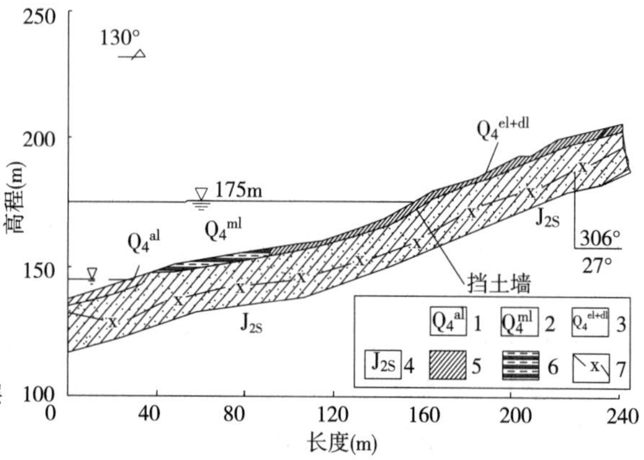

图 5-3-15 长坪乡库岸防护设计剖面图

1-第四系冲积物;2-第四系人工堆积物;3-第四系残坡积物;4-侏罗系沙溪庙组;5-粉土;6-素填土;7-黏土;8-泥质砂岩;9-强风化线

5.4 抗滑桩加固

抗滑桩通过桩身将上部承受的坡体推力传给桩下部的侧向土体或岩体,依靠桩下部的侧向阻力来承担岸坡的下滑推力，而使岸坡保持平衡或稳定，如图 5-4-1 所示。主要适用于深层滑坡和各类非塑性的滑坡，是一种滑坡抗滑处理的主要措施。工程实践表明抗滑桩是一种经济、安全、高效的滑坡治理措施，近年来在水库滑坡工程中发展较快，应用越来越广。

5.4.1　概述

5.4.1.1　抗滑桩的优缺点

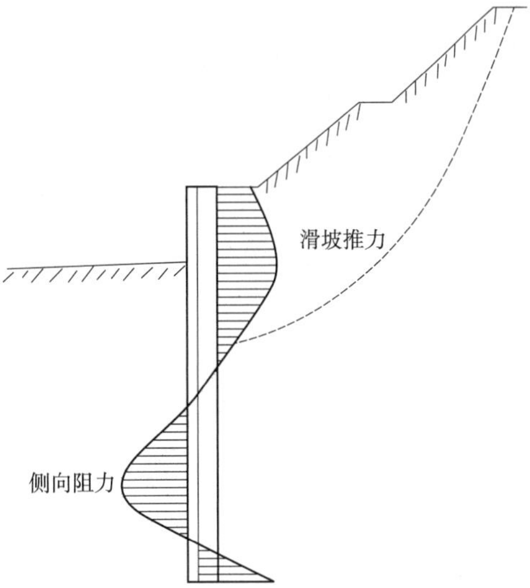

图 5-4-1　抗滑桩工作原理示意图

抗滑桩的主要优点是抗滑能力大，在滑坡推力大、滑动面深的情况下，设置桩的位置灵活。可集中设置在水库滑坡的前缘附近，也可设置在滑坡的其他部位，可以单独进行使用，也可结合其他构筑物联合使用，分级设置时还可将滑坡推力分割成若干个分散的单元体，对滑坡起分散治理功效。每根桩开挖的工程量比较小，施工中对滑坡稳定性影响也较小，对正在滑动的滑坡，应采用两侧向中间主轴施工的方法，这样可避免加剧滑坡活动。桩孔是一个很好的深井，通过开挖桩孔，可以更进一步了解和分析滑坡体地层结构，使处理效果更加可靠。不足之处是与一般可就地取材的抗滑工程相比，用钢材和水泥较多。

5.4.1.2　抗滑桩结构形式

抗滑桩有不同的结构形式，如图 5-4-2 所示。从不同的角度，可以分类如下：

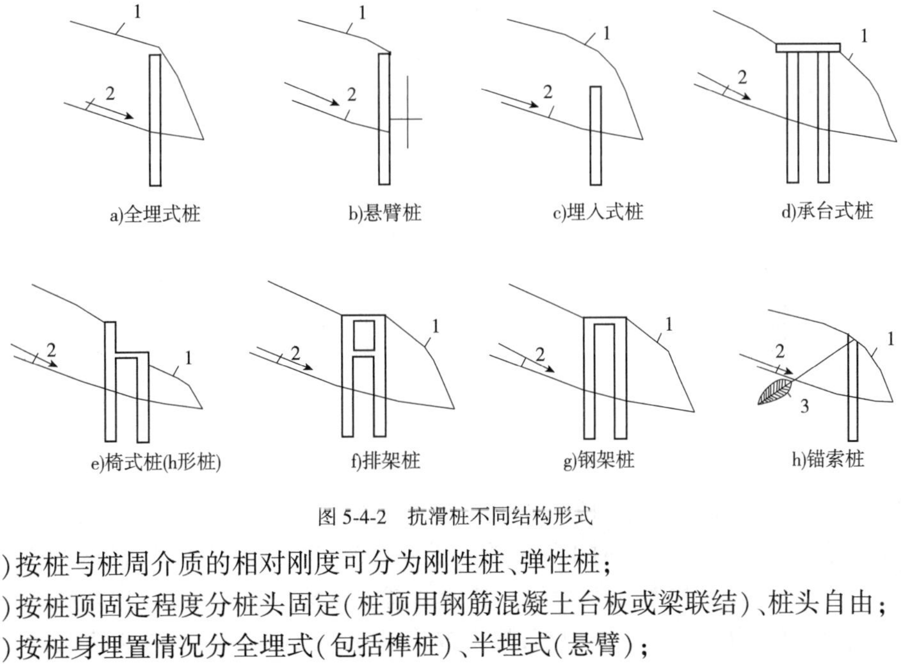

图 5-4-2　抗滑桩不同结构形式

(1)按桩与桩周介质的相对刚度可分为刚性桩、弹性桩；

(2)按桩顶固定程度分桩头固定(桩顶用钢筋混凝土台板或梁联结)、桩头自由；

(3)按桩身埋置情况分全埋式(包括榫桩)、半埋式(悬臂)；

(4)按平面布置形式分密排和相互间隔的单排及多排;

(5)按断面形式分圆形、矩形、方形桩、工字形桩及管桩;

(6)按桩材分木桩、钢筋(轨)混凝土桩、钢筋混凝土管桩、钢管及钢管中加H形钢桩、钢轨及钢板桩和组合桩;

(7)按施工方法分沉井桩、钻孔插入或打入桩、挖孔桩;

(8)按受力条件分一般抗滑桩、椅式桩墙、门型钢架桩、排架式抗滑桩、H形排架抗滑桩、预应力锚索抗滑桩;

(9)按结构形式分为单桩、排桩、群桩(图5-4-3)和有锚桩。排桩常见有椅式桩墙、门式钢架桩墙、排架抗滑桩墙;有锚桩常见的有锚杆和锚索,锚杆有单锚和多锚(图5-4-4),锚索抗滑桩多用单锚。

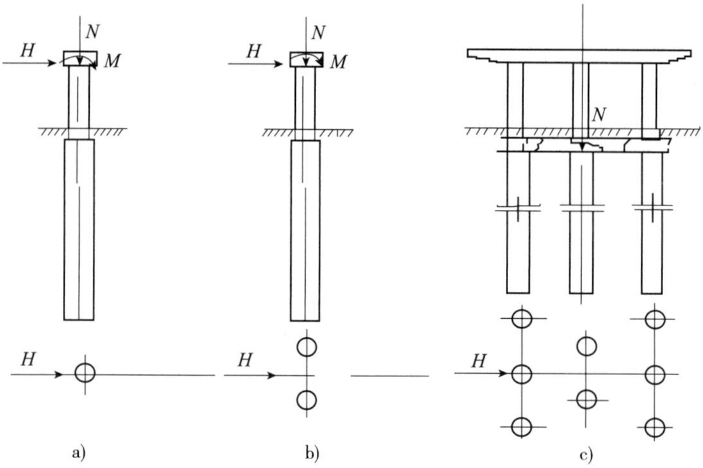

图5-4-3 单桩、单排桩及多排桩

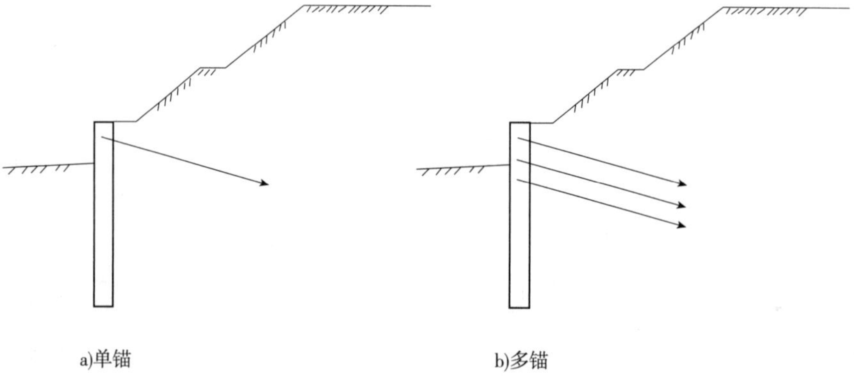

图5-4-4 有锚桩

木桩是最早采用的抗滑桩,其特点是就地取材、方便、易于施工,但桩长有限,桩身强度不高,一般用于浅层滑坡的治理、临时工程或抢险工程。钢桩的强度高、施打容易、快速,接长方便,但受桩身断面尺寸限制,横向刚度较小,造价偏高。钢筋混凝土桩是岸坡处治工程中广泛采用的桩材,桩断面刚度大,抗弯能力高,施工方式多样,可打入、静压、机械钻孔就地灌注和人工成孔就地灌注,缺点是混凝土抗拉强度有限。

抗滑桩的施工采用打入时,应充分考虑施工振动对岸坡稳定的影响,一般是全埋式抗滑桩或填方岸坡均可采用,同时下卧地层应有可打性。抗滑桩的施工常用的是就地灌注,机械钻孔速度快,桩径可大可小,适用于各种地质条件,但对地形较陡的岸坡工程,机械进入和架设困难,另外钻孔时水对岸坡的稳定也有影响。人工成孔的特点是方便、简单、经济,但速度较慢,劳动强度高,遇到不良地层(如流沙)时处理特别困难。另外,桩径较小时人工作业困难,桩径一般应在 1000mm 以上才适宜人工成孔。

单桩是抗滑桩的基本形式,也是常用的。其特点是:简单,受力和作用明确。当岸坡的推力较大,用单桩不足以承担其推力时或使用单桩不经济时,可采用排桩。排架桩的特点是转动惯量大、抗弯能力强,桩壁阻力较小,桩身应力较小,在软弱地层有较明显的优越性。有锚桩的锚可用钢筋锚杆或预应力锚索,锚杆和桩共同工作,改变桩的悬臂受力情况和桩完全靠侧向地基反力抵抗滑坡推力的机理,使桩身的应力状态和桩顶变位大大改善,是一种较为合理经济的抗滑结构。但锚杆或锚索的锚固端需要有可靠的、较好的地层或岩层,对锚索而言,更需要有较好的岩层以提供可靠的锚固力。

抗滑桩群一般指在横向 2 排以上,在纵向 2 列以上的组合抗滑结构,类似于墩台或承台结构,它能承担更大的滑坡推力,可用于特殊的滑坡治理工程或特殊用途的岸坡工程。

5.4.1.3　抗滑桩适用范围

抗滑桩适用于除流塑性滑坡以外的各种类型滑坡,是目前广泛使用的治理滑坡的有效措施。对于浅层的滑坡,可采用预制混凝土桩或混凝土钻孔桩,使滑坡体稳定。对于岩层整体性强,滑动面明确的浅层或中厚层滑坡,修建抗滑挡土墙的工程量较大,或开挖坡脚易引起滑动时,可在滑坡前缘设置混凝土人工挖孔桩或拉锚桩,采用单级或多级间隔设桩的方式,以平衡滑坡推力,桩体之间可设置混凝土挡板或圬工挡墙,阻止桩之间的土体产生滑落。对于推力较大的大型滑坡,可采用大截面的挖孔桩,采用分排间隔设桩或与轻型抗滑挡土墙结合的形式,以分散滑坡推力,减小每级抗滑建筑物的圬工体积。

5.4.2　抗滑桩设计原则

5.4.2.1　埋入深度

按一般经验,软质岩层中的锚固深度为设计桩长的 1/3;硬质岩中为设计桩长的 1/4;土质滑床中为设计桩长的 1/2。当土层沿基岩面滑动时,锚固深度采用桩径的 2~5 倍。

抗滑桩的埋入深度应结合滑坡体基床的强度、滑坡推力、桩体刚度等方面综合考虑,桩体锚固段传递到滑面以下稳定地层内的侧向压应力,应在地基抗力的允许范围之内。

在库水位波动区域内的抗滑桩应设置在稳定的滩地或垭口处,并要在抗滑桩的前缘抛石护脚,防止库水位的波动冲刷而引起抗滑桩的失稳,还可以增加一定的阻滑力。

5.4.2.2　布置形式

抗滑桩的布置形式有相互连接的桩排,互相间隔的桩排,下部间隔、顶部连接的桩排,互相间隔的锚固桩等。桩柱间距一般取桩径的3~5倍,以保证滑动土体不在桩体之间滑出为原则。

抗滑桩一般应布设在滑坡体前缘或滑坡体下滑力较小、基床埋深较浅且锚固段的地基强度较高的地段。

5.4.2.3 截面形状

抗滑桩的桩截面形状,可采用圆形、方形、管形或其他形状,桩身要有足够的强度和稳定性,桩的断面尺寸和配筋合理,应能够满足桩内应力和桩身变形的要求。

5.4.2.4 稳定性

设置抗滑桩后应使整个滑坡体具有足够的稳定性,即抗滑稳定安全系数要满足设计要求值,滑坡体不得越过桩顶,不得从桩体之间挤出,也不应产生新的深层滑动。

5.4.2.5 分级支挡

当抗滑桩处的下滑力较大,单排抗滑桩难以承担时,宜考虑将滑坡体分级进行支挡,而不宜在同一轴线附近设两排或两排以上抗滑桩共同受力。

5.4.3 抗滑桩的平面布置及锚固深度

当采用抗滑桩整治水库滑坡时,首先需解决桩的平面布置与桩锚固深度问题。

5.4.3.1 抗滑桩的布置和间距

抗滑桩的平面布置和桩体之间的距离,一般根据水库滑坡的地层性质、推力大小、滑动面坡度、滑坡体的厚度、施工条件、桩截面尺寸大小及锚固深度等因素综合考虑决定。

(1)布置

滑坡体上部滑动面较陡,张拉裂缝多,不宜设置抗滑桩;中部滑动面往往较深且下滑力较大,也不宜设置抗滑桩;下部滑动面较缓,下滑力较小或者是抗滑地段,经常是较好的设置抗滑桩的位置,同时也要考虑到施工的方便。

实践表明,对地质条件简单的中小型滑坡,宜在滑坡体前缘设置一排抗滑桩,布置方向应与滑坡体滑动方向垂直或接近垂直。对于轴向很长的多级滑动或推力很大的滑坡,应当设置两排或三排抗滑桩分级阻滑,也可采用在上部设置抗滑桩,下部设置挡土墙联合进行防治。但一般不在同一轴线附近设置两排或多排抗滑桩共同组成支撑构筑物。监测和试验结果表明,前后排布设抗滑桩难以共同分担下滑力。

(2)间距

抗滑桩的间距受滑坡推力大小、桩型及断面尺寸、桩的长度和锚固深度、锚固段地层强度、滑坡体的密实度和强度、施工条件等诸多因素影响,目前尚无比较成熟的计算方法。合适的桩间距应该使桩间滑体具有足够的稳定性,在下滑力作用下不致从桩间挤出。即可按桩体之间土体与两侧被桩体所阻止的土体的摩擦力大于桩体所承受的滑坡推力来估算。有条件时也可通过模拟实验,取得土体能形成拱的效应的桩体间距值,并结合实践经验来考虑桩体的间距。

一般，当滑坡体完整、密实或滑坡推力较小时，桩体的距离可选大些；反之，桩体的距离应小些。此外，滑坡主轴附近的桩体的距离应小些，两侧边部的桩体距离可大些，在实践工程中，一般采用 4~10m 的桩体距离。当桩间采用了结构连接来阻止桩间楔形土体的挤出，则桩的间距完全取决于抗滑桩的抗滑力和桩间滑体的下滑力。当抗滑桩集中布置成 2~3 排排桩或排架时，排间距可采用桩截面宽度的 2~3 倍。

5.4.3.2　锚固深度

桩埋入滑动面以下稳定地层内的适宜锚固深度，与该地层的强度、桩所承受的滑坡推力、桩的相对刚度及桩前滑面以上滑体对桩的反力等因素有关。原则上由桩的锚固段传递到滑面以下地层的侧向压应力不得大于该地层的容许侧向抗压强度、桩基底的压应力不得大于地基的容许承载力来确定。可采取缩小桩间距，减少每根桩所承受的滑坡推力，或增加桩的相对刚度等措施可减少锚固深度和施工难度。

当锚固段地层为土层及严重风化破碎层，桩身对地层的侧压力应满足：

$$\delta_{max} \leqslant \frac{4}{\cos\varphi}(\gamma l \tan\varphi + c) \tag{5-4-1}$$

式中：δ_{max}——桩身对地层的侧向压应力（kPa）；

γ——地层岩土的重度（kN/m^3）；

φ——地层岩土的内摩擦角（°）；

c——地层岩土的黏聚力（kPa）；

l——地面到计算点的深度（m）。

桩底可按自由支承处理，即 $Q_B = 0, M_B = 0$。

当锚固地层为比较完整的岩质、半岩质地层时，桩身对围岩的侧向压应力应符合下列条件：

$$\delta_{max} \leqslant K_1' K_2' R_0 \tag{5-4-2}$$

式中：δ_{max}——桩身对地层的侧向压应力（kPa）；

K_1'——折减系数，根据岩层产状的倾角大小，取 0.5~1.0；

K_2'——折减系数，根据岩层的破碎和软化程度，取 0.3~0.5；

R_0——围岩岩石单轴抗压极限强度（kPa）。

桩底可按铰支承情况处理，即令 $X_B = 0, M_B = 0$。

根据经验，对于土层或软质岩层，锚固深度取 1/3~1/2 桩长比较合适，对于完整、较坚硬的岩层可取 1/4 桩长。

5.4.4　作用在抗滑桩上的荷载及桩身内力计算

5.4.4.1　作用在抗滑桩上的荷载

作用在抗滑桩上的荷载包括：滑坡推力（或主动土压力）、受荷载段地层（滑体）抗力、锚固段地层抗力、桩体侧摩阻力和黏聚力以及桩底应力等。

(1)滑坡推力的确定

滑坡推力作用于滑面以上部分的桩背上,其方向假定与桩穿过滑面点处的切线方向平行。通常假定每根桩所承担的滑坡推力等于两桩中心间距宽度范围内的滑坡推力,即将上述方法计算所得的滑坡推力值乘以桩间距。滑坡推力在桩背上的分布和作用点位置与滑坡的类型、部位、地层性质、变形情况及地基反应力系数等因素有关。对于液限指数小,刚度较大和较密实的滑坡体,从顶层至底层的滑动速度大体一致,假定滑面上桩背的滑坡推力分布图形成矩形;对于液限指数较大,刚性较小和密实度不均匀的塑性滑体,其靠近滑面的滑动速度较大,而滑体表层的速度则较小,假定滑面以上桩背的滑坡推力图形呈三角形分布;介于上述两者之间的情况可假定桩背推力分布呈梯形。

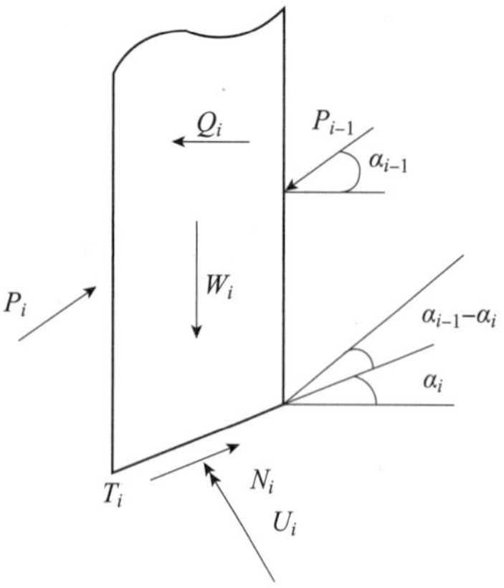

图 5-4-5　传递系数图示

滑坡推力的计算采用不平衡推力传递系数法计算所得的桩所在坡体坡足处的不平衡推力。假定每一分界上推力的方向平行于上一土条的底滑面,第 i 块土条承受的各种作用力如图 5-4-5 所示。

将各作用力投影到底滑面上,其平衡方程如下:

$$P_i=(W_i\sin\alpha_i+Q_i\cos\alpha_i)-\left[\frac{c_il_i}{F_S}+\frac{(W_i\cos\alpha_i-U_il_i-Q_i\sin\alpha_i)\tan\varphi_i}{F_S}\right]+P_{i-1}\psi_{i-1} \qquad (5\text{-}4\text{-}3)$$

第一项表示土条的下滑力,第二项表示抗滑力,第三项表示上一土条传下来的不平衡下滑力的影响。

式中:P_i——第 i 条块的不平衡下滑力;

W_i——各分条重量;

Q_i——土条水平力;

α_i——各分条底边与水平线的夹角;

c_i——土条凝聚力;

$\tan\varphi_i$——土条的摩擦系数;

l_i——各土条底边长;

U_i——各土条底部孔隙水压力;

F_S——安全系数。

传递系数 ψ_{i-1} 由式(5-4-4)计算。

$$\psi_{i-1}=\cos(\alpha_{i-1}-\alpha_i)-\frac{\varphi_i}{F_S}\sin(\alpha_{i-1}-\alpha_i) \qquad (5\text{-}4\text{-}4)$$

计算分析时,假定一个 F_S 值,依次计算 $P_1P_2P_3\cdots\cdots P_{n-1}P_n$,求得的 P_n 等于零,则所设 F_S 即为所求安全系数。反之重新设定 F_S 值,按上述步骤重新试算,直到满足条件 $P_n=0$ 的条件为止。一般可取三个不同的 F_S 试算,求出三个 P_n 值,做出 P_n-F_S 曲线,从曲线上找出 $P_n=0$ 时的 F_S 值,即为所求。

工程中常采用快捷的简化方法,即对每一块土条用下式计算不平衡下滑力:不平衡下滑力=下滑力×F_S-抗滑力。

$$P_i=(W_i\sin\alpha_i+Q_i\cos\alpha_i)F_S-[c_il_i+(W_i\cos\alpha_i-U_il_i-Q_i\sin\alpha_i)\tan\varphi_i]+P_{i-1}\psi_{i-1} \tag{5-4-5}$$

$$\psi_{i-1}=\cos(\alpha_{i-1}-\alpha_i)-\tan\varphi_i\sin(\alpha_{i-1}-\alpha_i) \tag{5-4-6}$$

求解 F_S 的条件还是 $P_n=0$，由此可得 F_S 的一次方程，可直接算出 F_S，所得结果与试算方法有时相差不大，但计算却大为简化了。

(2)地基反力的确定

对于库岸坡体滑动面来说，包括滑动面以上地基反力和滑动面以下地基反力。

①滑动面以上地基反力：根据设置桩的位置及桩前缘滑坡体的稳定情况，抗滑桩可分为悬臂式和全埋式。在桩前缘滑坡体不能保持稳定，可能出现滑移的情况下，抗滑桩应按悬臂桩考虑，不考虑桩前土体对桩的反力，仅考虑滑面以下地基土对桩的反力。而当桩前滑坡体能保持稳定，抗滑桩可按全埋式桩考虑，可将桩前土体的抗力作为已知外力考虑。

②滑面以下地基反力：埋于滑床中的桩体将滑坡推力传递给桩体周围的岩土体，桩体的锚固段前后岩土受力后发生变形，由此引起岩土的抗力作用。抗力大小与岩土体的变形形态有关，处于弹性阶段可按弹性抗力计算，处于塑性阶段变形时，情况比较复杂，但地基反力应不超过锚固段地基土的侧向容许承载能力。处于塑性变形阶段，则抗力近似等于该地层的地基系数乘以相应的与变形方向一致的岩土在弹性极限状态的压缩变形值，或用该地层的侧向允许承载力代替，如沿着桩身的岩土处于塑性变形阶段的范围较大或岩体很松散，则全桩体可用极限平衡法计算滑床内桩体周围岩土的抗力值。

③其他荷载：桩与地基土间的摩阻力、黏着力、桩变形引起的竖向压力，一般来说对桩的安全有利，通常略去不计。为简化计算，桩的自重和桩底应力等也略去不计。计算结果略偏于安全，而对整个设计影响不大。

5.4.4.2　桩的计算宽度确定

桩在水平荷载作用下，不仅桩身宽度内的桩侧岩土体受挤压，桩身宽度以外一定范围内的土体也受影响，呈现空间受力状态；岩土体的影响范围随不同截面形状的桩而有所不同。为简化计算，即将空间受力状态转化为平面问题，考虑到桩截面形式的影响，将桩宽(或桩径换算成相当于实际工作)条件下的矩形桩宽度 B_P 称为桩的计算宽度。

根据实验资料，对于正面边长 $b\geqslant 1\text{m}$ 的矩形桩，

$$B_P=b+1 \tag{5-4-7}$$

桩径 $d\geqslant 1\text{m}$ 的圆形桩，

$$B_P=0.9(d+1) \tag{5-4-8}$$

5.4.4.3　地基系数

桩侧岩土体的弹性抗力系数简称为地基系数，是地基承受的侧压力与桩在该位置处产生的侧向位移的比值。也即单位岩体或土体在弹性限度内产生单位压缩变形时所需施加于其单位面积上的力。如图5-4-6为常采用的地基系数的分布规律，表5-4-1为其对应计算方法。

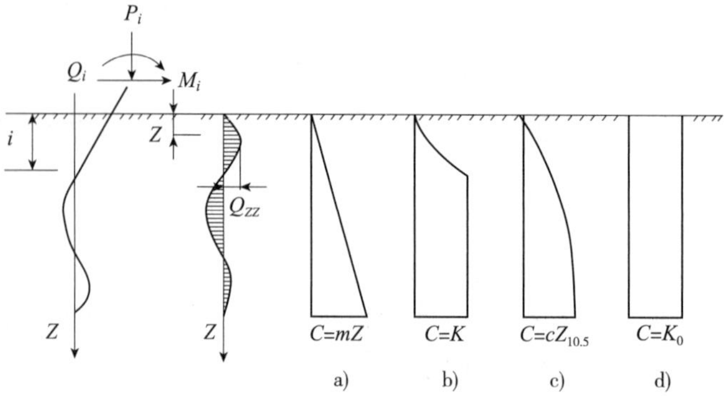

图 5-4-6　地基系数变化规律

地基系数计算方法　　表 5-4-1

计算方法	图号	地基系数随深度分布	地基系数 C 表达式	说　明
m 法	图 5-4-6a)	与深度成正比	$C=mZ$	m 为地基比例系数
k 法	图 5-4-6b)	桩身第一挠曲零点以上抛物线变化，以下不随深度变化	$C=K$	K 为常数
c 值法	图 5-4-6c)	与深度呈抛物线变化	$C=cZ^{0.5}$	c 为地基比例系数
张有龄	图 5-4-6d)	沿深度均匀分布	$C=K_0$	K_0 为常数

目前常采用两种不同的假设：①系数不随深度变化，即地基系数为常数的 K 法，可用于地基较完整岩层；②假定地基系数随深度呈直线变化的 m 法，即在地基内深度 y 处的水平地基系数为 $C_H=m_H\cdot y$ 或 $C_H=A_H+m_H\cdot y$，竖直方向的地基系数为 $C_V=m_V\cdot y$ 或 $C_V=A_V+m_V\cdot y$，A_H、A_V 表示某一常量，m_H、m_V 分别表示水平及竖向地基系数的比例常数，适用于地基为密实土层或严重风化破碎岩层的情形。

地基系数的比例系数的比例常数应通过试验确定。当无试验资料时，可参照表 5-4-2 确定。较完整岩层的地基系数 K 可参照表 5-4-3 及表 5-4-4(《铁路工程设计技术手册》中的危岩分类及物理指标）或表 5-4-5《铁路路基支挡结构设计规范》《TB10025—2006》(2009 局部修改版）确定。

非岩石地基 m_H、m_V 值(单位：kN/m^3)　　表 5-4-2

序　　号	土 的 名 称	m_H 和 m_V
1	流塑黏性土($I_L\geqslant 1$)，淤泥	3000~5000
2	软塑黏性土($1>I_L\geqslant 0.5$)，粉砂	5000~10000
3	硬塑黏性土($0.5>I_L\geqslant 0$)，细砂，中砂	10000~20000
4	半坚硬的黏性土、粗砂	20000~30000
5	角砾砂、砾石土、碎石土、卵石土	30000~80000
6	块石土、漂石土	80000~120000

注：由于表中 m_H、m_V 采用同一值，而当平均深度约为 10m 时，m_H 值接近垂直荷载作用下的垂直方向地基系数 C_V，故 C_V 不得小于 $10m_V$。

较完整岩层的地基系数 K_V 值　　表 5-4-3

序号	饱和极限抗压强度 R(kPa)	K_V(kN/m^2)	序号	饱和极限抗压强度 R(kPa)	K_V(kN/m^2)
1	10000	100000～200000	6	50000	800000
2	15000	250000	7	60000	1200000
3	20000	300000	8	70000	1500000～2500000
4	30000	400000	9	80000	2500000～2800000
5	40000	600000			

注：1.在 R=10～20MPa 的半岩质岩层或位于构造破碎影响带的岩质岩层，根据实际情况可采用 $K_H=A+m_H \cdot y$；

2.一般侧向地基系数 K_H 为竖向地基系数 K_V 的 0.6～0.8 倍，当岩层为块状整体时 $K_H=K_V$。

围岩分类及物理力学指标　　表 5-4-4

围岩类别	主要工程地质条件		容重(kN/m^3)	弹性抗力系数(kN/m^3)
	主要工程地质特征	结构特征和完整状态		
Ⅵ	硬质岩(饱和极限抗压强度 R>60000kPa)，受地质构造影响轻微，节理不发育，无软弱面(或夹层)；层状岩层为厚层，层间结合良好	被切割成巨块状整体结构	26～28	280000～1800000
Ⅴ	硬质岩(饱和极限抗压强度 R=30000～60000kPa)，受地质构造影响较少，节理发育，有少量软弱面(或夹层)和贯通微张节理，但其产状及组合关系不致产生滑动；层状岩层为中、厚层，层间结合一般，很少有分离现象；或为硬质岩偶夹软质岩	被切割成大块状砌体结构	25～27	180000～1200000
	软质岩(R=30000kPa)，受地质构造影响轻微，节理不发育，层状岩层为厚层，层间结合良好	被切割成巨块状整体结构		
Ⅳ	硬质岩(R=30000～60000kPa)，受地质构造影响严重，节理发育，有层状软弱面或夹层，但其产状及组合关系不致产生滑动；层状岩层为薄、中层，层间结合较差，多有分离现象；或为软坚岩石相互层	被切割成块(石)、碎(石)状镶嵌结构	23～25	1200000～5000000
	硬质岩(R=5000～30000kPa)，受地质构造影响较重，节理较发育，层状岩层为薄、中层或厚层，层间结合一般	被切割成大块状砌体结构		
Ⅲ	硬质岩(R=30000～60000kPa)，受地质构造影响很严重，节理发育，层状软弱或夹层基本破坏	被切割成碎石状压碎结构	19～22(老黄土为 17～18)	200000～500000(不包括黄土)
	软质岩(R=5000～30000kPa)，受地质构造影响严重，节理发育	被切割成块(石)、碎(石)状镶嵌结构		
	土类：①略具压密或成岩作用的黏性土及砂类土；②老黄土；③一般泥质胶结的碎、卵石土；④大块石土	①呈大块状压密结构；②呈巨块整体结构；③呈堆石状松散结构		

续上表

围岩类别	主要工程地质条件		容重（kN/m³）	弹性抗力系数（kN/m³）
	主要工程地质特征	结构特征和完整状态		
Ⅱ	石质围岩位于挤压强烈的断裂带内，裂隙杂乱，呈现石中夹杂土或土中夹杂石状	围岩呈角砾碎石状松散结构	17～20（新黄土为15）	100000～200000（不包括黄土）
	一般第四系可塑的黏性土及稍潮湿至潮湿的碎石土、卵石土、砾石土及新黄土	黏性土呈松软结构，非黏性土呈松散结构		
Ⅰ	石质围岩位于挤压强烈的断裂带内，呈角砾、砂、泥松散体	围岩呈泥沙角砾状松软结构	15～16	<100000
	软塑状黏性土及潮湿的粉细砂等	黏性土呈蠕动的松软结构，砂性土呈潮湿松散结构		

抗滑桩地基系数及地层物理力学指标 表5-4-5

地层种类	内摩擦角 φ（°）	弹性模量 E_0（kPa）	泊松比 μ	地基系数 K（kPa/m）	剪切应力（kPa）
细粒花岗岩正长岩	80以上	5430～6900	0.25～0.30	2000000～2500000	1500以上
辉绿岩、玢岩		6700～7870	0.28	2500000	
中粒花岗岩					
粗粒正长岩	80以上	5400～6500	0.25	1800000～2000000	1500以上
坚硬白云岩		6500～7000	0.25		
坚硬石灰岩		4400～10000			
坚硬砂岩、大理岩	80	4660～5430	0.25～0.30	1200000～2000000	1500
粗粒花岗岩、花岗片麻岩		5430～6000			
较坚硬石灰岩		4400～9000			
较坚硬砂岩	75～80	4450～5000	0.25～0.30	800000～1200000	1200～1400
不坚硬花岗岩		5430～6000			
坚硬页岩		2000～5500	0.15～0.30		
较坚硬砂岩	70～75	4400～8000	0.25～0.30	4000～80000	700～1200
砂岩		4600～5000	0.25～0.30		
坚硬泥灰岩	70	800～1200	0.29～0.38	30000～40000	500～700
较坚硬页岩		1900～3600	0.25～0.30		
不坚硬石灰岩		4400～6000	0.25～0.30		
不坚硬砂岩		1000～2700	0.25～0.30		
较坚硬泥灰岩		700～900	0.29～0.38		
普通页岩	65	1900～3000	0.15～0.20	2000～30000	300～500

续上表

地层种类	内摩擦角 φ (°)	弹性模量 E_0 (kPa)	泊松比 μ	地基系数 K (kPa/m)	剪切应力 (kPa)
软石灰岩		4400~5000	0.25		
不坚硬泥灰岩	45	30~500	0.29~0.38	600~120000	150~300
硬化黏土		10~300	0.30~0.37		
软片岩		500~700	0.15~0.18		
硬煤		50~300	0.30~0.40		
密实黏土	30~45	10~300	0.30~0.37	3000~60000	100~150
普通煤		50~300	0.30~0.37		
胶结卵石		50~100	0.30~0.40		
掺加石粒土		50~100	0.30~0.40		

5.4.4.4　刚性桩与弹性桩的区分

桩的位置发生了偏离,但桩轴线仍保持原有线型,变形是由于桩周岩土的变形所致这种桩称为刚性桩。桩的位置和桩轴线同时发生改变,即桩轴线和桩周岩土同时发生变形这种桩称为弹性桩。刚性桩与弹性桩的判断临界值标准如下:

(1)按 K 法计算,$\beta h_2 \leqslant 1.0$ 时,抗滑桩属于刚性桩;$\beta h_2 > 1.0$ 时,抗滑桩属于弹性桩。h_2 为桩的埋置深度,β 为抗滑桩的变形系数。

$$\beta = \left(\frac{K_H B_P}{4EI}\right)^{\frac{1}{4}} \tag{5-4-9}$$

式中:K_H——桩的侧向地基系数,不随深度而变(kN/m^3);

B_P——桩的正面计算宽度(m);

E——桩的弹性模量(kPa);

I——桩的截面惯性矩(m^4)。

(2)按 m 法计算,$ah_2 \leqslant 2.5$ 时,抗滑桩属于刚性桩;$ah_2 \geqslant 2.5$ 时,抗滑桩属于弹性桩。a 为抗滑桩的变形系数。

$$a = \left(\frac{m_H B_P}{EI}\right)^{\frac{1}{5}} \tag{5-4-10}$$

式中:m_H——水平方向地基系数随深度而变化的比例系数(kN/m^3)。

5.4.4.5　刚性桩的内力计算

目前常用的计算方法是:把滑面以上抗滑桩受荷载段上所有的力均当作外力,桩前的滑体抗力按其大小从外荷载中减去,对滑面以下的桩段取脱离体,滑面以上的外荷载对滑面处桩截面产生弯矩和剪力。滑面以下桩周土的侧向应力和土的抗力,可由脱离体的平衡而求得,进而计算刚性桩的内力。

(1)锚固段地层为单一土层的内力计算

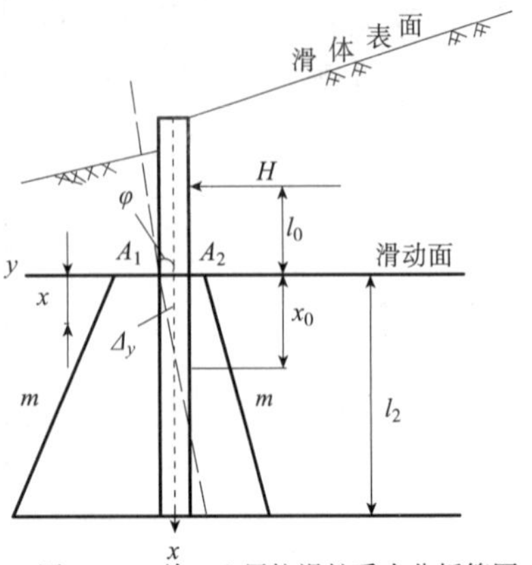

图 5-4-7　单一土层抗滑桩受力分析简图

若滑动面以下岩土层均匀一致,可假定 m 值相同,桩底按照自由端来考虑。滑动面处的弹性抗力系数分别为 A_1、A_2,H 为滑坡推力与剩余抗滑力之差,x 为下部桩体段转动轴心距滑动面的距离,l_0 为滑坡推力至滑面的距离,l_2 为滑动面以下的锚固深度,x_0 为滑动面至桩体拐点的距离。单一土层抗滑桩受力分析如图 5-4-7 所示。

当 $0 \leqslant x \leqslant x_0$ 时,则有

桩身变位:$y=(x-x_0)\varphi$

桩侧应力:$\delta_x=(A_1+m_x)(x-x_0)\varphi$

桩身剪力:$Q_x=H-\frac{1}{2}B_P A_1\varphi x(2x_0-x)-\frac{1}{6}B_P m\varphi x^3(3x_0-2x)$

桩身弯矩:　$M_x=H(h_0-x)-\frac{1}{6}B_P A_1\varphi x^2(3x_0-x)-\frac{1}{12}B_P m\varphi x^3(2x_0-2x)$

当 $x_0 \leqslant x \leqslant l_2$ 时,则有

桩身变位:　$y=(x_0-x)\varphi$

桩侧应力:　$\delta_x=(A_2+m_x)(x_0-x)\varphi$

桩身剪力:　$Q_x=H-\frac{1}{6}B_P A_1 m\varphi x^2(3x_0-2x)-\frac{1}{2}B_P A_1\varphi x_0^2+\frac{1}{2}B_P A_2\varphi\ (x-x_0)^2$

桩身弯矩:

$$M_x=H(h_0+x)-\frac{1}{6}B_P A_1 m\varphi x_0^2(3x-x_0)+\frac{1}{6}B_P A_2\varphi\ (x-x_0)^3+\frac{1}{12}B_P m\varphi x^3(x-2x_0)$$

根据静力平衡条件:$\sum H=0$ 和 $\sum M=0$,可解得

$(A_1-A_2)x_0^3+3l_0(A_1-A_2)x_0^2+[l_2^2 m(3l_0+2l_2)+3l_2A_2(2l_0+l_2)]x_0-0.5l_2^2 m(4l_0+3l_2)-l_2^2A_2(3l_0+2l_2)=0$

令 $A=A_1-A_2$,$B=3l_0(A_1-A_2)$,$C=l_2^2 m(3l_0+2l_2)+3l_2A_2(2l_0+l_2)$,$D=0.5l_2^2 m(4l_0+3l_2)+l_2^2A_2(3l_0+2l_2)$,则 $Ax_0^3+Bx_0^2+Cx_0-D=0$,用试算法解出 x_0 带入式(5-4-11)可求得旋转角 φ

$$\varphi=\frac{6H}{B_P[3(A_1-A_2)x_0^2+3l_2x_0(2A_2+ml_2)-l_2^2(3A_2+2ml_2)]} \tag{5-4-11}$$

(2)地基土为两种地层的情况

抗滑桩锚固段地层桩身置于两种不同的土层时,地基反力系数可采用按层厚以等面积加权平均的方法计算,桩底按照自由端来进行考虑,在桩体发生变位时,旋转中心将随着地质条件的变化而变化,计算内力和变位时,仍可采用单一土层时求静力平衡方程 $\sum H=0$ 和 $\sum M=0$ 的条件进行求解。

5.4.4.6　弹性桩的计算

抗滑桩滑面以上部分所受荷载,可以将其对滑面以下桩段进行简化,简化后桩的计算图式如图 5-4-8 所示。根据桩周土体的性质确定弹性抗力系数,建立挠曲微分方程式,通过数学

求解可得滑面以下桩段任一截面的变位和内力计算的一般表达式。最后根据桩底边界条件计算出滑面处的位移和转角,再计算桩身的任意一个深度处的变位和内力。

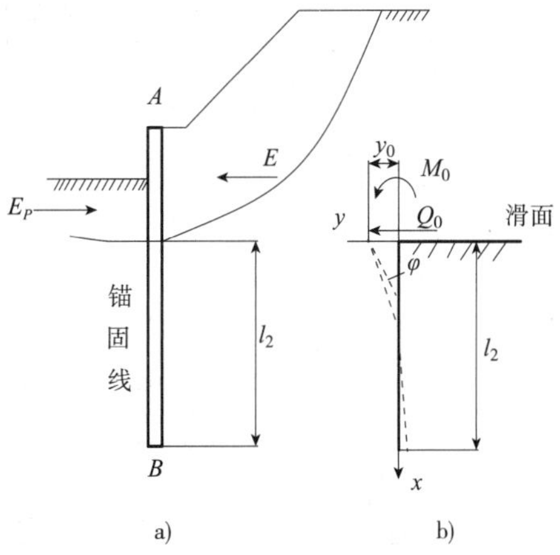

图 5-4-8　弹性桩计算图式

(1)m 法

桩顶受水平荷载的挠曲微分方程为

$$EI\frac{\mathrm{d}^4y}{\mathrm{d}x^4}+B_P m_h xy=0 \tag{5-4-12}$$

式中:EI——桩的抗弯刚度;

B_P——桩的计算宽度;

其余符号意义同前。

式(5-4-12)为四阶线性齐次微分方程,采用幂级数的解法,整理后有

$$\begin{aligned}
y_x&=y_0A_1+\frac{\varphi_0}{a}B_1+\frac{M_0}{a^2EI}C_1+\frac{Q_0}{a^3EI}D_1\\
\varphi_x&=a\left[y_0A_2+\frac{\varphi_0}{a}B_2+\frac{M_0}{a^2EI}C_2+\frac{Q_0}{a^3EI}D_2\right]\\
M_x&=a^2EI\left[y_0A_3+\frac{\varphi_0}{a}B_3+\frac{M_0}{a^2EI}C_3+\frac{Q_0}{a^3EI}D_3\right]\\
Q_x&=a^3EI\left[y_0A_4+\frac{\varphi_0}{a}B_4+\frac{M_0}{a^2EI}C_4+\frac{Q_0}{a^3EI}D_4\right]\\
\delta_x&=m_h xy
\end{aligned} \tag{5-4-13}$$

式中:y_x、φ_x、M_x、Q_x 分别为锚固段桩身任意截面的位移(m)、转角(rad)、弯矩(kNm)和剪力(kN);y_0、φ_0、M_0、Q_0 分别为滑面处桩的位移(m)、转角(rad)、弯矩(kNm)和剪力(kN);A_i、B_i、C_i、D_i 的值随桩的换算深度而变化,如表 5-4-6 所示;x 滑面处以下锚固段计算断面的深度(m);其余符号意义同前,α 按式(5-4-10)计算。

式(5-4-13)为 m 法计算桩的一般表达式。计算时必须先求得滑动面处的 y_0 和 φ_0,才能求出桩身任一截面处的位移、转角、弯矩和剪力及地基土对该截面的侧向应力。一般应根据柱底的边界条件来确定。

①当桩底为固定端时,有 $y_B=0,\varphi_B=0,M_B\neq0,Q_B\neq0$。将边界条件代入式(5-4-13)中的第 1、第 2 式,联立求解得:

$$\left.\begin{aligned}
y_0&=\frac{M_0}{a^2EI}\frac{B_1C_2-C_1B_2}{A_1B_2-B_1A_2}+\frac{Q_0}{a^3EI}\frac{B_1D_2-D_1B_2}{A_1B_2-B_1A_2}\\
\varphi_0&=\frac{M_0}{aEI}\frac{C_1A_2-A_1C_2}{A_1B_2-B_1A_2}+\frac{Q_0}{a^2EI}\frac{D_1A_2-A_1D_2}{A_1B_2-B_1A_2}
\end{aligned}\right\} \tag{5-4-14}$$

②当桩底为铰接端时,$y_B=0,M_B=0;\varphi_B\neq0,Q_B\neq0$。将边界条件代入式(5-4-13)中的第 1、第 3 式,联立求解得:

弹性桩 m 法初参数解的计算系数 表 5-4-6

换算深度 $I=ax$	A_1	B_1	C_1	D_1	A_2	B_2	C_2	D_2
0. 0	1. 00000	0. 00000	0. 00000	0. 00000	0. 00000	1. 00000	0. 00000	0. 00000
0. 1	1. 00000	0. 10000	0. 00500	0. 00017	−0. 00000	1. 00000	0. 10000	0. 00500
0. 2	1. 00000	0. 20000	0. 20200	0. 00233	−0. 00007	1. 00000	0. 20000	0. 02000
0. 3	0. 99998	0. 30000	0. 04500	0. 00450	−0. 00034	0. 99996	0. 30000	0. 04500
0. 4	0. 99991	0. 39999	0. 08000	0. 01067	−0. 00107	0. 99983	0. 39998	0. 08000
0. 5	0. 99974	0. 49996	0. 12500	0. 02083	−0. 00260	0. 99948	0. 49994	0. 12499
0. 6	0. 99935	0. 59987	0. 17998	0. 03600	−0. 00540	0. 99870	0. 59981	0. 17998
0. 7	0. 99860	0. 79967	0. 24495	0. 05716	−0. 01000	0. 99720	0. 69951	0. 24494
0. 8	0. 99727	0. 79927	0. 31988	0. 08532	−0. 01707	0. 99454	0. 79891	0. 31983
0. 9	0. 99508	0. 89852	0. 40472	0. 12146	−0. 02733	0. 99016	0. 89779	0. 40462
1. 0	0. 99167	0. 99722	0. 49941	0. 16657	−0. 04167	0. 98333	0. 99583	0. 49921
1. 1	0. 98658	1. 09508	0. 60384	0. 22163	−0. 06096	0. 97317	1. 09262	0. 60346
1. 2	0. 97927	1. 19171	0. 71787	0. 28758	−0. 08632	0. 95855	1. 18756	0. 71716
1. 3	0. 96908	1. 28660	0. 84127	0. 36536	−0. 11883	0. 93817	1. 27990	0. 84002
1. 4	0. 95523	1. 37910	0. 97373	0. 45588	−0. 15973	0. 91047	1. 36865	0. 97163
1. 5	0. 93681	1. 46839	1. 11484	0. 55997	−0. 21030	0. 87365	1. 45259	1. 11145
1. 6	0. 91280	1. 55346	1. 26403	0. 67842	−0. 27194	0. 82656	1. 53020	1. 25872
1. 7	0. 88201	1. 63307	1. 42061	0. 81193	−0. 34604	0. 76413	1. 59963	1. 41247
1. 8	0. 84313	1. 70575	1. 58362	0. 96109	−0. 43412	0. 68645	1. 65867	1. 57150
1. 9	0. 79467	1. 76972	1. 75190	1. 12637	−0. 53768	0. 58967	1. 70468	1. 73422
2. 0	0. 73502	1. 82294	1. 92402	1. 30801	−0. 65822	0. 47061	1. 73457	1. 89872
2. 2	0. 57491	1. 88709	2. 27217	1. 72042	−0. 95616	0. 15127	1. 73110	2. 22299
2. 4	0. 34691	1. 87450	2. 60882	2. 19535	−1. 33889	−0. 30273	1. 61286	2. 51874
2. 6	0. 03315	1. 75473	2. 90670	2. 72365	−1. 81479	−0. 92502	1. 33485	2. 74972
2. 8	−0. 38548	1. 49037	3. 12843	3. 28769	−2. 38756	−1. 75483	0. 84177	2. 86653
3. 0	−0. 92809	1. 03679	3. 22471	3. 85838	−3. 05319	−2. 82410	0. 06837	2. 80406
3. 5	−2. 92799	−1. 27172	2. 46304	4. 97982	−4. 98062	−6. 70806	−3. 58647	1. 27018
4. 0	−5. 85333	−5. 94097	−0. 92677	4. 54780	−6. 53316	−12. 1581	−10. 60840	−3. 76647

续上表

换算深度 $I=ax$	A_3	B_3	C_3	D_3	A_4	B_4	C_4	D_4
0.0	0.00000	0.00000	1.00000	0.00000	0.00000	0.00000	0.00000	1.00000
0.1	−0.00017	−0.00001	1.00000	0.10000	−0.00500	−0.00033	−0.00011	1.00000
0.2	−0.00133	−0.00013	0.99999	0.20000	−0.02000	−0.00267	−0.00020	0.99999
0.3	−0.00450	−0.00067	0.99994	0.30000	−0.04500	−0.00900	−0.00101	0.99992
0.4	−0.01067	−0.00213	0.99974	0.39998	−0.08000	−0.02133	−0.00320	0.99966
0.5	−0.02083	−0.00521	0.99922	0.49991	−0.12499	−0.04167	−0.00781	0.99896
0.6	−0.03600	−0.01080	0.99806	0.59974	−0.17997	−0.07199	−0.01620	0.99741
0.7	−0.05716	−0.02001	0.99580	0.69935	−0.24490	−0.11433	−0.03001	0.99440
0.8	−0.08532	−0.03412	0.99181	0.79854	−0.31975	−0.17060	−0.05120	0.98908
0.9	−1.12144	−0.05466	0.98524	0.89705	−0.40443	−0.24284	−0.08198	0.98032
1.0	−0.16652	−0.08329	0.97501	0.99445	−0.49881	−0.33298	−0.12493	0.96667
1.1	−0.22152	−0.12192	0.95975	1.09016	−0.60268	−0.44292	−0.18285	0.94634
1.2	−0.28737	−0.17260	0.93783	1.18342	−0.71573	−0.57450	−0.25886	0.91712
1.3	−0.36496	−0.23760	0.90727	1.27320	−0.83753	−0.72950	−0.35631	0.87638
1.4	−0.45515	−0.31933	0.86573	1.35821	−0.96746	−0.90954	−0.47883	0.82102
1.5	−0.55870	−0.42039	0.81054	1.43680	−1.10468	−1.11609	−0.63027	0.74745
1.6	−0.67629	−0.54348	0.73859	1.50695	−1.24808	−1.35042	−0.81466	0.65156
1.7	−0.80848	−0.69144	0.64637	1.56621	−1.39623	−1.61346	−1.03616	0.52871
1.8	−0.95564	−0.86715	0.52997	1.61162	−1.54726	−1.96620	−1.29909	0.37368
1.9	−0.11796	−1.07357	0.38503	1.63969	−1.69889	−2.22745	−1.60770	0.18071
2.0	−1.29535	−1.31361	0.20676	1.64628	−1.84818	−2.57798	−1.96620	−0.05652
2.2	−1.69334	−1.90567	−0.27087	1.57538	−2.12481	−3.35952	−2.84858	−0.69158
2.4	−2.14117	−2.66329	−0.94885	1.35201	−2.33901	−4.22811	−3.97323	−1.59151
2.6	−2.62126	−3.59987	−1.87734	0.91679	−2.43965	−5.14023	−5.35541	−2.82106
2.8	−3.10341	−4.71748	−3.10791	0.19729	−2.34558	−6.02299	−6.99007	−4.44491
3.0	−3.54058	−5.99979	−4.68788	−0.89126	−1.96928	−6.76460	−8.84029	−6.51972
3.5	−3.91921	−9.54367	−10.3404	−5.85402	1.07408	−6.78895	−13.69240	−13.82610
4.0	−1.61428	−11.7307	−17.9186	−15.07550	9.24368	−0.35762	−15.61050	−23.14040

$$\left.\begin{aligned} y_0&=\frac{M_0}{a^2EI}\frac{C_1B_3-B_1C_3}{B_1A_3-A_1B_3}+\frac{Q_0}{a^3EI}\frac{D_1B_3-B_1D_3}{B_1A_3-A_1B_3}\\ \varphi_0&=\frac{M_0}{aEI}\frac{A_1C_3-C_1A_3}{B_1A_3-A_1B_3}+\frac{Q_0}{a^2EI}\frac{A_1D_3-D_1A_3}{B_1A_3-A_1B_3}\end{aligned}\right\} \tag{5-4-15}$$

③当桩底为自由端时,$M_B=0$,$Q_B=0$;$\varphi_B\neq0$,$Q_B\neq0$。将边界条件代入式(5-4-13)中的第3、第4式,联立求解得:

$$\left.\begin{aligned} y_0&=\frac{M_0}{a^2EI}\frac{B_3C_4-C_3B_4}{A_3B_4-B_3A_4}+\frac{Q_0}{a^3EI}\frac{B_3D_4-B_4D_3}{A_3B_4-B_3A_4}\\ \varphi_0&=\frac{M_0}{aEI}\frac{C_3A_4-A_3C_4}{A_3B_4-B_3A_4}+\frac{Q_0}{a^2EI}\frac{D_3A_4-A_3D_4}{A_3B_4-B_3A_4}\end{aligned}\right\} \tag{5-4-16}$$

将上述各种边界条件下的 y_0、φ_0 代入式(5-4-13)即可求得滑动面以下桩身任一截面的位移、转角、弯矩和剪力。

(2)K 法

依假定,桩锚固段的挠曲微分方程为:

$$EI\frac{d^4y}{dx^4}+K_hB_py=0 \tag{5-4-17}$$

由式(5-4-9)的定义,有 $K_hB_p=4EI\beta^4$。式(5-4-17)可写为:

$$\frac{d^4y}{dx^4}+4\beta^4y=0 \tag{5-4-18}$$

求解上述常系数齐次微分方程,整理代换后有:

$$\left.\begin{aligned} y_x&=y_0\eta_1+\frac{\varphi_0}{\beta}\eta_2+\frac{M_0}{\beta^2EI}\eta_3+\frac{Q_0}{\beta^3EI}\eta_4\\ \varphi_x&=\beta\left[-4y_0\eta_4+\frac{\varphi_0}{\beta}\eta_1+\frac{M_0}{\beta^2EI}\eta_2+\frac{Q_0}{\beta^3EI}\eta^3\right]\\ M_x&=\beta^2EI\left[-4y_0\eta_3-\frac{4\varphi_0}{\beta}\eta_4+\frac{M_0}{\beta^2EI}\eta+\frac{Q_0}{\beta^3EI}\eta_2\right]\\ Q_x&=\beta^3EI\left[-4y_0\eta_2-\frac{4\varphi_0}{\beta}\eta_3-\frac{M_0}{\beta^2EI}\eta_4+\frac{Q_0}{\beta^3EI}\eta_1\right]\\ \sigma_x&=K_Hy_x\end{aligned}\right\} \tag{5-4-19}$$

式中,η_1、η_2、η_3、η_4 为 K 法的影响函数,表达式如下:

$$\left.\begin{aligned} \eta_1&=\cos\beta x ch\beta x\\ \eta_2&=\frac{1}{2}(\sin\beta x ch\beta x+\cos\beta x sh\beta x)\\ \eta_3&=\frac{1}{2}\sin\beta x sh\beta x\\ \eta_4&=\frac{1}{4}(\sin\beta x ch\beta x-\cos\beta x sh\beta x)\end{aligned}\right\} \tag{5-4-20}$$

式(5-4-19)为 K 法计算桩的一般表达式。计算时必须先求得滑动面处的 y_0 和 φ_0,才能求出桩身任一截面处变位和内力以及地基土在该截面处的侧向应力。一般应根据柱底的边界条件来确定。

①当桩底为固定端时，有 $y_B=0,\varphi_B=0$。将边界条件代入式（5-4-19）中的第 1、第 2 式，联立求解得：

$$\left.\begin{aligned} y_0&=\frac{M_0}{\beta^2EI}\frac{\eta_2^2-\eta_1\eta_3}{4\eta_2\eta_4+\eta_1^2}+\frac{Q_0}{\beta^3EI}\frac{\eta_2\eta_3-\eta_1\eta_4}{4\eta_2\eta_4+\eta_1^2}\\ \varphi_0&=\frac{-M_0}{\beta EI}\frac{\eta_1\eta_2+4\eta_3\eta_4}{4\eta_1\eta_4+\eta_1^2}-\frac{Q_0}{\beta^2EI}\frac{\eta_1\eta_3+4\eta_4^2}{4\eta_2\eta_4+\eta_1^2}\end{aligned}\right\}\tag{5-4-21}$$

②当桩底为铰接端时，$y_B=0,M_B=0$。将边界条件代入式（5-4-19）中的第 1、第 3 式，联立求解得：

$$\left.\begin{aligned} y_0&=\frac{M_0}{\beta^2EI}\frac{4\eta_3\eta_4+\eta_1\eta_2}{4\eta_2\eta_3-\eta_1\eta_4}+\frac{Q_0}{\beta^3EI}\frac{4\eta_4^2+\eta_2^2}{4\eta_2\eta_3-\eta_1\eta_4}\\ \varphi_0&=\frac{-M_0}{\beta EI}\frac{\eta_1^2+4\eta_3^2}{4\eta_2\eta_3-\eta_1\eta_4}-\frac{Q_0}{\beta^2EI}\frac{4\eta_3\eta_4+\eta_1\eta_2}{4\eta_2\eta_3-\eta_1\eta_4}\end{aligned}\right\}\tag{5-4-22}$$

③当桩底为自由端时，$M_B=0,Q_B=0$。将边界条件代入式（5-4-19）中的第 3、第 4 式，联立求解得：

$$\left.\begin{aligned} y_0&=\frac{M_0}{\beta^2EI}\frac{4\eta_4+\eta_1\eta_3}{4\eta_3^2-4\eta_2\eta_4}+\frac{Q_0}{\beta^2EI}\frac{\eta_2\eta_3-\eta_1\eta_4}{4\eta_3^2-4\eta_2\eta_4}\\ \varphi_0&=\frac{-M_0}{\beta EI}\frac{4\eta_3\eta_4+\eta_1\eta_2}{4\gamma\eta_3^2-4\eta_2\eta_4}-\frac{Q_0}{\beta^2EI}\frac{\eta_2^2-\eta_1\eta_3}{4\eta_3^2-4\eta_2\eta_4}\end{aligned}\right\}\tag{5-4-23}$$

将上述各种边界条件下的 y_0、φ_0 代入式（5-4-19）即可求得滑动面以下桩身任一截面的变位和内力。

（3）滑动面处地基反力不为零时的处理方法

对滑坡工程而言，由于滑面以上有滑体存在，抗滑桩桩前土体和桩后土体的高度是不一致的，对于滑面来说，相当于在桩后土体（弹性体）的表面有附加荷载的作用。若用 K 法，这一附加荷载不影响地基土的弹性性质。若采用 m 法，即地基系数随深度而呈直线增加，在滑面处的地基系数不为零，而是某一数值 A，则滑面以下某一深度 x 处岩土抗力的表达式为 $p_x=A+mx$，即滑面以下的地基系数分布呈梯形变化。为了利用 m 法推出的公式和影响系数计算此类问题，可进行如下处理：

①将地基系数的变化图形向上延伸至虚点 A，延伸的高度 $l_1=\dfrac{A}{m}$，如图 5-4-9 所示。

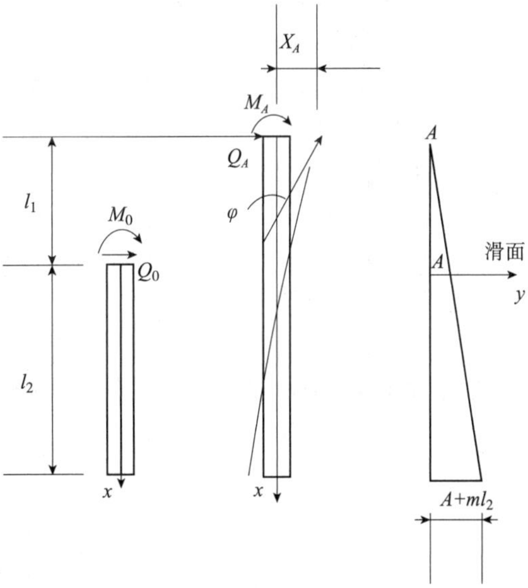

图 5-4-9　滑动面处桩力不为零时的处理方法

②自虚点 A 向下计算桩的内力和变位，仍可使用表 5-4-6，但此时应重新确定 A 点的初参数 M_A、Q_A、y_A、φ_A。

③A 点处的初参数可由滑面处条件和桩底处的边界条件确定，即在 M_A 和 Q_A 作用下，必须满足下列条件：

当 $x=0$ 时（在滑面处）

$$M=M_0, Q=Q_0$$

当 $x=l_2$ 时（桩底处）

$$M_B=0, Q_B=0\text{（桩底为自由端）；}$$

$$\text{或 } y_B=0, \varphi_B=0\text{（桩底为固定端）；}$$

桩底为自由端时可建立下列方程

$$\left.\begin{aligned}
a^2EI\left(y_AA_3^0+\frac{\varphi_A}{a}B_4^0+\frac{M_A}{a^2EI}C_3^0+\frac{Q_A}{a^3EI}D_3^0\right)&=M_0\\
a^3EI\left(y_AA_4^0+\frac{\varphi_A}{a}B_3^0+\frac{M_4}{a^2EI}C_4^0+\frac{Q_A}{a^3EI}D_4^0\right)&=Q_0\\
y_AA_3^B+\frac{\varphi_A}{a}B_3^B+\frac{M_A}{a^2EI}+\frac{Q_A}{a^3EI}D_3^B&=Q_0\\
y_AA_4^B+\frac{\varphi_A}{a}B_4^B+\frac{M_A}{a^2EI}C_4^B+\frac{Q_A}{a^3EI}D_4^B&=0
\end{aligned}\right\}\tag{5-4-24}$$

桩底为固定端时可将式（5-4-24）中第 3、4 式改成下列方程即可，

$$\left.\begin{aligned}
y_AA_1^B+\frac{\varphi_A}{a}B_1^B+\frac{M_A}{a^2EI}C_1^B+\frac{Q_A}{a^3EI}D_1^B&=0\\
y_AA_2^B+\frac{\varphi_A}{a}B_2^B+\frac{M_A}{a^2EI}C_C^B+\frac{Q_A}{a^3EI}D_2^B&=0
\end{aligned}\right\}\tag{5-4-25}$$

上列各式中：$A_i^0, B_i^0, C_i^0, D_i^0(i=3,4)$ 在滑面处的影响系数值；$A_i^B, B_i^B, C_i^B, D_i^B(i=1,2,3,4)$ 在桩底处的影响系数。

桩底为自由端时，联解式（5-4-24）；桩底为固定端时，联解式（5-4-24）中第 1 式、第 2 式和式（5-4-25）组成的方程组，求得 M_A、Q_A、y_A、φ_A 值，代入式（5-4-19）中直接使用表 5-4-6 中的影响系数值，就可方便地计算滑面以下桩身任一深度处的内力和变位。

④滑面处（桩顶，$x=0$）桩为铰接或箍固时的处理方法

当抗滑桩采用排架桩时，桩顶处由于系梁或受各排架的作用而简化为铰接或箍固，此时用 m 法计算时需要做一些变换处理。

式（5-4-19）为 m 法计算抗滑桩在任意深度 x 处桩变位和内力的表达式，也可写成如下表达式（将式（5-4-20）~式（5-4-22）代入式（5-4-19）整理代换后即可得）：

$$\left.\begin{aligned}
y_x&=\frac{Q_0}{a^2EI}A_Y+\frac{M_0}{a^2EI}D_Y\\
\varphi_x&=\frac{Q_0}{a^2EI}A_\varphi+\frac{M_0}{aEI}B_\varphi\\
M_x&=\frac{Q_0}{a}A_M+M_0B_M\\
Q_x&=Q_0A_Q+aM_0B_Q
\end{aligned}\right\}\tag{5-4-26}$$

式中，A_Y，B_Y，A_φ，B_φ，A_M，B_M，A_Q，B_Q 分别为计算位移、转角、弯矩和剪力的无量纲系数。桩顶铰接时 A 值见表 5-4-7～表 5-4-10，B 值见表 5-4-11～表 5-4-14。

无量纲系数 A_y 值　　表 5-4-7

$l=\alpha x$ / $\bar{l}=\alpha l_2$	4.0	3.5	3.0	2.8	2.6	2.4
0.0	2.44066	2.50174	2.72658	2.90524	3.16260	3.52562
0.1	2.27833	2.33783	2.55100	2.71847	2.95795	3.29313
0.2	2.1779	2.17492	2.37640	2.53289	2.75429	3.06199
0.3	1.95881	2.01396	2.20376	2.34866	2.55258	2.83201
0.4	1.80273	1.85590	2.03400	2.16791	2.35373	2.60528
0.5	1.65042	1.70161	1.86800	1.99069	2.15850	2.38223
0.6	1.50269	1.55187	1.70651	1.81796	1.96790	2.16355
0.7	1.36024	1.40741	1.55022	1.65037	1.78228	1.94985
0.8	1.22370	1.26882	1.39970	1.48847	1.60223	1.74157
0.9	1.09361	1.13664	1.25543	1.33271	1.42816	1.53906
1.0	0.97041	1.01127	1.11777	1.18841	1.26053	1.34249
1.1	0.85441	0.89503	0.98696	1.04974	1.09336	1.15100
1.2	0.74588	0.78215	0.86315	0.90481	0.94377	0.95724
1.3	0.64458	0.67875	0.74637	0.77560	0.79497	0.78831
1.4	0.55175	0.58285	0.63655	0.65296	0.65223	0.61477
1.5	0.46614	0.49435	0.53349	0.53662	0.51518	0.44616
1.6	0.38810	0.41315	0.43696	0.42629	0.38346	0.28202
1.7	0.31741	0.33901	0.34660	0.32152	0.25654	0.12174
1.8	0.25386	0.27166	0.26201	0.22186	0.13387	−0.03529
1.9	0.19717	0.21074	0.18273	0.12676	0.01487	−0.18971
2.0	0.14606	0.15583	0.10819	0.03362	−0.10114	−0.34221
2.2	0.06461	0.06243	−0.02870	−0.13706	−0.32649	−0.64355
2.4	0.00348	−0.01233	−0.15330	−0.30093	−0.54685	−0.94316
2.6	−0.03985	−0.07251	−0.26399	−0.46038	−0.76553	
2.8	−0.06902	−0.12202	−0.38275	−0.61832		
3.0	−0.08741	−0.16453	−0.49434			
3.5	−0.10495	−0.25866				
4.0	−0.10788					

无量纲系数 A_φ 值 表 5-4-8

$l=\alpha x$ $\bar{l}=\alpha l_2$	4.0	3.5	3.0	2.8	2.6	2.4
0.0	-1.62100	-1.64076	-1.75755	-1.86940	-2.08419	-2.32680
0.1	-1.61600	-1.63576	-1.75255	-1.86440	-2.04313	-2.32180
0.2	-1.60117	-1.62034	-1.73774	-1.84000	-2.02841	-2.90705
0.3	-1.57676	-1.59654	-1.71341	-1.82531	-2.00418	-2.28290
0.4	-1.54334	-1.56616	-1.68017	-1.79219	-1.97122	-2.25013
0.5	-1.50161	-1.52142	-1.63874	-1.75099	-1.93036	-2.20977
0.6	-1.45206	-1.47216	-1.59991	-1.70288	-1.88263	-2.16283
0.7	-1.39593	-1.41624	-1.53435	-1.64828	-1.82914	-2.11060
0.8	-1.33398	-1.35468	-1.47467	-1.58896	-1.77116	-2.05445
0.9	-1.23713	-1.28637	-1.41045	-1.52579	-1.70935	-1.93594
1.0	-1.18647	-1.21845	-1.34266	-1.46009	-1.64662	-1.93571
1.1	-1.12283	-1.14578	-1.27315	-1.39289	-1.58257	-1.87583
1.2	-1.04733	-1.071548	-1.20290	-1.32553	-1.51913	-1.81753
1.3	-0.97078	-0.99657	-1.13286	-1.25902	-1.45734	-1.76186
1.4	-0.89409	-0.92183	-1.06408	-1.19446	-1.39835	-1.71000
1.5	-0.81801	-0.84811	-0.99743	-1.13272	-1.34306	-1.66280
1.6	-0.74337	-0.77630	-0.93887	-1.07480	-1.29241	-1.62116
1.7	-0.67075	-0.70699	-0.87403	-1.02132	-1.24700	-1.58551
1.8	-0.60077	-0.64805	-0.81863	-0.97297	-1.20743	-1.55627
1.9	-0.53393	-0.57842	-0.76818	-0.93020	-1.17400	-1.53348
2.0	-0.47063	-0.52013	-0.72309	-0.89333	-1.14686	-1.51693
2.2	-0.35588	-0.41727	-0.64992	-0.33767	-1.11099	-1.50004
2.4	-0.25831	-0.33411	-0.59979	-0.80513	-1.09559	-1.49729
2.6	-0.17849	-0.27104	-0.57092	-0.79158	-1.09307	
2.8	-0.11611	-0.22727	-0.55914	-0.78943		
3.0	-0.06987	-0.20056	-0.55721			
3.5	-0.01206	-0.18372				
4.0	-0.00341					

无量纲系数 A_M 值 表 5-4-9

$l=\alpha x$ $\bar{l}=\alpha l_2$	4.0	3.5	3.0	2.8	2.6	2.4
0.0	0	0	0	0	0	0

续上表

$l=\alpha x$ $\bar{l}=\alpha l_2$	4.0	3.5	3.0	2.8	2.6	2.4
0.1	0.09960	0.09959	0.09955	0.09953	0.09948	0.09942
0.2	0.19696	0.19689	0.19660	0.19638	0.19606	0.19561
0.3	0.29010	0.28984	0.28891	0.28818	0.28714	0.28569
0.4	0.37739	0.37678	0.37463	0.37296	0.37060	0.36732
0.5	0.45752	0.45635	0.45227	0.44913	0.44471	0.43859
0.6	0.52938	0.52740	0.52057	0.51534	0.50801	0.49795
0.7	0.59228	0.58918	0.57868	0.57069	0.55956	0.54439
0.8	0.64561	0.64107	0.62588	0.61445	0.59859	0.57713
0.9	0.68926	0.68292	0.66200	0.64642	0.62494	0.59608
1.0	0.72305	0.71452	0.68681	0.66637	0.63841	0.60116
1.1	0.74714	0.73602	0.70045	0.67451	0.63930	0.59285
1.2	0.76183	0.74769	0.70324	0.67120	0.62810	0.57187
1.3	0.76761	0.75001	0.69570	0.65707	0.60563	0.53934
1.4	0.76498	0.74349	0.67845	0.63285	0.57280	0.49654
1.5	0.75466	0.72884	0.65232	0.59952	0.53089	0.44520
1.6	0.73734	0.70677	0.61819	0.55814	0.48127	0.38718
1.7	0.71381	0.67809	0.57707	0.50996	0.42551	0.32466
1.8	0.68488	0.64364	0.53005	0.45631	0.36540	0.20008
1.9	0.65139	0.60432	0.47834	0.39868	0.30291	0.19617
2.0	0.61413	0.56097	0.42314	0.33864	0.24013	0.13588
2.2	0.53160	0.46583	0.30766	0.21828	0.12320	0.03942
2.4	0.44334	0.36518	0.19480	0.11015	0.03527	0.00000
2.6	0.35458	0.26560	0.09667	0.03100	0.00001	
2.8	0.26996	0.17362	0.02680	0.00000		
3.0	0.19305	0.09535	0.00000			
3.5	0.05081	0.00001				
4.0	0.00005					

无量纲系数 A_Q 值　　表 5-4-10

$l=\alpha x$ $\bar{l}=\alpha l_2$	4.0	3.5	3.0	2.8	2.6	2.4
0.0	1.00000	1.00000	1.00000	1.00000	1.00000	1.00000
0.1	0.98833	0.98803	0.98695	0.98609	0.98487	0.98314

续上表

$l=\alpha x$ $\bar{l}=\alpha l_2$	4.0	3.5	3.0	2.8	2.6	2.4
0.2	0.95551	0.95434	0.95033	0.94688	0.94221	0.93569
0.3	0.90468	0.90211	0.89304	0.88601	0.87604	0.86221
0.4	0.83898	0.83452	0.81902	0.80712	0.79034	0.76724
0.5	0.76145	0.75464	0.73140	0.71373	0.68902	0.65525
0.6	0.67486	0.66529	0.63323	0.60913	0.57569	0.53041
0.7	0.58201	0.56931	0.52760	0.49664	0.45405	0.39700
0.8	0.48522	0.46906	0.41710	0.37905	0.32726	0.25872
0.9	0.38689	0.36698	0.30441	0.25932	0.19865	0.01919
1.0	0.28901	0.26512	0.19185	0.13998	0.07114	−0.01717
1.1	0.19388	0.16532	0.08154	0.02340	−0.05251	−0.14789
1.2	0.10153	0.06917	−0.02466	−0.08828	−0.16976	−0.26953
1.3	0.01477	−0.02197	−0.12508	−0.19312	−0.27824	−0.37903
1.4	−0.06586	−0.10698	−0.21828	−0.28939	−0.37576	−0.47356
1.5	−0.13952	−0.18494	−0.30279	−0.37549	−0.46205	−0.55031
1.6	−0.20555	−0.25510	−0.37800	−0.44994	−0.52970	−0.60654
1.7	−0.26359	−0.31699	−0.44249	−0.51147	−0.58233	−0.63967
1.8	−0.31345	−0.37030	−0.49562	−0.55889	−0.61637	−0.64710
1.9	−0.35501	−0.41476	−0.53660	−0.59098	−0.62996	−0.62610
2.0	−0.38839	−0.45034	−0.56480	−0.60665	−0.62138	−0.57406
2.2	−0.43174	−0.49514	−0.58052	−0.58438	−0.53057	−0.36592
2.4	−0.44647	−0.50579	−0.53789	−0.48287	−0.332889	0.00000
2.6	−0.43651	−0.48379	−0.43139	−0.29184	0.00001	
2.8	−0.40641	−0.43066	−0.25462	0.00001		
3.0	−0.36065	−0.34726	0.00000			
3.5	−0.19975					
4.0	−0.00002					

无量纲系数 B_y 值 表 5-4-11

$l=\alpha x$ $\bar{l}=\alpha l_2$	4.0	3.5	3.0	2.8	2.6	2.4
0.0	1.62100	1.64076	1.75755	1.86940	2.04849	2.32680
0.1	1.45094	1.47003	1.58070	1.68555	1.85190	2.10911
0.2	1.29088	1.30930	1.41385	1.51169	1.66561	1.90142

续上表

$l=\alpha x$ $\bar{l}=\alpha l_2$	4. 0	3. 5	3. 0	2. 8	2. 6	2. 4
0. 3	1. 14079	1. 15854	1. 25697	1. 34780	1. 48928	1. 70368
0. 4	1. 00064	1. 01772	1. 11001	1. 19383	1. 32287	1. 51585
0. 5	0. 87036	0. 88676	0. 97292	1. 04791	1. 16629	1. 33783
0. 6	0. 74981	0. 76553	0. 84553	0. 91528	1. 01937	1. 16941
0. 7	0. 63885	0. 65390	0. 72770	0. 79037	0. 88191	1. 01039
0. 8	0. 53727	0. 55162	0. 61917	0. 67472	0. 75364	0. 86043
0. 9	0. 44481	0. 45846	0. 61967	0. 56802	0. 63421	0. 71915
1. 0	0. 36119	0. 37411	0. 42889	0. 46994	0. 52324	0. 58611
1. 1	0. 28606	0. 29822	0. 34641	0. 38004	0. 42027	0. 46077
1. 2	0. 21908	0. 23045	0. 27187	0. 29791	0. 32482	0. 34261
1. 3	0. 15985	0. 17038	0. 20481	0. 22306	0. 23635	0. 23098
1. 4	0. 10793	0. 11757	0. 14472	0. 15494	0. 15425	0. 12523
1. 5	0. 06288	0. 07155	0. 09108	0. 09299	0. 07790	0. 02464
1. 6	0. 02422	0. 03185	0. 04337	0. 03663	0. 00667	−0. 07148
1. 7	−0. 00847	−0. 00199	0. 00107	−0. 01470	−0. 06006	−0. 16383
1. 8	−0. 03572	−0. 03049	−0. 03643	−0. 06163	−0. 12298	−0. 25314
1. 9	−0. 05798	−0. 05413	−0. 06965	−0. 10475	−0. 18272	−0. 34007
2. 0	−0. 07572	−0. 07341	−0. 09914	−0. 14465	−0. 23990	−0. 42526
2. 2	−0. 09940	−0. 10069	−0. 14905	−0. 21696	−0. 34811	−0. 59253
2. 4	−0. 11030	−0. 11601	−0. 19023	−0. 28275	−0. 45381	−0. 75833
2. 6	−0. 11136	−0. 12246	−0. 22600	−0. 34523	−0. 55748	
2. 8	−0. 10544	−0. 12305	−0. 25929	−0. 40682		
3. 0	−0. 09471	−0. 11999	−0. 29185			
3. 5	−0. 05698	−0. 10632				
4. 0	−0. 01487					

无量纲系数 B_{φ} 值　　表 5-4-12

$l=\alpha x$ $\bar{l}=\alpha l_2$	4. 0	3. 5	3. 0	2. 8	2. 6	2. 4
0. 0	−1. 75058	−1. 75728	−1. 81849	−1. 88855	−2. 01289	−2. 22691
0. 1	−1. 65058	−1. 65728	−1. 71849	−1. 78855	−1. 91289	−2. 12691
0. 2	−1. 55069	−1. 55739	−1. 61861	−1. 68868	−1. 81303	−2. 02707
0. 3	−1. 45106	−1. 45777	−1. 51901	−1. 58911	−1. 71351	−1. 92761

续上表

$l=\alpha x$ $\bar{l}=\alpha l_2$	4.0	3.5	3.0	2.8	2.6	2.4
0.4	-1.35204	-1.35876	-1.42008	-1.49025	-1.61476	-1.82904
0.5	-1.25394	-1.26069	-1.32217	-1.39249	-1.51723	-1.73186
0.6	-1.15725	-1.16405	-1.22581	-1.29638	-1.42152	-1.63677
0.7	-1.06238	-1.06926	-1.13146	-1.20245	-1.32822	-1.54443
0.8	-0.96978	-0.97678	-1.03965	-1.11124	-1.23795	-1.45556
0.9	-0.87987	-0.88704	-0.95084	-1.02327	-1.15127	-1.37080
1.0	-0.79311	-0.80053	-0.86558	-0.93913	-1.06885	-1.29091
1.1	-0.70981	-0.71753	-0.78422	-0.85922	-0.99112	-1.21638
1.2	-0.63038	-0.63851	-0.70726	-0.78408	-0.91869	-1.14789
1.3	-0.55506	-0.56370	-0.63500	-0.71402	-0.85192	-1.08581
1.4	-0.48412	-0.49338	-0.56776	-0.64942	-0.79118	-1.03054
1.5	-0.41770	-0.42771	-0.50575	-0.59048	-0.73671	-0.98228
1.6	-0.35598	-0.36689	-0.44918	-0.53745	-0.68873	-0.94120
1.7	-0.29897	-0.31093	-0.39811	-0.49035	-0.64723	-0.90718
1.8	-0.24672	-0.25990	-0.35262	-0.44927	-0.61224	-0.88010
1.9	-0.19916	-0.21374	-0.31263	-0.41408	-0.58353	-0.85954
2.0	-0.15624	-0.17240	-0.27808	-0.38468	-0.56088	-0.84498
2.2	-0.08365	-0.10355	-0.22488	-0.34203	-0.53179	-0.83056
2.4	-0.02753	-0.05196	-0.18980	-0.31834	-0.52008	-0.82832
2.6	0.01415	-0.01551	-0.17078	-0.30888	-0.52821	
2.8	0.04351	0.00809	-0.16335	-0.30745		
3.0	0.06296	0.02155	-0.16217			
3.5	0.08294	0.02947				
4.0	0.08507					

无量纲系数 B_M 值 表 5-4-13

$l=\alpha x$ $\bar{l}=\alpha l_2$	4.0	3.5	3.0	2.8	2.6	2.4
0.0	1.00000	1.00000	1.00000	1.00000	1.00000	1.00000
0.1	0.99974	0.99974	0.99972	0.99970	0.99967	0.99963
0.2	0.99806	0.99804	0.99789	0.99775	0.99753	0.99719
0.3	0.99382	0.99373	0.99325	0.99279	0.99207	0.99096
0.4	0.98617	0.98598	0.98486	0.98382	0.98217	0.97966

续上表

$l=\alpha x$ $\bar{l}=\alpha l_2$	4. 0	3. 5	3. 0	2. 8	2. 6	2. 4
0. 5	0. 97458	0. 97420	0. 97209	0. 97012	0. 96704	0. 96236
0. 6	0. 95861	0. 95797	0. 95443	0. 95056	0. 94607	0. 93835
0. 7	0. 93817	0. 93178	0. 93173	0. 92674	0. 91900	0. 90736
0. 8	0. 91324	0. 91178	0. 90390	0. 89675	0. 88574	0. 86927
0. 9	0. 88407	0. 88204	0. 87120	0. 86145	0. 84653	0. 82440
1. 0	0. 85089	0. 84815	0. 83381	0. 82102	0. 80160	0. 77303
1. 1	0. 81410	0. 81054	0. 79213	0. 77589	0. 75145	0. 71582
1. 2	0. 77415	0. 76963	0. 74663	0. 72658	0. 69667	0. 65354
1. 3	0. 73161	0. 72599	0. 69791	0. 67373	0. 63803	0. 58720
1. 4	0. 68694	0. 68009	0. 64648	0. 61794	0. 57627	0. 51781
1. 5	0. 64081	0. 63259	0. 59307	0. 56003	0. 51242	0. 44673
1. 6	0. 59373	0. 58401	0. 53829	0. 50072	0. 44739	0. 37528
1. 7	0. 54625	0. 53490	0. 48280	0. 44082	0. 38224	0. 30497
1. 8	0. 49889	0. 48582	0. 42729	0. 38155	0. 31812	0. 23745
1. 9	0. 45219	0. 43729	0. 37244	0. 32261	0. 25621	0. 17450
2. 0	0. 40658	0. 38978	0. 31890	0. 26605	0. 19779	0. 11803
2. 2	0. 32025	0. 29956	0. 21844	0. 16255	0. 09675	0. 03282
2. 4	0. 24262	0. 21815	0. 13110	0. 07820	0. 02654	−0. 00002
2. 6	0. 17546	0. 14778	0. 06199	0. 02101	−0. 00004	
2. 8	0. 11979	0. 09007	0. 01638	−0. 00023		
3. 0	0. 07595	0. 04619	−0. 00007			
3. 5	0. 01354	0. 00004				
4. 0	0. 00009					

无量纲系数 B_Q 值　　表 5-4-14

$l=\alpha x$ $\bar{l}=\alpha l_2$	4. 0	3. 5	3. 0	2. 8	2. 6	2. 4
0. 0	0	0	0	0	0	0
0. 1	−0. 00753	−0. 00763	−0. 00819	−0. 00873	−0. 00958	−0. 01090
0. 2	−0. 02795	−0. 02832	−0. 03050	−0. 03255	−0. 03579	−0. 04079
0. 3	−0. 05820	−0. 05903	−0. 06373	−0. 06814	−0. 07506	−0. 08567
0. 4	−0. 09554	−0. 09698	−0. 10502	−0. 11247	−0. 12412	−0. 14185

续上表

$l=\alpha x$ $\bar{l}=\alpha l_2$	4.0	3.5	3.0	2.8	2.6	2.4
0.5	−0.13747	−0.13966	−0.15171	−0.16277	−0.17994	−0.20584
0.6	−0.18191	−0.18498	−0.20159	−0.21668	−0.23991	−0.27464
0.7	−0.22685	−0.23092	−0.25253	−0.27191	−0.30148	−0.34524
0.8	−0.27087	−0.27604	−0.30294	−0.32675	−0.36271	−0.41528
0.9	−0.31245	−0.31882	−0.35118	−0.37941	−0.42152	−0.48223
1.0	−0.35099	−0.35822	−0.39609	−0.42856	−0.47634	−0.54405
1.1	−0.38443	−0.39337	−0.43665	−0.47302	−0.52570	−0.59882
1.2	−0.41335	−0.42364	−0.47207	−0.51187	−0.56841	−0.64486
1.3	−0.43690	−0.44856	−0.50172	−0.54429	−0.60333	−0.68054
1.4	−0.45486	−0.46788	−0.52520	−0.56969	−0.62957	−0.70445
1.5	−0.46715	−0.48150	−0.54220	−0.58757	−0.64530	−0.71521
1.6	−0.47378	−0.48939	−0.55250	−0.59749	−0.65272	−0.71143
1.7	−0.47496	−0.49174	−0.55604	−0.59917	−0.64819	−0.69188
1.8	−0.47103	−0.48883	−0.55289	−0.59243	−0.63211	−0.65532
1.9	−0.46227	−0.48092	−0.54299	−0.57695	−0.60374	−0.60035
2.0	−0.44914	−0.49839	−0.52644	−0.55254	−0.56243	−0.52562
2.2	−0.41179	−0.43127	−0.47379	−0.47608	−0.43825	−0.31124
2.4	−0.36312	−0.38101	−0.39538	−0.36078	−0.25325	−0.00002
2.6	−0.30732	−0.32104	−0.29102	−0.20346	−0.00003	
2.8	−0.24853	−0.25452	−0.15980	−0.00018		
3.0	−0.19052	−0.18411	−0.00004			
3.5	−0.06672	−0.00001				
4.0	−0.00045					

当桩顶箍固时,即边界条件为 $\varphi_x(x=0)=0$,代入式(5-4-26)中第 2 式,可得

$$M_0=-\frac{Q_0}{a^2EI}A_\varphi\times\frac{aEI}{B_\varphi}=-\frac{Q_0}{a}\times\frac{A_\varphi}{B_\varphi} \tag{5-4-27}$$

将式(5-4-27)代入式(5-4-26)中第 1 式,得

$$y_x=\frac{Q_0}{a^3EI}\left(A_Y-\frac{A_\varphi}{B_\varphi}B_Y\right)=\frac{Q_0}{a^3EI}A_{YF} \tag{5-4-28}$$

将式(5-4-27)代入式(5-4-26)中第 3 式,得

$$M_x=\frac{Q_0}{a}\left(A_M-\frac{A_\varphi}{B_\varphi}B_M\right)=\frac{Q_0}{a}A_{MF} \tag{5-4-29}$$

将式(5-4-27)代入式(5-4-26)中第 4 式,得

$$Q_x=Q_0\left(A_Q-\frac{A_\varphi}{B_\varphi}B_Q\right)=Q_0A_{QF} \tag{5-4-30}$$

式中,A_{YF}、A_{MF}、A_{QF}分别为桩顶箍固时计算桩位移、弯矩、剪力的无量纲系数。Q_0 可根据排桩、排架桩或群桩的空间位置、刚度和连接情况将滑坡推力分配到各跟桩上而求得。

(4)复合地基反力法($p \sim y$ 曲线)

m 法、K 法都认为桩上的水平荷载与桩的横向变位呈线性关系,地基处于弹性变形。当桩的横向变位较大时,弹性假定就不再适用,而应采用弹塑性分析方法,亦即复合地基法。在复合地基法中,目前应用较广的是 $p \sim y$ 曲线法。

$p \sim y$ 曲线法首先要解决 $p \sim y$ 曲线的绘制。下面简要介绍硬黏土和砂土的 $p \sim y$ 曲线绘制方法。

对硬黏土,每单位桩长的极限阻力 p_u,土阻力达到极限值一半时相应的位移及 $p \sim y$ 曲线按式(5-4-31)计算,

$$\left.\begin{aligned}&P_x=\min\left[\left(3+\frac{\gamma}{C_u}x+\frac{J}{b}\right)C_v b,9C_u b\right]\\&y_{50}=b\varepsilon_{50}\\&\frac{p}{p_u}=0.5\left(\frac{y}{y_{50}}\right)^{\frac{1}{4}}\end{aligned}\right\} \tag{5-4-31}$$

式中:γ——由地面到深度 x 处土的平均有效重度;

C_u——土的不排水抗剪强度;

x——计算截面的深度;

J——实验系数,较硬的土取 $J=0.25$;

b——桩的宽度或直径;

y_{50}——土阻力达到极限阻力一半时相应的位移;

ε_{50}——三轴不排水压缩试验中最大主应力差一半时的应变值;可参考表 5-4-15 取用。

当 $y \geqslant 16y_{50}$时,

$$p=p_u$$

ε_{50}参考值　　表 5-4-15

C_v(kPa)	54~107	107~215	215~430
ε_{50}	0.007	0.005	0.004

给定某一深度,x 可绘出该深度处的 $p \sim y$ 曲线,从桩顶至桩底,取一组深度,相应可绘出一组 $p \sim y$ 曲线。

对砂性土,先确定砂土中单位桩长的有限土压力

$$\begin{aligned}&p_u=(C_1x+C_2B)\gamma x \qquad x<x_t\\&p_u=C_3B\gamma x \qquad x>x_t\end{aligned} \tag{5-4-32}$$

式中:C_1,C_2,C_3——与砂土内摩擦角有关的系数,可查图 5-4-10 确定;

x_t——临界深度，联解式(5-4-32)中两式可得；

其余符号意义同前。

砂性土的侧向土反力与桩的挠曲变形的相对关系也是非线性的。任一深 x 的 $p\sim y$ 曲线可近似按式(5-4-33)确定：

$$p=Ap_u\text{th}\left(\frac{Kx}{Ap_u}y\right) \tag{5-4-33}$$

式中：A——计算系数，$A=\left(3.0-0.8\dfrac{x}{B}\right)\geqslant 0.9$；

K——地基反力的初始模量，由土的内摩擦角查图 5-4-11 得出；

其余符号意义同前。

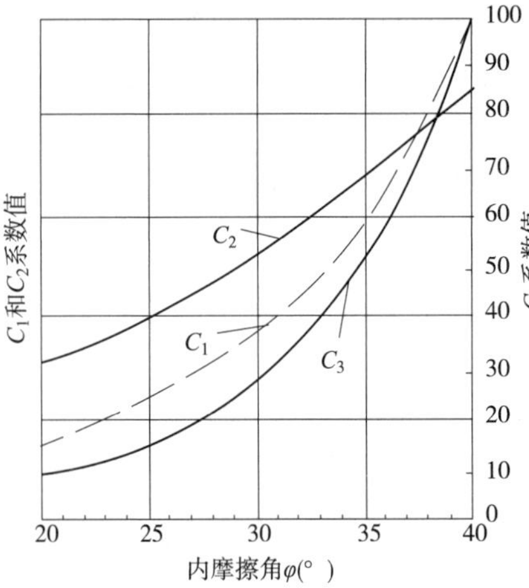

图 5-4-10　C_1, C_2, C_3 系数值

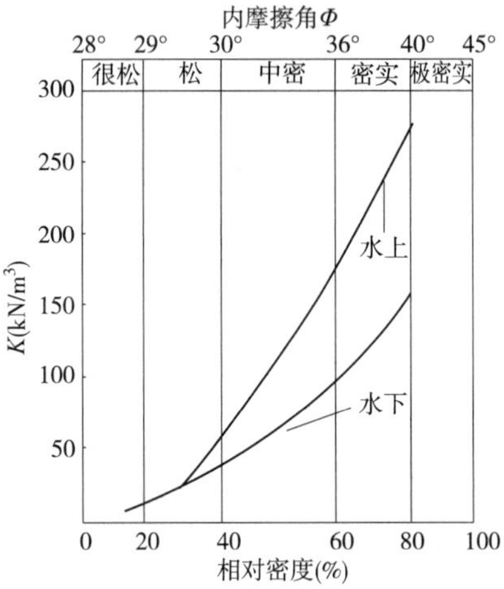

图 5-4-11　K 值曲线图

对于每一个要计算的深度 $x_1, x_2, \cdots x_n$，可重复上述步骤去推求出相应的一条 $p\sim y$ 曲线。

求得 $p\sim y$ 曲线后，一般用数值方法计算桩的内力和变位。数值方法中比较简单和实用的是有限差分法。

将桩身划分为若干个分段或单元，如图 5-4-12 所示，对各个单元的划分点以差分式近似代替桩身的弹性曲线微分方程中的导数式，将上列微分方程变成一组代数差分方程组。

桩身的微分方程为：

$$EI\frac{\mathrm{d}y^4}{\mathrm{d}x^4}+E_{si}y=0 \tag{5-4-34}$$

相应的差分方程为：

$$y_{i-2}-4y_{i-1}+\left(6+\frac{E_{si}h^4}{EI}\right)y_i-4y_{i-1}+y_{i+2}=0 \tag{5-4-35}$$

式中：E_{si}——i 点处的反力模量；

h——桩分段长度(单元长度)。

将一根桩分成 n 段，每段长为 h，如图 5-4-13 所示，对每一分段点，类似于式(5-4-35)可写出 $n+1$ 个方程式。在桩顶和桩底各增加 2 个虚拟点，根据桩顶和桩长边界条件得出另外 4 个附加方程，共有 $n+5$ 个方程，可联立求解，解出各单元的 y 值。

对常用的长桩，桩顶的剪力和弯矩是已知，桩底的剪力和弯矩很小，可略去不计，即假定桩底的剪力和弯矩为零，有

$$\left.\begin{aligned}y_{n-2}-2y_{n-1}+2y_{n+2}-y_{n+2}&=\frac{2Q_0h^3}{EI}\quad(\text{剪力})\\y_{n-1}-2y_n+y_{n+1}&=\frac{M_0h^2}{EI}\quad(\text{弯矩})\\y_{-2}-2y_{-1}+2y_1-y_2&=0\quad(\text{剪力})\\y_1-2y_0+y_{-1}&=0\quad(\text{弯矩})\end{aligned}\right\}\tag{5-4-36}$$

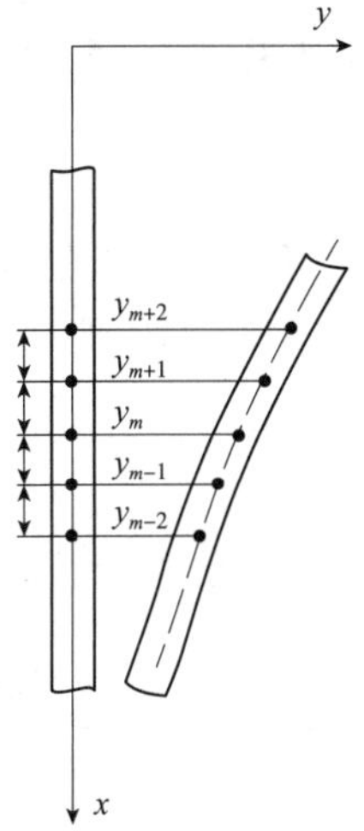

图 5-4-12　桩的挠曲和分段

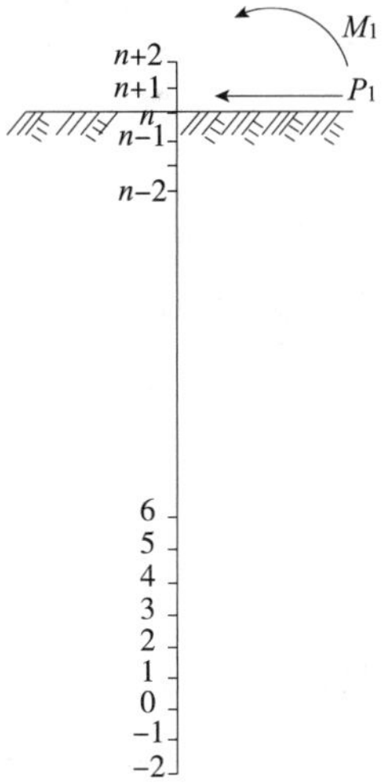

图 5-4-13　桩的分段及编号

联立求解 $n+5$ 个方程时，需先假定土反力模量 E_S 沿桩身的分布。每一个计算点 i 假定一个 E_{Si} 值，然后解方程，求出值 y_i，由 y_i 值查 $p\sim y$ 曲线，得 p_i 值，从而得出一个新的 E_{Si} 值。重复上述过程进行迭代计算，直到假定的 E_{Si} 值与计算所得的 E_{Si} 值接近或小于给定的允许值为止。

当桩身各点的挠度求出后，就可用以下差分的形式求出桩身各点的转角 φ_i、弯矩 M_i、剪力 Q_i 和土反力 p_i：

$$\left.\begin{aligned}\varphi_i&=\frac{1}{2h}(y_{i-1}-y_{i+1})\\M_i&=\frac{EI}{h^2}(y_{i-1}-2y_i+y_{i+1})\\Q_i&=\frac{EI}{2h^3}(y_{i-2}-2y_{i-1}+2y_{i+1}-y_{i+2})\\p_i&=-E_{si}y_i\end{aligned}\right\}\tag{5-4-37}$$

5.4.5　抗滑桩的结构计算

5.4.5.1　抗滑桩的类型选择

目前已在大中型库岸滑坡治理中采用了单桩、桩板墙、排架桩、刚架桩、锚索桩、刚架锚索

桩和整体桩等多种类型的抗滑桩。经过工程实践证明,按制作材料不同适用于抗滑桩的桩型有钢筋混凝土桩、钢管桩和 H 形钢桩等,最常用的是钢筋混凝土桩。抗滑桩桩型的选择应根据滑坡性质、滑坡处的地质条件、滑坡推力的大小、工程造价、施工条件和工期要求等因素综合考虑,按安全、可靠、经济、方便的原则,结合设计人员的工程经验来选择。

(1)钢筋混凝土桩

钢筋混凝土桩是抗滑桩用得最多的桩型,断面形式主要有圆形、矩形。圆形断面可机械钻孔成桩,也可人工挖孔成桩,桩径根据滑坡推力和桩间距而定,从 $\phi600\sim\phi2000$mm,最大可达 $\phi4500$mm。矩形断面可充分发挥其抗弯刚度大的优点,适用于滑坡推力较大,需要较大刚度的地方。一般为人工成孔抗滑桩,断面尺寸 $b\times h$ 一般为 1000mm×1500mm、1200mm×1800mm、1500mm×2000mm、2000mm×3000mm 等。

(2)钢管桩

钢管桩一般为打入式桩,其特点是强度高、抗弯能力大、施工快、可快速形成桩排或桩群。钢管桩径 D 一般为 400~900mm,常用的是 600mm。钢管桩适合于有沉桩施工条件和有材料可资利用的地方,或工期短、需要快速处治的滑坡工程。

(3)H 型钢桩

H 型钢桩与钢管桩的特点和适用条件基本相同,其型号有 HP200、HP250、HP310、HP360 等。

5.4.5.2 抗滑桩正截面设计

一般情况下,抗滑桩按照受弯曲构件进行设计,配筋计算按《混凝土结构设计规范》(GB 50010—2010)中单筋矩形梁考虑。抗滑桩截面形状通常为矩形,其正截面受弯曲承载力的计算公式如下:

$$M\leqslant a_1 f_c bx\left(h_0-\frac{x}{2}\right) \tag{5-4-38}$$

式中:M——抗滑桩弯矩设计值(kN·m);

a_1——系数,当混凝土强度等级不超过 C50 时,取 1.0;当混凝土等级为 C80 时,取 0.94;其余的采用内插法求得;

f_c——混凝土轴心抗压强度设计值(MPa);

b——抗滑桩矩形截面的宽度(m);

x——混凝土受压区的高度(m);

h_0——截面的有效高度(m)。

混凝土受压区的高度 x,可用式(5-4-39)计算:

$$x=\frac{f_y A_S}{a_1 f_c b} \tag{5-4-39}$$

式中:f_y——普通钢筋抗拉强度设计值(MPa);

A_S——受拉的区域内纵向普通钢筋的截面面积(mm^2);

其他参数意义同上。

另外,混凝土受压区高度还应符合下列条件:

$$x=\varepsilon_b h_0 \tag{5-4-40}$$

纵向受拉钢筋屈服与受压区混凝土破坏同时发生时的相对受压区高度 ε_b 可按式(5-4-41)计算：

$$\varepsilon_b=\frac{\beta_2}{1+\frac{f_y}{E_s\varepsilon_{cu}}} \tag{5-4-41}$$

$$\varepsilon_{cu}=0.0033-(f_{cu,k}-50)\times10^{-5} \tag{5-4-42}$$

式中：β_2——系数，当混凝土强度等级不超过C50时取0.80，当混凝土等级为C80时取0.74，其余用内插法求得；

E_s——钢筋的弹性模量(MPa)；

$f_{cu,k}$——混凝土立方体抗压强度标准值(MPa)；

ε_{cu}——钢筋的应变。

5.4.5.3　抗滑桩斜截面设计

矩形截面的受弯曲混凝土构件，其剪切截面应符合下列条件：当 $\frac{h_0}{b}\leqslant4$ 时，$V\leqslant0.25\beta_c f_c bh_0$；当 $\frac{h_0}{b}\geqslant6$ 时，$V\leqslant0.25\beta_c f_c bh_0$；当 $4<\frac{h_0}{b}<6$ 时，按线性内插法确定。其中，V 为构件截面上的最大剪力设计值(MPa)；β_c 为混凝土强度影响系数，当混凝土强度等级不超过C50时，取1.0；当混凝土等级为C80时，取0.80。其余的采取内插法求得，其他参数意义同上。

计算斜截面受剪切承载力时，剪力设计值应按《混凝土结构设计规范》(GB 50010—2010)中的规定采用。普通混凝土矩形、T形和I形截面的一般受弯曲构件，当 $V\leqslant0.7f_c bh_0$ 时，均可不进行斜截面的受剪切承载力计算，而仅需按构造要求配置箍筋。

抗滑桩内不宜设置斜筋，可采用调整箍筋的直径、间距、桩身截面尺寸等措施，满足斜截面的抗剪强度。普通混凝土矩形、T形和I形截面的一般受弯曲构件，当仅配置箍筋时，其截面的受剪切承载力应符合下列规定：

$$V\leqslant0.7f_c bh_0+\frac{1.25f_{yv}A_{sv}h_0}{s} \tag{5-4-43}$$

$$A_{sv}=nA_{sv1} \tag{5-4-44}$$

式中：V——构件斜截面上的最大剪力设计值；

f_{yv}——箍筋的抗拉强度设计值(MPa)；

A_{sv}——配置同一截面内箍筋各肢的全部截面面积(mm^2)；

s——沿着构件长度方向的箍筋间距(mm)；

n——在同一截面内箍筋的肢数；

A_{sv1}——单肢箍筋抗拉强度设计值(MPa)。

5.4.5.4 抗滑桩的结构构造

(1)抗滑桩截面形状宜采用矩形,桩的截面尺寸应根据滑坡推力大小、桩间距、锚固段地基横向容许强度等因素确定,桩体最小的宽度不应小于 1.25m。在主滑动方向不确定的情况下,可采用圆形截面。

(2)桩身混凝土强度等级不应低于 C20。当地下水有侵蚀性时,水泥应按有关规定选用。

(3)抗滑桩井口应设置锁口,桩井位于土和风化破碎的岩层时宜设置护壁,锁口和护壁混凝土强度等级不应低于 C15。

(4)抗滑桩纵向受力钢筋直径不应小于 16mm。净距不宜小于 120mm,困难情况下可适当减少,但不得小于 80mm。当用束筋时,每束不宜多于 3 根。当配置单排钢筋有困难时,可设置 2 排或 3 排。受力钢筋的保护层厚度不应小于 60mm。

(5)纵向受力钢筋的截断点应按国家标准《混凝土设计规范》(GB 50010—2010)计算,并符合以下规定。

①当 $V>0.7f_tbh_c$ 时,宜延伸到按正截面受弯曲承载力不需要该钢筋的截面以外不小于 20d 处截断,且从该钢筋强度充分利用截面伸出的长度不应小于 $1.2l_a$。

②锚固点以上,当 $V>0.7f_tbh_c$ 时,宜延伸到按正截面受弯曲承载力不需要该钢筋的截面以外不小于 h_0 且不小于 20d 处截断,且从该钢筋强度充分利用截面伸出的长度不应小于 $1.2l_a+1.0h_0$。

③锚固点以下,当 $V>0.7f_tbh_c$ 时,宜延伸到按正截面受弯曲承载力不需要该钢筋的截面以外不小于 $1.3h_0$ 且不小于 $20d$ 处截断,且从该钢筋强度充分利用截面伸出的长度不应小于 $1.2l_a+1.7h_0$。

(6)抗滑桩内不宜设置斜筋,可采用调整箍筋的直径、间距、桩身截面尺寸等措施,满足斜截面的抗剪强度。

(7)箍筋宜采用封闭式,直径不宜小于 14mm,间距不应大于 500mm。

(8)抗滑桩的两侧和受压边,应适当配置纵向构造筋,其间距宜为 400~500mm,直径不宜小于 12mm。桩的受压边两侧,应配置架立钢筋,其直径不宜小于 16mm。当桩身较长时,纵向构造钢筋和架立钢筋的直径应加粗,使钢筋骨架有足够的刚度。

(9)受力主钢筋混凝土保护层不应小于 60mm,箍筋和构造钢筋的保护层厚度不应小于 15mm。由于抗滑桩不进行抗裂验算,所以也不采用防裂构造措施。

(10)纵向受力钢筋的最小百分率不应小于 0.20 和 $45f_t/f_y$ 中的较大值。

(11)抗滑桩为大截面的地下结构,桩长一般都在十几米以上,为方便在坑内上下作业,不宜设置过多的箍筋肢数,故规定箍筋采用封闭式,箍筋一般不应多于 4 肢,直径不应小于 14mm。箍筋的间距应满足下列规定:①$V>0.7f_tbh_c$ 时,箍筋的间距不应大于 300mm;②$V\leq 0.7f_tbh_c$ 时,箍筋的间距不应大于 400mm。

(12)滑面或地面处的箍筋应适当加密。

5.4.6 抗滑桩施工

5.4.6.1 抗滑桩施工的一般程序

抗滑桩施工多采用机械成孔或人工成孔，现场灌注混凝土施工。灌注桩是一项质量要求高，施工工序较多，并须在一个短时间内连续完成的地下隐蔽工程。因此，施工应按程序进行，备齐技术资料，编制施工组织进行设计，做好施工准备。按设计要求、有关规范、规程及施工组织进行设计，建立各工序的施工管理制度。施工、监理、设计和业主各方管理到位，监控到位，技术服务的跟踪到位，保证施工有序、快速、高质地进行。灌注桩施工的一般程序如图5-4-14所示。

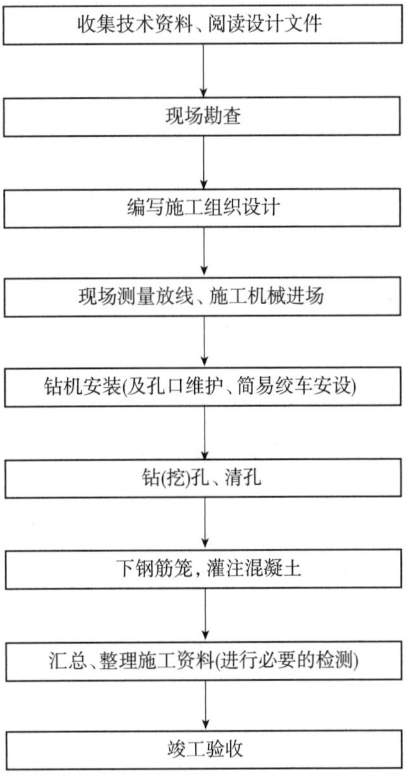

图5-4-14　灌注桩施工工序图

灌注桩施工一般应先进行试成孔施工，试成孔的数量不少于两根，以便核对地质资料，检验所选的设备、施工工艺以及技术要求是否适宜，同时检验并修正施工技术参数。如出现缩颈、坍孔、回淤、吊脚或出现流沙、地下水量大等情况，使得不能满足设计要求，或增加了施工难度达不到工期要求时，应重新制订施工方案，考虑新的施工工艺，甚至选择更适合的桩型。

5.4.6.2 抗滑桩施工工艺选择

抗滑桩施工工艺又称成孔方法或成孔工艺。灌注桩施工的方法较多，抗滑桩施工常用的主要为非挤土灌注桩类型。正确、恰当地选择抗滑桩施工工艺，才能保证施工质量和施工工期。各种抗滑桩施工工艺适用范围及特点如表5-4-16所示。设桩工艺选择时，应根据具体的地质情况、桩径和桩长、工期要求，并结合机械设备供应情况和各种设桩（成孔）工艺的适用范围和优缺点，灵活、正确地选用。

各种设桩工艺适用范围　　表5-4-16

序号	成孔方法	适用范围			对环境影响
		孔径（mm）	孔深（m）	土层	
1	人工推钻或机械推钻	600~1600	30~40	黏性土，砂类土，含少量砂砾（粒径小于10cm，含量低于30%）的土	振动小，不需泥浆
2	人工挖孔	800~4000	≤25	各种土石	无噪声，不需泥浆
3	潜水钻成孔	450~4500	≤80	淤泥腐殖土，粉砂，砂类土	振动小，需泥浆
4	正循环钻成孔	400~2500	≤50	黏性粉砂，细、中、粗砂，含少量卵石、砾石的土，软岩	振动小，需泥浆
5	反循环钻成孔	400~4000	≤90	黏性土，砂类土，含少量砾石、卵石的土，软岩	振动小，需泥浆

续上表

序号	成 孔 方 法	适 用 范 围			对环境影响
		孔径(mm)	孔深(m)	土层	
6	钻斗钻成孔	800~1500	≤40	淤泥质土,黏性土,粉土	有振动,不需泥浆
7	冲爪锥成孔	1000~2000	20~30	淤泥,密实黏土,砂类土,砂砾,卵石	振动大,不需泥浆
8	冲击实心锥成孔	800~2000	≤50	黏性土,砂类土,砾、卵、漂石软岩	有振动,需泥浆

5.4.6.3 质量控制

(1)一般要求

抗滑桩是一项质量要求高的工程,抗滑桩的施工质量直接关系到工程的成败。因此,控制施工质量显得特别重要。施工时必须坚持质量第一的原则,推行全面质量管理。抗滑桩多采用灌注桩,要特别把好成孔(包括钻孔和清孔)、下钢筋笼和灌注混凝土等几道关键工序。每一工序完毕时,均应及时进行质量检验,上道工序不清,下道工序就不能进行,以免留存后患。施工时每一工地应设专职质量检验员,对施工质量进行全面检查监督,质量责任落实到人,落实到每一根桩。灌注桩的质量控制,包括钻孔、清孔,钢筋笼制作、安放,混凝土配制、灌注等工艺工序过程的质量标准和控制方法,应以设计文件和国家或行业标准为准,制定出切合工程实际和易于操作的具体标准和要求。

(2)质量检验及质量标准

灌注桩钻、挖孔在终孔和清孔后,应进行孔位和孔深检验。孔径、孔形和倾斜度宜采用专用仪器测定,或采用外径为钻孔钢筋笼直径加 100mm(不大于钻头直径)、长为 4~6 倍桩径的钢筋检孔器吊入钻孔内检测。桩径检测可用专用球形孔径仪、伞形孔径仪和超声波孔壁测定仪等测定;孔深用专用测绳测定,钻深可由核定钻杆和钻头长度来测定;孔底沉淀厚度可用沉渣测定仪测定;桩位允许偏差可用经纬仪、钢尺和定位圆环测定;垂直度偏差可用定位圆环、测锤和测斜测定。

(3)施工质量控制要点

钢筋笼吊放入孔径的容许偏差为:钢筋笼定位高程±50mm;钢筋笼中心与桩中心±10mm;钢筋笼主筋保护层允许偏差:水下灌注混凝土±20mm;非水下灌注混凝土±10mm。钢筋笼主筋的焊接接头、接头间距、焊接长度或其他接长方法,均应符合钢筋混凝土结构的相关规定。

①孔位:在现场地面设十字形控制网、基准点,随时复测、校核。

②成孔:成孔设备就位后,必须平正、稳固,确保在施工中不发生倾斜、移动和松动。要求现场施工和管理人员充分了解熟悉成孔工艺、施工方法,有事故预防措施和事故处理方案,同时规范施工现场管理。

③钢筋笼制作:采用卡板成型法或支架成型法。加强箍筋直径适当加大或适当加密,加强筋与主筋定位后,在接点处点焊固定;对直径较大的桩(2m 以上),加强筋可考虑用角钢或扁钢以增大钢筋笼的刚度,或在钢筋笼内设临时支撑梁。在钢筋笼主筋外侧设钢筋定位器,以控制主筋的保护层厚和钢筋笼的中心偏差。钢筋笼沉放时,要对准孔位,扶稳,缓慢放入孔中,避免碰撞孔壁;到位后,立即固定。

④混凝土灌注:混凝土的配合比严格按混凝土施工规范进行,严格控制其坍落度。一般

采用直长导管法(孔内水下灌注)或串筒法(孔内无水灌注)连续灌注,成孔质量合格后尽快灌注。灌注充盈系数,一般土质控制在1.1,软土控制在1.2~1.3。直径大于1m的桩应每根桩留有1组试件,且每个台班不得少于1组试件。灌注时适当超过桩顶设计高程。当桩的尺寸较大且又是人工成孔时,可考虑采用人工入孔振捣混凝土,以提高桩的浇筑质量。

⑤检测:桩施工后,为检查桩的质量,应进行必要的检测。对桩径、混凝土质量可采用超声检测、振动检测、钻孔取芯检测、电动激振器检测、水电效应检测等。在有条件的情况下或大型滑坡工程中,应考虑进行试桩检测。

试桩可分鉴定性试桩和破坏性试桩。鉴定性试桩的荷载为设计荷载的1.2~1.5倍,可在一般的桩上进行。破坏性试桩的荷载可分级加荷,直到桩破坏,应在专供试验用的桩上进行。

5.4.7　工程实例

5.4.7.1　实例1——南水北调中线干线工程临城县段

(1)工程概况

南水北调中线干线工程临城县段,总干渠设计流量220m^3/s,加大流量240m^3/s,过水断面采用梯形断面,按挖填类型分为全挖方、全填方、半挖半填3种断面型式。总干渠桩号146+700~147+200渠段为全挖方段,两侧岸坡坡比为1:1~1:1.75,最大挖深35~38m。总干渠桩号146+700~147+200渠段两侧岸坡共设五级马道,于2010年11月开始开挖,至2011年5月基本完成总干渠过水断面以上岸坡开挖后,以泥岩为主的二级至四级马道之间左侧岸坡开始出现裂缝。2011年主汛期过后,总干渠桩号146+940~147+445渠段左侧岸坡现了多处滑坡,属浅层滑坡,多为降雨后产生,滑坡体厚度0.5~2m,左、右边界及后缘主要受两组节理面控制,滑动面则主要受岩层面控制。2012年11月—2014年4月,随着过水断面的岩体开挖、挡土墙基础开挖及对局部影响施工的滑坡松散体的清理,总干渠桩号146+740~147+170渠段发生滑坡。

(2)岸坡加固方案布置

根据探槽及挡墙基础开挖揭露成果,通过在一级马道以上削方减载、岩质坡面挂网喷护、过水断面增加跳槽控制施工浆砌石挡土墙支护等措施,可以减少冲沟、浅层滑坡、泥砂岩崩解坡体卸荷变形可能性,但无法有效控制岸坡深层滑动可能性。因此,根据相关工程经验,决定左侧岸坡过水断面坡比保持1:1不变,过水断面以上坡比由1:1~1:1.75调整为1:2~1:1.25,并在马道分级设置抗滑桩+挡土墙、锚杆框格梁等工程措施降低深层滑坡可能性。图5-4-15为典型断面岸坡加固方案断面。

(3)抗滑桩布置

①一级马道抗滑桩布置

桩号146+700~146+800左侧一级马道外侧坡脚处布置一排钢筋混凝土抗滑桩,桩径1800mm,桩长22m,顺渠向间距4.5m;桩号146+800~147+000布置两排抗滑桩,桩径1800mm,桩长25m,等边三角形布置,间距4.5m;桩号147+000~147+150布置一排抗滑桩,桩径1800mm,桩长25m,顺渠向间距4.5m。抗滑桩顶设2.8m×1.1m(或6.8m×1.1m)联系梁,并通过素混凝土结构与二级岸坡坡面框格梁“无厚度”永久缝连接。

②二级马道抗滑桩布置

为固定三级岸坡坡面框格梁，在桩号 146+700～147+200 渠段二级马道外侧坡脚处布置一排抗滑桩，桩径 400mm，桩长 10m，间距 2.5m，桩顶布置 800mm×800mm 联系梁。

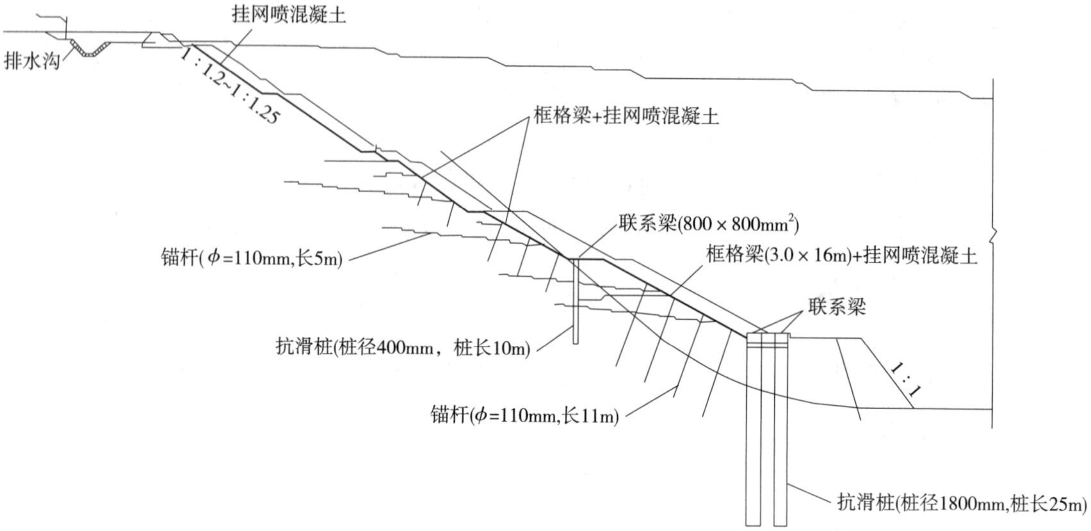

图 5-4-15　典型岸坡加固方案断面

(4)岸坡框格梁防护布置

二、三级岸坡新增锚杆钢筋混凝土框格梁防护，锚杆长 5、11m，直径 32mm，全长黏结型，锚杆直径 110mm，间距 3.0m×1.6m(水平×竖向)。框格梁间坡面采用 100mm 厚挂网喷射混凝土护砌封闭坡面。

(5)岸坡排水布置

一级马道(不含)以上岩质坡面增加 DN90PVCU 排水管，排水管长 20m，仰角 10°，间距 6.0m×3.2m(水平×竖向)。一级马道(不含)以上岩质坡面原有 DN50PVCU 排水管，排水管长 5m，仰角 10°，间距 3.0m×1.6m(水平×竖向)，喷射面原泄水管间距 3.0m×1.6m(水平×竖向)。

5.4.7.2　实例 2——万州区云盘-拦池沟库岸第 4 段

在三峡库区，许多库岸段土层比较厚(≥10m)，地表有明显的变形破坏迹象，甚至已经发生了滑动；许多顺向岩质岸坡夹有软弱层，且坡角为 15°～22°，属于易滑顺层岩质岸坡。这 2 种岸坡一旦失稳，规模较大，宜采用以抗滑桩工程为主，结合护坡与地表排水工程等进行防护。

万州区云盘-拦池沟库岸第 4 段(图 5-4-16)位于长江支流苎溪河右岸，为万州区主城区的一部分。该库岸为土质岸坡，物质成分为粉质黏土夹块石，厚 10～25m，长 400m。设计采用抗滑桩进行防护。共布设抗滑桩 51 根，平均桩长 24m，其中嵌入基岩不小于 5m。桩身为矩形桩，截面尺寸 2.0m×1.8m。桩间距 8.0m。沿坡面布设排水沟 4 条，将坡面地表水有序地排出库岸坡体。

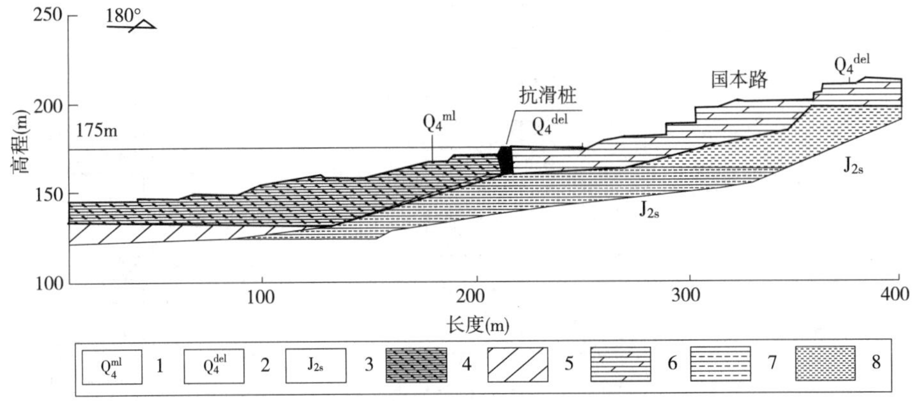

图 5-4-16　云盘-拦池沟第 4 段库岸防护设计剖面图

1-第四系人工堆积物；2-第四系滑坡堆积物；3-侏罗系沙溪庙组；4-素填土；5-黏土；6-碎块石夹黏土；7-泥岩；8-砂岩

5.4.7.3　实例 3——点南铁路改 DK17+130～+260 防护

点南铁路改 DK17+130～+260 地段位于南坪隧道出口，线路以挖方通过低中山前缘，地形起伏，路堑边坡最大挖深 29.0m。

地层：地表为湿陷性新黄土、黄褐色，坚硬～硬塑，湿陷系数 0.015～0.096；下为泥岩，紫褐色、红褐色为主，全风化～强风化，具膨胀性。

水文条件：富含地下水、水位高程 1190.32m。

地震动峰值加速度：0.109。

土壤最大冻结深度：1.5m。

综述：地质情况不良，具有明显滑坡趋向。

(1)处理方案

①基床表层换填 0.5m 厚 A 组土，其下设 0.1m 厚中粗砂垫层夹一层复合土工膜，下设 0.3m 厚三七灰土垫层。施工中基床为湿陷性软弱层，增加三七灰土换填至 2.0m。

②改 DK17+130～+206.75 侧沟平台外侧设 5.0m 高桩板挡土墙；桩采用 C30 钢筋混凝土浇筑，长 16m，桩采用顺线路方向 1.75m，垂直线路方向 2.5m 的矩形截面，间距 5.0m；板采用 C30 钢筋混凝土预制，长 3.65m，高 0.5m，厚 0.35m，板后设不小于 0.5m 厚砂加卵石反滤层。

③设计路堑边坡坡度 1∶1.5，采用 M7.5 将砌片石护坡。施工中采取卸载方案后变为1∶2。

④路堑两侧设梯形侧沟，深不小于 0.8m，底宽 0.4m，外侧设 2.0m 宽平台，侧沟及平台采用 M7.5 将砌片石砌筑，厚 0.3m。

⑤两侧侧沟边坡平台下设渗水盲沟，渗水盲沟宽不小于 1.0m，深不小于 2.0m。基础采用 C20 混凝土，厚 0.2m。基础上设 ϕ315mmPVC 带孔双壁波纹渗水管。沟内充填洗净碎石，顶部设 0.2m 厚中粗砂夹 EPS 保温板，并在渗沟四周铺设一层透水土工布。

(2)施工过程

①工艺流程

桩板墙施工工艺流程如图 5-4-17 所示。

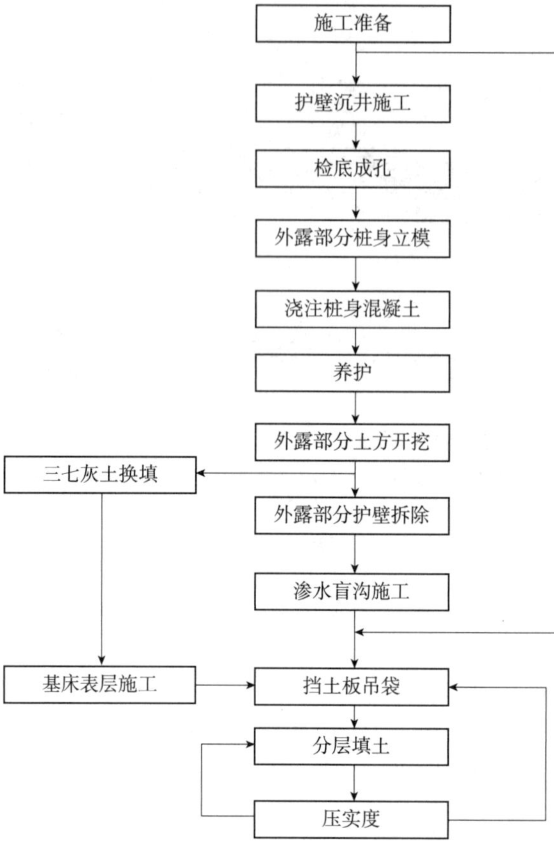

图 5-4-17　板墙施工工艺流程图

②施工控制重点

a.土方开挖至设计桩顶高程,开挖过程中遇有大量流砂及淤泥,车辆行走困难。采用山皮土硬化道路,反向开挖成型。

b.按设计测放桩位,人工挖孔,卷扬机提升,随挖孔同步进行护壁浇筑,直至成孔。开挖过程中,为避免地下水、施工荷载互相干扰,采取隔孔开挖。

c.挖孔过程中遇流沙层,以沉井法施工护壁,解决地质难题。通过先期施工的 18~21 号桩发现桩顶地表以下 5m 范围内出现流砂现象,18~21 号桩孔锁口与护壁出现了不同程度的沉降与倾斜。18 号锁口与护壁已完全倾斜,已不能满足设计要求。即使在采用每 0.3m 一节的方式浇注护壁也很难继续进行施工。在有流砂的地层采用沉井法施工,待施工通过流砂地层后,再继续按原设计施工。沉井法施工,取消原设计的锁口,在地面以上直接施工护壁,然后再护壁内侧开挖,让护壁自然下沉,待上节护壁下沉至与地面相平后,再进行施工下一节护壁。对第 2 号、3 号、4 号桩护壁进行沉井法施工,施工前将护壁尺寸加大 0.1m,以防护壁发生偏移留出富余量。

d.抗滑桩外露部分护壁完成后以砂浆精细找面,贴有机塑料板以增加混凝土外观质量。此抗滑桩施工完成后被业主誉为“亮点工程”。

e.挡土板在预制场预制成型,抗滑桩开挖后安装。抗滑桩开挖过程中,为防止边坡滑坡,采取跳槽开挖,及时安装挡土板的方法,随工安放了渗水盲管,以利排出桩板墙后的地下水。桩体开挖、挡土板吊装须待构造物强度达 75%以上时才能进行。

f.依据稳定性核算结果,桩体开挖前对边坡进行卸载处理,抗滑桩内侧采取桩顶对向支撑,以确保施工中的桩体安全。施工的渗水盲沟、基床表层、侧沟平台护砌、边坡防护等工程要突击迅速完成,以减小不利荷载对桩体的影响。

(3)经验成果

①沉井法施工护壁,通过流砂层在抗滑桩开挖过程中,遇有大量流砂,致使部分桩无法下挖,不能进行护壁施工。对现场、设计资料、地质情况进行了进一步掌握后,对提出的钢板桩防护、井点法降水、沉井法施工、地下连续墙加固等方案进行经济技术比较后,选用沉井法施工。在地表浇筑沉井,靠自重及压力促使沉井下沉,及时纠偏,必要时辅以射水等其他辅助设施,顺利通过流砂层。大大节省了工程投资,为类似工程提供了成功范例。

②完善排水系统,消除地下水的不利影响,桩板墙每隔 10.0m 于两桩间横向设置渗水盲沟,采用 ϕ200mmPVC 带孔双壁波纹渗水管,桩板墙反滤层后堑坡每隔 2.0m 交错设置排水孔,采用 ϕ50mm 软式透水管,深 4.0m。及时疏通桩板墙背后渗水管同渗水盲沟间渗水暗沟的渗水,以渗水土工布包洁净碎石充填,使排水体系贯通,修筑干砌保温出口排除地下水。渗水盲沟顶部铺以 PE 保温板及细砂加以保温处理。本项工程实施效果良好,有效排出了地下水对工程的不利影响。

5.4.7.4 实例 4——水麻高速公路伏龙口电站库区路段 K2+110~+280 滑坡加固设计

(1)滑坡概况

斜坡地貌,滑坡周界清楚,圈椅形,长约 130m,宽约 170m,据地质调查和钻孔资料,坡面凸凹不平,局部出露基岩,物质成分为崩坡积的亚黏土含块、碎石,局部夹块石土,硬塑状,滑面埋深 6.9~17.8m,沿基岩面滑动,下伏为紫红、暗紫、紫灰色粉砂质泥岩、泥岩、细砂岩,呈不等厚互层。

(2)滑坡整治概况

在水麻高速公路修建过程中,对该滑坡采用双排抗滑桩进行治理,抗滑桩纵向间距 5m,桩尺寸为 2.0×1.5m,桩长 12.5m,共 36 根抗滑桩。整治工程典型剖面如图 5-4-18 所示。

(3)蓄水后滑坡稳定性评价

伏龙口电站枯水期和平水期正常蓄水位 292m,死水位 290.5m;汛期当入库流量大于 1200m^3/s 时小于 1800m^3/s 时,维持在排沙水位 289m 运行发电。水库回水高程在该滑坡位置与蓄水位相同,因此在评估时考虑水位变动范围为 289~292m。由于水麻高速公路设计洪水频率为百年一遇,同时分析百年一遇洪水位对滑坡的影响,推算该滑坡位置百年一遇洪水位为 295.58m,高出原水麻高速公路设计百年一遇洪水位 0.25m。

根据该段勘察报告,滑体为崩坡积的亚黏土含块、碎石,局部夹块石土,滑面为亚黏土与基岩接触面,下伏基岩为粉砂质泥岩、泥岩、细砂岩。取滑面参数 $c=40\text{kPa}$,$\phi=16°$,饱水之后滑面抗剪强度降低,取 $c_b=20\text{kPa}$,$\phi_b=14°$。地震参数按地震烈度Ⅶ度考虑。根据相关规范,采用理正软件进行分析,计算图示如图 5-4-19 所示,计算表明,天然未加固状态下,边坡稳定性系数为 1.04;采用抗滑桩加固后,边坡稳定性系数提高至 1.21;在低水位 289m 时,边坡稳定性系数为 0.92;在正常蓄水位 292m 状态下,边坡稳定性系数为 0.89;在百年洪水位 295.58m 时,边坡稳定性系数为 0.87。

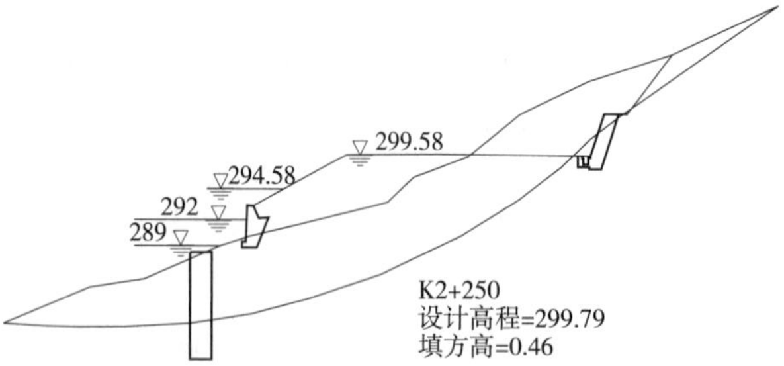

图 5-4-18　K2+250 抗滑桩横断面

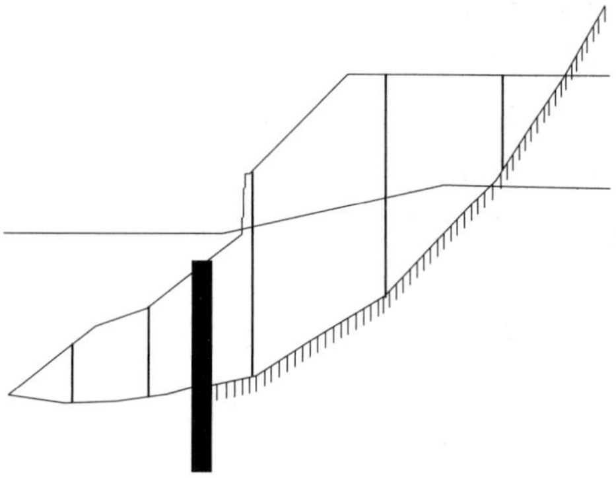

图 5-4-19　K2+250 断面计算图示

评估结果:K2+110~K2+280 滑坡在伏龙口电站蓄水后稳定性系数大幅度降低,且稳定性系数小于 1.0,滑坡将失稳。因此,需对该滑坡进行加固处理(图 5-4-20)。

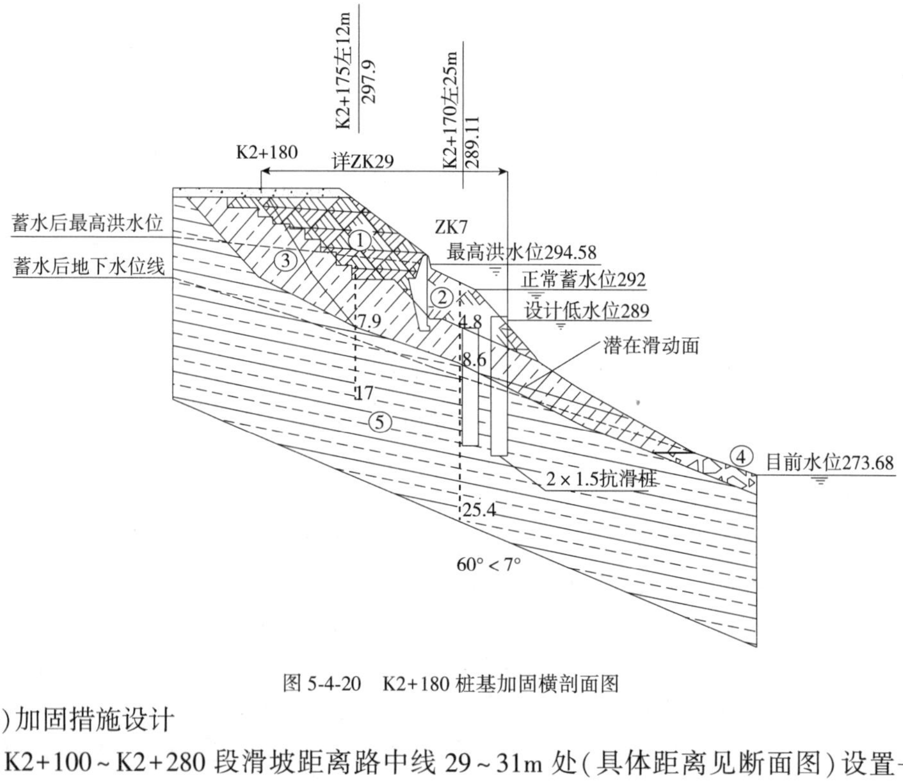

图 5-4-20　K2+180 桩基加固横剖面图

(4)加固措施设计

在 K2+100~K2+280 段滑坡距离路中线 29~31m 处(具体距离见断面图)设置一排 2×1.5m 抗滑桩,桩间距为 5m,桩长 15m。

5.5　锚杆(索)加固

5.5.1　概述

5.5.1.1　锚固技术原理

岩土锚固的基本原理就是利用锚杆(锚索)提供结构物的拉力来增强周围地层岩土的抗剪强度,以保持岸坡、边坡的自身稳定。锚杆、锚索的使用可以提供作用于结构物上以承受外荷载的抗力;可以使锚固地层产生压应力区并对加固地层起到加筋作用;可以增强地层的强度,改善地层的力学性能;可以使结构与地层连锁在一起,形成一种共同工作的复合体,使其能有效地承受拉力和剪应力。在岩土锚固中,通常将锚杆和锚索统称为锚杆。

5.5.1.2　锚固工程结构体系

锚杆是一种将拉力传至稳定岩层或土层的结构体系,主要由锚固头、自由段(也称为非锚固段)、锚固段(也称为有效锚固段)三部分组成,如图 5-5-1 和图 5-5-2 所示。锚固头是外端用于锚固或锁定锚杆(索)拉力的构件,由垫墩、垫板、锚具、保护帽和外端锚筋等组成;自由段是传递力的部分,为锚杆(索)穿过被加固岩土体的长度,其下端为锚固段,上端为锚固头;锚固段是锚杆(索)结构的固定处,通过锚固体周边地层的抗剪强度承受锚杆(索)所传递的拉力,它是锚杆(索)伸入滑动面(潜在滑动面或破裂面)以下稳定岩土体内的长度;为保证锚杆(索)受力合理、施工方便,在锚杆(索)内还需设置定位支架、导向帽、架线环、灌浆塞等配件。

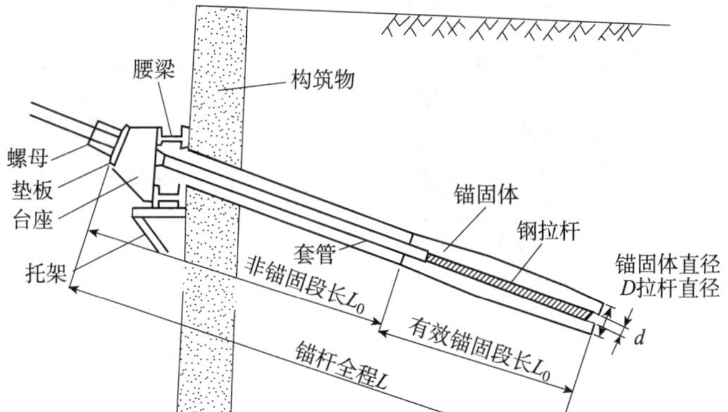

图 5-5-1　锚杆结构示意图

5.5.1.3　锚杆(索)技术特点

锚杆和锚索在库岸滑坡治理工程中运用越来越广泛,预应力锚固技术的最大特点,是能够充分利用岩土体自身强度和自身承载力,大大减轻结构自重,节省工程材料。与传统抗滑桩、挡土墙、支撑等支护方法相比,锚杆和锚索锚固技术具有柔性较好、深层加固、主动加固、造价低、工期短、占地空间少、支护及时快速、安全稳定性好、应用广泛等特点,其综合经济技术效益显著。

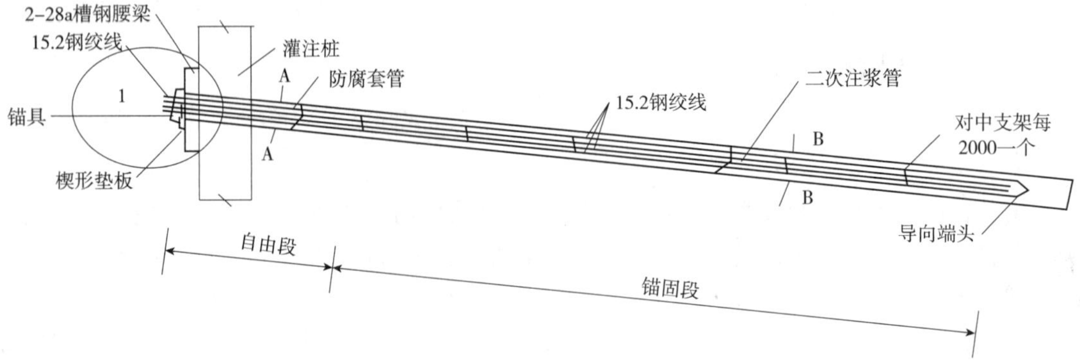

图 5-5-2　预应力锚索结构示意图

5.5.1.4　锚杆(索)应用范围

岸坡整治的锚固技术,主要适用于:①岩质挖方岸坡,且坡面局部破碎,风化严重,岸坡稳定直接受风化影响的高陡岸坡;②岩土互层挖方岸坡,且岩层相对较薄,易风化的岸坡地段的高陡岸坡;③其他高陡岸坡的整治;④低矮岸坡但易于出现滑坡及坍塌现象;⑤不能采用植物、种树防护,而采用喷浆防护不能有效地防止山体岩层破裂,会出现整体滑移的整治岸坡;⑥高填方岸坡附近有重要建筑物,为保证填方岸坡稳定,也采用锚固技术。一些应用工程图片如图 5-5-3 和图 5-5-4 所示。

图 5-5-3　水麻高速公路预应力锚杆+挂网

图 5-5-4　贵州高速公路岸坡预应力锚索加固

5.5.1.5　锚杆(索)类型及作用

(1)类型

①锚杆(索)按应用对象分为岩石锚杆(索)和土层锚杆(索);

②按是否预先施加应力分为预应力锚杆(索)和非预应力锚杆(索);

③按锚固形态分为圆柱形(图 5-5-5)、端部扩大型(图 5-5-6)和连续球型(图 5-5-7)锚杆(索):

a.圆柱形锚杆(索)承载力主要依靠锚固体与周围岩土介质间的黏结摩阻强度提供,适用于各类岩石和较坚硬土层。

b.端部扩大型锚杆(索)承载力由锚固体与土体间的摩阻强度和扩大头处的端承强度共同提供,较适用于黏土等软弱土层以及相邻地界限制土锚长度不宜过长的土层和一般圆柱形锚杆(索)无法满足要求的情况。

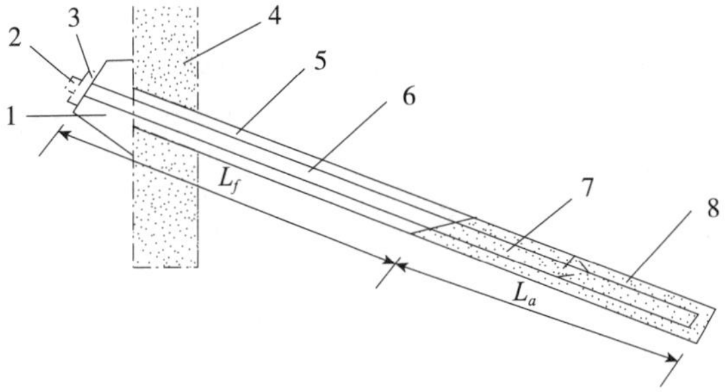

图 5-5-5　圆柱形锚杆

1-台座;2-锚具;3-承压板;4-支挡结构;5-钻孔;6-自由隔离层;7-钢筋;8-注浆体;L_f-自由段长度;L_a-锚固段长度

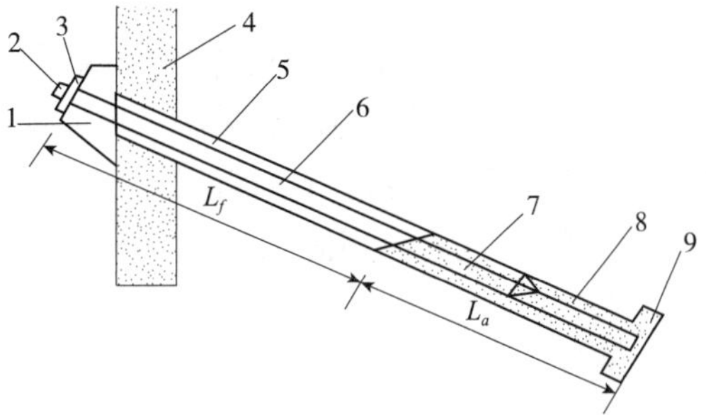

图 5-5-6　端部扩大型锚杆

1-台座;2-锚具;3-承压板;4-支挡结构;5-钻孔;6-自由隔离层;7-钢筋;8-注浆体;9-端部扩大体;L_f-自由段长度;L_a-锚固段长度

c.连续球型锚杆(索)适用于自由段与锚固段交界处的密封袋和带许多环圈的套管,对锚固段进行二次或多次灌浆处理,使锚固段形成一连串球状,适用于淤泥、淤泥质黏土等特别软土层或对锚固力有较高要求的土层锚杆(索);

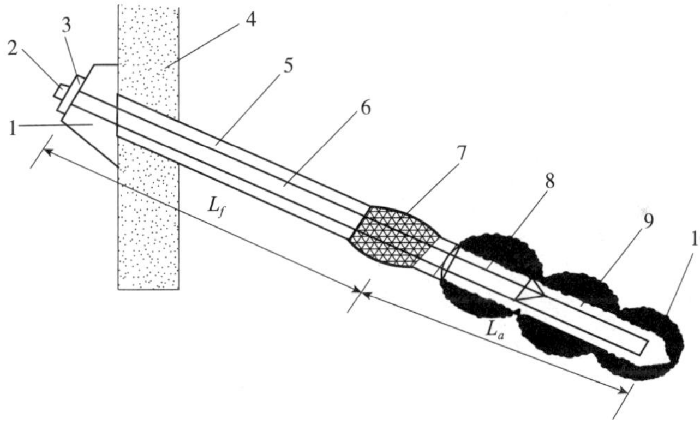

图 5-5-7　连续球型锚杆

1-台座;2-锚具;3-承压板;4-支挡结构;5-钻孔;6-自由隔离层;7-止浆密封设备;8-钢筋;9-注浆体;10-锚固体;L_f-自由段长度;L_a-锚固段长度

④按锚固机理分为黏结锚杆(索)、摩擦型锚杆(索)、端头锚固型锚杆(索)和混合型锚杆(索)。库岸边坡加固工程中广泛采用的锚钉也是一种较短的黏结型锚杆。

(2)锚杆(索)与其他支挡结构的联合作用

锚杆(索)在岸坡加固中通常与其他支挡结构联合使用,如:

①锚杆(索)与钢筋混凝土桩联合使用,构成钢筋混凝土排桩式锚杆(索)挡墙。

②锚杆(索)与钢筋混凝土格架联合使用,形成钢筋混凝土格架式锚杆(索)挡墙,主要用于高陡岩石岸坡或直立岩石切坡。

③锚杆(索)与钢筋混凝土板肋联合使用,形成钢筋混凝土板肋式锚杆(索)挡墙,主要用于直立开挖的三、四类岩石岸坡或土质岸坡支护,一般采用自上而下的逆作法施工。

④锚杆(索)与钢筋混凝土板肋、锚定板联合使用,形成锚定板挡墙,主要用于填方形成的直立土质岸坡。

⑤锚杆(索)与钢筋混凝土面板联合使用,形成锚板支护结构,适用于岩石岸坡。

⑥锚钉加固岸坡,在岸坡中埋入短而密的抗拉构件与坡体形成复合体系,增强岸坡的稳定性,用于土质岸坡和松散的岩石岸坡。加固高度较小,多用于临时岸坡加固。

一些锚杆(索)与其他支挡结构联合作用的实例见图 5-5-8~图 5-5-11。

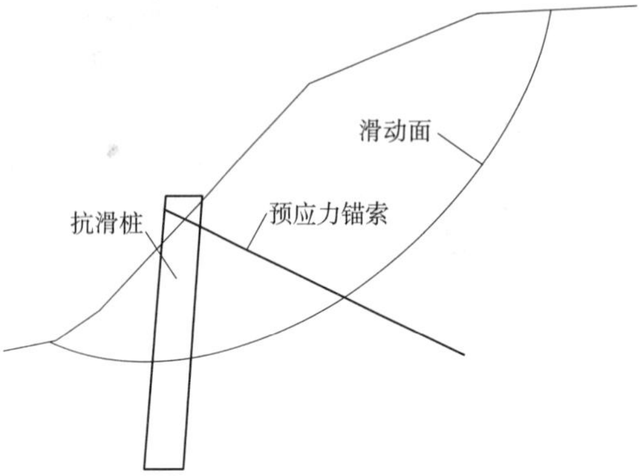

图 5-5-8　预应力锚索抗滑桩联合结构图

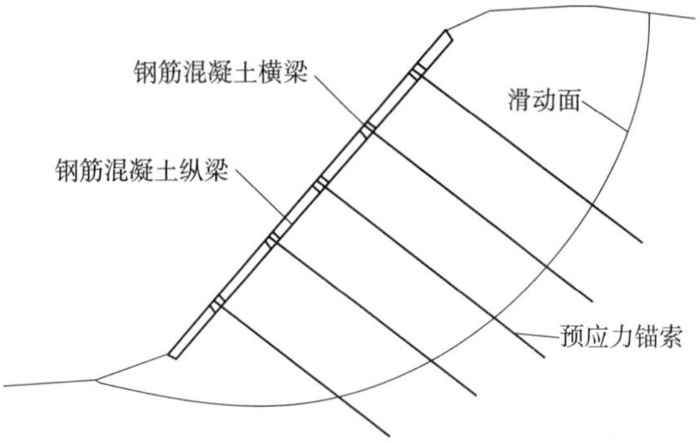

图 5-5-9　钢筋混凝土格架式锚杆(索)支护图

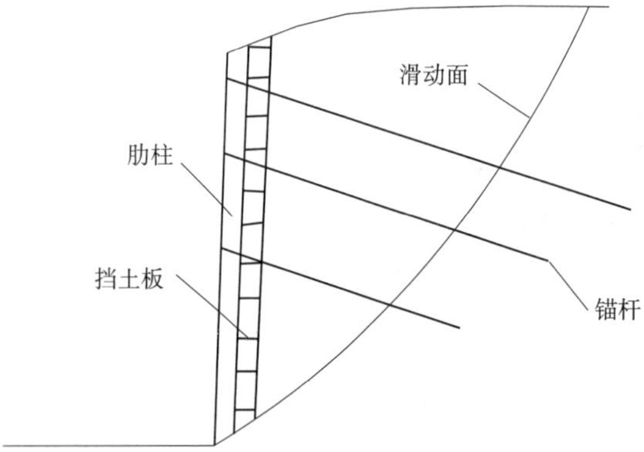

图 5-5-10　钢筋混凝土板肋式锚杆挡墙图

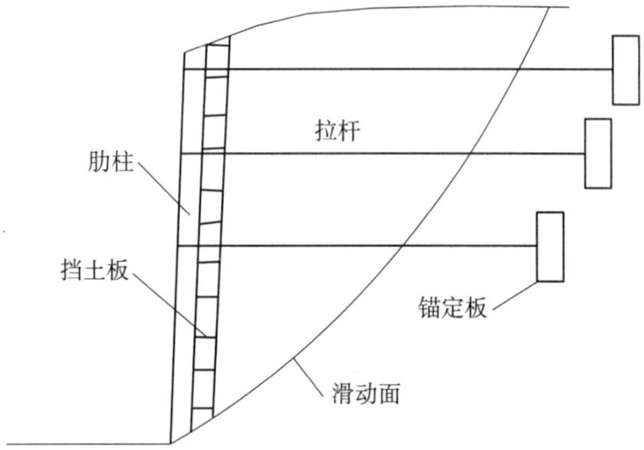

图 5-5-11　钢筋混凝土格架式锚杆支护图

5.5.2　锚杆(索)设计原则

5.5.2.1　布设

锚杆(索)布设应充分研究锚固工程的安全性、经济性和施工的可行性。

布设前应认真调查与锚固工程有关的地形、场地、周围已有建筑物、地下埋设管线等周边环境条件。进行工程地质勘察及有关的岩土物理力学性能试验,以提供锚固工程范围内的岩土性状、抗剪强度、地下水、地震等资料，以确定锚杆(索)布设范围、控制深度、结构类型、保护方式等。对于土质岸坡还应提供土体的物理性质和物理状态指标。

5.5.2.2　覆土层

锚杆(索)上覆盖土层需要保留一定厚度，一般不得小于 3.0～4.0m，以避免上部地表土层受其他荷载等影响而改变受力条件。确保预应力锚杆(索)的锚固段灌浆的施工质量。

5.5.2.3　锚固段

锚杆(索)的锚固段一般应设置在稳定、密实的岩土层内，以发挥岩土自锚固的作用，不宜设置在有机质土层、高塑性黏土层、松散的砂土层或破碎岩层等锚固性能较差，且受力后变形量大的岩土层内。

5.5.2.4　锚杆倾角

锚杆(索)倾角(与水平面间的夹角)宜为 15°～40°，倾角越大，锚杆(索)承担的力沿着滑面的分力越小，抵抗滑坡体滑动的阻力越小，要承担同样的下滑力，相应锚杆(索)的数量或吨位必须加大。

5.5.3　锚杆(索)的布置

进行锚杆(索)布置时，对锚杆(索)的间距、最优锚固角和锚杆(索)长度的确定是三个关键的技术参数。

5.5.3.1　锚杆(索)间距的确定

锚杆(索)的平面、立面布置应根据工程需要来确定，锚杆(索)间距应以所设计的锚固拉力能对岸坡提供最大的张拉力为标准。根据通常设计和张拉试验观察，间距小于 1.2m 时应考虑到锚固孔孔周岩土松弛区的影响，一般锚杆(索)的间距应大于 1.5m 或 5 倍的孔直径。

另外，在进行锚杆(索)设计时，还应考虑施工偏差而造成对锚杆(索)的相互影响。工程实践证明，锚杆(索)间距宜采用 3～6m，最小不应小于 1.5m。在进行初步设计时，也可参考有关经验公式计算，然后再通过试验加以确定。

(1)日本经验公式

日本锚固协会在制定的《VSL 锚固施工法设计施工规范》中，列出了计算锚杆(索)间距 D 的公式(5-5-1)。

$$D = 1.5\left(\frac{Ld}{2}\right)^{\frac{1}{2}} \tag{5-5-1}$$

式中：L——锚杆(索)的长度(m)；

d——锚杆(索)的钻孔孔径(m)。

(2)三峡工程公式

我国《长江三峡工程库区滑坡防治工程设计与施工技术规程》中也列出了计算锚杆(索)间距的公式(5-5-2)。

$$D=\ln\left(T^2\times\frac{L}{\rho}\right) \tag{5-5-2}$$

式中：D——锚杆（索）间距（m）；

T——设计的锚固力（kN）；

L——锚杆（索）的长度（m）；

ρ——修正系数，取10^5（$kN^2\times m$）。

5.5.3.2 最优锚固角的确定

一般从提供最大抗滑力、最短自由段长度和现场实际情况三方面综合确定预应力锚索的最优锚固角。

预应力锚索的锚固角影响着锚索的受力情况、锚索总长度的变化，关系到工程投资的大小及施工的难易程度。从施工工艺考虑，锚杆（索）设置方向应以水平线向下倾为宜，通过技术经济综合分析，按单位长度锚杆（索）提供抗滑增量最大时的锚杆（索）下的倾角，称为最优锚固角。

另一种方法是从锚杆（索）受力最佳角度来考虑，可按经验式（5-5-3）计算最优锚固角β。

$$\beta=\alpha\pm\left(45°+\frac{\varphi}{2}\right) \tag{5-5-3}$$

式中：β——锚杆（索）倾角（°）；

α——滑面的倾角（°）；

φ——滑面内的内摩擦角（°）。

因接近水平方向布置的锚杆（索）灌浆后注浆体的沉淀和泌水现象，会影响锚杆（索）的承载能力，所以设计锚杆（索）倾角，应避开−10°至10°这个范围，从施工工艺考虑，一般多采用下倾15°~30°。

5.5.3.3 锚杆（索）长度的确定

锚杆（索）的总长度由锚固段长度、自由段长度和张拉段长度组成。自由段长度受到稳定地层界面的控制，在设计中应考虑自由段深入滑动面或潜在滑动面的长度不小于1.0m。一般规定自由段的长度不小于3.0~5.0m。

张拉段的长度应根据所采用的张拉机具决定，锚杆（索）外露部分的长度一般为1.5m左右。

5.5.4 锚固拉力的设计计算

在计算水库滑坡锚固拉力之前，应对未施加预应力的滑坡稳定安全系数进行计算，作为锚固拉力设计的依据。滑坡设计荷载包括滑坡体自重、静水压力、渗透压力、孔隙水压力和地震力等。对于跨越库水位线的滑坡，还应考虑每年库水位变动时对滑坡体产生的渗透压力或动水压力。

预应力锚杆（索）极限锚固拉力，通常由破坏性拉拔试验确定。极限锚固拉力指锚杆（索）沿着握裹砂浆，或砂浆固结体沿着孔壁滑移破坏的临界拉拔力；容许锚固拉力指极限锚固拉力除以适当的安全系数，安全系数通常为1.5~2.0；设计锚固拉力可根据滑坡体的推力和安全系数确定。在一般情况下，容许锚固拉力为设计锚固拉力的1.2~1.5倍。

预应力锚杆(索)将根据滑坡体结构和变形状况确定锁定值,即:①当滑坡体结构完整性较好时,锁定锚固拉力可达设计锚固拉力的 100%;②当滑坡体蠕动滑移比较明显,预应力锚索与抗滑桩相结合时,锁定锚固拉力可达设计锚固拉力的 50%~80%;③当滑坡体具有滑塌可能时,锁定锚固拉力可达设计锚固拉力的 30%~70%。

5.5.5 锚固体长度的计算

锚固体的设计主要是确定锚杆(索)锚固段长度、孔的直径和锚固类型。孔的直径和锚固类型可根据施工设备、地质条件等进行选择,而锚杆(索)锚固段长度需依据锚固体的承载能力确定。对承载体的承载能力应考虑以下因素:①锚固体与锚孔孔壁的抗剪强度;②锚杆(索)与胶结体(如水泥砂浆等)间的黏结强度;③所采用锚杆(索)的强度。

对于比较重要的岸坡滑坡工程,设计时锚固体的承载能力可通过理论计算、工程类比法或现场拉拔的试验确定。

5.5.5.1 锚固长度理论计算方法

锚固体可分为圆柱形锚杆(索)锚固体和端部扩大形锚杆(索)锚固体,由于锚固体的结构不同,其锚固长度的计算也不同。

(1)圆柱形锚杆锚固体

考虑锚杆(索)从胶结体中拔出时计算锚固长度,可用式(5-5-4)计算:

$$L_{at}=K\cdot\frac{N_t}{n\pi dC_1} \tag{5-5-4}$$

考虑锚固体沿着孔壁滑移时计算锚固长度,可用式(5-5-5)计算:

$$L_{a2}=K\cdot\frac{N_t}{\pi DC_2} \tag{5-5-5}$$

式中:K——安全系数。《水工预应力锚固设计规范》中规定,对永久工程 K 取 1.5~2.0,对临时工程 K 取 1.2~1.6;《长江三峡工程库区滑坡防治工程设计与施工技术规程》中规定安全系数 K 取 2.0~4.0。

N_t——设计锚固力(kN);

n——钢绞线的根数;

d——钢绞线的直径(mm);

C_1——胶结体(如水泥砂浆等)与钢绞线允许黏结强度(MPa);

C_2——锚固体表面与周围岩土体间的黏结强度(kPa),其值与钻孔方法、岩土性质、渗透性、抗剪强度、锚杆(索)上覆盖地层厚度、灌浆压力等因素有关,工程上一般由试验确定,初步设计时也可参照表 5-5-1 中推荐值选用;

D——锚固孔的孔径(mm)。

(2)端部扩大形锚杆(索)锚固体

应分别考虑锚杆(索)从胶结体中拔出时计算锚固长度 L_{a1} 和锚固体沿着孔壁滑移时计算锚固长度 L_{a2},最后以较大值作为锚固长度设计值。

锚固体表面与周围岩土体间的黏结强度　　表 5-5-1

岩土种类	岩土状态	c_2 值(kPa)
淤泥土		20~25
黏性土	软塑	30~40
	可塑	40~50
	硬塑	50~60
	坚硬塑	60~70
岩石	泥岩	600~1200
	风化岩	600~1000
粉土	中密	100~150
砂土	松散	90~140
	稍密	160~200
	中密	220~250
	密实	270~400
岩石	软质岩	1000~1500
	硬质岩	1500~2500

注:表中 c_2 值采用一次常压灌浆时的黏结强度。

考虑从胶结体中拔出时计算锚固长度,可按式(5-5-4)计算。端部扩大头形锚杆,锚杆(索)结构示意,如图 5-5-12 所示。锚固体沿着孔壁滑移时,锚固长度可以根据不同土层进行计算。

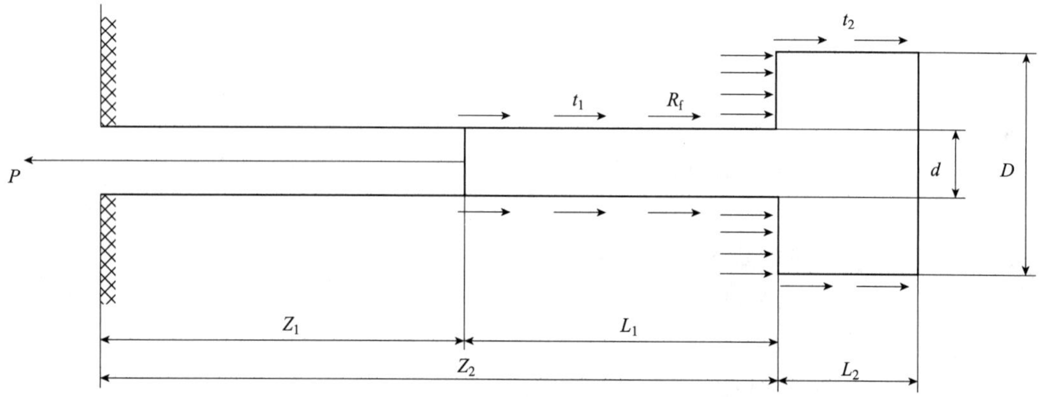

图 5-5-12　端部扩大头形锚杆(索)结构计算示意图

砂土中端部扩大头形锚杆(索)锚固拉力计算公式为:

$$P=\gamma Z_2\beta_c\frac{\pi(D^2-d^2)}{4}+\pi DL_2C_2+\pi dL_1C_2 \tag{5-5-6}$$

式中:P——砂土中锚杆(索)极限锚固拉力(kN);

D——锚固体的扩大部分直径(mm);

d——锚固体的不扩大部分直径(mm);

L_1——锚固体的不扩大部分长度(m);

L_2——锚固体的扩大部分长度(m);

γ——土体重度(kN/m^2);

Z_2——扩大头上覆土层的厚度(m);

β_c——锚固拉力因素系数。

国外有关专家从圆形锚锭板的试验结果得出,埋入土层的厚度 Z_2 与圆板直径 D 的比值同锚固拉力因素系数 β_c 的关系曲线(图 5-5-13),计算时依据 Z_2 与 D 的比值,从图中的得到 β_c 值。

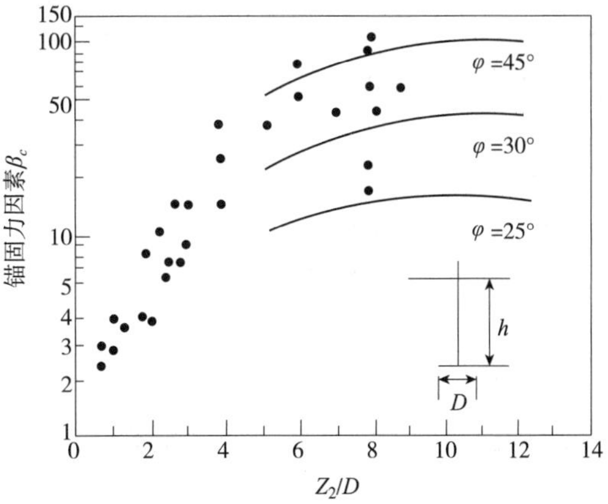

图 5-5-13　D 与 β_c 的关系曲线

在锚杆(索)设计中应满足式(5-5-7)的规定:

$$P \geqslant k \cdot N_t \tag{5-5-7}$$

式中:k——锚杆(索)安全系数;

N_t——锚杆(索)设计锚固拉力(kN);

P——砂土中锚杆(索)极限锚固拉力(kN)。

$$L_1 d + L_2 D = \frac{1}{\pi C_2}\left[kN_t - \gamma Z_2 \beta_c \frac{\pi(D^2-d^2)}{4}\right] \tag{5-5-8}$$

锚固体的长度 $L_{a2}=L_1+L_2$。实际工程中,若扩孔段长度 L_2 较小,扩孔的直径变化不大,忽略锚固体扩孔直径变化带来的摩阻力差异,则锚固体长度 L_{a2} 可近似用式(5-5-9)计算:

$$L_{a2} = \frac{1}{\pi d C_2}\left[kN_t - \gamma Z_2 \beta_c \frac{\pi(D^2-d^2)}{4}\right] \tag{5-5-9}$$

黏性中端部扩大头形锚杆(索)锚固拉力计算,类似于其在砂土中的锚固拉力计算,其可按式(5-5-10)计算:

$$P = \beta_c \tau \frac{\pi(D^2-\mathrm{d}^2)}{4} + \pi D L_2 C_2 + \pi d L_1 C_2 \tag{5-5-10}$$

式中:τ——土体不排水抗剪强度;

β_c——锚固拉力因素系数,可取 9.0;

其余符号意义同前。

同理可得锚固体长度计算公式:

$$L_1 d + L_2 D = \frac{1}{\pi C_2}\left[kN_t - \beta_c \tau \frac{\pi(D^2-d^2)}{4}\right] \tag{5-5-11}$$

式中:k——锚杆(索)安全系数,按《岩土锚杆(索)技术规程》(CECS22—2005)中的规定选用,初步设计时锚杆(索)锚固安全系数可参考表 5-5-2;

N_t——锚杆(索)设计锚固拉力(kN)。

具体设计中,同样,有近似计算公式:

$$L_{a2} = \frac{1}{\pi d C_2}\left[kN_t - \beta_c \tau \frac{\pi(D^2-d^2)}{4}\right] \tag{5-5-12}$$

锚杆(索)安全系数表 表 5-5-2

锚杆(索)破坏后的危害程度	安全系数	
	临时锚杆(索)	永久锚杆(索)
危害轻微,不会构成公共安全问题	1.4	1.8
危害较大,但对公共安全无问题	1.6	2
危害很大,会出现公共安全问题	1.8	2.2

5.5.5.2 工程类比方法

根据我国三峡库区链子崖危岩体锚固工程等的设计和施工经验,《长江三峡工程库区滑坡防治工程设计与施工技术规程》推荐的锚固长度见表 5-5-3。

锚固长度经验值参考表 表 5-5-3

序号	锚杆(索)吨位	锚固段长度(m)	备注
1	3000kN 级以上	7~8	适合岩石地层
2	3000~2000kN 级	6~7	
3	2000~1000kN 级	5~6	岩石地层
4	1000kN 级	4~5	岩、土地层

5.5.5.3 拉拔试验

在某些情况下,锚杆(索)的拉拔试验在岩土锚固技术中的作用十分重要,也是相关规范中不可缺少的内容。拉拔试验可结合生产性试验进行,以完善和优化锚固施工工艺,主要检验和确定包括安全合理的锚固长度等在内的施工参数。拉拔试验可分为 7d、14d、28d 三种情况进行,锚固用水泥砂浆的水灰比参考值为 0.38~0.45。

5.5.6 锚杆(索)结构设计

5.5.6.1 锚杆(索)的选择

为确保库岸滑坡的安全,锚杆(索)应采用高强度的材料,常见有钢绞线、高强度钢丝或高强螺纹钢筋。当预应力较小(小于 500kN)、长度不大(小于 20m)时,拉杆通常采用二级或三级钢筋。预应力较大(大于 500kN)、长度较长(大于 20m)或者具有徐变地层,应采用钢绞线作为锚杆(索),其预应力的损失量仅为普通钢筋的 1/7。岸坡及其他结构物的有效锚固,主要取决于使用具有高屈服点的预应力钢丝、钢绞线或预应力钢筋。低质钢通常只适用于制作使用寿命不长的短锚杆(索),或者不要求使用预应力的临时锚杆(索)。最理想的拉杆材料是在具有高强度的同时,也具有较少松弛损失,且具有良好的抗腐蚀性能。

锚杆(索)拉杆的截面面积,可按式(5-5-13)计算:

$$A = k \cdot \frac{N_t}{f_{ptk}} \tag{5-5-13}$$

式中:A——锚杆(索)拉杆的截面面积(mm^2);

k——锚杆(索)的安全系数;

N_t——锚杆(索)拉杆的设计轴向力(kN);

f_{ptk}——钢丝、钢绞线、钢筋强度标准值(MPa)。

钢绞线强度标准值参见表5-5-4和表5-5-5。

国标7丝标准型钢绞线参数表　　表5-5-4

直径(mm)	面积(mm^2)	每米理论质量(kg)	强度级别(MPa)	破坏荷载(kN)	屈服荷载(kN)	伸长率(%)	松弛率(%)
9.50	54.80	432	1860	102.0	86.6	3.5	2.5
11.00	74.20	580	1860	138.0	117.0	3.5	2.5
12.70	98.70	774	1860	184.0	156.0	3.5	2.5
15.20	139.00	1101	1860	259.0	220.0	3.5	2.5

注:松弛率为70%破断荷载1000h的松弛(%)。

实际工程设计时,对腐蚀地层中的永久性锚杆(索),其锚杆(索)钢筋直径应在正常情况下增大2~3mm,以增大锚杆(索)的耐腐蚀性。

ASTMA416-90a标准型钢绞线参数表　　表5-5-5

直径(mm)	面积(mm^2)	每米理论质量(kg)	强度级别(MPa)	破坏荷载(kN)	屈服荷载(kN)	伸长率(%)	松弛率(%)
9.53	54.84	432	1860	102.3	92.1	3.5	2.5
11.11	74.19	582	1860	137.9	124.1	3.5	2.5
12.70	98.71	775	1860	183.7	165.3	3.5	2.5
15.24	140.00	1102	1860	260.7	234.6	3.5	2.5

注:松弛率为70%破断荷载1000h的松弛(%)。

5.5.6.2　张拉段(自由段)长度确定

锚杆(索)张拉段(自由段)的长度,应根据锚杆(索)与滑裂面和岸坡坡面的交点的距离而定。为了有利于被锚固地层的稳定性和锚固可靠性,张拉段(自由段)一般应超过破裂面1.0m,同时要求锚杆(索)张拉段(自由段)的长度不宜小于5.0m。

5.5.6.3　锚杆拉杆对中定位器设计

锚杆拉杆对中定位器设计的目的:①使拉杆处在锚固体砂浆的中央,当拉杆受力时,锚固体能均匀受力;②使拉杆四周砂浆厚度均匀分布且满足防腐要求,一般拉杆周围保护层的厚度不得小于10mm。

锚杆拉杆对中定位器的设计应保证:①要能满足对中定位器如以上所述的功能要求;②要满足锚杆拉杆对中定位器能平顺地安放在锚固孔中。实际施工中,可根据现场条件,因地制宜地自行设计。

5.5.6.4　锚杆(索)的锚头设计

锚头的结构构造和形状尺寸,应根据锚杆(索)的设计荷载、岩土的地层条件、支撑结构和施工条件而定,并保证有足够的强度和刚度,不得产生有害的变形,从而有效地保持锚杆(索)预应力值的恒定。

锚杆(索)的锚头一般由台座、承压板及紧固器三部分组成:

①台座通常由钢筋混凝土或加钢板组成,其中放置承压板的外表面必须设计成与锚杆(索)垂直。

②承压板应当用高强度钢板制成,不得因锚杆(索)预拉应力而使承压板变形过大,导致台座表面不均匀受力而发生破坏。

③紧固器也称锚具,对于预应力钢筋的锚具普遍使用的是螺母。螺母的尺寸应根据预应力钢筋的直径、螺纹规格和预应力大小来确定。对于钢绞线锚具,国内常用的有 JM、QM 和 OVM 系列,根据钢绞线根数的多少,可分为 4 孔、7 孔、9 孔、12 孔、15 孔等不同形式,也可以根据实际需要到厂家定做。

锚杆(索)头部的设计,根据施工现场条件不同,设计拉力不同,必须对每一个工点的不同情况进行个别设计。设计时,台座应符合钢筋混凝土设计规范要求;紧固器或锚具、承压板应满足机械零件设计要求。

5.5.7 锚杆(索)锁定荷载的确定

锚杆(索)的锁定荷载是指进行锚杆(索)锁定时,作用于锚头上的拉力,其大小原则上可按锚杆(索)设计锚固拉力值确定。岩土加固和岸坡抗滑的锚固,即为了加固地基和抵抗滑动力而施加预应力的锚杆(索),以设计锚固拉力作为锁定荷载。

但在具体的工程中,锁定荷载应视锚杆(索)的使用目的和地层性状而加以调整:

(1)岸坡滑坡体结构完整性较好时,可将设计锚固拉力的 100%作为锁定荷载。

(2)岸坡滑坡体有明显蠕变且预应力锚杆与抗滑桩相结合,或因滑坡地层松散引起的变形过大时,应由张拉的试验确定锁定荷载。通常这种情况,将锁定荷载取为设计锚固拉力的 50%~80%。

(3)当岸坡具有崩塌性时,锁定荷载可取为设计锚固拉力的 30%~70%。

(4)如果设计的支撑结构容许变位时,锁定荷载应根据设计条件确定,有时按容许变形的大小可取设计锚固拉力的 50%~70%。

(5)当锚固地层有明显徐变时,可将锚杆张拉到设计拉力值的 1.2~1.3 倍,然后再退到设计锚固拉力进行锁定,这样可减少地层的徐变量引起的预应力损失。

表 5-5-6 为国内部分水电站工程锚索荷载比值表,可供同类设计时参考。

国内部分水电站工程锚索荷载比值表 表 5-5-6

序号	工程名称	设计强度	超张拉强度	超张拉的提高系数
		材料强度(10^3MPa)	材料强度(10^3MPa)	
1	梅山水库	0.650	0.750	1.154
2	双排水电站	0.630	0.725	1.151
3	陈村水电站	0.550	0.710	1.291
4	镜泊湖水电站	0.660	0.750	1.250

续上表

序　　号	工 程 名 称	设 计 强 度	超张拉强度	超张拉的提高系数
		材料强度(10^3MPa)	材料强度(10^3MPa)	
5	洪门水电站	0.610	0.710	1.164
6	丰满水电站	0.642	0.672	1.047
7	铜街子水电站	0.660	0.700	1.061
8	天生桥二级水电站	0.600	0.670	1.117
9	碧口水电站	0.600	0.700	1.167
10	漫湾水电站	0.630	0.700	1.110
平均	—	0.620	0.705	1.137

5.5.8　锚杆(索)防腐设计

锚杆(索)腐蚀是指锚杆(索)金属部分与其周围介质发生化学或电化学反应而导致金属破坏的现象。影响锚杆(索)杆体腐蚀的因素很多,除了自身物理化学性质、地下水和地层的水化和电化学性质外,地层的化学成分对腐蚀形成和发展具有重大影响,特别是当地层中存在钠盐、钙盐和镁盐(一般酸性的碳酸盐、硫酸盐或氯盐)时会大大加速对锚杆(索)的腐蚀。

5.5.8.1　防腐设计的要求和方法

(1)锚杆(索)防腐设计要求

岩层中锚杆(索)的使用寿命取决于锚具及杆件的耐久性,而影响它们耐久性最直接最主要的因素是腐蚀。所以对锚固工程中的锚杆(索),特别是永久性锚杆(索)必须进行防腐设计。所设的防腐系统必须满足以下要求:

①锚杆(索)防腐系统的有效期应等于锚杆(索)的有效期,且不能影响和妨碍锚杆(索)发挥所设计的功能。

②保证锚杆(索)在其张拉段(自由段)长度范围内能自由移动,在锚杆(索)试验和加荷载施工中,所有荷载都向下传递到锚固区。

③锚杆(索)防腐系统必须具有良好的化学稳定性。在有效期内不与相邻材料发生反应,并保持抗渗性,同时在预料的工作温度范围内不产生开裂、不变脆,不成为流塑性。

④锚杆(索)防腐系统必须足够牢固且具有韧性,在锚杆(索)安装和加荷载过程中不产生损坏。

(2)锚杆(索)防腐设计方法

锚杆(索)防腐方法,一般可分为积极防腐和消极防腐两种方法:

①积极防腐法对锚杆(索)设计一种电路进行电力阴极保护,从而使锚杆(索)表面极化成阴极,并保持阻止发生腐蚀过程的电位。通常是为保护大批锚杆(索)而采用的一种辅助性方法,设计和施工复杂,造价比较高,在一般工程中不予采用。

②消极防腐法使用防腐材料涂层、包封或用外膜覆盖直接保护,以避免外部腐蚀介质侵入,抑制腐蚀条件的形成,并且能基本满足工程要求,大多数工程采用这种防腐方法。

(3)锚杆(索)防腐设计调查

设计前,应对锚杆(索),特别是重要工程的永久性锚杆(索)防腐环境充分调查,调查内容主要包括:地层的化学成分和含水量、地层有效电阻(率)、地下水和地表水化学成分和导电性、可能存在的外来电场、地下水和地表水的 pH 值、氧化还原电势等其他有利于腐蚀的有关介质物理化学性质。

选择防腐方法必须适应锚杆(索)的使用目的,对锚杆(索)锚头、张拉段和锚固段部分应分别对待。防腐方法的确定还需使防腐材料在施工期间免受损伤,并保证防腐系统长期有效。永久性锚杆(索)必须进行双层防腐,临时性锚杆(索)可采用简单防腐,腐蚀环境特别严重者也应采用双层防腐。

5.5.8.2 锚固体的防腐处理

一般腐蚀环境中的永久性锚杆(索),其锚固段内的杆体可以采用水泥浆或水泥砂浆封闭防腐,但杆件一定要使用对中定位器使其居中。应保证杆体周围水泥砂浆保护层厚度均匀,最小厚度不得小于 20mm。在严重腐蚀环境中的永久性锚杆(索),其锚固段内杆体宜采用波纹管外套,管内空隙用环氧树脂、水泥浆或水泥砂浆充填,套管周围保护层厚度不得小于 10mm。

临时张锚杆(索)如果无特殊要求或在不是特别严重的腐蚀环境中,其锚固段一般可采用水泥浆封闭防腐,杆体周围保护层厚度一般也不得小于 10mm。

对于采用机械式内锚头的岩石锚杆(索),在干燥岩层中可采取在内锚头各部件上涂防腐漆、沥青或润滑油等防腐材料进行防腐处理。

5.5.8.3 张拉段(自由段)处理

防腐构造必须不影响锚杆(索)杆体的自由伸长。永久性锚杆的张拉段(自由段)防腐处理方式有以下几种:

(1)非预应力锚杆的自由段位于土层中时,可采用除锈、刷沥青船底漆、沥青玻纤布缠裹,其层数不少于二层。

(2)对采用钢绞线、精轧螺纹钢制作的预应力锚杆(索),张拉段(自由段)可按第①条进行防腐处理后装入套管中;张拉段(自由段)套管两端 100~200mm 长度范围内用黄油充填,外缠绕工程胶布固定。

(3)对于无腐蚀性岩土层内的锚固段应除锈,砂浆保护层厚度不应小于 25mm。

(4)对于腐蚀性岩土层内的锚杆的锚固段和非锚固段,应采取特殊防腐处理,以满足防腐要求。

(5)经过防腐处理后,非预应力锚杆的张拉段(自由段)外端应埋入钢筋混凝土构件内 50mm 以上;对预应力锚杆,其锚头的锚具经除锈、涂防腐漆三层后应采用钢筋网罩、现浇混凝土封闭,且混凝土强度等级不应低于 C30,厚度不应小于 100mm,混凝土保护层厚度不应小于 50mm。

临时性锚杆(索)的锚杆防腐处理比较简单,其张拉段(自由段)杆体可采用涂润滑油或防腐漆,再包裹塑料布等简易防腐措施。

5.5.8.4 锚头的防腐处理

锚杆(索)的锚头部位是地表水进入锚杆(索)内部最危险的通道。除了应对锚头零部件进行防腐外,还应注意封堵和隔离地表水侵入锚杆(索)。永久性锚杆(索)的承压板一般要涂敷沥青,一次灌浆硬化后承压板下部残留空隙,要再次充填水泥浆或润滑油。若锚杆(索)不需要再次张拉,则将锚头涂以润滑油、沥青后用混凝土封死;如果锚杆(索)需要重新张拉,则可采用盒具密封,但是盒具的空腔内必须用润滑油进行充填。临时性锚杆(索)的锚头,可用沥青材料防腐。

5.5.9 锚杆(索)的工程应用实例

5.5.9.1 实例 1——云南某铝厂阴极岸坡

(1)工程概况

云南某铝厂阴极岸坡为铝厂技改建设项目平整场地时形成的高陡土岩边坡。边坡总长约 230m,最高处 30 余米,最低处有 10 余米。边坡上部为土质边坡,土层厚 3m,下部为岩石(石灰岩)边坡。经计算分析,下部的岩石边坡较陡,倾角 60°~70°,边坡稳定不需加固治理,只做坡面防护即可;上部的土质边坡稍缓,倾角 30°~50°,因长期裸露失水开裂而发生了局部崩塌的现象,需进行加固治理和坡面防护。

(2)治理措施

针对边坡高陡,施工难度大,需加固部分为土质边坡且钻孔易坍孔的特点,决定采用不用钻孔作业、施工设备轻便、施工速度快的"带刺的植入式钢管锚杆"(以下简称锚杆)工法对该边坡进行加固治理。具体加固治理方案为:对坡度在 35°以下较缓的边坡采用长 2m 的短锚杆,锚杆按坡面间距 2m×2m 布置;对坡度在 35°以上较陡的边坡(局部大于 45°的,采用人工按 1∶1的坡比修坡)采用长 6m 的锚杆,锚杆按坡面间距 1.5m×1.5m 布置;所有坡面采用铺钢筋网片加喷厚 150mm 混凝土护坡,锚杆位置纵横布置加强筋,加强筋布于钢筋网片外面,与锚杆焊接牢固。

(3)工程实施

本工程于 2003 年 3 月中旬开始实施,并在雨季到来之前提前工期完成,其作业流程为:施工准备→坡面修整→搭设操作平台、制作锚杆→锚杆植入作业→铺设钢筋网片→喷射混凝土。

(4)工程效果

边坡治理完成至今已有多年,未发生任何变形和破坏。

5.5.9.2 实例 2——锦屏水电站引水隧洞岸坡

压力分散型锚索,通过布置于内锚段的数个承载板从不同位置调动锚索锚固区的承载能力,逐步衰减至自由段,与拉力锚相比可为岩层提供的锚固力可调性范围大,对岩层的应用范围进一步扩大。

EL1560m 平台工程是锦屏水电站引水隧洞主要施工场地,位于雅砻江干流锦屏大河湾上,地处高山峡谷,地面坡度一般在 40°~50°。该平台由原始岸坡直接开挖形成,施工区段为 K4+576~K4+985,开挖形成高程为 1560m 和 1605m 两个功能平台(以下简称 1560 平台和 1605 平台),最大开挖高度约 120m(坡顶高程 1680m)。1605 平台长约 100m,宽 15~20m,设计荷载为 250kPa,布置有引水隧洞混凝土系统;1560 平台长约 400m,宽 15~40m,布置有机车修理厂、调车场地及引水隧洞、上游调压室施工支洞洞口等。1605 平台在开挖过程中，K4+700~K4+760(高程 1580~1605m)段岸坡发生塌方，方量约 2120m^3，而后，按照原岸坡坡比(1∶0.3)施工 C20 混凝土贴坡的浇筑。为了保证混凝土贴坡后的 1605 承重平台的安全稳定以及后期承载力的需要，同时，避免普通拉力型锚索在高危岸坡加固方面的不利影响，决定采用 2000kN 压力分散型锚索加固 1605 以下岸坡。岸坡锚索支护高度为 25m，距离坡脚高度为 45m，共设计有 2000kN 压力分散型锚索 55 根，锚索长 L 为 25、30m 长短间隔布置锚索结构如图 5-5-14 所示。由于 EL1605 平台是具有承重要求的平台，其上布置有混凝土骨料仓，每 m^2 的设计要求承重 250kN，为了确保加固后的岸坡满足混凝土骨料仓的承载力要求，设计要求采用压力分散型锚索。K4+700~K4+760 段(高程 1584~1605m)布置有 55 根 2000kN 无黏结压力分散型预应力锚索，锚索为 25、30m 间隔布置，锚索之间采用框格梁连接，框格梁断面尺寸为 50cm×50cm，有混凝土贴坡段的锚墩为 100cm×100cm，无贴坡段的锚墩为 150cm×150cm。K4+700~K4+760 段(高程 1584~1605m)锚索断面布置如图 5-5-15 所示。

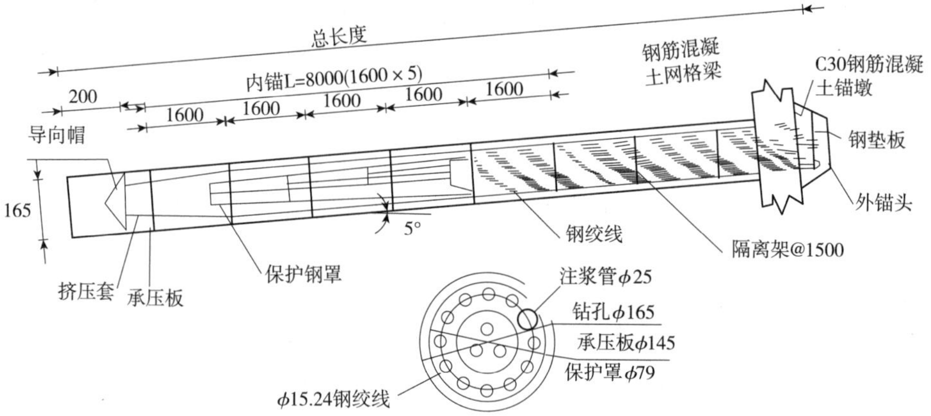

图 5-5-14　2000kN 无黏结压力分散型锚索结构示意(尺寸单位:mm)

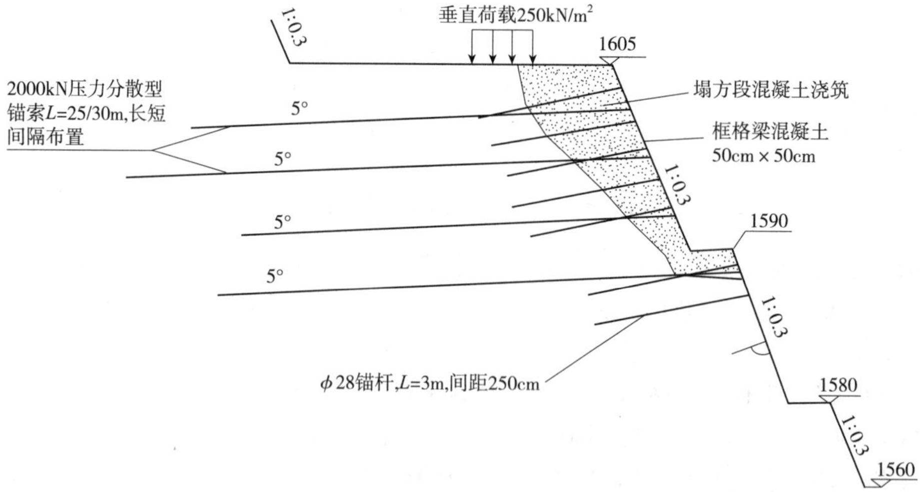

图 5-5-15　1605 以下岸坡锚索支护典型断面

2000kN 级锚索设计要求的设计参数为：锚索由 14 根钢绞线组成，公称直径 15.24mm，标准强度 1860MPa；锚索孔径为 165mm，采用 5 级承载板承压，间距 1.6m，承压板直径 145mm，第 1 级为 2 根钢绞线（编号 1-1/1-2），第 2 级为 3 根钢绞线（编号为 2-1、2-2、2-3），此后每级增加 3 根，钢绞线长度每级减少 1.6m；注浆采用 42.5R 级水泥，净压力 0.3～0.7MPa，N40 净浆，采用一次性灌浆。锚具和夹片采用 HVM15 型。

通过对锚索测力计和岸坡变形观测设备的监测数据的分析，破碎段高岸坡处于稳定状态，岸坡加固效果良好。

5.5.9.3　实例 3——锦屏一级水电站水库工作船停靠点岸坡

锦屏一级水电站水库工作船停靠点工程主要由下河坡道、管理房组成。在下河坡道开挖桩号 K0+325～K0+370 段路基开挖时，发现了两条延伸较大的溶蚀裂隙，产状为 N20°～30°E/NE∠70°～80°，部分近直立，裂隙基本纵向贯通该段路基，向下基本垂直延伸，裂隙宽 5～30cm 不等，据调查，该路基稳定性与外侧坡稳定性相关联。外侧坡开挖揭示多条层面裂隙，爆破开挖后，部分层面裂隙松弛，由于溶蚀裂隙与层面裂隙相互连通，溶蚀裂隙切割了层面裂隙，在荷载作用下，可能会造成组合块体失稳，破坏模式为以层面裂隙为底滑面、以溶蚀裂隙为后缘切割的平面滑动。为确保锦屏一级水电站水库工作船停靠点工程下河坡道开挖桩号 K0+325～K0+370 段工程的施工安全，经研究决定采用增设锚索加固的处理方案。

岸坡锚索：1500kN 型锚索（1500KN 锚索结构示意图见图 5-5-16），单根总长 20m，排间距 3m，水平间距 4m。锚墩尺寸为 120cm×120cm，采用 C35 混凝土；锚索外锚头尺寸为 30cm×30cm，采用 C20 混凝土；锚夹具为 ESM15 系列，共布置了 8 根锚索。

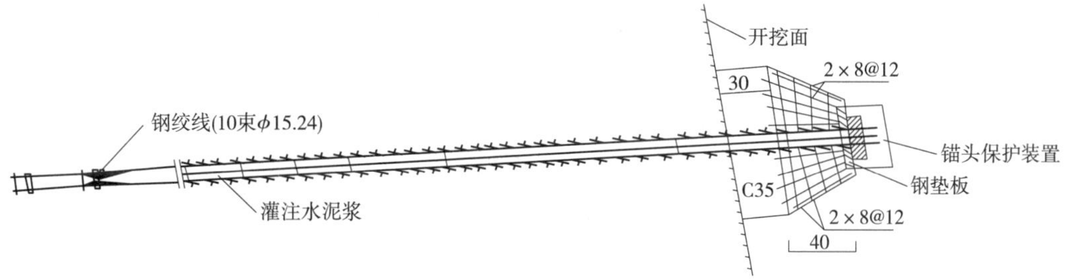

图 5-5-16　1500kN 锚索结构示意图

5.5.9.4　实例 4——国道×线岸坡工程

国道×线岸坡工程 K14+440～K14+600 段岸坡，岸坡滑面饱水强度参数：$c=47\text{kPa}$，$\phi=20°$。经计算，饱水+地震+水压力条件下稳定系数 K＝0.9～0.95。设计处治方案为框架预应力锚索+压力灌浆和排水措施，处治方案如图 5-5-17 所示。

国道×线 K45+915～K46+120 段岸坡，为顺层岸坡。地形坡度 30°～45°，岩层产状 55°～75°/30°～45°，发育有三组裂隙，其中 85°/70°～85°这组裂隙构成良好的后缘界面，其余两组裂隙构成侧限边界，而延伸稳定中倾坡外的岩层层面构成良好的底滑面，一旦前缘临空就会产生滑移-拉裂型滑坡。该岸坡防治工程剖面图如图 5-5-18 所示。

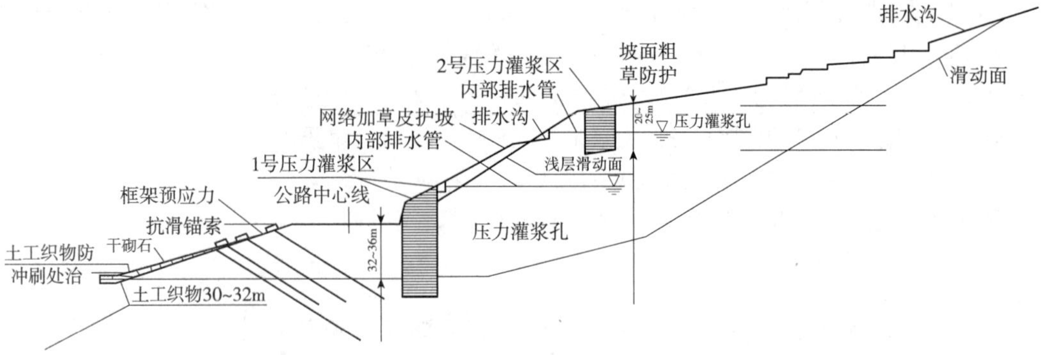

图 5-5-17　岸坡处治方案

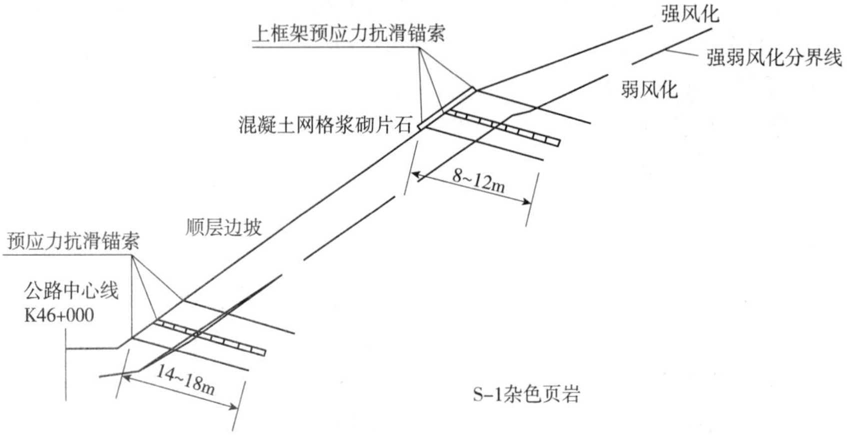

图 5-5-18　岸坡防治工程平面剖面图

国道×线 K27+150 ~ K27+300 段岸坡,为切向岸坡。该段岸坡分布方量较大的危岩体,清除难度较大,采用大面积喷锚联合支护。为防止危岩体的变形,控制其岩石卸荷的发展,需对其施加一定的预应力,设计处治方案如图 5-5-19 所示。

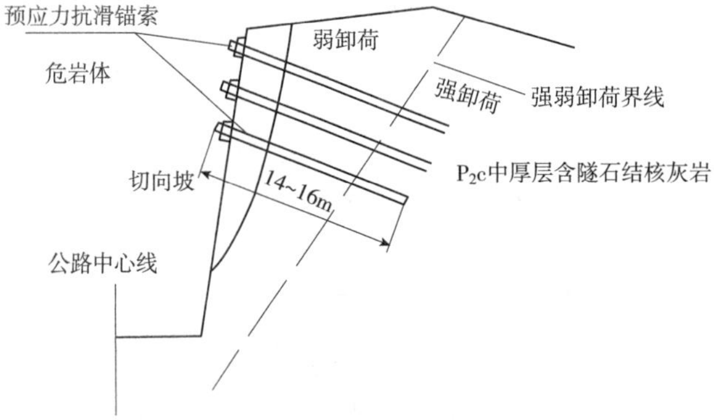

图 5-5-19　预应力喷锚联合支护

5.5.9.5　实例 5——东风水电站

东风水电站位于贵州清镇、黔西两市县界河上,东风水电站右坝肩岸坡顺河向长 80 ~ 110m,地形由多级陡坡与平台组成,岸坡地面高程 830 ~ 980m,属于高陡岸坡。根据东风工程竣工安全鉴定意见,需对所属岸坡进行加固处理,经多次优化实施方案,最后确定为全锚索(3000kN)支护方式。岸坡锚索分布在 845~933m 高程,共 120 束,距离地面最大高度 88m,采用锚索加固不仅减少了常规支护方式(抗滑桩、抗剪洞等)的施工风险,而且还在一定程度上节省了投资。

(1)排架施工

在实施过程中,由于排架高度为 100m,锚索施工只得由低高程向高高程逐层向上施工,一方面施工工效大为降低,另一方面整个 100m 高排架系统全靠底部基础支撑,随着排架不断上升和荷载加大,稳定性会逐渐下降,施工风险逐渐增大。

为了加快施工进度,同时增强排架稳定性,经现场实际勘查,实施时利用右坝肩岸坡中部 EL900m 高程平台将排架分成上、下独立支撑的排架系统。具体的调整方案为:原宽度为 4.5m 的排架调整为 3.6m;在 EL900m 高程平台搭建施工排架,顶部加设一台 80t 塔吊,同时在上下游两侧增加刚性栈桥,作为上部排架的减载层,使 EL900m 高程以上排架同下部排架完全分离,独成一体,减轻下部排架受力。排架调整后的施工优点:①由于高度减小,可增强排架的整体稳定性,增加平台的承载能力,提高了岸坡锚索施工的安全性;②降低排架的垂直搭设高度,一方面减轻了排架的自重,另一方面宽度为 4.5m 的排架调整为 3.6m,节省了近 100t 脚手架管材;③分层后形成两个独立作业面,无干扰,便于锚索施工,可加快施工进度,提高工效。④安装 80t 塔吊后,可以解决钻机上下、水平迁移及穿索问题,减少排架上的施工人员,降低安全风险。

(2)钻孔控制

由于锚索孔孔深平均达 64.67m,最深达 92m,设计孔径为 190mm,且要求取芯(需采用地质钻机钻进取芯),考虑到本工程的地质条件带有一定的不确定性,且必须穿越 F34 断层破碎带,为此,采用 CD-2 型地质岩芯钻机(仅用于取芯的锚索孔)及 YG-80 钻机进行锚索孔钻孔施工,通过优选施工钻具等手段保证孔径、孔斜和孔深等参数指标,从而确保了锚索孔的钻孔质量。由于钻孔深度较深,施工时最少需要二次变径才能满足终孔 190mm 的孔径要求,故钻孔过程中研究选用不同型号的钻具,即开孔孔径最小需要 ϕ238mm,变径分别为 ϕ219mm 和 ϕ190mm,变径平均深度约为 25m 和 50m。钻孔采用 190mm 潜孔冲击器,钻头后部加长度 2m 的导向管(直径 190mm)的钻具钻进,每 6m 设一个 1.5m 长管状扶正器,减少环向间隙,从而减小因钻具自重产生重力漂移而导致孔斜的情况。钻进过程中尽量采用较小的钻压,减少高压时使钻具弯曲从而导致孔斜发生的情况;每 5~10m 进行一次孔斜测量,采用 DUZ—D 多点照相高精度测斜仪进行孔斜检测。在钻孔过程中,采取钢管、扣件紧固钻机底盘,与施工脚手架和岩体牢固连接;施工平台除按照原设计进行搭设外,还增加 2 根水平方向 ϕ20 锚杆($L=3.0$m),增加脚手架向外的抗倾倒能力,同时使钻机在正常运转过程中始终处于平稳状态。

5.5.9.6　实例 6——湘西南某高速软硬互层红砂岩路堑高边坡

湘西南某高速一个坡高 41m,软硬互层红砂岩路堑高边坡,该边坡位于湘西剥蚀低山丘陵地貌,地质环境脆弱,由于地处温湿亚热带,故气候湿润,雨量充沛。边坡于 2005 年秋开挖成形,到 2006 年春,该地区虽未进入雨季,但降雨量逐渐增多。线路上也发生了大量堑坡滑坍。几乎所有板岩、红砂岩边坡,包括部分已经防护的边坡,都出现不同程度的滑坍。该边坡虽未整体滑坍,但表层已出现局部碎块剥落,坡顶、坡面裂隙逐渐显现,坡顶残、坡积土层已经沿土岩界面滑坍,并有逐渐向坡顶山体牵引之势。坡顶拉张裂隙距离开挖线 3.8m,深 1.5m,

宽约 10cm；坡面、坡脚裂隙可见渗水，有整体失稳迹象，需要及时防护。

根据坡体的工程地质条件，经过分析采取坡顶封闭防渗水、坡脚封闭防风化、坡体中空注浆锚杆加固、平式排水管引排软弱层间的裂隙水等处治措施，具体设计如图 5-5-20 所示。

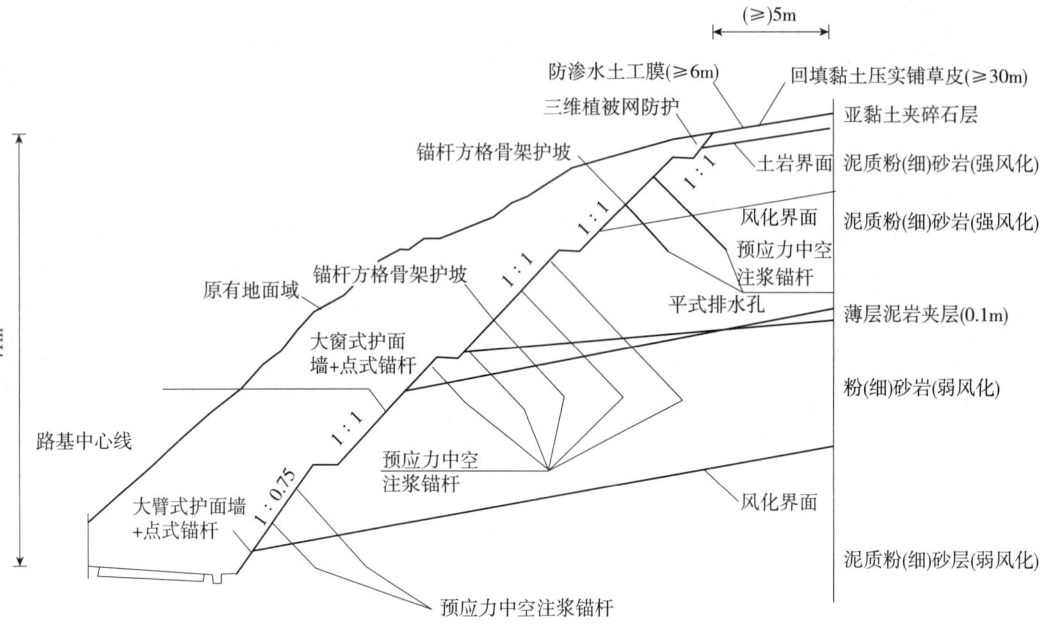

图 5-5-20　边坡处治设计示意图

(1) 1-2 级边坡采用大窗式护面墙+点式锚杆防护，护面墙不受力，仅封闭坡面，防止边坡下部岩体进一步风化深入。窗内岩体喷素混凝土后再回填黏土夯实，并覆盖种植土植草绿化。锚杆采用预应力中空注浆锚杆。注浆材料采用纯水泥浆，水灰比 $w/c=(0.35\sim0.45)$；考虑到岩体裂隙发育，通过压浆，水泥砂浆扩散，达到固结岩体，增强边坡岩体的强度和整体稳定性。1 级边坡布置两排点式锚杆，锚杆长 3~5m，锚杆穿过粉(细)砂岩(弱风化)与泥质粉(细)砂岩(微风化)的交结面。2 级边坡置一排锚杆穿过薄层泥岩软弱夹层，锚杆长 3m。

(2) 3 级边坡采用预应力中空注浆锚杆+方格骨架护坡，辅以平式排水孔排出坡体深部裂隙水于岩体以外。锚杆长 5~9m，平式排水管长度不小于 31.5m。

(3) 4 级边坡采用方格骨架护坡+点式锚杆防护，锚杆采用预应力中空注浆锚杆，锚杆长 5m。

(4) 5 级边坡采用三维植被网护坡。

(5) 坡顶清表后，在土岩界面喷水泥浆封闭坡顶裂隙，再摊铺土工膜封闭，土工膜回填不小于 30cm 厚黏土，压实后铺草皮。同时设置矩形截水沟。

(6) 1 级平台采用凸起式平台截水沟，2、3、4 级平台采用下挖式平台截水沟。所截雨水引入坡体两侧截水沟。

5.5.9.7　实例 7——宁杭客运专线某段一级边坡

宁杭客运专线 DK202+070~K202+244 段一级边坡采用钢筋混凝土锚杆梁框架内空心砖喷播植草护坡进行加固，边坡坡率 1∶1.25。框架埋深 0.1m，外露 0.2m；框架为 C30 钢筋混凝土；肋宽 0.3m，肋厚 0.3m，框架采用截水型框架，间距 3m×3m，锚杆长度 8.7m；坡顶上部设边坡平台，平台宽 2.0m，平台采用浆砌片石封闭，其表面排水坡 4%(图 5-5-21)。

混凝土框架锚杆由横梁和竖肋组成，横梁间距中对中 270cm，净距 240cm，竖肋间距中对中 270cm，净距 240cm。混凝土锚杆框架采用 2 根直径为 25mm 的螺纹钢筋点焊并联作为锚杆，锚孔直径 110mm，孔内压注水泥浆，使锚杆和岩体结合在一起，锚杆灌浆采用灰砂比为 1∶1的水泥砂浆，并采用高强度等级水泥和 0.4～0.5 的水灰比。这种砂浆标准试件一般在 30MPa 以上，流动性约为 15cm。为保证灌浆质量，在灌浆前应将钻孔冲洗干净。为使锚固段内水泥砂浆密实，灌浆要插入孔底，自最底部开始灌注，以排除孔内余水。锚杆需有防锈措施，一般采用除锈、涂防锈油漆、涂热沥青三层玻璃丝布二层。框架采用 C30 混凝土浇筑，框架嵌入坡面 20cm，用人工开挖，石质地段使用风镐开凿，超挖部分采用 C30 混凝土调整至设计坡面。框架外露坡面 20cm，用于回填种植+植草。因锚杆无预应力，锚杆尾部不需外露、不需加工丝口、不用螺帽和混凝土锚头封块，只需将锚杆尾部与竖梁钢筋相焊接成一整体，若锚杆与箍筋相互干扰可局部调整箍筋的间距。

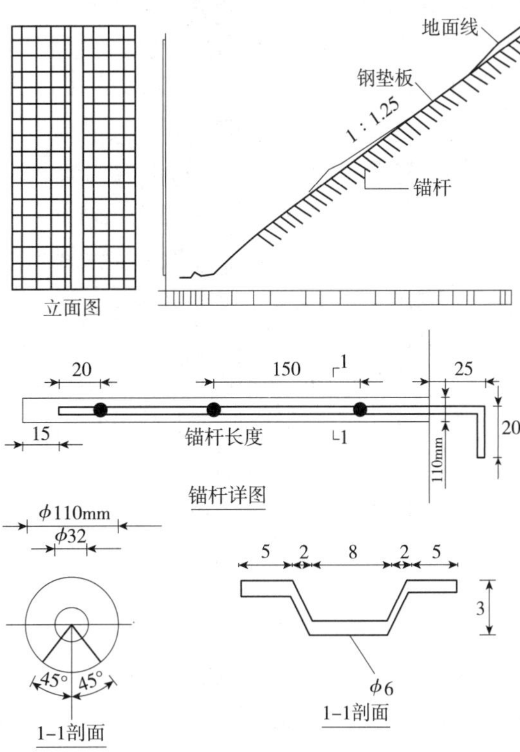

图 5-5-21　混凝土框架锚杆加固(尺寸单位：mm)

虽然混凝土框架锚杆施工过程中难度较大，但其可以有效地防止山体滑坡、泥石流等病害的发生，同时在框架间培土后种草，即对施工中破坏的生态加以恢复，从而保护和美化环境。

5.6　卸载与反压加固

卸载与反压是通过改变滑坡几何形态，促使滑坡体平衡。卸载与反压是库岸滑坡防治工程中经常采用的技术之一，包括滑坡后缘削坡卸载、前缘支挡反压。既可单独采用，也可联合实施。卸载与反压技术简单可行、施工方便，但采用反压处理措施占用河道或土地较多，实施前应进行河道的河势分析和河道行洪能力分析，对重要河段宜进行水工模型试验。

卸载与反压技术在我国三峡水库滑坡治理中采用较多，如奉节县新县城水库滑坡 50 多处，其中三马山地区的猴子石滑坡 1000 万 m^3、丝绸厂滑坡厂 1000 万 m^3、老房子滑坡 560 万 m^3、植物油厂滑坡 520 万 m^3 等。

5.6.1　概述

5.6.1.1　削方减载措施

一般适用于滑坡床“上陡下缓”、滑坡后壁及两侧有稳定的岩土体。对于推移式的库岸滑坡,在上部主滑坡地段进行减载。对于其他性质的滑坡,在主滑坡地段采取削方减载措施,但对于牵引式滑坡防治效果不佳。对于有些滑坡的滑带土或滑坡体,具有卸载膨胀的特征,不宜采用此方法。

削方减载设计考虑的因素:

(1)削方减载部位,宜选在滑坡后部为滑坡推力为正值的主滑坡地段,或采用清除表层滑坡体及变形体,设置马道等方法降低总坡度。

(2)一般在滑坡体上部削坡形成减载平台,其后缘及两侧开挖成1:3~1:5的较缓横坡。

(3)开挖面应当整平、封填、压实,并做好排水及防渗处理。施工过程中,弃土不能堆置在滑坡的主滑坡段上。

(4)当滑坡体上的开挖高度小于8m,可一次开挖到底。土质岸坡的开挖高度8~10m、岩质岸坡15~20m,应采用自上而下分段开挖。开挖时应当边开挖、边用喷锚网,或用钢筋混凝土结构支护,或浆砌石挡土墙支挡。

(5)堆积体或土质岸坡每级台阶设置马道,马道宽度一般为2~3m,岩质岸坡一般为1.5~2.5m。每级马道应设置横向排水沟,纵向的排水沟应与城市或分路排水系统衔接。

5.6.1.2 反压加载措施

在滑坡的抗滑段和滑坡体前缘堆填土加重,能增加抗滑力而稳定滑坡。进行加重反压设计时,必须做好前缘滑坡体和反压土石体内的地下排水措施,特别是注意引出因填土堵塞的原有滑坡体内的地下水通道,保持地下水排泄通道。

反压加载设计中考虑的因素:

(1)推移式滑坡在滑坡体前缘滑坡推力为负值的阻滑部位堆填压坡,或在前缘阻滑段上采用干砌石、木笼块石垛、鼠笼卵石垛,形成顶宽小于1.0m的抗滑石垛。

(2)牵引式滑坡的滑坡体前缘外有平缓段时,采用"反压加载"效果最好,施工时在滑坡前缘段坡脚以外堆填石块加重,然后覆盖部分滑坡体,从而可形成阻滑平台。

(3)当滑坡的剪切出口位于库水位以下,且地形较平坦时,适于回填压脚。对于侵入水中的松散坡体,宜先抛填砂子形成排水垫,再抛填土石棱体,最后抛石压脚护岸。

(4)推移式滑坡采用清除滑坡体上部的岩土,将其堆放在坡脚处加载,形成上部卸载及下部压载平台,应验算滑坡面从残存滑体薄弱部位及反压底面剪切出的可能性。

(5)在进行压载坡面施工时,必须认真做好地下排水工程。

5.6.1.3 减载与反压结合

某些水库的滑坡可根据设计计算,确定需要减少的下滑力大小,同时在其上部进行部分减载和下部加载反压,减载和反压在设计时尽量做到土石料平衡,以减少土石料的运输,特别是对于原料场或弃料场比较远时,采用减载与反压相结合的方式,是一种经济、合理的方案选择。减载与反压后,应验算滑面从残存的滑体薄弱部位及反压底面被挤压剪切出来的可能性。

5.6.1.4 卸载与反压程序

卸载与反压程序是一个不断调整滑坡体的几何形状,从而达到力系平衡的过程,通过逐渐削减后缘下滑段的滑动荷载,或增加前缘阻滑段的抗滑荷载,从而使滑坡体的下滑力和阻滑力达到有一定安全储备的岸坡。

卸载与反压的设计方法和程序如下:

(1)求出沿着各层滑动面的滑坡推力。下滑力 $F_i>0$ 的条块为滑动条块,$F_i<0$ 的条块为阻滑条块。

(2)在滑坡平面上及断面上初步确定卸载减重和加载反压的范围。

(3)根据卸载减重和加载反压确定滑坡体形,重新计算滑坡的稳定性。

(4)除了计算滑坡体在主滑面上的稳定性外,还应分析和核算滑坡体比较弱处是否有滑出的可能性;分析和核算已卸载滑体的后缘是否会出现新的、不稳定的滑坡体。

(5)必须做好卸载坡面的排水设计和加载反压部位的排水反滤设计。

(6)综合考虑治理的区域是否满足河势(流向、流速等)要求;是否满足水库航运、交通、旅游景观等方面的要求,以及对滑坡体周边库岸冲刷与淤积影响分析等。

5.6.2　卸载设计

5.6.2.1　削坡坡比

削坡坡比确定方法主要有工程地质类比分析法、查表法和图解法等。实际工程中主要结合工程地质条件参照各种经验值来确定岸坡的容许坡度值,表5-6-1和表5-6-2是部分岩土层岸坡的容许坡度参考值。

岩石岸坡容许坡度值　　表5-6-1

岩石类别	风化程度	坡度容许值(高宽比)		
		坡高8m内	坡高8~15m	坡高15~30m
硬质岩石	微风化	1:0.10~1:0.20	1:0.20~1:0.35	1:0.35~1:0.50
	中等风化	1:0.20~1:0.35	1:0.35~1:0.50	1:0.50~1:0.75
	强风化	1:0.35~1:0.50	1:0.50~1:0.75	1:0.75~1:1.00
软质岩石	微风化	1:0.35~1:0.50	1:0.50~1:0.75	1:0.75~1:1.00
	中等风化	1:0.50~1:0.75	1:0.75~1:1.00	1:1.00~1:1.50
	强风化	1:0.75~1:1.00	1:1.00~1:1.25	1:1.50~1:2.00

土质岸坡容许坡度值　　表5-6-2

土的类别	密实度或黏性土的状态	坡度容许值	
		坡高5m以内	坡高5~10m
黄土	新(坡积)黄土	1:0.50~1:0.75	1:0.75~1:1.00
	新(洪积)黄土	1:0.20~1:0.40	1:0.30~1:0.60
	新(马兰)黄土	1:0.30~1:0.50	1:0.50~1:0.60
	老(离石)黄土	1:0.10~1:0.20	1:0.20~1:0.30
粉土	稍湿	1:1.00~1:1.25	1:1.25~1:1.50

续上表

土的类别	密实度或黏性土的状态	坡度容许值	
		坡高 5m 以内	坡高 5~10m
黏性土	坚硬	1:0.75~1:1.00	1:1.00~1:1.25
	硬塑	1:1.00~1:1.25	1:1.25~1:1.50
	可塑	1:1.25~1:1.50	1:1.50~1:1.75
碎石土	密实	1:0.35~1:0.50	1:0.50~1:0.75
	中密	1:0.50~1:0.75	1:0.75~1:1.00
	稍密	1:0.75~1:1.00	1:1.00~1:1.25

5.6.2.2 岸坡稳定性复核

岸坡稳定性复核对于不同状态的岸坡应采用不同的方法;土质岸坡和较破碎的岩质岸坡,宜采用圆弧滑动法——把滑动面呈圆弧形的滑动土体分成若干条块分别计算,然后取其总和,以滑动土体对其圆心的总抗滑力矩与总滑动力矩之比作为安全系数;对可能产生平面滑动的岸坡,宜采用平面滑动法计算,利用极限平衡法求解岸坡稳定性安全系数;对可能产生折线滑动的岸坡,宜采用折线滑动法(传递系数法);对于结构复杂的岩质岸坡,可配合采用赤平极射投影法和实体比例投影法。

5.6.2.3 截水与排水设计

截水与排水设计可以结合整个滑坡体的排水截水系统全面考虑,确保外来雨水等被截住,不进入滑坡体内,同时将滑坡体内的水及时排出。实际上,截水排水是增加滑坡体稳定的一项重要措施。

5.6.2.4 岸坡防护与绿化

在设计过程中应特别注意被防护和绿化的岸坡与周边自然岸坡的环境、交通等方面的协调统一。

5.6.3 反压设计

5.6.3.1 回填反压的设计

(1)反压堆载体的布置方案

反压堆载体的设计位置,对于发挥其阻滑功能具有决定性的作用,一般宜布置在滑坡体的前缘,能对滑坡体产生尽可能大的阻力位置,其宽度和长度范围可根据滑坡体稳定性反复试算确定。

(2)反压堆载体的填筑材料

一般选用土料、石料及砂砾料等。各种填筑材料的选择应符合下列要求:

①土料宜选用亚黏土,黏粒含量宜为15%~30%,塑性指数宜为10~20,且不得含有植物

根茎、砖瓦、垃圾等杂质；填筑土料的含水率与最优含水率的允许偏差为±3%；

②石料应选用抗风化性能好，冻融损失率小于 1%的石料；砌筑护脚挡墙的石料质量应控制在 50~150kg，砌筑护坡的石料质量应控制在 30~50kg；石料外形宜为砌面的长方体，边长宜为宽度的 1. 5~3. 0 倍；

③对于砂砾材料宜选用耐风化、水稳定性好，且含泥量不大于 5%的砂砾料。混凝土骨料应符合国家现行标准《水利水电工程天然建筑材料勘测规程》(SL 251—2000)中的有关规定。

为了保证反压堆载体的质量，下列几种土料不宜作为填筑土料：淤泥或自然含水率高且黏粒含量过多的黏土、粉细砂、冻土块、水稳定性差的膨胀土、分散的土等。当确实需要采用上述几种土料时必须采取相应的处理措施。

(3)反压堆载体的填筑标准

以黏性土料为主的反压堆载体，其填筑标准应按土料的压实度确定。土料的压实度应符合下列规定：

①对库水位以下或安全系数为 1 级的滑坡体，反压堆载体临水一侧表层 3. 0~5. 0m 的土料压实度应不小于 0. 96，其余部位应不小于 0. 95；

②高度超过 10m 的其他滑坡体，反压堆载体临水一侧的表层 3. 0~5. 0m 的土料压实度不应小于 0. 94，其余部位应不小于 0. 92；

③高度小于 10m 的其他滑坡体，土料压实度应不小于其他滑坡体，土料压实度应不小于 0. 90。

无黏性土料的填筑标准应按相对密度确定。高度超过 10m 的反压堆载体不应小于 0. 75；高度低于 10m 的反压堆载体不应小于 0. 70。

5. 6. 3. 2　反压堆载体坡比设计

反压堆载体坡比设计，可优先参考表 5-6-3 中的填土岸坡容许坡度值，初步设计岸坡比，再经过稳定分析进行修改和优化。

填土岸坡容许值　　表 5-6-3

填土类别	压实系数	岸坡高度	
		8m 以内	8~15m
碎石、卵石	0. 94~0. 97	1∶1. 50~1∶1. 25	1∶1. 75~1∶1. 50
砂夹石(碎石、卵石占全重的 30%~50%)		1∶1. 50~1∶1. 25	1∶1. 75~1∶1. 50
土夹石(碎石、卵石占全重的 30%~50%)		1∶1. 50~1∶1. 25	1∶2. 00~1∶1. 50
粉质黏土、粉土		1∶1. 75~1∶1. 50	1∶2. 25~1∶1. 75

5. 6. 3. 3　护坡体与护脚体设计

水库反压堆载体的护坡体，是反压堆载体临水面的防冲刷保护层，可采用块石、预制混凝土块等铺设。水库反压堆载体的护脚体，是指反压堆载体前缘底部防冲刷、并起稳定作用的护脚挡墙或护脚堆石棱体。

(1)护坡体的厚度计算

①在水库水波浪的作用下,斜坡上干砌筑块石护坡的护面厚度(cm):

$$t=K_1\frac{\gamma}{\gamma_b-\gamma}\times\frac{H}{\sqrt{m}}\sqrt[3]{\frac{L}{H}} \tag{5-6-1}$$

此式适用于坡度为 $1.5<m\leqslant 5.0$ 的情况。

式中:K_1——系数,一般干砌石可取 0.266,砌筑方石、条石可取 0.225;

γ_b——石料的重度;

γ——水的重度(kN/m^3);

H——计算波浪高度,$d/l\geqslant 0.125$ 时取 $H_{4\%}$,$d/l>0.125$ 时取 $H_{13\%}$;

d——坡前的水深(m);

L——波浪的长度(m);

m——斜坡的坡率,$m=\cot\alpha$,其中 α 为斜坡的坡角(°)。

②采用人工块体或经过筛选的石块时,波浪作用下单个块体、块石的质量 Q 及护面层的厚度 t 可按下式计算确定:

$$Q=0.1\frac{\gamma_b H^3}{K_D\left(\frac{\gamma_b}{\gamma}-\gamma\right)^3 m} \tag{5-6-2}$$

$$t=nc\left(\frac{Q}{0.1\gamma_b}\right)^{\frac{1}{3}} \tag{5-6-3}$$

若护面由两层块石组成,可取块石质量为 $0.75\sim1.25Q$,但应有50%以上的块石质量大于 Q;当平均波高与水深的比值小于 0.30 时宜采用 $H_{5\%}$,平均波高与水深的比值大于或等于 0.30 时宜采用 $H_{13\%}$;K_D 为稳定系数,可按表表 5-6-4 确定;n 为护面块体或块石的层数;c 为计算系数,可按表 5-6-5 确定。

稳 定 系 数 K_D 表 5-6-4

护面类型	构造形式	K_D	护面类型	构造形式	K_D	说明
块石	抛填二层	4.0	四脚空心方块	安放一层	14	
块石	安放(立放)一层	5.5	扭曲工字块体	安放二层	18	$H<7.5$m
方块	抛填二层	5.0	扭曲工字块体	安放二层	24	$H\geqslant7.5$m
四脚锥体	安放二层	9.5				

计 算 系 数 c 值 表 5-6-5

护 面 类 型	构 造 形 式	c	说 明
块石	安放二层	1.0	
块石	安放二层	1.3~1.4	
四脚锥体	安放二层	1.0	
扭曲工字块体	安放二层	1.2	定点随机安放
扭曲工字块体	安放二层	1.1	规则安放

③混凝土面板整体稳定所需要的护面板厚度 t 可按下式计算：

$$t=\eta H\sqrt{\frac{\gamma}{\gamma_b-\gamma}\times\frac{L}{Bm}} \tag{5-6-4}$$

式中：η——板的系数，对开缝的板可取 0.075，对上部开缝、下部为封闭缝的板可取 0.100；

H——计算波浪高度，取 $H_{1\%}$；

B——沿斜坡方向（垂直于水边线）的护面板长度。

④在水流的作用下，护坡、护脚的块石保持稳定状态，抗冲刷粒径（折算粒径）可按下列两式计算：

$$d=\frac{v^2}{2g\frac{\gamma_s-\gamma}{\gamma}c^2} \tag{5-6-5}$$

$$d=\left(\frac{6s}{\pi}\right)^{\frac{1}{3}}=1.24\sqrt[3]{s} \tag{5-6-6}$$

式中：d——块石的折算直径，按球形进行折算；

s——石块的体积；

v——水流的流速；

g——重力加速度（9.81m/s^2）；

c——石块运动稳定系数，水平坡度 $c=0.90$，倾斜坡度 $c=1.20$；

γ_s——石块的重度，可取 2.65kN/m^3。

（2）护坡的稳定计算

反压堆载体护坡的稳定计算，是确定采取这种滑坡加固措施效果的重要步骤，主要包括护坡体整体的稳定和护坡体内部稳定计算两种情况。

①护坡的整体稳定计算

主要包括护岸基础土体的滑动和沿护坡底面的滑动两种。前者可用瑞典圆弧滑动法计算，后者可简化成为沿护坡底面通过地基的折线整体滑动，其滑动面如图 5-6-1 中的 FABC 所示。

在进行计算时，先假定不同滑动深度 t 值，变动 B 值，按极限平衡法求出滑动安全系数，找出最危险的滑动面。

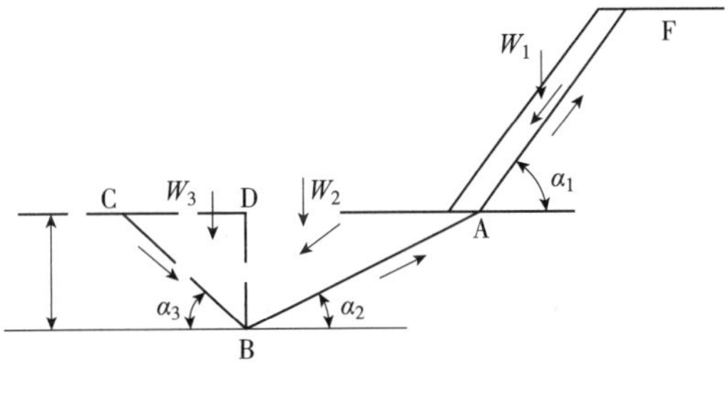

图 5-6-1　护坡体整体稳定计算示意图

土体 BCD 的稳定安全系数：

$$K=\frac{W_3\sin\alpha_3+W_3\cos\alpha_3\tan\varphi+ct/\sin\alpha_3+p_2\sin(\alpha_2+\alpha_3)\tan\varphi}{P_2\cos(\alpha_2+\alpha_3)} \tag{5-6-7}$$

$$P_2=W_2\sin\alpha_2+W_2\cos\alpha_2\tan\varphi+cl/\sin\alpha_2+P_1\cos(\alpha_1+\alpha_2) \tag{5-6-8}$$

$$P_1=W_1\sin\alpha_1-f_1W_1\cos\alpha_1 \tag{5-6-9}$$

式中：f_1——护坡与土体之间的摩擦系数；

φ——地基土的摩擦角（°）；

α_1——护坡的坡度角(°)；

α_2——滑动体 ABD 与水平线夹角(°)；

α_3——滑动体 BCD 与水平线夹角(°)；

c——地基土的黏聚力(kN/m²)；

t——滑动体滑动的深度(m)；

l——滑动体滑动的长度(m)；

W_1——护坡体的重量(kN)；

W_2——地基滑动体 ABD 的重量(kN)；

W_3——地基滑动体 BCD 的重量(kN)。

②护坡内部稳定计算

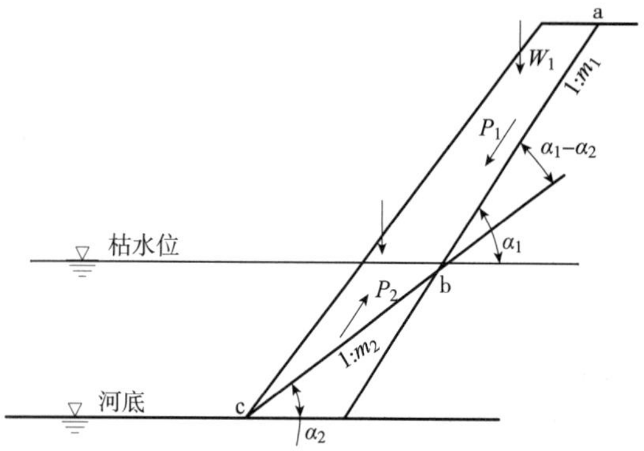

图 5-6-2　岸坡内部滑动示意图

当坡式护岸自身结构不紧密或埋置较深不易发生整体滑动时，应考虑护坡内部的稳定计算。一般不稳定破坏发生在枯水期。当护坡体和岸坡是两种不同抗剪强度的材料，并且水位较低时，往往沿着抗剪强度较低的滑动面向下滑动，如图 5-6-2 所示。

假定滑动面经过坡前水位和坡岸滑裂面的交点，其全滑动面为 abc 折线。折线 b 以上护坡体产生滑动力，依靠下部护坡体的内部摩阻力平衡。

维持极限平衡所需护坡体内部摩擦系数 f_2 可按下式计算：

$$Af_2^2-Bf_2+C=0$$

$$A=\frac{mm_1(m_2-m_1)}{\sqrt{1+m_1^2}}$$

$$B=\frac{m_2W_2}{W_1}\sqrt{1+m_1^2}+\frac{m_2-m_1}{\sqrt{1+m_1^2}}+\frac{n(m_1^2m_2+m_1)}{\sqrt{1+m_1^2}}$$

$$C=\frac{W_2}{W_1}\sqrt{1+m_1^2}+\frac{1+m_{21}m}{\sqrt{1+m_1^2}}$$

$$n=\frac{f_1}{f_2} \tag{5-6-10}$$

式中：m_1——折点 b 以上护坡内坡的坡率；

m_2——折点 b 以下滑动面的坡率；

f_1——护坡与土坡之间的摩擦系数；

f_2——护坡材料的内摩擦系数。

块石护坡稳定安全系数可按下式计算：

$$k=\frac{\tan\varphi}{f_2} \tag{5-6-11}$$

式中：φ——护坡体的内摩擦角(°)。

③护脚挡墙设计

滑坡的护脚挡墙不宜太高，一般控制在 2.0m 以下，且应嵌入稳定的地基层(或冲刷深度)以下一定深度。护脚挡墙的设计可参见抗滑挡土墙设计，其稳定性验算包括：

a.计算在自重和外荷载作用下滑坡体与基地整体剪切破坏的可能性，可用刚体极限平衡法进行整体稳定计算，采用比较简单的不计条间块作用力的瑞典圆弧法，计算应计及河床的可能最大冲刷深度。

b.按照重力式抗滑挡土墙进行稳定计算。计算工况宜选择设计洪水位骤降 1.0~2.0m/d。

5.6.3.4　堆载体的反滤层设计

反滤层由 2~4 层颗粒大小不同的砂、碎石或卵石等材料做成，顺着渗流方向的颗粒逐渐增大，任一层的颗粒都不允许穿过相邻较粗一层的空隙，同一层的颗粒也不能产生相对移动。

(1)反滤层的结构

反压堆载体的反滤层结构设计包括被保持土、反压堆载体壳料和料场砂砾料的颗粒级配，根据反滤层的不同部位确定反滤层的类型，计算反滤层的级配、层数和厚度。

根据工程实际情况，均质反压堆载体的水平排水体反滤层位于被保护土下部，水库降水或地下水的渗流方向由上向下或由里往外，反滤层结构示意如图 5-6-3 所示。

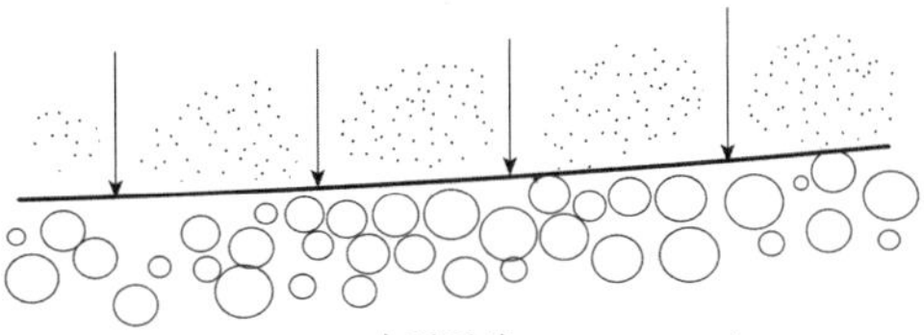

a)水平反滤

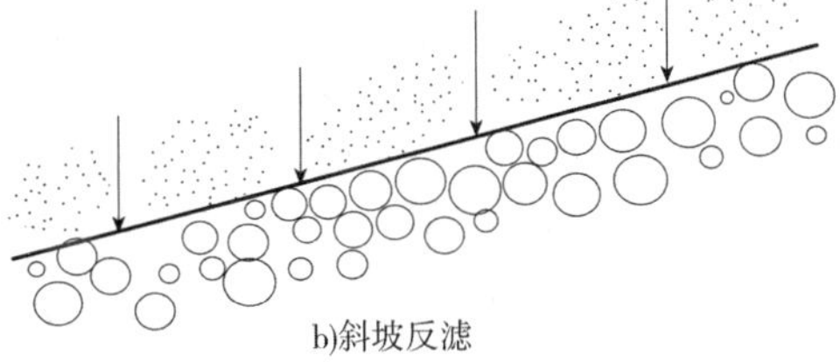

b)斜坡反滤

图 5-6-3　反滤层结构示意图

被保护土为无黏性土且不均匀系数 $C_U \leqslant 5 \sim 8$，其第一层的级配：

$$D_{15}/d_{85} \leqslant 4 \sim 5; D_{15}/d_{15} \geqslant 5 \tag{5-6-12}$$

式中：D——反滤料滤径；

d——被保护土的粒径。

下标为该粒径的土重占总的土重的百分比。

对以下情况，按下述方法处理后，先按上式计算初步确定反滤层，然后在通过试验确定反滤料的级配。

①不均匀系数 $C_U > 8$ 时，宜取不均匀系数 $C_U \leqslant 5 \sim 8$ 的细粒部分的 d_{85}、d_{15} 作为计算粒径；对于级配不连续的被保护土，应取级配曲线平段以下(一般为 1~5mm 粒径)细粒部分的 d_{85}、d_{15} 作为计算粒径。

②当第一层反滤层的不均匀系数 $C_U \leqslant 5 \sim 8$ 时，应控制大于 5mm 颗粒的含量小于 60%，选用 5mm 以下的细粒部分的 D_{15} 作为计算粒径。

(2)反滤料要求

被保护土含有大于 5mm 的颗粒时，应按小于 5mm 颗粒级配确定小于 0.075mm 颗粒含量百分数及按小于5mm颗粒级配的d_{85}作为计算粒径。当被保护土中不含有大于5mm的颗粒时,应按全料来确定小于5mm颗粒级配确定小于0.075mm颗粒含量百分数及按全料的d_{85}作为计算粒径。

①对于小于0.075mm的颗粒含量大于85%的土,反滤层按下式计算:

$$D_{15} \leqslant 9d_{85} \tag{5-6-13}$$

当计算得$9d_{85}$小于0.2mm时,应取$D_{15}=0.2\text{mm}$。

②对于小于0.075mm的颗粒含量为40%~85%的土,反滤层按下式计算:

$$D_{15} \leqslant 0.7\text{mm} \tag{5-6-14}$$

③对于小于0.075mm的颗粒含量为15%~39%的土,反滤层按下式计算:

$$D_{15} \leqslant 0.7+(40-A)(4d_{85}-0.7)/25 \tag{5-6-15}$$

式中,A为小于0.075mm的颗粒含量,%。若式中$4d_{85}$小于0.7mm,应取0.7mm。

(3)反滤层的排水要求

$D_{15} \geqslant 4d_{15}$,d_{15}应为全料的d_{15},当$4d_{15}<0.1\text{mm}$时应取D_{15}不小于0.1mm。

5.6.3.5 反压堆载体排水设计

(1)反压堆载体表层排水反滤层

反压堆载体表层排水反滤层主要应在反压堆载体前缘坡面设置,以防止堆载体中的细颗粒在库水的长期波动作用下带出。

(2)新老坡面结合过渡排水层

对于原坡面前缘底部有较多泉水孔、较大面积湿润而又无具体孔位等情况,可在分层碾压施工反压堆载体时,沿着原滑坡体表面上设置一层滤水层。滤水层在坡脚部位水平铺设,并和堆石棱体连通,从护脚挡土墙处滤水时,应注意在护脚挡土墙处做好排水滤管。

(3)反压堆载体内深层排水

当反压堆载体采用渗透系数较小的黏性土等材料的情况下,为防止库水位骤降时,在反压堆载体内滞水而产生较大的渗透压力,可在分层碾压施工反压堆载体的同时,每隔2~3m铺设一层渗水性较好的滤水层。滤水层可采用碎石、卵石等材料,在每层的出口部位应做好反滤,防止或减少泥土被渗水带出。

5.6.3.6 反压堆载体护脚冲刷深度计算

反压堆载体护脚冲刷深度,应按照不同的护岸类型、不同的水流方向,采用不同的公式进行计算。

(1)深入水库或河流中较多的反压堆载体

类似丁坝,其冲刷深度可以按以下两种情况分别计算:

①非淹没丁坝

$$\Delta h = 27K_1K_2\tan\frac{a}{2}\times\frac{v^2}{g}-30d \tag{5-6-16}$$

$$K_1 = e^{-5.1m}(v^2/gt)^{1/2} \tag{5-6-17}$$

$$K_2 = e^{-0.2m} \tag{5-6-18}$$

式中：Δh——冲刷深度(m)；

v——丁坝的行近水头流速(m/s)；

K_1——与丁坝在水流法线上投影长度 l 有关的系数；

K_2——与丁坝岸坡坡度 m 有关的系数；

α——水流轴线与丁坝轴线的交角，当丁坝上挑 $\alpha>90°$时，应取 $\tan\dfrac{\alpha}{2}=1$；

d——河床中床沙粒径(m)。

②非淹没丁坝所在水库或河流河床质粒径较细时，可按下式计算：

$$h_B=h_0+\frac{2.8v^2}{\sqrt{1+m^2}}\sin\alpha \tag{5-6-19}$$

式中：h_B——局部冲刷深度(m)，从水面算起；

h_0——行近水头流速(m)；

m——丁坝岸坡坡度。

(2)顺坡及平顺护岸

水流平行于岸坡产生的冲刷深度：

$$h_B=h_p+\left[\left(\frac{v_{cp}}{v_{允}}\right)^n-1\right] \tag{5-6-20}$$

式中：h_p——冲刷处的水深(m)，以近似设计水位最大深度代替；

v_{cp}——平均流速(m/s)；

$v_{允}$——河床面上允许不冲刷流速(m/s)；

n——与防冲岸坡在平面上的形状有关，一般取 $n=1/4$。

水流斜向冲向防护岸产生的冲刷深度：

$$\Delta h_p=\frac{23{v_j}^2\tan\dfrac{\alpha}{2}}{\sqrt{1+m^2g}}-30d \tag{5-6-21}$$

式中：Δh_p——从河底算起的局部冲刷深度(m)；

α——水流流向与岸坡的交角(°)；

m——防护建筑物迎水面的岸坡系数；

d——坡脚处土壤计算粒径(cm)，对非黏性土取大于 15%(按重量计)的筛孔直径；对黏性土，可取表 5-6-6 中的当量粒径值；

v_j——水流的局部冲刷流速(m/s)。

黏性土当量粒径值　　表 5-6-6

岩土性质	空隙比 e	干容重 (kN/m³)	黏性土当量粒径(cm)		
			黏土	轻黏壤土	黄土
不密实	0.9~1.2	11.76	1.0	0.5	0.5
中等密实	0.6~0.9	11.76~15.68	4.0	2.0	2.0
密实	0.3~0.6	15.68~19.60	8.0	8.0	3.0
很密实	0.2~0.3	19.60~21.70	10.0	10.0	6.0

对有河滩地的河床，水流的局部冲刷流速 v_j：

$$v_j=\frac{Q_1}{B_1H_1}\times\frac{2\eta}{1+\eta} \tag{5-6-22}$$

式中：B_1——河滩的宽度，从河槽边缘至边脚的距离(m)；

Q_1——通过河滩部分的设计流量(m^3/s)；

H_1——河滩的水深(m)；

η——水流流速分配不均匀系数，根据 a 角查表 5-6-7 可得到。

水流流速分配不均匀系数 表 5-6-7

α	≤15°	20°	30°	40°	50°	60°	70°	80°	90°
η	1.00	1.25	1.50	1.75	2.00	2.25	2.50	2.75	3.00

对于无滩地的河床，水流的局部冲刷流速 v_j：

$$v_j=\frac{Q}{W-W_P} \tag{5-6-23}$$

式中：Q——设计流量(m^3/s)；

W——原河道过水断面积(m^2)；

W_P——河道缩窄部分的断面面积(m^2)。

5.6.4 工程实例——清江水布垭库区浑水河段岸坡

该工程位于清江水布垭库区浑水河段。地勘结果显示，该段属岩溶盆地地貌，为浑水河古滑坡体。鹤峰岸高程+380m 以上岸坡坡角为 26°~29°，+380m 以下为约 60m 的陡崖。恩施岸高程+400m 以下为 38°~43°的斜坡，+400m 以上地形相对平缓开阔；场地表层为第四系碎石土，其下为三叠系下统大冶组灰岩。地表水系为清江，此外零星分布着大小冲沟。地下水类型有上层滞水、基岩裂隙水及岩溶水。滑坡体呈条形和圈椅状形态，轴向基本上垂直清江，地面自然坡度 26°~40°，平均坡度 33°左右。发育于三叠系大冶组灰岩夹页岩中，前缘高程+340m，后缘高程+480m，属于松散堆积型。滑坡体表层分布厚层堆积层，成分为块碎石土、黏土夹碎石，褐黄、褐灰色，结构松散，地表局部可见巨大块石，堆积层厚度一般大于 10m，总体上从台面后部往前部呈逐渐变厚趋势。

松散堆积体的处理：鹤峰岸堆积层较厚，相对稳定。经勘测验算，分三级削坡，思施岸一级削坡，卸载块碎石土、黏土夹碎石等松散堆积体两万余立方米，削坡卸载后在坡岸种植了根系发达的刺槐。由于水库运行后，水位长期在 360~400m 范围波动，会造成岸坡反复浸蚀，致使库岸岸坡垮塌，为了妥善解决该范围岸坡稳定的问题，在建设过程中先按 1∶2削坡，用 M7.5 号浆砌片石护坡处理。

鹤峰岸库岸古滑坡体是一古滑坡，相对稳定，由于水库运行后水位长期在 360~400m 范围波动，影响该岸滑坡体稳定，经现场勘察和反复论证，最后决定对滑坡体进行部分卸载。同时在滑坡体前端，5 号墩前沿布置了一排 2×3 的方形抗滑桩，共计 9 根，每根抗滑桩长 35m，并进一步完善了滑坡体范围的排水系统。

5.7 灌浆加固

灌浆是一项用于加固软弱地基，减少沉降，提高承载力，填充混凝土板底部脱空，防止岸坡滑塌,防止路基滑坡,纠正结构物基础的偏斜,填充天然地基洞穴以及混凝土砌体缝隙的技术措施。灌浆加固滑坡体滑带土,也是防止库岸滑坡的主要有效措施之一。

灌浆加固库岸滑坡是利用一定压力将能固化的浆液通过钻孔注入岩土孔隙或裂隙中,使岩土体的物理力学性能改善,岩土体强度提高,从而增加滑坡体的稳定性。用于工程加固的灌浆方法很多,按其工艺流程不同可分为静压灌浆、高压喷射灌浆、劈裂帷幕灌浆、深层搅拌灌浆和级配料灌浆等。用于库岸滑坡加固的灌浆工艺,主要有静压灌浆、高压喷射灌浆、深层搅拌灌浆。

注浆加固技术含量高,施工成本低,能给建设方及施工方带来巨大的经济效益;注浆法加固岸坡地基不改变原构筑物面貌。许可条件下可以边加固边使用,减少因改变原有构筑物用途甚至拆毁已有构筑物造成重大的经济损失;注浆法施工工期短、速度快,适用于岸坡工程应急抢险工作。

注浆方法可以消除或减弱松弛张裂、滑动、蠕动三种破坏变形,配合其他手段对倾倒、塌滑、流动三种破坏变形进行防治,注浆法一般不用于以崩塌及剥落两种破坏形式为主的岸坡加固工程。对渐进性破坏的岸坡,当潜在滑动面相对较浅、剩余下滑力不大时,适合采用浅层压力注浆加固法。

5.7.1 概述

5.7.1.1 静压灌浆

静压灌浆法也称压力灌浆,实质是借助于压力(主要是液压、气压)或电化学原理,通过灌浆管把能凝结固化的浆液注入地层中。浆液以填充、渗透或挤密等方式,赶走土颗粒间或岩石裂隙中的水分和空气后占据其位置。经一定时间后,浆液凝结充塞孔隙或裂缝,将原来松散颗粒胶结成一个整体。

一般用于排水条件好,且阻滑段坡面平缓的滑坡体和破碎、节理裂隙发育的崩塌堆积体及岩质滑坡,以改善深层滑面的力学性质,防止在诱发因素作用下产生滑坡及处理滑坡裂缝。在进行静压灌浆前,应先做好堆石固脚、稳定岸坡工作,并核算滑坡处理稳态后才能进行灌浆施工。

进行造孔时,严禁采用泥浆护壁和水泥粉煤灰浆。当采用灰砂比为1:3的水泥砂浆时,宜掺入适量的速凝剂和泡沫剂,使灌入滑坡体中的砂浆快速凝固,并产生一定的体积膨胀,以更好地充填滑坡体。灌浆压力一般控制在0.5~1.0MPa范围内,采用自上而下分段灌浆的顺序,直至灌浆孔(段)灌浆率小于0.4L/min,并稳定灌浆压力30min后结束。

5.7.1.2 高压喷射灌浆

高压喷射灌浆是利用钻孔机械造孔,然后把带有喷嘴的灌浆管插至土层的预定位置后,以高压设备使浆液成为高压射流,从喷嘴中喷射出来冲击破坏土体,部分细小的土料随着浆液冒出水面,其余土粒在喷射流的冲击力、离心力和重力等作用下,与浆液搅拌混合,并按一定的浆与土的比例有规律地重新排列。浆液凝固后,便在土中形成一个固结体与桩体间的土一起构成复合地基,从而提高地基承载力,减少地基的变形,达到地基加固的目的。高压喷射灌浆的施工工艺可分为旋转喷射、摆动喷射和定向喷射三种。旋转喷射时,喷嘴一面提升一面旋转喷射,可以形成柱状凝结体;摆动喷射时,喷嘴一面提升一面摆动喷射,可以形成哑铃状凝结体;定向喷射时,喷嘴一面提升一面喷射,喷射方向始终保持不变,可以形成板状凝固体。在库岸滑坡中用的最多的是旋转喷射。

高压喷射灌浆技术具有设备简单、施工方便、速度快、节省材料、效率高、成本低、操作简单以及适用范围广等优点。

5.7.1.3 深层搅拌灌浆

深层搅拌灌浆是利用水泥、石灰等材料作为固化剂的主剂,通过特制的深层搅拌机械,在滑坡体的滑带土等处将软土边钻进,边喷固化剂,边旋转搅拌,使固化剂与土体充分拌和,由水泥和软土之间所产生一系列的物理化学反应,使滑坡体的滑带土凝结成为具有整体性、稳定性、抗水性和抗剪切的水泥土。

深层搅拌灌浆主要用于防淤泥、淤泥质的土及饱和黏性土的滑体。形成的水泥搅拌桩穿过滑动面的深度不得少于2.0m,且应按照格栅状布置,水泥掺入量一般不少于15%。为了减少对滑体排水的影响,搅拌范围应控制在弱透水部位及其上下部2.0m范围内。

2009年颁布了《深层搅拌法技术规范》(DL/T 5425—2009),为推进我国深层搅拌法技术快速发展起到积极的作用。灌浆加固滑坡就是既要增强滑坡体的抗剪强度、减小滑坡体的渗透性,从而提高其地基承载力,减小水压力或动水力,又要提高可能的潜在滑面的抗剪强度,以增强滑坡体的稳定性。

5.7.1.4 灌浆加固设计原则

(1)选用灌浆方法要有针对性,应当针对滑坡体(特别是滑带土)的岩土性质来选择灌浆方法。必要时先进行适用性试验,以确保灌浆后的加固效果。

(2)灌浆加固仅仅改善滑带土的力学参数,有可能导致在滑带土中形成新的滑面,应注意改善全部厚度的滑带土及其与滑体、滑面床等接触带的力学性质。

(3)平面范围内以改善平缓段、前缘上翘段、滑面及其附近滑带土最有效,施工也相对安全、简便。

(4)采用灌浆方法加固后,一般对滑坡体内的排水都会有影响,施工后要及时恢复或增补滑体及滑面的排水措施,保持滑体和滑面排水畅通。

(5)用于水库滑坡灌浆加固的浆液,一般要求具有流动性好、稳定性高、无毒、无污染等特点,应避免污染环境或最大限度减少污染。

(6)浆液凝结时间应根据岸坡的具体情况进行适当调整,对于干燥且裂缝不发育的岸坡,浆液应有足够的凝结时间,以保证灌浆达到预定的影响范围;反之,如果岸坡中地下水丰富或裂隙发育、孔隙尺寸较大,应尽量缩短凝结时间,以防止浆液过分稀释或大量流失。一般浆液的凝结时间可分为极限灌浆时间、零变位时间、初凝时间和终凝时间,进行浆液设计时应根据具体情况分别予以考虑。

(7)为了防止灌浆中将滑坡体抬动,一般情况下宜采用单孔灌浆方式施灌。

5.7.2　静压灌浆加固设计及施工

5.7.2.1　静压灌浆的基本原理

根据静压灌浆对岩土层的作用方式可分为充填灌浆、渗入灌浆、压密灌浆和劈裂灌浆等。在库岸滑坡灌浆加固中,主要是利用渗入灌浆和劈裂灌浆的原理。传统的灌浆工艺是以渗入性灌浆理论为基础,灌浆时只采用相对较低的灌浆压力,使浆液在孔隙或裂隙中扩散时不致破坏岩土的原有结构。

(1)渗入灌浆理论

渗入灌浆理论是在灌浆压力的作用下,浆液在岩土中克服各种阻力而渗入孔隙和裂隙,灌浆的压力越大,吸浆量和浆液扩散距离也就越大。由于这种理论的假设,在灌浆过程中地层结构不受扰动和破坏,所以采用的灌浆压力相对较小。

①球形扩散理论

浆液扩散的理论模型如图 5-7-1 所示,图中的 h_0 为灌浆点的地下水压,H 为地下水压和灌浆压力之和(cm)。

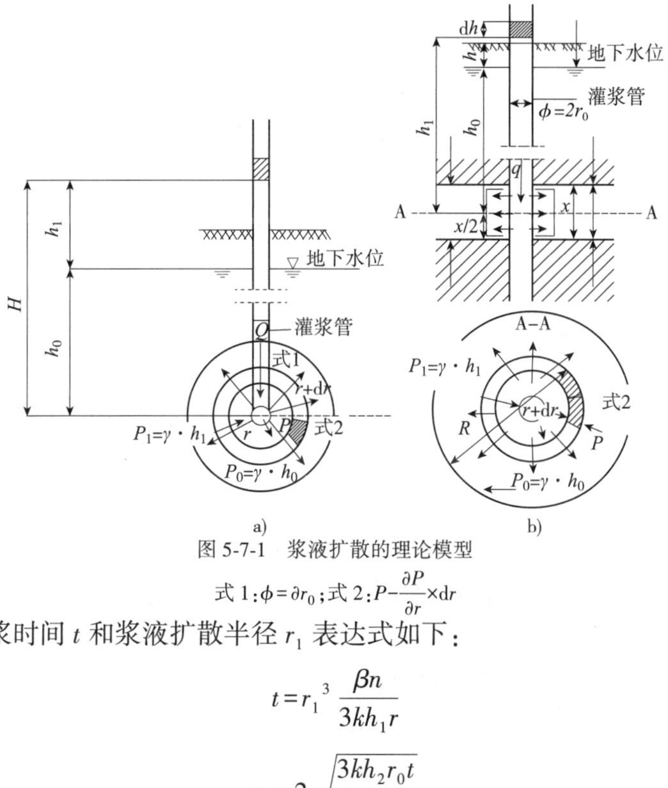

图 5-7-1　浆液扩散的理论模型

式 1:$\phi=\partial r_0$;式 2:$P-\dfrac{\partial P}{\partial r}\times \mathrm{d}r$

该理论的灌浆时间 t 和浆液扩散半径 r_1 表达式如下:

$$t=r_1{}^3\ \frac{\beta n}{3kh_1 r} \tag{5-7-1}$$

$$r_1=2\sqrt{\frac{3kh_2r_0t}{\beta gn}} \tag{5-7-2}$$

式中:k——砂土的渗透系数(cm/s);

h_1——灌浆压力(水头);

r——浆液的自行扩散半径(m);

r_0——灌浆管的半径(cm);

r_1——浆液扩散半径(m);

β——浆液黏度对水的黏度比;

n——砂土的孔隙率(%)。

上式为马格推导出的浆液在砂层中的渗透公式,总的理论核心内容为:灌浆材料在土体中流动是层流,并服从达西定律;地基是均质的半无限体;在地下水位以下灌浆时,地下水无动水压力;不考虑灌浆材料的密度与水密度的差别;在灌浆期间,灌浆材料的黏度不变;灌浆源为点源,浆液在地层中呈球状扩散。

②柱形扩散理论

柱形扩散理论是指当牛顿体作柱形扩散时,可按图 5-7-1b)所示理论模型进行计算,得出式(5-7-3)和式(5-7-4):

$$r=\frac{n\beta g{r_1}^2\ln\dfrac{r_2}{r_0}}{lkh_2} \tag{5-7-3}$$

$$r_1=\sqrt{\frac{2kh_2t}{n\beta g\ln\dfrac{r_2}{r_0}}} \tag{5-7-4}$$

③袖套管法理论

该理论假定浆液在砂粒中做紊流运动,则其扩散半径 r_1 为

$$r_1=2\sqrt{\frac{t}{n}\sqrt{\frac{kvh_2r_0}{d_e}}} \tag{5-7-5}$$

式中:d_e——被灌浆土体的有效粒径(cm);

v——浆液的运动黏质系数。

(2)劈裂灌浆理论

劈裂灌浆是一种运用比较广泛的地基和滑坡加固方法。它的原理是当弱透水性地基中施加持续增大的灌浆压力使土体产生水力劈裂后,浆液在劈裂面上所施加的压力就会推动裂缝迅速张开而形成灌浆裂缝。随着灌浆压力的持续增大以及浆液的逐渐注入,土体中的浆液就会在钻孔附近形成纵横交错的网状浆脉,这样通过所形成的浆脉挤压土体以及以浆脉的骨架作用来加固土体,土体的法向应力和土体刚度也将得到显著提高,其所采用的灌浆压力相对比较高。

①岩基灌浆

钻孔井壁处开始发生垂直劈裂的条件为:

$$\frac{p_0}{\gamma h}=\frac{1-\mu}{1-n\mu}\left(2K_0+\frac{S_T}{\gamma h}\right) \tag{5-7-6}$$

式中:P_0——灌浆压力(kPa);

γ——岩石的重度(kN/m³);

h——灌浆段的深度(m);

S_T——岩石抗拉强度;

μ——泊松比；

K_0——侧压力系数；

n——孔隙率。

水平劈裂开始的条件为：

$$\frac{P_0}{\gamma h}=\left(\frac{1-\mu}{\mu(1-n)}\right)\left(1+\frac{S_T}{\gamma h}\right) \tag{5-7-7}$$

对于含节理裂隙的岩层，水力劈裂应包括原有裂隙的扩张和新鲜岩体的破裂。根据弹性理论计算，目前国内灌浆工程所采用的灌浆压力，还不能使新鲜的岩体发生破裂，但仅用较小的灌浆压力就足以引起岩石现有裂隙的弹性扩张。

②砂和砂砾石灌浆

对于砂和砂砾石层，可按照有效应力的库伦-莫尔的破坏标准进行计算。在各向同性地层中，材料的应力状态与下式相符时将会发生破坏：

$$\frac{\delta_1'+\delta_3'}{2}g\sin\varphi'=\frac{\delta_1'-\delta_3'}{2}-\cos\varphi' gc' \tag{5-7-8}$$

式中：δ_1'——有效的大主应力（N/mm^2）；

δ_3'——有效的小主应力（N/mm^2）；

φ'——有效内摩擦角（°）；

c——有效黏聚力（kPa）。

地层中由于灌浆压力的作用，将使砂砾石土的有效应力减小，当灌浆压力达到式（5-7-9）标准就会导致地层的破坏。

$$P_C=\frac{(\gamma h-\gamma_W h_W)(1+K)}{2}-\frac{(\gamma h-\gamma_W h_W)(1-K)}{2\sin\varphi'}+gc'\cot\varphi' \tag{5-7-9}$$

式中：γ——砂或砂石的重度（kN/m^3）；

γ_W——水的重度（kN/m^3）；

h——灌浆段的深度（m）；

h_W——地下水位的高度（m）；

K——主应力比。

③黏性土灌浆

在黏性土中，水力劈裂将引起土体的固结即挤出现象，从化学的角度出发，还包括水泥微粒对黏土的钙化作用。

在仅有固结作用的条件下，可用下式计算灌入浆液的体积 V 及单位土体所需要的浆液量 Q：

$$V=\int_0^a (P_0-u)m_v g4\pi g r^2 \mathrm{d}r \tag{5-7-10}$$

$$Q=P\cdot m_v \tag{5-7-11}$$

式中：a——浆液的扩散半径（m）；

P_0——灌浆压力（kPa）；

u——孔隙水压力（kPa）；

m_v——土的压缩系数；

P——有效灌浆压力(kPa);

r——灌浆孔的半径(m)。

在存在多种劈裂现象的条件下,可用下式确定土层被固结的程度 C:

$$C=\frac{(1-V)g(n_0-n_2)}{1-n_0}\times 100\% \tag{5-7-12}$$

式中:V——灌入土中的水泥结石总体积(m^3);

n_0——土的天然孔隙率(%);

n_2——灌浆后土的孔隙率(%)。

5.7.2.2 静压灌浆的材料

(1)灌浆材料的分类

①按原材料性质分为无机材料、有机材料和复合材料。实际工程中,除了特殊情况下使用有机系列材料及聚合物外,目前是以无机材料为基础,掺加少量有机乳液的灌浆新材料和防渗墙材料。

②按用途和使用要求一般分为防渗、加固、稳定和特殊用途四种类型,它们常常是兼顾或是有主有辅。

③按材料性能的不同,即按材料的物理力学性质和工艺性能分类,一般可分为:普通型、防渗型、早强型、高强型、速凝型、塑性型、微膨胀型、抗侵蚀型和复合型等。

(2)对灌浆材料的一般要求

①适用。凝结体能满足设计要求,其指标包括:强度、弹性模量、防渗性能(渗透系数、抗渗坡降或抗渗标号)、产状(灌入裂隙的浆脉)、墙体的厚度、弹性强度比和极限拉伸等。

②好用。浆液或流态混凝土流动体的稳定性要好,不仅容易配置,而且施工中不产生离析,便于在允许时间内输送、灌注和浇捣等。

③宜用。灌浆材料和防渗墙材料对人体和设备无侵蚀,对环境无任何污染。

④实用。指灌浆材料和防渗体材料容易取得,价格比较便宜,以便实现经济合理。

5.7.2.3 灌浆材料和方案选择

(1)灌浆材料的选择

一般应选择没有粗骨料的浆液或悬浊浆液,在透水性和孔隙均比较大的地层中可掺加适量的细骨料和其他掺和料。一般应考虑地层条件、工程防渗加固、材料来源和造价等因素。

(2)灌浆方案选择

灌浆是实践性很强的工程技术,其方法的选择受到多方面因素的影响,包括灌浆的作用和目的、被灌浆地层的地质条件、工程规模和性质以及施工条件等,往往根据设计者的实践经验,针对具体工程条件提出初步方案,再结合现场试验进行检验和优化。在进行初步设计时,可参考表5-7-1进行灌浆方案的选择。

5.7.2.4 灌浆压力的确定

在施工中,一般都以不使地层破坏或仅发生局部和少量破坏作为确定容许灌浆压力的基本原则。

根据不同工程和目的选择灌浆方案　　表 5-7-1

编号	灌浆对象	适用的灌浆原理	适用的灌浆方法	常用灌浆材料	
				防渗灌浆	加固灌浆
1	卵、砾石	渗入性灌浆	用袖套管法或自上而下分段钻孔灌浆法	黏土水泥浆或粉煤灰水泥浆	水泥浆或者掺砂粉水泥浆
2	砂、粉细砂	渗入性灌浆、劈裂灌浆	用袖套管法或自上而下分段钻孔灌浆法	酸性水玻璃、丙凝、单宁水泥系砂浆	酸性水玻璃、单宁水泥系砂浆或掺硅粉水泥浆
3	黏性土	劈裂灌浆、压密灌浆	用袖套管法或自上而下分段钻孔灌浆法	水泥黏土浆或粉煤灰水泥浆	水泥浆、掺硅粉水泥浆、水玻璃水浆
4	岩层	渗入性灌浆、劈裂灌浆	小口径孔口封闭、自上而下分段钻孔灌浆法	水泥浆或粉煤灰水泥浆	水泥浆或掺硅粉水泥浆
5	断层破碎带	渗入性灌浆、劈裂灌浆	小口径孔口封闭、自上而下分段钻孔灌浆法	水泥浆或先灌入水泥浆,后灌入化学浆液	水泥浆或先灌水泥浆,后灌入改性环氧树脂或聚氨酯浆材
6	混凝土内微细裂缝	渗入性灌浆	小口径孔口封闭、自上而下分段钻孔灌浆法	改性环氧树脂或聚氨酯浆材	改性环氧树脂
7	动水封堵	采用水泥水玻璃快凝材料,必要时在浆液中掺入适量的砂等粗料,在流速特别大的情况下还可采取其他特殊措施,如在水中预填石块或级配砂石后再进行灌浆			

在灌浆处理前应通过现场灌浆试验来确定,以取得施工所需参数。试验时,一般采用逐步提高压力的方法,求得灌浆压力与灌浆量的关系曲线,如图 5-7-2 所示。

当灌浆压力升至某一数值(图中的 P_f 点),灌浆量出现突然增大时,表明地层结构发生破坏或孔隙尺寸已被扩大,可把此时的压力值作为确定容许灌浆压力的依据。

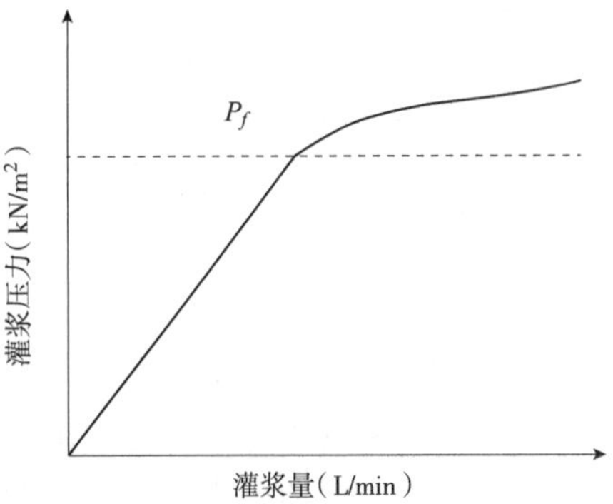

图 5-7-2　灌浆压力与灌浆量的关系曲线

当缺乏试验资料或进行现场灌浆试验前需预定一个试验灌浆压力时,可用理论公式或经验数值确定容许灌浆压力,然后在灌浆过程中根据具体情况再进行适当的调整。

(1)砂砾地基的容许灌浆压力

$$[P_B]=c(0.75T+K\gamma h) \tag{5-7-13}$$

或

$$[P_B]=\beta\cdot\lambda\cdot T+cK\gamma h \tag{5-7-14}$$

式中：[P_B]——容许灌浆压力(10^5Pa)；

c——与灌浆期次有关的系数，第一期孔 $c=1.00$，第二期孔 $c=1.25$，第三期孔 $c=1.50$；

T——地基覆盖层厚度(m)；

K——与灌浆方式有关的系数，可在 0.5~1.5 之间选择，结构疏松、渗透性强的地层取低值，结构紧密、渗透性弱的地层取高值；

h——地面至灌浆段的深度(m)；

β——系数，在 1~3 范围内选择；

γ——地表面以上覆盖层的重度(kN/m^3)。

(2)岩石地基的容许应力

①考虑灌浆方法和地质条件时，可由经验公式(5-7-15)计算。

$$[P_B]=P_0+mD \tag{5-7-15}$$

式中：[P_B]——容许灌浆压力(10^5Pa)；

P_0——表面段容许灌浆压力(10^5Pa)；

m——灌浆每增加 1m 深度容许增加的灌浆压力(10^5Pa)，可查表 5-7-2；

D——灌浆段的深度(m)。

p_0 及 m 值选用表 表 5-7-2

岩石分类	岩石性质	P_0(10^5Pa)	m(10^5Pa)				
			灌浆方法		灌浆次序		
			自上而下	自下而上	1	2	3
1	裂隙少而小，结构密实	1.50~2.00	2.00	1.00~1.20	1.00	1.00~1.25	1.00~1.50
2	略受风化的裂隙岩石，无大裂隙，但其中有层理的沉积岩	0.50~1.50	1.00	0.50~0.60	1.00	1.00~1.25	1.00~1.50
3	严重风化的裂隙岩，有水平或接近水平层理的沉积岩	0.25~0.50	0.50	0.25~0.30	1.00	1.00~1.25	1.00~1.50

②除灌浆方法和地质条件外，还要考虑浆液浓度的影响，可由经验公式(5-7-16)计算。

$$[P_B]=P_W+\gamma H+m(H_1-H_2)-(H_1\gamma_1-s\gamma_0) \tag{5-7-16}$$

式中：[P_B]——容许灌浆压力(10^5Pa)；

p_W——地下静水压力(10^5Pa)；

m——灌浆每增加 1m 深度容许增加的灌浆压力(10^5Pa)，可查表 5-7-3；

γ——地表面以上覆盖层的重度(kN/m^3)；

γ_1——浆液的重度(kN/m^3)；

γ_0——水的重度(kN/m^3)；

H——止浆塞以上地层的厚度(m)；

H_1——灌浆段的总深度(m)；

s——灌浆段到地下静水位的高度(m)。

不同条件下的 m 值　　表 5-7-3

岩石类别	自上而下灌浆		自下而上灌浆	
	稀浆	浓浆	稀浆	浓浆
第一类	0.18	0.20	0.20	0.22
第二类	0.20	0.22	0.22	0.24
第三类	0.22	0.24	0.24	0.26

5.7.2.5 静压灌浆加固施工要点

(1)钻孔

灌浆孔的钻孔半径一般为 70~110mm,垂直偏差应小于 1%。灌浆孔有设计角度时应预先调节钻杆角度,倾角偏差不得大于 20″。

(2)注泥浆

当钻孔钻至设计深度后,必须通过钻杆注入封闭泥浆,直到孔口溢出泥浆方可提杆,当提杆至中间深度时,应再次注入封闭泥浆,最后完全提出钻杆,封闭泥浆的 7d 无侧限抗压强度宜为 0.3~0.5MPa,所用浆液黏度应为 0.08~0.09Pa·s。

(3)灌浆压力

灌浆压力一般与加固深度的覆盖压力、建筑物的荷载、浆液黏度、灌浆速度和灌浆量等因素相关。灌浆过程中压力是变化的,初始压力小,最终压力高,在一般情况下每加深 1m 压力增加 20~50kPa。

(4)第二次灌浆

如果进行第二次灌浆,化学浆液的黏度应较小。不宜采用自行封闭式密封圈装置,宜采用两端用水加压的膨胀密封型灌浆管。

(5)拔管

灌浆后要及时拔管。拔管宜使用专门拔管机。用塑料管进行灌浆时,灌浆管的每次上拔高度应为 330mm;采用花管灌浆时,花管每次上拔或下钻高度宜为 500mm。拔出管子后,应及时洗刷灌浆管等,以便保持通畅洁净。拔出管子后,应及时洗刷灌浆管等,以便保持通畅洁净。拔出管子后在土中留下的孔洞,应用水泥砂浆或土料填塞。

(6)灌浆流量

灌浆的流量一般为 7~10L/min,对于充填性灌浆,流量可以适当加快,但也不宜大于 20L/min。

(7)代替水泥

在满足强度要求的前提下,可用磨细粉煤灰部分代替水泥,掺入量应通过试验确定,一般掺入量约为水泥重量的 20%~50%。

5.7.3 高压旋喷灌浆加固设计及施工

高压旋喷灌浆法一般用工程钻机钻至设计深度后,用高压泥浆泵等发生装置,通过安装在钻杆端部的特殊喷嘴,向周围土体喷射化学浆液(常用水泥浆液),同时钻杆以一定速度徐徐提升,高压射流破坏了附近的土体结构,并强制与化学浆液混合,在地基中硬化成直径均匀的圆柱体。也可根据工程需要调整提升速度、旋转角度和幅度,变化喷射压力,或变换喷嘴的直径,从而改变流量,使被加固的岩土成为所需要的设计形状。

高压喷射灌浆的基本种类有单管法、二管法、三管法和多管法等方法,他们各具有不同的特点,可根据工程实际情况、具体要求和土质条件使用。

5.7.3.1 高压旋喷灌浆法加固机理

(1)高压旋喷射流切割破坏土体作用,喷流以脉冲形式冲击土体,使土体结构破坏出现空洞;

(2)混合搅拌作用,钻杆在旋转和提升过程中,在喷射流后面形成空隙,在喷射压力作用下,迫使土粒向与喷嘴移动相反的方向(即阻力小的方向)移动,与浆液搅拌混合后发生化学反应形成固结体;

(3)压密作用,高压喷射流在切割破碎土体的过程中,在破碎带边缘还有剩余压力,这种压力对土层有压密作用。

5.7.3.2 高压旋喷灌浆法适用范围

高压旋喷灌浆法适用于处理淤泥、淤泥质土、黏性土、粉性基础,黄土、砂土、人工填土等。既可用于既有建筑的地基处理(如工业厂房基础加固、原有桥台基础加固、楼房基础加固纠偏等),也可用于库岸滑坡的加固处理。

5.7.3.3 主要特点

(1)适用范围比较广泛,可适用比较复杂滑坡体土体的加固。

(2)施工比较简便,施工时只需要在土层中钻一个孔径30~50mm的小孔,便可以在土中喷射成直径为0.8~2.0m的固结体。

(3)形成的固结体形状可以控制,可形成圆柱形或扇形等。

(4)施工中操作比较方便,可以根据地质实际需要,既可以垂直喷射,也可以倾斜和水平喷射。

(5)灌浆材料可以就地取材,来源非常广泛,价格低廉。

(6)具有良好的耐久性。

(7)浆液能集中喷射,流失比较少。

(8)施工设备的组成比较简便,施工管理起来比较方便。

5.7.3.4 高压旋喷灌浆孔的布置

高压旋喷灌浆孔的布置,应根据加固目的的具体情况考虑。库岸滑坡体的加固,主要是增加滑坡体或滑带土的抗剪强度,增强滑坡体的稳定性,因此对库岸滑坡采用“高压旋喷”灌浆加固,其布孔一般布置在滑坡体前缘阻滑段,孔距的疏密可根据加固滑坡体的稳定性计算确定,高压旋喷灌浆孔可以三角形布置,也可以正方形或其他形状布置,桩孔间可以相互套接,也可分开成相互独立的桩体。

5.7.3.5　加固体直径的设定

加固体的直径与滑坡体土质、施工方法等有密切关系，主要根据以往的经验和工程实例加以确定。当采用单管法灌注工艺时，其桩径与标准灌入值关系，如图 5-7-3 所示。

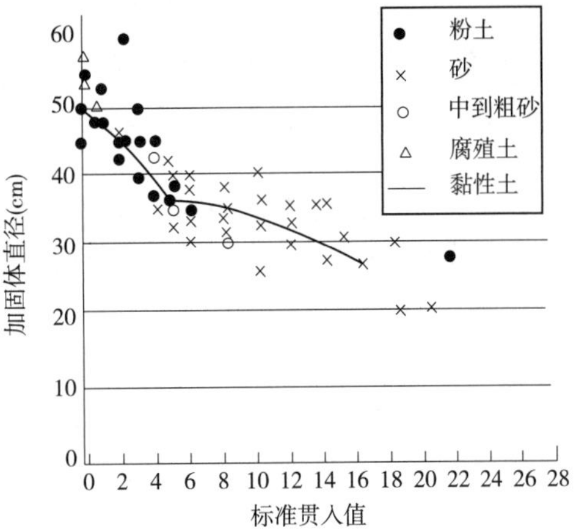

图 5-7-3　桩径与标准贯入值关系

也可根据不同的土质，用下列近似公式计算：

(1)黏性土

$$D=0.5-0.005N^2 \tag{5-7-17}$$

式中：N——黏性土的标准灌入数；

D——加固体的直径(m)。

(2)砂性土

$$D=0.001(350+10N-N^2) \tag{5-7-18}$$

$5 \leqslant N<15$，其他符号意义同上。

5.7.3.6　硬化剂用量的优选

硬化剂也称固化剂、熟化剂，是一类增进或控制固化反应的物质或混合物，也是进行库岸滑坡加固处理浆液中不可缺少的外加剂。

库岸滑坡加固处理浆液中所用硬化剂(浆液)用量，可按下式进行计算：

$$Q=0.25D^2Ha(1+\beta) \tag{5-7-19}$$

式中：Q——浆液所用硬化剂用量(m^3)；

D——设计的加固直径(m)；

H——设计桩的长度(m)；

a——混合系数，可取 0.6~1.8，与加固直径和土质有关；

β——损失系数，应根据实际操作取值。

根据一些工程的统计资料，单管法和二重管法的实际硬化剂用量如表 5-7-4 和表 5-7-5 所示。

单管法加固体直径和浆液量　　表 5-7-4

土 体 名 称	土 质 条 件	加固直径(cm)	浆液量(L/m)
砾石层	$K \geqslant 1\times10^{-2}$ cm/s	50~60	150
砂砾层	$K \geqslant 1\times10^{-3}$ cm/s	35~45	130
有机质土质	$W \geqslant 150\%$	40~45	130

二重管法加固体直径和浆液量　　表 5-7-5

加固直径(cm)	浆液量(L/m)	加固直径(cm)	浆液量(L/m)
60	340~400	150	1460~1850
80	550~660	180	1820~2380
100	780~950	200	2070~2750
120	990~1240	220	2320~3120

此外，浆液的用量也可根据下列计算来确定：

$$Q=qt(1+\beta) \tag{5-7-20}$$

式中：q——单位时间的喷射量(L/s)；

t——每根桩的喷射时间(s)；

β——损失系数，一般可取0.1~0.2。

5.7.3.7 加固体的强度确定

单管法在砂性土中的固结强度一般为3.0~7.0MPa，在黏性土中的固结强度一般为1.5~5.0MPa；三重管法在砂性土中的固结强度一般为3.0~15.0MPa，在黏性土中的固结强度一般为0.8~5.0MPa。

在一定土质条件下，通过调节浆液的水灰比和单位时间的喷射量或改变提升速度等措施，可适当提高或降低加固体的强度。

5.7.3.8 施工程序和施工工艺

(1)施工程序

高压喷射灌浆施工程序，大体分为：钻机钻孔、下灌浆管、喷射浆体、提升设备、清洗、充填和成桩等。

①钻机钻孔。控制孔位的偏差不应大于1~2cm，钻孔要深入基岩0.5~1.0m，或达到设计深度，钻进过程要记录完整。在钻孔中要严格防止孔斜，孔斜率可根据孔的深度经计算确定，以两孔间所形成的防渗凝结体结合良好、不留孔隙为准则。

②下喷射管。将喷射管下沉到设计深度，对准喷射方向。当采用震动钻机时，下管与钻孔合为一体进行。为防止在下管时将喷嘴堵塞，可采用边低压边送水、气、浆，边下管的方法，或临时加设防护措施，如包扎塑料布或胶布等。

③喷射灌浆。当喷射管下沉到设计深度后，送入合乎要求的水、气、浆，喷射1~3min；待注入的浆液冒出后，按预定的提升、旋转、摆动速度，自下而上边喷射、边转动、摆动，边提升至设计高度，停止输送水、气、浆，提出喷射管。

④清洗。当喷射灌浆到达设计高度后，经检查施工技术参数合格，应及时将各管路冲洗干净，以防止浆液将管阻塞，尤其是浆液系统更重要。通常将浆液换成水进行连续冲洗，直至管路中出现清水为止。

⑤充填灌浆。为解决凝结体的顶部因浆液析出水而出现的凹陷现象，每当喷射灌浆结束后，随即在喷射孔内进行静压充填灌浆，直至孔口浆液表面不在下沉为止。

(2)相关问题的处理

①复喷射处理。喷射灌浆的施工中，为了增加喷射长度或喷射范围，除通过增加喷射压力，减慢喷嘴移动速度外，还可在第一次喷射灌浆完毕后，将喷射管再下入进行第二次喷射(即复喷射)，以达到设计的质量要求。这是对第一次喷射出现质量事故进行修补的主要措施。但是在松散的地层中复喷射的效果稍低于黏土层。

②冒浆处理。在进行喷射灌浆中，有部分土颗粒随着一部分浆液沿着喷射管壁冒出地面，这种现象称为冒浆。冒浆量过大或过小均属于不正常，应及时分析原因予以处理。若地

层中有较大空隙引起的不冒浆，可灌注黏土浆或细砂，待填满空隙后再继续正常喷射。若冒浆量过大，通常是有效喷射范围内与灌浆量不适应有关，可通过提高喷射速度，在提高灌浆压力、适当缩小喷射孔径或提升速度适当加快等措施来解决。

③凹穴的处理。喷射灌浆后，由于重力作用和浆液性能本身的特性，喷射灌浆形成的浆、气、土混合液在逐渐凝结硬化的前期，其表面因析出水沉淀而出现一定程度下陷形成凹穴。一般有两种处理方法：a.喷射灌浆完成后即连续或间断地向喷射孔内静压灌浆浆液，直至孔内混合液凝固不再下沉；b.在喷射灌浆完成后，向凝结体与其上部结构之间的空隙进行第二次静压灌浆。

5.7.3.9 高压喷射灌浆施工要点

(1)施工前要先进行场地平整，挖好排水沟，做好钻机定位。在高压灌浆施工前，要检查高压喷浆设备和管路系统，其压力和流量必须满足设计要求，灌浆管及喷嘴内不得有任何杂物，灌浆管接头的密封圈必须良好，不得有任何漏浆现象。

(2)在进行垂直钻孔灌浆施工时，钻机一定要安放水平，钻杆要确实达到垂直，钻孔的倾斜度一般不得大于1.5%。

(3)在插管和喷射的过程中，要注意防止喷嘴堵塞，否则要拔管清洗后再重新进行插管和旋喷，在拆卸或安装灌浆管时动作快。水、气、浆的压力和流量必须符合设计要求。当使用双嘴喷时，如果一个喷嘴被堵塞，则可采取重复喷射的方法施工。

(4)喷嘴直径、提升速度、旋转速度、喷射压力、排量等参数，应根据试验或按表5-7-6中的数值确定。

高压喷射灌浆主要参数 表5-7-6

项目		单管法	二管法	三管法	
				国内	日本
高压水	水压(MPa)	—	—	30~60	20~70
	流量(L/min)	—	—	50~80	50~70
	喷嘴孔径/mm及个数	—	—	1.7~2.0(1~2)	—
压缩气	气压(MPa)	—	0.70	0.70	0.70
	气量(L/min)	—	1~3	1~3	>1
	喷嘴孔径(mm)及个数	—	1~2(1~2)	1~2(1~2)	—
水泥浆	浆压(MPa)	30	30	0.1~1.0	0.3~4.5
	浆量(L/min)	25~100	50~200	50~80	120~200
	喷嘴孔径(mm)及个数	2~3(2)	2~3(1~2)	10(2个)~14(1个)	
提升速度(cm/min)		20~25	5~10	5~40	5~100
旋转速度(r/min)		20	20	5~10	5~10
摆动角速度(°/s)		—	—	5~30	—
灌浆外管径(mm)		42、45、50	42、50、75	75、90	—

(5)喷射施工中，要做好压力、流量和冒浆液量的量测工作，并按照规定认真逐项记录。

钻杆的旋转和提升必须连续不中断。拆卸钻杆继续喷射时,要注意钻杆对已喷段应有 0.1m 的搭接长度,不得使喷射固结体产生脱节。

(6)在进行深层喷射中,应先按要求喷浆后,才能旋转和提升,以防止灌浆管扭断。施工过程中发生故障时,应立即停止提升和旋转,以防止桩体中断,同时立即进行检查并尽快复喷。

(7)在搅拌水泥浆时,其水灰比一定要符合设计要求,不经设计单位批准,不得随意进行更改。在喷射施工过程中,应防止水泥浆发生沉淀,使浆液的浓度降低。禁止使用受潮或过期的水泥。

(8)当处理既有建筑的地基时,应采取速凝浆液或大间隔孔喷射和冒浆回灌等措施,以防止高压喷浆过程中地基产生附加变形和地基与基础间出现脱空现象,影响被加固建筑及邻近建筑的安全。

5.7.4 深层搅拌灌浆加固设计及施工

5.7.4.1 加固机理

深层搅拌法是利用水泥、石灰等材料作为固化剂的主剂,通过特制专用的深层搅拌机械,在地基中边钻进,边喷射固化剂边旋转搅拌,使固化剂与土体充分拌和,由水泥和软土之间产生一系列物理-化学反应,使软土改性成具有整体性和抗水性的水泥土或灰土桩柱体。

5.7.4.2 深层搅拌法施工工艺

深层搅拌法施工在工序上主要包括施工准备及定位、水泥浆制备、喷浆搅拌、清洗移位等几个步骤。

(1)施工准备及定位

主要包括场地平整、清除地面及地下障碍物,形成施工平台,其高程误差应该控制在±5cm范围内;设置完善施工必需的临时设备,如供水、供电、道路、工作棚、临时房屋及材料等;同时对施工中所用的机具和设备,均应及时运到施工现场并进行组装和调整校正。

定位,即按照设计图纸进行现场测量放线,确定岸坡加固线位置,定出每一个桩的具体点位并设置标志,孔位的偏差不得大于±2cm;开挖导流沟,沟宽 0.5m、深 0.4m;沿导流沟铺设枕床、导轨并安装搅拌机;移动搅拌机至设计位置调整、校正、整平、对中孔位。

(2)水泥浆制备

①水泥使用前应进行质量鉴定,搅拌水泥浆液所用的水应符合《混凝土用水标准》(JGJ 63—2006)中的规定。

②水泥浆液可根据工程需要加入适量的外加剂及掺合料配制成复合浆液。所用的外加剂和掺合料的质量,应符合《混凝土外加剂应用技术规范》(GB 50119—2013)和《混凝土矿物掺合料应用技术规程》(DB J/T01—64—2002)中的要求;掺入数量应通过试验确定。

③水泥品种、强度等级应符合设计规定,一般宜采用强度等级不低于 32.5MPa 普通硅酸盐水泥,水泥应新鲜无结块,过 4900 孔筛筛余量不大于 5%。

④施工所用水泥浆液的水灰比宜控制在 0.7~1.2,具体的水灰比应由现场搅拌试验确

定。无论选用何种水灰比的水泥浆，应保证水泥掺入比达到设计要求。

⑤水泥浆存放的有效时间应符合相关规定，超出规定按废液处理。

⑥对于不同批号的水泥及各种不同配比的浆液，均应按规定留出样品进行浆液性能试验，主要包括浆液密度、黏度、稳定性。

(3)喷浆的搅拌

①为了掌握地层性状及搅拌桩底高程，应沿着加固线每隔50m布设一个先导孔，先导孔应深入设计底线高程以下5.0m，局部地段地质条件变化比较严重的部位，应适当加密钻进先导孔。

②搅拌机沿导向架下沉，偏斜率不应大于0.5%，桩径偏差不得大于4%。设计地层内的深度应达到设计要求，误差应小于±10cm。

③深层喷搅技术，根据设备不同，可分为“两喷四搅”、“两喷两搅”、“一喷两搅”等三种工艺。“两喷四搅”，上下两个来回，4次搅拌，其中两次上升喷浆，多用于单头、双头及三头搅拌机；“两喷两搅”，搅拌机头下沉及上升的一个来回中，均实施喷浆和搅拌，如我国生产的PH-5F(三头)、SJ-500(四头)及SJZ-5(五头)均要求两喷两搅工艺。“一喷两搅”设备要求，在搅拌机头下沉及上升的一个来回中均实施喷气、搅拌，仅在下沉时喷浆。

(4)清洗与移位

完成一个桩位的喷浆搅拌后，应立即向集料斗中注入适量清水，并马上开启灰浆泵，清洗全部管路中的水泥浆，直至基本干净，以防管路堵塞；同时还应将搅拌机头上的软土清洗干净。

在设备移位中应保证安全的前提下，尽量快速准确地进行，到位后要认真调整机架，保证其倾斜率控制在0.5%以内，桩位的误差不大于2cm。

(5)施工注意事项

①水泥浆应随配随用，为防止水泥浆发生离析，在灰浆搅拌机中应不断搅动，压浆前再缓慢地倒入集料斗中。倒入集料斗中的水泥浆存放时间不应过长。当气温在10℃以下时，不宜超过5h，当气温在10℃以上时，不宜超过3h；当浆液存放时间超过有效时间时，应按废浆液处理。

②搅拌机的喷浆必须连续进行。一旦出现中断，应将搅拌喷射头下沉到停喷位置以下0.5m(若采用下沉喷浆搅拌工艺时应提升0.5m)，待恢复供给浆液时再喷浆搅拌施工。如果因故停机超过0.5h，应对泵体和输浆管路妥善清洗；因故停机超过3h，应拆卸输浆管，彻底清洗管路。

③当搅拌桩头已达到桩底，且浆液已达桩体顶部并稍微翻浆，此时应在桩底喷浆30s，使浆液均匀分布在整个桩体；当搅拌桩提升到达设计桩体顶部时，应停止提升，并搅拌一定时间，以保证桩头均匀密实；施工停浆面应高出设计高程0.3~0.5m，在墙体凝固后再将超出设计标高的桩顶部分凿除。

④搅拌过程中如遇到硬土层，搅拌钻进十分困难时，可启动加压装置压浆，也可采用压水下沉搅拌。采用压水方法后，恢复喷浆前应将输浆管内的水排除干净。

5.7.4.3　技术指标要求

(1)水泥掺入比与掺入量。掺入比是单位重量地基土中所加入外加剂量，一般用百分比表示。土层中水泥掺入量主要取决于天然土体性质(孔隙率、土质类别、含水量等)和施工机械性能。一般而言,水泥掺入量可取10%~18%,一般控制在15%左右。

(2)水灰比,施工和材料试验表明,水泥土的力学性能不仅取决于水泥掺入量,还取决于被加固土体的可搅拌性。水泥土搅拌均匀十分重要,而水灰比对水泥土的均匀性起着重要作用,一般水灰比0.7~1.2比较适宜。

(3)灌浆压力,主要依据加固土层的深度而定。对于深层搅拌的混凝土而言,灌浆压力一般取0.3~1.0MPa。

(4)灌浆量,应以注入土体中的水泥浆充分填充土层中的孔隙为准,在进行施工搅拌时,以孔口出现稍微翻浆为控制标准。为保证注入设计的灌浆量,要求在搅拌设备装配自动记录流量设备,对搅拌过程中的灌浆量随时进行监控。一般情况下,施工灌浆量按50L/min进行控制,根据土层的不同孔隙率进行适当调整。

(5)提降速度,喷浆设备提升或下降速度可用经验公式进行计算取得,但对计算出的升降速度还应通过现场工艺试验校核,以取得合适的升降速度。

5.7.4.4 施工质量控制

(1)预先搅碎土料。为了便于水泥浆与土体搅拌均匀,软土地基应预先搅拌切碎,使地基土变成松软的土料。

(2)水泥浆不得出现离析。为了防止水泥浆发生离析,应在灰浆搅拌机中不断地搅动水泥浆,待压浆前再缓慢输入到贮浆罐中。

(3)认真检查搅拌机的机叶。应每3天检查一次叶片的直径,偏差值不得大于±1cm。

(4)严格控制水泥掺入量。施工时水泥掺入比应大于设计掺入量的0.5%左右,具体掺入量的多少,应以"孔口微翻浆"并根据施工前验证性试验确定。

(5)确保加固强度和均匀性。喷浆阶段不允许发生断浆现象,输浆管道不得发生堵塞;严格按照设计确定的依据,控制喷浆和搅拌机的提升速度,误差不得大于±10cm/min;控制重复搅拌时下沉和提升速度,以保证加固范围内每一深度均得到充分搅拌。

(6)保证搅拌桩的垂直度。需注意桩机的平整度和导向架子对地面的垂直度。若设备性能差或特殊地层原因(如遇到硬物体或地下障碍物),则应随时检查和处理。

5.7.5 花管注浆加固设计及施工

5.7.5.1 花管注浆加固原理

花管注浆加固是通过压力将水泥浆液以渗透或劈裂的方式进入岩土体孔隙或裂隙中,水泥浆液的胶凝、固化作用能有效改善岩土体的物理力学性能,提高岩土体强度;注浆完成后,花管留置在岩土层中,可以起到加筋体的作用,提高岩土层承载力和抗滑移能力。以上两种作用结合起来能有效提高岸坡的安全稳定系数。花管注浆加固适用于具有一定渗透性的砂性土、杂填土或节理、裂隙发育的破碎岩体以及强度较低的软黏土、淤泥(质)土。

5.7.5.2 花管注浆施工方法

花管注浆主要施工流程可分为4个步骤,即成(导)孔、花管制作、花管安装、注浆。①成孔:采用轻便型(如 ZD-30/60)潜孔钻机成(导)孔,钻孔直径 65~75mm,钻孔深度应>6m。②花管制作:花管采用 ϕ8×3.5mm 的无缝钢管制作,端部加工成密封的尖锥形,尾部 1.5m 以下每隔 25cm 对开直径为 8mm 出浆口,相邻两排错角 9°。③花管安装:用潜孔钻成孔后插入花管,如遇塌孔,可用振动锤将花管打至设计深度。④注浆:注浆设备可选用 BW50/1.5 型单缸活塞注浆泵,注浆管与花管尾部连接应牢固可靠,避免漏浆。

5.7.5.3 花管注浆实例

某工程岸坡全长 135m,为单斜地貌,地表原始横坡平均约为 26°,路基及岸坡岩石为全、强风化破碎玄武岩地层,呈松散碎石状。原设计按 1:0.7 的坡比清方,但施工中左岸坡诱发滑坡,滑坡后缘最高处距路基高达 60m。为根治滑坡,设计采用注浆及抗滑桩完成滑坡的支挡防护。

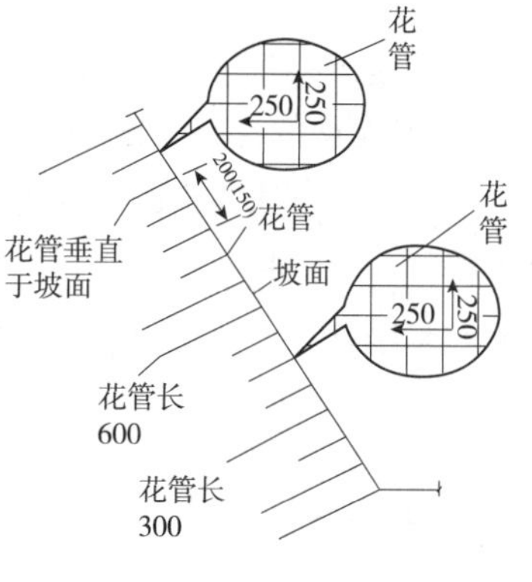

图 5-7-4 注浆孔分布图(尺寸单位:cm)

注浆孔分布图见图 5-7-4。注浆孔梅花型等间距平均分布在岸坡面上,钻孔孔径为 ϕ50mm。采用花管护壁注浆法施工,花管外径 ϕ33.5mm,壁厚 3.25mm,长度分别为 6m 和 3m 两种。由普通钢管加工制成,钢管前端加工成锥形,尾部焊接 ϕ8mm 钢筋作为劲箍,管壁四周 ϕ12mm 漏浆孔,花管全部伸入岩土中,垂直于坡面。浆液采用水泥-水玻璃双液,注浆压力为 1.2MPa。

5.7.6 粉喷桩加固设计及施工

5.7.6.1 粉喷桩加固原理

粉喷桩加固是将固化材料(主要是水泥、石灰、粉煤灰)与软土强制搅拌,使灰土之间发生系列复杂的物理-化学反应,从而形成强度大大增加的柱状搅拌土体(即粉喷桩),与未搅拌土组成复合地基,以此提高被加固地基的承载力和抗剪强度。粉喷桩施工工期短、见效快、投资省、施工无震动、噪声小,施工对淤泥质土层无影响,不需提前处理,可与钻孔桩同时施工。

5.7.6.2 设计理论及设计步骤

(1)根据边界条件及土质参数(C、Cu 值),采用不同方法找出抗滑安全系数 K 最小的滑裂面位置;

(2)根据施工条件确定锚固区域(一般锚固区中心线定位与滑裂面中心线重合);

(3)确定设计安全系数 K 值;

(4)在满足 K 值的条件下,反算加固区复合抗剪强度(边界条件,加固区域外土质参数不变);

(5)根据加固区土质参数及所需复合抗剪强度,确定水泥掺入比 a、置换率 m,如 m 值不甚合理,则重复 2~5 验算步骤,直至 m 趋于合理;

(6)根据 K 值及加固面积确定桩数 n,调整排列呈格栅状且相互搭结,形成稳定锚固体;

(7)验算锚固体倾覆及抗滑移要求,确定锚固深度;

(8)优化处理,确定方案。

5.7.6.3 工程实例

(1)实例1

万寨港码头岸坡加固中采用了粉喷桩加固技术。工程地点位于徐州港务局万寨港区内,该处地层较均匀,高程25.50上为Q4新近沉积的淤泥质黏土及粉质黏土,其下为Q3黏性土,在2-1层存在淤泥质黏土,呈流塑状,强度低,存在不均匀沉降等特点。根据本场地地质情况,采用粉喷桩群加固处理:粉喷桩顶高程30m,桩径50cm,桩长7m,搭接10cm,共2916根计4082m。水泥掺入比为15%,布设形式为空腹格栅状,跬墙厚6m,如图5-7-5所示。

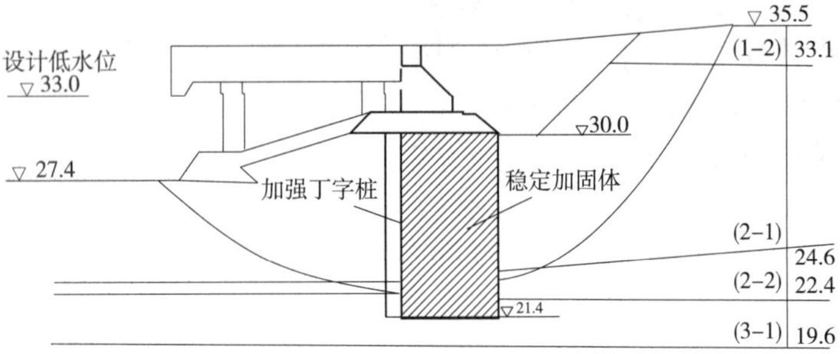

a)

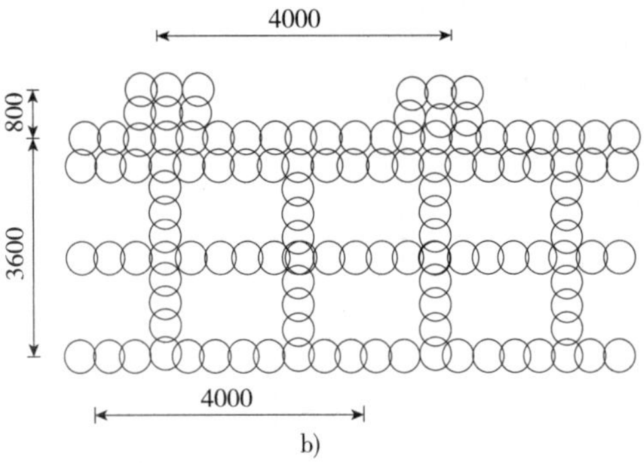

b)

图5-7-5 桩位布置图(尺寸单位:m)

(2)实例2

池河闸位于池河中游定远县池河镇境内,堤防等级为4级,池河闸上、下游河道整治施工期间,其上游右岸桩号右0+070~0+130(以池河闸上游右岸堤防滑坡成因分析及加固措施池河闸中心线为起始桩号)段60m长新筑堤防迎水坡发生了滑坡。经地质勘查,该处堤基为第四系全新统、上更新统冲积洪积土。勘探范围内地层自上而下依次为淤泥质黏土、轻粉质壤土、砂壤土、中粗砂。表层的淤泥质黏土和轻粉质壤土层厚约4~6m,含水量大,抗剪强度极低。滑坡后迎水侧一面堤顶、堤坡出现了纵向裂缝,经现场实测裂缝宽2~9cm,深1.5~2.5m。

堤防施工完成后,由于软弱堤基而产生的滑坡,处理措施一般可考虑放缓岸坡、在堤脚外设置压载、加固堤基等措施。由于该处滑坡位于池河闸上游,且该处河槽较窄,在堤脚外设置压载显然会影响河道行洪。若采用放缓岸坡的措施,经计算,岸坡达1:8时堤防才能满足抗滑稳定要求,显然该方案也不经济。经综合考虑,设计提出了挖除堤坡滑坡范围内的土层后对堤基采用水泥土粉喷桩进行加固处理的方案，填筑堤坡仍维持与上、下游坡比一致，为1∶3。水泥土粉喷桩直径为 0.5m，桩间距为 1.4m，梅花形布置，范围自堤脚至堤腰宽 8.0m，沿堤线方向长 60.0m，桩底高程穿过软弱土层，进入中粗砂层，桩底高程 14.0m，如图 5-7-6 所示。

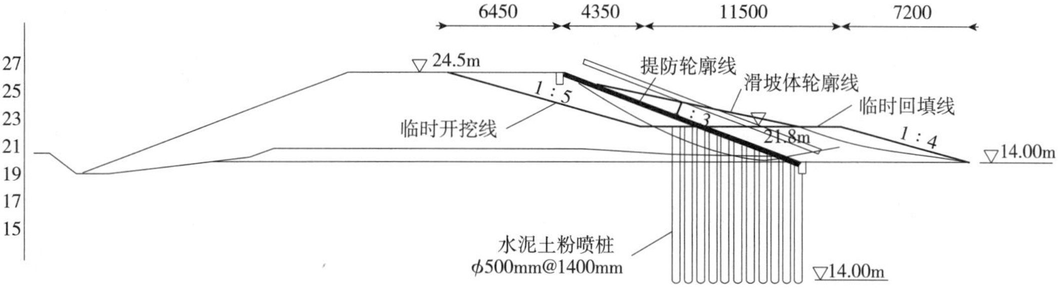

图 5-7-6　池河闸位滑坡加固（尺寸单位：m）

该方案的优点是不改变堤防岸坡，能够与上、下游协调一致，整体美观，不增加占地，施工技术成熟，经验丰富，可靠性较高，对环境影响不大，造价较低。

对于含水量较大的软土堤基，采用水泥土粉喷桩加固软弱堤基能够有效地提高地基的抗剪能力，确保堤坡稳定，从而达到加固堤防岸坡的目的。且施工速度快、工程造价相对较低。

5.8　土 钉 支 护

土钉支护技术是近二十多年来发展起来的一种新型技术，可适用于作挡土结构及不稳定岸坡的支护结构等，在建筑、交通、水利、地矿等行业具有广泛的应用价值。由于土钉结构经济、可靠而且施工快速简便，已经在法国、德国、美国、日本等许多国家得到迅速的发展和应用。“土钉”就是置于现场原位土体中以较密间距排列的细长杆件，如钢筋、钢管、角钢或其他材质的型材等。通常还在土钉与周围土体之间注入水泥砂浆或水泥净浆浆体而构成“注浆钉”，以实现土钉与周围土体的良好黏结。原位土体中置入土钉体，是为了以土钉体良好的抗拉、抗剪及抗弯性能来弥补原位土体这方面强度的不足，实现土钉体与土体的共同工作效应，充分利用原位土体的强度构造一种比较理想的抗力结构。

土钉结构的特点是土钉沿钉体全长与周围土体依靠黏结力或摩擦力结合，土钉以群体起作用，与周围土体形成三维组合结构，在土体发生变形的情况下，通过与土体接触面上的黏结力或摩擦力，使土钉体被动受拉，来约束土体的继续变形，达到稳定、加固土体的目的。另一方面，密布于土体中的土钉起到了空间骨架的作用，配合以喷射混凝土面板，土-土钉-面板相互作用共同工作而成为一个整体，使加固后的土体整体刚度大大提高，变形性能也得以改善，成为一种性能良好的主动支护结构体系。

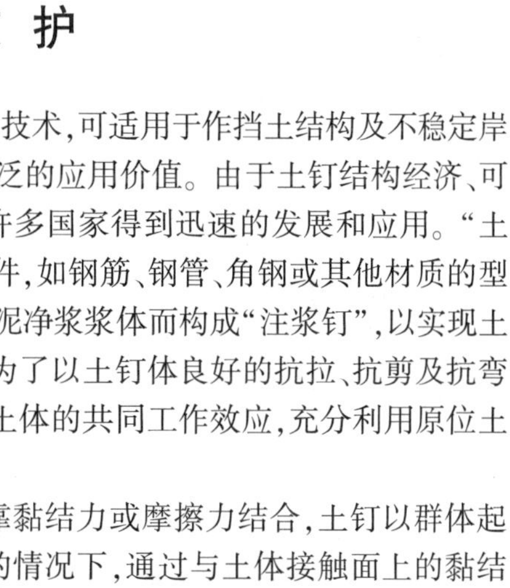

图 5-8-1　土钉支护简图

典型的土钉支护体系（图 5-8-1）包括三个部分：被加固的原位土体、置于土体中的土钉以及开挖坡面上的喷射混凝土面层。现场土体经过土钉的就地加固并与喷射混凝土面层相结合,形成一种类似于挡土墙的复合加固土体,具有较高的强度和稳定性,能够抵抗土钉结构背后非加固区的侧压力及其他类型的荷载。

5.8.1 土钉支护的优缺点及适用范围

5.8.1.1 土钉的主要优点

(1)用料少、工程量小、施工快;

(2)施工设施轻便、操作方法简单、施工时对环境干扰小;

(3)对场地土层适应性强;

(4)结构轻巧、柔性大、有非常好的抗震性能;

(5)随基坑或坡面开挖逐层分段作业,不占或少占单独作业时间,施工效率高,开挖完成时土钉墙就能建好(这一点对膨胀土岸坡尤为重要);

(6)施工不需单独占用场地,对于施工场地狭小的工程,该技术特别有用;

(7)安全可靠。土钉数量众多,并作为群体而起作用,个别土钉出现问题或失效,对整体影响不大,随时可根据现场开挖出现的土质情况和现场监测的土体变形监测修改土钉的间距和长度,万一出现不利情况也能及时采取加固措施,避免出现大的事故;

(8)经济。根据经验,土钉支护比一般的拉锚支护可节约总造价的 10%~30%(美国工程表明,采用此项技术可节约 30%的造价,在我国可节约 20%左右)。

5.8.1.2 土钉的主要缺点

(1)施工时会对地下管道等设施产生干扰;

(2)对于软土、无黏结松散砂土以及地下水丰富的情况,土钉支护有一定的难度;

(3)在软土中设置土钉造价高,国外经验表明要高于连续墙;

(4)土钉支护作为永久性结构时,需专门考虑锈蚀等耐久性问题。

5.8.1.3 土钉支护的应用范围

土钉支护的应用范围很广,主要有:

(1)土体开挖时需临时支护,如土坡开挖等;

(2)永久性挡土结构。这类工程一般与施工开挖时的临时支护相结合,如路堑及路堤土坡挡墙、桥台挡墙等;

(3)现有挡土结构和支护的修理、改建和抢险加固,如各类挡土墙的维修和加固等;

(4)岸坡稳定,即用于加固可能失稳的土堤或土坡。

适用土钉支护的土体包括:地下水位以上或经过降排水措施后的素填土、普通黏性土,有一定毛细水黏聚力的中细砂土(含水率不小于 5%~6%),有一定天然胶结能力的砂土和砾石土,具有天然黏聚力的粉土及低塑性土,以及风化岩层等。Mitchell(1990)认为,土钉在标准贯入击数小于 10 或相对密度小于 30%的砂性土岸坡内使用是不经济的。在不均匀系数小于 2 的级配均匀的砂土中使用同样是不理想的。土钉通常不用于不排水剪强度小于 48kPa 的软黏土和塑性指数高于 20%的高塑性土,因为土钉并不能有效地制止岸坡的蠕变。

5.8.2　土钉设计的一般原则

土钉的设计参数一般根据土坡的实际情况确定。

5.8.2.1　土钉长度

抗拔试验表明,采用相同的施工工艺,在同类土质条件下,对高度小于 12m 的土坡,当土钉长度达到 1 倍土坡垂直高度时,再增加长度,对承载力提高不明显,对钻孔注浆型土钉,用于粒状土陡坡加固时,其长度比(土钉长度与坡面垂直高度之比)一般为 0.5~0.8;用于冰碛物或泥灰岩岸坡时,长度比一般为 0.5~0.6。

5.8.2.2　土钉布置

大量的实测结果表明:上层土钉能有效地控制基坑变形,上层和下层土钉所受的拉力相对较小而中部土钉受拉力最大。为此,在设计土钉墙时,应考虑土钉墙与土体的共同作用,应将土钉墙与土体作为一个复合式的挡土结构来处理,土钉长度和布置应使应力分布均匀。

5.8.2.3　土钉孔径及间距布置

土钉孔径 d 可根据成孔机械选定。在条件允许时,适当加大孔径,可以大大提高土钉支护的稳定性。国内采用的土钉钻孔直径一般为 100~200mm。土钉间距包括水平间距(行距) S_x 和垂直间距(列距) S_y。对钻孔注浆型土钉,可按 6~12 倍土钉钻孔直径 d_n 选定土钉行距和列距,且应满足:

$$S_x \times S_Y = k \times d_n \times l \tag{5-8-1}$$

式中:S_x、S_Y——土钉行距和列距,通常在 1.2~2.0m 的范围内;

k——注浆工艺系数,对一次性压力注浆工艺,取 1.5~2.5;

l——土钉长度。

5.8.2.4　土钉主筋直径

为了增强土钉钢筋与砂浆(纯水泥浆)的握裹力和抗拉强度,土钉钢筋一般采用Ⅱ级以上变形钢筋,钢筋直径一般为 ϕ16~32mm,常用 ϕ25mm。土钉主筋直径 d_s,可按下式估算:

$$d_s = (20-25) \times 10^{-3} \sqrt{S_x \times S_Y} \tag{5-8-2}$$

5.8.2.5　土钉倾角

土钉倾角可在 0~25 度范围内,但在 10~15 度范围内为佳。

5.8.3　土钉抗力及其设计

在大多数设计方法中,都假设土钉为受拉工作,不考虑其抗弯刚度,所以按总安全系数作极限状态稳定性分析时,土体破坏面上土钉拉力由下列三种情况确定,并且取其较小值:

(1)土钉受拉破坏,此时钉中拉力达到屈服强度 T_R,有

$$T_R=\frac{\pi d^2}{4}\times f_{yk} \tag{5-8-3}$$

(2)土钉受拉拔出破坏,土钉从破坏面内侧稳定土体中拔出,有

$$T_R=\pi dL_{ei}\times\tau_{uk} \tag{5-8-4}$$

(3)土钉受拉拔出破坏,土钉从破坏面外侧稳定土体中拔出,有

$$T_R=\pi d(L-L_{ei})\times\tau_{uk}+R \tag{5-8-5}$$

以上各式中:d、f_{yk}——土钉钢筋直径和屈服强度标准值;

L_{ei}——土钉伸入稳定土体中的长度;

τ_{uk}——土钉界面黏结强度标准值;

R——支护面层能够给予土钉端部的拉力,取决于土钉与面层的联结强度以及面层的抗弯、抗剪能力。

我国建设部科学技术委员会(1996)制定的《土钉支护设计与施工技术条例》讨论稿中给出土钉-土接触面黏结强度参考值,见表5-8-1,可以用于初步设计。

"土钉支护设计与施工技术条例"对黏结强度的建议值 表5-8-1

土质	砂土	黏性土	黏土	填土	软土
T_R(kPa)	100~200	40~8	60~100	30~60	15~10

土钉受弯会使设计工作更为复杂,而受弯刚度对安全系数的影响一般不超过10%~15%,而且受弯作用只当支护接近破坏时才发挥出来,因此计算时可忽略土钉受弯作用,仅考虑土钉受拉。但土体临破坏前,土钉仍可发挥抗弯能力,使破坏过程更有延性,使用脆性钢筋不见得有利。

5.9 锚固洞加固

锚固洞是指将水平长条洞内填满钢筋混凝土而形成的一种用于阻止岸坡滑动的加固结构。锚固洞的长轴方向通常与该处岸坡全位移方向基本一致。锚固洞结构中的主钢筋(或钢管)起主要抗拉作用,另外,为了保证锚固洞能安全工作,常利用钢筋计等来监测其主筋或钢管的应力变化。与常用的抗滑桩相比,锚固洞具有主筋(或钢管)的抗拉效率高,水平洞易于开挖,且施工较为安全等优势。锚固洞加固也存在一些不足。

5.9.1 概述

(1)若锚固洞的钢筋(或钢管)是从洞口到洞底做通长且相同布设,而未按岸坡的地质条件进行设计,在这种情况下容易造成工程地质条件差的部位(如断层等薄弱部位)的洞体强度不足而产生破坏,而在工程地质条件好的部位则可能造成浪费。

(2)在锚固洞受拉过程中,随着主钢筋(或钢管)的拉长抗拉强度很低的混凝土将被拉裂。特别是那些因断层等工程地质条件很差的部位,有可能因抗拉强度不足而造成钢筋被拉断,产生相当宽的裂缝,甚至出现大塌方等重大工程事故,如漫湾水电站左岸岸坡的滑坡即为一个实例。

(3)被混凝土填满的锚固洞结构不利于岸坡排水,而排水往往在岸坡稳定中起着极为重

要的作用。

(4)主要采用钢筋计来监测锚固洞应力变化的方法存在着明显的不足,如果钢筋计安装的部位与将来发生拉裂的部位不一致但接近,则当锚固洞被拉裂后钢筋计的拉应力值不仅不上升反而下降。

5.9.2　工程实例

龙滩水电站右岸岸坡开挖高程从 557m 到 245m,整个岸坡地质条件异常复杂,相互切割各种断层共 13 条,外加 6 号和 8 号冲沟切割,造成各种大小楔体共 9 个,楔体体积有 70 多万 m^3。对此采用预应力锚索、钢筋桩、常规锚喷支护和加强排水等治理方法后,变形依然明显。通过对断层产状和各断层间的相互关系进行分析,确定采用锚固洞的加固方案,从根本上治理岸坡的稳定。

锚固洞重点加固部位在高程 382~450m 块体范围,分别布置在高程 470、451、437、422、406、382m,并充分利用排水洞、交通洞和勘探平洞作为交通要道布置锚固洞。锚固洞断面为城门洞形,主要断面尺寸有 2.5m×3m、3m×3.5m、4m×5m,利用的排水洞高程分别为 406m 和 382m,排水洞扩挖断面为 5m×6m,衬砌后断面为 1.8m×2m。锚固洞主洞内布置有多条锚固支洞,锚固洞的最大坡度为 20°。锚固洞加固过程中遵循由内向外、自上而下、循序渐进、逐层加固、稳扎稳打的原则,同一高程结构面的锚固洞跳洞开挖施工,避免不利结构面上已有抗滑力的削弱,影响岸坡的稳定。开挖采用小药量爆破,10m 范围爆破质点振速应控制在 4cm/s。

5.10　预应力锚梁加固

预应力锚梁由中空带外翼的钢梁和无黏结钢绞线组合而成。将预应力锚梁置入岸坡体的钻孔中,通过钢梁中空部分进行注浆,注浆体充满钢梁内外钻孔空间。当注浆体达到设计强度时进行预应力张拉,即可实现对岸坡体的加固作用。

预应力锚梁是用一根弹性模量 E 大、截面模量 I 也大的钢梁结构与水泥砂浆芯柱组合而成,用来取代水泥砂浆芯柱。无黏结钢绞线固定在锚梁的内端,预应力张拉时受到压缩的是钢梁与水泥砂浆芯柱的组合体。以 2000kN 级压力集中型预应力锚索为例,假定钢梁的弹性模量为水泥砂浆芯柱弹性模量的 8 倍,钢梁的截面模量为水泥砂浆芯柱截面模量的 4 倍,则在其他参数相同的条件下允许的预应力值可提高 8×4=32 倍。

不论是锚杆还是锚索,所承受的主要是岸坡体的体力(重力)作用。近于水平方向置于岸坡体内的锚杆、锚索,当岸坡体在重力作用下产生垂直变形时,锚杆锚索必然产生弯曲。这就要求锚杆或锚索具有抗弯剪的能力。预应力锚梁在某种程度上克服了目前现有锚杆、锚索抗弯能力低的特点。

锚梁具有中空异缘形状的截面,具有大的截面模量。锚梁与螺纹钢筋锚杆体相比,在截面积相同的条件下,锚梁的截面模量为螺纹钢筋锚杆体截面模量的 4 倍。作为抗弯剪构件而言,在具有相同抗弯剪能力的条件下,锚梁比螺纹钢筋锚杆节省 4 倍材料。在所用的材料截面积相同的条件下,锚梁所具有的抗弯剪能力为锚杆的 4 倍。

锚梁与无黏结钢绞线组合施加预应力后，除了具有上述特点以外，还具有建筑结构中预应力钢筋混凝土梁的特性。如果在锚梁的内端、中部都固定有无黏结钢绞线，施加预应力后，此时的预应力锚梁将具有压力分散型预应力锚索的功能。

预应力锚梁与现有锚杆、锚索相比，还具有施工简便、安装可靠等优点。预应力锚梁利用中空孔注浆，无须专用注浆管；锚梁的刚度大，安装时不需要锚索那样多的对中架。

预应力锚梁结构是一种利用与岸坡全位移方向相同的水平长条洞（可专门开挖，但提倡兼作地质探洞）构筑的钢筋混凝土结构，见图 5-10-1。

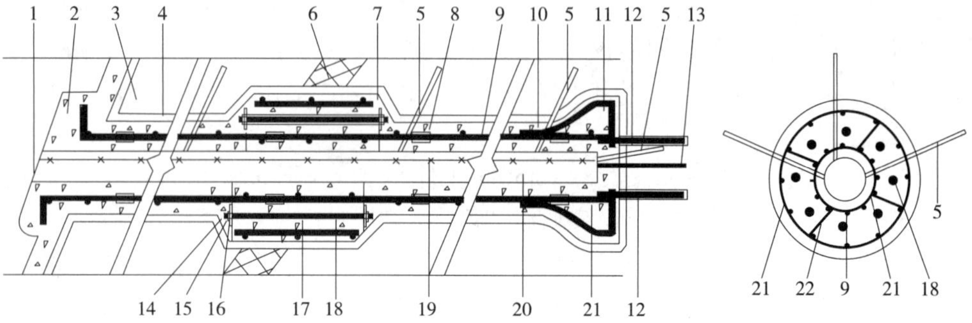

图 5-10-1　预应力锚梁构筑的钢筋混凝土结构

1-锚梁口部；2-锚梁锁口；3-边坡；4-喷层；5-排水孔；6-软弱带；7-预应力桥体；8-钢筋计；9-主钢筋（或钢管）；10-混凝土；11-底部抗滑齿；12-锚杆；13-钢筋混凝土抗滑齿；14—螺杆；15-螺帽；16-锚板；17-预应力孔；18-预应力钢筋；19-多点伸长计策点；20-排水通道；21-箍筋；22-拉结筋

（1）重点加固和一般加固

在具体设计中，可依据地质条件将之分为重点加固段和一般加固段。根据工程地质条件的不同，可以在预应力锚梁结构的施工过程中做到因地制宜和有的放矢。与锚固洞相比，这种加固技术的加固效率明显较高，主要体现在下述几点：

①一般加固段通常作中空的厚壁钢筋混凝土设计。主钢筋（或钢管）按洞轴方向布置于厚壁中，并通过浇注混凝土使它与洞壁紧密胶结在一起，以便起抗拉作用；

②重点加固段主要设置在断层带和风化带等地质薄弱段。为达到重点高效的加固目的，专门设置的预应力中空桥体，并横跨将要被重点加固的地质薄弱段（如断层）。将桥体深入到断层中上下盘较坚硬岩体内的足够深度，通过上下盘较坚硬岩体的紧密联结，使该重点加固段的抗拉强度大幅度增加，以便有效地防止薄弱部位被拉开或滑动。

③除继续采用钢筋计外，还在锚梁中增设了多点伸长计以避免出现上述的危险误导。

④由于排水在岸坡工程治理中十分重要，在锚梁结构中将采用放射状的排水孔和锚梁中空部位组成的岸坡地下水排水通道。

⑤当出现锚梁将被拉断的征兆时，可及时地把足够的钢筋（或钢管）塞进锚梁的空腔内，并浇筑高标号砂浆，以便达到及时补强的目的。

⑥中空结构可以省下大量混凝土。

（2）预应力锚梁加固与预应力锚索加固

与利用预应力锚索加固高陡岸坡相比，预应力锚梁技术具有以下优点：

①用预应力锚索加固岸坡时，水平钻孔的深度通常不超过 60m，否则施工将遇到很大难

度。有些高陡岸坡的卸荷裂隙可能出现在 60m 以外,用预应力锚梁技术进行加固没有施工上的困难。

②如果预应力锚索在岸坡面上取得量值(kN)的加固压力,那么它将在山体内出现对局部岩体稳定不利的反作用力,这一反作用力的量值也是也是相同的量值(kN)。在预应力锚梁技术中作用力和反作用力都可起到加固作用。

③若有合适的水平探洞来进行预应力锚梁的加固施工,则可省下洞体开挖的费用。

当卸荷裂隙造成高陡岸坡的稳定程度不足,而采用其他方法又感到困难时,利用预应力锚梁技术进行加固是非常合适的。由于我国有大量的高陡岸坡存在,故它的应用前景是很好的。

5.11　纤维束导渗排水孔技术加固

纤维束导渗排水孔技术是针对目前常用的排水孔所存在的被水流带出的土和细砂堵孔的问题而提出的。采用该项技术排水,即使排水孔被堵死,水仍可沿着纤维和土砂之间的界面渗出,可逐步降低岸坡中的动水压力和静水压力从而有利于岸坡的稳定,从而做到长期有效排水。

纤维束导渗排水孔技术是利用钻孔内定向排列纤维束的导渗功能来实现排水的,如图 5-11-1所示。

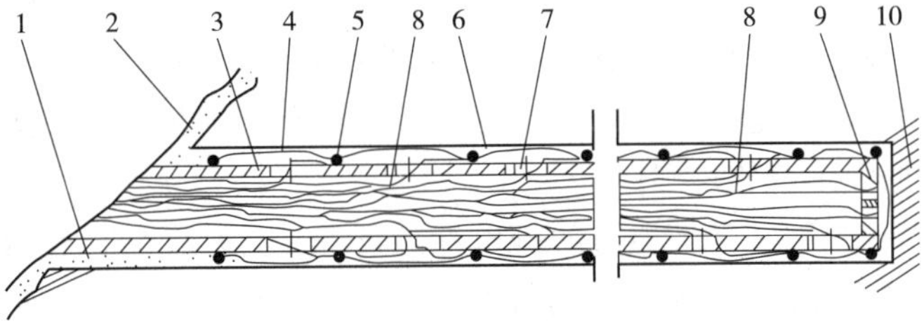

图 5-11-1　纤维束导渗排水孔结构

1-固定砂浆;2-喷层或砂浆;3-花管;4-土工步;5-捆扎土工布的绳;6-钻孔;7-管壁上的小孔;8-纤维束;9-孔底板;10-岩体

另外在花管外侧包有土工布是为了达到防堵塞的双保险的目的。由于所利用的纤维束通常十分便宜,其造价与普通排水孔非常接近。

5.12　钢筋石笼挡墙技术加固

目前国内已将普通型钢筋石笼挡墙用于公路岸坡(如川藏公路沿线的岸坡)、水电站岸坡(如龙滩水电站左岸近百米高的岸坡压脚)、坝坡等的加固,国外也有采用此项技术加固岸坡的例子。普通型钢筋石笼的施工方法为:现场制作成简单的呈长方体状的钢筋笼,将其内部装满碎石而成为普通型钢筋石笼,再将各石笼按成排成层的形态堆砌在岸坡需要加固的位置,如图 5-12-1 所示。

普通型钢筋石笼挡墙的优点:①作为主要材料的碎石可以就地取材,材料成本较低;②易于施工;③利于排水。

然而,普通型钢筋石笼挡墙也存在着以下缺陷:

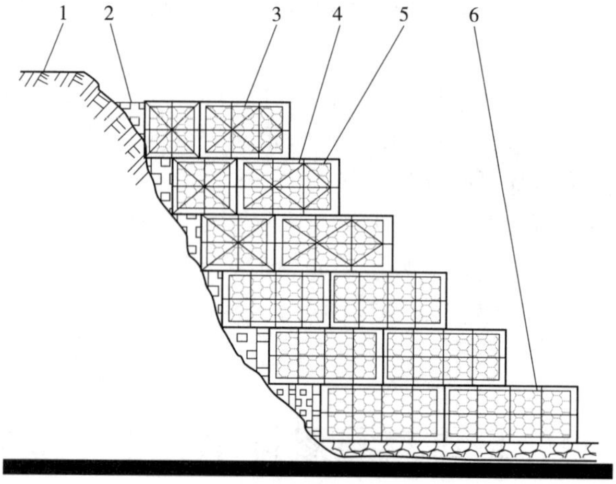

图 5-12-1　普通型钢筋石笼挡墙结构
1-边坡;2-边坡与石笼之间的石块;3-构成石笼架框的钢筋;4-笼内的碎石;5-石笼表面的钢丝;6-挡墙的底层

(1)普通型钢筋石笼挡墙是由多个钢筋石笼简单堆砌而成,其完整性是靠石笼之间的摩擦力来维持的。在外力作用下各石笼之间很容易产生相对滑动、转动等相对位移,严重者可使钢筋石笼解体。即普通型钢筋石笼挡墙的整体强度较低。

(2)由于直接接触到空气和水,普通型钢筋石笼的钢筋和钢丝极易被锈蚀。钢筋石笼的强度依赖于钢筋和钢丝制作而成的钢筋笼和内装石块之间的相互作用。如果钢筋和钢丝一旦锈蚀严重,普通型钢筋石笼则将面临解体的危险。也就是说锈蚀的不断发展将大大降低这种挡墙的强度及被加固岸坡的稳定性。

(3)尽管普通型钢筋石笼挡墙本身的排水性能良好,但被加固岸坡内部的地下水仍处于自渗状态。当岸坡的稳定需要更通畅的排水条件时,普通型钢筋石笼挡墙不能满足设计要求。

为了克服钢筋笼锈蚀的问题,可采用镀锌,或者用塑料包裹钢筋等办法来防止钢筋笼锈蚀。

对于地形复杂、交通不便等困难条件下的地区,采用钢筋石笼挡墙技术具有很大的优势,包括可就地取材、施工方便、成本低廉、可适性强等。

5.13　SNS 柔性防护网

5.13.1　SNS 岸坡柔性防护网类型

SNS 岸坡柔性防护网可分为主动防护系统和被动防护系统两种,即系统以钢丝绳作为主要构成部分并以覆盖(主动防护)或拦截(被动防护)的方式来防治各类斜坡坡面的崩塌、雪崩、岸坡冲刷、爆破飞石、坠物等灾害。

主动防护系统是用以钢丝绳网为主的各类柔性网覆盖或包裹在需防护的斜坡或岩石上,以限制坡面岩土体的风化剥落或破坏以及危岩崩塌(加固作用),或者将落石控制于一定范围内运动(围护作用)。由于其结构形成与起加固作用的主动防护系统相似,故将其归入主动防护,并将两者分别称为标准主动防护和主、被动防护而加以区别。当主、被动防护系统覆盖于爆破开挖工作面上时,便形成了防止爆破飞石危害的柔性安全防护系统。

SNS 被动防护系统是将以钢丝绳网为主的栅栏式柔性拦石网设置于斜坡上相应位置,用于拦截斜面坡上的滚落石以避免其破坏被保护的对象,因此有时也称为拦石网;当设置于泥石流区内时,便可形成拦截泥石流体内固体大颗粒的柔性格栅坝。

5.13.2　SNS 防护网的特点和作用

SNS 标准主动防护系统的明显特征是采用系统锚杆固定,并根据柔性网的不同,分别通过支撑绳和缝合张拉(钢丝绳网和铁丝格栅)或预应力锚杆来对柔性网部分实现预张,从而对整个岸坡形成连续支撑;其预张拉作业使系统尽可能紧贴坡面,并形成抑制局部岩土体移动或在发生局部位移或破坏后将其裹缚(滞留)原位附近的预应力,从而实现其主动防护(加固)功能。该系统在施工工艺上为确保其尽可能紧贴坡面,锚杆孔口应开凿孔口凹坑(由于系统布置的灵活性,常可在允许范围内利用天然低凹位置设置锚杆,从而适当减少孔口凹坑的开凿)。

SNS 被动防护系统的柔性和强度足以吸收和分散传递预计的落石冲击动能,即从观念上一改传统的刚性结构为高强度柔性结构,从而提高系统防护功能的有效性。被动防护以落石所具有的冲击动能这一综合参数作为最主要的设计参数,避开了传统结构设计以荷载作为主要设计参数时所存在的冲击荷载难以确定的问题,实现了结构的定量设计。同时,由于该系统所具有的明显的柔性特征,使其能够拦截高能量的大块落石,并可实现结构的轻型化。

5.13.3　SNS 防护网在防护中的优点

SNS 防护网在山区工程中有下列优点:

(1)柔性与整体性。柔性结构设计,各构件协调响应,局部受力整体承载,避免局部集中受力发生破坏,同时降低对锚杆等构件的能力要求。

(2)轻型化开放系统。高强度轻型化钢结构系统,便于材料的场内搬运;开放性网状结构,视觉干扰小,保持了坡面原生植被的生长和人工绿化条件,有利于岸坡地下水的自然排泄。

(3)产品标准系统化。针对不同的环境和地质条件以及防护要求,形成了不同类型的系列化系统产品,系统构件实现标准化配置。

(4)适应性强。系统的柔性和灵活布置特征,能够极好地适应各种复杂的地形地貌,一般无须施工开挖。

(5)生态。有效地保护了原有地貌和植被环境。

(6)施工快速简便。以简单的机具,少量的人工、较低的劳动强度和少量的土石方基础工程量实现系统构件的积木式快速安装,适应山区恶劣条件下的施工。

(7)施工干扰小。无须大规模开挖,无须大量材料转运,可远离建筑物和人群施工,对邻近建筑物的正常运营、其他施工作业和过往行人、车辆的干扰极小。

(8)防护方便。防腐寿命一般可达 30~100 年,因超载而发生破坏时,一般仅需要更换或修复少量构件。

5.13.4 被动防护SNS网的施工安装要点

(1)对钢柱和锚杆基础进行测量定位

测量人员根据设计图纸用全站仪对岸坡进行放线,确定锚杆孔位(根据地形条件,孔间距可有0.3m的调整量),并在每一孔位处凿一定深度不小于锚杆外露环套长度的凹坑,一般口径20cm,深15cm。

(2)基座锚固

①基坑开挖。对覆盖层不厚的地方,当开挖至基岩而尚未达到设计深度时,则在基坑的锚孔位置处钻凿杆孔,待锚杆插入基岩并注浆后才灌注上部基础混凝土。

②预埋锚杆并灌注基础混凝土。对岩石基础应为钻凿锚杆孔和锚杆安装,对混凝土基础,亦可在灌注基础混凝土后钻孔安装锚杆。

③将基座套入地脚螺栓并用螺帽拧紧。

(3)钢柱及上拉锚绳安装

①将钢柱顺坡向向上放置并使钢柱底部位于基座。

②将上拉锚绳的挂环挂于钢柱顶端挂座上,然后将拉锚绳的另一端与对应的上拉锚杆环套连接并用绳卡暂时固定。设置中间加固和下拉绳时,同上拉锚绳一起安装或待上拉锚绳安装好后再安装均可。

③将钢柱缓慢抬起并对准基座,然后将钢柱底部插入基座中,最后插入连接螺杆并拧紧。

④通过上拉锚绳来按设计方位调整好钢柱的方位,拉紧上拉锚绳并用绳卡固定。

(4)侧拉锚绳的安装

安装方法同上拉锚绳,上拉锚绳安装完毕后,进行侧拉锚绳的安装。

(5)上下支撑绳安装

①将第一根上支撑绳的挂环端暂时固定于端柱(分段安装时为每一段的起始钢柱)的底部,然后沿平行于系统走向上调直支撑绳并放置于基座的下侧,并将消能环调节就位(距钢柱约50cm,同一根支撑绳上每一跨的消能环相对于钢柱对称布置),然后将支撑绳的挂环挂于终端钢柱顶部的挂座。

②在第二根钢柱处,用绳卡将支撑绳固定于挂座的外侧(此时仅用30%标准坚固力);在第三根钢柱处,将支撑绳放在挂座内侧;如此相间安装支撑绳在基座挂座的外侧和内侧,直到本段最后一根钢柱并向下绕至该钢柱基座的挂座上,再用绳卡暂时固定。

③再次调整消能环位置,当确信消能环全部正确就位后拉紧支撑绳并用绳卡固定。

④第二根上支撑绳与第一根的安装方法相同,只不过是从第一根支撑绳的最后一根钢柱向第一根钢柱的方向安装而已,且消能环位于同一跨的另侧。

⑤在距消能环40cm处用一个绳卡将两根上部支撑绳相互联结(仅用30%的紧固力),在同一挂座处形成内侧和外侧两根交错的双支撑绳结构。

(6)钢绳网安装

①将钢绳网按组编号,并在钢柱之间按照对应的位置展开。

②用一根多余的起吊钢绳穿过钢绳网上缘网孔(同一跨内两张网同时起吊),一端固定在

一根临近钢柱的顶端,另一端通过另一根钢柱挂座绕到其基座并暂时固定。

③用紧绳器将起吊绳拉紧,直到钢绳网上升到上支撑绳的水平为止,再用多余的绳卡将网与上支撑绳暂时进行松动联结,同时也可将网与下支撑绳暂时联结以确定缝合时更为安全,此后起吊绳可以松开抽出。

④将钢绳网暂时挂到上支撑绳上,并侧向调整钢绳位置使之正确。

⑤将缝合绳的中间固定在每张网的上缘中点,从中点开始用一半缝合绳分别向左向右将网与支撑绳缠绕在一起,直到跨越钢绳网下缘中点,使左右侧的缝合绳端头重叠 1.0m 为宜,最后用绳长将缝合绳与钢绳网固定在一起,绳长放在离缝合绳末端 0.5m 的地方。

(7)格栅安装

①格栅铺挂在钢绳网的内侧,并叠盖在钢绳网上缘,用扎丝固定在网上。

②格栅底部沿斜坡向上敷设 0.2~0.5m 将底部压紧。

③每张格栅叠盖 10cm,每 m 在网上固定 4 处。

由于 SNS 柔性网防护系统材料性能稳定,安装方便快捷,施工简单,易操作,防岩崩效果好,所以其适宜在开挖成台阶的高大外岸坡上使用。SNS 柔性网防护系统采用的是一种开放式防护方法,按照设计正确组织实施,较传统的全坡面防护方法节约大量资金,降低工程造价,同时又增添了高速公路景观的美感。从 SNS 柔性网防护范围及效果上看,可根据施工现场的实际情况,配合挂网喷浆、锚杆防护、植草等防护方法,从而保持高大外岸坡稳定,保证道路安全畅通。图 5-13-1 和图 5-13-2 为 SNS 柔性网防护系统的应用实例。

图 5-13-1　昭会高速公路主动防护网

图 5-13-2　昭会高速公路被动防护网

5.14　联合加固方法

5.14.1　格构锚固

格构锚固护岸通过锚杆对整形后的岸坡一定深度内的岩土体进行锚固,将其与下覆稳定的岩土锚为一体,坡面锚头用钢筋混凝土格构梁连接成整体,格构梁之间也可以采用砌石、喷射混凝土、植被等进行坡面防护。锚杆多为水泥砂浆锚杆,它除具有普通锚杆功能外,还兼有加筋、注浆加固、固结和类似树根桩的功能,格构锚固作为岸坡防护工程措施,因其具有标本兼治、点面结合、原位加固与局部锚固并举、施工简便效率高等优点,并可以有机地与其他防工程措施相结合,构成完善的防护体系等特点,较适宜库区各种成因岸坡的塌岸防治。

图 5-14-1 ~图 5-14-3 为结构锚固的应用实例。

图 5-14-1 某公路岸坡格构锚固加固

图 5-14-2 某公路岸坡挡墙+格构锚固

图 5-14-3 某公路岸坡格构+混凝土浇筑加固

5.14.1.1 结构设计

(1)锚杆

格构锚固工程中的锚杆多为全长粘接锚杆,因其工作环境与常规不同,在锚杆结构设计时,对各种不同工作环境下的锚杆要区别对待,分别取值设计。其破坏形式一般有:锚杆群整体随表层岩土体一同滑移破坏、锚杆杆体自砂浆柱体中拔出、锚杆杆体拔断、砂浆柱体与岩土体间剪切变形破坏等。原因是因为锚杆数量、长度、直径不够,砂浆强度或杆体保护层厚度不够,锚杆杆体强度不够,锚杆砂浆柱体表面积不够等。因此,在锚杆结构设计时,对各种破坏形式必须计算和验算。对于水上、波动带、水下不同工作环境的锚杆,应分别选取岩土力学参数。

锚杆锚固体应用 M30 以上的砂浆或水泥净浆,杆体一般用 HRB335 级以上钢筋,并每间隔 2~3m 设置杆体居中支架。虽为全粘接锚杆,根据锚杆所起作用不同,将预测塌岸线上下分为加固段和锚固段两部分,其长度根据纵向预测塌岸厚度和荷载分布确定,不一定追求等长,可纵向分块段长短结合。随着新型材料的不断出现,人工合成材料(工程塑料、人造聚酯纤维等)的锚杆逐渐登上工程舞台,它们具有重量轻、强度高、可弯曲、易成形、易安装、耐腐蚀等优点,对库水位波动带和水下岸坡防护尤其适用。

(2)格构

作为锚杆顶端约束的格构梁,其作用是将群锚连成片状整体,使各锚杆整体联合协同受力，限制坡面局部鼓胀或塑性变形，在格构锚固工程中，发挥着不可替代的作用。设计时，以各锚杆的拉力为集中荷载，岸坡坡面土体对格构梁的反作用力为分布荷载，按连续"倒置梁"法对格构梁进行内力计算。格构梁的断面结构根据梁的内力分布按GB50010规范，进行正、斜截面受弯构件计算。格构锚固工程一般将锚杆设置于格构梁的结点处，锚头杆体直接与格构主筋相连，结点处钢筋应构造补强或进行局部验算，混凝土的强度等级不应低于C25。

(3)格构梁间空地的护面

为保证格构梁间岸坡内岩土不被库水和地下水冲刷、掏蚀、潜蚀，对水下和水位波动带格构梁间裸露坡面应进行适当的护面。护面结构分两层设置，贴坡为反滤层，表面为砌石护面层。反滤层一般分3层，每层厚度不小于15cm。反滤层的设置既要有保土性，还要有渗水性、防堵性。为减小反滤层总厚度，贴坡第一层反滤层多用土工布替代，土工布规格和技术要求必须根据坡面土体颗分成果，采用几何比和渗透系数比准则进行计算。上层砾石反滤层粒径以土工布或下层反滤层为保护对象分别进行设计。砌石护面的厚度、单体块石直径和重量，则依据水库波浪波高、波长以及护面石材物理参数、护面类型分别计算。对于封闭式的护面(浆砌石、浆砌面板等)，必须设置足够的泄水孔。砌石石料的强度级别不应低于Mu40。

5.14.1.2 格构锚固工程施工

(1)坡面整形

格构锚固护坡工程需一个相对平整的环境，以保证各护坡单元的相对共同整体受力。因此，在格构锚固护坡工程施工前，必须对原始坡面进行适量的随坡就势地整形，以保证岸坡防护工程的总体平顺美观。坡面整形施工控制重点是施工顺序和中间控制测量。因地制宜的施工顺序，是弃土外运、土方机械高效运行的保证。密集的中间控制测量，是土方超、欠挖的主要控制手段。坡面整形完工后，必须逐剖面、分项复测验收。

(2)锚杆施工

由于格构锚固工程中的锚杆肩负着加固和锚固的作用，所以护坡锚杆的施工是关系工程成败的关键。根据锚杆结构和被加固岩土体特性，进行造孔、注浆设备选型和施工技术方案的制订，是保证锚杆施工质量的先决条件。为验证锚杆设计的合理性，施工前应对同类型、相同工作环境条件的锚杆进行不少于3根的注浆、破坏性拉拔试验，试验结果需达到设计的孔径、倾角和深度要求。锚杆杆体的材质检验和隐检是保证杆体质量的主要手段，而杆体的入孔安置又是检验锚孔深度、角度、居中性等的重要环节。锚杆注浆是整个锚杆施工的最重要的工序，注砂浆同时起着保护、固结杆体，固结加固锚杆四周岩土体，提高加固区岩土物理力学强度的作用。必须对砂浆配比、稠度、注浆工艺、注浆量等严格把关，确保注浆埋管、注浆压力和注浆量合格，灌饱每个锚孔。当各分项锚杆施工完毕并达到养护条件后，必须对锚杆进行逐块分项的非破坏性施工质量检验验收，检验数量为同条件下各分项抽检3%，且不少于3根。若出现异常，应加大检验数量，不合格的锚杆坚决重打。

(3)格构施工

格构梁施工包含基槽开挖、垫层铺筑、钢筋制安、模板安置、梁体浇筑等工序。由于格构梁是在斜坡上现浇成形，施工场地条件差，材料运输困难，因此格构梁施工中钢筋制安、模板安置至关重要。现场应做好隐检及混凝土的随机抽样检验,必须保证锚头钢筋和砂浆柱体与格构梁有机地紧密连接,钢筋的保护层厚度要满足设计及规范要求,模板安置必须稳固,能承受梁体混凝土、现浇振捣和施工荷载,不会跑模变形,其中锚杆与格构梁的连接是检查的重点。

(4)护面施工

砌石护面施工含土工布铺设、反滤层铺填、干浆砌石砌筑等工序,表面看,其施工简单,技术含量较低,但实施中因受斜坡砌筑效率低、材料运输困难、上下交叉作业等种种原因的制约,导致质量和观感难以控制。控制重点在于反滤层级配和铺填的均匀性、砌石石料的强度和块度、砌石的砌筑密度和平整度。砌石护面施工必须从原材料和砌筑人员素质抓起,实行经常性的检查和逐块验收计量制度。

5.14.1.3 工程实例

(1)实例1

太矶头滑坡位于湖北省巴东县长江北岸官渡口镇新址西南部,巴东长江大桥北端神农溪口,是一大型顺层岩、土混合滑坡,由Ⅰ、Ⅱ号两个滑坡体构成,总面积14.58万m^2,厚度18.02~47.8m,总体积527.58万m^3。防治工程主要通过135~175段坡面整形和2.85万m^2格构锚固进行塌岸防护。用175m长的42根抗滑桩和29根桩头锚索抗滑支挡,以及地表排水和监测工程等综合治理,该工程已于2003年11月28日竣工。

(2)实例2[35]

巴东县李家湾-雷家坪库岸第5段(规划编号:116)库岸位于巴东县东瀼口镇以西1~2km处。该库段基本为土质岸坡,地形坡角为20°~35°。松散堆积体物主要为碎块石夹黏土,厚度一般为5~9m,结构较松散。设计总长约925m,高程为145.0~180.0m。设计护岸措施为:①锚杆+格构梁防护,梁内充填干砌块石。锚杆长15m,锚入基岩中。格构梁沿坡面顺坡向和垂直于坡向布置间距分别为4.0m,格构梁截面尺寸为500mm×400mm。相临格构梁之间充填400mm厚的干砌块石。②岸坡后缘设置截水沟。排水沟截面尺寸取为倒梯形,上口净开口为1.5m,下口净开口为0.5m,如图5-14-4所示。

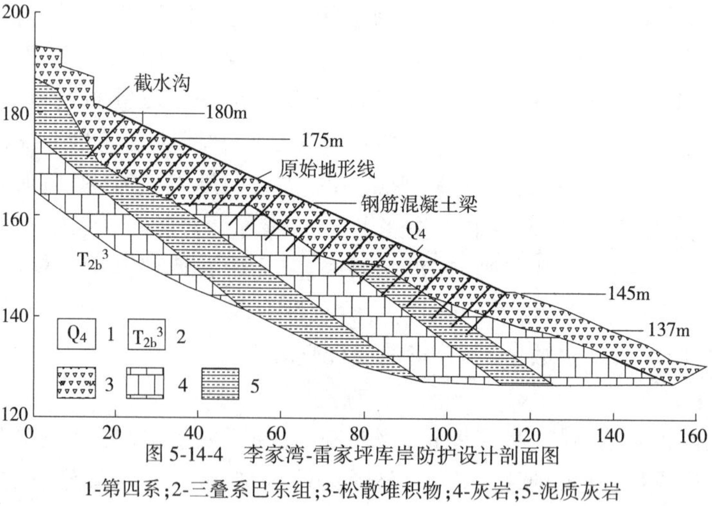

图5-14-4 李家湾-雷家坪库岸防护设计剖面图

1-第四系;2-三叠系巴东组;3-松散堆积物;4-灰岩;5-泥质灰岩

5.14.2　挡墙+预应力锚索

5.14.2.1　挡墙+预应力锚索的作用机理

预应力锚索+挡土墙加固岸坡是综合利用锚索的锚固作用和挡土墙的挡土作用，发挥各自优点的一种岸坡加固方法。虽然此法引进到我国的时间并不太长，却因其安全性高、开挖面积小、成本低、环保，被广泛应用于公路、水路等工程中。

根据岸坡潜在或可能的滑动面，保证岸坡不至于滑动而进行锚索设计，锚固段应位于滑动面之下的稳定岩土层，抗滑力应大于岸坡的下滑力，并考虑挡墙的抗滑作用而设计。抗滑挡墙一般采用钢筋混凝土挡墙，如果锚索与格构、抗滑桩等组合，挡墙也可以采用砌石、砌混凝土预制块、素混凝土等砌筑或浇筑。挡墙+预应力锚索的外观形式如图 5-14-5 和图 5-14-6 所示。

图 5-14-5　冷清公路路肩墙+预应力锚索

图 5-14-6　重庆某公路挡土墙+预应力锚索

5.14.2.2　挡墙+预应力锚索的工程实例

赤石迳水库位于粤北地区，仁化县西北部，锦江河二级支流麻塘河中游，距仁化县城 9km。水库四周群山环抱，林木茂盛，植被良好，为低山丘陵地貌。是一座以灌溉为主，兼顾防洪、发电、供水等综合利用的水利枢纽工程。2005 年 4～5 月间，赤石迳水库大坝左岸山体岸坡发生重大滑坡险情，严重危及大坝的安全。为此，根据岸坡现状及地质资料，以安全、合理、经济、美观为设计原则，采用分级挡土等工程措施进行治理。作为岸坡加固主要工程项目——分级挡土，其混凝土挡土墙身中设置了预应力钢绞线锚索以加强挡墙的负荷能力，对已滑动以及潜在滑动区土体进行加固和有效的控制。

为确保滑坡体坡面分级混凝土挡墙有足够的安全系数，改善挡墙的受力情况，根据工程的现状，分别对坡脚重力式素混凝土挡土墙（113.5m）和坡体中部桩板式钢筋混凝土挡土墙（124.0m）设置了不同的预应力锚索：

（1）在坡脚重力式混凝土挡土墙（▽113.5m），于其顶面以下 2m 设置一道锚索，共 10 根，每孔锚索为 4 束 7ϕ5 钢绞线，与水平面夹角为 30°，水平间距 2m，长度 30m。单根锚索设计抗拉值为 400kN，预应力值为 240kN，要求进入强风化岩层 10m，对于中风化岩层，按 1m 等同于 1.5m 强风化岩换算。预应力锚索通过一道连系梁与素混凝土挡墙连接，锚索锚头采用特定锚具与连系梁连接。

（2）在▽124m 平台的桩板式钢筋混凝土挡墙，则于其顶面以下 0.6m 和 2.0m 处各设置一道锚索，共28根，每孔锚索采用2束7ϕ5钢绞线，水平夹角为20°，水平间距为1.3m，锚索长度20m，单根锚索设计抗拉值为200kN，预应力值为120kN，要求进入强风化岩层不少于8m，对于中风化岩层同上换算。对此处挡墙，预应力锚索则通过钢筋混凝土桩板墙内设的600mm×600mm暗梁与墙身相连接，墙身外设现浇混凝土垫块垫住锚索端头，锚头则用特定锚具与暗梁连接。

以上两处锚索均采用干钻成孔，成孔直径不小于150mm，钻孔深度须超过锚索深度0.5m以上。锚孔注浆材料为纯水泥浆，其水灰比为0.4~0.45。采用二次高压注浆工艺，第一次注浆压力0.5~1.0MPa，在第一次注浆体达到初凝时(即注浆完成3~6小时后)，进行二次注浆，其注浆压力不低于2.5MPa。预应力锚索设置5m自由段，锚孔内每1.5m设置对中支架。

通过在赤石迳水库左岸岸坡分级挡土墙体中设置预应力锚索，有效地增强了挡土墙的负荷能力，加强了两级挡墙在加固工程中的挡土屏障作用，为坡体稳定及水库大坝安全提供了强有力的保证。

5.14.3 挡土墙+抗滑桩及冠梁支挡

联合利用抗滑桩和浆砌石挡墙两者的优势，避免两者单一使用时的劣势，在河岸坡脚处设置平行于河道的现浇钢筋混凝土抗滑桩。在抗滑桩顶用粗大的现浇钢筋混凝土冠梁将各抗滑桩连接起来，以抗滑桩外露段和冠梁作为挡土墙底部的强大支座，以此强大支座为起点，往上砌筑浆砌石挡土墙，如图5-14-7所示。抗滑桩、冠梁与挡土墙紧密配合，防止土坡整体进一步滑移，确保坡上公路与建筑物的安全，同时，挡墙也可以预防河水与雨水对河岸土坡表面的破坏。

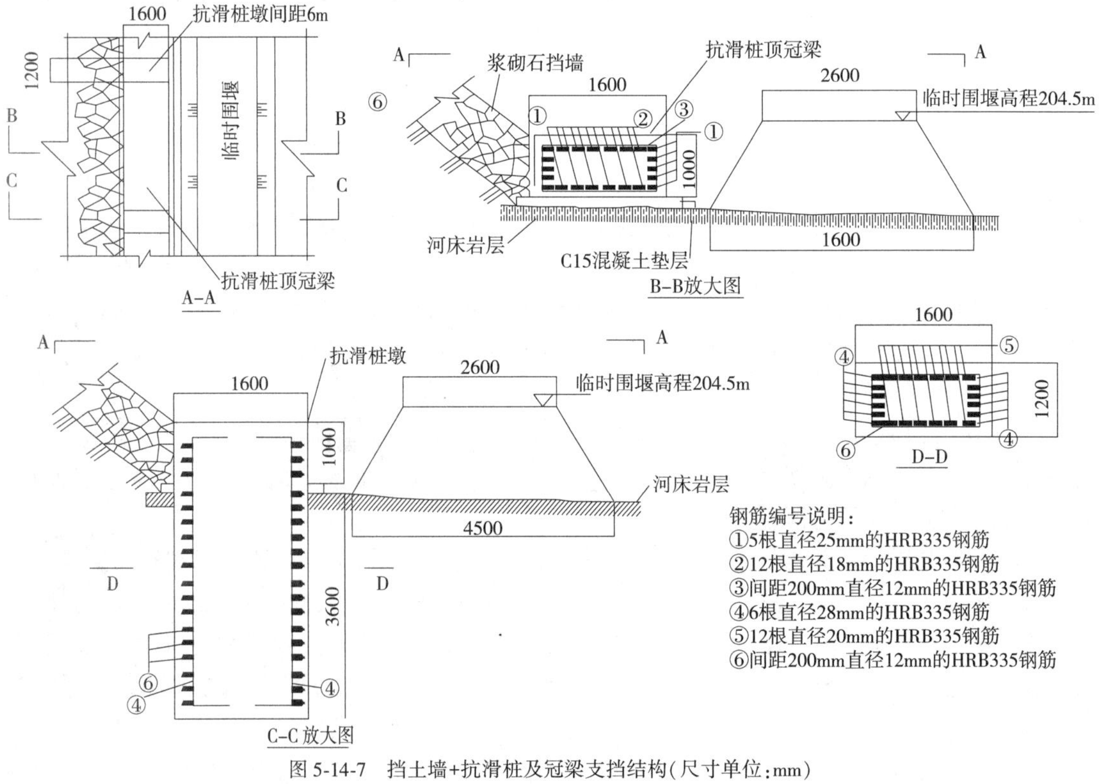

图5-14-7 挡土墙+抗滑桩及冠梁支挡结构(尺寸单位:mm)

5.14.4　锚杆与锚索梁组合

5.14.4.1　概述

对于地质条件差而安全等级要求较高的岸坡，单纯使用锚杆喷锚进行支护可能无法满足工程要求，这时，可以采用锚杆与预应力锚索梁组合进行支护，以提高岸坡的整体稳定性。预应力锚索腰梁是近年来发展起来的一种新型支挡结构，这项技术是把预应力锚索的锚碇直接固定于腰梁结构上，使预应力锚索和腰梁共同承担加固结构物的荷载。它是通过钢筋混凝土腰梁将锚索连接，从而将锚索巨大的锚固力传递给坡体，改变坡体应力状态，提高坡体自稳能力的一种主动加固方法。腰梁不仅可以为预应力锚索提供反力装置，而且也对岸坡岩土有着框箍和压紧作用。由于这种加固技术与其他土体加固技术相比，具有施工简单、加固效果显著和适用面广等优点，因而对于地质条差的高岸坡可推广使用。

5.14.4.2　工程实例

深圳市龙岗区布吉李期社区某工业开发区工程，因修建工业大楼的需要，拟将其旁一山体内侧的土体挖掉。开挖后形成原状土土质高陡边坡，坡高4.0~15.5m，边坡安全等级为一级。被开挖部分山体的水平距离为150.0m，垂直高度为15.5m，按1∶0.4分两次放坡，放坡高度分别为8m和7.5m。由于山体开挖后的边坡稳定性将直接影响建筑物的安全，故需根据山体地质情况正确分析其开挖后所形成边坡的稳定性，制定合理的边坡支护方案。由工程条件可知，边坡土层抗剪强度较大，但局部破碎、软硬互层的构造特性又导致其稳定性较低，在地表水及雨水作用下边坡容易滑塌。边坡开挖后，在坡体内发现一个顺坡向的软弱结构面，倾角约30°，长约25m，倾角小于坡角，对边坡稳定性构成潜在的严重威胁。在滑体后部产生张裂缝，该张裂缝对边坡稳定性有很大影响，特别是在暴雨情况下，由于底部排水不畅，张裂缝可能临时充水达一定高度，沿张裂缝及滑动面产生静水压力，使滑动力突然增大，造成边坡滑移。

（1）边坡支护方案

采用锚杆与预应力锚索并配置钢筋腰梁的复合支护方案，有效控制边坡土体变形，以确保边坡稳定，满足边坡安全的要求。边坡支护剖面如图5-14-8所示，均按1∶0.4放坡，边坡坡底高程为91.0m，坡顶高程为106.5m，于98.5m高程处设置一个1m宽平台，平台内砌有水沟。

（2）边坡支护施工

①施工总体安排

人工土质岸坡开挖采用自上而下的形式。开挖结束后的岸坡采用锚杆（索）土钉墙喷锚与腰梁组合的支护形式（图5-14-9）。先施工锚杆、锚索，再对锚索位置设置腰梁进行施工。锚杆（索）施工应与同级坡开挖修坡同时进行，待锚索、腰梁结构预应力张拉后再进行下一级土石方开挖，以免岸坡面长时间不防护，造成更大的施工困难，影响施工进度。

②锚杆施工

a.进行锚杆孔的定位放线，每隔1.5m间距设一锚孔。在孔口前用定位器定出钻具斜度，锚孔定位偏差不宜大于20cm，锚孔偏斜度不应大于3%。

b.锚杆采用单根 ϕ25HRB335 级钢筋，放入钻孔前应平直、除锈，长度误差不大于 10cm，并保证注浆体或混凝土包裹保护层不小于 25mm。

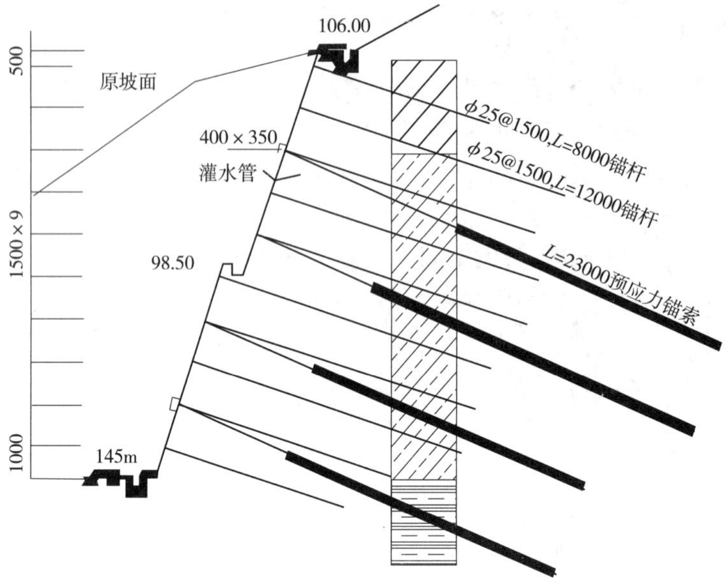

图 5-14-8　边坡剖面示意图（尺寸单位：mm）

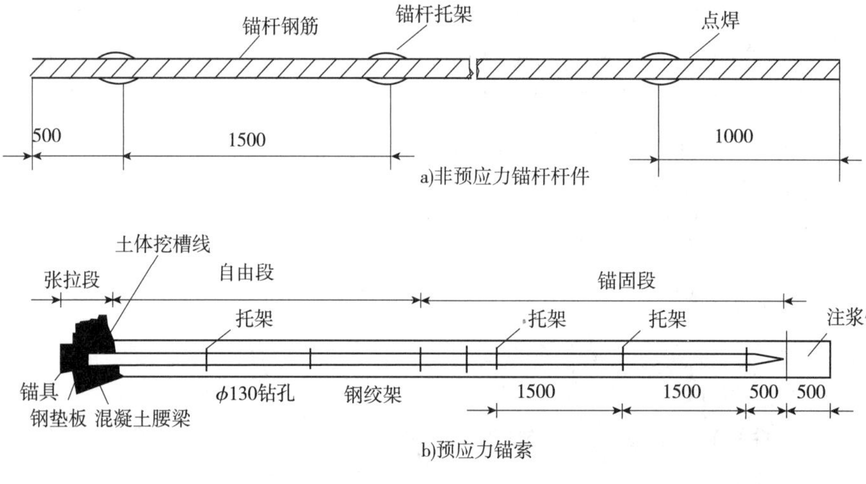

图 5-14-9　锚杆和预应力锚索示意图（尺寸单位：mm）

c.采用压力泵将水灰比为 0.5∶1的（42.5 普通硅酸盐）水泥净浆注入锚孔，常压注浆，注浆完成后半小时孔口补浆。

③预应力锚索施工

a.选用直径 15~24mm，强度 1860MPa 的高强低松弛无黏结钢绞线，延伸率≥3.5%。

b.锚索采用两次注浆工艺，采用水灰比为 0.5∶1的水泥净浆，第 1 次为常压注浆，注浆压力 0.5MPa；第 2 次为高压注浆，注浆压力不小于 2.0MPa。

c.锚索采用 ZB4-500S 电动油泵和 ESYDC250-200（20t）单根张拉千斤顶进行张拉。

④挂网、喷锚

a.按网孔 20cm×20cm 编制钢筋网,选用 $\phi6$ 网格筋,钢筋的交点用隔点式焊接或绑扎,锚头水平方向设双道 $\phi16$ 加强钢筋(图 5-14-10)。

b.喷射 C20 细石混凝土,厚 100mm,配合比为:水泥:中砂:碎石 = 1:2:2.5。

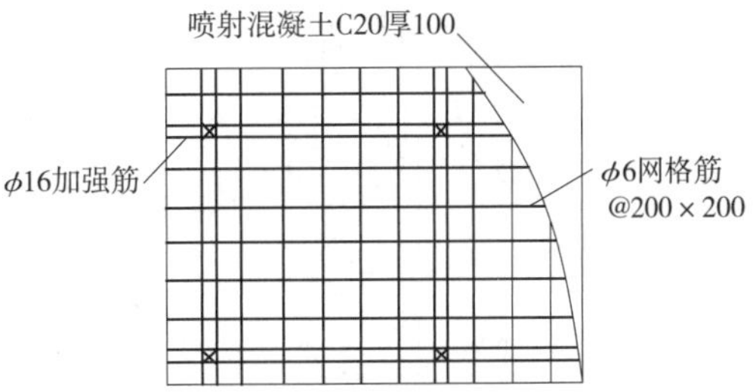

图 5-14-10　钢筋网喷锚立面(尺寸单位:mm)

⑤钢筋混凝土腰梁施工

a.施工工艺:测线定位→清理坡面→钢筋制作与安装→挡板支模→浇筑混凝土→拆模→养护。

b.混凝土浇筑采用 C30 混凝土,浇筑过程中要伴随振捣棒进行振捣,防止出现蜂窝现象。浇筑 24h 后可以拆除模板,7d 之内要及时对腰梁(图 5-14-11)洒水养护。

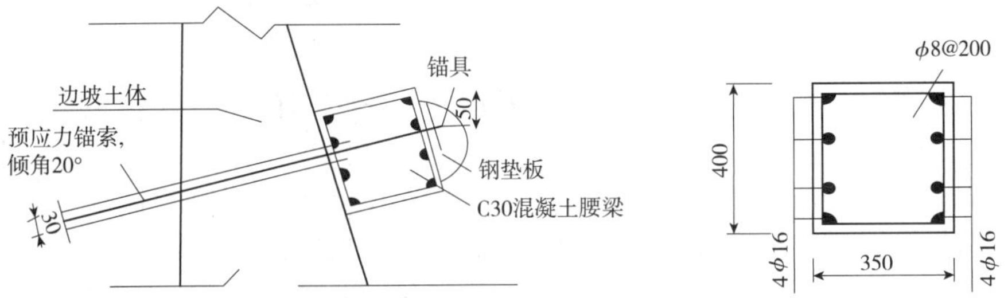

图 5-14-11　腰梁结构示意图(尺寸单位:mm)

5.14.5　锚索(杆)+抗滑桩

由锚索(杆)和抗滑桩组合而成的复合挡土结构已广泛应用于岩质岸坡加固工程。锚索(杆)抗滑桩复合结构在形式上拥有两者的优点:横向刚度大、侧向变形小、具有较大的空间效应,既起到支护作用又节约工程开支,如图 5-14-12 和图 5-14-13 所示。锚索(杆)+抗滑桩的联合应用,可以对库岸工程中复杂地质高岸坡,尤其是山体覆盖风化层深厚的开挖后不稳人工岸坡进行有效的加固,有利于形成安全稳定的港区后方陆域。图 5-14-14 为预应力锚索框架梁和锚索抗滑桩联合结构。

图 5-14-12　冷清二级公路岸坡锚杆+抗滑桩

图 5-14-13　重遵高速公路预应力锚杆+抗滑桩

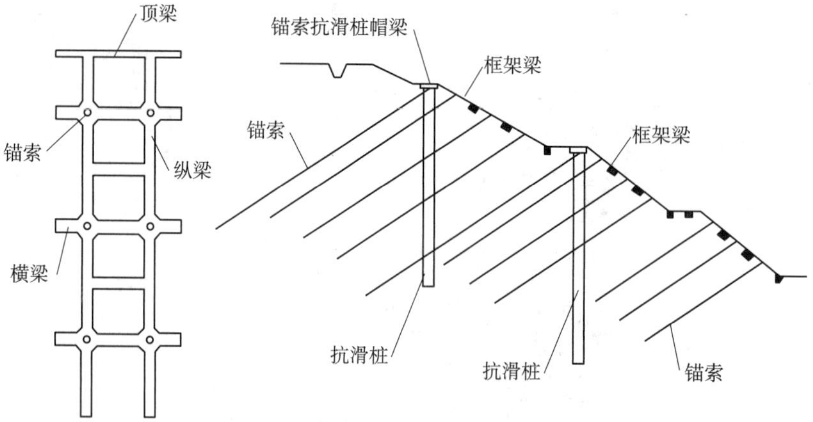

图 5-14-14 预应力锚索框架梁和锚索抗滑桩联合结构

5.14.5.1 工程实例 1

凉水溪-董家梁子库岸段属崩坡积土质岸坡，长 460m，下部 120～140m 的坡度 20°，上部 140～175m 的坡度 30°～35°。覆盖层厚 6～18m，其中高程 170m 处厚度为 18m，土体结构稍密。下伏基岩为泥灰岩、白云岩，基岩表部为强风化层，厚度为 2～3m，破碎；基岩完整性好，具有较高的强度。通过现场锚索张拉试验，基岩能提供足够的黏结力，比较 1000kN 和 2000kN 预应力计算，确定了锚索张拉力值为 1000kN，这主要是考虑了桩顶施加锚索后反弯矩不宜过大的因素。桩上增加锚索能增强护坡桩的护坡功能，并且能用较小的桩截面进行施工，达到经济合理的效果。该库岸段护坡桩施工采用了 2.2m×2.8m 的桩截面，桩上加 1000kN 倾斜角 20°的预应力锚索。

格构护坡工程底部均设置有挡墙工程，其目的是防止格构防护的土体流失而造成格构护坡工程失效。

5.14.5.2 工程实例 2

小清河是山东省泄洪、排涝、通航、灌溉、排污等综合性大型人工河道。同时也是济南市主城区唯一排水入口。近年来由于工业和生活废水的大量排入，其生态环境遭到严重破坏。为改善现状，对其进行了综合治理。在设计过程中，经勘探发现部分河段岸坡处分布有厚度不等的软土层，该层抗剪强度指标低、安全系数低，需加固处理；且该地段的一定距离范围内（水平距离一般为 6～13m）有污水管道（圬工管），一旦岸坡出现较大的滑移量，极易遭到破坏。

（1）方案一：钢管桩+锚杆联合加固。在设计挡土墙墙趾处设置一排钢管桩和斜向锚杆，并在其顶部设置一道联系梁。钢管桩间距 1.0m，钢管深度 9m。锚杆水平间距 1.5m。锚杆与水平夹角 30°，锚杆长度 15m。联系梁为 C20 钢筋混凝土，梁内钢筋与锚杆、钢管焊接在一起，钢管内灌注 C20 混凝土，如图 5-14-15 所示。

（2）方案二：钢筋混凝土抗滑桩加固。钢筋混凝土抗滑桩间距 1.2m，桩径 0.8m，在其顶部设置 C30 钢筋混凝土冠梁。对于土层较厚河段，桩长取 15m；对于基岩埋深较浅河段，保证桩身入岩（中风化）1.5m 即可，如图 5-14-16 所示。

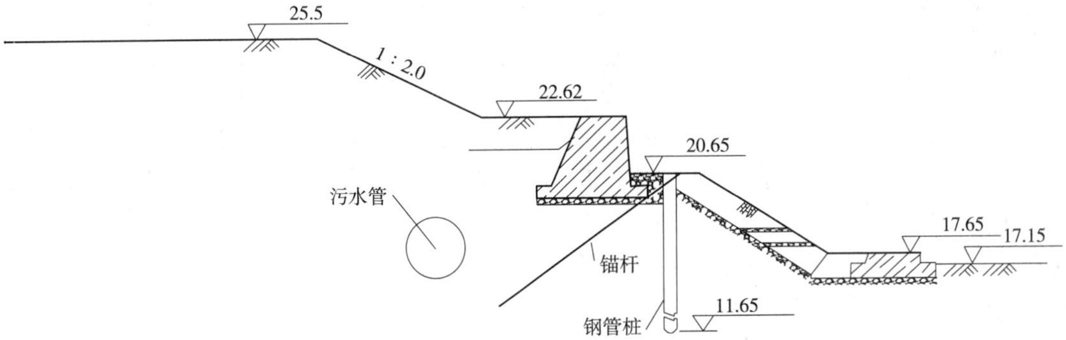

图 5-14-15　锚杆+钢管抗滑桩

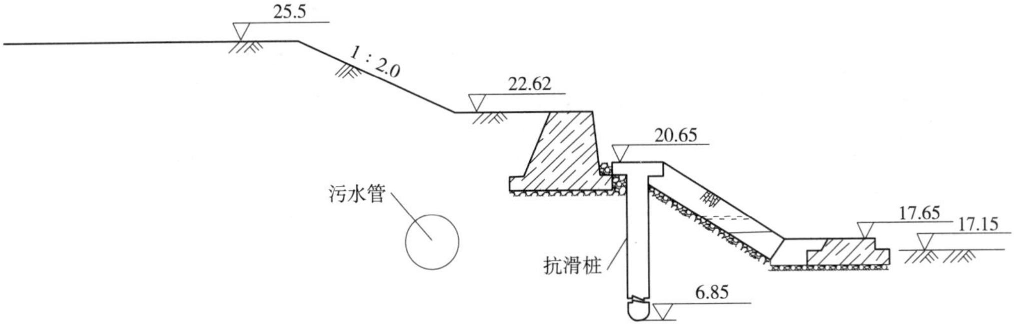

图 5-14-16　锚杆+钢筋混凝土抗滑桩

(3)方案三:强夯置换碎石墩加固(图 5-14-17),由于表层为淤泥质软土可采用强夯置换,利用夯击能将碎石、矿渣等材料强力挤入地基,在地基中形成碎石墩,并与墩间土形成碎石墩复合地基,提高地基承载力、增加其抗滑稳定性。加固范围为:自挡土墙底边向河床 1~3m 平台内,梅花形布设;碎石墩的桩径 1.0m,桩距 2.0m,桩深度 8.0m;桩顶设置 1m 厚的碎石垫层。碎石墩材料采用 20~50cm 的块石,对于需抗滑力大的重点加固区段可适当选取方案一和方案二;对于需抗滑力较小的远离市区河段可选取方案三。

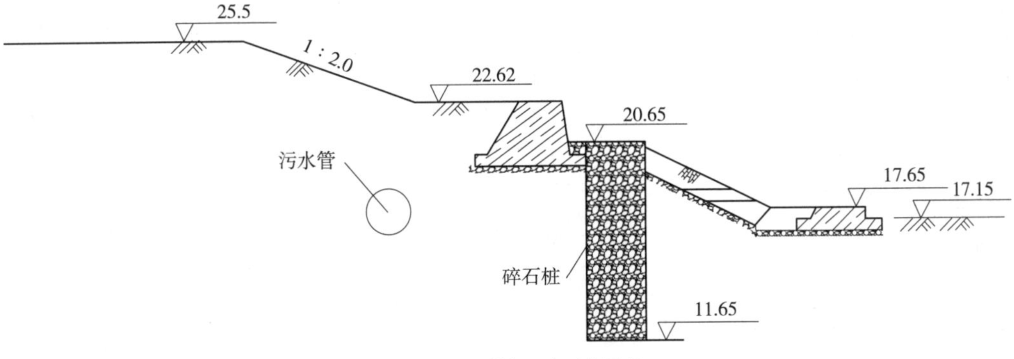

图 5-14-17　锚杆+碎石抗滑桩

5.14.6　预应力抗滑桩

针对普通抗滑桩的不足:①没有针对潜在滑动面进行设计,且桩体内的钢筋作等量通长布设,这往往会造成潜在滑动面部位的不安全和非滑动部位的浪费;②对抗滑桩内发挥主要作用的抗拉钢筋和发挥辅助作用的抗压钢筋没做区别，同样造成不必要的浪费；③现有的抗滑桩通常都很粗大，有的桩体宽度可达数米，形成肥桩现象。对于主要起抗滑作用的抗滑桩来说，中性面附近的混凝土所起的作用很小，是一种浪费。

预应力抗滑桩技术的原理是充分利用预应力混凝土抗拉能力较好的优点，采用可以现场制作的预应力柱部分取代普通现有抗滑桩受拉一侧的钢筋，并将之安排在潜在滑动面附近（作为重点加固段）进行重点加固，如图 5-14-18 所示。另外，为了提高加固效率和节约混凝土，可除去中性面附近的混凝土，形成具有空腔的抗滑桩。由于预应力柱的抗拉能力较强，所以可以减少抗滑桩的横截面积。

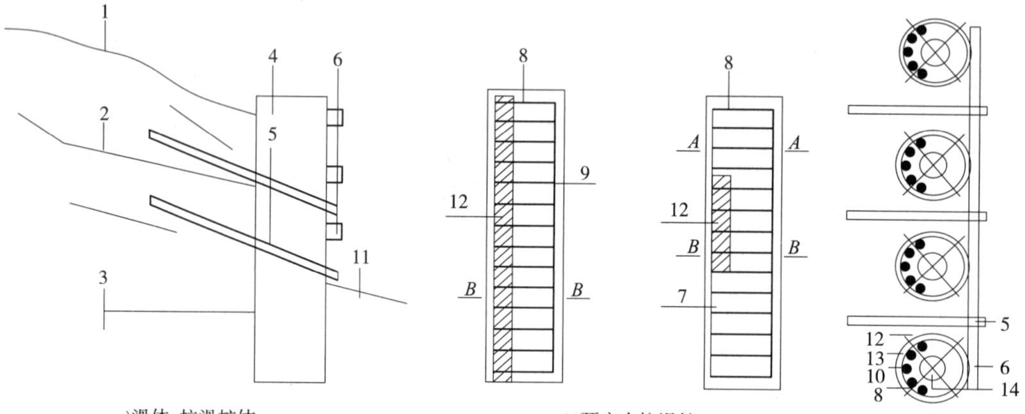

图 5-14-18　预应力抗滑桩结构示意图

1-坡面；2-潜在滑动面；3-稳定面；4-预应力混凝土抗滑桩；5-排水孔；6-抗滑桩连续梁；7-受拉主钢筋；8-箍筋；9-受压主筋；10-测斜管；11-坡趾；12-预应力桩；13-预应力钢筋；14-抗滑桩中空部分

5.14.7　抗滑桩联合土工格室

土工格室是为改善土体或填筑材料在结构和功能方面的特性而设计的一种三维立体网状侧向约束加筋体系。在岸坡的加固中，土工格室一直被作为坡面的防护材料来使用，限制了其应用与发展。采用抗滑桩联合土工格室加固岸坡，即在传统抗滑桩加固岸坡的基础上，与坡顶或一定深度处的土中水平铺上一层或多层土工格室，并将其和抗滑桩相交处固定连接，以此利用土工格室和抗滑桩、土的相互作用联合加固岸坡，其加固模式如图 5-14-19 所示，土工格室示意图如图 5-14-20 所示。

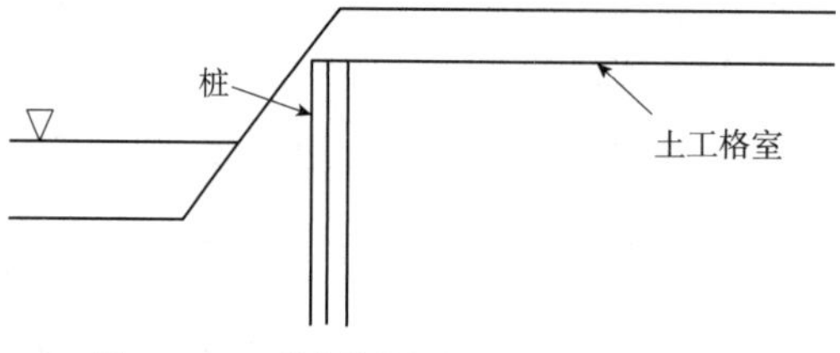

图 5-14-19　联合抗滑桩的土工格室加固模式

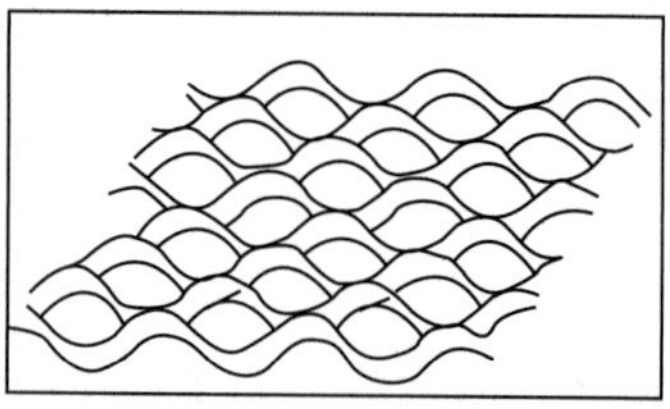

图 5-14-20　土工格室示意图

联合抗滑桩的土工格室加固岸坡机理体现在以下方面。

5.14.7.1　土工格室的紧箍作用及梁板效应

侧向约束力使土工格室里面的土石材料,比格室外的土体更致密,土石材料和土工格室材料作为一整体,具有一定的抗压、抗弯、抗拉、抗剪能力,可当梁板考虑,如图 5-14-21 所示。竖向摩擦力使竖向荷载部分传递给土工格室,再由土工格室及其相邻致密的土体向外传递。这也是土工格室复合结构层可当作梁板考虑,分散竖向荷载并向远处传递的原因。部分岸坡的重力及荷载通过土工格室传到抗滑桩上,再通过桩传到桩底的持力层中,这相当于减少了岸坡的高度,即"削坡",同时增加了抗滑桩的轴向压力,有利于提高其抗弯能力。

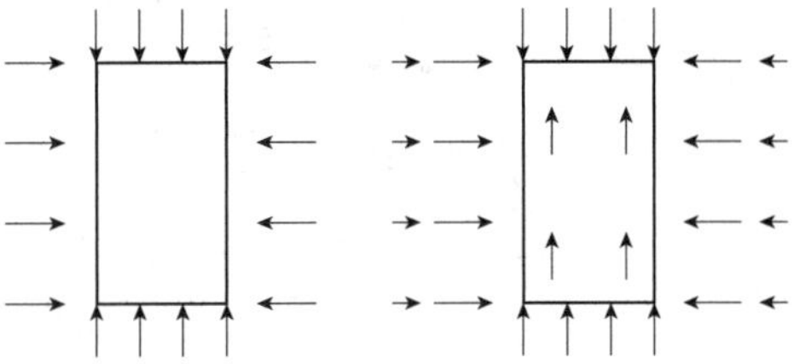

图 5-14-21　土工格室的侧向约束力及竖向摩擦力

5.14.7.2　土工格室复合结构层的水平摩擦及抗拉拔作用

土工格室层以上的土体,一般比较薄,相对格室层基本没滑动的趋势,可认为其和格室层间不存在摩擦力,而土工格室层以下的土体,相对土工格室层,有向坡前滑动的趋势,这必然导致格室层对其有向坡后的摩擦力,由此增加了抗滑力(矩)。

抗滑桩在岸坡土体的作用下,上部有向坡前挠曲的趋势,对格室有拉拔力,反之,格室对其有抗拉拔的作用,该作用力改善了抗滑桩的内力分布,提高了其抗滑能力,显示出基于抗滑桩的土工格室作用模式有一定的优越性。土工格室复合结构层的锚固抗拔力即由(潜在)滑动面后土体对其摩擦力提供。

5.14.7.3　土工格室复合结构层的抗剪作用

在岸坡的滑动面或潜在滑动面处,水平横铺的土工格室复合结构层会受滑坡推力的剪切作用,该反力即为格室复合结构层的抗剪作用力。

工程实例:珠海市洪湾港区一期工程,位于珠海市南屏镇洪湾工业区珠江口西岸,设计岸线总长约 391m,其中 150m 岸线曾处理过作为件杂泊位,2005 年 8 月,件杂泊位 150m 岸线发生深层滑坡。岸坡加固处理如下:沿 150m 岸线坡顶处打下几排管桩,土工格室沿岸线铺满,其和管桩相交处用混凝土浇筑套固,垂直岸坡方向铺到坡后 35m 处,格室底铺设垫层,格室里充填碎石,并用中粗砂填缝,格室上填筑地基土 1.3m,格室层高 1.2m。

5.14.8　地下梁-桩框架结构加固体系

5.14.8.1　梁-桩框架结构体系的构成

地下梁-桩框架的构成包括:在从岸坡的表面到深部稳定岩土体的范围内,依次设置坡面连系梁、中空近水平梁、中空桩、中空斜桩和实体桩,各个梁和桩之间相互联结。其中坡面联系梁设置在岸坡表面上;中空近水平梁基本沿水平方向设置于岸坡内部,其一端允许出露在岸坡表面上;中空桩和中空斜桩分别沿近垂直方向和倾斜方向设置于岸坡内部,其一端允许

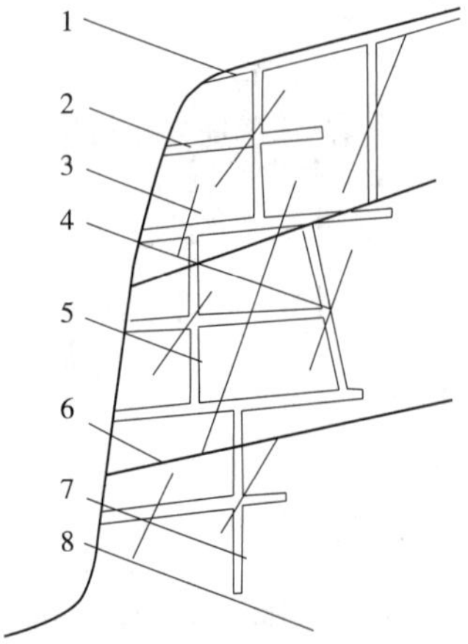

图 5-14-22　高陡岸坡地下梁桩结构体系加固示意图
1-兼作排水沟的槽式坡面联系梁；2-中空梁；3-卸荷裂隙；4-中空斜桩；5-中空桩；6-岩层面；7-实体桩；8-岸坡岩体

出露在岸坡表面上，并且与相邻的坡面联系梁和中空近水平梁相连接。实体桩一般设置在中空近水平梁、中空桩和中空斜桩的下方，并要置入岸坡内部的稳定岩土体内。地下梁-桩框架结构的示意如图 5-14-22 所示。

5.14.8.2　梁-桩框架结构的工作原理和特点

通过特殊的设计和施工，在所需要加固的岸坡内，形成了一个地下空间框架结构体系。由于框架结构刚度大，整体性强，各梁桩之间形成了一个整体，因此，岩土体变形破坏引起的下滑力可以被快速分配到邻近的梁或桩，使多个梁和桩之间做到相互支援和较均匀地受力。这样一来，用于岸坡加固的地下梁-桩框架结构和具有自支能力的岸坡岩土体就构成了一个整体，并在共同作用下起到岸坡加固的作用。利用梁和桩的中空部分和专门设计的排水接头来实现岸坡排水，以弥补常规做法中加固系统和排水系统相互分离的不足。为了确保岸坡的长期稳定和安全，利用框架结构中梁和桩的中空部分可以方便地实现监测系统的布设（如伸长计、钻孔倾斜仪、表面倾斜仪、测缝计等设施的布置）。从而形成了一种集高效加固、易于排水、易于监测等功能于一身的地下梁-桩框架结构。该项技术不仅可大幅度提高工程地质条件复杂的岸坡加固效率，而且还兼顾了岸坡排水和岸坡监测方面的功能，进而提高了岸坡加固的整体水平，为解决大规模、地质条件差的岸坡加固问题提供了一种有效的技术方法。

5.14.9　锚杆-树根桩

5.14.9.1　概述

锚杆-树根桩复合挡土结构是由平行竖向树根桩通过桩顶横梁和土层锚杆结合而成的一种新型复合挡土结构。结构由作为竖向挡土结构的树根桩和作为外拉系统的侧向倾斜锚杆组成，并通过桩顶横梁联系并沿岸坡体全长布置。具有较好的空间效应和较大的侧向刚度，可有效地限制挡土结构的侧向变形。树根桩和锚杆共同协调工作，充分发挥结构的整体受荷特性，提高土体的自稳能力。

竖向树根桩及桩顶横梁形成空间门架式挡土结构体系，具有较大的侧向刚度，可有效地限制整个结构的侧向变形；作为外拉系统的土层锚杆，其一端（锚头）通过桩顶横梁（压顶梁，腰梁）与树根桩相连，另一端为锚固体，锚固体设在稳定土层中。挡土结构所承受的一部分或大部分荷载，通过锚杆传递到处于稳定区域中的锚固体上，由锚固体将传来的荷载分散到周围稳定的岩土层中，可充分发挥结构的整体受荷能力和地层的自承能力。挡土结构沿支护土体全长布置，通过桩顶横梁保证结构的整体性。

从结构上分析，树根桩犹如嵌入土中的门式框架，使结构具有较一般单根抗滑桩更大的侧向刚度；土层锚杆的抗拉性能，又可有效地限制结构的侧向变形。锚杆-树根桩是双排桩门架式挡土结构和拉锚杆式挡土结构的综合，具有二者的优点：横向刚度大，侧向变形小，支护深度大；通过桩顶横梁将每一组树根桩和锚杆联系起来，使在横向（滑坡滑动方向）和竖向（垂直滑动方向）都具有较大的空间效应，从而使复合结构的围护桩和外拉系统可以共同发挥作用。结构整体受力条件好，可充分发挥结构和土体的共同作用，提高土体的自稳能力，锚杆-树根桩结构如图 5-14-23 所示。

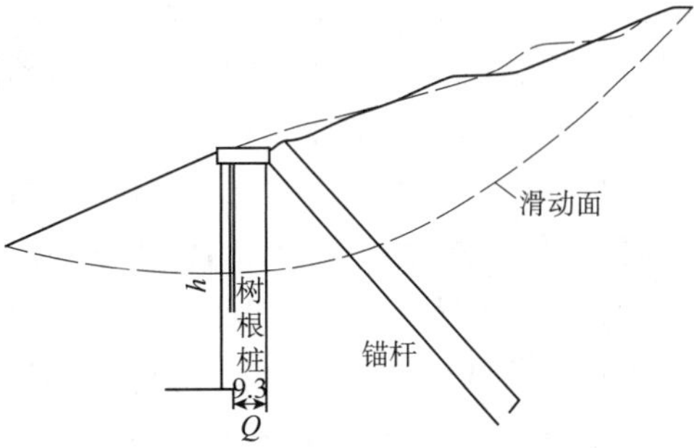

图 5-14-23　锚杆-树根桩结构示意图

此外，树根桩施工简便，设桩位置灵活，对土层扰动小。由于施工过程中特殊的二次高压劈裂注浆工艺，在桩周形成复合土体，使桩体可靠地锚固在土体中并提高土体强度。桩身有十分粗糙的外表面，桩-土的黏结强度很高，当施加外荷时，桩和土协同工作，共同承受荷载。

5.14.9.2　实例

合肥地区瓦东干渠新集切岭段渠道底宽为 7.0m，渠底高程为 40.7m 左右，最大切深约为 12m，设计水深为 3.5m，岸坡为 1∶2.5，渠底纵横比为 1∶10000。该工程于 1958 年动工修建，1968 年 12 月竣工。渠道通过淠河总干渠引用响洪甸、佛子岭等水库的水源灌溉长丰县农田。近年来在 I 号滑坡东侧出现第 V 号滑坡，几乎与 I 号滑坡连成一体。滑坡段东西方向长为 85m，滑动土体沿主滑断面长为 35~38m；滑动土体最大厚度为 5.9m，滑舌向渠道方向推移最大距离达 5m；滑坡周界清晰，后壁较陡，为 40°~50°，滑坡后壁最大高度为 2.5m；下滑土体伸进渠道，已影响渠道的输水能力。滑坡的继续发展必将影响下游 44.88 万亩农田灌溉，为此必须对 V 号滑坡进行治理。

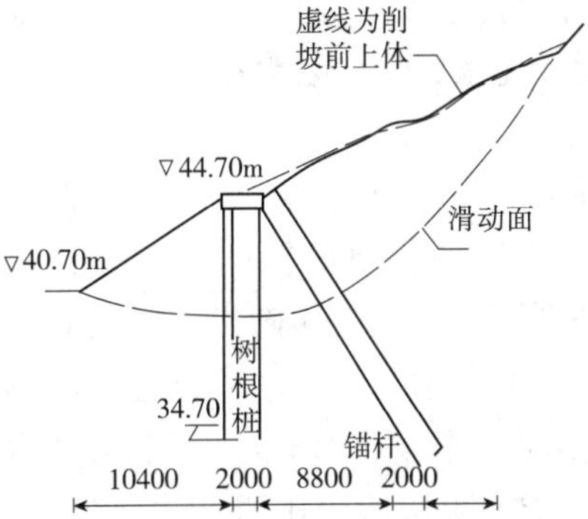

图 5-14-24　复合挡土结构方案（尺寸单位：mm）

复合挡土结构方案从原渠底边线（40.7m 高程）以 1∶2.5向上至 44.7m 高程留平台 2m；再以 1∶3岸坡向上至 47.7m 高程留平台 2m；最后以 1∶3向上与自然岸坡相交。复合挡土结构由两排树根桩、锚杆、钢筋混凝土平板构成，纵向排列间距为 1m。树根桩孔径为 20cm，平板长为 170m。顶部高为 44.7m。此外，44.7m 高程以下用干砌块石护坡，47.7m 高程处及滑坡体边缘外 3m 处设地面排水沟；44.7m 高程以上岸坡和堆土区均种植防护树木和草皮，复合挡土结构方案如图 5-14-24 所示。

该工程设计用树根桩 160 根，桩长为 10m，孔径为 200mm，成两排平行布置；前后桩距为 0.40m，纵向桩中心距为 10m；锚杆 80 根，每根长为 17m，孔径为 110mm；桩顶用混凝土盖板将树根桩和锚杆连为一体；盖板厚为 250mm，长为 80m，宽为 1.7m；肋梁高为 550mm，宽为 250mm；盖板高程以下岸坡做干砌护坡，块石厚为 300mm，碎石垫层厚为 100mm，护坡坡脚为 500mm×700mm 浆砌毛石；排水沟呈“U”形，底宽为 300mm,厚为 80mm,沟高为 300mm,全长为 253m。除采用复合挡土结构外,尚需配合采取其他的工程措施主要有:复合挡土结构外侧岸坡的护砌,在滑坡区内设置纵横排水沟;沿滑坡四周设截水沟;在滑坡区内种草植树。

桩上滑坡推力采用推力传递法和主动土压力法计算,并取两者中较大值作为计算推力;经计算,作用在设置挡土结构位置处的滑坡推力值为 229kN/m 。树根桩桩径为 0. 2m,埋入并支承在滑体黏土中 5m,当取滑坡推力为矩形分布,按具有不同参数的框架单元,将滑坡推力化为集中荷载,用杆系有限元进行计算。根据有关桩及锚杆设计规范进行结构配筋,最后的设计结果是:树根桩灌浆体(无砂混凝土)设计强度为 C25,钢筋笼全长配置;后排桩钢筋笼主筋为 3ϕ16,箍筋为 ϕ8@ 100,笼的外径为 140mm;前排桩主筋为 4ϕ12,箍筋为 ϕ8@ 100,笼的外径为 140mm;锚杆主筋为 ϕ25;盖板主筋为 4ϕ16 及 ϕ14@ 200,箍筋为 ϕ10@ 100;单个肋梁主筋为 3ϕ6,拉筋为 3ϕ10,箍筋为 ϕ6@ 200。树根桩主筋在盖扳中锚固长度为 30d(d 为主筋直径),锚杆主筋在混凝土盖板中锚固长度为 40d,混凝土盖板设计强度为 C25,保护层厚度为 30mm,截排水沟为混凝土 C15。

5. 14. 10　挂网喷锚

5. 14. 10. 1　概述

挂网锚喷的基本原理是锚杆穿过土体滑动面深固于土体内部,形成锚杆、钢筋网和混凝土层的共同作用机理,通过这三者的共同工作来提高岩土的结构强度和抗变形刚度,减小岩(土)体的侧向变形和坡面冲刷,增强岸坡的整体稳定性。挂网锚喷支护技术通过对坡体施加压力和注浆,使坡体形成一个整体,可显著提高岸坡的稳定性。在软质破碎岩体高岸坡工程中采用挂网锚喷护坡技术,为了确保工程的质量和安全,可灵活确定每层开挖高度、做到及时加固、设深层排水,组织好施工,优选机具,提高工效。挂喷锚网操作简便灵活,土石方开挖少,具有适应面广、安全可靠、成本低廉等。主要适用于岩性较差、强度较低、易于风化的岩石岸坡;或虽为坚硬岩层,但风化严重、节理发育、易受自然力影响、导致大面积碎落,以及局部小型崩塌、落石的岩质岸坡;或岩质岸坡因爆破施工,造成大量超爆、破坏范围深入岸坡内部,路堑岸坡岩石破碎松散、极易发生落石、崩塌的岸坡防护。

对一些较高的风化岩石岸坡,采用喷射混凝土作护坡可阻止风化,且重量轻,施工所需设备简单,但费用较高,厚度难以控制。对于易风化岩质岸坡或高陡的软硬互层岩质岸坡,这些岸坡由强度比较低的泥岩、砂质泥岩组成,或由软硬相间的岩层组成,或由裂隙发育的硬岩层组成,对于前 2 种库岸结构类型,由于软岩遇水风化崩解快,水库蓄水对岸坡的稳定性影响较大,因而需对其表面进行喷锚封闭。对于后一种库岸结构,由于裂隙发育,遇水后可能会产生塌岸。采用以喷锚工程为主,结合局部支撑与挖方工程进行防护可以改善围岩的完整性,增强岩体的自承能力。喷锚支护因其造价低、工期短、效果好,在三峡大坝永久船闸高岸坡支护以及在湖北巴东、重庆市云阳、巫山、万州等地的岸坡及库岸防护中使用较多。

喷混凝土的目的是有效阻止表面岩土体滑塌,对岸坡表里共同加固。喷混凝土与钢筋网设计除理论计算外,还应根据现场工程经验类比法复核设计参数。

喷混凝土材料应优先选用 425 号普通硅酸盐水泥,采用耐久坚硬的中粗砂,含水率控制在5%~7%,细度模数宜大于2.5,骨料应采用耐久坚硬的碎石,粒径不宜大于15mm;当采用碱性速凝剂时,不能使用含有二氧化硅的石材;应选用符合质量要求的速凝剂,掺合速凝剂的喷射混凝土各种性能必须满足设计要求,不应使用对钢筋混凝土有腐蚀性的水。

水、水泥与砂石之重量比宜为1:2.5:1.5~1:2:2,砂率宜为45%~55%,水灰比宜为0.4~0.45,速凝剂掺量应通过试验确定。

锚孔应在首次喷射混凝土后定位测量,采用压力泵将水泥砂浆注入锚孔,注浆管应插至距离孔底5~10cm处,随砂浆注入缓慢拔出。

钢筋网可以预先编织好,也可以现场绑扎;钢筋网与锚杆交接处必须进行焊接,以保证钢筋混凝土面层与锚杆共同作用;钢筋网紧贴混凝土表面,保证钢筋网保护层的厚度。

混凝土喷射前,用高压风、水将岩体表面的粉尘、活石和杂物吹洗干净,直至露出原岩面。采用干式喷法,混凝土的材料选用32.5新鲜普通硅酸盐水泥,卵砾石直径≯15mm。混凝土常规配合比为水:水泥:砂子:卵石=0.45:1:2:2,速凝剂掺量为3%~5%,搅拌时采用强制性搅拌机,混合料的拌制顺序为水泥、速凝剂、砂子和卵石,搅拌时间≥1min。混合料随拌随用,存放时间≤30min。喷射混凝土的厚度依据设计,若厚度5cm,采用一次喷射,厚度10cm。采用2次喷射,喷射过程中掌握好风压、风量,保证喷射的混凝土均匀密实,同时为使回弹率最低,射手应控制好给水量,使喷射出去的混凝土既不出现干斑,也无流淌现象,以湿润光滑为宜。混凝土的养护是保证混凝土质量的重要一环,必须严格对待,每天设专人对已喷完的混凝土进行养生,以保证混凝土的质量。

5.14.10.2 工程实例

秭归县香溪汽渡北岸第2段,库岸位于秭归县归州镇,地处香溪河与长江交汇处,库岸长150m。此段为逆向岩质岸坡,平均坡度为60°~75°。在库水冲刷侵蚀、物理风化等作用下,岸坡岩体出现碎裂、解体而不断剥离脱落,库岸后退破坏,产生侵蚀剥蚀型破坏。喷锚工程设计库岸长度150m,高程为150~183m。喷锚护岸的主体工程为锚杆和喷射混凝土层,锚杆采用$\phi16$的钢筋,每根长度为15m,与水平方向的夹角为15°,采用正方形布设,行列间的坡面间距为4m。锚杆施工完成后,在坡面布设钢筋网,挂网的钢筋为$\phi8$@300,正方形布设,喷射C20混凝土,厚度为150mm,钢筋网与锚杆之间焊接,如图5-14-25所示。

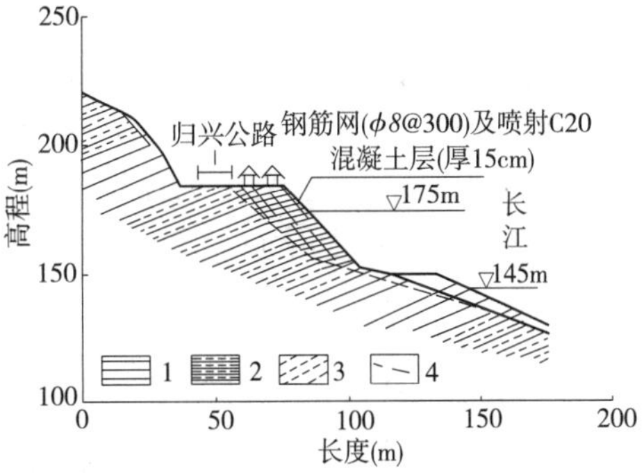

图5-14-25 香溪汽渡北岸防护剖面设计图

1-砂岩;2-粉砂质泥岩;3-松散堆积物;4-强风化线

5.14.11 联合加固方法工程实例

5.14.11.1 概况

云南红河谷冷墩至清水河二级公路工程自2011年7月开始试通车,由于马堵山水库蓄水,K0+000~K42+000段水位变化大对公路工程造成影响,导致局部路基出现开裂,下边坡失稳、坍塌。坡脚坍塌后使得上部天然坡面的碎石土层失去支撑而顺表面向下滑移，以致牵引挡土墙下的地基位移造成挡墙倾斜，或者由于天然坡面碎石土向下滑移造成沥青路面开裂。另在库区蓄水后岸坡天然地层的渗水水力坡降变缓、流速变慢而含水量增大，使得路基出现沉陷和向下滑移等公路病害，为了公路运营安全，需对红河谷冷墩至清水河二级公路 K0+000~K42+000 段出现的病害工程进行处治。

马堵山水电站正常蓄水位 217m，死水位 199m。红河流域径流量年内分布极不均匀，每年 6~10 月为汛期，径流量占全年径流量的 80%以上。一次洪峰过程 10~15d，多属于单峰型。历年各月盛行东风、东南风，多年平均风速为 3.1m/s，历年最大风速为 14m/s。

5.14.11.2 工程地质条件

红河断裂（F2）为区内主控断裂带，对冷清二级公路影响较大，段内 F2 断裂于线路右侧下方平行通过，距线路约 50m，呈 NW 向延伸，倾向 SE，破碎带宽度不祥，断层角砾岩具有明显糜棱岩化现象。段内基岩三叠系中统个旧组（T2g）灰岩、白云岩，岩体破碎，节理裂隙发育，层理产状为：N77°W/57°SW，主要节理有：N72°E/90°、N45°W/90°。

典型的土壤、地质情况为：上覆第四系全新统崩塌堆积层（Q4del）块、碎石夹粉质黏土，坡残积（Q4dl+el）粉质黏土，下伏基岩为三叠系中统个旧组（T2g）灰岩、白云岩。

（1）块、碎石夹粉质黏土（Q4del）：褐红色、褐黄、灰白色，稍湿，松散，块、碎石含量 50%以上，灰岩、白云岩质，岩性不均匀，厚 5~40m，局部较厚。分布于测区斜坡地带，属Ⅱ级普通土。

（2）粉质黏土（Q4dl+el）：褐红色、紫红色、褐黄色，硬塑，土质不均，含 10%~20%砂泥岩质角砾，厚 0~2m，局部较厚。分布于测区斜坡地带，属Ⅱ级普通土。

（3）灰岩、白云岩（T2g）：青灰、灰白、灰黄色，零星出露地表，中至厚层状，风化溶蚀作用强烈，表面呈块石状，时见溶隙、溶坑、溶槽，钙华发育；溶槽内多被黏土充填，部分剥蚀崩塌形成陡壁，其下出现倒石堆。岩体破碎，节理裂隙发育，强风化带（W3），呈块、碎石状，厚 0~3m，属Ⅲ级硬土；其下为弱风化带（W2），钻探揭示溶蚀严重，质坚性脆，属Ⅴ级次坚石。

根据相关研究成果，按工程地质比拟法，水下稳定岸坡角 $\phi_{水下}=20°$；岸坡物质以碎石土为主，水上稳定岸坡角 $\phi_{水上}=1:1.25$。大于这个坡度的斜坡地段都将出现坍岸而牵引路基坡脚下的斜坡滑移。

5.14.11.3 地震

根据《建筑抗震设计规范》（GB 50011—2010（2016 版））附录 A.0.22，线路穿越地段的地震基本烈度为Ⅶ度区，设计地震分组为第二组，地震峰值加速度值为 0.15g。

5.14.11.4 工程破坏形式及加固设计方案

（1）K0+240~K0+282.45 段

马堵山电站水库蓄水后，原旧路路基外侧（临水库一侧）发生开裂甚至坍塌，连接线 K0+240~K0+282.45 段路肩墙出现外倾，并在伸缩缝处出现明显错台，且马堵山电站水库正常蓄水位 217m 将淹没路肩墙以上 1m 左右，原路肩墙设计也未按浸水挡土墙设计考虑。因此，对连接线路肩墙路基进行加固处理，并对已发生外倾的部分挡墙设置预应力锚索框桥梁。

①路基加固处理

采用桩基挡墙对路肩墙基础进行加固处理(图 5-14-26),桩直径 1m,间距 2m,跳槽施工,承台(图 5-14-27)宽 1.70m,高度 0.6m。挡墙为 3m 高重力式 C20 片石混凝土挡墙,墙身设置泄水孔与原路肩墙泄水孔接顺。挡墙和承台与路肩墙紧贴。

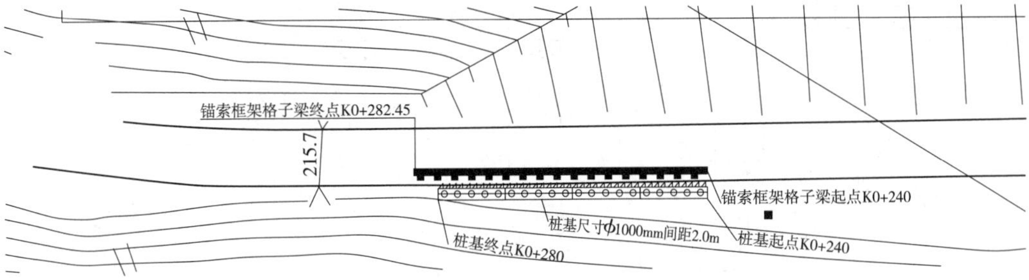

图 5-14-26　K0+240～K0+282.45 段加固与防护平面图

②预应力锚索工程

a.针对部分挡墙外倾,设置预应力锚索框格梁(图 5-14-28,图 5-14-29),采用矩形梁,梁单元尺寸 2.8m×2.8m,梁体截面尺寸为 0.6m×0.6m,主筋单元内通长配置,采用 C30 混凝土浇筑,框格梁与原挡墙间的间隙采用与梁同等级混凝土同时浇筑成型。预应力锚索(图 5-14-30)采用 270 级高强低松弛、抗拉强度不小于 1860MPa 的钢绞线,每组锚索为 ϕ_j15.24mm 钢绞线 6 束,其锚固长度均为 10m;钢绞线的基本材料为碳素钢,锚索整体张拉值为 600kN,注浆采用 C30 水泥净浆。

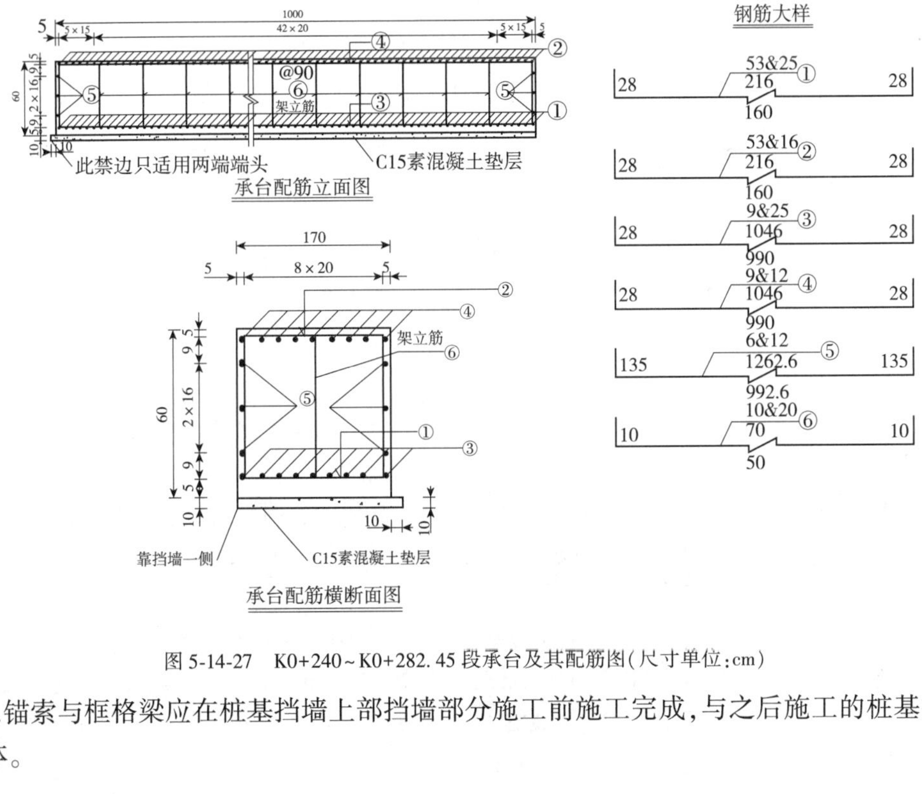

图 5-14-27　K0+240～K0+282.45 段承台及其配筋图(尺寸单位:cm)

b.锚索与框格梁应在桩基挡墙上部挡墙部分施工前施工完成,与之后施工的桩基挡墙形成整体。

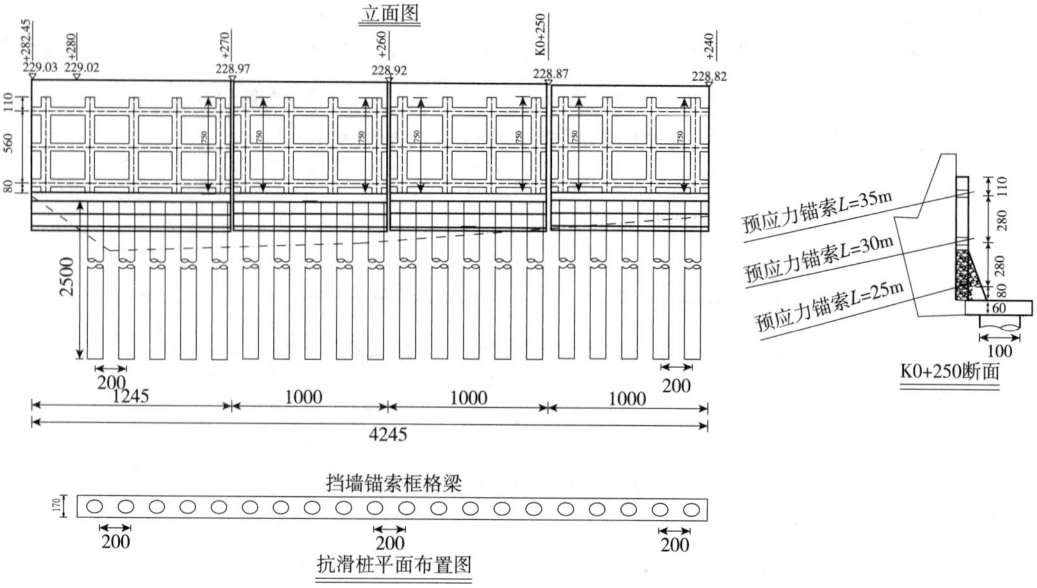

图 5-14-28 K0+240～K0+282.45 段预应力锚索框格梁布置图(尺寸单位:cm)

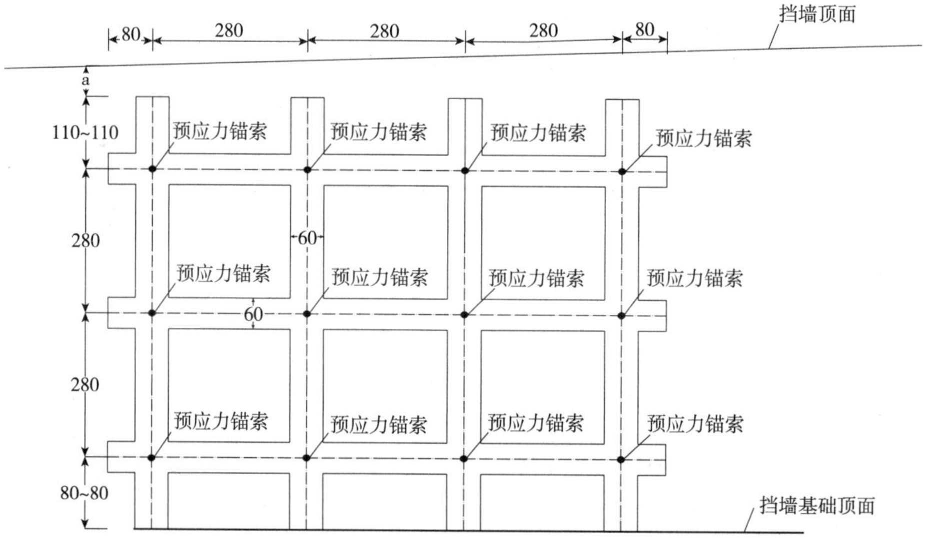

图 5-14-29 K0+240～K0+282.45 段预应力锚索框架图

③其他工程

由于 K0+240～K0+282.45 段路肩墙已出现外倾,因此在施工时应先对墙顶以下 3m 范围内墙体进行拆除,按 1∶1对路基进行削坡后,再施作桩基挡墙和锚索框格梁。

(2)K10+473～K10+606 段

该段斜坡开裂变形发生于 2011 年 5 月暴雨时节,平面上呈一圆弧形,主轴长约 220m,公路路面贯通裂缝长度为 K10+490～+570,最大裂缝宽约 15mm,大致呈弧形;公路左侧山坡面贯通裂缝长度为 K10+510～+580,最大裂缝宽约 10mm,大致呈弧形;公路右侧下坡面贯通裂缝长度为 K10+500～+560,最大裂缝宽约 12mm,呈不规则状。

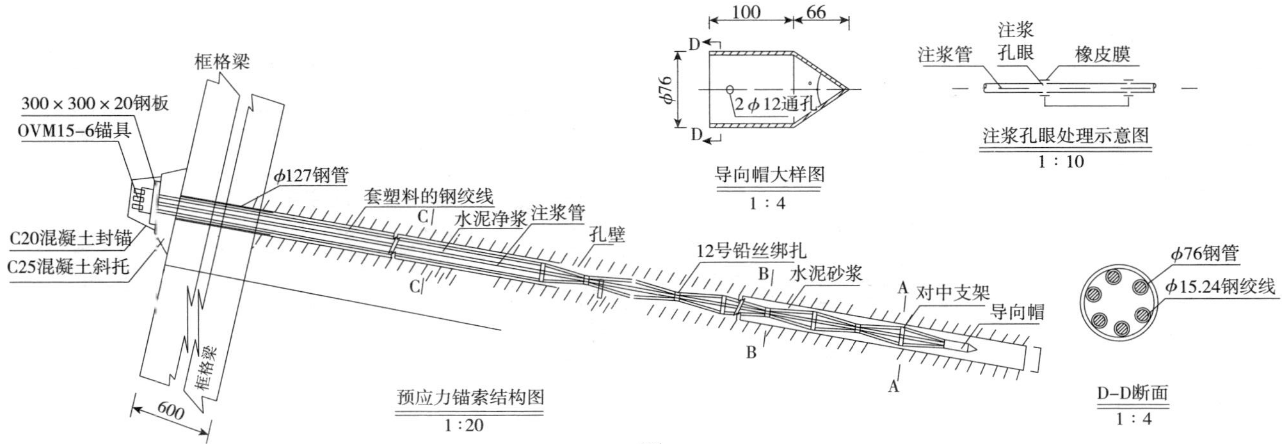

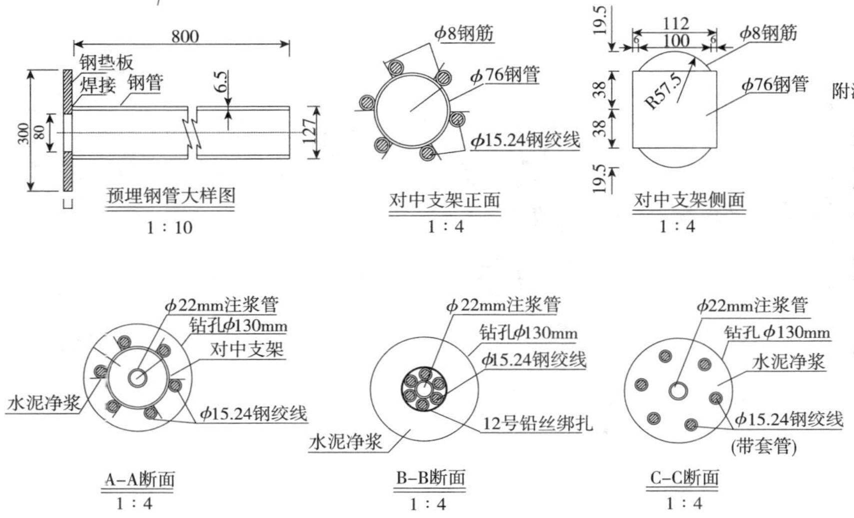

附注：

1.图中尺寸以mm为单位。
2.浇筑梁身混凝土时，必须确保预埋钢管位置的准确。
3.锚索钻孔采用无水钻进工艺，锚索孔径为 ϕ130mm。
4.锚固砂浆均为C30,锚索设计张拉力为600kN，超张拉至660kN。
5.注浆采用孔底压力反向注浆，孔口加止浆塞，注浆压力为0.5～0.8MPa；每次注浆结束的稳压时间为5～10mim，全孔注浆一次完成。
6.待锚索砂浆达到设计值的80%以上后，方可进行锚索预应力张拉。
7.预应力锚索采用270级高强低松弛、抗拉强度不小于1860MPa的钢绞线；每组锚索为ϕ15.24钢绞线6束，其锚固长度均为10m。
8.锚索自由段套管采用 22×1.5的聚乙烯管现场套做。
9.注浆管管底应进行封闭，其从管端50cm开始向上每隔2m左右作出1m长的的花管，其孔眼直径不小于0.8cm，一般在1米范围内为8个孔。并且在锚固段内的孔眼外用橡胶膜进行处置，防止浆液倒流。
10.待注浆结束之后方可进行封锚，封锚必须按设计严格要求施工，以防止风化侵蚀。
11.钢绞线在框格梁外必须预留1.5m长度作为预应力张拉工作段(数量已计)。
12.锚索孔底端超钻1米沉渣段，锚索倾角15°。
13.预应力锚索施工必须严格按照“预应力锚索施工技术要求”进行。

图5-14-30　K0+240～K0+282-45段加固与防护6束锚索设计图

目前，公路左侧挡墙未发现开裂变形情况，但 K10+490～+530 右侧路肩墙已发生开裂、下沉、外倾等现象，该段挡墙施工基础深度 2～4m，基底为块、碎石；坡面及坡脚未见有地下水渗出，不稳定斜坡物质成分以块、碎石夹粉质黏土为主，厚 5～40m。

由于马堵山水库蓄泄水，水库水位升降，地下水水位随之升高和降低，路基吸水失水，产生膨胀和收缩，且坡脚库岸不断产生坍滑，牵引后缘斜坡失稳；该路段自然山体目前已发生开裂、变形现象，处于多层次蠕动变形阶段，滑动面还未全面贯通。冷清二级公路 K10+450～+650 段于坍滑体中部通过，路面裂缝明显，右侧路肩挡墙下沉明显，并有倾斜迹象，线路左侧矮挡墙未见开裂变形；根据钻探及高密电法揭示，不稳定斜坡堆积层为块、碎石土夹粉质黏土，软弱结构面深 10m～30m。该地段斜坡目前处于极不稳定状态，随着水库膨胀和收缩变形，以及坍岸不断变化、雨水不断下渗、既有公路重载货车压覆，滑动面随时可能全面贯通，斜坡向库区滑移，并不断牵引、扩大后缘。

该地段水下物质按黏性土考虑，依据相关科研成果，水下稳定岸坡角 $\phi_{水下}=20°$；岸坡物质以碎石土为主，水上稳定岸坡角 $\phi_{水上}=1:1.25$。

①预应力锚索工程

针对原公路路基出现挡墙外倾路面开裂，沿原公路路肩墙设置预应力锚索框格梁（图 5-14-31，图 5-14-32），采用矩形梁，梁单元尺寸 2.8m×2.8m，梁体截面尺寸为 0.6m×0.6m，主筋单元内通长配置，采用 C30 混凝土浇筑，框格梁与原挡墙间的间隙采用与梁同等级混凝土同时浇筑成型。预应力锚索采用 270 级高强低松弛、抗拉强度不小于 1860MPa 的钢绞线，每组锚索为 ϕ_j15.24mm 钢绞线 6 束，其锚固长度均为 10m；钢绞线的基本材料为碳素钢，锚索整体张拉值为 600kN，注浆采用 C30 水泥净浆。

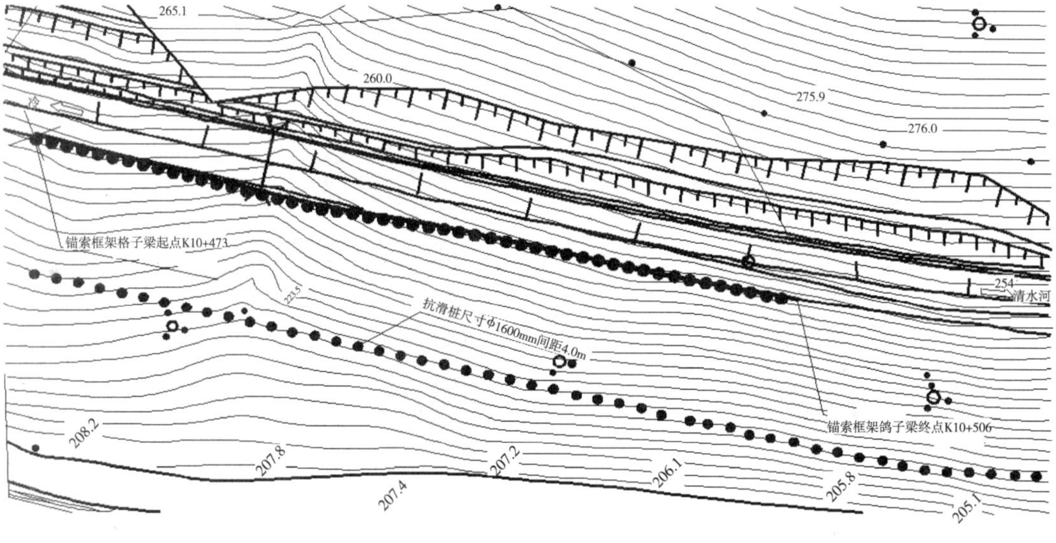

图 5-14-31　K10+473～K10+606 段锚索框格梁加固平面图

②路基加固工程

在路基中心右侧 2.5m 处采用 ϕ130mm 钢管桩间距 2m×2m 直线型布置注浆加固，注浆采用 C30 水泥净浆。

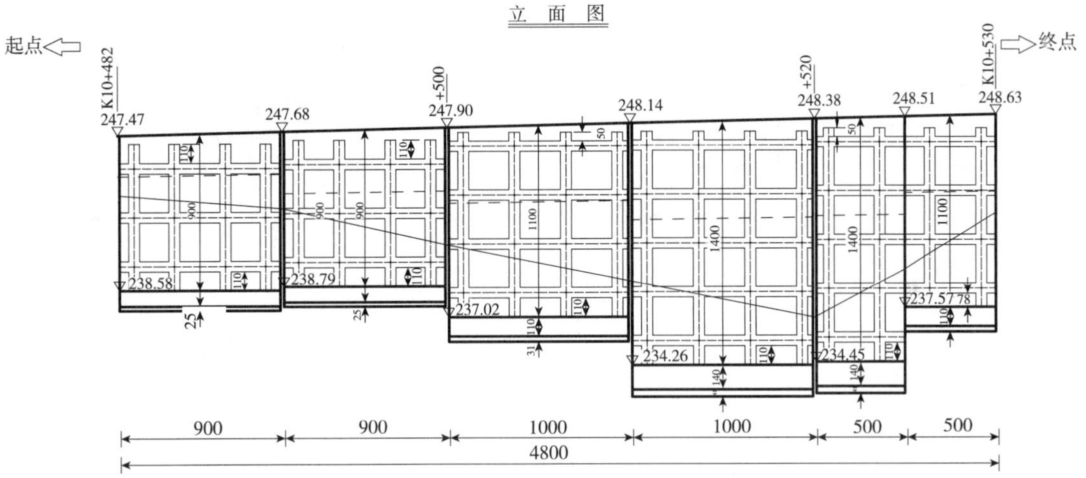

图 5-14-32　K10+473～K10+606 段锚索框格梁布置图(尺寸单位:mm)

③其他工程

对抢险施工过程中造成的原挡墙非结构性破坏进行修复。

(3)K25+792.75～K25+852.75 段

该段线路为斜坡上的填方路基工程,路线右侧为路肩墙,墙高 5～8m,线路中心最大填方高约 4m,路中线标高 255.62～254.79m。距离马堵山电站正常蓄水位 217m,垂直高差 38.62～37.79m,水平距离约为 88m。

该段路面出现纵向裂纹,挖除 2.5m 重新填筑后,裂缝仍继续发展。路基处于蠕滑状态。采用抗滑桩加固路基后路基滑坡稳定系数为 1.25。

针对原公路路基出现的蠕滑、路面开裂。在路线右侧紧邻原挡墙处设计采用截面尺寸为 1.5m×2.0m 抗滑桩(间距 4m)对路基及滑坡进行加固处理(图 5-14-33,图 5-14-34)。桩间设置疏干孔,及时排除路基中的水分,使路基保持在干燥状态。

(4)K27+967～K28+010 段

此段线路为斜坡上的填方路基工程,路线与原地面冲沟斜交,路基填筑在原冲沟冲积层上,路中线标高 237.70～237.86m。距离马堵山电站正常蓄水位 217m,垂直高差 20.70～20.86m,水平距离约为 29m。

该段路面出现纵向裂纹,并发生沉陷,沉陷超过 30cm。在对沉陷路段加铺路面层恢复高程后,沉陷继续发展,路侧波形护栏外移受拉破坏。治理后稳定性系数为 1.26。

针对原公路路基出现的蠕滑、路面开裂、路基沉陷,在路线右侧紧邻原挡墙处采用直径为 1.6m 抗滑桩(间距 4m)对路基及滑坡进行加固处理。为防止路面继续下沉,在路面范围内采用 ϕ130mm 钢管桩对路基进行注浆,注浆采用 M25 水泥砂浆。如图 5-14-35 和图 5-14-36 所示。

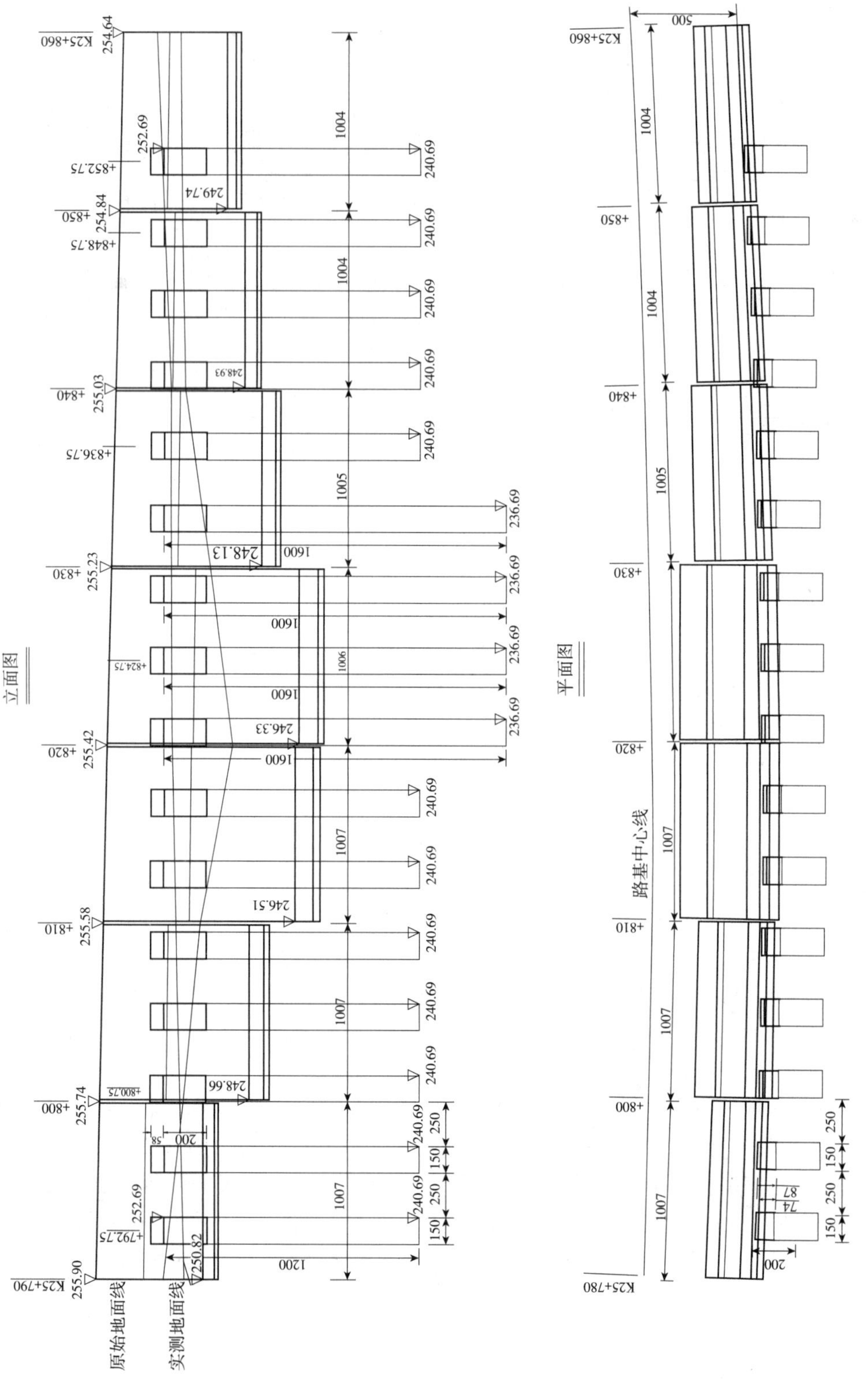

图5-14-33　K25+792-75 ~ K25+852-75段加固措施布置图(尺寸单位:cm)

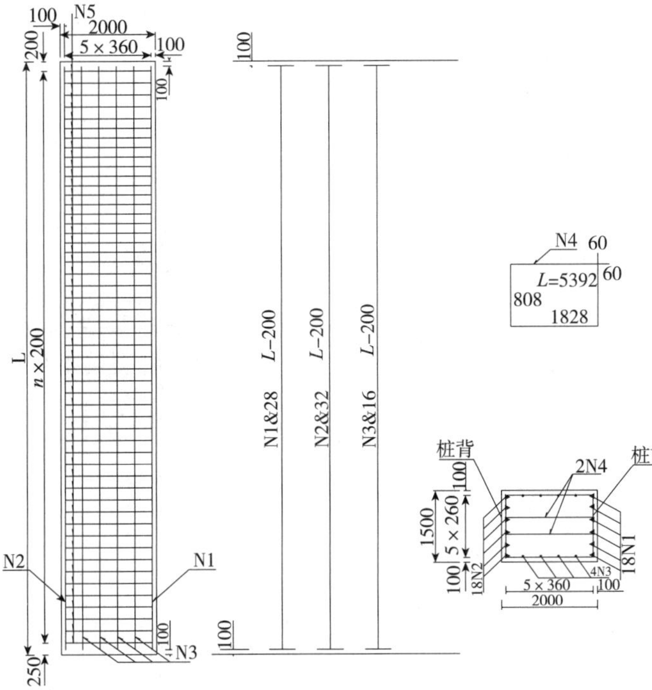

图 5-14-34　K25+792.75～K25+852.75 段抗滑桩配筋图(尺寸单位:cm)

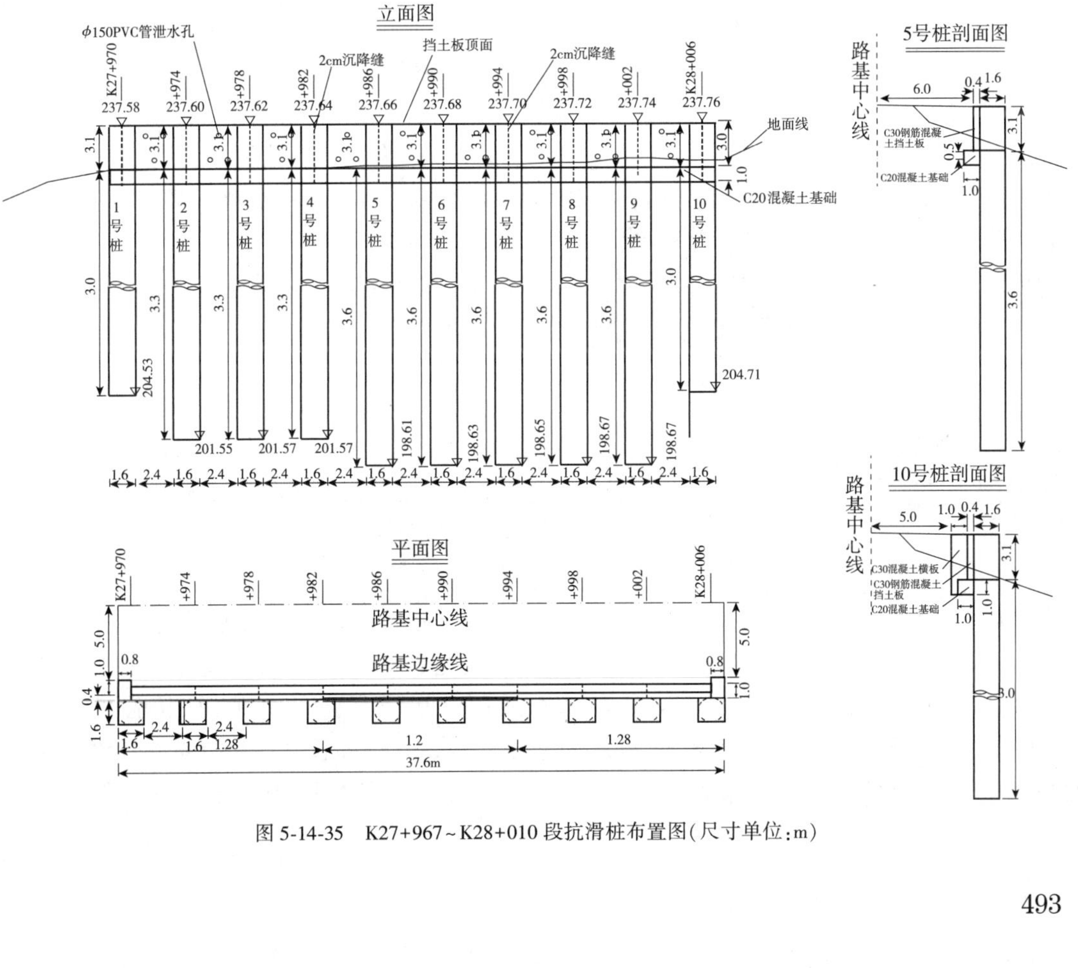

图 5-14-35　K27+967～K28+010 段抗滑桩布置图(尺寸单位:m)

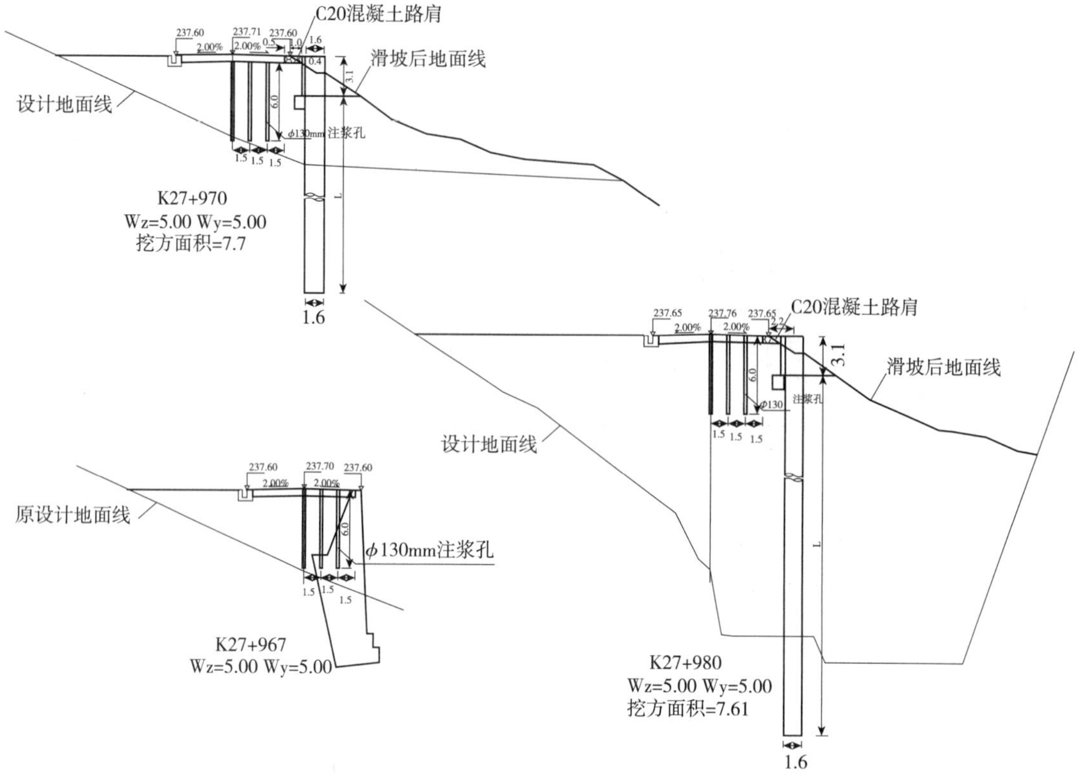

图 5-14-36　K27+967～K28+010 段加固剖面图(尺寸单位:m)

(5)K32+600～K32+700 段

图 5-14-37　路基滑坍图 58 挡墙破坏

该段线路为半填半挖路基工程,路基左侧设有上挡,墙高约 5～6m,右侧为路肩墙,墙高约 7m,线路中心最大填方高约 1m,最大挖方深度约 5m,路中线标高 239.55～239.26m。距离马堵山电站正常蓄水位 217m 垂直高差 22.55～22.26m,水平距离为 22～31m。

该段斜坡路基滑坡塌陷,出现纵向裂缝,右侧坡底原旧公路已有 2～30cm 宽裂缝多条。到处理前右挡土墙已经外移 1.3m,右幅路面已下沉 0.6m,后挡墙外移并破坏,如图 5-14-37 所示。

①挡土墙工程

以原公路路基右侧边线按 1:1.5 放坡至边线外 6m 处设置一排桩基重力式挡墙,墙高 3～4m,桩基采用直径 1.6m 抗滑桩间距 4m,承台采用宽 3.3m,高 1.5m 钢筋混凝土,承台分段长 12m,桩顶设置预应力锚索。预应力锚索采用 270 级高强低松弛、抗拉强度不小于 1860MPa 的钢绞线,每组锚索为 ϕ_j15.24mm 钢绞线 6 束,其锚固长度均为 10m;钢绞线的基本材料为碳素钢,锚索整体张拉值为 600kN,注浆采用 M30 水泥砂浆。如图 5-14-38～图 5-14-40 所示。

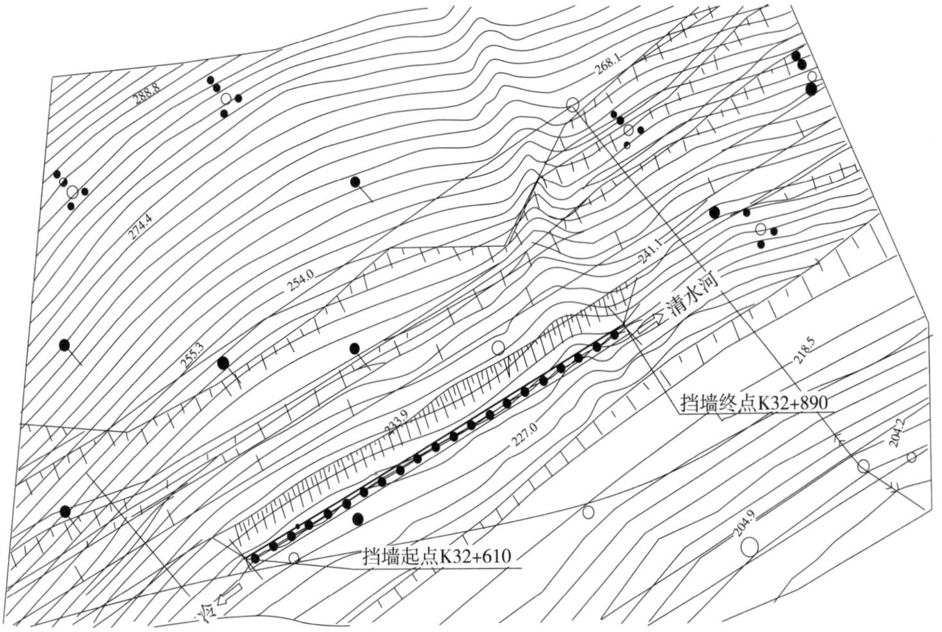

图5-14-38 K32+600~K32+700段加固措施平面布置图

②其他工程

拆除已滑移破坏段挡墙,对抢险施工过程中造成的原挡墙非结构性破坏进行修复,恢复路侧安全设施。

(6)K33+298~K33+330段

此段线路为半填半挖路基工程,路基左侧设有上挡,墙高约5~6m,路中线标高240.40~240.97m。距离马堵山电站正常蓄水位217m垂直高差23.40~23.97m,水平距离为15~20m。

2011年9月5日,发现该段路基右侧挡墙外侧边坡塌岸严重,岸坡陡立。2011年9月中旬已坍塌至路中线,出现纵向裂缝,塌陷垂直高约11m,宽约20m。严重危及道路行车安全,并且有进一步发展的趋势。采用锚拉支挡结构加固后安全系数为1.25。

①支挡工程

在K33+298~K33+330路基右侧用C25混凝土进行浇筑台阶加固,台阶总宽15m,总高17.4m,总厚8m,如图5-14-41所示。面层设钢筋网,设锚杆,混凝土浇筑后设置预应力锚索框格梁。预应力锚索采用270级高强低松弛、抗拉强度不小于1860MPa的钢绞线,每组锚索为ϕ_j15.24mm钢绞线6束,其锚固长度均为10m;钢绞线的基本材料为碳素钢,锚索整体张拉值为600kN,注浆采用M30水泥砂浆。

②其他工程

拆除已塌陷破坏段挡墙、路面,对抢险施工过程中造成的原挡墙、路面非结构性破坏进行修复,恢复路侧安全设施。

(7)K40+770~K40+820段

此段线路为挖方路基工程,K40+820左右路基左侧设有上挡,墙高约5m,右侧为接原天然地面,线路中心最大挖方深度约0.5m,路中线标高241.36~241.17m。距离马堵山电站正常蓄水位217m,垂直高差24.36~24.17m,水平距离约为70m。

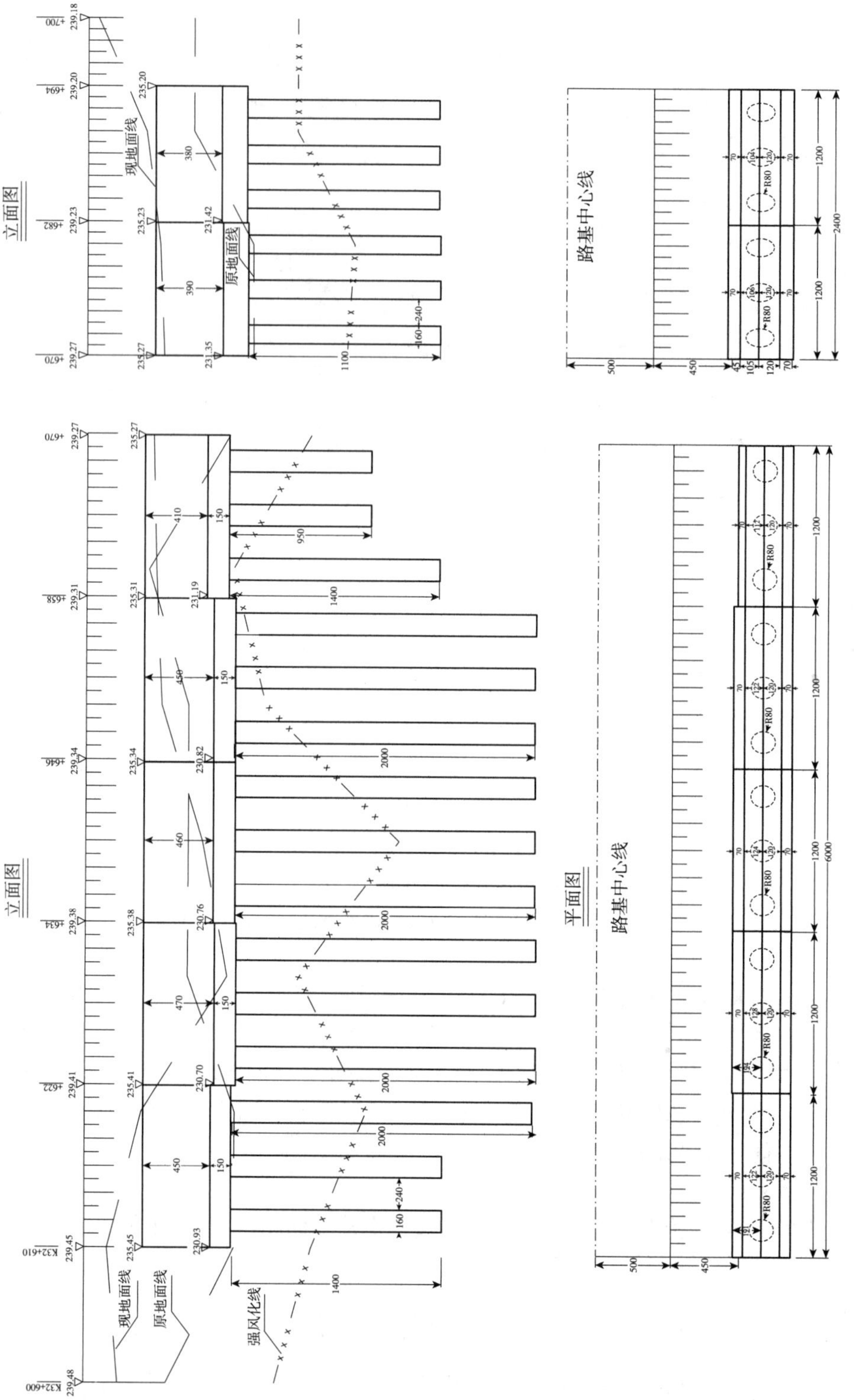

图5-14-39 K32+600~K32+700段加固措施立面布置图（尺寸单位：mm）

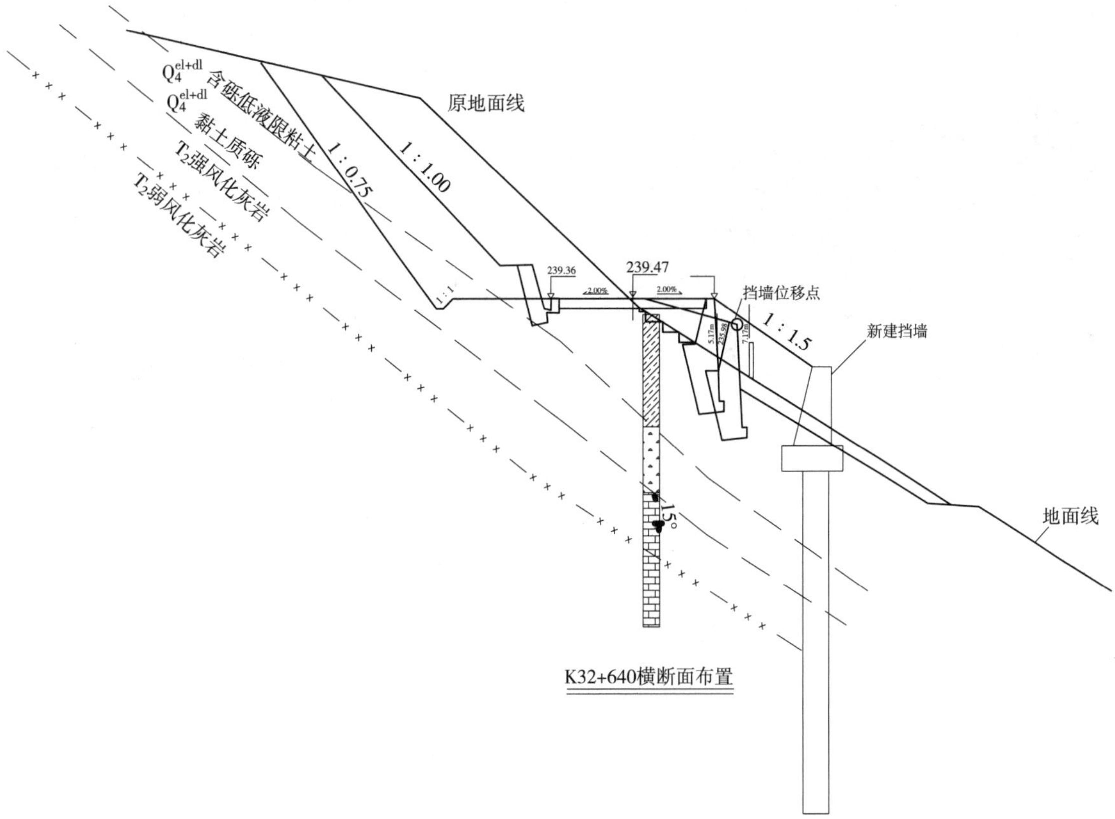

图 5-14-40 K32+600～K32+700 段加固措施剖面图

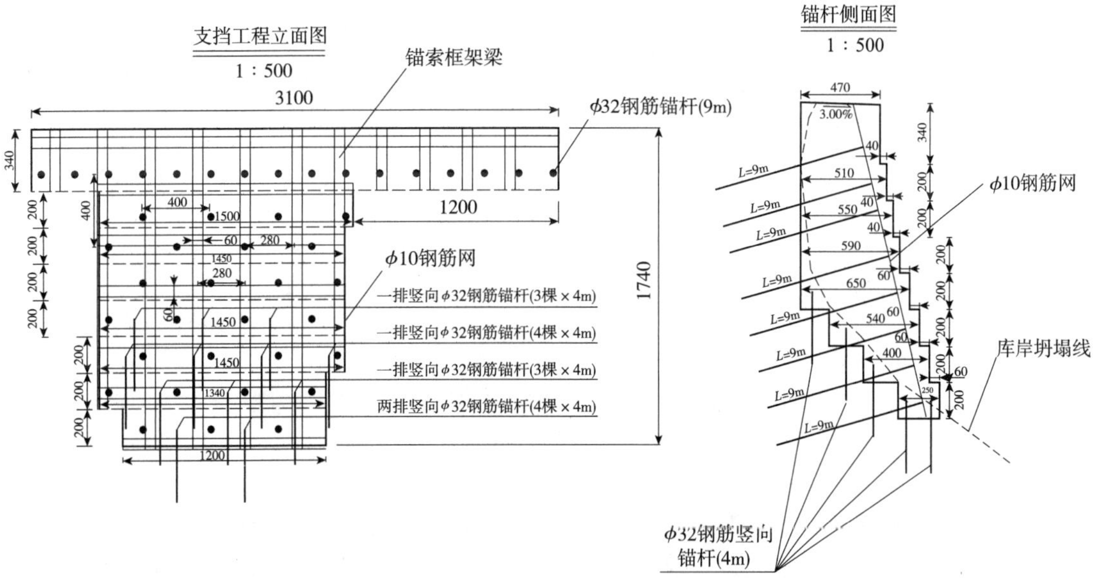

图 5-14-41 K33+298～K33+330 段加固设计图(尺寸单位:cm)

图 5-14-42　右侧行车道与边沟交界处裂缝

主要病害为路基右侧下边坡滑移,路基右侧沉陷在边沟与行车道连接处出现 10～30cm 宽的裂缝(图 5-14-42)。行车道稳定,无滑动破坏。该滑坡为浅层的牵引性滑坡,滑坡后缘在路侧边缘,下方边坡滑坡进一步发展后,路基稳定性将受到影响。治理后滑坡稳定系数为 1. 25。

原公路路基出现的开裂是由于库水位蓄泄水,库岸土质边坡受水位上升和下降的影响出现的变形和滑移,且该处边坡较缓,行车道并未受到影响。解决措施是在路线右侧边沟外侧处设置直径 1. 2m 的抗滑桩(间距 4m),对路基进行加固处理(图 5-14-43 和图 5-14-44)。

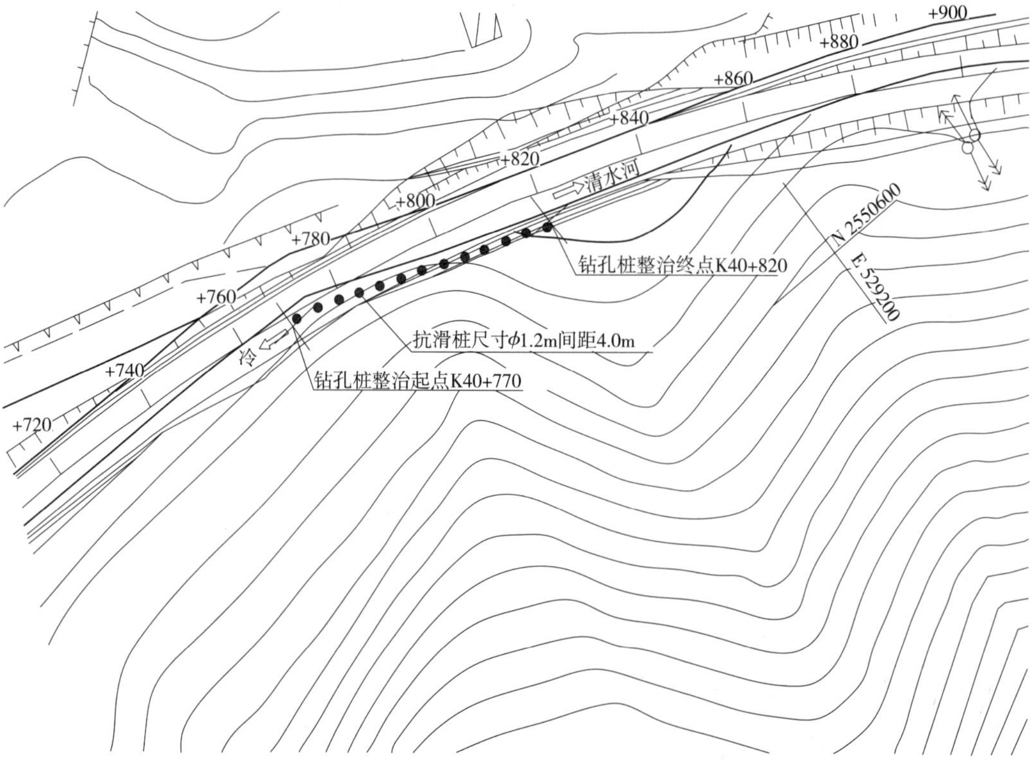

图 5-14-43　K40+770～K40+820 段抗滑桩平面布置图

(8)K41+587. 1～K41+656 段

此段线路为路堑工程,线路右侧 5m 为马堵山水库,水深约 67m,线路中心最大挖方深度约 5m。K41+600～+648 右侧库岸坍塌后缘已至公路边缘。路中线标高 230. 59～232. 05m。距离马堵山电站正常蓄水位 217m 垂直高差 13. 59～15. 05m,水平距离约为 3～15m。

2011 年 6 月暴雨时节,K41+615～+655 段右侧水下坡面产生坍滑,坡面失稳,坍塌后缘已至公路边缘(图 5-14-45)。公路路面及左侧坡面未开裂变形,如果坍塌继续发展,对新建冷清

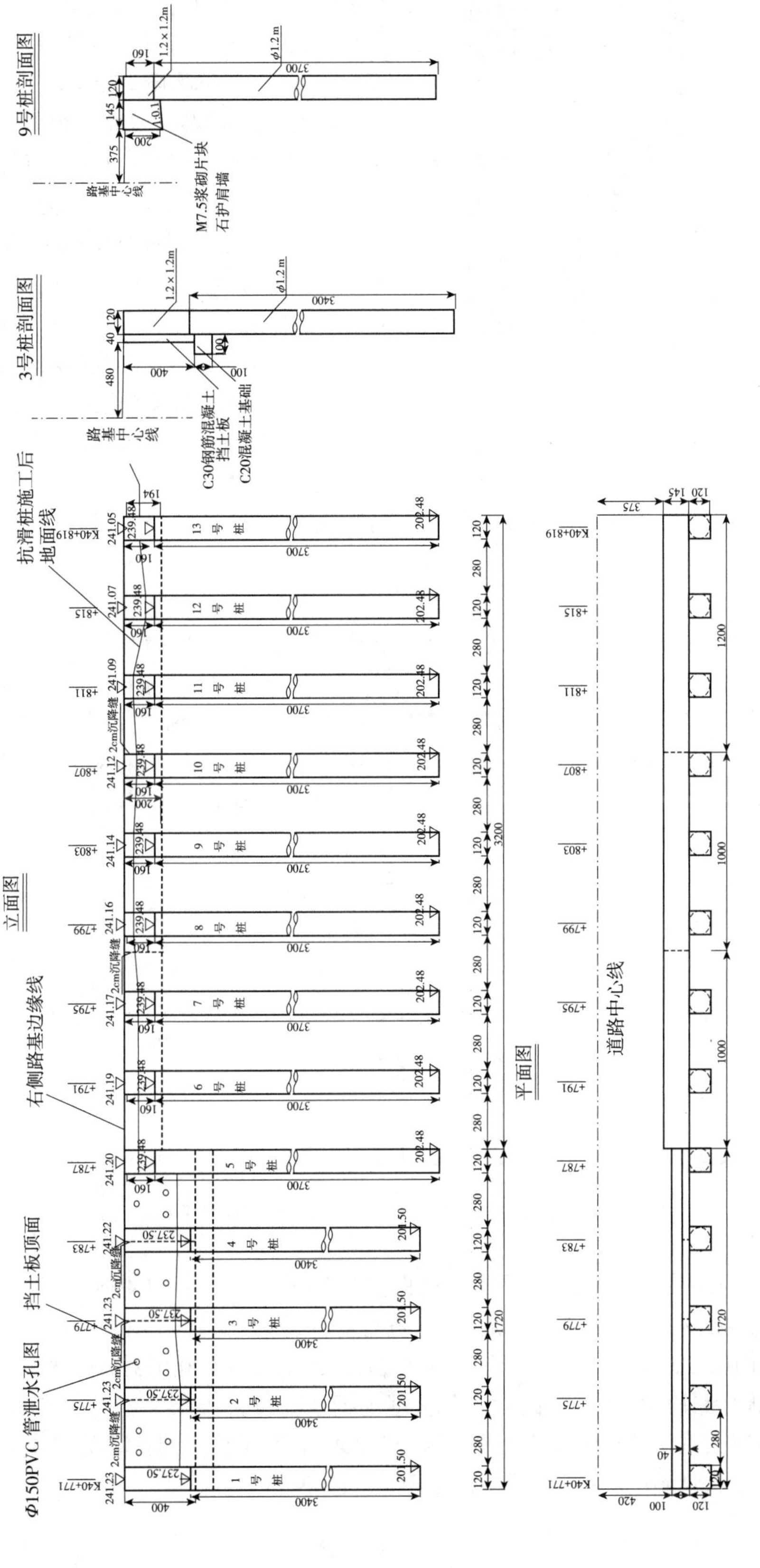

图5-14-44　K40+770～K40+820段抗滑桩立面布置图（尺寸单位：mm）

图 5-14-45　库岸坍塌现状

公路将造成危害。坍滑体平面上呈一圆弧形，主轴长、宽因在水下，不祥。目估坍滑体厚度0~20m，地形坡度 30°~45°。滑体物质为粉质黏土夹块、碎石。根据地质调绘及钻探揭示，该库岸坍塌主要产生于红河断裂的破碎带内，岩性为断层角砾、断层泥及糜棱岩，岩质不均，胶结不密实，结构松散，水库蓄水后产生坍塌。坍塌体目前处于极不稳定状态，随着水库水位的升降变化，坍塌范围还将继续扩大，对新建冷清公路危害。

目前，岸坡物质主要为松散的断层角砾、断层泥及糜棱岩，稳定岸坡角综合按碎石土考虑(碎石含量 50%~60%)，依据相关科研成果稳定岸坡角 $\phi_{水上}=1:1.25$，$\phi_{水下}=31°$。该段病害治理以防止坍岸范围进一步扩大影响路线及路基为目的。计算表明：一般情况下剩余下滑力为 161.335kN，库仑土压力为 380.099kN。地震情况下剩余下滑力为 168.242kN，库仑土压力为 441.105kN。

①桩板墙工程

由于库岸坍岸已接近公路边缘，且改线成本较高，因此采用桩板墙对临空路基进行支挡。桩采用直径 1.6m 的钻孔桩，地面以上部分改圆为方，桩间距 4m；临土一侧设挡土板，板厚 0.4m，桩顶设置一束预应力锚索。预应力锚索采用 270 级高强低松弛、抗拉强度不小于 1860MPa 的钢绞线，每组锚索为 ϕ_j15.24mm 钢绞线 6 束，其锚固长度均为 10m；钢绞线的基本材料为碳素钢，锚索整体张拉值为 600kN，注浆采用 M30 水泥砂浆。桩板墙工程如图 5-14-46~图 5-14-48所示。

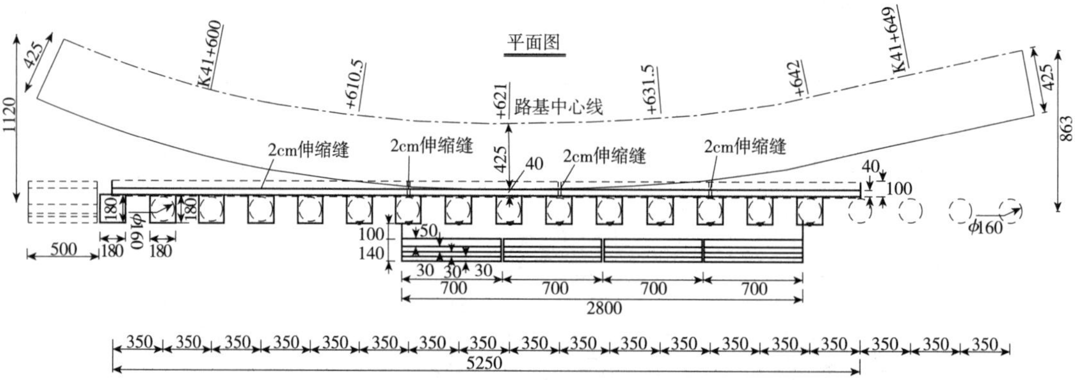

图 5-14-46　K41+587.1~K41+656 段加固措施布置平面图(尺寸单位：cm)

②其他工程

由于路基临空面陡直，因此在抢险施工过程应对交通实行管制，单侧通行，并做好交通安全防护措施。右侧路幅可根据现场情况按 1:1进行刷坡，以减少临空面的土压力。该段工程施工应搭设水上施工平台，并做好安全防护措施，防止施工人员及施工器械落水。

所有路面损坏路段，给予恢复路面。并根据现场情况设置排水设施。在 K10+470.00~K10+597.00 段路面采用挖除中粒式沥青混凝土(厚 4cm)和粗粒式沥青混凝土(厚 7cm)后重铺，并按照工序创新喷洒透层、下封层、黏层，见图 5-14-49。

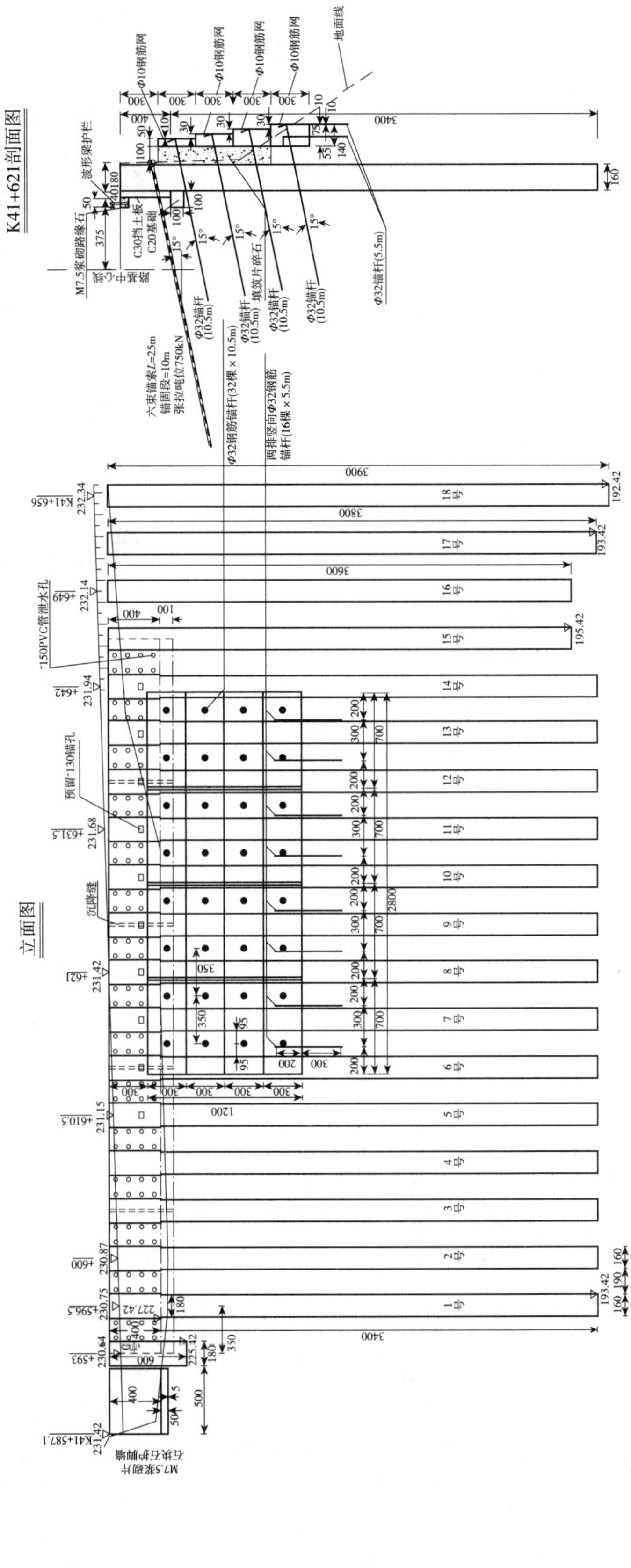

图5-14-47　K41+587-1～K41+656段加固措施布置立面图（尺寸单位：cm）

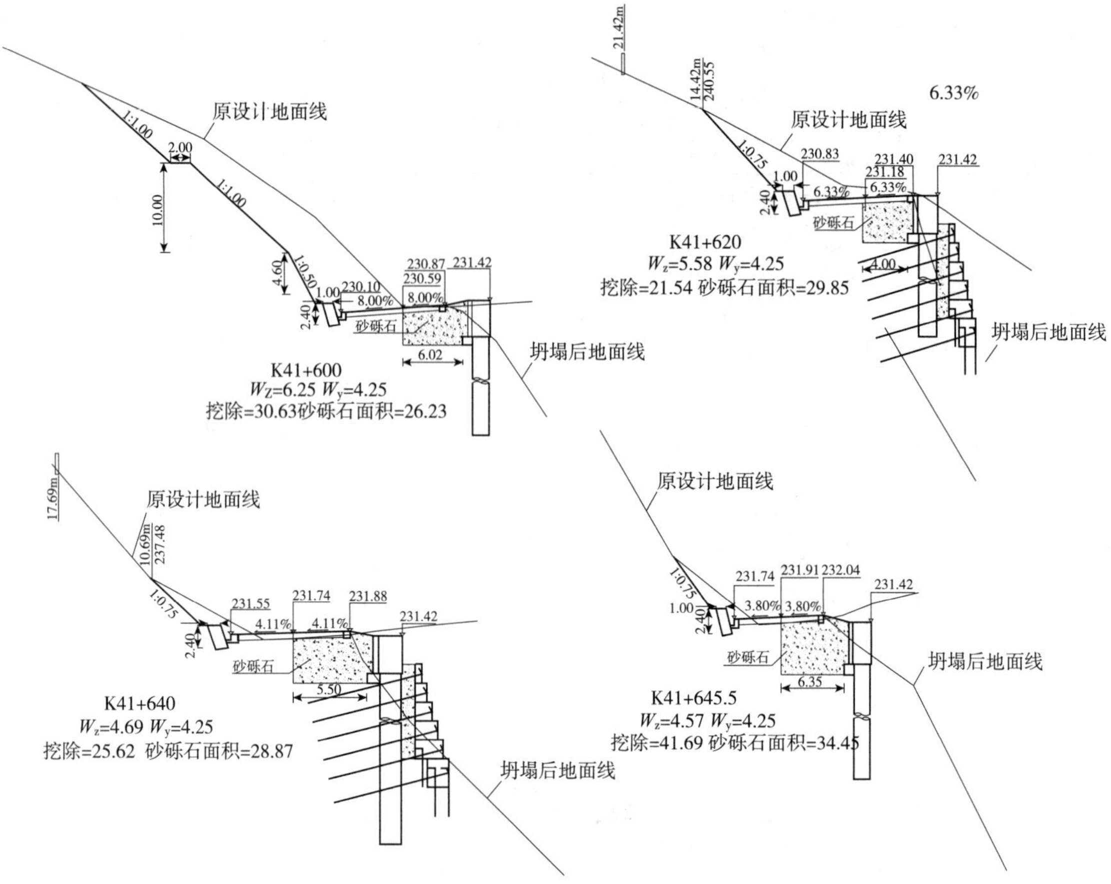

图 5-14-48　K41+587.1~K41+656 段加固横断面图

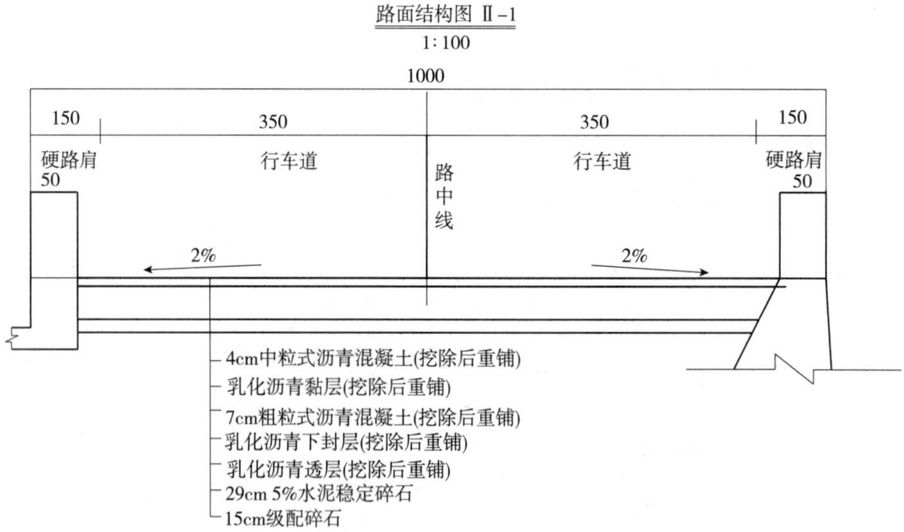

图 5-14-49　路面处治设计图(尺寸单位:cm)

5.14.11.5　工程加固处理以后的情况

2011 年设计,2012 年施工完毕,到 2016 年进行现场调查研究,现场调查图片如 4-15-50 和图 5-14-51 所示。

图 5-14-50　处理后的路面状况

图 5-14-51　现场调查路基状况

从冷清二级公路施工后的设计、施工及现场调查情况看,得到如下结论:

(1)水库蓄水运行后,库岸路基路面会产生滑坡、变形和路面变形、开裂破坏。

(2)桩基或(和)锚索(锚杆)加固后,可以控制和减小水库对路基路面的应力、变形的影响,减小路基路面的开裂。

(3)从现场路基路面调查情况看,经过加固处理后的路基路面没有再进一步发生变形和破坏,证明加固处理措施是有效的。

第6章　堤防破坏形式及其防治方法

堤防是我国防洪工程体系的重要组成部分，是防御洪水的最后屏障。堤防破坏的典型险情形式有渗水险情、渗透变形险情、漏洞险情、崩岸险情、漫溢险情和滑坡险情等；造成堤防破坏的原因有水流冲刷、水位升降、堤防土体、堤防岸坡荷载、酸性物质腐蚀和生物破坏等。针对不同的堤防破坏形式或险情，可以采取不同的防治方法和措施。本章主要论述堤防破坏的形式及其破坏机理、影响因素以及相应的防治对策和措施。

6.1　堤防破坏机理

6.1.1　水流冲刷作用

6.1.1.1　堤防在水流冲刷作用下的冲刷破坏机理

水流冲刷力与堤岸土抗冲能力相互消长，由不平衡达到暂时平衡，并不断适应演变。

(1)天然河(库)岸

对于天然土质河(库)岸，水流冲刷堤岸，使岸坡变陡、岸高增加，结果造成岸坡坍塌，坍塌后的土体在岸坡前淤积，淤积物被水流冲走，又开始新的崩塌和冲刷。

(2)人工堤岸

对于人工堤岸，河流淘刷堤脚，改变堤脚的几何形状，水流边界条件变化又反过来影响河势，河势的变化再作用于堤防，堤脚受到进一步淘刷，使堤岸高度增加，堤防发生变形，稳定性降低。当稳定性降低到一定程度后，堤岸在河流动水压力、水流冲刷力等因素的综合影响下最终发生滑动破坏，威胁堤岸安全。

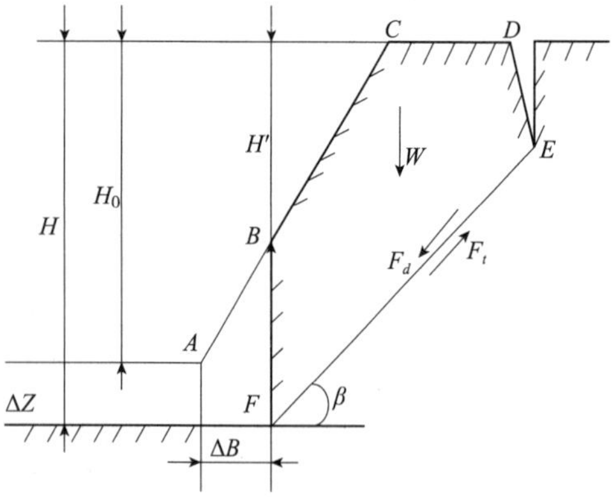

图6-1-1　侵蚀堤岸稳定分析示意图

6.1.1.2　冲刷下的堤坝稳定性分析

(1)Osman 和 Thorne 模型

Osman 等和 Thorne 等根据堤岸发生冲刷后的几何剖面，建立了河流冲刷作用下堤岸稳定分析模型，侵蚀堤岸剖面如图6-1-1所示。图中 ABCD 为冲刷前堤岸剖面线，FBCD 为冲刷后堤岸剖面线，ΔZ 为河床冲深，DE 为堤岸边坡拉张裂隙，β 为临界破坏面与水平面夹角，F_d 为下滑力，F_r 为抗滑力，W 为破坏土体产生的重力。

Osman 等和 Thorne 等将堤岸在河流冲刷作用

下的堤岸稳定分析划分为两个步骤。

第一步,比较河流冲刷力和堤岸抗冲力,若河流冲刷力大于堤岸抗冲力,则堤岸发生冲刷,在 Δt 时间内的 ΔB 可通过式(6-1-1)计算:

$$\Delta B=\frac{c\Delta t(\tau-\tau_c)e^{k\tau_c}}{\rho_s g} \tag{6-1-1}$$

式中:ΔB——Δt 时间内河岸因水流横向冲刷而后退的距离;

Δt——河岸冲刷的持续时间;

τ_c——河岸土体的起动剪切力(Pa);

c、k——横向冲刷系数,取决于河岸土体的物理化学特性,由实测资料确定;

ρ_s——河岸土体的密度(kg/m^3);

g——重力加速度。

ΔZ 可通过水动力学模型计算,形成冲刷后堤岸剖面线 $FBCD$。

第二步,分析冲刷后堤岸的稳定性,假设河岸边坡为均质土体,临界破坏面通过坡脚,破坏体 FBCDE 仅受重力作用,安全系数 F_S 定义为临界破坏面 EF 上的抗滑力和下滑力之比,当 $F_S>1$ 时边坡土体稳定,则进入下一个时段的河流冲刷计算和边坡稳定分析;当 $F_S<1$ 时表明边坡已发生破坏,在这种情况下计算得到的 ΔB 和 ΔZ 偏大,此时通过减小时间步长进行调整。

不过,在分析中 Osman 等和 Thorne 等将 F_S 的判别转化为对临界高度(H/H')的判别。该堤岸稳定分析模型考虑了河流冲刷对堤岸几何形状改变的影响,包括河流对河岸的侧向侵蚀和对河床的刷深,然后分析堤岸在几何形状改变后的稳定性,将河流冲刷对堤岸的影响和堤岸边坡稳定分析进行了较好的结合。

(2) Darby 和 Thorne 模型

Darby 等在 Osman 等和 Thorne 等堤岸稳定分析模型的基础上作了一些改进。堤岸稳定分析剖面如图 6-1-2 所示(图中 ABCDE 为堤岸剖面线,AF 为堤岸边坡拉张裂隙,FG 为临界滑动面)。假设河岸边坡为均质土体,F_s 定义为临界破坏面 FG 上的抗滑力 F_d 和下滑力 F_r 之比。F_d 与 F_r 分别为:

$$F_d=W\sin\beta-F_{cp}\sin\alpha \tag{6-1-2}$$

$$F_r=cL+[(W-U_W)\cos\beta+F_{cp}\cos\alpha]\tan\varphi \tag{6-1-3}$$

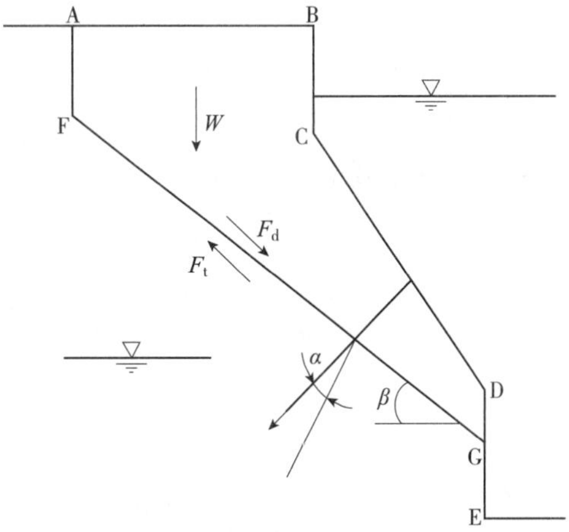

图 6-1-2　改进后堤岸稳定分析示意图

式中:F_{cp}——作用在破坏面上的静水压力;

U_W——作用在破坏面上的总孔隙水压力;

α——静水压力与破坏面法线方向的夹角;

c——土的黏聚力;

φ——土的内摩擦角;

L——破坏面长度。

与 Osman 等和 Thorne 等的堤岸稳定分析模型相比,该模型放宽了破坏面通过坡脚的限制,临界破坏面在坡面上的位置可通过搜索最小安全系数得到,在破坏面受力分析中考虑了静水压力和孔隙水压力的作用。

6.1.2 水位升降的影响

河流、水库水位突然降落后,岸坡坡体内的浸润线并未与坡外水位同时降落,孔隙水压力来不及消散,由坡外水位提供的静水压力在水位骤降时迅速消失,上游坝坡、河(库)岸形成"逆流",导致其稳定性降低。坝体、河(库)岸渗透系数越小其饱和区范围越大,初始安全系数较大,但由于较小渗透系数的坝体对孔隙水压力的消散有较大的阻滞作用,坝、河(库)岸外静水压力与坝、河(库)岸内孔隙水压力形成较大的水位差,在河流、库水位降低过程中其稳定性降低较快。

河流、库水位下降速率越快,坝体内孔隙水压力耗散时间越短,上游坝坡、河(库)岸"逆流"越突出,尤其是当坝体、河(库)岸体材料渗透系数较小时,此效应就越明显,导致上游坝坡、河(库)岸坡稳定性迅速降低。

6.1.3 堤防土体因素的影响

堤基渗透破坏是导致堤防出现险情的主要原因之一。就堤防而言,一般坐落在第四系松散层之上,在勘探深度内(孔深一般不超过 20m),堤基土主要为黏性土(包括高、低液限黏土,高、低液限粉土,淤泥质土等),呈极微透水~弱透水性;砂性土(包括级配不良砂、砾,级配良好砂、砾,软石混合土等)呈中等透水~强透水。因此分析堤岸的土体因素是堤防工程防护工作必不可少的环节。

6.1.3.1 土的状态类型

由临界状态土力学理论,根据临近破坏时土的状态(用孔隙比 e 和平均有效应力 p' 表征)在临界状态线的相对位置可将土的状态类型分为剪缩型、剪胀型和临界状态型(图 6-1-3)。当土的状态位置位于临界状态线右上方时,土体在排水剪条件下剪缩,在不排水剪条件下,以往由粒间力承担的部分应力传递到不可压缩的孔隙水上,孔隙水压力增加,使 p' 减小,土的状态向临界状态线移动。当土的状态位置位于临界状态线左下方时,土在剪切过程中孔隙比增加、孔隙水压力降低而使 p' 增大,即具有剪胀性。当土的状态位于临界状态线上时,土体状态在剪切过程中沿临界状态线移动或其位置不变。

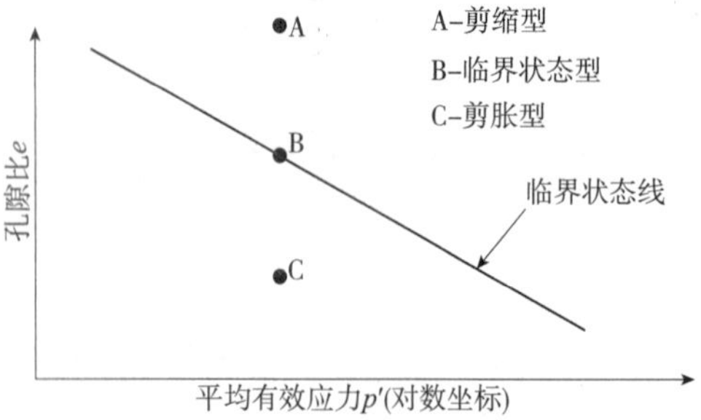

图 6-1-3 临近破坏时土的状态分类

大量试验表明,对于特定类型的土来说,临界状态线取决于试样的变形模式,而与应力路径无关。这就说明在确定土的状态类型时,应分析试样可能的变形破坏模式(是压缩变形还是拉伸变形),然后根据变形模式特点通过三轴排水或不排水剪确定临界状态线。

6.1.3.2　土的应力应变特性

根据土的状态类型,进一步详细考虑饱和土的应力应变特性,可以对土的力学特征作具有普适意义的分类。对于剪缩型土,根据应力应变性状的差异,不妨分为黏性土和无黏性的砂土两类。

对于剪缩型饱和砂土,已开展了大量不排水三轴压缩试验,见图 6-1-4。试验表明,一般在轴向应变<1%的条件下即达到峰值强度,其后迅速呈现应变软化,孔隙水压力迅速升高;随之很快达到临界状态,此时超孔隙水压力与围压几乎相等,达到液化状态,砂土的这一特性往往称为静态液化。对于松散砂土的常剪应力排水剪试验,表明试样在临近破坏前随着 p' 的减小,体积应变与轴向应变极小,而后发生突然性破坏。对于剪缩型黏性土,常规三轴条件下在峰值强度后应力应变关系基本为理想塑性;常剪应力排水剪条件下的应力应变及破坏过程与砂土类似,亦为突然性破坏。

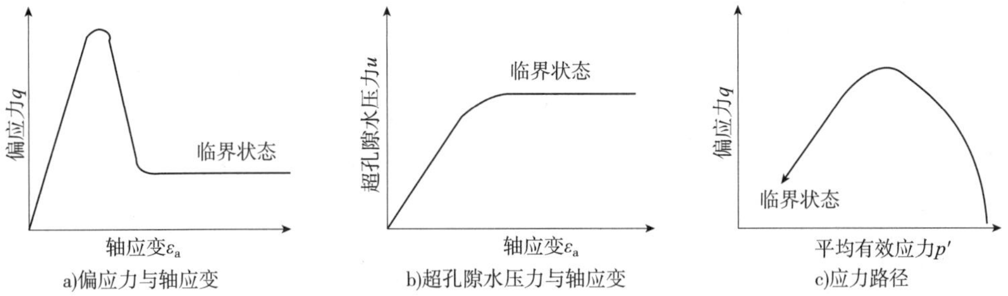

图 6-1-4　剪缩型砂土不排水剪的典型应力应变曲线

对于剪胀型土,无论是砂土还是黏性土,其应力应变关系都会出现应变软化性状。对于砂土而言,峰后应变软化主要是由于随着剪切位移的增大,原先颗粒间比较紧密的咬合关系变得比较宽松;对黏性土来说,胶结作用等形成的黏聚力的丧失及扁平颗粒的定向排列亦是造成软化的重要原因。图 6-1-5 为火山岩坡残积土在低围压条件下的三轴试验结果;图 6-1-6 为硬黏土的试验结果。图 6-1-5a)、图 6-1-5b)和图 6-1-6 表明在峰值强度后有一较为明显的伪临界状态变形,之后才出现应变软化。图 6-1-5c)和图 6-1-5d)表明在常剪应力排水剪条件下随着 p' 的减小,试样破坏前具有明显的轴应变和体应变,表明土的结构强度在破坏前部分丧失。由图 6-1-6 可以看出,有效围压越大,伪临界状态变形的应变幅值越大。

对于临界状态型土,在原位应力状态条件下的不排水或排水剪时强度应基本不变,超孔隙水压力(不排水)或体积应变(排水)为零,其应力应变曲线为理想塑性。

6.1.4　堤岸荷载作用

这里的荷载作用主要是堤坝自身的土体重量。当填土后场内排水不畅、地下水位较高。在深厚填土荷载不断增加的作用下,填土层中的应力将重新调整。当土体抗剪强度达到峰值强度时,其后迅速呈现应变软化,孔隙水压力迅速升高,随之很快达到临界状态,此时超孔隙水压力与围压几乎相等,黏土颗粒由胶结作用等形成的黏聚力丧失及扁平颗粒形成定向排列,因此,荷载的增加是堤防岸坡失稳产生滑动的一个重要因素。

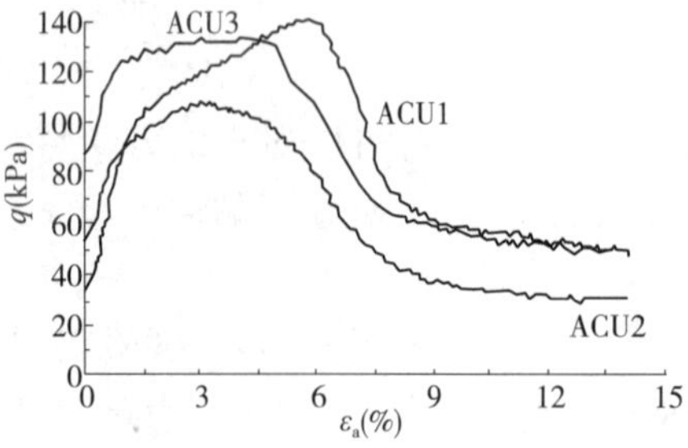

a)偏压固结不排水剪偏应力与轴密度的关系

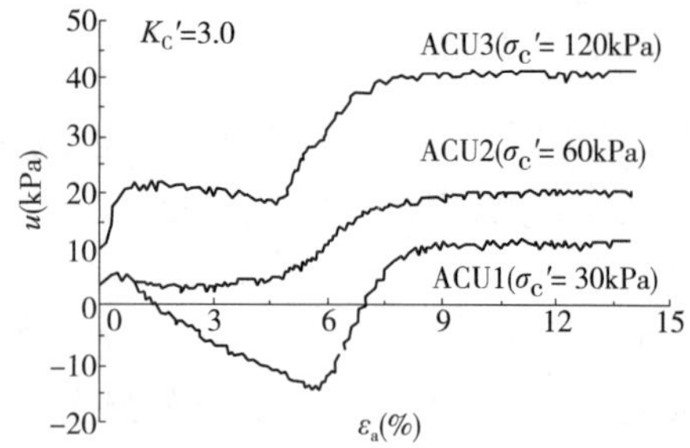

b)偏压固结不排水剪超孔隙水压力与轴应变的关系

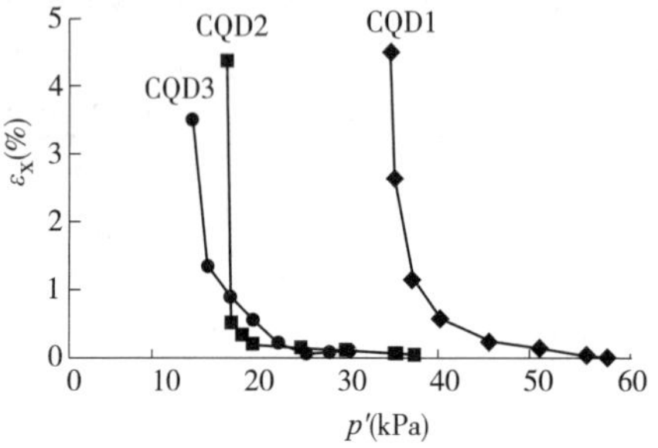

c)常剪应力排水剪径向应变与平均有效应力的关系

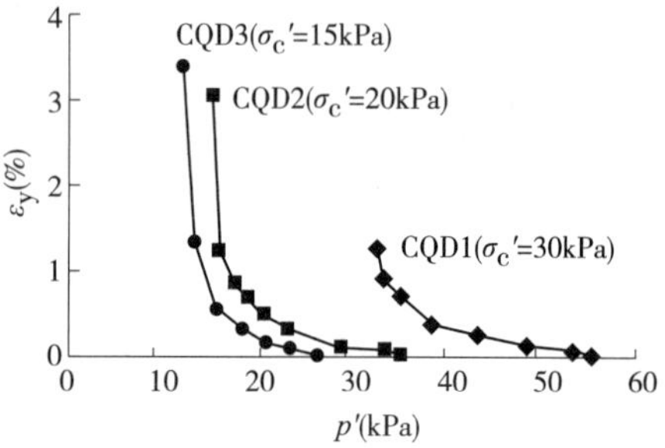

d)常剪应力排水剪轴向应变与平均有效应力的关系

图 6-1-5　火山岩坡残积土低围压条件下的三轴试验结果

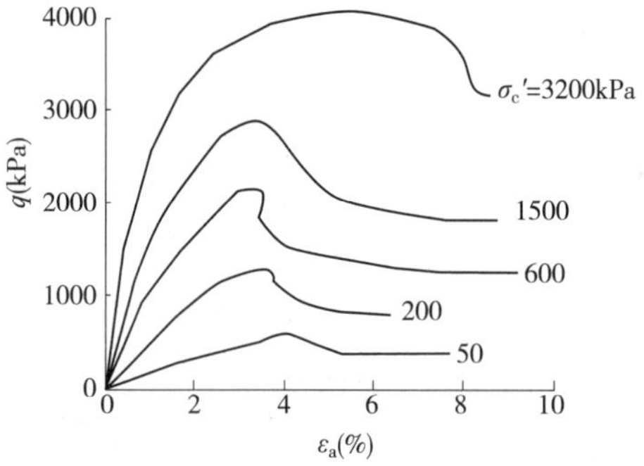

a)偏应力与轴应变

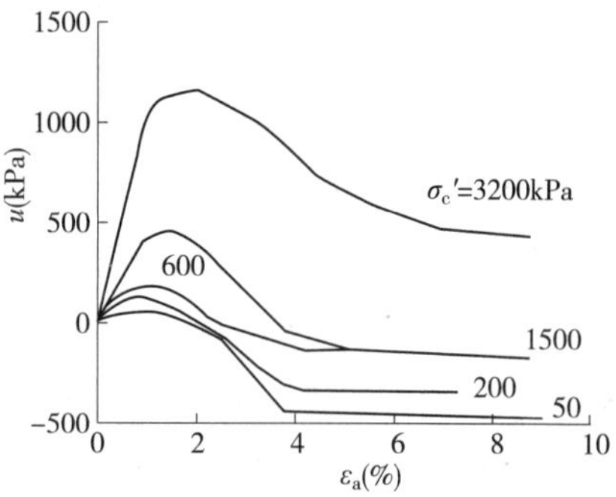

b)超孔隙水压力与轴应变

图 6-1-6　硬黏土的不排水剪试验曲线

6.1.5　酸性污染物腐蚀的影响

酸性污染物对堤岸的破坏方式主要是以腐蚀作用为主。酸性污染物会与胶结材料发生化学反应,其生成物为可溶盐,而不是仍具有一定胶结能力的其他固体生成物。胶结材料被腐蚀后,岩土体强度主要受其结构的控制,即此时岩土体的强度为其残余强度。通过结合酸性污染物的腐蚀作用的试验,堤坝边坡的安全系数在酸性污染物的腐蚀作用下明显减少,直接影响到堤坝的使用寿命。

6.1.6　生物破坏的影响

堤身、堤基会出现一些由生物(如獾、狐、鼠、蛇、蚁等)造成的破坏。这些破坏虽说不能直接对堤身造成破坏,但是它会使堤身形成漏洞,漏洞险情发展速度较快,易危及堤防安全,抢护若不及时或处理措施不当,可能造成堤防决口的后果。此外,植物的枯死、树根的腐败产生的空隙、空洞也是导致河堤、库岸破坏的一个重要影响因素。

6.2　水利堤防工程典型险情形式

6.2.1　渗水险情成因

渗水险情主要是由于当水利堤防工程的断面尺寸偏小,警戒水位维持时间较长,土壤中含沙量过大且无有效控制渗流的措施等方面造成的。鉴于部分堤防工程,由于年久失修,在经过长时间的环境影响下会造成新旧堤防间出现裂缝,进而造成渗水险情。此外,水利堤坝中的暗沟、鼠洞、蛇洞、蚁穴等也是造成水利堤防工程发生渗水险情的原因。

6.2.2　渗透变形险情成因

6.2.2.1　管涌与流土

管涌和流土,实际上就是渗透变形的两种表现形式。在水库、水闸、堤防等工程中,在一定的水力条件下,当渗透坡降大于堤(坝)身或地基土体允许的渗透坡降时就可能发生管涌和流土。

管涌,也叫翻沙鼓水,或地泉、泡泉等。简单地说,就是土颗粒被渗流逐渐冲走的现象。发生管涌时,先是小颗粒被冲走;随着小颗粒的冲走,土的孔隙渐渐增大,较大的颗粒也被带出冲走,渗流流速增大,逐渐会变成贯穿的连续通道而成为管涌。开始是渗流出口处发生破坏,然后向水流的上游发展。如果发现不及时或处理不得当,会形成大的出流孔洞,甚至会导致决堤溃坝。管涌一般发生在无黏性或黏性很小的土体中,如图6-2-1所示。

图6-2-1　管涌点

流土,也叫牛皮胀,是指由于渗流对土体的渗透,动水压力超过覆盖土的有效压力时,导致一定范围内的土体表面被顶破、开裂、隆起或大块土体被掀起移动;而随渗流水流流失,局部成为洞穴、坑洼。流土主要发生在黏性土或较均匀的非黏性土中。

流土导致的后果与管涌导致的后果没有什么区别,都可能引起堤坝坍塌、塌陷、裂缝、漏洞、脱坡,甚至决口溃坝。管涌和流土多发生在没有排水设备或没有反滤层保护的土堤(坝)的下游坡面上,更多发生在背水坡坡脚附近的地面上。

6.2.2.2　管涌与流土的区别

管涌和流土是发生在同一土体中的两种基本渗流破坏形式。在实际工程中常统称为管涌。主要原因是渗流破坏出口形式,一般都表现为单个或多个泉涌(管涌),最后导致土体内部形成渗流通道(管涌通道)。实际上,管涌和流土的发生机理、渗流破坏发展的过程及危险程度都是不同的。因此,要从本质上区别看待管涌和流土。

(1)用土的不均匀系数 C_u 判别(苏联伊斯托明娜提出)

$$C_u = d_{60}/d_{10} \tag{6-2-1}$$

$$C_u<10 \quad 流土 \tag{6-2-2}$$

$$C_u>20 \quad 管涌 \tag{6-2-3}$$

$$10<C_u<20 \quad 流土或者管涌(过渡期) \tag{6-2-4}$$

(2)细粒含量判别法

北京水科院刘杰、南京水科院和《堤防工程地质勘察规程》(SL 188)等都提出了相应的细粒含量判别的方法,《堤防工程地质勘察规程》(SL 188)通过细粒含量判别流土与管涌。

不均匀系数 $C_u>5$ 的粗粒土(大于 0.1mm 的粒径超过总质量的 50%的土)

$$P_c \geqslant 100/[4(1-n)] \quad 流土 \tag{6-2-5}$$

$$P_c<100/[4(1-n)] \quad 管涌 \tag{6-2-6}$$

式中,100/[4(1−n)]可以理解为骨料(粗粒)孔隙体积。

P_c 为细粒土含量。在级配不连续土(图 6-2-2)中,粗细土粒径区分点分布曲线上的断裂谷点,或含量小于 3%的点。粒径小于该点直径对应的土为细粒土,P_c 为颗粒级配曲线上粒径小于区分点对应的土含量。在级配连续土(图 6-2-3)中,按 $d=(d_{70} \cdot d_{10})^{1/2}$ 公式计算得到粗细土粒径区分点,粒径小于 d 的土为细粒土,P_c 为颗粒级配曲线上粒径小于 d 对应的土含量。

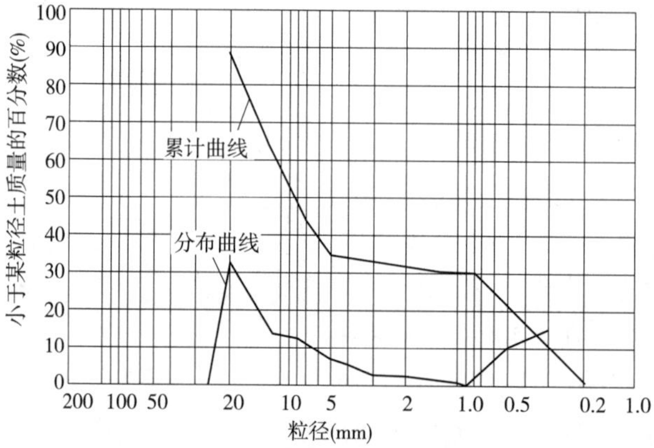

图 6-2-2 不连续级配土的累计曲线和分布曲线

不均匀系数 $C_u>5$ 的不连续级配土的进一步判别:

流土

$$P_c \geqslant 35\% \tag{6-2-7}$$

管涌

$$P_c<25\% \tag{6-2-8}$$

过渡型

$$25\% \leqslant P_c<35\% \tag{6-2-9}$$

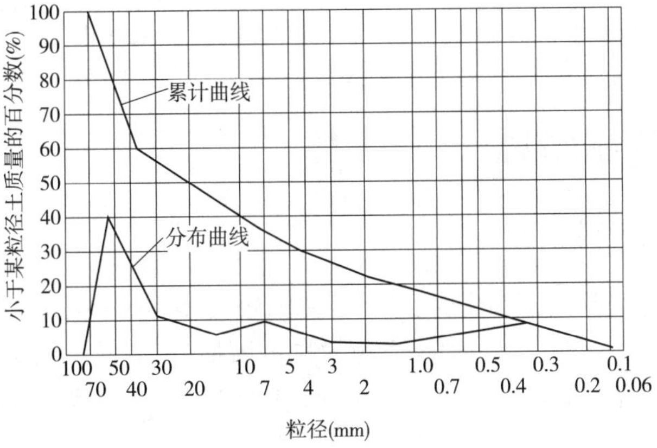

图 6-2-3　连续级配土的累计曲线和分布曲线

6.2.3　漏洞险情成因

堤坝填筑质量是水利堤防工程是否发生漏洞险情的主要因素。如果水利工程中堤坝填筑的质量较差,则局部土体的质量将不能满足有关规定的要求,进而在土体中会出现渗流的通道,并最终形成漏洞险情。同时,如果堤坝出现不均匀沉降现象,会使土体产生贯透性的横向裂缝,进而形成土体渗漏的通道。此外,堤坝内如果存在白蚁、鼠、蛇等穴居动物,也会造成堤坝漏洞险情的发生。

6.2.4　崩岸险情成因

6.2.4.1　河流的冲刷作用

水流对坡脚、堤岸等部位长期进行冲刷,尤其是在洪水主流凹岸边处及河道的转弯部位,冲刷作用最为明显。在河流长期的冲刷和侵袭作用下,堤坝工程的地基会逐渐被冲洗,使得堤坝岸坡变得越来越陡峭、越来越破碎,进而使得堤坝上层的土体出现失稳,即发生崩岸险情。

6.2.4.2　堤身渗流作用的影响

当堤身透水性强,堤身土体的抗冲能力差时,渗透比降越大,出现管涌的概率就越大。在地下水的连续渗透作用下,无黏性土中的细小颗粒通过粗大颗粒的孔隙,发生移动或被水流冲出的现象,就是管涌现象。随着砂砾不断地被带出,孔洞直径越来越大,范围也会在堤身内部延展增大。如果与土体内部已有的孔洞连接,就会导致土体内部渗水通道的塌陷,导致堤防、岸坡不均匀沉降,大面积整体崩塌。

6.2.5　漫溢险情成因

如果堤坝在夏季遭遇暴雨的长期侵袭,堤坝中的水位会大幅度升高,以至于超过堤坝的高程,这就会形成漫溢险情。在水利堤坝的设计过程中,如果实际的洪水波浪和计算结果不相符,波浪极有可能达到最高的水位。在水利堤坝施工时,由于地基过软、夯土不实等原因,造成地基较大程度的沉陷。施工高程低于设计高程,使堤坝最初的设计值与施工的坝顶高程相差较大,这些都有可能是造成漫溢险情的原因。

6.2.6 滑坡险情成因

6.2.6.1 渗流原因

汛期,当河水位上涨到一定高度时,若持续时间较长,堤身(在浸润线以下部分)将呈饱和状态。土体完全饱和后,抗剪强度降低,堤身的自重增加,相应的下滑力增大;渗流产生的渗透力,又进一步增加了滑动体的滑动力。因此,在渗流作用下堤身滑动体重量增加,抗剪强度降低和渗透力增加等均是导致滑坡产生的重要原因。

6.2.6.2 水流冲刷侵袭原因

水流冲刷侵袭岸坡主要发生在临水坡。如在河流凹岸部分,往往水流逼岸,受环流冲刷,特别是急流顶冲的作用,岸坡淘刷通常较为严重。一旦岸脚防护设施抵抗不住水流的冲刷力,护脚将被破坏,使岸脚的坡度逐渐变陡,直至失去平衡引起岸坡失稳破坏,即发生通常所说的崩岸险情。这种破坏多发生在河道弯曲、河势复杂的凹岸堤段,在汛期的涨水过程中或枯水期都有发生。另外,当水位退至滩地地面高程以下,且堤身内渗水又不能及时排出时,将产生反向渗透力。再加上浸水饱和堤身自重增加和强度降低,往往会发生坍塌。如不及时加以处理,坍塌会逐步向堤防坡脚逼近,直至坡脚,引起岸坡失稳滑坡。这种滑坡均发生在临水坡。

6.2.6.3 堤防地基问题引起的滑坡

堤防地基主要有两个问题:一是地基的天然强度不够;二是当截水设施失效时,由于大量渗水形成管涌而引起堤防坍塌破坏。造成堤防地基强度不够的原因是:①堤防设计时选用的计算强度指标与实际强度不符。出现这种情况的原因有:没有进行堤防地基的土质调查,凭经验筑堤;钻探过于简单,没有探查到堤防地基中软弱夹层或探查深度不够等。②在软黏土地基上筑堤,由于施工速率过快,造成其地基强度降低。据大量工程经验,由于筑堤速度过快,使地基强度降低的幅度可达10%~20%。由于地基问题而引起的岸坡滑动一般是深层滑坡,破坏通常发生在施工期或竣工时。

6.3 堤防防护措施

6.3.1 流土的防治方法

流土是否发生最关键的是渗透压力的大小以及所有抗渗因素的组合效果如何。因此,对于流土的防治也主要从这两个方面来考虑:减小渗透压力,增加抗渗因素或两者结合。渗透压力的大小是水力坡度和渗透水流重度的乘积,所以为了减小渗透压力,可以减小水力坡度或渗透水流重度。与此相关的常见方法主要包括导渗排水减压和堵截渗流路径法。其实质是在易发生流土破坏的地段沿渗透水流的上方向进行导流减压或截断渗流，从而起到减小局部水力坡度的作用。同时，水力坡度的减小，使得潜蚀不易发生，地下水重度不致增大过多，也是减小渗透水流重度的方法。

流土形成过程中的抗渗因素包括：岩土体自重、岩土体的强度、相对隔水岩土体的厚度等。实践中往往通过上部压重的方法来进行水利工程流土的抢修。实际上是通过增加上部岩土体自重来增加抗渗能力。土的强度往往受限于裂隙的发育程度和松散程度。注浆加固法，加大了颗粒间连接力的大小，并且对裂隙起到封堵作用，同时增加了相对隔水岩土体的厚度，是工程中常用的防治地下工程流土的方法。

6.3.2　管涌的防治方法

针对形成管涌的诸多成因，应做到早发现，早防护，早治理。对堤坝工程做好水文地质等前期工作，做出有无发生管涌隐患的科学论证，如有，就要做好其可靠的防治工程措施。其防治原则是：前堵后疏，堵疏结合，排除管涌隐患。其具体防治措施如下。

6.3.2.1　前堵

造成管涌的主要原因是：堤坝前基础或坝体本身质量不好，有透水层。当透水层具有一定压力，有挟带并冲走坝基或坝体中细颗粒泥沙时，在堤坝前采取堵断水流通道的工程措施，就可以从根本上防止发生管涌险情。具体防治工程措施有以下几种：

(1)当坝基下有透水层时，可在堤坝前坡脚处采取垂直防渗工程措施，如：灌浆帷幕、槽孔混凝土截水墙、土工膜防渗等，作用是堵断渗流通道(图6-3-1)。对水库大坝也可采取水平防渗措施，如：在堤坝前填筑黏土铺盖、铺设土工膜压护等，与坝体结合成防渗整体，以此延长坝前渗流渗径，减少渗水压力，以防止坝后发生管涌事故。铺盖长度以大于水库回水线为准，铺盖厚度为水头的1/4～1/3；土工膜型号应视建筑等级与坝体前水头等要素确定。

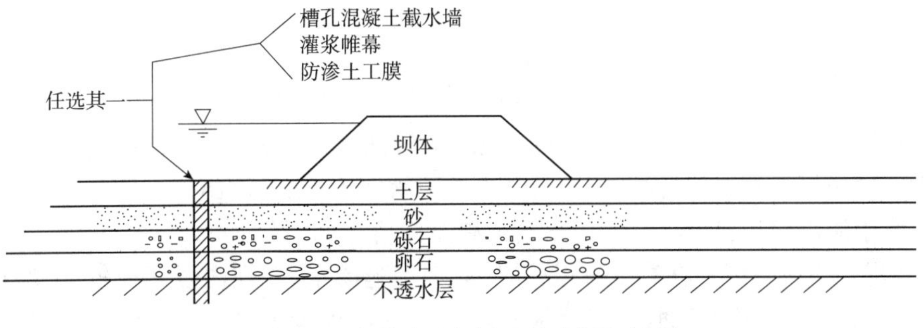

图6-3-1　堤坝前设置防渗工程防治管涌示意图

(2)当坝基下有不透水层，而坝体质量差时，为防治管涌隐患，可在坝体轴线上设置灌浆帷幕或浇筑槽孔混凝土截水墙，用以堵断坝基与坝体渗流通道，排除造成管涌的主因(图6-3-2)。此办法在水库除险加固中常用。对经过重要城镇或工矿经济区具有发生管涌隐患的江河段堤坝，也可酌情采用。

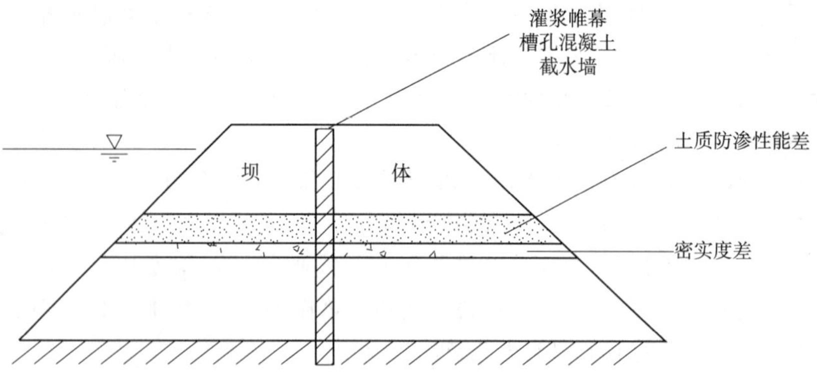

图 6-3-2　坝体质量不佳防治管涌示意图

6.3.2.2　后疏

堤坝基础下或堤坝中有渗流渗出，当形成压力后，就可能在堤坝后某些防渗薄弱地方造成管涌险情。对此可采取准其排出渗流，但不得发生挟走细小泥沙颗粒的工程措施。其具体办法如下：

（1）当渗流层在堤坝基下面时，在堤坝后渗出部位，采用铺设反滤层压护。具体做法是先铺筑厚 30cm 粗砂层，其上再铺 30cm 砾石层压护（图 6-3-3），确保渗水层呈清水畅流，不挟带细小泥沙颗粒。如有天然级配合适的砂砾石，直接铺填压护也可，一般厚 60cm 左右。此办法在堤坝后低洼或湖泊渗流点处也可采用，细砂石料用量多些。在缺乏砂石料地区，也可采用稻草或麦秆在其上压护，厚度一般为 30cm，其上压重物（如城市建筑垃圾），保证麦秆或稻草不漂浮。

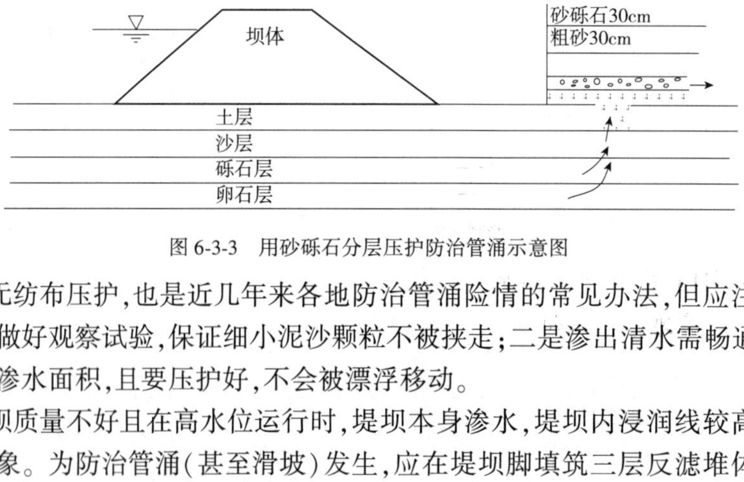

图 6-3-3　用砂砾石分层压护防治管涌示意图

（2）选用无纺布压护，也是近几年来各地防治管涌险情的常见办法，但应注意三点：一是其孔目大小要做好观察试验，保证细小泥沙颗粒不被挟走；二是渗出清水需畅通无阻；三是压护面积要大于渗水面积，且要压护好，不会被漂浮移动。

（3）当堤坝质量不好且在高水位运行时，堤坝本身渗水，堤坝内浸润线较高，堤坝后坡上会出现渗水现象。为防治管涌（甚至滑坡）发生，应在堤坝脚填筑三层反滤堆体，其高度要高于浸润线逸出点。铺设顺序是最靠坝部位为粗砂，其后为砾石，再后为砾石卵石，三者组成沿堤坝脚稳定堆体。当堤坝浸润线不高，逸出点在坡脚附近时，可沿堤坝坡铺设 30cm 厚粗砂层、30cm 砾石层（高度高于逸出点即可），再沿堤坝脚挖一集流槽和引流沟（用砂砾石填充），将渗水引到堤坝后安全区以外，也可起到防治管涌的作用。

（4）堤坝基础下有渗流，堤坝质量不好且在高水位运行时，坝体浸润线较高，其防护措施可采用上述(1)、(2)两个办法综合治理。

6.3.2.3　围堰

堤坝外发现面积不大的管涌时,先在管涌口处填筑砂砾石暂缓挟带泥沙的险情扩大,再在可能发生管涌部位用编织袋或麻袋装土抢筑围堰,围堰内同时填筑反滤料,防止管涌挟沙;同时用导水管将渗水排走。当堤坝前的水压力(即渗流的水压力)与围堰内的水压力呈平衡状态时,管涌险情即被控制。围堰的坚固性和保持围堰内水位恒定是消除管涌隐患的关键。

6.3.2.4　工程实例

(1)防护堤工程概况

韶关蒙里水电站防护堤位于拦河坝上游的右岸,长约4km,按地理位置分布划分为上界滩、中界滩、下界滩及大村几个堤段。该防护堤级别为5级,设计堤顶高程以10年一遇洪水加1.0m综合超高来确定。设计堤顶宽度为3.0m,堤外坡比为1∶1.25,采用厚120mm的预制混凝土六角块护坡;堤外坡脚设计宽度为50~80cm,高1.0m的M7.5浆砌石齿墙;内坡为1∶2.0,草皮护坡;堤身采用均质土填筑,压实度大于90%。当堤高小于4.0m时,填筑前清基0.5m深并在堤轴线下开挖宽3.0m深0.8m的齿槽,从齿槽底开始分层回填;若堤高大于4m,则在填筑前清基深0.5m后再开挖深1.5m、底宽3.0m的齿槽,随后分层回填填筑,并在堤内坡脚设置贴坡排水。

(2)防护堤工程地质条件

①堤身人工填土

堤身填土为黄褐色、灰白色黏土,为花岗岩风化的残积土,砂砾含量较大,填土较密实,堤身渗透系数小于1×10^{-3}cm/s,防渗性能中等。大部分堤段堤身填土与堤基接触带处理较好,但在中界滩部分堤段,填土层底渗透系数大于1×10^{-3}cm/s,填土层与堤基接触带处理不彻底,层底填土松散,导致渗透性较强。

②堤基冲积层

堤基冲积层总厚度为15.0~22.0m,自上而下由粉质黏土、粉细砂、淤泥质粉土、淤泥质黏土、中粗砂和卵砾石层组成。

(3)施工

①施工方法选择

为了达到水库两岸河堤防渗要求,根据技施阶段工程仅有的9个地质钻孔资料,2004年5月对上界滩堤段和大村堤段防护堤堤基强透水层(卵砾石层)进行防渗处理。出于水电站建设经济性考虑,对库区必须遵循尽量少移民少征地的原则,并考虑到沿河堤两岸作防渗铺盖难度较大以及卵砾石层透水堤基高压喷浆造价较高的情况,对堤基进行袖阀管灌浆防渗处理。

②袖阀管灌浆

a.灌浆布置:在堤顶轴线单排布孔,孔距为1.4m,孔深进入相对不透水层1.0m。在灌浆的前期,先行对堤基和堤身进行充填灌浆,浆液为黏土水泥混合浆,浆液比例根据实际情况调整。施工中采用双液灌浆,灌浆压力从小到大,自行掌握。

b.工艺流程

袖阀管法的施工可分四个步骤,如图 6-3-4 所示,分述如下:

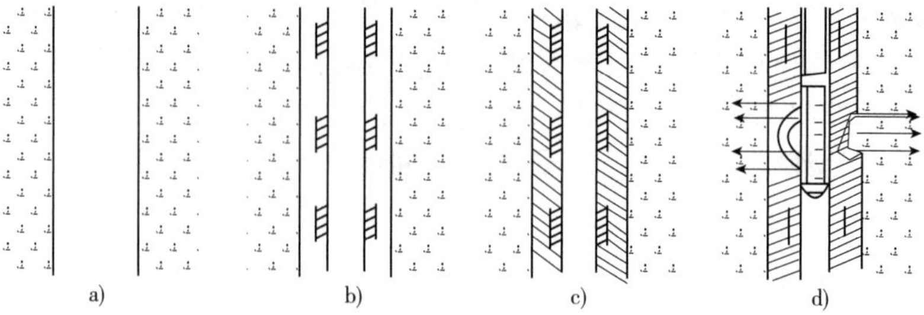

图 6-3-4　袖阀管法施工程序

(a)钻孔

采用套管护壁钻进成孔,钻进深度应达到注浆固结段高度。在钻孔过程中要做好记录,以供注浆作业参考。

(b)下管

根据注浆要求,在注浆部位下 B 型注浆管,非注浆部位下 A 型注浆管。首先在连接好的注浆管底部加下闷盖,将注浆管满水,利用重力作用,使注浆管不会浮起,之后将套管缓慢地提出,最后在注浆管上部盖上闷盖,以防止杂物进入注浆管影响注浆作业质量。为使套壳料的厚度均匀,应使袖阀管位于钻孔的中心。

(c)封孔

套管拔出后,浇注套壳料。套壳料的作用是封闭袖阀管与钻孔壁之间的环状空间,防止灌浆时浆液流窜,套壳在规定的灌浆段范围内受到破碎而开环,逼使灌浆浆液在一个灌浆段范围内进入地层。用套壳料置换孔内泥浆,在地面 1m 处以下采用砂或碎石填充,在地面 1m 处以上至地面段和孔口周围采用速凝水泥砂浆封堵,以防止注浆过程中冒浆现象发生。

(d)注浆

待套壳料具有一定强度后,在袖阀管内放入带双塞的灌浆管进行灌浆,灌浆采取分段式,每段注浆长度称为注浆步距。花管长度为注浆步距长度。注浆步距一般选取 0.6~1m,这样可以有效地减少地层不均一性对注浆效果的影响。对于砂层,注浆步距宜选用低值;对于砂卵石或破碎岩层,注浆步距宜选用高值。注浆过程中,每段注浆完成后,向上或向下移动一个步距的芯管长度。宜采用提升设备移动,或人工采用 2 个管钳对称夹住芯管,两侧同时均匀用力,将芯管移动。每完成 3~4m 注浆长度,要拆掉一节注浆芯管。注浆结束后,在注浆管上盖上闷盖,以便于复注施工。

6.3.3　漏洞的防治方法

6.3.3.1　软帘覆盖法

软帘由土工布加工而成,面积可大可小,用软帘封盖漏洞口达到背水坡出水量锐减或断流的目的。此法适合于洞口附近流速小、土质松软或周围已有许多裂缝而洞口水深较大的情况。软帘大小的选用,应根据洞口具体情况和需要盖堵的范围决定。

6.3.3.2　软楔、软帘组合法

当洞口为浅水漏洞时,并由查检人员找到洞口的情况下,首先由水性好的人员潜水用软楔堵塞洞口,要塞紧塞严。如果没有预制的麻料橡胶软楔,也可就地取材,用棉衣棉被、红泥网兜、土袋等代替;由 4~6 人将软帘覆盖在漏洞口上,尽力向上防压软帘边框,使之贴紧堤坡;至少 40 人运送土袋,水下 12 人在标杆标明的软帘范围处排压土袋。先四周后中间,直至漏洞背河出水口出水明显减少为止,并用推土机推土进占或人工浇散土闭气。在土源严重不足而险情紧急的情况下可削顶取土,但要保证堤顶超高 1m。

6.3.3.3　软楔、充浆管袋式软帘、便桥(或船)组合封堵法

该法适用于深度在 2.5m 以上的深水漏洞抢护。软楔、充浆管袋式软帘、便桥(或船)组合封堵法实施程序为:首先由潜水员用软楔塞堵洞口,接着施放管袋式软帘,并快速向袋内充分填泥浆;同时搭设便桥(或船),抛运土袋,适时用机械推土进占闭气。

6.3.3.4　背河反滤养水的方法

在临河抢堵的同时,背河采取反滤导渗措施进行抢护。滤水软体排围井是指用土工织物作为反滤材料的反滤导渗体,覆盖于洞口上,四周边排压土袋作为井壁,依靠土工布的透水性能达到排水的目的;其作用是阻止泥沙外流,利用围井养水,减少临背水位差,减缓险情扩大。

反滤围井大小的确定,根据临河水深,要有一定的作业空间,要有相当的容积蓄水或填装反滤料。反滤围井的内半径以出水口为中心不宜小于 1.5m,其高度一般为高于水口 2m 左右。反滤围井的底宽根据围井的高度而定,同时参照周围地形。从承受的稳定性出发,铺地宽度应在 3m 以上,边坡为 1∶0.8~1∶1.0。

滤水软体排的选择,首先要符合滤水保沙准则,透水率应稍大些,其次是要有一定的强度,可选用纺布。滤水排的尺寸应根据围井的大小而确定,应使围井的土袋压住。

6.3.4　漫溢的防治方法

6.3.4.1　按均质堤型加高

(1)背水面培厚加高

背水面培厚加高形式具有土源相对丰富、施工方便的优点,但也应注意防止新、老堤土结合面成为渗流薄弱面。

①料场选择的原则

a.土料的渗透系数 $<1\times10^{-4}$ cm/s;

b.土料的黏粒含量应与原堤土相当或略低,土料的渗透系数应与原堤土相当或略大;

c.土料天然含水率尽量接近最优含水率,重要堤防的料场应离堤脚 300m 以外;

d.若堤防附近无合适土源,则料场选择还应考虑运距、交通方便、造价等因素。

②堤身布置

堤身培厚加高的布置见图 6-3-5。堤顶宽度根据防汛、交通等实际需要确定,一级堤防应≥8m,二级堤防应≥6m,堤坡可拟定为 1∶3,经稳定计算后确定。堤高>6m 者,背水坡度应设戗台,其顶宽应>2m,戗台的顶高程应在设计水位时的渗流出逸点以上。浸润线与渗流出逸点应通过计算确定。原堤防临水坡应按加高设计坡度整坡,背水坡则应挖成台阶状,按 1∶3的坡连接。

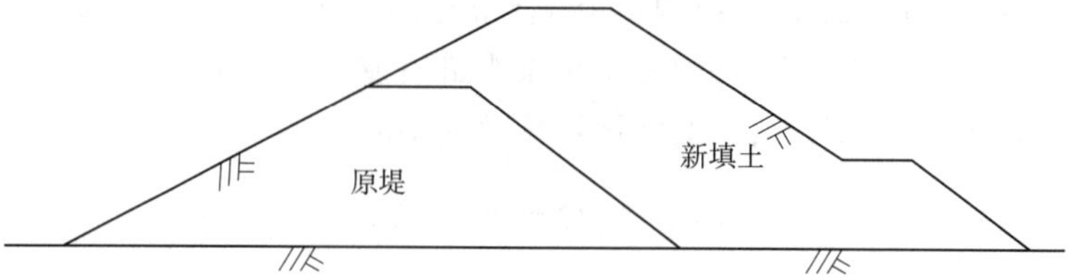

图 6-3-5 背水面培厚加高的均质堤断面示意图[16]

(2)临水面培厚加高

当河道整治需要或背水坡有其他工程设置而无法培厚时,可考虑在临水面培厚加高堤防,断面布置如图 6-3-6 所示。若需在临水面滩地取土,为了保护滩地的天然铺盖作用,取土范围应在距堤脚 50m 以外,取土深度不超过 1.5m。土料的渗透系数应小于或相当于原堤土料的渗透系数。原堤防背水坡应按加高设计坡度削坡,临水坡应挖成台阶状,按大于 1∶3的坡连接,以利于新、老堤身的结合。培厚加高后的临水坡的稳定复核计算,应考虑设计水位降落时的反向渗透力及土体综合面浸水后抗剪强度的降低。汛期退水时应加强对临水面培厚加高堤段的观察。

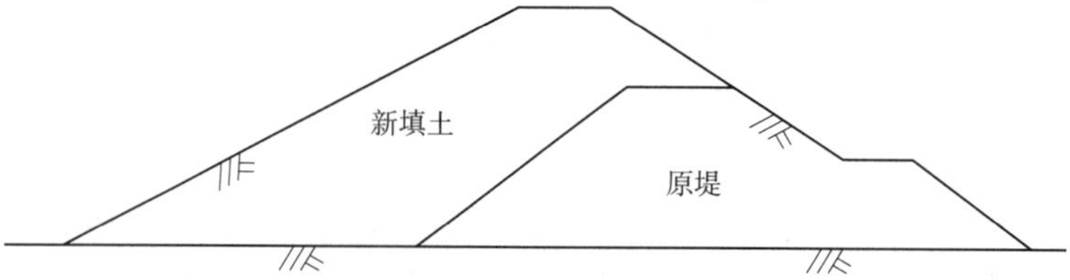

图 6-3-6 临水面培厚加高的均质堤断面示意图

6.3.4.2 复式堤型加高

(1)黏性土斜墙复式堤

将原堤防按黏性土斜墙复式断面加高,其断面形式如图 6-3-7 所示。

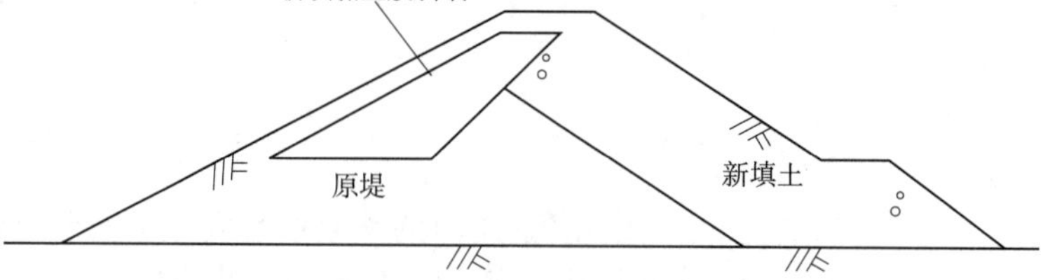

图 6-3-7 背水面培厚加高的黏土斜墙复式堤断面示意图

斜墙土料宜选择黏粒含量小于 15%~30%的亚黏土或黏粒含量小于 30%~40%的黏土。支承体宜选择最大粒径小于 60mm 级配较好的砂砾石。

黏性土斜墙底部应伸入原堤身 1m,斜墙底宽约为 2~3m,具体可按接触渗径大于(1/4~1/3)的水头计算,顶宽 1m,应高出设计水位 0.5m。砂砾石堤体的背水坡也应设置贴坡排水与反滤层。

(2)土工膜斜墙复式堤

土工膜斜墙防渗、以砂砾石作支承体的复式加高断面,如图 6-3-8 所示。

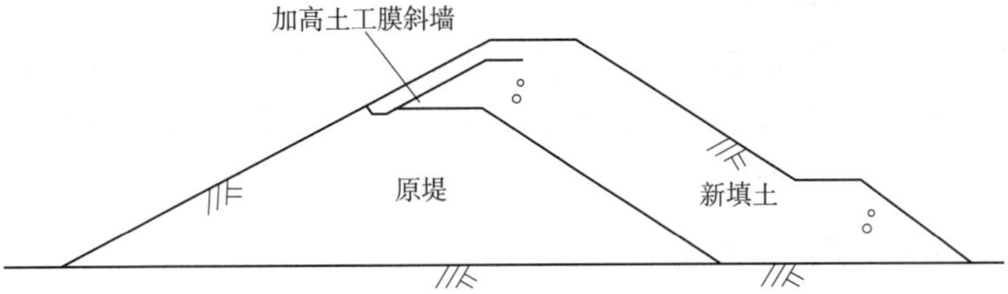

图 6-3-8　背水面培厚加高的局部

若采用单层 PE 或 PVC 膜,厚度约为 0.4mm;若采用两布一膜型复合土工膜,膜厚约为 0.2~0.3mm,膜两边的土工织物分别为 200~250g/m^2。土工膜可埋置在原堤顶开挖的槽内,槽的形状尺寸如图 6-3-9 所示。膜与原堤土应紧密贴合,接触渗径应大于承受水头的 1/4~1/3。复合土工膜也应以单层膜的形式埋置在槽中。否则,带有透水织物的那一面就不能保证应有的接触渗径。土工膜在堤顶应与防浪墙相连接,若不设防浪墙,则可向背水面平铺 50cm 作封顶,土工膜上面为保护层。

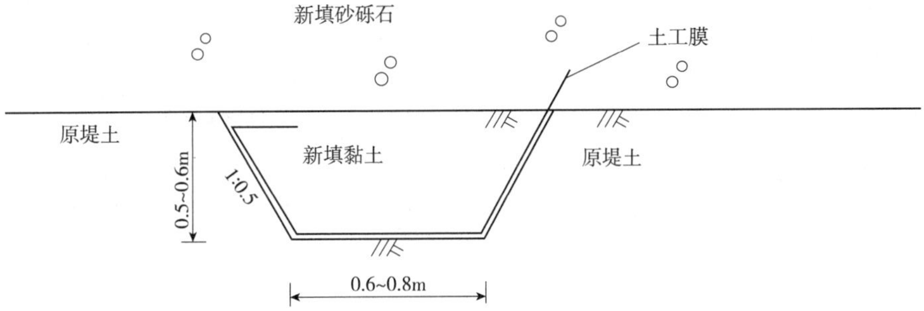

图 6-3-9　土工膜在黏性土埋置示意图

若原堤防土质疏松或土料渗透性大,也可将土工膜一直铺至堤脚,形成土工膜整体斜墙防渗,如图 6-3-10 所示。

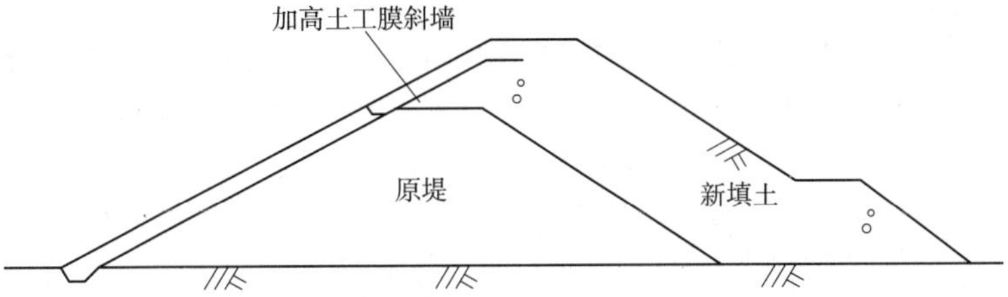

图 6-3-10　背水面培厚加高的土工膜斜复式堤断面示意图

6.3.4.3 防洪墙堤型加高

(1)以混凝土或浆砌石墙加高土堤

城市堤防加高,往往因场地所限而采用防洪墙形式加高土堤。防洪墙一般有钢筋混凝土挡土墙和浆砌石挡土墙两种形式。墙高一般<5~6m为宜,防洪墙布置在临水堤肩处,墙背水侧中下部填土作为堤顶路面,上部1.2~1.5m作为防浪墙,也可挡水。防浪墙的稳定应按挡土墙复核。

(2)以混凝土墙加高防浪墙

防洪墙一般采用临水面加厚加高。可在原浆砌石或混凝土防洪墙的临水面向内设置锚筋,直径约16mm,深度约60cm,间距约50cm。然后在原防洪墙临水面现浇钢筋混凝土防洪墙,具体尺寸可根据实际情况按挡土墙计算确定。

6.3.5 崩岸的防治方法

治理崩岸要在保证防洪安全的前提下,稳定现有河水的流势,分析崩岸的原因机理,根据现场的破坏程度、经济条件、施工条件等制定整治措施。首先要稳定坡脚,固基防冲。待崩岸险情稳定后,再酌情选择处理方案。水下护脚工程位于水面以下,受到水流的冲击和掏刷,需要适应水下岸坡和河床的变化,应该采用具有柔性结构的防护形式;水上护坡形式多样化,重要的是与护脚自然地衔接,保护岸坡土体。以下为几种比较常用的崩岸整治措施。

6.3.5.1 抛石护岸

抛石护岸是平顺式护岸固基的主要方法,也是处理崩岸险情最常见的措施。这种防护形式便于就地取材,施工方法简单,还可以分期实施,均匀地增加了河岸对水流的冲击能力,对河床边界条件改变较小。抛石护岸就是将崩岸地段从深凹槽到岸滩均匀地抛成一定厚度的块石层,全面覆盖崩塌的河道岸坡,增加抗冲能力,稳定河势。抛石的厚度不应小于其粒径的两倍,在水流顶冲段,河床有局部冲刷坑且泓沟较近的河段应抛至泓沟内;非迎流顶冲段,枯水位以下坡度较陡,应抛至缓坡处。适用于水深较深,流速较大以及迎流顶冲段的陡坡塌陷岸段。

6.3.5.2 混凝土沉排

混凝土沉排就是铰链式混凝土。当模袋注入混凝土后,形成独立的方块,排水能力通畅,模块之间用高强尼龙绳连接,能自由地沉降到坡脚处,适应坍塌的岸坡横向走势,适应河底的河床变化,抗冲能力强,整体封闭性能好,能有效保护坍塌的岸坡免受水流的冲击和掏刷。即使坡脚处产生了泓沟,铺设在排体底部的防冲反滤布前端,在上部排体压载的作用下,紧贴床面并随河床变形下垫内收,有效地保护了岸坡,限制了冲刷向堤坝的发展。在施工过程中需对排体头尾部位进行裹头处理,在前沿需要加抛石压脚,在放沉排前需要将岸坡加以平整。此法适用于岸线比较平顺、岸坡较缓的河段。

6.3.5.3 钢板桩和木桩

钢板桩和木桩属于垂直型防护措施。这种形式适用于软地基,现场断面开挖少、占地少,同时施工时间短、进度快，大大减少崩岸的抢救时间，也减少了对当地河道沿线的土地征用。同时，使用砂、石材料少，施工过程中基本无污染，可重复利用。可在崩塌岸线小范围内使用，如果经济资源充沛，可大面积长期进行维护。

除了以上介绍的 3 种防护措施，还有很多治理方法，可以根据后续表面防护章节里的内容进行选择。应当根据不同的地势、不同的崩塌形式和水流条件，选择最优的整治措施。

6.3.6 堤坝滑坡的防治方法

滑坡除险加固方法很多，应根据滑坡堤段的实际情况，如当地材料供应条件、施工技术状况以及对施工工期的具体要求等进行优化后实施。下面是不同的堤坝滑坡情况下应优先考虑采用的除险加固方法。

6.3.6.1 浅层滑动

浅层滑坡一般均发生在堤身，地基基本上未遭破坏。这类滑坡应优先考虑将滑动体全部挖除，重新回填。根据滑坡发生的位置与引起滑坡的原因不同，处理的具体步骤和处理办法也有不同，分述如下：

(1) 背水坡浅层滑坡以渗流为主要原因的浅层滑坡

①清除渗流险情。消除渗流险情的办法有：在临水坡面做黏土截渗铺盖，或在堤身中间做截渗墙。

②通过具体计算和分析，划定处理范围，包括平面尺寸和挖除的深度。

③将滑坡上部未滑动的坡肩削坡至稳定的坡度，一般应做到 1∶3左右（目的是保证施工期的安全）。

④挖除滑动体。挖除从上边缘开始，逐级开挖，每级高度 20cm。沿着滑动面挖成台阶状。在每一级深度上应一次挖到位，并且必须一直挖至滑动面以外未滑动土中 0.5~1.0m，以便保证新填土与老堤的良好的结合。

⑤填筑还坡。挖除后的重新填筑断面确定如下：在平面上，滑坡边线四周向外延伸 2m 范围均应挖除，重新填筑。填筑施工可采用机械或人工进行卸料和铺料。铺料时应严格控制铺土厚度及土块粒径的最大尺寸，两者的施工控制尺寸。一般应通过压实试验确定。压实的密度必须达到设计要求。重新填筑的堤坡必须达到重新设计的稳定边坡。

(2) 以在堤脚下挖塘为主要原因的浅层滑坡

首先消除挖塘险情。在堤脚下挖塘，减小了堤身堤脚的压重，使堤身的抗滑力减小，造成滑坡。消除此类险情的办法很简单，即把挖掉的土体再填回来。如实在有困难，至少在滑坡出口处以外 5m 范围内必须回填。回填的土料以透水性较好的砂石料为宜。把堤脚下挖塘填好后按上述的办法②~⑤四个步骤挖除滑动体后，填筑还坡。

(3) 以堤身填筑质量不好为主要原因的浅层滑坡

此类滑坡原因是填筑施工质量不好，堤身强度不够。一般情况下，将滑动体全部挖除，重新填筑就可以消除产生滑坡的隐患。因此按上述②~⑤四个步骤挖除滑动体，重新填筑还坡即可（如果此原因引起的滑坡发生在临水坡，也可用此法处理）。

临水坡的浅层滑动：a.以崩岸（坍塌）为主要原因的浅层滑动首先采用抛石护脚等除险加

固办法，把崩岸险情消除后，即可按上述的②~⑤四个步骤挖除滑动体，重新填筑还坡。b.暴雨或长时间降雨，雨水沿着坝体裂缝渗入堤身内部，使堤身抗剪强度降低为主要原因的浅层滑坡，与因堤身填筑质量不好强度不够为主要原因而引起的滑坡一样，一般不需要特别处理，只要将滑动体按上述②~⑤全部挖掉，重新填筑还坡即可。

6.3.6.2 深层滑动

一般情况下深层滑动的滑动面已切入堤基相当的深度，此类滑坡若全部挖除滑动体，则工作量较大，且施工具有一定的风险，所以应优先考虑采用部分挖除的办法进行处理。具体施工程序如下：

(1)挖除滑动体的主滑体并重新填筑

主滑体的确定原则是：在最危险圆弧圆心上侧(产生滑动力的一侧)的土体为主滑体，应全部挖除重新填筑。

(2)采用加固地基的办法

地基加固处理的办法很多，结合堤防除险加固的具体情况，比较适合的地基加固办法如下：

①搅拌法(拌和法、水泥土法)

使用专用的拌和机械，现场将水泥浆与地基的软弱土就地拌和，形成水泥土。

②灌浆补强

利用专用机械以一定的压力将水泥浆强行灌入地下，以水泥本身的高强来增补地基的强度。

③振冲法

该法加固的基本原理是：利用专用机械将碎石强行灌入地下形成一个一个独立的碎石桩，用碎石桩置换部分的软弱土体，以达到加固的目的。

(3)滑坡处理后，对其坡面的防护

滑坡处理后，堤坡坡面的防护是一项十分重要的防护工程措施。如果不重视该项工作，一旦发生较大的风浪、暴雨时，坡面将会被破坏，进一步发展下去，直接威胁堤身的安全。

第7章　库(河)岸表面防护

本章主要论述库岸在水流、浪蚀等作用下表面破坏的防护方法、适用条件、设计理论和施工方法。

沿河(江)、沿库岸路基,直接承受水流冲刷、浪蚀,为了保证路基稳定牢固,必须采取措施防止冲刷、浪蚀。表面防护主要是针对水流和浪蚀作用的防护,针对沿河、沿库路堤或河滩路堤在水流、浪蚀作用下边坡和坡脚冲蚀或掏空而导致路堤、库岸严重的破坏而采取的工程措施。冲刷防护有两种类型:一种是直接防护,以加固岸坡为主;另一种是间接防护,以改变水流方向,降低流速,减少冲刷为主。设计时应根据河流特性、河道地形、地质、水文条件,采用直接加固库岸、江河坡岸或导流构造物改变水流性质,也可采用综合防护措施。各种冲刷防护工程均应加强基础处理,一般应将基础埋置于冲刷深度以下或置于基岩上。

库岸表面防护的方法很多,以前对于库岸防护的要求主要有两个方面:①防护体抗冲、抗侵蚀能力;②防护体过滤能力。孕育而生的干砌石、浆砌石等硬性防护措施下设置过滤结构很好地满足了这两方面需求。随着经济的发展,人们对于自然环境的保护意识愈发强烈,传统的护岸方法虽然满足了库岸防护工程的要求,但是对于自然的恢复能力欠佳。因此,人们对于库岸防护的要求又增加了第3点,即:具有一定的生态恢复能力。格宾防护、雷诺垫防护、生态袋防护、土工格栅以及生态混凝土防护等方法都是根据以上三点要求设计出来并投入使用的。

直接防护(也称为表面防护)为直接在路堤坡面或坡脚处设置防护结构物,以减轻或避免水流、浪蚀的直接冲刷;间接防护则是设置丁坝、顺坝和导流堤等导治构造物以改变河道的流冰方向或减缓流水速度。路基边坡及河岸、库岸冲刷防护主要类型见表7-0-1所列。

路基边坡及河岸、库岸冲刷防护工程　　表7-0-1

防护类型	结构形式	适用条件		注意事项
		容许流速(m/s)	水文地质条件	
植物防护	种草	0.4~0.6	水流方向与路线近乎平行,不受各种洪水主流冲刷的季节性漫水路堤的边坡防护	
	铺草皮	1.2~1.8		
	种植防水林,挂柳		有浅滩地段的河岩冲刷防护	
干砌片石护坡	单层干砌厚一般0.25~0.35m,双层干砌厚:上层0.25~0.35m,下层0.15~0.25m	2~4	水流方向较平顺的河滩地边缘,不受主流冲刷的路堤边坡	应设置垫层,厚度一般为0.1~0.2m
浆砌片石护坡	厚0.25~0.4m 厚0.3~0.6m	4~6 4~8	主流冲刷及波浪作用强烈处的路堤边坡	有冻胀变形的边坡上,应设置垫层

续上表

防护类型	结构形式	适用条件		注意事项
		容许流速(m/s)	水文地质条件	
抛石	石块尺寸根据流速、波浪大小计算,一般0.3~0.5m	3	水流方向较平顺,无严重局部冲刷地段;已被水浸的路堤边坡及河岸	抛石厚度不应小于石块尺寸的2倍
石笼	镀锌铁丝编织成箱形或圆形,笼内填石块	5~6	受洪水冲刷,但无滚石的地段和大石料缺少地区	
浸水挡土	浆砌片(块)石或混凝土	5~8	峡谷急流地段,水流冲刷严重地段	基础应埋在冲刷线以下1m,冰冻线以下0.25m;基础前设冲刷防护措施,墙身设泄水孔
混凝土预制块板	平面尺寸一般为0.3~0.5m^2,厚度为0.06~0.25m;当受波浪作用严重的地方,平面尺寸可用2.0~3.0m^2,厚度可用0.5m	3~12	水流急,冲刷严重地段及无石料地区	应设置垫层,厚度一般为0.1~0.2m

7.1 抛石防护

7.1.1 原理与方法

图7-1-1 抛石防护效果图

抛石防护是为防止河岸或构造物受水流冲刷和浪蚀而抛填较大石块的防护措施。用于经常浸水且水深较大的路基边坡或坡脚以及挡土墙、护坡的基础防护,如图7-1-1所示。抛石一般多用于抢修工程。

抛石护岸的优点:抛石护岸技术因其具有施工方便、石料来源丰富、成本低等特点而成为加固堤脚、防止崩岸和浪蚀的重要措施之一。抛石护岸在防洪、库岸防护方面都有很多的应用,其施工主要是水下施工,这样不仅施工方便,而且也缩短了工期。

7.1.2 适用范围

水下抛石是防汛抢险和水利工程护岸、护脚、护底的重要措施之一。可使岸坡旁产生的纵向水流不直接冲刷、淘蚀护岸、岸坡底部,具有防冲落淤,加固河岸,稳定岸脚的作用,能提高堤、岸坡的防抗洪能力。

由于抛石将会使部分河道的河床抬高,如果设计不合理,将会堵塞狭窄的河道,影响河道通航和泄洪。因此采用抛石要综合考虑水下地形、岸坡稳定及航道的要求。一般在河道、弯道凹岸顶点附近;深潭逼岸迎流顶冲,造成塌坡崩岸的河段;城区固岸防护,水流受约束造成水流流速增大冲刷防洪建筑物的基础,危及防洪安全的河段;闸台、桥墩基脚遭水流冲刷形成冲坑地段以及支流入汇口处引起横向环流,致使河岸崩塌河段。

7.1.3　设计

常用的抛石方法是在边坡外面抛、填预定高度的石垛,以保护边坡和坡脚。抛石石料粒径应大于30cm,抛石垛的边坡坡度、石料大小,视水深、流速和波浪情况而定,并不得陡于所抛石料浸水后的天然休止角,其边坡坡度和石料粒径可参考表7-1-1、表7-1-2选用。

抛石垛边坡坡度　　表7-1-1

水文条件	抛石垛的采用边坡
水浅、流速较小	1:1.25~1:2
水深2~6m,流速较大、波浪	1:2~1:3
水深>6m	缓于1:2

石料粒径与水深、流速的关系　　表7-1-2

石料粒径(cm)	水深(m)				
	0.4	1.0	2.0	3.0	5.0
	容许流速(m/s)				
30	3.5	3.95	4.25	4.45	5.00
40	—	4.30	4.45	4.80	5.05
50	—	—	4.85	5.00	5.40

注:1.如果在流速大、波浪高及水很深三种情况兼有,应采用较大粒径石块;
2.抛石厚度一般为粒径的3~4倍,用大粒径时,其厚度应大于粒径的2倍;
3.为了在洪水消退或水库消落后,使路基迅速干燥,减少路基土被冲带走,应在抛石背后设置反滤层。

在抛石护岸工程中最为重要的参数是抛石的粒径和抛石漂距,因此在设计抛石工程时石块的粒径和抛石漂距也可以采用以下计算方法确定。

7.1.3.1　抛石石块粒径的计算

对于抛石石块粒径的计算最常用的有5个公式:

(1)直道石块粒径计算公式

①实际工程中河流中直道部分居多,对于河流直道抛石工程石块粒径计算,根据《堤防工程设计规范》(GB 50286)推荐公式得到以下公式:

$$d=\frac{v^2}{c^2 2g\dfrac{r_s-r}{r}} \tag{7-1-1}$$

式中:v——流速;

c——石块稳定系数,水平底坡时取值0.9,倾斜底坡时取1.2;

r_s——石块的相对密度;

r——水的相对密度。

②西尔德斯(Shields)准则推导公式:

1936年西尔德斯发表了平底河床上的非均匀粒状物质启动的判定准则,西尔德斯根据试验数据采用外推曲线的办法求得在零启动状态下床沙移动与剪切力的关系。河床临界剪切力(或临界运动参数)可以直接用以下公式求得:

河床的临界剪切(τ_c)为:

$$\tau_c = \rho u_{*,c}^2 \tag{7-1-2}$$

根据西尔德斯的研究成果,临界运动参数(Ψ_c)为:

$$\Psi_c = \frac{u_{*,c}^2}{\Delta g d} \tag{7-1-3}$$

式中:d——颗粒直径(m);

g——重力加速度,$g=9.81\text{m/s}^2$;

$u_{*,c}^2$——河床临界剪切速度(m/s);

Δ——相对密度;

ρ——流体密度(kg/m^3)。

对于水力粗糙河床上的均匀流,临界平均流速(U_c)为:

$$U_c = u_{*,c}^2 \frac{C}{\sqrt{g}} \tag{7-1-4}$$

$$C = \frac{\sqrt{g}}{\kappa} \ln \frac{12R}{k_s} \tag{7-1-5}$$

式中:C——谢才系数;

k_s——等效粗糙率(m),对正常水流;$k_s=2d_{50}$(d_{50}为中值粒径);

R——水力半径(m);

κ——参数 $\kappa=0.4$。

对于天然河流来说,当水面宽 B 远大于水深 h 时,临界平均流速(U_c)为:

$$U_c = 2.5\sqrt{\psi_c \Delta g d}\ln(12h/k_s) \tag{7-1-6}$$

河水流动时对河床底部施加剪切力 τ 为:

$$\tau = \rho_w g h i \tag{7-1-7}$$

式中:ρ_w——水的密度(kg/m^3);

i——水面(河底)坡度。

根据西尔德斯的研究成果,移动河床底部粒径为 d 的块石的临界剪切力 τ_c 可由式(7-1-2)和式(7-1-3)得到:

$$\tau_c = (\rho_s - \rho_w)\psi_c g d \tag{7-1-8}$$

式中:ρ_s——块石的密度(kg/m^3)。

由式(7-1-7)和式(7-1-8),设 $\tau_c=\tau$,可以得到推导的稳定判定准则如下:

$$\Delta d = \frac{hi}{\psi_c} \tag{7-1-9}$$

式中:$\Delta = \dfrac{\rho_s - \rho_w}{\rho_w}$,对于河流上的抛石护岸工程,$\Delta=1.65$。

根据谢才定律,若流速采用垂线平均流速(U_d)表示,则有:

$$U_d = C\sqrt{hi} \tag{7-1-10}$$

对于天然河流来说,当水面宽 B 远大于水深 h 时,$R \approx h$,由式(7-1-5)有 $C = 7.8\ln(12h/2d) \approx 18\lg\left(\frac{12h}{2d}\right)$,再由式(7-1-9)和式(7-1-10)可得:

$$\Delta d = \frac{U_d^2}{\Psi_c C^2} = \frac{U_d^2}{\psi_c\left[18\lg\left(\frac{12h}{2d}\right)\right]^2} \tag{7-1-11}$$

由式(7-1-11)可以求得正常水流条件下,平底河床上块石的稳定尺寸(粒径 d),但由于公式两侧都含有 d,要通过迭代计算才能求得 d。

(2)弯道石块粒径计算公式

《堤防工程设计规范》(GB 50286)推荐公式计算所得的石块稳定粒径主要取决于流速,而 Shields 准则推导公式主要取决于流速、水深、倾斜角度。《堤防工程设计规范》(GB 50286)推荐公式由于安全系数较为稳定,变化幅度稍小,它在各种水深、倾斜角度及流速的情况下,计算结果都能保证一定的安全系数;但在水深及坡度等条件较为安全(水深大,坡度缓)时,所得结果偏大,反而降低了护岸的安全系数,这是因为粒径大小并不是单纯的稳定指标,石块自重沿坡面的分量也是失稳的要素之一。因此,在条件较好的中小型河流中,选取使用公式为式(7-1-11)。

(3)综合性河道石块粒径计算公式

实际工程中,河道并不完全是直道,也有很多弯道。水流由直道进入弯道后,在重力和离心力的共同作用下呈曲线运动。根据各个工程的实际情况不同,抛投部位与水流要素也各不相同,故所需抛石粒径也不尽相同。

河流在前进的过程中,会遇到各种各样的障碍,有些障碍是无法逾越的,所以水流会绕道而行,最终形成河流的弯道。由于存在弯道环流,使水流紊动增强,河流弯道计算公式如下。

①石块尺寸计算公式

$$d = \frac{q^3}{[0.75g(s-1)\cos\theta]^3 h^{\frac{7}{2}}} = \frac{\left[\frac{v}{0.75\sqrt{g(s-1)}}\right]^3}{\sqrt{h}} \tag{7-1-12}$$

式中:v——垂线平均流速,v=q/h;

h——抛石处水深;

d——块石的代表直径;

θ——边坡坡脚;

s——块石相对密度。

②斯蒂芬森公式

如图 7-1-2 所示,此为单个石块的受力分析,一是与水平线成 u 角的水流冲力 F,它的分解力分别为 $F\sin u$ 与 $F\cos u$;二是块石重力 W,它的分解力为沿坡面的下滑力 $W\sin\theta$ 及沿坡面垂向力所产生的摩阻力 $W\cos\theta\tan\varphi$。当石块处于极限平衡状态时,阻滑力等于沿坡水平分力与顺坡下滑分力的和。对于两种情况,块石大小的计算公式可简化为:

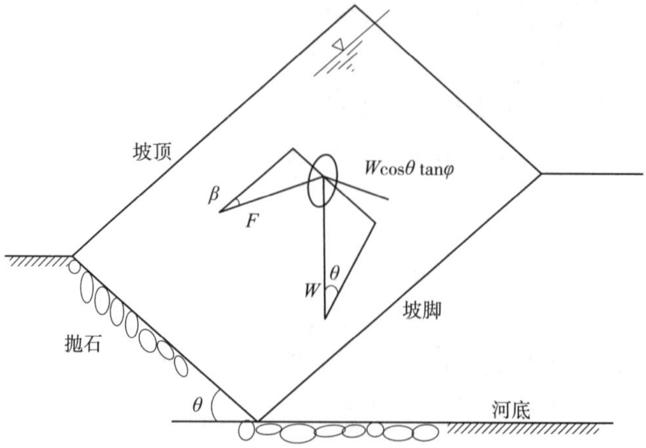

图 7-1-2　单个石块的受力分析

水平向流动，$u=0°$

$$d=\frac{0.25v^2}{g(s-1)\cos\theta\sqrt{\tan^2\varphi-\tan^2\theta}} \tag{7-1-13}$$

沿坡向下流动，$u=90°$

$$d=\frac{0.25v^2}{g(s-1)\cos\theta(\tan\varphi-\tan\theta)} \tag{7-1-14}$$

由研究成果分析可知，石块尺寸计算公式、斯蒂芬森公式均适用于河流弯道计算。公式(7-1-12)的计算结果与流速、水深、倾斜角度有关，而式(7-1-13)、式(7-1-14)的计算结果与流速、倾斜角度、石块内摩擦角度有关，说明同等条件下，水深越深，计算石块公式的石块粒径越小。

7.1.3.2　抛石漂距

块石在抛投入水沉入江(河)底的过程中，因水流的带动，块石向下游移动，移动的距离与水流流速、水深成正比，可根据下列抛石漂距估算经验公式计算出不同重量的块石，在不同的水深、水面流速下的漂距。

$$L=K\times\frac{VH}{W^{1/6}} \tag{7-1-15}$$

式中：L——块石水平落距(m)；

V——施工时抛石部位水面流速(m/s)；

H——施工时相应水深(m)；

W——块石质量(kg)；

K——系数，一般取 0.8~0.9。

河湾抛石受环流影响，一般其落点较抛点略趋向河心一方，大石块落在上游偏凹岸一方。在施工中，可根据实测的水下地形、断面图和该段河道垂直平均流速或水面流速，从滩面到抛石坡脚选取若干有代表性的水深，计算出相应水深时的抛石漂距，据此估算分析，作为该施工断面相应水深时定位船的定位依据。

7.1.4 施工

7.1.4.1 施工工序

抛前施工测量放样→现场抛投试验→施工区条格划分→测量放样→定位船定位→石料船挂靠→抛投石料→测量条格抛投量→补抛→完工后水下断面测量。

7.1.4.2 工程实例

(1)工程概况

某护岸工程长度为2166m,抛石厚度0.68~3.55m,水下抛石为13.27万m^3。平均抛石强度约为1732m^3/日,配备2艘抛石定位船(长42.22m,宽7.33m)及20艘装石船(长31.12m,宽4.55m,装石长度>20m)分两段进行施工作业。

(2)水下抛石施工作业

①抛石前水下地形测量

抛石前,首先进行水下地形测量。采用GPS全球定位测量系统及海洋成图软件对抛石区水下地形测量后,绘制出水下原始地形图,其水下断面测量的比例为1:200,沿堤轴线方向25m测量一横断面。

②划分抛石区单元及抛石量计算

根据测量结果对抛投区进行网格划分,并绘制成图,大堤加固达标工程左汊河抛石护岸,根据实际的情况和施工作业船的具体情况,抛石网格采取10m×25m的标准网格进行抛投。对于局部岸线不顺直的地方采用变网格。根据图纸按网格上下断面方向的平均值求得各网格的抛投量。按抛投断面计算出每个抛投区的抛石数量,并对抛投区进行统一编号,报监理工程师核实后,作为抛石施工依据。

③测量放样

a.依据设计部门提供的已知点坐标和高程确定控制点的实地位置,并做埋桩插旗标记;

b.根据从上游至下游抛石原则,确定各断面线(按每20m一个断面布置)对应岸上的点和近水边点的位置,并用花杆做好标记;

c.做好水位标尺,确定抛投时的水位;

d.准备量距绳(在绳索上从起抛点开始,每1.5m用红布条作标记),确定水上护宽及深泓位置,并在深泓线上做好水上浮标;

e.用一端固定在近水边点的分界桩上的量距绳确定运料船的挂靠位置。

④抛石落距确定

受水流流速V、块石自身质量W和水深H诸因素的影响,抛投块石时势必沿水流方向向下有一段的漂移量,漂移量按南京市多年试验经验公式$S=1.47VH/W^{1/6}$计算。抛石落距测定方法如下:

a.定位船移至断面定位后,通过流速仪测量流速V,同时采用测深仪测量断面处水深H。

b.再根据公式$S=1.47VH/W^{1/6}$计算块石入水落距,落距加装石船船头空白区距离即为定位船的提前量。

⑤定位船定位形式

采用两艘定位船,分两段按照从上游至下游先深后浅的原则进行抛石作业。根据水上抛填网格确定定位船位置,采用“丁”字形定位法固定定位船,即定位船与岸边成“丁”字形摆放。定位船按外上游锚(领水锚)→里上游锚→外顶头锚→里顶头锚→里下游锚→外下游锚进行抛锚,上、下游锚缆应抛成八字形。上、下游锚分别选用 0.4t、0.8t 的霍尔锚,顶头锚选用 0.2t 的霍尔锚或四齿锚。定位船船舷与岸上断面线标记成一直线,定位船在断面线上平行移位时采用六分仪交会定位。定位船定位时还应根据计算所得的提前量校核船位,使其准确定位。以上定位形式在非汛期水下抛石施工中得到了广泛的应用,效果良好。

⑥装石料船挂靠和抛投石料的方法

定位船定好位后,可在船下舷边挂靠装石船进行施工。正常装石船上的块石由船侧抛出的距离约为 1~2m,因而各装石船船位应相互错开 1.5m,从而保证抛投均匀无空档,具体如图 7-1-3所示。

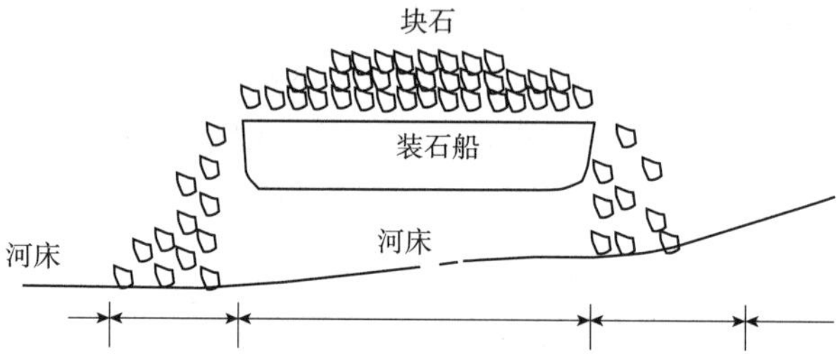

图 7-1-3 装石船抛投石块示意图

实际施工时,将抛石标准条格按 1.5m×20m 的条格分为 8 个长 20m 条形区域(即 4 个船位)进行抛石,如图 7-1-4 所示。

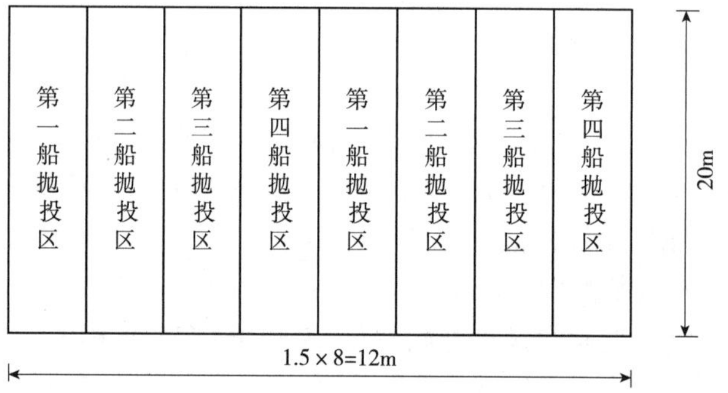

图 7-1-4 抛区船位划分图

在标准条格抛区中,装石船抛石应从船两边进行。在非标准条格或条格宽度较小区格抛石时,应由船的一边进行抛布,以保证块石入水后落至指定区域。装石船抛石按条格设计抛石量进行抛石,直到该条格满足设计要求。然后定位船移位,按前述方法定位,装石船挂靠抛石作业,如此反复,直至完成抛石区施工。

(3)质量控制措施

①抛石石料质量控制

块石采用未风化,湿抗压强度大于 50MPa,软化系数大于 0.70,密度大于 2.6t/m^3 的新鲜岩石。块石粒径为0.15~0.5m,单块质量不小于10kg,流速较大,粒径适当加大。块石量每达到1万~3万m^3现场取样检测一次。

②块石数量控制

a.水下抛石工程隐蔽性强,应切实杜绝“虚吨位”。成立包括监理在内的收方小组,现场丈量,计量收方时承包人、质检负责人、监理工程师均在场,现场签证,否则收方无效。

b.验方以船上量方为主,在量方监理工作中,监理人员每船全过程旁站监理。现场量收方后视材质、粒径和堆码空隙情况确定扣方量。对恶意码空的料船不予验方或进行惩罚性扣方,对泥土碎石多的船只要另外加扣。

c.料船验方记录、量方、扣方时由量方员填写收方联单,抛完后检查抛石清舱情况,并根据码方和石料不合格情况在联单上标明扣除方量和核定方量,作为抛投计量和结算的原始依据。

d.扣除杂质和不合格的材质量,一般视实际情况而定。

③抛石落距的控制

控制抛石落距是抛石质量控制的关键,在一个抛区观测流速、流向、水深,掌握块石落距。及时调整船位,保证石料准确抛入预定区域。

④定位船定位控制

a.做好岸上测量放样标志,定位船在承包方报验、监理工程师进行复核符合要求后定位。

b.审查施工图纸,查看图上的交汇点、断距、抛石船停靠的位置和应抛数量是否与施工图相符。

c.根据抛石落距,将定位船移至需提前的位置,定位船垂直于抛区。

⑤装石船准确挂靠的控制

a.装石船装载吨位应均衡,以保证定量抛投和均匀抛投;

b.装石船要垂直于定位船,因定位船两个上游锚可承受流速及挂靠的装石船的水流冲击力。装石船挂靠后要挂牢,不要再左右摆动。

⑥抛投准确度和抛量控制

a.抛投顺序:先上游,后下游,先深水,后浅水。

b.控制抛量:网格抛投方量依据设计方量进行控制,按“总量控制,局部调整”的原则监督施工,严格按每个网格的设计抛量一次抛量控制,不允许欠抛。

c.抛投作业控制:在施工中,质检员要勤检查定位船上的档位移动记录和装石船的移位记录,严格控制超抛和欠抛现象,对漏抛和欠抛部位,及时采取措施补抛。

⑦水流紊乱区抛石控制

抛石船顶靠定位船抛石,允许吊挂成列,一般每列2艘为宜,注意确保安全。驾驶要操舵,防止船尾左右摆动。两单列船之间的间距不少于5m,防止吸靠。

⑧块石覆盖均匀度控制

a.抛石网格的抛石量与设计图相符,所有抛区中抛石数量合格的抛区数达100%,每个小抛区实际抛量与设计抛量的误差控制在3%以内。

b.检查当日施工图上的施工记录,督促做好日结和月报工作及工程进度计划,保证工期按计划完成。

c.按设计抛区每单元设置固定断面,固定断面测点间距为 2m,定点测量施工前后抛石。

7.2 干砌石防护

7.2.1 原理与方法

干砌石是不用胶结材料、依靠石块自身的重量及接触面间的摩擦力保持稳定的石料砌体。干砌石库岸防护是利用石块的强度来抵御波浪的冲刷和侵蚀,石块与石块直接的连接缝可有过滤功能。干砌石在水利工程中常用于挡墙、护坡、堤面、海漫防冲等。干砌石建筑物的建基面需按设计要求的深度、宽度、长度、坡度开挖或填筑,经清理加固后再砌石,如图 7-2-1 所示。

干砌石防护虽然为传统护岸的一种,但是在一定程度上也属于生态防护,如图 7-2-2 所示,在干砌石的缝隙中生长了很多植物。

图 7-2-1 框格梁干砌石效果图(图片来源:作者拍摄)

图 7-2-2 干砌石护坡植被的生长(图片来源:作者拍摄)

从图 7-2-2 中可以看出,干砌石防护在投入使用后,经过库水的反复冲刷,使得干砌石的石缝中会有很多泥沙沉积,能生长出一些植物。水库蓄水阶段上游的水位会上升,部分干砌石防护体会浸泡在水中,水库泄洪后,库水位下降,原先浸泡在水中的护坡体表层及其缝隙中会沉积一定的泥沙,这些泥沙及其砌石之下的土体为植物提供了生长的环境。

7.2.2 适用范围

图 7-2-3 干砌石挡墙(图片来源:作者拍摄)

干砌石具有就地取材,施工简易,抗冲刷和排渗性能较好,适应变形能力强,维修较为方便等优点,被大量应用于水利工程建设中,特别是堤防和河道护岸工程应用更为广泛。干砌石防护适用于土质和岩土质库岸;对于坡度,干砌石防护没有特殊的要求。当坡度较大时,干砌石护坡的防护型式为石笼、干砌石挡墙等,如图 7-2-3所示。

当坡度较缓时,可将干砌石直接平铺到库岸上,也可利用混凝土框格对干砌石进行固定和约束形成框格梁干砌石防护,如图 7-2-1 所示。

7.2.3　设计

《堤防工程设计规范》(GB 50286)中规定“面层厚度”是指护面块石层的厚度,不包括垫层或反滤层。大多数干砌块石护坡采用单层砌筑,仅有少数地方由于厚度或安全要求采用两层干砌块石。干砌块石厚度的设计主要考虑两个问题:反滤层材料不允许在水流冲刷下穿过干砌石层的缝隙;能够抵御波浪射流的冲击和内压力的浮托作用。

目前国内干砌石护坡的设计主要依据各类规范给出的计算方法,由于砌石护坡的复杂性,很难顾及所有的影响因素,如石料的风化、老化情况,块体与块体之间的咬合力,块体之间的渗透性,波浪周期的影响以及堤防弯道情况等。各类规范的计算结果也可能不同,原因是不同的规范衡量块石稳定的标准并不一致,选用何种超值概率的波高作为计算参数也有所差别。

1998 年颁布的国家标准《堤防工程设计规范》(GB 50286)对 1、2 级土堤中水流冲刷或风浪作用强烈的堤段,建议临水侧坡面宜采用砌石、混凝土或土工织物模袋混凝土护坡。斜坡堤干砌块石护坡的护面厚度 t 可按下式(培什金公式)计算:

$$t=K_1\frac{\gamma_w}{\gamma_b-\gamma_w}\times\frac{H}{\sqrt{m}}\sqrt[3]{\frac{L}{H}} \tag{7-2-1}$$

式中:t——干砌石面层厚度(m);

m——斜坡坡率;

γ_b——块石的重度(kN/m^3);

K_1——经验系数,一般干砌石取 0.266,干砌条石取 0.225;

L——设计波长(m);

H——设计波高(m),当 $d/L\geqslant0.125$ 时,取超越概率为 4%时的波高 $H_{4\%}$,当 $d/L<0.125$ 时,取超越概率为 13%时的波高 $H_{13\%}$;

d——堤前水深。

苏联学者根据现场试验资料,建议波高服从瑞利概率分布,不同频率下的波高 $H_{P\%}$ 可以由式 7-2-2 计算:

$$P\%=\exp\left[-\frac{\pi}{4\left(1+\dfrac{\overline{H}/d}{\sqrt{2\pi}}\right)}\left(\frac{H_{P\%}}{\overline{H}}\right)^{\frac{2}{1-\overline{H}/d}}\right] \tag{7-2-2}$$

式中:$\overline{H}$——平均波高(m);

d——堤前水深(m)。

当采用人工块体或经过分选的块石作为斜坡堤的护坡面层时,波浪作用下单个块体、块石的重量 Q 及护面层厚度 t 可按下式计算:

$$Q=0.1\frac{\gamma_bH^3}{K_D\left(\dfrac{\gamma_b}{\gamma_w}-1\right)^3m} \tag{7-2-3}$$

$$t=nc\left(\frac{Q}{0.1\gamma_b}\right)1/3 \tag{7-2-4}$$

式中：K_D——稳定系数，对于安放（立放）一层的块石，取 $K_D=5.5$；

n——护面块石的层数；

c——经验系数，对于安放（立放）一层的块石，取 $c=1.3\sim1.4$。

在水流作用下，防护工程护坡、护脚块石保持稳定的抗冲粒径（折算粒径）可按下式计算：

$$D=\frac{V^2}{C^2 2g\frac{\gamma_b-\gamma_w}{\gamma_w}} \tag{7-2-5}$$

$$D=\left(\frac{6S}{\pi}\right)^{1/3}=1.24\sqrt[3]{S} \tag{7-2-6}$$

式中：D——折算直径（m）；

S——石块体积（m^3）；

V——水流流速（m/s）；

C——石块运动的稳定系数，水平底坡 $C=0.9$，倾斜底坡 $C=1.2$。

交通部颁布的《防波堤设计与施工规范》指出，斜坡堤护坡设计应计算：①护面块体的稳定重量；②护面层厚度。

在波浪正向作用下，且堤前波浪不破碎，斜坡堤堤身在计算水位上、下 1 倍设计波高之间的护面块体中，单个块体的稳定重量也是按(7-2-3)计算。

斜坡堤干砌块石或浆砌块石的厚度可按下式计算：

$$t=1.3\frac{\gamma_w}{\gamma_d-\gamma_w}H(K_{md}+K_\delta)\frac{\sqrt{m^2+1}}{m} \tag{7-2-7}$$

式中：K_{md}——与斜坡坡率 m 和 d/H 有关的系数；

d——堤前水深（m），边坡一定而水深较深时，该系数变化不大；

K_δ——波坦系数，受 L/H 影响很大。

以上系数均可由《防波堤设计与施工规范》中查得；H 为设计波高（m），当 $d/L=0.125$ 时，取 $H_{5\%}$；当 $d/L<0.125$ 时，取 $H_{13\%}$。

《碾压式土石坝设计规范》采用向金公式计算石块在最大局部波压力下所需要的直径 D（换算成球形直径）：

$$D=0.85D_{50}=1.018K_t\frac{\gamma_w}{\gamma_d-\gamma_w}\frac{\sqrt{1+m^2}}{m(m+2)}H \tag{7-2-8}$$

式中：D_{50}——石块的平均粒径（m）；

K_t——随边坡坡率 m 变化的参数，$m=2$ 时 $K_t=1.2$；$m=2.5$ 时 $K_t=1.3$；$m=3$ 时 $K_t=1.4$；$m=3.5$ 时 $K_t=1.4$；$m=5$ 时 $K_t=1.2$；

H——波高，采用累计频率 5%的波高（m），重要工程的累计频率可以适当提高。

如以重量计算（视为球体），则

$$Q=0.85Q_{50}=0.525\gamma_b D^3 \tag{7-2-9}$$

式中：Q_{50}——单个块石平均重量。

护坡厚度 t 与平均波长和波高 H 的比有关,当 $L_m/H \leqslant 15$ 时,$t=\frac{1.67}{K_t}D$;当 $L_m/H>15$ 时,$t=\frac{1.82}{K_t}D$。

7.2.4　施工

7.2.4.1　工程施工技术要求

片石干砌前,先清除石料表面的泥垢,敲去尖角薄棱。干砌时要求砌放平稳,砌缝密合,相互压紧,外形平整。石块间隙可用片石塞实捣紧,使每个石块保持稳定,相互结合成为整体。每层和层间的石块要求上下错缝,内外搭砌,不允许先砌两侧面,然后中间填心的砌筑方法。上下层的结合面不应加垫石;砌体的每层转角,交接和分段部位,宜采用较大的平整块石砌筑。干砌块石的墙体露出面,需设置垂直于砌面的块石,称丁石或拉结石。丁石需均匀分布,当墙厚≤40cm 时,丁石长度需相当于墙厚;墙厚>40cm 时,要求内外两块丁石相互搭接,搭接长度≥15cm,且其中一块长度不小于墙厚的 2/3。用料石砌挡墙时,每隔两层顺砌层上,需丁砌一层;同一层采用丁顺组砌时,丁石间距不宜>2m。干砌块石作基础时,一般为阶梯形砌筑,底层选用比较方整的大块石丁砌,上层块石至少压砌下层块石宽度的 1/3。在干砌石基础前后和挡墙后部的土石料要分层回填夯实。干砌石做成的斜面单层护坡护岸,需按设计平整好坡面,按规定铺放碎石或细砾石垫层,然后自下而上整理砌筑。干砌石的排水涵洞、挡水坝,要选择质量合格的石料,严格按设计规格加工成型,然后依次砌筑。要求砌缝密合,接触面靠紧,使其受力均匀,保持建筑物稳定。为使干砌石建筑物外形平整,可用混凝土封顶或用水泥砂浆勾缝。

7.2.4.2　充分做好施工前的准备工作

(1)人员准备:做好各工种的岗前培训,要让各工种明确各自的工作目标,比如工程所用的大量砌石工,要让他们知道砌筑应达到的质量标准,面石砌筑应禁止使用小块石,不得有通缝、对缝、浮石、空洞;坡面平整度要求用 2m 靠尺检测,坡面凹凸不超过 5cm 等。在施工前,要选好把关人员,特别是测量员、施工员、材料员,要选择有责任心、有丰富经验、有一定素质的人来担任,做好工程的每个环节、每个部位。

(2)机械准备:要选择工作效率高、完好率高的设备,做到充分利用,能满足工程施工的需要。

(3)材料准备:对于干砌石护岸工程最重要的是石料,一定要提前调查石料场,保证有充足的石源,满足工程施工的需要。

7.2.4.3　重视施工方法与施工技术要求

(1)施工方法

①要提前想到在哪些地方要特别注意、会出现什么样的问题、采取怎样的相应对策,从而避免问题的发生或者发生了也能及时解决。

②工程施工前,预先搞好切实可行的施工组织设计,确保工程施工合理、有序地进行。

③在削坡过程中，应考虑削坡弃土量及处理方法，削坡要到位，否则势必影响下步固脚工程的施工。

④在回填方面，对必须回填部位选用合格土料，每铺30cm厚就必须利用碾压机具进行逐层碾压，碾压达到设计规范要求，这样可避免因沉降而造成干砌石护岸工程出现塌陷变形现象，确保其外观质量。

⑤由于工程大多采用砂砾石垫层，其铺设时如果能一次铺设完毕，可避免坡面受雨水影响，加快施工进度。

⑥工程施工时，相邻坡面的干砌石应同时进行砌筑，这样能有效保证坡面整体效果，外部观感好。

⑦受积雪、冰块及冻胀等因素的影响，应避免在冬季施工，特殊情况下要施工，也必须将积雪和冰块清理干净。

⑧在施工抓住施工中的主要矛盾，做到人休机不休。

⑨受施工期限的制约，在工程施工过程中各项分部工程要紧密衔接，统筹兼顾，立体推进，在保证工程质量的前提下，使工程如期完工。

(2)施工质量要求

①干砌石采用块石砌筑料，选用质地坚硬、不易风化的石料，其抗水性、抗压强度、几何尺寸等均符合设计要求，不得使用翅口石和飞口石。

②砌体缝口应砌紧，底部应垫稳、填实、严禁架空，石料使用前将表面洗除泥土和水锈杂质。

③采用立砌法，不得叠砌和浮塞。石料最小边厚度不小于150mm。干砌石砌体铺砌前，先将地基平整夯实，对于砌石平台底高程不同的路段，石墙底砌石平顺渐变连接，砌石平台的基础埋深不小于500mm。

④砌筑时，石块分层卧砌，上下错缝，内外搭砌，严禁采用外侧立块石，中间填心的方法，干砌石缝用石粉填充。

⑤铺设大面积坡面时，自下而上铺设，并随砌石面的增高，分段上升。块石护坡的砌石应做到：认真挂线，自下而上，错缝竖砌紧。

⑥干砌石砌体采用人工铺砌。铺砌前，由测量人员放线，标出岸坡设计线，反铲沿线进行削坡修整，施工人员根据测量放线由底部向上逐层砌筑，先铺设一层厚为100~200mm的碎石垫层，碎石垫层厚度要均匀。

⑦块石砌筑时，先将经挑选合格的块石沿着靠近岸坡边缘堆成条带状，用推土机将其推至岸坡边缘，采用溜槽铺设几条滑道，从填筑层面延伸到干砌石施工作业面，顶部可利用人工搬运石料。每填筑一定高程进行一次修坡处理，随即进行干砌石护坡施工。砌体成行铺砌，并砌成大致水平层次。镶面石按一丁一顺或一丁两顺砌筑，任何层次石块与邻层石块搭接至少80mm，使竖缝相互错开。块石砌筑时以大面朝外的原则，并在夯实的垫层上，层与层之间错缝锁结方式铺砌，块石明缝用小片石料填塞紧密。

7.2.4.4 工程实例

(1)工程概况

汾河水库地处娄烦县境内的黄土丘陵沟壑区。由于黄土的垂直节理发育和崩解性、湿陷性特点,在蓄水浸泡和水浪淘蚀作用下,库区塌岸现象极其严重。库区塌岸线总长 70km,已坍塌土方 3529 万 m^3,毁坏耕地 335.8hm^2。目前尚有 47km 的库区塌岸线仍然坍塌严重。环库周边村民以粮食生产为主,严重的库岸坍塌,不仅减少了耕地,且使环库 11 个村 5470 口人的生产和生活受到严重影响。

根据库区岸坡情况,坍塌岸坡大致可分为四种类型:一是直陡段,岸坡高度 7~26m,坡度大于 70°,全长 9.45km,主要分布在库区西岸的烽火沟两侧、娄烦镇以北和库区东岸的阳圈庄村一带;二是缓坡+直陡段,岸边有一段缓坡,坡长 7~15m,坡度在 30°左右,缓坡以上是直陡岸坡,高度 5~17m,坡度大于 70°,全长 21.6km,分布在库区西岸大坝至烽火沟一线;三是缓坡段,岸边均为缓坡,坡度在 28°左右,全长 13.1km,分布在库区东岸大坝至阳圈庄村、盐市崖至庙湾乡和西岸西街村两侧;四是一般段,岸坡高 1~3m,坡度 45°左右,垒长 2.85km,分布在库区东岸的常家坡一带。

(2)护岸工程设计

护岸工程结构由基础、反滤层和干砌石护坡三部分组成。基础为铅丝笼块石基础,深 1.0m,宽 1.0m。反滤层厚 50cm 共分三层:第一层厚为 15cm,粒径 d=0.25~1mm;第二层厚 15cm,粒径 d=1~5mm;第三层厚 20cm,粒径 d=5~20mm。干砌石护坡厚度 30cm。

(3)施工技术要求

①铅丝笼堆石基础

按设计要求挖好基础,放入编织好的铅丝笼,然后从基底密集向上排列块石,上下层呈"品"字形错开,避免直缝。铅丝上下拉紧锁牢。将各屉石块紧密固定,块石粒径为 0.2~0.4m,重 30~50kg。

②干砌石护岸

从基础上开始自下而上护砌,将较大的石块砌在底层。由于受水流冲刷和浪击作用,应采用竖立砌法(即石块的长边与坡面垂直)砌筑,要求空隙达到最小。砌体缝口要砌紧,空隙应用小石填塞紧密,防止砌体在受到水流的冲刷或外力撞击时滑脱沉陷。一般干砌石砌体空隙率应不超过 30%~35%。

③反滤层

反滤层的反滤料不得夹有泥块或杂物,一般砂和砾石小于 0.1mm 的颗粒含量不应大于 3%~5%(按重量计)。斜坡铺设反滤料时,不得将反滤材料自坡上往下倾倒,以免颗粒分离。铺设时,应与砌石密切配合,自下而上,随铺随砌,同时,禁止在暴雨时铺设反滤料。必须做好接缝处各层之间的连接,使接缝处层次清楚,防止产生层间错动或中断混淆现象。在斜面上的横向接缝,应收成坡度不小于 1:2.0 的斜坡,其各层接缝处则应铺成阶梯形的接头。

7.3　浆砌石防护

7.3.1　原理与方法

浆砌石是使用胶结材料的块石砌体,如图 7-3-1、图 7-3-2 所示。石块依靠胶结材料的黏结力、摩擦力和石块本身重量,保持防护堤的稳定。浆砌石防护相比干砌石防护其抗冲性和整体稳定性更佳。但是,由于浆砌石防护在施工时使用的是胶结材料对石块进行连接,因此其排水能力较差。在使用浆砌石防护时,应注意设置排水孔。否则地下水的渗流会对浆砌石防护体产生破坏,如图 7-3-3 所示。

图 7-3-1　浆砌石防护现场图(图片来源于:作者拍摄)

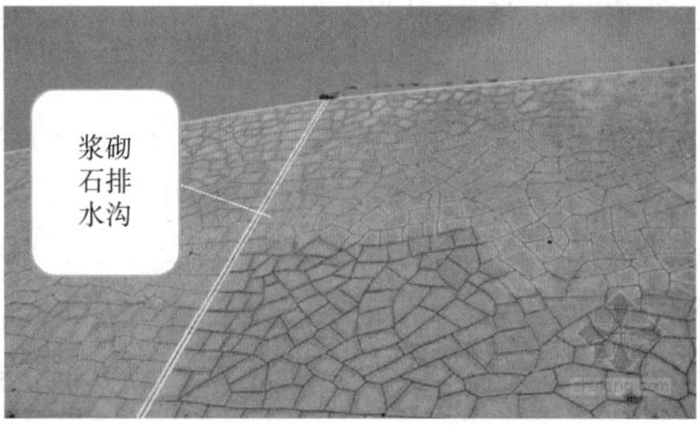

图 7-3-2　浆砌混凝土块防护效果图

图 7-3-3　浆砌石防护破坏

7.3.2　适用范围

由于石块间空隙被胶结材料充塞密实,因而具有更好的整体性、密实性和强度,可以防止冲刷、浪蚀破坏,增加抵抗侵蚀的能力。为了提高砌体抗拉和抗剪强度,在胶结材料层上可铺设钢筋网或钢筋。浆砌石的适用范围与干砌石大致相同。但是,浆砌石出色的抗冲、抗浪蚀的能力,使其在波速、流速较高的区域更受青睐。总体来说浆砌石防护在土质、岩土质库岸都均有大量的使用,但是浆砌石防护对于地基的要求较高,若地基发生不均匀沉降,浆砌石防护的整体性很容易受到破坏。

另外,浆砌石不仅可以使用于土质、岩土质缓坡,还可以制作成浆砌石挡墙用于土质、岩土质陡坡。

7.3.3　施工

7.3.3.1　浆砌石常用的胶结材料

(1)浆砌石的使用

在我国中小水利工程与交通工程中大量使用浆砌料石或浆砌块石,其主要原因有:

①很多地区蕴藏着丰富的石料,可就地取材;

②在人力资源丰富的地区可靠手工操作,也可视条件灵活采用施工机械设备;

③节约钢材、木材和水泥,并减轻石料外运量;

④施工不受雨季和汛期的限制。

(2)浆砌石常用的胶结材料有:

①水泥砂浆,由水泥、砂、水按规定比例配合而成,具有强度高,防水性好等特性,多用于重要建筑物和建筑物的水下部分。

②混合水泥浆,在水泥砂浆中配制一定数量的石灰(石灰是气凝材料,理论上不宜作为水下浆砌石的胶结材料,但在我国的小型水利工程中广泛使用)、黏土或壳灰(用贝壳烧制而成),多使用于强度要求较低的小型工程或次要建筑物的水上部分。

③细骨料混凝土,可节约水泥,并可提高砌体的强度。用于砌体内部及水下表面的水泥,多选用普通硅酸盐水泥,粉煤灰质硅酸盐水泥或火山灰质硅酸盐水泥。配制混凝土的砂和细骨料是按优质、经济、适用的原则就地选用天然或人工材料。

使用石灰要将其熟化成石灰浆,滤去灰渣,并在池内呈膏状贮放7d。胶结材料需满足设计强度及施工和易性的要求,按比例配制,使用于重要建筑物时需通过试验确定配合比。为保证胶结材料的性能,减少水泥用量,可在胶结材料中掺入适量的掺合料(参见混凝土掺合料)和外加剂(参见混凝土外加剂)。胶结材料在拌和、运输及砌筑过程中要保持浆料均匀,防止发生离析、雨淋和漏浆等。夏季高温施工,要避免日晒失水;冬季低温施工要严防冰冻,以免降低胶结材料质量。

7.3.3.2　砌石施工技术

砌筑前首先要检查建筑物的地基,在岩基上浆砌先把岩面清洗干净,铺水泥砂浆或混凝土后再安放石块。石料要逐个检查,不能使用风化、有裂缝夹泥的石块。或石块表面附着的泥垢、青苔、油质等需清除,然后用清水冲洗,并敲除软弱边角。砌筑要求平整、稳定、密实、错缝。石料必须保持湿润,砌面先铺砂浆,然后安放石块,石块底部的砂浆要保证饱满,同一层面应大致平衡。砌放的石块必须自身稳定,低面朝下,防止晃动。石料间的竖缝灌注砂浆,达到饱满密实。当空隙较大时,需在灌注砂浆时填塞片石,最大砌缝宽度不能≥1.5cm。上下层和同一层砌筑的石块,应错缝搭接;同一砌石层,每隔一定距离需砌置垂直砌面的丁石。丁石长度受墙厚影响,墙厚>40cm可用两块丁石搭接,搭接长度≥15cm,且其中一块长度不小于墙厚2/3。当砌石体内埋置钢筋或钢丝网时,需采用高标号水泥砂浆,缝宽不宜小于钢筋直径的3~4倍,层面需保持平整干净。

采用细骨料混凝土砌石时,平缝要铺料均匀,分层整理砌筑。平缝宽度:一级配混凝土,缝宽4~6cm;二级配混凝土,缝宽8~10cm。竖缝比水平缝略宽,灌注的混凝土,需边灌边振捣,混凝土面需与周围的石块表面齐平,待振捣密实后混凝土面略有下沉,要防止漏振和缝穴被大骨料架空。

浆砌块石体一次可以连续砌筑两层。胶结材料终凝之前砌面和砌体四周,不允许扰动。使用水泥砂浆或混合砂浆连续砌筑时,在胶结材料终凝前,需将表面浮渣清除,并洗刷干净。若停砌时间较长,复工前需将表面凿毛,清除松动石块,湿润石面,先铺砂浆然后继续砌石。为保持砌石表面整齐美观,可采取勾缝处理。砌体的外露面在胶结材料初凝后要注意养护,如图7-3-4所示。

对于施工后的浆砌石应符合表 7-3-1 允许的偏差要求。

图 7-3-4　浆砌石施工图

浆砌石(挡墙、护坡)质量检查标准表　　表 7-3-1

检 查 项 目	规定值或允许误差	检 查 方 法
平面位置(mm)	±50	用经纬仪、每 20m 检查 3 处
顶面高程(mm)	±20	每 20m 用水准仪测 3 处
底面高程(mm)	±50	每 20m 用水准仪测 3 处
砌体尺寸(mm)	不小于设计	每 20m 用尺检查 3 处
砌体坡度(%)	0.5	用吊线垂,每 20m 检查 3 处
表面平整度(mm)	30	每 20m 用尺检查 3 处

7.3.3.3　工程实例

(1)工程概况

贵州省铜仁市 2012 年第二批重点小(2)型病险水库除险加固工程 C2 标段杨家沟水库,是以灌溉为主的小(2)型水利工程。工程主要枢纽建筑物由大坝、宽顶式溢洪道及放水设施等几部分组成。放水设施改造工程有土石方开挖、M7.5 浆砌石。

(2)工程施工

①砌筑材料质量控制

a.施工用水

取用水库水,其水质满足规范要求。

b.水泥

拌制砂浆的水泥品种根据施工图纸的要求进行选择,进入现场的水泥按照水泥的品种及标号进行存放,不同品种的水泥不得混合使用。水泥应保持干燥,受潮结块的水泥不能使用。本工程施工所用水泥采用当地质量稳定的水泥厂家生产的 32.5 普通硅酸盐水泥。水泥应有出厂合格证及质量检验报告单,并按质量抽样检测规定 200~400t(或不同批号)取样进行检验,检验结果合格后方可使用。

c.砂

拌制砂浆的砂料要求粒径为 0.15~5.00mm,细度模数为 2.50~3.00,砂料质地坚硬、清洁,并且具有良好的级配,含泥量不超过 5%,砌筑毛石施工所用到的砂的最大粒径≤5mm。采用机制砂,其细度模数控制在 2.50~3.00 范围内,机制砂质量技术要求应符合表 7-3-2 的规定。

机制砂质量技术要求表　　表 7-3-2

序号	项　目	质量标准	序号	项　目	质量标准
1	机制砂中粉含量(<0.15mm 粒径)	<6~12%	5	轻物质含量	<1%
2	坚固度	<10%	6	硫化物及硫酸盐含量按重量折成 SO_3	<1%
3	云母含量	<2%	7	有机质含量	浅于标准色
4	密度	>2.50(t/m^3)			

d.块石

浆砌块石的石料从当地砂石公司购买,符合以下要求:砌筑所用块石材质必须保证坚硬并且新鲜,严禁存在风化剥落层现象,并且必须保证石材的表面不存在水锈和污垢。施工中所用石材的表面必须保证色泽均匀,几何尺寸应符合施工图纸及现行有关规范规定,石料的物理学指标要求如表 7-3-3 所示。

石料的物理学指标表　　表 7-3-3

项　目	指　标	项　目	指　标
天然密度	≥2.4t/m^3	最大吸水率	≤10%
饱和极限抗压强度	设计规定的极限	软化系数	一般岩石≥0.70 或符合设计要求

②砌筑砂浆质量控制

在施工之前,通过严格的试验确定砂浆的配合比,在确定之后需要经过监理人员审核确定之后才能投入使用。砂浆必须保证能满足施工图设计标号的要求,并且砂浆应该具备良好的保水性能及和易性。本工程砂浆的拌和主要是采用机械进行,拌和的时间≥2min。必须保证砂浆拌和的均匀性,随伴随用,每一次拌好的材料必须保证在其产生凝结之前使用完。在拌和过程中,拌和停歇的时间需要通过试验进行确定。如果在砂浆的拌和以及运输过程中发生离析或者是泌水的现象,必须重新进行拌和。严禁使用已经发生凝结的砂浆,可以在砂浆中加入皂化松香或者是无机塑化剂等一些塑化剂,以保证砂浆具有良好的保水性,严禁采取增加水泥用量的方法。

③砌筑施工质量控制

本工程浆砌块石施工主要采用的是铺浆法施工,砂浆的稠度控制在 4cm 左右,如果施工中气候发生变化,需要对砂浆的稠度进行适当的调整。浆砌块石的砌筑施工中,石块和混凝土预制块应该进行分层卧砌,采用上下错缝的砌筑方法。如果施工中有必要,可以设置拉结石。在砌筑之前,首先将岩基上面的杂物和泥土等清理干净;灰浆铺筑之前,使用洒水的方法对石料进行湿润,严禁产生残积水。灰缝厚度一般为 20~30mm,较大空隙应先用砂浆填塞后用碎石嵌实,不得采用先摆碎石块后塞砂浆或干填碎石块的方法。

砌体基础面应按施工详图和监理的指示处理,砌体基础的第一层石块应坐浆,并将大面向下。砌体基础的扩大部分,如做成阶梯形,上级阶梯的石块应至少压砌下级阶梯的 1/2,相邻阶梯的石块应相互错缝搭砌。砌体的第一层及其转角、交叉及洞穴、孔口等处,均应选用较大平面的石块砌筑。拉结石必须均匀分布,相互错开,一般每 0.70m^2 墙面至少应设置 1 块,且同层内的间距≤2m。砌体每天砌筑高度不应超过 1.20m,砌筑过程中因故临时间断时,留阶梯形斜槎,梯形斜槎的高度严禁高于 50cm。同一层砌石尽可能挑选高度相同或相近厚度的块石,并需每砌 3~4 层(或砌高 0.70~1.20m)为 1 个分层高度,每个分层高度应找平 1 次。砌筑外露面时,在同一层中用 1 层丁石 1 层顺石的排列方法组砌。灰缝大致呈 T 形或圆弧形,平缝宽为 1.50~2cm,竖缝宽度≤3~4cm,按设计规定的处理方式与结构形式进行施工。

④养护

为保证已砌筑好的浆砌石可以在规定期间内达到设计要求的强度,并防止产生收缩裂缝,必须做好养护工作。本工程采用自然养护:在常温下,用草帘、草袋、麻袋对浆砌石加以覆盖,避免太阳光暴晒,此后的 12~18h 内,采用微孔喷雾养护。这样可以使浆砌石在一定的时间内,保持足够的湿润状态,利用太阳能,达到提高养护浆砌石温度并保持温度的目的。养护工作应由专人负责,养护的时间不应低于两周。

7.3.4 常见的质量问题与治理

7.3.4.1 选料

(1)现象

浆砌石的块石分别有粗料石、块石、毛石3大类,在选料中主要出现的质量问题有如下几种。

①风化石,在砌筑施工所进的块石料中有些是表面风化,有些是全风化,其松散表面造成在砌筑时砂浆无法产生黏结作用。

②块石无棱角,坐浆接触面少,块石与块石之间缝隙无法扣紧而形成整体。

③块石过小,受力面积减小,接触面减小而降低摩擦力,承受不了过大的压力和水平推力,大型挡土墙和浆砌石基础尤其如此。

④块石表面含泥量大,用一些拆除清挖块石,造成砂浆与块石没有黏结力。

(2)根治措施

必须按照规范要求选用无风化、表面干净、坚硬、新鲜的块石。粗料石棱角分明、六面基本平整,同一高差小于10cm,块长大于50cm,块重大于25kg,长高之比小于3;块石上下两面平行,大致平整,无尖角薄边,厚度大于20cm;毛石重量在25kg以上,中厚大于15cm,及小于30cm。各种石料应材质坚硬、新鲜、无风化剥落层或裂纹、表面无污垢等杂质的块石料,用于表面的石料应色泽均匀,外露面平面高差小于等于2mm,特别在砌筑大型挡土墙或基础时,底层选用大块石。砌筑前应把块石冲洗干净,砌筑时块石表面湿润,增加砂浆黏结度。

7.3.4.2 砂浆

(1)现象

砂浆在浆砌中是重要环节,关系到浆砌石砌体的牢固和结构安全,在拌制砂浆过程中产生的质量问题有:

①没有按照设计配比配料,砂、水泥及加水量计量不准,造成砂多水泥少,达不到设计所要求的砂浆强度等级;

②砂浆拌和时间不足,未拌和均匀,和易性差;采用人工拌和时,翻铲遍数不足,水泥与砂明显离析;

③水泥、砂、水计量时,由于加水量过大拌和后产生砂与水泥分离,水泥成为水泥油流动状态,无法与砂交合成为浆状,达不到砂浆强度。加水量过小时拌和困难,砂浆松散没有黏结力,降低了结构砌筑体强度。

④水泥过期或受潮,活性降低;砂含泥量大,杂物多。

(2)根治措施

根治砂浆质量问题,首先要对施工人员和管理人员进行素质教育,树立质量观。工人要上岗培训。砂浆质量问题主要是由于人为造成的,对质量的不重视和偷工减料所造成。

要根除质量通病,要对上述人为现象给予纠正,使每一个施工人员都要了解和懂得砂浆在砌体中的作用,不同的砂浆强度等级对同一种砌体所产生的强度均有不同等。应做好如下几方面:

①必须按照设计标号进行配比配料。计量要准确,拌和前材料经过称重。水泥和水称量的精度必须在±0.3%以内,砂料为±0.5%,所拌制的砂浆拌和物应避免阳光直射,对砂料用量以饱和面干重为准,多余水分经测定后在拌和用水中扣除;

②按正确的操作方法拌制。当采用机拌时,先拌制少量与试验用砂浆同水灰比的砂浆,使搅拌机内壁挂浆,将称好的砂料、水泥、水倒入机内,立即开动搅拌机。每次拌和时间不少于2~3min,一次拌和量不宜少于搅拌机容量的20%。当采用人工拌和时,将称好的砂料、水泥倒在铁板上,用铁铲拌和至颜色均匀(即干拌),集中成堆;在堆中挖一凹坑,倒入约2/3的拌和用水,然后将干料与水一起小心拌和至基本均匀,重新将材料集中成堆,做一凹坑倒入剩余的水,仔细拌和均匀即可。而且随拌随用,不能拌制过多,以防水分流失,降低砂浆强度。拌和时间自加水时算起5min内完成;

③水泥应有出厂合格证及质检报告,新鲜无结块,每批次水泥应进行抽检,以200~400t同品种、同标号为一取样单位,不足200t时应作为一个取样单位。过期水泥经试验合格后才用;砂含泥量应符合要求,无杂质,同样按每400m^{3}为一批次进行抽检,不足400m^{3}应作为一个取样单位。按施工规范要求认真制作砂浆试块,并加强对试块的管理和养护。

7.3.4.3　砌筑

浆砌石砌筑是砌体结构质量的关键工序,分别有外观质量、内在质量的要求,在施工过程中,造成施工内在质量问题会直接影响结构的安全使用和经济效益。

(1)现象

①选料不适当,大小块石搭配不匹配,一个砌体中有明显大小块石分别集中现象。选择面料不正确,不论块石料的质量如何及有无砌筑面均往上砌。

②砌筑手工工艺技术明显不足,主要来自于不少砌筑工人没有经过技术培训上岗,砌筑过程中出现通缝,搭接错位。

③坐浆不足或没有。有三种情况:一是在砌筑过程中没有先铺砂浆再砌石,而是先砌石后灌砂浆。二是虽已铺砂浆,由于砌石后摇摆而需垫小块石,垫后不再重新加铺浆,形成垫石与砌块之间空隙,没有砂浆黏结。三是每完成一砌筑层,当停止施工后,超过间歇时间,砂浆已初凝,继续砌筑时没有重新铺浆,直接砌石,造成砌体上下分离。

④架空、搭桥。此种情况往往是为了节约成本,加快施工速度,忽视质量,偷工减料。特别是在砌筑大型砌体时,在砌体中间大部分会出现两块石中间分开,不填缝铺浆,直接在两砌块上加砌。

⑤堆砌。出现堆砌有两种:第一,当墙体为两面光滑时,两面砌筑,中间抛填乱石;单面光时,在外侧砌筑后内抛填乱石,乱石中无加浆,填满乱石后面铺浆。第二,墩、台为四面光时,周边完成砌筑后,中间抛填乱石,有的还把一些碎石(石碴)、石粉充填,无砂浆,填满一层砌体后面铺浆。这些抛填料之间没有砂浆黏结,大大影响了砌体整体结构。

⑥杂土。出现这种情况主要是砌体一侧需回填土,当砌体较高时,为了方便施工,边砌筑

边填土，造成土料进入砌体，而且清理不彻底和不冲洗，加上砌体块石之间没有灌满砂浆时，土就成为灌缝材料，再铺浆时土同样成为隔离材料，块石之间自然分离。

(2)根治措施

建立长期有效的监督机制，层层把关，三级管理：建设单位(监理)—成包商(施工单位)—施工队(班组)，落实到砌筑工人，实行三检制度。同时，建立不定期抽检制度，每次抽检保证在砌缝砂浆初凝前采用翻撬检查，每砌筑层不少于3块，砌缝宽度每砌筑20m抽查一处或每$10m^3$抽检一处，每处检查缝长不少于1m，这样能够及时制止质量问题发生在萌芽状态，有效控制质量。预防和堵截同流合污，互相勾结，为了利益降低工程质量的现象发生。出现质量问题应严肃处理，严格按照浆砌石砌筑规范要求进行施工，实施浆砌体的砌筑方法。

①在砌筑次序上先砌筑角石，再砌筑镶面石，最后砌筑填腹石，不能充填乱石、碎石(石碴)、石粉、杂物。

②在组砌形式上应采用坐浆法砌筑，块石砌筑前必须用高压水冲洗干净。块石分层卧砌，内外搭砌，上下错缝，必要时设拉结石，砌石分布均匀，杜绝外侧立砌、中间填心方法砌筑及空缝存在。在相邻砌筑面上高差小于等于3mm，并且面积不小于墩墙砌体全部面积的1/5，长度大于60cm。

③间断处的高低差不大于1m，并留有平缓台阶，同时在砌筑面上铺上砂浆，复工时先将原砌筑面用水湿润，再在砌筑面铺上砂浆后才能继续砌筑。

④在砌筑铺浆时应均匀、无裸露石块，砌缝灌浆密实、饱满。铺筑砂浆前，石料应干净湿润，灰缝厚度为20~30mm，空缝较大时采用砂浆角石填塞，确保浆砌石体饱满密实。

⑤在砌筑工艺上必须咬扣紧密，无通缝、叠砌和浮塞，紧靠密实，垫塞稳固，无架空现象。靠基础的第一层石块将大面朝下，并于砌体转角交叉、洞穴及孔口处采用较大平整毛石砌筑，并保持块石砌体的自然接缝，锥坡要使用样板尺，砌体表面自然达到圆顺。

⑥在一般情况下，砌石体转角处和交接处同时砌筑，对不能同时砌筑的面，留置临时间断面，并砌成斜搓。

7.3.4.4 尺寸

(1)现象

在施工过程中往往会出现砌筑前的放样不满足设计尺寸，或进入砌筑后改变原本合适的放样尺寸等现象。如砌体挡土墙基础时将首层浆砌石设计宽度缩小，造成上层砌筑墙体尺寸跟随减小，顶部宽度虽然不变，但由于尺寸的改变而自身重量大大减少，改变了护面墙、挡土墙的稳定性，降低了砌体抗土压力的能力。有时为了达到偷工减料的目的，不经验收自行填土覆盖。由于不按施工规范填筑，使土体松散，雨水不断往下渗透，虽然砌体已埋设排水管，但管后反滤料往往没有按设计要求施工，反滤体无法起作用，雨水无法排出，增加水压力，造成砌体倒塌。

(2)根治措施

①做好砌筑前的基础尺寸验收工作，监理与施工单位应该进行联合验收，在砌筑期间对尺寸要做到不定时检查，并形成制度，时刻留意观察砌体外形的变化，及时发现及时纠正。

②做好每道工序的验收工作，砌筑工序未达到要求的不能进行下一道工序。

③各级管理层必须严格把关,认真贯彻执行工程质量终身制,并能得到有效的落实。

④树立管理人员质量观,防止麻痹大意。

⑤尊重科学,正确理解所有砌体大小尺寸是经过计算所得的,这样的砌体才能承受各种的压力,符合安全牢固要求。所以,严格按照设计要求施工,保证外形尺寸,是确保安全质量落实的措施。一旦削减尺寸,对整个砌体由于自重的减小,就可能失去抗浪蚀和抗冲刷能力。

7.4　混凝土块防护

7.4.1　原理与方法

混凝土块防护的基本原理与浆砌石防护很相似,它是利用提前预制好的混凝土块铺设到库岸上达到库岸防护的效果。根据不同的工程条件混凝土块预制成不同的形状,如图7-4-1所示。

图7-4-1　六边形混凝土块防护效果图

由于混凝土块在设计时可以预制成各种不同的形状,因此衍生的种类也相对较多,按照现阶段常用的混凝土块防护方式大致可以分为以下三种:连锁型混凝土块、绿化混凝土块体以及混凝土块软体排。

7.4.1.1　连锁型混凝土块

(1)概念

连锁型混凝土护坡系统是由一组尺寸、形状和重量一致的高强度混凝土预制块,采用独特的连锁性设计,使每一个连锁块与相邻的六个连锁块的齿槽相互机械咬合,保证每一块的位置准确并避免发生侧向位移,形成了一个稳定、柔性、和透水性好的坡面保护层。连锁型混凝土块是专门用于河流、湖泊、水库护岸防护,防止土壤侵蚀的铺面系统。连锁型混凝土块的形状与大小都适合人工铺设,施工简单、方便。连锁型混凝土护坡系统连接形式如图7-4-2所示。

(2)特点

①对位移和变形的适应性强

连锁型混凝土块铺面系统,由于块与块之间允许适当的位移和变形(水平、垂直均可),对于铺面系统由沉陷、结冰、滑坡、膨胀土等引起的小规模变形,具有较高的适应性。

②整体美观,生态环境效益好

整齐、美观的河流、湖泊、水库坡岸,给人们创造了亲水的机会,体现了河岸、水库护坡的人性化设计,实现了以人为本的自然景观设计理念。

③块与块之间具有超强的连锁性

如图 7-4-2 所示,每个块体除了左右两块块体外(5、6),还有上下四个块体(1、2、3、4)与之连锁,即与相邻的六个连锁块有齿槽相互机械咬合。各块体的接缝处填土或碎石,可以增加块与块之间的连接力,使单块连锁型混凝土块在高速水流作用下保持结构整体稳定性,大大降低了单块的尺寸和重量,从而节约工程成本。

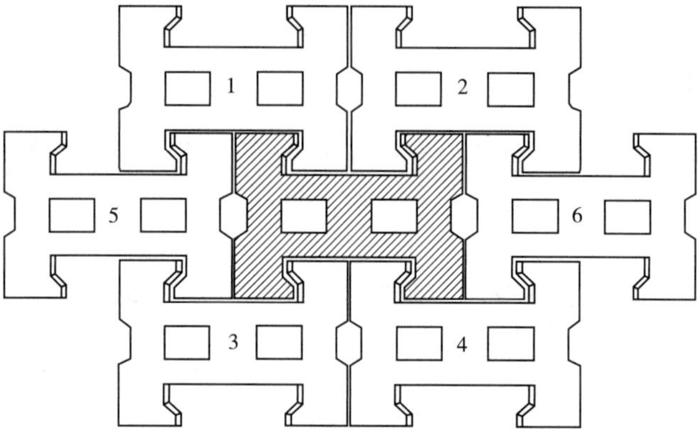

图 7-4-2　锁型混凝土护坡系统

④空隙率高,透水性好,可美化环境

各独立块之间和单块内的空隙内可以植草或填塞碎石,在美化环境的同时形成自然坡面,改善生态环境。铺面的开孔率可以根据具体工程具体设计。铺面整体抗冲刷能力强,能在高速水流以及其他恶劣环境下保持完整的面层,阻止铺面下面的土体被侵蚀。

⑤施工简单

块体的形状与大小都适合人工铺设,施工简单、方便,新旧坡面都能用,大大节省后期维修费用。

当然,连锁型混凝土护坡也有其自身的缺点,需要现代化工厂大规模生产预制混凝土块,产品的质量要求比较高,产品尺寸偏差要求小,否则施工困难。对基地的平整度要求较高,基地必须平整、密实。此外,护坡需要设置上下趾墙,防止坡面滑移,单块体丢失或位移,造成整体破坏。

图 7-4-3　绿化混凝土块

7.4.1.2　绿化混凝土块

绿化混凝土块是指将预制混凝土块平整地铺设在岸边,在混凝土块的预留缝中放入土壤并撒上种子,使其绿化,如图 7-4-3 所示。这样不仅可以对边坡起到一定的防护作用,而且对于生态的恢复也有所帮助。

但是,与相同部位普通混凝土岸坡相比,绿化混凝土块防护有一定的负面效果。

(1)防护能力的降低

由于绿化混凝土块的预留缝相对较大,而且预留缝中土体的耐冲刷较弱,这会直接影响到整体的抗冲刷能力。因此在使用绿化混凝土块的工程中,应选择流速较小的库岸。

(2)增加送水流速的阻力

因岸坡面采用绿化混凝土块体并长有植物,与相同部位普通混凝土岸坡相比,沿岸局部段的送水流速阻力可能要增大。如土壤糙率 $n_{土}=0.02$ 左右,混凝土护体糙率 $n_{混凝土}=0.011$ 左右,有植物生长坡面的糙率 $n_{草}=0.03\sim0.04$,因此采用植物防护沿岸局部段糙率大于其他糙率。

7.4.1.3　混凝土块软体沉排

软体沉排的工程结构主要包括排头布、排布、压排混凝土块、系结条等。软体沉排护岸是通过在岸滩上固定排头布,用系结环连接排头布和排布,排布起布垫作用,其上均匀系接混凝土预制块。施工时将排头布固定于枯水平台脚槽内,上面以浆砌块石和干砌块石组合压载,专用沉排船水下铺排后,其上用抛石压排。这样下沉的软体排就形成防护整体,起到保护河床防止冲刷的作用,如图 7-4-4 所示。

图 7-4-4　混凝土块软体排

7.4.2　适用范围

混凝土块护岸适用于土质缓坡波浪冲蚀较严重的区域,相比于干砌石护岸与模袋混凝土护岸,混凝土块对于波浪的冲蚀以及地基不均匀变形的情况有很好的适应能力。在土质缓坡中混凝土块与浆砌石护岸有异曲同工之处,但是其施工工期短,外形更加美观,特别是在石料缺乏地区使得混凝土模块相比于浆砌石护岸更受欢迎。

7.4.3　设计

7.4.3.1　材料控制要求

(1)水泥

根据防护施工图设计的深度和要求可采用相应规格的水泥。但是在实际施工中较多地采用 32.5 级水泥,水泥的各项技术指标必须满足规范要求。水泥在进场过程中宜分批进场,做到既不影响施工进度,又不过多存放。

(2)粉煤灰

粉煤灰技术条件应符合规范要求中“用于水泥和混凝上中的粉煤灰”的相关规定。但是一定要注意覆盖,防止雨淋和扬灰。

(3)碎石

一般采用轧石场轧制的最大粒径不超过 20mm、具有连续级配的碎石。根据实际操作经验,建议采用5~16mm规格的集料,碎石技术条件应符合规范要求。

(4)砂

砂料宜采用天然洁净的中砂,或采用0~5mm的石屑,其技术条件应符合规范要求。

(5)水

用水方面没有具体的要求,饮用水即可。

7.4.3.2 配合比设计

配合比设计是控制好混凝土预制块压制质量的又一关键环节。根据多年的管理经验,总结出在混凝土预制块压制施工前进行配合比设计主要有以下8个步骤和要点:

(1)取工地实际使用的水泥、粉煤灰、碎石、石屑(砂)等原材料,根据《普通混凝土配合比设计技术要求规定》进行基准普通混凝土配合比设计,建议采用体积法计算。

(2)确定粉煤灰用量。按占水泥用量的25%~40%比例的粉煤灰取代部分水泥,按下式计算粉煤灰用量(GBJ 146—90):

$$m_f = m_{\infty} \times \beta \tag{7-4-1}$$

式中:m_f——粉煤灰用量;

m_{∞}——计算的基准水泥用量;

β——粉煤灰替代率。

(3)由于防护工程使用构件厚度较薄,所以应适当调整粗、细集料比例。根据经验,粗、细集料之比在0.85~1.15范围内为宜,也可全部采用细集料。

(4)采用机械压制成型,用水量应较普通水泥混凝土偏低,一般以拌和时不粘工具、不结团为宜。水灰比(水泥+粉煤灰:水)一般不超过0.35。

(5)根据以上方法重新确定水泥、粉煤灰、碎石、石屑(黄砂)和水的比例,并进行试配。

(6)采用ϕ15cm×15cm的圆柱形试件,每组3个试件。试件质量$m=\rho v$,其中,ρ为混合料的理论密度;v为试件的体积。分3层装模,每层灌入后用夯棒轻轻均匀插实。注意,上下压柱均应外露2cm左右,然后放在压制机上成型(即加压到上下压柱都压入试模,持荷1min后解除压力,取下试模,拿出上压柱,放在脱模器上脱模)。

(7)成型后的试件放入标养室养护到规定龄期后,测其强度,确定最终试验室配合比。

(8)根据施工现场各种原材料的含水量,确定施工配合比。

7.4.3.3 混凝土预制块厚度参数

混凝土块护岸在施工中主要的参数是混凝土块在预制时块体的厚度,工程中经常使用的公式为:

$$Q = 0.1 r_b H^3 \left[K_d \left(\frac{r_b}{r} - 1 \right)^3 m \right] \tag{7-4-2}$$

$$t = nc\ (Q/0.1 r_b)^{1/3} \tag{7-4-3}$$

式中:Q——块体重量;

r_b——块体重度(kg/m^3);

K_d——稳定系数,《河道整治设计规范(GB50707—2011)》中规定,河道整治工程中防护工程的稳定安全系数为 1.25；

H——设计波高(m)；

n——护面块体层数；

t——块体厚度(cm)；

c——系数。

7.4.4　施工

7.4.4.1　施工基本方法

混凝土块的施工方法根据混凝土块的形状在模块的制作上有一定的差异，但是混凝土块防护的方法基本一致。

(1)测量放线

①使用全站仪利用施工区测量控制网进行测量放线，确定具体的填土区域，并针对填土边坡确定铺料边线。

②在机械、人工修坡时，随时利用全站仪对边坡进行分区段的测量、校坡，保证边坡坡比符合设计要求。

(2)清基

土方填筑前对填筑区进行地表清理，清除杂草、树木、垃圾，按程序要求及时处理隐伏的坑穴和管线。填筑过程中对后边坡和两侧边坡要随着填筑高度及时清基，清基厚度一般控制在 0.5m。清基过程中若遇到大体积、大厚度的软弱填土、垃圾，大型洞穴、坟墓及时报监理和业主单位，请设计单位确定处理方案。

(3)土方填筑碾压

①土料质量、铺料厚度

填筑材料为砂土，黏粒含量小于 10%，符合设计要求，在填土过程中及时清除土料中所含粒径大于 20cm 的块石。自卸车把土料运至填筑区，推土机在填筑区进行土料推平。按填筑面积随机检查铺料厚度，确保铺料层厚不超过 30cm。

②土料含水量控制

填筑过程中如土料场开挖的土料含水量稍微偏低，运到填筑现场后必须用洒水车现场洒水，以达到较好的碾压效果。如果土方含水量较大，必须等天晴后晾晒基本达到最优含水量时才能碾压。砂土若是抓起成团，落地开花，基本上就达到了最优含水量。

③碾压与检测

当土料含水量基本接近最优含水量时，利用压路机进行碾压。碾压完成后按规范要求进行检测，检测合格后才能进行下一层土料的填筑。对检测不合格的填筑土层必须进行返工洒水、碾压，经复检合格后才能进行下一层土料的填筑。

根据监理工程师指定的区域随机取样，在监理工程师的见证和监督下，由土方施工质检员和检测单位检测人员按照规范要求进行土方填筑压实度取样，并现场签收取样见证单。压实度经现场试验室检验合格后才能进行下一层土方填筑。

土样压实度检测严格按照《公路工程质量检验评定表标准》(JTJ071—98)的要求进行，每一填筑区土样不得少于2组且每2000m^{2}填筑面积取土样不少于4组,压实度满足设计要求距边坡8m内不小于93%,其他部位不小于90%。

④土工布的铺设

在实际工程中,土工布的材料一般选用无纺土工布。在有些工程中会使用加筋土工布。

在混凝土块防护中,主要注意的是:铺放时用人工拉紧,不应有皱折,且紧贴下承层。应随铺随压固,以免被风掀起。土工布的连接采用缝合法,连接的强度要达到土工布的质量。

⑤机械、人工修坡

填筑高度一般控制为3m,用挖掘机在测量人员的指挥下按设计坡比进行机械修坡;各区填筑完成后按马道分高程在测量人员的测控下进行人工修坡。

7.4.4.2 连锁型混凝土块的施工

根据连锁型混凝土护坡所受波浪作用力,一个稳定的护坡系统必须具备一定的技术要求。

(1)铺面块的形状和重量

护坡块体主要是靠自身的重量来维持稳定的,所以铺面块体必须要有足够的单位面积重量。块体的形状在很多情况下直接影响整个护坡的稳定性。除了有效的几何尺寸外,相邻块体之间的铰接产生的摩阻力对整个系统的稳定也是非常有帮助的。

(2)铺面层的透水性

铺面层上产生浮力的主要原因就是面层下面形成的静水压强。所以渗透到滤水层内的水需要尽快排出来,故要求铺面块体应该有较好的透水性。

(3)滤水层的透水性

对整个铺面系统的稳定性,滤水层始终发挥着不可忽视的作用。滤水层除了防止细颗粒流失外还可以使从面层渗进来的水较好地流通,这样可以避免发生过大的浮力。滤水层应有比基土和面层都大的透水性。

(4)阻止波浪爬高的能力

波浪爬高的多少跟坡度和坡面材料的粗糙程度有直接的关系。表面为突出来的曲面的块体与表面平直的块体相比平均能减少15%~20%的爬高值。

(5)阻止独立块体的举起能力

很多情况下波浪可能在局部产生较大的浮力或上拔力,这可能引起个别块体的举起,导致护坡的变形。如果独立块体之间用机械咬合连接起来,可有效避免这种局部破坏的发生。由于连锁效果的存在,当个别块体要发生举起时,一定范围内的其他块体对它起到增加重量的作用。

(6)空隙内填碎石

连锁型混凝土块块体内部和相邻块体之间的空隙内填级配碎石可以有效地提高护坡的抗风浪能力。空隙内填碎石不但可以增加面层的整体性,而且还能阻止滤水层或基土颗粒的流失。

7.4.4.3 绿化混凝土块施工

碎石、水泥按C20配比拌和,用机械或人工的方法制成一定尺寸的块体并铺砌。在经过整坡的土坡面上,再利用绿化混凝土块体表面的孔隙填充复合土(客土)。在设计常水位以上的坡面用液压喷播建植植被,在水位变化区栽植水生植物。经过一个生长季,植被的根系将沿绿化混凝土块体的孔隙生长至块体下面的土坡。这种绿化混凝土护岸由混凝土和植物共同起到护坡、固土的作用。

7.4.4.4　混凝土块沉排施工

(1)概述

详见土工织物中软体沉排的施工介绍。

(2)工程实例

①工程概况

八里湖位于九江市西南部,流域面积 273km²,湖面积约 20km²。东临九江市庐山区,北为九江市开发区,西与赛城湖相邻,南为九江县辖区,与长江之隔不足 2km。八里湖大堤长 3.52km,堤顶高程 20.12m(堤身高约 6m,顶宽 3~4m),防浪墙顶高程 21.12m。该堤防于 20 世纪 60 年代后期建成。由于八里湖风浪大,吹程远,大堤又位于软基上,原有堤防出现堤顶塌陷,内坡严重脱坡,防浪墙开裂等险情。为此需进行加固处理,包括对堤身加固和护坡。在护坡工程设计中,运用新技术设计了工字型预制块。

②方法的选用

本工程主要将浆砌石护岸与混凝土块护岸相比较。

工程造价:浆砌石护坡,厚度需采用 40cm,造价 102 元/m²;预制混凝土块厚度 17cm,造价 106.6 元/m²,预制混凝土块的工程造价比浆砌石略贵。

施工工期:预制混凝土块能缩短工期,加快施工进度,而浆砌石护坡所需工期较长,且八里湖施工工期较紧。

预制混凝土块护坡能有效地缩短工期,外形比浆砌石美观,而费用增加不多,因此决定采用预制混凝土块护坡。同时考虑到八里湖风浪大,为使护坡体更有效地抗击风浪,采用能互相咬合的工字形混凝土预制块护坡。

③工字型混凝土预制块设计

工字型混凝土预制块(以下简称异型块)护坡工程范围为桩号 0+550~0+820,1+000~1+100。迎水面护坡工程从上至下,分别由顶梁、工字型混凝土块和底梁三部分组成。顶梁和底梁均采用 C15 混凝土,沿堤轴线每 15m 分缝;工字型混凝土预制块采用 C20 混凝土,为减小"拐角"应力集中的影响,在结构设计中铺设少量的冷拔钢丝(图 7-4-5)。

④堤身护坡

异型块护坡是迎水面护坡工程的主体,主要由异型块和无纺土工布组成。异型块起抗冲和压重作用,每块混凝土重约 50kg。无纺土工布位于异形块下面,起反滤与抗冲作用。

异型块体的主要作用:

a.异型块体表面粗糙度大,消能作用优越;

b.异型块体彼此嵌合紧密,具有一定程度的整体性,在波浪作用下,稳定所需的实体稳定重量较小;

c.波浪在堤坡上的爬高较低,越顶水量较小,堤岸反射较弱;

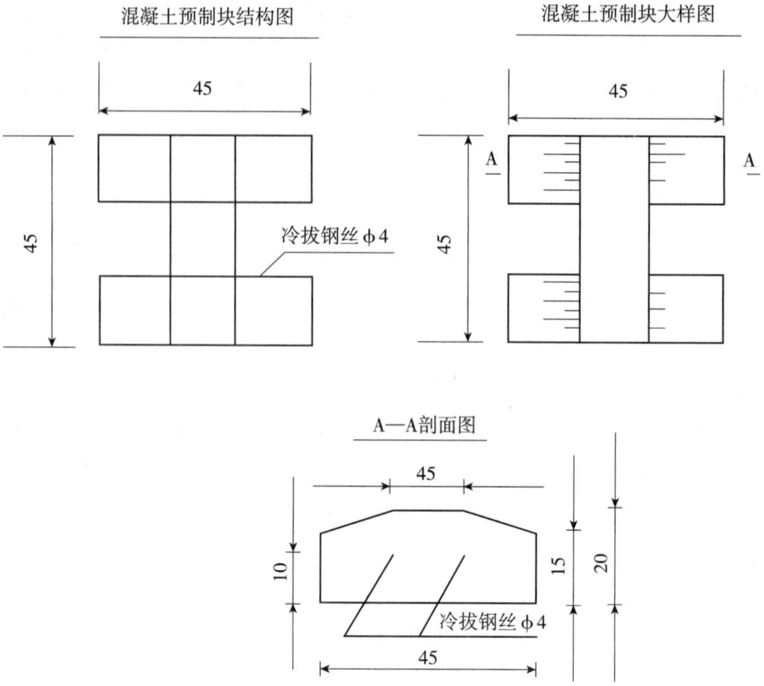

图 7-4-5　工字型预制块结构图(尺寸单位:cm)

d.异形块体可在现场进行预制,可根据设计要求改变单体重量,相比之下,干砌石的开采与运输较为困难。

⑤预制混凝土块护坡设计

护坡厚度按照式(7-4-2)、式(7-4-3)计算。

经计算,预制混凝土块体厚度 $t = 17$cm。

经综合比较,决定采用能互相咬合的异形块,为有效消除波能,同时参考国内已建工程成功经验,拟采用梯形与矩形复合断面。梯形断面高 5cm,矩形断面高 15cm。预制块最大厚度 20cm,平均厚度 15cm。

通过实际工程的比较,发现对于相同的单体稳定重量下的块石护面和混凝土异型块护面,混凝土异形块护面的厚度可以较小,且在施工中更易满足要求,因为它可预制成满足设计条件的各种块体,避免了单体块石不够尺寸或块石大小不一而造成的施工质量难以控制的情况,从而保证了工程的施工质量和工程的安全性。

为避免波浪淘刷基土颗粒引起预制块塌陷破坏,降低工程造价和缩短施工期,护坡预制块垫层采用无纺土工布。为使无纺土工布平整和避免黏土渗出物淤堵,在无纺土工布与土坡之间设 5cm 厚粗砂找平层。根据我国水利工程施工经验,采用土工织物垫层造价为传统颗粒反滤层的 67%,缩短工期约 2/3。预制块采用干砌,工字型卡口相互咬合,达到整体抗击波能效果。湖水位退落时,堤内渗水通过无纺布层纵缝间隙排出,无须设专门排水系统。

⑥工程施工

a.施工方法

工字型混凝土护坡施工方法主要根据施工条件和施工设备、场地确定。施工条件主要包括施工范围大小、湖水位高低、风浪大小、交通运输条件等。施工时,先采用机械修坡,局部采用人工修补,使堤坡达到设计要求。修坡的同时开挖底梁,开挖前用经纬仪、水准仪定位测量,以机械开挖为主,辅以人工修槽清基。经复测验收后,开始浇筑混凝土底梁,施工时可连续循环作业,工效高。

底梁浇筑完成后,在迎水侧堤坡上用 5cm 厚中粗砂找平,其上铺设无纺土工布。无纺布采用拼搭,搭接宽度为 20cm,用双排尼龙线缝合。然后将预制好的混凝土块从底向上铺设,铺设时注意咬口牢固,使构件相连成一个整体。

b.施工质量控制与检验

(a)顶梁、底梁

主要应控制顶梁和底梁的平面位置,并分别对顶、底高程、沿堤轴线每 15m 设施工缝等进行质量控制。

(b)工字型预制混凝土块

大堤迎水面护坡是由大量预制混凝土块互相咬合而成,若预制混凝土块的尺寸误差过大,将影响块间的咬合和施工与运行中的受力状况,使块体间受力不均,降低抗风浪淘刷的能力,甚至给块体施工和运行的安全带来不利的影响。预制块混凝土强度应满足设计要求,不得采用有蜂窝、缺角、断裂等质量有问题的预制块。

7.5　石笼与格宾防护

石笼和格宾防护适用于沿河、沿库路基的坡面、坡脚(或河岸),使之免受洪水、急流和风浪的冲蚀、淘刷,保护沿河工程构造物基础免受冲刷。石笼防护常用于临时的应急措施,不能作为常规的防护措施加以应用。

多用铁丝或镀锌铁丝编制石笼笼体,并用细钢筋做骨架,铁丝直径 3~4cm。普通铁丝石笼可使用 3~5 年,镀锌铁丝石笼可延长到 8~12 年。

石笼一般制成圆柱形,以便于设置时滚动就位。其直径约 50cm,长度视需要而定。也可做成箱形石笼(长 2~3m,宽 1~2m,高 0.5~1m 的长方体)以便于多层堆码。

7.5.1　原理与方法

格宾新型护岸结构具有柔性、透水性好、施工简便、环保、经济性好等特点,又被称为会呼吸的护岸。在防冲刷、生态河道、支挡结构等工程领域中得到了广泛应用。相比于传统的防护工程,格宾防护在反过滤能力、对地基不均匀沉降的适应能力和生态保护能力得到了很大的提升,但是抗冲性和抗侵蚀能力较差。

格宾工艺多用于水利工程的护岸墙体、护坡,其建筑物主体由矩形式网箱作为基本元件叠加而成,类似于堆积木形成的蜂巢型结构;具有良好的生态性、透水性、柔韧性、抗冲性、防浪性等多项优点,在水环境综合治理中受到水利工作者的青睐。按结构形式可分为挡墙、护坡、护底、护脚、水下抛石等。这种防护方式国内叫石笼,国外叫 gabion,翻译中文为格宾,如图 7-5-1~图 7-5-4 所示。

图 7-5-1 石笼的施工现场

图 7-5-2 格宾挡土墙

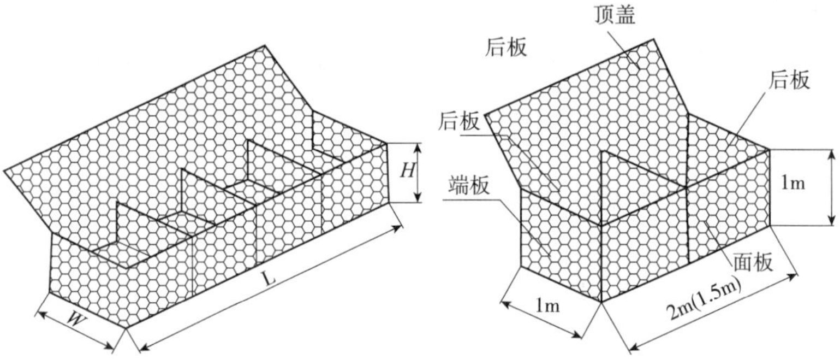

图 7-5-3 格宾的两种型式

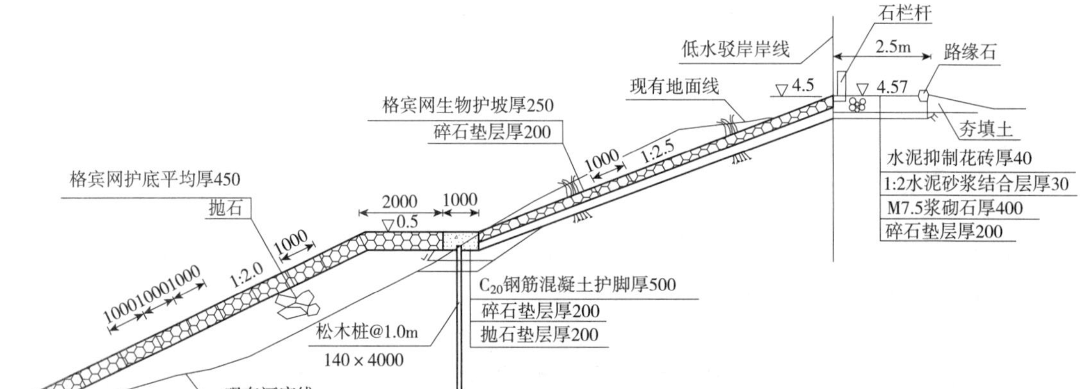

图 7-5-4 生态石笼网垫护坡典型断面图(尺寸单位:mm)

7.5.2 适用范围

因格宾具有治水净化的作用,可广泛应用于水利水电、交通、市政等工程中,如:闸上下游防冲槽护砌石,闸上下游末节护坡护砌石,导流堤或丁坝的表面护砌,以及其他护底、护坡、坡脚、冲沟等的防护。从库岸的角度来说格宾型防护适用于土质或砂土型凹岸顶冲变异区、水流冲蚀性的一般区域以及岸坡比较容易渗水造成一定影响的河岸。

7.5.3　设计参数

7.5.3.1　钢丝的选用

钢丝为重镀锌覆塑,镀锌量不小于245g/m²,覆塑厚度不小于0.5mm;钢丝的抗拉强度应在350~500MPa之间,延伸率不能低于10%;镀锌层的黏附力:当钢丝线具有4倍钢丝直径的轴心6周时,用手指摩擦钢丝,其不会剥落或开裂;覆塑指标:比重1.35~1.4kg/dm³、硬度90~100(邵氏硬度A型);抗拉强度不低于20.6Mpa;断裂延伸率不低于200%、重量损失:温度105℃,24小时后,重量损失小于5%;残余灰烬:小于2%。

7.5.3.2　填充石料的选用

格宾石笼内填料容重要求达到18~19kN/m³,填石为MU30以上硬质岩质块石或卵石,粒径以100~250mm为宜。在工程中所选用的填充石料一般为现场附近的片石、卵石,经过石料原材检验,选用的石料能够满足设计要求方可使用。

7.5.3.3　土工布的选用

为防止回填的砂砾流失,格宾挡墙墙后须设置无纺土工布,克重250~300g/m²,施工折边不小于0.3m。

7.5.3.4　格宾石笼的整体稳定设计计算

(1)格宾石笼的荷载分类及组合

格宾石笼设计为重力式、阶梯式防护时,在不同工作条件下,作用于该类格宾石笼的荷载有:①石笼及其底板以上的填土自重;②破裂体填土面上的各种有效荷载;③土压力;④静水压力;⑤扬压力(浮托力);⑥浪压力;⑦波浪回落时的渗流力、拖拽力;⑧寒冷地区的冰压力和冻土膨胀压力;⑨地震力;⑩其他附加荷载—车辆荷载、人行荷载等临时荷载。

格宾石笼在设计为重力式、阶梯式防护时,其荷载组合和刚性结构的重力式挡土墙的荷载组合基本相同,仅在计算静水压力、扬压力、结构内力时有所不同,其主要区别如表7-5-1所示。

石笼防护体与刚性防护体计算参数的区别　　表7-5-1

类　别	静水压力计算	扬压力计算	结构内力计算
刚性结构的重力式挡土墙	按规范计算	由浮托力和渗透压力组成	进行截面压应力、拉应力及剪应力计算
重力式、阶梯式格宾石笼防护体	除水位骤降外,可按相等考虑	等于浮托力	进行单个石笼的抗滑出、抗倾覆计算

计算作用在重力式、阶梯式格宾石笼防护体上的荷载时,可依据前述规范和手册中的荷载组合表作荷载组合后进行计算,各种荷载计算可参考现行的《水工建筑物荷载设计规范》及

规范手册。

格宾石笼设计为贴坡式防护时,要求岸坡自身应稳定。作用于该类格宾石笼的荷载主要有:贴坡式石笼体自重、摩擦力、浮托力(浸泡于水中时)、渗流力、拖拽力。在摩擦力不能确保贴坡石笼沿坡面方向的抗滑稳定安全性时,可采取措施附加抗滑力。在进行抗滑稳定计算时,其荷载组合为简单的自重、摩擦力、浮托力(浸泡于水中时)和附加抗滑力(如有);在进行单个石笼的抗滑出计算时,其荷载组合为渗流力、拖拽力和摩阻力。当岸坡较陡时,可采用石笼水平放置、逐层向后错台垒码的防护型式,错台宽度按堤岸自然坡度或设计需要的坡度确定。

(2)主动土压力计算

按库仑土压力理论计算,主动土压力计算简图(图7-5-5)及计算公式:

$$E_a = qHK_a + \frac{1}{2}\gamma h_1^2 K_a + \gamma h_1 h_2 K_a + \frac{1}{2}\gamma' h_2^2 K_a \tag{7-5-1}$$

式中:E_a——作用在挡土墙上的主动土压力(kN/m),其作用点距离墙底为h(土压力图形的形心至挡土墙底的距离),其作用方向与水平呈($\delta+\xi$)夹角;

q——作用在墙后填土面上的均布荷载(kN/m²);

H——土压力计算高度(m);

K_a——主动土压力系数;

γ——挡土墙墙后填土重度(kN/m³);

γ'——挡土墙墙后地下水位以下填土浮重度(kN/m³);

h_1——墙后地下水位以上土压力的计算高度(m);

h_2——墙后地下水位至基底面土压力的计算高度(m)。

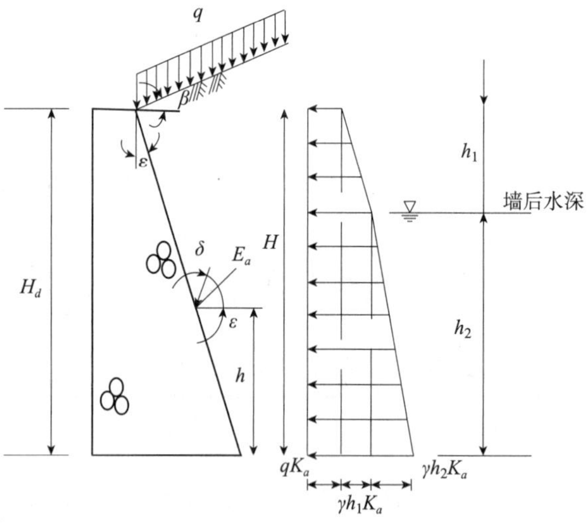

图7-5-5 主动土压力计算简图[27]

其中K_a的计算公式为:

$$K_a = \frac{\cos^2(\varphi-\varepsilon)}{\cos^2\varepsilon\cos(\varepsilon+\delta)\left[1+\sqrt{\frac{\sin(\varphi+\delta)\sin(\varphi-\beta)}{\cos(\varepsilon+\delta)\cos(\varepsilon-\beta)}}\right]^2} \tag{7-5-2}$$

式中：β——挡土墙墙后填土表面坡脚(°)；

ε——挡土墙墙背面与铅直面的夹角(°)；

φ——挡土墙墙后回填土的内摩擦角(°)；

δ——挡土墙墙后填土对墙背的摩擦角(°)。

当墙背垂直($\varepsilon=0$)、墙表面光滑($\delta=0$)、填土表面水平($\beta=0$)且与墙顶齐平时，K_a 可简化为：$K_a=\tan^2\left(45^\circ-\dfrac{\varphi}{2}\right)$。

在《堤防工程手册》中，也按主动土压力公式计算石笼墙护岸所承受的土压力，此时取主动土压力的作用方向与水平面为零夹角；该手册中提出的主动土压力系数计算见图(图 7-5-6)及计算公式：

$$K_a=\frac{\sin^2(\theta-\varphi)}{\sin\theta\ (\sin\theta+\sin\varphi)^2} \tag{7-5-3}$$

式中，θ 为石笼墙的倾角，φ 的意义同前。

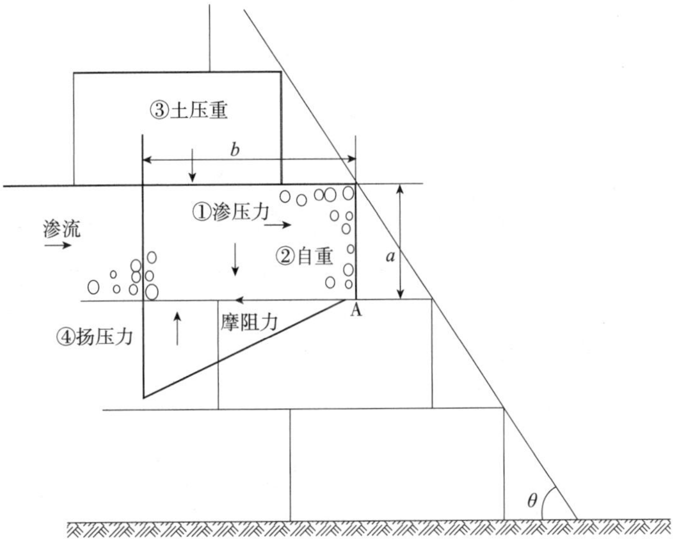

图 7-5-6　石笼砌筑陡墙稳定性分析

该公式实质上是将现行规范和水工设计手册中的主动土压力公式里的参数 δ 和 β 取 0 值后进一步简化得出。按现行规范和水工设计手册中的主动土压力系数计算公式，对于阶梯式、仰斜式石笼护坡(石笼墙)，在取 $\delta=0$ 时，K_a 值最大。

在现行规范和水工设计手册中，δ 的取值见表 7-5-2。另外，铁道科学研究院建议外摩擦角 δ 的选择与墙背斜角 a 有关，在 a 值介于−15°~25°区间时，$\delta=(0.25\sim0.67)\varphi$；填土表面倾角 β 越大，墙的工作条件又较好时，可采用较大的 δ 值。

δ 值表　　表 7-5-2

挡土墙墙背面排水状况	δ　值	挡土墙墙背面排水状况	δ　值
墙背光滑而排水不良时	$(0.00\sim0.33)\varphi$	墙背很粗糙且排水良好	$(0.50\sim0.67)\varphi$
墙背粗糙且排水良好	$(0.33\sim0.50)\varphi$	墙背与填土之间不可能滑动	$(0.67\sim1.00)\varphi$

(3)被动土压力

在水工设计手册中,被动土压力计算公式为:

$$E_p=\frac{1}{2}\gamma_P H_P^2 K_P=\frac{1}{2}\gamma_P H_P^2\frac{\cos^2(\varphi+\varepsilon)}{\cos^2\varepsilon\cos(\varepsilon-\delta)\left[1-\sqrt{\frac{\sin(\varphi+\delta)\sin(\varphi+\beta)}{\cos(\varepsilon-\delta)\cos(\varepsilon-\beta)}}\right]^2}\tag{7-5-4}$$

式中:γ_P——挡土墙墙前填土重度(kN/m^3);

H_P——墙前土压力计算高度(m);

K_P——被动土压力系数;其他符号意义同前。

(4)静水压力计算

静水压力计算公式为:

$$P_s=\frac{1}{2}\gamma_s H_s^2 K_s\tag{7-5-5}$$

式中:γ_s——水的重度(kN/m^3);

H_s——水压力计算高度(m);

K_s——水压力计算系数。

除水位骤降情况外,格宾石笼的墙前后水位可按相等考虑。在水位骤降时,虽然格宾石笼自身具有强透水性,但由于墙后土体内渗流的滞后性,墙前后水位差仍然存在,计算时必须考虑水位骤降时的不利影响。建议可参考《水工挡土墙设计规范》中的条文说明,对于潮汐河道上的挡土墙,其墙前、墙后水位差取相应最不利条件下最大潮差值的1/3~1/2为宜。对于水库或退水迅速的行洪河道上的挡土墙,应考虑水位骤降的影响,其墙前、墙后水位差取相应最不利条件下最大水位差值的1/2为宜。

(5)浮托力计算

格宾石笼所受的浮托力=石笼浸泡于水中的体积×$(1-n)\gamma_s$。

式中:n为石笼填石孔隙率,参考《堤防工程手册》,n可取0.2~0.35。

(6)抗滑稳定性计算

本处主要探讨格宾石笼布置于土基上时,参考现行规范,格宾石笼的抗滑稳定计算公式可采用:

$$K_c=\frac{f\sum G}{\sum H}\quad 或\quad K_c=\frac{\tan\varphi_0\sum G+c_0 A}{\sum H}\tag{7-5-6}$$

式中:K_c——挡土墙沿基底面的抗滑稳定安全系数;

f——挡土墙基底面与地基之间的摩擦系数,可由试验或根据类似地基的工程经验确定,也可根据表7-5-3选用;

$\sum H$——作用在挡土墙上全部平行于基底面的荷载(kN);

φ_0——挡土墙基底面与土质基底之间的摩擦角(°),可按照表7-5-4选用;

c_0——挡土墙基底面与土质地基之间的黏聚力(kPa),可按表7-5-4选用。

f 值 表 7-5-3

地基类别		f 值
黏土	软弱	0.20~0.25
	中等坚硬	0.25~0.35
	坚硬	0.35~0.45
填土、粉质填土		0.25~0.40
砂壤土、粉砂土		0.35~0.40
细砂、极细砂		0.40~0.45
中砂、粗砂		0.45~0.50
砂砾石		0.40~0.50
砾石、卵石		0.50~0.55
碎石土		0.40~0.50

φ_0、c_0 值 表 7-5-4

土质地基类别	φ_0 值	c_0 值
黏性土	0.90φ	$(0.2\sim0.3)c$
砂性土	$(0.85\sim0.90)\varphi$	0

注:φ 为室内饱和固结快剪试验测得的内摩擦角;c 为室内饱和固结快剪试验测得的黏聚力(kPa)。

建议:①石笼墙的受力与刚性结构的重力式挡土墙所承受的荷载存在差异,不可以简单换算后完全依赖现行的挡土墙设计计算软件进行抗滑稳定计算;②计算位于水中的土压力时,必须用土的浮重度代替土的重度;③要注意各个作用力的作用方向和角度。

(7)单个石笼的抗滑出、抗倾覆计算

在《堤防工程手册》中,已对石笼护坡的抗滑出、抗倾覆计算有详细计算说明。实际设计时,所设计的石笼护坡厚度或石笼墙结构型式均满足该手册中要求的抗滑出和抗倾覆的安全尺寸要求。

①抗倾覆稳定

$$K_0=\frac{\sum M_V}{\sum M_H} \tag{7-5-7}$$

式中:K_0——挡土墙抗倾覆稳定安全系数;

M_V——对挡土墙基底前趾的抗倾覆力矩(kN·m);

M_H——对挡土墙基底前趾的倾覆力矩(kN·m)。

②挡土墙基底应力计算

$$P_{\min}^{\max}=\frac{\sum G}{A}\pm\frac{\sum M}{W} \tag{7-5-8}$$

式中:$P_{\min}^{\max}$——挡土墙基底应力的最大值或最小值(kPa);

$\sum G$——作用在挡土墙上全部垂直与水平面的荷载(kN);

$\sum M$——作用在挡土墙上的全部荷载对于水平面平行前墙墙面方向形心轴的力矩之和(kN·m);

A——挡土墙基底面的面积(m^2);

W——挡土墙基底面对于基底面平行前墙墙面方向形心轴的截面矩(m^2)。

7.5.4 施工

7.5.4.1 格宾护坡生态技术质量控制

格宾石笼网在施工时格宾块石生态护坡技术质量控制是保证工程质量安全和生态效果的关键环节,主要技术环节介绍如下:

(1)格宾网笼材料及尺寸形式的质量控制

格宾网笼的材料必须具有耐腐蚀、抗腐化、抗老化、抗紫外线、抗冲刷的特性,符合设计要求的抗拉强度、抗剪强度,格宾网笼的材料质量是保证生态护坡使用寿命和年限的关键因素;格宾网笼的尺寸应合理选择,适应地基变形和河道的平面变化形式,安全实用,经济合理。

(2)清基的质量控制

格宾护坡的清基处理,不仅要满足传统的平整岸坡、清理杂物等要求,为了利于植物生长还要均匀铺撒有机复合肥土等,这将直接关系到工程建设的效果。

(3)土工织物铺设的质量控制

由于格宾护坡材料孔隙较大,为防止水土流失,有必要在格宾护坡材料下设一层土工织物起到反滤的作用;铺设时应保证土工织物平整、无破损,搭接宽度符合设计和有关规定。

(4)土方回填的质量控制

格宾护坡的基底填土质量直接关系到工程的质量和安全,回填标准应符合堤防工程的有关要求,必须确定回填标准,分层夯实,确保工程质量。

(5)绿化的质量控制

岸坡绿化直接关系到治理的效果和河道生态环境的改善,是最能体现工程建设效果的关键工序。首先选择的种植草种要适合河道环境条件,且宜选用平行地面蔓延生长的草种;其次应保证绿化水源的优质和充足。

7.5.4.2 施工

(1)施工工序

格宾作为柔性结构,其施工工序一般是根据工程的实际情况来设计施工工序,格宾施工的一般工序如下:

施工组织准备→测量放线→基础开挖→基底处理→人工清平基底→格宾安装→石料填装→闭合盖子→回填。当基础开挖开始以后就应该准备格宾石料,方便装填时的使用。

(2)施工注意事项

①格宾网的规格质量应重点检查下列内容:格宾网材料的化学性能、力学指标要符合设计要求;网孔孔径符合要求;外涂树脂薄膜质量符合要求。

②网箱的间隔网片与网身成90°相交后,方可进行绑扎,每道组合丝绑扎必须是双股线并绞紧,绑扎间距为15cm。

③所有网箱拐角、相邻边丝、边丝与网面交接处间隔20cm双股绑扎一道。

④必须依次、均匀、分层地向同层的各箱格内投料,严禁一次性填满单格网箱。

⑤每层网箱填石完毕后,需要用细碎石对网箱顶部平整度进行修正后方可进行封盖。

⑥网箱内填石粒径和质量必须符合设计要求。

⑦外露面一层填石必须人工垒砌,需将石料平整砌垒,保证平整度,以保证外观。

7.5.4.3　工程实例

(1)工程概况

高台县地处甘肃省河西走廊中部,黑河干流中游下段。黑河自东向西沿高台县城北侧穿行,是高台县重要的水利命脉。黑河流经高台县城段现状:河道沿岸防洪设施少,防洪标准低,大部分地段处于不设防状态;现有防洪土堤均为 20 世纪 60~80 年代通过群众投工投劳修建,工程质量差,防洪标准低,抵御洪水能力很弱,每当黑河行洪,就会造成“大雨大灾、小雨小灾”的不利局面。

(2)格宾笼石技术在黑河生态治理工程中的应用

①结构形式

在高台县黑河河道防洪及生态治理工程中,护坡结构采用格宾石笼护岸技术,其结构形式为:设计坡比 1:2.25,背水侧坡比为 1:2,格宾笼石厚度 0.3m,网格 1m×2m,坡顶处根据坡长定制网格尺寸,平台采用 0.2m×0.3m 格宾笼石封顶。

②施工方法及步骤

根据工程项目区的实际情况,在河道护岸工程施工中,合理安排施工时间,充分利用黑河断流及枯水期进行施工,及早动手备运石料。在主体工程施工时抓住农闲的有利时机,突击进行笼网石料装填,为保质保量按期完成工程创造有利条件。

a.堤防坡面修整

填筑的堤防边坡均大于设计尺寸 15~20cm,需要进行二次边坡修整,先采用机械粗挖、粗削,然后用人工削坡,再以标准尺寸进行修整达到设计坡比。要求坡面平整、密实,无杂草、树根及明显的隆起和凹陷。

b.石料备运

工程所用的石料都采用石料厂供应商筛选的成品。石料要坚实新鲜,无片状、风化剥落层或裂纹,石料直径不小于 10cm。每个料场都固定专人督促检查、验收,控制粒径、含泥量,从源头上保证网箱石料的质量。

c.格宾笼检测

根据设计参数,选择符合规定的格宾笼网,格宾笼网必须有质量证书以及出厂合格证。材料进场后,建管处委派技术人员对材料型号、规格进行外观检测。网孔孔径满足设计孔径 80mm×100mm,大于设计孔径的偏差率为 3.7%,网丝为 12 号 ϕ2.5mm,边丝为 10 号 ϕ3.0mm。

d.格宾笼安装

石笼单元是成套运至工程现场的,施工人员首先将各片直立,确保各片在准确的位置,然后绑扎石笼的四个角点,绑扎采用绑扎丝。用绑扎丝将隔片和网身进行连接,绑扎连接后方可形成网箱。将石笼网箱按照设计尺寸沿坡度错缝摆设就位,避免出现纵向贯通缝。用绑扎丝将相邻的石笼网箱边沿全部锁紧,使石笼网连成一体,避免镀锌损伤。连接的长度及面积大小根据施工计划和进度确定,原则上不超过 100m²,预留好施工工作面。

e.格宾笼填石

格宾笼箱就位后,采用机械运送石料,人工装石入笼的方法。石料用小型翻斗车拉运至坝顶,用溜槽滑至砌筑面,同时均匀地向同层的各箱格内投料。用人工摆砌平整,填空密实。达到设计厚度后,将石笼网封盖盖上,边沿同样锁紧,以获得美观的表面和防止水流将卵石从网目冲走。

(3)施工质量管理

①质量管理实行项目法人负责,施工单位保证,监理单位控制和政府部门监督相结合的质量管理体系,严格执行基本建设程序,对工程规模、效益、质量、投资进行严格控制。高台县水务局加大对工程质量的监督检查力度,委派专职质监人员深入工地,对工程施工质量现场跟踪检查,发现问题及时纠正。施工单位、建设单位、监理单位按照设计要求及施工规范,严把各项单位工程质量验收关,对工程质量进行了很好的控制。

②质量控制及监测。施工单位、监理单位认真落实质量"三检制",对各项指标按照有关规定进行检验、测量和评定。高台县水务局在整个施工期间经常巡回检查、监督、抽检,使各有关单位的管理职责、质量管理组织机构、质量管理措施、质量检验手段都得到了落实。

7.6 雷诺护垫防护

7.6.1 原理与方法

雷诺护垫与格宾网箱、石笼网箱的区别在于,雷诺护垫的高度较低,结构形式扁平而大;镀层钢丝直径较格宾细,一般有双隔板(钢丝直径 2.0mm)、单隔板(钢丝直径 2.2mm)两种。常用的为双隔板雷诺护垫,其优点为施工方便、做护坡可有效防止石头垮塌、增加结构的抗冲刷能力等,如图 7-6-1 和图 7-6-2 所示。

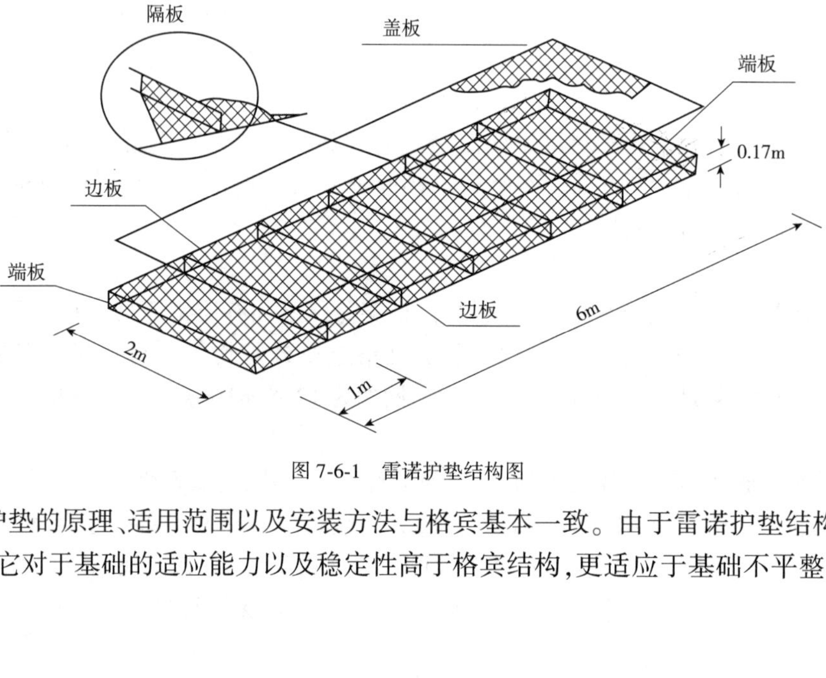

图 7-6-1 雷诺护垫结构图

雷诺护垫的原理、适用范围以及安装方法与格宾基本一致。由于雷诺护垫结构形式扁平而大,因此它对于基础的适应能力以及稳定性高于格宾结构,更适应于基础不平整,沉降较大的情况。

图 7-6-2　雷诺护垫效果图

7.6.2　设计参数

7.6.2.1　雷诺护垫的糙率确定

雷诺护垫的糙率主要由雷诺护垫的结构类型和填石的粒径分布情况以及外包网丝控制。一般情况下不考虑外包网丝的影响,结构类型对雷诺护垫糙率的影响一般结合工程经验来取值。为了简化,雷诺护垫的糙率仅与填石粒径分布有关。根据工程运行情况总结以下经验公式:

$$n=\frac{d_{90}^{1/6}}{26} \tag{7-6-1}$$

式中:n——糙率;

d_{90}——质量百分含量大于 90%的石料粒径。

7.6.2.2　雷诺护垫的填石要求

雷诺护垫的填石粒径范围为 70~150mm。

采用合适尺寸的卵石、片石或块石,空隙率不超过 30%,要求石料质地坚硬,强度等级 MU30,重度不小于 2.5t/m^3,遇水不易崩解和水解,抗风化。对于尖状石块,及风化岩石、泥岩不得用做充填石料。

7.6.2.3　柔韧性与耐久性

雷诺护垫特有的柔性结构设计中采用高伸张率的低碳钢丝,钢丝标准及技术参数:钢丝抗拉强度 350~500N/mm^2,伸长率≥10%;网面钢丝直径 ϕ2.0mm,公差±0.05mm,最小镀层量为 215g/m^2;为加强构件刚度,钢丝面板边端采用直径为 ϕ2.7mm 的边端钢丝,镀层钢丝公差±0.06mm,最小镀层量为 245g/m^2;绑扎钢丝直径为 2.2mm,公差±0.06mm,最小镀层量为 230g/m^2。

雷诺护垫具有很强的柔韧性及适应变形能力,使北方寒冷季节冰的冻涨力对其无影响。同时能够对波浪能量吸收、消散,使水体动能下降,降低了波浪在堤身的爬高以及波浪底流速,能够有效地辅助护岸系统,起到防护作用。

雷诺护垫具有较强的耐久性能。它由具有优良防腐性能的钢丝经过机械编织,组装而成,优良的镀层工艺和编织技术,保证了镀层厚度的均匀性和抗腐蚀性。由于结构的整体性,以及与自然环境融和率强,所以在镀层损失的情况下,不影响结构的稳定性。

根据具体工程需要,钢丝的防腐处理形式主要有厚镀锌、厚镀高尔凡(5%铝锌合金+稀土元素)、厚镀锌覆塑、厚镀高尔凡覆塑。

7.6.2.4 施工要求

(1)结构组成:相邻网格之间隔板为双隔板,除盖板以外,其边板、端板、隔板及底板由一张连续不裁断的网面组成。

(2)镀层附着性:镀层附着力检验采用缠绕试验方法,并应达到如下标准:当钢丝缠绕相当于其自身直径2倍的芯轴6圈时,用手指摩擦钢丝,其镀层不会剥落或开裂。

(3)钢丝缠绕标准:网面裁剪后末端与边端钢丝的连接处是整个结构的薄弱环节,为加强网面与边端钢丝的连接强度,需采用专业的翻边机将网面钢丝缠绕在端丝上≥2.5圈,不能采用手工绞。对于采用了PVC覆塑的钢丝,机械绞边≥2圈。或者以射丝为端丝,以折边代替机械翻边,翻折长度不小于8cm,如图7-6-3a)、b)所示。

(4)绞边技术要求:钢丝必须采用与网面钢丝一样材质的钢丝,为保证连接强度需严格按照间隔10~15cm单圈-双圈交替绞合,如图7-6-3c)所示。

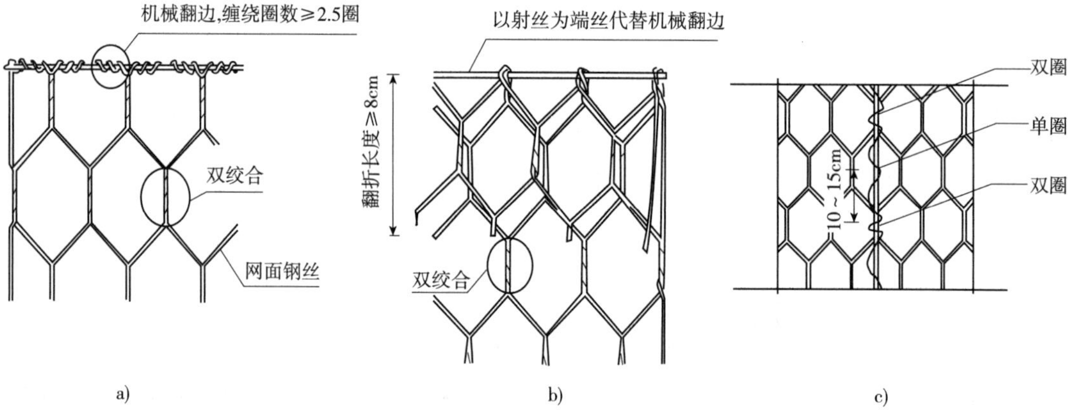

图7-6-3 钢丝缠绕及绞边示意图

7.6.2.5 雷诺护垫厚度的选择

雷诺护垫结构足够的厚度可以保证其具有足够的重量抵抗波浪及水流引起的扬压力。同时能够抵抗水流的侵蚀,一定程度上消减水流能量,保证通过雷诺护垫后的水流流速小于岸坡土体的起动流速,使得岸坡不受冲刷破坏。

波浪高度和河岸坡度是影响雷诺护垫厚度的主要因素,设计时按下式确定:

当$\tan\alpha \geq 1/3$时,

$$t_m \geq \frac{H_s \times \tan\alpha}{2(1-n)\Delta m} \tag{7-6-2}$$

当$\tan\alpha < 1/3$时,

$$t_m \geqslant \frac{H_s(\tan\alpha)^{1/3}}{4(1-n)\Delta m} \tag{7-6-3}$$

式中：H_s——波浪设计高度(m)；

α——河岸倾角(°)；

n——雷诺护垫填石孔隙率(%)；

Δm——水下材料的相对单位重度，$\Delta m=\frac{r_s-r_w}{r_w}$；

r_s——填充石料的重度(kN/m^3)；

r_w——水的重度(kN/m^3)。

大多数情况下，$(1-n)\Delta m \approx 0.1$，所以式(7-6-2)和式(7-6-3)式可简化：

当 $\tan\alpha \geqslant 1/3$ 时

$$t_m \geqslant \frac{H_s \times \tan\alpha}{2} \tag{7-6-4}$$

当 $\tan\alpha < 1/3$ 时

$$t_m \geqslant \frac{H_s \times (\tan\alpha)^{1/3}}{4} \tag{7-6-5}$$

从以上公式可以看出，随着有效波高的增加，雷诺护垫防护厚度也不断增加。在一般情况下，雷诺护垫的厚度为17~50cm。因此，对于尺度较小的波浪，雷诺护垫护坡具有很好的适应性，而对于大尺度波浪，则需要考虑厚度及强度更大的网箱，或者采取其他相应的加强措施以保证工程的安全可靠。

雷诺护垫结构本身作为一种高透水性低保土率材料，需要进一步设置反滤层来有效保护岸坡基土不受侵蚀。通常情况下，采用土工织物来反滤，既能满足技术要求，又具有一定的经济性。为了防止被保护土流失，引起渗透变形，土工织物的等效孔径需要满足以下要求：

当不均匀系数 $C_u=d_{60}/d_{10}<5$ 时，

$$50\mu m < O_{90} < 0.7d_{90} \tag{7-6-6}$$

当不均匀系数 $C_u=d_{60}/d_{10} \geqslant 5$ 时，

$$50\mu m < O_{90} < d_{90} \tag{7-6-7}$$

式中：O_{90}——土工织物的等效孔径(m)；

d_{10}, d_{60}, d_{90}——被保护土的特征粒径，即土中小于该粒径的土质量占总质量的10%、60%、90%(μm)。

为了保证渗透水通畅排出，提高岸坡稳定性，土工织物的渗透系数要满足以下要求[31]：

$$k_g > \eta k_s \tag{7-6-8}$$

式中：k_g, k_s——土工织物及岸坡土体的渗透系数；

η——系数，通常情况下，根据土工织物的不同类型(有纺、无纺)η 的取值在50~1000。

η 反映了各种影响，包括安全系数。不同的研究者和单位根据实验研究曾建议不同的 η 值。根据最新研究成果，参照现行的《水利水电土工合成材料应用技术标准》，建议采用以下准则。

当被保护土级配良好,水力梯度低和预计不致发生淤堵(净砂、中粗砂)时:

$$k_g>k_s \quad (7\text{-}6\text{-}9)$$

当排水失效导致土结构破坏,修理费用高,水力梯度高,流态复杂时:

$$k_g>10k_s \quad (7\text{-}6\text{-}10)$$

7.6.3 破坏机理

7.6.3.1 雷诺护垫结构自身的结构性破坏

(1)上坡面结构往下滑,导致结构之间的压缩破坏。

(2)上坡面结构往下滑,导致底部护坡结构屈曲破坏。

(3)整个雷诺护垫结构沿坡面滑移破坏。

(4)在局部扬压力的作用下个别单元结构被挤出移动破坏,如图 7-6-4 所示。

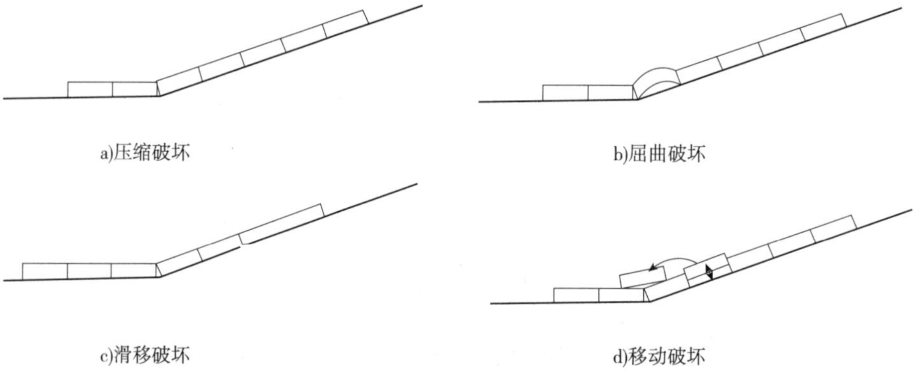

图 7-6-4 雷诺护垫护坡破坏形式

7.6.3.2 岸坡基础土体的破坏

(1)边坡的局部滑动破坏(图 7-6-5)。

(2)受雷诺护垫防护的底部土体被水流冲走。

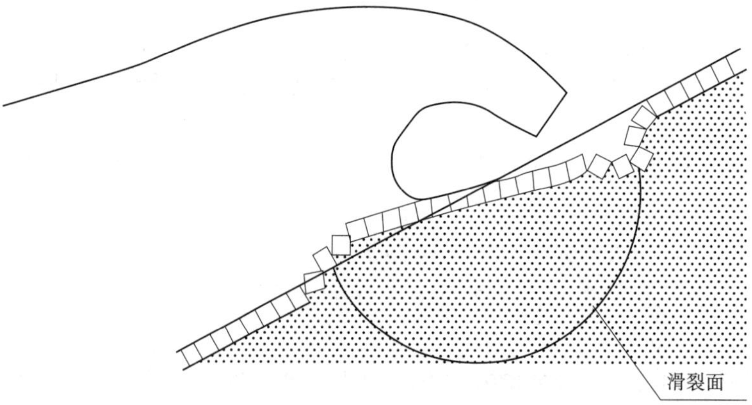

图 7-6-5 雷诺护垫护坡局部滑动破坏

7.6.3.3　结构材料耐久性问题

(1)由于填石不饱满,在波浪力作用下内部移动的石块将网丝剪断。
(2)网丝在水环境下的防腐蚀性能不够导致锈蚀。
(3)网丝在其他外力作用下的断裂。

7.6.4　工程实例

7.6.4.1　工程概况

白竹洲水电站工程位于湖南省桃江县资水干流的下游,是资水干流柘溪下游规划中的第五级,上距柘溪电站135km,下距洞庭湖汇合口59km。距桃江县城24km。坝址控制流域面积26600km^2,占资水流域面积的94.9%。白竹洲水库两岸及支流有部分岩质岸坡,但主要为Ⅰ级阶地的土质岸坡。土质岸坡长度共31.8km,占总岸坡长度的83.7%。土质岸坡中有一部分修筑有堤防,岸坡较稳定,其长度为22km;另一部分9.8km为自然岸坡,坡度一般25°~40°,局部60°~70°,具二元结构,上部为壤土、黏土、粉质土等,厚4~7m,结构较松散;下部为砂卵砾石,厚2~3m,结构松散,胶结较差,自然状态下尚处于较不稳定状态,抗冲刷能力较差。

7.6.4.2　护岸型式

该库岸防护工程采用坡式护岸。综合考虑工程生态、社会经济效益等因素,主要采用生态环保型的雷诺护垫护坡,一小部分采用施工工艺比较简单的混凝土预制块护坡。具体措施:将原有边坡按坡比1∶2进行削超补欠,整平坡面,然后进行护坡和护脚,护岸总长度为8462.1m。

7.6.4.3　雷诺护垫的施工及技术要点

(1)施工准备

雷诺护垫用作护坡,首先按照设计要求进行削坡或者平整铺设面,施工前将表层松土、建筑垃圾、软弱土层、植物根茎等彻底清除。回填土要求:塑性指数宜为10~20,压实度不小于0.9。坡面应达到设计平整要求,要有一定的密实度。现场如果遇到较差的地基土质时(如流沙、淤泥等),应另外进行地基处理。

(2)施工材料

①雷诺护垫

雷诺护垫由专业厂家根据该工程设计要求定型生产。

a.雷诺护垫是由镀高尔凡钢丝经机械编织成六边形双绞合钢丝网制成的网垫结构,按照EN10223-3标准进行生产。

b.做成网垫的钢丝主要由网面钢丝、边端钢丝、绞合钢丝组成,钢丝的抗拉强度、延伸率、最小镀层量、镀层的附着性等几项指标应符合设计要求。所有对钢丝的测试都要求在制成网格之前进行。本工程护坡使用厚度为170mm、宽度为2m的双隔板镀高尔凡雷诺护垫。

②填充石料

a.填充料必须是坚固密实、耐风化的石料，严禁使用风化石。石料质量应符合《水利水电工程天然建筑材料勘察规程》(SDJ17—78)的规定。

b.填充石料应采用坚固、耐久、未风化、粒径级配好的块石或者卵石。

c.填充石料的粒径必须符合设计要求，应控制在粒径在75~150mm之间，可以有5%的石料不符合规定，但不得用于外露面，石料的最小粒径不得小于网孔尺寸(6cm左右)。

③土工布

土工布的类型、单位克重、厚度、抗拉强度、延伸率、顶破强度、垂直渗透系数等指标均应符合要求。本工程采用250g/m^{2}的无纺土工布。

(3)施工工艺

①工艺流程

雷诺护垫的施工，一般可按照工艺流程(图7-6-6)安排作业。

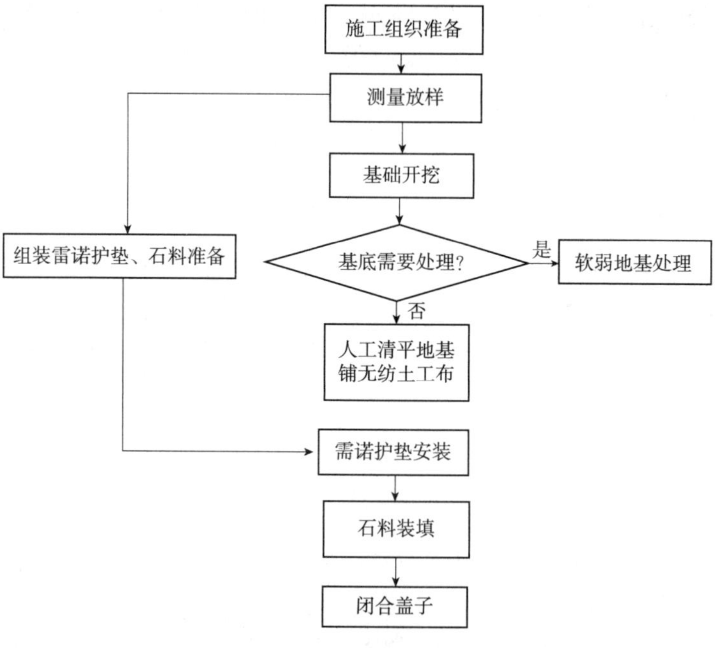

图7-6-6　施工流程图

②无纺透水土工布铺设

本工程为防止雷诺护垫下基床土壤流失，在基床土壤与雷诺护垫之间铺盖250g/m^{2}的无纺透水土工布。土工布一定要铺展均匀，不能有皱波状，搭接宽度30~40cm，顺坡铺设长度大于护坡工作面50~100cm，在河岸施工中尤其要注意土工布是上游压下游。

③雷诺护垫组装

a.取一个护垫单元置于平坦而又坚硬的地面。

b.展开护垫。首先用脚踩住隔板两边，用手拉起隔板，由于折叠造成弯曲部分，应整平底板。

c.立起隔板。对底部没有机械折痕的隔板，用脚往两边踩，然后立起隔板，应注意防止单边踩、踩的位置不准确而造成高度不足及高度不一致。

d.用木板压住边板底部边线,折起边板,确保底板在同一直线上,而且边板有足够的高度。

e.折起前后长边板,用 15cm 长的钢丝绞合隔板与边板、边板与边板相接的 14 个点。组装完毕后的护垫四周边板平整、绞合点牢固、所有竖直面板的上部边缘在同一水平面上。

④雷诺护垫安装

a.完成组装后。将雷诺护垫一个紧靠一个整齐地摆放在坡面上。

b.在坡顶上用长木桩固定住护垫,防止其下滑异位造成顶部不齐。

c.可以通过不绞合长边板,与相邻护垫套进,底板重叠来做成曲线或斜角。

⑤石料装填

a.从坡底往坡顶方向装填,注意逐格装填,避免由于没装填满露出隔板而造成隔板弯曲。

b.同时为了避免单边装填所引起的顺坡方向的边板往两边弯曲变形,边板的两边的石头同时进行装填。

c.考虑到石头的沉降,装填时应有 2. 5~4cm 的超高,而且护垫内装填的石头需用人工摆放,尽量减少空隙率,并确保表面平整。

⑥封盖作业

a.在铺盖子之前,需对装填时造成弯曲的隔板进行校正,对已装填的石头进行平整,最终确保所有横向、纵向边缘在同一直线上、坡面平整、不存在凹陷、凸起现象。

b.铺上盖板,用剪好的 1. 3m 长的钢丝将盖子边缘与边板边缘、盖板与隔板上边绞合在一起,靠在一起的边板边缘以及盖板边缘一起绞合(有 4 条边),绞合时每间隔大约 15cm 单、双圈间隔绞。并且每根剪断钢丝绞合长度不超过 1m,一般绞合 1m 长边缘用 1. 3m 长钢丝。

⑦护垫下滑及拐角处理

a.为防止施工时护垫整体下滑,可在顶部加钉木桩或做混凝土平台,也可在坡底做格宾阻滑块。

b.雷诺护垫的拐角可以通过裁剪的方式来处理。

7.7　土工合成材料防护

7.7.1　方法介绍

土工合成材料在早期曾被称为“土工织物”和“土工膜”。随着土工织物应用领域的不断扩展,合成材料工程性能的不断开发,加工工艺不断创新,越来越多的与土工织物有关的新产品相继问世,并在岩土工程中发挥了巨大的作用。例如土工格栅、土工网、塑料排水板及各种各样的复合材料。由于这些产品已远远超出了“土工织物”和“土工膜”的范畴,因此现在有人把这些层出不穷的新材料合称为“土工合成品”或“土工合成材料”。基于上述原因,目前较为统一的定义是:土工合成材料是以人工合成的聚合物,如纤维、塑料、合成橡胶等为原材料制成的新型岩土工程材料,将其置于土体内部、表面或土、砂、碎石等之间,发挥排水、反滤、隔离、加筋、保护或防渗等作用。土工合成材料大体上可分为土工织物、土工膜、土工特种材料和土工复合材料四大类,每类材料又都具有各自的相关产品,如图 7-7-1 所示。

- 土工合成材料
  - 土工织物
    - 织造
      - 机织(含编织)
      - 针织
    - 非织造(无纺)
      - 针织
      - 热黏结
      - 化学黏结
  - 土工膜
  - 土工复合材料
    - 复合土工膜
    - 复合土工织物
    - 复合防排水材料：排水带、排水管、排水防水材料等
  - 土工特种材料
    - 土工格栅、土工带、土工格室、土工网
    - 土工膜袋、土工网垫、土工织物膨润土垫(GCL)、聚苯乙烯块(EPS)等

图 7-7-1　土工合成材料的分类

7.7.2　土工织物

土工织物又称土工布,它是由合成纤维通过针刺或编织而成的透水性土工合成材料,成品为布状,一般宽度为 4~6m,长度为 50~100m。土工布分为有纺土工布和无纺土工布。土工布具有优秀的过滤、隔离、加固防护作用,抗拉强度高、渗透性好、耐高温、抗冷冻、耐老化、耐腐蚀。

无纺土工布是由长丝或短纤维经过不同的设备和工艺铺排成网状,在经过针刺等工艺让不同的纤维相互交织在一起,相互缠结使织物规格化,让织物柔软、丰满、厚实、硬挺,以达到不同的厚度满足使用要求,无纺土工布具有很好的织物间隙,有很好的附着力。纤维柔软具有一定的抗撕裂能力,同时具有很好的变形适应能力以及很好的平面排水能力;表面柔软多间隙有很好的摩擦系数,能够增加与土粒等的附着能力,可以防止细小颗粒通过阻止颗粒物的流失,同时排除多余水分,表面松软有很好的保护能力。根据用丝的长短分为长丝无纺土工布或短丝无纺土工布。它们都能起到很好的过滤、隔离、加筋、防护等功效,是一种应用广泛的土工合成材料。长丝的抗拉强度高于短丝,可根据具体要求选择使用。

有纺土工布是由至少两组平行的纱线(或扁丝)组成,一组沿织机的纵方向(织物行进的方向)称经纱,另一组横向布置称为纬纱。用不同的编制编织设备和工艺将经纱与纬纱交织在一起织成布状,可根据不同的使用范围编织成不同的厚度与密实度,一般有纺土工布较薄,纵横向都具有相当强的抗拉强度(经度大于纬度),具有很好的稳定性能。有纺土工布根据编织工艺和使用经纬的不同分为加筋土工布和不加筋土工布两大类,加筋土工布的经向抗拉强度远远大于普通土工布。有纺土工布一般实际应用于土工工程项目的加筋增强,主要功能是加固增强,具有平面隔离与保护功能,不具备平面排水功能。可根据具体的使用目的选用。

土工织物的应用贯穿于各种库岸防护之中,现阶段的应用主要分为两种:一是在堤防建设中用无纺土工织物代替传统的天然砂砾料做反滤材料,然后在上面铺设预制混凝土块或块石或种植草皮等做保护层,即称为软体沉排;二是利用有纺土工织物进行防汛抢险的工作。

7.7.2.1　软体沉排

(1)方法介绍

软体排是以土工合成材料为基体,在其上缝加筋条作为压重材料的系结压载式排体,常用在航道工程中,作为防止水流冲刷、保护河床的构件。在排体上按设定间距缝合纵向加筋带,在软体排上压以抛石、预制混凝土块或者联锁块体等作为压重,以防止排体被水或水流漂起或移动。在实际工程中,用专用的沉排船将软体排沉放在预定位置,覆盖于可能发生冲刷的河床或岸坡面上,使河床或岸坡土体与水流隔离开来,免受冲刷,如图7-7-2和图7-7-3所示。

图7-7-2　沉混凝土单元块软体排

图7-7-3　沉链式混凝土块软体排

(2)适用范围

软体沉排在防止水流冲刷、保护河床方面应用十分广泛,根据不同的施工环境大致可以分为四种软体沉排的应用方法:水下施工、水上施工、冰面施工以及防洪抢险施工。

(3)设计参数

软体沉排在设计时首先要对沉排在不同沉排情况下的受力状况进行分析,再根据不同的施工情况进行施工设计。

(4)受力分析

软体排在沉排过程中,存在水流、风浪等诸多影响因素,再加上软体排的特殊结构形式,混凝土块等压重物施加的力,使分析排体受力非常困难。在软体排的铺放过程中,铺设方向难保与水流方向一致,排体与水平面会有一定的夹角;另外实际施工中河水具有一定的流速,会产生动水压力,在此压力影响下,即使铺排船的移动速度小于软体排的下放速度,软体排在水中也不会保持竖直状态。

①动水状态下沉排的受力

当铺排方向与水流方向呈一定角度 φ 时($\varphi \neq 90°$),在动水压力的作用下,即使软体排的下放速度大于移船速度时,软体排在水中也不能保持垂直状态,会出现如图 7-7-4 和图 7-7-5 中所示的形状,此时软体排在水下的形状不规则,准确计算动水压力,以及软体排的受力非常困难,因此须采用经验方法进行估算。

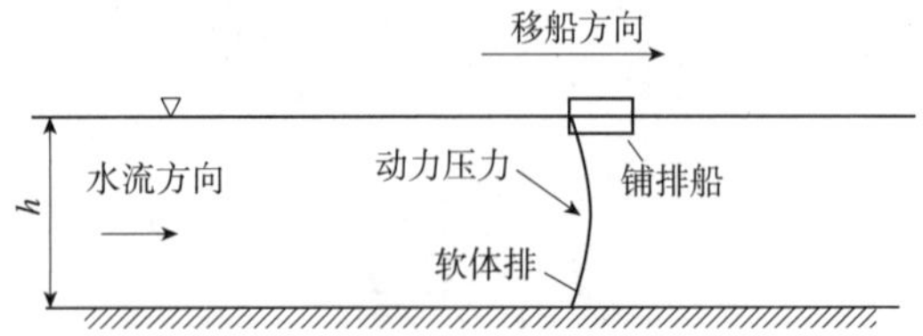

图 7-7-4 软体排水下形状($0 \leq \varphi \leq 90°$)

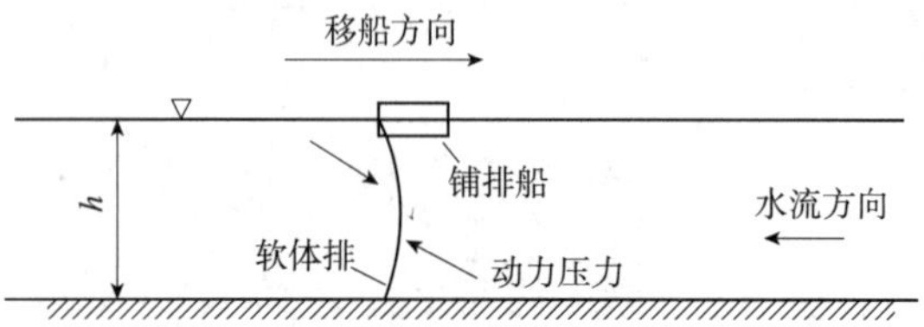

图 7-7-5 软体排水下形状($90° \leq \varphi \leq 180°$)

根据前人的试验结果及表 7-7-1,分别点绘出铺排方向与水流方向一致和相反两种情况下,流速与拉力变幅之间的关系曲线,如图 7-7-6 所示(图中 T_1 为静水中拉力,T_2 为动水中拉力)。

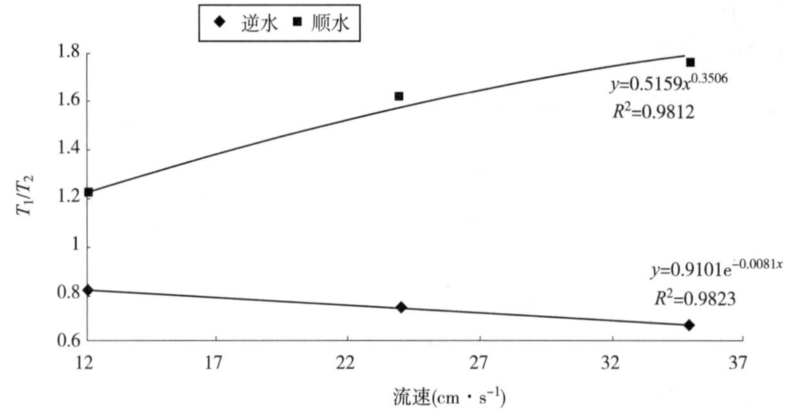

图 7-7-6 铺排方同与水流方同相同和相反时流速与 T_2/T_1 关系曲线

软体排在水流力作用下结构受力(模型比尺 1:18) 表 7-7-1

铺设方向与水流方向	流速(cm/s)	混凝土联锁块压载软体排				砂肋压载软体排			
		面积 S (m^2)	静水拉力 T_1(g)	动水拉力 T_2(g)	T_2/T_1	面积 S (m^2)	静水拉力 T_1(g)	动水拉力 T_2(g)	T_2/T_1
相反	12	40×50	1690	1386	0. 82	40×29	690	587	0. 85
	24	40×52	1700	1292	0. 76	40×84	1610	1191	0. 74
	35	40×67	2160	1469	0. 68	40×95	1775	1243	0. 70
相同	12	35×45	1450	1769	1. 22	40×40	885	1177	1. 33
	24	35×45	1450	2349	1. 62	40×40	885	1398	1. 58
	35	35×45	1450	2552	1. 76	40×40	885	1575	1. 78

由图 7-7-6 可见,铺排方向与水流方向相反时,流速越大,排体所受的拉力减小幅度越大;铺排方向与水流方向相同时,流速越大,排体所受的拉力增大的幅度越大。对顺水流速与 T_2/T_1 之间的关系进行曲线拟合,得出如下关系式:

$$y=0.5159x^{0.3506} \tag{7-7-1}$$

式中:x——模型平均流速 u(cm/s);

y——T_2/T_1。

根据模型比尺(1:18),则 $u/U=23.57$(其中 U 为天然平均流速,m/s)代入式(7-7-1)将模型流速转化为天然流速,可得:

$$T_2/T_2=1.5500U^{0.3506} \tag{7-7-2}$$

根据平均流速与表面流速的关系式:

$$U_m=(1+m)U$$

式中:U_m——表面流速(m/s);

U——平均流速(m/s);

m——系数,在这里取 0.14。

代入式(7-7-2)可得:

$$T_2/T_1=1.4804U_m^{0.3506} \tag{7-7-3}$$

根据(7-7-3)即可计算出各种表面流速对应的动水中拉力与静水中拉力的比值。

如果铺排方向与水流方向呈一定的夹角,则计算软体排在水流方向的投影不为零。设铺排方向与水流方向的夹角为 $\varphi(0\leqslant\varphi\leqslant90°)$,则在动水中水下部分的软体排所受拉力计算式:

$$T_2=(1.4804U_m^{0.3606}-1)T_1\cos\varphi+T_1 \tag{7-7-4}$$

即

$$T_A=[(1.4804U_m^{0.3506}-1)\cos\varphi+1]W_1g(c+h) \tag{7-7-5}$$

式中:T_2——动水时软体排所受的拉力(即水下部分排体 A 点拉力 T_A);

T_1——静水时软体排所受的拉力;

W_1——链条单位长度的水下重量;

c——悬链线参数。

水上部分受力,令 $\eta=(1.4804U_m^{0.3506}-1)\cos\varphi+1$,可得软体排与船舷相切位置的拉力计算式:

$$T_B=\sqrt{(W_1g\eta)^2c^2+\left(W_1g\eta+W_2g\frac{H}{h}\right)^2(h^2+2hc)} \tag{7-7-6}$$

设移船速度为 $v_{船}$,放排速度为 $v_{排}$($v_{船}>v_{排}$),则任意时间 t 时,相对移船位移为 $\Delta x=v_{船}t-v_{排}t$,不同 $\Delta x/h$ 时对应的 c/h 的值,结果列于表 7-7-2。

船在静水中移动时,软体排在水下部分成半悬链线状态,因此首先采用悬链线原理来分析和计算在水下部分的软体排的受力情况。一条均匀、柔软的绳索,两端固定,绳索仅受重力的作用而下垂,这条绳索在平衡状态时的曲线形状就是一条悬链线。因此,在移船过中,软体排呈现的形状是半个悬链线。

Δx/h—c/h 关系数值 表 7-7-2

$\Delta x/h$	0.025	0.05	0.075	0.1	0.125	0.15	0.175	0.2	0.2250	0.25
C/h	0.0052	0.0126	0.0213	0.031	0.0439	0.0575	0.0729	0.0909	0.1105	0.1328
$\Delta x/h$	0.275	0.3	0.325	0.35	0.375	0.4	0.425	0.45	0.475	0.5
C/h	0.1578	0.1851	0.218	0.254	0.2951	0.3417	0.3949	0.456	0.5262	0.6075
$\Delta x/h$	0.525	0.55	0.575	0.6	0.625	0.65	0.675	0.7	0.725	0.75
C/h	0.7027	0.8143	0.9468	1.091	1.2813	1.5123	1.7995	2.1619	2.6281	3.2412
$\Delta x/h$	0.775	0.8	0.825	0.85	0.875	0.9	0.925	0.95	0.975	
C/h	4.0698	5.229	6.9194	9.525	13.847	21.8039	38.9941	88.111	353.339	

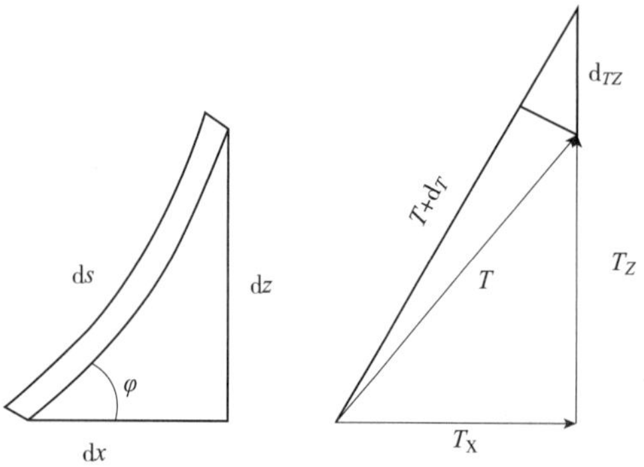

图 7-7-7 体排微段受力分析图

假设软体排水下部分长度为 s,单位长度水下重最为 W_1,任意一点的拉力为 T,且水平分力 $T_x=T_0$,垂直分力为 T,取任一微段,进行受力分析(图 7-7-7)。

引入 $c=\dfrac{T_0}{W_1}$作为悬链线参数(具有长度的量纲),其曲线方程为 $z=c\left[sh\left(\dfrac{x}{c}\right)-1\right]$。进一步变形可得 $s=\sqrt{z(z+2c)}$,则此时水下部分排体的拉力公式为:

$$T=\sqrt{T_X^2+T_Z^2}=\sqrt{(W_1c)^2+(W_1s)^2}=W_1(c+z) \tag{7-7-7}$$

软体排的排体所受到的拉力与船移动的速度和软体排铺排的速度有关,当放排速度一定时,随着移船速度的增大,软体排所受到的拉力也将增大。

设移船速度为 $v_{船}$,放排速度为 $v_{排}$,这里 $v_{船}>v_{排}$,则在任意时间 t 时,相对移船位移为 $\Delta x=v_{船}t-v_{排}t$,软体排悬起部分的长度为 s,它的水平投影长度为 x,铺排船据河底距离为 h,则可建立如下关系式:

$$s=h+(x-\Delta x) \tag{7-7-8}$$

即

$$\Delta x=h-(s-x) \tag{7-7-9}$$

根据悬链线公式 $z=c\left[sh\left(\dfrac{x}{c}\right)-1\right]$和 $s=\sqrt{z(z+2c)}$,并令 $z=h$,对式 7-7-9 变形可得:

$$\frac{\Delta x}{h}=1-\left\{\sqrt{1+\frac{2c}{h}}-\frac{c}{h}\ln\frac{1+\dfrac{c}{h}+\sqrt{\dfrac{c}{h}\left(1+\dfrac{2c}{h}\right)}}{\dfrac{c}{h}}\right\} \tag{7-7-10}$$

可由式 7-7-10 计算出不同的 $\Delta x/h$ 时对应的 c/h 的值,从而得到 $\Delta x/h$ 随 c/h 变化的曲线,见图 7-7-8。

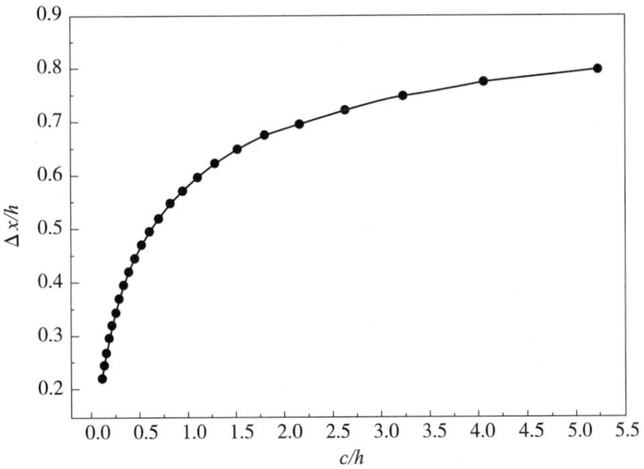

图 7-7-8　$\Delta x/h$ 随 c/h 变化曲线[37]

由式(7-7-7) $T=W_1(z+c)$,即可计算出静水中不同水深,不同移船距离 Δx 对应的软体排水下部分承受的拉力 T_A。

②软体排水上部分的受力分析

由于软体排与船舷相切部分的拉力最大,因此必须考虑软体排水上部分的受力情况。如果软体排全部下水,如图 7-7-8 所示,则可利用式 7-7-8 计算出情况下的软体排的受力:

$$T_A=W(c+h) \tag{7-7-11}$$

式中:W——软体排排体的单位长度水下重量(N/m);

c——系数;

h——水深(m)。

如图 7-7-9 所示,河水水位位于 A 点,水上部分为 AB 段,可看成直线段对其进行受力分析,AB 段所承受的力有:水下部分拉力 T_A,船舷对软体排排布的拉力 T_B,以及 AB 段软体排自重 W_2,建立力学平衡方程:

$$T_{BX}=T_{AX} \tag{7-7-12}$$

$$T_{By}=T_{Ay}+W_2S_2 \tag{7-7-13}$$

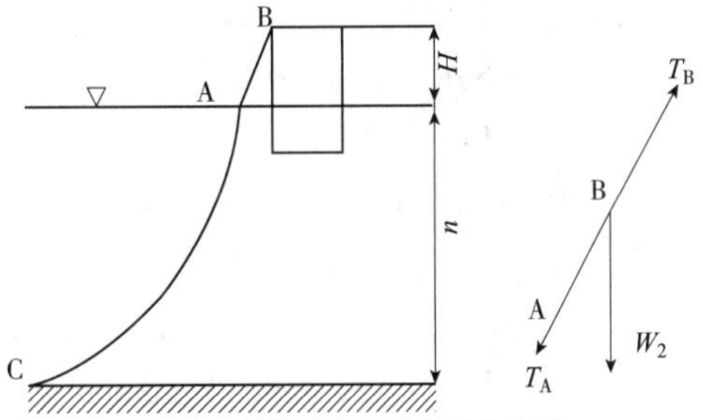

图 7-7-9　软体排水上部分受力分析

式中:T_{AX}、T_{Ay}、T_{BX}、T_{By}——A 点、B 点水平方向和竖直方向的分力;

W_2——软体排水上部分重量(N/m);

S_2——AB 段软体长排。

由分析可知:

$$T_{AX}=W_1c \tag{7-7-14}$$

$$T_Ay=W_1S_1 \tag{7-7-15}$$

式中:S_1——AC 段软体排长度(m)。

假设$\frac{S_1}{S_2}=\frac{h}{H}$,则

$$T_B=\sqrt{T_{BX}^2+T_{By}^2}=\sqrt{W_1^2c^2+\left[W_1\sqrt{h(h+2c)}+W_2\frac{H}{h}\sqrt{h(h+2c)}\right]^2} \tag{7-7-16}$$

$$T_B=\sqrt{W_1^2c^2+\frac{(h+2c)}{h}(W_1h+W_2H)^2} \tag{7-7-17}$$

设移船速度为$v_{船}$,放排速度为$v_{排}$,则在任意时间t时,相对移船位移为$\Delta x=v_{船}-v_{排}t$,根据图7-7-8可得出对应的c/h的值,即可求出c值,由公式(7-7-17)即可求出任意时刻软体排所受拉力T_B。

(5)施工

软体排施工流程一般为:

①铺排船定位:将铺排船定位至设计的铺排区域;

②卷排:利用吊机将排布平滑卷入到滚筒上;

③混凝土联锁块运输:通过运输船,将混凝土联锁块从预制厂运输到施工现场;

④混凝土联锁块吊装:在起重工的指挥下,混凝土联锁块采用桁架固定,将其由运输船吊至排布的指定位置;

⑤软体排绑扎:混凝土联锁块吊装后,将混凝土联锁块的联接绳与排布的系结环绑扎在一起,使混凝土联锁块和排布构成一个具有柔性的整体;

⑥软体排沉放:在混凝土联锁块横向吊装并绑扎一排后,调整船体的滑板,使其处于45°倾角,并松开卡排梁及滚筒,缓慢、匀速移船,利用混凝土联锁块自重使软体排沿着滑板徐徐沉入河床底部。

(6)水下沉排的工程实例

①工程概况

长江南京以下12.5m深水航道建设工程主要由软体排护底和抛石筑坝组成,护底工程主要由混凝土联锁排组成,其中混凝土联锁排由排布和混凝土联锁块构成,软体排平面位置如图7-7-10所示。在一期工程中,施工区域四个标段铺排总量达1370万m^2,铺排单项投资造价达17.8亿元,占工程总概算的34%。

②排布

排布也称土工织布,起到隔离泥沙、防止淘空、防水渗透、反滤、抗冲等作用。由于排布较轻,无法沉入到江海河床底部与河床紧密黏附,故需在其上压载较重的混凝土联锁块,从而对排布提出了更高的质量要求。通常排布采用500g/m^2复合布结构形式,由350g/m^2的长丝机织布复合150g/m^2的无纺布而成,排布沿排宽方向每隔50cm设有1根或2根宽5cm的纵向丙纶加筋条(根据混凝土联锁块重量决定加筋条数量和宽度),用于固定系结环和增加土工织物的抗拉强度,其长度与排布长度相同。

③混凝土联锁块

混凝土联锁块由C30混凝土块和连接绳构成,平面形状呈正方形,应用最多的混凝土联锁块尺寸为48cm×48cm×12cm,混凝土联锁块单元结构如图7-7-11所示。混凝土联锁块通过

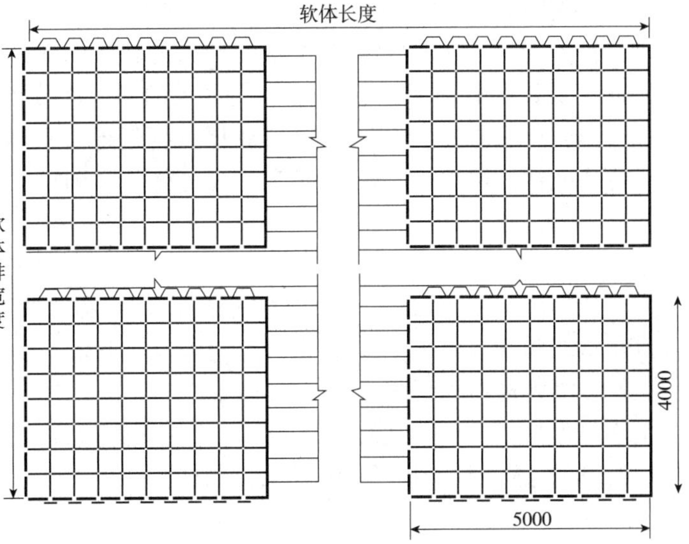

图 7-7-10　混凝土联锁排平面位置(尺寸单位:mm)

连接绳预制串联成片,用 1000t 左右运输船运至施工现场,成片吊装并放置在铺排船排布上,与之连接后沉入河床底部。

④施工工序

a.铺排船定位:将铺排船定位至设计的铺排区域;

b.卷排:利用吊机将排布平滑卷入到滚筒上;

c.混凝土联锁块运输:通过运输船,将混凝土联锁块从预制厂运输到施工现场;

d.混凝土联锁块吊装:在起重工的指挥下,混凝土联锁块采用桁架固定,将其由运输船吊至排布的指定位置;

e.软体排绑扎:混凝土联锁块吊装后,将混凝土连锁块的连接绳与排布的系结环绑扎在一起,使混凝土联锁块和排布构成一个具有柔性的整体;

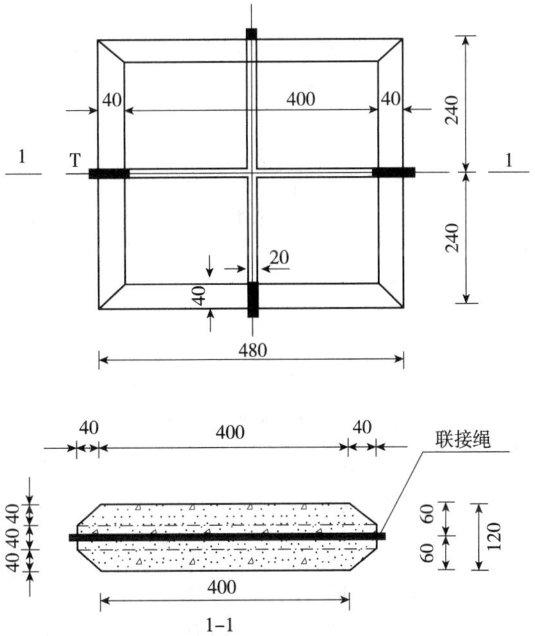

图 7-7-11　混凝土联锁块单元结构(尺寸单位:mm)

f.软体排沉放:在混凝土联锁块横向吊装并绑扎一排后,调整船体的滑板,使其处于 45°倾角,并松开卡排梁及滚筒,缓慢、匀速移船,利用混凝土联锁块的自重使软体排沿着滑板徐徐沉入河床底部。

(7)冰上沉排的工程实例

①工程概况

双城市松花江干流堤防位于取城市西北部,松花江干流右岸。该地区属于大陆性气候,冬季长而寒冷,最大冻土深度 2.0m,水面冻结冰层厚度平均为 1.0m。

1999年2月在双城市松花江三家子、新开口、卡脖子三段护岸工程中首次采用冰上大面积软体沉排技术。三段护岸的水下地形陡峻,有些陡的地方的坡比不到1∶1,冲刷也很厉害,深泓线离岸边很近。冰上沉排的总面积达5.46万m^2,最大的一块连接排布面积为2.82万m^2。软排施工成功,运行也相当成功。经实践证明,软体沉排效果非常不错,软排的位置固定,水流的流向改变,深泓线往左岸移,这与往年的深泓线往右岸移有明显的对比。

②设计要点

a.设计依据

沉排护脚的设计需依据险工段的河势,地形的水流条件进行,例如按照水下河槽逐步达到稳定的要求确定沉排形式和各部尺寸,从结构上避免深水条件下冰上大面积排体在沉降过程中发生散排、卷排、滑排等种种不利情况。

设计前的测量要求更为严格,更为准确无误。为此,需组织人员详勘护岸的地质及详细测量水下地形(间距为50m),为设计提供了可靠的设计依据。

b.排型选择

采用的排型为软体沉排,排布为单面编织布,编织布用加筋带加强,排布上面用栅块石和编织袋装砂压重。三家子、卡脖子的护岸在枯水位以上及有冰凌冲击的水位变化区的地方放置块石。纵向放置ϕ40cm的冲砂袋,间距2m,中间置ϕ30cm的装砂袋,长1.5m,横向(顺水流方向)放置ϕ30cm的装砂袋,长1.5m,间距2m。

c.排长的确定

排长系排体与水流正交方向,自排首到伸入水中的排尾长度。当主流靠近岸边时按公式计算排长,当河床稳定时按稳定边坡设计长度。然后根据两种方法得出的结果进行比较后确定最后的排长。

$$L = aL_1 + L_2 + L_3 \tag{7-7-18}$$

式中:L——排长(m);

L_1——施工期冰面以下到最大冲深的长度(m);

L_2——考虑排长冲刷的安全长度取2.0m;

L_3——冰面以上至排首与护坡连接的长度(m);

a——地形因素系数,取1.1。

根据安全坡比在地形图量取,安全坡比为1∶4~1∶5。

考虑地形的变化及工厂加工的简便化,分段内的排长尽量取相同的长度。

根据险工段的不同地形和预计达到的最大冲深确定三家子段的排长为24m至30m,腰崴子段的排长为24m,卡脖子段的排长为20m至24m。

d.排宽的确定

排宽是指顺水方向一次沉放的单块排体的宽度。单块排宽根据本工程的实际情况确定,排宽可大也可小,但整体性要好,施工进度快,反之搭接缝多。排和排之间用加筋带来连接,加筋带的扣环用粗尼龙绳连接以便防止散排。在接缝处要用砂袋长垄来压载。排与排之间的搭接宽度为0.5m。

③沉排结构设计

排布的作用:一是与栅网块石和砂袋共同起防冲、防基土流失,因此要恰当选择其孔径;

二是承担排体下沉时的部分拉力。

对于沉排所用的土工织物,在一般情况下,水流与织物平行,只有在水流受阻产生向下的动水分力和土工织物孔隙过大时方能将河床土粒带出;而土工织物又处于水下,高水位时的小波浪对它的作用很小,石笼中的孔隙流速亦不大。

根据国内外一些室内外的研究,在本工程黏性土条件下排布土工织物的孔径选择采用以下准则:

$$O \leqslant 10D_{90} \tag{7-7-19}$$

式中:O——土工织物有效孔径(mm);

D_{90}——被保护土中按重量占总重90%的较小颗粒中的最大者的粒径。

土工织物所受的拉力为施工时排体下沉过程中产生的拉力。软体沉排下沉时,排布与压载体同时下沉,但不同地点上的软排下沉速度在排宽和排长上分布不均匀。所以排体受力条件难以计算。可以近似地认为,排长方向上的压力为沿排长方向上各点下沉速度不同时产生的拉力。沿排长方向上的拉力在排体刚要接触和未接触坡面时最大,此时没有排布与地面上的压力。排长上加筋带的根数根据软体沉排的下滑力计算得出。

沉排排宽方向上的受力条件更复杂。有可能一部分排先沉下去,另一部分排在冰面上,此时排的排宽方向上产生的拉力一部分由布置在排宽方向的加筋带承担,一部分拉力由排布本身承担。因排布本身有一定的强度及伸长率(21.4%),所以,沉排时不至于散排、落排。设计中采用SL-4型编织布,编织布质量239g/m^2,经向断裂强度40kN/m,纬向断裂强度34kN/m。

盖重装砂袋采用SL-2型,重量150g/m^2,经向断裂强度23kN/m,纬向断裂强度10.5kN/m。

④施工要点

软体沉排施工是在冰上进行,与常规的护岸工程不同。

a.清除岸边清除冰块及堆雪

组织人力清除冰块及堆雪,岸边的清理宽度为3m左右,为挖沟槽及排头压石作准备,清理出的堆雪可堆放到离排尾3m处。

b.根据施工现场的地形铺排

铺排要平整,避免出现皱折,排与排之间用加筋带连接,加筋带的扣之间用粗的尼龙绳连接,以免散排。铺排是软排工程的重要环节,在施工现场派工程技术人员专人负责。在工程技术人员的指导下,根据图纸,一片一片逐一铺设。然后,专人仔细检查。由于岸边的形状不一样出现大弧度的凹岸,排与排之间的连接出现三角形的形状,应准备相应面积的排布予以补救,提前向厂家联系加工这样的排布。

c.加载

排布铺完开始压载,先压排尾的冲砂袋及纵向(垂直与河流)的冲砂袋,后摆放块石,用余留的筋绳捆扎栅网,使排布、块石成为一体。最后放装砂袋,人工装砂袋预留的拉紧绳按要求绑紧。

d.沉排

为使排体一次下沉,首先在靠近排尾处每隔2.0m开凿一个冰眼,在排体上下游端各开一个水槽,开水槽不应将冰层打穿,不应冒水,槽底余留20cm左右的冰厚。

7.7.2.2 防汛抢险

(1)方法介绍

土工织物具有强度高、重量轻、不怕水、成本低、到位快、保土排水、抗冲耐磨等优点，是防汛抢险工程的理想材料。

汛期堤坝工程经常出现的险情有：风浪冲击堤坝使堤防迎水面大面积坍滑、水流顶冲坍岸、管涌、流土、高水位堤后坡散浸流土滑坡以及堤脚泡泉群涌水等。抢险的基本方法是迎水面采用软体沉排护岸与堵漏，背水面采用软体排排渗，排体采用防滑编织袋装土压载或长枕袋装土压载。

(2)具体措施

①高水位大面积风浪险工抢护

有些河道的堤防断面、标高都符合标准，但是堤防土质较差，在风浪作用下极易受到冲刷，高水位往往危及堤防安全。这种情形发生时往往战线很长，防护困难，费工费料。利用土工织物抢护的方法是在临坡面铺挂抗老化土工膜软体排，一布一膜土工布，铺设时布朝上、膜朝下。上部固定在堤顶，下部护至波谷以下60cm，也可考虑下部护至险情水位以下1m。采用宽幅土工布（4~5m 幅宽）制排非常方便，挂排方式如图 7-7-12 所示。

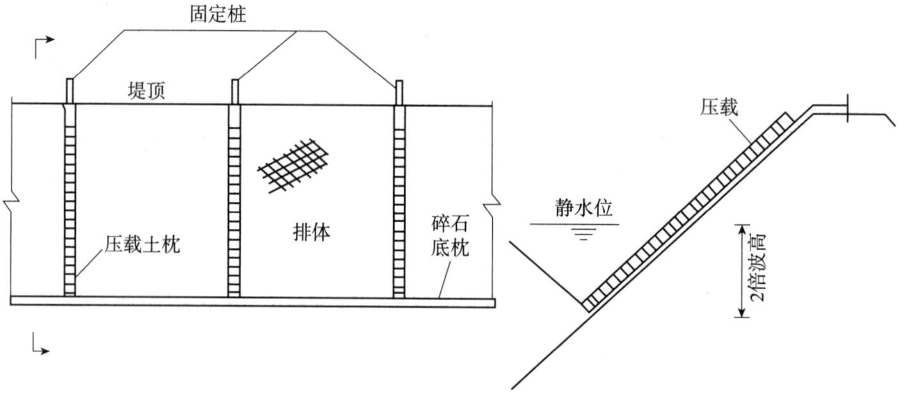

图 7-7-12　风浪险工抢护布捧示意图

这种抢险方法的优点是布排迅速，洪水过后马上拆除，下次可以再用。铺设时先在堤顶开沟填土或打桩，用以固定排体上部，再依靠排体的底枕将排体滚铺在坡面上，视情况在排体上每隔 3~5m 压一组装土防滑编织袋。每片排体之间搭接 50cm，搭接处必须有压载。

②水流顶冲坍岸险工抢护

河道行洪期间，河堤坐弯迎溜处，由于漓势上提下挫，造成堤岸下部坍塌而出现险工。岸坡刚出险尚未坍塌成陡坎时，为了防止险情发展，只需在险工位置上挂沉编织布软体排直至河底，即可防止土堤坍塌。如果险情已经发展到一定程度，岸坡已经出现严重坍塌时，则挂排范围必须扩大，上游侧的第一块软体排的位置必须伸过险工处 5m 以上，才能避免水流从排下穿过冲刷堤坡。由于岸坡已经冲成陡坎，散抛的压载土枕容易被水冲走，不能正确到位，为此要求所有纵向压载处都用编织布缝的纵向长管袋；编织布排体也作为长管袋的一部分，排体就位后再往长管袋中推填装土，如图 7-7-13 所示。

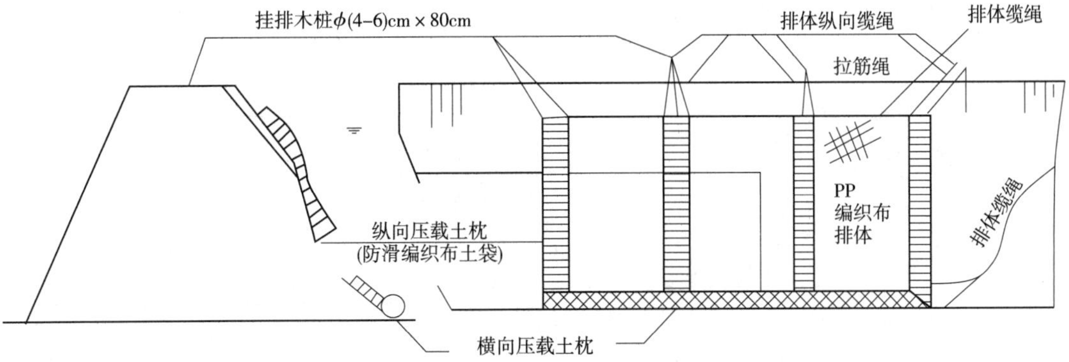

图 7-7-13　岸坡塌岸险工抢护

③漏洞抢护

由于堤身填土质量不佳,或堤内有裂缝、洞穴等隐患,在高水位作用下,使大堤背水坡或堤脚附近发生穿堤流水孔洞。水流由小到大,由清到浑,造成堤身出现蛰陷、坍塌,这是一种严重险情,不及时抢堵易形成溃堤。抢堵的方法是进口封堵断流,出口设反滤围井,抬高出口水位,降低甬道流速,截住流道泥沙。

进口封堵采用一布一膜土工布制成堵洞软体排,一般排体宽 5m,沉入上游坡面,两边用防滑编织布袋装土压载,防止排体移动即可止水,如图 7-7-14 所示。

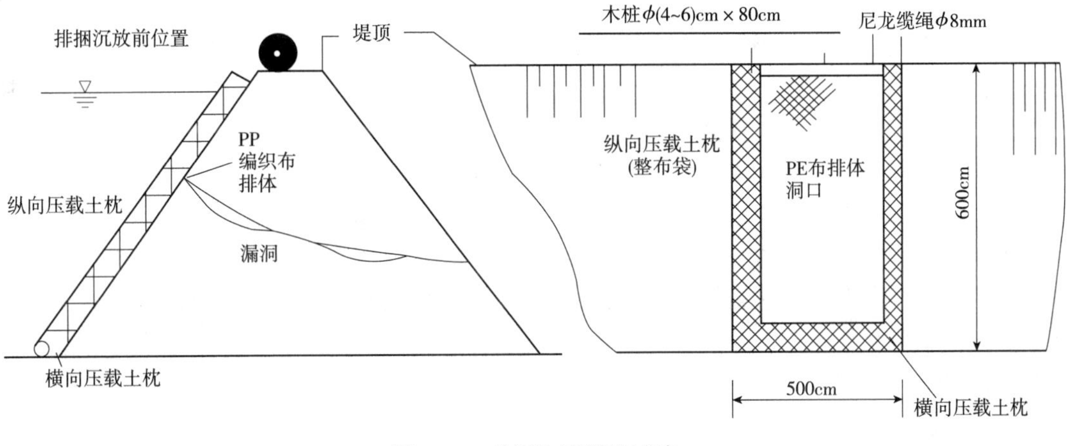

图 7-7-14　临河坡封堵漏洞方案

出口平差排水截沙方法是在背水坡的洞口用编织布做滤水排体(5m×5m),四周压载后,再在排体上用防滑编织袋装土建成滤水围井。井内投入碎石压载,厚度 20~50cm,如果滤土无上抬现象,也可以不填碎石。对编织布的要求是保沙滤水,太密太稀都不行。一般可用12×10 密度的平织编织布,有效孔径 d_{90} = 0. 25~1. 0mm,渗透参数大于 10 倍土壤渗透系数。围井的高度视洞口压力大小而定,没有强烈的翻沙冒水现象即可。围井的净面积一般 1. 5~3. 0m^2,与漏水量大小有关,水量大的面积要大一些,如图 7-7-15 所示。

④管涌、流土抢护

对于强透水的砂层或砂砾石层堤基,当遇到高水位时,易发生管涌或流土现象。一旦出现管涌、流土现象,则堤身堤基的细颗粒土壤被带走,堤身蛰陷坍塌,严重时导致堤坝溃决。

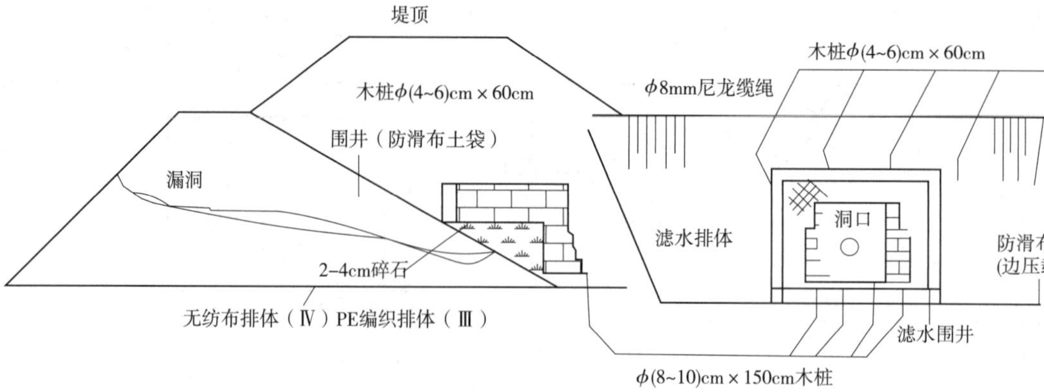

图 7-7-15　背河坡封堵漏洞方案

采用土工织物措施抢护时,首先在管涌、流土范围内进行清理平整,清除尖锐杂物。然后用透水材料如粗砂、碎石填平涌水泉眼;铺 300~400g/m^2 的非织造布,块与块相互搭接好,四周用人工踩住土工织物嵌入土内;再由四周向中心用透水性材料在土工布上铺压厚 20~50cm,其厚度视水压力大小而定。土工布铺设范围应超出泉眼 0.5m 以上,形成中间高四周低,并在管涌区用土修围墙。

7.7.3　复合土工膜

复合土工膜是以塑料薄膜作为防渗基材,与无纺布复合而成的土工防渗材料,它的防渗性能主要取决于塑料薄膜。目前,国内外防渗应用的塑料薄膜,主要有聚氯乙烯(PVC)和聚乙烯(PE),它们是一种高分子化学柔性材料,比重较小,延伸性较强,适应变形能力高,耐腐蚀、耐低温、抗冻性能好。其主要机理是以塑料薄膜的不透水性隔断漏水通道,以其较大的抗拉强度和延伸率承受水压和适应被防护体的变形;而无纺布亦是一种高分子短纤维化学材料,通过针刺或热黏成形,具有较高的抗拉强度和延伸性,它与塑料薄膜结合后,不仅增大了塑料薄膜的抗拉强度和抗穿刺能力,而且由于无纺布表面粗糙,增大了接触面的摩擦系数,有利于复合土工膜及被保护层的稳定。复合土工膜作为一种新型的防渗材料,因其具有施工速度快、防水效果好、投资费用低等特点,已在不少工程中得到应用且大有取代传统的黏土心墙、黏土斜墙等防渗体的趋势。

7.7.3.1　复合土工膜厚度计算方法

(1)曲线交会法

级配不均匀的砂砾石上薄膜受水压力 P 作用时,薄膜发生的单位宽度拉力与应变关系为:

$$T=0.122pd_0/\sqrt{\varepsilon} \tag{7-7-20}$$

$$d_0=0.535n^{1/6}\frac{n}{1-n}d_{17} \tag{7-7-21}$$

式中:T——薄膜单位宽度拉力(kN/m);

p——薄膜上承受的水压力荷载(kPa);

ε——薄膜产生的拉应力；

d_0——不均匀砂砾石的平均孔隙直径(m)；

n——砂砾石的孔隙率；

d_{17}——小于此粒径的砂砾石质量所占比例(17%)。

式(7-7-20)、式(7-7-21)可用图 7-7-16 中曲线 1 表示。但仅用曲线 1 不能确定选用多厚的复合土工膜,还必须知道复合土工膜在不同拉力条件下的应力应变关系才能确定选用多厚的复合土工膜。设选定的复合土工膜的应力应变关系如图 7-7-16中曲线 2 所示,则图 7-7-16 中两曲线的交点为所选土工膜在试验拉力 T 作用下产生的应变 ε 与砂卵石孔隙上薄膜受水荷载产生的拉力、应变相等的点。该点所对应的单宽拉力 T_g 为工作应力,对应的应变 ε_g 为工作应变。由于不同密度、不同厚度复合土工膜的试验应力应变曲线不同,选择不同复合土工膜时,两曲线的交点(ε,T)位置也不相同。因此,应在不同复合土工膜试验曲线与图 7-7-16 中曲线 1 交会的基础上求得不同工作应力和不同工作应变。

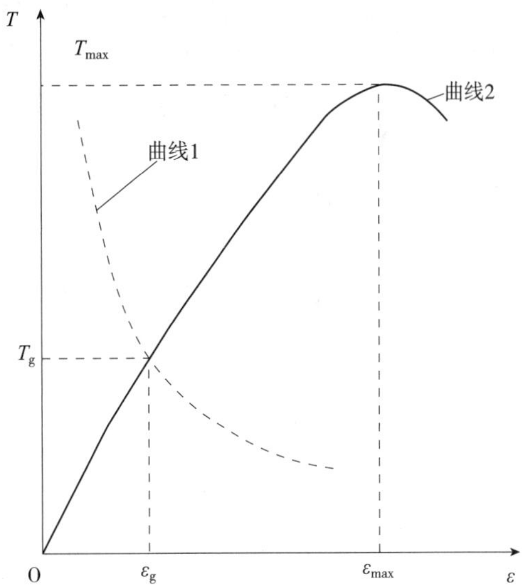

图 7-7-16　曲线交会法计算简图

设复合土工膜的最大拉力为 T_{max}、最大拉应变为 ε_{max},材料的工作拉力为 T_g、工作应变为 ε_g,则所选材料抗拉能力和应变能力的安全系数分别为:

$$K_s = T_{max}/T_g \tag{7-7-22}$$

$$K_\varepsilon = \varepsilon_{max}/\varepsilon_g \tag{7-7-23}$$

从安全角度考虑,K_s 和 K_ε 应远大于 1.0。土工合成材料的容许抗拉强度为:

$$T_a = \frac{1}{F_{iD}F_{cR}F_{cD}F_{bD}}T_{max} \tag{7-7-24}$$

对于堤坝来说,$F_{iD}=1.1\sim2.0$,$F_{cR}=2\sim3$,$F_{cD}=1.0\sim1.5$,$F_{bD}=1.0\sim1.3$。

(2)割线模量迭代法

曲线交会法虽然能用于坝基或坝体(堤坝)存在裂缝或已知卵石粒径情况下复合土工膜的厚度设计,但该法未考虑土石坝蓄水后,坝体(堤坝)及坝基变形对复合土工膜应力应变的影响。对用复合土工膜防渗的堆石坝或土石坝来说,选择复合土工膜时,应考虑坝体(堤坝)及坝基蓄水后受力变形对复合土工膜应力应变所产生的影响。为了更符合工程实际,应利用有限单元法计算复合土工膜连同坝体(堤坝)坝基受力后的应变。由于复合土工膜在拉力作用下,拉力与应变不呈线性关系(图 7-7-17),因此其模量在计算前为未知量,需预估赋初值。根据经验,复合土工膜工作应变为 5%~12%。因此,首次计算时用原点至应变 10%之间的割线模量作为复合土工膜单元的劲度,由此可得到膜在假定模量下的应变。从而可从图 7-7-17 中找到该应变所对应的模量,如果该模量与假定的模量不等,则需按第 1 次假定模量下的计算应变在图 7-7-17 中重新找出新的割线模量再进行计算,如此迭代两三次即可满足要求。由该法求得复合土工膜各单元的应力应变后可用式(7-7-22)~式(7-7-24)计算 K_s 和 K_ε。将 K_s 和 K_ε 的计算值与规范值进行比较即可确定所选材料是否满足。

(3)有限元曲线应力应变法

将复合土工膜连同坝体(堤坝)一起进行有限元分析的割线模量迭代法,其精度较高,不仅能反映各种结构的受力情况,而且计入了复合土工膜的抗拉能力。但该法仅适用于没有松弛度的情况。实际上,复合土工膜是在坝体(堤坝)全部填筑完成或部分填筑完成后铺设的,铺设时不要求将其绷紧,而预留了一定的松弛度。这时,可不计复合土工膜的抗拉作用,而以坝坡表面单元应变 ε 作为复合土工膜工作应变,直接从拉伸曲线上查得对应的拉力(图 7-7-18)。由该拉力 T_g 和对应的应变 ε_g 以及 T_{max},ε_{max} 用式(7-7-24)就可求得各自的安全系数。

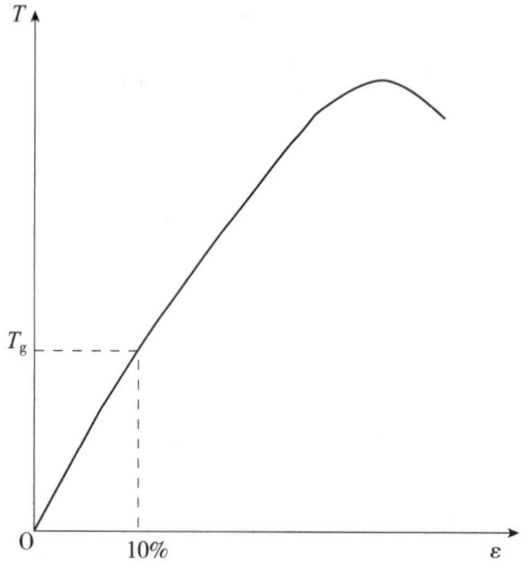

图 7-7-17　割线模量迭代法计算简图

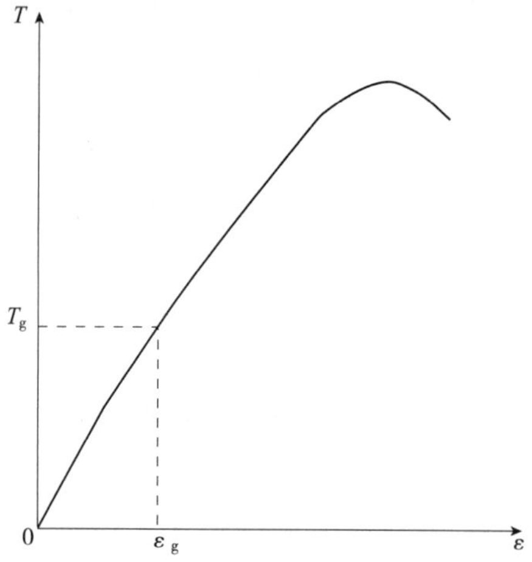

图 7-7-18　有限元曲线应力应变法计算简图

7.7.3.2　施工

根据有关规程规范的规定和工程情况,复合土工膜施工方法如下:

(1)清基处理与垫层施工

清基表面要求清理干净,并除去树木、草根和腐殖土以及其他杂物,同时将井、塘、洞穴等进行回填。达到平整度要求后,对坡面砂垫层进行碾压密实,验收合格方可铺膜。

(2)土工膜铺设工艺

土工膜在厂家生产时按设计要求的长度裁断,在铺设时就不会出现水平接缝,只有幅边的接缝。土工膜水平铺盖自坡脚向外铺设,斜坡从上到下进行铺设。铺膜时要求土工膜与垫层结合面必须平整吻合,注意适度张弛,避免人为和施工机械的破坏。

(3)焊接工艺

第一幅土工膜铺好后,将需焊接的边进行翻叠,翻叠宽度约 60cm,第二幅反铺在第一幅膜上,调整两幅膜焊接边缘走向,使其搭接长度约 10cm,以利于焊接机运行。对留边不齐的需进行修剪,膜有褶皱处需展平,以免影响焊接质量。

土工膜采用热合焊机进行连接。该机由两块电烙铁供热,胶带轮通过耐热胶带施工,滚压塑膜,焊成两条粗为 10mm 的焊线,两线净距 16mm。焊接施工时需 3~4 人相互配合。焊机操作人员根据环境温度的变化调整焊接温度和行走速度,温度一般调到 250℃~300℃,速度 1~2m/min,从而确保焊接质量。每道焊缝完成后,随即进行外观质量检查,看两条焊缝是否熔点、漏点、清晰、透明、焊缝跑边、气泡或无夹渣等缺陷。另外,可用 0.05~0.1MPa 压力水针在双焊缝间注入彩色水,稳定 1min 后不发生漏水现象,则为质量合格。如发现有漏焊、溶点等现象,立即用塑料枪补焊。

织物的缝合采用手提封包机,采用高强维涤纶丝线。缝合施工时也需 3 人相互配合。缝合时针距 6mm 左右,连接面要求松紧适度,自然平顺,确保膜与织物联合受力。

土工膜连接完成,将第二幅翻回铺设完好,再依次循环施工。

二布一膜连接施工程序为:铺膜→焊膜→缝底层布→翻面铺好→缝上层布。摊铺缝合后的土工膜如图 7-7-19 所示。

(4)施工流程

复合土工膜的施工流程如图 7-7-20 所示。

图 7-7-19　复合土工织物铺设完成

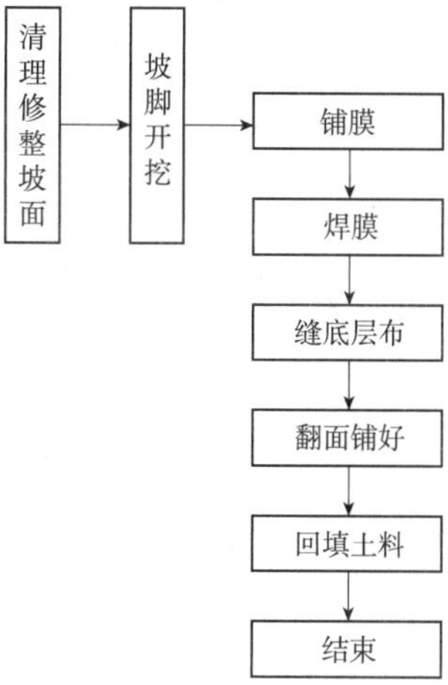

图 7-7-20　复合土工膜的施工流程图

7.7.3.3　施工要点

复合土工膜膜体之间黏结部位往往会成为防渗体的薄弱部位。应用复合土工膜防渗的堤段,复合土工膜之间的黏结问题应加以重视。

(1)首先从单元工程施工的第一道工序严格推行“三检制”,根据设计要求和施工条件等建立健全的质量保证体系,制定一套完整适用的严格施工操作规程及质量管理办法,确保工程施工质量。

(2)土工膜由厂家运至仓库后,即按约 20000m^2 任意选择 1 组样本抽样检查,并及时换掉不合格的样品。

(3)做好铺设基面和垫层。斜坡土工膜铺设,要求先按设计断面清除坡面石块等尖突物,进行削坡处理,然后铺垫厚度大于 10cm 的中砂,拍板或滚筒压实整平,并在表面洒适量的水。水平铺盖直接铺设在砂砾石垫层上,要求清除表层杂土和树根、草皮、乱石堆及其他杂物,并回填井、塘、孔洞。砂砾石垫层厚度控制在 30cm 左右。对地面高差起伏较大的部位使基层平滑过渡,须进行平整。对砂砾石垫层进行碾压,基面达到平整度设计要求后,保证土工膜与平整基面吻合。

(4)流水作业和分段施工是铺设复合土工膜的常用手段,顺堤轴向每15m左右为1段(以复合土工膜幅宽5m为模数),垂直堤轴向可分为斜坡段和水平段。每段首先进行水平段施工,而后依次进行斜坡段施工。以约15m作为两个施工段间距的模数。

(5)斜坡复合土工膜水平铺盖由坡脚向铺盖首端进行,斜坡从上至下铺设。铺设时为了避免应力集中和人为破损,应注意复合土工膜适度张弛。为了预防复合土工膜形成弯折形变造成渗水通道,就必须做到复合土工膜、地基、垫层接触面贴合整齐吻合工整。复合土工膜铺设后,以免应力集中和人为造成土工膜的破坏,应随即回填保护层。

(6)膜焊布缝是复合土工膜在连接时的常用方式。双焊ZPR-210型热焊机和其他改进型的热焊机是的PE膜应用比较多的焊接设备。为了令膜的表层整洁干净,在焊接之前都应清理膜表层的脏物,进行焊接操作时要确保膜与膜能够吻合工整。技术人员要留心查看焊接双缝质量,在爬行焊接过程中,一般温度控制在250℃~300℃,行走速度一般为1~2m/min,应随时根据环境温度变化调整焊接温度和行走速度。在确定适当的工艺参数之前需要先在样本上尝试焊接,之后再正式焊接。在正式焊接的时候要认真观察,注意焊缝清晰与否,像气泡、有无熔点、焊缝跑边等缺陷。不合格的应及时进行补焊。缝合针距以6mm为宜。对斜坡上的二布一膜位置应先缝合下层布再缝合上层布。缝线采用三股双丝涤纶绞线。

复合土工膜施工,平均每个工作面每天可铺设斜坡复合土工膜300m^2,与黏土防渗方案比,铺设水平段复合土工膜700m^2,工效可提高近50%,且质量易保证,施工也简便。

7.7.3.4 施工改进措施

(1)锚固方式

复合土工膜与岸坡山岩、河床基岩以及其他的建筑物连接处是主要的薄弱部位,处理不当会使土工膜受损致使防渗效果不理想,出现漏水、土工膜脱落等情况。因此,需要在上述各连接处进行锚固处理。

现阶段施工常用的锚固方式为普通式锚固土工膜和全包裹式锚固土工膜,如图7-7-21、图7-7-22所示。

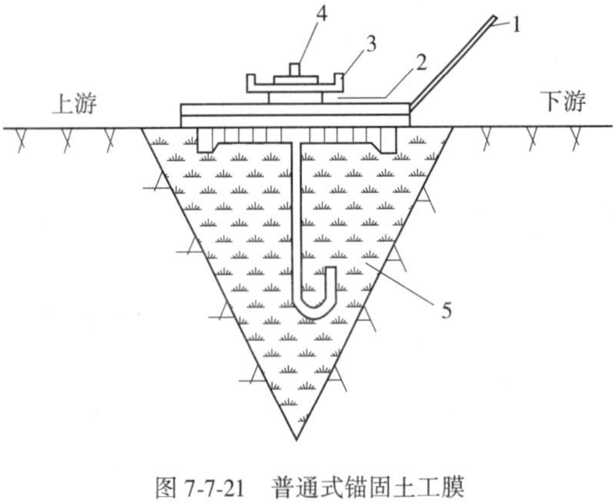

图7-7-21 普通式锚固土工膜

1-复合土工膜;2-氯丁橡胶垫片;3-槽钢;4-锚栓;5-混凝土槽

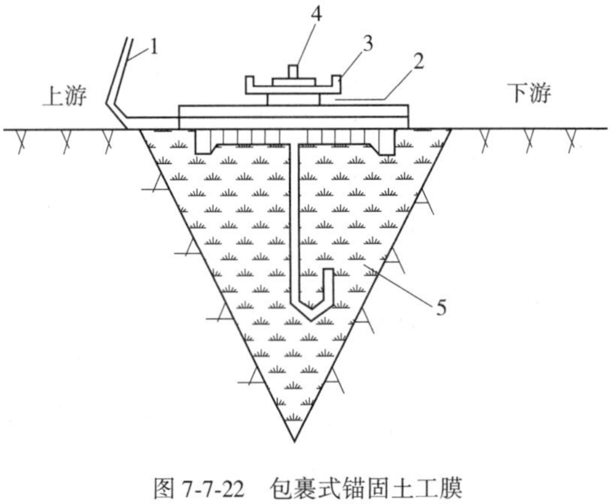

图7-7-22 包裹式锚固土工膜

1-复合土工膜;2-氯丁橡胶垫片;3-槽钢;4-锚栓;5-混凝土槽

普通式锚固或包裹式锚固,在河床和岸坡上有4种不同的锚固组合,如表7-7-3所示。

4种不同铺膜锚固方式 表7-7-3

方　式	岸　坡	河床(坝基)
普通式	普通式	普通式
坝基包裹式	普通式	包裹式
坝坡包裹式	包裹式	普通式
全包裹式	包裹式	包裹式

由于复合土工膜为柔性材料,只具有抗拉能力,无抗弯能力,因此在对复合土工膜进行试验试算的时候只考虑复合土工膜的抗拉能力,通过试验得出表7-7-4。

4种情况下土工膜的最大主应力 表7-7-4

方　式	坝基(MPa)	左坝坡(MPa)	右岸坡(MPa)
普通式	0.6	0.8	0.7
坝坡包裹式	0.6	0.6	0.6
坝基包裹式	0.3	0.8	0.7
全包裹式	0.3	0.5	0.5

由表7-7-8可以看出:全包裹式与前3种锚固方式相比具有明显的优势,对比第一种普通式锚固铺膜其最大主应力值减幅达50%、37.5%和28.6%(对应位置分别为左岸岸坡、右岸岸坡和上游坝基),复合土工膜受力状态得到明显改善。

(2)接缝方式

复合土工膜出厂时一般预留施工接缝,接缝处的聚乙烯膜与无纺布是分离的。目前施工中,接缝大都采用膜与膜双缝焊接,非织造土工布之间缝合的方法如图7-7-23所示。由于目前使用的PE防渗膜普遍较薄,现场受风力、湿度、电压、尘土、基层平整度、坡度等多种因素的影响,膜焊接后存在烧洞、局部粘接强度过低等现象,尤其是0.3mm以下的膜焊接质量非常差,现场采用热焊枪修补效果并不理想。接缝处的土工布与防渗膜之间是脱离的、松弛的,试验测得接缝强度仅为复合土工膜母材强度的20%~40%,达不到应用技术规范SL/T225—98《水利水电工程土工合成材料应用技术规划》中不低于80%的技术要求。为此,膜焊接后,膜与土工布之间、土工布与土工布之间,采用KS热熔胶黏剂黏合,使接缝加固,如图7-7-24、图7-7-25所示。

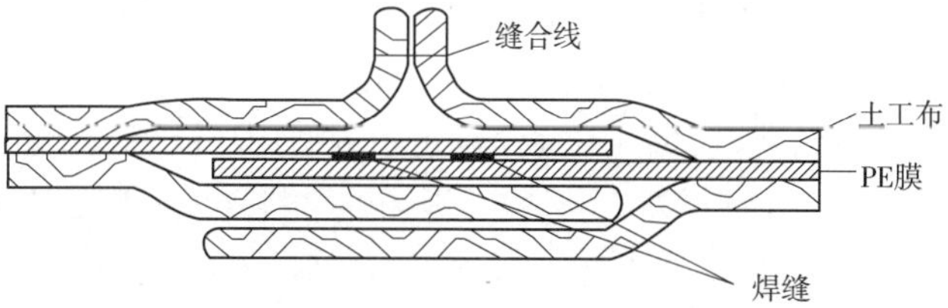

图7-7-23　PE膜双缝焊接缝合接缝示意图

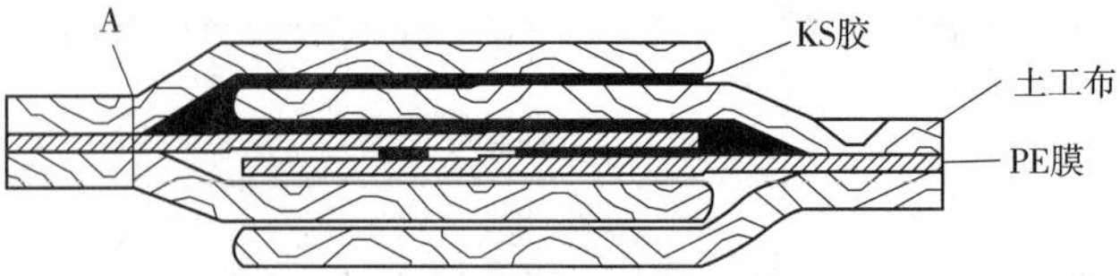

图 7-7-24　膜焊接，膜与上部土工布、土工布与土工布之间 KS 胶黏合接缝示意图

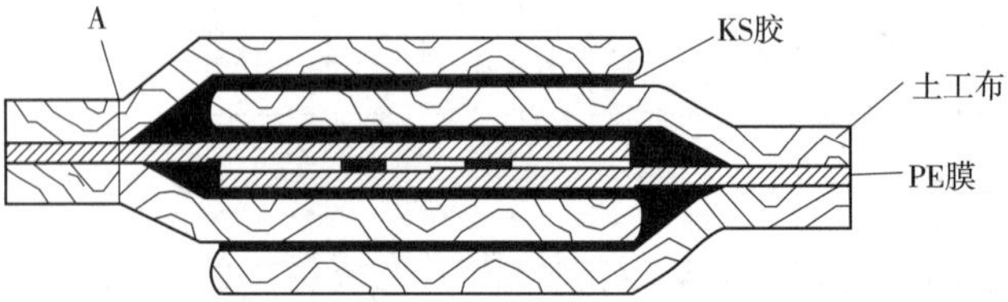

图 7-7-25　膜焊接，膜与上下土工布、土工布与土工布之间 KS 胶黏合接缝示意图

试验通过对三种不同接缝方式的复合土工膜在一定条件下（0.6MPa 静水压下）的抗渗性能以及胀破压力的能力见表 7-7-5，得出相应的结论：

静水压力与胀破压力试验结果　　表 7-7-5

序号	接缝方式	0.6MPa 静水压力下渗漏情况	胀破压力（MPa）
1	PE 膜双缝焊接，土工布缝合接缝	不渗漏	0.08
2	膜焊接，膜与上部土工布、土工布与土工布之间 KS 胶黏合接缝	不渗漏	0.30
3	膜焊接、膜与上下土工布、土工布与土工布之间 KS 胶黏合接缝	不渗漏	0.40
4	复合土工膜（母材）	不渗漏	0.22

从表中可以看出在 0.6MPa 静水压力下，三种连接方式都不会发生渗漏现象，因此关于渗漏情况描述难以反映出真实的抗渗能力。但是表 7-7-9 中胀破压力可以真实地反映出复合土工膜抗渗强度的相对大小。从表 7-7-9 中可以看出目前工程常用的膜焊接、膜上部土工布缝合的接缝方法接缝抗渗强度仅为母材抗渗强度的 36%，采用 KS 胶加固后的接缝抗渗强度超过母材抗渗强度。由此可以看出，膜焊接后、膜与土工布、土工布与土工布之间用 KS 热熔胶黏剂黏合加固的接缝方法是可行的。

7.7.3.5　质量保证措施

（1）雨天不得进行复合土工膜施工；

（2）复合土工膜基层不得有积水；

（3）参与施工的管理人员及施工操作人员均持证上岗，并需具有一定的施工操作经验；

（4）必须对防水材料进行优选，保证其完全满足工程使用功能和设计以及规范的要求；对确定的防水材料，除必须具有认证资料外，还必须对进场的材料复试。满足要求后方可进行施工；

（5）防水工程施工时严格按操作工艺进行施工，合格后及时做好防水保护层的施工，以防止复合土工膜被人为地破坏，造成渗漏；

(6)复合土工膜做法及节点设计必须科学合理,对复合土工膜施工的质量必须进行严格管理和控制;

(7)强化操作人员的成品保护意识和技能,在施工过程中每时每刻都注意成品保护,复合土工膜施工完成后,及时采取保护措施或施工毯保护层施工。

7.7.3.6　工程实例

(1)工程概况

陡河介于滦河、蓟运河两水系之间,上游分为东西两支。东支为管河,西支为泉水河,两河于唐山市开平区双桥附近注入陡河水库,水库以下始称陡河。近年随着环城水系工程的实施,南外环桥下游以上河道已进行高标准综合整治,南外环桥下游至丰南侯边庄段尚未治理。目前,该段河道两岸无防护措施,局部堤身有坍塌现象,大堤抗洪能力较差,堤基透水性较强,堤基渗透稳定存在问题。根据对大堤稳定计算的结果,陡河大堤堤基渗透坡降大于允许渗透坡降,须进行大堤防渗加固处理,以保证防洪安全。为了提高河道大堤的防洪能力,在堤防防渗工程中采用复合土工膜进行综合治理。

(2)工程设计

本工程区内堤基地质分两种:一种是单一的砂性土结构;另一种是上部为黏性土,下部为砂性土的双层结构。老堤身填筑不均一,中细砂层渗透系数为 2.5×10^{-3}cm/s,基础砂砾层渗透系数为 3.4×10^{-2}cm/s。地基渗透是主要问题,堤身土质成分混杂,整体上质量较差,尤其是粉砂层易发生渗透变形。为了防止堤基渗漏和堤身稳定安全,迎水坡排水孔可迅速通畅排渗的情况下,本工程设计复合土工膜直接铺在迎水面上,上部铺 10cm 厚碎石垫层,表层为 30cm 厚格宾石笼。复合土工膜下端伸入水平护脚内 50cm,上端折入夯实的土方内 100cm;水平护脚与迎水坡复合土工膜连接在一起,形成一道防渗帷幕。

(3)复合膜的选用

土工膜具有良好的隔水和适应变形的能力,是理想的防渗材料,但其使用年限是最令人担心的问题。通过大量的调研和资料查询,埋在地下的土工膜,受阳光紫外线以及空气中氧的作用较小,故寿命可大大延长,用于地下防渗加固工程,其耐久性可满足工程要求。土工膜厚度计算采用半经验公式:

$$t=0.135E/2pd[\sigma]^{3/2} \tag{7-7-25}$$

式中:E——土工膜弹性模量,30℃的值 $E=0.32$MPa;

p——土工膜承受的最大水压力,$p=0.08$MPa;

d——与土工膜接触的土砂卵石的最大粒径,$d=10$mm;

$[\sigma]$——土工膜容许应力,30℃的值,$[\sigma]=2.4$MPa。

经计算 $t=0.016$mm。尽管用公式计算所需土工膜厚度较薄,但在实际施工时,适当考虑人为的机械拉力和厂家生产时厚度太薄易产生局部"麻眼"影响防渗效果等原因,根据《水利水电工程土工合成材料应用技术规范》(SL/T225—98)的要求,对于水头较低的堤防工程,防渗土工膜最小不得薄于 0.3mm,本工程土工膜厚度选定 0.3mm。

(4)应用效果

本工程从整个施工过程看,当降雨较多时,岸坡集中排水处也较多,基础面清理后铺设复合土工膜,水流从复合土工膜上通过,避免了由于水流集中形成的冲沟及雨淋沟等现象发生,节省了工程量。复合土工膜不仅防渗效果显著,而且施工工艺简单易行,干扰小,工效高,进度快,确保工程汛前完成,安全度汛,产生了良好的经济效益、社会效益和生态效益。

7.7.4 土工格栅

用聚丙烯、聚氯乙烯等高分子聚合物经热塑或模压而成的二维网格状或具有一定高度的三维立体网格屏栅,用于建筑时称为土工格栅。土工格栅常用作加筋土结构的筋材或复合材料的筋材等。土工格栅实际上还有其他材料做成的,分为塑料土工格栅、钢塑土工格栅、玻璃纤维土工格栅和聚酯经编涤纶土工格栅四大类。土工格栅在库岸的应用,主要有土工格栅石笼和土工格栅挡墙。

7.7.4.1 土工格栅挡墙

(1)方法介绍

挡墙是指支承路基填土或山坡土体,防止填土或土体变形失稳的构造物。所谓土工格栅挡墙就是利用土工格栅的性质对挡墙进行加筋处理。相比于传统的挡墙,土工格栅挡墙有具有结构稳定、施工简便、造价低廉、节约占地、外形美观等特点,现已广泛应用于铁路、公路、桥梁等工程中的岸坡防护。土工格栅挡墙又分为有面板土工格栅挡墙和无面板土工格栅挡墙,如图 7-7-26~图 7-7-28 所示。

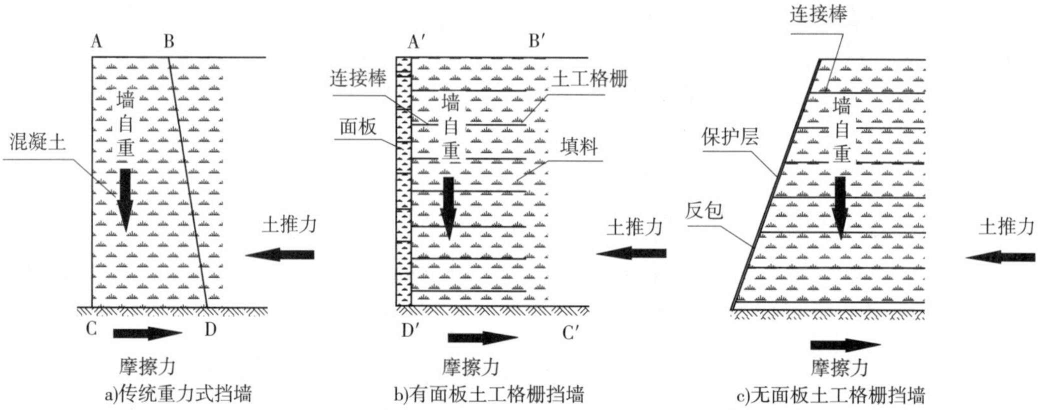

图 7-7-26 土工栅格挡墙

图 7-7-27 无面板土工格栅挡墙

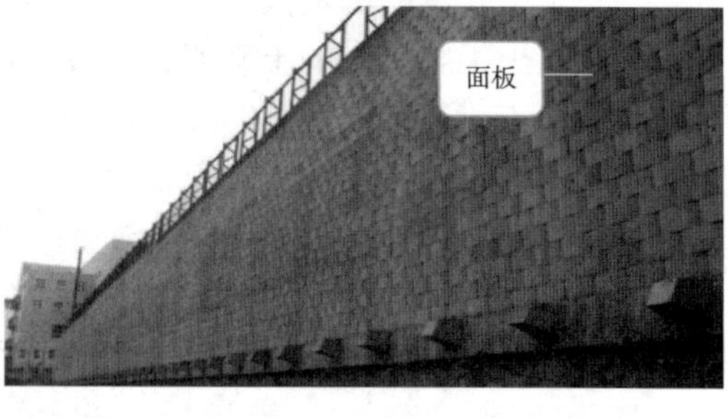

图 7-7-28 有面板土工格栅挡墙

(2)适用范围

土工格栅挡墙的适用范围:①工程占地较少,施工面积较小的情况;②土质陡坡的地方;③地基沉降较大的情况。

(3)施工方法

①施工流程图(图 7-7-29)

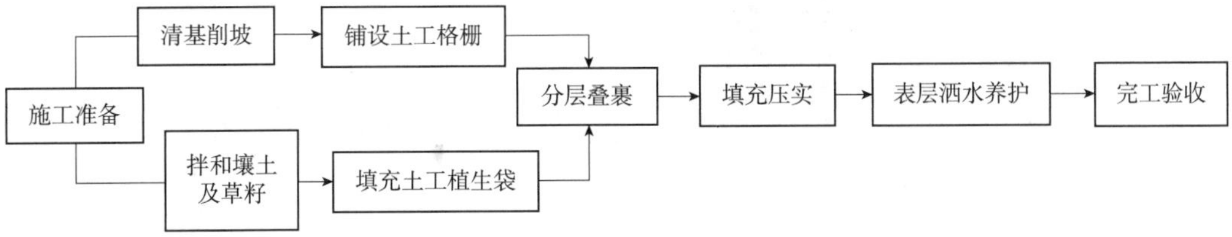

图 7-7-29　格栅挡墙施工流程图

②施工方法

a.土工植生袋装填

(a)人工均匀拌和壤土及草籽,可通过步踏、夯墩或其他静压方式装填密实,单个土工植生袋装填后立面投影面积不小于 0.10m^2,采用配套扎带进行封袋。

(b)砂砾石粒径不宜过大,一般控制在 5cm 以内,以便压实、找平和叠裹。人工装填,填后投影面积及扎带同上。

b.土工格栅挡墙施工

(a)平整基面,清除树根、草皮、腐殖土等,进行基础碾压夯实至设计要求。

(b)支护临时模架,以便坡面工序施工。

(c)铺放底层格栅,将格栅首端与临时模架固定,坡面表层分别叠放土工植生袋;中间填筑砂砾石;每 25cm 为一个碾压层。碾压时可采用振动盘压实机或手扶小型振动碾压机,填料压实相对密度不小于 0.60。

(d)通过格栅张拉工具将格栅平顺拉紧,使格栅肋条呈现受力张紧状态,每 50cm 为一个包裹层。

(e)将格栅从模架松开,并沿土工植生袋反包系紧。

(f)铺设下一层土工格栅时,用连接棒将该层格栅与反包格栅交叉穿孔并进行连接且通过工具绷紧。在进行下一道填铺时,应保持张拉工具移去后格栅不会回缩。

(g)最顶层土工格栅应保留足够长度,并埋在填料以下 0.5m,以保证永久性的锚固。

(h)施工结束后喷水养护 7 周,使表层草扎根生长。

c.施工注意事项

(a)绑扎点应设在迎水侧土工植生袋的内侧,以防外露老化松动。

(b)采用手扶小型振动碾压机碾压时,要注意避免损坏土工植生袋,防止水流淘刷变形。

(c)土工格栅的铺设不应有褶皱,同时注意减少折损,以免降低格栅张力。

(4)工程实例

①工程概况

某民用爆炸物品生产车间的防护堤位于山地之间,场地地貌单元属丘陵地貌。该场地已有建筑物间的净距比较小,场地地基承载力在 120kPa 左右,且场地有坑塘,而该防护堤地基承载力要求大于 160kPa，在此狭窄而软弱场地完成防护工程，设计土工格栅加筋土陡堤，堤高为 10.0m，顶宽为 3.5m，边坡坡度为 70°，如图 7-7-30 所示。该设计满足民用爆炸防护堤的行业规范所规定的最小顶宽和最小底宽的要求，能保证该防护堤的自身稳定安全。

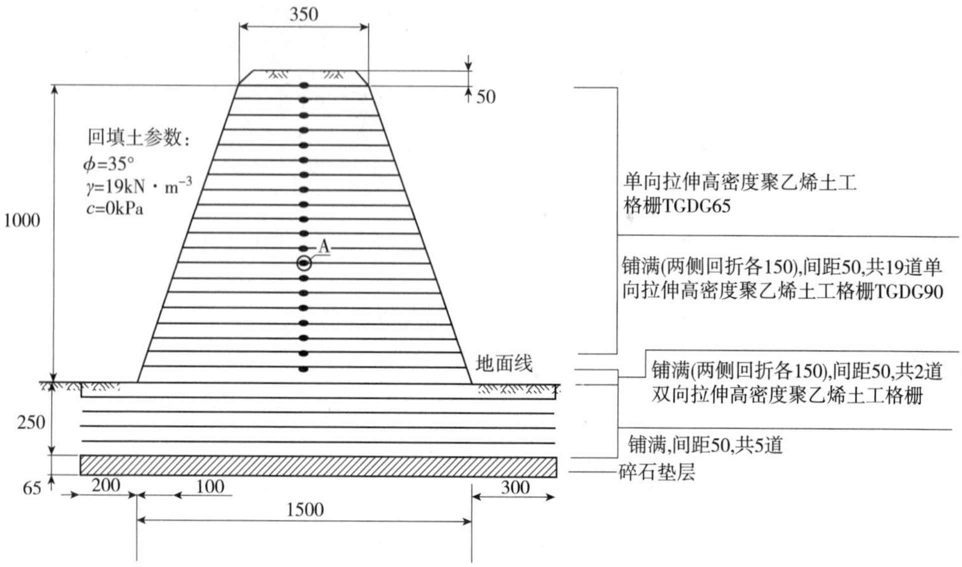

图 7-7-30　土工格栅加筋土陡堤断面图(尺寸单位：mm)

②施工

填土压实度无要求，即压实度要求低，施工中仅用了挖掘机上土，并对填土进行 3 次加压。土工格栅拉筋技术规格，如表 7-7-6 所示。表中：T 为纵向抗拉强度；$T_{\delta=2\%}$ 为纵向 2%伸长率时的拉伸力；$T_{\delta=5\%}$ 为纵向 5%伸长率时的拉伸力；ε_{max} 为峰值应变；T_{CR} 为在 20℃下的 120a 蠕变极限强度。

土工格栅的主要技术规格　　表 7-7-6

项　目	$T(kN \cdot m^{-1})$	$T_{\delta=2\%}(kN \cdot m^{-1})$	$T_{\delta=5\%}(kN \cdot m^{-1})$	$\varepsilon_{max}(\%)$	$T_{CR}(kN \cdot m^{-1})$
TGD65	≥65	≥16.5	≥31.5	≤11.5	≥39.42
TGD90	≥90	≥24.0	≥46.5	≤11.5	≥28.14

7.7.4.2　土工格栅石笼

(1)定义

土工格栅石笼是最近几年在我国发展较快的一种新型结构，在该种结构中用土工格栅代替了传统的铁丝做成石笼。由于复合材料研究的发展，土工格栅已具有了良好的耐久性及抗拉强度，在抗紫外线降解、抗热氧老化、抗化学腐蚀、抗微生物腐蚀方面均表现出了良好的性能，脆性转化温度达零下 48℃，抗拉强度完全满足设计要求。施工制作简便，所用人工较少，能够大大地提高施工进度。土工格栅在工程中使用 50 年后，仍能保持 90%的初始强度。土工格栅石笼的出现是新材料取代旧材料的体现，其施工方法、适用范围与原先的石笼防护基本相同。

(2)工程实例

①工程概况

吉林省舒兰市金马镇拉林河新发护岸工程采用了土工格栅石笼。土工格栅护岸能有效制止江河洪水对岸边冲刷浸泡造成的溃岸、退岸、防止河道改道、变迁等。根据设计要求从土工格栅网卷上,裁下合适尺寸的网片组成石笼网格,装入块石,形成石笼。再把石笼与石笼连接成排,并用高密度聚乙烯合股绳连接,覆盖在易冲刷岸坡,起到护岸固脚的作用。

②土工格栅石笼网格的编制

a.土工格栅的基本性能

(a)力学性能。土工格栅是由一种高密度聚氯乙烯合成材料制成。由于格栅在制造过程中经过了定向拉伸,使聚合分子沿拉伸方向定向排列,加强了分子键间的联结力,大大提高了其拉伸强度(可较未拉伸前提高 5~10 倍),而延伸率却只为原材料的 10%~15%。土石料在格栅网格内互锁力增高,他们之间的摩擦系数显著增大(可达 0.8~1.0)。同时土工格栅的抗拔力由于格栅与块石之间的摩擦咬合力较强而显著增大。

(b)温度影响。表 7-7-7 列出了温度对土工格栅强度、变形影响的试验结果,温度越高其强度越低,变形越大;温度越低其强度越高,变形越小。例如,当温度在 23℃以下时,格栅强度增高,变形率减少,这对于东北地区的气候条件是非常有利的。

b.格栅网格编制工艺

土工格栅网格在施工现场采用手工编制,网孔尺寸为 4cm×4cm,土工格栅的面积为 50×4(m^2)(一卷),用修树剪剪开,剪开处的网股端要整齐以便组合,其尺寸可根据设计要求而定。剪完后铺到护坡上进行砌石,待砌完石头后将其包好,再用聚乙烯合股绳绑扎,其绑绳为“之”字型连接,以增强抗拉力和牢固性。各个石笼能够紧密地连接在一起,成为一个整体。绑扎完毕后,由专业人员检测其绑扎密实度、平整度,确保施工质量。

温度对土工格栅强度、变形影响试验结果　　表 7-7-7

方　向	项　目	温度(℃)				
		80	50	23	−15	40
		试验值				
纵向	强度	0.704	1.200	1.860	2.490	3.180
		(0.38)	(0.65)	(1.00)	(1.38)	(1.71)
	延伸率(%)	17	16	15	10	9
横向	强度	0.478	0.931	1.520	2.290	2.710
		(0.31)	(0.61)	(1.00)	(1.51)	(1.78)
	延伸率(%)	35	22	9	8	7

注:()内数据是以 23℃为基准强度的强度比值。

c.土工格栅网石笼施工方法

坡面土工格栅石笼施工方法:

(a)围堰法

对于施工断面较窄的河道,常采用土石围堰方法。推取河中砂卵石,筑成围堰,并开通临时导流渠道,避免水下施工;这样不但加快了施工进度,而且易保证施工质量。土工格栅网格规格为4cm×4cm。格内用当地河卵石装入编织袋进行填筑,土工格栅石笼断面尺寸为0.3m×0.3m,且格栅下铺设复合土工布,规格为500g/m^2,复合土工布与土工格栅间用聚乙烯绳牢固连接成一体。护坡、脚槽及护底土工格栅石笼均由聚乙烯绳牢固连接成一体,保证防洪格栅石笼整体稳定,均为“之”字形绑扎。

(b)水下土工格栅石笼施工方法

ⓐ自制平板浮船。自制平板浮船方法用于河道断面较宽,且水深的情况下进行施工。选用封闭性较好的空油桶,每4(6)个油桶结为一组,用8号铁丝网包好扎牢。共做四组,每两组上绑一横梁,在横梁上铺好木板,这样就制成了一个平板浮船,其平衡稳定条件极佳。人工在浮船上作业。操作人员必须穿好救生衣,确保安全性。石笼装好后在已做好标记处,人工用滑板抛入江中。

ⓑ土工格栅石笼水上软体沉排。在设计位置铺上复合土工布,根据水下石笼长度确定复合土工布长度。水中复合土工布与岸上复合土工布要接好,在复合土工布面上开几个5cm×5cm的孔,以利于排气排水。在浮船上把水中复合土工布最末端的两个角上系好浮漂,作为水里石笼末端标高。水中复合土工布最末端系上3~4块石头。利用浮船将复合土工布在水面上抻平后,将系在末端的石头竖直投到水中,用这样方法将水中复合土工布分段铺好。用ϕ12钢筋做好标记,在将要沉排的石笼边缘插上两根钢筋。在平板浮船上装封石笼,装石笼前在石笼下每2m放一抛投石笼的滑板,石笼用石用手推车通过跳板运至船上,把石笼装满封好,将浮船划到标记处,多人同时掀倒滑板将其抛到标记处。到岸边将首端与陆地石笼相接牢固。抛空一个石笼将标记钢筋拔出,插到下一个要抛的石笼与抛空的石笼相邻的边缘上。此方法适用于小断面石笼水上沉排。

7.7.5 土工模袋

7.7.5.1 原理及结构

土工模袋是由上下两层土工织物制作而成的大面积连续袋,袋内充填混凝土或水泥砂浆,凝固后形成整体混凝土板,适合用于护坡。模袋上下两层之间用一定长度的尼龙绳拉接,用以控制填充时的厚度,如图7-7-31所示。

图7-7-31 土工模袋效果图

7.7.5.2 适用范围

土工模袋具有整体性好、抗冲刷能力强、施工便捷、耐久性好、适应性强、省工省时、可水下施工、地形适应性强等优点,可以起到护坡、护底及防渗等作用。目前,模袋混凝土已广泛应用于护坡、护底、防渗、江河湖海护堤、水库护岸、海堤护坡、港湾、码头等岸坡防护工程。在工时较短、施工条件需要在水下时应优先选用混凝土模袋防护。

7.7.5.3　设计参数

(1)土工模袋类型及其优点

土工模袋根据其材质及加工工艺的不同,分为机制模袋和简易模袋两大类。其中机制模袋按其有无反滤排水点和充胀后的形状可分为5种类型。各种类型模袋的厚度范围及主要用途如表7-7-8所示。

模袋的类型及应用　　表7-7-8

模袋型式	灌　注	成型厚度(cm)	主要用途
有反滤排水点模袋(FP型)	水泥砂浆	10.0~16.5	坡面保护、渠道、护底
无反滤排水点模袋(NF型)	水泥砂浆	5.0~15.0	水库护岸、蓄水池护坡、护底
铰链块型模袋(RB型)	水泥砂浆	10.0~15.0	软基护面、河川保护工程
框格型模袋(NB型)	水泥砂浆	空格30×60	坡面绿化、水土保持
无排水点混凝土模袋(CX型)	混凝土	15~17	港湾、码头、海岸、河道护岸护坡工程

(2)混凝土的配合比设计

混凝土的质量是保证顺利施工、加快施工速度、保证施工质量、提高经济效益的重要保证,充填模袋的混凝土要有良好的和易性、流运性和泵灌性,保证混凝土能顺利地充灌入模袋中不需机械外力而自动密实,且不发生离析。一般采用水泥、砂、碎石的配合比为1:2:2左右,水灰比为0.6~0.65,坍落度为21~23±2cm,骨料最大粒径为1.5~2.5cm,并应加入适量粉煤灰及其他外加剂,如硫化剂、引气剂等。

(3)模袋设计

模袋布织物为"重布组织",模袋布是双层袋状多重结构,其选用首先必须考虑如下几点:

①模袋布表层织物不为充灌压力所顶破;

②纵向受力不致拉断。应考虑混凝土体在设备配置以及水深和流速情况下所形成的综合负载。

7.7.5.4　施工方法

这里先介绍模袋混凝土的施工方法,水泥模袋的施工方法与模袋混凝土的施工方法基本相同。

模袋混凝土的施工方法主要分为两种:一种是将空的模袋先沉入水中,再注入混凝土,也称为水下直接施工法;另一种是先将混凝土模袋在水上制作完成,再利用沉排船进行沉排处理,也称为水沉法。

(1)水下直接施工法

①首先进行整坡及沟槽开挖。

②埋设固定桩。在护坡顶端等距埋设悬挂模袋的固定桩,桩距一般为2m,并安装松紧器(1t手拉葫芦)。

③模袋定位。模袋铺设前，首先进行坡面基础验收，验收合格后，方可进行模袋铺设。将模袋布展开，灌入口朝上，检查模袋布表面，是否有无破损、脱线，另需检查模袋尺寸是否满足设计要求。将相邻块模袋布缝合成一体。将 $\phi50$ 定位钢管穿人模袋顶端的套管内，用手拉葫芦拉住钢管。模袋布的底端拉向坡脚，进行理顺、整平。严禁偏斜、褶皱。另在模袋顶部预留其坡长 5%的收缩余量，然后进行模袋定位。

④混凝土拌制。严格控制原材料质量，按配比要求进行配料。严控坍落度指标，及时出料，确保连续施工要求。

模袋混凝土的原材料、配合比和拌和物性能除应符合现行行业标准《水运工程混凝土施工规范》的规定外，尚应符合下列要求：

a.粗骨料的最大粒径不应大于如表 7-7-9 的要求。b.宜掺粉煤灰，其掺量应符合现行行业标准《粉煤灰混凝土技术规程》的规定。

混凝土粗骨料最大粒径 表 7-7-9

模袋混凝土厚度(mm)	粗骨料最大粒径(mm)	模袋混凝土厚度(mm)	粗骨料最大粒径(mm)
150~250	20	≥250	40

⑤模袋充灌。混凝土充灌前应首先将模袋用水浸湿，以防止模袋吸水，坍落度变小而影响混凝土的流动性。泵送混凝土开始时先用 1∶1水泥砂浆润滑料斗、泵体和输送管道，以减少摩阻。充灌之前，先将软管插入模袋颈口内 10~15cm，再用扎带将颈口扎死，一切工作准备就绪，开始充灌。软管只能顺坡充灌，并自下而上顺序进行。为防止模袋混凝土出现冷缝，混凝土充灌必须保持连续进行。现场操作人员应随时观察模袋中混凝土的流动状态，利用顶部松紧器及时调整模袋位置。模袋充灌饱满后应立即用锦纶绳封扎袋口。充灌结束时，应立即清洗泵车进料斗及管道。

⑥水上灌注。

充灌前首先应用清水冲洗湿润管道，然后用水泥砂浆润滑管道，再将模袋布洒水湿润。

混凝土的拌制和运输必须跟上混凝土泵的输送能力，并尽可能地加快浇筑速度，缩短浇筑时间，保证施工质量和施工安全。

充灌应从已充灌的相邻模袋混凝土块处开始，由下而上依次进行，并在充灌中及时调整模袋上缘紧装器。

充灌时泵管与充灌口应扎牢。当泵管垂直插入充灌口袋内时。应在泵管口设置减冲挡板，充灌速度宜在 $10 \sim 15m^3/h$ 范围内，充灌压力宜为 0. 2~0. 3MPa。

模袋混凝土充灌完成后，应及时用水将模袋表面和滤点孔内的灰渣冲洗清理干净，并将充灌口扎紧按入袋体内。

为了确保模袋混凝土充灌的顺利进行，施工过程中还应注意以下几点：a.泵与充灌操作人员之间应随时联系，紧密配合，充灌到位后及时停机，以防充灌过程产生鼓包或鼓破；出现鼓胀时，应及时停机，查找原因并处理。b.为防止堵塞事故，应随时检查混凝土级配和坍落度。c. 随时检查坡顶钢桩是否牢固，以防充灌过程中模袋下滑。

⑦浅水灌注。

混凝土由罐车运输到现场，泵车接软管下灰。

混凝土浇筑顺序为：从下至上，潜水员把软管放入最下面靠边的一个注灰袖口中，绑扎牢固后,开始浇筑混凝土,当此部位混凝土已灌满,模袋表面都已被撑起达到预定厚度时,挪出软管插入相邻的另一个注灰袖口中,照此方法依次注灰,直到注满为止。施工过程中,潜水员随时检查灌注混凝土是否饱满。

在浇筑混凝土之前,在模袋一侧安放一根钢轨,顶高程与模袋混凝土一致,在浇筑混凝土完毕后,把刮杠放在钢轨和另一侧轨枕块或已施工完毕的模袋混凝土顶面上,用来刮平刚施工完毕的模袋混凝土,保证其平整度在 5cm 之内。

⑧模袋表面冲洗及养生。当一幅模袋混凝土充灌结束后,20~30min 内用压力水冲洗模袋表面的水泥浆及杂物。待混凝土初凝后,还应进行必要的喷水养生。

⑨质量检测与检验。

混凝土强度试件制取。在充灌处几处取样,取出的混凝土灌入 ϕ150mm、长 1200mm 材质与模袋织物相同的织物袋中,吊置 15~20min,取出装入标准试模成型。

模袋混凝土护坡施工的允许偏差,检验数量和检验方法应符合表 7-7-10 的规定。

允许偏差、检验数量和检验方法　　表 7-7-10

项　目	允 许 偏 差	检验单位及数量	检 验 方 式
模袋混凝土厚度	+8%、-5%	每块逐块检查	探针插入检查上、中、下部
相邻块缝宽	≤30mm		用尺量上、中、下部
表面平整度	100mm		用 2m 靠尺量纵横两方向,取大值

(2)深水施工

①施工流程图

施工流程图如图 7-7-32 所示。

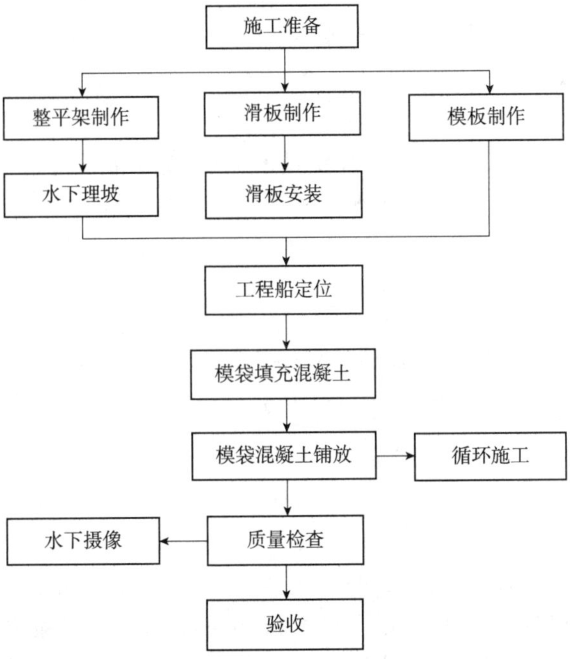

图 7-7-32　施工流程图

②施工方法

a.抛石面水下整平

整平前对已抛石岸坡进行端面测量,沿堤、坡轴线方向每 4m 一个断面,每个断面 2m 一个测点,测量成果绘制成图,指导片石及二片石、碎石的补抛范围,提高整平的速度。水下整平由潜水员利用扒杆船与整平架进行,整平时从岸边向江、河、水库中,从上游往下游逐步推进。为了尽可能不占用较大航道,施工时扒杆船定位于整平架的上游,船身顺水流方向站位,船尾在上游。根据设计坡度,把每根钢丝绳的长度计算准确后方可进行试起吊,试吊后如情况正常则开始进行整平工作。整平时从抛石的上游向下游逐步推进,根据岸边全站仪定位分断面进行。当整平架放到指定的位置后,通过卷扬机调节整平架高程。当放到距设计高程 1m 左右时,应放缓下沉速率,观察下沉过程中有无明显搁置情况。如出现钢丝绳不受力时,应将钢丝绳回收带紧,然后潜水员下水检查何处存在超出设计高程的石块,发现后设法清除,循环以上工序直至设计标高。当整平达到设计标高时,由潜水员再用槽钢沿整平架表面来回滑动,看有无障碍存在。如滑动过程中出现障碍,再将障碍物清除。当整平架放到设计高程后仍然没有碰到坡面,此时潜水员可将整平架 4 个角上的支撑杆松开直至与河床抛石面接触。然后将销子固定牢固,松掉钢丝绳,将堆放在船头的二片石与碎石抛到指定的地方,通过潜水员的反复摸测,使最终河床面达到设计标高,即每次整平架上下左右搭接均为 1m。施工过程中高程采用测绳或测深仪控制,使误差控制在设计误差范围内。

b.模袋混凝土充填试验

模袋施工前进行模袋混凝土充填试验,确定模袋混凝土 C20 的施工配合比,试验必须邀请模袋布的生产厂家一起参加,以调整模袋系绳的高度、每块模袋布的宽度、灌口的间距及确定泵型、充灌压力及时间等施工参数。试验段的长度一般为两块,单块宽 8m。模袋系绳的高度,直接关系到充填混凝土量的大小以及充填的饱满度,应控制好,以节约成本,并使模袋充填饱满。

c.模袋混凝土充填

确定了模袋混凝土的施工参数,就可开展正常的模袋混凝土施工。首先,根据岸上的全站仪对每块模袋高程和位置进行精确定位,再按设计图纸铺设完成,然后可进行浇筑准备。浇筑前先将模袋用水泵进行充分润湿,灌注时灌注口端泵管需用软管施工,这样方便施工人员灵活操作,减少接拆泵送管道的作业时间。灌注前操作人员须将泵管插入灌注口后扎牢,以防止充灌时泵管脱落造成对操作人员的伤害及混凝土外泄,增加清理的工作量。灌注过程中,为确保厚度同时使混凝土泌水速度加快,可用外作用力(如人工踩踏)使模袋每个方向均充灌饱满,以符合设计要求。每个灌口充填结束后先将灌口扎牢,然后用手工缝纫机缝好。

混凝土灌充速度控制在 $10 \sim 15m^3/h$,充灌压力控制在 $0.2 \sim 0.3MPa$,以防止模袋在灌充过程中爆裂。

水上锚固段施工完成后即可进行滑板上的模袋灌注,当滑板上的模袋均灌满后,工程船在统一指挥下沿轴线慢慢后移,使已灌充好的滑板上的模袋在工程船及滑板后移过程中慢慢地着落在抛石层表面。后移过程中,刹车上的模袋要和船舶的后移速度协调一致,防止出现模袋堆积或模袋在压力作用下悬空。

在滑板上充灌模袋时,由于滑板有坡度,当模袋充满混凝土后会产生一个较大的下滑力,因此需控制住铰接在刹车装置上的模袋,以使其整个端面受力均匀,防止出现局部受力不均匀而破坏模袋,影响整体质量。在模袋端部入水时,采用绞拖法控制模袋混凝土端部的下滑速度,方法是利用钢丝绳穿钢管控制,当每块模袋铺设到位后由潜水员在水下拆除。在拆除钢管前,将土工反滤布(400g/m^2 针刺无缝土工布)压入模袋下,以利下部施工操作。

水下段铺设过程中,一名潜水员在水下对铺放过程进行全程跟踪检查,防止块间产生过大的缝隙,同时块间的连接带也由另一名潜水员完成搭接。为能直观反映整个水下铺排过程,对排体的联结情况及铺放过程进行水下摄像,使之能直观地反映出来。滑道施工法如图 7-7-33所示。

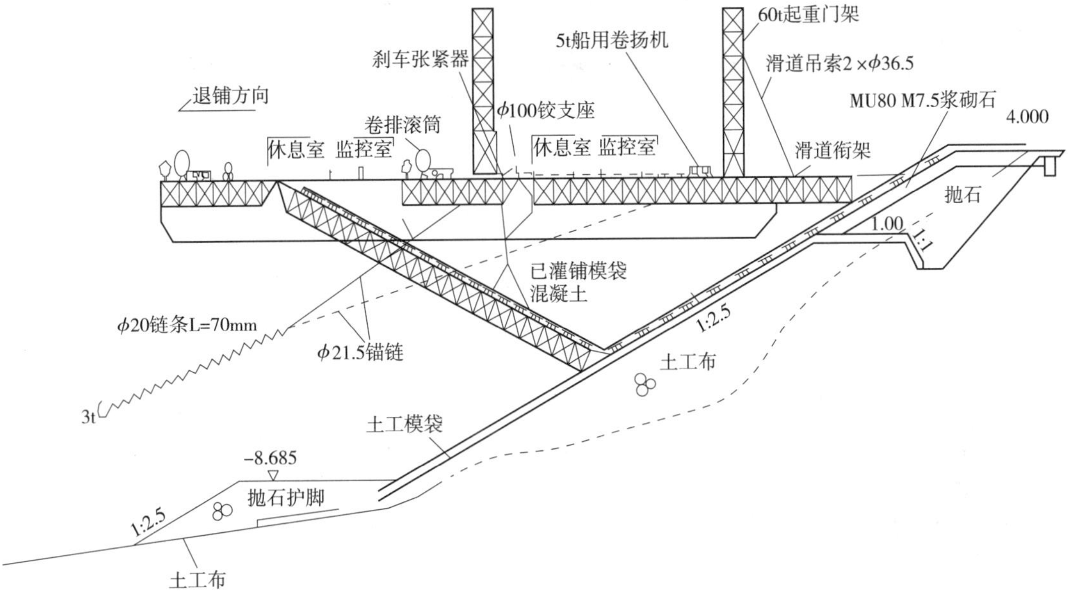

图 7-7-33 滑道法施工示意图

测量员应对工程船的铺排轴线进行监控测量,及时调整工程船后移而产生的轴向偏差,测量及纠偏由测量员与工程船上的现场生产指挥联系控制。

模袋混凝土充填后发现有局部充填不饱满时,在混凝土终凝前,用手压泵将高强砂浆压入模袋。

(3)工程实例

丙洲海域综合整治工程二期工程 F 标项目位于福建省东南沿海金门湾内,厦门岛的北侧,同安湾西侧。由于厦门湾湾口朝向 SE,风区较长,湾口处波浪较强,主要受外海涌浪影响。波高由湾口向湾内逐渐减小,由热带气旋或台风引起的风浪以 SE 向居多。由冬季寒潮大风引起的波浪大多为 NE 向,风浪的季节性变化异常明显。因此,为保护已经施工围埝不直接受 SE、NE、E 浪击,外海围埝采用普通编织土工布袋装砂理坡,28cm(平均)厚模袋混凝土护坡。设计外海围堰模袋混凝土护坡长度为 2152m,单片模袋最大长度为 19.4m。模袋部位、尺寸如图 7-7-34 所示。

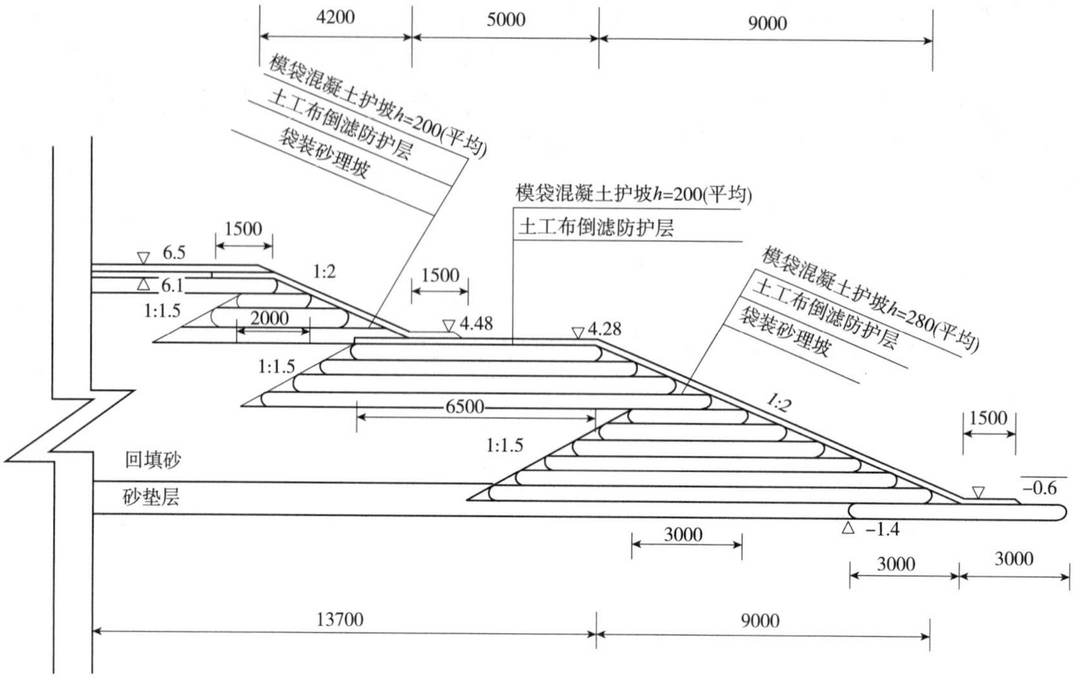

图 7-7-34 模袋混凝土护坡设计断面(尺寸单位:mm)

①施工方案

a.施工准备

根据实际情况可采用混凝土泵车或者地泵进行泵送施工,采用地泵时一般要求现场进行混凝土搅拌,需要有现场搅拌站;如果采用混凝土泵车进行泵送,一般需要混凝土罐车进行运输。如果采用商品混凝土,就需要施工单位了解商品混凝土厂与施工区域的运距,以便对混凝土的指标进行控制,防止现场出现问题,同时根据此情况编制用料计划等。

b.测量放线

一般的模袋混凝土施工前都要进行理坡工作,以保证模袋混凝土成品的平整度。因此,必须按照设计图纸的要求,对施放袋装砂理坡的坡肩、坡脚线和边线进行放样,并将高程点在相应位置的钢钎或者竹竿上进行标识(鉴于后期的整体沉降以及竣工验收,可以考虑预留一定的沉降量),为理坡做好充分的准备工作。

c.袋装砂理坡

在理坡前安排施工人员进行砂袋的装袋。砂袋不宜过于饱满,装填60%左右为宜,这样,不仅方便施工人员的搬动和挪移,而且也有利于调整斜坡的平顺度。模袋铺设前进行理坡,其坡面不平整应小于10cm。按照测量施放的高程进行坡度控制,可采用拉线或者制作坡度架进行控制,其中控制线包括水平线和坡线。在理坡过程中严格按拉线进行操作,以保证坡度的平整和顺直。为了保持模袋后方的砂体,一般在理坡过后进行土工布倒滤层的铺设,根据设计的要求进行相应材料的铺设。

②铺设混凝土模袋

a.混凝土模袋的加工

混凝土模袋为一种新型土工织物,其基本结构为两层全丙纶高强机织布,外层具有透水性。两层机织布之间每隔 20cm 有 1 组拉筋(化纤绳)相连,拉筋的长度根据模袋混凝土设计厚度而定,但是加工的长度还需要根据典型施工进行再次确定,不同的坡度、不同的材料指标其袋体的膨胀系数不同。

一般混凝土模袋需要加工成长方形,其宽度根据护面具体长度确定,同时考虑 3%的富余量以备充灌时收缩量的储备。长度一般不小于 5m,同时,根据混凝土的流动性,为了加快浇注速度,需要加充灌口,一般充灌口的布设为 2m×2m,袖口长为 40cm,直径 30cm 左右。

b.模袋铺放前的准备工作

为了保证模袋铺设得平整和拉紧,一般需要模袋卷筒对模袋进行卷卷,在其上下缘管套中穿入钢管,一般将混凝土模袋卷在 D_g50 钢管上(钢管长度比模袋两侧各长出 50cm 左右,以便于操作)。为了模袋铺放就位准确,模袋是自上而下铺在坡面上,因此,卷模袋是从模袋的内、外坡脚端向坡顶卷起。需要注意的事项如下:

(a)将模袋两个侧边卷齐,以便在铺放过程中掌握模袋边线的就位位置。

(b)将模袋卷紧,卷紧的模袋卷口不但直径较小,便于人工搬运和铺放,而且模袋卷中封存空气较少,缩短了其浸水下沉所需时间。由于模袋布质地致密,模袋卷口下水后,内部封存的空气不能一下子排出,模袋卷口由于浮力较大而漂浮在水面上,要等其被海水浸透下沉后,才能开始水下的铺放工作,一般需要 20~30min。

(c)将卷好的模袋运至铺放地点,按设计坡肩端位置加纵向收缩量(按模袋长度的 3%考虑)确定模袋坡肩端位置。

(d)为保证模袋混凝土之间拼缝严密,新铺放的模袋与已充灌完成的模袋混凝土相邻之间应有不小于 30cm 的搭接宽度,在确定的位置将模袋卷口放置好后,即可人工缝制连接模袋。

(e)开始施工时,斜坡堤堤身存在过水水流,这直接影响到模袋混凝土施工。涨潮时,向内的水流将模袋冲离坡面,使其无法就位;落潮时向外的水流又使模袋紧紧贴在坡面上,给铺放工作带来麻烦。出于以上原因,铺放模袋的最佳时间,是高潮位内外水位持平时,这不但方便铺放,而且给随后进行的工作争取最长的作业时间。

c.铺放模袋

铺放作业是将卷好的模袋按设计位置在坡面上打开,在打开过程中应使模袋始终保持向下拉紧的状态;因此,操作者不但要向下滚动模袋卷,而且要随时向下拉紧模袋。另外,还应注意使模袋与已有模袋混凝土之间的搭接宽度始终控制在 30cm,这样不仅保证拼缝严密,而且保证新铺模袋位置相对于已有模袋混凝土不发生偏斜,使模袋边线与堤轴线之间的垂直关系能很好地承袭下去。最先施工的一块模袋边线需用经纬仪控制,以保证上述垂直关系。具体做法是在设计里程位置用经纬仪测放 1 根钢管作为模袋边线位置的参照物。模袋下的搭接土工布是缝衬在模袋上的,土工布的搭接也是在铺放过程中完成的。为保证搭接可靠,每隔 1~1.5m 处,将模袋下衬的土工布与上一块模袋混凝土的搭接土工布缝在一起,这样有效避免了波浪扰动,将搭接土工布抽出,尤其在潮差段极易发生这种情况。模袋铺至坡脚后,坡顶处用砂袋进行压载,然后将坡肩端的手动葫芦打紧,模袋铺放即完成。

d.模袋铺放注意事项

(a)模袋铺设前应设定位桩及拉紧装置,定位桩宜打设在坡顶距离模袋 1.5~2.0m 处,其间距宜为 1~2m,且每块模袋不少于 4 根,同时,每根定位桩上均应该设置紧张器或者滑轮。

(b)模袋在铺设时纵横向都应该留有一定的收缩量;纵向收缩较大,一般根据典型施工进行控制。

(c)模袋在铺展、压稳后,应拉紧上缘固定绳索,防止模袋下滑。

(d)针对有潮汐影响的施工区域,同时防止模袋暴晒,必须在模袋铺设后及时进行充灌。

(e)为了保证模袋充灌的流畅,混凝土的要求较高,坍落度必须较大,一般在200mm左右,根据不同的强度等级还需要现场进行试验施工确定。

(f)一次浇注混凝土的高度还需要通过计算和典型施工进行确定,其与混凝土的初凝时间、模袋拉筋强度、模袋技术指标等有关。

③模袋混凝土充灌

a.充灌混凝土工艺流程(用泵车泵送混凝土)

混凝土搅拌车运至现场→泵车接管→泵软管插入模袋灌口内→绑扎固定→灌注→质量检验。

b.充灌混凝土压力控制和充灌疏导,混凝土灌注速度控制在10~15m^3/h,出口压力以0.2~0.3MPa为宜。软管的管口应穿过灌口进入模袋内,以便泵压力直接作用于模袋内的混凝土,减小灌口承受反作用力。充灌时,2人扶住泵软管,以防其有较大的摆动。同时掌握灌口混凝土压力,当该处混凝土压力持续上升时说明混凝土在模袋中流动减慢,此时应适当降低泵车的充灌速度。当发现模袋内混凝土流动受阻时,可采取用脚踩踏的方法进行疏导。如果灌口处混凝土压力已升得很高,或上升速度很快,应停止充灌,进行检查并采取措施。如踩踏疏导无效,可区别下列情况,分别进行处理。

c.如果阻塞就发生在灌口处,可将泵管拆走,将阻塞的石子或混凝土从灌口内掏出,或用一木杆将阻塞物捣散疏通,然后再继续充灌。这种情况往往是混凝土离析造成的,或因为混凝土含有大石子造成的。

d.灌口周围先充灌的混凝土已没有足够的流动性,这种情况往往由于充灌中途有较长时间的停歇而造成,可采用下列措施:

(a)用脚沿最短距离踏出一条凹槽,形成通道,改用砂浆将模袋充满,也可利用上面一个灌口充灌。

(b)如果模袋已被截死,可在未充满部分的上边缘再开一灌口进行充灌,灌口应开在侧边隐蔽处,以保证整体美观。

④充灌混凝土顺序

充灌混凝土的顺序为自下而上逐排口逐仓充灌(每排3个灌口),每排的充灌顺序为:由模袋搭接的一侧开始向另一侧逐口充灌。采用这样的充灌顺序实际上是几条模袋轮流交替充灌,同一次连续充满一条模袋后再充灌下一条模袋的顺序相比,这样的顺序有以下的优点:

a.几条模袋内充灌的混凝土量相差最小,模袋因充涨而发生的长度收缩也就相差不多,这样便于掌握模袋坡肩位置。

b.降低了模袋内混凝土面升高的速度,减小了模袋承受的压力。

c.先充灌模袋拼缝一侧的灌口,可避免模袋横向收缩造成该侧向位移,从而保证拼缝严密。在一排灌口充灌完毕后,应将坡肩端的锚固绳具适当放松,以防模袋由于充涨收缩而过分绷紧,造成充灌困难,甚至将模袋拉坏。一个灌口充灌完成后,即将灌布套内混凝土清除,将布套塞进灌口并缝合灌口,然后将模袋表面冲洗干净,这种处置灌口的方法,可使模袋表面冲洗干净,使模袋表面平整美观。对于水下的灌口,可以只简单地将布套绑扎封闭。

总的来看,充灌混凝土的技术关键是使混凝土具有良好的流动性及和易性,并保证充灌作业连续进行。

⑤充灌混凝土注意事项

混凝土的流动性是混凝土在模袋内的流动所要求的,不同坍落度的混凝土在模袋中的流动表现为不同形态。坍落度为20~22cm的混凝土在模袋中,由灌口向四周呈辐射状流动。这种情况下,混凝土主要是在泵压力推动下强制移动,混凝土压力由灌口向四周,随着离灌口距离的增加而迅速减小。随着模袋中充灌混凝土范围的扩大,充灌的难度增大,需要不断进行踩踏疏导,劳动强度很大,而对于水下来说则几乎无法进行充灌,往往由于灌口处模袋承受的混凝土压力过大而造成破坏,无法将模袋充满。

坍落度在23cm以上的混凝土进入模袋后是由灌口直接向下流动,然后自下而上将模袋充满。这种情况下,混凝土在模袋内主要是靠自重流动,充灌作业极其简便,质量也有充分保证。应特别注意的是,以上所要求的流动性,应该在充分保证混凝土和易性的基础上取得。和易性较差的混凝土也常常出现充灌时的阻塞,这种现象的原因主要是混凝土的离析,产生离析的混凝土进入模袋后,粗骨料在灌口处集中,形成过滤作用——砂浆在泵压力作用下滤过,石子留下,很快便形成阻塞,这时往往出现泵管剧烈振动,继而灌口被破坏。

由于模袋布是透水的,充入模袋内的混凝土由于部分水分渗出而很快失去流动性;水上部分的混凝土在充进模袋后,在气温25℃条件下,一般只需40min即完全失去流动性,加之减水混凝土具有坍落度损失较快的特点,因此要求保证混凝土充灌的连续性。

⑥模袋混凝土充灌过程中主要应注意和解决的问题

为防止堵塞事故,应随时检查混凝土级配和坍落度;防止过粗骨料进入和堵塞管道;防止泵入空气,造成堵管或气爆;充灌应连续,停机时间一般不得超过20min。

泵送与充灌操作人员之间应随时联系,紧密配合,充灌到位后及时停机,以防充灌过程产生鼓包或鼓破。出现鼓胀时,应及时停机,查找原因并处理。

随时检查模袋固定是否牢固,以防充灌过程中模袋下滑。灌完一片后,移动设备,按上述步骤进行下一片的充灌施工。应特别注意两片间的连接、靠紧。

⑦混凝土的养护

混凝土灌输完成后同时进行护面混凝土的养护。一般养护期为7d,要求在此期间护坡表面处于润湿状态。

(4)水沉法

由于水沉法的工艺复杂、施工难度较大。因此在这里就利用工程实例来介绍此种方法。

①工程概况

某电厂灰库护岸全长2000m,分为上、中、下游3段。上、中游段为抛石护岸,下游段602m采用铰链沉排护岸。电厂灰库上游不远处为一大窝塘,由长江崩岸形成,并有不断崩岸的趋势,为保证灰库的安全必须对江岸治理。设计分为3段处理,窝塘口上游、窝塘口均采用抛石护岸,对于最危险的窝塘口下游则采用铰链沉排。

铰链沉排工程全长602m,宽144.8m,由系于排梁上的30块排体组成。每块排体长

144.8m，宽22m，相连排体之间重叠2m。排体由下游开始按逆序沉放，沉放时上游排体的下游侧压着下游排体的上游侧，除第1块排有效宽度为22m外，其余排体的有效宽度均为20m，总有效长度即为602m（图7-7-35）。单块排体由22×181块排体单元拼装而成。排体单元与排体单元之间以ϕ14粗制U形卡环相连。排体下铺土工布，设计最低枯水位以上为250g/m^{2}无纺土工布；设计最低枯水位以下为170g/m^{2}聚丙烯土工布。

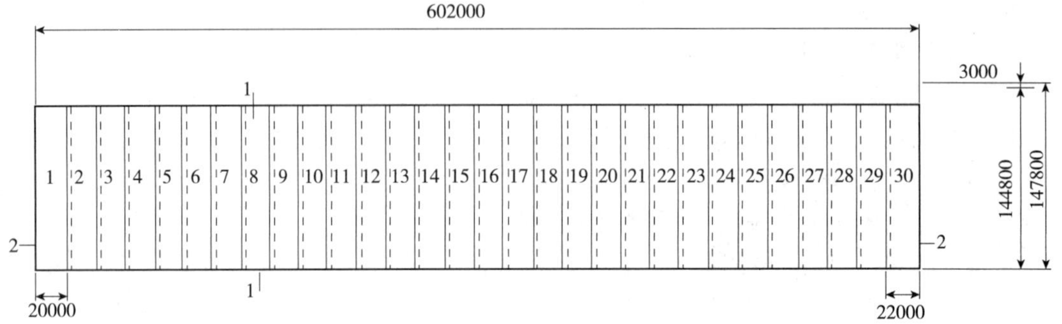

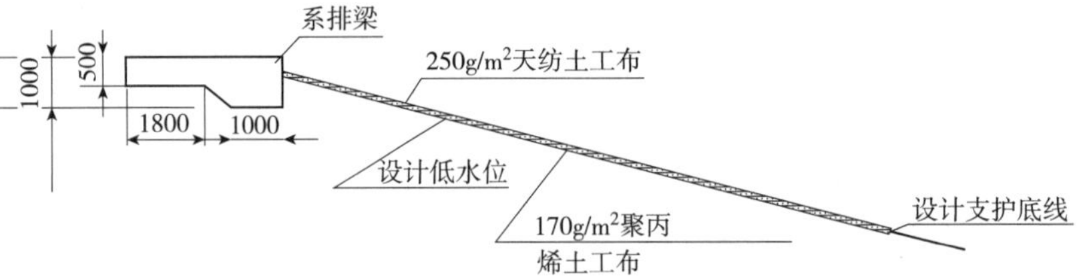

图7-7-35　铰链沉排工程平面及剖面图（尺寸单位：mm）

②施工方法

a.施工准备

（a）运输船准备

铰链排体运输船采用400t方驳，排体分段运输。用人工或小型机械将排体单元运上运排船，在运排船上进行分段组拼，每段22×13块，1块排体除陆上铺排部分外，共分11段。分3船运输，现场共有运排船2艘，可以保证沉排的不间断。

（b）沉排船改造

沉排船由2艘400t方驳组拼而成，方驳之间间距1m，以ϕ600钢管、槽钢、角钢刚性连接。中间形成一4m×19.6m的施工平台，此范围内割除全部外露物，并均匀点焊1层ϕ10@200圆钢。两船之间形成一24m×1m的布仓，布仓由间距1m弧形钢管形成。为了保证排体沉放的均匀，卷扬机钢丝绳进行串联，这样就保证了拉排的基本均衡。

沉排船共设6只锚，岸侧八字锚，江侧八字锚，领、尾水锚。岸、江侧八字锚与沉排船均呈近90°角，其目的是保证沉排时，沉排船能够沿垂直于长江的方向移动，同时能提供足够的拉力，抵御沉排时排体的拉力。沉排船上共设5号、6号、7号、8号，4只卷扬机作为锚机，其中岸侧为5t卷扬，江侧为10t卷扬。领、尾水锚由于使用不是太多，故未设卷扬，采用小型电动绞缆机绞缆。船上设发电机2台，用于提供8台卷扬机动力及照明用电。

（c）排体单元的预制

排体单元预制简单，单块体积小，但数量特别大，工期要求较短。预制时对尺寸要求不太严格,但对厚度及平整度要求比较高。目的是保证质量,不发生断裂,拉排方便,减少阻力。

排体单元预制监理控制要点如下:

(a)保证钢筋的尺寸和焊接长度,防止沉排时将钢筋拉出。

(b)混凝土配合比准确,振捣密实。

(c)块体厚度要保证,钢筋必须位于中间。

(d)防止提前起吊、堆放。

b.现浇系排梁

系排梁为素混凝土结构,20m 分段,结构简单,其本身既是护坡的一部分,又供系排环的预埋。系排梁决定了整个工程的位置、保护的范围。因此,其轴线和高程尤为重要。

施工监理过程应重点控制以下几点:

(a)轴线、高程控制准确。

(b)预埋环预埋位置准确。

(c)基坑开挖时应注意排除积水。

(d)配合比准确,振捣密实。

c.排布制作

由最低枯水位作分界,水下部分排布长近 100m,宽 22m,单块重量达 150kg,这样大的土工布现场无法缝制,而编织土工布一般幅宽不超过 4m,因此请生产厂家按图纸尺寸进行缝制。

排布运到现场后,用人工卷成布卷。起初中间设直径 150mm 的钢管为轴,卷好后,很难运输。后改为以直径 63mm 脚手管为轴。卷好后,人工抬上运输船,然后搬上沉排船搁于布仓。排布制作控制重点如下:

(a)布的单位重量、材质、破断力、韧性、抗老化必须符合设计要求。做法是取样送有资质单位检测。

(b)布的缝制应采用包缝,线要密。缝的方向应垂直于系排梁的方向。

(c)卷布时应拉紧,两头要齐。

(d)应按排体的尺寸设置绑扎布条。

(e)布的加工尺寸要符合设计要求。

d.陆上铺排

铰链沉排最低枯水位以上下铺 250g/m^2 无纺土工布,采用陆上铺排。陆上铺排分以下 3 个步骤:

(a)平整江滩:铺排之前须对江滩进行平整,平整的方式是从系排梁的位置以 1∶3的坡度进行平整,平整至最低水位线以下。

(b)平铺 250g/m^2 无纺土工布:按设计长度裁好土工布,然后用机械包缝,拼成可以方便施工的大块,卷成卷;从系排环的位置开始平铺,铺土工布的同时人工铺排体单元。土工布推铺至水面后改用小船拉。同时抛袋装砂,压土工布,防止土工布卷、折。块与块之间的重叠应大于 50cm。

(c)铺排:以系排梁为通道,用小型机械运输至现场。从系排梁开始铺,铺至水面结束,铺好后,用 U 形卡环相连。由于在陆上,也可以直接用“O”形钢筋焊接相连。

e.陆上铺排监控的重点

(a)严格按设计坡度修整,坡度只能大不能小,否则最低枯水位时,水下部分露出,其土工布不抗老化,造成土工布损伤。

(b)修整时应剔除块石,防止块石折断块体或刺破土工布。

(c)不得使用预制或运输过程中造成损伤的块体。铺好后应检查,有缺陷的应剔除并集中堆放,并应计数,防止混用。

(d)检查每个接点是否牢固,是否焊好或上紧卡环,不得遗漏。

(e)陆上铺排部分不需要重叠,直接用"U"形环连成整体。

(f)土工布的接缝不得与系排梁平行,必须用机械包缝,不得简易缝制,相连两大块之间必须重叠50cm。特别要注意水沉部分。

f.水上沉排

(a)拼排段:排体单元用人工或机械运上沉排船进行组拼。组拼时应注意以下几点:

ⓐ第1层组拼时必须每块排体单元均位于2根ϕ10钢筋上,且居于正中。

ⓑ上层梯形隔管及排体单元均必须与第1层对应,不得倾斜。

ⓒ每块排体由于沉排时水位不同,陆上铺排仅铺至水面,所以水沉长度不一样。沉排的长度应以计算数量组拼。

ⓓ拼排时应尽量使船舶荷载均匀,防止船舶倾斜。

ⓔ组拼时应每层检查,剔除不合格的排体单元,应检查"U"形螺栓是否齐全、旋紧。

(b)沉排船定位:沉排船拖至指定位置后,定位抛锚。方法如下:

ⓐ陆上设地垄2只,其间距与船长接近。2只地垄的中即为需要沉排段的中。

ⓑ江侧抛外八字锚2只,锚缆300m以上,以保证沉排船移至最外挡时,锚依然有力。外八字锚与内八字锚一样,角度很小,2只锚的夹角约为20°。

ⓒ领水锚:抛锚缆尽可能长,这样可以少抛几次。

ⓓ尾水锚:沉第1块排时抛好,以后不再抛,其锚缆要足够长。为保证移船时,船沿着排体方向走,且能与系排梁平行,内外八字锚应尽量对称。

(c)运排:用拖轮将运排船拖至沉排船外挡,通过缆绳调整位置,使运排船与沉排船工作段相对面。

(d)拉排:将拉排梁与排段用螺栓相连,启动卷扬机缓慢拉排。段尾拉至沉排船江侧后,立即与下一段相连。

(e)上布:当计算位置经过布仓上方,暂停拉排。用工具将布头拉出,用布条扎在铰链上,然后边拉排边扎布,直到排尾。

(f)排首上岸:沉排的第1段拖至门架前后,门架已无法再将沉排向前拉。在陆上设两只地垄,专供排首上岸。通过地垄、滑轮组连接上拉排梁。卷扬机利用船上卷扬机。排首上岸时,尾部必须与止排梁相连,做到前后同步。排首上岸后与陆铺部分相连。

(g)止排:排首出龙门架后,必须进行止排,止排梁4段,能够保证任何时候均有2段止排梁作用于排尾,排尾接长后,新排尾位置止排梁起作用后,旧排尾位置止排梁才可解除。

(h)水沉:排首上岸后开始水沉,水沉时边拉边沉。同时沉排船向江心移。移船速度与拉排速度尽量相同,直至排尾。

(i)排尾下水:排尾下水采用专门制作的下水梁。其与拉、止排梁不同的是为一整体,刚度较大。与排尾相连的"U"形卡环不用螺栓,而用插销,插销用钢丝相连,沉放到位后,放松下水梁,提钢丝,拔插销,最后提起下水梁。

(j)水上沉排控制要点:

ⓐ为方便施工拉排,止排梁均分为2段,分别与4台卷扬机相连。为保证拉排、止排同步,首先将拉排、止排卷扬机用钢丝分别串联。然后设一指挥,统一调度、先放后拉。

ⓑ拉排与移船同步:既不能快,以防拉坏排块,也不能慢,以防排体重叠、翻转。一般应保证排体呈一弧线。

ⓒ船头与船尾移动应同步,防止排体受力不均匀,造成排体断裂,同时沉排偏位。

ⓓ上布的位置应计算好,防止水、陆边界处无土工布,或者重叠太多,排尾无土工布。

ⓔ排尾下水须有潜水员配合,防止下水梁无法提起。

ⓕ沉排时须随时检查有无拉裂的现象。发现可以更换需及时更换。

ⓖ布要扎好,特别是两边及头部、尾部。

ⓗ根据第1块排沉放的情况确定沉排船的提前量,使排体沉放准确。

7.7.6　加筋麦克垫

7.7.6.1　原理及方法

加筋麦克垫是一种土工复合产品,由多个无序排布的防护网丝铺设于平面网格状的筋网上组成,网丝包覆并黏结于筋网的上下两个表面,筋网由多根同向设置的金属材质线材组成,筋网面积不小于网丝的铺设面积,相邻线材通过绞合部固定连接以构成有序排布的多个网格,网格基本上为六边形。用加筋麦克垫中具有较高抗拉强度的筋网来抵抗植被防护网垫受到的外部剪切应力和拉力,保护网丝使其不会断裂,而网丝可以保护植被不受雨水、水流冲刷,因此植被在正常生长的同时对边坡土方起到防护作用,防止水土流失,如图7-7-36和图7-7-37所示。

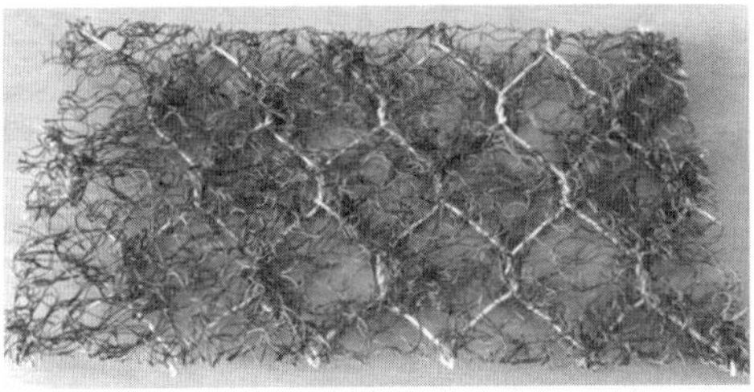

图7-7-36　加筋麦克垫产品图

图7-7-37　加筋麦克垫施工图

7.7.6.2　适用范围

加筋麦克垫的抗冲刷能力很强,且施工简便,工期较短。因此,其适用于土质或岩土质库岸,对于坡度的要求并没有严格的定义,坡度范围在0°~45°之间为宜。不仅如此,加筋麦克垫在完工后表面会长出植物,这样既满足了固土的需要,也满足了生态保护的需要。

7.7.6.3 设计

(1)加筋麦克垫的特点

①自透水性。加筋麦克垫的孔隙有利于结构后填土中孔隙水的排出,降低土体中的孔隙水压力,保证土体的抗剪强度,有利于整个结构的稳定;同时,节省了传统支挡结构所需的排水设施的相关费用,降低了结构的整体造价。

②可植被性。加筋麦克垫的孔隙水为水体流动创造了条件,实现了水与土体的自然交换,这使植被的自然生长成为现实,一段时间后,结构与自然真正达到和谐统一。

③连贯性。通过绞合钢丝或金属环将加筋麦克垫边端绑缚,从而达到系统的连贯性,减少薄弱环节。

④寿命长。加筋麦克垫的原材料为10%铝锌合金钢丝,优良的工艺基础保证了镀层厚度的均匀性,抗腐蚀性更强,保证其使用寿命。

⑤经济性:加筋麦克垫防护工程由钢丝网箱加上填充料构成。一般造价低于混凝土价格,低于或接近浆砌石价格。特别是在土质、地基基础较差地段修建防护工程,可缩减地基处理的大笔费用,更加体现其价格低廉的优越性。

⑥施工方便:加筋麦克垫可按设计意图,工厂化生产制作出半成品,施工现场则按设计图进行组装定型,操作简便、受气候干扰小,且适宜于机械化操作,既可保证施工质量又可加快工程进度。

(2)加筋麦克垫规格

加筋麦克垫规格如表7-7-11所示。

加筋麦克垫的规格 表7-7-11

规格(cm)	产品尺寸(m)			镀锌/镀高尔凡10%铝锌合金		镀锌/镀高尔凡10%铝锌合金覆塑	
	长	宽	厚	直径 φ(mm)	抗拉强度(kN/m)	外径 φ(mm)	抗拉强度(kN/m)
6×8	25	2	0.012	2.2	35	3.2	35
8×10				2.7	50	3.7	50

(3)加筋麦克垫细部图(图7-7-38)

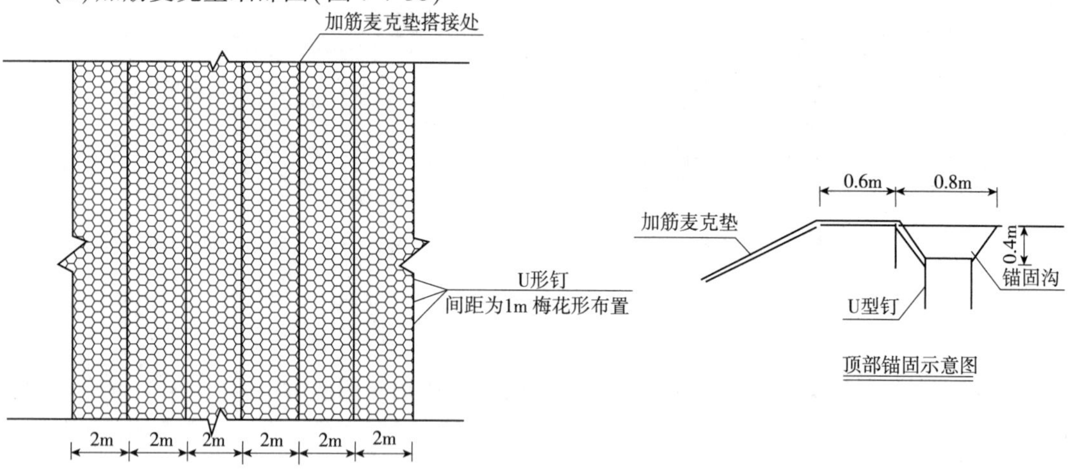

图7-7-38 加筋麦克垫细部图

7.7.6.4　施工

(1)施工方法

①场地准备

清除坡面的突岩和灌木等杂物,并在低洼处补填土,压实,平整坡面→坡体表面保持2.5~5cm厚松散土层,以利于草籽快速生长→若麦克垫用于控制侵蚀,在铺设麦克垫铺设完成后进行播种→若麦克垫用于植被加固,则在麦克垫铺设完后,覆盖表土并播种(或喷种)。

②锚固

a.使用最小长度为40cm,$\phi 8$ 钢筋做成U形金属锚钉将麦克垫固定于坡面,如图7-7-39所示;

b.锚钉穿过钢丝网格锚固于地面,且与地面齐平,以提供最大的抗拔力并保持边坡稳定。

③锚固沟

一般情况下,将麦克垫沿坡面简单折叠即可将其固定于地面,如图7-7-40所示。对于易侵蚀土壤,开挖一个距坡边缘0.6~1.0m,30cm深,1m宽的沟,将麦克垫沿沟底锚固,如图7-7-41所示;回填土并压实、平整。

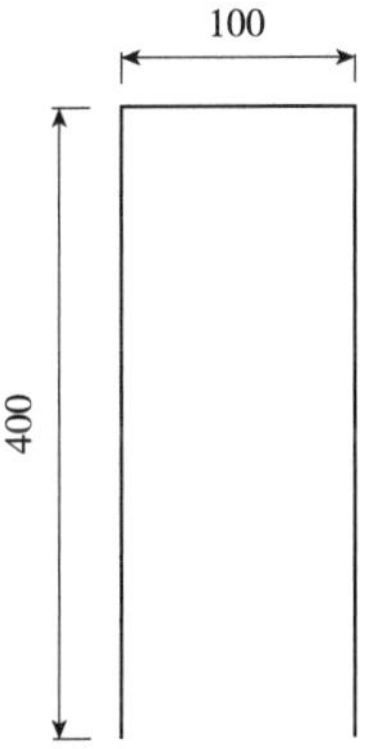

图7-7-39　锚固钉

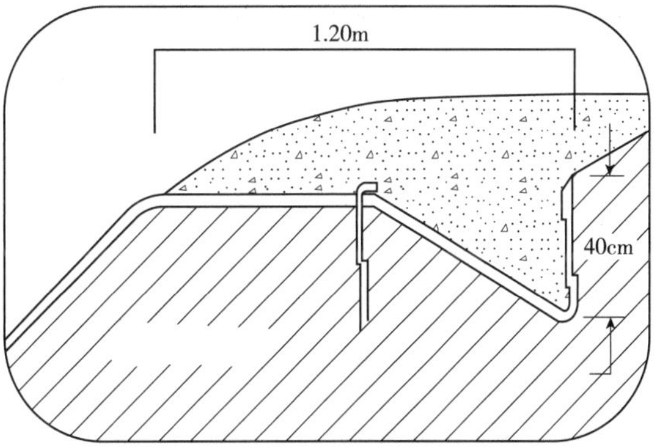

图7-7-40　麦克垫地面折叠固定

④锚固间距与交叠

确定锚固规范及以下推荐间距值:

a.沿坡顶边缘锚固间距为1m,沿距坡边缘0.6~1.0m的锚固沟底布置锚钉;

b.对于坡角为1∶1或更平缓的边坡及渠道护砌,在与坡角垂直方向,锚固间距采用1.0m;在与坡角平行方向,则采用1.2m,对于更陡的边坡,应采用的锚固如图7-7-42所示;

c.麦克垫边缘应至少有8cm的交叠,并将交叠部分锚固,如图7-7-43所示;

d.若是加筋麦克垫且相邻两垫卷由锚

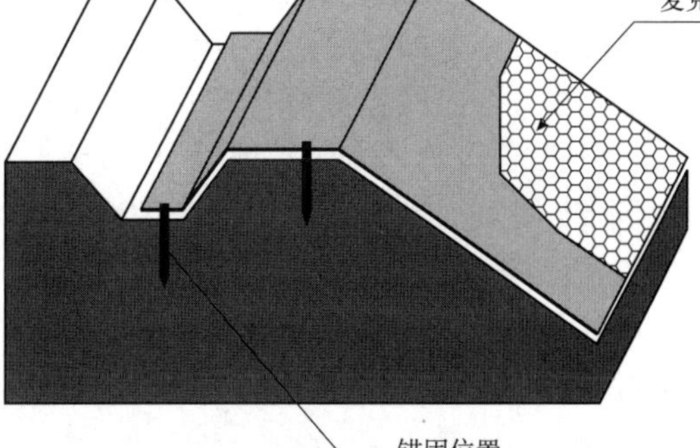

图7-7-41　麦克垫沿沟底锚固

注:1ft=0.3048m。

固钉连接,或对于渠道护衬,由钢环连接,则能提供牢固紧密的连接,而无须交叠;

e.将麦克垫松散地置于岸坡表面。

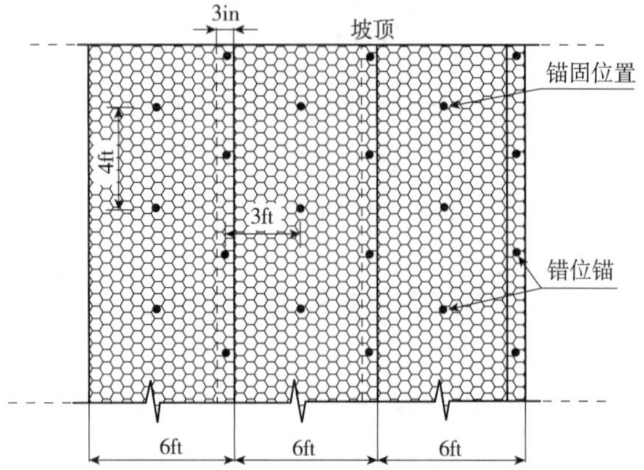

图 7-7-42　边坡锚固

注:1in=0.0254m。

图 7-7-43　麦克垫边缘 8cm 交叠示意图

⑤渠道护衬

a.作为渠道护衬,对于较小渠道,应将麦克垫平行于水流方向铺设,对于具有陡坡的大渠道,则应垂直于水流方向;

b.如果麦克垫垂直于水流方向,则将其边缘重叠,以保证下游麦克垫边缘锚固于上游麦克垫边缘之下;

c.对于分阶梯的坡道,在拐点处则垂直铺设,并且做好锚固沟,在顶部用混凝土铺实,保证结构的稳定性;

d.对于护坡的美感,则需根据现场不同地形做不同分析,既要保证施工质量又要有美感。

(2)质量、安全、环保控制

①质量控制

a.麦克垫沿坡面展开时,应将平滑的一面接触土壤;

b.麦克垫应自坡面自上而下铺贴;

c.用 U 形金属锚固钉将麦克垫固定于坡面,以最大抗拔拉力保证边坡的稳定性;

d.如边坡有一定的回填土,回填土必须分层夯实,保证平整,无杂物;

e.麦克垫重合的地方必须有不少于 8cm 的重叠部分,并且重叠部分必须锚固;

f.对于坡度为 1∶1或者为平坡时,与边坡垂直的方向锚固间距不能大于 1m,与边坡平行的方向锚固间距则不能大于 1.2m,对于坡度更大的边坡,则需由专业工程师确定。

②安全措施

a.平整边坡时注意尽量不要损害原土质的结构稳定性,避免过多的回填土;

b.雨季施工时,应准备一些必要的遮雨物资,如彩条布、薄膜等,以便及时覆盖,防止坡体下滑;

c.必须做好相应的排水措施,如小型排水沟等;

d.边坡坡度较大时,适当挖些小台阶,防止工人施工时跌落。

③环保措施

a.在土方施工时,应洒水湿润,防止扬尘污染,在天晴气好时要特别注意;

b.在施工时尽量不要随意破坏周边的绿化,要做到工完场清,对废弃的材料进行集中处理。

(3)工程实例

①工程概况

a.工程规模

长江下游马当南水道位于长江下游的马当河段,地处江西彭泽县,上距九江市60km。该航道整治目标为:通过实施工程措施,维持马当南水道的双槽格局,遏制马当南水道左槽快速发展,守护棉外洲洲头,稳定右槽的航道条件。

b.工程结构形式

棉外洲心滩守护工程由沿心滩滩脊顺水流布置的顺坝和沿顺坝坝体中部右侧布置一道护滩带组成。ST1号顺坝长度为2907m,ST1号护滩带长度370m,如图7-7-44所示。

护滩:施工水位以下采用D10型沉排护底(AD段),排体横向搭接宽度为5m,纵向用1.5mm尼龙线缝合并采用ϕ15mm尼龙绳系接,接缝强度≥原排垫强度70%。

施工水位以上采用加筋麦克垫进行守护(DE段),加筋麦克垫如图7-7-45所示。加筋麦克垫较多地应用于土质边坡植被恢复前的表土冲刷防护,其表面糙率大,抗拉强度高,质量小,较之软体排具有促淤性能好、施工损伤小、施工便捷等优点。尤其是在植被长出后,网面90%以上的孔隙率能够使网面与植被根系紧密缠绕,在土体表面形成永久加筋层,进一步提高其抗冲性能。

②施工

a.施工工艺流程

加筋麦克垫施工从下游向上游铺设,主要工艺流程为:测量定位铺→设加筋麦克垫→检查搭接量→网垫边沿锚固→加筋麦克垫绞合→钉U形钉锚固网垫。

b.施工要点

加筋麦克垫规格为25m×2m×0.012m(长×宽×厚),网格尺寸为6cm×8cm,网格钢丝直径为2.2mm。

相邻的加筋麦克垫之间搭接6cm,并用锚固钉固定;防护范围边界处加筋麦克垫需埋入锚固沟,锚固沟上底宽0.8m、下底宽0.4m、高0.4m,沟内碎石填充,并用锚固钉固定。在D形排和加筋麦克垫交接处,D形排搭接在加筋麦克垫上部。

铺设前,根据设计要求对坡面杂物进行清除,对局部凹凸不平的滩面用推土机进行平整。虽然加筋麦克垫属柔性材料,可以较好地适应滩面的略微起伏,但为了水流流过其表面时的流态稳定,进一步提高加筋麦克垫的稳定性,最后用人工进行精细平整。整理后要求滩面平顺、整洁。

滩面整理完成后,先打放样桩固定在每卷宽加筋网垫的位置,再进行铺设;铺设前,先由测量人员根据设计提供的控制点坐标用CAD绘制出施工作业图,然后测量工程师根据施工图中表示的每幅加筋麦克垫铺设的实际控制坐标点,通过GPS放出需铺设网垫边线位置,预留搭接量6cm,用旗杆作标志。施工人员依靠该标志将网垫在滩上铺开进行安放。网垫安放完毕后再采用挂线的方式进行网垫搭接处的调整。

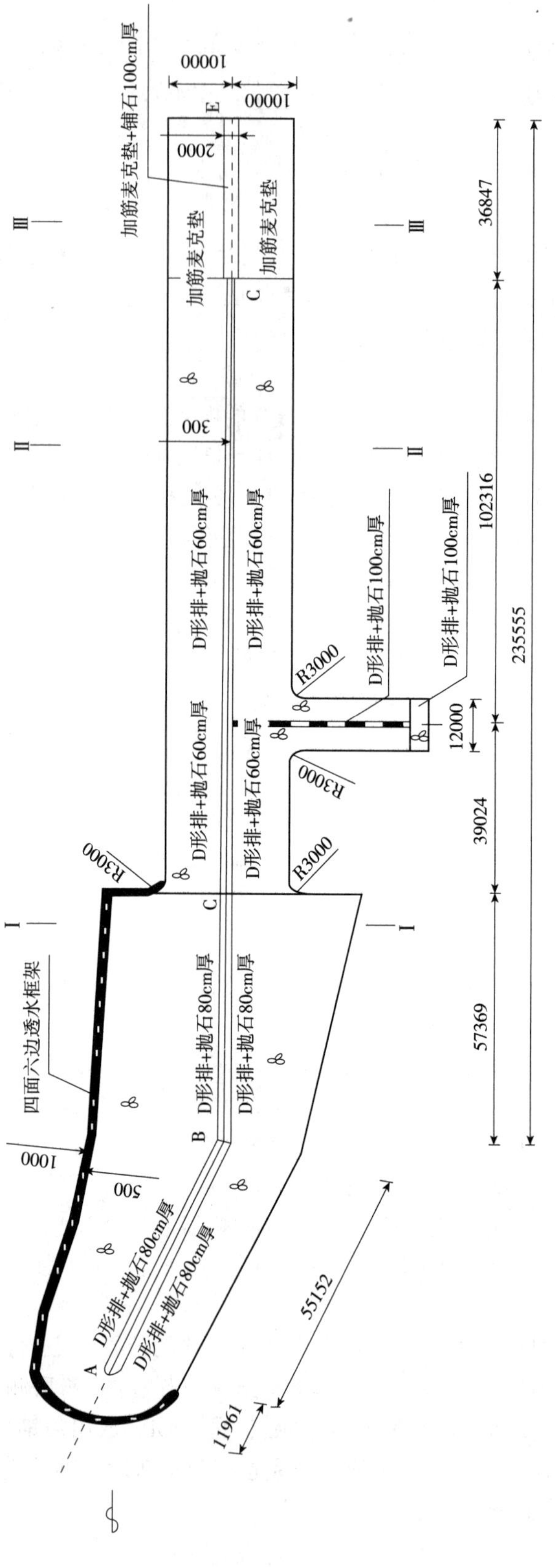

图7-44　顺坝平面（尺寸单位：mm）

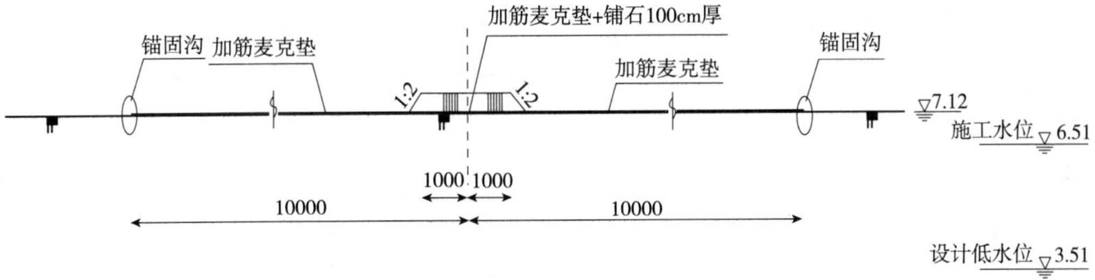

图 7-7-45　Ⅲ—Ⅲ断面(尺寸单位:mm)

为了保证加筋麦克垫在施工完成后、汛期来临前不长期暴露在阳光下受紫外线的照射,加筋麦克垫铺好后,在加筋麦克垫上洒 1~2cm 泥土,既可防加筋垫老化,又可加快绿草生长。

③施工质量控制要点

a.施工中潜在的问题

由于加筋麦克垫质量较轻,抗掀起能力较弱。在一般的河道护底工程中,施工完成后需要在其表面按照一定间距及布置形式插入锚固钉,尤其还要在防护范围的上下游边界处设置锚固沟,将加筋麦克垫埋入锚固沟中,防止其在水流作用下被掀起。本工程采用加筋麦克垫防护的部位是在整个护滩带的最下游,上游紧接软体排防护段。该处虽然流速不大,但流态比较混乱,防护范围顺水流的两侧边界处的锚固沟施工质量直接决定了整个防护面的有效性。

加筋麦克垫是在工厂生产的成品运送到工地现场直接铺设,其单幅宽度、长度都为定值,且较传统排体其幅宽较窄,容易铺斜。加筋麦克垫的铺设方向、相邻加筋麦克垫的搭接顺序及绞合质量也对加筋麦克垫的局部抗掀起具有很大的影响。

加筋麦克垫表层未形成植被覆盖前,裸露在水流中时,其抗冲性能相对较小,此时基本靠分布在其表面的锚固钉来保证麦克垫与滩地的紧密贴合;所以,锚固钉的尺寸、分布密度控制,是保证加筋麦克垫能够在早期过水时稳定的关键。

b.控制方法及要点

(a)为了保证整个防护范围的安全,防护范围四周需按照设计要求,将加筋麦克垫埋入锚固沟底,在沟底插入 U 形钉锚固,并回填碎石压实。锚固沟顶宽 80cm,底宽 40cm,深 40cm,如图 7-7-46 所示。

(b)在滩面上沿水流和变形方向铺设加筋麦克垫,由下游向上游,高滩向低滩方向铺设,两边铺设应平顺、速度应一致。为防止加筋麦克垫铺斜,应预先测量网垫铺展开后的位置,并用小木桩及细绳将铺展范围标记出来,铺展时如果发现偏差即可进行调整。每一幅加筋麦克垫铺设完成后,应对网垫的铺设方向、搭接顺序及搭接量进行验收,确保按照设计要求铺设;验收通过后再进行 U 形钉的锚固。

(c)网垫搭接好后,要按照设计要求用配套的与网垫金属网材质相同的绞合钢丝进行绞合,并严格遵循单双圈连续绞合的方式进行(图 7-7-47)。

(d)加筋麦克垫表面需按照 1m 间距、梅花形布置钉 U 形钉进行锚固,间距可以有适当的调整。保证加筋麦克垫紧贴滩面、平整,无局部鼓胀现象;搭接部分适当加密 U 形钉布置。

(e)工程施工中禁止在加筋麦克垫上行驶车辆、机械等。

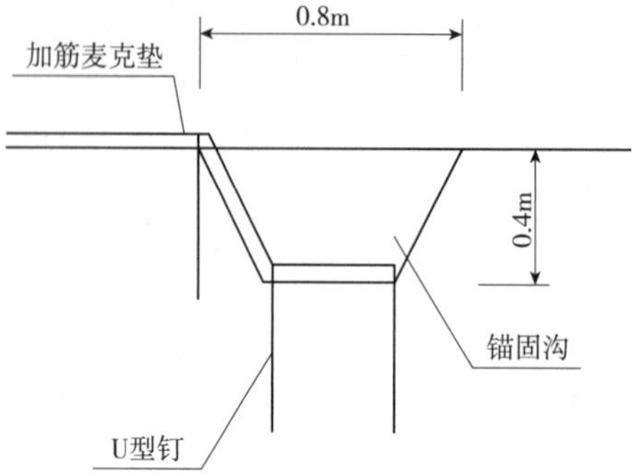

图 7-7-46　锚固沟示意图

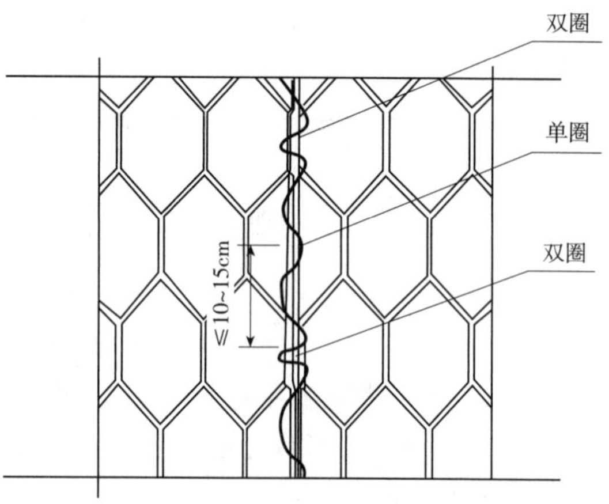

图 7-7-47　双圈绞合示意图

7.8　生态防护

在我国传统的河道治理过程中，护岸工程措施一般只强调了护岸、防洪、排涝功能，比较注重护岸的抗冲刷、稳定性等指标，而对于生态环境的保持与维护不够重视，比如大量采用了一些硬质材料如浆砌或干砌块石、现浇或预制混凝土等来进行河道护岸的加固与保持。即使是对一些防洪要求不是很高的中小河道，也一味地采用高强度的工程措施来进行硬化，对河道的生态环境造成了较大的破坏，很大程度上导致了河道生态系统的退化甚至消亡。

近年来，随着人们对生态环境保护的日益重视，在进行河道治理的过程中，生态措施越来越多地被人们所提倡。目前在河道治理工程中应用较多的生态措施：植被护坡、生态混凝土护坡、生态格网护坡以及生态袋护坡，这些措施各有优势，针对不同的工程状况采取相应的措施，可以很好起到河道防护及生态环境保护的目的。

7.8.1　生态袋防护

7.8.1.1　方法介绍

生态袋的材料是一种高强抗紫外线、抗冻融、耐酸碱的高分子合成聚合物，是高新技术新型特种材料，具有高强抗紫外、耐酸碱、抗腐蚀、抗冻融，工作可达到 50 年以上不降解，是真正实现了零污染。因其透水不透土的特性，主要运用于建造柔性生态边坡、库岸。

在生态袋里面装好土，用扎带或扎线包扎好，通过有顺序的放置，形成生态挡土墙。一方面通过植被，起到绿化美化环境的作用；另一方面可以起到护坡的作用，可有效地进行高速公路护坡、库岸防护、河堤护坡、矿山修复、生态河岸护坡等。因此，生态袋护坡是一种环保、生态护坡绿化方法。

生态袋防护主要由生态袋、加筋材料和适应当地环境的固土草本植物构成。生态袋辅助材料主要包括联结扣（无爪）、扎口带和缝袋线等材料，主要用于生态袋的形成与相互之间的连接,用以增加结构整体性,如图 7-8-1~图 7-8-3 所示。

图 7-8-1　生态袋

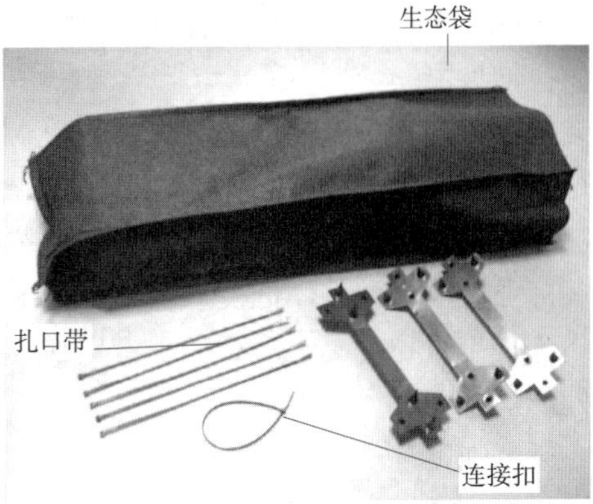

图 7-8-2　生态袋、联结扣和扎口带

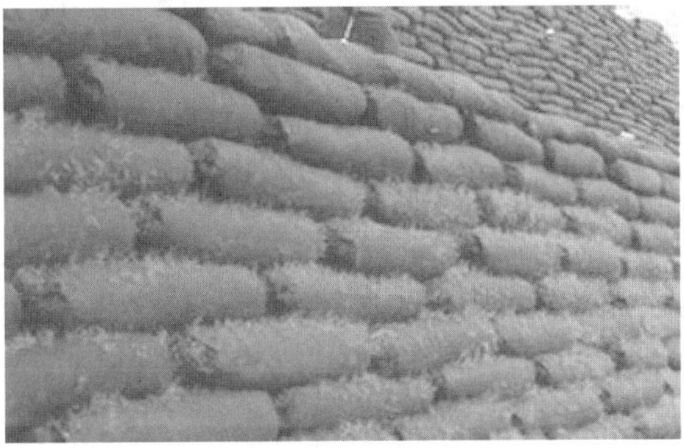

图 7-8-3　生态袋防护效果图

7.8.1.2　适用范围

生态袋防护属于软性防护的一种。相比于格宾防护,它对于地基的不均匀沉降的适应能力较强,对抗波浪的冲刷与侵蚀的能力有所增强,但是在反过滤能力方面比格宾防护较差。因此,它较适用于土质、岩土质缓坡中地基较不稳定、库岸冲刷较强的区域。在生态袋的使用过程中,可以利用加筋的结构型式形成加筋挡墙,此类防护型式使用与土质、岩土质陡坡,边坡角度甚至可以达到 90°。

7.8.1.3　设计参数

(1)生态袋力学性能

良好的力学性能是生态袋必须具备的最基本性能。考虑到生态袋在护岸中所起的力学作用及其要承担的荷载,根据调研多个成功应用生态袋的河道生态护岸的案例,结合厂家提供的资料,选取以下指标作为生态袋的主要控制指标:纵横向断裂强度≥8kN/m,纵横向撕破强度≥200N/m。

当岸坡比较陡峭,生态袋所构筑的挡墙结构需通过生态袋起加筋作用才能稳定时,应根据力学计算,对生态袋布的标称断裂强度做出要求,且应对小变形时(如 10%延长率)的抗拉强度作出规定,具体需根据实际结构进行分析计算。生态袋的其余力学指标根据工程实际情况进行选配。建议采用袋体拉伸性能、撕裂强度、抗冲击性能作为生态袋的主要控制指标。

①拉伸性能

袋体体现在宽条拉伸强度和握持强度两方面。宽条拉伸强度是反映袋体在纵横向单位宽度范围内能承受的外部拉力,以及相应方向的最大延展性。与传统加筋挡土墙使用的钢筋、混凝土和石块等刚性材料相比,生态袋抗拉强度明显优于其他材料。

握持强度是表示袋体抵抗外来集中荷载的能力,可以选择测试相应的横、纵向握持强度。生态袋等土工织物对集中荷载的扩散范围越大,则强度越高,在工程实际使用时就能承受更大的外部集中荷载。

②撕裂强度

该强度是衡量生态袋加筋挡墙抗倾覆性、抗滑性等的重要指标,其测值为袋体某一裂口逐步扩大过程中需要的最大拉力,该指标能真实反映袋体在遭受破损时抵抗破坏的能力。

③袋体抗冲击性能

可以测试生态袋等土工织物抵抗外部冲击荷载的能力。工程实践中,根据实际工程的外部环境特点甄选胀破强度、CBR顶破强度、圆球顶破强度来反映该性能,如表7-8-1所示。

生态袋力学性能测试标准 表7-8-1

检测项目	建议指标	测试标准
宽条拉伸强度	≥6.5kN/m	GB/T 15788《土工布其有关产品:宽条拉伸试验》
握持强度	≥300N	ASTM D4632《土工布的握持强度及延伸率的标准测试方法》
撕裂强度	≥150N	GB/T 13763《土工布梯形法撕破强度试验方法》
胀破强度	≥1000N	GB/T 7742《纺织品:织物胀破性能》
CBR顶破强度	根据设计	GB/T 14800《土工布顶破强力试验方法》
圆球顶破强度	根据设计	GB/T 19976《纺织品:顶破强力的测定——钢球法》

(2)生态袋植生性能

生态袋中植被生长验证标准是袋内植被(籽)需从生态袋中长出,袋表面铺设植被需扎根进入生态袋内。根据生态袋在整个生态护坡系统中发挥的植生作用,袋体必须具备透水不透土的功能,在防止袋内填充物流失的同时,及时补充植被生长所需水分,实现水分在袋体与袋体、袋体与岸坡土体等多层面的高效流动。选择生态袋等效孔径和透水性能两个关键指标来反映生态袋的植生性能。

①生态袋等效孔径O_{95}和生态袋透水性能

等效孔径是指土工织物的最大表观孔径,是检验生态袋绿化效果的核心指标,等效孔径同生态袋单位面积质量成正相关。良好的透水性能是衡量生态袋质量优劣的重要指标,袋体填充率及其填充重量是生态袋护岸结构设计时的重要指标。

若袋体材料过薄,孔径太大,受雨水侵蚀等作用时袋内填充物会大量流失,造成整个袋体单位重量迅速减小,护岸结构力学性能发生巨大变化并导致其逐渐坍塌破坏;如果袋体材料过厚,孔径太小,一方面袋体透水能力降低,当水分逐渐渗入袋体时,其单位重量将大大升高,岸坡中静水压力增加,导致岸坡变形或垮塌。另外,孔径过小会阻碍植被生长以及根系延伸。

基于以上原因,在生态袋护坡设计中需综合确定袋体等效孔径的范围。目前,国内大部分厂家生产的生态袋袋体等效孔径检测结果均为 0.07~0.20mm,国家建筑材料测试中心对国内主要生态袋生产厂家进行袋体采样检测及分析,并结合生态袋护岸工程实践,得出以下结论:当 0.15mm $\leqslant O_{95} \leqslant$ 0.2mm、垂直渗透系数 $K_v \geqslant$ 0.12cm/s 时,基本可以保证生态袋内填充物不会流失;同时,上述指标确保了袋体良好的透水性,基本能实现袋体内外水分自由流通的功能,又便于边坡内积水及时排出,保障了护岸结构的稳定[71]。因此,建议在实际生态袋护岸工程设计中,尽量使用等效孔径在该范围内的生态袋。

②被覆盖率要求

生态袋表皮植物宜充分考虑物种多样性,合理搭配草皮、花卉、藤本、矮灌木、乔木等不同类型的植物。生态袋表皮植被可通过混播(将草籽预先放在生态袋内的方法)、插播、铺草皮及喷播等方法实现,但无论使用哪种方法,在生态袋施工后 3 个月内均要求植被覆盖率符合常水位以上≥99%,常水位以下 300mm 及挺水植被种植区≥50%的要求。

(3)生态袋老化性能

在覆盖度较好的情况下,生态袋可以抵抗紫外线侵蚀,不会发生质变或腐烂,具有不可降解并可以抵抗虫害侵蚀、抗老化、无毒、抗酸碱盐侵蚀及微生物分解等特性。

生态袋通常应用于河道护坡、高速公路边坡绿化、山体修复等,一般不会频繁翻修。因此,在生态护岸设计中要求工程寿命最少应达到 30 年,这对袋体的抗老化性能提出了较高要求。考虑到在实际工作环境中生态袋老化最主要原因为阳光紫外线照射,如能在施工完毕后的较短时间内就有植被覆盖,避免阳光直射,能很好地延长生态袋的使用寿命。

(4)生态袋护坡浪蚀机理分析

①生态袋厚度

生态袋的厚度对生态袋内土壤颗粒的损失率有一定的影响,厚度越大,则对土壤颗粒流失的阻力也越大,袋内填充土壤颗粒的损失率越小。但是,由于生态袋的厚度通常较小,一般不超过 2mm,且不同种类生态袋的厚度差异不大,因此,可不考虑生态袋厚度对生态袋浪蚀的影响。

②土壤颗粒级配

由于生态袋的应用尚未编制相应的技术规范,参考《水利水电工程土工合成材料应用技术规范》确定试验中生态袋内填装土壤的级配。根据该规范,土工合成材料的等效孔径与土壤的特征粒径之间应满足下式:

$$O_{95} \leqslant n d_{85} \tag{7-8-1}$$

式中:n——与水流条件、袋内填土的类型、级配、织物品种和状态有关的经验系数,对于波浪等周期性流动,n 值可取 0.5;

O_{95}——生态袋的等效孔径,即 95%孔隙等效直径小于 O_{95};

d_{85}——生态袋内填充土颗粒的特征粒径,即质量占 85%以上的土壤颗粒直径小于 d_{85}。

7.8.1.4　施工

(1)施工技术的分类

生态袋技术在护岸工程应用中分为生态袋墙式护岸和生态袋坡式护岸两种。其主要区别是在施工中加筋挡墙铺设使用土工格栅对挡墙进行加固。生态袋坡式护岸适用于边坡本身较稳定的结构,其边坡坡度较小。生态袋墙式护岸则适用于边坡坡度较大、边坡的稳定性较差的情况,如图7-8-4和图7-8-5所示。

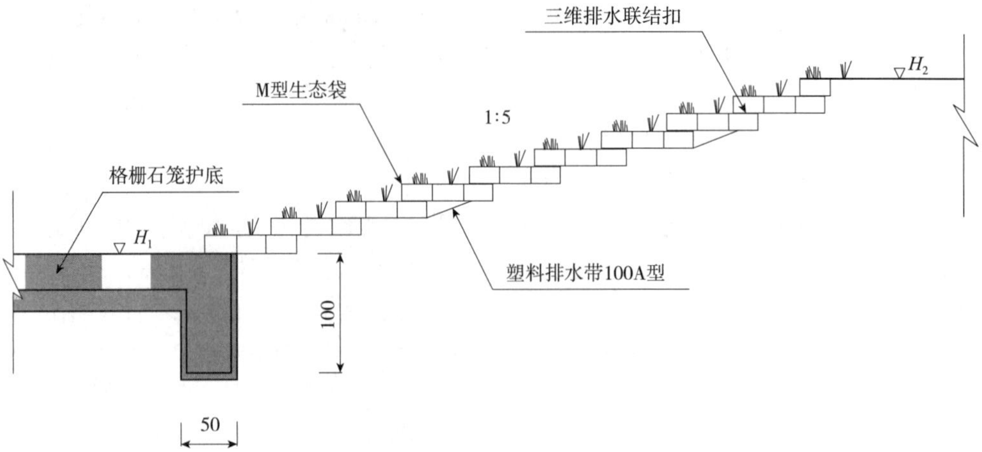

图7-8-4　生态袋坡式护岸(尺寸单位:cm)

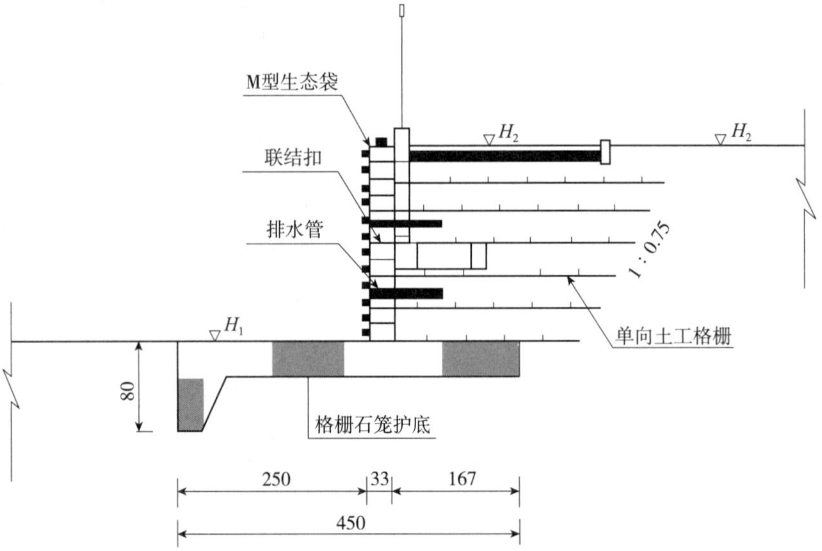

图7-8-5　生态袋墙式护岸(尺寸单位:cm)

(2)生态袋墙式护岸

①生态袋护坡加筋挡墙与传统挡墙比较

生态袋护坡加筋挡墙是一种新兴的护坡工法,与传统挡墙最大的区别是:生态袋工法是柔性结构,容许小程度的变移,耐震性强,会随地震一起摇,不怕龟裂、风雨侵蚀;能绿化,并且随着绿化程度的增加,墙体的强度及稳定性也随着增强。

生态袋工法就地取材,以当地的土为主要材料,不需另外从外地运进来。

砌石墙需要砌石工,湿式混凝土构造墙需要模板工、钢筋工、混凝土浇筑工等技术工。生态袋工法施作过程易懂,不需技术工,不需重型机具,一般杂工就可以施作。减少清坡、整地程序,且不需等混凝土凝固后拆模并回填,相比较起来施工期短。

砌石墙的成本相较于生态袋工法略为经济,不过在防治效果、使用年限、美观、生态等方面都不如生态袋工法;生态袋工法比湿式混凝土构造墙经济,且在防治效果、使用年限方面不输湿式混凝土构造墙,且能兼顾美观及生态。

②生态袋挡墙的组成

生态袋挡墙大致有四种主要的构成要素。

a.生态袋

生态袋的作用不仅能起到制止土壤及营养成分混合物等填充物的流失,还能让水分等重要组成成分在土壤中进行正常的迁移和交换。

b.排水连接扣

作用是把无数个生态袋连接在一起,对于构件稳定的致密内锁结构和稳固的边坡起到了重要的作用。

c.扎口带

因其具有比较强大的抗拉性及抗紫外线特性,对于保障整个生态护坡工程的安全稳固具有极其重要的作用。

d.加筋格栅

用于构筑坡度较大的回填土边坡,并通过与具有抗紫外线生态袋的联结,分层反包那些外露的袋体墙面,从而有利于整个生态护坡工程保持稳定和坚固。

③施工

a.施工的注意事项

生态袋护坡加筋挡墙工程应用过程中,特点是不一定需要混凝土基底。因为生态袋是柔软的,能适应基准面的缺陷,因而一个等值推力的表面通常已足够,除非结构设计工程师要求进一步的底基层。

生态袋护坡加筋挡墙结构修建高度依照当地水保法规定操作,任何高度都可以。生态袋护坡加筋挡墙可以建得和任何混凝土墙一样高。

生态袋埋在基底的数量的典型比例是1∶8(在表面上每8个层需要埋住1个层);在大多数情况下,除非边坡逐渐远离墙体基底,最多埋3层至4层,超过这个数量并不会得到任何益处。

对于更高墙的最后一排,旋转生态袋90°以使它们进一步延伸进回填体,提供有效的封顶。另一个封顶方法是按照设计图纸所示,在顶部建造一个固定墙。

建议放置每层土后,就要压实回填土,这将帮助保持墙体笔直并帮助确保良好的压实状况,且能避免给墙体增加不必要的压力。

最好的回填体是岩石、砂子和土壤的混合,这些类型的材料很容易压实且不会留有太多细缝,并且不会有过多的湿气。岩石、土壤或是砂土混合也是不错的组合。如果是用于绿化植生,土壤的比例不能少于50%。

b.施工方法

进行场地清理和场地压实→浇筑混凝土底板、设置排水沟→安装连接扣和生态袋→铺设土工布和瓜子片滤层→墙后回填和墙后压实→铺设土工格栅并进行反包→进入下一个循环

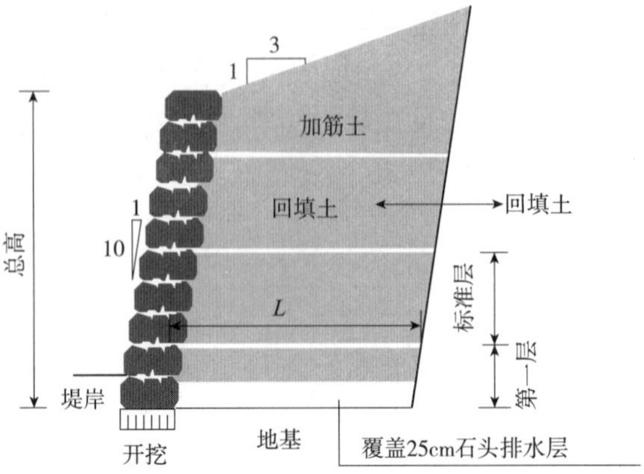

图 7-8-6　加筋挡墙结构图

→安装导水膜、铺砌压顶生态袋→绿化喷播→后期养护。加筋挡墙结构如图 7-8-6 所示。

④工程实例

a.工程概况

某工程属于东莞对口援建四川映秀地震灾区的项目之一，按照“把映秀建设成为广东援建典范”的要求，在对映秀镇渔子溪河堤防进行方案设计中，为了突出映秀震灾后恢复重建的“典型性”与“示范性”，从人与自然及地域文化等方面体现灾后恢复重建的内涵，尽量采用成熟的新技术、新材料，并在外观结构上采用能与当地人文景观相适应的建筑材料。故设计经多次比选，最终采用生态袋加筋挡墙护坡，作为堤防马道平台以上的结构型式。

b.工程地质

据《工程岩土工程勘察报告》，工程所在地层自上而下依次是：

(a)素填土(Q4me)：灰色，由块石、碎石组成，成分以泥岩为主，呈强风化状，少量为中风化状，次棱角状，其粒径组成为：ϕ>200mm 约占 10%，ϕ200mm～100mm 约占 45%，ϕ100～20mm 约占 5%，充填物以粉质黏土为主，含少量粗砂及角砾，潮湿，结构以松散～稍密为主。

(b)稍密卵石(Q4a1+p1)：青灰色～浅灰色，卵石、砂组成。卵石粒径为 2～40cm。其中粒径 2～10cm 的含量占总重的 5%，粒径 10～20cm 的含量约占总重的 47%，粒径 20cm 以上约占 5%，充填物为中(粗)砂、圆砾。

(c)中密卵石(Q4al+p1)：中密卵石(Q4al+p1)呈青灰色～浅灰色，由卵石、砂组成。卵石粒径为 2～40cm。其中粒径 2～10cm 的含量占总重的 5%，粒径 10～20cm 的含量约占总重的 53%，粒径 20cm 以上约占 5%，充填物为中(粗)砂、圆砾。

(d)粗砂：黄色，松散，饱和，结构不均，局部夹圆砾、角砾。呈透镜体状，钻探揭露厚 0.3～0.7m。

(e)强风化砂岩：深灰色、矿物成分以石英、长石为主，细粒结构，钙质胶结，薄层构造，岩芯呈碎块状，块径一般 2～20cm，质软，为强风化。

(f)中风化砂岩：深灰色、矿物成分以石英、长石为主，细粒结构，钙质胶结，中厚层构造，岩芯呈短柱状，节长一般 20～120cm，质硬，为中风化，全段岩芯内多见陡倾裂隙，裂隙倾角约为 30°～50°，裂面较平直。各层土质特性如表 7-8-2 所示。

岩土层的工程特性指标建议值　　表 7-8-2

土层名称	重度 γ (kN/m^3)	压缩模量 E_S(MPa)	变形模量 E_0(kPa)	黏聚力 C(kPa)	内摩擦角 ϕ(°)	基底摩擦系数	承载力特征值 fak(kPa)
素填土(1)	19.0	6.0	—	0	22.0	—	—
稍密卵石(2-1)	21.5	30.0	25.0	0	35.0	0.45	350

续上表

土层名称	重度 γ (kN/m^3)	压缩模量 E_S(MPa)	变形模量 E_0(kPa)	黏聚力 C(kPa)	内摩擦角 ϕ(°)	基底摩擦系数	承载力特征值 fak(kPa)
中密卵石(2-2)	22.5	36.0	30.0	0	38.0	0.45	550
粗砂(3)	19.5	12.0		0	25.0	0.45	140
强风化砂岩(4-1)	21.0	30.0	25.0	90	24	0.40	350
中风化砂岩(4-2)	25.0	—	—	—	—	0.55	1600

c.地表水、地下水概况

堤防区域内最大地表水为渔子溪,渔子溪两侧山地冲溪沟发育,属岷江水系,下游接岷江,岷江为区域和场地地表水侵蚀和地下水排泄基准面。紫坪铺电站修建后,库区设计最高水位为 877m,渔子溪水位将随水库水位的变化而变化。据钻孔揭露,勘探深度范围内,拟建堤防范围内地下水类型主要为第四系冲洪积层中孔隙潜水。该层地下水赋存于冲洪积层(Q4a1+p1)漂、卵、砾石质土中,主要受大气降水补给,与渔子溪水存在很强的水力联系,一般情况下地下水向渔子溪排泄,渔子溪水位高于地下水水位时,对地下水形成补给。由于渔子溪水丰富,补给距离近,冲洪积层(Q4a1+p1)卵石夹土渗透性强,故卵石层水量较丰富。基岩裂隙水主要赋存于基岩的风化裂隙以及构造裂隙中及砂岩孔隙中,接受大气降水及上覆孔隙水的补给,向渔子溪及岷江排泄。堤防两岸基岩较陡,渔子溪切割较深,裂隙水埋藏也深,对堤防影响不大。

d.边坡设计方案的选择

堤防马道平台以上采用土工格栅反包土工袋的全柔性封闭结构来承受土压力及地震力,使堤防具有较好的抗震性能,能充分发挥其“以柔克刚”的特性,具有型式新颖、施工方便快速、节约工程造价、适应基础变形能力强、抗震性能好的特点,特别是其强度高、变形小、耐久性好等特点更为显著。另外,由于外坡采用狗牙根、高羊茅、早熟禾、紫花苜蓿,纤插的灌木用南天竺和紫荆等草种混合喷播,养护长成之后对环境美化起到积极作用。设计墙高最高 3.9m,坡顶超载 20kPa,地震烈度 8 度。单个筋带厚 1(mm),筋带水平方向间距 0.040(m),筋带竖直方向间距 0.450(m),筋带材料强度标准值 240.000(MPa)。设计简图如图 7-8-7 所示。

e.地基验算

作用于基底的合力偏心距验算满足:$e=0.122\leqslant 0.200\times 6.000=1.200$(m)

墙趾处地基承载力验算满足:压应力 = 100.837≤180.000(kPa)

墙踵处地基承载力验算满足:压应力 = 87.373≤156.000(kPa)

地基平均承载力验算满足:压应力 = 89.835≤120.000(kPa)

整体稳定验算:整体稳定验算最不利为:组合 1(一般情况),最小安全系 = 2.071。

f.施工

格栅铺筑时应纵向及水平方向拉紧,铺设土工格栅的纵向应与主要受力方向一致。铺好的土工格栅先在格栅靠近坡面一侧进行回填,然后在格栅尾端采用张拉梁进行张拉,拉紧格栅以后进行填料回填。应用诸如斗式挖掘机或是带有铲斗的推土机等机械设备来进行填土施工,保证填土通过倾倒的方式摊铺在格栅上。为了避免格栅在施工中受到损伤,机械履带与格栅之间应保持有 0.15m 厚的填土层，填料回填完成以后释放张拉梁。在邻近反包结构面的 1m 范围内，用振动盘压实机或振动碾压机压实填土。对其他部位的回填料碾压时先轻后重，严禁使用羊足碾。不得在未经压实的填料上调头和急刹车，严禁使用大型压实设备进行碾压。格栅幅宽为 1.3m，格栅搭接宽度为 0.10m，反包格栅施工时用专用连接棒对上下层格栅进行连接。施工时应先从格栅尾端碾压。最顶层土工格栅应有足够长度埋入填土下，保证填土可提供足够的约束力以永久性锚固格栅。

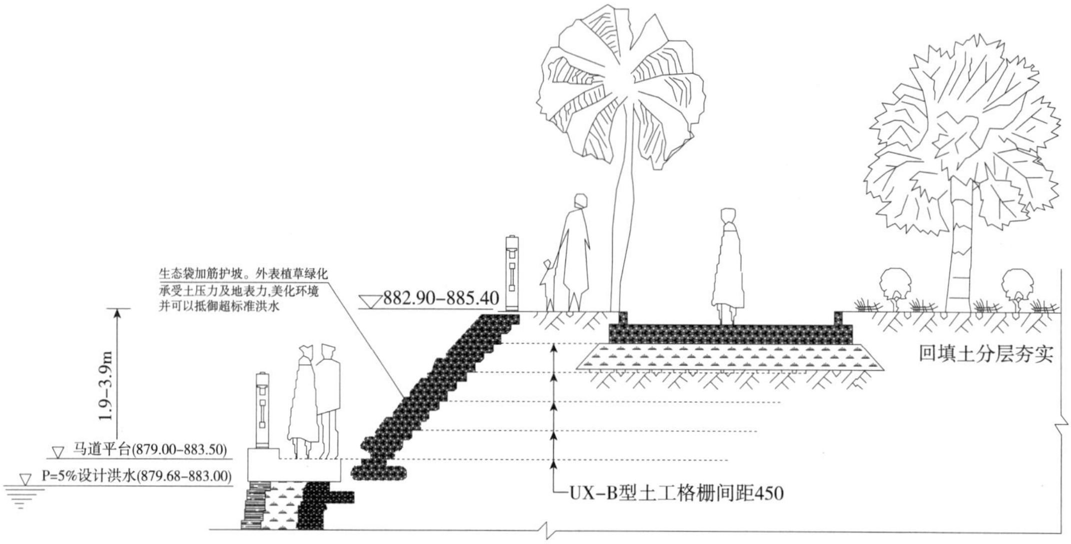

图 7-8-7　生态袋加筋土护坡设计断面

(3)生态袋坡式护岸

①生态袋坡式护岸的特点

生态袋坡式护岸与传统的浆砌块石护岸、混凝土护岸等结构相比，具有如下特点：

a.生态环保。可与自然生态环境完美融合，施工时不产生建设垃圾和施工噪声。

b.运用生态袋修建生态边坡，可根据地形条件建成仿自然的生态边坡。同时植被选择可多样化，有利于边坡环境迅速还原成自然状态。

c.生态袋边坡结构可通过植物发达的根系与坡体结合成整体，使人工边坡和原自然边坡之间不会产生分离、坍塌等现象。

d.生态袋护岸属于柔性结构，能够通过适应变形来释放、消减土压力。同时结构不会产生温度应力，不需设置温度缝。

e.三角内摩擦紧锁结构，整体受力对外界冲击力有缓冲作用，其抗震性能是传统边坡无法比拟的，如图 7-8-8 所示。

f.施工快捷、方便。可缩短工期，降低造价。

生态袋坡式护岸的结构如图 7-8-9 所示。

②生态袋坡式护岸的施工

常规的施工方法：坡面清理→施工测量→材料运输→种植土及肥料装入生态袋→垒砌袋子→袋表层浇水养生→验收。

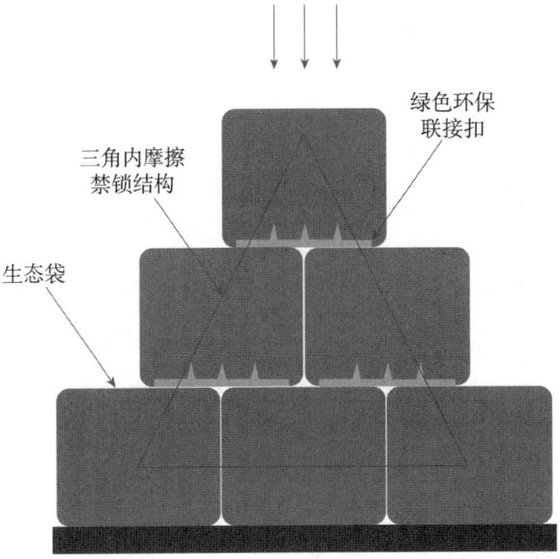

图 7-8-8　三角内摩擦紧锁结构

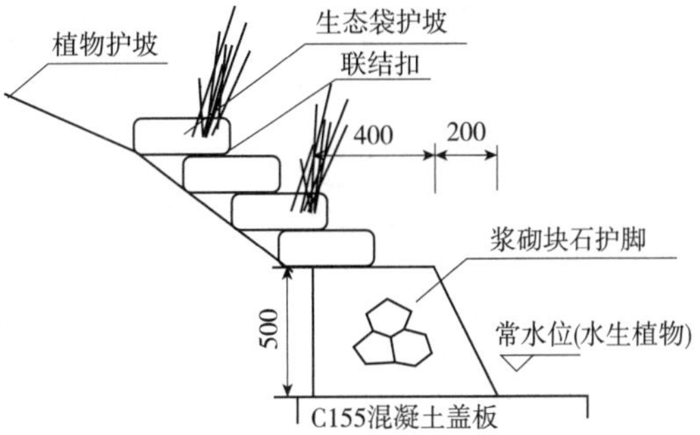

图 7-8-9　生态袋坡式护岸系统图

③工程实例

a.工程概况

青岛市大沽河古称“姑水”,发源于招远市东北部的阜山,在胶州市道子泊村进入青岛地区,在胶州市东营盐场和城阳区潮海盐场之间注入胶州湾,干流全长 179. 9km,是胶东半岛最大的河流。大沽河(胶州段)全长 41. 5km,两岸填筑堤防总长 58. 2km,堤顶填筑宽度 14m,坡比 1∶3。

沽河历年河岸护砌治理大多采用传统护岸方法,护砌型式为浆砌石或混凝土,景观效果差,且不符合生态治理的理念。为此,综合考虑护岸材质的抗冲流速大小、河势状况、投资大小、后期景观规划等多种因素,选取胶州市右岸 204 国道至南庄的橡胶坝段(护岸桩号胶右 24+500~胶右 29+500)河岸线,建设大沽河生态护岸技术集成段,并作为生态护岸工程示范段,全长 5. 0km,其生态袋护岸型式长度约 1km。

b.生态袋材料

生态袋是以聚酯纤维(PET)为原材料的无纺布双面熨烫针刺加工而成的袋子。在充分考虑材料力学、水力学、生物学、植物学等诸多学科要求的前提下,对抗紫外生态袋的厚度、单位质量、物理力学性能、外形、纤维类型、受力方式、方向、几何尺寸和透水性能及满足植物生长的等效孔径等指标进行了优化,使之具有抗紫外,抗老化、无毒,不助燃,裂口不延伸的特点,真正实现了零污染。

生态袋内含草种、袋装种植土和肥料。土壤成分(体积)包含:有机物质大约为 10%~15%,小于 50mm 大于 2mm 的颗粒为 60%~70%,大于 0. 05mm 小于 2mm 的颗粒为 10%~15%,黏土为 0~5%。在过滤方面,经历至少 10min 的中到大雨或水冲刷 60min 后,看不见任何驻水。肥料采用商用肥料产品。

生态袋规格:长 810mm×宽 30mm(填装前),单位面积质量≥160g/m^2。

c.施工要点

(a)坡面清理

按照设计图纸及施工工艺要求,生态袋铺设在原堤岸浆砌石护坡上,在铺设生态袋之前,先对生态袋下层原浆砌石面层进行清理。原浆砌石面层清理包括：

ⓐ人工使用铁锹、扫帚等工具，清除原浆砌石表面的淤泥、覆土、碎石及杂质，保持表面平整、洁净，锐角物体要磨成钝角以免划破生态袋表面。

ⓑ对原浆砌石表面有破损的部位，用高强度砂浆砌筑新鲜块石进行修补。

ⓒ在铺设生态袋之前，对原浆砌石进行洒水湿润。

(b)施工测量

首先根据堤防的生态袋护岸施工图，用 GPS 放出生态袋全段铺设两端边线及上、下端铺设边线，钢筋插入坡顶及坡脚位置，按照设计要求的坡比，进行挂线，为生态袋铺设做准备。

(c)试验段

生态袋铺设施工前做不小于 50m 的试验段，试验段经监理单位验收合格后，开始大面积进行铺设施工。

(d)生态袋及袋内材料运输

ⓐ在施工现场装填袋子，把运输和处理费用减少到最小。

ⓑ生态袋在运输过程中，使用专用运输车，车底须设置软垫，以免刮伤、刺破生态袋。受到物理损坏的生态袋必须要修复，不使用受严重磨损的生态袋。任何接触到泄漏化学试剂的生态袋，不得使用。生态袋在运抵工地后妥为保存，避免日晒，防止黏结成块，并将其储存在不受损坏和方便取用的地方，尽量减少装卸次数。

ⓒ生态袋袋内种植土及肥料采用专用运输车，运到施工现场，运输车辆选用保水性好的大吨位自卸汽车。

ⓓ事先规定好汽车运输路线，并在危险路口设置专人指挥。

(e)种植土及肥料装入生态袋

ⓐ采用现场装种植土及肥料施工。清除建筑垃圾，树皮树根，草屑及尖锐物等。生态袋在坡面上现场装土，生态袋内土质以适合植物生长为宜，适量掺加 30%中粗砂和壤土及长效缓释肥料(每立方米种植土中掺入保水剂 150g，蘑菇肥 15kg)。生态袋填装土时，达到饱满且用小型机具夯实整形，其后用水浇湿让其自然沉降。

ⓑ生态袋内附混播绿化护坡草籽(内粘播高羊茅、早熟禾、黑麦草等)，混播时，均匀混料，让种子尽量靠近袋在坡面的外露面。

ⓒ袋较长时，每装 1/3 时，将袋内填料抖紧。填料一定要尽量装得满实。

ⓓ采用具有同样抗紫外线破坏的缝纫线和自锁式扎口，扎扣做到牢固结实，并试拉感觉良好即可。

ⓔ先装好一个标准的袋子，用磅秤秤量并记录重量作为其后装袋的样板。生态袋填充饱满度须在 85%以上。

ⓕ装好的袋尽量几天内施工完毕，切勿将装好的袋过长时间的暴露在户外或淋雨。

(f)垒砌袋子、浇水养生

ⓐ垒砌生态袋时，由低到高，层层错缝摆砌。

ⓑ人工将生态袋按照坡面挂线的位置进行铺设。袋子铺设完成后用木槌夯实，确保袋子之间良好的联结。对存在变形较大的袋子，在铺设完毕后及时调整匀称。

ⓒ后续铺层要在前一铺层的基础上进行，以便每个上层袋子准确铺设在每个下层袋子

上,形成一个联结的表面黏连模式。继续铺设生态袋,进行压实。上下两层生态袋搭接长度不小于 10cm。

ⓓ铺设生态袋时,在坡上底部三层及坡面上每隔 3m(梅花状布置)安装砂土生态袋,袋内填装砂土,比例 8:2(中粗砂:土)。

ⓔ每层生态袋自带连接带,相互连接为一个整体。

ⓕ生态袋施工完毕后,采用盖草帘(或无纺布)浇水养护。绿化发芽前每天早晚各浇水一次,发芽成坪后根据干湿度每天适量浇水养护。在养护期禁止对坡面进行人为踩踏,绿化覆盖率大于 95%。为了促进生长,出苗 15d 后,施氮肥($5g/m^2$)一次,再过 10d 施复合肥($15g/m^2$)一次。

(g)施工质量控制要点

ⓐ工程使用的生态袋及内含材料品种、规格、性能,须符合设计要求。

ⓑ上下两层生态袋搭接长度不小于 10cm。

ⓒ护坡厚度与设计值的允许偏差为±5%,护坡平整度 2m 靠尺检测凹凸不超过 5cm。检测数量为沿堤轴线长每 10~20m 不少于一个点。

ⓓ如遇暴雨等恶劣天气时,停止施工,做好现场排水。

ⓔ养护期禁止对坡面进行人为踩踏。

ⓕ生态袋结构施工完毕后必须 1 个月内进行绿化施工。

7.8.2　植被型生态混凝土防护

7.8.2.1　原理及方法介绍

生态混凝土由特殊级配的集料和胶结材料制成,具有蜂窝状的结构、多孔且连续的特点,其力学性能满足工程使用要求并且有良好的透水性和透气性,植物能在其中生长。生态混凝土护岸属于生态型硬质护岸技术,主要由透水多孔混凝土、保水材料和营养土组成,是一种可以实现植被的护坡技术。其中,多孔混凝土是植被型生态混凝土的骨架,基本组分为水泥、粗骨料和水,视具体情况加入适量细骨料、外加剂和掺和料。保水材料为植物生长提供所需的水分,主要采用有机质保水剂,或掺入无机保水剂的混合保水剂。

7.8.2.2　适用条件

植被型生态混凝土可以承受的水流速度为 4m/s 左右。在生态混凝土河流护岸设计时,其设计原则可以概括为:

(1)满足河流所在地的防汛要求及相关防洪标准,植生生态混凝土的抗压强度为不低于 10MPa;

(2)具有良好的耐久性和抗冻融性能;

(3)具有较高的孔隙率;

(4)具有良好的景观性能,有助于保护或恢复生态环境;

(5)具有较好的经济性,即工程性价比高。

生态型护岸的设计结果应该是通过植物或植物与其他材料的结合,构建一个坡脚稳定,具有一定的结构强度,抗侵并具有自我净化修复功能,满足不同层次动植物共生条件的水工结构。为了给动植物的生存提供合适的环境,不同的护岸设计形式都涵盖了一定的孔隙率。生态混凝土河流护岸形式除需满足河道设计需求之外,还依赖于坡面的形式。当河道坡面较陡时,宜选择渗水混凝土、砌石等半柔性的材料;对坡度较缓的河段,可采用土工格栅、生态砌块等较为柔性的结构。应该在合适的季节以消除植物休眠,并养护一定的时间以提高结构强度,根据不同的河段灵活整合河道护岸设计的格式,以适合不同动植物的生长繁殖。

7.8.2.3 设计

(1)生态混凝土组分及制备

生态混凝土制备时,水灰比一般为0.2~0.25,集料配比随集料粒径的减小稍微增大。碎石粒径为10~20mm,堆积密度为1600~1700kg/m^3。掺合剂以粉煤灰和矿渣为主,以提高生态混凝土的强度和降低孔隙内碱度。化学添加剂一般选用具有高效减水和增黏增韧效果的聚合乳液,以提高胶结材料的胶凝效果。生态混凝土经碾压、击实成型后,养护28d,抗压强度可达10~35MPa,表观密度为1800~2000kg/m^3,孔隙率可达20%~30%,透水系数达到1.5~3.0cm/s,具有良好的透水性和透气性。多孔结构增大了混凝土的比表面积,为生物的富集提供了良好的条件。掺合剂的添加使生态混凝土内部的pH值到28d时可控制在11.5以下,90d时可控制在10以下,不会对植物生长产生危害。生态混凝土良好的生态特性不仅保证了河流岸坡空气、水、土壤间的互通,使土壤、河道内的昆虫和微生物拥有平衡的生存环境,而且可改善周围的大气环境,产生良好的景观效应。

(2)生态混凝土预制构件

生态混凝土护坡分为现浇式和预制构件式两种。现浇式要求河流岸坡平整,能提供较大的施工场地,并要根据天气的变化对养护方法适时调整;固化后生态混凝土的最大孔径仅为毫米级,不具备大型植物生长的空间,绿化方式也仅限于液力喷播或铺草皮等。

预制构件式突破了现浇式的局限,可以根据需要设计不同的模具进行预制构件的制作,有利于生产的自动化和流水化,成型后自然养护即可,施工方便、适用范围广。以下是3种不同构型的生态混凝土预制构件。

①单球组合。单球直径250mm,内部分别沿x,y,z三维方向预留连接通道,并保留一定的偏心距以避免连接时在球体内部相互碰撞。单球之间用ϕ18钢筋(需防锈蚀处理)进行连接,形成长约100mm的方孔,如图7-8-10a)所示。该预制构件多层铺装时,球层与球层之间也可以用钢筋连接,以增加护坡稳定性,装配简单灵活,钢筋可起到配筋的作用,提高整体的抗折强度。

②16球联体砌块。16球联体砌块也称为16联球板,由上部16个半球体和下部16个圆台组成,中间预留了9个直径80mm的圆柱形孔洞,如图7-8-10b)所示。砌块高250mm,砌块之间通过预留的连接件进行连接,具有连接件数目少、经济、块体质量大、护坡稳定的特点。

③圆孔形砌块。板状砌块的外形尺寸为510mm×350mm×250mm,在砌块中间预留了3个直径80mm的圆柱形孔洞,组合护坡时,砌块之间也产生直径约为100mm的孔洞,如图7-8-10c)所示。砌块之间的连接缝中可生长植物。

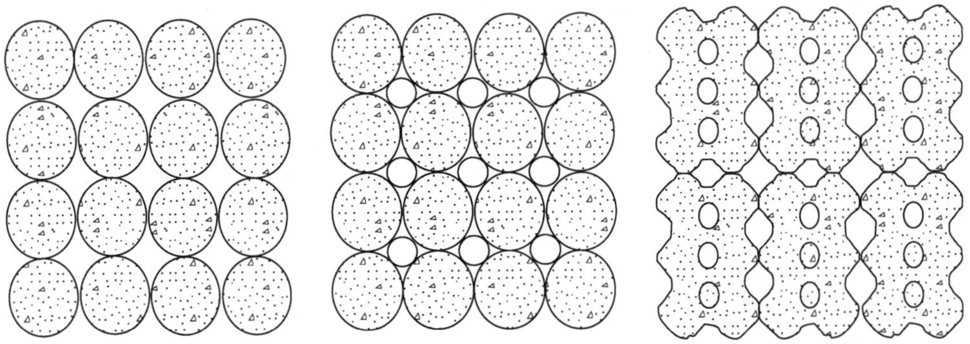

图 7-8-10　生态混凝土护坡构件

(3)生态混凝土构件的耐久性及植物根系对混凝土构件的影响

进行冻融循环实验时发现,用砖石制成的大空隙混凝土冻融的稳定性类似于碎石制成的大空隙混凝土。观察长草后 10cm 厚的植被型生态混凝土构件,发现草具有亲肥性和亲水性,草首先选择穿透混凝土空隙,然后再从中向周边扩展,草根对混凝土不产生膨胀破坏作用,该混凝土结构的草穿透稳定性优良。

(4)植被型生态混凝土防护特性

植被型生态混凝土具有高透水性、较大的拔出力、高透气性和安全性。植被型生态混凝土孔隙率高达 40%以上,表面等效孔径 2~3cm,孔隙自构件顶表面可蜿蜒通至地面,在堤防及岸坡防护工程中受水位骤降的影响较小,在季节性寒冷地区,有利于排除和降低被保护土内含水量,减少冻害破坏。经过实测,某种植被型生态混凝土提高堤防护砌材料稳定性的效果较明显。对边距离 45cm 的六角形植被型生态混凝土构件,原重 30kg,长草生根后被拔起重力为 160kg,而高透水性在很大程度上保持了被保护混凝土与空气的湿热交换能力,草根的锚固作用可以使护砌更安全。

(5)孔隙内填充材料

植物根系在孔隙内人造环境下的生长条件与地表迥然不同。单纯充填耕作土,植物会因养分不足而造成草根在表层过量繁衍,或因后续养分持续不支而长势不好,往往不能返青。因此,填充材料必须为植物提供长期生长所需必要的元素和微量元素;同时根据所选水泥品种,选择改性剂组分,在孔隙内填入轻质多孔的细料岩石,有机肥料作为养分与水分的载体。当护砌厚度在 15~20cm 以下时,采用在护砌材料下面提供缓释肥的方法,即铺设营养性无纺布;这样既起到反滤作用,又可在几年持续向植物提供营养。草根穿透无纺布后,可将大空隙混凝土、无纺布一起锚固在被保护土上,提高整体护砌效果。为防止草籽生根期在缓释肥霉烂过程中招引地下害虫损害草根,在填充材料中还应加入杀虫剂成分。填充方法采用高压吹填法和压力灌浆法。

(6)植被的选择

目前所应用的草种可分为冷季型和暖种型两大类。针对不同的生长条件,也为了综合各种草种的优势,有时可用混播的方法;合理的混播既可提高生态系统的稳定性,降低管理成本,又有良好的景观。根据植物种的多样性理论和群种的生态位原理,确定混播植物的选型原则如下:①每种植种物须满足坡面植物种的选型原则;②一般应包括禾本科和豆科的植物种;③植物种的生物生态型要互相搭配,以便减少生存竞争的矛盾;④不同植物种的发芽天数尽可能接近,否则有可能造成发芽缓慢的植物种类很快被淘汰。

7.8.2.4 施工方法

生态混凝土分为预制生态混凝土和现浇筑生态混凝土,它们的施工方法是有所区别的,分别陈述如下:

(1)预制生态混凝土防护

预制生态混凝土防护主要利用预制混凝土模块和三维土工网垫相结合的方法进行防护,如图 7-8-11 所示。现根据天津市区河道采用的生态护岸来对这种方法做一个简单的介绍。

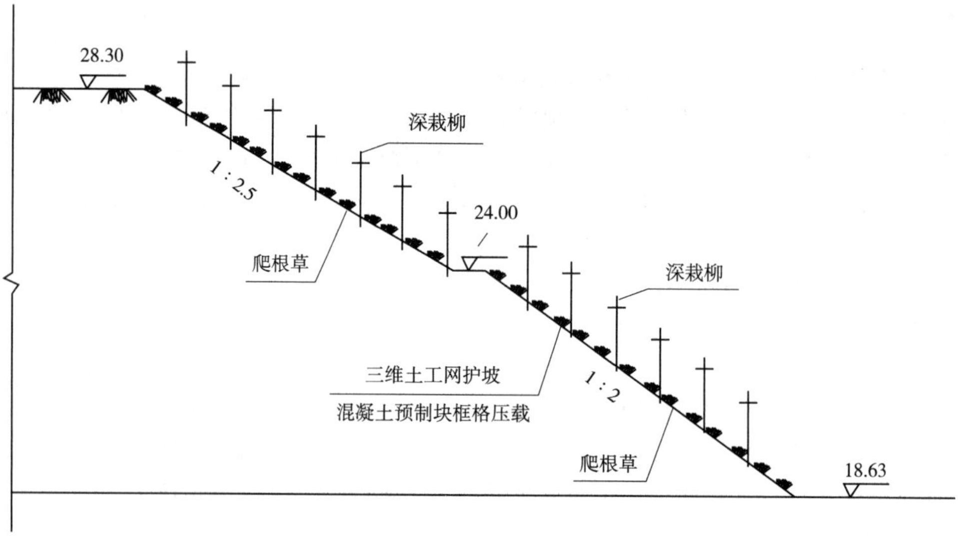

图 7-8-11 三维土工网垫植被护坡堤身断面示意

①三维植草固土网垫

三维土工网是一种类似于丝瓜瓤状的植草土工网,孔隙率>90%,质地疏松、柔韧,在其孔隙中可填土壤、砂粒、细石和草种。铺设有三维土工网垫的岸坡在草皮没有长成之前,可以保护土地表面免受风雨的侵蚀,在播种初期还起到稳固草籽的作用。植草穿过网垫生长后,其根系深入土中,使植物、网垫、根系与土合为一体,形成牢固密贴于坡面的表皮,可有效地防止坡土被暴雨径流或水流冲刷破坏。实验表明,它能够抵御 6m/s 的短期流速,对历时 2d 的水流,也能经受 4m/s 的流速,并能使流速显著降低。由于采用了高分子材料 PP 和 PE 的降解型网垫,其化学性质稳定,二年后在土中可不留痕迹,对环境无污染,起到了复合护坡的作用。

卫运河(南运河)是一条东西向贯通天津市区的河道,长达 40km,对市区防洪除涝、水资源调度、航运功能等均起着重要枢纽作用。卫运河生态护坡试验段工程位于卫运河视屯闸下险工段内,长为 170m,是海河水利委员会利用土工织物与生物工程措施相结合的护岸工程试验研究段。护坡的生态性体现在:ⅰ.在坡面内尽可能种植各类植物;ⅱ.水位区以上主要以植草护坡,水位区下采用土工织物排体护坡,混凝土预制块体压载防护坡面,以满足防冲要求。试验段堤顶高程为 28.30m,河底高程为 18.63m,在高程为 24.00m 处设宽为 1m 的马道。马道以上的设计边坡为1:2.5,采用深栽柳护坡,柳树纵横株距均为1.5m,柳间栽爬根草;马道以下的设计边坡为1:2,采用土工织物排体护坡、护基,排体上面用混凝土预制块组成框格压载,在框格内填土、深栽柳,柳树纵横株距均为1.5m,柳间栽爬根草。

该工程于1987年5月完工,经过两个汛期$400m^3/s$流量的考验,框格内的草皮茂盛,柳树的成活率>95%,护坡效果良好。其护坡结构既能遏制坍坡引起的水土流失、船行波的掏刷,提高了卫运河的防洪、排涝能力,同时又能结合城区规划设置沿岸绿化,改善环境使之成为水清、岸绿的河道。

②植被型生态混凝土护坡

多孔混凝土由粗骨料、水泥、适量的细掺和料组成,是植被型生态混凝土的骨架;其孔隙率>40%,表面等效孔径为2~3cm,孔隙自构件顶表面可蜿蜒通至地面。在堤防护坡工程中,受水位骤降的影响较小;在季节性寒冷地区,有利于排出和降低被保护土内含水量,减少冻害破坏。生态混凝土中加入的保水材料以有机质保水剂为主,并掺入无机保水剂混合使用,为植物提供必需的水分。表层土铺设于生态混凝土表面,形成植被发芽空间,提供植被发芽初期的养分,很多植被草都能在植被型生态混凝土上很好地生长。

在天津市外环河护砌工程中部分河段采用了绿化混凝土构件植草护坡,该构件为正六角形、内为无砂混凝土、外为普通混凝土边框的复合结构。构件厚度与尺寸按照有关规范进行计算设计,以保证护砌安全;草根穿透绿化混凝土构件内的无砂混凝土及专用无纺布,将其固定于被保护土层上,加大了稳固性。此种护坡结构一方面再造了由水与草共同构成的水环境,维护了水生态链,增加了河流自净能力;另一方面由于草根的"锚固"作用,增加了抗滑力,草、土、混凝土形成一体,提高了堤防边坡的稳定性。经实测,对边距为35cm的六角形绿化混凝土孔构件,原质量为25kg,长草生根后拔起力达到1.3kN。

③生态护坡技术的质量控制要点

三维土工网植草护坡和绿化混凝土构件这两种生态护坡型式在天津市区河道护坡工程中都有应用,使用环境、堤岸坡度、土质条件、水流条件、绿化条件等基本类似。在工程施工过程的质量控制中有相近的控制要点,也有各自的特点。

a.生态护坡材料制作的质量控制

生态护坡材料首先要满足河道堤岸固坡、护岸、防塌陷的基本要求,在保证安全的基础上再考虑绿化适应性等方面的提高。对于天津冬季寒冷干燥的气候,要明确提出生态护坡材料抗压性和耐久性的设计标准,保证材料使用的质量和安全,在实践中提出万分之一的材料抽检制度,有效保证了工程中使用的生态护坡材料的质量。

b.清基的质量控制

生态护坡材料的清基处理,不仅要满足传统的平整岸坡、清理杂物、底面水平等要求,为了利于植物生长,还要均匀铺撒有机复合肥料、肥土及保湿剂等,这直接关系到工程建设的效果。

c.土工织物铺设的质量控制

由于生态护坡材料孔隙较大,为防止水土流失,有必要在生态护坡材料下铺设一层可降解的土工织物,起到反滤的作用;铺设时应保证土工织物平整、无破损,搭接宽度符合设计和有关规定。

d.土方回填的质量控制

生态护坡材料后背的土方回填质量直接关系到工程的质量和安全,回填标准应符合堤防工程的有关要求,必须进行击实试验,确定回填标准,并分层夯实,回填取样,确保工程质量。回填不密实将引起护坡材料塌陷,进而引起岸坡水土流失,产生安全隐患。

e.绿化的质量控制

岸坡绿化直接关系到治理的效果和河道生态环境的改善,是最能体现工程建设效果的关键工序。首先,选择的种植草种要适合河道环境条件;其次对于目前国内的绿化混凝土构件,宜选用能平行地面蔓延生长的草种,以减少高强混凝土外框对绿化覆盖率的影响;再次,应保证绿化水源的优质和充足,这是促进植草生长的关键,也是建设河道生态环境的关键。

(2)现浇生态混凝土防护

①施工方法

a.平整堤面并压实,浇筑堤顶、混凝土框架和堤基;

b.现场搅拌混凝土,并浇筑在铺设好的混凝土框架内;

c.对现浇混凝土进行养护;

d.在反滤型透水生态混凝土的表面覆盖营养土,并喷播植物绿化材料。

e.对草籽进行养护;

②工程实例

a.工程概况

该工程位于我国著名的淡水湖和旅游景区——巢湖,断面长 160m,坡面斜长 8m,坡度约为 1:3,施工面积总计 1280m^2。该工程的主要目的为:

(a)提高岸堤的防洪能力和巢湖边坡的稳定性;

(b)提高景观和生态功能,工程实施 3~6 个月后,植被覆盖度达 95%以上。

该工程采用基于透水植生性生态混凝土的生态护堤技术,通过铺设透水植生生态混凝土提高巢湖堤体的防洪和抗冲刷能力,通过在该生态混凝土上种植植物来改善巢湖周边的生态环境,实现与自然生态和谐的目标。

b.生态护岸的结构和植生设计

该生态混凝土护岸体系主要由混凝土框架和生态混凝土板块构成。框架由普通混凝土现场浇筑而成的边长为 2m,宽为 0.15m,高为 0.2m 的正方形混凝土框格拼装而成,抗压强度设计值为 15MPa,它的主要功能是保护坡面表面,同时使生态混凝土和坡面拘束成一体化,提高体系的稳定性。在选择混凝土框格尺寸时,应考虑施工性、坡度、水位情况等因素,并在横向方向上每隔 16m 设置 1 条宽度为 15mm 的伸缩缝,并在堤顶和堤基分别设置宽度为 30cm 和 50cm 的混凝土挡墙。

现浇生态混凝土板块是指现浇透水植生生态混凝土,设计抗压强度为 10~15MPa,孔隙率为 20%~30%,浇筑厚度为 150mm。现浇时,必须确保该透水植生生态混凝土的孔径分布和孔隙率有利于植被生长,且其抗压强度较高,具有优良的防洪和抗冲刷能力。

该生态混凝土护堤体系的植生设计可以概括为:

(a)现浇透水植生生态混凝土,浇筑厚度为 150mm;

(b)向生态混凝土的连续孔隙内喷填填充材料,为植物生长提供养料和水分;

(c)铺设植生客土层,设计厚度为 50mm。

c.透水植生生态混凝土的配合比设计

通过对巢湖施工段附近的土质特点进行分析,结合试验测得的原材料的基本性能指标,根据过滤法则进行合理的配合比设计,提高该透水生态混凝土的透水性,防止发生管涌,最后得到的配合比如表 7-8-3 所示。现浇透水植生生态混凝土外加剂采用日本 JCK 株式会社所研发的 SR-3/SR-4 专用添加剂。SR-3/SR-4 的主要原料为碳酸钙、硅石粉、机能性无机盐及木质素磺酸·羟基羧酸等,呈黑褐色无机质悬浊液,pH 值 4.0±0.5,可以提高混凝土的强度和耐久性,控制和保证其透水性、孔隙率以及均一性等,并改善混凝土结构内外的化学抵抗性、酸碱度及生物亲和性等性能。

透水植生生态混凝土的配合比　　表 7-8-3

水泥 C(kg)	砂 S(kg)	石子 G(kg)	水 W(L)	SR-4(C×2%)(L)
250	150	1525	70	5

d.生态护堤的施工流程

具体施工步骤如下:平整堤面并压实→浇筑堤顶、混凝土框架和堤基→现场搅拌混凝土,并浇筑在铺设好的混凝土框架内(图 7-8-12),不用振捣直接抹平表面,铺设厚度控制在 150mm 左右,完工后的效果(图 7-8-13)→对现浇混凝土进行养护,自然养护条件下,该反滤型透水生态混凝土浇后 3~4h 后强度就可达到 5MPa 以上,硬化速度较快→在反滤型透水生态混凝土的表面覆盖厚度约 5cm 的营养土,并喷播植生绿化材料(图 7-8-14),营养土可以为当地耕土或拌制的有机营养土;喷播物为种子、肥料、纤维质以及一定量的黏结剂的混合物→对草籽进行养护直到发芽后一个月。

图 7-8-12　现浇生态混凝土

图 7-8-13　现浇后工程效果图

该现浇透水性生态混凝土生态护坡技术具有施工快速简便、养护条件简单、强度发展快、生态混凝土孔径及孔隙率可调节等特点,很适宜于应用到河流护岸护堤工程。

e.工程效果分析

植物生长一个月后的情况如图 7-8-15 所示,由图 7-8-16 可知多孔生态混凝土层上的植物长势很好,绿化效果明显。

图 7-8-14　生态堤岸的植生喷播过程

图 7-8-15　工程一个月后的植生效果

7.8.3　生态鱼槽砖防护

7.8.3.1　原理及方法

鱼槽砖(也称为鱼巢砖)作为一种新型的硬质护岸与传统的硬质护岸不同;由于它的多孔性能,可形成水流的紊流,在水中造成不同的流速带,增加水中的溶解氧,有利于鱼类和其他的好氧生物的生存,从而增加河流生态系统的多样性,提高水体的自净能力;同时与传统的硬质护岸一样可保证护岸结构的稳定,并比大部分柔性护岸抗水流冲刷效果更好。

图 7-8-16　鱼槽砖效果图

生态型鱼槽砖属于刚性护岸的一种,它的外形犹如一个正方体,内部有正方体空腔,分层布置于河道护岸之中与河道相通,砖体的空腔即在河道中构筑起鱼槽,为鱼类及水生生物栖息、繁殖提供生存空间,如图 7-8-16 所示。同时,由于水流带起的泥沙等遇到墙体减速后,在重力的作用下会沉积在鱼槽砖的空腔内部,这些沉积下的冲积物能够给一些水生植物的生长提供营养来源,形成一个水生植物、水生动物等各种水生生物共存的空间。在河流行洪季节,生态型鱼槽砖能有效地抵御外界流速的变化对鱼类等水生生物造成的危害,为它们提供一个安全的避难场所。生态型鱼槽砖的应用,既解决河道(水库)岸坡的安全性、耐久性和美观性,而且亦能保持良好的排水性,有利于水生动植物生息,完成了自然河滩、库岸的保护与修复。

7.8.3.2　鱼槽砖的特点

新型鱼槽护岸的建设,一方面为鱼类等水生生物和两栖动物提供了一个安全繁衍生息的空间,保护了生物的多样性;另一方面护岸墙身空腔可消除部分的船形波,降低护岸运营期的维修率。设置多孔性构造,为水生动物、两栖动物,如鱼类、蛙类等提供良好的栖息,繁殖的环境,因地制宜保留自然植物形态,充分保证河流生态系统与陆域生态系统之间的衔接。生态型鱼槽砖护岸主要有以下几个优点：

(1)施工进度快。独特的预制结构使鱼槽砖护岸施工方便快捷,施工速度与传统的浆砌块石等护坡结构相比可提高 10 倍左右,节省了大量的时间和劳动力。

(2)适用性广泛。施工时开挖面积小,该护岸对地基基础要求较低,可安全应用于软土、淤泥质土、膨胀土、湿陷性土等特殊地质条件,能够适用由于流域挖砂产生的厚淤泥质土地基。

(3)安全抗震。鱼槽砖护岸可以承受较大的位移而不至于失稳破坏,对小规模基础沉陷或短暂的非常荷载组合(如地震、高地下水位等)具有较好的适应能力,结构稳定、力学性能卓越。即使产生局部基础沉陷,鱼槽砖护岸维修及维护也较为方便。

(4)节约成本。鱼槽护岸结构体积小,材料(混凝土)用量少,使用寿命长,拆卸后可重复使用。相比其他形式护岸结构综合成本可节省 30%以上,有长期经济效应。

(5)生态环保。鱼槽砖护岸能够发挥天然的水土交换循环作用,使工程对环境的干扰程度减少至最小,并使人工构造物与自然环境相协调,达到生态的目的。

7.8.3.3　实例

目前我国河道护岸工程对于鱼槽砖的应用较少,仍处于研究试验阶段,以下用工程实际来进行探讨。

(1)工程概况

丽水瓯江水生态系统保护与修复工程南山段位于丽水市莲都区南山开发区碧湖大桥至江滨路道路之间的瓯江河岸及河滩地。该项工程的目标是建设和完善瓯江干流南山区段的生态防洪工程,保护与修复自然岸线与生态系统。工程的主要任务包括自然河滩的保护与修复,水生动植物生存环境的保护与修复,采砂河道的生态修复与重建等。丽水瓯江干流南山段因河道挖砂、周围的工业废水、城市生活污水造成的破坏相当严重。在对区域地形、地质、水文等资料仔细分析后,决定在瓯江干流南山段河道护岸中首次引进生态型鱼槽砖护岸构件。

丽水瓯江南山区段试点工程鱼槽砖护岸试验段长约 180m,位置选在瓯江南山段河流岸线两个突起的半岛内部水域的临岸区域。该环岛水域内常年风平浪静且水流流速较小,为鱼类及两栖动物较好利用鱼槽砖护岸栖息、繁殖提供有利的自然条件。

(2)鱼槽砖的结构

为了提高水环境质量,兼顾生物多样性保护,丽水瓯江南山段护岸采用具有连贯空腔通道的钢筋混凝土生态型鱼槽砖结构,以满足鱼类等水生态生物和两栖动物安全繁衍生息的需要,达到对瓯江干流水生动植物群落的生存环境保护与修复的目的,如图 7-8-17 所示。

图 7-8-17　丽水瓯江水生态保护与修复工程南山段鱼槽砖(枯水季节)实景

丽水瓯江试验工程确定鱼槽砖的尺寸主要以所保护的鱼类的平均长度作为参考依据，砖内空腔要满足鱼类转身的需求，经过调查研究，选择体长小于25cm的水生动物（鱼类）为保护对象，所以确定空腔长度为50cm，加上前后壁的厚度，砖体长度取为80cm。为了尺寸的协调，可将宽度选择与长度一致，高度取70cm。为了满足不同鱼类的水流习性的需求，扩大空腔长度，将多块鱼槽砖连接起来，打通左右内壁，形成多块鱼槽砖连贯的空腔通道。鱼槽砖的尺寸将在以后的研究和应用中不断优化，以满足不同鱼类的习性要求。

该项工程采用单块、两块、三块鱼槽砖相连接的整体布置方式，在实际工程中帮助保护与恢复水生生物的生存环境的过程中起到了非常好的效果。由于瓯江鱼槽砖护岸采用的是上下双层结构，且为增强护岸的安全稳定性，下层采用前后双排布置。为提高鱼槽砖空腔的利用效率，该项工程在上下层砖体空腔和下层双排砖体空腔之间设置联通孔，使得鱼槽砖在水平空间及垂直空间上形成相互贯通的整体，如图7-8-18所示。

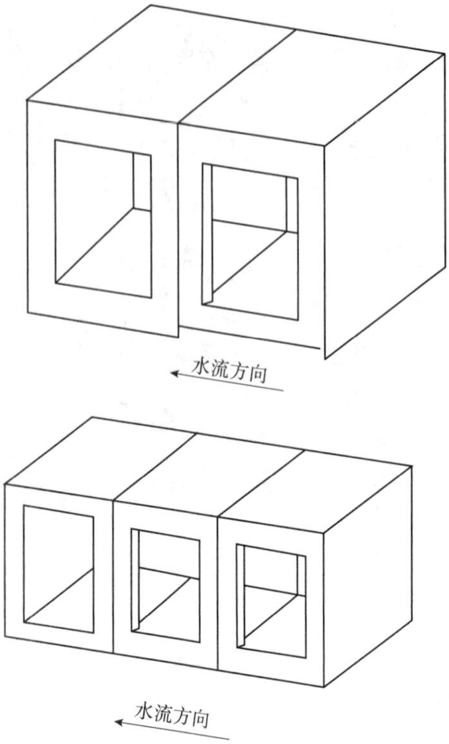

图7-8-18　水瓯江工程南山段两块（三块）鱼槽砖护岸建接示意图

鱼槽砖壁厚15（20）cm，外框尺寸为80cm×80cm×70cm（长×宽×高），内部鱼槽空腔尺寸为50cm×50cm×35cm（长×宽×高），在岸边空旷的场地上采用C25混凝土预制成块，并根据设计要求在鱼槽砖预制块中相应位置预留20cm×20cm的联通孔和方便施工时使用的吊钩。

7.8.3.4　鱼槽砖施工注意事项

鱼槽砖施工应依靠完整和准确的现场勘察资料、合理的计划和安排、使用符合设计要求的混凝土、按照合理的施工步骤合理组织施工生产。同时施工中还必须有施工监理及工程质量监督部门的监督及检查，确保工程是按程序按规范保证施工质量。

首先选择鱼槽砖预制场地，最好是距离鱼槽砖护岸布置位置不远的空旷平地上进行预制。同时要保证鱼槽砖的堆放场所，安放时要选择符合质量要求的产品，破损和不满足要求的产品应禁止使用。

试验段原地形因过度采砂在护岸基础底部形成较厚的淤泥层，施工时先采用抛大块石方案进行抛石挤淤基础处理。抛石到常水位以下1.4m高程附近开始机械整平，随后用二片石进行人工细平，基础处理后需达到设计要求的高程和强度，并通过施工单位自检和监理单位核查后才可安装鱼槽砖护岸。在抛石基础上按照一块、两块及三块鱼槽砖连接整体相间布置的方式安放，鱼槽砖之间用砂浆勾缝，使鱼槽护岸成为一个整体，有利于岸坡的安全稳定。

7.9　防 洪 措 施

我国沿江、沿河、沿水库公路较多,但由于各地道路地形地貌不一,汛期不定,对环境的要求不同等原因,防御洪水标准较低,中小江河堤防的防洪标准更低。因此,每年汛期发生洪水时,道路抗洪抢险任务十分艰巨,发生大的洪水时,严重影响道路的安全运营,造成较大的经济损失。目前大部分的做法是以土石或装土麻袋、草袋、编织袋等作为挡水的应急措施,不仅劳动强度大,作业环境差,工作效率低,防洪效果也差。汛期结束,几乎所有物资都难以回收利用,必须拆除,清理干净(尤其是市区),否则将造成大面积的环境污染。

随着材料工程的迅速发展,人们开始利用高分子材料制作防洪挡板,例如德国的“防洪神器”,一米可以承受4.5吨洪水的压强,如图7-9-1所示。不仅在国外,国内的学者也加强了对防洪板的设计,例如2016年洪水期间,武汉大学的教授设计出了我国的“防洪神器”。近些年之所以有这些在防洪板上的突破与创新,是因为防洪板的操作简单、使用方便、美观、施工时间较短以及可回收利用。下面简单介绍一些常用的防洪措施(应急子堤防洪板、“盔甲”防洪)。

图7-9-1　德国“防洪神器”效果图(来源于:驱动之家网)

7.9.1　应急子堤防洪板

7.9.1.1　原理与方法

应急子堤防洪板是一种轻质高强、拆装便捷、美观耐用的新一代防汛储备物资,用于每年汛期应急用防洪子堤上。洪汛到来时作为临时搭建的防护墙,疏导漫出堤岸的洪水,而在非汛期间可予拆卸。其重量轻,安装方便;强度高,能抵挡洪水压力;外形美观,不会影响城市风貌,如图7-9-2所示。

图7-9-2　应急子堤防洪板

7.9.1.2　结构设计

选用抗压强度达到2.0MPa,剪切模量达到15.0MPa,容重仅有80kg/m^3,耐温在−40～110℃的圆管状聚丙烯蜂窝作为夹芯的平板,采用平板结构与拉挤型材复合的结构形式。可根据不同河段的要求,采用不同的设计方案:①四边固支型防洪挡板用于堤坝上框式水泥基础;②三边固支型防洪挡板用于堤坝上柱式水泥基础;③斜支撑连续板用于长距离的仅有水泥底基的堤坝部分,如图7-9-3所示。

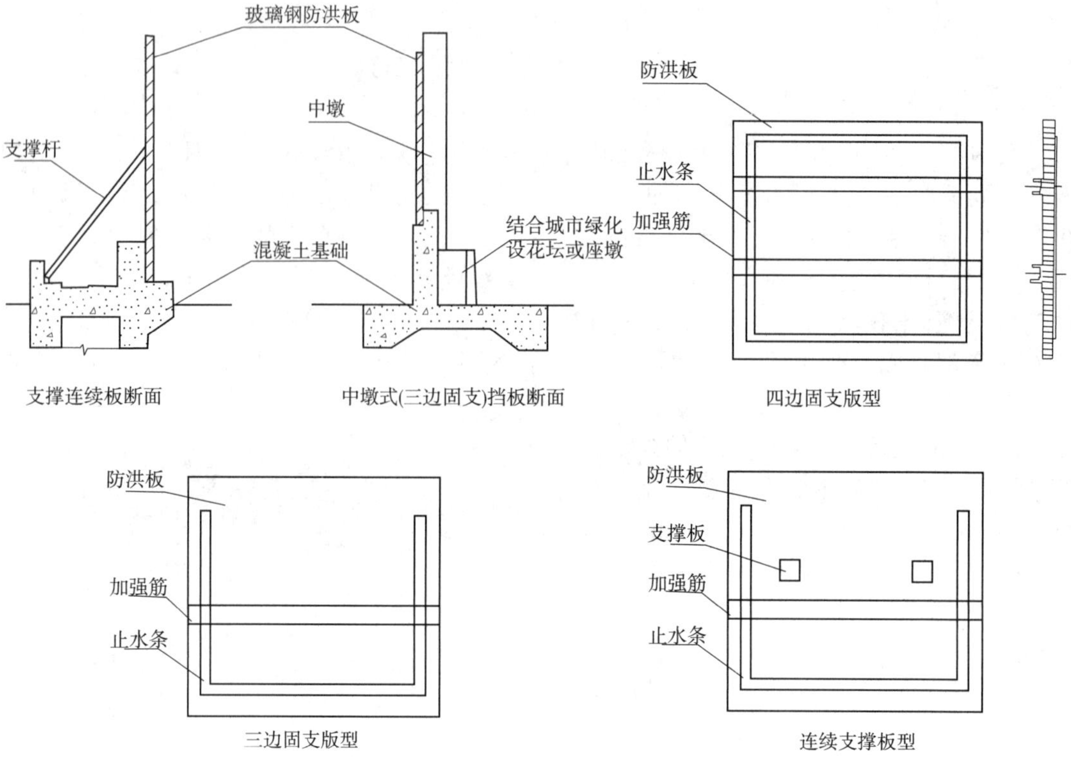

图 7-9-3　应急子堤防洪板

7.9.2 “盔甲”防洪

在江河大桥下抗洪抢险，可将铁板用绳索固定在桥墩上，铁板一层层交错悬挂，以此命名“盔甲”防护。

“盔甲”防护施工方法十分简便，利用钢板的强抗冲性，将其悬挂在需要保护的部分，以此来抗击洪水的冲刷。不仅如此，待洪水退潮后，还可将钢板回收，反复利用。此种方法适用于施工时间短、悬挂方便的工程建筑物上。

也可以在可能受到洪水、泥石流冲刷、碰撞、冲击的桥墩的迎水面上用焊接的钢轨、沙袋、大块石头、钢丝穿起来的废旧轮胎等进行保护。

应在汛前全方位检查，组织公路运维人员对公路、涵洞、桥梁、下水道、排洪沟等进行体检，清理水路通道，消除树障隐患并加固公路、涵洞、桥梁、下水道、排洪沟，确保公路相关排水畅通、防洪安全。

7.10　导治构造物防护

导治构造物是以改变水流方向为主的水工建筑物。在路基工程防护中采用导治构造物，使水流轴线方向偏离路基、桥基岸坡，或减低防护处所的流速，甚至促使其淤积，从而起到对路基、桥基的安全保护作用。

7.10.1　原理与方法

为调节水流流速及方向,防护路基、桥基免受水流冲刷,可设置导流构造物。设置导流构造物时,应根据河道的地形、地质、水文条件和防护要求,合理规划、布设,应特别注意设置导流构造物后不使农田、村庄和上下游路基、桥基冲刷加剧。导流构造物一般可采用顺坝、丁坝、石笼护坡等形式。设置顺坝、丁坝等导流构造物时应注意坝身、坝头、坝根及坝基的冲刷。坝根应嵌入河岸足够深度,一般为3~5m,必要时应予加固与坝根连接的河岸。

7.10.1.1　布置导治构造物应注意的事项

(1)导治构造物的布置,应根据河道宽窄、水流性质、地质条件、材料来源、施工条件、工程效益等进行综合考虑。

根据导制构造物的性质(临时性的、永久性的或半永久性的),选择建筑材料和结构类型。

(2)必须慎重考虑因布置导治构造物而挑向对岸的水流有无冲毁河岸及危害农田、建筑物等的可能。

(3)布置导治构造物时,应尽可能避免过多地压缩河床水流面积,造成水位提高,以致影响上下游的路基、桥基、农田及建筑物的安全。

(4)选择导治物应根据河道自然条件、导流线及水流情况而定,导流可采用顺坝,挑水或减低水流速度可用丁坝。

7.10.1.2　治构造物的分类

导治构造物的类型及其作用,大致如表7-10-1所列。

导治构造物的类型及其作用表　　表7-10-1

分类根据	类型	作　用	说　明
建筑材料及使用年限	临时性	造成河床内流量和流速的重新分配,使河轴线外移,产生对路基、桥基的有利变化。	一般用竹子、木梢、柴捆筑成,作用年限在2~8年内
	永久性	使全部流向建筑物的水流发生偏移,离开路基	一般用石料、土、石笼等材料筑成
按淹没情况	低水坝(潜坝)	坝顶高程低于枯水位或中水位,为经常漫水建筑物,防止河边路堤、桥梁及防护建筑物基础被淘刷	宜于设在窄河床地段的低槽处,一般与河底平,布置成丁坝形式
	中水位坝	导流改向,坝顶高程高于中水位(一般相当于造床流量时的水位),在设计洪水位时为漫水建筑物	常用于山区河流,可修建为丁坝或顺坝形式
	高水位坝	引导水流偏离路基、桥基,防止最大洪水对路基、桥基的威胁,坝顶高程在设计洪水位以上,为不漫水建筑物	侵占河床面积较多,特别在山区窄河流上使用时,要结合地形、地质来布置,形式可修建为丁坝或顺坝

续上表

分类根据	类型	作　　用	说　　明
与河道的相对位置	丁坝（挑水坝）	将水流挑离路基、桥基或河岸，束河归槽，改善流态，保护河岸	坝根与河岸（或边滩）相接，坝头伸向河槽，与水流成一定角度的横向建筑物
	顺坝	导流，束水，调整航道曲度，改善流态	坝根与河岸（或河滩）相接，坝身与导治线基本重合或平行的纵向导流建筑物
	格坝	①使水流反射入主要河床； ②防止高水位时水流溢入顺坝与河岸间而冲刷其间的河床及坝内坡脚与河岸，并促进其间的淤积，可以造田	建于顺坝与河岸之间，其一端与河岸相连，另一端与顺坝坝身相连的横向建筑物

顺坝常与水流平行，对通航河流比较适宜，多用于凹岸，起疏导水流作用；顺坝起点（上游）应选择水流匀顺的过渡河段，终点可与河岸连在一起。当顺坝为淹没式时，可在坝后设置格坝，以便淤积及防止边坡与河岸遭受冲刷。顺坝适用于河床断面较窄、不允许过多占用以及地质条件较差的沿河路基防护。必须制定一个合理的导治线以确定顺坝的布置。顺坝的终点可与河岸连在一起，但一般都设计成开口式，以利于淤积。

丁坝，又称“挑流坝”，该坝的一端与堤岸相接呈“T”字形，是一种治导河流、保护堤岸的水工建筑物。一端与堤岸连接成丁字形，能改变水流，使堤岸不受冲刷，丁坝可使泥沙在坝田里淤积，以造成新岸。丁坝能将水流挑离河岸，用于改变流向、减低流速及束水归槽，改变流态，保护河岸和路基、桥基。按丁坝轴线与水流方向的夹角，丁坝可分为上挑式、下挑式和正挑式。丁坝长度一般不宜大于河宽的 1/4，坝间相距一般为坝长的 1~1.25 倍，水流较平缓地段，可增至 3~4 倍，在淹没式丁坝的下游适当长度内应进行铺砌。

7.10.2　导治线的设计

导治构造物布置的正确与否是工程成败的关键。如布置适当，可用较小的工程收到预期的效果。若布置不当，不但不能起到应有的作用，反而会使水流破坏更大，造成更大的水毁事故。正确的布置取决于合理设计导治线（即计划中的河轴线的边缘就是计划的河岸线）和恰当选择导治水位（一般指发生最不利冲刷情况的水位）。在设计导治线时，务必对水流和河岸、河床的地形地质情况以及水流对上下游、对岸的影响等因素，综合分析，慎重考虑。

7.10.2.1　导治线的设计

在通常情况下，天然河流稳定河段的河槽线形常具有曲线和直线相间、弯曲半径适中、曲度均匀，曲线间的直线长度不过长也不过短等特征。在导治线设计时必须掌握这些特征，同时还要考虑水流动力可能发生的变化，并从前后河段的总趋势着眼，使新河槽符合天然河床的演变规律，使上下游水流转向圆顺。

（1）造床流量和稳定河宽的确定

最易引起河道变迁的流量称为造床流量。通常认为满槽或平滩的中水位流量是造床流量，约相当于 10~20 年周期的洪水流量。在造床流量时，如果河槽没有分成汊道或形成浅滩的趋势,则可认为是稳定河槽,通称稳定河宽。

根据在我国一些河流上的观测研究。直线河段的稳定河宽与水深有如下关系:

$$\frac{\sqrt{B}}{H} \leqslant 5 \tag{7-10-1}$$

式中:B——稳定河宽(m);

H——造床流量时河段的断面平均水深(m)。

根据观测研究,弯曲河段的稳定河宽 B_c 比直线段的稳定河宽 B 为小。对于较和缓的弯曲河段,一般 $B_c = 0.75B$;对于急弯(45~90°)河段,一般 $B_c = 0.58B$;对于很和缓的弯曲河段,则接近于直线段的稳定河宽。

(2)导治线的中心线线型及起终点的确定

根据天然河道的特征,导治线的中心线宜设计为一系列的连续曲线。天然河道的形状与余弦曲线较为接近。根据实践经验,导治线按一系列的圆曲线设计比较简单,对实际情况也没有什么影响。圆曲线的半径参照稳定河段的曲率半径决定,稳定河段的曲率半径一般约为稳定河宽的 3.5~7.0 倍。半径过大,则水流摆动,易成分汊;半径过小,则水流扭绞,易成浅滩,都使河道不稳定。故圆曲线半径常采用稳定河宽的 5~8 倍。两曲线间直线过渡段,一般不宜大于稳定河宽的 4 倍。

导治线的起点宜选择在较易转向的过渡地段,如在弯曲段开始过渡到直线处,或在直线段开始过渡到弯曲段之处;还宜选择在河岸河床地层比较坚硬而不易冲刷之处,以利于设置受水流冲击最强烈的第一个导流建筑物。导治线的终点应与下游天然河床的天然河轴线平顺衔接,尽量不扰乱下游水流的性质。

(3)导治线边缘曲线(相当于计划河岸线)的确定

导治线的边缘曲线应与导治线的中心线(计划河曲线)大致平行,并应比照河段两岸地形按稳定河宽来设计,要求圆顺。此边缘曲线即为布置导流建筑物的轮廓线。天然的河轴线与河岸线的位置关系可参考下述设计:

①过渡段两边河岸线到河轴线的距离约相等。

②弯曲河段凹岸到河轴线的距离约为(1/4~1/3)B(B 为稳定河宽),较急河流(转向角为(45°~90°)为 $B/4$,平缓的河湾(转向角小于 45°)为 $B/3$。

(4)导治线的设计步骤

①确定导治段的起终点。

②比照河流流势,结合导治水位的水流方向,在平面图上定出导治边缘线作为布置导治构造物的轮廓线。

③进行导治构造物的平面布置,确定防护及加固地段和类型。

7.10.2.2　导治水位的选择

导治水位随水流冲刷情况及需要防护地段的外形而定。选择导治水位亦即选择导治构造物的建筑标高。

自然河道由于水位不同,直线段与曲线段的冲淤关系也不相同。直线段是洪水淤积,低水位冲刷;曲线段是洪水冲刷,低水位淤积。导治水位应按最不利冲刷情况来选择。同时应结合当地水流的容许压缩程度、不同标高的导治构造物的作用以及不同高程的防护方案的技术经济比较等综合考虑，以求达到经济节约与技术合理。

不同水位标高的导治构造物的分类与作用大致如表7-10-1所示。

7.10.3 丁坝

丁坝是一种与河岸（或沿河路堤）成一定的角度，从河岸（或沿河路堤）伸入水流中的构造物（图7-10-1）。丁坝将水流挑离河岸（或沿河路堤），使坝下游河岸（或沿河路堤、桥基等）免受冲刷，形成有利的水流结构和河床变形。

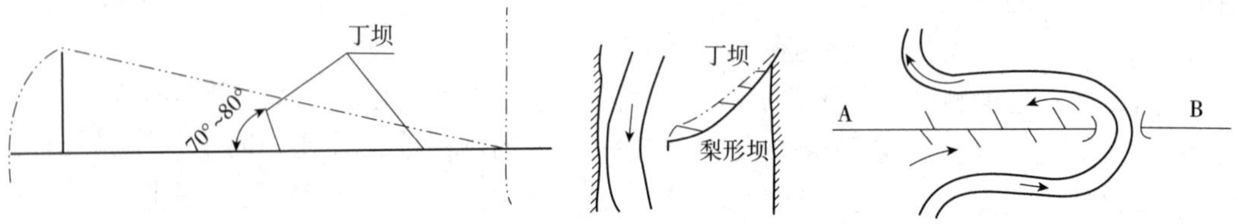

图7-10-1 桥头、路基引道的丁坝

丁坝对上下游水流，甚至对岸都有一定影响，适合应用在较开阔的河段。在山区狭窄的急流河段应慎用，视情况只能用短而低的漫水丁坝，防护坡脚。

丁坝常设置在路堤、桥头引道的一侧或河岸上（图7-10-1），特别是在河湾凹岸一侧（图7-10-2），将水流挑离桥头引道或河岸路堤，并使泥沙在坝后淤积，形成新的水边线。一般需要防护的河岸或路堤较长，常采用数个丁坝组成的丁坝群，各坝的坝头连线应为一条平顺的曲线，称为导治线。导治线是设计的水流边界或弯道凹岸的深泓线。导治线两端应与河岸平顺相连。

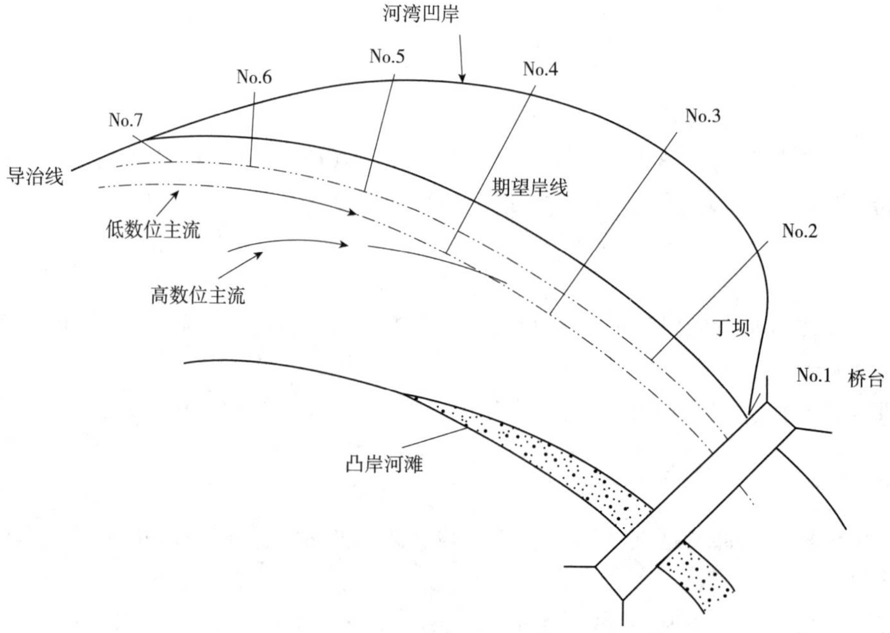

图7-10-2 丁坝群对桥梁上游凹岸的整治

丁坝有挑流和护岸的作用。丁坝附近绕流和河床变形的机理与桥头引道及桥台的绕流和河床变形相同,如图 7-10-3 和图 7-10-4 所示。

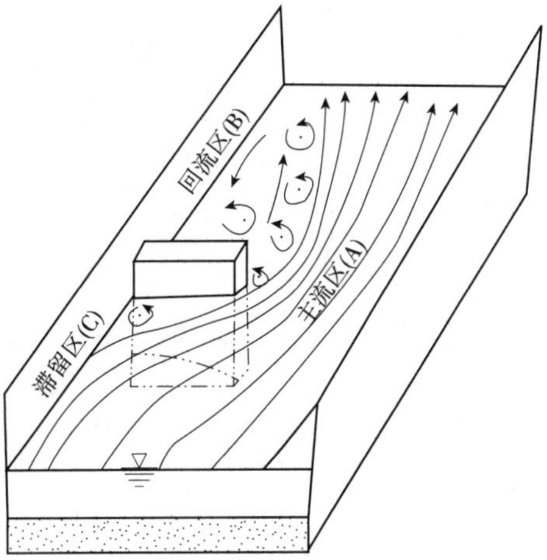

图 7-10-3　桥台绕流水流结构示意图

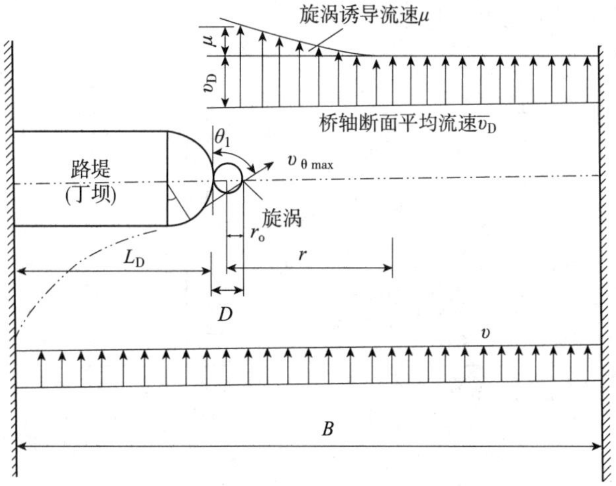

图 7-10-4　桥台附近流速分布(高冬光,1994 年)

坝头绕流旋涡使坝头床面剧烈冲刷,并把泥沙带到坝后回流区沉积下来,保护了回流区的河岸(或路堤、桥基)免受冲刷。即使洪水冲毁坝头,也不会立刻危及河岸(或路堤、桥基)的安全,起到保护的作用。

坝高 h_D 小于水深 h,坝顶溢流的丁坝,称为漫水丁坝或淹没丁坝(图 7-10-5)。

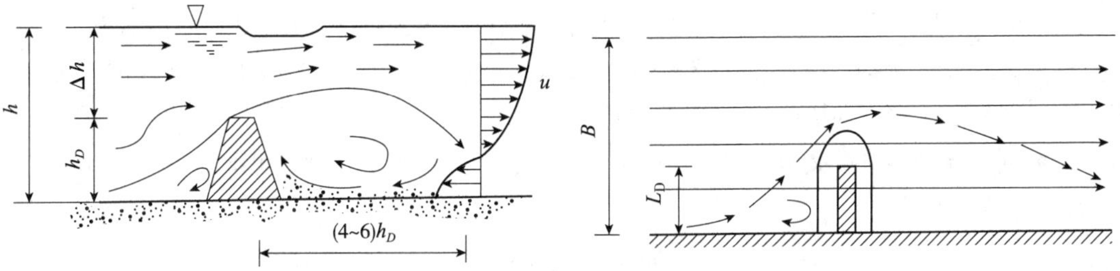

a)纵断面(面流和底流)　　b)漫水丁坝的水流结构

图 7-10-5　漫水丁坝的水流结构(高冬光)

淹没高度 $\Delta h=h-h_D$,丁坝的淹没程度是 $\Delta h/h$,$0<\Delta h/h<1.0$。漫水丁坝的坝顶高程常取相当于常水位或平均洪水位,枯水时为不漫水丁坝,洪水时为漫水丁坝。漫水丁坝的水流通过丁坝时,坝顶以上的面流直接流向下游,坝顶以下的底流,临近坝头部分绕坝头流过,形成竖轴旋涡;同时,面流绕过坝顶,在坝下游$(4\sim5)h_D$ 范围内,形成平轴旋涡。漫水丁坝底流的坝头绕流较不漫水丁坝大为减弱,坝头冲刷也减小。坝后平轴旋涡,使坝后泥沙卷向丁坝的下游边坡,起到保护作用。

漫水丁坝及漫水丁坝群大大减小了丁坝下游河岸(或沿河路堤、桥基)附近的流速,且对大洪水阻水不大,本身冲刷也小,是一种安全、有效的防护形式。

7.10.3.1　丁坝的类型及其实用条件

丁坝的坝型以建筑材料、高度和位置与水流方向所成的交角进行区分。按丁坝的建筑材料，可分为抛石丁坝、土心丁坝、石笼丁坝和桩结构丁坝；按丁坝高度可分为淹没丁坝与非淹没丁坝；按丁坝位置与水流方向所成的交角，丁坝可分为3种型式：上挑丁坝、正挑丁坝和下挑丁坝，如图7-10-6所示。

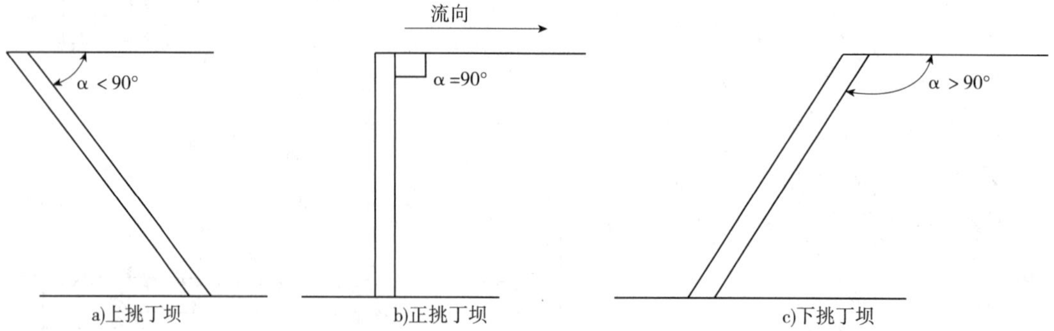

图7-10-6　丁坝轴线与水流夹角

(1)上挑丁坝。坝身斜向上游，流向与坝轴线交角大于90°，一般采用105°左右，这种丁坝坝头水流比较紊乱，坝头冲刷坑较大，但坝田淤积效果较好。在流速较小、来沙量较大，要求加快坝田淤积的淹没丁坝，多采用这种坝型。

(2)下挑丁坝。坝身斜向下游，流向与坝轴线交角小于90°，一般采用70°~75°，这种型式的丁坝，坝头水流较为平顺，坝头冲刷坑较小较浅，坝田内淤积效果较差。在流速较大、来沙量较小，要求调节平顺水流为主的非淹没丁坝多采用这种坝型。

(3)正挑丁坝。坝身与水流方向垂直，这种情况坝身最短，坝头冲刷坑和坝田淤积情况介于上述两者之间。要求抬高浅滩水位或调整比降、减缓流速时，一般采用正挑丁坝。在正挑丁坝群上游的第一条丁坝应采用下挑丁坝。

按照对水流的影响，又分为长丁坝($L>B/3$)、短丁坝和附丁坝，如图7-10-7和图7-10-8所示。

图7-10-7　长丁坝效果图

图7-10-8　短丁坝效果图

用于路基、桥基冲刷防护的丁坝，有时可只用一个坝(单坝)，有时需要几个坝组成(群坝)，采用丁坝(如配合使用抛石、砌石护坡、挡墙或植树等)防护措施能收到更好的防护效果。丁坝(挑水坝)的类型及其使用条件，如表7-10-2所示。

丁坝的类型及其使用条件参考表　　　　表7-10-2

形式名称项目		示意图	作用	使用条件
重力式	矶头式	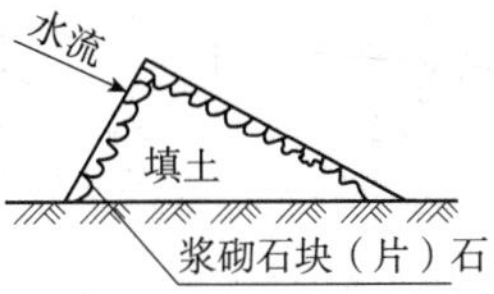	导流和挑流 矶头的背水面较长,有导流作用为减少因水流偏转后的扩散角,防止形成漩涡淘刷坝头,矶头的迎水面与背水面夹角在90°~125°为好	最适用于小河弯道上。采用单个时宜布置在弯顶,采用丁坝群时用于顺直河段
	直线形	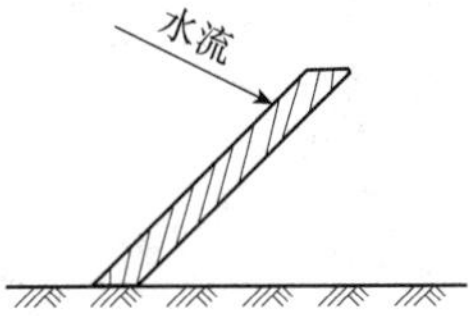	挑流为主	适用于大、中、小河流的弯道和顺直河段,一般需要多个布置
	钩式	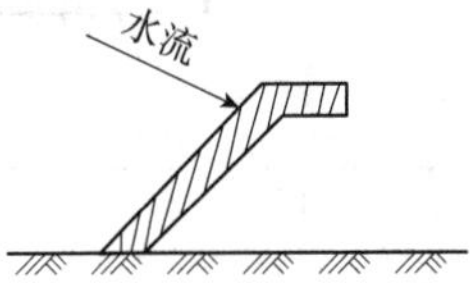		
轻型	拱形	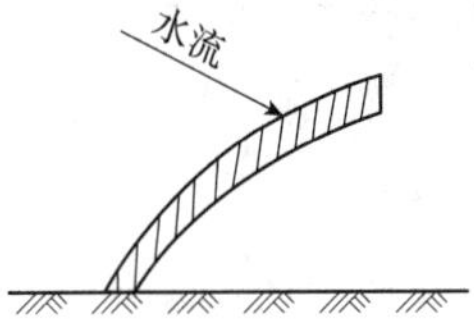	导流和挑流	适用于大、中、小河流的弯道和顺直河段。采用单个时,宜布置在顶冲稍上的地方,在顺直河段上宜采用多个布置

7.10.3.2　丁坝的冲刷深度

(1)交通部"八五"科技攻关公式(简称95-1公式,1995)

$$h_s = 1.95F_r^{0.20}A_Z^{0.50}C_\alpha C_m C_{sm} \tag{7-10-2}$$

或

$$h_s = 1.95F_r^{0.20}(L_D h)^{0.50}C_\alpha C_m C_{sm} \tag{7-10-3}$$

式中:h_s——丁坝头附近的最大冲刷深度(m),自平均床面高程算起,包括一般冲刷和局部冲刷;

F_r——行近水流弗汝德数,$F_r = \dfrac{v^2}{gh}$;

A_Z——丁坝阻水面积(m^2),以垂直于流向的投影面积计,对于宽浅断面$A_Z = L_D h$;

h——阻水区行近水流平均水深(m),以平均水深计;

L_D——丁坝长度(m),以垂直流向的投影长度计;

C_α——挑角系数(图7-10-9)

$$C_\alpha = \left(\frac{\alpha}{90}\right)^{0.15} \tag{7-10-4}$$

C_m——边坡减冲系数;

$$C_m = e^{-0.07m} \tag{7-10-5}$$

C_{sm}——漫水减冲系数,不漫水丁坝 C_{sm} 为 1.0,漫水丁坝 C_{sm} 按下列公式计算。

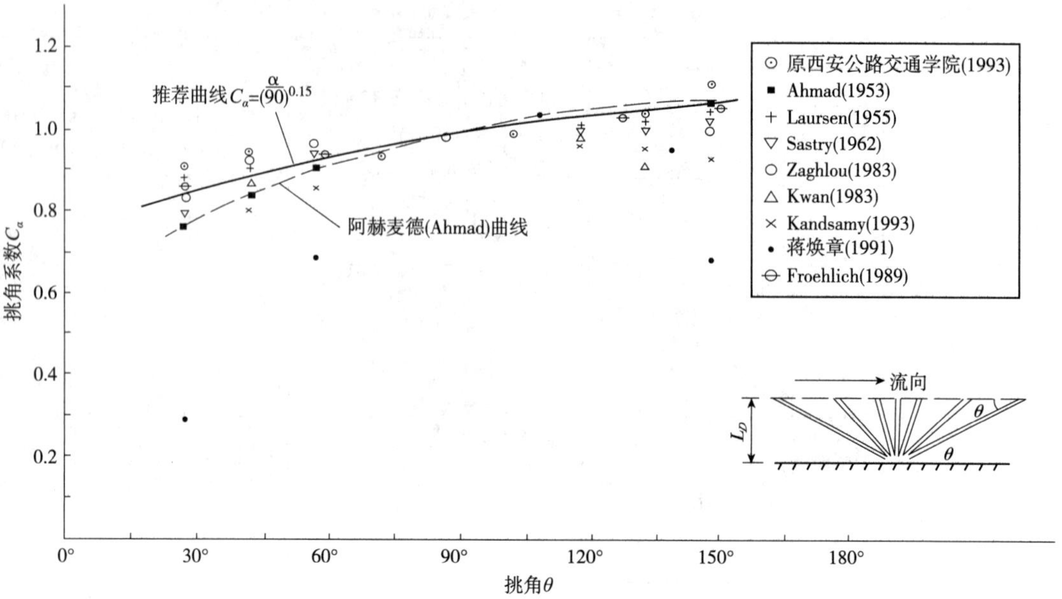

图 7-10-9　挑角系数的各家试验成果分析(高冬光,1993 年)

对于直河岸:

$$C_{sm}=1-\left(\frac{\Delta h}{h}\right)^{0.5} \tag{7-10-6}$$

对于河流凹岸或路堤凹岸边坡:

$$C_{sm}=1-0.5\left(\frac{\Delta h}{h}\right)^{0.5} \tag{7-10-7}$$

该公式适用于不漫水丁坝、漫水丁坝和丁坝群上游 1 号坝的冲刷计算,是原西安公路交通大学高冬光、陕西省公路局袁雪戡等根据试验达到平衡状态时的资料(清水冲刷和动床冲刷)和现场观测资料制定的。

(2)交通部公路科学研究所丁坝头部的局部冲刷公式

当$\frac{l_n}{h}\leqslant 1$时,

$$h_b=1.45\left(\frac{l_n}{h}\right)^{0.75}\cdot\frac{v-v_0'}{v_0}\cdot h\cdot K_\alpha\cdot K_m \tag{7-10-8}$$

当$\frac{l_n}{h}>1$时,

$$h_b=2.15\cdot\frac{v-v_0'}{v_0}\cdot h\cdot K_\alpha\cdot K_m \tag{7-10-9}$$

式中:h_b——丁坝头部局部冲刷深度(m),由河床向下起算,不包括一般冲刷;

l_n——丁坝在垂直水流方向上的投影长度(m);

h——丁坝头部冲刷前水深(m);

v——丁坝头部冲刷前的垂线平均流速(m/s),无实测资料时,可用谢才公式计算;

K_α——丁坝轴线与水流交角 α 的影响系数,$\alpha>90°$为上挑,$\alpha<90°$为下挑

$$K_\alpha=\left(\frac{\alpha}{90}\right)^{0.32} \tag{7-10-10}$$

v_0——河床泥沙起动流速(m/s),采用张瑞瑾公式计算:$v_0=\left(\frac{h}{d}\right)^{0.14}\left(29.0+0.00000605\frac{10+h}{d^{0.72}}\right)^{0.5}$;

v_0'——坝头起冲流速(m/s),$v_0'=0.75\left(\frac{d}{h}\right)^{0.1}v_0$;

K_m——边坡减冲系数,同式(18-2-16)。

该公式适用于计算不漫水丁坝的局部冲刷深度(交通部公路科学研究所,王迪荣等,1990年)。

(3)根据下降水流假定导出的丁坝局部冲刷公式

该公式是假定“模拟丁坝为紧靠岸壁的桥墩”和“下降水流”建立的丁坝局部冲刷公式。

$h\geqslant 3D_K$ 时,

$$h_{sm}=3D_K\left[\frac{n_0+1}{n_0}\left(\frac{h}{3D_K}\right)^{-\frac{1}{n_0}}\frac{v_H}{v_b'}-1\right]=3D_K\left[\left(\frac{3D_K}{K_s}\right)^{\frac{1}{n_0}}-1\right] \tag{7-10-11}$$

$h\leqslant 3D_K$ 时,

$$h_{sm}=\frac{3(n_0+1)}{n_0}\left(\frac{h}{3D_K}\right)^{0.65}\frac{v_H}{v_b'}D_K-h=3\left(\frac{h}{3D_K}\right)^{0.65}\left(\frac{h}{K_s}\right)^{\frac{1}{n_0}}D_K-h \tag{7-10-12}$$

$$D_K=K_\alpha K_m D$$

$$K_\alpha=\left(\frac{\alpha}{90}\right)^{1.5}\left(2-\frac{\alpha}{90}\right)$$

$$K_m=e^{-0.75m}\text{(床面上下坡度均为 }m\text{)}$$

$$K_m=e^{-0.25m}\text{(床面以下为垂直墙)}$$

$$n_0=5\left(\frac{h}{K_s}\right)^{0.06}$$

$$v_b'=1.44v_b$$

$$v_b=1.09\left(\frac{\gamma_s-\gamma}{\gamma}gd+0.19\times\frac{g\delta h+\varepsilon_k}{d}\right)^{0.5}$$

$$v_H=\frac{n_0}{n_0+1}\left(\frac{h}{K_s}\right)^{\frac{1}{n_0}}v_b'$$

$$\gamma_s=2650\text{kg/m}^3;\delta=0.213\times10^{-6}\text{m}$$

$$\varepsilon_k=2.56\times10^{-6}\text{m}^3/\text{s}^2$$

式中:D_K——丁坝阻水长度(m),以垂直流向计算;

v_H——泥沙起动流速(m/s);

v_b——窦国仁提出的起动流速(m/s);

v_b'——泥沙起动流速(m/s);

K_s——泥沙起动流速 v'_b 的计算高度，$d_{50} \geqslant 0.7$mm 时，$K_s = d_{50}$，$d_{50} < 0.7$mm 时，$K_s = 0.0007$m；

h——水深(m)；

n_0——垂线流速分布系数；

K_m——边坡系坡；

K_α——挑角系数。

该式是蒋焕章(1993年)提出的适用于不漫水丁坝的局部冲刷计算。

(4)堤防工程设计规范计算公式

《堤防工程设计规范》中丁坝冲刷深度计算公式，对工程区河段均按设计洪水进行冲刷深度计算：

$$\Delta h = 27K_1K_2v^2g^{-1}\tan\frac{\alpha}{2} - 30d \tag{7-10-13}$$

式中：Δh——冲刷深度(m)；

$K_1 = e^{-5.1\sqrt{\frac{v^2}{gl}}}$；

$K_2 = e^{-0.2m}$；

v——丁坝的行进速度(m/s)；

α——水流轴线与丁坝轴线的交角；

g——重力加速度($\mathrm{m/s^2}$)；

d——床沙的中值粒径(m)；

m——丁坝的边坡坡率。

7.10.3.3 丁坝的布置

(1)丁坝的长度

丁坝的长度应根据导治线来考虑，不要过多压缩水流断面。按其影响水流变化的情况，分为短坝及长坝。短坝只扰乱其附近的局部水流，使水流趋向河心，不致引起对岸水流的显著变化；长坝则可扰乱整个水流，使水流冲向对岸，设计时务使冲向对岸的水流不损害对岸农田、果园或其他建筑物，且不致影响通航。最大长度不宜超过稳定河宽的1/4。

自丁坝轴线起到下游回流区末端，沿河岸的长度是该丁坝对河岸的防护长度 L_H，如图7-10-10和图7-10-11所示。

丁坝上下游水流同时存在着主流(A)、下游回流(B)和上游回流(滞流)(C)三个区域不同的流动(图7-10-10)。主流与回流通过它们的交界面不断地进行着质点混掺和动量交换。回流得到动量、动能的补给，主流在交界面上受到回流阻力(切应力)。主流和回流相辅相成的依存关系，可由动量方程来描述。

丁坝下游回流长度(防护长度)L_H：

$$L_H = \frac{C_0^2hL_D}{L_D + 0.05C_0^2hL_D}\left(\ln\frac{B}{B - L_D} + 0.58\right) \tag{7-10-14}$$

式中：L_H——丁坝下游回流区长度(m)；

L_D——丁坝长度(m),以垂直流向的投影计;

h——正常水深、平均水深(m);

B——河床水面宽度(m);

C_0——无量纲谢才系数,

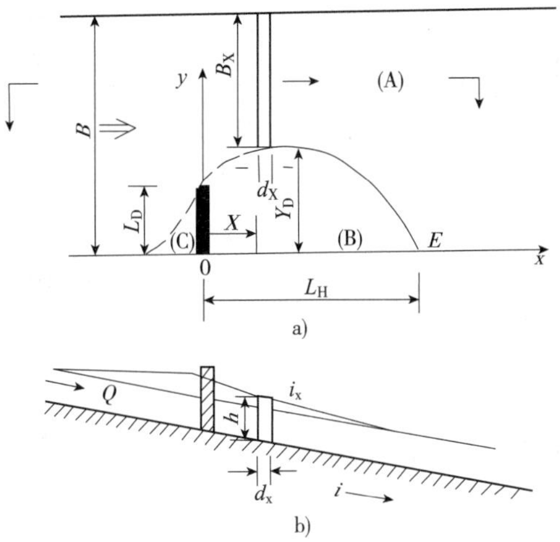

图 7-10-10　丁坝回流长度 L_H 和回流边界图示

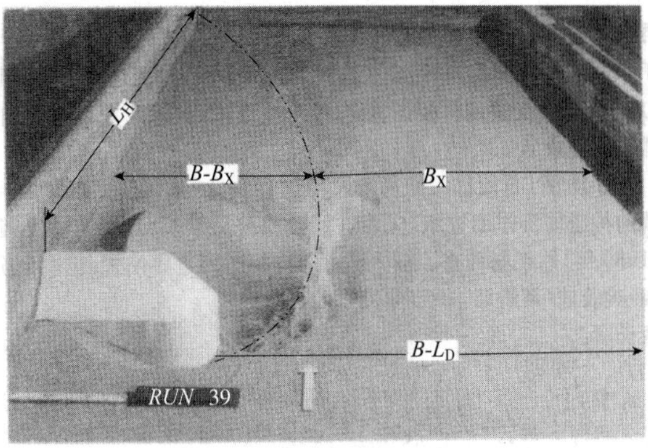

图 7-10-11　丁坝回流长度 L_H 和回流边界照片

$$C_0=\frac{C}{\sqrt{g}},C=\frac{1}{n}R^{\frac{1}{6}}=\frac{1}{n}h^{\frac{1}{6}}$$

回流区边界方程:

$$B_x=(B-L_D)e^{f(x)} \tag{7-10-15}$$

$$f(x)=\frac{0.05}{L_DL_H^{1.25}}x^{2.25}+\frac{0.58}{L_H^2}x^2-\frac{1.16C_0^2h-L_H}{C_0^2hL_H}x \tag{7-10-16}$$

式中:B_x——丁坝轴下游距离为 x 处的主流宽度(m),回流宽度为 $B-B_x$;

$f(x)$——以自然对数为底。即 e=2.718 28 为底的指数,按式(7-10-15)计算 $f(x)=Px^{2.25}+Qx^2-Rx$,则

$$P=\frac{0.05}{L_DL_H^{1.25}},Q=\frac{0.58}{L_H^2},R=\frac{1.16C_0^2h-L_H}{C_0^2hL_H}$$

对于给定了坝长 L_D 和水力条件(h,C_0)后,P、Q 和 R 为常数。给出丁坝轴下游距离 x,即可算出 $f(x)$,再按式(7-10-15)求得主流区宽度 B_x。

丁坝回流区长度:

当 $(B_c-D_t)/h_c<70$ 时,

$$\frac{L_{sl}}{D_{nl}}=K_1\left(5.7C_0^{0.3}-0.09\frac{B_c-D_{el}}{h_c}\right) \tag{7-10-17}$$

当 $(B_c-D_t)/h_c\geq 70$ 时,

$$\frac{L_{sl}}{D_{nl}}=K_1(5.7C_0^{0.3}-6.3) \tag{7-10-18}$$

式中：B_c、h_c——河槽宽度(m)和河槽平均水深(m)；

D_{el}——丁坝长度 D 对河槽宽度 B_c 的压缩宽度(m)；

L_{sl}——通过坝根和坝头设立的(x,y)直角坐标系，在与水流方向平行的x轴上的回流区长度(m)；

D_{nl}——与水流方向垂直的y轴上丁坝投影长度(m)；

K_1——系数，$K_1=\left(\frac{\theta}{90}\right)^{0.23}$，$\theta$ 为水流与坝轴的夹角，$\theta \geq 90°$，$K_1=1$；

C_0、g等符号意义同前。

丁坝回流区宽度：

$$\frac{b_{xl}-D_{nxl}}{D_{nl}}=K_2(2.5-7\varepsilon_1)\left(1-\frac{x_1}{L_{sl}}\right)\left(\frac{x_1}{L_{sl}}\right)^{0.8} \tag{7-10-19}$$

$$K_2=\left(\frac{\theta}{90}\right)^{0.4}\left(2-\frac{\theta}{90}\right)^{0.1}$$

式中：x_1——回流边界上任一点与计算原点 O 点的横坐标(m)；

b_{xl}——P点的回流区宽度(m)；

D_{nxl}——计算长度，$D_{nxl}=\left(1-\frac{x_1}{L_{sl}}\right)D_{nl}$；

K_2——相同压缩比 ε_1 时，随丁坝与水流的交角 θ 不同，斜交丁坝的($b_{xl}-D_{nxl}$)的比例变化。

依据《堤防工程设计规范》及《丁坝水力学》，丁坝长度按下式计算确定：

$$b=\frac{B-B_1}{\sin\alpha} \tag{7-10-20}$$

式中：b——丁坝长度；

B——天然河宽；

B_1——整治线宽度；

α——丁坝与水流方向的夹角。

(2)丁坝的角度

①丁坝的轴线与水流方向的关系不同，其冲淤情况及作用也不相同，分为垂直式、下挑式和上挑式，如图7-10-12所示。

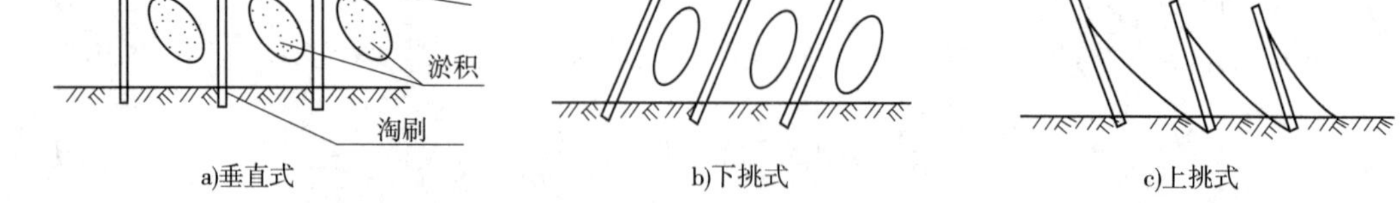

图7-10-12　不同布置形式的丁坝冲淤情况示意图

丁坝轴线与水流方向的交角 α 及与河岸交 β，宜按导治线的外形、流速大小、水深、水流含沙量、河床地层情况、河岸地质情况及坝长等综合考虑。

a.对于下挑丁坝,顺直河段时 $\alpha \approx \beta$ 可取 50°~70°;弯曲河段时 $\alpha = 30° \sim 60°$,$\beta = 30° \sim 45°$。

b.对于上挑丁坝,一般可用 100°~105°。

②下挑式丁坝水流较顺,坝头河床冲刷较弱;而上挑丁坝,坝头水流混乱,坝头河床冲刷较大,但在漫水时,水流漫过上挑式丁坝后,将泥沙带向河岸,在近岸发生淤积;而水流漫过下挑式丁坝后,将河沙带向河中,使坝根发生冲刷。因而不漫水的高水位丁坝宜布置成下挑形式,漫水的中水位坝则宜布置成垂直式或上挑形式。在平原区或半山前区的宽河滩地段,水流易于摆动,其流速和冲力一般不大,也可将不漫水丁坝布置成上挑形式,以促进淤积以便较快形成新岸,从回流区长的情况看,下挑式丁坝回流区短,垂直式和上挑式回流区长。

③布置丁坝时,要慎重考虑对岸的情况,如对岸为农田、果园、住房、土堤时,则宜多导少挑,坝型可采用矶头式,挑角宜小,坝长宜短,必要时可考虑多布置几个。如对岸为岩石,要注意被挑过去的水流,在对岸折回后对下游的冲刷。

(3)丁坝群

一般河湾凹岸或受顶冲的河岸及沿河路基防护段较长,一个丁坝的防护长度 L_H 不能满足需要时,可采用数个丁坝组成的丁坝群进行防护。

对于直河段,当坝距小于上游坝在单坝时回流长度的 2 倍时,主流从上游坝头流向下游坝头,两坝间泥沙运动十分微弱,岸壁得到很好的保护。当坝距大于上游坝在单坝时 2 倍的回流长度时,上游坝(1 号坝)冲刷不受下游坝的影响,冲深和单坝时相同;但下游坝(2 号坝)因 1 号坝下游回流的存在,有效挑流长度减小,坝头冲深及其下游回流长度较单坝大为减小。

1 号坝的长度取下游各坝长度的一半为宜,方向一般为正挑,即 $\alpha = 90°$。河湾凹岸 1 号坝也可取下挑,即 $\alpha < 90°$。将水流逐步挑离河岸及路基,在 2 号坝下游达到最大回流宽度。然后,保持这个宽度直到最下游坝,最后宽度逐渐减小而终止。

1 号坝的上游回流区(滞流区)是由坝根与岸壁之间竖轴旋涡形成的。上游回流(滞流)河岸长度 L_{HS} 对于单坝和丁坝群无明显差别。一般 $L_{HS} = (1.2 \sim 1.5)L_D$。对于河床质易冲刷的河段,丁坝上游回流形成冲刷坑,回流长度 L_{HS} 减小,$L_{HS} = L_D$。

根据试验研究(交通部"八五"科技攻关,原西安公路交通大学、陕西省公路局,1995 年),丁坝群的基本尺度在设计中推荐按表 7-10-3 及图 7-10-13 的确定。

丁坝群的基本尺度　　表 7-10-3

丁坝编号	1 号坝	2 号坝	3 号坝	n 号坝(最下游)
丁坝长度 L_{Di}	$L_{Di} = 0.5L_{D2}$	$L_{D2} = 2L_{D1}$ $L_{D2} = 0.15B$	$L_{D3} = L_{D2}$	$L_{Dn} = L_{D2} = L_{D3} = \cdots$ $= L_{Dn-1}$
坝头最大冲深 h'_{si}	$h'_{s1} = 0.82h_{s1}$	$h'_{s2} = 0.6h_{s2}$	$h'_{s3} = 0.4h_{s2}$	$h'_{sn} = 0.4h_{s2}$
丁坝间距或回流长度	$l_{1,2} = 0.8L_{H1}$	$l_{2,3} = l_{1,2}$	$l_{3,4} = l_{1,2}$	$l'_{Hn} = 0.8L_{H_n}$
坝轴挑角 α	90°或 60~90°	90°	90°	90°

注:1. h'_{s1} 表示丁坝群中 1 号坝的坝头冲深,h_{s1} 表示 1 号坝作为单坝时的坝头冲刷深度;$l_{1,2}$ 表示 1 号坝至 2 号坝的距离。

2. L_{H1} 表示 1 号坝作为单坝时的下游回流长度;B 是河槽宽度,下游各坝符号依此类推。

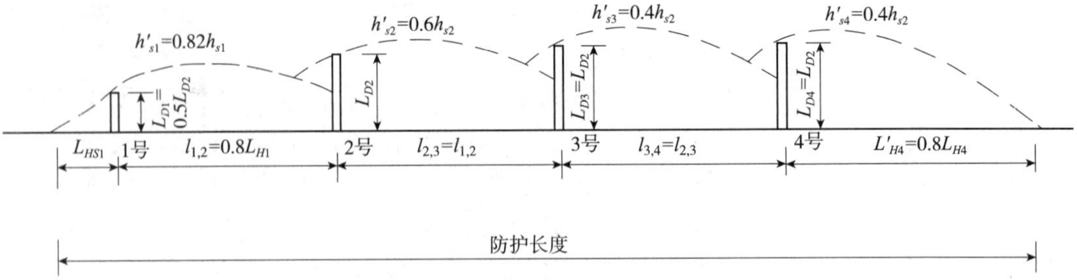

图 7-10-13　丁坝群防护设计图示

应当注意,表 7-10-3 中各坝的距离是在顺直河段中的情况。对于弯曲河道凹岸的丁坝群设置的坝距,较直河段应减小,一般约为坝长的 3~4 倍。

对于河湾凹岸防护,丁坝群各坝的布设有两种图解法。

①XG 法(图 7-10-14)

a.根据地形图或现场观测,在地形图上确定并绘出凹岸圆曲线的位置、圆心角 θ、中心半径 R_c,凹岸半径 $R_{外}$、凸岸半径 $R_{内}$。

b.图上取圆心角 $2\theta/5$,确定 1 号坝的位置,绘出 1 号坝的长度(取后坝长的一半,沿半径方向),在 1 号坝坝根作切线,切线上截取 0.8 的 1 号坝单坝时回水长度 L_{H1}(按式(7-10-13)计算),连接该截点与圆心的直线与凹岸(圆弧)相交,其交点即为 2 号坝的位置。

c.作 2 号坝坝根的切线,截取 $0.8L_{H2}$ 长度(L_{H2} 为 2 号坝单坝回流长度,按式(7-10-13)计算),截点与圆心的连线与曲线的交点,即为 3 号坝的位置;2 号坝以后各坝坝长相同,曲线上各坝回流长度也相同,依此类推得凹岸下游各坝位置。

d.进入下游直段后,直河段的坝距取 $0.8L_{H2}$;最下游坝下游的回流长度为最下游坝作为单坝时回流长度的 0.8。

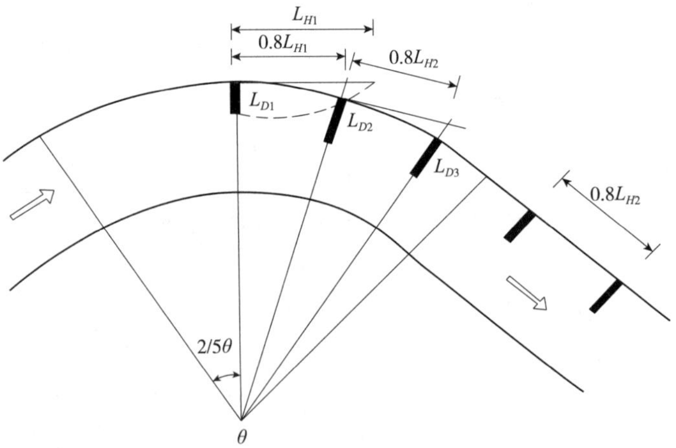

图 7-10-14　凹岸丁坝群的布设(XG 法)

②FHWA 法(图 7-10-15)

1 号坝位置、长度、与岸正交,都与上述方法相同;下游各坝位置,按图解法决定:从 1 号坝坝头作坝轴的垂线,以此为一边向凹岸作 17°夹角,另一边与凹岸的交点,即为 2 号坝坝根的位置;2 号坝的长度为 1 号坝的 2 倍,以后各坝坝长相同。依此类推,确定下游各坝的位置。

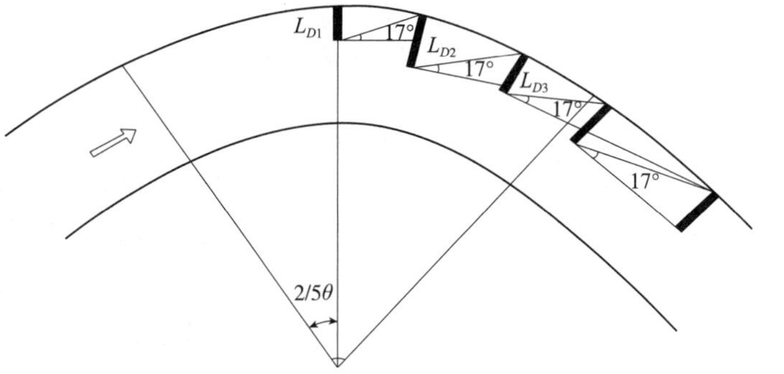

图 7-10-15　凹岸丁坝群的布设(FHWA 法)

(4)丁坝设计中的若干问题

①河岸防护范围

河岸防护范围应从多方面因素来分析确定比如不同水位主流的动力轴线位置和冲刷情况等,可采用经验方法或现场勘测来确定。应注意,一般弯道螺旋流大约在弯顶才能发展“成熟”,向下游凹岸冲刷逐渐严重,大约在 90°断面附近达到最大冲刷深度。弯道出口断面以后,螺旋流沿下游直河段相当长的距离,逐渐消失。沿河公路防护,常发生河湾凹岸上游防护过长,而下游防护不足,从而引起的水毁。

②丁坝长度和丁坝高度

应考虑到随丁坝长度的增加,坝头冲刷深度、绕流使坝头水流集中的程度、丁坝对水流挑离程度和丁坝防护河岸的长度,都将增大。

不透水丁坝的长度(垂直于流向的投影长度)不应超过河槽宽度的 15%;透水丁坝(桩、排架等)透水性达到 80%时,丁坝投影长度不得超过河槽宽度的 25%。作为护岸丁坝宜短不宜长,一般不应做到上述最大长度。

使用经验表明,秦岭山区沿河路堤防护丁坝长度一般不宜超过 10m,长丁坝往往被洪水冲断。

护岸丁坝群一般可作为正挑($\alpha=90°$),1 号坝可做成下挑($\alpha=90°\sim60°$),也可作为正挑,但是,坝长较后坝减短一半。

对于不透水丁坝,最好做成漫水丁坝,坝顶在中水位或低于设计水位 1m 左右。透水丁坝的高度必须保证让漂浮物在坝顶通过。

③丁坝顶面和坝头的形式

丁坝顶面应有从坝根向坝头倾斜的纵坡(10%~15%),使涨水阶段坝顶从坝头向坝根逐渐漫水,以适应涨水阶段流速、流向急剧变化的水势。

丁坝坝头一般采用直的带半圆头的形式,上下游和坝头带有边坡。丁坝的头部应尽量做成圆滑的形式,以便于绕流和溢流,可减小冲刷、坝头水流集中及对河道水流的影响。

④丁坝的设计规范

《公路路基设计规范》(JTG D30—2004)给出了丁坝断面尺寸及边坡坡度(表 7-10-4)。

20 世纪 90 年代,陕西省秦巴山岭地区沿河公路及桥头防护中,成功经历洪水考验的浆砌片石漫水丁坝,多采用坝头和坝身顶宽相同(顶宽 1.5~2.5m),浆砌边坡为 1∶1,长度不大于 10m,坝顶带有纵坡,坝头和坝顶尽量取圆滑形式,正挑。是否用浆砌,应视当地情况而定,砌石笼、格宾、抛石等都可用。

丁坝断面尺寸及边坡坡度　　表 7-10-4

类别	坝头顶宽(m)	坝身顶宽(m)	坝头边坡	迎水边坡	背水边坡	备注
渗水坝	2~4	2~3	1:2.5~1:4.0	1:2.0~1:2.5	1:1.5~1:2.5	当坝高低于 3.0m 流速较大时,顶宽应通过计算确定
石坝			1:1.0~1:3.0	1:0.5~1:2.0	1:0.5~1:2.0	坝顶宽由计算确定(不包括浆砌片石)
石梢坝	2~4	2~3	1:2.0~1:4.0	1:1.5~1:2.5	1:1.5~1:2.5	

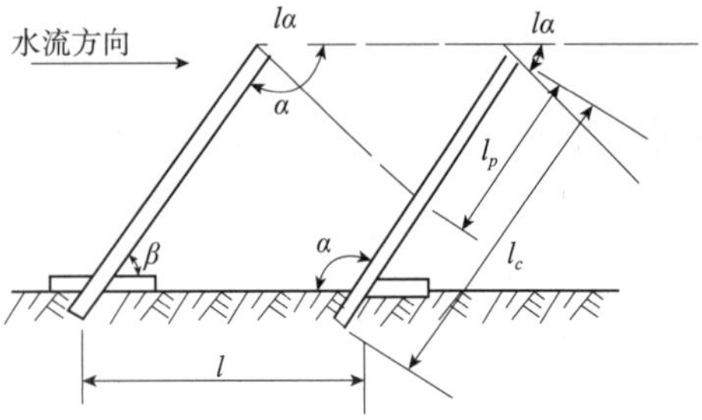

图 7-10-16　丁坝的间距计算

(5)丁坝的间距

①布置丁坝时,必须注意其上游的壅高水位要延展到前一个丁坝的坝头,以免在坝头下游发生水面跌落现象,同时要使下游丁坝布置在上游丁坝的影响水流范围之内,使射入丁坝坝格的水流和原水流方向成 Δα 角,而不致打击河岸。为此,根据图 7-10-16,丁坝之间的极限距离 l 可按式(7-10-21)计算。

$$l = l_p \cos\alpha + l_p \sin\alpha ctg \Delta\alpha \tag{7-10-21}$$

式中:l——丁坝的间距(m);

α——丁坝与河岸间的夹角(°);

$\Delta\alpha$——水流经坝头后的扩散角,约在 5~15°之间,一般可用 7.5°~10°;

l_p——丁坝的有效长度(m),为了保证下一个坝的坝根免受冲刷,采用 $l_p = \frac{2}{3} l_c$;

l_c——丁坝的实际长度(m)。

根据实践经验丁坝布置可参考下列几点:

a.在凹岸的丁坝,应较布置在凸岸的密些。

b.应于凹岸急弯(弯转角≥90°)的丁坝,$l=(1-2)l_c$。

c.位于凹岸为中等弯曲(弯转角≈60°)的丁坝,$l=(3-4)l_c$。

d.位于凹岸为缓弯(弯转角≈30°)的丁坝,$l=(3-5)l_c$。

e.位于凸岸的丁坝,$l=(4-8)l_c$。

②丁坝间距不能只依靠计算数据,还应根据导治线的情况,结合水流方向,并考虑筑坝后对河道可能产生的影响,用图解法来确定,如图 7-10-17 所示。

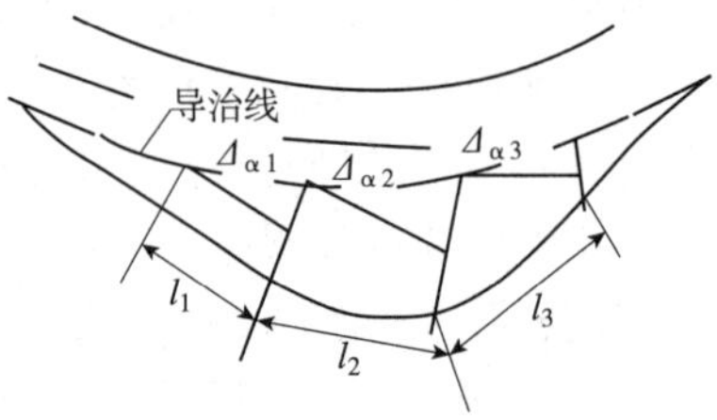

图 7-10-17　图解法求丁坝的间距

③布置丁坝群时,应从上游到下游逐个考虑,首先确定第一个坝的位置及长度,然后再布置第二个坝、第三个坝及以后各坝。

④设置丁坝群时,由于第一个坝的水流扩散角较难掌

握,同时它受水流冲击也最烈,布置时可考虑其长度稍短些,第一与第二坝间的距离也稍短些。为了使水流能较快转入正常状态,最后两坝的间距也应该短一些。

7.10.3.4　丁坝的构造及横断面设计

(1)丁坝的构造

丁坝由坝头、坝身、坝根三个基本部分组成,其横断面为梯形。丁坝所受的外力较小,其断面尺寸主要依据构造要求、施工条件和使用方便等决定。实践证明,丁坝的毁坏往往不是由于断面尺寸不足,而是由于坝面不平整、坝面嵌砌不紧密,使块石成单个起动;或者上、下游坡脚被淘刷,使坝体产生不均匀沉陷而垮塌;或者由于块石粒径太小而被冲垮。

坝根的处理及其防护范围,与所处河岸的土质、流速、水位变幅以及丁坝所处的位置有关。当岸坡土较易冲刷或渗透系数较大时,坝根处应开挖基槽,将坝根嵌入岸内,其深度为坝的实际长度的0.15~0.20倍,但不长于2.0m,并在上、下游铺设护坡;当岸坡土不易冲刷或渗透系数较小时,仅在上、下游适当铺设护坡,坝根不必嵌入岸内,若坝根处于淤积区时,一般亦可不采取护根护坡的措施。丁坝群中的第一座丁坝,首先受水流冲击,受力较大,其护根护坡的要求较同组坝中其余丁坝要高些。

几种材料类型的丁坝横断面形状如图7-10-18所示,石丁坝的结构如图7-10-19所示。

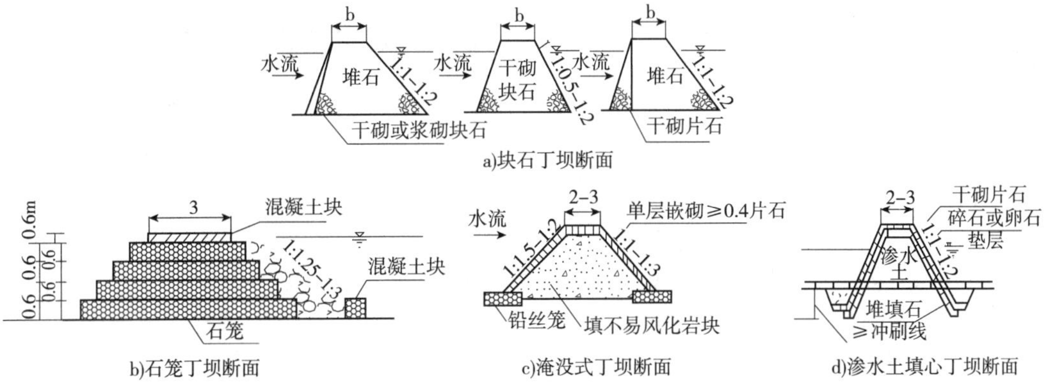

图7-10-18　丁坝横断面形状(尺寸单位:m)

(2)丁坝坝顶纵坡

丁坝坝顶纵坡按下式计算:

$$坝顶纵坡=\frac{坝尾标高-坝头标高}{坝长}$$

淹没式丁坝,特别是坝身较长时,为了减轻水流的紊乱状态,坝顶应有一定的纵坡,一般为0.25%~2%,可根据洪水时水面坡降确定。

当地形不利或坝头坝尾高差过大时,可将坝顶沿纵向分设几个坡段,靠近坝根若干米(不小于岸前水深的两倍)可做成4%~10%的纵坡。如坝尾与坝头标高相差不大,为使坝顶能具有一定的纵坡,可调整坝头标高,使之略低于中水位。

(3)坝顶高度H的计算

$$H=h_{设计}+h_{壅水}+h_{浪侵}+K \tag{7-10-22}$$

式中：$h_{设计}$——该坝设计水位的高度；

$h_{壅水}$——壅水高度；

$h_{浪侵}$——波浪侵袭高度；

K——安全距离，一般采用 $K=0.25\sim0.50$m。

关于壅水高度及波浪侵袭高度，详见有关章节。

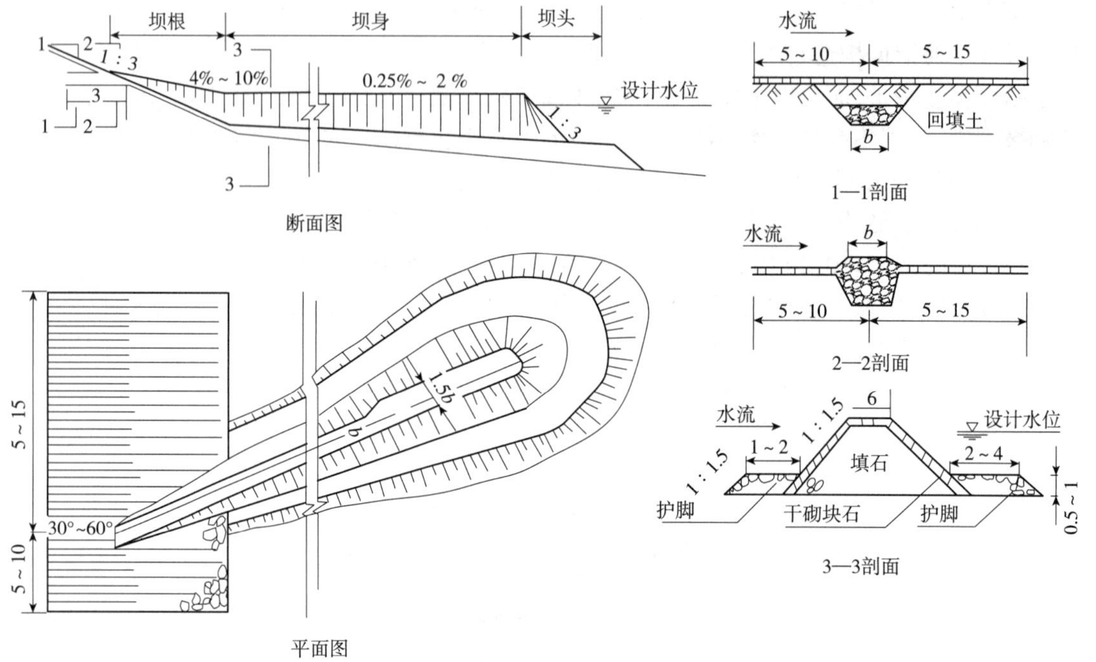

图 7-10-19　石丁坝结构图（尺寸单位：m）

（4）坝头及坝身局部流速的计算

a.坝头

常采用近似公式（7-10-22）计算：

$$v_m=(1.1-1.5)v_{cp} \tag{7-10-23}$$

式中：v_{cp}——设计采用的平均流速，一般采用 $v_m=(1.2-1.3)v_{cp}$，m/s。

b.坝身

当坝建在河滩上时，可按式（7-10-24）计算：

$$v_m=\frac{Q_1}{B_1\cdot H_1}\left(\frac{2\varepsilon}{1+\varepsilon}\right) \tag{7-10-24}$$

式中：Q_1——被坝头扰动后的河滩流量（m^3/s）；

B_1——河滩宽度（m）；

H_1——河滩平均水深（m）；

ε——流速分配不均匀系数，曲线式建筑物 $\varepsilon=1\sim3$，直线式建筑物 $\varepsilon=4$。

（5）基础及其防护

①基础处理

丁坝的基础埋置深度，一般如表 7-10-4 所列的数值，但必须根据河床泥砂粒径的大小，流速的大小和坝的高低确定。若泥砂粒径大,流速小,坝又低,基础可浅些。

坝头受水流冲刷严重,往往在坝头外侧冲成深坑,危及丁坝基础。故坝头部分的基础埋置深度,应大于坝身的埋置深度,一般应埋到冲刷线以下 0.5~1.0m。坝根与坝身的基础可浅些,但不能浅于冲刷线。

②坝头防护

坝头受水流冲击力最大,基础受淘刷程度也最严重,因此坝头基础需要深埋外,还需作平面防护。

丁坝的平面防护有全长防护与坝头防护两种方法,如图 7-10-20 所示。防护宽度,在迎水面可取 2~4m,在背水面可取 1~2m。对于全长防护,坝头最宽,逐渐向坝根减窄;对于坝头防护,其长度等于坝长的 0.3 倍,此时防护宽度不减窄。采用何种方法,视水流、地质、坝高、挑角、阻水等情况而定。

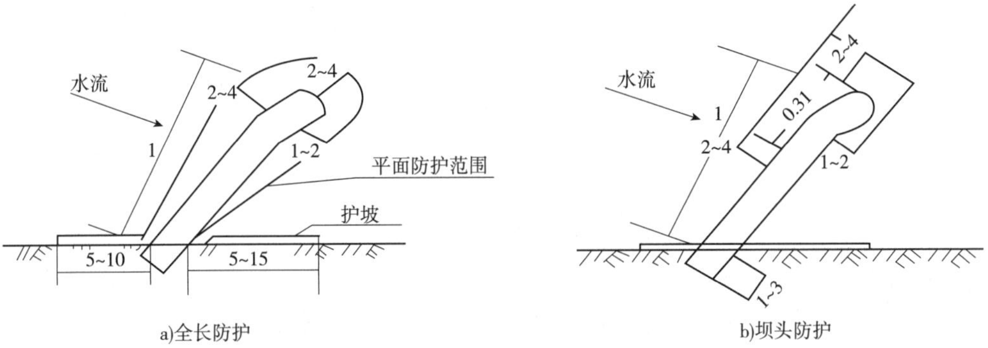

图 7-10-20　丁坝平面防护(尺寸单位:m)

防护类型,一般宜选用浆砌片石、石笼等坚固耐用的防护类型。

③坝根防护

坝根防护主要是考虑漩流的作用,坝根应牢固地埋在老河岸之内,坝根上、下游应进行适当放坡。

④坝身防护

a.迎水面的加固主要是考虑波浪的冲击力和扭转力,有流水时尚应考虑其撞击力。

b.漫水坝的背面和坝顶,均需考虑加固。

c.不漫水坝的背部,可根据坝长及坝后水流情况,分段采取不同加固方式。

(6)拱形丁坝

拱形丁坝是一种轻型丁坝,它能与一般重力式丁坝起到相同的作用。在相同长度和高度的情况下,拱形丁坝的断面尺寸比一般重力式丁坝小得多,因而可节省大量的污工数量,施工时间也比较短,对水流条件的适应性也比较好,只是施工工艺比重力式丁坝复杂些。实践证明,拱形丁坝是重力式丁坝向轻型丁坝发展的一个方向。目前国内有些地区修建拱形丁坝,取得了良好的效果。

①设计原则

a.拱圈按三铰拱设计:将拱形丁坝作为拱桥拱圈的一半,按三铰拱原理进行设计与计算。

b.拱圈按无铰拱设计:将拱形丁坝作为拱桥的整个拱圈,坝头和坝根作为支承部分,按无铰拱原则进行设计与计算。

②拱形丁坝的构造和布置

图 7-10-21 示出某拱形丁坝的结构和布置。

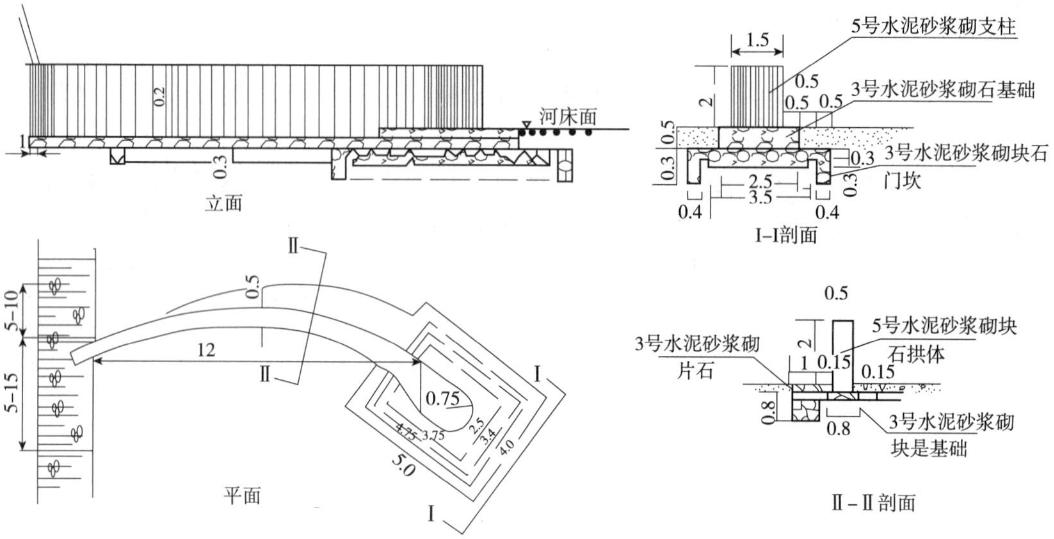

图 7-10-21　拱形丁坝结构示例(尺寸单位:m)

(7)透水坝

在宽浅游荡且洪水含沙量较大的河段,可应用透水坝。夹带沙的水流穿过透水坝使流速减低,泥沙大量沉积,保护被冲刷的河岸并形成推向河心的新岸。

常用的透水坝有排桩、杩槎及沉树和挂柳透水坝等。

①排桩透水坝

排桩透水坝多用于河床泥沙颗粒较细,冲刷深度较大的河床上。一般由单排桩或双排桩组成,并在其上附加各种网格物。单排桩用于较直的河岸,双排桩用于河湾的凹岸。在排桩透水坝后种植树木,铺设草皮,或隔一定距离设置一个不透水丁坝能更有效的防止冲刷。排桩后应堆放石块,双排桩的二排之间也应填以石块。

排桩透水坝多做成非淹没式,应注意定期清除漂浮物不使堵塞。

②杩槎

杩槎有菱形架及三脚架等,菱形架一般用三根等长的角钢、木材、钢筋混凝土预制杆件或其他材料在中点捆紧,使其三轴互相垂直,并用缆索把各单位联结起来固定于河岸或系于设置在河床上的"秤砣锚"上,其布置同丁坝,可做成单坝或群坝。三脚架是由木料或钢筋混凝土预制杆件做成三角锥体,并填压以石料或梢料而成。

杩槎系直接放在河床面上,因而可能会因冲刷下沉而失去作用,应经常注意采取措施,防止冲刷的发展。

③沉树和挂柳

沉树和桂柳是用于防治水害的临时抢险措施。

(8)常用丁坝的结构尺寸

确定丁坝的结构尺寸时,可参照表 7-10-5。

几种常用丁坝结构尺寸参考表 表 7-10-5

形式名称/项目		示意图	坝高(H)	坝长(l)	坝顶宽(m) 坝身(b)	坝顶宽(m) 坝头	与洪水流向交角α 顺直	与洪水流向交角α 弯曲	与河岸交角β 顺直	与河岸交角β 弯曲	边坡系数(m) 上游	边坡系数(m) 下游	边坡系数(m) 坝头	基础埋深及防护	坝顶纵坡	坝间距
重力式	矶头式	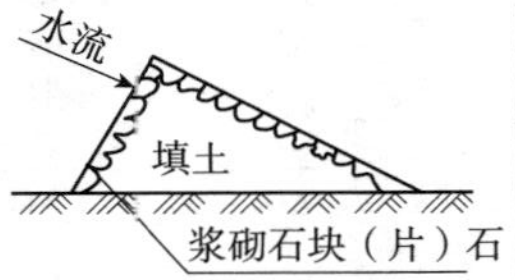	高于常年洪水位，若根据路基高度来定，一般比路基稍低些，大洪水时允许淹没	0.2～0.4B			50～70°	30～60°	50～70°	30～45°	直立或1:0.1	1:0.4～1:0.5	1:3	基础埋深0.s～1.0m。坝根伸入河岸1.0m		
重力式	直线型	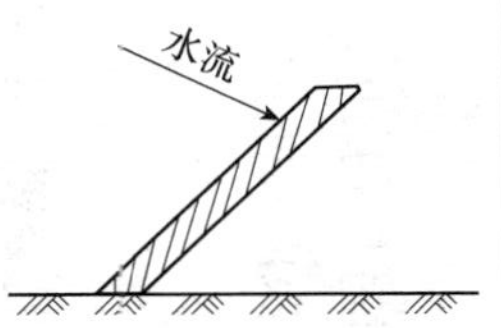		小河0.2～0.4B；大、中河0.05～0.2B；钩长为坝长的0.2～0.4倍	浆砌体0.5～1.0m，其余类型为1～3m	不小于1.5b	50～70°	30～60°	50～70°	30～45°	1:0.5～1:1.5	1:0.5～1:2	1:3	坝头埋深在冲击线以下0.5～1.0m,并作平面防护。坝根伸入河岸深度为坝长的0.15～0.2倍，但不长于2m，坝根上、下游适当铺设护坡	坝身0.25%～2%，近坝根若干米可为4%～10%	小河1～8l；大、中河2～4l
重力式	钩型	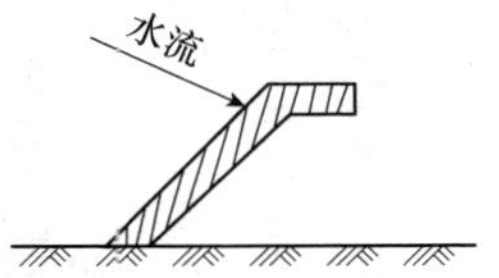														
轻型	拱形	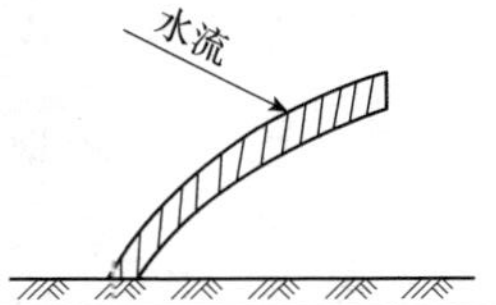		小于1/3B	0.4～1.0m	不小于1.5b	50～70°	30～60°	50～70°	30～45°	直立	直立	直立			

符号说明：

B——洪水时稳定河宽；

l——坝长(或称阻水宽度)，即丁坝轴线(拱型丁坝的弦)在与水流垂直方向上的投影长；

α——丁坝轴线(拱型丁坝的弦)与洪水流向的交角；

β——丁坝轴线(拱型丁坝的弦)与河岸的交角。

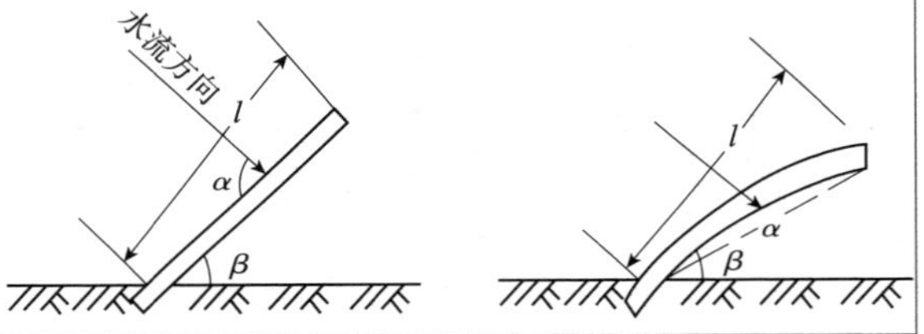

7.10.3.5 丁坝的工程实例

丁坝总体来说是一种防护的建筑型式,按照材料的不同可分为:石笼丁坝、抛石丁坝和桩结构丁坝等。对于不同的材料,丁坝的施工要求也有相应的改变。下面具体介绍丁坝的工程实例。

(1)石笼丁坝

①工程概况

呼兰河是松花江的一条较大支流,总流域面积为31000km^2,发源于铁力市太平屯,穿过庆安县后由绥化市北林区五营乡东围村入境,自东至西南流向,流经双河、秦家、新华、太平川等10个乡镇,从连岗乡新发村出境,境内全长82km。主流经常改道,特别是汛期,沿岸的耕地、林地、道路以及村庄经常被洪水侵袭。为了提高河道防洪标准,保护河道沿岸居民生命财产安全。在呼兰河左岸修建护岸丁坝,建丁坝数道,共动用土方、块石、沉排等材料。为畜牧农场、村民组、保护地、耕地、林地设置了一道安全屏障。

②治理原则

呼兰河含砂量大,洪水危害大。治理原则是将散乱河道整治成为窄深归顺的河道,即整治线、清障线、流线的要求,解决两岸水事纠纷,兴利除害,并有利于防洪、灌溉引水。

治理时要处理好滩、槽、堤之间的辩证统一关系,"滩存则堤固,滩失则堤险"。因此,必须把巩固堤防和保护滩地紧密结合起来,力求控导主流,使主槽的险工位置相对稳定。按计划要求,丁坝坝头不可超过规划的整治线。坝高不超过十年一遇洪水位的设计标准。

③施工前的准备

做好施工前的准备工作是使工程按期完成,尽快发挥效益的保证。因丁坝护岸工程的特殊性,一般要求在当年汛前完成;由于工程浩大等原因,在汛前完成确有困难的,要做好度汛准备,使工程在汛期不受损失或少受损失。在工程项目投资确定以后即进行以下几方面的施工前的准备工作。

a.健全施工组织。建立健全施工组织是完成施工任务的组织保证,是领导施工、组织施工、指导施工不可缺少的条件。在施工前建立岗位责任制,加强对施工人员的思想教育。

b.做好施工安排。根据工程所处的自然地理特点、气候条件、劳动力来源等提前做好施工进度的周密安排,以便做到工程建设和农业生产两不误。

c.工程需用主要材料的准备。在正式动工前,要把工程需用的块石全部或大部分运到工程地点。路线要按设计要求的规格、数量准备好。按工程需用材料的数量,安排好解决途径和办法。施工前还必须准备好劳保医疗用品、工具等。

④土方开挖

土方开挖在解冻以后、气温回升的4月或汛期过后的10月动工。按设计要求进行丁坝的实地放样,依据沉排尺寸确定土方开挖的范围和深度。土方开挖的好坏影响沉排铺放的是否平整,所以基槽的开挖工作一定要设计坡降。

⑤沉排的施工

处理好基础是保证工程质量的重要环节,沉排是处理丁坝工程软基行之有效的方法。由于丁坝束窄河道水流,在丁坝上会产生壅水,形成水流高压区,在坝头水流起绕流作用,流线集中,流速较大,形成水流的低压区。为了克服水的浮力作用,需在沉排上压块石,使沉排紧贴河底,设计时根据计算的冲刷坑深度和10多年来已建丁坝护岸工程的实际经验,确定沉排的尺寸。在沉排的施工中必须做到符合设计要求:

a.沉排所用梢料的选用。最好选用柔韧的柳树枝,要现采现用。为保持梢料的柔性,先备下的要防止干燥,常浇一些水保持柳枝湿润。梢料以细而少带枝杈的顺直条为最佳,为保证沉排的柔性,不宜采用直径(大于4cm)的粗枝大叉。

b.柳把的扎制。按照设计要求,柳把直径以0.15m为宜,绑扎间距为3道/m。长度和数量满足设计要求,柳把扎制要粗细均匀,压紧压实绑扎牢固,用16号镀锌铁线双股,防止运输和扎制沉排时柳把拉长、脱节。为使柳把扎制的结实严紧,在扎制前要把梢料的枝杈砍一砍,扎制的柳把亦要防止干燥。

c.沉排的扎制。在土方开挖完工后,按照设计的要求铺放底层柳把,绑好连接底上层柳把的铁线,然后铺放2层散柳,保持每层压实后为10cm,铺放上层柳把,绑扎好并联接上下2层柳把的铁线。绑扎防止排上压石散落的同边柳把。

⑥排上压石

设计时通过对石块在水中受力情况的分析,得出在各种条件下,石块在水流中保持稳定的折算直径,设计要求压沉排的块石粒径必须大于0.25m。排上压石厚0.3m,最好采用粒径大的块石,要做到砌筑平稳、牢固、平整,以便于铁丝笼笼片的铺放。

⑦铁丝石笼的施工

a.笼片的编制。笼片的编制工作在土方开挖前进行。笼片编制的好坏,直接影响丁坝外形的整齐和丁坝的质量。已建的老哈河护岸工程大部分为矩形铁丝石笼。矩形铁线石笼和圆形铁线石笼相比,装笼简单、省铁线,但较圆形石笼多用块石。编制笼片时要分层,先底层、后上层满足施工先后的需要,分段编制,一般每节长10m为一个独立整体。要求网眼方正,网眼为20cm×20cm,绕双节,满足设计图纸的要求。编制铁丝笼时,笼片的框线均采用直径为4.0mm的8号镀锌线,编制笼片也采用8号或10号镀锌铁线。编制笼片需8号铁线(1.8kg/m^2)或10号镀锌铁线(12kg/m^2)。编制笼片应注意的几个问题:一是放铁线要有计划,注意节约铁线,防止浪费;二是编制笼片要保证边框的外形形状,保证设计尺寸。铁线在边框线上封头要用钳子绕边框2~3圈,做到连接牢固,防止因封接不牢造成隐患。网眼形状为正菱形,做到网眼大小统一整齐,防止参差不齐,相差悬殊的现象发生。

b.铺放笼片和装笼。按照丁坝的方向,在已完成排上压石的沉排上铺放笼片,保证丁坝在沉排上的位置及坝体的尺寸。按照设计要求把联结上、下2层笼片的铁线拴在双结上。为使丁坝完工后外形整齐,应按砌石要求进行装笼,做到立面垂直,平面平整。每层块石的砌筑高度要基本一致,且把较大的块石砌筑在外面,要求做到砌筑平稳、牢固,保证断面尺寸,装在里面的块石要砌筑严密。

c.封笼。封笼的原则是“先疏后密”,先间隔大一些,而后再逐渐加密,要求每40cm封1次,相邻2个封节要反方向封绕。封笼时要注意铁线的强度,严禁单线均封或另用铁线穿封,以防笼片松脱。绑扎好联结上下2层笼片的铁线。封笼和上下2层笼片的连接要牢固结实,形成整体。

⑧坝根土方回填及填筑

要注意搞好丁坝坝根插入岸坡部分的土方回填,做到回填及时。如坝顶高程高于坝根处的岸坡,一定要做好坝根至老岸坡间的土堤填筑工作,如图 7-10-22 所示。

图 7-10-22　石笼丁坝完工图

(2)抛石丁坝

①工程概况

新兴江腰古段位于西江下游右岸的云城区东南部腰古镇水东、卫东等几个村委段,距云浮市行政中心约 26.5km。新兴江腰古段治理工程是广东省第一批 16 宗中小河流治理工程之一,工程治理长度为 8.612km,其中:腰古新堤段长为 2.197km,卫东堤段长为 2.290km,腰古古河道段为 4.125km。另外,卫东段重建涵闸 3 座,加固涵闸 1 座。该堤段捍卫着广东省中心镇腰古镇政府所在地政治、经济、文化、商业中心,捍卫着国家中央粮库、三茂铁路、324 国道、省道 276 线和水东、黄岗塱、雄强、永昌等几个村委会的 0.07 万 hm^2 耕地(其中:水田 0.06 万 hm^2,旱地 0.01 万 hm^2)、2.23 万人和 5.819 亿农业总产值。

2006 年 8 月新兴江发生洪水,腰古新堤段水位为 16.4m,政府所在地水深为 1.2m。损毁堤围 2km、涵闸等水利设施 16 处,出现管涌、流土 22 处,腰古新堤段上游 400m 和卫东近 200m 出现连片堤围渗流、堤后坦地冒水等现象,经济损失 890 多万元。经地质勘察、分析历史资料及现场调查的情况得知,该治理河段仍存在堤基渗水严重和堤脚崩岸加剧等问题。由于新兴江干流裁弯取直,腰古新堤段上游 400m 的堤防是建设在原腰古古河道的河床上填筑建成的,根据地质勘察成果可知,该段堤基均为原古河道砂质基础,透水率高;腰古新堤段上游段位于主河迎流顶部位置,堤脚的河滩地边线被逐年侵蚀,局部已经接近堤脚。本堤段设计采用的坝型为淹没正挑式抛石丁坝。

②高程确定

对无水文测站或难以取得基础数据的河段设计时,可根据洪水痕迹确定丁坝高程,有水文测站数据可采用实测数据来确定丁坝高程。由于本工程整治的重点为护岸滩地恢复,利用丁坝改变水的流态,使已冲毁的河滩地重新回淤,以达到护岸、防冲及护堤的目的。本次的丁坝设计成淹没式不透水丁坝,因此,堤顶高程与现状河滩地高程齐平,高程确定为 13.00m。

③结构形式

丁坝的布置长度为 671m,设置 22 条短丁坝群,单个丁坝之间的间距为 30m。丁坝的基础层为厚 1.0m 格宾石笼护底,坝身部分采用抛块石堆砌,丁坝护面采用干砌石防护,护砌厚度为 1.0m,顶宽为 2.0m,迎、背水坡边坡均采用 1:2,坝头部分为半圆形,边坡采用 1:3,上游护砌 5.0m,下游护砌 11.0m,如图 7-10-23 和图 7-10-24 所示。

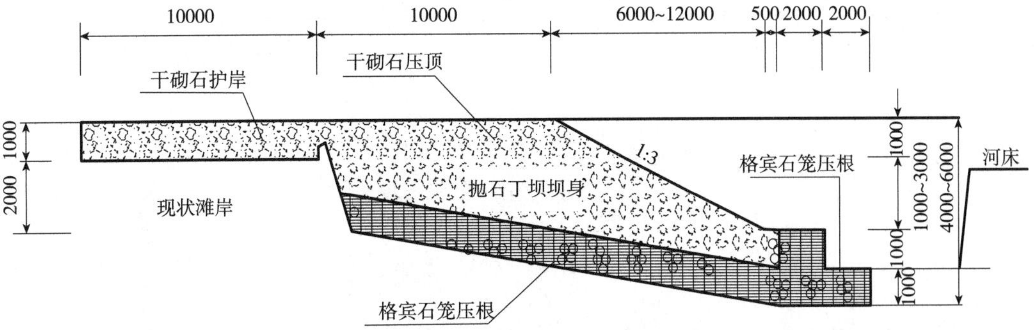

图 7-10-23　纵向断面示意(尺寸单位:mm)

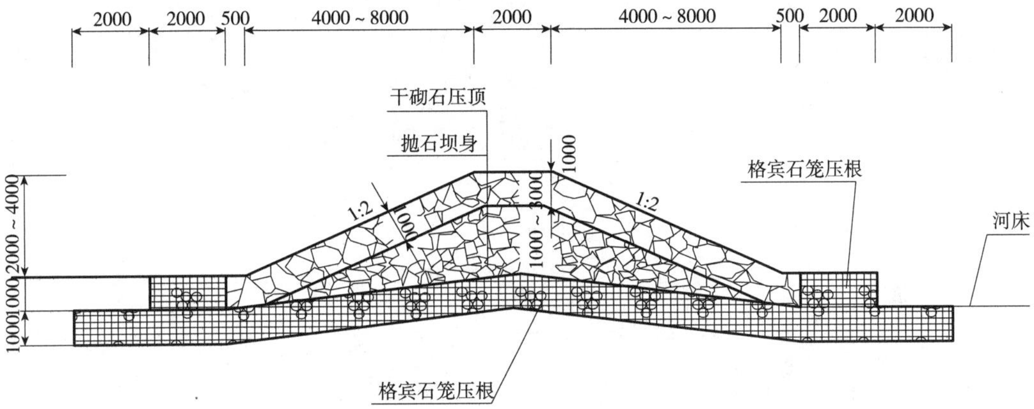

图 7-10-24　横向断面示意(尺寸单位:mm)

④总体布置

腰古新堤段从 YD0+000～YD0+397 段座湾顶冲严重,设计采用抛石丁坝对此段进行整治。根据计算整治河段的曲率半径为 600m,整治段总长约 671m(YDB0+000～YDB0+671),短丁坝群沿现状岸线布置,布置间距为 30m,如图 7-10-25 和图 7-10-26 所示。

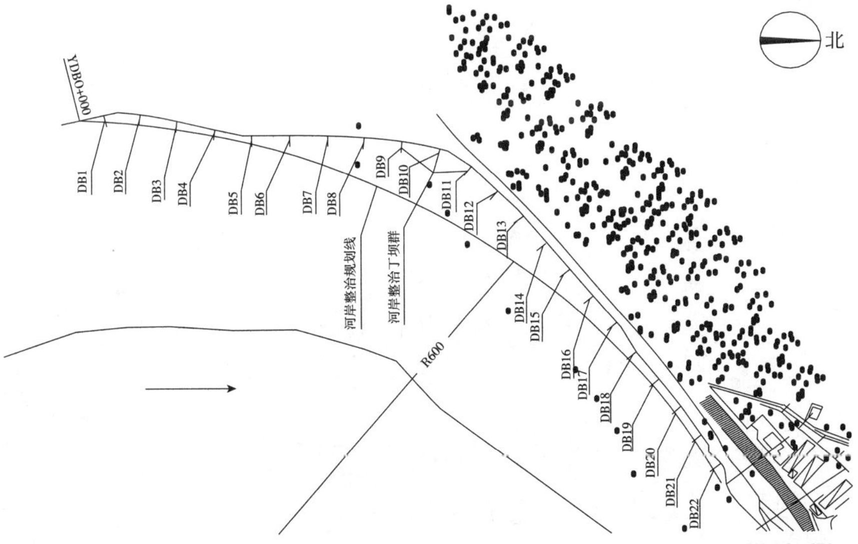

图 7-10-25　总平面布置示意

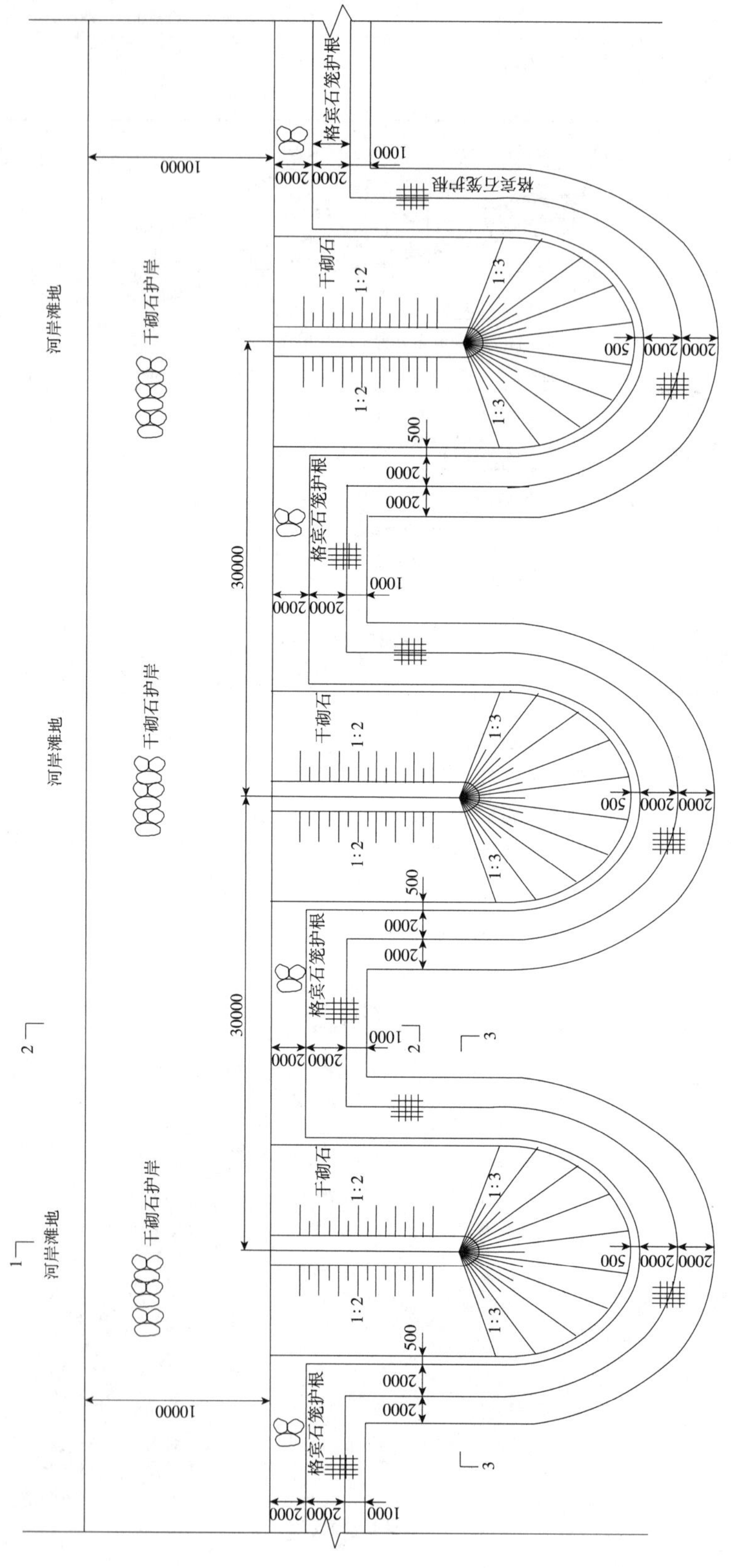

图 7-10-26　丁坝平面示意（尺寸单位:mm）

⑤施工作业

格宾石笼基础的施工顺序是先现场装配石笼,再填装石块,最后人机配合铺设基础。铺基础前必须清理原河床,保证河床平整。

由于每条丁坝相距约为 30m 有足够的空间同时抛筑,因此,每条丁坝可作为一个独立的工作面。根据石料和机械情况决定几条丁坝进行抛石,丁坝抛石顺序是先抛丁坝坝体再抛坝体护脚,抛石前由测量人员放出丁坝轴线在岸坡用红旗将轴线控制点标出,水上则用浮标加以标志。

丁坝干砌石护面施工作业前先由测量人员按施工图放样并确定边坡坡度、高程和坝轴线,合格的石料用船运至现场,人机配合铺设大块石,然后人工砌筑干砌块石之间的局部缝口宽度,并用小块石填实嵌紧干砌块石,严格按干砌块石施工规范进行施工。

⑥防护效果

本工程已于 2011 年建成,经过几年时间运行,经历多次洪水考验,工程完好,冲沟和坝间淤积明显,原堤脚崩岸情况已经完全消失,顶冲段的流态得到明显的改善,达到了消险的目的。

(3)桩式丁坝

①工程概况

钱塘江北岸海塘海宁段既是著名的观潮胜地,但也经受着钱江大潮日复一日的冲击和侵蚀。随着两岸人类活动的加剧,钱塘江江面束窄,江道河床发生了急剧变化,涌潮主流持续逼向海宁岸线,海塘受到了较以往更为强劲的正面冲击。20 世纪 80 年代以来,塘前滩地刷深严重,明清鱼鳞石塘出现了局部沉陷、外倾和坍塌,急需采取工程措施予以保护。经原国家计委批准,1998 年开工建设百年一遇设计标准的标准海塘,并于 2002 年开始在塘前滩地刷深区新建 50 座桩式丁坝(丁坝间距为 250m),桩式丁坝工程于 2004 年完工,形成的丁坝群对塘前促淤保滩、保护海塘堤脚稳定产生了立竿见影的效果。

②自然条件

桩式丁坝工程所在位置的河床地势平坦,地基土层呈多层结构,表层是很薄的粉砂土,第二层是约 2m 厚的粉质黏土,第三层是淤泥质粉质黏土。滩地高程为:坝身处为-1.0~1.0m,坝头处为-3.5~2.0m。潮水位主要受上游下泄流量和潮汐影响。根据距丁坝所在位置较近的盐官水文站资料,历史实测最高潮位为 9.59m,最低潮位-0.5m,平均高潮位 5.71m,平均低潮位为 2.51m。

③结构型式

桩式丁坝是以钢筋混凝土板桩为主要构件的新型丁坝结构型式,其主要作用与传统的抛石丁坝相同,均是为减缓过坝涌潮流速,促使坝后落淤造滩。而区别在于桩式丁坝板桩入土较深,形同丁坝生根,消除了抛石丁坝易发的底脚掏空造成丁坝坍塌的隐患。桩式丁坝的结构型式分为单排桩和双排桩两种,经试验对比,确定采用单排桩型式。丁坝坝长 50m,下游侧板桩采用密排布置,桩顶浇筑 C30 钢筋混凝土帽梁,往上游方向与之间隔 5m 处设置支撑板桩,用以架设钢筋混凝土连系梁,与下游板桩帽梁连成整体。选用 C35 钢筋混凝土预制板桩,坝身板桩截面为 25cm×35cm,桩长 11m,坝头板桩截面为 30cm×40cm,桩长 18m,坝头在平面上呈半圆形。丁坝坝顶高程 3.0m(吴淞高程),考虑到钱塘江水位及滩地高程沿江往下游递减的因素,坝顶高程可根据自然条件作相应调整,桩式丁坝平面图如图 7-10-27 所示。

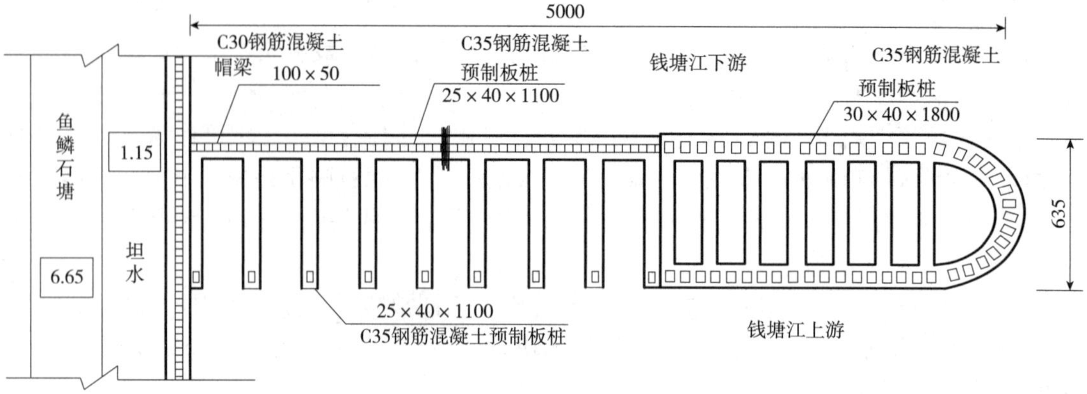

图 7-10-27　桩式丁坝平面图(尺寸单位:cm)

④施工方案

桩式丁坝能否成功实施的关键在于预制板桩的施打,国内常见的施工方法有:桩机施打法、水冲沉桩法、振动沉桩法等三种。

桩机施打法是将自重约 40 吨的步履式打桩机移至特定的施工平台上,通过筒式柴油打桩锤将预制板桩施打到位,桩机或施工平台两者之一必须可自由平移,以确保板桩桩位精确定位。试验人员考虑了两种平台方案:用桁架结构搭设排架作为施工平台,或用水面上的平板驳船作为施工平台。但排架方案很快就被专家否决,因为承受巨大静荷载和动荷载的排架自身就需设立桩基础,显然不可行,故仅开展船打板桩试验工作。试验一开始,船打方案就遭遇了自然条件的影响和自身方案的缺陷:

a.驳船必须等候小潮汛才能就位,一个月最多只能工作 12 天,驳船进出场避潮频繁,效率低、费用高;

b.板桩施打需要稳定的平台,而驳船的晃动导致板桩定位困难,板桩施打质量无法满足设计要求。因而,采用该方案试验了一座丁坝后,就被束之高阁。

水冲沉桩法是在钢筋混凝土板桩,预制时轴向预留二个 ϕ100mm 的冲水孔,配置扬程为 80m 的潜水泵,板桩起吊后在水冲和自重作用下缓慢下沉。施工中如出现板桩桩位偏斜,可通过二个冲水孔中的流量来进行调整。这种施工方法在钱塘江较单一的粉砂土地基上曾有非常成功的实践。然而,桩式丁坝所选的位置是冲刷较严重的地段,塘前也就肯定遍布着多年来抛填的护脚块石。据勘查,河床表层 2m 深的土中夹杂着大量抛石,水冲沉桩法遇到地基中的乱石堆也就一筹莫展了。试验至此,大家的目光很自然地集中到了振动沉桩法上。振动沉桩法是将挖掘机改装为带振动器的振动机,振动器的液压钳夹紧板桩后垂直提起,通过挖掘机的万向传动系统进行桩位定位,最终振沉到位。该方案的优点是:施工效率高,施工质量易于控制,安全生产隐患少。

经过上述试验和施工方案比较,最终确定其余的桩式丁坝全部采用振动沉桩法进行施工。

⑤振动沉桩法施工

a.工艺流程

塘前板桩施打→下塘施工便道修筑→长臂挖掘机清理桩位河床表层块石→板桩吊至塘

下→振动机液压钳夹紧板桩就位→板桩轴线和垂直度校正→振沉板桩→丁坝内侧(上下游板桩之间)抛石施工便道跟随板桩进占→振沉板桩继续向前推进→振动机上塘避潮→……→坝头 18m 长板桩进行接桩并施打。

b.施工方法

(a)塘前底脚防冲板桩的施打

在每条丁坝坝轴线下游 5m,上游 18m 的范围内施打塘前底脚防冲预制板桩(25cm×35cm×10.5m 长),专为钱塘江海塘工程特制的 HDJ10 多功能步履式打桩机(配置 D18 筒式柴油打桩锤)直接站立在鱼鳞石塘上就可完成对板桩的吊装、定位和施打,每条丁坝的塘前共 80 支预制板桩约 4d 施打完毕。

(b)下塘施工便道修筑

鱼鳞石塘塘顶与坦水之间的高差约为 5m,沿鱼鳞塘口方向铺设下塘斜坡道,为了减少涌潮冲刷,斜坡道下坡方向朝上游布置,斜坡道在坝根处与坦水衔接,设置 7m×7m 的回转平台。斜坡道坡比约为 1∶4,底宽约 10m,顶宽约 6m,外侧由钢筋笼装块石叠高形成防冲保护,钢筋笼之间用轧头相连,斜坡道表面用石渣铺平。斜坡道的施工选在小潮汛时突击完成,为挖掘机、振动机等机械直接下塘施工奠定了基础。

(c)振沉预制板桩

将 KATO-330 挖掘机改装成液压式振动机,利用下塘施工便道直接行进至施打桩位振沉板桩。板桩振沉前,用长臂挖掘机对拟打桩位进行表层块石清理(块石层厚约 1~2m),挖出的块石可用于施工便道或丁坝外侧的抛石。桩位块石清理一段后挖掘机退至回转平台或上至塘面避潮。

接着,振动机下塘开始施工,事前预制板桩已被运至施打区域堆放备用,振动机首先用振动器的液压钳夹住并拎起预制板桩,通过架设在塘顶上的经纬仪进行辅助轴线定位,确定好施打桩位,调整好板桩的垂直度再行振沉。河床表层 2m 为粉质黏土,局部尚有遗留块石存在,施打过程中有时会因桩尖遇到块石而发生桩位偏移,故一开始振沉速度要做到缓慢下沉,一旦发生桩位偏移,振动机要马上停止向下用力,但要保持继续振动直至桩位纠偏回复至原位为止;振沉 2m 以后速度加快,约 3~7min 就能振沉到位。振沉施工采取避潮作业,一潮时间可振沉 20~30 支板桩,施工至丁坝坝头位置。由于受振动机起吊能力限制,18m 长的坝头板桩要采用二节(9m+9m)接桩工艺,在下节桩的上部预制收缩的桩头,在上节桩的下部预埋外箍钢板,上下节板桩对接后,再用 ϕ25mm 的高强螺栓进行销接。从整体强度看,接头易锈蚀是最薄弱的地方,为此在接头处采用了环氧树脂加铸石粉进行涂刷保护。

(d)上下游板桩之间抛石

上下游板桩之间的抛石,既是桩式丁坝工程的主要材料,又可用于振沉板桩时挖掘机和振动机的施工便道。先在上下游板桩之间的河床上抛填 4.7m 宽、约 1.0m 厚的石渣,经挖掘机初步整平后,再在其上覆盖较薄的装石钢筋笼,用以抵御潮水冲击,形成施工便道。

(e)板桩振沉与抛石交错推进

待上下游板桩之间抛石完成一段,板桩振沉施工就可沿着施工便道继续向江中推进,根据振动机的机械臂长,一般只能悬臂向前振沉 3m 左右,要暂停振沉板桩,迅速开展抛石便道延伸填筑,确保板桩振沉施工可以继续推进。如此循环往复,直至板桩施打完毕。

(f)安全抢险

由于下塘施工面临一日二潮的自然条件,参建单位事先编制了详细的安全生产预案。针对涨潮时一旦施工机械或车辆在江中出现故障而无法及时撤离的安全隐患,也作了周密的部署。直至工程完工,未曾发生过设备损失和人身安全事故。

7.10.4 顺坝和格坝

7.10.4.1 修建顺坝的条件

(1)河床断面窄小,不允许过多侵占时。

(2)当修建丁坝后,河岸或边坡的防护加固工作量较大时。

(3)地质条件不宜于修筑丁坝时。

7.10.4.2 布置顺坝的一般原则

(1)布置顺坝前,必须先有一个合理的导治线。

(2)顺坝与上、下游河岸的衔接必须协调,顺坝的起点应选在水流匀顺的过渡地段,以避免强烈冲刷,坝根应布置在主流转向点稍上一点的部位。

(3)顺坝的终点可与河岸连在一块,但一般都设计成开口式,以利于淤积。

顺坝常与格坝联合使用,其布置形式如图 7-10-28 所示。

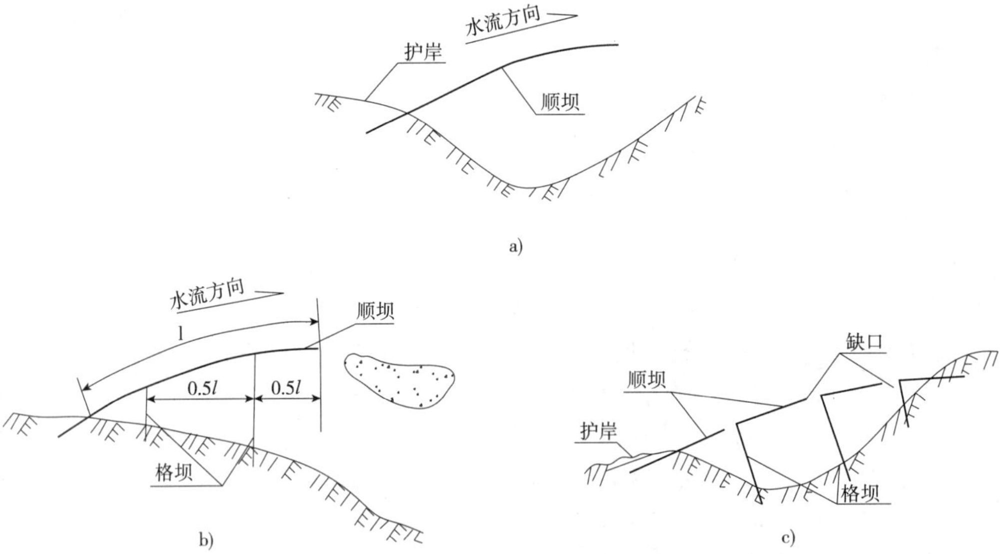

图 7-10-28　顺坝及格坝布置示意图

7.10.4.3 顺坝的构造

顺坝的构造与丁坝相似,亦分坝头、坝身、坝根三部分,坝身的横断面形状亦为梯形,坝顶也应具有一定的纵坡。顺坝的要求大体与丁坝相同。其不同点分述于下:

(1)顺坝起导流作用,基本上不改变原有水流结构,故坝头水流较丁坝平顺,受力较丁坝小,通常坝头不需加宽。为保护坝头,可将坝头部分的边坡适当放缓,1∶3~1∶5即可;但坝头边坡太缓,施工不易掌握,可采用1∶3,必要时再加做护脚。

(2)顺坝受纵向水流影响较大,故迎水坡应比背坡缓。根据实践经验,迎水坡一般采用1∶1.5~1∶2.5,背水坡采用1∶1~1∶1.5。当水流动轴线紧贴坝缘,流速较大,河床地质又较松软时,迎水坡脚往往被淘刷,影响坝体稳定,此时可在迎水坡加做护脚,或适当放缓迎水坡的坡度。

7.10.4.4　顺坝与格坝的联合使用

当顺坝设计成漫溢式时,应考虑在坝后设置格坝,以促进淤积,并可防止边坡或河岸受到冲刷影响。

格坝的间距,视具体情况而定,以使两格坝间流速变慢为原则。当顺坝长度 l 大于200m时,较合理的布置是坝头与第一格坝相距为0.25l,其余间距为0.75l。

7.10.5　导治构造物的分期修建

河流的造床因素是十分复杂的,同一河流在不同水位时的水流性质也各异。导治构造物在每条河流上,甚至在同一河流的不同区段内,所起的作用亦有区别。因此,在设计时,特别是在未完全弄清河流特性时,设计范围较大的调节系统,需要全盘规划,仔细考虑。在此情况下,通常很难一次将导治系统规划完善,因此对于永久性建筑物,分期修建,较为合理。

分期修建的过程,也就是观察研究、修正设计的过程。同时,若一次投资有困难,亦可分期修建,但要安全可靠。先修建有把握的必要的部分,经过1~2次洪水后,根据冲淤情况核对导治线、水流扩散角及设计的建筑物形式是否合适,据以修正原设计或加建导治构造物,这样才能使导治系统布置得经济合理。

所有导治构造物的设计都应遵守一个原则,即只可以允许防护工程本身在洪水时变形,但不得因冲淘作用变形后而使被保护的路基或建筑物破坏。因为导治构造物本身变形或局部破坏,还可以在枯水时改建或补修;若被保护的建筑物变形而破坏,就会影响公路的正常运行。

7.11　工程实例——水麻高速公路路基防护

7.11.1　库区水位

根据《横江伏龙口水电站工程预可行性研究报告》,枯水期及平水期(11月~4月)水库维持在正常蓄水位292m。汛期(5~10月)当入库流量小于200m^3/s时,水库维持在正常蓄水位292m运行发电;当入库流量大于1200m^3/s小于1800m^3/s时,水库维持在汛期排沙水位289m运行发电;当入库流量大于1800m^3/s时,电站全闸打开停机冲沙。此外,水麻高速公路设计洪水频率为百年一遇,应对百年一遇洪水位时对水麻高速公路的影响进行评价。

根据伏龙口电站回水成果表,推算出水麻高速公路不同里程处百年一遇洪水位、正常蓄

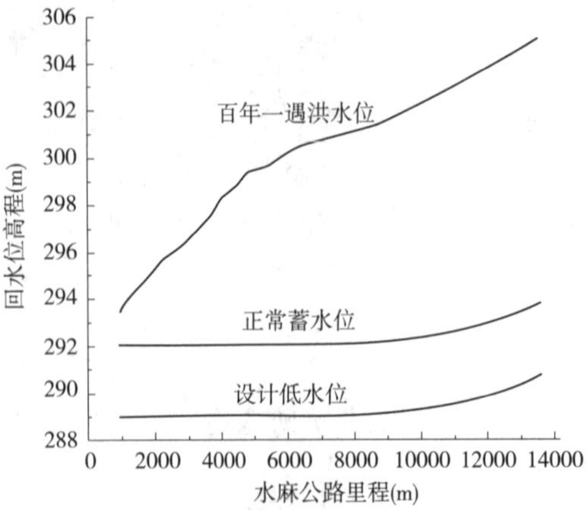

图 7-11-1　水麻高速公路不同里程处的回水位

水位及低水位的回水位高程如图 7-11-1 所示。

水麻高速公路原设计洪水频率为 100 年一遇,根据伏龙口电站下坝址 100 年一遇洪水建库前后回水成果表,建库后 100 年一遇洪水位比天然 100 年一遇洪水位最大增加 0.6m,K0+000~K2+000 段增加幅度介于 0.4~0.6m;2+000~K4+500 段增加幅度介于 0.2~0.4m;K4+500~K7+500 段增加幅度介于 0.1~0.2m;K7+500~K14+000 段增加幅度小于 0.1m。

由于原水麻高速公路在设计时已经考虑过 100 年一遇洪水位,K7+500~K14+000 段由于建库后 100 年一遇洪水位增加幅度很小,因此,对于 K7+500~K14+000 段,可不考虑 100 年一遇洪水位对路基、桥梁及涵洞的影响。

7.11.2　岩土体承载力指标

根据水麻高速公路工程地质勘察资料,不同土层承载力取值为:①Q 紫红色亚黏土含碎石,硬塑状,容许承载力 200~250kPa;②Q 灰、褐灰、黄色粉砂土,松散,稍湿,容许承载力 80~120kPa;③Q 紫红色碎石土含块石,石质为弱风化泥岩、砂岩,黏性土充填,稍密,稍湿,容许承载力 220~300kPa;④Q 紫灰、紫红色块石土,石质为弱风化细砂岩,黏性土充填,稍密~中密,稍湿,容许承载力 300~350kPa;⑤J 紫红、紫灰、暗紫色泥岩、细砂岩呈不等厚互层,强风化,碎石状,容许承载力 300~350kPa,弱风化,碎块~大块状,容许承载力:泥岩 400~500kPa;细砂岩 800~1000kPa。

7.11.3　坍岸预测相关参数

在进行库岸边坡坍岸预测时,根据现场调查并参考公路工程地质勘察资料,相关参数取值为:块石土浅滩磨蚀角取 26°,水上岸坡稳定角取 33°~35°;含碎石砂黏土浅滩磨蚀角取 13°,水上岸坡稳定角取 25°~30°;卵石土浅滩磨蚀角取 20°,水上岸坡稳定角取 30°~32°。

7.11.4　路基分段评估及防护措施

路基分段评估主要根据地形地貌、地质条件及路基结构分段进行。K0~K7 段坍岸预测主要采用深水库岸或沙嘴处的坍岸预测法,K7~K14 段主要采用卡楚金方法。

7.11.4.1　K1+300~K1+903 段评估及防护措施设计

路肩高程:307.78~310.64m。

横断面描述:路堤,部分路堤右侧有重力路肩挡墙,挡墙高度 5~8m。

地基描述:上部地基为褐红、紫红色亚黏土含碎石,局部区段为紫红色块石土,石质为弱风化砂岩,黏性土充填下部基岩为紫红、暗紫、紫灰色粉砂质泥岩、细砂岩,强风化~弱风化,碎石状。

该段预测岸坡坍岸宽度约 0. 95 ~ 6. 75m,如图 7-11-2 所示。坍岸将轻微揭露挡墙基础,对路基稳定性产生一定影响。稳定性计算表明,正常蓄水位条件时,该段路基边坡蓄水后稳定性系数降低 3 ~ 6%,对地基承载力影响轻微,建议对该段路基进行防护。

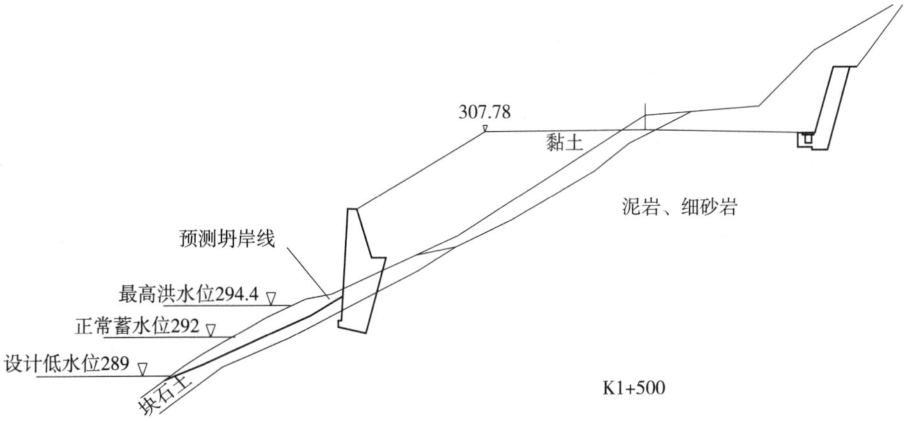

图 7-11-2　K1+500 路基横断面

百年一遇洪水位将淹没挡墙基础,使地基承载力稍有降低,建议对该段路基挡墙基础进行防护。

在 K1+360 ~ K1+903 路基边坡距路中线左侧 55m 下边坡,其中 K1+850 ~ K1+903 距路中线左侧 45m 下边坡,通长设置一排片石混凝土护脚墙,墙高 1. 5m,同时片石混凝土护坡,如图 7-11-3所示。

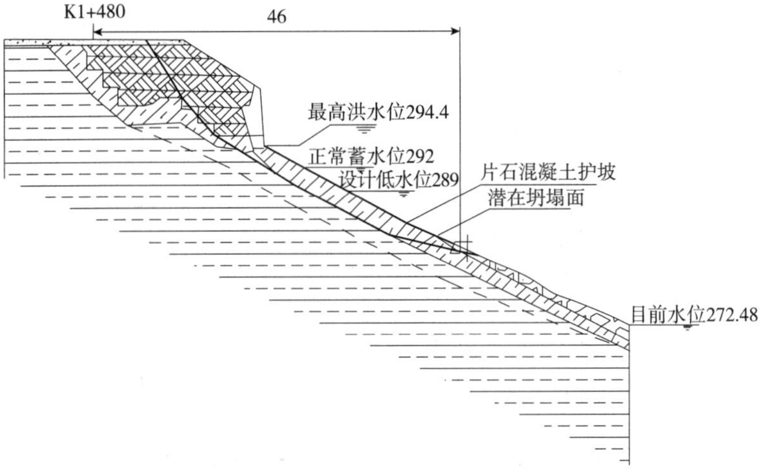

图 7-11-3　K1+480 段滑坡护脚墙及片石混凝土护坡

7. 11. 4. 2　K1+993 ~ K2+960 段评估及防护措施设计

路肩高程:299. 68 ~ 302. 350m。

横断面描述:半填半挖。左侧有重力路肩挡墙:挡墙高度 5 ~ 8m,基础置于基岩中。

地基描述:上部地基为褐红、紫红色亚黏土含碎石,局部区段为块石土,石质为弱风化砂岩,黏性土充填。下部基岩为紫红、紫灰色泥岩夹泥质粉砂岩。强风化 ~ 弱风化,碎块 ~ 大块状。

该段预测岸坡坍岸宽度约0~4.50m,坍岸将揭露挡墙基础。计算表明,该段段路基边坡稳定性系数蓄水后降低3~10%,建议对该段路基挡墙基础进行加固,如图7-11-4所示。

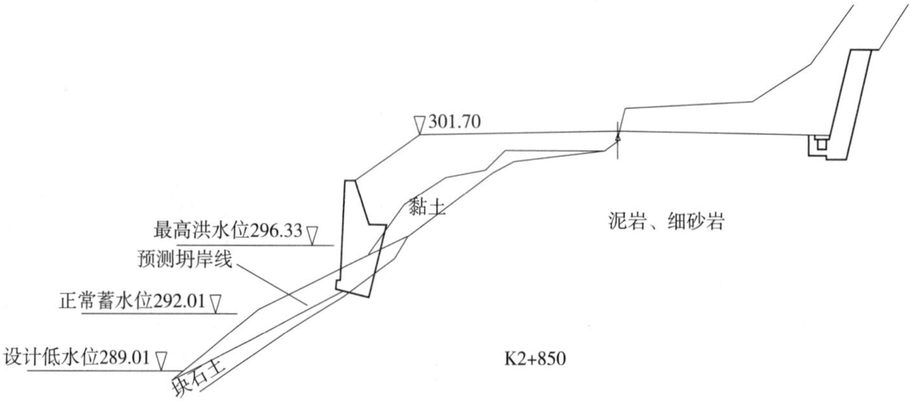

图7-11-4 K2+850路基横断面

该段百年一遇洪水水位将淹没部分挡墙,建议对该段路基挡墙进行防护。

在K1+993~K2+960路基边坡,距路中线左侧50m下边坡,其中K2+460~K2+900距路中线左侧40m下边坡,通长设置一排片石混凝土护脚墙,其中K2+320~K2+370墙高3m,K2+760~K2+900墙高4m,其余墙高1.5m,同时片石混凝土护坡。原路基断面见图7-11-4,加固设计见图7-11-5。

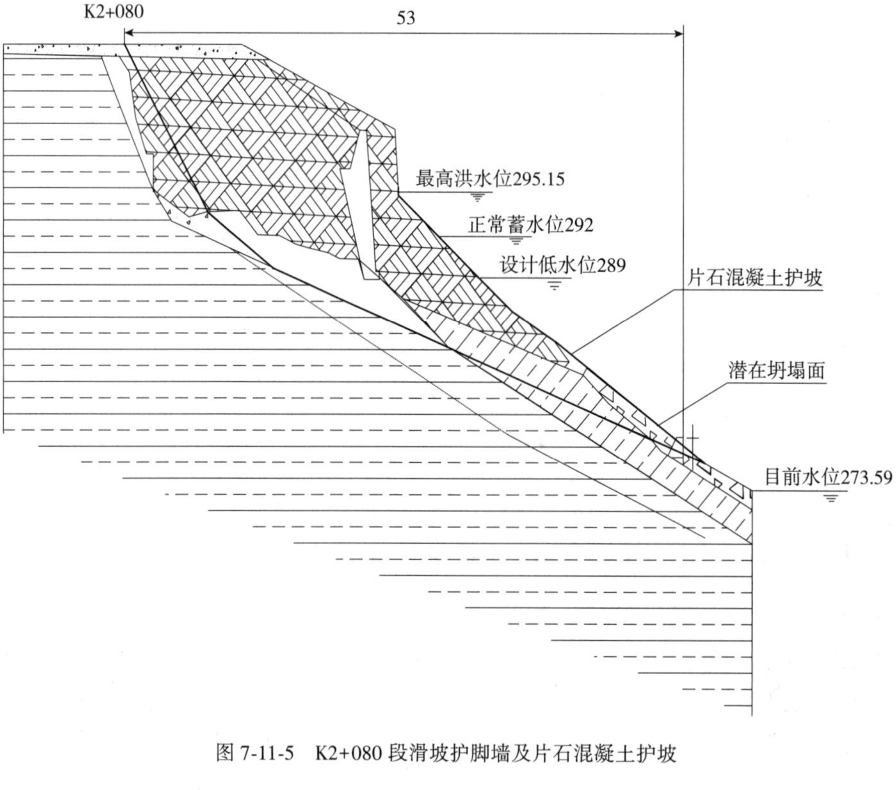

图7-11-5 K2+080段滑坡护脚墙及片石混凝土护坡

7.11.4.3　K3+020~K3+279 段评估及防护措施设计

路肩高程:301.75~302.25m。

横断面描述:部分路基为半填半挖,左侧有重力路肩挡墙,挡墙高度 2~4m,基础置于基岩中;部分路基为路堑。

地基描述:上部地基为褐红、紫红色亚黏土含块、碎石,局部区段为褐红、紫红色碎石土,石质为弱风化砂岩,黏性土充填。下部基岩为紫红、紫红色泥岩、泥质粉砂岩、细砂岩;呈不等厚互层,强风化~弱风化,碎石块~碎块状。

该段预测坍岸宽度 2.23~16.25m,距离路基边缘 1.25~2.44m,此段路基不受正常蓄水位的影响。

该段百年一遇洪水位不影响路基稳定。

在 K3+020~K3+279 路基边坡,距路中线左侧 25m 下边坡,设置 3 排注浆钢管,梅花形布置,间距 1m,管长 12m。原路基断面如图 7-11-6 所示,加固设计如图 7-11-7 所示。

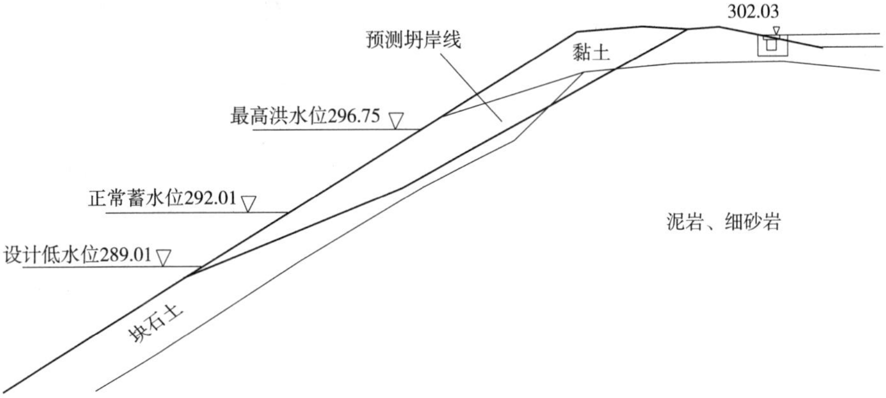

图 7-11-6　K3+100 路基横断面

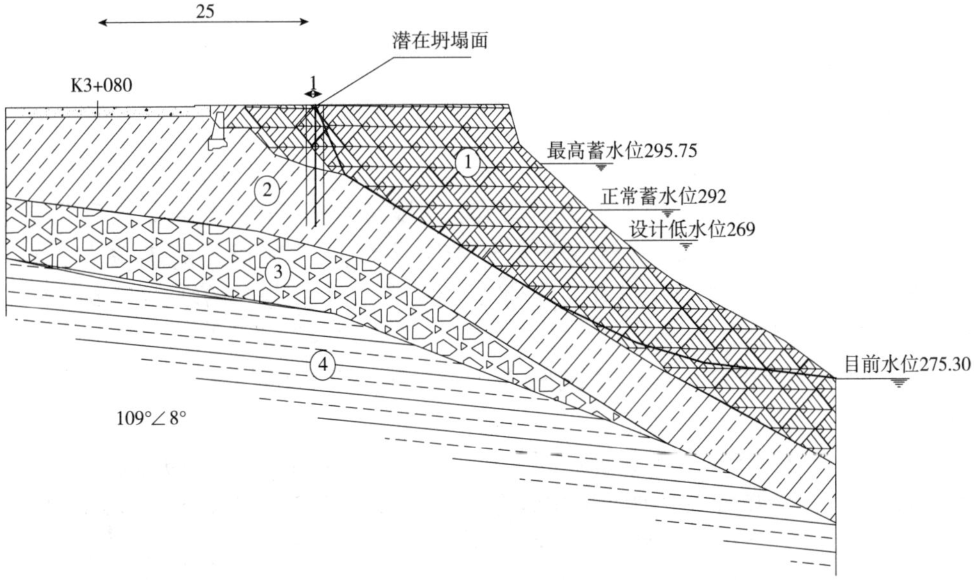

图 7-11-7　K3+020~K3+279 下边坡设置 3 排注浆钢管

7.11.4.4 K3+279~K3+388 段评估及防护措施设计

路肩高程：302.25~302.93m。

横断面描述：部分路基为半填半挖，左侧有重力路肩桩基挡墙，挡墙高度 4~8m，基础置于基岩中；部分路基为半路堑。

地基描述：上部地基为褐红、紫红色亚黏土含块、碎石，局部区段为褐红、紫红色碎石土，石质为弱风化砂岩，黏性土充填。下部基岩为紫红、紫红色泥岩、泥质粉砂岩、细砂岩；呈不等厚互层，强风化~弱风化，碎石块~碎块状。

该段预测岸坡坍岸将揭露挡墙基础，对路基稳定性产生影响。计算表明，该段路基边坡稳定性系数蓄水后降低 2%左右，该段采用桩基基础，对地基承载下的影响很小。建议对该段路基挡墙基础进行防护。

该段百年一遇洪水位将淹没部分挡墙基础，建议对该段路基挡墙进行防护。

在 K3+279~K3+388 路基边坡距路中线距路中线左侧 30m 下边坡，通长设置一排片石混凝土护脚墙，墙高 1.5m，同时片石混凝土护坡。原路基断面如图 7-11-8 所示，加固设计如图 7-11-9所示。

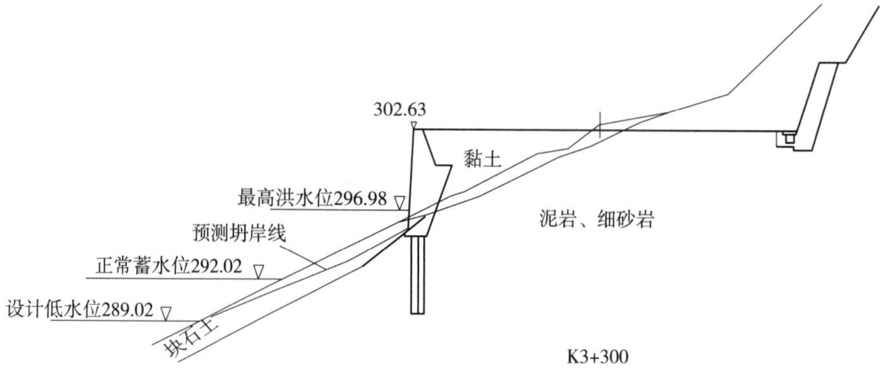

图 7-11-8 K3+300 路基横断面

7.11.4.5 K4+528~K4+940 段评估及防护措施设计

路肩高程：301.88~305.62m。

横断面描述：半填半挖，左侧有重力路肩挡墙，挡墙高度 5~8m，挡墙基础置于基岩中。

地基描述：上部地基为褐红、紫红色亚黏土含碎、块石，局部区段为紫红、紫灰色碎石、块石土，石质为弱风化砂岩，黏性土充填。下部基岩为紫红色泥岩，局部夹薄层细砂岩，强风化~弱风化，碎块~大块状。

预测岸坡坍岸范围 2.3m 左右，距离路基边缘 7.7m，正常蓄水位对路基挡墙的稳定性没有影响。

百年一遇洪水位将淹没挡墙基础 1.2~1.4m，建议对该段路基进行防护，防止洪水冲刷。

在 K4+528~K4+940 路基边坡距路中线左侧 35m 下边坡，其中 K4+530~K4+720 距路中线左侧 50m 下边坡，通长设置一排片石混凝土护脚墙，墙高 1.5m，同时片石混凝土护坡。原路基断面如图 7-11-10 所示，加固设计如图 7-11-11 所示。

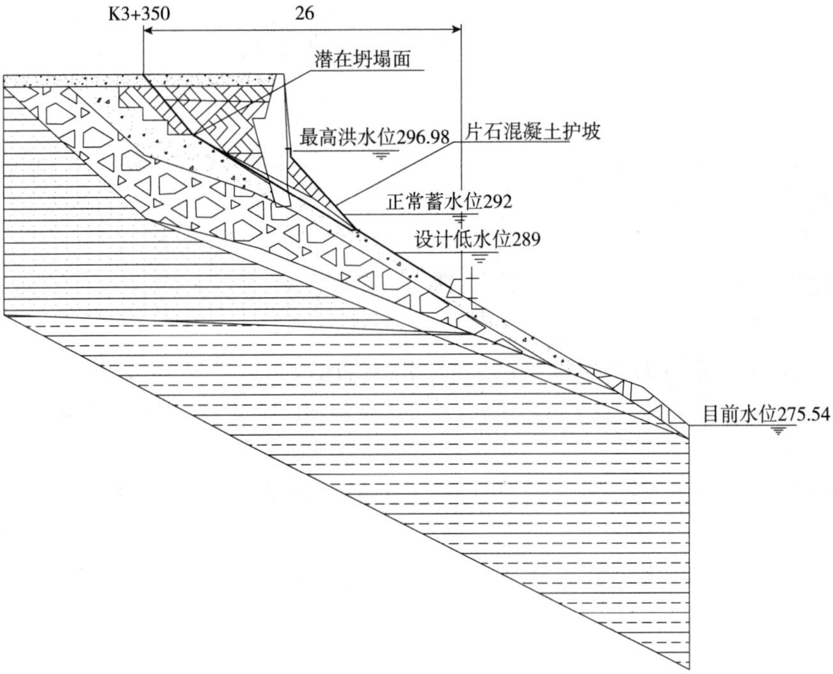

图 7-11-9　K3+350 段滑坡护脚墙及片石混凝土护坡(尺寸单位:m)

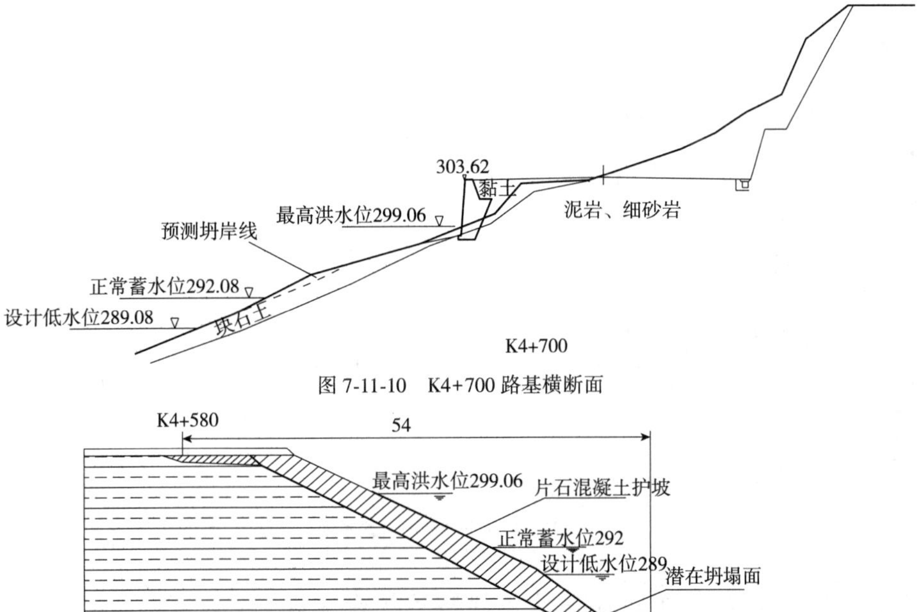

图 7-11-10　K4+700 路基横断面

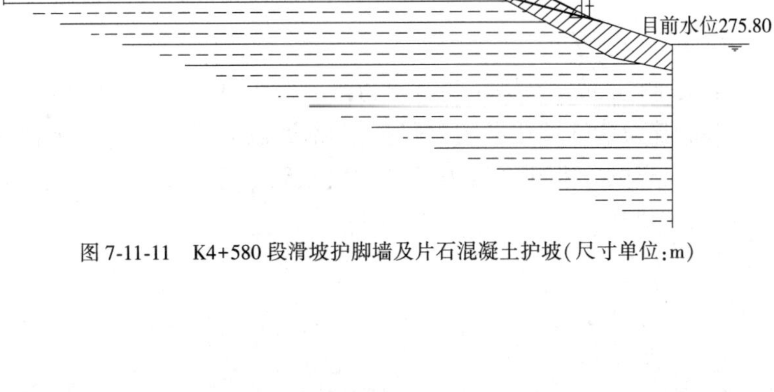

图 7-11-11　K4+580 段滑坡护脚墙及片石混凝土护坡(尺寸单位:m)

7.11.4.6 K4+940~K4+980 段评估及防护措施设计

路肩高程:301.68~302.02m。

横断面描述:半填半挖,部分路堤左侧有重力路肩桩基挡墙,挡墙高度 8~12m,挡墙基础置于基岩中。

地基描述:上部地基为褐红、紫红色亚黏土含碎石,局部区段为紫红色块石土,石质为弱风化砂岩,黏性土充填。下部基岩为紫红、暗紫、紫灰色粉砂质泥岩、细砂岩,强风化~弱风化,碎石状。

此段路堤受水库水位的影响较大,正常蓄水位将淹没至挡墙基础,该段挡墙采用桩基,桩基嵌入基岩中,蓄水对桩基承载力和挡墙的稳定性影响较小,坍岸将揭露挡墙基础,需要对挡墙基础进行防护。

此段百年一遇洪水位将淹没至挡墙顶以上,尚需对路堤边坡进行防护。

在 K4+940~K4+980 路基边坡,距路中线左侧 35m 下边坡,通长设置一排片石混凝土护脚墙,墙高 1.5m,同时片石混凝土护坡。原路基断面如图 7-11-12 所示,加固设计如图 7-11-13所示。

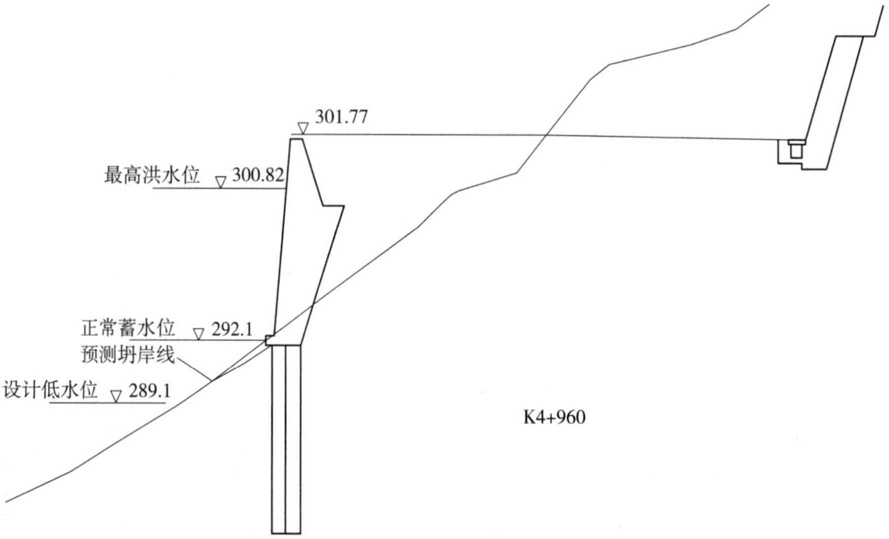

图 7-11-12 K4+960 路基横断面

7.11.4.7 K5+415~K5+680 段评估及防护措施设计

路肩高程:302.96~305.02m。

横断面描述:半填半挖,部分路堤左侧有重力路肩挡墙,挡墙高度 9~13m。

地基描述:上部地基为紫红色亚黏土含碎石,局部区段为紫红色碎石土含块石,石质为弱风化泥岩、砂岩,黏性土充填。下部基岩为紫红、紫灰、暗紫色泥岩、细砂岩呈不等厚互层,强风化~弱风化,碎块~大块状。

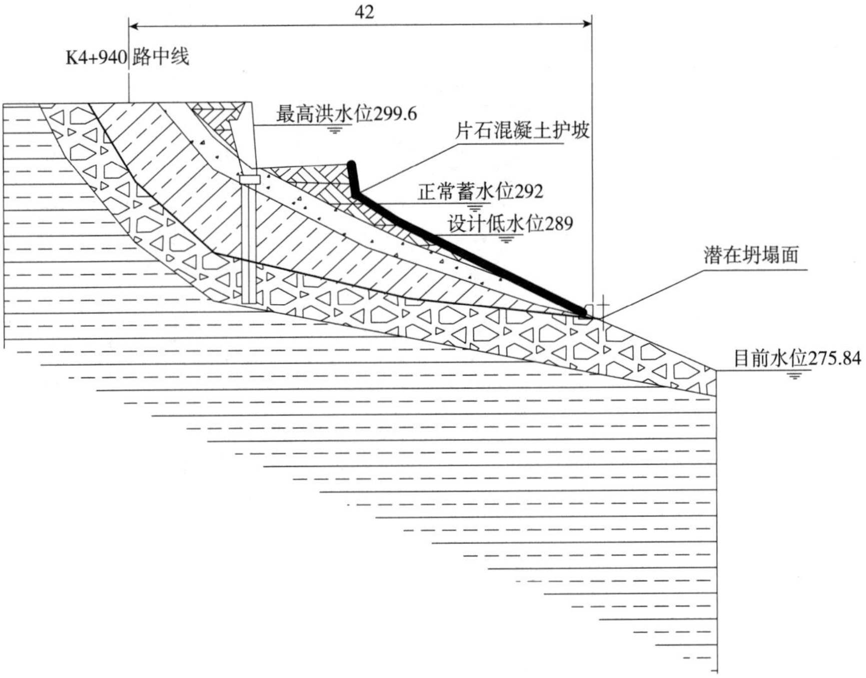

图7-11-13　K4+940段滑坡护脚墙及片石混凝土护坡

此段路堤受水库水位的影响较大,预测坍岸将揭露挡墙基础,正常蓄水位将淹没至挡墙基础。计算表明,该段路基边坡稳定性系数蓄水后降低2~8%,且蓄水后泥岩、细砂岩承载力降低,建议对该段挡墙基础进行加固处理。

此段百年一遇洪水位将淹没至挡墙顶以上,需对路堤边坡进行防护。

在K5+415~K5+680路基边坡,距路中线左侧40m下边坡,通长设置一排片石混凝土护脚墙,墙高1.5m,同时片石混凝土护坡。原路基断面如图7-11-14所示,加固设计如图7-11-15所示。

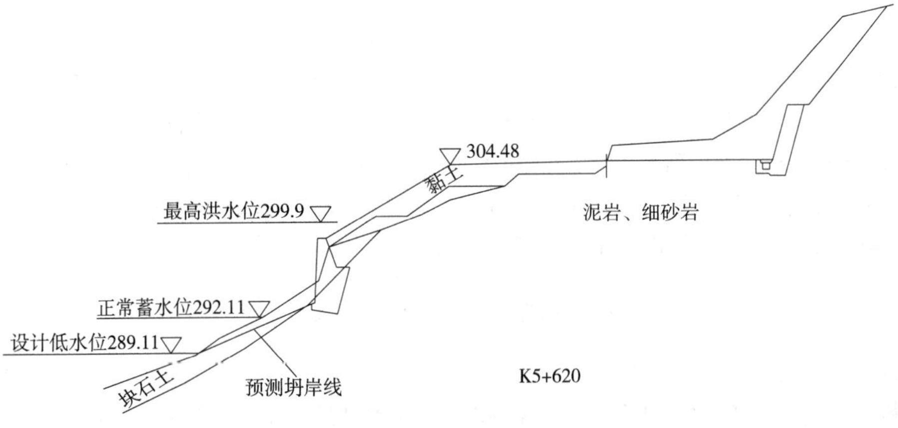

图7-11-14　K5+620路基横断面

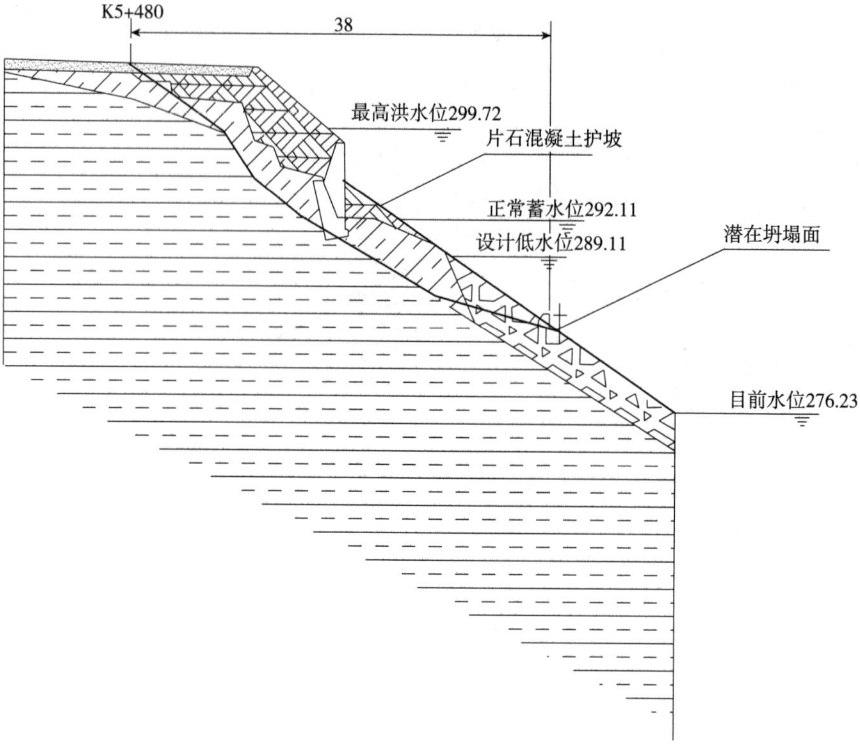

图 7-11-15 K5+480 段滑坡护脚墙及片石混凝土护坡

7.11.4.8 K5+680～K5+750 段评估及防护措施设计

路肩高程：303.96～305.02m。

横断面描述：半填半挖，部分路堤左侧有重力路肩桩基挡墙，挡墙高度 9～13m。

地基描述：上部地基为紫红色亚黏土含碎石，局部区段为紫红色碎石土含块石，石质为弱风化泥岩、砂岩，黏性土充填。下部基岩为紫红、紫灰、暗紫色泥岩、细砂岩呈不等厚互层，强风化～弱风化，碎块～大块状。

此段路堤受水库水位的影响较大，正常蓄水位淹没桩基挡墙基础，桩基深 10m，嵌入基岩，挡墙稳定性及桩基承载力受蓄水的影响较小，建议对该段桩基挡墙基础进行防护。

此段百年一遇洪水位将淹没至挡墙顶以上，尚需对路堤边坡进行防护。

在 K5+680～K5+750 路基边坡，距路中线左侧 25m 下边坡，通长设置一排片石混凝土护脚墙，墙高 3m，同时预应力锚索框格梁加固原路堤挡墙，片石混凝土护坡。原路基断面如图 7-11-16所示，加固设计如图 7-11-17 所示。

7.11.4.9 K5+750～K6+010 段评估及防护措施设计

路肩高程：303.96～305.02m。

横断面描述：半填半挖，部分路堤左侧有重力路肩挡墙，挡墙高度 8～10m。

地基描述：上部地基为紫红色亚黏土含碎石，局部区段为紫红色碎石土含块石，石质为弱风化泥岩、砂岩，黏性土充填。下部基岩为紫红、紫灰、暗紫色泥岩、细砂岩，呈不等厚互层，强风化~弱风化,碎块~大块状。

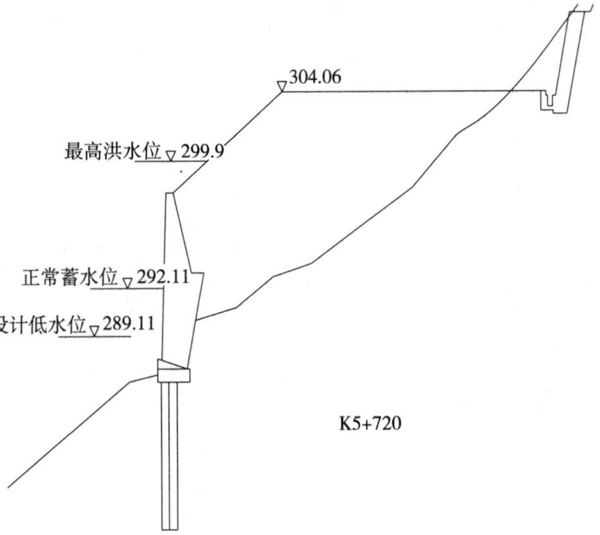

图 7-11-16　K5+720 路基横断面

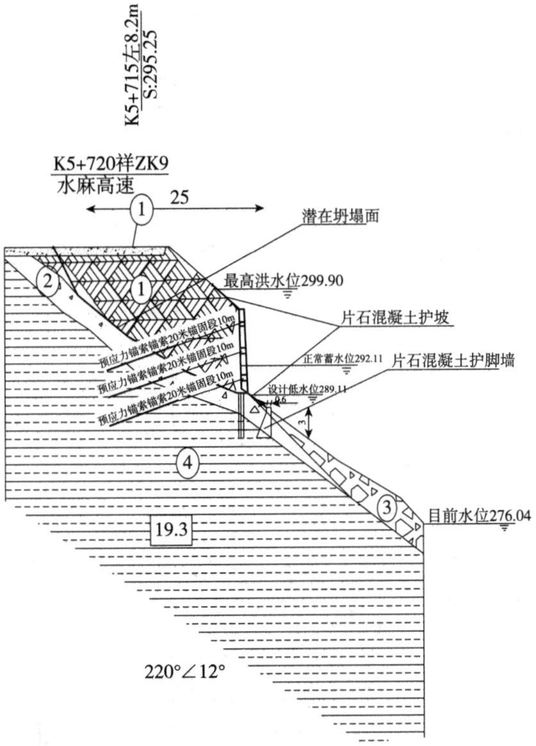

图 7-11-17　K5+720 预应力锚索框格梁等综合加固处置图

此段路堤受水库水位的影响较大,正常蓄水位将淹没至挡墙基础。计算表明,该段路基边坡稳定性系数蓄水后降低 4~10%,且蓄水后泥岩、细砂岩承载力降低,建议对该段挡墙基础进行加固处理。

此段百年一遇洪水位将淹没至挡墙顶以上,尚需对路堤边坡进行防护。

在 K5+750～K6+010 路基边坡，距路中线左侧 30m 下边坡，通长设置一排片石混凝土护脚墙，墙高 3m，同时预应力锚索框格梁加固原路堤挡墙，片石混凝土护坡。原路基断面如图 7-11-18所示，加固设计如图 7-11-19 所示。

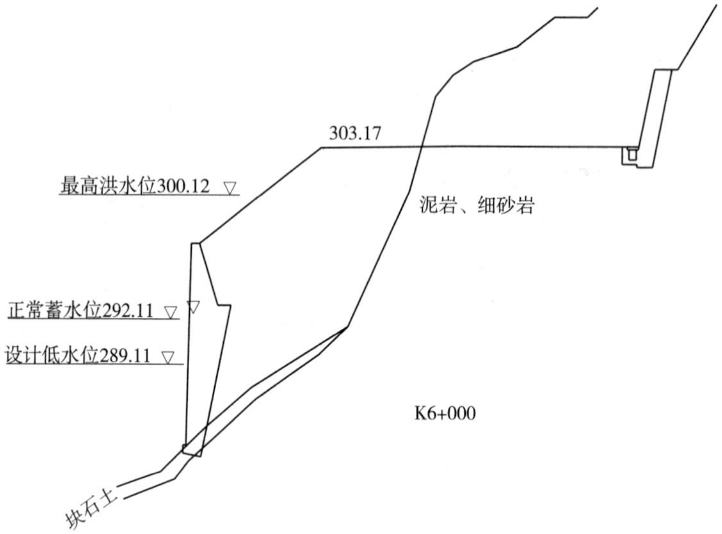

图 7-11-18　K6+000 路基横断面

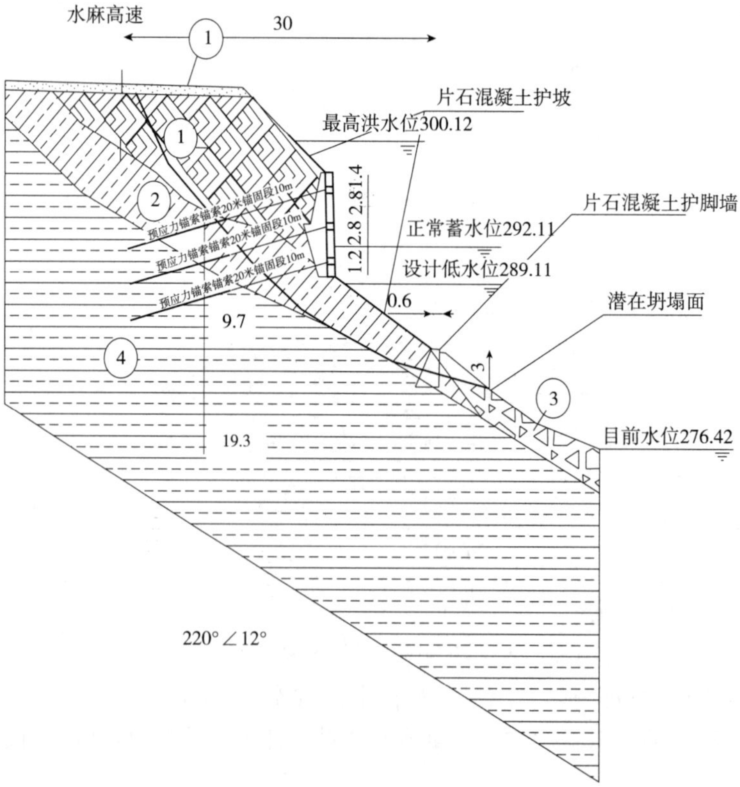

图 7-11-19　K5+775 预应力锚索框格梁等综合处置图

第 8 章　库(河)岸植物防护

本章主要论述植生袋(毯)、植物纤维、活树桩、活梢捆、柴排、树木、植被土工格栅、根团、垛墙、抛石与活树桩、岩石潜坝与活树桩、石笼与活树桩等库岸防护的设计、施工和材料,以及河(库)岸植物防护的管理和维护。

河岸(库岸)侵蚀是自然的,只要有河岸、库岸存在,就会有河岸、库岸侵蚀。但过多侵蚀会污染水源,危害鱼类的栖息地,并威胁河岸、库岸上的基础设施及生命、财产。

单独采用结构工程稳定河岸、库岸,因其有坚硬、简单的表面,会增加下游侵蚀并几乎不提供野生动植物的栖息地。而采用生物工程技术保护河岸、库岸,或与结构工程结合保护河岸(库岸),岩石、树根或原木结构与植物相结合将会起到保持土壤、减缓流速和过滤污染物的作用,并为鱼类和野生动物提供食物和植物覆盖,给人类提供怡人的美景,长期而言护岸成本也较低。但土壤生物工程需要人工劳动,劳动强度较大,植物可能需要几年的时间才能完全生效,且不能有较大的滑坡,也会存在病虫害等一些缺陷。

植物护岸的主要优点是:①与传统的方法相比较,维护工作量小,长期维护费低;②为野生生物提供栖息地,改善水质,美化环境;③随着植物根系的生长发育,结构稳定性逐渐增加。植物护岸的主要缺陷是:①一般在植物休眠期种植,施工季节受到限制;②需要有适合当地的植物;③需要有种植技术的施工和维护人员;④适用条件会受到一些限制,如岩石过多、土壤较少的地方,滑坡深度较大的地方都不宜采用生物防护工程。

在一些河岸(库岸)和山坡侵蚀的地方,生物工程的防护效果是比较显著的,但是它不能解决所有的河岸(库岸)侵蚀和边坡失稳问题。一个生物工程成功关键的因素包括:合适的设计、植物的选择、合理的施工、气候条件和外部因素,以及最少的人为和动物的破坏。实施生物工程防护前,进行区域评估尤为重要。光照的程度、土壤的类型以及水质都会影响植物的种植和生长;不能过多期望生物工程来解决由深层滑动引起的边坡失稳问题;在波浪作用的高应力地区,急速的或长期的水位波动,或是流速大的水流,对于生物工程防护都是不利的因素。为确保生物工程的成功,建议如下:

(1)不要试图在以下地方采用生物工程:①有恶劣土壤或水污染的地方;②人类或动物的通道不能控制的地方;③光照条件不好的地方。

(2)了解实施生物工程河岸(库岸)的正常水位、高水位和最低水位,以及它的水位季节性变化情况和这些变化发生的速率。

(3)掌握植物的生长情况,进行必要的病虫害防治和补充种植。

(4)认识洪水和干旱可能会对生物防护工程施工产生影响。恶劣的气候会影响播种的存活率。

(5)提供日常的监测和保养,特别是在第一年。

(6)进行合理的规划和设计。包括提供水文、种植和结构设计的信息,进行合理的生物防护规划和设计。

8.1 植物防护材料的选择

生物工程所选择的植物必须适合预期用途以及现场的气候和土壤条件。一些生物工程采用活的木本或草本植物,如活梢捆、植被土工格栅和活树桩等,需要采用容易生根的植物(如柳),从当地获得的木本植物尤为适用,采集时间应在休眠期。即一般为头年的11月至次年的4月。而一些不能生根的木料则用于结构措施。

8.1.1 不同岸坡区植物的选择

死水位以下,生长环境潮湿,应选择根系发达,耐长时间浸泡的植物,包括专性和兼性湿的草本和木本植物。

消落带,死水位以上到正常水位或校核洪水位高程之间,选择耐潮湿和干燥土壤的植物,这包括兼性和一些兼性潮湿的草,杂类草和灌木。

河(库)岸区选择可以耐干旱的植物,包括一些兼性和最兼性的陆地植物。

8.1.2 一般的植物材料规格

(1)根苗——植物至少30cm长,根系尺寸应近似等于树冠尺寸。

(2)无根插条——插条应为20~30cm的长度和0.6~1.2cm的直径。

(3)活桩——插条应为60~90cm的长度和1.2~5cm的直径。

(4)活灌木——活灌木应包括柳树、紫柳、山茱萸或其他扦插容易生根的阔叶树种的整个地上部分。植物高度1.2~2.4m,且没有疾病。当缺少活的休眠灌木时,可采用30%的无根树种与有根树种混合种植。用剪刀或锯子切削灌木或枝条,不宜用斧子切削。

(5)草本植物——禾草、莎草和灯芯草应采用多茎的盆栽,每盆至少应有两根茎,茎最小长度应为15cm。

8.1.3 植物类型

合适植物的选择是生物工程防护成功设计的基本。在河(库)岸防护中,草本和木本植物生长在水边或在水下生长。一般情况下,采用不同的湿地植物物种可增加生物工程防护的成功概率。然而,木本植物太靠近水边或水位以下就不能提供良好的结构强度,甚至不能存活。木本植物应该种植在浅水区和河(库)岸区,它们的根可以长进水位以上的土壤里。当地植物和现场附近的植物应作为生物防护植物的首选。柳树插枝常常用作生物防护,柳树不一定是当地的,但是要能适应当地。植物物种的可利用性、合适的尺寸和数量,常常是植物选择的最后限制因素。

8.1.4 植被处理

植物根和插条是活的,必须妥善处理以避免不利影响,如避免干燥或暴晒,采集后必须放置在潮湿的土壤里,并加以覆盖。种植时覆盖土壤必须压实,消除或减少掩埋根茎周围的气泡。如果土壤达不到规定的含水率,必须延迟施工,除非在施工期间或施工后,可以提供透彻的和日常的浇灌。

生物防护工程施工最好在晚秋植物休眠期,冬季地面不冻结,或在早春生长开始之前完成。在某些情况下,如果养护可以,在初春生长之后施工也可能会成功,但失败的风险较高,不推荐在夏天施工。可以使用带根植物,但带根植物有时效果不太好,或者较为昂贵。种植施工后应定期检查,应制定维护计划和规定,一些小小的维护是廉价的,但如果忽视,可能导致更大的损失甚至失败。

8.2　河(库)岸植物防护方案

河(库)岸防护可以通过一系列的实践活动来实现。在与特定地点相关的条件和环境下选择适当的河(库)岸防护技术是成功的先决条件。通常,不同技术结合可以形成许多有效的防护方法,来解决给定地点出现的若干河(库)岸防护问题。

根据相对河(库)水位,从低到高的位置定义为:常年淹没区、消落带、河(库)岸和高地 4 个区。

(1)常年淹没区为河道常年水位或水库死水位之下。本区一般在水下,但在干旱期间会出露,部分可在每年的冬季或夏季出露。除了在流速比较慢的地区,本区一般无植被,浮游植物或沉水植物会出现在这个区域。

(2)消落带位于死水位与正常水位之间。本区植被一般生长不良,但浮游植物可能出现在流速缓慢的区域。

(3)河(库)岸区高于正常水位到校核洪水位之间。由于岸坡陡峻,这个区不一定是漫滩或平台,河(库)岸区的顶部与 100 年一遇洪水水位一样。在高水位期,河(库)岸区可能会遭受到库水或河水水流的影响。在稳定的条件下,植物的根一般生长在常年水位之上。

(4)高地区是校核洪水位以上的部位。可能是天然的一个狭窄脊,在河漫滩和最主要的通道之间,或者它可能是一个水平的河漫滩平台。没有广阔河漫滩的地区,高地区一般向上倾斜远离校核洪水位以上的河岸,在高水位的时候部分高地区可能被淹没。

下面将详细阐述几种方法及其适用条件、施工方法和维护技术。

8.2.1　植生带(毯)(Vegetated Erosion Control Blanket)

8.2.1.1　定义

植生带(毯)是采用专用机械设备,依据特定的生产工艺,按照一定的密度和均匀的排列方式,把草种、肥料、保水剂等播撒在可自然降解的纸、非织造布(无纺布)、植物纤维等带基上,经过机器滚压、针刺复合定位、冷黏结等工序,形成的一定规格的带状产品。施工时只需把植生带(毯)铺设在经过平整处理的河(库)岸土壤表面,当热量和水分条件合适时,植生带内的种子就会发芽生长,从而恢复地表植被覆盖。植生带(毯)的适用条件和相关参数如表 8-2-1 所示。

植生带既保证了种子的均匀分布,种子的位置相对固定,又可以让肥料和保水剂等近距离地作用于种子,增强肥效和水分供给。植生带铺设在土壤表面后,根据需要可以覆土(如纸质植生带),也可以不覆土(如植生毯)。种子发芽后,其叶茎可以穿透向上生长,根系向下扎根。植生带的带基可以防止种子因降雨冲刷等而发生流失,其本身所具有的透水、吸水、可穿透、易分解等特点不仅不会对种子生长产生障碍,还会促进其发芽生长。

植生带(毯)的适用条件和相关参数　　表 8-2-1

最大剪切应力(Pa)	最大坡度	不建议使用的基质	最小控制的水平宽度(m)
47Pa～192Pa	2∶1	砂砾	1.8
	适用区域	植被密度(%)	最小控制的纵坡宽度
	高地	76～100	1.8

注:剪切应力是指作用在河(库)岸上的应力。是由边坡下滑力、水流的冲刷力和水的容重产生的。

植生带护坡是把植生带铺设于坡面土壤之上,植生带内的种子在温度和水分条件适宜时就会发芽,其茎叶穿透纤维载体向上伸展,其根系穿透纤维载体扎进土壤,并与带基一起形成具有三维结构的土壤保护体系,减少或防止水土流失的发生,达到保护坡面,重建植被的目的。

植生带是带状载体与植物种子的复合体,制作植生带的带状载体主要以纤维为主,如棉、麻、木质等天然植物纤维和聚乙烯等化学纤维,要求这些纤维能自然降解。目前较为理想的是无纺布、纤维棉网和木浆纸质品。

根据载体材质的不同,植生带可分为纸质植生带、无纺布植生带、草帘植生带和地毯状植生带,其中前三种植生带由于厚度较薄(约 1～3mm),统称为植生带;后一种植生带由于厚度较厚(约 3～20mm),也被称为植生毯。

8.2.1.2　材料

(1)纸质植生带。以柔软、吸水的木浆纸为载体,采用冷粘结方法将植物种子(主要是草种)粘在两层纸之间,厚度约 1mm。

(2)无纺布植生带。以易降解的无纺布为载体,采用针刺复合定位的方法将植物种子(主要是草种)和肥料固定在两层无纺布之间,厚度约 1～2mm。

(3)草帘植生带。将纸质植生带与由稻草编制的单层草帘固定在一起,厚度约 3～5mm。

(4)棉网状植生带。以纤维棉网和纸或无纺布为载体,采用冷粘结方法或针刺复合定位的方法将植物种子、肥料和添加剂等固定在纤维棉网和纸或无纺布之间,厚度约 3～5mm。

(5)地毯状植生带。以易降解的无纺布为载体,采用针刺复合定位的方法将植物种子(主要是草种)、肥料和植物纤维(粉碎的稻草、麻、椰棕)等固定在两层无纺布(或一层无纺布,一层麻绳网)之间,厚度可根据需要调整,约 3～20mm。

8.2.1.3　特点

(1)置草种与肥料于一体,播种施肥均匀,数量精确,草种、肥料不易移动;

(2)具有保水和避免水流冲失草坪的性质;

(3)薄膜育苗,载体以其柔软、吸水、防蚀的特征,使草种出苗率高、出苗整齐、建植成坪快;

(4)带内均匀散布的肥料和保水剂,可以直接给种子提供水分和养分,采用可降解的纸或无纺布等作为底布,与地表吸附作用强,腐烂后可转化为肥料;

(5)体积小,重量轻,便于储藏,可根据需要常年生产,生产速度快,产品成卷入库,储存容易,运输、搬运轻便灵活。

(6)施工省时、省工,操作简便,并可根据需要任意剪裁。

8.2.1.4　设计原则

(1)应用区域

植生带技术是一种面状植被恢复技术,凡是适合于开展面状植被恢复的地区,都可以采用植生带技术。对于我国来说,由于降水量分布空间差异很大,在一般情况下,降水量小于200mm的干旱地区不推荐使用植生带技术。另外,由于纸质植生带抗雨蚀能力弱,因此在降水量较多,特别是大雨、暴雨多的湿润地区,不适于使用纸质植生带技术,建议使用棉网状植生带和植生毯。

(2)适用地形与坡质

植生带技术最开始主要用于平地草坪的建设,它对土壤的质地、肥力、硬度等有较高的要求;后来随着技术的改进,植生带内除了镶嵌种子之外,还镶嵌了肥料、添加剂等,其适用范围才开始逐渐拓宽。即便如此,在坡面生态建设中,植生带技术主要还是用于填方边坡或土质挖方边坡的植被恢复。

由于植生带内的植物种子并不是与土壤直接接触,为了保证种子顺利发芽,在植生带施工时往往要在其上部覆盖一层土,这就使得植生带技术用于边坡防护及植被恢复工程时,受到坡度的限制。一般说来,纸质植生带可用于坡度低于15°的土质边坡;无纺布植生带可用于坡度低于30°的土质边坡;草帘植生带、棉网状植生带、植生毯可用于坡度低于45°的土质边坡。另外,如果边坡土质较硬,不利于植生带内种子发芽后根系的发育,需要在植生带铺设施工前对边坡表土做疏松处理,所以纸质植生带和无纺布植生带不适用于土质坚硬的边坡。

(3)施工季节

在长江以南地区,植生带施工虽然在一年四季均可进行,但要避开高温干旱时节和暴雨多发区。在长江以北地区,植生带施工可在春、夏、秋三季开展,但应该避开阴雨天。在半干旱地区,水分是限制植物生长的主要因素,因此植生带施工最好在春季和夏季进行,秋季虽然也可以施工,但存在幼苗安全过冬的问题,要根据实际的气候情况合理处置。

(4)厚度标准

植生带无论是单独使用还是与其他植被建植技术并用,都需要铺设在有土层的坡面上,如果是人工喷射或回填的坡面土壤,土层的厚度不能小于10cm,这是保证草本植物和灌木能够正常生长的基础厚度。特别是在半干旱地区,土壤墒情差,若土层厚度过薄,则植物无法得到必要的水分补充,难以度过干旱季节。如果是挖方土坡,表层土壤硬度高,最好进行松土处理后再铺设植生带。

8.2.1.5　施工方法

植生带护坡施工工序为:平整坡面→开挖沟槽→铺植生带→覆土、洒水→前期养护。

(1)平整坡面

清除坡面所有的石块及其他一切杂物,全面翻耕边坡,深耕20~25cm,并施入有机肥,可用腐熟猪粪或牛粪等,用量为0.3~0.5kg/m^2。打碎土块,耙平。若土质不良,则需改良,对黏性较大的土壤,可增施锯末、泥炭等改良其结构。

准备足够的用于覆盖植生带的细粒土,以砂质壤土为宜,每铺 $100m^2$ 的植生带,需备 $0.5m^3$ 的细粒土。铺植生带施工前 1~2d,应灌足底水,以利保墒。

(2)铺植生带(图 8-2-1)

①开挖沟槽

在坡顶及坡底沿边坡走向开挖一矩形沟槽,宽 20cm,深不小于 10cm。坡面顶沟离坡面 20cm,用以固定植生带。

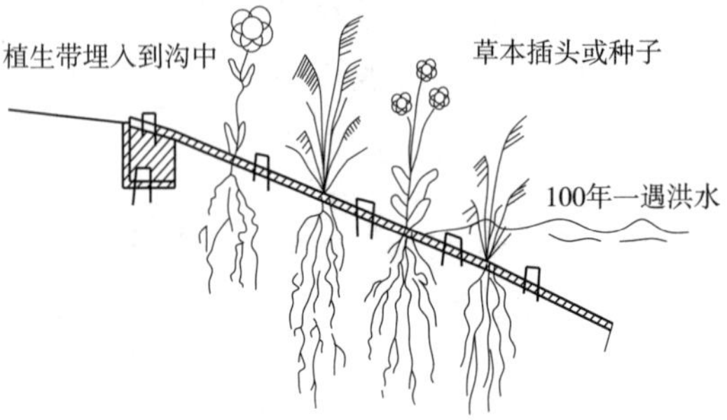

图 8-2-1 植生带布置图

铺植生带前,坡面耧细耙平后,再次用木板条刮平。把植生带自然地平铺在坡面上,将植生带拉直放平,但不要加外力强拉。植生带的接头应重叠 5~10cm,植生带上下两端应置于矩形沟槽,并填土压实。

用 U 形钉固定植生带,钉长为 20~40cm,钉的间距一般为 90~150cm(包括搭接处)。

②不开挖沟槽

把植生带一端用锚杆固定在坡顶处并填土压实,锚杆的使用量为 2~3 根/m^2。然后顺着坡面将植生带自然平铺,一边向下放平拉直,一边用 U 形钉或竹签等将植生带固定在坡面上;不要加外力强拉,U 形钉或竹签的使用量为 6~8 根/m^2。植生带的接头处(上下接头、左右接缝)应重叠 10cm。施工到边坡的下部时,把植生带的另一端也用锚杆固定在岸坡坡脚处并填土压实。

(3)覆土洒水

在铺好的植生带上,用筛子均匀地覆盖准备好的细粒土,覆盖厚度为 0.3~0.5cm。覆土完毕后应及时洒水,第一次洒水一定要浇透,使植生带完全湿润。

植生带(毯)还可以与草本插枝结合,在植生带(毯)上切割小孔,将草本插枝种植在小孔处的土壤里。在选择植物时,无论是苗木或种子,了解光照和土壤条件条件是很重要的;根据光照和土壤条件两个要素选择合适的植物,提高生物工程防护的成功率,特别是在需要植被长期护坡的情况下。

8.2.1.6 管理

(1)洒水

植生带从铺装到出苗以后的幼苗期,都需要及时进行洒水直至出苗成坪。每天都需洒水,每天洒水次数视土壤湿度而定,每次的洒水量以保持土壤湿润为原则,在幼苗中期,也要保持每天洒水一次,后期根据土壤湿度进行洒水。由于植生带上覆盖细土很薄,洒水时最好采用水滴细小的喷水设备,使洒水均匀,水的冲力减小。在草苗未出土之前,如因洒水等原因,露出植生带处,要及时补撒细土覆盖。

(2)追肥

虽然植生带含有一定数量的肥料,但为了保证草苗能茁壮地生长,在有条件的情况下,可进行追肥。一般追肥两次,第一次追肥在草苗出苗后一个月左右,间隔 20d 再施肥第二次。追肥量为第一次用尿素 $10g/m^2$,第二次用尿素 $15g/m^2$,用稀释水溶液喷洒,追肥后一定要用清水清洗叶面,以免烧伤幼苗。

(3)覆土

植生带的幼苗茎都生长在边坡表面,而植生带铺装时覆土又很薄,为了有利于幼苗匍匐茎的扎根,可以在幼苗开始分蘖时,覆细粒土 0.5~1cm。

(4)病虫害防治

当草苗发生病害时,应及时使用杀菌剂防治病害;在使用杀菌剂时,应掌握适宜的喷洒浓度。为了防治抗药菌丝的产生,可以用几种效果相似的杀菌剂交替或复合使用。对于常发生的虫害如地老虎、黏虫等,可进行生物防治和药物治疗相结合的综合防治方法。常用的杀虫剂是有机磷化合物杀虫剂。

8.2.2　植物纤维(Bio-logs)

8.2.2.1　定义

植物纤维是一种厚壁组织,主要起机械支持作用。植物纤维分为软纤维(如大麻、亚麻和黄麻的茎秆中所具有的韧皮纤维束)和硬纤维(如剑麻、蕉麻等单子叶植物叶脉中的叶子纤维),软纤维可以造纸,硬纤维可以造绳索,或做粗纺之用。植物纤维尽管也是有机质,但用于坡面植被恢复工程的主要目的是增加土壤颗粒之间的摩擦力和土体抗剪切强度,减少土壤干裂,防治土壤侵蚀。植物纤维的适用条件和相关参数见表 8-2-2。

植物纤维的适用条件和相关参数　　表 8-2-2

最大剪切应力	最大坡度	侵蚀控制类型	不建议使用的基质	最小控制的水平宽度(m)
239Pa	2∶1	水流侵蚀	鹅卵石,圆石	3.048
安装区域	植被密度(%)	说明和限制		最小控制的纵坡宽度
常年淹没区、消落带,河(库)岸、河岸区、高地	51~75	用于暂时稳定,让其他材料移植现场。必须是 2/3 淹没在水中,是一种有效的生根培养基		0.305m

可用于人工坡面植被恢复工程的植物纤维包括稻草、麦秸、玉米秸、木纤维、麻纤维、椰纤维等。其中椰纤维比一般植物纤维的木质素含量更高,抗腐蚀性、抗拉伸性更强,自然分解时间为 5~10 年,是植物纤维中的最佳选择。但由于椰纤维的产量有限、成本较高,大面积推广

使用有困难，而稻草、麦秸、玉米秸等获取容易、成本较低的植物纤维，成为坡面工程中最常用的植物纤维(图 8-2-2～图 8-2-5)。在这几种植物纤维中，稻草柔韧性好、麦秸硬度高、玉米秸成本低，应该说是各有特色，只要达到了获取容易、成本适中的标准都可以使用。只不过在使用之前最好对其进行一定的发酵处理，降低硬度使其能更好地与土壤结合，同时纤维长度不要太短(2～3cm 为宜)，以免失去保土防腐的作用。

小麦秸秆卷被用来稳定边坡

图 8-2-2　由小麦荆棘制的成植物纤维

在斜坡上的麦秆编条

图 8-2-3　种植一年后的麦秆植物纤维

植物纤维是用于土壤的临时稳定，在有暴露的土壤或轻微侵蚀的地区使用，可用生物降解网将植物纤维绑在一起。植物纤维可应用于许多河(库)岸，湿地和陆地环境。当植被建立后，生物防护将起作用。植物纤维可以提供一种用于植物生长的培养基，保护相邻植物的生长，作为从恢复植被技术到另一种生物防护的过渡。

图 8-2-4　安装植物纤维后

图 8-2-5　秸秆植物纤维安装后

8.2.2.2　材料

(1)植物纤维；

(2)木桩；

(3)可降解绳；

(4)水生植物，放置在植物纤维里的种子开始生长并可以进行水培幼苗生长(在水里没有土壤，但有营养补充)。

8.2.2.3　特点

(1)植物纤维相对来说是比较廉价的,安装也比较快;
(2)是一种软性安装,可以与其他方法组合使用,尤其是在河流有较高压力的地方;
(3)重量较小;
(4)灵活,能贴合河(库)岸及淹没区的坡面轮廓;
(5)可以生物降解;
(6)不适合高流速或高剪应力区,冲击较大的波浪可能会松动锚固。

8.2.2.4　设计原则

(1)应用区域

在常年淹没区,植物纤维可以与有岩石的河岸一起提供基础,并对植物纤维本身的底部提供额外的保护。当流速与波浪不强或不足以使用岩石的时候,可以在常年淹没区全部使用植物纤维。然而,植被可以种植在常年淹没区里,形成消落带的防护。

(2)适用地形与坡质

斜坡类型:低的河(库)岸坡面。

侵蚀类型:底切。

(3)施工季节

应在河流(水库)消落期安装植物纤维。

8.2.2.5　施工方法

安装植物纤维,确保植物纤维沿其整个长度上都与土壤接触。在大多数情况下,植物纤维应该被部分掩埋,在任何时候都不能跨越岩石、原木或不平的地面及任何可能发生的开放空间。把一端接着另一端放置的植物纤维系在一起并固定到位。如果不能充分地锚定,则流动的河流,尤其是那些在冰溶解后携带冰块的河流,可能会扯开河岸上的植物纤维。木桩、弯曲的钢筋和地锚都可用来锚定这些植物纤维。

(1)在斜坡的底部挖一个 2/3 植物纤维直径深的沟槽,1/3 的植物纤维在地面以上,2/3 的植物纤维在地面以下。

(2)将植物纤维放进沟里,以便于其背面能够紧贴坡。

(3)使用锚固桩固定,每一端有两根锚固桩,中心每隔 30cm 两侧交替安装锚固桩,用棕绳把植物纤绑在桩上。进行固定(图 8-2-6)。

(4)用绳或铁丝把植物纤维绑在木桩上,让木桩安装得与植物纤维顶部齐平。

在安装一个月或更多的时间后或当植物纤维饱和,每间隔 30.5cm,将植物插条插入植物纤维,这将有助于收集沉积物,确保植物有较高的成活率。如果将植物纤维放在水里,可以安装植物纤维后立即种植。在植物纤维的表面可以播种和施肥。可以在植物纤维的表面打小洞,合适植物物种的带叶小枝可以移植到植物纤维里,同时给它施肥。

8.2.2.6　管理

用肥料给播种的植物纤维施肥。需要做一些实验来确定是颗粒还是液体肥料效果较好。

不要过度施肥，通常新的幼苗每 $90m^2$ 的面积需要施 4.5kg 的肥料，移植植物在每 $90m^2$ 的面积可施一半左右的肥料。

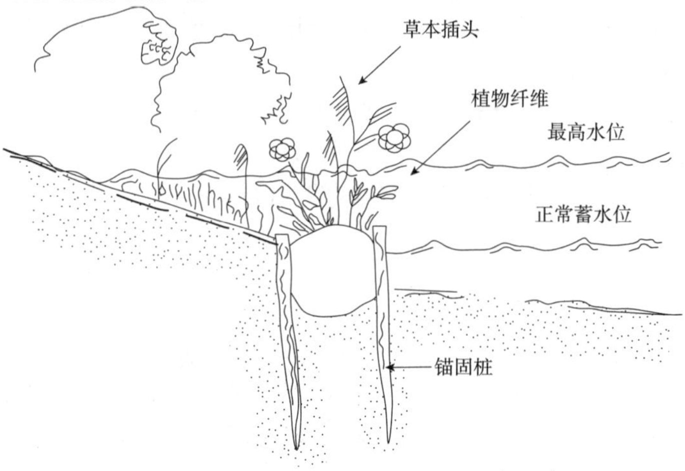

图 8-2-6　植物纤维的安装和生长

8.2.3　活树桩(Live Stakes)

8.2.3.1　定义

活树桩固坡方法是将生命力强的活树桩植入土层，一段时间以后树桩就会长出根和枝叶从而起到对边坡的加固和防护作用。该方法技术简单，施工速度快，造价低廉，并且对边坡的加固作用随着树根的生长而逐渐加强。由于其具有良好的经济效益和社会效益，在发达国家得到了较广泛的应用。活树桩可单独应用，也可与其他的植物固坡方法联合使用。单独使用时常用于修复湿润土体的小范围滑坡，活树桩与黄麻或纤维网联合使用有助于控制浅层的土体流失、固定沉积物。活树桩还可以应用于堤坝和沟渠坡面的加固，埋置较深的活树桩还可以抑制边坡的深层滑坡。活树桩经常被用在植物纤维、柴排、侵蚀控制毯等装置。应仔细选择种植部位。活树桩需要潮湿的土壤，如果在现场活树桩没有充足的土壤水分，死亡率会很高。活树桩的适用条件和相关参数见表 8-2-3。

活树桩的适用条件和相关参数　　表 8-2-3

最大剪切应力(Pa)	最大坡度	侵蚀控制类型	最小控制的纵坡宽度(m)	最小控制的水平宽度(m)
148	2∶1	河(库)岸冲刷、漫滩径流	0.3	1.8
安装区域	植被密度(%)	说明和限制		不建议使用的基质
河(库)岸，高地	76~100	适合小型、简单的侵蚀问题		沙砾，碎石

活树桩的加固机理：

(1)茎干的支撑锚固作用。在土层中的树干可起到抗滑桩和扶壁的作用，以抵抗滑坡产生的剪应力。

(2)从树桩上长出的根有加筋作用。根通过把土层中的剪应力转化成根的拉应力从而增强了土的抗剪强度。

(3)植物荷重作用。植物的重量可以通过增加边坡土层中的正应力来增加土层中的抗剪强度。

(4)土层中水分的散失作用。叶的蒸腾作用和对雨水的拦截作用可以控制土壤中孔隙水压力的增加,从而提高土体的有效抗剪强度。

(5)控制表土的流失,拦截并固定沉积物。

区域调查能够有助于决定适合种植的物种,考虑计划种植活树桩地方的光照条件,如果有一个树冠层,那么活树桩种植材料要能忍受部分阴或全阴的条件。

8.2.3.2　材料

(1)材料种类

①拉锯、锤、铁条或水射流枪;

②侵蚀控制织物;

③充足供应的活树桩。

图 8-2-7　活树桩的侧枝剪裁

活树桩应选择适用性强、容易成活的种类。活树桩可以从柳树,山茱萸,或其他容易从插枝上发芽的木本物种上截下来。应在休眠植物落叶后或萌芽前采集树桩,一般从每年 11 月 1 日到次年的 3 月中旬。用锯或弯刀来切削插枝,不能用斧头;应截除侧枝(图 8-2-7)。活树桩不应在地面上有霜冻后种植,在种植期间不能损坏树皮。活树桩也可以冷藏,然后在生长季节(如春季或秋季时)种植。活树桩直径为 1.25~2.5cm,长度为 0.9~1.2m。(文献[340]提出:直径为 1.25~2.5cm,长度为 0.6m;文献[341]提出:长度为 25 到 60cm,直径为 0.6~1.25cm;文献[342]提出:直径为 1.25~5cm,长度为 60~90cm)。

(2)材料采集

①在植物处于休眠期时采集材料。

②应是活的、健康的材料,并在指定的来源或经技术人员批准,优先采用本地树材。

③应是旺盛、无损坏、无疾病和害虫的树干。

④所有的削减必须是无损、没有裂痕的。

⑤材料应具有适当尺寸,足够长,以至于在生长季节可以到达最低水位以上。

如果材料在收获后的 24 小时内没有安插,活树桩必须存储在黑暗,潮湿,凉爽的环境,直到种植。最佳的种植时机应在收获后 5~7d。在种植前,所有的活树桩应浸泡至少 24h,但不超过 14d。仅仅是地面以下的插枝部分需要浸泡。可以在水桶、河流、池塘、湖泊,或任何水足够深的地方浸泡,保护插枝免受太阳的照射和风的吹袭。

8.2.3.3　特点

(1)种植后,可立即起到抵御土壤侵蚀的作用,侵蚀控制结构可用于保护边坡以及让活树桩生长，自然形成联锁的根固定侵蚀控制结构，并防止冲沟的形成。在高水位阶段，灌木、树和草的根、活树桩减缓水的流速。

(2)较廉价，安装也较快。

(3)实现岸坡植物防护。

(4)在河(库)岸种植树桩，可以让河岸变干，让不稳定的河(库)岸变得更稳定。

(5)在有足够活树桩供应，流速较大的地方，这种方法是比较有效的。

(6)活树桩可以与其他的侵蚀控制方法联合使用，更加有效。

(7)如果需要立即稳定河岸，这种方法是不适用的。

(8)种植时，活树桩应处于休眠状态，所以施工必须在春季或秋季进行。

(9)有时在现场很难找到足够的活树桩植物材料。

(10)在植被建立之前，可能会在高水位的时候被水冲走。

8.2.3.4 设计原则

(1)限制条件

①限制在低含水、多岩石的土壤及干燥的河岸使用。种植树桩最成功的地方应该是季节性的高水位。

②活树桩不应该种植在阴影区和朝北的山坡上。

③低于正常水位或春季基流高程，大多数物种不会茁壮成长。应选择喜潮，易活的物种。

④种植后可能需要浇水。

⑤在小溪流两岸的活树桩会促进形成一个封闭的树荫，可能被视为不安全或不吸引人；在相邻道路的溪流，植被也会积聚垃圾。

(2)适用地形与坡质

①活木桩和草对土有一定的要求，土质过酸、过碱或过贫瘠都不利于活木桩和草，需根据具体情况处理。

②可单独使用在坡度为4:1(水平：垂直)的斜坡或缓坡上。

(3)要求

①不能使用在河岸附近剪应力超过95Pa的地方或流速超过152~304.8cm/s的地方。

②当与其他的防护工程联合使用时，桩长度应足够长以达到适合生根的土壤深度。

③树种选择要与地质条件匹配，包括耐阴、耐涝、耐旱性和美学要求。

④活树桩可以与其他的防护工程相结合，以增加额外的防护效果。

⑤施工季节以植物休眠期为好。

8.2.3.5 施工

(1)边坡清刷。首先清除坡面石块、杂草、杂物等，然后对边坡上部进行清刷降缓坡度，凹陷处用土填平拍实。

(2)坡面整平后用白石灰放线取点，确定锚设活木桩位置。

(3)在种植之前的桩基端应斜切成30°~45°(以方便插入地面)(图8-2-8)，然后蘸生根激素(在浓度为 1∶100 生根粉水液体中浸泡 1min)。在茎下部的树皮应轻轻喷白漆来识别种植的最低点,不要让油漆浸到插枝的末端(根端不得喷涂)。

(4)用死击锤或橡皮锤轻轻把活树桩打入软土中;或设置一个预留孔以便于树桩埋入土壤。也可以使用一个小的螺旋钻或水喷射枪进行挖孔。当紧密种植和在多碎石的泥土上种植时,把钢钉或钢筋敲入地基中,拔出钢钉或钢筋形成种树孔(图 8-2-9)。

图 8-2-8　桩基端应斜切

图 8-2-9　用钢筋造种植孔

(5)活树桩应以合适的角度打入土层避免把桩头打裂,即可以水平、垂直或以一个角度种植。通常垂直或以微小的角度种植(图 8-2-10)。

(6)活树桩可采用三角形、梅花状、菱形图案布置或成排布置,隔 0.5~1m 的距离安置。活树桩总长度的 2/3 应埋入土层,埋入后将其周围的土夯实,如图 8-2-11 所示。

图 8-2-10　活树桩种植图

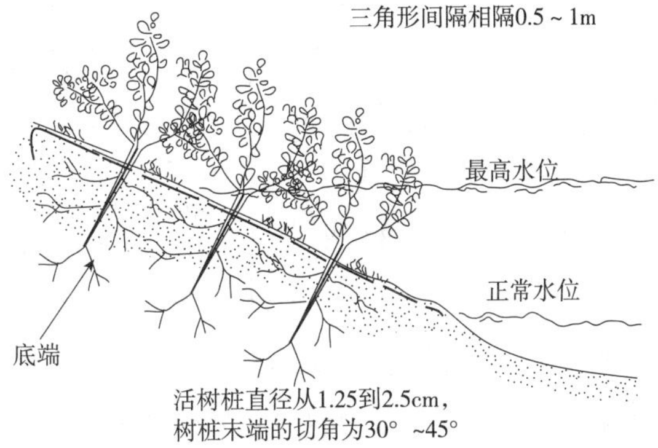

图 8-2-11　活树桩种植图

(7)种植时确保不要划破树桩,确保基底端放置在土壤中。轻拍树桩周围的泥土以把空气排出。给树桩浇水将有助于去除可能在树桩周围形成的空气泡,特别是当钢筋被用作种植打孔的工具时。在活树桩生根时期,需要潮湿的培养基,一般在种植后的至少 4~6 周形成。如果使用较大的树桩,可以提高在干燥地方的成功率。

如果发现锤损坏树桩或使树桩裂开,可使用长柄剪刀削减由锤造成的"蘑菇顶端",剪下大约 10cm 或至少保留有两个芽在地面以上(图 8-2-12),去掉活树桩地面以上多余的长度。

图 8-2-12　活树桩裂开及处理方法图

8.2.4　活梢捆(Live Fascines)

8.2.4.1　定义

活梢捆是把植物活枝捆在一起,形成圆状柱的活枝捆扎束,可按水平或垂直方向埋于岸坡坡脚。活梢捆被用来恢复植被,稳定斜坡,固定河岸的岸坡坡脚区域,提供从一种植被恢复技术到另一种植被恢复的过渡(例如柴排和活淤泥)。活梢捆被种植在浅沟中,并在植物开始生长之前提供即时的物理保护。活梢捆的适用条件和相关参数见表 8-2-4。

活梢捆的适用条件和相关参数　　表 8-2-4

最大剪切应力(Pa)	最大坡度	侵蚀控制类型	最小控制的纵坡宽度(m)	最小控制的水平宽度(m)
148	2:1	整体河岸冲刷、漫滩径流冲刷	0.46	2.4
安装区域	植被密度(%)	说明和限制		不建议使用的基质
河岸、高地	76~100	用于中度至重度侵蚀,不能被用于长于 4.5m 的河岸表面;可以垂直的或斜的放在斜坡上		砂砾,碎石

柳树和其他活梢以各种方式绑定在一起,给河(库)岸提供及时的保护。梢捆可以由柳、山茱萸或杨鞭束构造,然后放在斜坡表面上,如图 8-2-13、图 8-2-14 所示。让梢捆靠着河岸并触及水位以上的地面,以使植被生根,同时得到充足的水分补给。用土壤覆盖,改善与地面的接触并可以延缓其水分的损失。坡面布设梢捆后,坡形会发生变化,坡中的梢捆截断了坡长,在稍捆处形成微小缓台,有利削减地表径流和拦截泥沙。

8.2.4.2　材料

(1)麻绳,抗拉强度 91kg,最小直径 2mm

(2)活树桩和未经处理的木材桩,0.914m 长(至少 45.7cm 的死树桩或活树桩)

(3)在休眠期,活梢从活木本植物上采集。采集、储存与活树桩生物工程防护方法是一致的。梢捆可以包括年幼的吸根和一些小的分支,但有一半的茎直径应至少 1.3cm(或 1.3~

2.5cm 直径的休眠树枝),长度为 1~1.5m(或长度在 1.524~3.048m)。

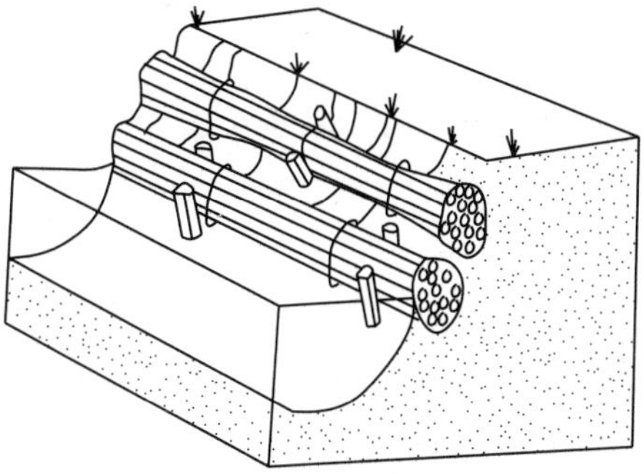

图 8-2-13　水平梢捆

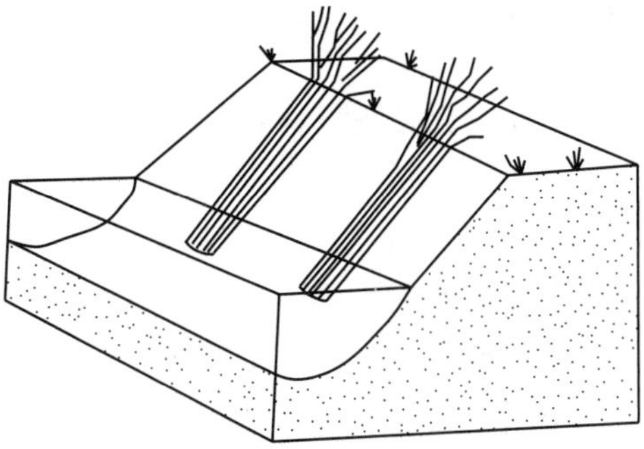

图 8-2-14　竖直梢捆

将若干条的休眠活树枝绑在一起形成束,束的直径是 15.2~20.3cm(文献[340]提出:50.8cm,文献[348]提出:≥10.2cm,文献[333]提出:25.4~30.5cm),长度 1.524~3.048m。(文献[248]提出:0.914~1.220m)。土壤在梢捆里面可以填充空隙,应压紧梢捆并用有足够强度和耐久性可生物降解的绳或麻绳捆紧,间隔 0.610m(文献[342]提出:30.5~38.1cm)。正在生长的尖端和根端方向交替,以使生长尖端均匀地分布在整个束的长度上。

8.2.4.3　特点

(1)较廉价,安装也较快。

(2)可在斜坡坡面上种植。

(3)与活树桩、抛石等联合使用时效果更好。

(4)不同分层形成河(库)岸短坡,减缓地表径流;成一定角度放置的梢捆在边坡形成排水渗沟。

(5)需要大量的长树枝。

8.2.4.4　设计原则

(1)适用区域

①用于在长斜坡上沉积泥沙和拦截径流,阻止径流的长距离流动,从而减小径流冲刷。

②在低能量流的地方,用于岸坡坡脚的保护。

③可用于有浅层滑坡需要保护的区域(小于 30.5cm)。

④通常使用在常年淹没水位以上。

⑤河(库)岸坡脚区是稳定的或提供一个稳定的岸坡坡脚。

⑥坡度缓于 2∶1(水平∶垂直)的斜坡或陡坡。

(2)限用条件

①不适合使用在含有多岩石的土壤以及干燥、排水良好或重阴区域。

②在高剪应力和高流速区域应当谨慎使用。

③在高流量期间,土壤保护的活梢捆可能会受到侵蚀。因此,避免在河岸较低区域使用,除非覆盖有侵蚀控制垫。

④不能用于有较大滑坡的斜坡。

⑤坡度陡于3:1(水平:垂直)的斜坡应与植物纤维垫或植生带等结合使用。

(3)施工季节

在冬天/早春采集植物材料,冷冻或冷藏储存直到种植,或夏末/秋季采集并立即种植。

8.2.4.5 施工

(1)在种植之前及时系活梢捆束。

(2)从岸坡的底部开始,挖一个沟槽,挖掘的沟槽应该比活梢捆束宽5cm,沟槽深度应使放入其中的梢捆稍外露;或挖一个轮廓上大约为25.4cm宽和深的沟槽;开挖沟渠的间隔可参考表8-2-5~表8-2-7。

活梢捆间距　表8-2-5

坡　度	沟槽之间的斜坡距离(ft)	最大斜坡距离(ft)
1.0:1~1.5:1	3~4	15
1.5:1~2.0:1	4~5	20
2.0:1~2.5:1	5~6	30
2.5:1~3.0:1	6~8	40
3.0:1~4.0:1	8~9	50
4.0:1~5.0:1	9~10	60

活梢捆间距　表8-2-6

坡　度	斜坡之间的距离(ft)(干坡)	斜坡之间的距离(ft)(湿坡)	最大坡长(ft)
1.5:1~2:1	4~5	3~5	20
2:1~2.5:1	5~6	3~5	30
2.5:1~3:1	6~8	4~5	40
3:1~4:1	8~9	6~9	50
4:1~5:1	9~10	9~10	60

活梢捆间距　表8-2-7

坡　度	侵蚀土壤(ft)	非侵蚀土壤(ft)	补土(ft)
3:1或平坡	3~5	5~7	3~5
大于3:1	3	3~5	

(3)将活梢捆放入浅沟,用活树桩或死树桩穿过梢捆中心固定到位,树桩与梢捆顶部同高,相邻梢捆的两端应至少重叠18in(45.7cm)(束应该重叠12in(30.5cm)),桩间距为2~

3ft(0.610~0.914m),额外的树桩可以用来固定重叠的地方如图 8-2-15 和图 8-2-16 所示。

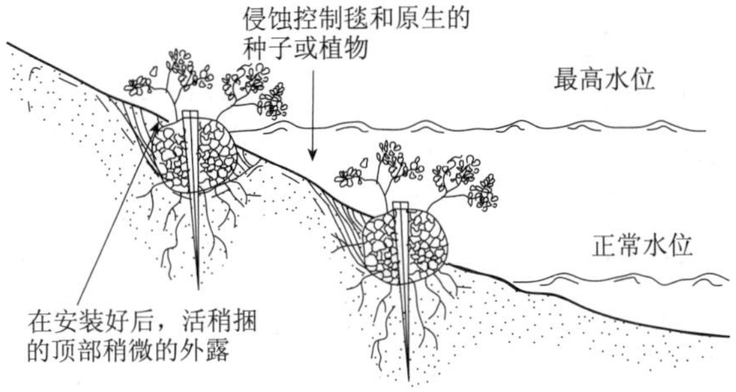

图 8-2-15　顺坡安装的活梢捆

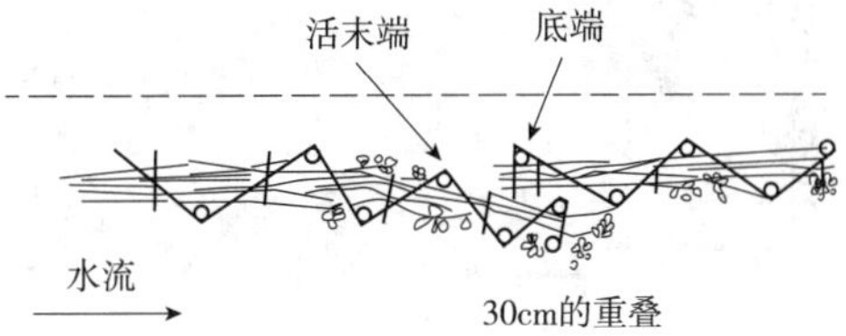

图 8-2-16　沿走向安装的活梢捆

(4)一旦所有的梢捆被桩固定到位后,就可以回填浅沟。沿束的两侧放潮湿的土壤,不要完全覆盖束,安装完成后活梢捆的顶部应稍微可见。

8.2.5　柴排(Brush Mattress)

8.2.5.1　定义

柴排是通过在河岸上放一个树枝垫层保护河岸(图 8-2-17),利用活插枝和活树桩的结合,保护土壤和减缓流速。柴排由交织的树枝组成,通过活树桩、线、绳或活树枝固定土壤,活树枝往往是从休眠的树上削减下来。土壤放置在插枝上或填充在插枝里。随着时间的推移沉淀,活插枝和活树桩创造一个密集的根和茎的网络稳定土壤,收集沉积物并增强河岸植被。柴排的适用条件和相关参数见表 8-2-8。

柴排的适用条件和相关参数　　表 8-2-8

最大剪切应力(Pa)	最大坡度	侵蚀控制类型	说明和限制	最小控制的水平宽度(m)
196~392	2:1	局部和整体河(库)岸冲刷;碎片刨削	一般用于 3H:1V 级的斜坡,斜坡限长 50 英尺或更少;一般限于坡度小于 2:1	2.438
安装区域	植被密度(%)	不建议使用的基质	最小控制的纵坡宽度	
河岸,高地	76~100	沙砾,碎石	3.048	

8.2.5.2　材料

在柴排树枝已经处于休眠状态或在春季萌芽后,采集活插枝。柴排树枝可以是山茱萸或柳枝等物种,可以与其他的灌木混合,例如沙棘或金银花。

(1)插枝直径 1.27~2.54cm,长度 1.524~3.048m(文献[348]提出:直径 1.27~5.08cm,长度 1.524~3.048m),活插枝的采集与储存同活树桩。

(2)活树桩(见活树桩部分)。

图 8-2-17　柴排布置图

(3)活梢捆(见活梢捆部分)。

(4)硬木桩(橡树优先)5cm×5cm×90cm(长),从树桩一侧顶部切削大约 5cm。

(5)合成绳或钢丝,抗拉强度为 90kg,直径最小 2mm。

(6)肥沃、易碎的土壤,含不少于 1.5%的有机物;不含垃圾、树根、重或硬土、石块、粗砂、有毒的种子、棍棒、灌木丛、杂物和其他有害物质;适合种子发芽和植物生长;pH 值 6.0~7.5。

8.2.5.3　特点

(1)材料简单,费用较少。

(2)手工安装,不需特定的机器。

(3)提供河岸侵蚀的及时保护,能够用在流速比较大的河流上。

(4)能形成一个根垫并覆盖灌木,让河(库)岸保持一定的生态效果。柴排下的土壤可保持稳定。

(5)常被用来覆盖斜坡,可以在岸坡坡脚处与抛石结合使用。柴排可用死树桩、活树桩及钢丝将其固定在坡上,材料来源广。

(6)安装时间有限制,柴排收获与安装应在植被休眠季节进行。

8.2.5.4　设计原则

(1)适用区域

①下边缘可在平均水位以下 0.5m。

②光照或阴影区域均可使用。

③最大坡长可达 3m。

(2)限用区域

①不适合于有深层滑动或管涌、流土的斜坡。

②要求在柴排下有稳定的岸坡脚或提供稳定的岸坡脚。

③在干旱时期,需要进行浇灌。

(3)要求

①柴排的设计和施工必须承受影响河岸的剪切应力和流速;

②柴排应该覆盖应用领域 80%以上的面积。

③如果在柴排下面有潜在的渗流,需要用排水沟或土工织物。

(4)适用地形与坡质

适应于坡度为 3∶1(水平∶垂直)或更小坡度的斜坡。一般情况下边坡应小于 2∶1(水平∶垂直)。

(5)施工季节

活枝应在休眠季节采集,即在秋天落叶后,在春季萌芽前,首选 3 月到 4 月。

8.2.5.5　施工

(1)在安装之前应事先准备好活树桩、柴排。

(2)平整场地,形成一个坡度适宜的斜坡,或者更小的坡度。

(3)从斜坡的坡脚开始,在河流流动形成的台阶、河岸边缘附近,开挖一个轮廓足够大的沟渠,以便于可以容纳柴排的根部。

(4)将活粗树桩和死粗树桩均匀种植在处置好的坡面上(深 0.305m),每棵活树桩以 30×60cm 的间隔进行栽种(文献[333]提出间距 0.610~0.914m),遍及整个垫的区域,如图 8-2-18、图 8-2-19 所示。

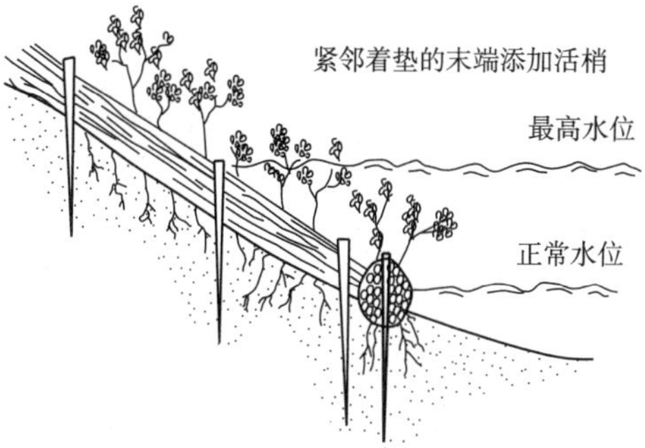

图 8-2-18　柴排的顺坡向布置

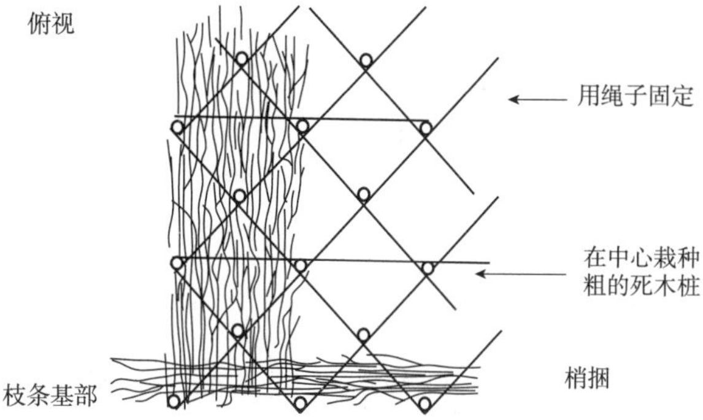

图 8-2-19　柴排的平面布置

(5)放 1~2 层树枝,应没有裸露土壤存在,将树枝的根端放在有梢捆的沟槽里。

(6)拉紧树枝上的金属网,将金属丝的末端系在死树桩或活树桩上,系的长度不少于 15cm,达到固定树枝的目的。

(7)击打固定木桩,让它们相对的同时下沉,直到柴排紧紧地固定在河岸上。

(8)沿着斜坡的底部,将活梢捆放进沟渠里,并在树枝根部的上方用木桩将活梢捆固定。

(9)良好的覆盖可以防止树枝脱水,促使一些树枝发芽和生根。在柴排顶盖上土壤,填充柴排与活梢捆插枝之间的空隙,让柴排与活梢捆的顶面暴露在空气中。土壤由微塑的黏土到砂砾石土壤组成。

8.2.6　树木护岸(Tree Revetments)

8.2.6.1　定义

树木护岸是将树锚定在不稳定的河(库)岸坡脚(图 8-2-20),用于减缓沿途的流速,减少侵蚀并沉积泥沙。有许多细树枝的树可以很好地减缓靠岸流速,沉积河流夹带的泥沙。河岸坍落留在树木护岸后面的沉积物给植被的建立提供了湿润、肥沃的苗床。这种护岸在形成树木和灌木后可提供对河岸持久的

图 8-2-20　树木护岸

保护。

较大的树木通常是河(库)岸防护的最佳选择,能保护更大范围的河(库)岸。但护岸不应使河道明显变窄。树木护岸的适用条件和相关参数见表8-2-9。

树木护岸的适用条件和相关参数 表8-2-9

最大剪切应力(Pa)	最大坡度	侵蚀控制类型	不建议使用的基质	最小控制的水平宽度(m)
186	N/A	岸坡脚侵蚀,河岸冲刷	巨石	4.572~6.096
安装区域	植被密度(%)	说明和限制	最小控制的纵坡宽度(m)	
岸坡脚、消落带和河岸	10~25	提供临时的岸坡坡脚保护,易受洪水残渣和海狸的损害;与活树桩或其他推荐的护岸结合	0.914	

8.2.6.2 材料

(1)护岸树应该有许多肢体及细小分支,除了雪松之外的树种都可以使用。护岸树应尽可能在接近安装时采集,因采集时间久了,树木容易变干燥并容易坏死。没有分支的树干应剔除,因为分支可降低流速并沉积淤泥保护河岸。树冠直径应大约是侵蚀河岸高度的三分之二。

(2)地锚有箭头锚、鸭嘴锚、圆盘锚、钢篱笆桩四个典型的锚型,由耐腐蚀的金属材料制成,锚应至少有545kg的抗拔力。

(3)抗锈的鞍形夹。

(4)缆绳,7.6~40.6cm长的飞机电缆或等效的缆绳。

8.2.6.3 特点

(1)容易安装,造价低。

(2)降低沿河岸的水流速度。

(3)能收集沉积物和碎片重建河岸。

(4)使土地得到良好的利用。

(5)不适合松散的扰动土部位。

(6)在能见度高的地方会显得凌乱。

(7)安装地不应接近桥梁等结构,在这些地方从高水位处脱落的护岸树木可能导致桥梁结构的损坏或堵塞河流。

8.2.6.4 设计原则

(1)适用区域

①树木护岸的最高河岸高度是3.658m。

②最适合用在中小河流。

③现场的树木是可用的。

④可以与河岸稳定的保护措施结合使用,作为河(库)岸坡坡脚保护。

(2)限用条件

①现场的树木可能是不可用的区域。

②当河(库)岸不稳定时,不适合使用。

③不适合有垂直不稳定层的河(库)岸。

④当树冠的宽度大于树木直径的 6~8 倍,不要用树木护岸。

⑤当正常河(库)深度大于 0. 762m 时,不要用树木护岸。

(3)要求

①树木防护多数安装在中小河流的凹岸,因为外弯是最不稳定的,容易受侵蚀的。当一个河岸上布满树木和植被的地方仍受到侵蚀,树木防护就没有防护作用了。在非常高的河(库)岸或大的河流系统,单排树护岸效果可能不会很好。

②树木护岸应从没有侵蚀破坏的河(库)岸开始和结束,防护区域应超过受侵蚀部分之外至少一棵树的长度。

③侵蚀河(库)岸坡脚的防护中,种植每一棵树都是相当重要的。种植的点应是垂直河(库)岸坡与水面的相交点。如果河岸上的树木种植得太高,水可能会削弱其结构。如果树木种植得离河岸太远,那么水流会继续侵蚀护岸下的河(库)。

④不应该有大的、单独的树枝伸入河道。

⑤树木防护结构不能使河道明显变窄。

(4)适用地形与坡质

沙地或含岩石的土壤中通常会要求一个更大的锚固深度,而较小的锚固深度可用于较重的黏土如图 8-2-21 所示。

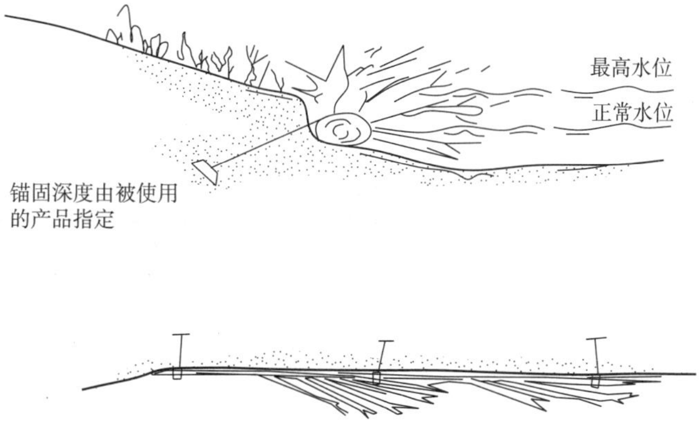

图 8-2-21　树木护岸的布置和锚固

(5)施工季节

护岸工程可以在任何季节安装,但晚冬和早春通常是最好的时机。当使用阔叶树时,时间就不那么重要了。

8.2.6.5 施工

(1)构建河(库)岸防护工程从侵蚀河(库)岸的下游末端开始,逐渐向上游种植,树顶指向下游。

(2)种植第一棵树,树的根端指向上游,第一棵树可以通过安装地锚固系统来锚固,锚以足够远的45°角打入河岸的河(库)岸,使缆绳足够紧,树就不会发生移动。

(3)第二棵树应放在上游,以便于上游树顶覆盖下游树根0.914m。

(4)将在两棵树周围的第二棵地锚固定系牢,扎进土里。

(5)继续往上游安装。

在树木护岸工程构建后,进行目视检查,确保在树木之间没有留下空隙。如果有小的空隙,可用小的树木填补。在洪水后检查护岸工程,在破坏的地方扩大之前,修补这些漏洞。

随着时间的推移,陡峻的河(库)岸将有更多的缓坡。可以通过种树、灌木以及在河岸上种植柳树桩来补充植被防护。已被修剪掉的枝条应被织成护岸的一部分,创建一个稠密矩阵灌木。

8.2.7 植被土工格栅(Vegetated Geogrids)

图8-2-22 植被土工格栅的布置图

8.2.7.1 定义

植被土工格栅是在河(库)岸斜坡上用土工织物(侵蚀控制织物)包裹土壤结合放置在包裹土壤间的活插枝形成的加固河岸的一种结构(图8-2-22)。控制侵蚀。可用于解决凹岸侵蚀的问题,植被土工格栅能沉积泥沙,从而可以迅速重建来进一步稳定河(库)岸坡脚。河(库)岸坡脚靠土工织物来保持稳定,并为植被的建立提供一个稳定的斜坡。植被土工格栅的适用条件和相关参数见表8-2-10。

植被土工格栅的适用条件和相关参数　表8-2-10

最大剪切应力(Pa)	最大坡度	植被密度(%)	不建议使用的基质	最小控制的水平宽度(m)
180	1∶1	76~100	巨石	3.048m
安装区域	侵蚀控制类型	说明和限制		最小控制的纵坡宽度(m)
河(库)岸坡脚或高地	河(库)岸坡脚侵蚀、局部的河(库)岸冲刷、就地坍落或冲蚀、浅层滑动	在空间有限的陡峭的山坡上是有用的,一般只限于高度不超过1.829m的斜坡或2.438m或更小		1.829

8.2.7.2　材料

(1)树枝

直径 1.27～2.54cm,1.219～1.829m 长,枝叶茂盛、容易长根的活树枝;或直径 1.27～6.35cm;或直径为 25～38mm,长度为 1.5～2.7m;沿河(库)岸每米大约用 33～44 棵插枝。

(2)填石

直径为 10.16～22.86cm 或 5.08～7.62cm 的岩石。

(3)土工织物/侵蚀控制织物

2.4m 长的土工织物,理想的情况下应使用两个不同种类的织物。一种是用作内部的衬料,衬料的小网格可以保持土壤细小颗粒;另外的一种是用作外部衬料,应是结实、高强度和耐久的。

8.2.7.3　特点

(1)可用在比较陡峭的河(库)岸防护;

(2)可用在已遭受严重侵蚀的河(库)岸防护和修复;

(3)可以用来解决凹岸的侵蚀防护和修复,能提供即时的保护并帮助捕获沉积物,从而重建河岸的河(库)岸坡脚区;

(4)快速的植被生长,在丰水期可减慢流速;

(5)需要大量的土壤和岩石来填补河(库)岸;

(6)是劳动密集型的安装,不使用机械;

(7)可能是复杂的和昂贵的;

(8)在植被建立之前,土工织物破损会影响植被土工格栅的完整性和使用性能。

8.2.7.4　设计原则

(1)适用区域

在河(库)岸水面上、水面下都可以使用。

(2)要求

①该系统的最大高度限制在 2.4m,包括了河床以下的 0.6～0.9m。沿着河岸的任意一个装置,长度不应超过 6.1m。

②最终的安装应符合现有的斜坡,枝条扦插应只轻微地突出于土工织物。

(3)适用地形与坡质

植被土工格栅可以放置在一个坡比为 1∶1 或更为陡峭的斜坡。

8.2.7.5　施工

(1)在河床以下挖一个 0.6～0.9m 深,0.9～1.2m 宽的沟槽。

(2)用块石填充沟槽,并用土工格栅包裹块石,填充到河流(水库)水位。

(3)在新河岸边缘坐落的地方打两根木桩,在木桩背后放一块板,将板与木桩固定在一起(图 8-2-23),形成临时结构。

(4)安装土工织物(图 8-2-24)。

图 8-2-23　安装临时结构

图 8-2-24　安装土工织物

(5)在板后的土工织物上填土,并将土壤捣固压实,直到 30.48cm 的高度(图 8-2-25)。

(6)拆下前板,用剩余的土工织物牢固地包裹在土壤顶部。

(7)使用死的粗树桩打桩,固定土工织物。

(8)在织物上放一层活插枝,使插枝的枝尖在土壤包外面,并伸出 15.0cm 左右(图 8-2-26)。不能使包裹的土工织物破损,否则将丧失结构的完整性。

图 8-2-25　填土并压实

图 8-2-26　活树枝的摆放

图 8-2-27　土工格栅的布置和施工过程

(9)在活插枝上面放一个新的土工织物层,后一层应该稍短于前一层,一般与前一层相距 30.0cm 左右,确保每一层不倒悬,并与原来的河岸接触(图 8-2-27)。

(10)继续用土填充织物层,在层间种植活插枝。

(11)移去临时结构。

(12)将表土放在最后一层的织物上面,植草并将织物固定在原始河岸上(图 8-2-28)。

8.2.8　根团(Rootwads)

8.2.8.1　定义

根团由一棵树的球形根和一部分树干组成。根团常常被用来为河(库)岸提供防护(图 8-2-29),让河流方向偏转远离河(库)岸,也为河(库)岸提供结构上的支持,并为鱼类和其他水生动物提供栖息地以及水生昆虫的食物来源(图 8-2-29)。根团的适用条件和相关参数见表 8-2-11。

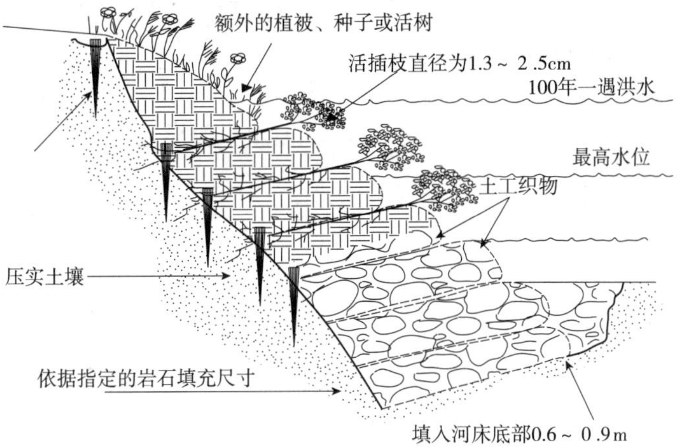

图 8-2-28　土工格栅的布置横剖面图
(河床高程附近填石,上面填土)

根团的适用条件和相关参数　　表 8-2-11

最大剪切应力(Pa)	最大坡度	不建议使用的基质	最小控制的水平宽度(m)
148	3∶1	巨石	7.2
适用区域	植被密度(%)	最小控制的纵坡宽度(m)	
河(库)岸坡、脚或消落带	10～25	3	

8.2.8.2　材料

图 8-2-29　根团护岸景观图

(1)树桩

树桩应取自具有较好耐腐性的树种,由扇形根和树干组成。扇形根的直径应大致等于冲刷垂直深度,扇形根应几乎没有断枝并牢固地与主干连接。树干应相对比较直、无断裂、足够长,施工时其长度的 3/4 被牢固地嵌入在河岸有较大冲刷的位置。文献[333]提出:树木最小直径 30.48cm,长度最小为 3.05m,扇形根直径至少 1.52m;文献[349]提出:树木直径 20.3～30.5cm,且有 0.914～1.829m 宽的根团;文献[356]提出:根团直径 25.4～50.8cm,长 4.57m;文献[344]提出:最小长度 3.048m,最大长度 6.096m,最小树干直径 30.48cm。

(2)巨石

1 吨或更大的巨石。用作锚固和回填可选择不同的块石尺寸和材料。

8.2.8.3 特点

(1)为鱼类和野生动物增加了潜在栖息地,并帮助河(库)岸保持稳定。

(2)在合适的情况下,根团可以与土壤生物工程防护方法和植物种植防护方法相结合。

(3)为河(库)岸提供保护,防止冰蚀。

(4)需要使用重型设备,会产生大面积的干扰。

(5)为防止对游泳或其他活动的人构成危险,根团不应靠近游泳区或公共活动区域。

8.2.8.4 设计原则

(1)适用情况

①凹岸冲刷防护。

②现场有可用于构建根团的护岸。

③对河(库)岸坡脚和较低河(库)岸的刚性稳定,可用作完整河(库)岸保护的一部分。

④常用在大洪水后的溪流修复,根团都是现成的。

⑤用于高流速的河流。

(2)限制条件

①现场必须有可使用的重型设备。

②城镇地区,根团废弃物的乱扔,会引起不良的社会问题。

③现场缺乏材料的地区。

④不适合较小的河流。

⑤不适用于高含沙(泥沙中的淤泥和黏土含量<15%)河岸。

(3)要求

①根团扇形根的底部必须稍微延伸到设计冲刷深度的下面,通常情况下,1/3 的根团应该在基流水位以下。

②在冲刷深度很大的地方,大直径的原木应安装在根团的下面(图 8-2-30 和图 8-2-31)。

③有效设计的关键点在于确定水流的曲率半径。

④根团树干的尺寸由冲刷的尺寸来决定。改变树干的尺寸,以便于树干长度的 3/4 嵌在河岸预估最大冲刷的位置。在河(库)岸高度很低的地方,1~1.5 倍的满岸高度,1 吨或更大的巨石应该是放在根团的上面和后面(图 8-2-30 和图 8-2-31)。

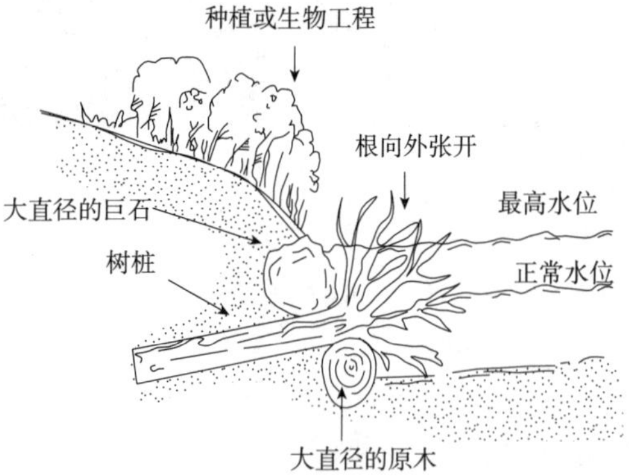

图 8-2-30 根团布置横剖面图

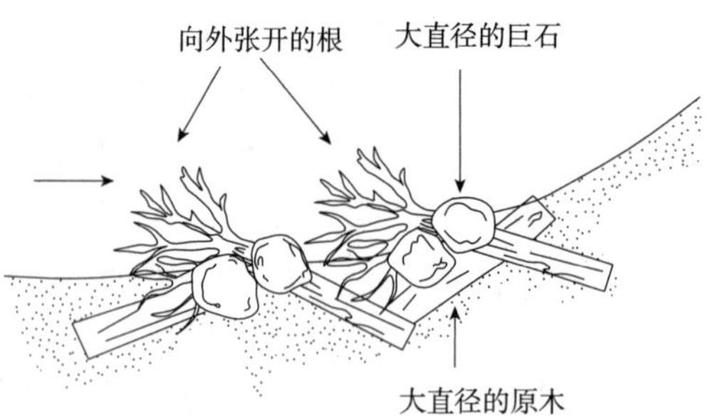

图 8-2-31 根团布置纵剖面图

⑤在主要径流矢量的地方拦截河岸,以锐角或直角安装根团,一般不需要沿蜿蜒河流弯道的整个长度安装根团。

⑥河(库)岸或阶地陡坎应为 1.5~1 的坡度。播种一年生的当地植物种子,并覆盖侵蚀控制织物。

⑦在岩石河(库)岸坡脚,也可以安装单独的或间隔的根团,以提供水生生物的栖息地,并进一步加固河(库)岸。

⑧水流中根团的间距和方向,在实际和书本中是多种多样的。一些建议和范围如下:根团可以沿着河岸放置,使扇形根重叠。根团间距的最大值应大于曲率半径 Rc/顶部宽度 W(Rc/W)的 3 倍,至少也要为 2.5 倍,一个通常的准则是根团间距应该是它们延伸出河岸长度的 3~4 倍。通常情况下,一个单独的扇形根面位于与入流流线成 90°角的方向上,但可以朝向河道(远离河岸)旋转 15°,根包方向平行于河岸。

⑨侵蚀最常发生在根团周围未受保护的或欠压实的土壤里,应解决根团背后河岸稳定的问题。

⑩如果在水面高程覆盖根团的树干小于 0.46m,根团顶部安置块石将提高根团的稳定性并增加限制浮力作用的力。

(4)适用地形与坡质

适用于坡度为 1.5∶1~2∶1 的斜坡。

8.2.8.5　安装

(1)安装根团主要的方式

①定点的方法,直接将根团插入河岸。

②挖沟的方法,需要开挖一个沟槽放置根团的树干部分。

如果可行,定点的方法是首选,因为它对土壤扰动最少,也是更具效益的安装。如果根团无法打入河岸或河岸需要重建,应使用挖沟的方法。

(2)定点施工方法

①用电锯将树干末端削尖;

②将树干插进河岸,让根团朝向上游,使河流以 90°角流向根团;

③如果根团形成一个背涡,应将块石或卵石放在根团的下游侧。

(3)挖沟的方法

①开挖的沟渠应垂直地进入河岸,大到足以容纳树干。

②将扇形根与河(库)岸斜坡平行放置。

③扇形根应该有一定的重叠,沿河道延伸的方向提供连续的防护。

④巨石放在根团的上面和后面,并压住根团、固定系牢到位。

⑤一旦根团安装好后,回填沟槽、稳定松散的土壤并用移植植物与草皮垫重建河岸。

8.2.9　垛墙(Crib walls)

8.2.9.1　定义

垛墙是为了保留滑落体,并逐渐减少上部坡段的倾斜而构建的一种特殊形式的重力式挡土结构。一个活垛墙是一个矩形框架，由原木或木材、岩石与木本植物扦插组成（图 8-2-32、图 8-2-33），用来重建发生极度侵蚀的河岸。垛墙的适用条件和相关参数见表 8-2-12。

垛墙的适用条件和相关参数　　表 8-2-12

最大剪应力(Pa)	最大坡度	侵蚀控制类型	说明和限制	最小控制的水平宽度(m)
239	3∶1	局部的河(库)岸冲刷、河(库)岸坡脚侵蚀、坍落或开裂、浅层滑动	垂直活较陡峭的山坡，一般只限于高度不超过 1.83m 的斜坡	2.4
安装区域	植被密度(%)	不建议使用的基质	最小控制的纵坡宽度(m)	
河(库)岸坡脚、消落带、河(库)岸	51~75	巨石	1.829	

图 8-2-32　垛墙布置图

图 8-2-33　垛墙结构及施工过程图

垛墙的构建从河（库）岸的开挖开始，在安装之前，先将河（库）岸的岸坡放缓。然后将未经处理的原木，平行于道路边缘放置，原木用钉子钉在一起，成阶梯状。将巨大的岩石放置在结构底部的里面和周围，以抵消原木的浮力并固定结构。用未分类整理的泥土材料填充垛结构剩余的地方，直到垛墙达到设计高度。这样提供了一个近乎垂直的坡面，可使空间有限或没有空间的斜土坡形成一个稳定的结构，如图 8-2-34 所示。

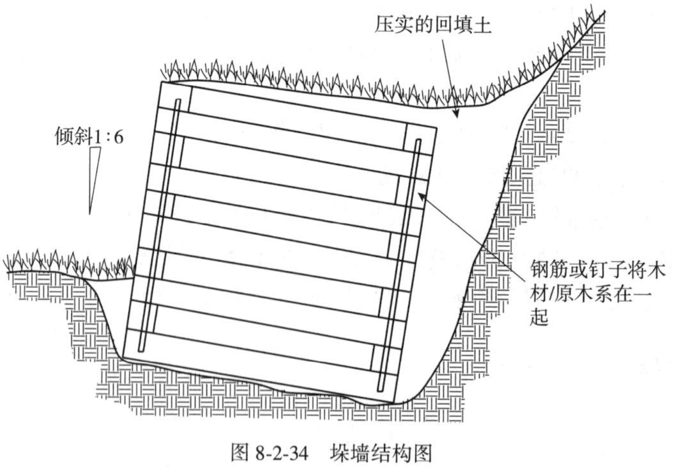

图 8-2-34　垛墙结构图

图 8-2-35 所示，通过加入活插条可使结构更持久、稳定、美观，根、茎和相关的植物生长最

终将植物与木结构、回填材料缠绕在一起形成活垛墙,从而建立自然稳定的岸坡。

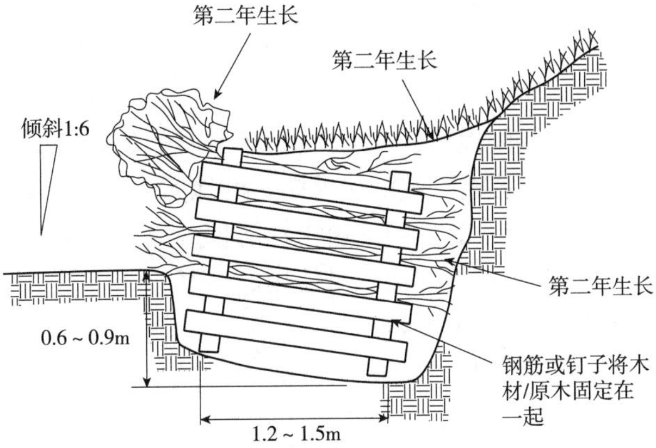

图 8-2-35　布设活插条的垛墙

活垛墙插枝是在休眠期(头年的十一月中旬到次年的三月下旬之间)从活树上采集的,采集时间不能距安装时间太久;采集后,活插枝用湿布或湿毛毯包裹;每一层垛墙原木都有一排活休眠插条放置于土壤里,芽端从垛墙的外墙伸出 30 ~ 60cm。根端伸入结构后面的区域,以使活插条的根能够长入原状土中;垛墙顶部种植深根物种。

8.2.9.2　材料

(1)活插枝

活插枝直径为 1.3 ~ 2.5cm;插枝底端直径为 1 ~ 6cm,长为 1 ~ 3m;活插值直径为 1.3 ~ 6.4cm,要足够长,可以从结构的前面到结构的后面;至少比横梁长 0.46m。应相对比较直,没有明显的疾病,损坏或畸形。

(2)原木/未经处理的木材

原木直径 10.2 ~ 15.2cm,长度 1.2 ~ 1.8m。

(3)锚

尖钉、钢筋或钉状物,直径 1.25cm,长度为 2 倍的原木直径或木材宽度。

(4)块石

8.2.9.3　特点

(1)当需要矮的垂直支挡墙时可使用垛墙。

(2)活垛墙需要的空间比较小。

(3)提供水位上下岸坡的稳定。

(4)活垛墙可以给野生生物提供天然的栖息地。

(5)给斜坡提供及时的保护。

(6)可以与植被和活树桩联合使用。

(7)需要大量的木料和劳动力。

(8)设计复杂。

(9)垛墙的高度不应该超过 2.1m。

(10)垛墙的宽度不应超过 6m。

8.2.9.4　设计原则

(1)适用区域

①可以用在发生侵蚀,需要刚性结构的河流(水库)岸坡坡脚与河(库)岸。

②由于基础设施的限制,需要进行陡峭岸坡防护的地方。

③可使用在空间比较有限或没有空间的斜土坡防护。

④当要求结构性的河岸保护和植被保护时使用。

⑤稳定挖方边坡或填方边坡的下部防护。

⑥可用于路旁斜坡及河岸防护。

(2)限制条件

①不使用在需要抵抗较大侧向土压力的地方。

②需要一个稳定的河(库)岸坡脚。

③现场必须有可使用的设备。

④现场必须有利于植被的生长。

(3)要求

①基础必须延伸到河床以下,低于设计冲刷深度,高于正常水位高程。

②垛墙垂直高度超过 1.2m。

③活垛墙最好用在河流的凹岸。

④最大的垂直高度是 2.1~2.4m,最大水平长度 6.1m。

(4)适用地形与坡质

适用区域的最大坡度为 3∶1。

(5)施工季节

植物休眠期。

8.2.9.5　安装(图 8-2-36)

(1)垛墙应挖进河床下 0.610m(文献[360]、[342]提出:基础沟槽挖进河床 0.61~0.91m)。

(2)基础沟槽宽 1.5m(文献[360]提出:1.2~1.5m,文献[342]提出:1.5~1.8m);沟槽的背面应该比前面低 15.2~30.5cm,以增加稳定性。

(3)放倒两行准备好的原木并与河岸平行,一行放在沟槽的前部,一行放在沟槽的后部。

(4)放倒第二层的原木,与第一层平行河床的原木垂直,放在第一层的上面。

(5)第二层的原木与第一层的原木在每一端重叠 15.2cm,并用钉子或钢筋固定到位。

(6)用岩石填充垛结构的底部,到达河床水位;并在结构的前面增加垛脚的支撑,特别是当结构用在河床的凹岸时。

(7)继续建造垛墙,直到最高水位的高度。

(8)在原木层之间将活插枝分层放置,活枝放置好后开始用土填充垛墙。

(9)活枝根部朝向垛墙内,顶端伸出垛墙,基端延伸到垛墙后面的土里。

(10)继续建造垛墙,直到垛墙达到原地面高程。

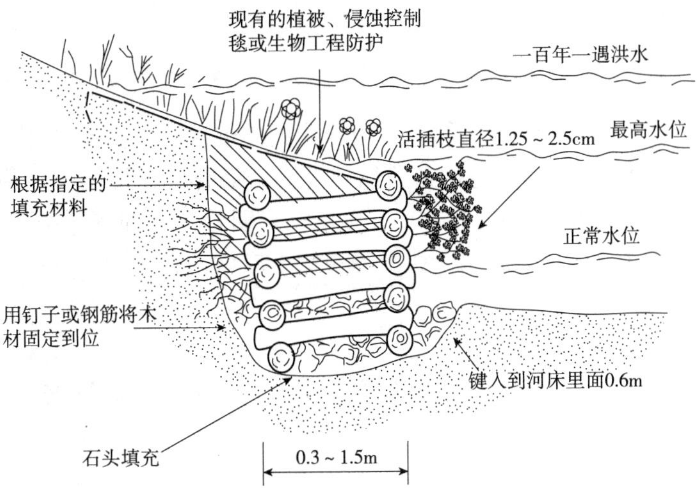

图 8-2-36　垛墙结构(横坡面)

(11)为在新安装土中种植或播种,应该在垛墙顶安装一个侵蚀控制毯。

8.2.10　抛石与活树桩(Riprap with Live Stakes)

8.2.10.1　定义

抛石常常用来保护河(库)岸和湖滨,由各种尺寸的石头组成,放在土壤表面(图 8-2-37);活插枝可以栽种到抛石空隙处,以稳定斜坡。联合种植是一种用岩石和活树桩来覆盖河(库)岸的方法。活树桩的根在抛石下面生长,提高土壤强度,活的植被将掩盖石头,展现更多更好的自然风光。在流量和流速达到顶峰的时候,这种类型的结构可能是一个近乎永久的解决办法,也可用于减少机械抛石护岸所需要的设计厚度和高度。抛石与活树桩的适用条件和相关参数见表 8-2-13。

图 8-2-37　抛石护岸

抛石与活树桩的适用条件和相关参数　　表 8-2-13

最大剪切应力(Pa)	最大坡度	植被密度(%)	不建议使用的基质	最小控制的水平宽度(m)
119～484	2∶1	26～50	基岩	7.315
安装区域	侵蚀控制类型	说明和限制	最小控制的纵坡宽度(m)	
脚趾区或消落区、河岸	局部的或整体的河(库)岸冲刷、岸坡脚侵蚀	所有的切方边坡、一般的河床侵蚀退化、库岸防护	0.914	

8.2.10.2 材料

(1)岩石

岩石包括本地岩石,采石场生产的岩石,或干净的碎混凝土。如果使用破碎的混凝土,应该去除混凝土上所有的加固材料;抛石必须保持为无露筋材料。混凝土块应进行恰当分级,混凝土块最大的平坦表面不应该超过0.9m长,且没有沥青和石油等污染性材料。石头的尺寸由冲刷力和潜在的冰害决定。被用于抛石的石头不应该来自于河床,因为这将改变河床的流态。

(2)活树桩

树桩应去除侧枝,并保证树皮完整,直径为1.27~2.54cm。(文献[342]、[361]提出活树桩的最小直径为3.81cm)。

8.2.10.3 特点

(1)可种植活树桩,允许生态植被的建立。

(2)结构灵活,适应防护边坡的变化。

(3)抛石骨料可用于河(库)面以下岸坡坡脚的加固。

(4)岩石下面活树桩的根可以构成一个根垫,防止岩石下面和岩石之间的细颗粒受到侵蚀。

(5)也可以在堆岩下面使用侵蚀控制织物,防止土壤流失。

(6)活树桩长成后可以展现斜坡的自然风光。

(7)活树桩的生长可改善水生生物的栖息条件。

(8)可改善岸坡的排水。

(9)需要大型安装机械。

(10)在有频繁的冰冻地区,岩石可能破裂或脱落。

8.2.10.4 适用区域

联合种植可以用在已经安装抛石的地方,也可以作为新安装抛石的一部分。

8.2.10.5 安装(图8-2-38和图8-2-39)

(1)河岸应削减为2:1的斜坡(2H:1V)或更为平缓的斜坡。

(2)护岸基础沟槽应挖到河(库)床水位以下,并且将石头放在沟槽里。

(3)应用机械和人力将抛石放到最高水位高度以上,并保证岩石颗粒大小均匀的分布在防护区。

(4)在安装抛石期间或安装抛石之后,树桩可随意种植在岩石之间(每0.81$cm^2$2~4棵树桩)。

(5)每一棵插枝的底端应该伸进土壤,并略高出岩石表面,芽应朝上,插枝应完好无损。

也可在安装抛石的时候成排地安装插枝。为防止损坏树桩,必须在安装插枝前在乱石堆中制作安装孔。

如果活树桩在抛石之前种植,可在活树桩外套保护管,以在安装抛石的过程中保护树木。

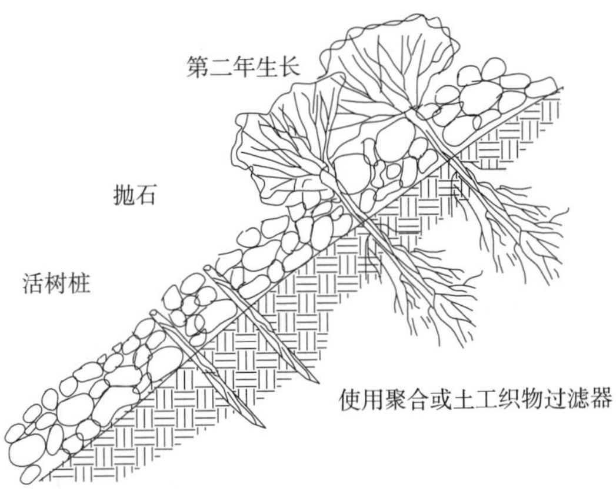

图 8-2-38　抛石与活树桩护岸图

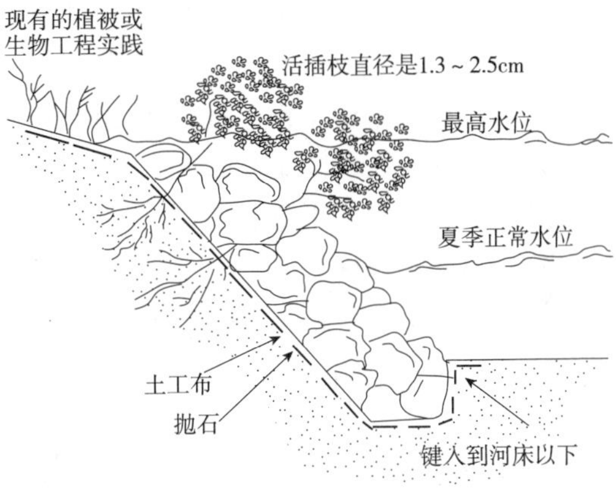

图 8-2-39　抛石与活树桩护岸图

8.2.11　岩石潜坝与活树桩(Rock Barbs with Live Stakes)

8.2.11.1　定义

岩石潜坝就是低的岩床,让河流远离被侵蚀的河岸保护河岸(图 8-2-40、图 8-2-41)。水流流经潜坝被调整流向后,远离被侵蚀的河岸。潜坝总是面向上游。岩石潜坝与活树桩的适用条件和相关参数见表 8-2-14。

岩石潜坝与活树桩的适用条件和相关参数　　表 8-2-14

最大剪切应力(Pa)	最大坡度	不建议使用的基质	最小控制的水平宽度(m)
240	3 : 1	基岩	7.3
适用区域	植被密度(%)	最小控制的纵坡宽度(m)	
岸坡脚或消落带、河岸	10~25	8 英尺(2.438)	

图 8-2-40　潜坝景观图 1

图 8-2-41　潜坝景观图 2

8.2.11.2　特点

(1)为水生动物提供河流栖息地。

(2)水流从河岸冲刷位置转移流向。
(3)对于小溪流的河岸侵蚀控制是有效的。
(4)需要的岩石比护岸少,河流干扰少。
(5)可以结合土壤生物工程方法使用。
(6)设计和安装可能是复杂的。
(7)会对岩石潜坝下游有显著的影响。
(8)岩石必须足够大,以至于它不会被水流冲刷,产生位移。
(9)岩石放置应在低水位进行,否则在高水位阶段期间可能无法进行正常施工工作。

8.2.11.3 材料

(1)岩石,要求使用比较大的岩石,使用岩石的尺寸 D_{50} 应等同于全流量条件下抛石设计方法确定的尺寸 D_{50},最大的岩石尺寸(D_{100})应该在 D_{50} 的1.5至2倍,岩石的最小尺寸不应小于 $0.75D_{50}$。
(2)活树桩,见活树桩部分。
(3)土工布。

8.2.11.4 施工时机

在枯水期施工。

8.2.11.5 安装

(1)安装应从河岸开始,在河流中进行。
(2)潜坝应挖进河岸,并挖进入河床大约 D_{100} 的深度,但一般不超过0.6m,宽度至少应等于3倍的 D_{100},但不小于一个典型的2.4到3.0m宽的施工设备。
(3)潜坝施工可以从河岸开始并向河床中推进,施工过程中用潜坝支撑施工设备。
(4)校正潜坝,使离开潜坝的水流朝向河流的中心或远离河岸。潜坝与上游河岸之间的角度为锐角,范围50°~80°。
(5)当潜坝伸入河流时,潜坝应向下斜伸入水流。
(6)潜坝应足够长,至少穿过河流的流底深泓。
潜坝的布置与结构如图8-2-42所示。

8.2.12 石笼与活树桩(Gabions with Live Stakes)

8.2.12.1 定义

石笼是由岩石填充的矩形网框,堆叠在一起形成一个重力式墙。石笼通过联锁框内独立的石块来达到内部稳定的目的。对于减缓径流流速、保护岸坡和防止侵蚀来说,石笼是一个易于使用的结构(图8-2-43)。

石笼可以与活插枝结合。植物活的切枝可以插在箱笼之间或箱笼中,保证枝条可以延伸到箱笼后方的土中,从而使枝条生根,使结构物和回填土形成完整的整体,如图 8-2-44 所示。这样一个“绿化”笼壁可以提供美景和动物的栖息地。

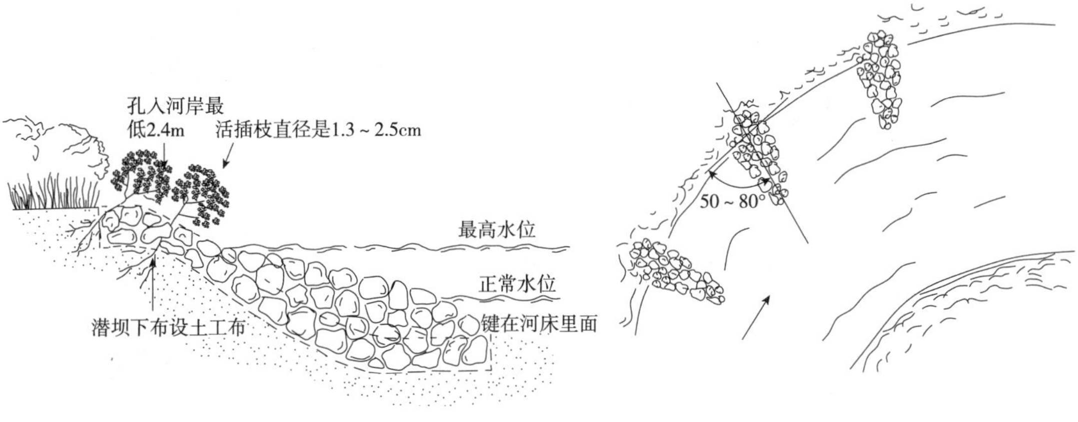

图 8-2-42　岩石潜坝的布置与结构

图 8-2-43　石笼防护岸坡

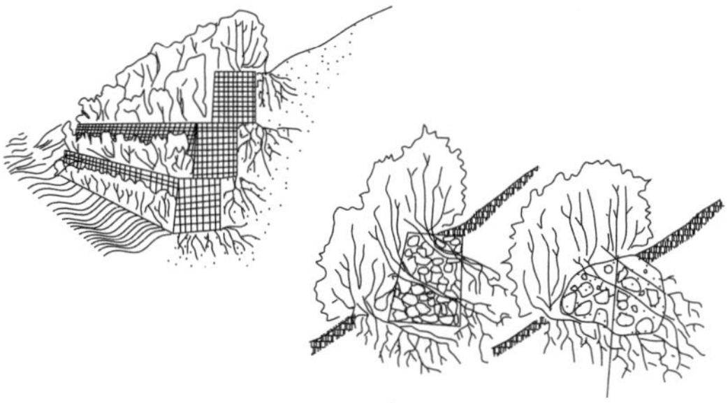

图 8-2-44　“绿化”的石笼墙

8.2.12.2　材料

(1)预制的箱笼、铁丝。

(2)具有成活和生根能力的木本植物,插枝直径为 1.27~2.54cm。

(3)块石。

(4)回填土壤。

8.2.12.3　特点

(1)施工方便简单。

(2)可以在近似垂直的岸坡构建石笼。

(3)可以在不分级的陡坡上使用。

(4)可以在河(库)岸和斜坡上安装。

(5)可减缓边坡坡度,保护破坏坡面免受冲刷和侵蚀的破坏。

(6)比传统的石笼墙外观自然,景观效果好。

(7)随着时间的推移,使用活木桩将有助于将石笼长久地固定到河(库)岸上。

(8)比单个岩石能承受较高的剪切应力和冲刷力。

(9)一旦石笼墙修建完成,不易对其再绿化。

(10)施工高度受到限制。

(11)安装成本高,石笼比植被护坡或抛石护坡更贵。

(12)河床材料会磨损丝筐而导致失败。

8.2.12.4 设计原则

(1)要求

①活树桩可以种植到石笼筐里。

②石笼墙的背面应该用排水良好的材料来填充和种植。

③石笼应安装在一个稳定的基础上。

④应向斜坡倾斜。

⑤在石笼的下面和后面放土工织物,可以防止细粒填料渗出。

(2)施工季节

如果采用活树桩石笼,应在植物休眠期施工。

8.2.12.5 安装

详细施工程序如下:

(1)由最底部开始开挖基础,基础底面需使石笼与坡面倾斜,基础尺寸为0.3m深,且有可以放置铁丝笼足够的宽度。

(2)将第一层的箱笼放置于开挖好的基础面上,并固定到位,填充块石。

(3)在设置好的石笼层中和石笼上填土。

(4)将植物的切枝插入石笼中石块间的空隙或土壤中,覆土并压实,确保切枝与土壤有良好的接触。

(5)第二层的石笼应从第一排后移0.15~0.30m。

(6)依此类推向上设置其他层的石笼置。

安装完成后的效果如图8-2-45所示。

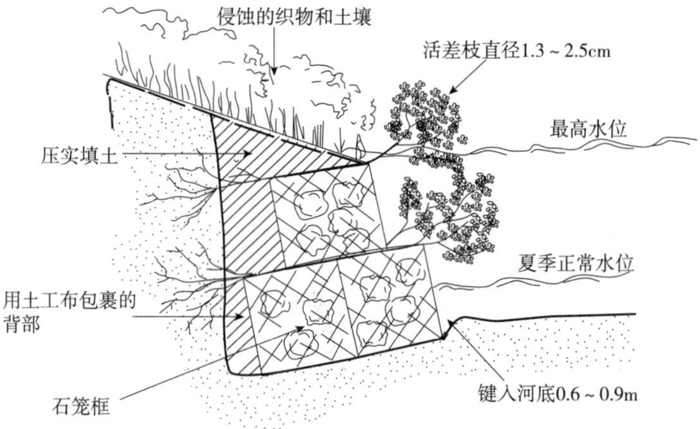

图8-2-45 石笼对岸坡的防护

8.3　河(库)岸植物防护管理

河道整治建设,有或没有植物都需要维护。河(库)岸植物防护管理不仅包含对一般植物的维护的技术要求(表 8-3-1),而且要考虑植物作为野生生物栖息地的生态要求。在施工后生物防护结构通常不能立即有助于岸坡的稳定,但随着植物的生长会增加岸坡的稳定性。当地条件对植物生长不利时,维护和助长就显得更重要。生态护岸维护和管理需要有三个阶段:

完成种植的一般合同要求　　表 8-3-1

植被类型	要　求
播种和种子垫(草本植物)	草和草本植物,50%的平均覆盖率
木本植物幼苗	均匀分布的溶胀种子和覆盖材料
草皮、覆盖材料	一致,且根茎固定的草皮层不能出现被掀起
树木和灌木的种植	失败率<30%,建设目标必须满足
活的植物(树枝、杆、根、树桩、根茎)	柴笼、垫层、树篱、树篱灌木层:平均 5 根苗/m,但至少 2 根苗/m 柴排:平均 10 根苗/m^2,但至少 5 根苗/m^2 扦插:至少 2/3 发芽,且均匀分布

(1)最初的护理,即施工期间或施工后的立即维护管理,需要为植物生长提供一个良好的开端;

(2)生长期间的维护和管理;

(3)长期的维护。

8.3.1　最初的护理

施工期间或施工后立即给予管理取决于植物生长的首要目标。不同类型的植物有不同的生长标准,施肥、灌溉、土壤耕作和土壤改良可以帮助满足这些标准。

8.3.2　在植物发育过程中的管理和养护

生物防护结构趋于加快植物演替,从而在很短的时间内可以建立某种顶极植被。这就是为什么生物防护方法要求早期阶段的护理和保养比以后更多的原故。需要多少工作取决于要建立的植被类型和采用的施工方法。在植物发育过程中通常需要开展的护理维护活动如下。

8.3.2.1　施肥

生物防护结构使用的地方往往缺乏植物所需的营养和肥沃的土壤。施肥能够有效地促进植物的生长发育,尤其是天然状态的土壤。施肥可以增加植被的覆盖率,从而降低植被的流失风险。施肥通常使用无机肥料、肥料、堆肥和插枝。施肥的量、组合和时间应根据植物、地点和具体的时间确定,应制定详细的施肥计划。

8.3.2.2 灌溉

在温和气候区,灌溉应只用于新植物的根干或在干旱期间进行灌溉,过多的灌溉会危及根系的生长。在干旱区或夏天非常干燥的地区,需要足够的灌溉来保证植物的生长。

8.3.2.3 土壤耕作和土壤改良

松动土壤和控制杂草能促进植物的生长发育,特别是在开始种植的时候。10~20cm 厚的腐烂物质覆盖层(特别是垃圾、秸秆、草和杂草的枝条)可以调节接近土壤表面的温度和湿度,并提高土壤活性。在鼠患严重的地区,冬季开始前必须去除枯枝落叶层。

8.3.2.4 割草

经常割草是没有必要的,但如果能每年进行一次,可以刺激芽和根的生长,并加速草和草本植物的生长发育。

8.3.2.5 乔木和灌木的护理

木本植物可能需要在前两年进行切枝,以改善他们的健康状况和形状,如修建一个单一主杆的灌木可以产生若干个主要的芽。头 3~5 年,需要将高杆树木和单一的木本幼苗固定在桩上来获得支撑。

8.3.2.6 植物保护与害虫控制

应该采取没有化学污染的保护措施,防止植物病虫(真菌)害和动物(昆虫)侵害。有时,野生动物的侵害可能需要使用化学药品和机械的保护(如栅栏、布线等)。

8.3.3 长期维护

虽然在植物早期的生长过程中需要加强对生物防护结构的管理和维护,但后期的维护和管理仍然是需要的。在一般情况下,草本植物比木本植物需要更多的护理。维护的方法和时机取决于技术、生态和美学目标的要求。其他要考虑的目标是进一步利用这些植物群落,以获得更多新技术结构的活材料和增加单一栽培植物的多样性。

8.3.3.1 库区与河岸除草

在温和气候区域,草地和灌木覆盖的维护在库区与河岸是最昂贵和最密集的。除了生态方面如物种多样性,纯粹的技术原因需要河(库)岸除草,这些技术工作包括:

(1)除草有助于维持洪水时所需的过洪能力,但没有维护的河岸减小了有利灌木和树木生长的区域。

(2)木本植被通过它的幼苗不仅没有减小过洪能力,而且可促进泥沙的沉淀,特别是在河岸的底部。

(3)频繁的割草可增强根系生长,提高草本植物的生长密度,并抵抗水和冰的侵蚀。缺少维护,稀疏的草本灌木丛覆盖会增加河(库)岸的侵蚀。

(4)缺乏维护给啮齿类等有害动物创造了有利的生存条件。

8.3.3.2　树木和灌木丛的维护

树木和灌木丛形成的自然河岸带能固定河(库)岸,提供阴影区,抵御风浪,减少夏季温度升高,减少藻类和沉水植物的生长,并给野生动物提供庇护所,特别是作为景观审美的主导要素。生态要求必须与技术和安全要求一致。以下是一般处理木本植被的经验:

(1)树木和灌木(或其部分)影响河(库)岸的不稳定或影响行洪时必须清除。

(2)在树林和灌木丛间的空隙必须由新植物覆盖,这些空隙会产生侵蚀和坑洞,从而形成危险。

(3)考虑到行洪,限制木本植物的位置,树和灌木树种(如柳树,桤木)每 5~15 年必须削枝,使其发芽。

8.3.3.3　移除水力障碍

除了疏浚,去除木质残体、坍塌的树木和其他障碍物也可以改善河段的水力条件。通过洪水沉积的这些障碍,应该从河流范围移走。阻碍水流的木本植物应该削枝裁剪,处于倒下危险的树木应该从河(库)岸移走。

形成的坑洞、河岸凹槽以及啮齿类动物的损害是河(库)岸失稳、冲刷的原因,这些危害或位置的植物的重新种植演替可以重新开始或必须立即修理。在许多情况下,生物工程方法的修理是一种可行、有效的补救措施。

8.3.3.4　鼠害的控制

麝鼠和其他啮齿类动物在河岸挖穴造洞,在洪水期间会严重损害河(库)岸的稳定。鼠害往往发生在严重污染的河(库)段和当修剪的草留在河(库)岸的时候。鼠害控制的第一步是要保持良好的水质和移除修剪过的草;也可采取挖洞或注水进行除鼠,或采用猎杀的方法进行除鼠。从生态学的角度,可增加木本植物树冠层提供的阴影来减少沉水植物的生长,从而减少麝鼠的食物来源以减少鼠害。

第9章　浸水路基的设计与防护

本章主要论述浸水路基的线位选择、路基路面高度确定、防护范围确定、路基稳定性分析、浸水挡土墙设计以及路基坡面防护设计等。

浸水路基是指被设计水位浸淹的沿河、沿库路基、河滩路堤以及穿越池塘、水库等地段的路堤。沿河路基是公路走向与河流基本平行,且受设计水位浸淹的路基;河滩路堤是指公路走向与河流基本垂直,且横跨河滩、水库的路堤。

池塘路堤一般只是受静水浸泡,水位涨落缓慢,除填料抗剪强度因浸水有所降低外,受其他因素如流速、动水压力等的影响甚微。沿河、沿库及河滩路基则不同,除受水浸淹使土体抗剪强度降低外,还受水流的冲刷和水位涨落时路基内形成的渗透动水压力以及管涌等因素的影响。

9.1　库岸、河滩与沿河路基设计

9.1.1　库岸、河滩、水库及沿河路基的特点及设计要求

9.1.1.1　特点

(1)填方边坡和坡脚容易受到水流的冲刷和淘刷。

(2)有时还会遇到软弱的地基,处理不当,则会造成路基沉陷。

(3)路堤填料受水浸后强度下降。

(4)水位激烈降落,使路堤受到附加的渗透动力压力,以致降低了路堤边坡的稳定性。

9.1.1.2　设计要求

(1)按照就地取材的原则,尽可能选用水稳性能较好的填料。

(2)根据填料性质、水位变化情况和其他不利条件,合理设计路基断面,保证填方边坡的稳定。

(3)针对水流的冲刷情况,选用适当的防护措施,以防边坡冲毁。

(4)遇有基底土质不良时,应考虑采取加固措施,或改用其他方案(如延长桥梁或修建栈桥等)。

(5)当路堤上下游两侧水位相差悬殊时,应按土坝要求进行设计。

9.1.2　库岸、河滩、水库及沿河路基位置的选择

沿河路基的位置正确与否,对路基稳定性及工程造价的影响很大。一般在比较狭窄的河谷中,当线位过于靠山时,虽然可以减少防护工程,但必然要增大路基土石方数量,同时废方

也可能引起河道壅塞、河床改道,以至冲毁对岸农田、村舍,高边坡的挖方路基也容易发生坍方、滑坡等现象;当线位占河过多时,虽然可以减少路基土石方数量,但仍需加强防护工程,也会发生防护工程被破坏、路基被冲垮等水毁现象。因此,对沿河路基位置的选择,是靠山还是占河,要结合现场具体情况确定。原则上对于水流较急,又是当冲的路段,山坡岩石整体性又比较好,路基则可适当靠山;对于山坡岩石比较破碎,占山容易造成路基坍方,防护工程地基情况较好的路段,路基则可适当占河、占库;陡壁下的当冲路段,既不能靠山,又不能占河、占库时,则可按设置半边桥的要求来确定沿河、沿库路基的合理位置。

9.1.3　路堤断面型式与填料选择

9.1.3.1　断面型式

河滩路堤的断面型式,按水位及填料的情况而定。

(1)路堤高程由洪水位控制的地段,断面型式如图9-1-1所示(图中 h 为壅水高+波浪侵袭高,下同)。

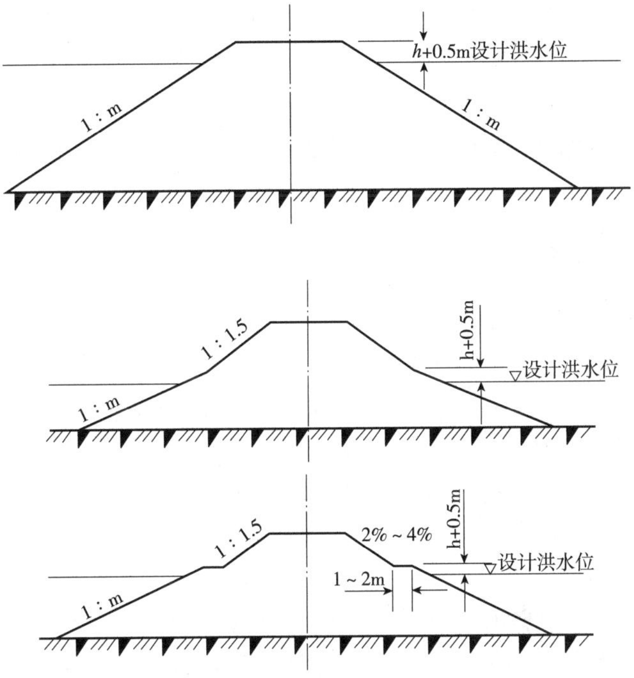

图9-1-1　路堤断面型式

(2)高路堤,填料均一的地段,断面型式如图9-1-1所示。一般情况下,可不设护道。当路堤很高、水深较大时,根据边坡稳定的需要可设置1~2m宽的护道。

(3)使用不同的土填筑路堤,其断面形式可参考图9-1-2选用。当两部分填料的颗粒尺寸相差较大时,应在其间加设反滤层,以防上部土颗粒混入下部填料中,引起路堤下沉。反滤层可采用砂及砾、碎、卵石等材料,并按两部分填料的粒径差别情况,分别做成一层或多层,每层厚度为0.1~0.15m。

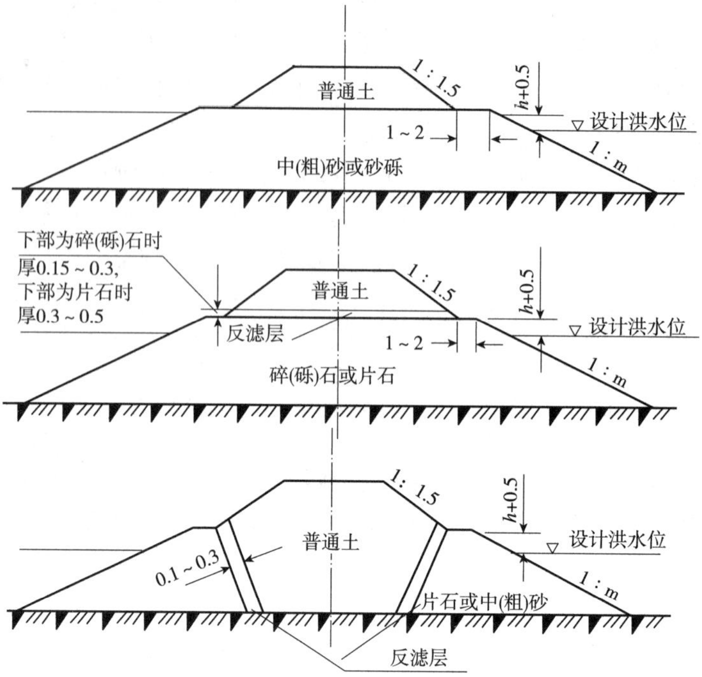

图 9-1-2　路堤断面型式(尺寸单位:m)

河滩路基半填半挖断面,其中挖方部分的设计与一般路基设计相同,填方部分的设计与河滩路堤设计相同。

9.1.3.2　填料选择

河滩路堤的填料,应按就地取材的原则和路堤浸水的条件选择。

路堤的浸水部分或受水位涨落影响的部分,应尽可能选用渗水性较好的材料,如具有天然级配的砂砾,卵石、粗、中砂,石质坚硬不易风化的片、碎石等。这类材料,浸水后强度变化不大,当堤外水位变化时,堤身内的水可以自由渗出,不致产生渗透压力而影响边坡稳定。若就近无渗水性材料时,也可用黏性土填筑,但最好用黏土。黏土的透水性小,堤外水位变化对路堤内部的影响较小。采用黏性土作填料时,应严格控制填土在最佳含水量时的压实,压实度要求达到 0.90~0.95。

重黏土、浸水后容易崩解的岩石(如泥灰岩、泥质胶结的细砂岩等)、风化的石块、盐渍土及其他不宜作填筑一般路堤的土,均不宜用作河滩路堤的填料。当必须采用时,则须采取特殊措施。

9.1.4　路堤边坡

河滩路基不受水流影响的填土部分,其边坡的坡度与一般路堤的边坡相同。

河滩路基浸水部分的边坡,除了考虑土体自重和行车荷载的作用外,还要考虑水的浮力和渗透动水压力的不利影响。应通过稳定性验算确定其坡度,一般可较普通边坡放缓一级。

9.1.5 边坡防护

9.1.5.1 流水的作用

河滩与沿河、沿库路堤的边坡防护,首先应考虑流水对边坡的破坏作用,根据流水破坏作用的性质与大小,对路堤边坡进行防护与加固设计。流水对边坡的作用主要有以下几方面:

(1)冲刷作用:河滩或沿河、沿库路堤边坡侵入河床、水库,路堤边坡会受到流水、波浪的冲刷。

河流的冲刷作用是决定边坡防护类型及基础深度的依据,正确估计冲刷情况、合理选择防护工程的类型及基础形式是保证路堤稳定的关键。

(2)推移力作用:山区河流,河床坡度陡,洪水对路基边坡将产生很大的推移力 S($S=\gamma\cdot h\cdot i$,其中,γ 为水的容重,h 为水深,i 为河床坡度)。推移力超过防护工程的容许值,防护工程会遭受破坏,因此,对河床坡度陡及河水深的河流,应对防护工程进行推移力的验算。

(3)凹岸冲刷及水位变化的影响:河流凹岸水流速度大,冲刷深;同时,由于水流的离心作用而使水位抬高,故位于凹岸的路基及防护工程的标高除考虑一般设计水深及冲刷深度外,尚须考虑凹岸的水面超高及水流对防护构造物的冲高值,其值可按式(9-1-1)、式(9-1-2)计算:

$$\Delta H=\frac{V^2\cdot B}{g\cdot R} \tag{9-1-1}$$

$$\Delta h=\frac{V^2\sin^2\alpha}{g\sqrt{1+m^2}} \tag{9-1-2}$$

式中:ΔH——河湾水面超高(m),超高在整个河湾内为一常数,河湾起、讫点以外逐渐接近原水位,呈梯形;

Δh——凹岸水流对防护构造物的冲高值(m);

V——平均流速(m/s);

B——水面宽度(m);

R——河湾半径(m);

α——水流与河湾切线所成的交角(°);

g——重力加速度(m/s^2);

m——河岸边坡或防护工程边坡的边坡系数。

(4)冰压力的作用:在严寒地区,冰面附近的护坡石块,由于冰块移动或冻胀会发生变形,为此,设计时对防护工程应予适当加强。

9.1.5.2 边坡防护

河滩、库岸路基的边坡防护工程应根据河床特征、水流强弱、施工条件等综合考虑确定。

防护的高度应为:路基设计洪水位+壅水高+波浪侵袭高+安全高(0.5m)。

9.1.6 渗透破坏的防治

9.1.6.1 渗透破坏

河滩路堤两侧水位差过大，会使路堤土体内及基底土内产生渗透现象，当渗透水流足以使土粒移动时，就有一部分土粒被水流带走，这种冲移现象逐渐扩大，就产生渗透破坏。渗透破坏发展的结果将导致路堤坍塌破坏。

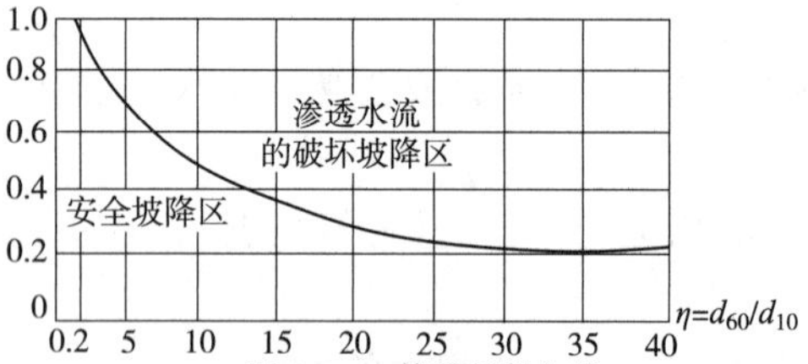

图 9-1-3 管涌判断曲线

注：d_{60}及d_{10}为土颗粒在筛分曲线图上相当于60%及10%含量时的粒径。

渗透破坏与渗透水流的比降、土的颗粒组成及其不均匀系数 η 有关。图 9-1-3 的曲线可用用于判断土在某一水力坡降下是否会发生管涌。从图中可以看出土的不均匀系数 η 越大、渗透破坏就愈容易发生；图中曲线的下方是不会发生渗透破坏的安全区域，曲线的上方是发生渗透破坏的区域。

9.1.6.2 渗透破坏的防治措施

①放缓下游一侧边坡，以延长渗水流的通路，减小水流坡降，因而可以保持边坡土粒的稳定；或在下游边坡的水下部分设滤水趾，并设反滤层。可以防止路堤中的细小颗粒被渗透水流带走，如图 9-1-4 所示。

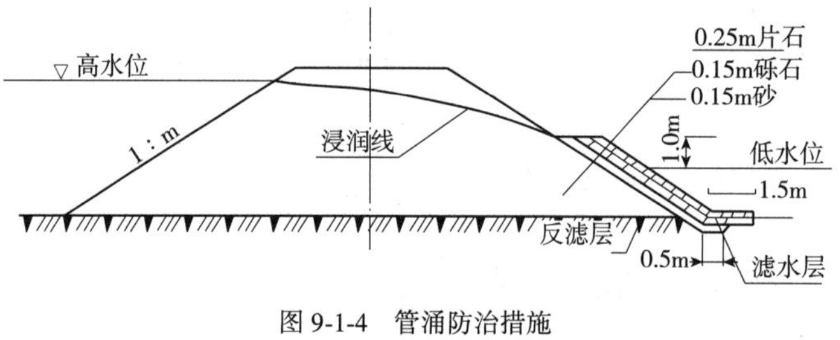

图 9-1-4 管涌防治措施

②若路堤土体渗透性小，而基底土层的渗透性大，则渗透水流就会通过基底土层渗出，也可能产生渗透破坏。在路堤下游坡脚以外的基底土层上，铺设滤水护坦或在上游铺设黏土层及在坡脚或基底下设置隔渗墙、止水幕等，都可以延长渗透水流的通路，降低渗透水头的压力。

9.1.7 施工注意事项

(1)填土的压实度：应严格控制路堤填土的压实，使其达到设计要求。对黏性土应在最佳含水率条件下夯实或碾压，对渗水性土应拍实或震动夯实，对边坡部分的碾压或夯实也应予以特别注意。

(2)取土范围：取土应严格遵照规定，任意取土则可能导致河床变迁而引起水毁。取土时应考虑河流性质，并正确选择取土地点；一般禁止在路堤两侧河床或河滩上取土，必要时可在路堤下游取土。

(3)防洪要求:路堤填筑应在枯水期进行。防护工程亦应同时进行,最好在汛期以前完成。如果工程过大,汛期以前不能完成,则应采取临时防洪措施,以保证施工安全。

9.2　边坡稳定性验算

9.2.1　水位变化对边坡稳定性的影响

河滩与沿河、沿库路堤浸水后,路堤除受自重及行车荷载的作用外,还要受水的浮力和渗透动水压力的作用。因此,在稳定性验算中,必须考虑水位变化对路堤边坡稳定性的影响。当路堤两侧水位不同时,水将由水位高的一侧向低的一侧渗透,并产生动水压力。同时由于路堤填土在浸水饱和后,抗剪强度显著减弱,路堤土受到水的浮力作用,容重减小,此时,路堤水位低的一侧边坡的稳定性将显著降低。因此,当河滩、沿河、沿库路堤两侧有过大的水位差时,路基应按水坝要求进行设计。当水位降落时,动水压力方向指向路堤两侧边坡,尤其当水位缓慢上涨而急剧下降时,对路堤的稳定最为不利,如图 9-2-1 所示。

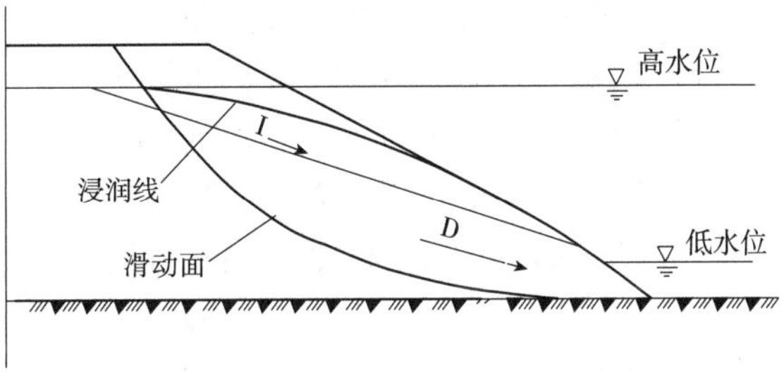

图 9-2-1　水位变化对边坡稳定性的影响

9.2.2　动力压力计算

动水压力 D 可按式(9-2-1)计算:

$$D=\gamma_w \cdot I \cdot A \tag{9-2-1}$$

式中:γ_w——水的容重($10kN/m^3$);

A——浸润线与滑动面之间的土体面积(m^2);

I——渗流的平均水力比降,计算时可近似地假定浸润线为一直线,其坡度即为渗流的平均水力坡降,在无试验资料时,I 值可参考表 9-2-1 选用或按式(9-2-2)作近似计算。

$$I=\frac{1}{3000\sqrt{K}} \tag{9-2-2}$$

式中:K——渗透系数。

平均 I 值参考表　　表 9-2-1

土类	粗砂	中砂	细砂	粉砂	亚砂土	亚黏土	黏土	重黏土
I	0.003~0.006	0.006~0.015	0.015~0.05	0.015~0.05	0.02~0.05	0.05~0.10	0.10~0.15	0.15~0.20

9.2.3 边坡稳定性验算

9.2.3.1 方法及公式

通常采用圆弧法(条分法)验算,如图9-2-2所示,其公式如下:

$$K=\frac{f\sum N_c+cl_c+f_b\sum N_b+c_bl_b}{\sum T_c+\sum T_b+D}$$

$$=\frac{\tan\varphi\sum b_c\cdot\gamma\cdot h_c\cdot\cos\alpha_c+cl_c+\tan\varphi_b\sum(b_i\cdot\gamma\cdot h_1+b_i\cdot\gamma_b\cdot h_b)\cos\alpha_i+c_bl_b}{\sum b_c\cdot\gamma\cdot h_c\cdot\sin\alpha_c+\sum(b_i\cdot\gamma\cdot h_1+b_i\cdot\gamma_b\cdot h_b)\sin\alpha_i+D} \tag{9-2-3}$$

式中:K——稳定安全系数,一般要求$K>1.25$;

$f\sum N_c$——浸润线以上部分沿滑动面l_c的摩擦力总和,$f=\tan\varphi$(φ—浸润线以上部分填土的内摩擦角);

$f_b\sum N_b$——浸润线以下部分沿滑动面l_b的摩擦力总和,$f_b=\tan\varphi_b$(φ_b—浸润线以下部分填土的内摩擦角);

c、c_b——浸润线以上部分与以下部分填土的黏聚力(kPa);

l_c、l_b——浸润线以上部分与以下部分填土的滑弧长度(m);

$\sum T_c$——浸润线以上部分沿滑动面l_c的下滑力的总和(kN);

$\sum T_b$——浸润线以下部分沿滑动面l_b的下滑力总和(kN);

γ、γ_b——填土的天然容重及浮容重或浸水容重(kN/m^3),$\gamma_b=\gamma-\gamma_w$(γ_w—水的容重,≈10kN/m^3);

b_c、h_c——浸润线以上部分填土沿滑动面l_b滑动的土条宽度与高度(m);

α_c——浸润线以上部分土条重Wc在滑动面l_c上与其法向分为N_c的夹角(°);

h_1、h_b——沿滑动面l_b滑动的土条在浸润线以上及以下部分的高度(m);

b_i——沿滑动面l_b滑动的土条宽度(m);

α_i——沿滑动面l_b滑动的土条重W_i与其在滑动面上的法向分力N_i的夹角(°);

D——动水压力,用式(2-1-3)计算而得。

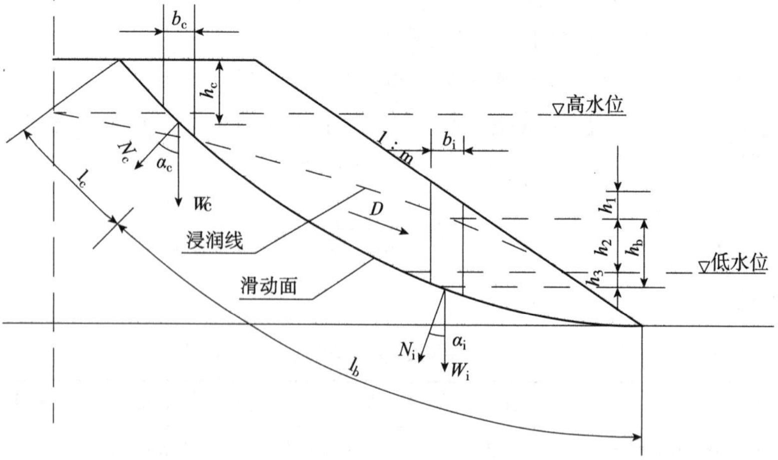

图9-2-2 圆弧法验算图式

在实际边坡稳定性验算中，一般按下述方法近似地考虑动水压力的影响；在计算抗滑力时，浸润线以下的滑动土体重按浮容重 γ_b 计；而在计算下滑力时，浸润线以下低水位以上部分的土体重按饱和容重 γ_s 计，低水位以下部分的土体重按 γ_b 计，浸润线以上土体重一律按容重 γ 计。因此可将式(9-2-4)改为式(9-2-5)：

$$K=\frac{M_{抗}}{M_{滑}}=\frac{f\sum N_c+cl_c+f_b\sum N_b+c_il_b}{\sum T_c+\sum T_b}$$

$$=\frac{\tan\varphi\sum b_c\cdot\gamma\cdot h_c\cdot\cos\alpha_c+cl_c+\tan\varphi_b\sum[\gamma\cdot h_1+\gamma_b\cdot(h_2+h_3)]\cdot b_i\cdot\cos\alpha_i+c_bl_b}{\sum b_c\cdot\gamma\cdot h_c\cdot\sin\alpha_c+\sum(\gamma\cdot h_1+\gamma_s\cdot h_z+\gamma_b\cdot h_3)\cdot b_i\cdot\sin\alpha_i}\quad(9\text{-}2\text{-}4)$$

式中：h_2、h_3——沿滑动面 l_b 滑动的土条在浸润线以下低水位以上部分的高度及低水位以下至滑动面部分的高度(m)；

γ_s——填土的饱和容重(kN/m^3)，$\gamma_s=\gamma_d+n\gamma_w$；

γ_d——填土的干容重(kN/m^3)；

n——填土的孔隙率(%)；

γ_w——水的容重(10kN/m^3)。

其余符号同前。

9.2.3.2　计算参数的选用

(1)用一般黏性土及均质的粉、细砂填筑的路堤

通常采用标准夯实土样的快剪值，浸润线以上部分采用不浸水条件下的试验数值，浸润线以下部分采用浸水饱和条件下的试验数值。如无此数值时，则可用如下近似经验公式计算：

①内摩擦系数 $f_b=0.75f$，f 为标准夯实土的内摩擦系数。

②黏聚力 $c_b=0.5c$，c 为标准夯实土的黏聚力。

③土的浮密度 $\gamma_b=\dfrac{\Delta-10}{1+e}$，$\Delta$ 为土的相对密度，e 为土的孔隙比。

(2)用砂砾、片石等无黏性($c=0$)的透水材料填筑的路堤

当水位变化时，堤身不发生动水压力($D=0$)。因此在作边坡稳定性验算时，式(9-2-3)中相应的参数应取为 $D=0$、$c=0$、$c_b=0$。

(3)用不透水或透水性极小的黏性土填筑的路堤

当水位变化时，堤身也不发生动水压力($D=0$)。因此在作边坡稳定性验算时，式(9-2-3)中的 $D=0$。

(4)用一般黏性土(如亚黏上、亚砂土等)填筑的路堤

当水位变化时，堤身要发生动水压力。此时，先绘制浸润曲线(通常假定降落曲线为直线，其坡度即为降落曲线的平均坡度)，并按式(9-2-3)或式(9-2-4)验算边坡稳定性。

(5)用几种不同土填筑的路堤

验算时，按照破裂面所穿过的不同土层，分别采用各层土的 γ、φ、c 值。

(6)河滩路堤的安全系数

一般规定不小于 1.25。按最大洪水位进行验算时，其安全系数可采用 $K\geqslant1.15$。

9.3 波浪侵袭高度计算

在水面宽阔、路堤边坡受到波浪侵袭时，应计算波浪高度及波浪侵袭高。

9.3.1 波浪高度及波长的计算

波浪总高度 $2h$ 和波浪长度 $2L$、水面宽度或吹程 D、风速 W 以及堤前水深 H 等因素有关，可按下列经验公式确定：

9.3.1.1 经验公式 1

根据某水库公路观测资料整理的经验公式，如式(9-3-1)、式(9-3-2)：

$$2h = 0.0166W^{\frac{5}{4}}D^{\frac{5}{4}} \tag{9-3-1}$$

$$2L = 10.8\,(2h)^{0.8} \tag{9-3-2}$$

式中：$2h$——浪高，即波峰至波谷的高度(m)，波峰高出静水水面的高度可近似采用浪高的一半；

$2L$——波浪长度，即相邻两波峰的间距(m)；

D——波浪推进方向的水面宽度，或称吹程(m)，一般可采用与边坡坡面相垂直方向的最大水面宽度；

W——风速(m/s)，可采用汛期沿吹程方向的最大风速，一般应不低于 15m/s。

9.3.1.2 经验公式 2

当风速为 3～15m/s，水面宽度为 3～30km，水深小于 10m，波长小于水深的一半时，波浪总高度 $2h$ 和波浪长度 $2L$，可按式(9-3-3)，式(9-3-4)计算。

$$2h = 0.0208W^{\frac{5}{4}}D^{\frac{1}{3}} \tag{9-3-3}$$

$$2L = 0.304WD^{\frac{1}{2}} \tag{9-3-4}$$

式中符号意义同前。

式(9-3-3)和式(9-3-4)可作成图解(图 9-3-1)，以便于计算。

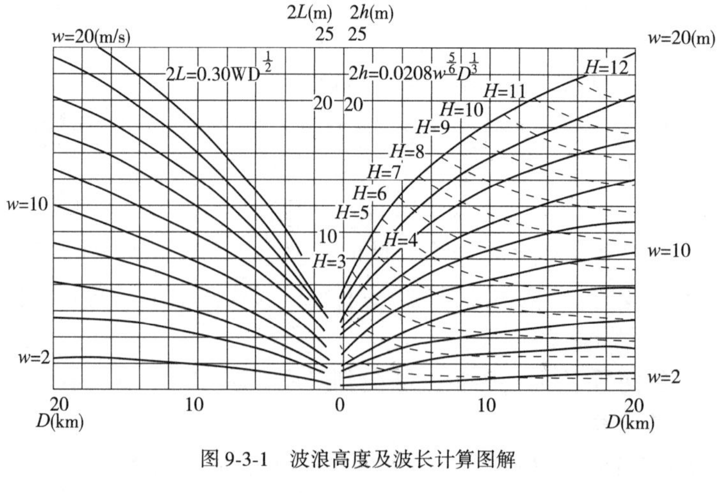

图 9-3-1 波浪高度及波长计算图解

9.3.1.3　经验公式 3

河谷形水库地区，对于水面宽度 $D<100\text{km}$、水较深、风速大、浪较高的情况，则可按式(9-3-5)，式(9-3-6)计算：

$$2h=0.073KW\sqrt{D\varepsilon} \tag{9-3-5}$$

$$2L=0.073W\sqrt{D/\varepsilon} \tag{9-3-6}$$

式中：W——风速(m/s)；

K——波浪特性系数；

D——水面宽度(km)，$D=18.4W^2\varepsilon$；

ε——波浪陡度。

$$\varepsilon=\frac{1}{0.9\left(100+W^2\right)^{\frac{1}{2}}} \tag{9-3-7}$$

$$K=1+e^{\frac{-0.4D}{w}} \tag{9-3-8}$$

式中：e——自然对数的底，为 2.72。

9.3.2　波浪侵袭高的计算

波浪在路堤边坡上的侵袭高 h_z，可按式(9-3-9)计算。

$$h_z=3.20K_0(2h)\tan\alpha \tag{9-3-9}$$

式中：α——路堤边坡与水平面的夹角(°)；

K_0——与边坡坡面粗糙度和透水性有关的综合系数，见表 9-3-1；

$2h$——波浪的总高度(m)。

K_0 系数表　　表 9-3-1

护坡种类	K_0	护坡种类	K_0
草皮及干砌片石	0.90	植树或设有大块石料的边坡	0.77
一层或两层片石加固的护坡	0.75	抛石	0.60

式(9-3-9)适用于边坡坡角为 14°~45°(即 1∶4~1∶1)及波浪总高 $2h$ 小于 1.5m 的情况。

当路堤设有护坡道或下边坡坡度不同时，式(9-3-9)中的 $\tan\alpha$ 应改用式(9-3-10)计算(图 9-3-2)。

$$\tan\alpha=\frac{1-0.2\sqrt{\frac{b}{2h}}}{m_2}+\frac{t}{L}\left[\frac{1}{m_1}-\frac{1-0.2\sqrt{\frac{b}{2h}}}{m_2}\right] \tag{9-3-10}$$

当护道宽度 $b=0$ 时，则

$$\tan\alpha=\frac{1}{m_2}+\frac{t}{L}\left[\frac{1}{m_1}-\frac{1}{m_2}\right] \tag{9-3-11}$$

式中：b——护坡道宽度(m)；

t——静水位距护坡道的高度(m)；

m_1、m_2——上、下边坡的坡率；

L——波浪长度(m)。

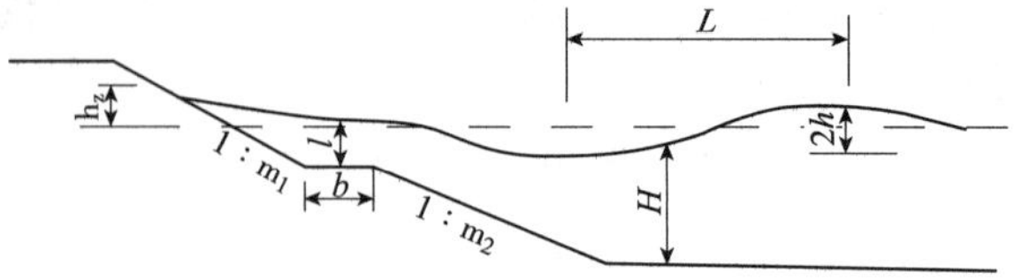

图 9-3-2　计算图式

9.3.3　不考虑波浪侵袭高的情况

(1)水面宽度(吹程 D)小于 0.2km 者；

(2)水深在 1.0m 以下者；

(3)计算波浪高度在 0.15m 以下者；

(4)河滩附近有不被波浪淹没的树林者。

9.4　路基干湿类型

路基的强度与稳定性与路基的干湿类型有密切关系,并在很大程度上影响路面结构及厚度的确定。

路基干湿类型划分为四类:干燥、中湿、潮湿和过湿。划分标准是上述四种干湿类型的分界相对含水率 ω_1、ω_2 和 ω_3。各公路自然区划,不同土组的分界相对含水量见表 9-4-1,路基干湿类型见表 9-4-2。

土组的分界相对含水量建议值　　表 9-4-1

自然区划 分界相对含水率 土组	砂性土			黏性土			粉性土			附注
	ω_1	ω_2	ω_3	ω_1	ω_2	ω_3	ω_1	ω_2	ω_3	
Ⅱ$_1$、Ⅱ$_2$、Ⅱ$_3$、Ⅱ$_{1a}$、Ⅱ$_{2a}$	0.70	0.75	0.80	0.50	0.60	0.70	0.55	0.60	0.70	黏性土:分子适用于Ⅱ$_1$、Ⅱ$_2$、Ⅱ$_3$ 区
				0.55	0.65	0.75	0.60	0.65	0.75	粉性土:分母适用于Ⅱ$_{2a}$副区
Ⅱ$_4$、Ⅱ$_5$	0.75	0.80	0.85	0.50	0.60	0.70	0.55	0.65	0.75	
Ⅲ	0.70	0.78	0.85				0.50	0.60	0.70	分子适用于粉性土地区
							0.55	0.65	0.75	分母适用于粉质亚黏土地区
Ⅳ	0.65	0.75	0.80	0.60	0.65	0.75	0.60	0.65	0.75	
Ⅴ				0.57	0.70	0.75	0.60	0.70	0.75	
Ⅵ	0.70	0.78	0.85	0.55	0.63	0.70	0.55	0.65	0.75	
Ⅶ	0.65	0.73	0.80	0.55	0.63	0.70	0.55	0.65	0.75	

注:1. ω_1—干燥和中湿状态路基的分界相对含水率；

2. ω_2—中湿和潮湿状态路基的分界相对含水率；

3. ω_3—潮湿和过湿状态路基的分界相对含水率。

路基干湿类型 表 9-4-2

路基干湿类型	路槽底面以下 80cm 深度内的平均相对含水率$\overline{\omega}_x$与分界相对含水量的关系	一般特征
干湿	$\overline{\omega}_x<\omega_1$	路基干燥稳定,路面强度和稳定性不受地下水和地表积水影响 路基高度 $H>H_1$
中湿	$\omega_1\leqslant\overline{\omega}_x<\omega_2$	路基上部土层处于地下水或地表积水影响的过渡带区内 路基高度 $H_2<H\leqslant H_1$
潮湿	$\omega_2\leqslant\overline{\omega}_x<\omega_3$	路基上部土层处于地下水或地表积水毛细影响区 路基高度 $H_3<H\leqslant H_2$
过湿	$\omega_3\leqslant\overline{\omega}_x$	路基极不稳定,冰冻区春融翻浆,非冰冻区弹簧,土基经处理后方可铺筑路面 路基高度 $H\leqslant H_3$

注:1. H——路槽底面距地下水位或地表积水水位的高度;

2. H_1、H_2、H_3——分别为路基干燥、中湿和潮湿状态的临界高度,见下述及表 9-5-1;

3. 划分路基干湿类型以$\overline{\omega}_x$为主,缺少资料时可参照一般特征确定;

4. 地表积水是指不利季节积水 20d 以上。

路面设计,一般要求路基处于干燥或中湿状态。过湿状态的路基,必须经过认真和有效处理后方可铺筑路面。

路基干湿类型,按不利季节路槽底面以下 80cm 深度内的平均相对含水率$\overline{\omega}_x$确定:

$$\overline{\omega}_x=\frac{\overline{\omega}}{\omega_x} \tag{9-4-1}$$

式中:$\overline{\omega}$——路槽底面以下 80cm 深度内的算术平均含水率;

ω_x——76g 平衡锥所测土样的液限。

原有公路$\overline{\omega}_x$应在不利季节测定。如当地有非不利季节与不利季节换算的经验公式,也可在非不利季节测定,并换算为不利季节的数值使用。

路基干湿类型,应根据实测$\overline{\omega}_x$按表 9-4-1 和表 9-4-2 确定,或根据调查水位、路基排水条件、天然土含水量、地质、地貌、植被、季节影响等因素,按当地路基临界高度和表 9-5-1 确定。

9.5 路基临界高度与最小填土高度

临界高度指在不利季节当路基分别处于干燥、中湿或潮湿状态时,路槽底面距地下水位或地面积水水位的最小高度,可根据土质、气候因素按当地经验确定。

当缺乏实际资料时,干燥、中湿、潮湿状态的路基临界高度(H_1、H_2、H_3)可参照表 9-5-1 选用。高度低于中湿或潮湿状态临界高度的路基,应分别按潮湿或过湿路基设计。

填土高度是指路肩边缘距原地面的高度。为利于排水,干燥路基最小填土高度规定为:

砂性土:0.3~0.5m;

黏性土:0.4~0.7m;

粉性土:0.5~0.8m。

临界高度参考值

表 9-5-1

自然区别 临界高度(m) 路槽底至水位(m) 土组	砂性土									黏性土									粉性土								
	地下水			地表长期积水			地表临时积水			地下水			地表长期积水			地表临时积水			地下水			地表长期积水			地表临时积水		
	H_1	H_2	H_3	H_1	H_2	H_3	H_1	H_2	H_3	H_1	H_2	H_3	H_1	H_2	H_3	H_1	H_2	H_3	H_1	H_2	H_3	H_1	H_2	H_3	H_1	H_2	H_3
$Ⅱ_1$										2.9	2.2								3.8	3.0	2.2						
$Ⅱ_2$										2.7	2.0								3.4	2.6	1.9						
$Ⅱ_3$	1.9~2.2	1.3~1.6								2.5	1.8								3.0	2.2	1.6						
$Ⅱ_4$										2.4~2.6	1.9~2.1	1.2~1.4							2.6~2.8	2.1~2.3	1.4~1.6						
$Ⅱ_5$	1.1~1.5	0.7~1.1							2.1~2.5	1.6~2.0									2.4~2.9	1.8~2.3							
$Ⅲ_1$																			2.4~3.0	1.7~2.4							
$Ⅲ_2$	1.3~1.6	1.1~1.3	0.9~1.1	1.1~1.3	0.9~1.1	0.6~0.9	0.9~1.1	0.6~0.9	0.4~0.6	2.2~2.7	1.7~2.2	1.3~1.7	1.75~2.2	1.3~1.7	0.9~1.3	1.3~1.75	0.9~1.3	0.45~0.9	2.4~2.85	1.9~2.4	1.4~1.9	1.9~2.4	1.0~1.9	1.0~1.4	1.4~1.9	1.0~1.4	0.5~1.0
$Ⅲ_3$	1.3~1.6	1.1~1.3	0.9~1.1	1.1~1.3	0.9~1.1	0.6~0.9	0.9~1.1	0.6~0.9	0.4~0.6	2.1~2.5	1.6~2.1	1.2~1.6	1.6~2.1	1.2~1.6	0.9~1.2	1.2~1.6	0.9~1.2	0.55~0.9	2.3~2.75	1.8~2.3	1.4~1.8	1.8~2.3	1.4~1.8	1.0~1.4	1.4~1.8	1.0~1.4	0.55~1.0
$Ⅲ_4$																			2.4~3.0	1.7~2.4							
$Ⅲ_{1a}$																			2.4~3.0	1.7~2.4							
$Ⅲ_{2a}$	1.4~1.7	1.0~1.3																	2.4~3.0	1.7~2.4							
$Ⅳ_1$、$Ⅳ_{1a}$										1.7~1.9	1.2~1.3	0.8~0.9							1.9~2.1	1.3~1.4	0.9~1.0						

续上表

自然区别 临界高度(m) 路槽底至水位(m)	砂性土									黏性土									粉性土								
	地下水			地表长期积水			地表临时积水			地下水			地表长期积水			地表临时积水			地下水			地表长期积水			地表临时积水		
土组	H_1	H_2	H_3	H_1	H_2	H_3	H_1	H_2	H_3	H_1	H_2	H_3	H_1	H_2	H_3	H_1	H_2	H_3	H_1	H_2	H_3	H_1	H_2	H_3	H_1	H_2	H_3
Ⅳ$_2$										1.6~1.7	1.1~1.2	0.8~0.9							1.7~1.9	1.2~1.3	0.8~0.9						
Ⅳ$_3$										1.5~1.7	1.1~1.2	0.8~0.9	0.8~0.9	0.5~0.6	0.3~0.4				1.7~1.9	1.2~1.3	0.8~0.9	0.9~1.0	0.6~0.7	0.3~0.4			
Ⅳ$_4$	1.0~1.1	0.7~0.8								1.7~1.8	1.0~1.2	0.8~1.0															
Ⅳ$_5$										1.7~1.9	1.3~1.4	0.9~1.0	1.0~1.1	0.6~0.7	0.3~0.4				1.9~2.1	1.3~1.5	0.9~1.1						
Ⅳ$_6$	1.0~1.1	0.7~0.8								1.8~2.0	1.3~1.5	1.0~1.2	0.9~1.0	0.5~0.6	0.3~0.4				2.0~2.2	1.5~1.6	1.0~1.1						
Ⅳ$_{6a}$										1.6~1.7	1.1~1.2	0.7~0.8							1.8~2.0	1.3~1.4	0.9~1.1						
Ⅳ$_7$				0.9~1.0	0.7~0.8	0.6~0.7				1.7~1.8	1.4~1.5	1.1~1.2	1.0~1.1	0.7~0.8	0.4~0.5												
Ⅴ$_1$	1.3~1.6	1.1~1.3	0.9~1.1	1.1~1.3	0.9~1.1	0.6~0.9	0.9~1.1	0.6~0.9	0.4~0.6	2.0~2.4	1.6~2.0	1.2~1.6	1.6~2.0	1.2~1.6	0.8~1.2	1.2~1.8	0.8~1.2	0.45~0.8	2.2~2.65	1.7~2.2	1.3~1.7	1.7~2.2	1.3~1.7	0.9~1.3	1.3~1.7	0.9~1.3	0.55~0.9
Ⅴ$_2$、Ⅴ$_{2a}$(紫色土)										2.0~2.2	0.9~1.1	0.4~0.6							2.3~2.5	1.4~1.6	0.5~0.7						
Ⅴ$_3$										1.7~1.9	0.8~1.0	0.4~0.6							1.9~2.1	1.3~1.5	0.5~0.7						
Ⅴ$_2$、Ⅴ$_{2a}$(黄填土、现代冲积土)										1.7~1.9	0.7~0.9	0.3~0.5							2.3~2.5	1.4~1.6	0.5~0.7						

续上表

自然区别 临界高度(m) 路槽底至水位(m) 土组	砂性土									黏性土									粉性土								
	地下水			地表长期积水			地表临时积水			地下水			地表长期积水			地表临时积水			地下水			地表长期积水			地表临时积水		
	H_1	H_2	H_3	H_1	H_2	H_3	H_1	H_2	H_3	H_1	H_2	H_3	H_1	H_2	H_3	H_1	H_2	H_3	H_1	H_2	H_3	H_1	H_2	H_3	H_1	H_2	H_3
V_4、V_5、V_{5a}										1.7~1.9	0.9~1.1	0.4~0.6							2.2~2.5	1.4~1.6	0.5~0.7						
$Ⅵ_1$	(2.1)	(1.7)	(1.3)	(1.8)	(1.4)	(1.0)	0.7	0.3		(2.3)	(1.9)	(1.6)	(2.1)	(1.7)	(1.3)	0.9	0.5		(2.5)	(2.0)	(1.6)	(2.3)	(1.8)	(1.3)	(1.2)	0.7	0.4
$Ⅵ_{1a}$	(2.0)	(1.6)	(1.2)	(1.7)	(1.3)	(1.0)	(1.0)	(0.5)		(2.2)	(1.9)	(1.5)	(2.0)	(1.6)	(1.2)	(0.9)	(0.5)		(2.5)	(2.0)	(1.5)	(2.2)	(1.7)	(1.2)	0.6		
$Ⅵ_2$	1.4~1.7	1.1~1.4	0.9~1.1	1.1~1.4	0.9~1.1	0.6~0.9	0.9~1.1	0.76~0.90	0.4~0.6	2.2~2.75	1.65~2.2	1.2~1.65	1.65~2.2	1.2~1.65	0.75~1.2	1.2~1.65	0.75~1.2	0.45~0.75	2.3~2.15	1.85~2.3	1.40~1.85	1.85~2.3	1.4~1.85	0.9~1.4	1.4~1.85	0.9~1.4	0.5~0.9
$Ⅵ_3$	(2.1)	(1.7)	(1.3)	(1.9)	(1.5)	(1.1)				(2.4)	(2.0)	(1.6)	(2.1)	(1.7)	(1.4)	(0.8)	(0.6)		(2.6)	(2.1)	(1.6)	(2.4)	(1.8)	(1.4)	(1.3)	(0.7)	
$Ⅵ_4$	(2.2)	(1.8)	(1.4)	(1.9)	(1.5)	(1.2)	0.8			2.4	2.0	1.6	(2.2)	(1.7)	(1.3)	1.0	0.6		(2.6)	(2.2)	1.7	2.4	1.9	1.4	1.3	0.8	
$Ⅵ_{4a}$	(1.9)	(1.5)	(1.1)	(1.6)	(1.2)	(0.9)	(0.5)			(2.2)	(1.7)	(1.4)	(1.9)	(1.4)	(1.1)	0.7			(2.4)	(1.9)	1.4	2.1	1.6	1.1	1.0	0.5	
$Ⅵ_{4b}$	(2.0)	(1.6)	(1.2)	(1.7)	(1.3)	(1.0)				(2.3)	(1.8)	(1.4)	(2.0)	(1.6)	(1.2)	(0.8)			(2.5)	1.9	1.4	(2.2)	(1.7)	(1.2)	1.0	0.5	
$Ⅶ_1$	(2.2)	(1.9)	(1.6)	(2.1)	(1.6)	(1.3)	(0.8)	(0.4)		2.2	(1.9)	(1.5)	(2.1)	(1.6)	(1.2)	(0.9)	(0.5)		(2.5)	(2.0)	(1.5)	(2.4)	1.8	1.3	1.1	0.5	
$Ⅶ_2$										(2.3)	(1.9)	(1.6)	1.8	1.4	1.1	0.8	0.4		(2.5)	(2.1)	(1.6)	(2.2)	(1.6)	(1.1)	0.9	0.4	
$Ⅶ_3$	1.5~1.8	1.2~1.5	0.9~1.2	1.2~1.5	0.9~1.2	0.6~0.9	0.9~1.2	0.7~0.9	0.4~0.6	2.3~2.85	1.75~2.3	1.3~1.75	1.75~2.3	1.3~1.75	0.75~1.3	1.3~1.75	0.75~1.3	0.45~0.75	2.4~3.1	2.0~2.4	1.6~2.0	(2.0~2.4)	(1.6~2.0)	(1.0~1.6)	(1.6~2.0)	1.0~1.6	0.55~1.0
$Ⅶ_4$	(2.1)	(1.6)	1.3	(1.8)	(1.4)	1.0	(0.9)			(2.1)	(1.6)	(1.3)	(1.8)	(1.4)	(1.1)	(0.7)			(2.3)	(1.8)	(1.3)	(2.1)	(1.6)	(1.1)			(1.3)
($Ⅶ_5$)	(3.0)	(2.4)	1.9	(2.4)	(2.0)	1.6	(1.5)	(1.1)	(0.5)	(3.3)	(2.6)	(2.1)	(2.4)	(2.0)	(1.6)	(1.5)	(1.1)	(0.5)	(3.8)	(2.2)	(1.6)	(2.9)	(2.2)	(1.5)			(1.3)
$Ⅶ_{5a}$										(2.8)	2.4	1.9	2.5	2.0	1.6	1.4	(0.8)		(2.9)	(2.5)	1.8	(2.7)	2.1	1.5	1.6	1.1	

注:1. 表中 H_1—路基干燥状态临界高度;H_2—路基中湿状态临界高度;H_3—路基潮湿状态临界高度;路槽底至水位高度小于 H_3 时为过湿路基,需经过处治后方能铺筑路面。

2. Ⅵ、Ⅶ区有横线者,表示实测资料较少,有括号者表示没有实测资料,根据规律推算的。

3. 新增$Ⅲ_2$、$Ⅲ_3$、$Ⅵ_1$、$Ⅵ_2$、$Ⅶ_3$,资料系甘肃省 1984 年所提建议值,其他地区供参考。

4. 缺少资料的二级区可暂先论证地参考相邻二级区数值。

9.6　浸水挡土墙设计

9.6.1　浸水挡土墙的适用条件

(1)沿溪线通过悬崖峭壁,如全挖路基,其工程数量很大,或废方很多,挤压河床,致使水流情况改变,有害于上下游农田和建筑物;做挑流建筑物对岸又不允许。在此情况下,若受冲路段并不很长时,可以采用浸水挡土墙。

(2)路线通过受水流冲刷的河湾,采用浸水挡土墙,可以稳定河湾,使之不再发展。

(3)导治线与河岸相距很近时,可考虑采用浸水挡土墙。

(4)在水深流急、冲刷大、洪水持续时间长、流向不定、险岸位置经常发生变化、水流中的漂浮物多而且大或有强烈流冰等时,在沿河路基受冲击处,可采用浸水挡土墙。

9.6.2　浸水挡土墙的勘测

9.6.2.1　浸水挡墙设计考虑的因素

长期或季节性浸水的挡土墙,应考虑水对墙后填料及墙身的影响:

(1)填料浸水时,因受水的浮力作用,使土压力减小。

(2)砂性土的内摩擦角值受水的影响不大,可认为浸水后不变;但浸水后黏性土的抗剪强度指标降低较多。

(3)墙背及墙面均受到静水压力,若水位一致时,则两者平衡;若有水位差时,则墙身将受到静水压力差引起的推力。

(4)墙外水位骤然降落,或者墙后暴雨下渗,而在填料内出现渗流时,填料及墙身会受到渗透动水压力(渗水性填料,动水压力一般很小,可忽略不计)。

(5)墙身受到水的浮力作用,而使其抗倾覆及抗滑动稳定性减弱。

9.6.2.2　勘测与调查

浸水挡土墙的勘测与调查工作,包括收集地形、水文及地质等方面资料,这些资料可供设计时参考。

(1)地形测绘

①确定浸水挡土墙的起讫位置,视需要绘制比例尺为 1 : 500 ~ 1 : 1000 的墙址地形图或平面图,用作浸水挡土墙的平面布置,图上标明工程地质及水文地质状况。

②测绘浸水挡土墙地段的控制横断面图及一般横断面图,比例尺为 1 : 200,图上标出低水位、中水位、测时水位及历史高水位,标明河床变化情况及地质情况。

(2)地质勘测

判明河床和河岸的岩、土种类和性质,调查分析可能修建浸水挡土墙地段的坡脚与河槽的工程地质、水文地质、淘淤关系并测量其冲刷深度,同时注意其岸坡的稳定性,有无塌方、崩塌及泥流形成的可能性等。

(3)水文勘测

测定河流的坡度、流速与常水位,分析水流的作用(波浪、冲刷、动水压力、浮力)以及附近支流对河流的影响,并说明洪水特征和水位变化时河流的情况等。

此外,还应搜集该地区的气象和气候资料,了解降水、温度变化情况,并判断冰冻深度等。

9.6.3 土压力计算

这里仅介绍不计动水压力作用时的土压力计算。

9.6.3.1 浸水后,填料的内摩擦角 φ 值不变

填料的 φ 值不变,则主动土压力系数 K 也不改变。在墙后填料表面为水平时,破裂角 θ 不受浸水的影响;但填料表面倾斜或其上有局部荷载作用时,则破裂角 θ 随之而变化。因为破裂面位置的变动,对计算土压力的影响并不太大,故可假设破裂角 θ 也不受浸水的影响。

(1)假设破裂角 θ 不受浸水影响

此时,浸水挡土墙墙背的土压力,可采用不浸水时的土压力 E 扣除计算水位以下因浮力影响而减小的土压力。ΔE_b(图 9-6-1),即:

$$\left.\begin{aligned} E_b &= E-\Delta E_b \\ \Delta E_b &= \frac{1}{2}(\gamma-\gamma')H_b\cdot K \end{aligned}\right\} \tag{9-6-1}$$

式中:H_b——计算水位以下的墙高(m);

γ'——填料的浮容重(kN/m^3)。

$$\gamma'=\gamma_d-(1-n)\gamma_w=\frac{\gamma_g-\gamma_w}{1-\varepsilon} \tag{9-6-2}$$

式中:γ_d、γ_g——填料的干容重和固体土粒的容重(kN/m^3);

γ_w——水的容重(kN/m^3);

n、ε——填料的孔隙率和孔隙比。

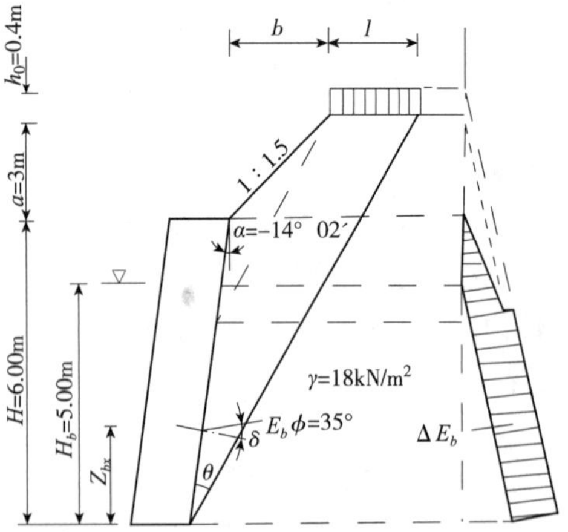

图 9-6-1 浸水挡墙土压力计算图式

土压力的作用点位置 Z_{bx} 为:

$$Z_{bx}=\frac{E\cdot Z_x-\Delta E_b\left(\dfrac{H_b}{3}\right)}{E-\Delta E_b} \tag{9-6-3}$$

式中:Z_x——填料未浸水时土压力的作用点位置(m)。

示例:浸水路堤墙,计算水位 $H_b=5m$,填料的容重 $\gamma_g=26.5kN/m^3$,孔隙比 $\varepsilon=0.43$,其余条件如图 9-6-1 所示,求算土压力。

未浸水时的计算结果为(计算从略):

$K=0.155$ $E=89.64kN$ $Z_x=2.09m$

浸水部分填料的浮容重为:

$$\gamma'=\frac{\gamma_g-\gamma_w}{1-\varepsilon}=\frac{26.5-10}{1-0.43}=11.54(\mathrm{kN/m^3})$$

因浮力影响而减小的土压力为：

$$\Delta E_b=\frac{1}{2}(\gamma-\gamma')H_b\cdot K=\frac{1}{2}(18-11.54)\times5^2\times0.155=12.54(\mathrm{kN})$$

浸水后的土压力变为：

$$E_b=E-\Delta E_b=89.64-12.54=77.1(\mathrm{kN})$$

土压力作用点位置：

$$Z_{bx}=\frac{E\cdot Z_x-\Delta E_b\left(\frac{H_b}{3}\right)}{E-\Delta E_b}=\frac{89.64\times2.09-12.54\left(\frac{5}{3}\right)}{89.64-12.54}=2.16(\mathrm{m})$$

(2)考虑破裂面位置的变化

若考虑破裂面位置因浸水而引起的变化，可采用图解（楔体试算）法求解。图解的方法和步骤与一般土压力计算的方法和步骤完全相同。只是在计算各试算土楔重 $G1$、$G2$、…时，计算水位以下部分的土体重采用浮容重 γ'。

9.6.3.2　浸水后，填料的 φ 值改变

需考虑浸水后填料的计算内摩擦角 φ 值降低时，可采用下法计算土压力：

(1)先计算水位以上部分的土压力。

(2)将计算水位以上部分的土层当作超载，按浮容重 γ' 换算为厚 h_b 的均布土层：

$$h_b=\frac{\gamma}{\gamma'}(H+h_0-H_b) \tag{9-6-4}$$

(3)计算浸水部分（其上部作用有 h_b 厚的均布土层）的土压力 E_2。

(4)上述两部分土压力 E_1 和 E_2 的矢量和，即为全墙的土压力 E_b。

9.6.4　挡土墙计算

9.6.4.1　附加作用力

浸水挡墙所受到的附加作用力如图 9-6-2 所示。

(1)静水压力 P_1 及 P_1'

静水压力 P_1 及 P_1' 可按式(9-6-5)计算：

$$P=\frac{1}{2}\gamma_w H_b^2\frac{1}{\cos\alpha} \tag{9-6-5}$$

式中：γ_w——水的容重($\mathrm{kN/m^3}$)；

H_b——水位高度(m)；

α——墙面或墙背的倾角（仰斜墙背的倾角采用负值）。

静水压力 P 的水平方向及垂直方向分力为：

$$\left.\begin{aligned}P_x&=P\cos\alpha\\P_y&=P\tan\alpha\end{aligned}\right\} \tag{9-6-6}$$

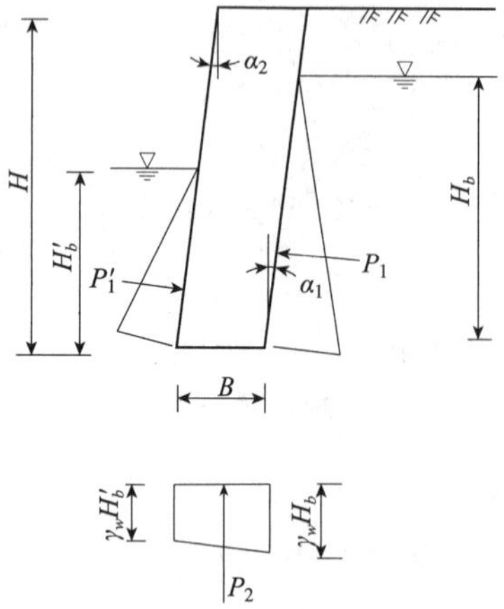

图 9-6-2 浸水挡土墙上作用的附加力

在一般情况下，墙身排水良好，墙前与墙后的水位一致，两侧的水平方向静水压力 P_x 相互平衡，计算时可不予考虑。当墙后填料排水慢或墙身排水设备失效，墙前水位下降后墙前墙后出现水位差，或者墙后水排不出去时，计算中应计入两侧静水压力的水平分力差（$P_{1x}-P_{1x'}$）。静水压力的垂直分力 P_{1y}，计入上浮力内。

（2）上浮力 P_2

基底受到的上浮力 P_2' 为：

$$P_2'=\frac{1}{2}\lambda\gamma_w(H_b+H_b')B \tag{9-6-7}$$

式中：B——基底宽（m）；

λ——考虑水进入基底的程度的浮力系数，参考表 9-6-1。

各类地基的浮力系数 表 9-6-1

地基类别	浮力系数	地基类别	浮力系数
密实潮湿的黏土或亚黏土	0.7~0.8	匀质而透水性小的岩石	0.35
含水饱和的亚黏土或亚黏土	0.85~0.9	裂缝不严重的岩石	0.35~0.50
细砂、中砂及砂砾	0.90~0.95	裂缝严重的岩石	0.75~0.95

墙身受到的全部上浮力 P_2 为：

$$P_2=P_2'+\sum P_y=\frac{1}{2}\gamma_w[\lambda B(H_b+H_b')-(H_b^2\tan\alpha_1+h_b^2\tan\alpha_2)] \tag{9-6-8}$$

仰斜墙背的倾角采用负值。

公式（9-6-5）只适用于墙面、墙背坡均为直线的重力式挡土墙，当为衡重式挡墙时则需作部分扣除，如图 9-6-3 所示。

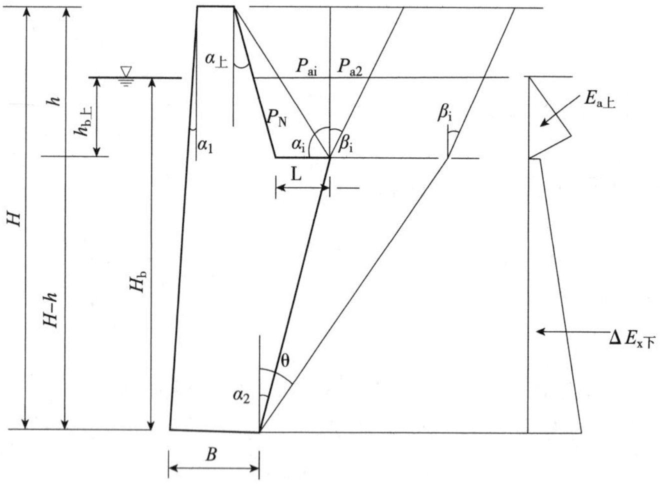

图 9-6-3 衡重式挡土墙浮力计算图

此时：

$$P_2=P_2'+\sum P_y-P_N-P_{n1}-P_{n2}$$

式中，P_2'、$\sum P_y$ 计算同前；

$$P_N=\frac{n}{z}\gamma_w h_{b上}[2L-h_{b上}(\tan\alpha_i-\tan\alpha_上)]$$

N——填料孔隙率；

$$P_{n1}=\frac{1}{2}\gamma_w\cdot h_{b上}^2\cdot\tan\alpha_1$$

$$P_{n2}=\frac{1}{2}\gamma_w\cdot h_{b上}^2\cdot\tan\alpha_2$$

对于常年浸水的挡土墙，上述静水压力及上浮力，在计算时应视作主要荷载组合中的作用力；而对于季节性浸水的挡土墙，则可当作附加组合中的作用力。

9.6.4.2 验算公式

作用在挡土墙上的力系如图9-6-4所示。

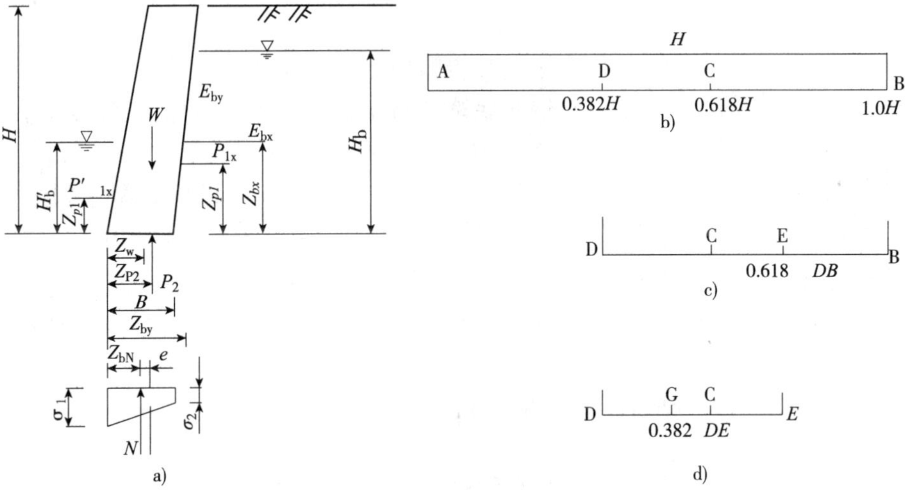

图9-6-4 作用在挡墙上的力系

(1)滑动稳定系数 K_c

$$K_c=\frac{(W+E_{by}-P_2)f}{E_{bx}+(P_{1x}-P'_{1x})}\tag{9-6-9}$$

式中：E_{bx}、E_{by}——考虑浸水作用后土压力的水平方向及垂直方向分力，kN。

(2)倾覆稳定系数 K_0

$$K_0=\frac{WZ_w+E_{by}Z_{by}-P_2Z_{P2}}{E_{bx}Z_{bx}+P_{1x}Z_{P1}-P'_{1x}Z'_{P1}}\tag{9-6-10}$$

式中：Z_w、Z_{by}、Z_{P2}、Z_{bx}、Z_{P1}、Z'_{P1}——各相应作用力对墙趾的力臂(m)。

(3)基底应力及偏心距

作用于基底的合力的偏心距 e 为：

$$e=\frac{B}{2}-Z_{bN}=\frac{B}{2}-\frac{WZ_w+E_{by}Z_{by}-P_2Z_{p2}-E_{bx}Z_{bx}-P_{1x}Z_{P1}+P'_{1x}Z'_{P1}}{W+E_{by}-P_2} \tag{9-6-11}$$

当 $e\leqslant\frac{B}{6}$ 时：

$$\sigma_{1,2}=\frac{W+E_{by}-P_2}{B}\left(1\pm\frac{6e}{B}\right) \tag{9-6-12}$$

当 $e>\frac{B}{6}$ 时：

$$\sigma_1=\frac{2(W+E_{by}-P_2)}{3\cdot Z_{bN}} \tag{9-6-13}$$

9.6.5 最不利水位的求算

由于浸水对墙身及填料产生不同影响，随着墙外水位的涨落，墙的稳定性出现不同的变化。最高水位不一定是最不利的状态，滑动稳定系数和倾覆稳定系数的最小值可能同时出现于某一水位，也可能分别出现。因此，设计浸水挡墙时须作反复的试算，以寻求最不利的水位。

为减少试算工作量，可采用“优选法”，其步骤如下（图 9-6-4）：

（1）第一次选点试算时，计算从挡墙基底算起的 0.618H 处水位的稳定系数 K 值（水位在 0.382H 处一般不控制设计，可舍去 0~0.382H 段），如图 9-6-4b）所示。

（2）第二次试算时再计算留下的 BD 段（图 9-6-4c））的 0.618 倍处的稳定系数（如图 9-6-4c）所示中的 E 点）。比较 C、E 两点 K 值的大小，如 $K_E>K_C$，即舍去图 9-6-4c）中 BE 段。

（3）第三次再计算留下 DE 段的 0.382 倍处的稳定系数（图 9-6-4d）中的 G 点）。再比较 K_E、K_G 值的大小决定取舍，如此进行 3~5 次即可求得稳定系数 K_0 或 K_c 为最小时的最不利水位。

对于地基应力，一般在枯水位时求得的数值，接近或达到最大值。

9.7 水库地区路基设计

9.7.1 路基高度

路基高度可按式（9-7-1）求得：

$$H\geqslant h_1+h_2+h_z+0.5 \tag{9-7-1}$$

式中：H——路基高度（m）；

h_1——相应于公路设计洪水频率的水库水位（m）；

h_2——回水高（m）；

h_z——波浪侵袭高（m）；

0.5m 为安全高度。

对于一些地方性的小型水库，应注意水库淤满后，使用单位往往采用增加坝高措施，以提高库容量,或为农田灌溉需要,提高水库等级,加高堤坝。故对路基高度设计,应尽可能留有余地。

例:某地一条二级公路,设在某河谷水库附近,水库等级为三级。设计洪水频率为 50 年一遇。筑坝蓄水后,根据坝前设计洪水位推算的库旁某处回水线的高程为:1619.09m(包括设计洪水高 h_1 和回水高 h_2)。设该处水面吹程 $D=0.6$km,水面风速 $W=21.4$m/s。试计算该处的路基设计高度。

解:路线位于河谷形水库旁,吹程短,水深,可采用式(9-3-5)计算浪高。

先根据式(9-3-7)计算波浪陡度

$$\varepsilon=\frac{1}{0.9\,(100+W^2)^{\frac{1}{2}}}=\frac{1}{0.9\,(100+21.4^2)^{\frac{1}{2}}}=0.0471$$

根据式(9-3-8)计算波浪特性系数:

$$K=1+e^{\frac{-0.4D}{W}}=1+2.72^{\frac{-0.4\times0.6}{21.4}}=1.99$$

采用式(9-3-5)计算设计洪水位时的浪高:

$$h=0.073KW\sqrt{D\varepsilon}=0.073\times1.99\times21.4\sqrt{0.6\times0.0471}=0.52(\mathrm{m})$$

设计洪水位时的波浪侵袭高按式(9-3-9)计算。设路基边坡为 1 : 1.75($\alpha=29°45'$,$\tan\alpha=0.572$),片石铺砌护坡的 K_0 按 0.9 计算(表 9-3-1),则:

$$h_z=3.2K_0h\tan\alpha=3.2\times0.9\times0.52\times0.572=0.86(\mathrm{m})$$

路基设计高可按式(9-7-1)计算:

$$H\geqslant h_1+h_2+h_z+0.5=1619.09+0.86+0.5=1620.45(\mathrm{m})$$

路基边缘距地面长期积水位的最小填土高度,按规范要求为 1.2~1.3m。

若设计洪水位高于正常高水位 1.0m,则从正常高水位至路基边缘的高度为:

$$1.0+0.83+0.5=2.33(\mathrm{m})$$

该值大于 1.3m,因此是符合要求的。

9.7.2　路基横断面型式

以下几种横断面型式,可供设计参考。

(1)在库湾的缓坡地段修筑路基,可能采用的路堤形式如图 9-7-1 所示。外边坡按高路堤设计,成阶梯形,平台宽度不小于 2m,并于水位变幅带设冲刷防护建筑。

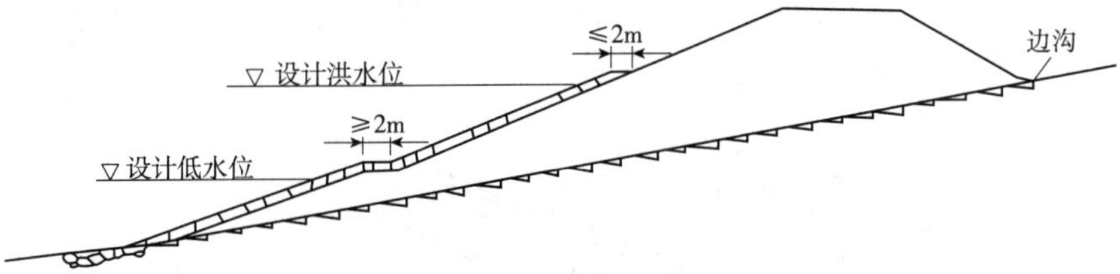

图 9-7-1　水库路堤的横断面图

(2)当库岸风化岩层不厚时,可以设置挡土墙,其基础应埋入稳定的岩层中,如图 9-7-2 所示。

(3)原有道路改建的路基,可参照以下几种横断面进行设计。

①原填石路堤高度足够,但须加固边坡。

可采用填石防护，如图 9-7-3 所示，并于设计低水位以下增设抛石护脚或铁丝笼护脚。填石边坡须另加边坡防护。

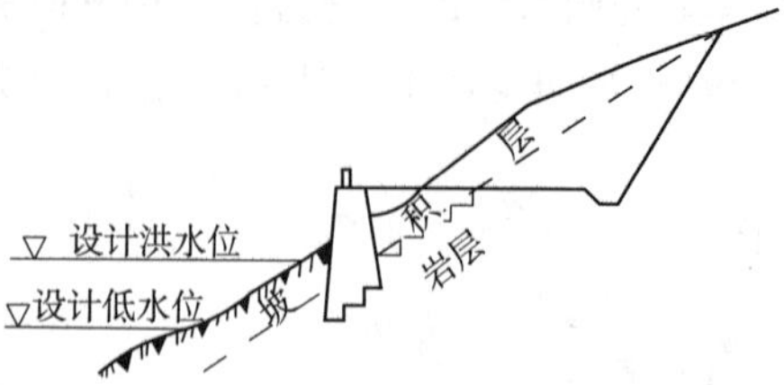

图 9-7-2　风化岩层的路基横断面图(覆盖层薄)

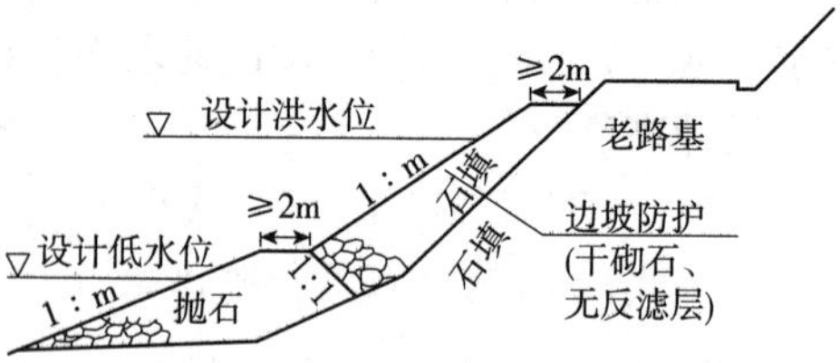

图 9-7-3　原填石路堤加固边坡

②原土质路堤高度足够，须加固边坡。加固措施如图 9-7-4 所示，并加抛石护脚。

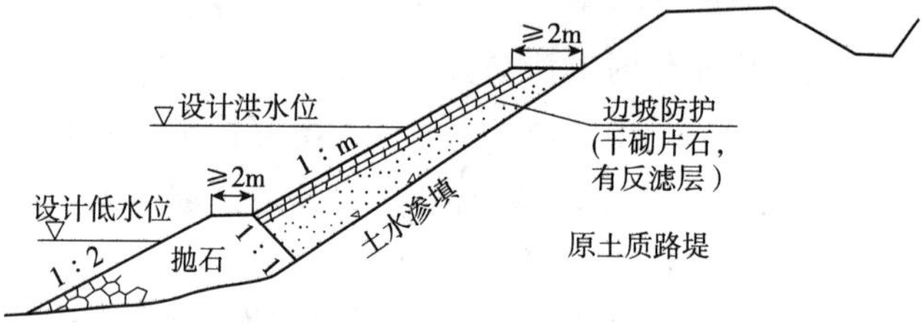

图 9-7-4　原土质路堤边坡加固

③原填石路堤高度不够，须加高加固可采用填石措施，并加抛石护脚，如图 9-7-5 所示。

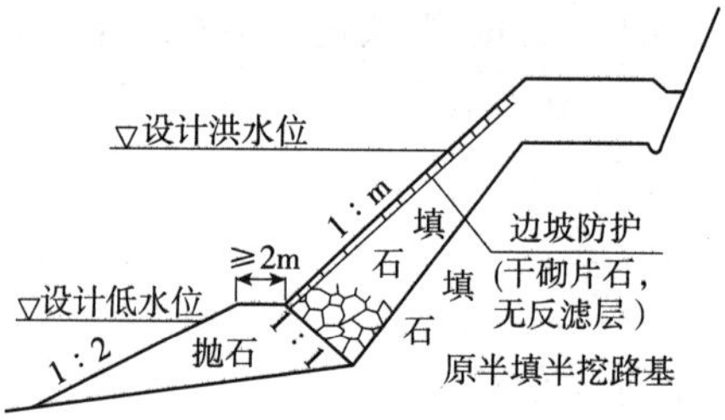

图 9-7-5　原填石路堤加高加固

④原土质路堤高度不够，须加高加固。

在设计洪水位以下，可采用渗水性填料；在设计洪水位以上，可用黏性土填筑，如图 9-7-6 所示。

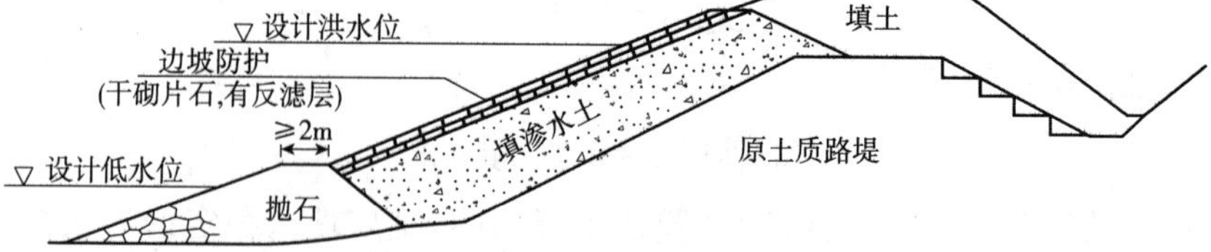

图 9-7-6　原土质路堤加高加固

9.8　水库岸坡路基表面防护

9.8.1　防护结构类型

9.8.1.1　干砌片石护坡,不设反滤层

填石路堤可采用干砌片石防护边坡,不设垫层或反滤层,如图 9-7-5 和图 9-7-3 所示。

9.8.1.2　设反滤层或垫层的干砌片石护坡

设置垫层或反滤层的干砌片石护坡,可设抛石护脚,如图 9-7-4、图 9-7-6 所示;或设成图 9-8-1 的护脚型式。

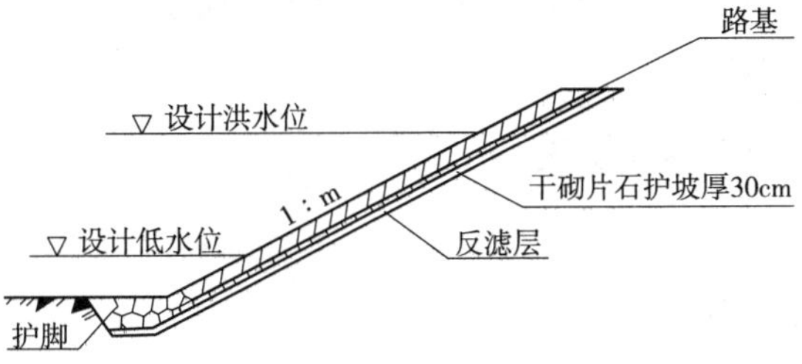

图 9-8-1　干砌片石护坡

9.8.1.3　浆砌片石护坡

图 9-8-2 为浆砌片石护坡的示例。

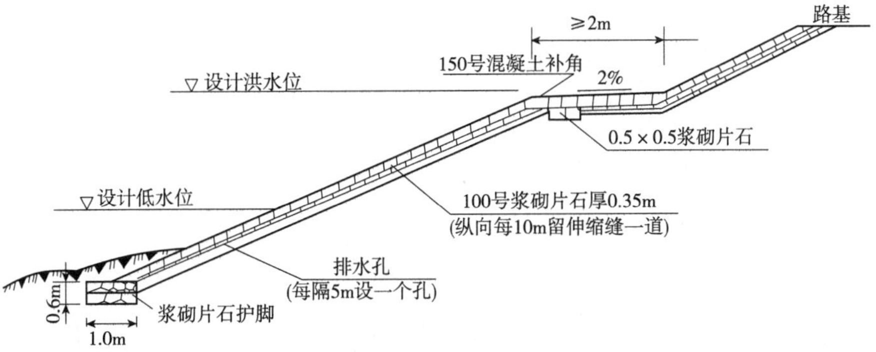

图 9-8-2　浆砌片石护坡

浆砌片石护坡,须在路基沉实以后再行修筑。纵向每隔 10m 留伸缩缝一道,用沥青麻筋填塞,边坡下部每隔 5m 留 5cm×5cm 排水孔一个,使路堤内部积水能向外渗流。垫层按反滤层设计。

9.8.1.4　浆砌片石与防护林带混合式防护

图 9-8-3 系浆砌片石与防护林带混合式防护实例。林带须采取矮柳或灌木丛,栽种位置应

高于正常高水位约 2m，使适于灌木生长。林带宽 25m，植树 10 排，株距 2m，前端留 4m 封顶，并于台端设 0.5m×0.5m 防浪潜堤。前坡及封顶均以浆砌片石砌筑；并设排水孔、伸缩缝及垫层。

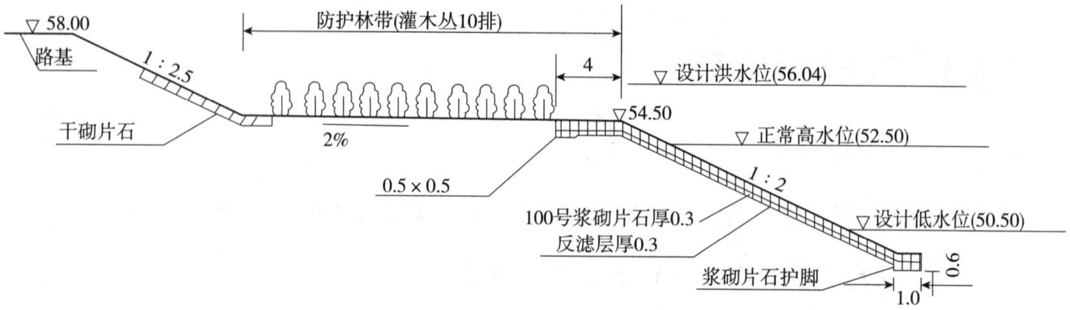

图 9-8-3　浆砌片石与防护林带混合式坍岸防护(尺寸单位：m)

离平台内侧 2m 处用干砌片石（或浆砌片石）铺筑至路基设计洪水位（56.04m）以上 0.50m。其上至路肩边缘部分可栽植荆条、芭茅等作植物防护。

这种防护结构适用于路基离库岸有一段距离，但库岸坍塌有可能影响路基稳定的地段。

9.8.2　铺砌片石材料要求

防护片石应采用强度较高、不易风化的硬质石料。在冰冻地区，设计低水位以上护坡用的片石，要选择抗冻性好的石料。

第 10 章 库区桥梁的防护与设计

本章主要论述河流(水库运行)对桥梁基础的冲刷影响和冲刷计算、水库淹没造成的壅水和泥沙淤积规律及其计算、考虑河流(水库)各种影响下的桥面高程确定、水库蓄水后桥梁承受荷载的变化、桥梁基础的防冲刷措施选择及其设计、河(库)岸坡上桥梁基础的设计、河(库)水对桥梁的腐蚀作用以及防护措施的选择与设计。

10.1 水库的各种特征水位和特征库容定义

修建在水库上下游河道上的桥梁,因受水库及其运行调节的影响,河道水流及泥沙运动都会有很大的变化,桥位选择、水文及桥孔计算都有很多特殊问题需要解决。

水库上游的桥梁会受回水和库区淤积的影响;水库下游的桥梁会受大坝下泄水流清水冲刷、河床下切的影响,对于修建在标准较低的水库下游的桥梁,还会受溃坝的威胁。

水库的各种特征水位和特征库容如图 10-1-1 所示。

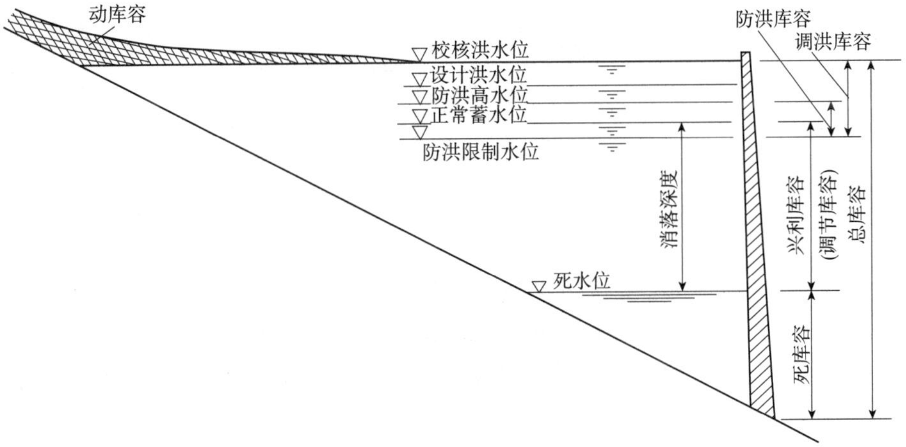

图 10-1-1 水库各种特征水位和特征库容

(1)各种特征水位的定义

①校核洪水位:水库遭遇校核标准洪水时的坝前最高水位。

②设计洪水位:水库遭遇设计标准洪水时的坝前最高水位。

③防洪高水位:当水库调节相应于下游防护对象设计标准的洪水位时,坝前达到的最高水位。

④正常蓄水位:水库在设计保证率的供水期开始时的蓄水位。

⑤防洪限制水位:汛期水库调蓄水位的上限,即调洪起始水位。

⑥死水位:正常运用条件下,水库允许的最低水位。

(2)各种特征库容的定义

①总库容:校核洪水位以下的水库容积。

②防洪库容:防洪高水位和防洪限制水位之间的水库容积。

③调洪库容:校核洪水位与防洪限制水位之间的水库容积。

④死库容:死水位以下的水库容积。

⑤兴利库容(调节库容):正常蓄水位与死水位之间的水库容积。

⑥动库容:坝前水位水平线以上,由回水作用形成的楔形库容。

10.2 水库泥沙淤积与水位计算

10.2.1 水库泥沙运动和淤积

水流进入水库后流速骤减,来沙量大于水流挟沙能力,不断淤积,使库底迅速升高(图10-2-1)。粗颗粒沉积得快而多,细颗粒沉积得慢而少,呈现淤积在库底的泥沙沿程分选,逐渐由粗变细的现象。推移质大颗粒都停滞在回水末端,悬移质细颗粒则沉积在库区。对于较短的水库,悬移质沉积在坝前或被排出库外。对于较长的水库,大部分淤在水库中段或坝前。一般条件下,淤积首先从回水末端开始,同时向下游和上游发展。

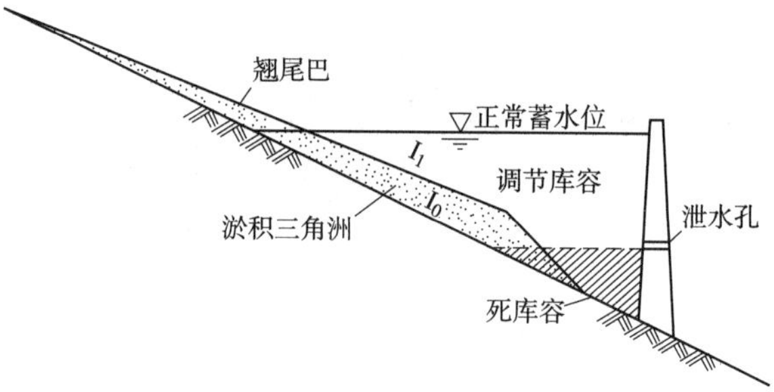

图10-2-1 水库淤积示意图

泥沙在回水区内淤积,过水断面减小。如坝址处控制水位不变,为了通过同样流量,势必抬高上游水位,增加比降和流速。这种趋势逐渐向上游发展,淤积末端便逐渐向上游移动,而回水末端则不断向下游移动。

当坝址水位下降,若回水淤积段尚未达到输沙平衡,仍将继续淤积;若已达到淤积平衡,则因水位下降,比降增大,流速加快,产生冲刷,将泥沙推向坝址。这两种作用方向不同,朝哪个方向发展,取决于来水、来沙条件。汛后水位降低,来沙量少,以冲刷为主,回水末端淤积,向坝址发展。如东北各省和江西、浙江等省份含沙量小的河流,属此类。华北、西北各省的多沙河流则不同,淤积末端最高点高程往往超出坝址处的正常蓄水位很多,如黄河某水库末端淤积高度,有的高于正常蓄水位20m以上,存在“翘尾巴”现象。

由于坝前水库变化大小和水库的长度大小不同,水库纵断面存在三种淤积体形态。当汛期坝前水位较稳定,水库相对长度较小(如平坦宽敞的湖泊形水库)时,多沙且粗沙颗粒较多,易形成三角洲淤积体(图10-2-2)。当洪水期来沙少,洪水期坝前水位变幅大,水库地形为带状时,易形成带状淤积体(图10-2-3)。当来沙量大,水库较小时,易形成锥形淤积体

（图 10-2-4）。

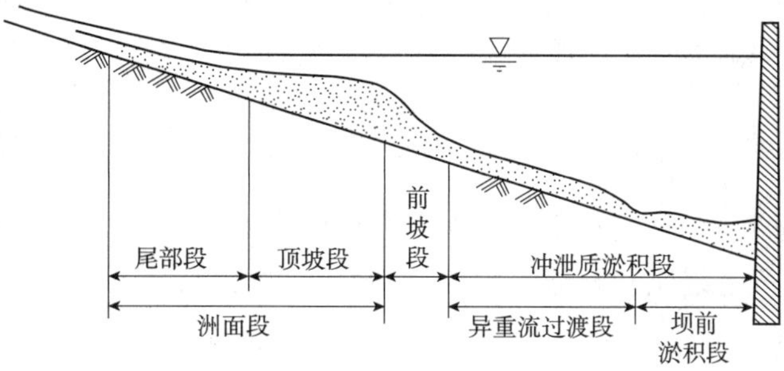

图 10-2-2　水库三角洲淤积体

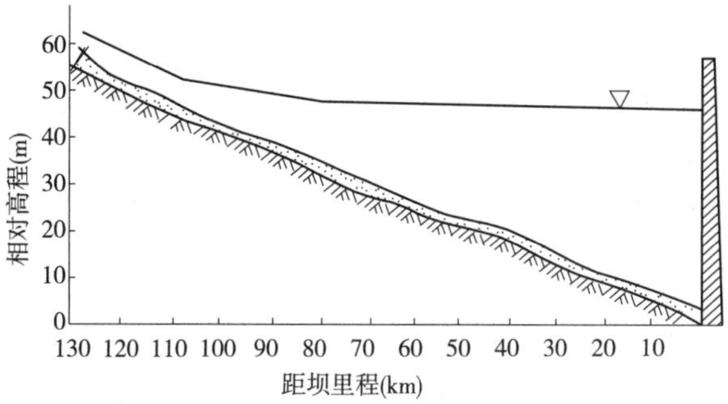

图 10-2-3　水库带状淤积体

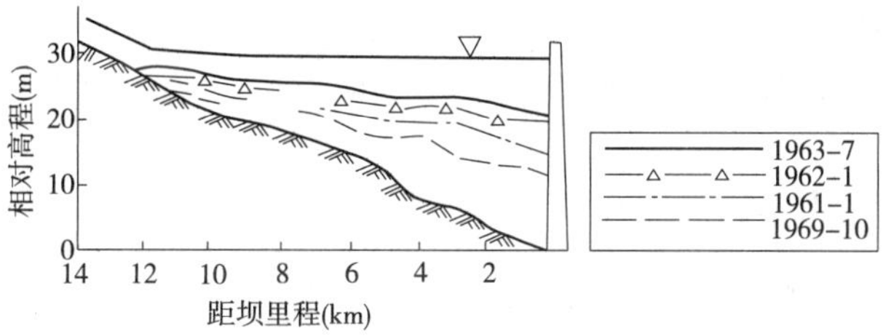

图 10-2-4　水库锥形淤积体

若桥梁通过含沙量较少、库容相对较大的水库中心或接近于坝址处，其淤积高度可按三角洲计算法求得。如淤积量大于正常蓄水位的相应库容，则按水库冲淤“平衡”比降法计算淤积高度。计算方法可参考《桥涵水文》（铁路工程设计技术手册，铁道部第三勘测设计院主编）。

10.2.2　水库的设计洪水位和下泄流量

跨越多沙河流水库的桥梁，在桥梁使用年限内的淤积库容大都属于终极输沙平衡状态，应搜集并查明有关资料。如果不能满足桥梁使用年限的要求，则应计算与桥梁使用年限相应的终极库容、洪水位和下泄流量。

10.2.3　桥梁上游壅水曲线计算（也可用作水库回水（壅水）曲线计算）

桥梁上游两岸有重要设施、建筑物等，需要评估洪水发生时，桥梁壅水（水库回水（壅水))对这些设施等的淹没范围和状况,必须进行桥梁上游壅水(水库回水(壅水))曲线的计算。桥梁上游壅水曲线较水库、大坝上游壅水曲线短得多,一般对于河床形态沿程变化不大的情况,可按棱柱体形河渠水面曲线,采用分段求和法计算。

10.2.3.1 根据水流流态的缓急分类

水流流动状态的缓急,是由水流过水断面的总比能中,比动能与比势能两部分的相对比例来决定的,流态可分为缓流和急流。例如,平原区河流的水流一般是缓流;山涧溪流、坝及闸下游水跃的跃前水流都是急流。

水流流态的缓急程度用弗汝德(Froude)数 F_r 来表示。

$$F_r=\frac{v^2}{gh} \tag{10-2-1}$$

式中:v——断面平均流速(m/s);

g——重力加速度(m/s^2);

h——断面平均水深(m)。

弗汝德(Froude)数是一个无量纲数,作为水流的流态判别数,$F_r<1$ 是缓流,$F_r>1$ 是急流,$F_r=1$ 是临界流。

10.2.3.2 渐变流水面类型

明渠渐变流的水面曲线类型见图 10-2-5。

$\frac{\mathrm{d}h}{\mathrm{d}l}=0$ 是均匀流;$\frac{\mathrm{d}h}{\mathrm{d}l}>0$ 是壅水曲线;$\frac{\mathrm{d}h}{\mathrm{d}l}<0$ 是降水曲线;$\frac{\mathrm{d}h}{\mathrm{d}l}=a$ 是水平线。

10.2.3.3 分段计算

将水面曲线全长按不同水深分成若干段,求出相邻水深之间的水面曲线长度,逐段连接,得到全部水面曲线。若两相邻水深相差不是很大,则这两相邻断面之间的距离,可近似地按下式计算:

$$\Delta L=\frac{E_{s2}-E_{s1}}{i-J} \tag{10-2-2}$$

$$E_{s2}=h_2+\frac{v_2^2}{2g}\quad E_{s1}=h_1+\frac{v_1^2}{2g}$$

$$J=\frac{v^2}{C^2R}=\frac{v^2n^2}{R^{\frac{4}{3}}},v=\frac{1}{2}(v_1+v_2),R=\frac{1}{2}(R_1+R_2)$$

式中:ΔL——两相邻水深之间的距离(m);

E_{s1}、E_{s2}——分别是断面 2 和断面 1 的断面比能;

i——底坡;

J——相邻断面间平均水力坡度;

v、R——相邻两断面的流速和水力半径的平均值。

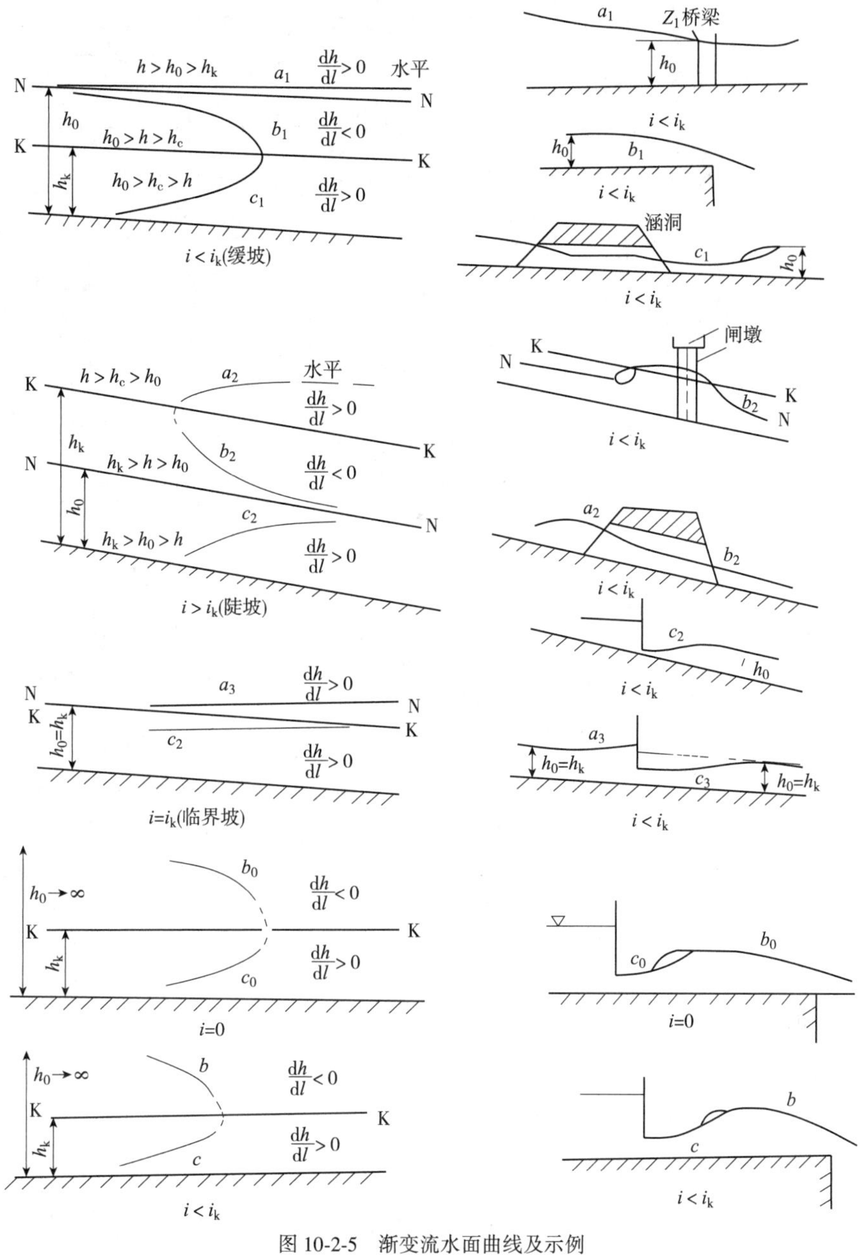

图 10-2-5　渐变流水面曲线及示例

一般,缓流从下游向上游计算。当桥前壅水 $\triangle z$ 确定后,则已知最大壅水断面水深 $h+\triangle z$,作为自下游向上游计算的起始断面水深。根据水面曲线分析(图 10-2-6)上游为 a_1 型壅水曲线,远处与天然水深 h 相接。将水深从 $h+\triangle z$ 到 h 之间分为若干水深段,分别按式(5-10-2)计算该段的长度 ΔL。各段 ΔL 总和为壅水曲线全长,即壅水范围。一般列表计算,应用电算则十分简便。

10.2.3.4　近似计算

在桥位设计中可近似地将 a_1 型壅水曲线看作二次抛物线进行计算,如图 10-2-7 所示。

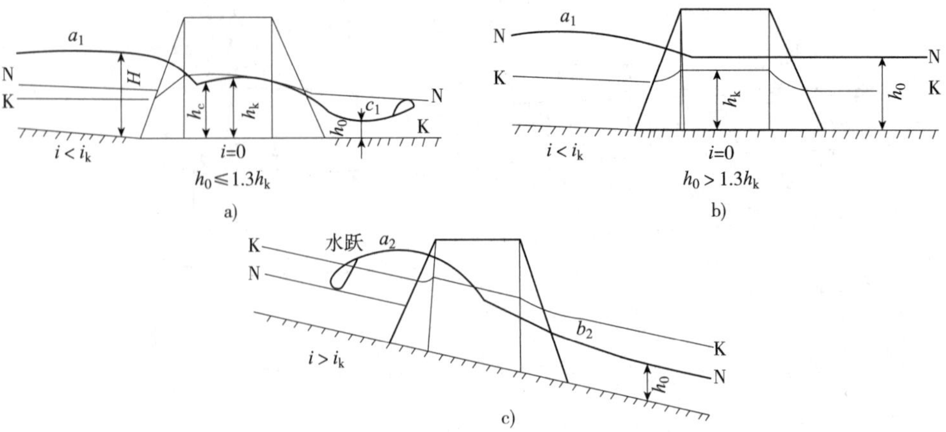

图 10-2-6　小桥附近的水面曲线

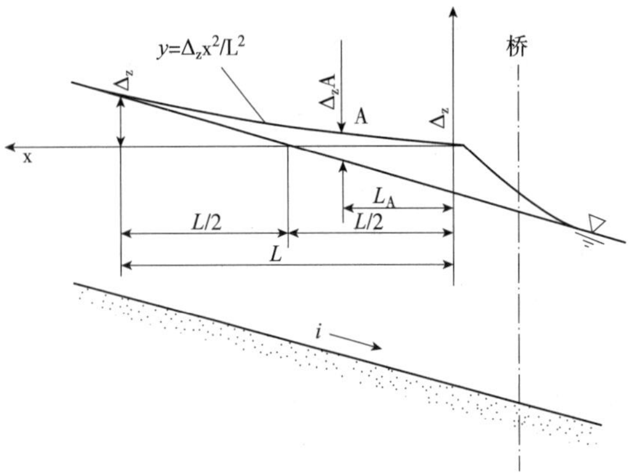

图 10-2-7　水曲线示意图

壅水曲线的全长 L 和任意断面 A 处壅水高 Δz_A、可近似按下式计算：

$$L=\frac{2\Delta z}{i} \tag{10-2-3}$$

$$\Delta z_A=\left(1-\frac{iL_A}{2\Delta z}\right)^2\Delta z \tag{10-2-4}$$

式中：L——壅水曲线的全长(m)；

Δz——桥前最大壅水高度(m)；

i——河床比降(以小数计)；

Δz_A——任意断面 A 处的壅水高度(m)；

L_A——任意断面 A 至最大壅水断面的距离(m)。

10.2.3.5　计算实例

桥梁河道较顺直，近似看作梯形断面，边坡系数 $m_0=2.0$，底宽 $b=45\text{m}$，糙率 $n=0.025$，比降 $i=0.00033$，流量 $Q=500\text{m}^3/\text{s}$。均匀流水深(正常水深) $h=8.40\text{m}$，桥前最大壅水 $\Delta z=0.55\text{m}$。试计算水曲线总长度和各段间的距离。

均匀流的流态 $F_r=\frac{v^2}{gh}=\frac{0.96^2}{9.80\times8.4}=0.011<1.0$，则桥梁河道为缓流，桥梁上游为 a_1 型壅水曲线。

列表计算(表 10-2-1)。假设计算断面 h 分别为：8.40m，8.60m，8.80m 和 8.95m，则算出壅水曲线全长为 1880m。

壅水曲线总长度计算　　表 10-2-1

断面	h	ω	ν	$\frac{v^2}{2g}$	E_S	x	R	$J(\times10^5)$	ΔE_S	$j-J$ $(\times10^5)$	ΔL	$\Sigma\Delta L$
1	8.95	563	0.89	0.040	8.99	85.0	6.62					
								4.08	0.156	29.3	513	

续上表

断面	h	ω	v	$\frac{v^2}{2g}$	E_S	x	R	$J(\times10^5)$	ΔE_S	$j-J$ $(\times10^5)$	ΔL	$\Sigma\Delta L$
2	8.80	551	0.91	0.042	8.84	84.3	6.54					513
3	8.60	535	0.94	0.044	8.64	83.5	6.40					1190
								4.80	0.197	28.5	690	
4	8.40	519	0.96	0.047	8.45	82.6	6.28					
								5.24	0.197	28.1	700	
5	8.20	503	0.99	0.050	8.25	81.3	6.16					2580
								5.70	0.196	27.9	710	
6	8.00	488	1.03	0.054	8.05	80.8	6.04					3290

桥梁最高壅水断面上游 a_1 型壅水曲线如图 10-2-8 所示。

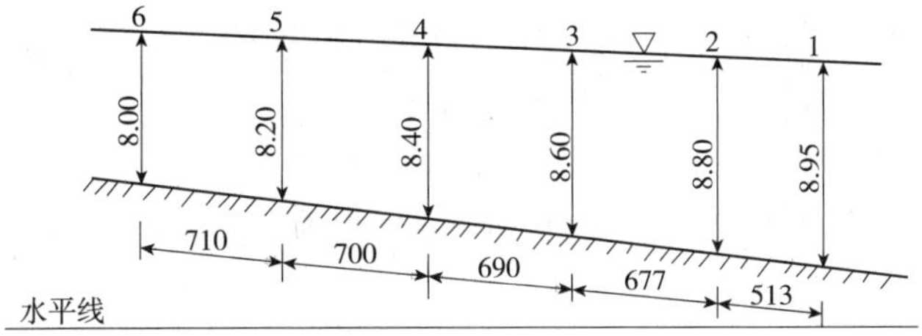

图 10-2-8　桥梁上游 a_1 型曲线(尺寸单位:m)

10.3　桥面高程的设计

桥面设计高程是指桥面中心线最低点的高程。它必须满足桥下通过设计洪水、流冰、流木和通航的要求,并且应该考虑壅水、浪高、水拱、河弯凹岸水面超高以及河床淤积等各种因素引起的桥下水位升高。

10.3.1　引起桥下水位升高的因素

10.3.1.1　水

建桥后,天然水流受到桥孔压缩,桥前形成壅水,天然水面以上壅起的高度,称为壅水高度。最大壅水高度的位置,无导流堤时,大约在桥位中线上游一个桥孔长度 L 附近;有导流堤时,大约在导流堤的上游堤端附近。

(1)桥前最大壅水高度 Δz

《公路桥位勘测设计规范》(JTJ 062—91),《公路工程水文勘测设计规范》(JTG C30 2002)推荐,桥前最大壅水高度可用下式计算:

$$\Delta z=\frac{K_N K_y}{2g}(v_M^2-v_{OM}^2) \tag{10-3-1}$$

$$K_N=\frac{2}{\sqrt{\frac{v_M}{v_{OM}}-1}} \tag{10-3-2}$$

$$K_y=\frac{0.5}{\frac{v_M}{\sqrt{g}}-0.1} \tag{10-3-3}$$

$$v_M=\frac{v'_M}{1+0.5d_{50}^{-0.25}\left(\frac{v'_M}{v_c}-1\right)} \tag{10-3-4}$$

式中：Δz——桥前最大壅水高度(m)；

K_N——定床壅水系数；

K_y——修正系数，当桥下河床为岩石或有铺砌时，取 1.0；

v_M——冲刷后桥下平均流速(m/s)，当桥下河床为岩石或有铺砌时，即为 v'_M；

v'_M——冲刷前桥下平均流速(m/s)，为设计流量除以桥下净过水面积；

v_{OM}——天然状态下桥孔部分的平均流速(m/s)；

v_c——河槽平均流速(m/s)；

d_{50}——河床质中值粒径，即按质量计 50%都较它为小的粒径(mm)，对黏性土河床，可按表 10-3-1 换算。

黏性土换算粒径 d_{50} 表 10-3-1

天然空隙比 e	>1.2	1.2~0.6	0.6~0.3	0.3~0.2
换算粒径 d_{50}(mm)	0.15	3	10	50

(2)桥下壅水高度 $\Delta z'$

桥下壅水高度 $\Delta z'$ 是指桥下断面处的壅水高度，可根据洪水情势和土质易冲程度参照表 10-3-2 取值。

桥下壅水高度 $\Delta z'$ 取值 表 10-3-2

序　　号	洪水和河床土质条件	$\Delta z'$　取　值
1	一般情况	$\frac{1}{2}\Delta z'$
2	洪水暴涨暴落，土壤坚实，不易冲刷时	$\Delta z'$
3	洪水涨落缓慢，土壤松，较易冲刷时	不计

10.3.1.2　浪高

水面受风的作用而呈现起伏波动，并沿风向传播，形成波浪。波面凸起的最高点称为波峰，波面凹下的最低点称为波谷，相邻的波峰与波谷之间的垂直距离称为波浪高度，相邻两个波峰(或两个波谷)之间的水平距离称为波浪长度，波浪传播的距离称为浪程。桥位处波浪的大小与风速、风向、浪程、水深及桥位处的自然环境都有直接关系。对于桥前为水库、湖泊或设计洪水持续很长的河流，均需要考虑浪高对桥高的影响。

桥位处河流洪水的浪高一般通过现场调查确定。计算桥面高程时，以桥位静水面以上，浪高的 2/3 计入。

调查困难时，可按实测资料分析建立的经验公式计算：

$$h_{b1\%}=\frac{2.3\times 0.13\mathrm{th}\left[0.7\left(\frac{g\bar{h}_D}{\bar{v}_W^2}\right)^{0.7}\right]\mathrm{th}\left\{\frac{0.0018\left(\frac{gD}{\bar{v}_W^2}\right)^{0.45}}{0.13\mathrm{th}\left[0.7\left(\frac{g\bar{h}_D}{\bar{v}_W^2}\right)^{0.7}\right]}\right\}}{\frac{g}{\bar{v}_W^2}} \tag{10-3-5}$$

式中：$h_{b1\%}$——波浪高度(m)，1%表示累积频率，即连续观测的 100 个波浪高度的最大一个；

$\bar{h}_D$——沿浪程的平均水深(m)；

D——计算浪程(m)；

g——重力加速度(m/s^2)；

th——双曲正切函数，$\mathrm{th}x=\frac{e^x-e^{-x}}{e^x+e^{-x}}$，$e=2.7183$；

$\bar{v}_W$——风速(m/s)，水面以上 10m 高度处多年测得的洪水期间自记 2min 最大风速的平均值，可按下式换算：

$$\bar{v}_W=\frac{\bar{v}_{WO}-0.8}{0.88} \tag{10-3-6}$$

$\bar{v}_{WO}$——水面以上 10m 高度处多年测得的洪水期间自记 10min 最大风速的平均值(m/s)。

对于河滩路堤或导流堤，波浪沿斜坡面的爬高按下式计算：

$$h_e=\frac{1+2\sin\beta}{3}K_\Delta K_V K_e h_{b1\%} \tag{10-3-7}$$

式中：h_e——波浪沿斜面爬高(m)；

β——波射线与路堤处水边线的夹角；

K_Δ——边坡糙渗系数，如表 10-3-3 所示；

K_V——风速影响系数，如表 10-3-4 所示；

K_e——相对波浪爬高系数，即当 $K_\Delta=K_V=h_{b1\%}=1.0$ 的波浪爬高，如表 10-3-5 所示。

边坡糙渗系数 K_Δ　　表 10-3-3

边坡护面类型	光滑不透水护面（沥青混凝土）	混凝土及浆砌片石护面与光滑土质边坡	浆砌片石及草皮	1~2 层抛石加固	抛石组成的建筑物
K_Δ	1.0	0.9	0.75~0.80	0.6	0.5~0.55

风速影响系数 K_V　　表 10-3-4

$\bar{v}_W$	5~10	10~20	20~30	>30
K_V	1.0	1.2	1.4	1.6

相对波浪爬高系数 K_e　　表 10-3-5

边坡系数 m	1.00	1.25	1.50	1.75	2.00	2.50	3.00
K_e	2.16	2.45	2.52	2.40	2.22	1.82	1.50

10.3.1.3　河湾两岸水位高差计算

位于河湾段的桥梁应当计入凹岸水面超高对桥面高程的影响,可按下式计算:

$$\Delta h_W = \frac{\bar{v}^2 B}{gR} \tag{10-3-8}$$

式中:Δh_W——河湾两岸水位高差(m);

$\bar{v}$——断面平均流速(m/s);

B——河湾水面宽度(m),如滩地有丛林或死水时,该部分水面宽应予扣除;

R——河湾曲率半径(m),$R \approx \frac{R_0 + r_0}{2}$,$R_0$ 为凹岸曲率半径,r_0 为凸岸曲率半径。

确定桥面高程时,河湾水位超高可取用 $\Delta h_W/2$。

10.3.1.4　其他

水拱、局部股流壅高、墩前水流冲高和河床淤积高度,可通过实地调查确定。

10.3.1.5　急流河槽中桥墩的水流冲击高度 Δh_d

急流河槽(F_r>1.0)修建桥梁后,桥梁上游河槽不出现 a_1 型壅水曲线,即不存在桥前壅水高度和桥下壅水高度,但是出现在桥墩迎水面,水流溅起很高的冲击高度 Δh_d。在确定桥面高程时,不计壅水高度 Δz,而以水流冲击高度计入。墩前水流冲击高度 Δh_d 由水力学动量方程和连续方程得[1]:

$$\Delta h_d = 0.5\left(h_0^2 + 16 h_0 \frac{v_0^2}{2g}\right)^{0.5} - 1.5 h_0 \tag{10-3-9}$$

式中:Δh_d——急流河槽桥墩水流冲击高度(m);

h_0,v_0——墩前河槽的天然水深(m)和流速(m/s)。

10.3.2　公路桥梁桥下净空要求

10.3.2.1　跨越非通航河流的桥梁

其桥下净空应根据计算水位(设计水位计入壅水、浪高等)或最高流冰水位加安全高度确定。

当河流有形成流冰阻塞的危险或有漂浮物、流冰通过时,应按桥位实际调查的数据,在计算洪水位的基础上,结合当地具体情况酌情预留一定富余量,作为确定桥下净空的依据;对于有淤积的河流、水库,桥下净空应适当增加。

在不通航或无流放木筏河流上,以及通航河流的不通航的桥孔内,桥下净空不应小于表 10-3-6 的规定。

非通航河流桥下最小净空尺度　　表 10-3-6

桥梁的部位		高出计算水位(m)	高出最高流冰面(m)
梁底	洪水期无大漂流物	0.50	0.75
	洪水期有大漂流物	1.50	
	有泥石流	1.00	
支承垫石顶面		0.25	0.50
拱脚		0.25	0.25

无铰拱的拱脚允许被设计洪水淹没,但不宜超过拱圈高度的 2/3,且拱顶底面至计算水位的净高不得小于 1.0m。

在不通航和无流筏的水库区域,梁底面或拱顶底面离开水面的高度不应小于计算浪高的 0.75 倍加上 0.25m。

10.3.2.2　跨越通航河流的桥梁

为了保证桥下安全通航,对于跨越通航河流的桥梁,其桥下净空应符合相应通航标准(通航净空尺度)的要求。

根据《内河通航标准》(GB 50139—2004)的规定,内河桥梁通航净空尺度(图 10-3-1)一般不得小于表 10-3-7~表 10-3-10 的规定。

天然和渠化河流通航净空尺度表(单位:m)　　表 10-3-7

航道等级	代表船舶、船队	净高	单向通航孔			双向通航孔		
			净宽	上底宽	侧高	净宽	上底宽	侧高
Ⅰ	(1)4 排 4 列	24.0	200	150	7.0	400	350	7.0
	(2)3 排 3 列	18.0	160	120	7.0	320	280	7.0
	(3)2 排 2 列		110	82	8.0	220	192	8.0
Ⅱ	(1)3 排 3 列	18.0	145	108	6.0	290	253	6.0
	(2)2 排 2 列		105	78	8.0	210	183	8.0
	(3)2 排 1 列	10.0	75	56	6.0	150	131	6.0
Ⅲ	(1)3 排 2 列	18.0☆	100	75	6.0	200	175	6.0
		10.0						
	(2)2 排 2 列	10.0	75	56	6.0	150	131	6.0
	(3)2 排 1 列		55	41	6.0	110	96	6.0

续上表

航道等级	代表船舶、船队	净高	单向通航孔			双向通航孔		
			净宽	上底宽	侧高	净宽	上底宽	侧高
Ⅳ	(1)3排2列	8.0	75	61	4.0	150	136	4.0
	(2)2排2列		60	49	4.0	120	109	4.0
	(3)2排1列		45	36	5.0	90	81	5.0
	(4)货船							
Ⅴ	(1)2排2列	8.0	55	44	4.5	110	99	4.5
	(2)2排1列	8.0或5.0▲	40	32	5.5或3.5▲	80	72	5.5或3.5▲
	(3)货船							
Ⅵ	(1)1拖5	4.5	25	18	3.4	40	33	3.4
	(2)货船	6.0			4.0			4.0
Ⅶ	(1)1拖5	3.5	20	15	2.8	32	27	2.8
	(2)货船	4.5						

注:脚注☆的尺度适用于长江;脚注▲的尺度适用于通航拖带船队的河流。

黑龙江桥梁通航净空尺度表(单位:m) 表10-3-8

航道等级	代表船队	净高	单向通航孔			双向通航孔		
			净宽	上底宽	侧高	净宽	上底宽	侧高
Ⅱ	(1)2排2列	10.0	115	86	6.0	230	201	6.0
	(2)2排1列		75	56	6.0	150	131	6.0
Ⅲ	(1)2排2列	10.0	95	71	6.0	190	166	6.0
	(2)2排1列		65	48	6.0	130	113	6.0
Ⅳ	(1)2排1列	8.0	50	41	5.0	100	91	5.0
Ⅴ	(1)2排1列	8.0	50	41	5.5	100	91	5.5
Ⅵ	(1)1顶1	4.5	30	22	3.4	60	52	3.4

珠江三角洲至港澳线内河桥梁通航净空尺度表(单位:m) 表10-3-9

航道等级	代表船舶、船队	净高	单向通航孔			双向通航孔		
			净宽	上底宽	侧高	净宽	上底宽	侧高
Ⅲ	(1)货船	10.0	55	41	6.0	110	95	6.0
	(2)货船							
	(3)2排1列							
Ⅳ	(1)货船	8.0	45	36	5.0	90	81	5.0
	(2)2排1列							
Ⅴ	(1)货船	8.0或5.0▲	40	32	5.5或3.5▲	80	72	5.5或3.5▲
	(2)2排1列							

注:角注▲的尺度适用于通航拖带船队的河流。

限制性航道桥梁通航净空尺度表(单位:m)　　表 10-3-10

航道等级	代表船舶、船队	净高	双向通航孔		
			净宽	上底宽	侧高
Ⅱ	(1)2 排 1 列	10.0	70	52	6.0
Ⅲ	(1)2 排 1 列	10.0	60	45	6.0
Ⅳ	(1)2 排 1 列	8.0	55	45	4.0
	(2)货船				
Ⅴ	(1)1 拖 6	5.0	45	36	3.5
	(2)2 排 1 列	8.0			5.0
	(3)货船				
Ⅵ	(1)1 拖 11	4.5	22	16	3.4
	(2)货船	6.0	30	22	3.6
Ⅶ	(1)1 拖 11	3.5	18	13	2.8
	(2)货船	4.5	25	18	2.8

注:三线及三线以上的航道,通航净宽应根据船舶通航要求研究确定。

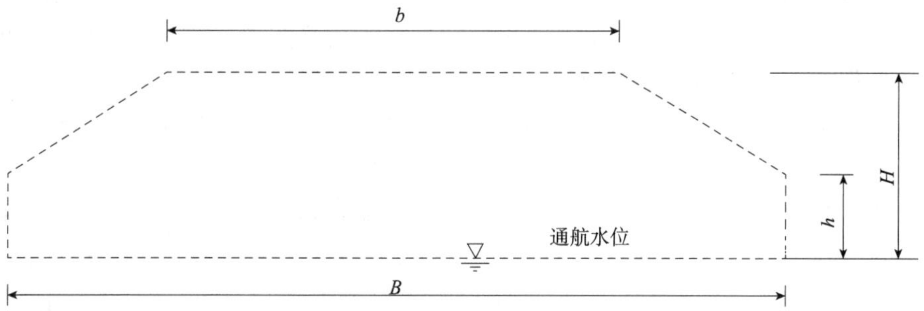

图 10-3-1　通航净空尺度符号示意图

B-净宽;b-上底宽;H-净高;h-侧高

在确定桥下净空尺寸时,还应注意:

(1)在平原河网地区建桥遇特殊困难时,经充分论证通航净高可适当减小。

(2)湖泊和水库上的桥梁通航净空尺度不应小于表 10-3-7 所列数值。受风浪影响较大时,应适当加大通航净空尺度。

(3)桥轴线的法线方向与水流流向的交角不宜超过 5°,当桥轴线的法线方向与水流流向的交角大于 5°,且横向流速大于 0.3m/s 时,通航净宽必须在表 10-3-7~表 10-3-10 规定的通航净宽基础上加大。当水流横向流速大于 0.8m/s 时,应一跨过河或在通航水域中不得设置墩柱。必要时,应通过模拟试验研究确定。

(4)桥梁墩柱附近可能出现碍航紊流时,其通航孔的净宽应在表 10-3-7~表 10-3-10 规定的通航净宽基础上加大,增加值宜通过模拟试验研究确定。

(5)在水运繁忙的宽阔河流上,通航孔的布置应满足多线通航的要求;在限制性航道上,应采取一孔跨过通航水域。

(6)当不得已将桥梁建在航行条件较差或弯曲的河段上,其净宽应在表列数值基础上,根据船舶航行安全的需要适当放宽。

(7)其他要求详见《内河通航标准》(GB 50139—2004)的规定。

10.4 水库蓄水对库区桥涵的影响分析及在勘测时应搜集的资料

10.4.1 水坝上游桥涵勘测时应搜集的资料

(1)库区地形图:比例尺为1:10000~1:100000,等高线高差为1~5m。图上应注明桥涵位置、坝址、水库设计洪水位及正常蓄水位淹没边界线、流入水库河流及其流域面积、其他水工建筑物等。

(2)库区河床纵断面:比例尺为1:10000~1:100000,高程为1:100~1:1000,范围自坝址到上游回水范围以上。图上应绘出河底线、桥涵位置、坝址断面、水库校核洪水位、设计洪水位、防洪高水位、正常蓄水位、防洪限制水位、死水位、溢洪道、泄水洞及排沙母孔(孔径、高程)、水库等别、水库建筑材料及使用年限。

(3)库区横断面图:比例尺为1:1000~1:10000,高程为1:100~1:1000。横断面间距为200~5000m,断面形状变化大的,间距应小些,反之则应大些。如无实测横断面,可在足够比例的地形图(例如1:10000)上切割,横断面上需注明断面各部分的糙率。

(4)建水库前,天然状态下桥位处河道的$Q=f(H)$及$V=f(H)$曲线,设计频率流量$Q_p=f(t)$曲线,径流总体积$W_p=f(t)$曲线,历史最大流量过程线$Q_L=f(t)$。

(5)水库水位与容积曲线$V=f(H)$、水位与水面面积曲线$\Omega=f(H)$、水位与总下泄流量曲线$\sum Q=f(H)$。

(6)进入水库的历年悬移质输沙量G、历年汛期平均流量$\overline{Q}_X$、历年汛期水量W、历年悬移质颗粒级配曲线。

(7)调查库区最大波浪高度、波浪侵袭高度、波浪长度及相应的库水位。

(8)调查水库冰冻情况,有无冰块流向下游,调查冰块大小及流速、冻结和解冻日期及水位、有无冰塞及冰坝、冰的最大厚度及强度。

(9)坝址断面和泄流建筑物布置图,注明尺寸和高程。

(10)水库设计淤积年限、建成后的淤积情况。

(11)建库后的坍岸情况。

(12)水库淤积资料和泥沙组成。

(13)水库其他有关技术资料。

10.4.2 桥位计算断面确定

(1)对于规划拟建的水库,采用建库前的河床断面作为桥孔和冲刷计算断面。

(2)对于已建成的水库,采用公路、桥梁勘测时的断面作为桥孔、冲刷计算断面。

(3)对于已建成而又计划改造或运用方式改变的水库,如果改造后增沙能力增加,则计算断面应根据具体情况采用建库前和勘测时二者之间的断面作为桥孔、冲刷计算断面。

(4)在确定桥面高程和引道路肩高程时,应采用淤积后的横断面和比降进行计算。

10.4.3　水库蓄水对桥位设计的影响

当桥梁设计洪水洪峰到来时,可能遇到水库的各种蓄水位。如遇到高蓄水位,一方面水库调蓄可削减洪峰,另一方面则因库区河槽预先充水,库区洪水传播速度加快,使流量过程线增陡。两者相比,前者即蓄洪塌平占主导地位。因此,洪水到来时,遇到水库高蓄水位,桥下通过的流量和流速将相对减小。当洪峰遇到水库低蓄水位,桥下通过的流量和流速较高,蓄水位相对增大。在桥下不受水库蓄水影响的情况,通过设计流量对桥孔设计是最不利的。

桥梁墩台冲刷(一般冲刷和局部冲刷)都可按无水库的天然河流通过设计流量的状态进行计算。

桥面高程和桥头路肩高程,应按水库淤积后桥位处回水水位来计算。在水库回水水位以上再加桥前壅水和浪高以及桥下净空安全高度等因素的加高值。若水库蓄水位有可能因水库运行方式的改变或水库改建抬高时,桥梁设计水位也应酌情提高。

位于宽阔水面的迎风岸的水面,因吹风而壅高,这里的桥面或路堤高度应考虑这种影响。水库或湖泊岸边壅水高 ΔZ_b 按下式确定:

$$\Delta Z_b = 0.0202\frac{v_W^2 D'}{g\bar{h}} \tag{10-4-1}$$

式中:v_W——风速;

D'——计算浪程;

g——重力加速度;

$\bar{h}$——河床平均水深。

对于蓄水范围内的小桥和涵洞孔径的计算,与大中桥类似,也是以无水库蓄水的情况为最不利。孔径计算仍按无水库条件进行,但其桥面或路肩高程应考虑淤积和回水的影响。

10.5　水库蓄水后桥梁承受荷载的变化

在水库蓄水后,公路桥梁可能变化的荷载有:土的重力、土侧压力、水的浮力、基础变位作用、流水压力、冰压力、支座摩阻力、地震作用等。以下就个别荷载变化进行说明(其他荷载变化以及在其他部分给予说明)。

10.5.1　桥墩流水压力

作用在桥墩上的流水压力标准值可按下式计算:

$$F_w = KA\frac{\gamma v^2}{2g} \tag{10-5-1}$$

式中:F_w——流水压力标准值(kN);

γ——水的重力密度(kN/m^3);

v——设计流速(m/s);
A——桥墩阻水面积(m^2),计算至一般冲刷线处;
g——重力加速度,$g=9.81m/s^2$;
K——桥墩形状系数,见表 10-5-1。

墩 形 状 系 数 表 10-5-1

桥墩形状	K	桥墩形状	K
方形桥墩	1.5	尖端形桥墩	0.1
矩形桥墩(长边与水流平行)	1.3	圆端形桥墩	0.6
圆形桥墩	0.8		

结合水库蓄泄水情况,从上述公式可以看出,作用在桥墩上的流水压力可能由于流速、阻水面积等的变化而发生变化。

10.5.2 桥墩冰压力

10.5.2.1 冰压力的确定

对具有竖向前棱的桥墩,冰压力可确定如下。

冰对桩或墩产生的冰压力标准值

$$F_i = mC_t btR_{ik} \tag{10-5-2}$$

式中:F_i——流冰压力标准值(kN);
m——桩或墩迎冰面形状系数,可按表 10-5-2 取用;
C_t——冰温系数,可按表 10-5-3 取用;
b——桩或墩迎冰面投影宽度(m);
t——计算冰厚(m),可取实际调查的最大冰厚;
R_{ik}——冰的抗压强度标准值(kN/m^2),可取当地冰温 0℃时的冰抗压强度;当缺乏实测资料时,对海冰可取 $R_{ik}=750kN/m^2$;对河冰,流冰开始时 $R_{ik}=750kN/m^2$,最高流冰水位时可取 $R_{ik}=450kN/m^2$。

桩或墩迎冰面形状系数 *m* 表 10-5-2

迎冰面形状系数	平面	圆弧形	尖角形的迎冰面角度				
			45°	60°	75°	90°	120°
m	1.00	0.90	0.54	0.59	0.64	0.69	0.77

冰 温 系 数 *Ct* 表 10-5-3

冰温(℃)	0	-10 及以下
C_t	1.0	2.0

注:1.表列冰温系数可直线内插。
2.对海冰,冰温取结冰期最低冰温;对河冰,取解冻期最低冰温。

当冰块流向桥轴线的角度 $\varphi \leqslant 80°$时,桥墩竖向边缘的冰荷载乘以 $\sin\varphi$ 予以折减。
冰压力合力作用在计算结冰水位以下 0.3 倍冰厚处。

10.5.2.2　冰压力的分力

当流冰范围内桥墩有倾斜表面时,冰压力应分解为水平分力和竖向分力
水平分力

$$F_{xi}=m_0 C_t R_{bk} t^2 \tan\beta \tag{10-5-3}$$

竖向分力

$$F_{zi}=\frac{F_{xi}}{\tan\beta} \tag{10-5-4}$$

式中:F_{xi}——冰压力的水平分力(kN);
F_{zi}——冰压力的垂直分力(kN);
β——桥墩倾斜的棱边与水平线的夹角(°);
R_{bk}——冰的抗弯强度标准值(kN/m^2),取 $R_{bk}=0.7R_{ik}$;
m_0——系数,$m_0=0.2b/t$,但不小于 1.0。

10.5.2.3　冰对建筑物的影响

建筑物受冰作用的部位宜采用实体结构。

对于具有强烈流冰的河流、水库中的桥墩、柱,其迎冰面宜做成圆弧形、多边形或尖角,并做成 3∶1~10∶1(竖∶横)的斜度,在受冰作用的部位宜缩小其迎冰面的投影宽度。

对流冰期的设计高水位以上 0.5m 到设计低水位以下 1.0m 的部位宜采取抗冻性混凝土或花岗岩镶面或包钢板等防护措施。同时,对建筑物附近的冰体采取适宜的使冰体减小对结构物作用力的措施。

10.5.3　水库蓄水前后地震作用下动水压力的变化

(1)地震时作用于桥墩上的地震动水压力应分别按下列各式进行计算:

①$\frac{b}{h}\leqslant 2.0$ 时

$$E_W=0.15\left(1-\frac{b}{4h}\right)C_i A\xi_h\gamma_w b^2 h/g \tag{10-5-5}$$

②$2.0<\frac{b}{h}\leqslant 3.1$ 时

$$E_W=0.075C_i A\xi_h\gamma_w b^2 h/g \tag{10-5-6}$$

③$\frac{b}{h}>3.1$ 时

$$E_W=0.24C_i A\gamma_w b^2 h/g \tag{10-5-7}$$

式中:E_W——地震时在 $h/2$ 处作用于桥墩的总动水压力(kN);
ξ_h——断面形状系数。矩形墩取 $\xi_h=1$;圆形墩取 $\xi_h=0.8$;圆端形墩顺桥向取 $\xi_h=0.9$~

1.0,横桥向取 $\xi_h=0.8$;

γ_w——水的重度(kN/m);

h——从一般冲刷线算起的水深(m);

b——桥墩宽度(m),可取 h/2 处的截面宽度。矩形墩取长边边长;圆形墩取直径。

(2)假设原河道水位为 H_0,水库蓄水以后,河道水位上升高度为 $\Delta h=h-H_0$,则地震造成的动水压力增加值 ΔE_W 如下:

① $\frac{b}{h}\leqslant 2.0$ 时

$$\Delta E_W=0.15C_iA\xi_h\gamma_w b^2\Delta h/g \tag{10-5-8}$$

② $2.0<\frac{b}{h}\leqslant 3.1$ 时

$$\Delta E_W=0.075C_iA\xi_h\gamma_w b^2\Delta h/g \tag{10-5-9}$$

③ $\frac{b}{h}>3.1$ 时

$$\Delta E_W=0.24C_iA\gamma_w b^2\Delta h/g \tag{10-5-10}$$

10.6 水坝下游桥梁设计

10.6.1 水坝下游的冲刷

河床纵向刷深是坝下游河床变形的主要表现。水坝下泄清水的挟沙能力远大于下泄含沙量,下游河床下切,相应水位下降。经过一定时间后,河床粗化,比降变缓,冲刷渐小。当水库下泄泥沙增加时,若水流泥沙过饱和,河床会出现回淤。

河床横向变形有两种可能:一种是以水流归槽,断面形状趋于窄深,滩槽高差加大;另一种是在砾石河底、两岸易冲的河段上,以展宽为主,通过主流摆动和河湾发展,滩岸崩塌,河宽增加,水面比降减小。对于较远的下游展宽较常见。

坝下游河床变形与水库运行方式、下泄流量及沙量、距坝的远近和下游河床本来的情况有关。

10.6.1.1 坝下局部冲刷

坝下泄水建筑物的布设、类型、大小都直接影响坝下游河床变形。下泄水流宽度很窄,单宽流量大。上游水头高、落差大,下泄水流动能大。虽有消能设施,但坝下游仍有巨大冲刷坑,称坝下局部冲刷。

桥位必须设在坝下冲刷范围之外。

(1)下泄清水局部冲刷深度 H_1

$$H_1=\left(\frac{q}{5.123\bar{d}^{-0.36}}\right)^{0.877} \tag{10-6-1}$$

式中:q——下泄单宽流量[$m^3/(s\cdot m)$];

$\bar{d}$——床沙平均流速(m/s)。

(2)下泄浑水局部冲刷深度

海漫下游淹没水跃情况下,河床局部冲刷后水深为:

$$t=\frac{0.66q\sqrt{2\alpha-y/h}}{\sqrt{\left(\frac{\rho_1}{\rho}-1\right)q\bar{d}(h/\bar{d})^{0.166}}} \tag{10-6-2}$$

式中:t——从水面算起的冲刷深度(m);

q——护坦末端或不冲海漫末端的最大单宽流量[$m^3/(s\cdot m)$];

$\bar{d}$——床沙平均粒径,可取 d_{50}(m);

h——海漫末端水深(m);

α——计算断面流速分布不均匀系数,$\alpha=1.0\sim1.2$;

y——海漫末端流速分布中最大流速与海漫顶面的距离,流速分布正常时 $y=0.5h$;

$\frac{\rho_1}{\rho}$——颗粒比重,约在 1.35~2.75 之间。

$\sqrt{2\alpha-y/h}$ 的数值,约为 1.05~1.38。

(3)挑流消能局部冲刷坑深度估算

当下游为散粒体(砂、卵石、砾石)河床时,冲刷坑深度 H_1:

$$H_1=3.9\sqrt{q\sqrt{\frac{Z}{d_{90}}}}-h_t \tag{10-6-3}$$

式中:Z——上下游水位差(m);

d_{90}——级配曲线上重量 90%的泥沙颗粒都较它为小的粒径(mm);

h_t——下游河床水深(m)。

当下游为岩石河床时,冲刷坑深度由下式估算(式中符号意义同前):

$$H_1=1.25\sqrt{q\sqrt{Z}}-h_t \tag{10-6-4}$$

(4)冲刷坑的形式

一般上游坡平均坡度在 1∶3~1∶6 范围内,下游坡平均坡度约为 1∶10 或更小。

10.6.1.2　河床粗化

水库下游河床冲刷过程中,由于水流的分选作用,较细颗粒被水冲走,较粗颗粒停留下来的现象称为河床粗化。河床粗化有 3 种不同的类型:

(1)卵石层露头的粗化

山区、山前区的河流上,床面以下不太深处多由漂石、卵石或砾石等组成。水库下泄清水,冲走表层泥沙,使卵石层露头。这种床面粗化后的耐冲刷能力较强。

(2)卵石夹沙河床的粗化

水库下泄清水冲走较细泥沙颗粒,剩余的粗颗粒逐渐聚集,最后形成一层水流难以冲动的床面,称为粗化层或抗冲铺盖层。其特性为:

①河床表面只需有一层粗化颗粒铺盖,而且不需要全部铺盖满,粗化过程即告完成。

②粗化层中粗颗粒约占重量的 65%,细颗粒夹在粗颗粒间,中等颗粒则被冲走。

③决定粗化层特性的水力条件是最大流速及其相应水深。

④粗化过程进行迅速，水库建成后经过3~5个汛期，就基本完成，相对稳定下来。

(3)沙质河床的粗化

沙质河床粗化过程中，床面沙波运动不断将床面翻起，经受水流分选，形成铺盖层的时间历时较长，即使形成，一般也不稳定。

上述三种类型的粗化过程是在河床冲刷的过程中完成的，冲刷和粗化是同一事物的两个侧面。粗化层形成后，糙率增大，同一流量下流速减小，水深增大，挟沙能力降低。

10.6.1.3 水坝下游河床冲刷计算

位于水坝下游的桥梁，需要计算水库清水下泄产生的河床一般冲刷深度、长度和完成冲刷所需要的时间。

(1)具有冲不动层的河床

当河床在一定深度内有岩层、卵石层，且其中有65%的颗粒是冲不动的时，称为具有冲不动层的河床。这类河床冲刷极限深度就是泥沙覆盖层的厚度，冲刷停止后的纵断面，即为冲不动层的纵断面。例如，汉江石泉公路桥，1971年建成后，距离上游约1km处，建成水电站。大坝泄洪洞设在右岸，相应于原河滩位置，桥下河滩11m厚的卵石夹沙覆盖层，仅数年内即被冲走变成分汊河道，桥墩沉井裸露。大坝水电站泄水洞设在原河槽位置，运营后坝下冲刷形成在消力戽下游极大的深坑，位于下游约1km的河槽内桥墩，床面原覆盖层及下卧软岩，风化岩层都被冲光。如图10-6-1所示该桥桥位在AB段之内，如图中所示，经历T年后，河床纵断面为ABC，B以上卵石或基岩全露出，C点以下无冲刷。对于覆盖泥沙粒径小于1.0mm时，可根据悬移质输沙量原理，求算冲刷体积W。

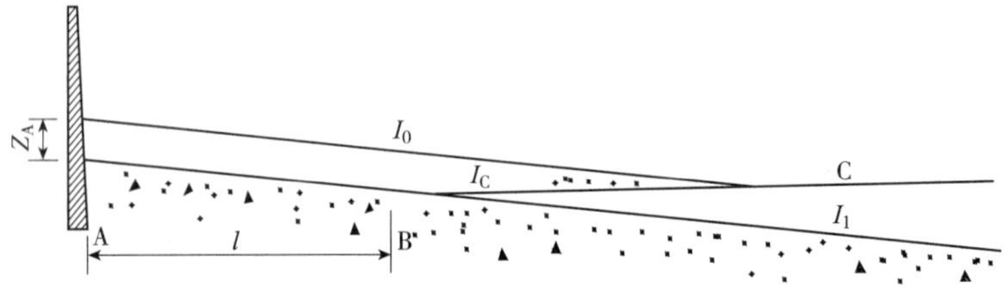

图10-6-1 水库下游具有冲不动层的河床冲刷

$$W=10540.8\frac{T}{\gamma_s}[S\overline{Q}_{su}'(1+\mu)-S_{cu}\overline{Q}_{su}'] \tag{10-6-5}$$

式中：T——水库下泄清水年限，偏安全地采用水库淤满年限；10540.8是单位换算系数，按每年汛期122d计；

S——泥沙重度(t/m^3)，无实测资料时取1.4t/m^3；

γ_s——历年汛期出库流量(m^3/s)；

$\overline{Q}_{su}'$——水库下游冲刷产生的推移质泥沙占悬移质泥沙的百分数，无实测资料时，可采用10%；

S_{cu}——历年汛期平均出库床沙质含沙量(kg/m^3)，如无实测资料，可设$S_{cu}=0$；

B断面的挟沙能力(kg/m^3)，可用挟沙能力公式$S=k\left(\frac{v^3}{gR\omega}\right)^m$计算(式中：$v$断

面平均流速(m/s);R 水力半径(m),宽线河道 $R \approx h$;ω 床沙质沉速(m/s);g 重力加速度(m/s^2);k、m 系数和指数,随$\frac{v^3}{gR\omega}$而变,由图 10-6-2 查取。

S 也可直接从图 10-6-3 查得。

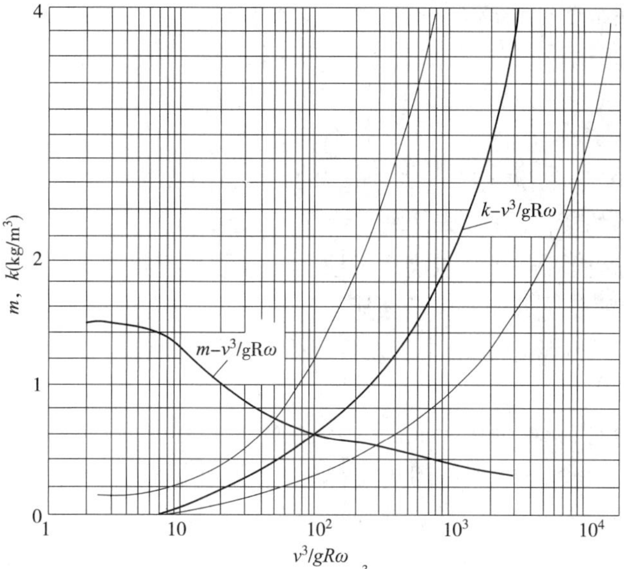

图 10-6-2　K、m 和$\frac{v^3}{gR\omega}$的关系

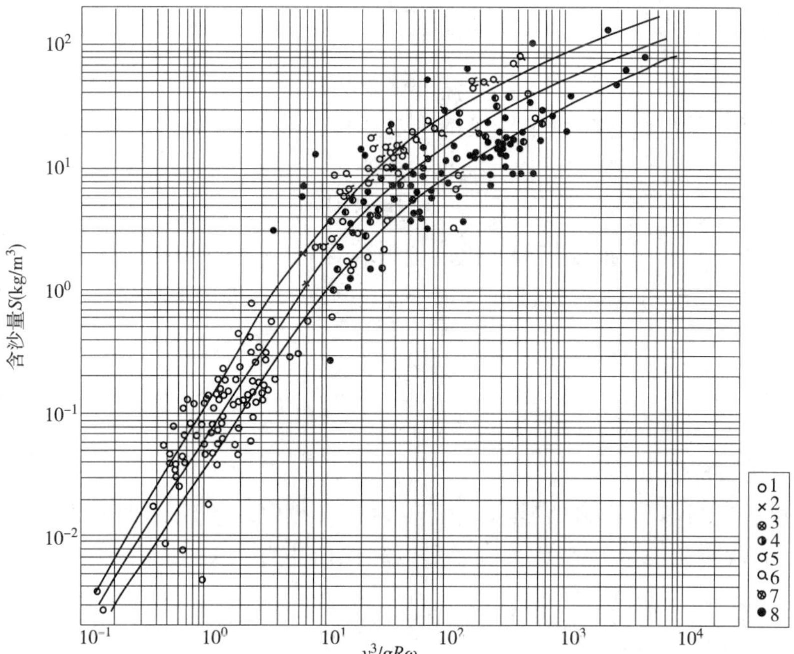

图 10-6-3　S 和$\frac{v^3}{gR\omega}$的关系

1-长江;2-武汉水利电力学院玻璃水槽;3-黄河;4-人民胜利渠;5-南京水利实验处钢板水槽;6-青铜峡灌区;7-三门峡水库;8-官厅水库

S 取冲刷开始值 S_0 和冲刷完成值 S_1 的平均值，即 $S=(S_0+S_1)/2$。

由式(10-6-5)算得的冲刷体积，偏安全地视为 B 点上游泥沙覆盖层体积，即

$$W=\frac{2Z_A+l(I_1-I_0)}{2}lB_C$$

则坝下游冲出不动层的距离 l[1]：

$$l=\frac{I}{I_1-I_0}\left[\sqrt{Z_A^2+2(I_1-I_0)\frac{W}{B_C}}-Z_A\right] \tag{10-6-6}$$

式中：B_C——冲刷河槽宽度(m)。

由图 10-3-1 中 B 点作 BC 线，令其坡度为 I_e，交原河底线于 C 点，即得冲刷后的河底线 ABC。位于 B 点上游的桥位，其河床冲刷高程即为不冲刷层面的高程；位于 B 点和 C 点之间的桥位，其河底冲刷高程可根据 B 点高程按坡度 I_e 和距离求得。

(2)能形成抗冲铺盖层的卵石夹沙河床

水库下泄清水把河床质中的沙冲走，使卵石留在床面，形成抗冲铺盖层。河床不再下降，其深度即为极限冲刷深度。

若 P_0 为粗化颗粒占原始河床组成的百分数，P_1 为该粗化颗粒占粗化层组成的百分数；γ_0 和 γ_1 分别为原始床沙和粗化层泥沙的重度；Δh 为极限冲刷深度；d_m 为粗化层厚度；若从坝址到桥位(桥轴线)的河槽底面积为 A，即坝址到桥位的距离乘以平均河宽，则粗化层中粗化粒径的重量 G_1 为：

$$G_1=\gamma_1P_1Ad_m$$

同时，冲刷后冲刷深度加粗化层厚度，即 $\Delta h+d_m$ 总深度内的原始河床组成中粗化颗粒的重量 G_0 为：

$$G_0=\gamma_0P_0A(\Delta h+d_m)$$

因为冲刷过程中，粗化颗粒总重量保持不变，即 $G_1=G_0$，则得极限冲刷深度 Δh：

$$\Delta h=\left(\frac{\gamma_1P_1}{\gamma_0P_0}-1\right)d_m \tag{10-6-7}$$

粗化前后的 γ_0 和 γ_1 可根据实测的重度资料确定。当资料缺乏时，可假定两者相等。

P_0 值的确定，可先根据水力条件确定最小不冲粒径 d_0，再由原始级配曲线上查出相应的 P_0 值，d_0 按下式确定：

$$d_0=\left(\frac{V}{5.45\,\bar{h}^{0.14}}\right)^{2.78} \tag{10-6-8}$$

P_1 值按粗化层特性取 65%。

粗化层厚度 d_m 可取粗化层级配曲线上 P_1 为 65%相应的粒径。若无粗化层级配曲线，可按原河床级配曲线对应的百分数 P_{0m}，查取对应的粒径即为 d_m。

$$P_{0m}=P_{1m}\frac{P_0}{P_1}=0.35\times\frac{P_0}{0.65}=0.54P_0 \tag{10-6-9}$$

P_{1m}是粗化层级配曲线上大于 d_m 的颗粒所占的百分数，P_{1m}为 35%。

当河床泥沙平均粒径 $d>1.0$mm 时，形成粗化层的历时可根据推移质输沙平衡原理估计：

$$\gamma_sLB\Delta h=G_sBT\times86400 \tag{10-6-10}$$

式中：T——形成粗化层的时间(d)；

γ_s——河床泥沙重度(t/m^3)；

L——坝桥间的距离(m)；

Δh——河床冲刷深度(m)；

G_s——推移质输沙率[t/(m·s)]。

(3)可冲动层很厚的河床

当水库下泄流量、流速很大，90%以上的河床颗粒都可被冲走，床面不能形成抗冲铺盖层时，只有通过河床冲刷使流速降低到起动流速，河床才能停止冲刷。在河床为较均匀的中细沙，下泄水流为清水的条件下，达到冲刷平衡时，则同时满足水流连续性方程、均匀流阻力公式(谢才—满宁公式)、起动公式及河槽冲刷后的河相关系式等关系。联立以上 4 个方程，可得冲刷终止时的水深、河宽和河床比降：

$$h=0.58\frac{Q^{0.32}}{d^{0.11}\xi^{0.64}} \tag{10-6-11}$$

$$B=0.34\frac{Q^{0.64}\xi^{0.72}}{d^{0.23}} \tag{10-6-12}$$

$$I=50\frac{n^2\xi^{0.60}d^{0.84}}{Q^{0.33}} \tag{10-6-13}$$

式中：Q——造床流量(m^3/s)；

d——对覆盖层较厚的沙质河床，考虑到床沙粗化，可取 $d_{80}\sim d_{85}$。

ξ——河床宽深比(河相关参数)，$\xi=\frac{\sqrt{B}}{H}$，B 是河槽宽度(m)，H 是平滩水位时的平均水深(m)。

当河岸不可冲刷时，B 为定值，则

$$h=0.23\frac{Q^{0.88}}{d^{0.88}d^{0.32}} \tag{10-6-14}$$

$$I=138\frac{n^2B^{0.92}d^{1.05}}{Q^{0.92}} \tag{10-6-15}$$

10.6.2　桥位于坝的下游情况下坝桥区间的洪水流量

桥位距水坝很近，中间无大支流汇入时，桥下设计流量可直接采用相同洪水频率的水库下泄流量。对于大中型水库坝桥区间的洪水流量可从其管理部门取得。对于水库运用时间较长，特别是多沙河流，调洪库容将逐渐小于设计调洪库容，使洪水下泄流量逐年增大，直至水库达到终极输沙平衡。终极输沙平衡洪水下泄流量较设计洪水下泄流量大得多，但小于建库前天然洪水流量。位于多沙河流水库下游的桥梁，根据具体情况，可采用水库终极输沙平衡的设计洪水下泄流量作为桥梁的设计流量。对于小型水库，桥下设计流量可直接采用大然洪水设计流量。

对于桥位距坝址较远，中间有较多支流汇入的情况；由于区间洪水和水库下泄流量过程的遭遇不同，水库下游桥梁设计流量的确定，可采用下列不同的原则处理：一般按洪水组合计算方法,将分解为坝址以上和坝桥区间两部分,为安全考虑,采用两者相同频率,再进行流量叠加。两部分流量叠加后,桥下设计流量不宜超过建库前桥位处同频率的流量。以实测某一典型年的洪水过程线进行放大,求得两部分设计洪水过程线,然后按调洪及洪水演算至桥孔,再行叠加。在缺乏实测洪水过程线的地区,两部分的设计流量可按由暴雨资料推求设计洪水的办法分别计算,然后再进行调节后的下泄流量与区间流量叠加。

水库下泄流量传播与区间洪水组合,常采用下列方法:

10.6.2.1 流域面积比例法

该法适用于水库控制面积较大,而区间流域面积较小的情况。其基本思路是将计算断面的设计洪峰流量,按控制流域面积比例在区间和水库控制部分进行分配,水库削峰作用以乘上削减系数$\frac{Q_{cu}}{Q_{lu}}$形式来考虑。

当桥位上游只有一个水库时:

$$Q_s'=Q_{s0}\left(1-\frac{A_1}{A}\right)+Q_s\frac{A_1}{A}\cdot\frac{Q_{cu}}{Q_{lu}} \tag{10-6-16}$$

式中:Q_s'——桥位断面考虑水库调蓄作用后的设计流量(m^3/s);

Q_s——桥位断面不考虑水库调蓄作用的设计流量(m^3/s);

A——桥位断面控制流域面积(km^2);

A_1——水库控制的流域面积(km^2);

Q_{cu}——水库最大下泄流量(m^3/s);

Q_{lu}——水库入库设计流量(m^3/s)。

10.6.2.2 区间来水同频率控制法

该法适用于水库到桥位的区间为洪水主要来源的情况。

$$Q_s'=Q_{sq}+(Q_s-Q_{sq})\frac{Q_{cu}}{Q_{lu}} \tag{10-6-17}$$

式中:Q_{sq}——区间设计频率的流量(m^3/s);

其他符号意义同前。

10.6.2.3 简化法

$$Q'_s=Q_{cu}+Q_s\left(\frac{A_q}{A}\right)^{0.5} \tag{10-6-18}$$

式中:A_q——区间流域面积(km^2)。

10.7 冲刷严重的桩基础设计

冲刷严重的河流陡岸上的桥墩基础,由于总冲刷深度大,沟谷下切严重,一般设置桩基础。桩基础需深入总冲刷线以下,并满足桩基础嵌固的需要,如图 10-7-1b)所示。若设置扩大基础,开挖深度大,水下施工难度就增大,如图 10-7-1a)所示。

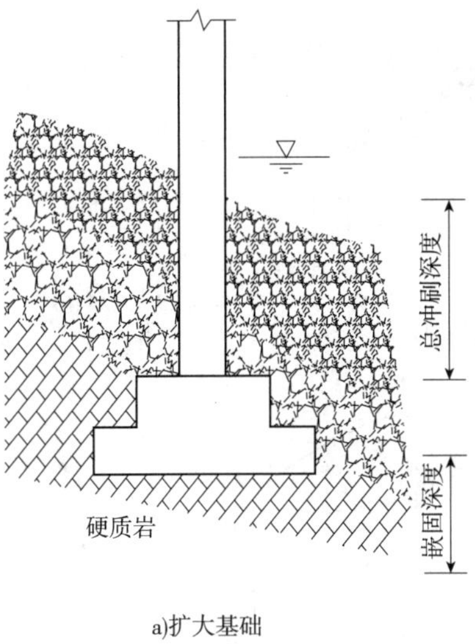

图 10-7-1 桥墩基础

尽管地层岩性适合设置扩大基础,对于双向陡坡上的扩大基础,如果相互干扰。应尽量避免设置扩大基础,改用桩基础,如图 10-7-2 所示。

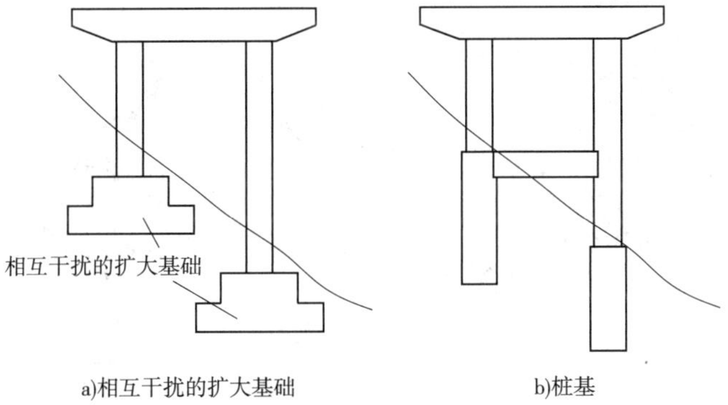

图 10-7-2 双向陡坡上的基础

当设置扩大基础(图 10-7-2a))引起大量开挖,并可能引起新的不良地质问题时,桩基础(图 10-7-2b))是解决问题的选择之一。

滑动层上设置扩大基础(图 10-7-3a))可能引起顺层滑动时,尽量采用桩基础(图 10-7-3b))。

在可能存在圆弧滑动面(图 10-7-4)的陡坡上,宜配合滑坡治理方案,采用桩基础,并穿过滑动面。

当山区公路遇到岩堆或残坡积层较厚或坡体比较破碎的情况时,应采用桩基础,坡体破碎情况下的基础见图 10-7-5。

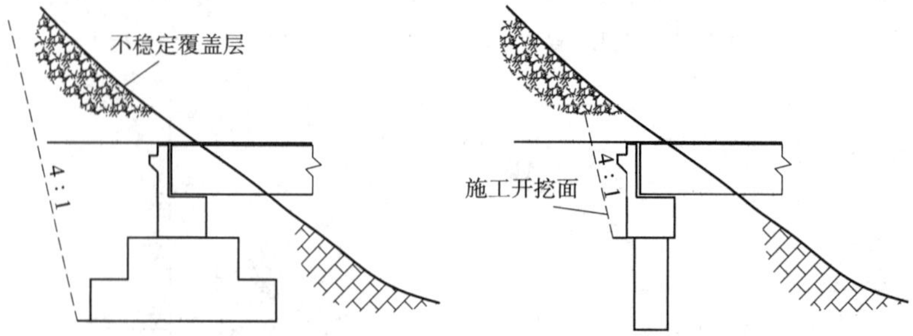

a)扩大基础　　b)桩基础

图 10-7-3　桥墩基础

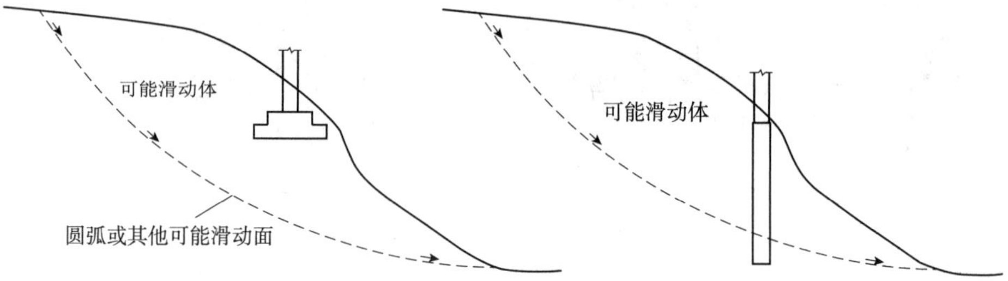

a)扩大基础　　b)桩基础

图 10-7-4　滑动层上的基础

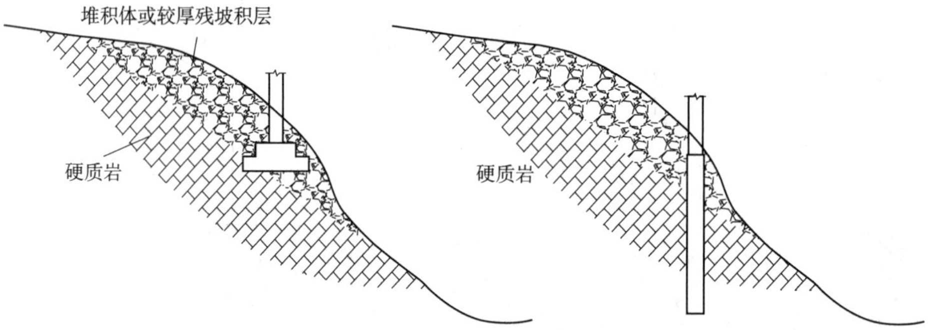

a)扩大基础　　b)桩基础

图 10-7-5　坡体破碎情况下的基础

10.8　水库上游河流桥梁的防护

10.8.1　桥梁基础的防护方式

公路桥涵常用的基础有浅埋基础、深基础和深水基础等形式。由于基础所处的地质、水文、气象条件不同,桥涵在使用过程中其基础会受到各种危害,进而将威胁到桥涵的正常运营,因此,必须采取有效的保护措施,确保墩台基础的安全。

10.8.1.1　冲刷防护

(1)冲刷作用

①河流冲刷

在有水流的河床上修建基础时,要考虑洪水对基础下地基上的冲刷作用,洪水水流越急,流量越大,洪水的冲刷越大,整个河床面被洪水冲刷后要下降,此为一般冲刷,被冲下去的深度即一般冲刷深度。由于桥墩的阻水作用,使洪水在桥墩四周冲出一个深坑,形成局部冲刷。同时,河道中水流驱使泥沙运动,泥沙运动后的床面形态又影响水流结构,这种水沙运动相辅相成,形成永恒变化的河床形态即河床演变。桥梁墩台附近床面总的冲刷深度是河床演变、一般冲刷和局部冲刷的总和。

因此,在有冲刷的河流中,为了防止桥梁墩、台基础四周和基底下土层被水流掏空冲走以致倒塌,基础必须埋置在设计洪水的最大冲刷线 1m 以下。特别是在山区和丘陵地区的河流,更应注意考虑季节性洪水的冲刷作用。

②波浪冲刷

跨水库、跨海、跨河口及修建在库岸、海边、海湾处的桥梁,其基础亦受波浪、潮汐、潮流和海流的冲刷影响。

③泥石流沟的冲刷

泥石流不仅有快速的淤积作用,其冲刷作用也很强烈,甚至一次泥石流可下切 3~6m。确定泥石流沟的桥梁墩台基础埋深时,必须认真分析冲刷深度,特别是对凹岸的桥台冲刷。

(2)冲刷防护形式

设置各种冲刷防护工程,对桥梁及其桥头路堤的安全、桥位河段河床的稳定至关重要。冲刷防护的结构形式很多,根据防护形式的水流结构和机理分为直接防护和间接防护两类。

①直接防护

直接防护是直接加固基础,提高其抗冲刷的能力而修建的附着在基础上的工程设施,有护坦式基础、石笼、抛石、混凝土预制板、土工织物、消力坎以及海漫式防护等。

a.护坦式基础防护

护坦是一种浅基防护形式,由护坦平板和垂裙两部分构成,如图 10-8-1 所示。护坦平板与被防护的墩台基础的连接必须牢固,可砌成一体,护坦外缘和垂裙砌筑为整体。垂裙下端埋置深度由冲刷深度确定,还应考虑 0.5m 的安全深度。如果垂裙冲刷深度较大,采用人工明挖施工困难,可用 5m 长的短桩代替垂裙。山区河流洪水时若有大孤石移动,护坦平板为避免被砸坏,厚度不得小于 0.8m。

护坦平板和垂裙的材料及形式应就地取材,因地制宜。平板和垂裙在山区常用片石砌筑。缺少石料地区的重要桥梁墩台的防护,可用混凝土或钢筋混凝土浇筑。

b.石笼、抛石防护

桥梁墩台防洪抢险中,石笼、抛石防护常起到化险为夷的作用。石笼是将大块的石料用铁丝(竹编)捆绑起来,常用于防护受较高流速冲刷的基础。而抛石在流速较大的水面进行时,必须事先对石料尺寸(砾径)和抛落位置计算设计,才能达到预想的效果,如图 10-8-2 所示。

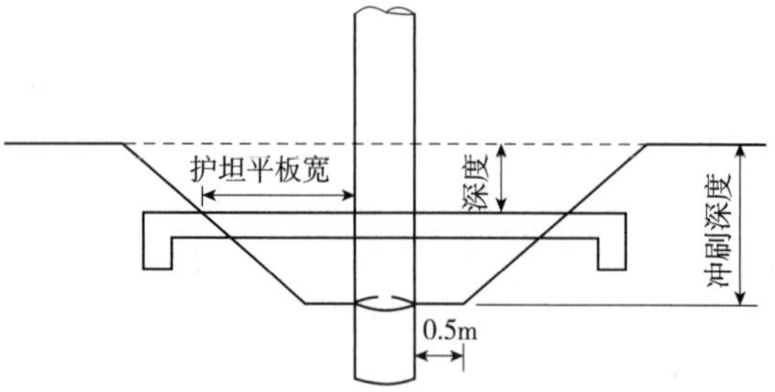

图 10-8-1　护坦式基础防护

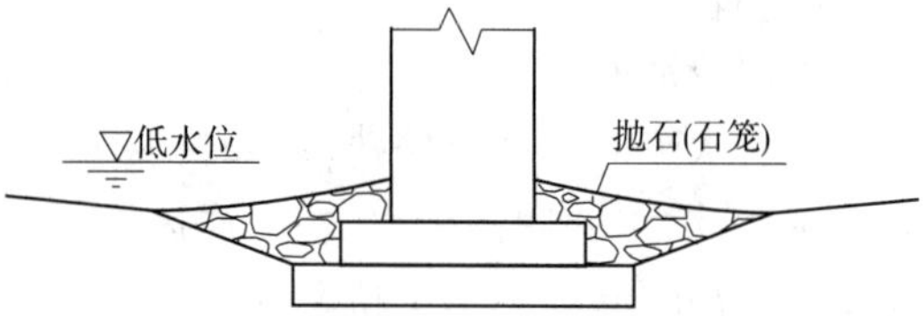

图 10-8-2　石笼、抛石防护

c.混凝土预制板

当水流速度较大或当地无其他适当的加固材料时,可采用混凝土或钢筋混凝土作为加固材料。混凝土板的平面尺寸,在就地浇筑时一般为 1.5～2.5m,预制板的最小尺寸为 30cm×30cm,当流速和波浪较大时,尺寸应适当加大。板下应设置碎石和沙砾垫层,边坡土壤干燥者为 10～15cm,潮湿者为 20～30cm,最好进行反滤层设计。边坡填土应坚硬不易变形。

钢筋混凝土沉排由钢筋混凝土板用钢筋环连接而成。板的尺寸不小于 0.5m×0.5m,厚度不小于 0.2m～0.25m。多用于流速较大的旧桥墩防护。

d.反滤层的设计

在砌体防护工程和填土体之间,要设置反滤层。反滤层材料和厚度要满足两方面的要求,即渗透准则和抗淤堵准则。既能使填土体中的水渗透排除,保持土体的强度和稳定,又不使反滤层材料的孔隙被泥沙颗粒堵死。反滤层材料一般用级配的砂砾,目前,土工织物在防护工程中用作反滤层较多。

e.消力坎

当下游冲刷严重时,为缓解水流冲刷影响,可用浆砌块、片石或预制混凝土块筑成三级消力坎,如图 10-8-3 所示。

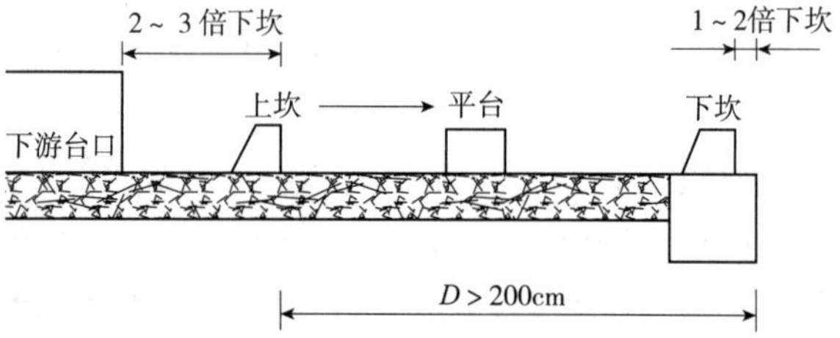

图 10-8-3　消力砍基础防护

f.海漫式防护

类似于消力砍,可采用海漫式缓冲水流,用浆砌块、片石或铺筑混凝土,如图 10-8-4 所示。

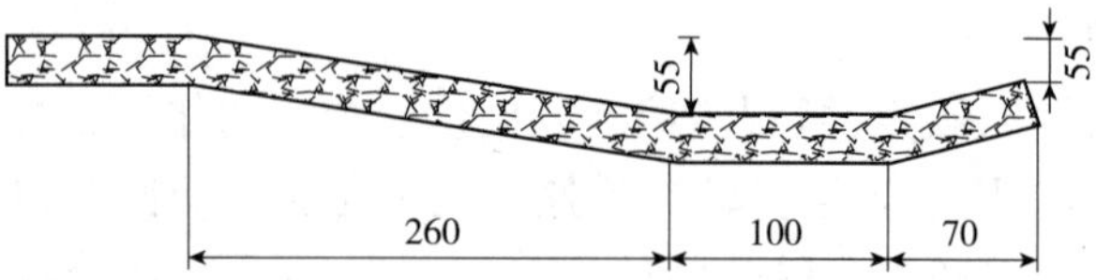

图 10-8-4　海漫式基础防护(尺寸单位:cm)

②间接防护

间接防护是指修筑导流提、丁坝、顺坝、拦砂坝等调治构造物，或进行河道整治（疏浚、理顺、改道），改变河道水流结构，使水流偏离被防护的河岸，使墩台或将冲刷段变成淤积段，以达到防护目的。

a.导流堤

导流堤的功能是引导上游水流和河滩水流，逐渐改变方向，形成平行水流平顺地通过桥下断面或路基段，使流速、水深及输沙等分布都较均匀，使路基段、墩台和桥头路堤免受集中冲刷。因此，根据路基段、桥位河段水流特征，合理地选定导流堤平面形式、尺寸、提供一个理想的水流几何边界，是导流堤设计的首要问题。

导流堤按平面形式可分为二类（图 10-8-5），即封闭式长大导流堤（A）、曲线导流堤（B）和梨形堤（C）。一般河流上的桥梁大都修建曲线导流堤；只有十分宽浅的山前变迁性河段和平原游荡性河段，河宽很大，而桥孔长度较小时才应用封闭式长大导流堤；梨形堤只用于河滩流量不大或桥头引道凹向上游的桥位上；另外在冲积扇修建一河多桥时，用由两个反向曲线堤组成的分水堤将各股流导入桥孔。

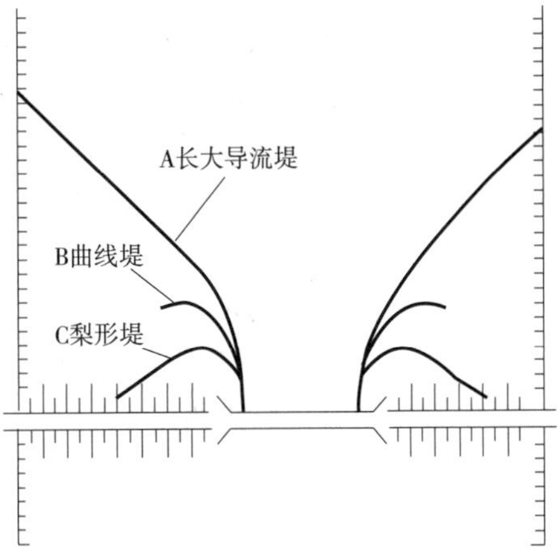

图 10-8-5　导流堤的类型及其布置

导流堤的设计洪水频率应与桥梁设计洪水频率相同，其他类型调治构造物的设计洪水频率视工程重要性而定。

b.丁坝

修筑丁坝的目的是固定桥头河岸，调治洪水流向，使洪水顺畅通过桥下。丁坝一般宜成群布置，由于坝群坝头形成一个圆顺的导流线，顺应洪水流势，引导洪水通畅下泄，才能达到防护的目的。修筑长大丁坝，会过分改变流势、影响上下游和对岸，同时洪水对丁坝的冲击和冲刷也过大，易水毁，应慎用。

c.拦砂坝

为了防止桥梁附近的河砂流失，在距桥墩下游 50m 处修建拦砂坝；禁止河流下游挖砂难度比较大，但阻止在桥梁附近挖砂相对容易，特别是桥梁上下游 200m 内禁止挖砂，因此修建拦砂坝可以有效保证桥墩基础有一定的埋深。

③冲刷防护应注意的问题

a.宽阔的河湾凹岸桥台以及宽阔的游荡河槽处的桥台，应设置调治导流设施引导水流、防止水害恶化。

b.导流堤设计洪水频率应与桥梁设计洪水频率相同，其他类型调治构造物的设计洪水频率视工程重要性而定。

c.桥墩、桥台平面防护的范围及尺寸根据冲刷水流的结构及其作用范围确定。平面铺砌顶面应埋在一般冲刷线以下或齐平。加固深度、宽度与边缘垂裙冲刷深度可按桥墩护坦垂直冲刷深度公式计算。

d.水利工程下游的桥梁墩台，可采用为消除水流剩余过大动能的消力坎、多级跌水、急流槽、消力池等组合的海漫式防护,使水流与下游平顺相接。其主要作用是固定桥孔下游冲刷基准面。

e.加强日常养护管理,清疏各类排水系统,修复加固各类构造物,及时检修防洪设施,是预防水毁的有效措施。

10.8.1.2 冻结防护

(1)基础埋置深度

在寒冷地区,应该考虑季节性冰冻和融化对地基土引起的冻胀影响。对于冻胀性土,如土温在较长时间内保持在冻结温度以下,水分能从未冻结土层不断地向冻结区迁移,引起地基的冻胀和隆起,这些都可能使基础遭受损坏。为了保证建筑物不受地基土季节性冻胀的影响,除地基为非冻胀性土外,基础底面应埋置在天然最大冻结线以下一定深度。

为保证基础稳定,除岩石、砾石及粗砂地基外,基础埋置深度一般应在冰冻线 0.25m 以下。

(2)冻结基础处理

在冻土地带,基础尽可能采用深基础(如桩基础等),对于冻深较大且采用浅基础的情况,应采用有效的基础处理措施。

①换土夯实和人工夯实

在基底以下挖至预定的深度以三七灰上(三份石灰,七份土)或素土层回填,并以质量不大(约 50kg)的夯实工具分层进行夯实。它的主要作用是增加土的密实度,从而提高其承载力和减少沉降量。由于夯实机械能量不大,挖掘不深,故适用于处理浅层地基。

②挤密土桩或石灰土桩

此法可破坏大孔土结构,增加其密实度,达到提高地基土的强度和减少或消除其湿陷性。挤密土桩或石灰土桩的施工方法与砂桩加固地基方法相同。不同的是,成孔后不能回填砂子或其他透水性材料,而是素土或石灰爬灰、拌和的土。挤密土桩地基的承载力取决于土被挤密的程度,而土的挤密效果与桩径的间距有关。桩径的间距一般为桩径的 2~2.5 倍,最好通过试验决定。

③热加固

在加固范围内用干钻法钻孔,然后借助于空气压缩机或油泵将可燃气体压入孔中,使其燃烧;这时土逐渐由失水到降低可塑性和分散性,并使其固化。热加固法适用于具有燃料充沛及含水率不高的地方。

10.8.1.3 冻拔防护

在严寒地区,冬季冰层厚度变化易发生浅桩冻拔,深桩环状冻裂,如桩基周围冰层较厚可打入套管或板桩,中间填以保温材料,可将冰冻线以上(墩周围)用矿渣换填。

10.8.2 导流堤

按平面形式,导流堤分为曲线形导流堤和直线型导流堤两类,曲线形导流堤又可分为封闭式导流堤、曲线导流堤和梨形导流堤三类。封闭式导流堤和梨形导流堤都是曲线导流堤的变异体。把曲线导流堤的主体部分用大半径或直线，延伸到与上游河岸并与其相接，就是封闭式导流堤；把短小的曲线导流堤的堤头用反向曲线与路基上游一侧边坡相连就是梨形导流堤。

10.8.2.1　导流堤的布设

一般根据河滩流量占总流量的比例，来确定是否设置导流堤。被引道阻断的河滩流量占总流量的 15%（单侧河滩）或 25%（双侧河滩）以上时，应设置导流堤；小于上列数值时，可修建梨形堤；小于 5%时，加固桥头锥坡即可；当桥下冲刷前河滩部分的平均流速小于 1.0m/s，且地形上也无必要修建导流堤时，通常不需设置导流堤。

另外，在山区开阔河段上，当桥头路堤伸入河滩，或桥位上游有支汊汇入而引起水流紊乱时，应根据流向和地形、地质条件，设置导流堤。

在山前冲积扇下游收缩河段上布设导流堤时，可参照山区开阔河段处理。上游出山口附近，可布设封闭式导流堤；中游扩散河段不宜布设长大的封闭式导流堤。当一河多桥时，两桥间可布设桃形导流堤、分水堤或加固路堤。不论布设哪种导流堤，均应与当地的防护堤坝、灌溉设施及其他水利工程相配合。对支汊的演变，应布设调治构造物加以控制。不宜用长大导流堤强行约束水流，集中设桥。

山前变迁河段可布设封闭式导流堤。在摆动河段与稳定河段之间的过渡段上，若河槽集中，岸坎较高，洪水不致漫溢两岸，且桥头有足够的高度时，宜采用梨形堤。

平原游荡河段上宜布设封闭式导流堤。

导流堤的平面布置示例如图 10-8-6~图 10-8-8 所示。

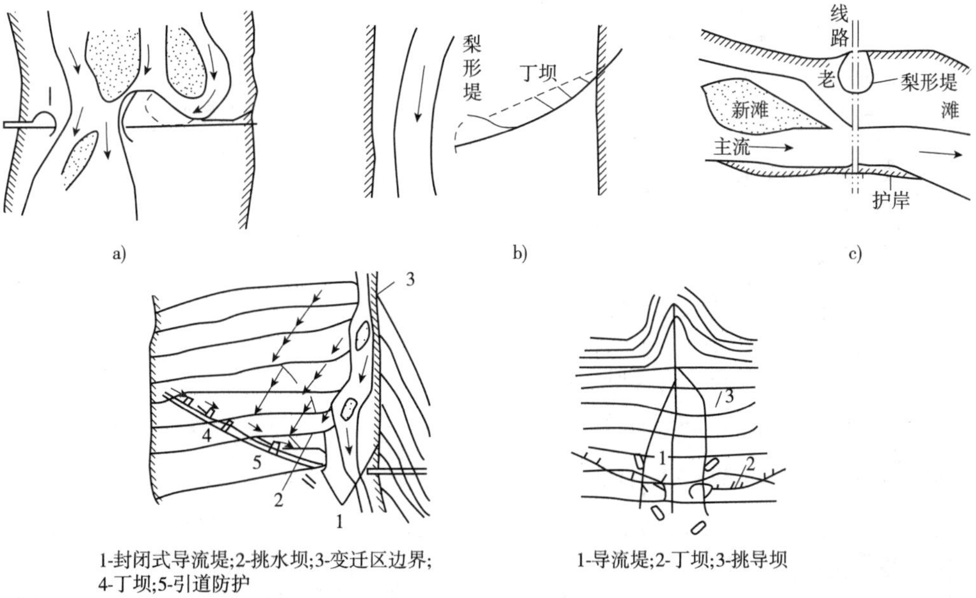

a)　b)　c)

1-封闭式导流堤；2-挑水坝；3-变迁区边界；4-丁坝；5-引道防护

d)

1-导流堤；2-丁坝；3-挑导坝

e)

图 10-8-6　梨形堤的布置

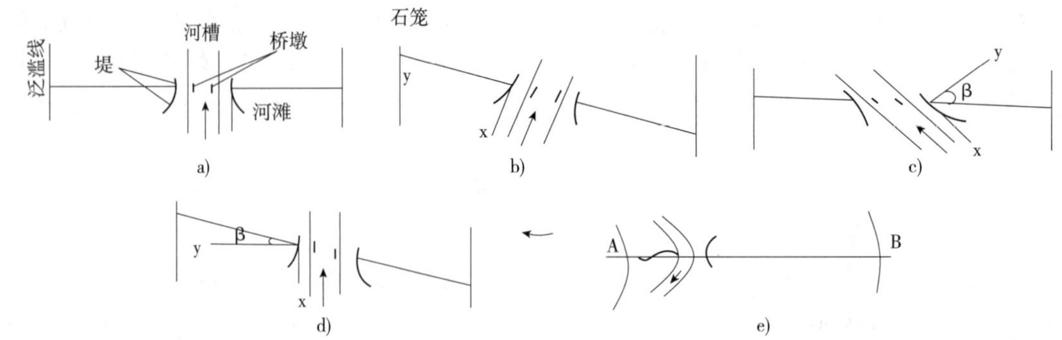

图 10-8-7　导流堤平面布置

10.8.2.2　导流堤的绕流和平面线形

导流堤水流的绕流决定了导流堤合理的平面线形,导流堤应与绕流流线相吻合;堤长适当,设计施工简便的线形为最佳。

(1)导流堤的绕流

导流堤绕流的流线见图 10-8-9。河滩水流弯曲绕过上游坝头 A 点,这里水流集中,流速很大,水面壅高。然后,水流转向,沿导流堤流向桥孔。在 B 点附近,来自河滩的水流与靠近河槽的水流相遇,形成第二个高流速区。在坝头附近的 AB 范围内,流速很急,其大小与方向急剧改变,流速梯度和床面切应力很大,形成坝头冲刷区。水流通过 B 点后,如果导流堤平面线形合理,将沿导流堤平顺地流到桥轴断面 C 点。水流在桥下平顺地流出桥孔,以 5°~6°的扩散角向桥梁下游两岸扩散。

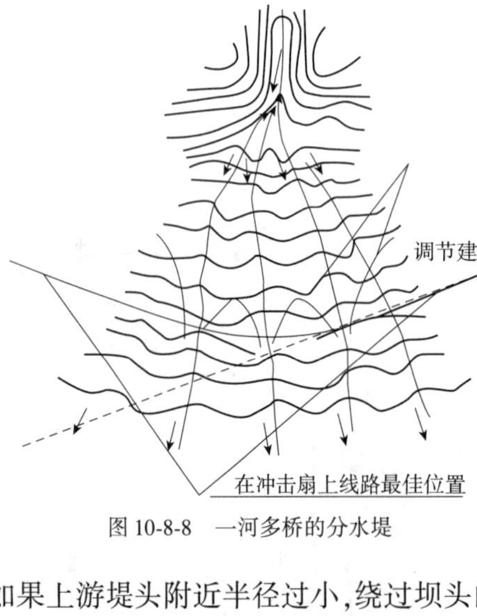

图 10-8-8　一河多桥的分水堤

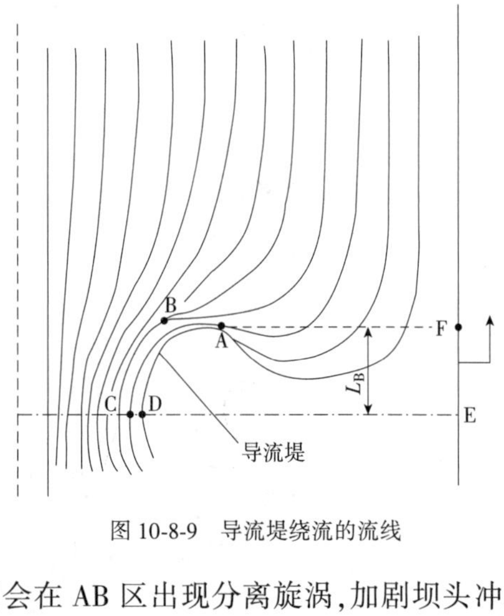

图 10-8-9　导流堤绕流的流线

如果上游堤头附近半径过小,绕过坝头的水流会在 AB 区出现分离旋涡,加剧坝头冲刷;如果上游堤平面线形不佳,水流与上游堤 BC 段分离,形成旋涡,将引起导流堤和桥台的冲刷。

(2)导流堤的平面线形

工程中应用较多的曲线导流堤平面线形有两大类,即椭圆堤和圆曲线组合堤。最早出现的是椭圆堤。至今美国联邦公路局(FHWA)还推荐应用上游堤为$\frac{1}{4}$椭圆($\lambda = a/b = 2.5$)的导流堤;

前苏联 1972 年桥渡勘测设计规范推荐的导流堤平面线形(拉笛申柯夫,1955 年)也属此类,我国也多有应用。圆曲线组合堤(包尔达柯夫,1938 年)也曾由前苏联规范推荐,因其设计施工方便,在我国应用较多。1985 年,铁道科学研究院陆浩等人总结了我国多年导流堤的使用经验,通过水工试验论证认为,一种堤的长度较短、改进后的圆曲线组合堤(图 10-8-10),导流效果好、安全、经济。

就我国 40 座桥的 56 个导流堤来分析,导流堤总堤长 S_{gt} 与桥孔长 L_q 比值的范围为 S_{gt}/L_q = 0.64~2.05,上游段 S_{gs}/L_q = 0.54~1.74,下游段 S_{gx}/L_q = 0.00~0.67;苏联情况:S_{gt}/L_q = 0.00~1.47,下游段在垂直路堤方向的投影长度为 L_d,上游段在垂直路堤投影方向的投影为 L_s,则 L_d = 0.5L_s;美国情况:L_s = 46~137m,L_d = 0(下游不设堤)。美国总结已建导流堤的使用经验(1991 年),堤的长度 L_s = 46m 的导流堤在各地应用成功率最高。使用经验表明,我国和苏联导流堤偏长,都在向短小的方向发展。

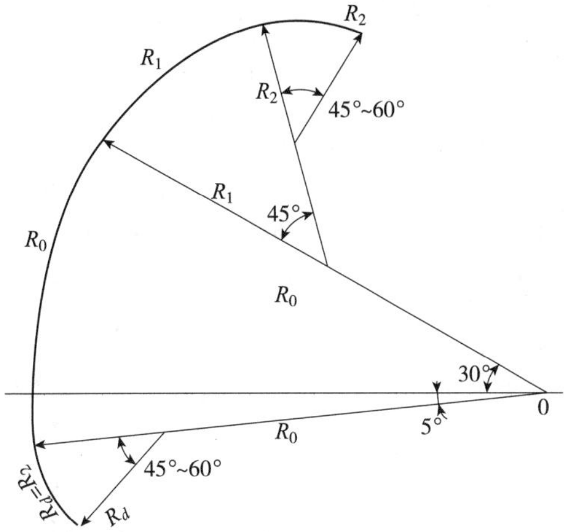

图 10-8-10　改进圆曲线组合堤平面线形(1985 年)

①我国改进后的圆曲线组合堤

圆曲线组合堤由三个不同半径的圆曲线构成(图 10-8-10),其中:

$$R_1 = 0.50R_0,\text{圆心角 } \theta_1 = 45°$$
$$R_2 = 0.25R_0,\text{圆心角 } \theta_2 = 45° \sim 60° \qquad (10\text{-}8\text{-}1)$$
$$R_d = R_2,\text{圆心角 } \theta_2 = 45° \sim 60°$$

基本半径 R_0 为:

$$R_0 = \frac{B_{td}}{k}\left(1+\frac{1-E}{10}\right)\left(\frac{Q_{te}}{Q_{td}}\right)^{\frac{7}{8}} \qquad (10\text{-}8\text{-}2)$$

式中:R_0——导流堤基本半径(m);

R_d——下游堤圆半径(m);

B_{td}、Q_{td}——导流堤所在一侧的河滩宽度(m)和天然状态的河滩流量(m^3/s);

Q_{te}——导流堤所在一侧的路堤拦阻流量(m^3/s);

k——同桥位河段水流与宽深比有关的系数,见表 10-8-1;

E——桥孔偏置率(偏置系数),

$$E = 1-\frac{Q_{xi}}{Q_{da}} \qquad (10\text{-}8\text{-}3)$$

Q_{da}——桥孔两侧河滩中,被阻挡较大一侧的天然流量(m^3/s);

Q_{xi}——桥孔两侧河滩中,被阻挡较小一侧的天然流量(m^3/s)。

系数 k 的取值　　表 10-8-1

B/h	>1000	500~1000	200~500	<200
k	30	25	20	15

当 $E=0$ 时，表明桥孔两侧河滩拦阻流量相等，桥孔对称。

上游堤长度：

$$S_{gs}=\frac{30}{180}\pi R_0+\frac{45}{180}\pi R_1+\frac{\theta_2}{180}\pi R_2$$

下游堤长度：

$$S_{gx}=\frac{5}{180}\pi R_0+\frac{\theta_d}{180}\pi R_2$$

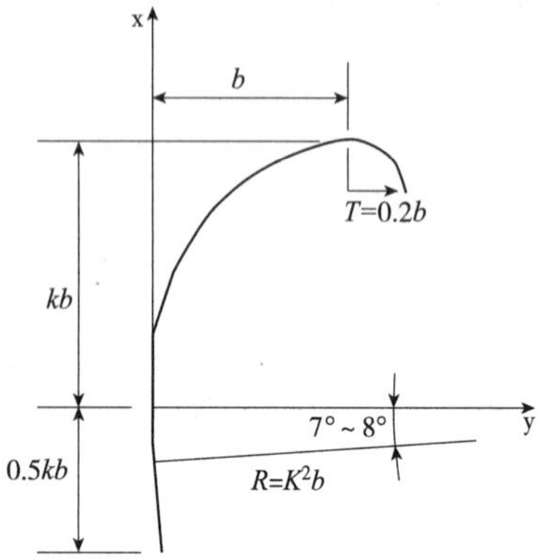

图 10-8-11　椭圆组合堤平面线形

当上下游堤的圆心角都取 $\theta_1=45°$ 时，导流堤总长 $S_{gt}=1.418R_0$，其中上游堤长 $S_{gs}=1.113R_0$，下游堤长 $S_{gx}=0.305R_0$；下游段与上游段之比为 $S_{gx}/S_{gs}=0.274$。

这种导流堤较我国过去引用的苏联导流堤的长度，明显较短。

②椭圆组合堤

椭圆组合堤是在1955年由拉笛申柯夫提出，1972年载入苏联桥渡勘测设计规范。导流堤的平面外形，上游段为椭圆形，下游段为圆弧形和直线形（图10-8-11）。

导流堤下游段在桥轴线上的投影长度 b 按下式计算：

$$b=AB_c \tag{10-8-4}$$

式中：B_c——河槽宽度（m）；

A——系数，见表10-8-2。

拉笛申柯夫型导流堤坐标系数　　表10-8-2

δ	A		K
	双侧河滩	单侧河滩	
0.10	0.106	0.112	1.5
0.15	0.150	0.170	
0.20	0.186	0.222	1.67
0.25	0.215	0.275	
0.30	0.240	0.327	1.83
0.35	0.265	0.378	
0.40	0.290	0.429	2.00
0.45	0.315	0.481	
0.50	0.340	0.533	
0.55	0.365	0.584	
0.60	0.390	0.635	
0.65	0.410	0.680	
0.70	0.430	0.725	

注：1. 表中 δ，对于单侧河滩，为引道路堤阻挡流量与总流量的比；对于双侧河滩，以河槽中心为界，将全河分为两部分，每一部分按单侧河滩计算其 δ 值。

2. K 值为椭圆的长半轴和短半轴之比。椭圆轴线的坐标值见表10-8-3。

不同 K 值下的椭圆轴线坐标　　表 10-8-3

K=1.5		K=1.67		K=1.83		K=2	
$\frac{x}{b}$	$\frac{y}{b}$	$\frac{x}{b}$	$\frac{y}{b}$	$\frac{x}{b}$	$\frac{y}{b}$	$\frac{x}{b}$	$\frac{y}{b}$
0	0	0	0	0	0	0	0
0.25	0.013	0.2	0.010	0.2	0.006	0.2	0.004
0.50	0.059	0.4	0.030	0.4	0.028	0.4	0.020
0.75	0.133	0.6	0.065	0.6	0.056	0.6	0.048
1.00	0.253	0.8	0.118	0.8	0.100	0.8	0.088
1.25	0.448	1.0	0.198	1.0	0.163	1.0	0.135
1.30	0.500	1.2	0.305	1.2	0.244	1.2	0.200
1.35	0.564	1.4	0.454	1.4	0.356	1.4	0.285
1.40	0.641	1.5	0.560	1.6	0.514	1.6	0.400
1.45	0.741	1.6	0.712	1.7	0.629	1.8	0.563
1.48	0.836	1.62	0.751	1.75	0.710	1.9	0.688
1.50	1.000	1.64	0.810	1.78	0.767	1.95	0.776
		1.66	0.890	1.80	0.819	1.98	0.874
		1.67	1.000	1.81	0.852	2.00	1.000
				1.83	1.00		

导流堤上游头部用一圆弧与椭圆线相接,半径 $r=0.2b$,转角为 90°~120°。下游段在水流方向的投影长度为 $0.5kb$;紧接桥台处为一圆弧,转角为 7°~8°,半径 $r=k^2b$;然后用一直线与圆弧相切。

③上游椭圆导流堤(或带有下游堤)

上游椭圆导流堤是 1961 年美国联邦公路局(FHWA)根据水工试验和美国地质测量局(USGS)提供的现场资料制定的;1978 年,根据 10 余年的使用经验修正后,被 FHWA 推荐为标准导流堤形式,并使用至今。

导流堤平面形式如图 10-8-12 所示,图中只有上游段部分。堤轴线是自桥台上游侧开始,向上游河滩伸展的 1/4 椭圆,长半轴长为 L_s,短半轴长为 $0.4L_s$,即半轴比为 2.5∶1。轴线坐标可由椭圆方程确定(原点在椭圆形心)。

$$\frac{x^2}{L_s^2}+\frac{y^2}{(0.4L_s)^2}=1 \tag{10-8-5}$$

即

$$y=0.4\sqrt{L_s^2-x^2}$$

$$x=2.5\sqrt{(0.4L_s)^2-y^2}$$

式中:L_s——上游堤在水流方向的投影长度(m),以桥台上游边缘为起点;

x——上游堤轴线的 x 坐标(m),自桥台上游边缘向上游计算;

y——上游堤轴线的 y 坐标(m),自原点向桥台方向计算。

x、y 坐标原点在椭圆形心,即在桥台上游边缘,自桥台前缘向河岸方向量取 $0.4L_s$ 处。

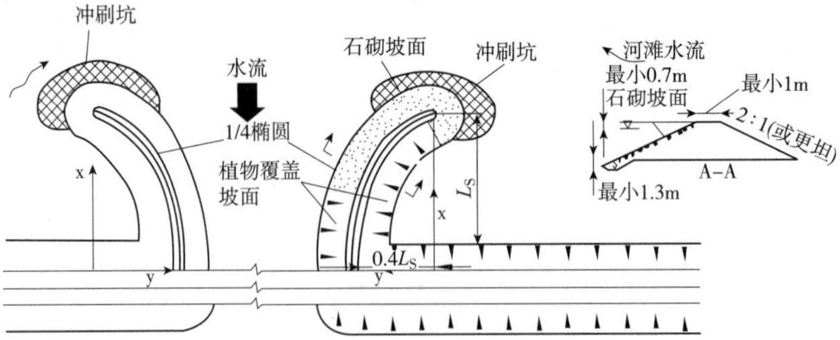

图 10-8-12　上游椭圆导流堤平面形式

上游堤投影长度 L_s,是根据由水工试验资料和现场观测资料制定的诺漠图(图 10-8-13)来确定。

应用诺漠图需要下列参数:

Q——总流量(m^3/s);

Q_f——所在一侧河滩流量(m^3/s);

Q_{100}——邻近桥台 30.5m 距离内的桥下断面天然状态下的流量(m^3/s);

b——桥孔长度(m);

A_{n2}——桥下过水面积(m^2),见图 10-8-12;

v_{n2}——桥下平均流速(m%s),$v_{n2}=Q/A_{n2}$;

Q_f/Q_{100}——导流堤流量比;

L_s——导流堤在垂直桥轴方向(或水流方向)的投影长度(m)。

应用诺漠图确定的堤长 L_s,推荐采用的最小长度为 15.25m,最大长度为 76.25m。若从诺漠图中查得 L_s 大于 76.25m,则设计取用 76.25m。

FHWA 经验表明,很多导流堤采用标准堤长 45.75m,效果很好,可用于多种地形条件。

导流堤顶高程一般在设计水位以上 0.61m。

导流堤上游堤端做成圆头,边坡为 1:2或更坦。堤顶宽 3.05~3.66m,不得小于 1m。

美国某些州公路局,为了消除只设上游堤引起的桥台下游侧因水流突然扩散产生的冲刷,设置了下游堤。下游堤从桥台开始,与桥台平行向下游伸展,其长度不应大于 15.25m,一般下游堤较上游堤要短得多。

桥台和导流堤临水面配合是很重要的,这可使桥台和导流堤结合处水流不受干扰。桥台可做成埋入式的或桥台前墙做成斜坡,与导流堤边坡相配合。

椭圆的 1/4 弧长 S:

$$S=\frac{\pi}{4}(a+b)\beta \tag{10-8-6}$$

若 $a=L_S$,$b=0.4L_S$,$k=a/b$,则

$$S=1.10\beta L_s \tag{10-8-7}$$

式中:a、b——椭圆长半轴(m)和短半轴(m);

β——与半轴比 K 有关的系数。

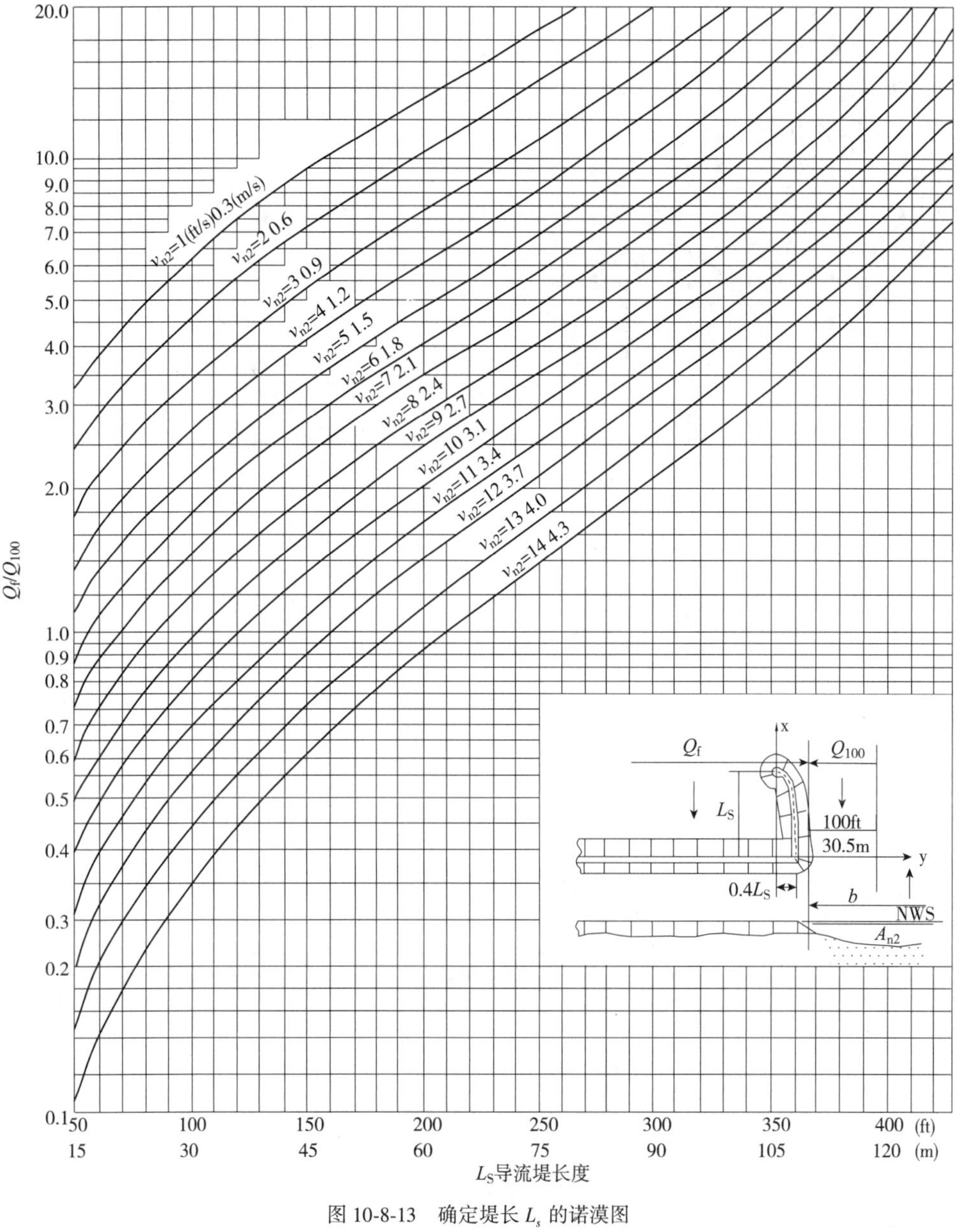

图 10-8-13　确定堤长 L_s 的诺漠图

④圆曲线组合堤(包尔达科夫型)

圆曲线组合堤在 1938 年由包尔达科夫提出,并于 1948 年列入苏联桥渡勘测设计规范。

平面线形是由不同半径的圆弧线组成,有时,也可插入直线段,分为通航河流和不通航河流两种(图 10-8-14)。

图 10-8-14 中半径 R 按下式计算:

$$R=\alpha\lambda L_0 \tag{10-8-8}$$

式中：L_0——桥孔净长度(m)；

α——系数，对于单侧河滩，$\alpha=1$，对于双侧河滩，α 值按表 10-8-4 采用；其中 Q_2 为较小河滩流量(m^3/s)，Q_3 为较大河滩流量(m^3/s)，河滩流量均值为对引道阻挡的天然流量；

λ——系数，按表 10-8-5 采用。

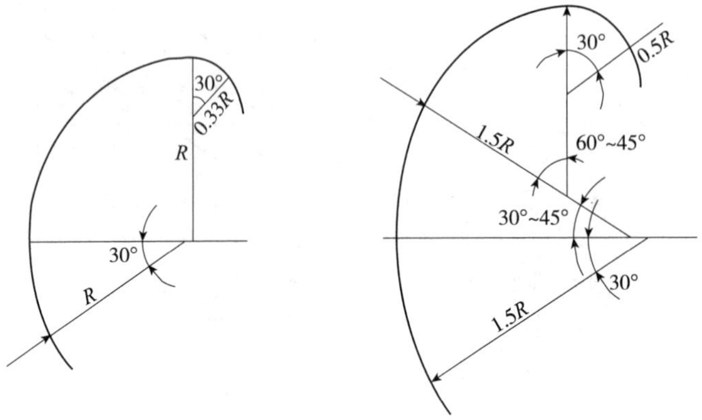

a)适用于不通航河流　　b)适用于通航河流

图 10-8-14　包尔达科夫线形导流堤

α 的取值　　表 10-8-4

Q_2/Q_3	α	β	Q_2/Q_3	α	β
1.0	0.6	0.6	0.2	0.8	0.5
0.8	0.6	0.6	0.1	0.9	0.3
0.6	0.7	0.6	0	1.0	0
0.4	0.7	0.6			

λ 的取值　　表 10-8-5

自然状态下流入桥孔的流量(%)	λ	自然状态下流入桥孔的流量(%)	λ
50	1.0	75	0.3
55	0.9	80	0.2
60	0.7	90	0.1
65	0.6	100	0
70	0.5		

直线形或曲线形中部插入直线段的导流堤，上游段在水流方向的投影长度可取桥孔长度的一半，下游段投影长度可取桥长的 1/4，并根据当地条件予以修正。双侧河滩的河流，设于河滩较小一侧的直线导流堤，其上游部分在水流方向的投影长度也可用下式计算：

$$A=\beta\lambda L_0 \tag{10-8-9}$$

⑤梨形堤

梨形堤主要用于河滩流量不大或桥头引道凹向上游的桥位上。

梨形堤的平面尺寸,临桥孔一侧可按一般曲线导流堤的尺寸确定;临河岸的后侧部分用反向圆弧连接或再插入一段直线,如图 10-8-15a)所示。为了节省土方,也可采用图 10-8-15b)的形式,堤的后侧留一缺口,以排除堤内积水。梨形堤的线形也可采用图 10-8-16 所示的形式。

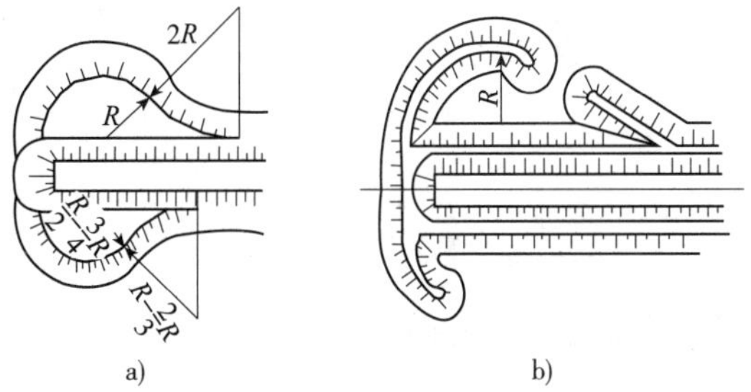

图 10-8-15　梨形堤平面形式

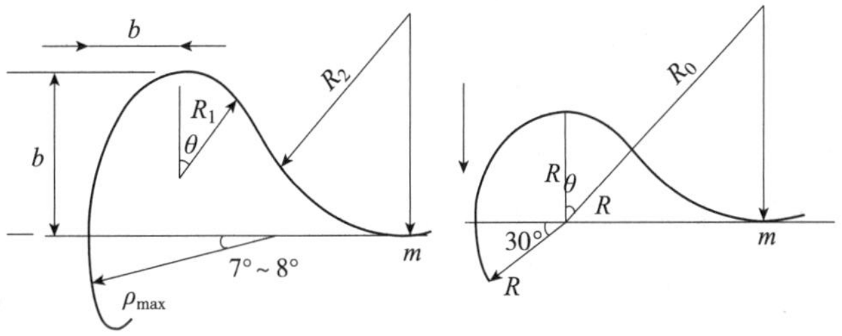

图 10-8-16　梨形堤的平面轴线

⑥封闭式长堤

封闭式长堤修建在山前冲积扇和山前变迁型河段上,或平原游荡型河段上。按水流和地形条件确定对称或不对称布置。长堤的作用是使河槽逐渐缩窄,使水流和泥沙平顺地通过桥孔。桥梁位于出山口附近的喇叭形河段上,宜对称布置封闭式导流堤;引道阻断上游汊流,可能形成“水袋”,视单侧或双侧汊流及地形,可布设对称或不对称封闭式导流堤;若桥孔通过泥石流,应设封闭式导流堤。

应尽量减小堤身与股流、汊流的夹角,一般应小于 30°;上游堤端必须嵌入稳定河岸;堤身受集中股流顶冲或穿过旧河汊处应设防护,如丁坝、边坡防护等工程。

由多年使用经验表明,封闭式长堤造价高、易水毁、难养护,因此应慎用。

封闭式长堤因河床宽浅、股流汊道多变,无法选择一种平面线形适应其变化,应根据河道地形选型和调整。

a.圆曲线组合形或直线与圆曲线组合形封闭式长堤

如图 10-8-17 所示,可参考下列经验公式控制此种长堤的尺寸。

当洪水边界线(或岸线)沿水流呈扩散状时:

$$\left.\begin{aligned} a &= (1.04\varepsilon + 0.5)\sqrt{LS} \\ b &= (1.94 - 1.8\varepsilon)\sqrt{LS} \end{aligned}\right\} \tag{10-8-10}$$

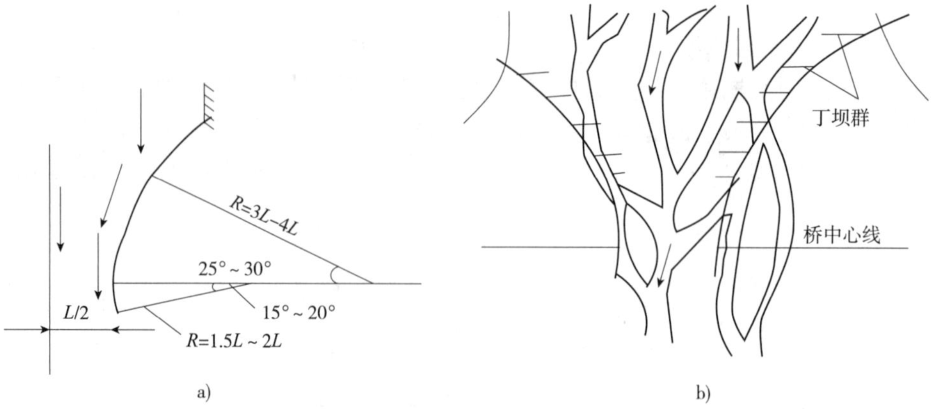

图 10-8-17 圆曲线组合长堤及其防护

当洪水边界线(或岸线)沿水流顺直或微收缩时:

$$\left.\begin{aligned} a&=(1.04\varepsilon+0.5)\sqrt{LS}\\ b&=(0.54-0.59\varepsilon)\sqrt{LS}\end{aligned}\right\}\qquad(10\text{-}8\text{-}11)$$

式中:a——封闭式长堤在水流方向的投影长度(m);

b——封闭式长堤在路线方向的投影长度(m);

L——桥孔长度(m);

S——导流堤一侧路堤阻挡水流宽度(m);

ε——长度压缩比,$\varepsilon=S/(S+0.5L)$。

b.椭圆形长堤

可按拉笛申柯夫法设计,取

$$\left.\begin{aligned} &b=(3-4)L\\ &a=Kb\\ &K=1.5、1.67、1.83、2.0、2.25\end{aligned}\right\}\qquad(10\text{-}8\text{-}12)$$

10.8.2.3 导流堤的冲刷和防护

模型试验和现场观测表明,桥下断面水流流速分布是不均匀的(图 10-8-18),在两岸导流堤(或桥台)前和断面中间存在三个高流速区。从上游堤头开始,沿堤的迎水面坡脚,有一条不明显的冲沟,延伸到桥下,其冲刷最深处在堤头 AB 区的 B 点附近(图 10-8-9)。若平面线形不佳,堤迎水面将出现水流分离旋涡,冲刷范围还将扩大。

导流堤附近的流速分布和冲刷地形如图 10-8-19 所示。最大流速区在导流堤中段的桥台附近,但是最大冲刷深度(这里流速梯度、床面切应力最大)却在自堤头起的上游堤 1/3 的一段。

各国发表的导流堤冲刷公式,都是根据水工实验制定的,尚待更多现场观测资料的验证。

(1)原西安公路交通学院公式(XHU 公式)

该公式是《公路工程水文勘测设计规范》(JTG C30-2002)条文说明推荐参照的公式。该公式是根据改进的圆曲线组合堤模型试验资料制定的(高冬光,1985 年)。

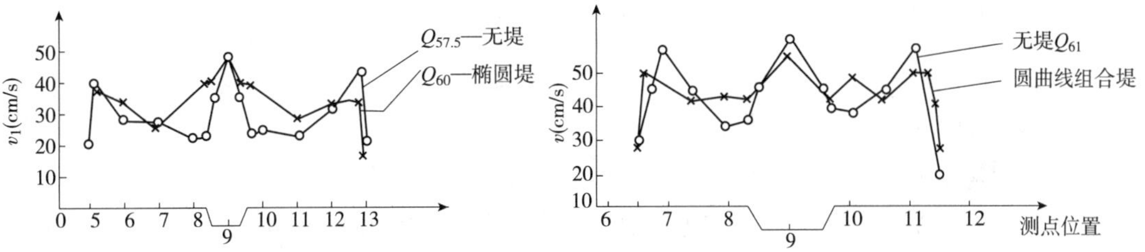

a)测点位置m=0.524椭圆堤　　b)测点位置m=0.714圆曲线组合堤

图 10-8-18　桥下断面流速分布

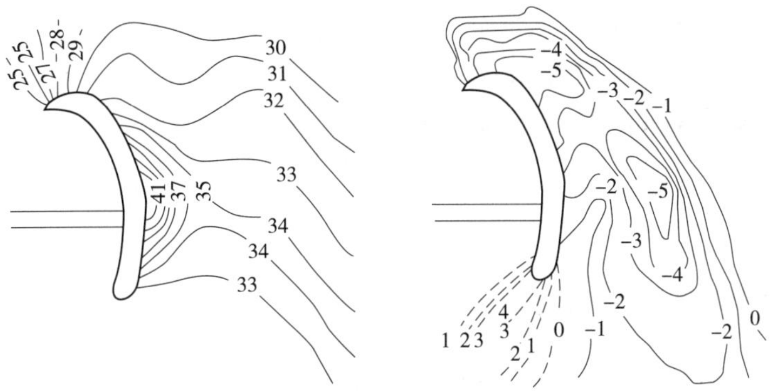

a)垂线平均流速等值线　　b)河床冲刷等高线

图 10-8-19　导流堤附近流速和地形

试验表明，流线与堤形吻合，冲刷沟上下游均匀，没有明显的集中冲刷。最大冲深在从上游堤端到上游堤长的 1/3 点处一段。上游堤端背水面也有冲刷。

另外，洪水退水阶段，导流堤临水面与背水面两侧水位出现很大高差，导流堤越长，高差越大。堤身临水面有高速水流淘刷，堤内在两侧压力差形成的渗透压力和堤背后水压力，在这三种破坏因素的作用下，洪水退落时，堤身安全面临严峻的考验。堤越长，越不利。

导流堤上游端部及其邻近的大约上游堤长度 1/3 的一段是重点防护的范围。对全堤临水面边坡和坡脚也应进行防护。

导流堤上游端应做成圆头，头部坡面和临水面用石砌护坡，坡脚用埋入床面以下 1.5～2.0m 的石砌或混凝土护坦防护。这是一种经济、安全、易行的方案。

上游段迎水面最大冲刷深度公式：

$$h_s = K\left(\frac{L}{B}\right)0.42F_r^{\ 0.38}h \cdot C_m \tag{10-8-13}$$

式中：h_s——堤头冲刷深度(m)，自平均床面算起；

K——沙质上河床 K=3.37，卵砾石河床 K=3.05；

L——上游堤端至河岸的距离(m)，以垂直流向的投影长度计；

B——河滩设导流堤时，为两岸间水面宽度(m)；两岸设导流堤时，取同一岸边到河槽中泓线(最深点)的距离(m)；

F_r——上游堤头行近水流弗汝德数(河床天然水流的 F_r),$F_r=\frac{v^2}{gh}$;

h——堤头行近水流水深(m),即堤头天然水深;

C_m——边坡减冲系数,$C_m=e^{-0.16m}$;

m——堤头边坡系数,即边坡为 1 : m。

(2)交通部公路科学研究所公式(王迪荣,《公路桥位勘测设计规范》引用,1991 年)

$$h_b=1.45\left(\frac{D_t}{h}\right)^{0.4}\frac{v-v_0'}{v_0}hK_m \tag{10-8-14}$$

式中:h_b——导流堤头部局部冲刷深度(m);

D_t——上游导流堤头部端点至岸边距离在垂直水流方向的投影长度(m);

h——导流堤头部冲刷前水深(m);

v——导流堤头部冲刷前流速(m);

v_0——河床泥沙起动流速(m/s),$v_0=\left(\frac{h}{d}\right)^{0.14}\left(29.04d+0.000000605\frac{10+h}{d^{0.72}}\right)^{0.5}$,上式为张瑞瑾公式。单位以 m 计;

v_0'——堤头泥沙起冲流速(m/s)。

$$v_0'=0.75\left(\frac{d}{h}\right)^{0.1}v_0 \tag{10-8-15}$$

式中:K_m——边坡折减系数;

$$K_m=2.7^{-0.2m} \tag{10-8-16}$$

d——取 d_{50}(m);

m——导流堤头边坡系数(边坡为 1 : m)。

10.8.2.4 导流堤的顶宽和边坡(表 10-8-6、图 10-8-20)

导流堤的顶宽和边坡　　表 10-8-6

堤顶宽(m)		边坡		
堤头	堤身	堤头	堤身	
			迎水面	背水面
3~4	2~3	1 : 2~1 : 3	1 : 1.5~1 : 2	1 : 1.5~1 : 1.75

10.8.2.5 导流堤堤顶高程

导流堤在桥轴处的顶面高程 H_{min} 按下式计算:

$$H_{min}=H_p+\Delta Z+h_e+\sum\Delta h+0.25 \tag{10-8-17}$$

式中:H_{min}——导流堤顶面(桥轴)最低高程(m);

H_p——设计水位(桥梁设计洪水频率的水位)(m);

ΔZ——桥前壅水高度(m);

h_e——波浪侵袭高度(m);

$\sum\Delta h$——影响水面升高的诸因素总和,如局部冲击高、股流涌高、河湾超高、河床淤高等,按实际情况取值。

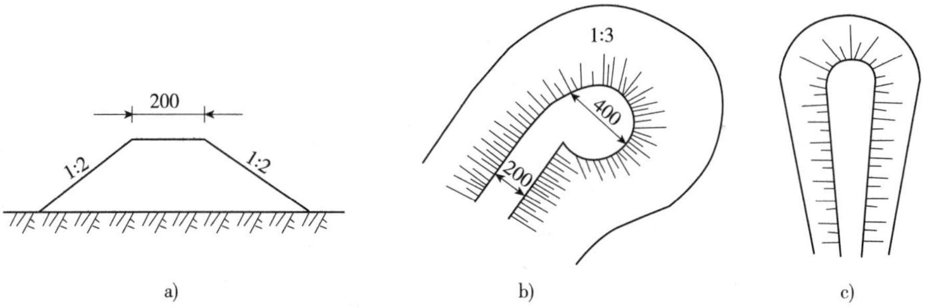

图 10-8-20　导流堤的堤头和边坡[1](尺寸单位:cm)

导流堤各断面的顶面高程,可根据桥轴线处高程按堤在河槽深泓线上的投影位置及水面比降推求。

梨形堤各断面顶面高程,按水面横比降推求。

当桥位河段有流冰或融冰时,导流堤顶面高程除应符合式(10-8-17)外,还应符合堤顶面高程高出流冰或融冰水位 0.75m 的要求。

10.8.3　桥梁的桩排防护

桩排防护在 20 世纪 50 年代国外已有应用,对于多沙河流,无论是弯道凹岸还是直岸,都能起到淤滩护岸的效果,进行桥台及桥头路堤防护;同时,桥墩也可采用桩排防护。桩排防护在我国北方和西北含沙量较大的河床防护中都有应用。

根据对咸阳公路渭河桥设置冲刷防护桩的试验研究(高冬光,1982 年 9 月),在桥墩上游来水方向的适当距离处设置防护桩(或桩排),可减小桥墩的局部冲刷深度。但防护桩与桥墩的距离必须适当,距离过小,反而加深桥墩冲刷,造成危害。

防护桩(排)对桥墩防护的机理有两方面:一为防护桩(排)阻挡了水流,产生绕流,桥墩在其尾流之中,墩前水流已经过"消能",失去了强烈的冲刷能力;二为桩排冲刷坑由旋涡带到尾流区的泥沙,恰好能沉积在桥墩周围,回填了冲刷坑。防护桩(排)与桥墩距离过近,桥墩在防护桩(排)冲刷范围内,两者成为一个整体被冲刷,使桥墩冲刷反而加重;反之,过远,桥墩在防护桩(排)尾流之外,甚至在尾流沉沙范围之外,则失去了防护效果。根据试验资料分析得:

防护桩的最小距离 $L_{\min}$(图 10-8-22a)):

$$L_{\min}=b+h_{bd}/\tan\varphi+1.5d \tag{10-8-18}$$

防护桩的最佳距离 L:

$$L=b+h_{bd}/\tan\varphi+2.8d \tag{10-8-19}$$

式中:b——冲刷坑底宽(m),可调查得,无调查资料时可近似取 0.50~0.80m;

h_{bd}——防护桩本身冲刷坑深(m);

φ——床面泥沙水下休止角(°),查图 10-8-21 中曲线,或按式(10-8-20)估算(天津大学,$d=0.20\sim4.37$mm);

$$\varphi=32.5+1.27\bar{d} \tag{10-8-20}$$

$\bar{d}$——床面泥沙平均粒径(mm);

d——防护桩直径(m)。

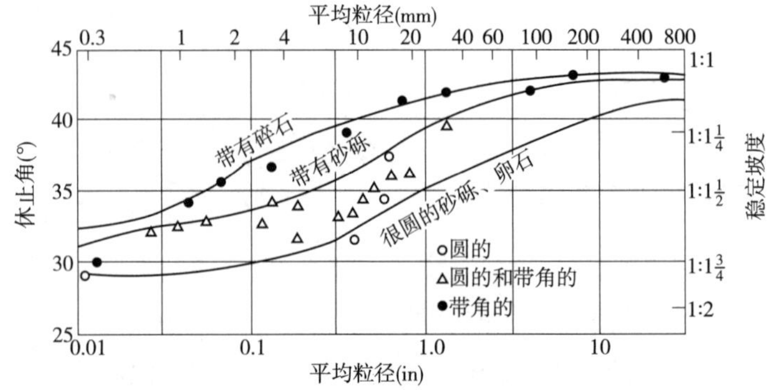

图 10-8-21 泥沙水下休止角(Simons,U. S. ,1957 年)

防护桩的平面布置,主要是将防护桩(排)中心布置在上游行近流速方向。水流流向稳定,上游设 2~3 根桩即可;水流摆动角 α 越大,则桩数越多。以防护桩(排)的尾流区和冲刷坑泥沙沉落将桥墩上游端和桥墩覆盖为准。桩排形式可为弧形(图 10-8-22b))、三角形或一字形。

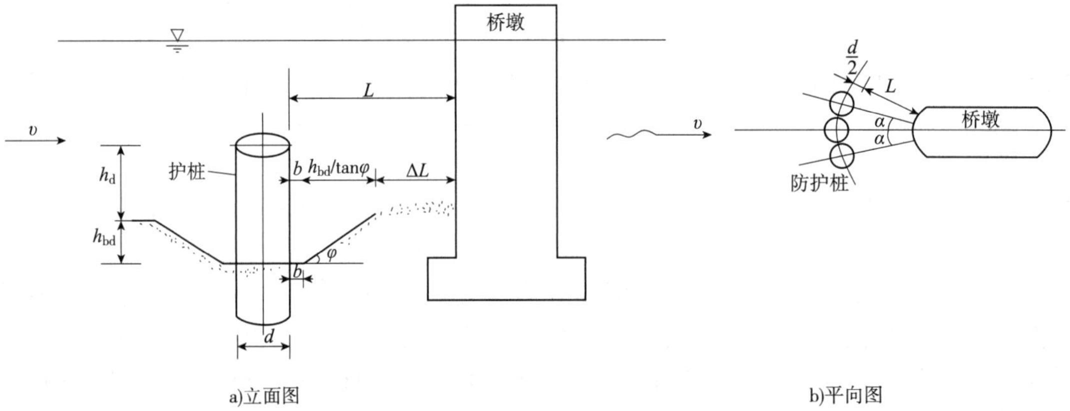

图 10-8-22 桥墩的桩排防护(高冬光,1982)

桩顶高度在设计水位以下$\frac{1}{2}h\sim\frac{1}{3}h$,防护效果为佳,$h$ 为天然水深。

10.8.4 桥梁的平面防护

桥梁墩台冲刷防护形式很多,从防护作用的特点出发,参照路基防护的分类,也可分为桥梁墩台的直接防护和间接防护两大类。直接防护就是直接设置在或附着在桥墩或桥台上的防护构造,用以直接抵御洪水冲刷,如桥墩、桥台周围床面的铺砌、护坦、抛石、石笼以及在桥墩墩身上的防冲盘等。桥梁墩台的间接防护,则是通过桥梁上游或下游设置调治或防护构造物,如丁坝、导流堤和桩排等;或全桥孔之下床面全铺砌,与下游急流槽和消力池连成一体,以固定桥孔冲刷基准面(称为海漫式防护),以调整桥下水流的流速、流向及泥沙运动状态,引导洪水平顺通过桥孔,避免墩台过度冲刷。另外,通过注浆加固地基,以防水毁,也可视为间接防护。有的水坝下游清水冲刷严重的桥梁桥下断面整体铺砌并与下游的海漫式防护连成一体。

一般来说,通过适当的桥位选择、合理地布设调治构造物,可达到间接防护的目的。但是,洪水和河床变形受人为和自然多种因素影响,有时会发生无法预料的变化,直接危及桥梁墩台安全,这时只能在桥梁墩台周围就地采取防护措施,进行直接防护。

桥梁墩台冲刷常用的直接防护,因地制宜,形式很多,常见的形式见表 10-8-7。表中所示各种桥墩、桥台防护形式,多年来广泛应用于我国铁路、公路的浅基防护,经受过洪水的考验。

表 10-8-7 所列各种防护形式中,序号 1,2,3,5,6,8 和 9 七种最常见,序号 10 多用于小桥涵,序号 11 在大中桥中也有使用。

桥墩冲刷直接防护形式　　　　表 10-8-7

序号	方　法	简　图	说　明
1	石笼或板桩防护	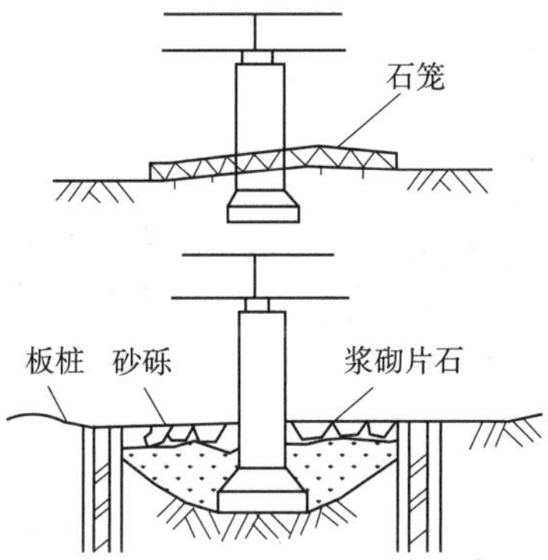	水流冲刷危及基础时,须采取防护措施: (1)用竹子、铅丝或钢筋制成石笼护基,并将石笼间以钢筋或铅丝相互连接下沉; (2)在土质或细砂砾河床可筑板桩围堰,堰内填砂砾、石;注意板桩顶面高程不应高于河床
2	水泥混凝土板或混凝土预制块防护	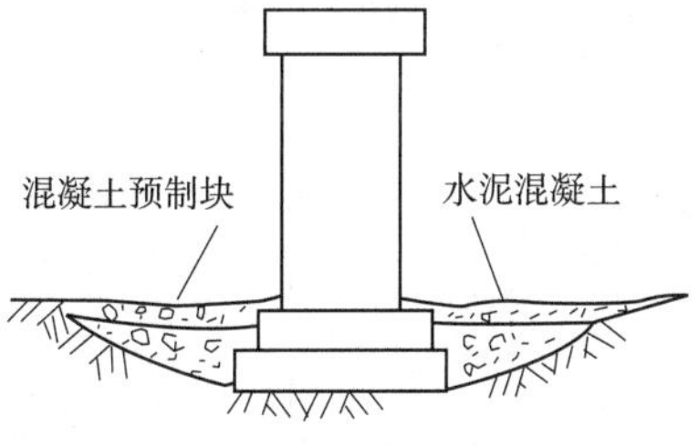	当河床不稳定基础埋置深度浅,冲刷范围较大时,宜取平面防护,其范围视具体情况而定;在水流中不可部分施工时,宜采用铺置混凝土块的办法防护;采用铺筑水泥混凝土防护时,须在河床整个宽度内进行,不能部分地施工
3	块、片石防护	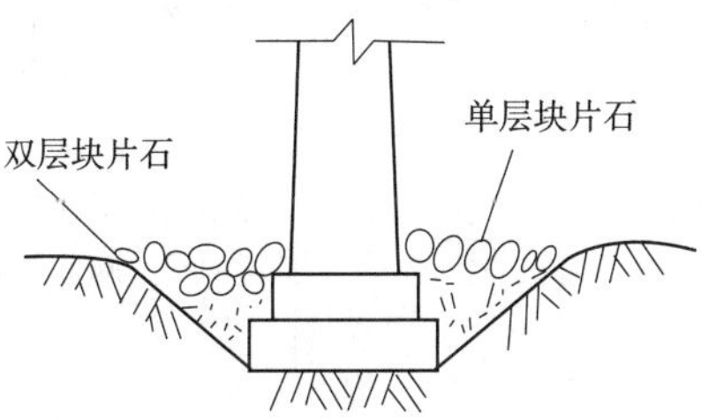	同上情况,亦可采取双层或单层块、片石作平面防护,但当河床面有淤泥杂物时,须加以清除,填以砂砾夯实后再行砌石,方能稳固

续上表

序号	方　法	简　图	说　明
4	梢捆防护	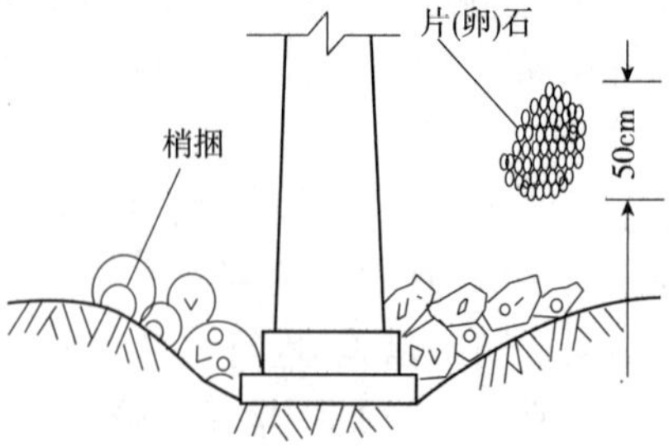	用长约 1.5m 的鲜柳枝、荆条编成梢捆，内装片石或卵石，成捆置放于基础四周防护，具有较好的防冲效果；当冲刷力较大，可在梢捆下加压石块稳定
5	大桥抛石防护	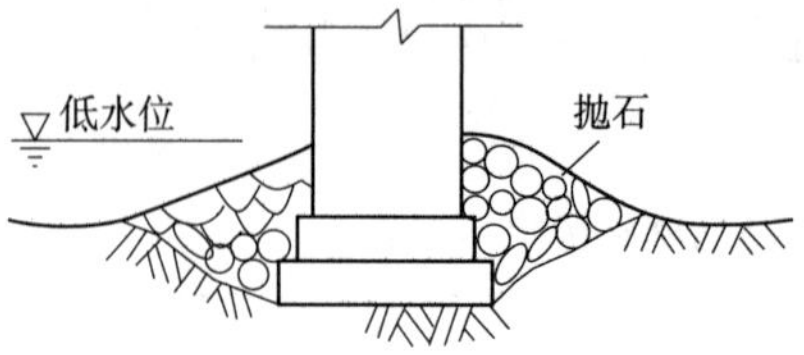	抛石防护用于深水墩台，将石块抛在桥梁墩台四周被冲刷的坑内，填满至高于河床面，以防再次冲刷
6	中小桥抛石防护	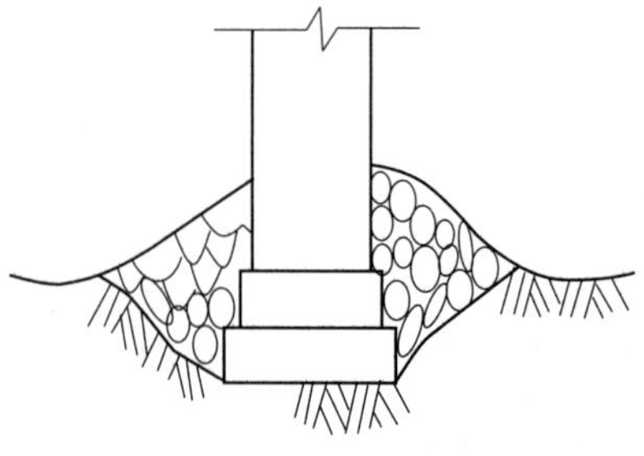	中、小桥梁墩台的抛石防护，应注意横桥跨的门槛埋置深度须比墩台四周挖深 1.2~1.5m，以防水流正面冲刷
7	板桩墩头防护	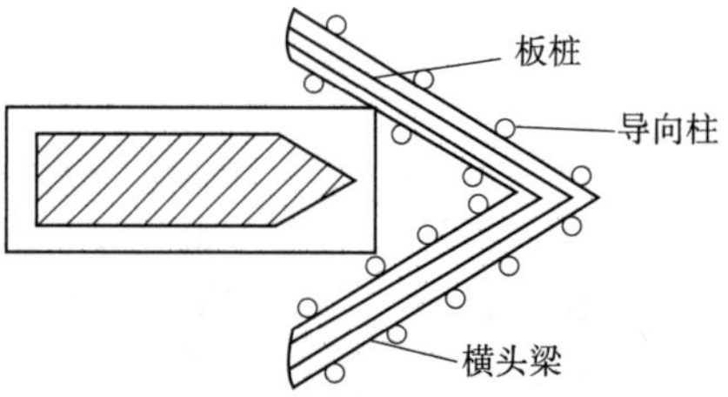	对于土质和砂砾石的变迁性河段，可采用板桩进行墩头防护；板桩顶面一般不应高出河床面，最好埋置在冲刷线以下，因板桩高出床面，会产生阻水，在板桩前造成局部冲刷，影响护桩安全；板桩尖头做成单向斜口式，打桩时可使板桩接缝紧密，板桩入土嵌置深度一般为 0.5~1.0m
8	马蹄形大型铅丝笼填石护墩	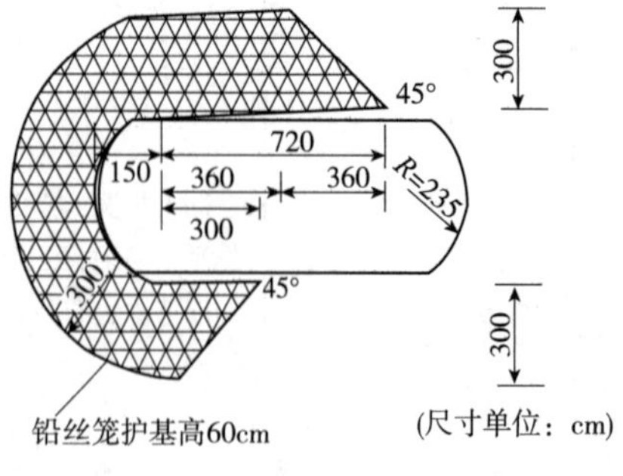	马蹄形大型铅丝笼，可用 ϕ8mm 钢筋做骨架，用 8 号铅丝编成网眼作外框，大铅丝笼宽 3.0m，高 0.6m，大铅丝笼在岸上编成后，用船运到桥墩处下沉就位，内填毛石，最后再加铅丝网盖

续上表

序号	方　　法	简　　图	说　　明
9	混凝土板防护	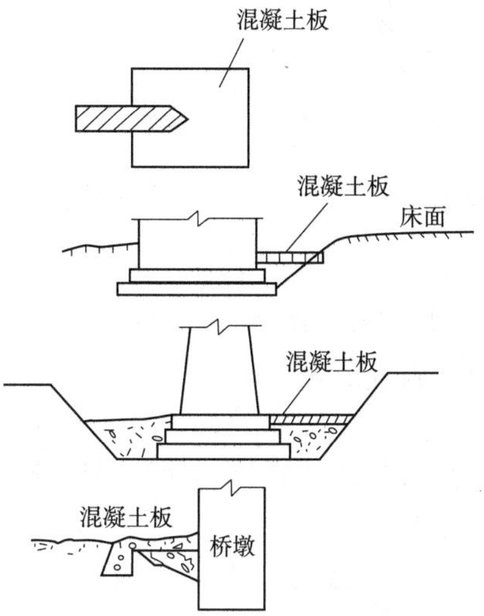	混凝土板属于局部冲刷平面防护，混凝土板应置于一般冲刷线以下，并应盖住所在位置的冲刷坑范围；混凝土板整体性强。抗冲耐磨，施工较方便，是一种防护桥墩局部冲刷的有效措施；对于新建桥梁，下深基有困难时，可用混凝土板防护局部冲刷来提高基础埋置深度，一般在基础施工时，可利用开挖基坑，在基坑内浇筑混凝土板；混凝土板埋置较深，要求盖住所在位置冲刷坑的范围较小，可以增加桥墩安全
10	三级消力坎防护	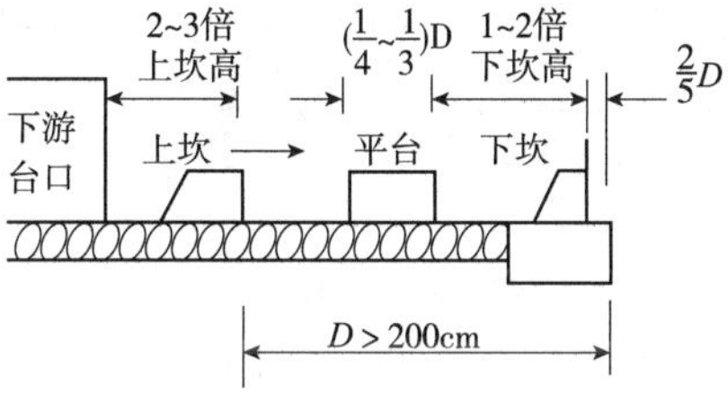	当下游冲刷严重，为缓冲水流冲刷影响，可用浆砌块、片石或预制混凝土块筑成三级消力坎（或称三级跳坎）
11	海漫式防护	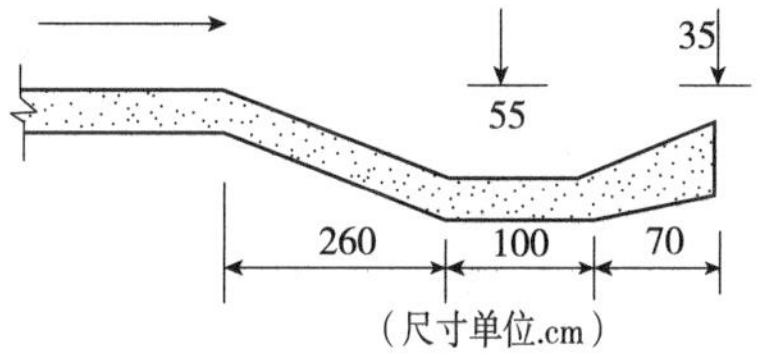	同上目的，亦可采用海漫式缓冲水流；海漫式防护可用砌石或铺筑混凝土
12	冻拔防护	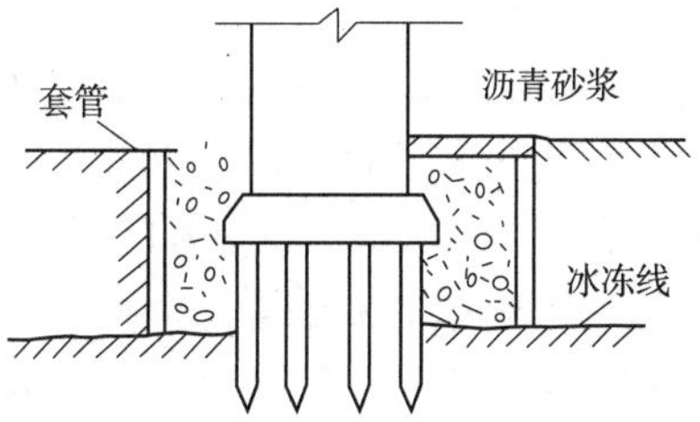	严寒地区，冬季冰层厚度变化，易发生浅桩冻拔，深桩环状冻裂，如桩基周围冰层较厚，可打入套管或板桩，中间填以保温材料，亦可将冰冻线以下（墩周围）用矿渣换填

美国用土工布沙袋作反滤层，上层用抛石注浆作临水面，进行防护，如图 10-8-23 所示。

桥墩、桥台平面防护的范围及尺寸与冲刷坑的形状和尺度有直接关系，它是由引起冲刷水流的结构及其作用范围决定的。桥墩附近水流结构主要是两侧绕流形成的床面附近马蹄形旋涡体系塑造了桥墩冲刷的床面地形。

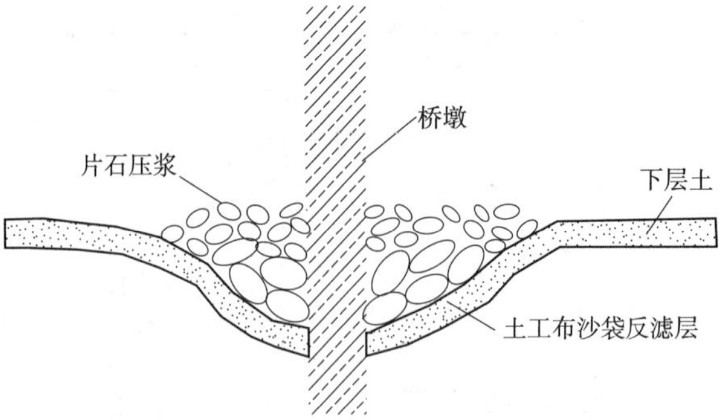

图 10-8-23　土工布沙袋反滤层压浆片石护面(2002 年)

图 10-8-24 是桥墩平面防护范围和冲刷坑形状。当流向恒定通过墩轴线时,圆头墩冲刷坑形状和墩后淤积形态特点是:墩上游两侧冲坑最宽、深度较大,而墩上游中心冲坑宽度、深度小于两侧,上游需要的防护宽度是上游两侧宽的 50%~83%。因为桥墩上游两侧处的绕流流速大约是桥墩上游行近流速的 2 倍,这里床面泥沙运动最强烈,冲深和坑宽也最大,而墩迎水面床面泥沙不断滑塌移动来补充两侧的泥沙,随后也形成较深较宽的形态。

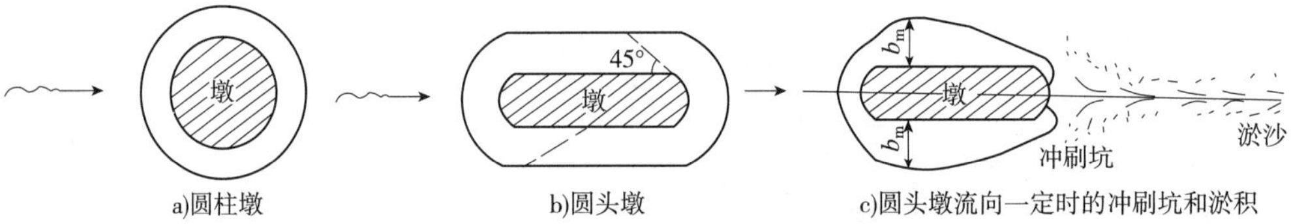

图 10-8-24　桥墩平面防护范围和冲刷坑形状

冲刷坑的上缘宽度 B_b 和局部冲刷坑深度 h_b 存在一定的关系,如图 10-8-22 所示,边坡的平均坡度是由其水下休止角来决定的。这样可按式(10-8-21)估算冲刷坑土缘宽度 B_b:

$$B_b = b + h_b/\tan\varphi \tag{10-8-21}$$

式中:B_b——冲刷坑上缘宽度(m);

h_b——该处局部冲刷深度(m);

φ——床沙水下休止角(°),查图 10-8-21 估算;

b——坑底平面宽度(m),就地调查或取 0.5~0.8m。

事实上,桥墩床面平面加固以后,绕流旋涡不能向下发展,有沿加固平面向外扩展的趋势,使加固平面以上的冲刷坑外缘宽度稍有增大。如同护坦试验所观测,设护坦后冲沟宽度稍有增大一样,这正是河床变形中水沙自动调整作用的表现。因此,直接按未加固前冲刷坑形状决定加固范围可能是不安全的。但是,冲刷坑宽度是个很好的参考值。

仔细观察冲刷过程中冲刷坑的边坡,发现该边坡并不是自上而下同一坡度,而是上方略坦而坑底附近稍陡。同时,沿冲刷坑底马蹄形旋涡挟着泥沙急速冲到坑下游尾部,逐渐卷向上方带到坑外下游。坑底伴随逐渐冲深,边坡泥沙不断塌落下来,致使坡底冲刷坑壁下部坡度稍显陡立,同时,坑底不断向上发展的旋涡对坡脚陡坡也有支撑作用。床沙水下休止角应是静水中泥沙沉积的休止角。因此,冲刷坑边坡坡度以水下休止角计算也有平均坡度的近似意义。

总之,桥梁墩台冲刷坑的宽度、范围和对它们进行平面加固的宽度和范围,主要取决于两方面的因素,即局部冲刷坑的深度(综合反映了水流流速流向、墩形墩宽等各方面的影响因素)和床砂性质(砂性土的粒径)。

根据试验资料和现场实桥冲刷观测资料分析,桥墩局部冲刷平面防护的宽度 B_f,可按式(10-8-22)计算:

$$B_f=\frac{3.43}{\bar{d}^{0.13}}h_b \tag{10-8-22}$$

式中:B_f——平面防护的宽度(m);

h_b——局部冲刷深度(m),由实测(应考虑回淤深度)或冲刷公式计算;

$\bar{d}$——床沙平均粒径(m)。

若将上式中的 h_b,以桥墩局部冲刷公式代入,则

$$B_f=1.04k_\varepsilon B_1^{0.53}\frac{h^{0.29}}{\bar{d}^{0.26}}v^{0.61} \tag{10-8-23}$$

式中,符号意义同前。

另外,可用式(10-8-24)估算防护宽度 B_f:

$$B_f=\frac{3.43}{\bar{d}^{0.13}}h_b \tag{10-8-24}$$

此式即为在式(10-8-21)中,取 $b=1.00\text{m}$,$\theta=32.5°$,即取最小的床沙水下休止角代入而得。该式在一定程度上与现场观测资料相符合。

h_b 值一般是以最深点计算的,考虑到河流洪枯水位不断的变化,流向也有一定的摆动,冲刷的最深点可能在墩的上游或两侧,当水流与墩轴偏向较大时,还可能在墩的下游一侧或墩下游,故建议取桥墩周围同样宽度 B 进行防护,如图 10-8-24a)和图 10-8-24b)所示。

若桥墩洪水流向较稳定,又有现场实测冲刷坑资料时,可根据情况,将两侧下游防护长度缩短,下游端最好以 45°边缘与床面衔接。

桥台的防护宽度和范围也按以上原理确定,即参照式(10-8-21)和式(10-8-22)确定,而以上两式中的 h_b 用桥台冲刷深度 h_s 按式(7-10-2)或式(7-10-3)计算。防护平面形式可参考护坦防护形式,见图 10-8-24。

平面防护顶面应埋在一般冲刷线以下或与冲刷线齐平。因为一般冲刷若露出防护层顶面,水流将沿防护加固砌体边缘向下冲刷。若边缘做成向下或向斜下方(45°、30°角)的垂裙,就变成了护坦。若不做垂裙则加固面边缘会被淘空,产生坍塌破坏。加固面埋置深度、宽度与边缘垂裙冲刷深度可按桥墩、桥台护坦垂裙冲刷深度公式计算。

防护加固层一般可用片石砌筑、片石混凝土和混凝土浇筑,也可用石笼、格宾码砌加以钢筋相连,然后再回填密实。表 10-8-7 中序号 1~4 床面应该是一般冲刷后的床面或天然床面以下某一深度。

根据我国西南、西北地区铁路桥多年防护经验,把平面防护层做成以 30°角从墩壁向外侧倾斜的形式,可减小冲刷深度 23%。同时,也省掉了垂裙,这种做法应该提倡。

桥墩周围直接防护切忌把防护顶面高出床面,这样,实际加大了桥墩的阻水宽度,反而增大了冲刷深度。

10.8.5 桥梁的海漫式河床防护

海漫式防护主要用于水利工程泄水建筑物下游的桥梁，是为消除水利工程下游水流剩余的过大动能而设置的防护构造，如消力槛、多级跌水、急流槽、消力池等，使水流与下游天然水流相衔接。

公路、铁路山区小桥涵在进出口附近常设置跌水、急流槽、消力池(井)，以克服高差，衔接水流和消能。但是，在特殊条件下，如水库下游的大中桥、旧桥的浅基防护也采用这类方法。这类方法用于大中桥工程量大，造价高，但是能确保桥梁安全。

桥梁下游海漫式防护的水力计算如图 10-8-25 所示。

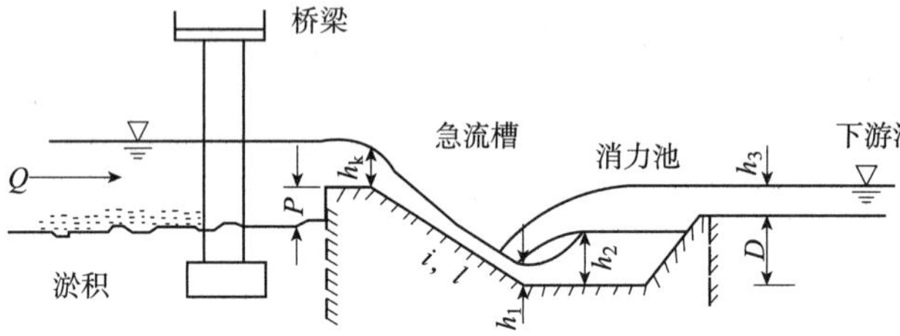

图 10-8-25 桥梁海漫式防护水力计算图示

桥梁下游急流槽进水口顶面高出河床高度为与下游河底高差为 P，急流槽长度为 l，底坡为 i；下游消力池底与下游河底高差为 D。

10.8.5.1 急流槽进口水深为临界水深 h_k

$$h_k = \sqrt[3]{\frac{\alpha Q^2}{gB^2}} \tag{10-8-25}$$

式中：h_k——桥下河槽临界水深(m)；

Q——设计流量(m^3/s)；

B——桥梁过水宽度(m)，即下游急流槽宽度；

α——动能校正系数，$\alpha \approx 1.0$。

10.8.5.2 拟定急流槽长度 l 和底坡 i

根据式(5-7-11)和进口水深 h_k，可推算急流槽下游出口正常水深 h_1。

10.8.5.3 计算急流槽出口水深 h_1 的跃后水深 h_2 和水跃长度 l_s

$$h_2 = \frac{h_1}{2}\left[\sqrt{1+8\left(\frac{h_k}{h_1}\right)^3}-1\right] \tag{10-8-26}$$

$$l_s = 3(h_2 - h_1) \tag{10-8-27}$$

10.8.5.4 选定消力池的长度 l_x 和深度 D

若下游河槽的正常水深为 h_3，为了消力池内出现淹没水跃，则：

$$\left.\begin{aligned}D+h_3 \geqslant 1.1h_2\\D \geqslant 1.1h_2-h_3\end{aligned}\right\} \tag{10-8-28}$$

消力池的长度 l_x 应大于淹没水跃的长度 l_s，即

$$l_x \geqslant l_s \tag{10-8-29}$$

10.8.5.5　海漫式防护工程形式

对于大中桥下游的海漫式防护，可应用急流槽和消力池配合。

10.8.5.6　对于陡坡小桥和涵洞下游出口的消能

对于陡坡小桥和涵洞下游出口的消能可设急流槽、跌水和消力池（图 10-8-26），坡度较缓时也可设三级跌坎（图 10-8-27）。

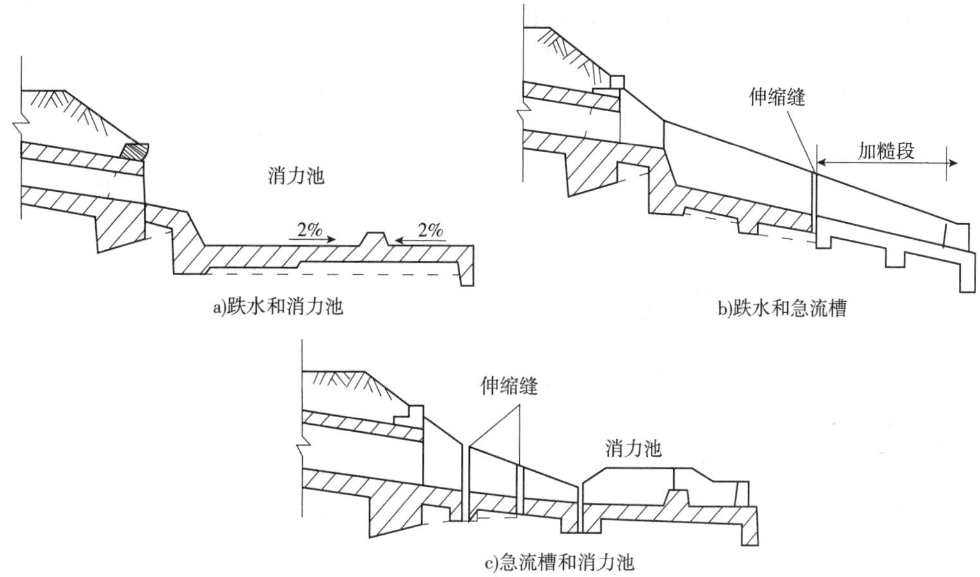

图 10-8-26　陡坡小桥涵进出 R 的布置

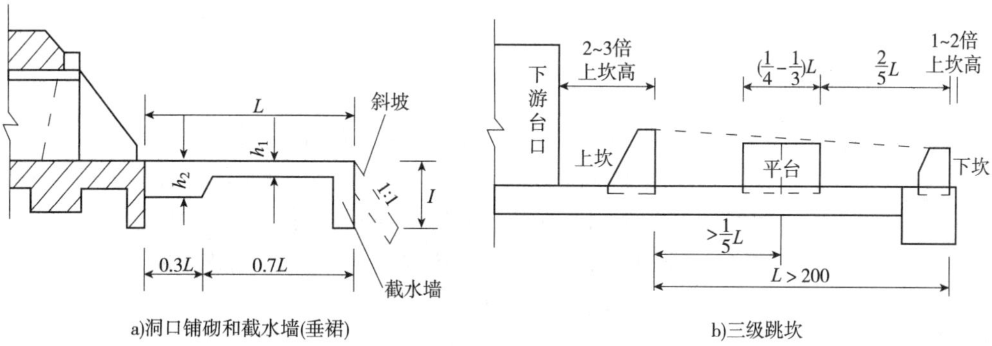

图 10-8-27　缓坡小桥涵进出口的布置

10.8.6　墩台地基注浆防护

在墩台基础之下或周围钻孔或打入管桩，通过孔眼或管孔，用一定压力把各种浆液（加固

剂)注入土层中。通过浆液凝固,把原来松散的土、风化的岩石,固结为有一定强度和防渗性能的整体,或把岩石裂缝堵塞起来,从而达到加固地基,提高承载力的目的。该方法在水利工程、岩土工程中应用较多。另外,配合其他水毁防治措施,对地基注浆加固,还可达到逐层地基水毁防护的效果。近年来修建的高速公路路基,路面下面的路基产生湿陷时,是用注入水泥浆来处理的。

10.8.6.1 旋喷法注浆加固桥梁墩台基础的工程实例

(1)怀化铁路机车行走线公路立交跨线桥加固

该桥为U形桥台,台高9.8m,1978年底建成,并架设主梁,铺筑桥面,1979年3月进行台背填土。当填土高度达3m时,发现北台严重下沉,台后左角下沉112mm,右角下沉106mm。

桥台后倾,桥面伸缩缝增大,严重影响结构正常使用。采用旋喷法加固,按计算用20根旋喷直径46cm的旋喷桩柱,如图10-8-28所示。本桥自1981年6月加固完工后,通车以来一直未有下沉现象。

(2)阜淮线戴家湖铁路桥

该桥两岸桥台为扩大基础,自1980年建成后,尚未架桥即发生较大下沉和位移。加固时,南北两岸桥台,分别采用40和38根旋喷桩,长分别为8.3m和7.5m,设计直径为50mm(图10-8-29)。加固后仅10天便进行架桥,投入使用后均未发现下沉现象,加固效果良好。

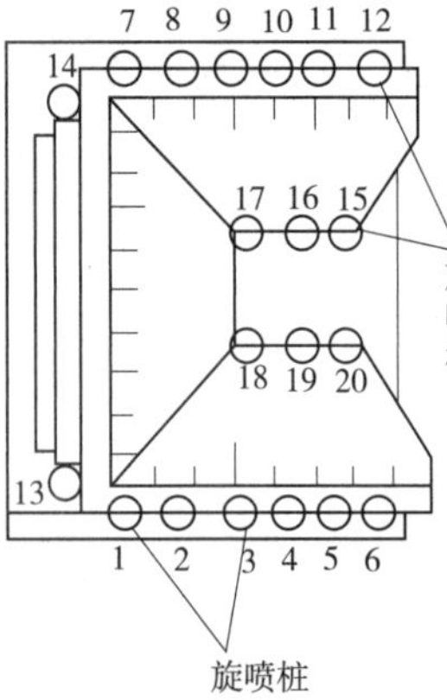

图10-8-28 怀化机车行走线立交旋喷桩加固

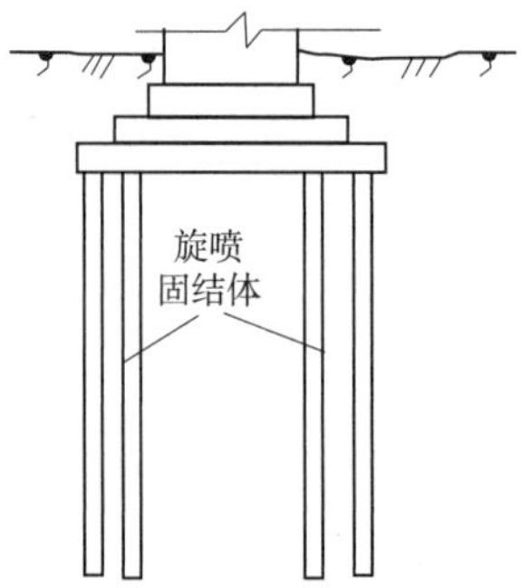

图10-8-29 戴家湖铁路桥旋喷桩加固

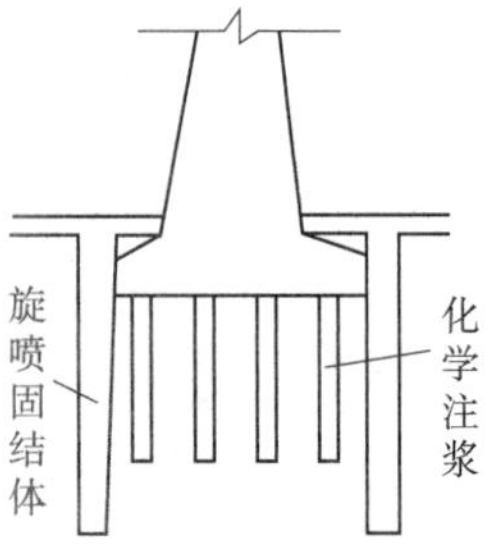

图10-8-30 神崎川桥注浆加固

(3)日本名古屋神崎川桥桥墩下沉加固(图10-8-30)

该桥由于桥位受造纸厂废液冲刷,基础摩擦力下降,使桥墩发生不均匀下沉。采用在桥墩周围增加旋喷桩的方案加固。桥位离海口较近,河道流速小,采用单排旋喷固结体帷幕,在帷幕内采用化学灌浆,以达到增加地基强度的目的。

10.8.6.2 注浆法的分类

(1)静压注浆

静压注浆包括填充注浆、裂缝注浆、渗透注浆和挤压注浆。

(2)高压喷射注浆

高压喷射注浆包括旋转喷射注浆和定向喷射注浆。

10.8.6.3　常用注浆材料

(1)无机类注浆材料

①单液水泥类:水泥—氯化钙浆液;水泥—三乙醇胺—氯化钠浆液等。

②水泥—水玻璃类:水泥—水玻璃双浆液。

③水玻璃类:水玻璃—氯化钙浆液;水玻璃—铝酸钠浆液等。

④水泥黏土类。

(2)有机注浆材料

①丙烯酰胺类(MG646 化学浆液)。

②木质素类:纸浆废液—重铬酸钠(铬木素)浆液;纸浆废液—过硫酸铵(硫木素)浆液。

③尿醛树脂类:尿醛树脂—硫酸浆液;尿素—甲醛—三氯化铁浆液等。

④聚胺醋类:水溶性聚氨醋浆液;油溶性聚氨醋浆液等。

⑤糠醛树脂类:糠醛—尿素浆液;糠醛—丙酮浆液等。

⑥环氧树脂类。

⑦甲基丙烯酸甲酯类。

10.8.6.4　各种浆液材料的适用范围和选择要求(表 10-8-8)

各种浆液材料的适用范围和选择要求　　表 10-8-8

	类别	浆液名称	砾石			砂粒			粉粒	黏粒
			大	中	小	粗	中	细		
各种浆液材料的适用范围	无机类	单液水泥浆	√	√	√	√				
		水泥黏土类	√	√	√	√				
		水泥—水玻璃类	√	√	√	√				
		水玻璃类	√	√	√	√	√	√		
	有机类	丙烯酸胺类	√	√	√	√	√	√	√	
		铬木素类	√	√	√	√	√	√	√	
		脲醛树脂类	√	√	√	√	√	√		
		聚氯酯类	√	√	√	√	√	√	√	
		糠醛树脂类	√	√	√	√	√	√	√	
	粒径(mm)		10	4	2	0.5	0.25	0.05	0.005	
	渗透系数(cm/s)			10^{-4}	10^{-2}	10^{-3}	10^{-4}	10^{-6}		

续上表

浆液材料选择要求	①浆液应是真溶液而不是悬浊液,浆液黏度低,流动性好,能进入小裂缝; ②浆液凝胶时间可从几秒至几小时范围内随意调节,并能准确地控制,浆液一经发生凝胶就在瞬间完成; ③浆液的稳定性好,在常温常压下,长期存放不改变性质,不发生任何化学反应; ④浆液无毒无嗅,对环境不污染,对人体无害,属非易爆物品; ⑤浆液对注浆设备、管路、混凝土结构物、橡胶制品无腐蚀性,并容易清洗; ⑥浆液固化时无收缩现象,固化后与岩石、混凝土等有一定黏结性; ⑦浆液结石体有一定抗压和抗拉强度,不龟裂,抗渗性能和防冲刷性能好; ⑧结石体耐老化性能好,能长期耐酸、碱、盐、生物细菌等腐蚀,且不受温度和湿度的影响; ⑨材料来源丰富、价格低廉; ⑩浆液配制方便,操作容易

10.8.6.5 常用水玻璃类浆液组成、性能和用途(表10-8-9)

常用水玻璃类浆液组成、性能及主要用途　　表10-8-9

原料		规格要求	用量(体积比)	凝胶时间	注入方式	抗压强度(MPa)	主要用途	备注
水玻璃氯化钙	水玻璃	模数:2.5~3.0;浓度:43~45%	0.45	瞬间	单管或双管	<3	地基加固	注浆效果受操作技术影响较大
	氯化钙	密度:1.26~1.28;浓度:30~32%						
氯化钙铝酸钠	氯化钙	模数:2.3~3.4;浓度:40%	1	几十秒~几十分钟	双液	<3	堵水或地基加固	改变水玻璃模数、浓度、铝酸钠含量和温度;可调节凝胶时间,铝酸钠含铝量多少影响抗压强度
	铝酸钠	含铝量:0.01~0.19(kg/L)	1					
水玻璃硅氟酸	水玻璃	模数:2.4~3.4;浓度:30~45%	1	几十秒~几十分钟	双液	<1	堵水或地基加固	两液等体积注浆,硅氟酸不足部分加水补充,两液相遇有絮状沉淀产生
	硅氟酸	浓度:28~30%	0.1~0.4					

10.8.6.6　旋喷浆液数量的计算

(1)体积法

$$Q=\frac{\pi}{4}D^2H\alpha(1+\beta) \tag{10-8-30}$$

式中：Q——旋喷浆液用量(m^3)；

D——固结体直径(m)；

H——旋喷长度(m)；

α——折减系数，由图 10-8-31 根据不同情况查得；

β——损失系数，β=0.1~0.3。

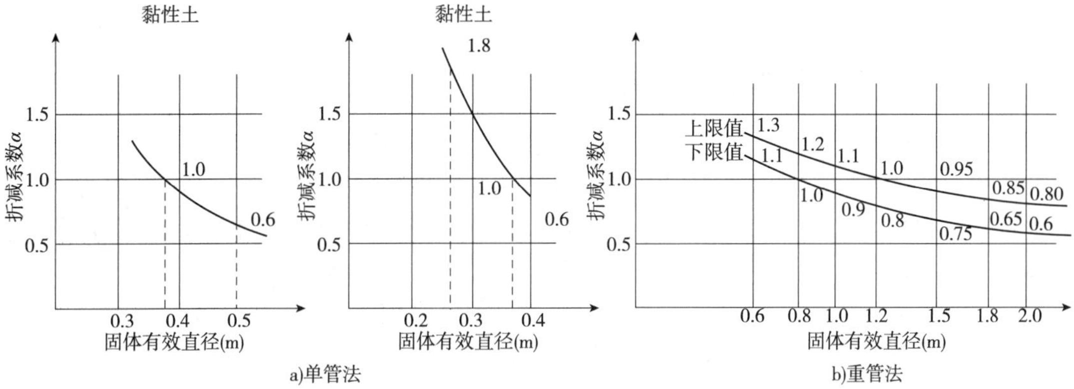

图 10-8-31　折减系数 α

(2)喷量法

$$Q=\frac{H}{v}q(1+\beta) \tag{10-8-31}$$

式中：Q——喷浆液用量(m^3)；

v——注浆管的提升速度(m/min)；

H——旋喷长度(m)；

q——单位时间喷浆量(m^3/min)；

β——损失系数 β=0.1~0.3。

10.8.6.7　旋喷法加固施工

(1)施工顺序

钻机就位→钻孔→插管→旋喷作业→冲洗→移动机具。

(2)施工操作要点

①旋喷前，检查高压设备和管路系统，其压力和流量必须满足设计要求。注浆管、喷嘴内不得有任何杂物，注意管接头密封圈良好。

②钻机安放在孔位上后应保持垂直，施工时旋喷管允许倾斜度不得大于 1.5%。

③在插管和旋喷过程中，防止喷嘴堵塞，在拆卸、安装注浆管时动作要快。水、气、浆的压力和流量必须符合设计值，否则拔管清洗，再重新进行插管和旋喷。使用双喷嘴时，若一个喷

嘴被堵,则可用复喷方法继续施工。

④旋喷时要做好压力、流量和喷浆量的量测工作,并要求逐项记录。钻杆的旋转和提升必须连续不中断。

⑤深层旋喷时,应先喷浆,后旋转和提升,以防注浆管扭断。

⑥搅拌水泥时的水灰比要按设计规定,不得随意更改,在旋喷过程中应防止因水泥浆沉淀而使浓度降低。

⑦施工完毕后应立即拔出注浆管,彻底清洗注浆管和注浆泵,管内不得有残存水泥浆。然后再将钻孔等机具设备移到新的孔位上。

10.9 斜坡上桥梁基础的设计

10.9.1 斜坡上墩台基础位置确定

在山坡上设置墩台是桥梁设计的一大难题,切勿轻视,因为它不仅涉及山坡的土质状况、墩台荷载的大小,而且还与周围地质构造、基底以下坡体和基底以下墩台身侧面山坡的稳定、当地降雨量的多少以及墩台施工方法是否会扰动山坡现状等因素密切相关。当桥梁跨度较大、墩台较高时,设计中宜考虑墩台位置远离山坡坡面。仅当特殊困难迫不得已时,方可考虑在山坡上设置墩台。对于在山坡上设置墩台,尤其是在非岩石土的山坡上设置墩台,设计时应对山坡承受墩台后是否会引发山坡下滑危及墩台稳定的可能性做仔细的分析研究。

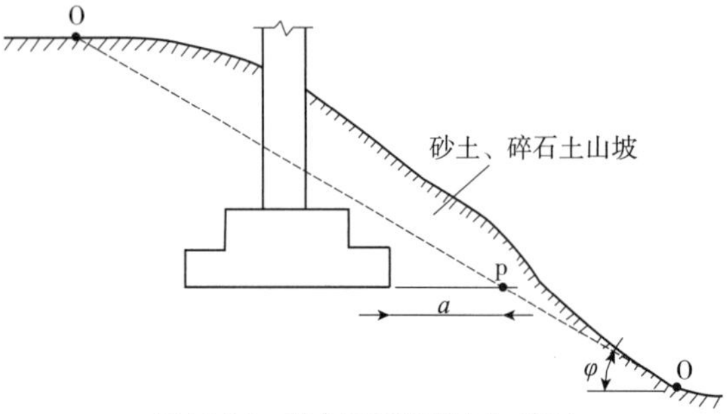

图 10-9-1　墩台基础置于砂土、碎石上山坡上坡面的安全位置示意图

墩台基础置于砂土、碎石土山坡上时,基础底面前缘靠近山坡坡面的安全位置可按图 10-9-1 确定:自山坡低凹点 O 处作一根水平线和一根与该水平线构成夹角为 φ(表 10-9-1)的斜线 O-O,基础底面的水平线与 O-O 线交于 P 点处,基础底面前缘至 P 点的距离应不小于 a,通常取 a 为 2～3m,视基础底面压应力的大小而定(压应力较小时,a 取为 2m,压应力较大时,a 取为 3m),且应满足基底地基承载能力要求,O-O 线以上土体部分是不稳定的。

各种土质对应的价值　　表 10-9-1

土的种类		φ	斜线的坡度（高度与宽度之比）
1	砂	33°40′	1 : 1.50
2	卵石、碎石	38°40′	1 : 1.25
3	黏砂土	43°35′	1 : 1.05
4	砂黏土	53°05′	1 : 0.75
5	黏土带有碎石	56°10′	1 : 0.67

墩台基础置于黏性土山坡上时，除应满足上列 a 值要求外，还应验算土坡稳定性。

不论墩台基础置于砂土、碎石土山坡上还是置于黏性土山坡上，均应慎重对待，最好先对山坡设置挡土墙（图 10-9-2），然后设置墩台，并对山坡坡面采取浆砌片石铺面，以保证安全。

墩台基础嵌入岩石山坡的新鲜基岩内时，基础底面前缘靠近山坡的安全位置可根据图 10-9-2 所示基础底面前缘至山坡岩体岩面的水平距离 a 确定。

（1）当山坡为软质岩时，a 不得小于 2～3.5m，根据节理发育程度、岩石饱和单轴抗压极限强度、岩石走向而定。

（2）当山坡为硬质岩时，a 不得小于 1～2m，根据节理发育程度、岩石饱和单轴抗压极限强度、岩石层理而定。

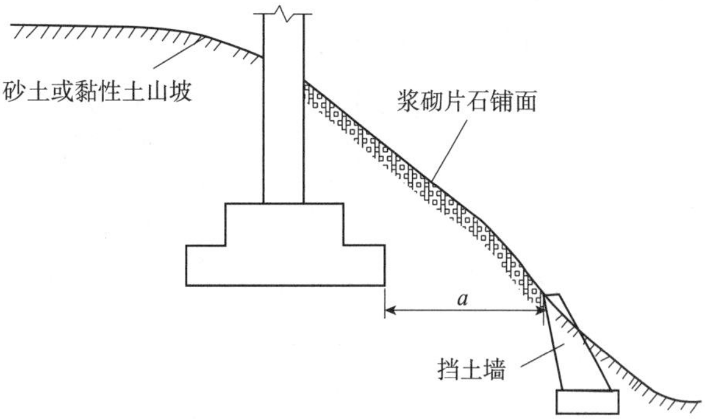

图 10-9-2　设置挡土墙的墩台基础

当墩台基础置于岩石山坡上时，应详尽了解山坡岩石层理的倾斜方向，只有对于岩石层理的倾斜方向如图 10-9-3 所示的山坡，墩台基础底面前缘至山坡岩面的水平距离 a 方可参照上述的值来确定。而对于岩石层理的倾斜方向如图 10-9-4 所示的山坡，墩台基础底面不宜置于此岩石山坡上，以防山坡的岩层由于承受较大的竖向压力，沿岩石层理倾斜方向发生向前的剪切滑动，从而导致墩台基础不稳定。应根据具体情况（基础底面竖向压应力的大小、山坡岩石层理倾斜坡度的大小、岩石的类别、构造和强度等），加大墩台基础底面前缘至山坡岩面的距离 a，且加大基础底面的面积，以降低基础底面的竖向压应力，提高岩层和基础的稳定性。

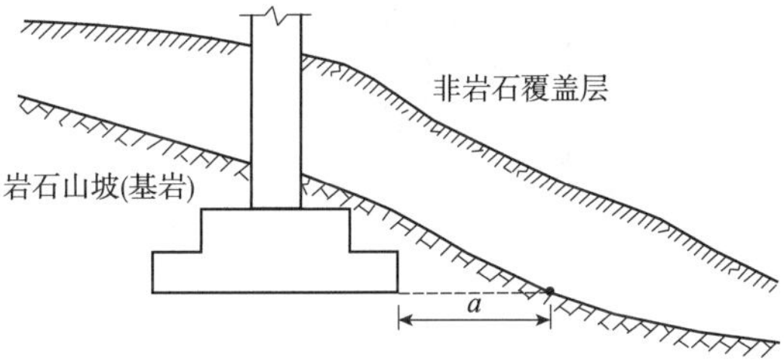

图 10-9-3　墩台基础嵌入新鲜基岩内的安全位置示意图

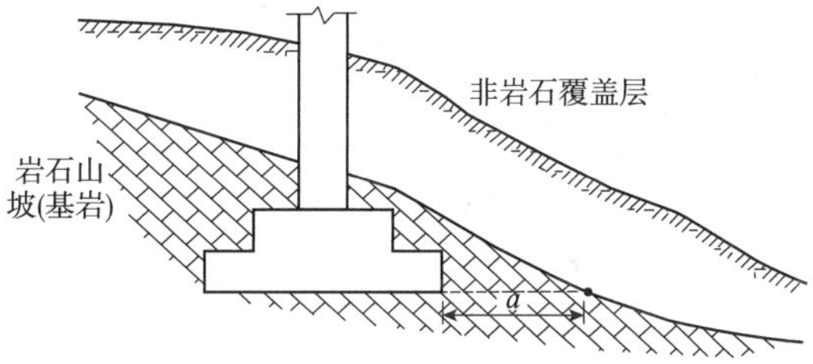

图 10-9-4　岩石层理倾斜时水平距离 a 确定示意图

当墩台基础置于山坡的风化岩上时，应根据岩层的风化程度，参照前面所述基础置于非岩石山坡情况，确定基础底面前缘距离山坡坡面的安全距离。

10.9.2　斜坡上基础设计应注意问题及加固处理措施

10.9.2.1　斜坡上基础设计应注意的问题

（1）建于陡坡上的桥墩基础，谨慎采用扩大基础或带承台的桩基础。无论扩大基础或桩基承台，具体实施时总会伴随大面积的山体开挖，如图 10-9-5a）所示。这种开挖往往得不偿失，或者基础下缘有脱空危险导致抗倾覆稳定性减弱，或者弃方量大且无从处理，或者引发新的病害,如崩塌、滑坡、水土流失等。凡此种种,建议采用桩基础,如图 10-9-5b)所示,有条件则采用独柱独桩,景观效果会更好。

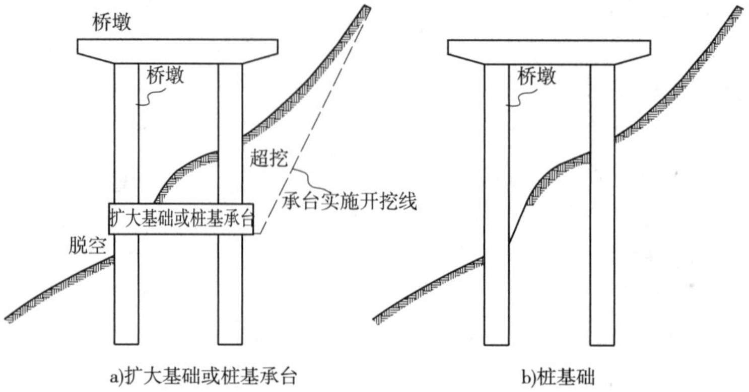

图 10-9-5 陡坡上的桥墩基础

(2)协调确定墩柱外形尺寸、桩基础直径及系梁位置。为保证桥墩帽梁、墩柱、系梁及桩基础协同受力,降低帽梁均匀变形从而不影响上部构造,应尽量保证墩柱和桩基础的刚度一致性,建议同一水平面上墩柱截面外形尺寸完全一致,桩基础直径保持一致。系梁应设置在地面较高一侧的墩柱底部(图 10-9-6),尽量减少开挖。

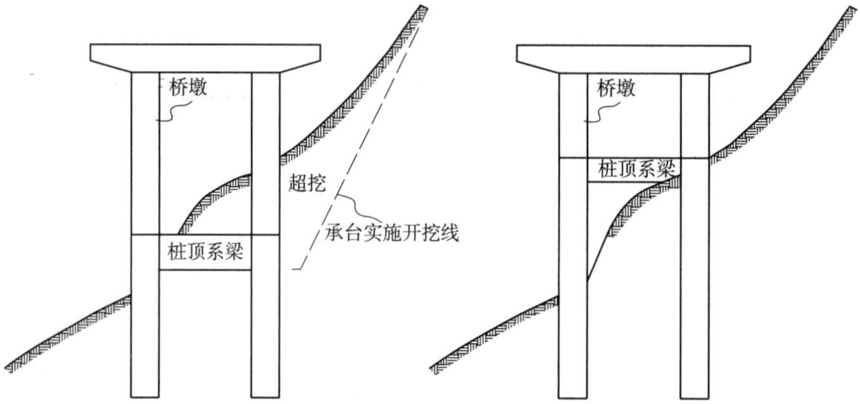

图 10-9-6 系梁设置位置示意图

(3)配合桩基础实施,达到施工方便目的。几乎所有的建造工程师都认为陡坡上桩基础施工困难,施工平台难以搭建,机械设备难以到位,安全生产难度高,如图 10-9-7a)所示。桩基础设计时,尽量使桩顶露出地面,如图 10-9-7b)所示,采用砖砌体搭建施工平台,避免开挖危险面坡。

(4)注意水土保持,完善细节设计。公路施工往往不可避免给当地环境造成破坏,施工工作完成后及时恢复,可以将破坏程度降低到最小。根据环境保护与建设工程同时设计、同时施工、同时验收的原则,为保证工后同步实施环境保护工程,公路工程设计阶段需完成环境保护的细节设计(图 10-9-8)。在桥墩施工完成后立即拆除施工平台,并采取与边坡防护相同的防护措施进行坡面防护和绿化。

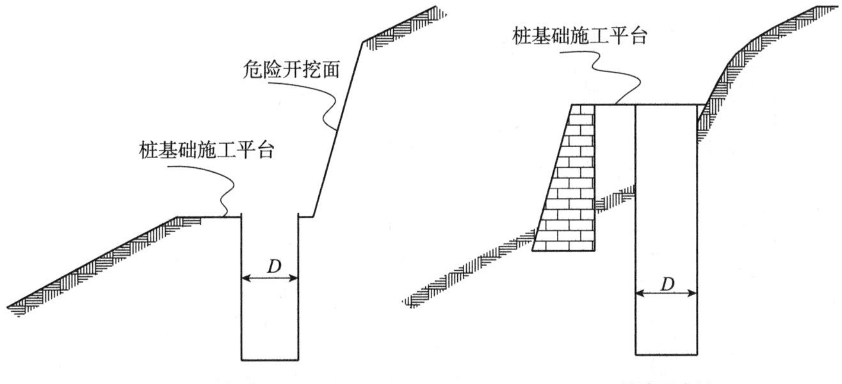

图 10-9-7　陡坡上桩基施工示意图

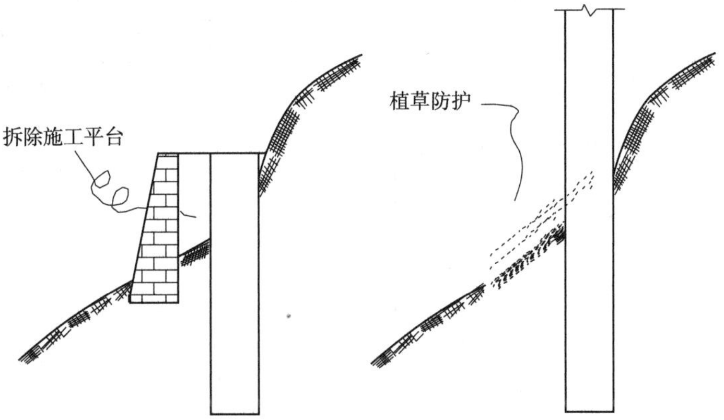

图 10-9-8　桥墩施工完成后的善后处理

10.9.2.2　加固处理措施

(1)扩大基础与桩基础组合的例子是某高速公路某标段有一处在双向陡坡上的临河桥台。双向地面坡均大于 1∶2.5,下方为陡峭河岸坡,山坡第四纪坡积层 1.5m 不等,下伏中—弱风化板岩,层理发育方向几乎平行于地表,地基承载能力容许值大于 1500kPa。单幅桥台内外侧高度为 6.2~15.5m,高度差为 9m 以上,由于刷坡困难,增加孔数后不经济并引起大量超挖,从而决定采用扩大基础。扩大基础在两个方向上均设置了台阶,但抗滑动和抗倾覆问题无法解决,为此在扩大基础之下设置了桩基础。

(2)基础外下侧的防护或支护。山区公路大多选用沿溪线,或迫不得已建在山坡上,桥梁墩台基础不可避免地遇到山坡松散残坡积层,可能出现岩石顺层节理,坡脚开挖的地方低等级公路,或者陡峭的河流凹岸,凡此种种,均对山坡上的墩台基础构成威胁。为加强陡坡上墩台基础承载能力、抗倾覆稳定能力以及抗冲刷能力,使与桥梁其他构造同步完成使用寿命期,较为稳妥的措施是主动防护。如重新构造植被、增加坡面防护、设置不稳定支护措施等,如图 10-9-9 所示。

(3)桩基础顶设置预应力锚索。某高速公路高架桥斜跨峡谷河流,桥墩设置在陡坡岩体上(图 10-9-10)。地表覆盖层松散,下伏弱—微风化岩层,岩层节理平行于地表。邻近隧道开挖发现节理发育,于是在桥墩桩基础顶部设置预应力锚杆。

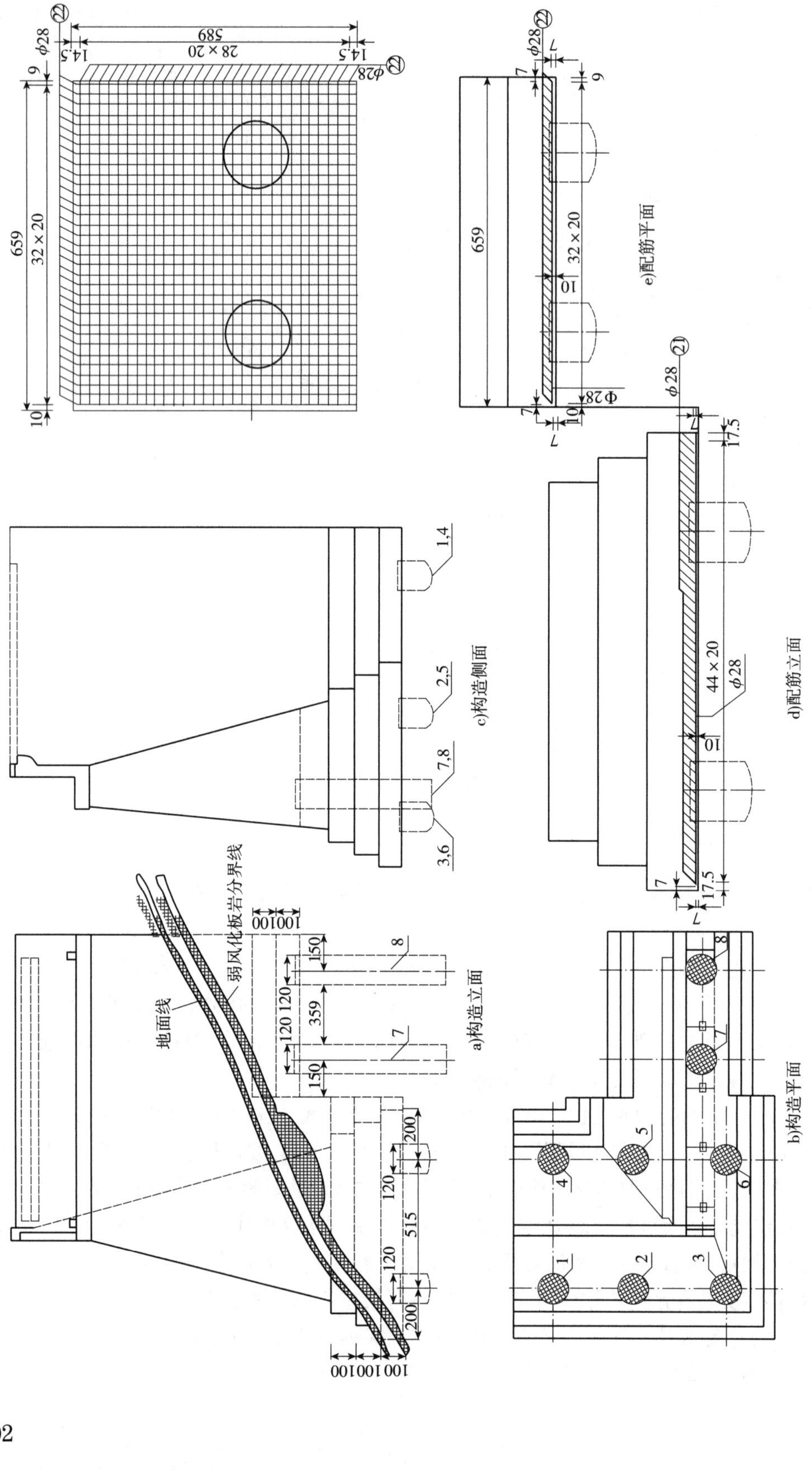

图 10-9-9　基础外下侧的防护或支护示意图(尺寸单位:cm)

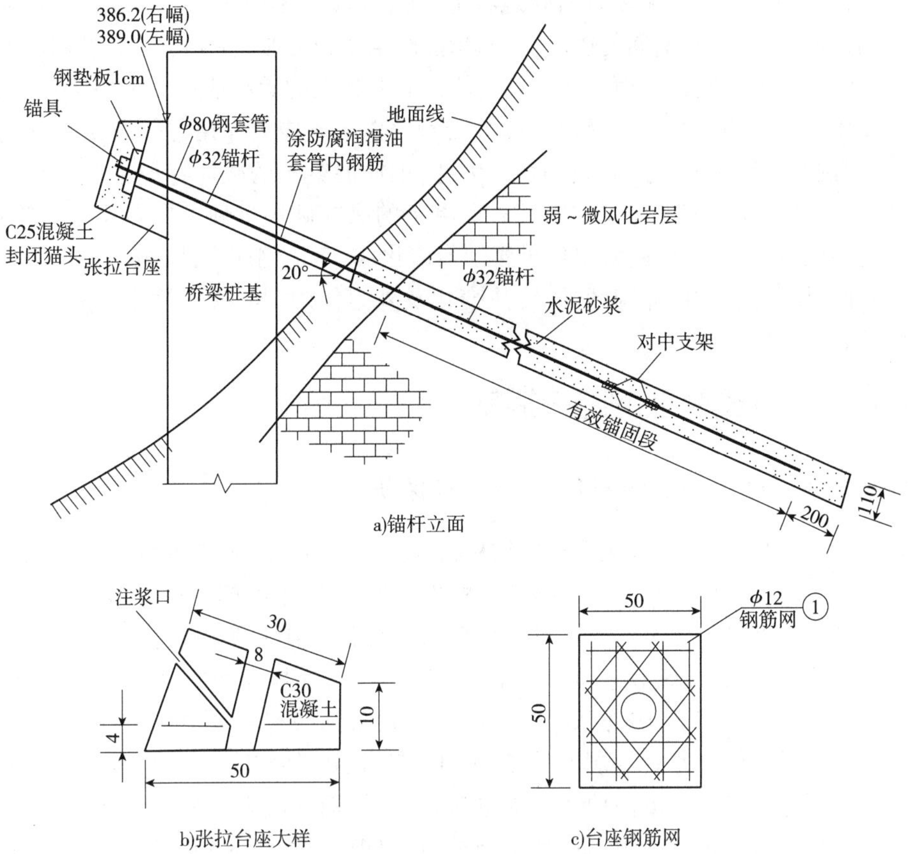

图 10-9-10　桥墩桩基础顶部设置预应力锚杆示意图

10.10　桥梁的腐蚀特性及防护措施

使用较多的桥梁为钢桥和钢筋混凝土桥梁，在水库地区都存在腐蚀及其防护问题，以下分别对钢桥和钢筋混凝土桥梁的腐蚀特性、防护措施等加以论述。

10.10.1　钢桥的腐蚀特性

钢铁的腐蚀可分为化学腐蚀和电化学腐蚀。化学腐蚀是钢铁与腐蚀介质之间发生化学作用而产生的腐蚀，电化学腐蚀是金属与介质发生电化学反应而引起的腐蚀。钢铁的腐蚀绝大多数是电化学腐蚀。

桥梁钢结构的腐蚀形态多种多样，可以分为均匀腐蚀和局部腐蚀，均匀腐蚀即整个金属表面均匀腐蚀，局部腐蚀可细分为多种形态。主要有：点蚀、电偶腐蚀（双金属腐蚀）、缝隙腐蚀、应力腐蚀、电偶腐蚀和腐蚀疲劳。

10.10.2　混凝土桥梁的腐蚀特性

混凝土本身是耐腐蚀的材料，经常用于钢结构的保护，但是混凝土结构抗折、抗裂性能差。裂纹是钢筋混凝土受到破坏时的外观特征，尤其是钢筋保护层厚度不足时，腐蚀介质从裂纹渗透到钢筋表面，引起钢筋的锈蚀；钢筋锈蚀产生体积膨胀，混凝土又会沿钢筋方向发生顺向开裂，加速混凝土开裂、表面剥蚀、露筋，使钢筋混凝土的承载能力大大下降；在腐蚀和应力的共同作用下，钢筋表面产生微裂纹，腐蚀沿裂纹深入。应力作用促使裂纹发展的周而复始，可能造成混凝土结构的突然断裂倒塌。因此，钢筋混凝土的破坏特征主要表现为混凝土顺筋开裂、钢筋断面损失和应力腐蚀断裂。混凝土的腐蚀破坏机理主要有化学和物理两种，化学机理包括混凝土的碳化、硫酸根离子腐蚀与硫化、氯离子钢筋腐蚀、碱集料反应以及微腐蚀侵蚀；物理作用包括冻融、冲刷磨蚀、冷热变化及外力作用。混凝土桥梁的表面需要保护，如涂料保护和阴极保护等。

10.10.3 桥梁腐蚀的防护措施

10.10.3.1 钢结构的涂料防护和阴极保护

钢铁的大敌就是腐蚀，防腐涂装是钢结构桥梁防腐蚀的最方便有效的方法。采用涂料保护钢结构，就是要提高其腐蚀电位，由腐蚀阳极成为阴极，隔绝电解质以免形成腐蚀电池。涂料对钢结构桥梁的保护作用主要有三种：屏蔽作用、缓蚀作用和阴极保护作用。涂料经过严格工艺要求的施工，覆盖在钢铁表面，能有效隔绝钢铁与外界环境腐蚀的接触，起到屏蔽作用。防锈底漆依靠铬酸锌、磷酸锌和红丹等防锈颜料对钢铁有着缓蚀作用；利用锌粉制成的环氧富锌涂料和无机硅酸富锌涂料具有更好的防锈作用，是作为重防护体系涂料中首选底漆。阴极防护可分为牺牲阳极保护和外加电流保护，使钢铁成为阴极并极化，以减小和防止腐蚀；锌基合金、铝基合金是常用的牺牲阳极材料，浸镀或喷涂在钢铁表面，依靠不断地腐蚀牺牲所产生的电流使钢铁获得阴极极化受到保护。强制电流阴极保护是由外加直流电流通过辅助阳极施加保护电流，使被保护体成为阴极并获得极化，从而免受腐蚀。

10.10.3.2 混凝土构件的涂料防护和阴极保护

混凝土表面进行防腐涂装保护，可以封闭混凝土的多孔结构，有效阻止氯离子、水和氧气等腐蚀介质的进入，减缓对钢筋的腐蚀锈蚀速度，同时也可降低反复热胀冷缩的破坏，是一种经济有效的防腐蚀措施。钢筋混凝土桥梁涂装首先是保护桥梁免受环境污染腐蚀，延长桥梁的使用寿命，其次是美化桥梁景观，通过色彩、图案制作，突出简捷、流畅的整体效果。桥梁涂装材料必须具备优异的耐候性能、长久的使用寿命和方便的施工性。涂料必须具备以下性能：

(1)黏结力强：能与桥梁混凝土表面牢固地结合，不会因热胀冷缩和日晒雨淋而发生变化。

(2)良好的耐候性：经长期日晒雨淋，不褪色、不粉化、不剥落，使用寿命长。

(3)良好的耐水性：涂料成膜后，不怕水洗、雨淋，污染后容易清洗。

(4)耐酸、耐碱：一是耐大气酸雨侵蚀，二是耐混凝土内部碱性腐蚀。

(5)防碳化性能：能有效阻挡二氧化碳的渗透。

混凝土构件的阴极保护是一种全新的技术，是通过喷涂新型阳极材料铝锌铟合金来保护混凝土结构中的钢筋免受氯离子的损害。

10.10.4　桥梁的防腐蚀涂装设计

在桥梁设计中，既要考虑环境保护，避免桥梁建设引起环境破坏、污染，又要考虑保护桥梁，避免环境污染损害桥梁，从而达到既保护环境又保护桥梁的目的。我国相关规范已将桥梁的设计基准年提高到 100 年，这对防腐蚀涂装体系提出了更高的要求，无论国内还是国外一般都采用防腐蚀涂料进行桥梁防腐保护。为区别于一般防腐蚀涂料，使用寿命在 10 年以上的称为重防腐涂料体系。重防腐涂装设计的核心思想是为了减少维修周期，减少腐蚀带来的经济损失，所设计的防腐体系能够达到长效或超长效的预期寿命。

涂料防腐蚀技术也在不断发展和逐渐完善。20 世纪 60 年代，钢梁涂料保护寿命仅为 2～3 年；20 世纪 60 年代后期至 80 年代，先后采用了红丹防锈底漆与灰铝锌醇酸面漆（即 66 醇酸面漆）或灰云母氧化铁醇酸面漆配套体系，涂料保护寿命提高到了 10 年左右；90 年代采用环氧富锌防锈底漆、云铁环氧中间漆、灰铝粉石墨醇酸面漆（即 018 醇酸面漆）配套系，涂料保护寿命达到 15 年以上。近年来，国内外桥梁防腐涂装都采用重防腐涂装体系，涂料选用上有了较大改进，长效防腐底漆采用富锌底漆（锌粉含量 80%左右）或电弧喷铝、电弧喷锌铝等，中间漆推广使用高固体分子的环氧云铁涂料，高耐候性面漆采用丙烯酸脂肪族聚氨酯面漆、氟碳面漆，预计使用寿命在 30 年以上。

我国铁路行业标准《铁路钢桥保护涂装及涂料供货技术条件》（TB/T 1527—2011）中推荐的涂装体系见表 10-10-1。

钢桥涂装体系　　表 10-10-1

涂装体系	涂料（涂层）名称	每道干膜最小厚度（μm）	至少涂装道数	总干膜最小厚度（μm）	适用部位
1	特制红丹酚醛（醇酸）底漆	35	2	70	桥栏杆、扶手、人行道托架、墩台吊篮、围栏和桥梁检查车等桥梁附属钢结构
	灰铝粉石墨或灰云铁醇酸面漆	35	2	70	
2	电弧喷铝层	—	—	200	钢桥明桥面的纵梁、上承板梁、箱形梁上盖板
	环氧类封孔剂	—	1	—	
	棕黄聚氨酯盖板底漆	50	2	100	
	灰聚氨酯盖板面漆	40	4	160	
3	无机富锌防锈防滑涂料或电弧喷铝层	80	1	80	栓焊梁连接部分摩擦面
				100	
4	环氧沥青涂料或环氧沥青厚浆涂料	60	4	160	非密封的箱形梁和箱形杆件内表面
		120	2	240	
5	特制环氧富锌底漆或水性无机富锌底漆	40	2	80	钢梁主体，用于气候干燥、腐蚀环境较轻的地区
	棕红云铁环氧中间漆	40	1	40	
	灰铝粉石墨醇酸面漆	40	2	80	

续上表

涂装体系	涂料(涂层)名称	每道干膜最小厚度(μm)	至少涂装道数	总干膜最小厚度(μm)	适用部位
6	特制环氧富锌底漆或水性无机富锌底漆	40	2	80	钢梁主体,用于腐蚀环境较严重的地区
	云铁环氧中间漆	40	1	40	
	灰色丙烯酸脂肪族聚氨酯面漆	40	2	80	
7	特制环氧富锌底漆或水性无机富锌底漆	40	2	80	钢梁主体,用于酸雨、沿海等腐蚀环境严重、紫外线辐射强、有景观要求的地区
	棕红云铁环氧中间漆	40	1	40	
	氟碳面漆	35	2	70	

根据我国现行规范,适用于钢筋混凝土桥梁表面及其他类似条件钢筋混凝土表面的涂层防腐蚀工程;标准按大气环境和相对湿度将大气腐蚀环境分为:弱腐蚀(Ⅰ)、中腐蚀(Ⅱ)、强腐蚀(Ⅲ)、强腐蚀(Ⅲ-2)四种类型,按水的类型将浸水区腐蚀环境分为淡水(Ⅰm_1)、海水或盐水(Ⅰm_2)。混凝土表面涂料是一个完整的涂装结构,通常由腻子、封闭层、中间层、面层组成,每一层都担负着各自的重要作用。公路行业标准规定了涂层保护年限:普通型 10~15 年,长效型 15~25 年。

桥梁外表面涂装采用底漆、中间漆、面漆体系,普通型涂层配套体系见表 10-10-2,长效型涂层配套体系见表 10-10-3,封闭环境内表面涂层配套体系见表 10-10-4,非封闭环境内表面涂层配套体系见表 10-10-5。

桥梁钢结构外表面涂层配套体系(普通型)　　表 10-10-2

配套编号	腐蚀环境	涂装体系	涂料品种	道数	最低干膜厚度(μm)	总干膜厚度(μm)
S01	C3	底涂层	环氧磷酸锌底漆	1	60	210
		中间涂层	环氧(厚浆)涂料	1	80	
		面涂层	丙烯酸脂肪族聚氨酯面漆	2	70	
S02	C4	底涂层	环氧磷酸锌底漆	1	60	260
		中间涂层	环氧(厚浆)涂料	1~2	120	
		面涂层	丙烯酸脂肪族聚氨酯面漆	2	80	
S03	C5-Ⅰ C5-M	底涂层	环氧富锌底漆	1	60	260
		中间涂层	环氧(云铁)涂料	1~2	120	
		面涂层	丙烯酸脂肪族聚氨酯面漆	2	80	

桥梁钢结构外表面涂层配套体系(长效型)　　表 10-10-3

配套编号	腐蚀环境	涂装体系	涂 料 品 种	道数	最低干膜厚度(μm)	总干厚度(μm)
S04	C3	底涂层	环氧富锌底漆	1	60	240
		中间涂层	环氧(厚浆)涂料	1~2	100	
		面涂层	丙烯酸脂肪族聚氨酯面漆	2	70	
S05	C4	底涂层	环氧富锌底漆	1	60	280
		中间涂层	环氧(厚浆)涂料	1~2	140	
		面涂层	丙烯酸脂肪族聚氨酯面漆	2	80	
S06	C5-Ⅰ	底涂层	环氧富锌底漆	1	60	300
		中间涂层	环氧(云铁)涂料	1~2	120	
		面涂层	聚硅氧烷面漆	1~2	100	
S07	C5-M	底涂层	环氧富锌底漆	1	80	310
		中间涂层	环氧(云铁)涂料	1~2	150	
		面涂层(第一道)	丙烯酸脂肪族聚氨酯面漆/氟碳树脂涂料	1	40	
		面涂层(第二道)	氟碳面漆	1	40	
S08	C5-M	底涂层	无机富锌底漆	1	75	320
		封闭涂层	环氧封闭涂料	1	25	
		中间涂层	环氧(云铁)涂料	1	120	
		面涂层	聚硅氧烷面漆	1~2	100	
S09	C5-M	底涂层	无机富锌底漆	1	75	330
		封闭涂层	环氧封闭涂料	1	25	
		中间涂层	环氧(云铁)涂料	1~2	150	
		面涂层(第一道)	丙烯酸脂肪族聚氨酯面漆/氟碳树脂涂料	1	40	
		面涂层(第二道)	氟碳面漆	2	40	
S10	C5-M	底涂层	热喷铝或锌	1	150	270
		封闭漆	环氧封闭涂料	1~2	50	
		中间涂层	环氧(云铁)涂料	1~2	120	
		面涂层	聚硅氧烷面漆	1~2	100	

续上表

配套编号	腐蚀环境	涂装体系	涂料品种	道数	最低干膜厚度(μm)	总干厚度(μm)
S11	C5-M	底涂层	热喷铝或锌	1	150	280
		封闭涂层	环氧封闭涂料	1~2	50	
		中间涂层	环氧(云铁)涂料	1~2	150	
		面涂层(第一道)	丙烯酸脂肪族聚氨酯面漆/氟碳树脂涂料	1	40	
		面涂层(第二道)	氟碳面漆	2	40	

封闭环境内表面涂层配套体系 表 10-10-4

配套编号	工况条件	涂层	涂料品种	道数	最低干膜厚度(μm)	总干厚度(μm)
S12	配置抽湿机	底面合一	环氧(厚浆)涂料	1~2	150	150
S13	未配置抽湿机	底涂层	环氧富锌底漆	1	50	250~350
		面涂层	环氧(厚浆)涂料		200~300	

非封闭环境内表面涂层配套体系 表 10-10-5

配套编号	腐蚀环境	涂装体系	涂料品种	道数	最低干膜厚度(μm)	总干厚度(μm)
S14	C3	底涂层	环氧磷酸锌底漆	1	60	160
		面涂层	环氧(厚浆)涂料	1~2	100	
S15	C4 C5-I C5-M	底涂层	环氧富锌底漆	1	60	260
		中间涂层	环氧(云铁)涂料	1~2	120	
		面涂层	环氧(厚浆)涂料	1	80	

10.11 工程实例——伏龙口水电站对水麻高速公路桥涵的影响评价及防护措施设计

云南水麻高速公路经过的伏龙口电站水库运行方式如下:①枯水期及平水期(11 月~4 月):水库维持在正常蓄水位 292m 至死水位 290.5m 之间运行发电。②汛期(5~10 月):当入库流量小于 1200m^3/s,水库维持在正常蓄水位 292m 运行发电;当入库流量大于 1200m^3/s 小于 1800m^3/s 水库维持在汛期排沙水位 289m 运行发电;当入库流量大于 1800m^3/s 时,电站全闸打开停机冲沙。

10.11.1　关河大桥

关河大桥位于水麻高速四川与云南交接处,全桥约 500m,距离伏龙口水库坝址约 300m,为电站对高速公路影响区段中唯一的跨河桥。关河大桥中部为单跨 44m 的 T 型简支梁,边部为单跨 20m 的箱型简支梁,全桥均采用双柱式桥墩,所有桥墩均为钻孔桩基础,桩基埋置位置上部为褐红、紫红色亚黏土含碎石,局部区段为紫红色块石土,下部为紫红、暗紫、紫灰色粉砂质泥岩、细砂岩,强风化~弱风化,碎石状,桩基均嵌入基岩中。

关河大桥原设计水位为 272.2m,最大洪水位为 291.16m。

伏龙口水库蓄水前关河大桥 5 号、6 号、7 号、8 号、9 号、10 号桥墩均位于河水中,当水库建成后,水位提升至 292m(图 10-11-1),原位于坡岸上的 3 号,4 号,11 号,12 号桥墩将位于河水中。由于水位上升后会对基础产生影响,因此需要对 3 号~12 号墩进行基础承载力验算,其中 3 号、4 号、11 号、12 号墩位于岸坡上,水库建成后被水浸泡,当汛期水位骤降时将对基础产生负摩阻力,在桩基承载力验算中需要考虑。另外长时间受河水的浸泡和波浪的侵蚀,岸边的堆积物会被逐渐的冲刷带走,使得岸坡推力发生变化,对桥梁的稳定不利,因此还需要对 2 号、11 号墩岸坡进行稳定性评估。

根据现场调查,原来修建埋置在地面以下的 4 号、5 号、9 号、10 号、11 号桥墩桩基在建库前由于河水冲刷或岸坡坍塌都已经露出地面,曾经修建的防护工程都已经损坏。

按照相关公式对关河大桥 3 号~11 号桥墩基础进行承载力验算,其单桩承载力验算,验算结果如表 10-11-1 所示。经计算,关河大桥 3 号~11 号桥墩桩基在建库后单桩承载力均满足要求。

关河桥桩基承载力验算表　　表 10-11-1

墩　号	左　幅　桥		右　幅　桥	
	承载力(kN)	容许值(kN)	承载力(kN)	容许值(kN)
3	6493.668	10023.25	6493.668	10630
4	8937.759	12671.5	8934.883	13966.75
5	10531.29	12239.75	10531.29	12239.75
6	10552.57	13535	10552.57	13535.05
7	10863.03	12239.75	10863.03	12239.75
8	11028.9	13966.75	11028.9	114398.5
9	10641.01	11808	10641.01	12671.5
10	10951.66	15262	10951.66	15262
11	8868.771	9491.5	8868.771	9112

对关河大桥 2 号、11 号墩岸坡进行稳定性评估分析。宜宾岸 2 号墩岸坡坡角大于预测坍岸线坡角(图 10-11-2),岸坡可能会发生坍塌,因此需要进行岸坡坍塌防护。水富岸 11 号桥墩岸坡坡角与预测坍塌坡角基本相同(图 10-11-3),因此蓄水后仍较稳定。另外 4 号、5 号、9 号、10 号、11 号墩保护工程现已损坏,需要进行修复。建库后水位上涨,还需要对 3 号~11 号桥墩进行防腐蚀和防冲刷处理。

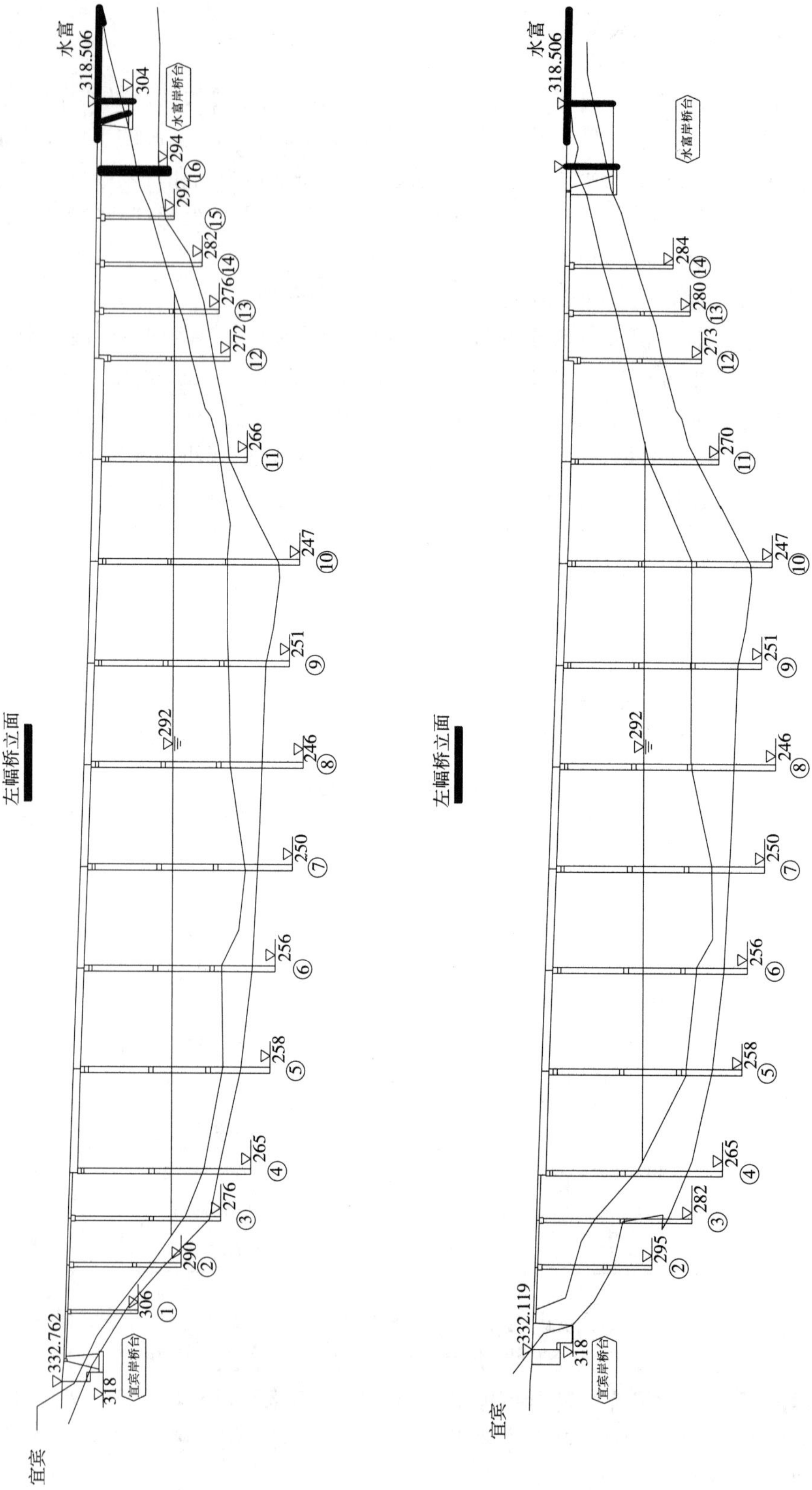

图10-11-1 关河大桥蓄水后水位示意图

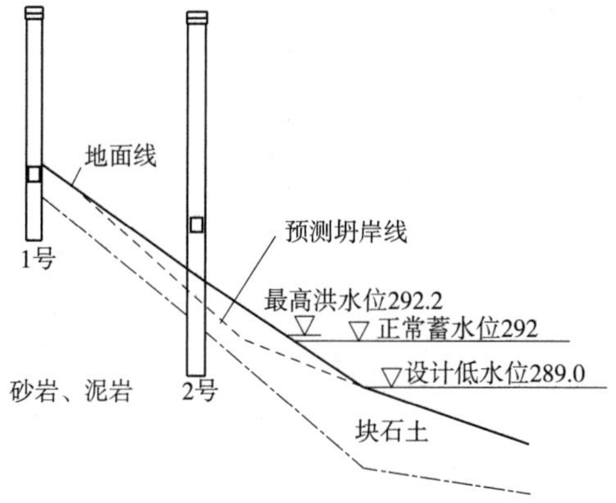

图 10-11-2　关河大桥宜宾岸纵断面

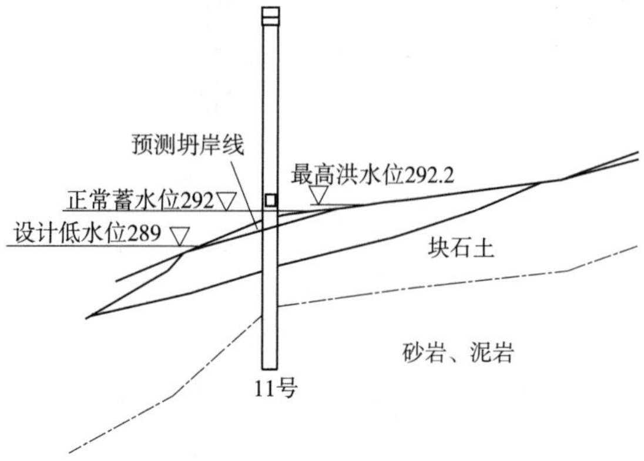

图 10-11-3　关河大桥水富岸纵断面

关河大桥原设计水位 272. 2m，建坝后正常蓄水位 292. 0m，水位上升近 20m，大部分桥墩长期浸泡水中，水库的日常运行水位交替变化使得桥墩混凝土长期承受干湿循环作用的影响，且汛期开闸放水和坝前清淤带来的水位骤降对墩台的冲刷作用也很大，因此需要对关河大桥被淹没的 3~11 号桥墩进行防冲刷防护处理。

水库蓄水后水位上升近 20m，因此还需要考虑地震动水压力对桥墩的影响，计算结果如表 10-11-2 所示，从结果中可以看出地震动水压力对关河大桥影响较小。

关河大桥地震动水压力表　　表 10-11-2

墩　　号	地震动水压力(KN)	
	左幅桥	右幅桥
4	0. 562883	
5	1. 105332	0. 858352
6	1. 125689	1. 127219
7	1. 76625	1. 753393
8	1. 320536	1. 322066
9	1. 257781	1. 242474
10	1. 279209	0. 722066
11	0. 670026	

10. 11. 2　水富立交

水富立交起始于水麻高速 DK0+336. 574，水富立交 C 匝道为水富至普洱渡方向，水富立交 D 匝道为宜宾至水富方向。两匝道桥基础为双柱桩基础，基础埋置位置上部为褐红、紫红色亚黏土含碎石，下部为紫红、暗紫、紫灰色粉砂质泥岩、细砂岩，桩基均嵌入基岩中。

伏龙口水库蓄水后 C 匝道所有桥墩及基础埋置处地面都位于蓄水水位线以上，因此对桥梁影响较小。5 号和 6 号桥墩距正常蓄水位 292m 不到 3m，需要对岸坡稳定性进行分析。从图 10-11-4 中可以看出，5 号、6 号桥墩位置处坍岸会使得桥墩基础出露，因此需要对 5 号、6 号桥墩岸坡进行坍塌防护。

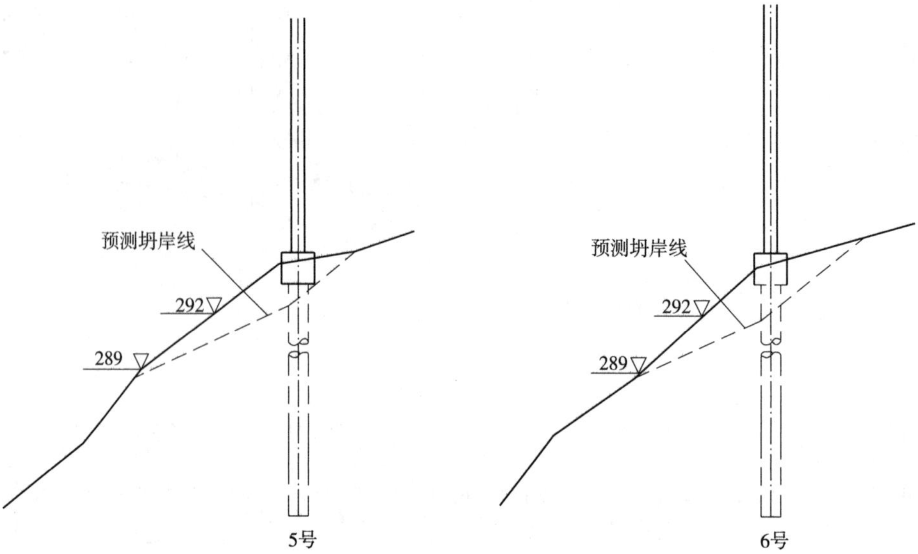

图 10-11-4　5 号、6 号墩岸坡坍塌示意图

伏龙口水库蓄水后 D 匝道 4~11 号墩将被淹没，由于受到河水浸泡，可能对基础承载力产生影响，因此需要对 4~11 号墩基础进行承载力验算，验算结果见表 10-11-3 所示，经计算水富 D 匝道 4 号~9 号墩桩基在建库后单桩承载力均满足要求。

水富立交 D 匝道基础承载力验算表　　表 10-11-3

墩号	4	5	6	7
承载力(kN)	4968.2	5233.2	5144.9	5056.7
容许值(kN)	8659.1	11486.2	10544.7	9601.5
墩号	8	9	10	11
承载力(kN)	4924.0	4535.6	4412.3	4187.2
容许值(kN)	8187.8	7245.3	7062.1	7123.2

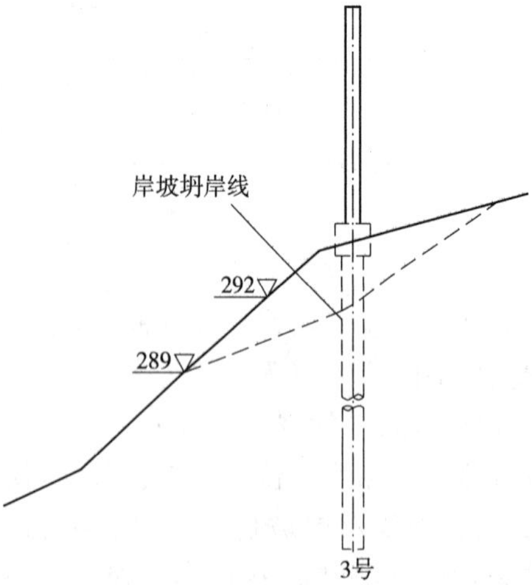

图 10-11-5　3 号墩岸坡坍塌示意图

水富 D 匝道 3 号墩距离水面较近，且坡度较陡，因此还需要对 3 号墩进行岸坡稳定性评价。如图 10-11-5所示，水位上升后 D 匝道 3 号墩坍岸后桥墩基础将露出，因此需要对 3 号桥墩岸坡进坍塌防护。

由于建库后水位上涨，需要对位于河水中的 4~9 号桥墩进行防护防腐蚀处理，另外为了避免基础出露，还需要对 4 号、5 号墩进行防冲刷处理。

在水富立交 D 匝距路中线右侧 40m 下边坡通长设置一排片石混凝护脚墙（图 10-11-6），墙高 3m，同时片石混凝护坡。

10.11.3　K1+948 左幅桥

该桥起始里程 K1+895，中心里程 K1+948，全桥长 90m，为 3×30m 钢筋混凝土简支梁桥，为双柱式桥墩，基础为钻孔桩基础，基础埋置位置上部为褐红、紫红色亚黏土含碎石，局部区段为块石土，石质为弱风化砂岩，黏性土充填，下部为紫红、紫灰色泥岩夹泥质粉砂岩，强风化～弱风化，碎块～大块状。所有基础均嵌入基岩。水库蓄水后 1 号、2 号桥墩被淹没，因此需要进行基础承载力验算，从结果（表10-11-4）中可以看出蓄水后承载力基本满足要求。另外需要对桥墩被淹没部分进行混凝土防腐蚀处理。

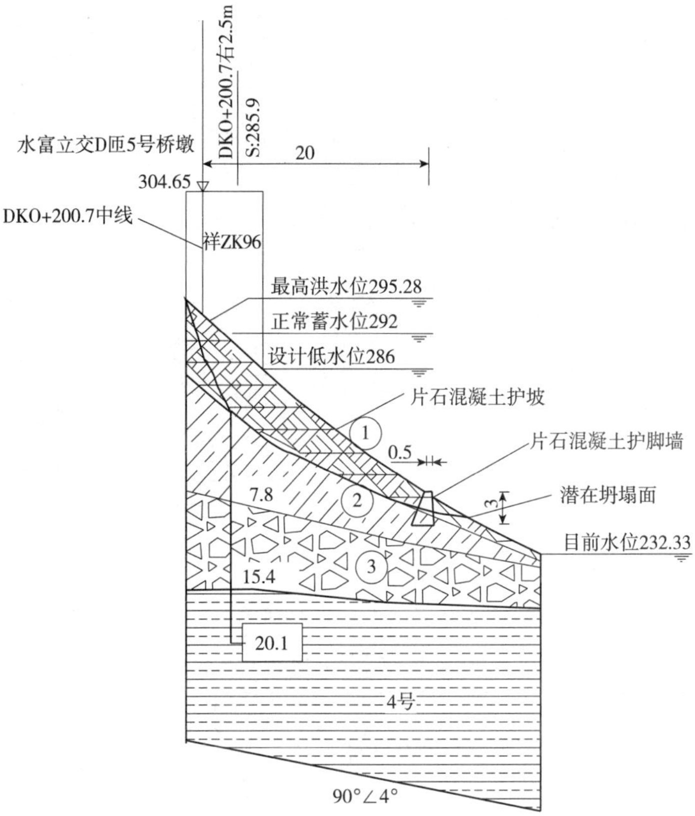

图 10-11-6　5 号墩片石混凝土护脚墙+片石混凝土护坡纵面图

1 号和 2 号墩基础承载力验算表　　表 10-11-4

墩号	1	2
承载力（kN）	7301.4	7279.2
容许值（kN）	8657.4	8762.3

在 K1+948 桥梁边坡距路中线左侧 50m 下边坡通长设置一排片石混凝土护脚墙（图 10-11-7），墙高 2m，同时片石混凝土护坡。

10.11.4　K2+985 桥

该桥起始里程 K2+940，中心里程 K2+985，全桥长 90m，左幅为 3×30m、右幅为 2×30m 钢筋混凝土简支梁桥，为双柱式桥墩。基础为钻孔桩基础，基础埋置位置上部为褐红、紫红色亚黏土含碎石，局部区段为块石土，石质为弱风化砂岩，黏性土充填；下部为紫红、紫灰色泥岩夹泥质粉砂岩，强风化～弱风化，碎块～大块状，所有基础均嵌入基岩。水库蓄水后泥岩遇水会软化，强度降低，因此需要进行基础承载力验算，如表10-11-5所示。从结果中可以看出，左幅桥1号墩由于基础埋深较浅，其容许值小于承载力，0号和2号墩承载力也受地基软化影响较大，因此需要对左幅桥0号、1号和2号墩进行加固处理。

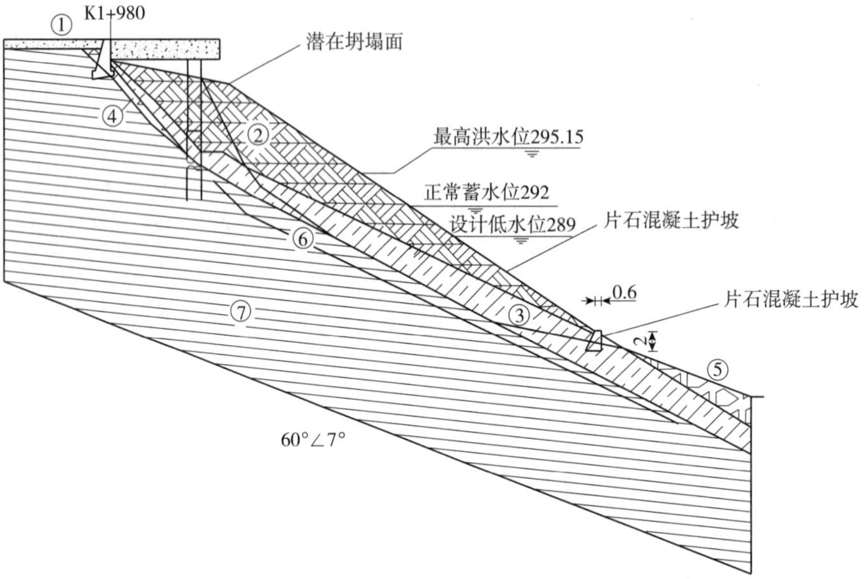

图10-11-7　K1+948桥梁边坡片石混凝土护脚墙+片石混凝土护坡

K2+985桥墩基础承载力验算表　　表10-11-5

墩号	左幅桥				右幅桥		
	0	1	2	3	0	1	2
承载力(kN)	6833.1	7301.4	7792.7	6137.5	6131.9	7301.4	6275.3
容许值(kN)	7128.2	6841.15	8136.4	7137.2	7334.5	8136.4	7051.2

该桥跨过一个溪流，水库蓄水后溪流左幅桥1号、2号桥墩旁的岸坡可能产生影响，因此还需要对1号、2号桥墩岸坡进行稳定性评估。评估结果如图10-11-8所示，图中1号、2号桥墩岸坡预测坍塌岸坡都会影响到1号、2号桥墩，因此需要对1号、2号桥墩进行岸坡坍塌防护处理。

在K2+985桥梁边坡，对0号台、1号墩采取防腐蚀和冲刷防护。

10.11.5　K3+428桥

该桥起始里程K3+388，中心里程K3+428，全桥长80m，左幅为4×20m、右幅为2×20m钢筋混凝土简支梁桥，为双柱式桥墩，基础为钻孔桩基础，基础埋置位置上部为紫红色亚黏土含碎、块石，局部区段为碎石土含块石，石质为弱风化砂岩，黏性土充填。下部为紫红色泥岩、泥质粉砂岩呈不等厚互层，强风化~弱风化，碎块~大块状。所有基础均嵌入基岩。当水库蓄水后左幅桥 2 号桥墩将位于河水中，根据设计资料，2 号桥墩在水库蓄水前就已经位于河水中，因此只需要对 2 号桥墩位于河中的桥墩部分进行防腐蚀处理。

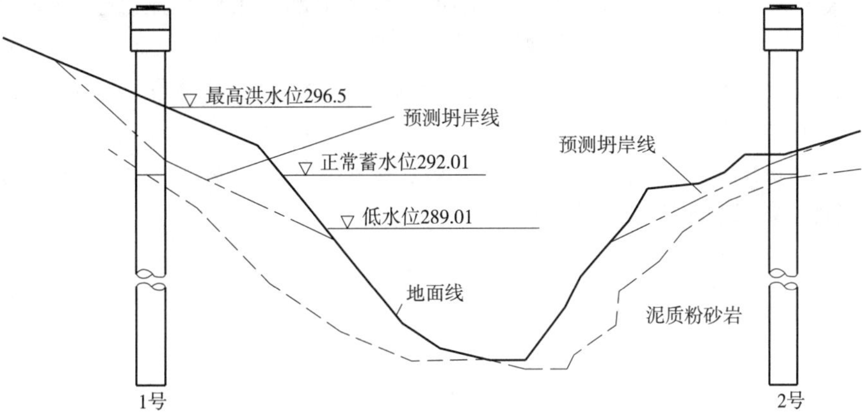

图 10-11-8　K2+985 桥 1 号、2 号墩岸坡纵断面

10.11.6　K3+937 桥

该桥起始里程 K3+897，中心里程 K3+937，全桥长 80m，上部为 4×20m 钢筋混凝土简支梁桥，为双柱式桥墩，基础为钻孔桩基础，基础埋置位置上部为紫红色亚黏土含碎、块石，局部区段为碎石土含块石，石质为弱风化砂岩，黏性土充填。下部为紫红色泥岩、泥质粉砂岩呈不等厚互层，强风化~弱风化，碎块~大块状，所有基础均嵌入基岩。该桥跨过一个溪流，在水库蓄水前 2 号墩就已经位于沟谷溪水中，不需要再对其基础承载力进行验算，但原来修建的岸坡边墙已经被冲毁，因此蓄水后只需要对 1 号、2 号桥墩进行水位上涨后的防腐蚀处理，并对 2 号桥墩进行原有边墙加固。另外还需要对 0 号桥台和 3 号桥墩岸坡稳定性进行评价，评价结果见图 10-11-9 所示。0 号桥台前岸坡预测将会产生坍塌，需要对 0 号桥台岸坡进行岸坡坍塌防护处理，3 号桥墩岸坡度较缓。不会产生大的坍塌，只需要做防冲刷处理。

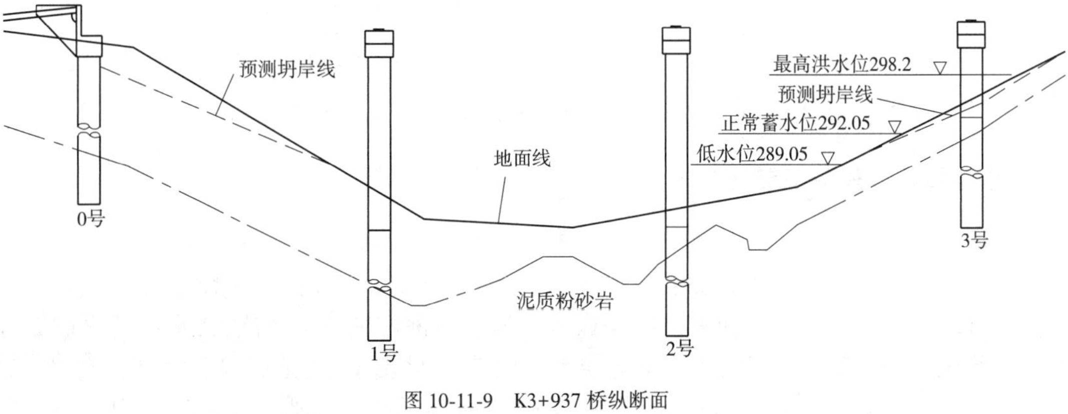

图 10-11-9　K3+937 桥纵断面

在 K3+937 桥梁边坡距路中线左侧 45m 下边坡通长设置一排片石混凝土护脚墙，墙高

2m,同时片石混凝土护坡。

10.11.7 K4+488 桥

该桥起始里程 K4+448,中心里程 K4+488,全桥长 80m,上部为 4×20m 钢筋混凝土简支梁桥,为双柱式桥墩,基础为钻孔桩基础。基础埋置位置上部为紫红色亚黏土含碎、块石,局部区段为碎石土含块石,石质为弱风化砂岩,黏性土充填。下部为紫红色泥岩、泥质粉砂岩呈不等厚互层,强风化~弱风化,碎块~大块状所有基础均嵌入基岩,蓄水后水位在基础埋置地表以下,水库蓄水后对该桥影响很小。

在 K4+970 桥梁边坡距路中线左侧 30m 下边坡通长设置一片石混凝土护脚墙,墙高 3m,同时片石混凝土护坡,如图 10-11-10 所示。

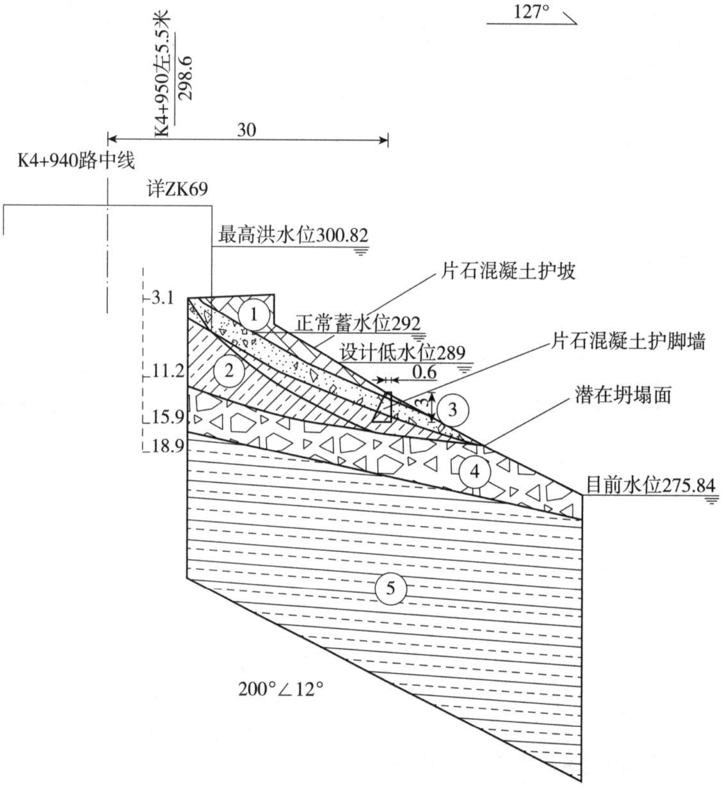

图 10-11-10 K4+970 桥梁边坡片石混凝土护脚墙+片石混凝土护坡

10.11.8 K5+355 桥

该桥起始里程 K5+295,中心里程 K5+355,全桥长 120m,上部为 4×30m 钢筋混凝土简支梁桥,为双柱式桥墩,基础为钻孔桩基础,基础埋置位置基岩出露,为紫红、紫灰、暗紫色泥岩、细砂岩呈不等厚互层,所有基础均嵌入基岩。该桥跨过一个溪流,在水库蓄水前 2 号墩就已经位于沟谷溪水中,由于该处基岩出露,对于基底承载力和冲刷影响不大,因此蓄水后需要对 2 号、3 号桥墩进行水位上涨后的防腐蚀处理。蓄水后桥台基础会被淹没,对基础所在岩层的承载力和摩擦性产生影响、因此还需要对桥台基础承载力和稳定性进行分析计算,计算结果如表 10-11-6 所示，验算结果都满足要求。

K5+355 桥桥墩基础承载力及稳定性验算表　　表 10-11-6

桥台号	承载力(kN)	容许值(kN)	抗倾覆稳定性系数	抗滑动稳定性系数
0 号	6833.1	7301.4	1.93	1.82
3 号	6841.15	7128.2	1.87	1.75

10.11.9　K6+234 桥

该桥起始里程 K6+159，中心里程 K6+234，全桥长 150m，上部为 5×30m 钢筋混凝土简支梁桥，为双柱式桥墩，基础为钻孔桩基础。基础埋置位置上部为褐红、紫红、灰红色亚黏土含碎石，局部区段为暗红色碎石土含块石，石质为弱风化泥岩、砂岩，黏性土充填，下部为紫红、紫灰、暗紫色泥岩、细砂岩呈不等厚互层，强风化~弱风化，碎块~大块状，所有基础均嵌入基岩。该桥跨过一个溪流，在水库蓄水前 3 号墩就已经位于沟谷溪水中。因此蓄水后不需要再对其基础承载力进行验算，蓄水后水位上涨，2 号、3 号墩将位于水中，需要对被淹没部分经行防腐蚀处理，并对 2 号、3 号墩旁边的岸坡进行防冲刷保护。

10.11.10　K8+209 桥

桥起始里程 K8+157，中心里程 K8+209，全桥长 90m，为 3×30m 钢筋混凝土简支梁桥，为双柱式桥墩，基础为钻孔桩基础。基础埋置位置上部为褐红、紫红色亚黏土含碎石，局部区段为块石土，石质为弱风化砂岩，黏性土充填。下部为紫红、紫灰色泥岩夹泥质粉砂岩，强风化~弱风化，碎块~大块状，所有基础均嵌入基岩。K8+209 桥原有 1 号、2 号桥墩间有一溪流，两墩基础原本就位于水中，但蓄水后部分桥墩会被淹没，因此需要对 1 号、2 号桥墩进行防腐蚀处理。

参 考 文 献

[1] 刘新华.黄土状填土应力相关的土水特征曲线及其强度[D].太原理工大学,2012.

[2] 戚国庆,黄润秋.土水特征曲线的通用数学模型研究[J].工程地质学报,2004,12(2):183-184.

[3] 闫亚景,文宝萍,计博勋.基质吸力对非饱和重塑黄土抗剪强度的贡献[J].工程地质学报,2011,19(6):865-874.

[4] 卢应发,陈高峰,罗先启,等.土水特征曲线及其相关性研究[J].岩土力学.2008,29(9):2484-2486.

[5] 孙茉.基于土-水特征曲线的非饱和黄土强度研究[D].河海大学,2011.

[6] 汪东林.非饱和土体变试验研究及其在地面沉降中的应用[D].大连理工大学,2007.

[7] 傅鑫晖,韦昌富,颜荣涛,等.桂林雁山红粘土的土-水特征试验[J].桂林理工大学学报,2013,33(3).

[8] 孔令伟,周葆春,白颢,等.荆门非饱和膨胀土的变形与强度特性试验研究[J].岩土力学,2010,31(10).

[9] 张雪东.土水特征曲线及其在非饱和土力学中应用的基本问题研究[D].北京交通大学,2010.

[10] 李孝平.土水特征曲线与土性指标的相关性研究[D].三峡大学,2008.

[11] 朱海苍.孔隙水压作用下急倾斜煤层围岩运动规律研究[D].西安科技大学,2008.

[12] 胡波,肖元清,王钊.土水特征曲线方程拟合效果研究[J].三峡大学学报(自然科学版),2005,27(1):31-32.

[13] 孙德安.饱和度对非饱和土力学性质的影响[J].岩土力学,2009,30(z2).

[14] 许尚杰,党发宁,高闯洲,等.吸力内摩擦角的确定方法研究[J].岩土力学,2009,30(z2).

[15] 骆以道.考虑饱和度的压实填土抗剪强度研究[J].岩土力学,2011,32(10).

[16] 李彦军,王学武,冯学钢,等.T3x 须家河组砂岩饱水作用下水岩相互作用规律研究[J].水土保持研究,2008,15(3).

[17] 郭建强.含水率变化对泥质白云岩石风化特征影响的试验研究[D].贵州大学,2009.

[18] 车平.软岩-水相互作用及软岩泥化物固化特性试验研究[D].同济大学土木工程学院,2008.

[19] 杨鑫.水及化学溶液对岩石力学性质影响的试验研究[D].湖北工业大学,2010.

[20] 王晓欣.四川红层地区水-岩作用时效性研究[D].成都理工大学,2009.

[21] 邵明申,李黎,李最雄.龙游石窟砂岩在不同含水状态下的弹性波速与力学性能[J].岩石力学与工程学报,2010,29(z2).

[22] 张勇.南京红砂岩细观损伤演化特性及其本构模型试验研究[D].河海大学,2005.

[23] 龚选平.泥质粉砂岩含水率对其蠕变特性影响的研究[D].西安科技大学,2006 年.

[24] 张乐文,李术才,孙启忠.深部硬脆性泥页岩含水率与强度分布规律研究[J].岩土力学.2006,27(10):512-514.

[25] 任波.水分对煤的岩石力学性质影响探讨[J].中国力学学会2009学术大会论文集，2009,8:02-10.
[26] 马海毅，鲁祖德.粤西滨海核电厂址强风化花岗岩物理力学特性试验研究[J].岩土力学,2012,33(2).
[27] 何山.红山窑膨胀红砂岩本构模型及其应用[D].河海大学,2008.
[28] 祝磊，洪宝宁.粉状煤系土的物理力学特性[J].岩土力学.2009,30(5).
[29] 邵生俊，郑文，王正泓，等.黄土的构度指标及其试验确定方法[J].岩土力学,2010,31(1).
[30] 王威.水泥加固有机质红粘土力学性质试研究[D].桂林理工大学,2011.
[31] 肖军华，刘建坤，彭丽云，等.黄河冲积粉土的密实度及含水率对力学性质影响[J].岩土力学,2008,29(2):411-413.
[32] 贺迎喜.膨胀土路堤沉降变形的监测分析与数值模拟[D].长沙理工大学,2008.
[33] 刘争宏，廖燕宏，张玉守.罗安达砂物理力学性质初探[J].岩土力学,2010,31(z1).
[34] 胡明鉴，汪稔，张平仓.斜坡稳定性及降雨条件下激发滑坡的试验研究——以蒋家沟流域滑坡堆积角砾土坡地为例[J].岩土工程学报,2001,23(4).
[35] 魏伟.山西阳曲1号黄土公路隧道围岩的物理力学特性的试验研究[D].西安科技大学,2012.
[36] 廖红建，李涛，彭建兵.高陡边坡滑坡体黄土的强度特性研究[J].岩土力学,2011,32(7).
[37] 李明东.砂土EPS颗粒混合轻质土(LSES)的击实特性研究[D].河海大学,2007.
[38] 张磊，陈正汉，苗强强.含水率对含黏砂土孔压、强度和变形的影响[J].后勤工程学院学报,2012,28(5):12-13.
[39] 祝磊，洪宝宁.广东云浮砾状煤系土的物理力学特性[J].水文地质工程地质,2009,36(1).
[40] 王继华.降雨入渗条件下土坡水土作用机理及其稳定性分析与预测预报研究[D].中南大学,2006.
[41] 李保雄，牛永红，苗天德.兰州马兰黄土的物理力学特性[J].岩土力学,2007,28(6).
[42] 刘景艳.冰水堆积土的工程特性及其应用研究[D].长安大学,2012.
[43] 章高峰.宁明非饱和膨胀土的变形特性研究[D].长沙理工大学,2008.
[44] 张向阳，曹平，赵延林，等.金川深部超基性岩水化作用及对力学性能影响[J].矿业工程研究,2009,24(3):15-17.
[45] 张林洪，吴华金.路基填筑施工技术[M].北京:人民交通出版社,2008.
[46] 孙文静，孙德安，张谨绎.常含水率下非饱和高庙子膨润土加砂混合物的水力-力学性质[J].土木工程学报,2011,44.
[47] 董思萌.冻融作用对成都粘土力学性质的影响研究[D].成都理工大学,2009.
[48] 王智猛.红层泥岩及其改良土填筑高速铁路路基适应性及工程技术研究[D].西南交通大学,2008.
[49] 曹辉，杨小聪，解联库，等.某矿岩石力学特性及力学参数相关性研究[J].中国矿业,2010,19(7).

[50] 谭罗荣,孔令伟.某类红黏土的基本特性与微观结构模型[J].岩土工程学报,2001,23(4).
[51] 徐晗,黄斌,何晓民.膨胀岩工程特性试验研究[J].水利学报,2007,10.
[52] 肖海斌.人工冻土单轴抗压强度与温度和含水率的关系[J].岩土工程界,2008,11(4).
[53] 郭秀军,刘涛,贾永刚,等.土的工程力学性质与其电阻率关系实验研究[J].地球物理学进展,2003,18(1).
[54] 张志伟.雅安地区过湿土路基填料改良的试验研究[D].西南交通大学,2010.
[55] 王文韬,董卫钢,杨宏丽.豫东地区压实粉土地基岩土工程分析与评价[J].土工基础,2012,26(5).
[56] 徐炎兵,李永和,陈盼,等.浙江漩门湾软粘土物理力学特性的统计分析[J].土工基础,2012,26(3).
[57] 王家成.巴东高切坡碎石土抗剪强度参数试验研究及工程应用[D].三峡大学,2011.
[58] 马池香.尾矿坝渗流场分析及其水土交互作用机理研究[D].东北大学,2008.
[59] 蒋彭年.非饱和土工程性质简论[J].岩土工程学报,1989,Ⅱ(6):44-45.
[60] Richards B G. The significance of Moisture Flow and Equilibria in Unsaturated Soils in Relation to the Design of Engineering structures Built on Shallow Foundations in Australia[C]. Symposium on Permeability and Capillarity,ASTM,1966.
[61] 邢义川.非饱和土的有效应力与变形—强度特性规律的研究[D].西安理工大学,2001.
[62] 水利水电科学研究院,南京水利科学研究所选译.黏性土抗剪强度译文集[M].北京:科学出版社,1965.
[63] 朱青青,苗强强.非饱和土基质吸力对抗剪强度参数影响的探讨[J].甘肃科学学报.2009,21卷(3):139-140.
[64] 程钰.非饱和土普适的强度与变形理论研究[D].中国科学院武汉岩土力学研究所, 2009.
[65] 凌华.非饱和土强度变形实用计算方法[D].河海大学,2006.
[66] 周成,沈珠江,陈生水,等.次塑性模型及饱和砂土动力弹塑性响应分析[J].岩土力学,2004,25(4):550-551.
[67] 谈云志,王世梅.土水特征曲线的研究现状及发展趋势[J].建筑技术开发,2005,32(5):32-33.
[68] 叶为民,唐益群,崔玉军.室内吸力量测与上海软土土水特征[J].岩土工程学报,2005,27(3):347-349.
[69] 刘弘,王大放,杨陆,等.黏性土的含水率对其力学性质的影响[J].东北水利水电,2006,24(268):55-56.
[70] 刘江平,罗银河,张英德.黏土动、静弹性模量相关性试验研究[J].岩石力学与工程学报,2007,26(2):429-431.
[71] 胡再强,沈珠江,谢定义.结构性黄土的变形特性[J].岩石力学与工程学报,2004,23(24):4143-4144.
[72] 刘雷.太原黄土含水率对邓肯一张模型参数影响研究[J].路基工程,2010,(2):170-171.

[73] 李又云,谢永利,刘保健.路基压实黄土动力特性的试验研究[J].岩石力学与工程学报,2009,28(5):1042-4043.
[74] 吉中亮,蒋仓兰,党进谦.原状黄土割线模量变化规律试验研究[J].人民长江,2010,41(15):80-81.
[75] 郑志明.三峡库区公路碎石土路基渗流弱化机理及其稳定性研究[D].重庆大学,2012.
[76] 陈涵杰.干湿循环下夹泥碎石土路基力学特性研究[D].长沙理工大学,2012.
[77] 单炜,张维.含水率和附加荷载对北黑高速公路滑坡路段土体弹性模量影响研究[J].森林工程,2013,29卷(4):105-106.
[78] 折海成,屈展,陈军斌.苏里格气田泥页岩井壁水化损伤失稳周期确定[J].新疆石油地质,2014,35(1):92-93.
[79] 张朝晖,娄宗科.土岩接触复杂地层中接触面力学性质研究[J].人民长江,2010,41(17):17-18.
[80] 刘新荣,姜德义,余海龙.水对岩石力学特性影响的研究[J].化工矿物与加工,2000,5:18-20.
[81] 张雯,曹平,张向阳,李丽娟,刘业科.金川矿区岩石的膨胀和软化特性试验及分析[J].中南大学学报(自然科学版),2010,41(5):1914-1916.
[82] 蒋鹏飞,李志勇,等.公路边坡防护技术[M].北京:人民交通出版社,2011.
[83] 许强,汤明高,等.山区河道型水库塌岸研究[M].北京:科学出版社,2009.
[84] 简文星,殷坤龙,刘礼领,等.三峡库区三期塌岸防护规划典型设计[J].岩石力学与工程学报,2005,24(18):3292-3298.
[85] 杨卫中,陈海洋,石长柏.基于 GIS 的岸坡类型划分[J].资源与环境工程,2007,21(1):62-64.
[86] 苏爱军,童广勤.水库岸坡防护工程可靠性设计与工程技术[M].武汉:中国地质大学出版社,2009,12.
[87] 熊德志,梁吉平,李华刚.江河库岸再造的危害与防治研究[J].国外建材科技,2008,29(6):119-122.
[88] 徐文超.山区峡谷型水库塌岸安全性研究与防治[D].昆明理工大学,2015.
[89] 罗轶,任光明,等.某水库库岸稳定性的模糊综合评判[J].长江科学院院报,2011,28(6).
[90] 王路军.长江中下游崩岸机理的大型室内试验研究[D].河海大学,2005.
[91] 徐志英.岩石力学[M].北京:水利电力出版社,1986.
[92] 吴琴.岩质边坡崩塌破坏机理及其稳定性分析方法[D].重庆交通大学,2010.
[93] 尹鹏博,李璞瑗,程玖红.对中小型河流抛石护岸石块稳定粒径的研究[J].商品与质量,2015,24:269-270.
[94] 倪武杰.土质边坡破坏机理及稳定性研究[D].长安大学,2010.
[95] 韩利辉.岩土组合边坡稳定性分析[J].建材与装饰,2015,43.
[96] 刘才华,陈从新,冯夏庭,等.地下水对库岸边坡稳定性的影响[J].岩土力学,2005,26(3).
[97] 王士天,刘汉超,等.大型水域水岩相互作用及环境效应研究[J].地质灾害与环境保护,

1997,8:69-88.
[98] 程昌华,邓伯强.影响库岸坍塌的水动力特性研究[J].重庆交通学院学报,1996.
[99] 马明生.库区波浪对土质边坡冲刷机理及稳定性研究[D].重庆交通学院,2006.
[100] 黄站峰,刘川顺,任翔.三峡库岸防护堤结构形式探讨[J].中国农村水利水电,2004,9:81-84.
[101] 刘志伟.波浪作用下库岸泥沙启动机理与岸坡防护研究[D].重庆交通学院,2006.
[102] 张倬元,王士天,王兰生.工程地质分析原理[M].北京:地质出版社,1981.
[103] 朱永珠,贺梓宸.水库库水对土质滑坡稳定性的影响及防治研究[J].价值工程,2016,20.
[104] 刘才华,陈从新,冯夏庭.库水位上升诱发边坡失稳机理研究[J].岩土力学,2005,26(5):769-773.
[105] 张芳枝,陈晓平.河流冲刷对堤岸渗流和变形的影响研究[J].岩土力学,2011,32(2):441-447.
[106] 袁中友,唐晓春.蓄水和水位变动对三峡库区崩塌滑坡的影响及对策[J].热带地理,2003,23(1):30-34.
[107] 刘新喜,夏元友,张显书,等.库水位下降对滑坡稳定性的影响[J].岩石力学与工程学报,2005.
[108] 梁学战.三峡库区水位升降作用下岸坡破坏机制研究[D].重庆交通大学,2013.
[109] 陈洪凯,汪叶萍.库水位升降变化对巫山宁江岛造地型护岸工程稳定性影响的数值模拟研究[J].重庆师范大学学报(自然科学版),2015,3:54-58.
[110] 向玲,王世梅,王力.动水压力型滑坡对库水位升降作用的响应——以三峡库区树坪滑坡为例[J].工程地质学报,2014,22(05):876-882.
[111] 礼富,代永新.某水库水位的下降对坝体边坡稳定性的影响[J].金属矿山,2014,3:54-59.
[112] 李长江,麻土华,朱兴盛. 降雨型滑坡预报的理论、方法及应用[M].北京:地质出版社,2008.
[113] 麻土华,郑爱平,李长江.降雨型滑坡的机理及启示[J].科技通报,2014,30(1):30-44.
[114] 徐旺敏,傅琼华,马秀峰,等.滨田水库大坝滑坡机理分析及防治对策[J].人民长江,2012,43(30):36-39.
[115] 汤明高,许强.山区型水库塌岸防护对策研究[J].水利水电技术,2009,40(2):78-81.
[116] 张奇华,丁秀丽,张杰,等.三峡库区奉节河段库岸蓄水再造研究[J].岩石力学与工程学报,2002,21(7),1007-1012.
[117] 蒋臻蔚,王启耀,张亚,等.水库塌岸模式及长期塌岸宽度预测[J].人民黄河,2008,30(3).
[118] 常中华,伍法权,刘海燕,等.三峡库区奉节新县城库岸边坡类型及岩体结构特征.岩石力学与工程学报,2005,24(17):3057-3065.
[119] 张远明,李梦华.边坡加固处治新技术的研究与应用[J].四川地质学报,2000,20(4):281-286.

[120] 李继业,等.水库坝体滑坡与防治措施[M].北京:化学工业出版社,2013.
[121] 何元宵.几个典型山区河道型水库塌岸特征与预测参数研究[D].成都理工大学,2011.
[122] 兆臻.工程地质原理[M].北京:中国水利水电出版社,2001.
[123] 黄润秋.20 世纪以来中国的大型滑坡及其发生机制[J].岩石力学与工程学报,2007,26(32):433-454.
[124] M Amini,A Majdi,M A Veshadi. Stability Analysis Of Rock Slopes Against Block-Flexure Toppling Failure[J].Rock Mechanics and Rock Engineering,2012,45(4):519-532.
[125] 徐卫亚,宁宇等.反倾层岩质边坡倾倒变形破坏机理综述[J].长江科学院院报,2009,26(5):25-30.
[126] R E Goodman,J W Bray. Toppling of Rock slopes [C].ASCE Boulder, Proceeding of the Specialty Conference on Rock Engineering for Foundations and Slopes. Colorado, 1976, 201-234.
[127] 孙广忠,张文彬.一种常见的岩体结构——板裂结构及其力学模型[J].地质科学,1985(3):275-282.
[128] E Hoek , J W Bray. Rock Slope Engineering [M].London:The Institute of Mining and Metallurgy,1981.
[129] 洪玉辉.碧口水电站右岸倾倒体 高边坡稳定性分析与评价[J].西北水电,1994 :10-12.
[130] 习小华.勉宁高速公路岩质边坡稳定性分析与评价[D].西安科技大学,2004.
[131] DM Cruden, XQ Hu. Topples On Under Dip Slopes In The Highwood Pass,Alberta,Canada[J].Queasy Journal of Engineering Geology,1994,27 (1):57-68.
[132] 汤明高,等.顺层斜坡溃屈机制与早期识别研究[J].工程地质学报,2016,24(3):442-450.
[133] 王新.边坡变形破坏力学分析与稳定性评价——以溃屈破坏为例[J].中国西部科技,2008,7(10):11-12.
[134] 姜秉秉.顺层岩质斜坡多级溃屈机制研究[D].兰州大学,2016.
[135] 尚敏,易庆林,王征亮,等.三峡库区库岸塌岸机理与防治措施研究[J].人民长江,2008,39(12):1-4.
[136] 许强.滑坡的变形破坏行为与内在机理[J]. 工程地质学报,2012,20(2):145-151.
[137] 张梁.山区水库塌岸机理模型试验及预测方法研究[D].重庆交通大学,2010.
[138] 杜政靓.刘家峡水库库区公路路基防护措施研究[J].科技信息,2013,19:368-369.
[139] 江平.弯曲层状岩体溃屈破坏分析[J].金属矿山.1999,8:18-20.
[140] 孙广忠.岩体结构力学[M].北京:科学出版社,1988.
[141] 杨清廷,马衍泉.层状岩体高边坡溃屈破坏的研究[J].四川水力发电.1993,(1):29-25.
[142] 李树森,任光明.层状结构岩体顺层斜坡失稳机理的力学分析[J].地质灾害与环境保护.1995,6(2):24-29.
[143] 肖树芳,杨淑碧.岩体力学[M].北京:地质出版社,1987.
[144] 张力民.基于统计损伤模型的顺倾层状岩质边坡失稳分析[J].工程勘察.2014,9:7-11.
[145] 柏涵.顺层岩质边坡稳定性分析与锚杆支护[D].中南大学,2013.

[146] 潘瑞林,李秉生.板裂结构岩体顺层边坡溃屈破坏的研究[J].西南交通大学学报.1990,3:82-88.
[147] 刘红岩,秦四清.层状岩石边坡倾倒破坏过程的数值流形方法模拟[J].水文地质工程地质.2006,(5):22-25.
[148] 薛守义.高等土力学[M]. 北京: 中国建材工业出版社, 2007.
[149] John Krahn. Seepage Modeling With SEEP/W [M]. Calgary: Geo-Slope International Ltd, 2004.
[150] 刘林.某地铁大厦基坑开挖的渗流变形分析[D].华东交通大学, 2014.
[151] 吴宏伟, 陈守义, 庞宇威.雨水入渗对非饱和土坡稳定性影响的参数研究[J]. 岩土力学, 1999, 20(1): 1-14.
[152] D G Fredlund. 陈仲颐, 张在明, 陈愈炯, 等, 译.非饱和土土力学 [M].北京: 中国建筑工业出版社, 1997.
[153] 中防科技(CnTech)公司.岩土应力应变分析软件 SIGMA/W 用户指南[M].北京:冶金工业出版社,2011.
[154] 荆林立, 杨彦奇.路堤沉降因素的有限元数值模拟[J]. 山西建筑, 2008, 34(8): 282-283.
[155] 胡冰, 向可明, 邱延峻.斜坡地基路面不均匀沉降影响因素敏感性分析[J]. 路基工程, 2009, (3):44-45.
[156] 赵丰田, 王选仓, 高志伟.山区高速公路路基沉降影响因素研究[J]. 湖南交通科技, 2009, 35(4):40-43.
[157] 余翔, 刘婉珠.土石混填料路基沉降影响因素敏感性分析[J]. 南昌工程学院学报, 2009, 28(6): 67-70.
[158] 申永江, 徐志胜, 张华和.高速铁路软土路基沉降的因素敏感性分析[J]. 交通科学与工程, 2011, 27(1): 14-19.
[159] 许建聪, 尚岳全. 碎石土滑坡的因素敏感性计算分析[J]. 岩土力学, 2007, 28(10): 2046-2051.
[160] 刘杰. 土石坝渗流控制理论基础及工程经验教训[M]. 北京: 中国水利水电出版社, 2006.
[161] 周宏益, 孟莉敏, 彭雄武. 地下水位变化对建筑物地基沉降影响的数值模拟[J]. 工程勘察, 2006,(12): 47-49.
[162] 张国超,胡新丽,范付松,等. 库水上升条件下不同土体类型岸坡渗流场特征[J]. 煤田地质与勘探, 2013, 41(5): 56-65.
[163] 李智慧.坡前水位降落对边坡稳定性影响模型试验与数值分析研究[D].中国地质大学,2012.
[164] 陈忠源. 剪胀角对土质边坡稳定安全系数的影响[J].长春工业大学学报, 2015,36(2):235-240.
[165] 王伟.建筑地基基础设计数据资料[M]. 北京: 中国建材工业出版社, 2007.
[166] 谢定义.土动力学[M].北京:高等教育出版社,2011.

[167] 郑颖人,陈祖煜,王恭先. 边坡与滑坡工程治理[M]. 北京:人民交通出版社,2010.
[168] 宋万里. 浅谈桥梁基础类型和适用范围[J]. 商品与质量,2010,(12):26-27.
[169] 王君,张祺,丁欣. 浅析浅基础与深基础的差异及其使用条件[J].科技致富向导,2013,(5):190-190.
[170] 盛洪飞. 桥梁墩台与基础工程[M]. 北京:人民交通出版社,2014.
[171] 玉晶.谈建筑结构基础类型的设计[J]. 黑龙江科技信息,2012,(19):262-262.
[172] 史佩栋. 实用桩基工程手册[M]. 北京: 中国建筑工业出版社,1999.
[173] 史佩栋,顾晓鲁. 桩基工程手册[M]. 北京: 人民交通出版社,2008.
[174] 陈晓平,茜平一,张志勇. 沉井基础下沉阻力分布特征研究[J]. 岩土工程学报,2005,27(2):148-152.
[175] 刘皓,张思渊,张学鹏. 地基不均匀沉降的危害及防治[J].中国水运,2010,10(9):220-221.
[176] 杨超. 库水位变化时岸坡稳定性分析[D]. 西安理工大学,2009.
[177] 张敬书,汪朝成. 钢筋混凝土基础的腐蚀与防护措施[J].中国科学院研究生院学报,2010,27(2):145-153.
[178] 王铠,庞锦娟,赵丽娟. 论水、土对混凝土分解类腐蚀与腐蚀的综合评价[J]. 勘察科学技术,2007,(4):16-21.
[179] 朱绒霞. 钢筋混凝土微生物腐蚀[J]. 装备环境工程,2010,7(1):50-52.
[180] 中华人民共和国行业标准. JGJ94—94 建筑桩基技术规范[S]. 中华人民共和国建设部发布.
[181] 中华人民共和国行业标准. JGJ94—2008 建筑桩基技术规范[S]. 中华人民共和国建设部发布.
[182] 马豪豪. 公路地基沉降计算方法研究[D]. 长安大学,2011.
[183] 中华人民共和国行业标准. JTGD63—2007 公路桥涵地基及基础设计规范[S]. 中华人民共和国交通部发布.
[184] 刘金砺,高文生,邱明兵. 建筑桩基技术规范应用手册[M]. 北京:中国建筑工业出版社,2010.
[185] 左常达. 群桩沉降计算分析的一种实用方法[D]. 湖南大学,2011.
[186] 中华人民共和国行业标准. JGJ94—5008 建筑桩基规范[S]. 中华人民共和国建设部发布.
[187] 缪朝华,刘红明,胡志坚,等.公路桥涵设计手册——墩台与基础[M]. 北京:人民交通出版社股份有限公司,2016.
[188] 沈细中,等,水库土质库岸崩滑与防治[M].中国水利水电出版社,2011.
[189] 许胜才. 水泥土桩加固边坡变形破坏机理与稳定性研究[D]. 广西大学, 2016.
[190] GEO-SLOPE International Ltd.边坡稳定性分析软件 SLOPE/W 用户指南[M].北京:冶金工业出版社,2011.
[191] 黄锦林,杨光华,钟志辉.鹅公带古滑坡体防治方案分析[J].灾害学,2013,28(1).
[192] 郭树清.浅谈滑坡防治措施[J].甘肃地质,2007,(04).

[193] 陈忠达.公路挡土墙设计[M].北京:人民交通出版社,2000.
[194] 何晓英.高变幅水库岸坡造地型护岸结构修筑关键技术研究及应用[D].重庆交通大学,2011.
[195] 祝介旺,庄华泽, 李建伟, 等.大型边坡加固技术的研究[J].工程地质学报,2008.
[196] 周健,谢鑫波,姜炯,等.包裹式加筋土挡墙的变形特性及影响因素研究[J].岩石力学与工程学报,2015,34(1):148-154.
[197] 程建军,等.滑坡推力计算方法的对比研究与应用[J].水文地质工程地质,2008,(01).
[198] 胡晓军.岸坡加固工程支挡结构研究[D].合肥工业大学,2007.
[199] 穆海峰.G314 线布伦 1∶1 水库段公路路基的防护措施浅析[J].新疆交通科技,2013.
[200] 简文星.三峡库区塌岸防护方法适宜性分析[J].地球与环境,2005,33(3):132-140.
[201] 赵明阶.边坡工程处治技术[M].北京:人民交通出版社,2003.
[202] 王晋明.岩土锚固技术在边坡整治中的应用[J].林业建设,2001,(1):35-36.
[203] 王东.桩板墙、渗水盲沟整治滑坡地段地下水路堑施工技术[J].北方交通,2008,(3).
[204] 董恒文,刘刚.带刺的植入式钢管锚杆在土质边坡加固治理工程中的应用[J].施工技术与应用,2012:291.
[205] 姚卓英.2000kN 压力分散型锚索在高边坡加固工程中的应用[J].现代公路,2006:19-25.
[206] 张健.锦屏一级水电站水库工作船停靠点工程边坡 K0+325~K0+370 段裂隙处理施工技术[J].四川水力发电,2015.
[207] 杨倩岚.全锚索支护在某边坡加固处理中的应用[J].中国新技术产品,2012:63-65.
[208] 郑鹏,陈斌,李世慧.高速公路红砂岩高路堑边坡加固处治技术研究[J].公路工程,2011,36(3):42-48.
[209] 刘显沐.注浆法及其在边坡加固工程中应用研究[D].同济大学,2005.
[210] 刘润,周勇.浅层压力注浆法加固风化岩质边坡及加固效果分析[J].天津大学学报,2006,39(5):532-538.
[211] 王继坤,张方方.花管注浆在基坑边坡加固工程中的应用[J].资源环境与工程,2011,25(1):65-71.
[212] 赵之训.粉喷桩地基加固技术在码头岸坡加固中的应用[J].江苏交通科技,23-25.
[213] 欧勇,刘美义.池河闸上游右岸堤防滑坡成因分析及加固措施[C].第五届全国河道治理与生态修复技术汇总,2013.
[214] 文华.建筑基坑土钉支护设计方法及计算机辅助设计[D].昆明理工大学,2001.
[215] 王刘玲,王亚辉.龙滩水电站右岸坝肩锚固洞施工难点及对策[J].水力发电,2006,32(4):35-36.
[216] 孙学毅.边坡加固机理探讨[J].岩石力学与工程学报,2004,23(16):2818-2823.
[217] 杨志法,张路青,祝介旺.四项边坡加固新技术[J].岩石力学与工程学报,2005,24(21):3828-3836.
[218] 冯君健.SNS 柔性防护网在山区防护中的应用[J].交通世界,2013,(16):182-183.
[219] 江鸿彬.巴东临江堆积体岸坡格构锚固防护工程设计与施工[J].岩土工程界,2007,10

(2):78-81.
[220] 中华人民共和国行业标准.SL274—2001　碾压式土石坝设计规范.北京:中国水利水电出版社,2001.
[221] 江鸿彬,彭正华.长江三峡工程库区湖北省巴东县官渡口镇太矶头滑坡与塌岸防治工程可行性研究报告[R].荆州:湖北省地质灾害防治工程勘察设计院,2002.
[222] 李志荣.赤石迳水库边坡加固工程中预应力锚索应用与工艺探析[J].工程技术,2005.
[223] 刘学军,蒋文凯.河岸危坡公路及建筑物分析与处理技术[J].广西水利水电,2013(1):50-54.
[224] 王迎法,冯庆高,周传波,等.锚杆与锚索梁组合在开挖边坡加固中的应用[J].施工技术,2010,39(7):102-106.
[225] 张韵瑜.锚索框架梁结合锚索抗滑桩在港区陆域山体边坡加固中的应用[J].水运工程,2013,(10):40-47.
[226] 甄树锋,郝晔,郝红漫.城区河道岸坡加固方案优化设计[J].山东水利,2012:29-31.
[227] 李亚生,周翠英,张惠明.抗滑桩联合土工格室的岸坡加固机理及计算模型[J].中山大学学报.2001,50(5):34-40.
[228] 张坤勇.锚杆-树根桩复合结构在滑坡整治中的研究[D].合肥工业大学,1997.
[229] 叶书蜂.地基处理工程实例手册[M].北京:中国建筑工业出版社,1999.
[230] 张坤勇,车凡,徐建.复合挡土结构及其在滑坡整治中的应用[J].岩石力学与工程学报,2001,20(增1):1213-1217.
[231] 李富梅.浅谈边坡加固与防护[J].科技风,2014,(16):253-254.
[232] 张芳枝,陈晓平.河流冲刷作用下堤岸稳定性研究进展[J].水利水电科技进展,2009年8月,第29卷第4期.
[233] 刘钊,柴军瑞,陈兴周,等.库水位骤降时坝体渗流场及坝坡稳定性分析[J],西安理工大学学报,2011,(4).
[234] 郭成宝,刘铁银.堤防不同地基类型的防渗方案[J].黑龙江水利科技,2008,(3).
[235] 戴福初,陈守义,李焯芬.从土的应力应变特性探讨滑坡发生机理[J].岩土工程学报,2000,(1).
[236] 平扬,蒋志坚.软土堤岸滑坡机理研究[J].中国农村水利水电,2013,(1).
[237] 胡晓星,王悦.江河崩岸的原因分析及整治措施[J].东北水利水电,2014,(6).
[238] 赵云福,张立楠.管涌和流土的工程防护措施及抢护办法[J].黑龙江水利科技,2004,(2).
[239] 罗志卫.堤防管涌的成因与治理及管理措施[J].城市建设理论研究(电子版),2013,(31).
[240] 耿贺松,耿敬.管涌、流土渗流破坏的判别及实例[J].黑龙江水利科技,2004,(3).
[241] 王德民.水利堤防工程管理的关键因素探析[J].建筑工程技术与设计,2014,(23).
[242] 邱兵.浅议堤防滑坡的原因及加固措施[J].城市建设理论研究(电子版),2013.(5).
[243] 鞠远江.流土灾害的形成机理与治理[J].水土保持研究,2007,(2).
[244] 岑天锡.试论堤坝管涌的成因与防治[J].城市建设理论研究(电子版),2013,(9).

[245] 王香仙.关于堤防工程除险加固的工程实例[J].中国科技信息,2008,(15).
[246] 李海龙,王新颖,乔文忠.堤防漫溢除险加固形式选择[J].黑龙江水利科技,2007,(2).
[247] 刘伯莹,姚祖康.公路设计工程师手册[M].北京:人民交通出版社,2004.
[248] 尤晓暐.道路工程概论[M].北京:人民交通出版社,2004.
[249] 张文虎.抗滑桩在南水北调高边坡加固工程中的应用[J].水利科学与工程技术,2015,(2):24-28.
[250] 戴金山.浅谈水下抛石护岸设计与施工[J].治淮,2004,(6).
[251] 张明光.抛石护岸工程设计中块石粒径的确定[J].人民长江,2003,(2).
[252] 郭跃美.抛石护岸及施工技术[J].湖南水利水电,2001,(2).
[253] 安巧红,王勇民.抛石护岸施工及质量控制[J].科技与企业,2012,6.
[254] 陈悦滨.堤防加固中的水下抛石护岸施工技术初探[J].城市建设理论研究(电子版),2012,(33).
[255] 于洋,张继真.干砌石护坡工程施工质量缺陷原因与对策[J].东北水利水电,2012,(12).
[256] 侯瑜京,孙东亚.国内干砌块石护坡面层厚度设计规范比较[J].中国水利水电科学研究院学报,2006,(2).
[257] 艾力·约麦尔.干砌石工程的准备工作与技术要求[J].城市建设理论研究(电子版),2015,(16).
[258] 聂兴山,贾志军,许国平,等.汾河水库库区塌岸防护探讨[J].山西水土保持科技,2003,10(16).
[259] 张庆海,汪洪峰.干砌石与浆砌石施工技术[J].黑龙江水利科技,2012,(9).
[260] 吴继明.浆砌石护坡技术在水利工程施工中的应用[J].水利技术监督,2011,(4).
[261] 张治.杨家沟水库浆砌块石施工质量控制要点分析[J].河南水利与南水北调,2015,(8).
[262] 麦宏晃.浆砌石质量通病与根治[J].河南科技,2010,(11).
[263] 任琴雪.新型连锁型混凝土护坡系统[J].山西水利科技,2010,(2).
[264] 卫明.绿化混凝土块体在河道护岸中的运用[J].江苏水利,2004,(10).
[265] 叶长结.长江安庆河段广成圩软体沉排护岸施工技术[J].人民长江,2010,(21).
[266] 周红星,刘亚峰.浅谈在混凝土预制块压制施工中的质量控制[J].山西建筑,2009,(36).
[267] 冯忠强.工字型预制混凝土块护坡在九江内湖堤防工程中的应用[J].水利水电快报,2001,(16).
[268] 赵会杰,王长城,李锐,等.夷陵区太平溪集镇库岸土方填筑碾压、预制混凝土块护坡工程施工技术[C].2005 年湖北省三峡库区地质灾害防治学术研讨会,2005.
[269] 张峰.关于对格宾防护工程施工技术的探讨[J].科学时代,2012,(17).
[270] 陈仁举.关于格宾石笼的设计计算的探讨[J].建筑工程技术与设计,2015,(11).
[271] 贾丽,王永刚,姜志伟.格宾块石生态护坡应用研究[C].中国水利学会学术年会,2013.
[272] 杨晓琴.格宾笼石技术在河道防洪及生态治理工程中的应用[J].甘肃农业,2015(12):

57-58.
[273] 邹建.浅议雷诺护垫在库区防护工程中的应用[J].中国科技信息,2014,(5).
[274] 邓丽,张柏英,李星,等.波浪作用下雷诺护垫护坡的设计与应用[J].水道港口,2013,(3).
[275] 曹新南.雷诺护垫在白竹洲水电站库岸防护工程中的应用[J].湖南水利水电,2010(5):21-23.
[276] 谢礼明,李少雄,易发武,等.荆江河段岸坡破坏类型、影响因素及治理措施[J].人民长江,2009,40(20):4-6.
[277] 陈伟.土工合成材料在三峡库区库岸防护中的应用可行性研究[J].建筑技术开发,2007,34(5).
[278] 陈学良,张景明.土工织物在长江口深水航道治理工程中的应用[J].水运工程,2000(12):48–52.
[279] 张为,李义天.系混凝土块压载体软体排受力特性研究[J].水运工程,2006,(1).
[280] 刘颖,李琪.软体排在静水中的受力分析[J].萍乡高等专科学校学报,2013,(3).
[281] 张群.软体排顺水流施工受力分析与实船测试研究[J].武汉理工大学学报(交通科学与工程版),2014,(3).
[282] 张景明,严之菲.软体排深水沉放结构受力试验分析[J].水运工程,2002,(10).
[283] 董朝明,王兴超,林垂兴,等.软体排缩排原因分析及控制[J].中国港湾建设,2014(9):24-28.
[284] 权伍明,陈实,张景峰,等.浅谈冰上软体沉排的设计与施工[C].全国第五届土工合成材料学术会议,2000.
[285] 李桢.土工织物在防汛抢险中的应用[J].大众科技,2011,(5).
[286] 马杰,赵正玲,姚中英.复合土工膜特点及应用[J].塔里木大学学报,2005,(1).
[287] 张天琪.复合土工膜在滦河生态防洪工程中的应用[D].河北农业大学,2014.
[288] 沈长松,顾淦臣.复合土工膜厚度计算方法研究[J].河海大学学报(自然科学版),2004,(4).
[289] 余敏林,沈长松,刘宾.复合土工膜不同锚固方式的力学特性对比研究[J].三峡大学学报(自然科学版),2013,(1).
[290] 蒋学行,李翠玲,李娟,等.复合土工膜防渗施工接缝加固方法[J].中国港湾建设,2012,(6).
[291] 许梦阳.复合土工膜在陡河大堤防渗工程中的应用[J].河北水利,2014,(9):30.
[292] 张大伟,关林超.土工格栅挡墙在堤防工程岸坡防护中的应用[J].东北水利水电,2011,29(1):25.
[293] 周亦涛,闫敬华,陈福全,等.土工格栅加筋土陡防护堤的试验[J].华侨大学学报自然科学版,2016(1):109-114.
[294] 韩胜龙,李铁英.土工格栅石笼在江河护岸工程中的应用[J].吉林水利,2005(9):32-33.
[295] 刘宗友,赵雷,张维灿,等.土工格栅在拉林河护岸工程中的应用[J].东北水利水电,

2005,23(12):27.

[296] 徐伟,徐任锋.模袋混凝土施工技术探索[J].江苏水利,2012(5):31-32.

[297] 陶厚余.模袋混凝土施工的质量控制[J].山西建筑,2009,(34).

[298] 杨林.模袋混凝土护坡技术在某护坡工程中的应用[J].城市建设理论研究(电子版),2012,(1).

[299] 曾龙辉.长江永安堤滨江段固岸工程水下超长混凝土模袋施工[J].中国港湾建设,2004,(3).

[300] 刘倩.模袋混凝土护坡技术在施工中的应用[J].天津建设科技,2012,(1).

[301] 孔德芒.浅谈模袋混凝土施工技术与质量控制[J].价值工程,2013,(12).

[302] 曾令安.滑道法在深水模袋混凝土施工中的应用[J].施工技术,2008,(12).

[303] 张志满.模袋混凝土施工工艺[J].水运工程,2008,(2).

[304] 尹杰,耿宏业.铰链沉排工程的施工与监理[J].水运工程,2003(12):69-72.

[305] 程庆臣,张文海,程强.加筋麦克垫抗冲刷试验研究及其在工程中的应用[J].海河水利,2016(1):51-53.

[306] 葛丽繁.平顶山市湛河上游(凌云路湛河桥-新城区污水处理厂)河道整治方案设计[J].城市道桥与防洪,2014,(6).

[307] 张锐.加筋麦克垫工艺原理和施工方法研究[J].低碳世界,2016,(9).

[308] 冯丛林,周凯,杨再常,等.加筋麦克垫在护滩工程中的应用及施工质量控制[J],水运工程,2014,(3).

[309] 赵涛.试论河道治理中护岸工程的生态措施[J].科技创业家,2013(5).

[310] 金永民,杨洪宁.生态袋护坡实际应用浅析[J].中国新技术新产品,2016(3):150.

[311] 刘行架,王文清,周清云.植被护坡在三峡库区地质灾害防治中的应用[C].2005 年湖北省三峡库区地质灾害防治学术研讨会论文集,2005.

[312] 朱海生,陈健,张桂荣,等.生态袋挡墙护岸结构设计及其力学性能变化[J].水利水运工程学报,2015,(4).

[313] 彭超,刘颖卓.论生态袋理化性能与生态护坡工程质量的内在关系[J].中国建材科技,2010(增 2):237-241.

[314] 陈文学,谭水位,王晓松.生态袋护坡浪蚀特性研究[J].水利学报,2013,(9).

[315] 朱振学,刘永武.生态袋辅助覆盖型岸坡结构在寒区河流生态修复中的应用[J].吉林水利,2013(10):35-38.

[316] 杨政文,李涛,祝勇军.生态袋护坡加筋挡墙结构研究[J].山西建筑,2013,39(19):126-128.

[317] 张荣.生态袋挡墙护坡技术在河道整治工程中的应用[J].中国水运(下半月),2013,(5).

[318] 王博军.生态袋加筋挡墙工作机理研究[D].河北工业大学,2013.

[319] 卢树填.生态袋加筋土挡土墙在堤防建设中的应用[J].城市建设理论研究(电子版),2013,(25).

[320] 谢树松,刘凯,陈一兵.生态袋在大沽河堤防护岸工程中的应用[J].城市建设理论研究

(电子版),2013(20).
[321] 陈杨辉,吴义锋,吕锡武.生态混凝土在河道护坡中的应用[J].中国水土保持,2007(6):42-43.
[322] 龙晋豫,邢振贤.护坡生态混凝土配合比优化与应用研究[D].华北水利水电大学,2015.
[323] 刘斯凤,刘黎,余新洲,等.植被型生态混凝土的研究现状及趋势[J].三峡大学学报(自然科学版),2009,31(3):52-55.
[324] 冯婷,贾亚军.生态护坡技术在城市河道整治中的应用[J].中国给水排水,2008,24(20).
[325] 宋睿,高礼洪.生态型鱼槽砖应用研究[J].城市道桥与防洪,2014(11):200-202.
[326] 宋睿,高礼洪.生态型鱼槽砖在丽水瓯江生态岸线中的应用[C].全国河道治理与生态修复技术汇总,2012.
[327] 交通部第二公路勘察设计院.公路设计手册——路基[M].北京:人民交通出版社,2004.
[328] 高冬光. 公路桥涵设计手册——桥位设计[M]. 北京:人民交通出版社,2014.
[329] 朱永贵.丁坝在新兴江腰古段河道治理中的应用[J].广东水利水电,2014,(6).
[330] 张斌.河道治理工程中丁坝设计[J].甘肃水利水电技术,2014,(5).
[331] 李全忠,赵丹彤.论丁坝护岸工程设计与技术措施[J].黑龙江科技信息,2011,(11).
[332] 孙鸣宇,林斌炎,裘文旭.钱塘江桩式丁坝施工技术[J].浙江水利水电专科学校学报,2008,(2).
[333] Todd Rexine,Dan Kalmon,Daniel Tix.A Guide to Bank Restoration Options for Large River Systems: Part II Bioengineering Installation Manual[M].2010.
[334] 顾卫,江源,余海龙,等. 人工坡面植被恢复设计与技术[M].北京:中国环境科学出版社,2009.
[335] 周德培,张俊云.植被护坡工程技术[M].北京:人民交通出版社,2003.
[336] Garry W.Wells.Biotechnical Streambank Protection[J] Agroforestry Notes, 2002,3 .
[337] Standards for Soil Erosion and Sediment Control in New Jersey.Standard For Soil Bioengineering[S].New Jersey USA,2012,5.
[338] Roy P.C. Morgan,R.J. Rickson.Slope Stabilization and Erosion Control: A Bioengineering Approach[M].Taylor & Francis,1994.
[339] 徐中华,钭逢光,陈锦剑,等.活树桩固坡对边坡稳定性影响的数值分析[J].岩土力学,2004,11(25).
[340] Basic Master Specification.Soil Bioengineering Or Shoreline Stabilization[S], Alberta Infrastructure Master Specification System,Section 32 93 43,2012,03.
[341] N D Marti. Bioengineering Techniques For Streambank Restoration: A Review Of Central European Practices[R] . Watershed Restoration Project Report, 1995: 4-9.
[342] Iowa Department of Natural Resources.How to Control Streambank Erosion[R].The U.S. Department Of Agriculture, The Natural Resources Conservation Service And The U.S. En-

vironment Protection Agency,2006.

[343] Wisconsin Construction Specification: Fences, Usda-Nrcs-Wisconsin Section IV, Technical Guide[M],2015.

[344] KCI Technologies, Inc And The Center For Environmental Studies At Virginia Commonwealth University. Virginia Stream Restoration & Stabilization Best Management Practices Guide: Stream Stabilization Practices[R].Department Of Conservation And Recreation Division Of Soil And Water Conservation, Virginia, 2004.

[345] 岳军声,李辉,陈克群,等.活木桩固土植草技术在公路土质边坡防护中的应用[J].公路交通科技(技术版),2009,10 (10).

[346] 刘瑛、高甲荣.土壤生物工程技术在河流生态修复中的应用[M].北京:中国林业出版社,2012.

[347] Janet Napolitano, Governor Stephen, A Owens. Streambank Stabilization Management Measures[R] .Arizona Department Of Environmental Quality, Water Quality Division,2008.

[348] Gay Muhlberg . Bio-Engineering Techniques to Revegetate Streambanks[EB/OL] . http://www.webpages.uidaho.edu/rrt484/bioengineeringtechniques.pdf.

[349] Thomas G Franti.Bioengineering for Hillslope, Streambank, and Lakeshore Erosion Control [J].Neb Guide,2013,4.

[350] Hollis H Allen, Craig Fischenich. Brush Mattresses for Streambank Erosion Control ERDC TN-EMRRP-SR-23[R] . U.S. Army Engineer Research and Development Center, Vicksburg, MS, May, 2001.

[351] Kansas State University.Tree Revetments[R] .www.oznet.ksu.edu, August, 2006.

[352] Thomas A Graupensperger, Tracy A Stroschein. Stormwater BMPs for Water Quality Maintenance and Protection[R] .www1.villanova.edu,2005.

[353] F Walker, W Russell, G Dagnan, et al. Streambank and Shoreline Protection(CODE 580) [S].Natural Resources Conservation Service Conservation Practice Standard,1996,12.

[354] Ming Han Li.Learning From Streambank Failures At Bridge Crossings: A Biotechnical Streambank Stabilization Project In Warm Regions[J].Landscape & Urban Planning,2006,77 (4).

[355] Ben Alexander. The Science of Sustainable Sites: Native Plant Considerations[J]. Sound Native Plants, 2011,5.

[356] Will Harman, Rachel Smith.Using Root Wads and Rock Vanes for Streambank Stabilization [R] .NC State University and NC A&T State University, June, 2000.

[357] Kennebec County Soil and Water Conservation District.Gravel Road Maintenance Manual: The Massachusetts Unpaved Roads BMP Manual[M].Maine Department of Environmental Protection, Bureau of Land and Water Quality, April ,2010.

[358] Richard White. Utah Methods to Reclaim Areas of Pipeline Exposure due to Stream-Channel Instability [M]. Midvale: Earth Fax Engineering Inc., 2010,9.

[359] R Scalenghe, S Ferraris.The First Forty Years of a Technosol[J].Pedosphere, 2009,1.

[360] O Us Epa.Recommended Practices Manual: A Guideline for Maintenance and Service of Unpaved Roads[M].Culvert Outlets,2000.

[361] Ronald W Tuttle,Richard D Wnberg,et al.Engineering Field Handbook:Chapter 16 Streambank and Shoreline Protection[M].United States Department of Agriculture,Natural Resources Conservation Service,1996.

[362] 姜友生,等. 公路桥涵设计手册——桥梁总体设计[M]. 北京:人民交通出版社,2012.